Bertrand Russell
Philosophie des Abendlandes

BERTRAND RUSSELL

Philosophie des Abendlandes

*Ihr Zusammenhang mit
der politischen und der sozialen
Entwicklung*

EUROPAVERLAG
MÜNCHEN · WIEN

DIE DEUTSCHE BIBLIOTHEK – CIP-EINHEITSAUFNAHME

Russell, Bertrand: Philosophie des Abendlandes : ihr Zusammenhang
mit der politischen und der sozialen Entwicklung / Bertrand Russell.
Aus d. Engl. von Elisabeth Fischer-Wernecke u. Ruth Gillischewski.
München: Europa-Verl., 1997
Einheitssacht.: A history of western philosophy ‹dt.›
ISBN 3-203-51152-5

Die Originalausgabe erschien unter dem Titel
A History of Western Philosophy
1945 im Verlag George Allen & Unwin, London.

Die Übertragung aus dem Englischen von
Elisabeth Fischer-Wernecke und Ruth Gillischewski
wurde für die vorliegende Ausgabe 1992 von Rudolf Kaspar durchgesehen.

7. Auflage 1997
Graphische Gesamtgestaltung: Catherine F. Littasy-Rollier

Medieninhaber: Europa Verlag GesmbH Wien
© Europa Verlag AG Zürich 1950
Lizenzausgabe: Europa Verlag München, 1997
Satz: Elbemühl Graphische Industrie GesmbH, Wien
Druck: Bercker Graphischer Betrieb GmbH, Kevelaer
Printed in Germany
ISBN 3-203-51152-5

Inhalt

Vorwort 9
Einführung 11

ERSTES BUCH

DIE PHILOSOPHIE DER ANTIKE

I. Teil

Die Vorsokratiker

1. Der Aufschwung der griechischen Kultur 25
2. Die milesische Schule 46
3. Pythagoras 51
4. Heraklit 60
5. Parmenides 70
6. Empedokles 75
7. Athens kulturgeschichtliche Bedeutung 80
8. Anaxagoras 83
9. Die Atomisten 86
10. Protagoras 96

II. Teil

Sokrates, Plato und Aristoteles

11. Sokrates 104
12. Spartas Einfluß 116
13. Die Quellen der platonischen Anschauungen 126
14. Platos Utopie 130
15. Die Ideenlehre 141
16. Platos Unsterblichkeitslehre 154

17. Platos Kosmogonie 165
18. Erkenntnis und Wahrnehmung bei Plato 171
19. Die Metaphysik des Aristoteles 181
20. Aristoteles' Ethik 194
21. Die Politik des Aristoteles 206
22. Die Logik des Aristoteles 217
23. Die Physik des Aristoteles 224
24. Die Anfänge der griechischen Mathematik
    und Astronomie 229

III. Teil

Antike Philosophie nach Aristoteles

25. Die hellenistische Welt 239
26. Kyniker und Skeptiker 249
27. Die Epikureer 260
28. Der Stoizismus 271
29. Die kulturgeschichtliche Bedeutung des
    römischen Reiches 289
30. Plotin 302

ZWEITES BUCH

DIE KATHOLISCHE PHILOSOPHIE

Einführung 317

I. Teil

Die Kirchenväter

1. Die religiöse Entwicklung der Juden 323
2. Das Christentum in den ersten
   vier Jahrhunderten 338

3. Drei Doctores Ecclesiae	348
4. Philosophie und Theologie Augustins	365
5. Das fünfte und sechste Jahrhundert	379
6. Benedikt und Gregor der Große	388

II. Teil

Die Scholastiker

7. Das Papsttum im dunklen Zeitalter	400
8. Johannes Scotus	412
9. Die Kirchenreform im elften Jahrhundert	419
10. Mohammedanische Kultur und Philosophie	431
11. Das zwölfte Jahrhundert	440
12. Das dreizehnte Jahrhundert	452
13. Thomas von Aquino	462
14. Franziskanische Scholastiker	473
15. Der Verfall des Papsttums	485

DRITTES BUCH

DIE PHILOSOPHIE DER NEUZEIT

I. Teil

Von der Renaissance bis Hume

1. Allgemeine Charakteristik	499
2. Die italienische Renaissance	503
3. Machiavelli	512
4. Erasmus und Morus	520
5. Reformation und Gegenreformation	531
6. Der Aufschwung der Naturwissenschaft	534
7. Francis Bacon	550
8. Hobbes' Leviathan	555
9. Descartes	567

10. Spinoza	578
11. Leibniz	590
12. Der philosophische Liberalismus	605
13. Lockes Erkenntnistheorie	613
14. Lockes politische Philosophie	627
15. Lockes Einfluß	650
16. Berkeley	656
17. Hume	668

II. Teil

Von Rousseau bis zur Gegenwart

18. Die romantische Bewegung	684
19. Rousseau	693
20. Kant	710
21. Geistige Strömungen im neunzehnten Jahrhundert	727
22. Hegel	738
23. Byron	753
24. Schopenhauer	760
25. Nietzsche	767
26. Die Utilitarier	780
27. Karl Marx	789
28. Bergson	798
29. William James	818
30. John Dewey	826
31. Die Philosophie der logischen Analyse	836
Personenregister	845

Vorwort

Dieses Buch bedarf zu seiner Rechtfertigung einiger erklärender Worte, um nicht ganz so streng beurteilt zu werden, wie es das zweifellos verdient.

Rechtfertigen muß es sich vor denen, die eine Spezialkenntnis der verschiedenen Schulen und einzelnen Philosophen besitzen. Mancher andere wird über jeden Philosophen, mit dem ich mich beschäftige, Leibniz vielleicht ausgenommen, mehr wissen als ich. Wenn jedoch Bücher, die ein großes Gebiet umfassen, geschrieben werden sollen, läßt es sich, da unser Leben begrenzt ist, nicht vermeiden, daß die Autoren solcher Bücher jedem einzelnen Abschnitt weniger Zeit widmen können als jemand, der sich auf einen einzigen Schriftsteller oder eine kurze Epoche beschränkt. Gewisse Leute werden in unerbittlicher wissenschaftlicher Strenge daraus den Schluß ziehen, daß daher Bücher mit weitgezogenem Rahmen überhaupt nicht geschrieben werden oder anderenfalls aus wissenschaftlichen Einzelbeiträgen vieler Autoren bestehen sollten. Der Zusammenarbeit vieler Autoren haftet jedoch ein Mangel an. Geht man von irgendeiner einheitlichen geschichtlichen Entwicklung, einem inneren Zusammenhang zwischen dem Vorangegangenen und dem Nachfolgenden aus, so läßt sich das unbedingt nur darstellen, wenn sich die Synthese der früheren und späteren Perioden in einem einzigen Kopf vollzieht. Wer Rousseau studiert, wird möglicherweise nicht leicht seiner Beziehung zu dem spartanischen Staat Platos und Plutarchs gerecht werden können, der Geschichtsschreiber Spartas kann nicht schon vorahnend an Hobbes und Fichte und Lenin gedacht haben. Derartige Beziehungen aufzuzeigen gehört zu den Absichten dieses Buches, ein Zweck, den nur ein großer Überblick erfüllen kann.

Viele Bücher sind schon über die Geschichte der Philosophie geschrieben worden, keines jedoch, soweit mir bekannt, mit dem Ziel, das ich mir gesetzt habe. Philosophen sind sowohl Ergebnisse als auch Ursachen: Ergebnisse ihrer sozialen Umstände, der Politik und der Institutionen ihrer Zeit; Ursachen (wenn sie Glück haben) der Überzeugungen, die der Politik und den Institutionen späterer Zeitalter die Form geben. In den meisten philosophischen Geschichtswerken steht jeder Philosoph gleichsam im luftleeren Raum, seine Ansichten werden zusammenhanglos dargestellt, bestenfalls wird eine Beziehung zu früheren Philosophen zugestanden. Ich hingegen habe versucht, jeden Philosophen, soweit mit der Wahrheit vereinbar, als Ergebnis seines *Milieus*, seiner Zeit- und Lebensumstände zu zeigen, als Menschen, in dem sich die Gedanken und Empfindungen kristallisierten und verdichteten, die, wenn auch unklar und unkonzentriert, der menschlichen Gemeinschaft eigen waren, der er angehörte.

Daher war es nötig, einige rein sozialgeschichtliche Kapitel einzuschalten. Niemand kann die Stoiker und Epikureer ohne eine gewisse Kenntnis der hellenistischen Zeit, niemand die Scholastiker ohne ein wenig Verständnis für die zunehmende Macht der Kirche im fünften bis dreizehnten Jahrhundert verstehen. Ich habe daher an wichtigsten historischen Umrissen das kurz aufgezeigt, was mir das philosophische Denken am stärksten beeinflußt zu haben schien; ich bin dabei überall dort am ausführlichsten vorgegangen, wo, wie anzunehmen, die Geschichte manchem meiner Leser weniger vertraut ist – beispielsweise beim frühen Mittelalter. In diesen historischen Kapiteln habe ich jedoch unerbittlich alles ausgelassen, was mir von geringer oder gar keiner Bedeutung für die zeitgenössische oder nachfolgende Philosophie zu sein schien.

Die Auswahl ist in einem Buch wie dem vorliegenden ein sehr schwieriges Problem. Ohne Einzelheiten wird ein Buch trocken und uninteressant; durch Details gerät es in Gefahr, unerträglich lang zu werden. Ich habe einen Kompromiß angestrebt und nur die Philosophen behandelt, die ich für wirklich wichtig halte, und im Zusammenhang damit solche Einzelheiten angeführt, die, wenn vielleicht auch nicht grundlegend bedeutsam, doch insofern wertvoll sind, als sie die Darstellung anschaulich und lebendig zu machen vermögen.

Von alters her war die Philosophie nicht ausschließlich Sache der Schulen oder der Diskussion von einigen Gelehrten. Sie war ein wesentlicher Bestandteil des Lebens der Gemeinschaft, und so habe ich sie zu behandeln versucht. Sollte das Buch irgendein Verdienst haben, so ist es auf diese Betrachtungsweise zurückzuführen.

Das Buch verdankt Herrn Dr. Albert C. Barnes seine Entstehung, da es ursprünglich für Vorlesungen gedacht war, die zum Teil auch an der Barnes Foundation in Pennsylvanien gehalten worden sind.

Wie bei den meisten meiner Arbeiten seit 1932 hat mich meine Frau, Patricia Russell, im Quellenstudium und in mancher anderer Hinsicht weitgehend unterstützt.

Einführung

Die Begriffe vom Leben und von der Welt, die wir »philosophisch« nennen, sind das Ergebnis zweier Faktoren: überkommener religiöser und ethischer Vorstellungen und einer Forschungsweise, die man als »wissenschaftlich« im weitesten Sinne dieses Wortes bezeichnen kann. Die einzelnen Philosophen haben diesen beiden Faktoren in ihren Systemen stark unterschiedlichen Anteil eingeräumt, doch ist es für die Philosophie charakteristisch, daß bis zu einem gewissen Grade stets beide vorhanden sind.

»Philosophie« ist ein Wort, das in mannigfaltiger Weise verwendet worden ist, zuweilen umfassender, zuweilen enger begrenzt. Ich beabsichtige, es in sehr weitem Sinne zu gebrauchen, was zu erklären ich nun versuchen will.

Die Philosophie ist nach meiner Auffassung ein Mittelding zwischen Theologie und Wissenschaft. Gleich der Theologie besteht sie aus der Spekulation über Dinge, von denen sich bisher noch keine genaue Kenntnis gewinnen ließ; wie die Wissenschaft jedoch beruft sie sich weniger auf eine Autorität, etwa die der Tradition oder die der Offenbarung, als auf die menschliche Vernunft. Jede *sichere* Kenntnis, möchte ich sagen, gehört in das Gebiet der Wissenschaft; jedes *Dogma* in Fragen, die über die sichere Kenntnis hinausgehen, in das der Theologie. Zwischen der Theologie und der Wissenschaft liegt jedoch ein Niemandsland, das Angriffen von beiden Seiten ausgesetzt ist; dieses Niemandsland ist die Philosophie. Fast alle Fragen von größtem Interesse für spekulative Köpfe vermag die Wissenschaft nicht zu beantworten, und die zuversichtlichen Antworten der Theologen wirken nicht mehr so überzeugend wie in früheren Jahrhunderten. Besteht die Welt aus Geist und Materie, und wenn ja, was ist dann Geist und was Materie? Ist der Geist an die Materie gebunden, oder wird er von unabhängigen Kräften beherrscht? Liegt dem Universum etwas Einheitliches zugrunde? Wohnt ihm ein Zweck inne? Strebt es in seiner Entwicklung einem Ziel zu? Gibt es tatsächlich Naturgesetze, oder glauben wir nur dank der uns eingeborenen Ordnungsliebe daran? Ist der Mensch, wie die Astronomen meinen, nur eine Winzigkeit aus unreinem Kohlenstoff und Wasser, die ohnmächtig auf einem kleinen, unbedeutenden Planeten umherkriecht? Oder ist er das, was Hamlet in ihm sieht? Ist er vielleicht beides zugleich? Kann man ein edles oder ein minderwertiges Leben führen, oder ist es überhaupt belanglos, wie man lebt? Wenn es eine edle Lebensführung gibt, woraus besteht sie und wie können wir dazu kommen? Muß das Gute unvergänglich sein, um Wertschätzung zu verdienen, oder ist es erstrebenswert, selbst wenn das Universum sich unerbittlich seinem Untergange nähert? Gibt es so etwas wie Weisheit, oder ist das, was uns als Weisheit erscheint, nur letzte, höchste Torheit? Die Antwort auf derartige Fragen finden wir nicht im Laboratorium. Die Theologen haben behauptet, sie allesamt mehr als genau beantworten zu können; aber eben ihre Entschiedenheit veranlaßt moderne Köpfe, solche Antworten mißtrauisch zu betrachten. Die Untersuchung dieser Fragen, wenn schon nicht ihre Beantwortung, ist Sache der Philosophie.

Warum aber, wird der Leser vielleicht fragen, Zeit an derartige unlösbare Probleme verschwenden? Darauf kann man als Historiker antworten oder als Mensch, der sich in seinem entsetzlichen kosmischen Verlassensein sieht.

Was der Historiker darauf zu antworten hat, wird sich im Verlauf dieses Werkes zeigen, soweit ich eine solche Antwort zu geben vermag. Seit die Menschen fähig wurden, unabhängig zu denken, war ihr Handeln stets in zahllosen wichtigen Punkten durch ihre Welt- und Lebensanschauung, ihre Ansichten über Gut und Böse bedingt. Das gilt für die Gegenwart wie für die gesamte Vergangenheit. Um ein Zeitalter oder ein Volk verstehen zu können, müssen wir seine Philosophie verstehen, und um seine Philosophie zu begreifen, müssen wir selbst bis zu einem gewissen Grade Philosophen sein. Wir haben es hier mit einer wechselseitigen Ursächlichkeit zu tun: die Lebensumstände der Menschen bestimmen weitgehend ihre Philosophie, während umgekehrt auch ihre Philosophie in hohem Maße ihre Lebensumstände bedingt. Diese Wechselwirkung durch die Jahrhunderte zu verfolgen, ist das Thema der nächsten Seiten.

Es gibt jedoch auch eine persönliche Antwort. Durch die Wissenschaft erfahren wir, was wir wissen können, doch ist das nur wenig; wenn wir aber vergessen, wieviel wir nicht wissen können, werden wir unempfänglich für viele Dinge von sehr großer Bedeutung. Die Theologie andererseits vermittelt die dogmatische Überzeugung, daß wir wissen, wo wir in Wahrheit nicht wissen, und züchtet auf diese Weise so etwas wie eine unverschämte Anmaßung dem Universum gegenüber. Bei lebhaften Hoffnungen und Befürchtungen ist Ungewißheit qualvoll: sie muß jedoch ertragen werden, wenn wir ohne die Unterstützung tröstlicher Märchen leben wollen. Es tut weder gut, die von der Philosophie aufgeworfenen Fragen zu vergessen, noch uns selbst einzureden, wir hätten über jeden Zweifel erhabene Antworten darauf gefunden. Wie man ohne Gewißheit und doch auch ohne durch Unschlüssigkeit gelähmt zu werden, leben kann, das zu lehren ist vielleicht das Wichtigste, was die Philosophie heutzutage noch für diejenigen tun kann, die sich mit ihr beschäftigen.

Die Philosophie als eine von der Theologie unabhängige Disziplin hat ihren Ursprung im Griechenland des sechsten Jahrhunderts v. Chr.

Nachdem sie sich in der Antike entwickelt hatte, ging sie wieder in der Theologie auf, als das Christentum entstand und Rom unterging. Ihre zweite große Epoche, vom elften bis zum vierzehnten Jahrhundert, stand unter der Herrschaft der katholischen Kirche, der sich nur einige große Rebellen, wie etwa Kaiser Friedrich II. (1195–1250), entzogen. Die Wirren, die in der Reformation gipfelten, führten zum Ende dieser Periode. Die dritte Epoche, vom siebzehnten Jahrhundert bis zur Gegenwart, wird stärker als alle früheren Epochen von der Wissenschaft beherrscht; traditionelle religiöse Überzeugungen behalten ihre Bedeutung, doch gewinnt man das Gefühl, sie bedürften der Rechtfertigung; und so werden sie umgewandelt, wann immer die Wissenschaft es zu gebieten scheint. Nur wenige Philosophen dieser Periode sind, vom katholischen Standpunkt aus gesehen, orthodox, und der weltliche Staat spielt in ihren Erwägungen eine wichtigere Rolle als die Kirche.

Wie Religion und Wissenschaft befinden sich während der ganzen Epoche die soziale Kohäsion und die individuelle Freiheit im Zustand des Konflikts oder eines unbefriedigenden Kompromisses. In Griechenland war der soziale Zusammenhalt durch Treue dem Stadtstaat gegenüber gewährleistet; selbst für Aristoteles gab es keine bessere Staatsform, obwohl Alexander gerade zu seiner Zeit den Stadtstaat außer Kurs setzte. Die Freiheit des einzelnen wurde durch seine Pflichten der Stadt gegenüber in unterschiedlichem Grade beschränkt. In Sparta besaß er so wenig Freiheit wie in Deutschland unter Hitler oder in Rußland; in Athen erfreuten sich die Bürger in der besten Zeit, trotz geleogentlicher Verfolgungen einer wahrhaft ungewöhnlichen Freiheit von staatlichen Beschränkungen. Bis zu Aristoteles wird das griechische Denken von religiöser und patriotischer Hingabe an die Stadt beherrscht; die ethischen Systeme sind auf die Lebensweise von *Bürgern* zugeschnitten und haben einen stark politischen Einschlag. Als die Griechen zuerst den Mazedoniern und dann den Römern untertan wurden, ließ sich mit den Begriffen aus den Tagen ihrer Unabhängigkeit nichts mehr anfangen. Daraus ergab sich einerseits durch den Bruch mit der Tradition eine Einbuße an Lebenskraft, andererseits eine individuellere und unsozialere Ethik. Die Stoiker sahen im tugendhaften Leben weniger eine Beziehung des Bürgers zum Staat als vielmehr eine Beziehung der Seele zu Gott. So bereiteten sie dem Christentum den Weg, das wie die Stoa ursprünglich unpolitisch war, weil seine Anhänger während der ersten drei Jahrhunderte keinen Einfluß auf die Regierung hatten. Während der sechseinhalb Jahrhunderte von Alexander bis Konstantin war der soziale Zusammenhalt weder durch die Philosophie noch auch durch die alte Loyalität gesichert, sondern durch Gewalt, zunächst durch Waffengewalt und dann durch gewaltsame Zivilverwaltung. Römische Legionen, römische Straßen, römische Gesetze und römische Beamte schufen zuerst einen mächtigen, zentralisierten

Staat und hielten ihn dann aufrecht. Nichts davon ließ sich der römischen Philosophie zuschreiben, weil es keine gab.

Während dieses langen Zeitraums wandelten sich nach und nach die aus der Zeit der Freiheit überkommenen griechischen Vorstellungen. Manche alten Begriffe, vornehmlich diejenigen, die als spezifisch religiös gelten dürfen, gewannen an relativer Bedeutung; andere, rationalistischere, wurden verworfen, weil sie nicht mehr dem Geist der Zeit entsprachen. So stutzte das Spätheidentum die griechische Tradition zurecht, bis sie sich der christlichen Lehre einverleiben ließ.

Das Christentum machte eine wichtige Anschauung populär, die zwar bereits in den Lehren der Stoiker einbegriffen, im allgemeinen jedoch dem Geist der Antike fremd gewesen war – ich meine die Anschauung, daß der Mensch Gott gegenüber zwingendere Pflichten habe als gegen den Staat.[1]

Diese Auffassung, daß »wir Gott mehr gehorchen sollen als den Menschen«, wie Sokrates und die Apostel sagten, überlebte die Bekehrung Konstantins, denn die frühen christlichen Kaiser waren Arianer oder neigten zum Arianismus. Als die Kaiser orthodox wurden, verlor sie ihre Bedeutung. Im byzantinischen Reich war sie latent vorhanden, desgleichen im späteren russischen Kaiserreich, das sein Christentum aus Konstantinopel herleitete.[2] Im Westen jedoch, wo fast unverzüglich ketzerische, barbarische Eroberer an die Stelle der katholischen Kaiser traten (einige Teile Galliens ausgenommen), behaupteten die religiösen Pflichten ihre Vorrangstellung vor den politischen, und bis zu einem gewissen Grade verhält es sich noch heute so.

Der Einfall der Barbaren machte für sechs Jahrhunderte der westeuropäischen Kultur ein Ende. In Irland hielt sie sich noch eine Zeitlang, bis die Dänen sie im neunten Jahrhundert endgültig vernichteten; vor ihrem Erlöschen brachte sie noch eine bemerkenswerte Erscheinung hervor, Scotus Eriugena. Im östlichen Kaiserreich lebte die griechische Kultur mumifiziert wie in einem Museum bis zum Fall von Konstantinopel im Jahre 1453 fort; doch ging von Konstantinopel nichts von Bedeutung für die Welt aus, abgesehen von einer künstlerischen Tradition und Justinians Corpus Juris.

Während der dunklen Epoche vom Ende des fünften bis zur Mitte des elften Jahrhunderts machte die weströmische Welt einige sehr interessante Wandlungen durch. Der Konflikt zwischen der Pflicht gegen Gott und der Pflicht dem Staat gegenüber, den das Christentum hervorge-

---

1 Diese Ansicht war auch in früheren Zeiten nicht unbekannt; sie ist beispielsweise in der *Antigone* von Sophokles ausgesprochen. Vor den Stoikern hatte sie jedoch nur wenig Anhänger.
2 Daher glauben die modernen Russen nicht, daß man dem dialektischen Materialismus eher gehorchen müsse als Stalin.

rufen hatte, wuchs sich zu einem Konflikt zwischen Kirche und König aus. Die kirchliche Gerichtsbarkeit des Papstes erstreckte sich am Ende über Italien, Frankreich und Spanien, Großbritannien und Irland, Deutschland, Skandinavien und Polen. Anfangs war die Macht des Papstes über Bischöfe und Äbte außerhalb von Italien und Südfrankreich sehr unbedeutend; von der Zeit Gregors VII. (spätes elftes Jahrhundert) an trat sie jedoch fühlbar in Erscheinung. Seither bildete die Geistlichkeit in ganz Westeuropa eine einheitliche, von Rom aus geleitete Organisation, die klug und rücksichtslos nach Macht strebte und sich bis über das Jahr 1300 hinaus in ihren Streitigkeiten mit weltlichen Herrschern gewöhnlich siegreich durchsetzte. Der Konflikt zwischen Kirche und Staat war nicht allein ein Kampf zwischen dem Klerus und dem Laientum; in ihm lebte auch der alte Gegensatz zwischen der Mittelmeerwelt und den nordischen Barbaren wieder auf. Die Einheit der Kirche war der Einheit des römischen Reiches nachgebildet; die Kirche besaß eine lateinische Liturgie, und ihre führenden Männer waren meist Italiener, Spanier oder Südfranzosen. Sie hatten eine klassische Bildung, seit man auf Bildung wieder Wert legte; ihre Auffassung von Recht und Regierung wäre Marc Aurel weniger unverständlich gewesen als den Monarchen ihrer Epoche. In der Kirche verkörperten sich zugleich die ununterbrochene Tradition und die fortschrittlichste Kultur der Zeit.

Die weltliche Macht hingegen lag in den Händen von Königen und Baronen germanischer Abstammung, die sich nach Kräften bemühten, die Einrichtungen zu erhalten, die sie aus den germanischen Wäldern mitgebracht hatten. Absolute Macht war diesen Einrichtungen ebenso fremd wie Legalität, die diesen energischen Eroberern dumm und geistlos schien. Der König mußte seine Macht mit der Feudalaristokratie teilen, doch hielten sich alle gleichermaßen für berechtigt, sich gelegentliche Leidenschaftsausbrüche in Form von Krieg, Mord, Plünderung und Raub zu leisten. Die Monarchen konnten wohl Reue empfinden, denn sie waren aufrichtig fromm, und zudem war Reue ja auch eine Art von Leidenschaft. Doch gelang es der Kirche nicht, sie zu dem ruhigen, gleichmäßig guten Verhalten zu erziehen, wie es ein moderner Arbeitgeber in der Regel mit Erfolg von seinen Angestellten verlangt. Wozu die Welt erobern, wenn sie nicht nach Lust und Laune trinken, morden und lieben durften? Und warum sollten sie mit ihren stolzen Ritterheeren sich den Befehlen von Büchermenschen unterwerfen, die Keuschheit gelobt und keine bewaffnete Macht hinter sich hatten? Trotz kirchlicher Mißbilligung blieben sie bei ihren Zweikämpfen und Mutproben in der Schlacht und entwickelten das Turnier und die höfische Liebe. Gelegentlich kam es ihnen auch nicht darauf an, in einem Wutanfall hervorragende Geistliche umzubringen.

Die Könige verfügten über die gesamte bewaffnete Macht, und dennoch war die Kirche siegreich. Die Kirche siegte zum Teil, weil sie nahezu ein Monopol auf die Bildung besaß; zum Teil, weil die Könige unaufhörlich miteinander im Krieg lagen, hauptsächlich jedoch, weil Herrscher und Volk, mit sehr geringen Ausnahmen, tief davon durchdrungen waren, daß die Kirche die himmlische Schlüsselgewalt besaß. Die Kirche konnte entscheiden, ob ein König die Ewigkeit im Himmel oder in der Hölle zu verbringen hätte; die Kirche vermochte die Menschen ihrer Untertanenpflichten zu entbinden und dadurch jede Auflehnung zu unterstützen. Überdies vertrat die Kirche die Ordnung im Gegensatz zur Anarchie und gewann infolgedessen den aufstrebenden Kaufmannsstand für sich. Besonders in Italien war dieser letzte Gesichtspunkt entscheidend.

Der germanische Versuch, zumindest teilweise die Unabhängigkeit von der Kirche zu wahren, kam nicht allein in der Politik, sondern auch in der Kunst, in der Dichtung, im Rittertum und im Krieg zum Ausdruck. In der Gedankenwelt trat er kaum in Erscheinung, da die Bildung fast ausschließlich auf die Geistlichkeit beschränkt blieb. Die eigentliche Philosophie des Mittelalters ist kein klares Spiegelbild der gesamten Zeit, vielmehr nur der Anschauungen einer Partei. Unter den Geistlichen jedoch – vornehmlich unter den Franziskaner-Mönchen – gab es eine ganze Anzahl, die aus verschiedenen Gründen in Widerspruch zum Papst standen. In Italien dehnte sich außerdem die Kultur einige Jahrhunderte eher als nördlich der Alpen auf das Laientum aus. Friedrich II., der eine neue Religion schaffen wollte, repräsentiert die extrem antipäpstliche Kultur; Thomas von Aquino, der im Königreich Neapel geboren wurde, wo Friedrich II. herrschte, ist hingegen bis heute der klassische Vertreter der päpstlichen Philosophie geblieben. Dante vollzog einige fünfzig Jahre später die Synthese und schenkte uns die einzige ausgewogene Darstellung der gesamten mittelalterlichen Gedankenwelt.

Nach Dante brach aus politischen wie intellektuellen Gründen die mittelalterliche philosophische Synthese zusammen. Sie hatte sich, solange sie gültig war, durch eine gewisse Sauberkeit und Vollkommenheit im kleinen ausgezeichnet; was immer das System berücksichtigte, wurde peinlich genau in Beziehung zu dem übrigen Inhalt seines sehr begrenzten Kosmos eingeordnet. Die große Kirchenspaltung jedoch, die Konzil-Bewegung und das Papsttum der Renaissance leiteten zur Reformation über. Sie zerstörte die Einheit des Christentums und die scholastische Herrschaftstheorie, in deren Mittelpunkt der Papst stand. Während der Renaissance gewannen die Menschen neue Erkenntnisse über die Antike und die Erdoberfläche und wurden der Systeme überdrüssig, in denen sie sich nun geistig eingekerkert fühlten. Kopernikus wies mit seiner Astronomie der Erde und dem Menschen eine bescheidenere Stellung zu, als sie nach der ptolemäischen Theorie eingenommen hatten. Freude an neuen Tatsachen trat bei gescheiten Menschen an die Stelle der Freude am

Folgern, Analysieren und Systematisieren. Obwohl die Renaissance in der Kunst das Gesetzmäßige beibehielt, bevorzugte sie im Denken eine große, fruchtbare Gesetzlosigkeit. Hierin ist Montaigne der typischste Exponent seiner Zeit.

In der politischen Theorie brach, wie auf allen Gebieten mit Ausnahme der Kunst, das Prinzip des Gesetzmäßigen zusammen. Das Mittelalter war, obwohl so turbulent in seinen äußeren Erscheinungsformen, in seinem Denken doch von leidenschaftlicher Liebe zur Legalität und von einer sehr präzisen Theorie der politischen Macht beherrscht. Alle Macht kommt letztlich von Gott, er hat dem Papst für geistliche und dem Kaiser für weltliche Angelegenheiten Macht übertragen. Doch büßten Papst und Kaiser gleichermaßen während des fünfzehnten Jahrhunderts ihre Bedeutung ein. Der Papst war nur mehr einer der vielen italienischen Fürsten, die in das unglaublich komplizierte und bedenkenlose Spiel der italienischen Machtpolitik verstrickt waren. Die neuen nationalen Monarchien in Frankreich, Spanien und England besaßen in ihren Gebieten eine Macht, auf die weder Papst noch Kaiser störend einzuwirken vermochten. Der Nationalstaat gewann, großenteils dank dem Schießpulver, auf das Denken und Fühlen der Menschen einen zuvor unerreichten Einfluß, der allmählich zerstörte, was noch von dem römischen Glauben an die Einheit der Kultur übrig war.

Diese politische Ungesetzlichkeit fand Ausdruck in Machiavellis *Principe*. Da jeder leitende Grundsatz fehlte, wurde die Politik zum unverhüllten Kampf um die Macht; *Il Principe* erteilt raffinierte Ratschläge, wie dieses Spiel erfolgreich zu spielen ist. Was sich in Griechenlands großer Zeit zugetragen hatte, begab sich aufs neue im Italien der Renaissance: herkömmliche moralische Bande lösten sich auf, weil sie mit Aberglauben verbunden schienen; die Befreiung von diesen Fesseln verlieh einzelnen Kraft und Schöpfertum und führte zu einem seltenen Aufblühen des Genialen; durch Anarchie und Verrat jedoch, die unvermeidlichen Folgen des moralischen Verfalls, büßten die Italiener im ganzen ihre Kraft ein; wie die Griechen gerieten sie in die Abhängigkeit von Völkern, die weniger kultiviert waren als sie selbst, dafür aber stärkeren sozialen Zusammenhalt besaßen.

Das Ergebnis war jedoch weniger verheerend als bei den Griechen, denn die neuen, mächtigen Völker erwiesen sich, mit Ausnahme der Spanier, als ebenso fähig zu großen Leistungen, wie es die Italiener gewesen waren.

Vom sechzehnten Jahrhundert an steht die Geschichte des europäischen Denkens im Zeichen der Reformation. Die Reformation war eine mannigfaltig zusammengesetzte Bewegung und verdankte ihren Erfolg einer ganzen Reihe von verschiedenen Ursachen. In erster Linie war sie eine Revolte der nordischen Völker gegen eine erneute Herrschaft Roms. Die Religion war die Macht gewesen, die den Norden bezwungen hatte, doch war sie in Italien in Verfall geraten; zwar hatte sich das

Papsttum als Institution erhalten und zog ungeheuren Tribut aus Deutschland und England; obwohl diese Nationen noch fromm waren, vermochten sie doch keine Verehrung für die Borgia und Medici zu empfinden, die vermeintliche Seelenrettung vor dem Fegefeuer gegen Geld betrieben, das sie in Luxus und Sittenlosigkeit verschwendeten. Zu den nationalen traten wirtschaftliche und moralische Motive und vertieften gemeinsam die Empörung gegen Rom. Überdies erkannten die Fürsten bald, daß sie die Kirche beherrschen könnten, wenn sie in ihren Gebieten reine Landeskirchen daraus machten. Sie würden so in ihrem Bereich weit mächtiger werden, als sie es waren, solange sie sich mit dem Papst in die Herrschaft teilen mußten. Aus all diesen Gründen wurden Luthers theologische Neuerungen im überwiegenden Teil Nordeuropas von Herrschern und Völkern gleichermaßen begrüßt.

Die katholische Kirche wurde aus drei verschiedenen Quellen gespeist. Ihre heilige Geschichte war jüdisch, ihre Theologie griechisch, ihre Verfassung und ihr kanonisches Recht waren zumindest mittelbar römisch. Die Reformation verwarf die römischen Elemente, milderte die griechischen ab und betonte stark die jüdischen. So arbeitete sie Hand in Hand mit den nationalistischen Kräften, die im Begriff waren, das zunächst vom römischen Reich und dann von der römischen Kirche vollbrachte Werk des sozialen Zusammenhalts zu vernichten. Nach der katholischen Lehre endet die göttliche Offenbarung nicht mit der Heiligen Schrift; sie wird vielmehr weiterhin von Epoche zu Epoche durch die Kirche vermittelt, so daß es also Pflicht des einzelnen war, ihr seine Privatansichten unterzuordnen. Die Protestanten hingegen lehnten es ab, in der Kirche das Medium von Offenbarungen zu sehen; es galt, die Wahrheit allein in der Bibel zu suchen, die sich jeder selbst auslegen konnte. Wichen die Deutungen der Menschen voneinander ab, so gab es keine von Gott eingesetzte Autorität, um den Streit zu entscheiden. Praktisch beanspruchte nun der Staat das Recht, das zuvor der Kirche gehört hatte; das jedoch war unrechtmäßige Anmaßung. Nach der protestantischen Theorie sollte es keinen irdischen Vermittler zwischen Seele und Gott geben.

Dieser Wandel hatte folgenschwere Auswirkungen. Die Wahrheit wurde nicht mehr durch Befragen einer Autorität, sondern durch Meditation ermittelt. Rasch entwickelte sich daher in der Politik der Hang zum Anarchismus, in der Religion die Neigung zum Mystizismus, den in den Rahmen der katholischen Orthodoxie einzufügen stets schwierig gewesen war. So kam es, daß es schließlich nicht *einen* Protestantismus, sondern eine Vielzahl von Sekten gab; nicht *eine* Philosophie im Kampf gegen die Scholastik, sondern so viele Philosophien wie Philosophen; nicht wie im dreizehnten Jahrhundert *einen* Kaiser als Gegenspieler des Papstes, sondern zahlreiche ketzerische Könige. Daraus ergab sich im Denken wie in der Literatur ein fortgesetzt sich vertiefender Subjektivismus; er wurde anfangs als heilsame Befreiung von geistiger Sklaverei empfunden, entwickelte sich aber immer mehr zu einer Isolierung des einzelnen, die jede geistig gesunde Gemeinschaft schädigt.

Die moderne Philosophie beginnt mit Descartes; er baut auf der sicheren Erkenntnis seiner selbst und seines Denkens auf, woraus die äußere Welt abzuleiten ist. Von diesem Ausgangspunkt führte die Entwicklung über Berkeley und Kant zu Fichte, dem alles nur eine Ausstrahlung des Ichs ist. Das war Wahnsinn, und seither versuchte die Philosophie ständig, sich aus diesem Extrem in die Alltagswelt des gesunden Menschenverstandes hinüberzuretten.

Mit dem philosophischen Subjektivismus geht der politische Anarchismus Hand in Hand. Schon zu Luthers Lebzeiten hatten unerwünschte und von ihm nicht anerkannte Anhänger die Lehre der Wiedertaufe entwickelt, die eine Zeitlang die Stadt Münster beherrschte. Die Wiedertäufer lehnten jedes Gesetz ab in der Überzeugung, der gute Mensch werde allezeit vom Heiligen Geist geleitet, der sich nicht in Formeln zwängen läßt. Von dieser Voraussetzung aus kamen sie zum Kommunismus und zur Weibergemeinschaft; sie wurden daher nach heldenhaftem Widerstand ausgerottet. Ihre Lehre jedoch breitete sich in gemilderter Form über Holland, England und Amerika aus; historisch gesehen ist sie die Quelle des Quäkertums. Eine ungestümere Art von Anarchismus, die mit Religion nichts mehr zu tun hatte, entstand im neunzehnten Jahrhundert. In Rußland, in Spanien und in geringerem Ausmaß auch in Italien hatte sie beachtlichen Erfolg und ist noch heute das Schreckgespenst der amerikanischen Einwanderungsbehörden. In dieser modernen, wenngleich antireligiösen Form lebt noch viel vom Geist des ursprünglichen Protestantismus; der Unterschied liegt hauptsächlich darin, daß die Feindseligkeit, die sich bei Luther gegen die Päpste richtete, sich hier gegen die weltlichen Regierungen kehrt.

Die einmal entfesselte Subjektivität ließ sich nicht eindämmen, bevor sie nicht ihren Lauf genommen hatte. Auf die Moral hatte der emphatische protestantische Glaube an das individuelle Gewissen einen hochgradig anarchistischen Einfluß. Gewohnheit und Brauch wirkten zwar so stark fort, daß, von gelegentlichen Ausbrüchen wie in Münster abgesehen, die Jünger des ethischen Individualismus weiterhin so handelten, wie es den herkömmlichen Tugendbegriffen entsprach. Doch war dieser Gleichgewichtszustand stark gefährdet. Dem Kult, den das achtzehnte Jahrhundert mit der »Empfindsamkeit« trieb, konnte er nicht mehr standhalten: eine Tat wurde nicht wegen ihrer guten Auswirkungen oder wegen ihrer Übereinstimmung mit einem Moralgesetz bewundert, sondern um der Empfindung willen, der sie entsprungen war. Aus dieser Einstellung entwickelten sich die Heldenverehrung, wie sie bei Carlyle und Nietzsche Ausdruck fand, und der byronsche Kult mit der glühenden Leidenschaft jedweder Art.

Die romantische Bewegung in der Kunst, in der Literatur und in der Politik hängt eng zusammen mit dieser subjektiven Einstellung, die

Menschen nicht als Mitglieder einer Gemeinschaft, sondern als ästhetisch erfreuliche Objekte der Kontemplation zu beurteilen. Tiger sind zwar schöner als Schafe, doch sehen wir sie lieber hinter Gittern. Der typische Romantiker jedoch beseitigt das Gitter und freut sich an den großartigen Sprüngen des Tigers, der das Schaf reißt. Er ermutigt die Menschen, sich als Tiger zu fühlen, und wenn es ihm gelingt, sind die Ergebnisse nicht durchaus vergnüglich.

Die schon eher als Irrsinn zu bezeichnenden Formen des Subjektivismus riefen in modernen Zeiten verschiedene Gegenströmungen hervor. Zunächst suchte eine Philosophie auf dem Mittelweg, durch die Doktrin des Liberalismus, eine Kompromißlösung, indem sie den Bereich der Regierung und die Sphäre des Einzelmenschen gegeneinander abgrenzte. Wir finden das in seiner neuzeitlichen Form zuerst bei Locke, der ein ebenso scharfer Gegner der »Schwärmerei« – des Individualismus der Wiedertäufer – wie der absoluten Autorität und der blinden Unterwürfigkeit gegenüber der Tradition ist. Aus tiefergehender Auflehnung entstand die Lehre von der Verherrlichung des Staates; sie billigte dem Staat die Stellung zu, die der Katholizismus der Kirche oder zuweilen sogar Gott einräumte. Hobbes, Rousseau und Hegel vertreten verschiedene Phasen dieser Theorie, ihre Doktrinen finden in Cromwell, Napoleon und im modernen Deutschland praktische Verkörperung. Theoretisch ist der Kommunismus weit entfernt von solchen Anschauungen; in der Praxis ist er jedoch in eine Gesellschaftsform hineingetrieben worden, die denen stark ähnelt, welche sich aus der Verherrlichung des Staates ergeben.

Während dieser ganzen, langen Entwicklung, von 600 v. Chr. bis zum heutigen Tage, unterschied man bei den Philosophen zwei Richtungen: die einen erstrebten festere soziale Bande, und die anderen wünschten sie zu lockern. Damit hingen noch andere Unterschiede zusammen. Die Disziplinarier setzten sich für irgendein altes oder neues System ein und waren daher notgedrungen in stärkerem oder schwächerem Maße der Wissenschaft feind, da sich ihre Dogmen empirisch nicht beweisen ließen. Fast übereinstimmend haben sie gelehrt, nicht das Glück sei das erstrebenswerte Gut, vorzuziehen seien vielmehr »Adel« oder »Heroismus«. Sie sympathisierten mit allem Irrationalen in der menschlichen Natur, weil sie ihre feindliche Einstellung dem sozialen Zusammenhalt gegenüber für begründet hielten. Die Verfechter der Willensfreiheit neigten andererseits mit Ausnahme der extremen Anarchisten zu einer wissenschaftlichen, nützlichkeitsbetonten, rationalistischen, leidenschaftsfeindlichen und allen ernsteren Religionsformen abgekehrten Einstellung. Dieser Gegensatz bestand in Griechenland bereits vor dem Aufkommen dessen, was wir als Philosophie erkennen, und kommt schon im griechischen Denken der frühesten Zeit klar zum Ausdruck. In wechselnder Gestalt hat er sich bis zum heutigen Tage erhalten und wird zweifellos noch lange weiterbestehen.

Natürlich hat in diesem Streitfall – wie in allen, auf lange Zeiträume ausgedehnten Kämpfen – jede Partei teils recht und teils unrecht. Soziale Kohäsion ist eine Notwendigkeit, und es ist der Menschheit noch nie gelungen, Zusammenhalt auf rein rationalem Wege zu erzwingen. Jeder Staat ist zwei gegensätzlichen Gefahren ausgesetzt: der Verknöcherung durch zuviel Disziplin und Ehrfurcht vor der Tradition einerseits; andererseits der Auflösung oder Niederlage durch Eroberung von außen, weil zunehmender Individualismus und wachsende persönliche Unabhängigkeit jede Zusammenarbeit unmöglich machen. Im allgemeinen setzen bedeutende Kulturen mit einem strengen, abergläubischen System ein, das sich allmählich lockert und in einem gewissen Stadium zu einer Periode höchster Genialität führt, während das Gute in der alten Tradition fortwirkt und das Schlechte, das der beginnenden Auflösung innewohnt, sich noch nicht entfaltet hat. Sobald das Schlechte jedoch zutage tritt, führt es zur Anarchie und damit unweigerlich zu neuer Tyrannis, die, gestützt auf ein neues dogmatisches System, eine neue Synthese vollzieht. Die Doktrin des Liberalismus ist ein Versuch, sich von dieser dauernden Pendelbewegung freizumachen. Der Liberalismus bemüht sich im wesentlichen, eine soziale Ordnung zu sichern, die nicht auf einem irrationalen Dogma aufbaut, und eine Stabilität mit dem Minimum an Zwang zu gewährleisten, der zur Erhaltung des Staates erforderlich ist. Ob dieser Versuch erfolgreich sein wird, kann nur die Zukunft lehren.

ERSTES BUCH

Die Philosophie der Antike

I. TEIL

Die Vorsokratiker

1. KAPITEL

Der Aufschwung der griechischen Kultur

In der ganzen Weltgeschichte ist nichts so überraschend oder so schwer erklärlich wie das plötzliche Aufblühen der Kultur in Griechenland. Vieles, was zum Begriff der Kultur gehört, hatte es schon Jahrtausende zuvor in Ägypten und Mesopotamien gegeben; seither hatte es sich in den benachbarten Ländern ausgebreitet. Aber gewisse, bislang fehlende Elemente trugen erst die Griechen dazu bei. Was sie im Reich der Kunst und Literatur geschaffen haben, ist allgemein bekannt; was sie jedoch auf dem Gebiet des reinen Denkens leisteten, ist ganz einzigartig. Sie erfanden die Mathematik[1], die Naturwissenschaft und die Philosophie; sie schrieben zum erstenmal Geschichte anstelle bloßer Annalen; frei von überkommenen orthodoxen Anschauungen stellten sie Betrachtungen an über das Wesen der Welt und den Sinn des Lebens. Das Ergebnis war so verblüffend, daß sich die Menschen bis in die jüngste Zeit hinein damit begnügten, zu staunen und sich in mystischen Reden über den griechischen Genius zu ergehen. Es ist jedoch möglich, die Entwicklung Griechenlands in wissenschaftlichen Begriffen zu verstehen, und überdies ist es durchaus der Mühe wert.

Die Philosophie beginnt mit Thales; er ist glücklicherweise zeitlich zu bestimmen, weil er eine Mondfinsternis voraussagte, die nach Angabe der Astronomen in das Jahr 585 v. Chr. fiel. Philosophie und Wissenschaft – ursprünglich nicht voneinander getrennt – entstanden demnach gemeinsam zu Beginn des sechsten Jahrhunderts. Was hatte sich in Griechenland und den angrenzenden Ländern vor diesem Zeitpunkt zugetragen? Jede Antwort wird sich zumindest teilweise auf Mutmaßungen stützen; dank der Archäologie wissen wir jedoch im gegenwärtigen Jahrhundert bedeutend mehr davon als unsere Großväter.

Die Schreibkunst wurde in Ägypten um das Jahr 4000 v. Chr., in

---

1 Arithmetik und etwas Geometrie kannte man schon bei den Ägyptern und Babyloniern, hauptsächlich jedoch in der Form praktischer, leicht faßlicher Regeln. Deduktive Beweisführung auf Grund allgemeiner Voraussetzungen war eine griechische Neuerung.

Mesopotamien wenig später erfunden. In beiden Ländern begann man zu schreiben, indem man bildlich darstellte, was es auszudrücken galt. Diese Zeichen wurden bald so gebräuchlich, daß Worte durch Ideogramme wiedergegeben wurden, wie es heute noch in China geschieht. Im Laufe von Jahrtausenden entwickelte sich dieses schwerfällige System zur alphabetischen Schrift.

Ägypten und Mesopotamien verdankten die frühe Entfaltung ihrer Kultur dem Nil, dem Tigris und Euphrat, die den Ackerbau sehr erleichterten und ertragreich machten. Die Kultur ähnelte in vieler Hinsicht der, welche die Spanier in Mexiko und Peru vorfanden. Da gab es einen göttlichen, mit despotischen Machtbefugnissen ausgestatteten König; in Ägypten gehörte ihm das ganze Land. Es gab eine polytheistische Religion mit einem höchsten Gott, zu dem der König in besonders enger Beziehung stand. Es gab eine Militär-Aristokratie und daneben eine Priester-Aristokratie. Diese Kaste maßte sich oftmals Eingriffe in die Rechte des Königs an, wenn der König schwach oder in einen schwierigen Krieg verwickelt war. Der Boden wurde von Sklaven bearbeitet, die Leibeigene des Königs, der Aristokratie oder der Priesterschaft waren.

Zwischen der ägyptischen und der babylonischen Religion bestand ein beachtlicher Unterschied. Bei den Ägyptern spielte der Tod eine ganz besondere Rolle; sie glaubten, die Seelen der Verstorbenen stiegen hinab in die Unterwelt, wo sie entsprechend ihrem Lebenswandel auf Erden von Osiris gerichtet wurden. Sie meinten, die Seele kehre schließlich zum Körper zurück; das führte zur Einbalsamierung und zum Bau der großartigen Grabmäler. Die Pyramiden wurden gegen Ende des vierten und zu Beginn des dritten Jahrtausends v. Chr. von verschiedenen Königen errichtet. Danach erstarrte die ägyptische Kultur mehr und mehr, und der religiöse Konservatismus verhinderte jeden Fortschritt. Um 1800 v. Chr. wurde Ägypten von den semitischen Hyksos erobert, die das Land etwa zweihundert Jahre lang beherrschten. Sie hinterließen keine bleibenden Spuren in Ägypten, ihre Anwesenheit muß jedoch dazu beigetragen haben, daß sich die ägyptische Kultur in Syrien und Palästina ausbreitete.

Babylonien hatte eine kriegerischere Entwicklung als Ägypten. Zunächst wurde es nicht von Semiten, sondern von den »Sumerern« beherrscht, deren Ursprung unbekannt ist. Sie erfanden die Keilschrift, die die semitischen Eroberer von ihnen übernahmen. Eine Zeitlang gab es verschiedene unabhängige Städte, die einander bekämpften; schließlich gewann jedoch Babylon die Oberhand und gründete ein Reich. Die Götter anderer Städte wurden untergeordnet, und Marduk, der Gott Babylons, errang eine Stellung, wie sie später Zeus im griechischen Pantheon einnahm. Das gleiche hatte sich in Ägypten abgespielt, jedoch weit früher.

Die ägyptische und die babylonische Religion waren wie andere antike Religionen ursprünglich Fruchtbarkeitskulte. Die Erde war weiblich, die Sonne männlich. Der Stier galt gewöhnlich als Verkörperung männlicher Fruchtbarkeit, und Stiergötter gab es allenthalben. In Babylon nahm Ishtar, die Erdgöttin, die Vorrangstellung unter den weiblichen Gottheiten ein. In ganz Westasien wurde die Große Mutter unter verschiedenen Namen angebetet. Als griechische Kolonisten in Kleinasien ihr geweihte Tempel vorfanden, nannten sie sie Artemis und übernahmen den bestehenden Kult. Das ist der Ursprung der »Diana der Epheser«.[2] Das Christentum verwandelte sie in die Jungfrau Maria, und auf einem Konzil zu Ephesus wurde für sie die Bezeichnung »Mutter Gottes« rechtmäßig eingeführt.

Überall da, wo eine Religion eng mit der Regierung eines Reiches verbunden war, trugen politische Motive viel dazu bei, ihre ursprünglichen Züge zu verwandeln. Der Staat bekam seinen Gott oder seine Göttin; diese Gottheit hatte nicht nur für eine üppige Ernte, sondern auch im Kriegsfalle für den Sieg zu sorgen. Eine reiche Priesterkaste arbeitete das Ritual und die religiösen Lehren aus und vereinte die verschiedenen Gottheiten der einzelnen Teile des Reiches in einem Pantheon.

Da die Regierung so eng mit den Göttern verbunden war, ergaben sich daraus auch Beziehungen zwischen den Gottheiten und der Moral. Ein Gott schenkte dem Gesetzgeber den Kodex; daher wurde jeder Rechtsbruch zur Sünde gegen Gott. Das älteste, bislang bekannte Gesetzbuch ist das des Königs Hammurabi von Babylon, um 2100 v. Chr.; dieses Gesetzbuch, so versicherte der König, sei ihm von Marduk übergeben worden. Die Beziehung zwischen Religion und Moral wurde im Verlauf der Antike beständig enger.

Im Gegensatz zur ägyptischen Religion beschäftigte sich die babylonische mehr mit der Wohlfahrt auf dieser Welt als mit der Glückseligkeit in der nächsten. Magie, Weissagung und Astrologie waren nicht spezifisch babylonisch, jedoch in Babylon stärker entwickelt als anderwärts; ihren Einfluß auf die spätere Antike verdankten sie vornehmlich Babylon. Aus diesem Reich stammt auch einiges, das ins wissenschaftliche Gebiet gehört; die Einteilung des Tages in vierundzwanzig Stunden und des Kreises in 360 Grad; desgleichen die Entdeckung gewisser Zyklen bei Gestirnsverfinsterungen, so daß man imstande war, Mondfinsternisse mit Sicherheit und Sonnenfinsternisse mit gewisser Wahrscheinlichkeit vorauszusagen. Diese babylonischen Kenntnisse hatte sich, wie wir sehen werden, Thales zu eigen gemacht.

Ägypten und Mesopotamien hatten eine bäuerliche, die Nachbarstaaten zunächst eine Hirten-Kultur. Ein neues Element kam mit der Entwicklung des Handels hinzu, der anfänglich fast ganz auf dem See-

---

2 Artemis entspricht der lateinischen Diana. Im griechischen Testament handelt es sich um Artemis, wenn unsere Übersetzung von Diana spricht.

wege betrieben wurde. Bis etwa 1000 v. Chr. fertigte man die Waffen aus Bronze an, und Völker, die das notwendige Metall nicht selbst besaßen, mußten es sich durch Handel oder Piraterie verschaffen. Die Piraterie war aber nur ein vorübergehender Notbehelf; bei einigermaßen beständigen sozialen und politischen Umständen erwies sich der Handel als vorteilhafter. Bahnbrechend im Handel scheint die Insel Kreta gewesen zu sein. Annähernd elfhundert Jahre lang, etwa von 2500 bis 1400 v. Chr., gab es auf Kreta eine künstlerisch hochstehende Kultur, die minoische. Was sich von kretischer Kultur erhalten hat, vermittelt den Eindruck von Heiterkeit und von fast dekadentem Luxus, der sich stark von dem erschreckenden Düster der ägyptischen Tempel unterscheidet.

Bis zu den Ausgrabungen von Sir Arthur Evans und anderen war von dieser bedeutenden Kultur fast nichts bekannt. Es war die Kultur eines Seevolkes, das in enger Verbindung mit Ägypten stand (allerdings nicht zur Zeit der Hyksos). Aus ägyptischen Darstellungen geht klar hervor, daß der sehr beachtliche Handel zwischen Ägypten und Kreta in Händen von kretischen Seeleuten lag; er erreichte um 1500 v. Chr. seinen Höhepunkt. Die kretische Religion scheint eine gewisse Verwandtschaft mit den Religionen Syriens und Kleinasiens gehabt zu haben; in der Kunst jedoch bestand eine stärkere Anlehnung an Ägypten, obwohl die kretische Kunst sehr ursprünglich und erstaunlich lebensvoll war. Mittelpunkt der kretischen Kultur war der sogenannte »Palast des Minos« auf Knossos; Erinnerungen daran leben in den Sagen des klassischen Griechenlands fort. Die Paläste auf Kreta waren sehr prächtig, wurden aber gegen Ende des vierzehnten Jahrhunderts v. Chr. zerstört, vermutlich durch einfallende Griechen. Man errechnet die Daten der kretischen Geschichte aus ägyptischen Funden auf Kreta und aus kretischen Funden in Ägypten; wir sind mit unserem Wissen ausschließlich auf archäologische Beweisstücke angewiesen.

Die Kreter verehrten eine Göttin, vielleicht auch mehrere Göttinnen. Man kann kaum daran zweifeln, daß es die »Herrin der Tiere«, eine Jägerin, gab, wahrscheinlich die Urform der klassischen Artemis.[3] Offenbar war sie auch Mutter; die einzige männliche Gottheit ist neben dem »Herrn der Tiere« ihr kleiner Sohn. Es spricht einiges für den Glauben an ein Leben im Jenseits, wo, wie in der ägyptischen Religion, die irdischen Taten belohnt oder bestraft werden. Nach ihrer Kunst zu urteilen, scheinen die Kreter jedenfalls im großen und ganzen ein heiteres, von düsterem Aberglauben nicht allzu beschwertes Volk gewesen zu sein. Sie liebten Stiergefechte, wobei weibliche und männliche Toreadore erstaunliche akrobatische Kunststücke vollbrachten. Nach Sir

---

3 Sie hat einen Zwillingsbruder oder Gemahl, den »Herrn der Tiere«, doch ist er weniger bedeutend. Erst zu einem späteren Zeitpunkt wurde Artemis mit der kleinasiatischen Großen Mutter identifiziert.

Arthur Evans' Ansicht waren die Stierkämpfe religiöse Schauspiele und die Darsteller Mitglieder des höchsten Adels, doch wird diese Auffassung nicht allgemein anerkannt. Die uns erhaltenen Bilder sind sehr lebendig und realistisch.

Die Kreter hatten eine Linearschrift, die jedoch nicht entziffert werden konnte. Daheim waren sie friedliebende Leute, ihre Städte waren nicht durch Wälle befestigt; zweifellos hatten sie auch eine Seemacht zu ihrem Schutz.

Vor ihrer Zerstörung breitete sich die minoische Kultur, um 1600 v. Chr., über das griechische Festland aus, wo sie sich in verschiedenen, allmählichen Abwandlungen bis etwa 900 v. Chr. erhielt. Diese Festlandkultur wird die mykenische genannt; sie ist bekannt durch die Königsgräber und Befestigungen auf Berggipfeln; offenbar hatte man hier mehr Furcht vor dem Krieg als auf Kreta. Gräber und Befestigungen, die erhalten blieben, wirkten noch auf die Phantasie des klassischen Griechenlands ein. Die älteren Kunsterzeugnisse in den Palästen sind entweder echte kretische Arbeit oder der kretischen nahe verwandt. Was uns Homer schildert, ist durch den Schleier der Legende gesehene mykenische Kultur.

Über die Mykener herrscht noch viel Unklarheit. Verdankten sie ihre Kultur der Unterwerfung durch die Kreter? Sprachen sie Griechisch oder waren sie eine ältere, bodenständige Rasse? Diese Fragen genau zu beantworten ist unmöglich; doch darf man als wahrscheinlich annehmen, daß sie Griechisch sprechende Eroberer waren, und daß zumindest die Aristokratie aus blonden Eindringlingen aus dem Norden bestand, die die griechische Sprache mitbrachten.[4]

Die Griechen kamen in drei aufeinanderfolgenden Wellen nach Griechenland, zuerst die Jonier, dann die Achäer und zuletzt die Dorer. Die Jonier scheinen, obwohl sie als Eroberer kamen, die kretische Kultur nahezu vollständig übernommen zu haben, wie später die Römer die griechische Kultur übernahmen. Doch wurden die Jonier von ihren Nachfolgern, den Achäern, gestört und weitgehend enteignet. Von den Achäern weiß man durch die hethitischen Tafeln, die in Bogastköi gefunden wurden, daß sie im vierzehnten Jahrhundert v. Chr. ein großes, organisiertes Reich besessen haben. Die mykenische Kultur, die schon durch die Kriege der Jonier und Achäer gelitten hatte, war schließlich durch die Dorer zerstört worden, die als letzte Griechenland eroberten. Während die früheren Eindringlinge meist die minoische Religion angenommen hatten, behielten die Dorer den ursprünglichen indo-europäischen Glauben ihrer Vorfahren bei. Die Religion der mykenischen Zeit aber lebte noch, vor allem in den unteren Schichten, schwach fort, und die Religion des klassischen Griechenlands war eine Mischung von

---

4 Vergl. *The Minoan-Mycenaean Religion and Its Survival in Greek Religion* von Martin P. Nilsson, S. 11 ff.

beiden. Einige klassische Göttinnen sind tatsächlich mykenischen Ursprungs.

Obwohl die obige Darstellung wahrscheinlich klingt, muß doch daran erinnert werden, daß wir nicht *wissen*, ob die Mykener Griechen waren oder nicht. Wir wissen nur, daß ihre Kultur verfiel, daß etwa zur Zeit ihres Erlöschens das Eisen die Bronze verdrängte und daß für eine Weile die Vorherrschaft zur See auf die Phönizier überging.

Gegen Ende der Mykene-Zeit wie auch später wurden einige der Eindringlinge als Bauern seßhaft, andere drangen weiter vor, zunächst auf die Inseln und nach Kleinasien, dann nach Sizilien und Süditalien, wo sie Städte gründeten, die vom Handel zur See lebten. Gerade in diesen Küstenstädten begannen die Griechen etwas qualitativ Neues zur Kultur beizutragen; Athen errang sich erst später seine Vorrangstellung, die dann ebenfalls mit seiner Seegeltung zusammenhing.

Das griechische Festland ist gebirgig und großenteils unfruchtbar. Es gibt jedoch viele fruchtbare Täler mit bequemem Zugang zur See, die Berge verhindern jedoch den leichten Verkehr zu Lande. In diesen Tälern entstanden kleine, abgeschlossene Gemeinschaften, die von der Landwirtschaft lebten und sich um eine Stadt scharten, die gewöhnlich nahe der Küste lag. Wer auf dem Lande kein Auskommen mehr fand, weil die Bevölkerung einer Gemeinschaft im Verhältnis zu ihren inneren Versorgungsquellen zu stark angewachsen war, mußte sich natürlich unter solchen Umständen auf die Seefahrt verlegen. Die Städte des Festlandes gründeten oftmals Kolonien an Stellen, wo sich der Lebensunterhalt weit leichter verdienen ließ als daheim. So waren die Griechen in den frühesten Geschichtsperioden in Kleinasien, Sizilien und Italien viel reicher als die Griechen auf dem Festland.

Die Gesellschaftsordnungen wichen in den verschiedenen Teilen Griechenlands stark voneinander ab. In Sparta lebte eine kleine Schicht, die Aristokratie, von der Arbeit unterdrückter Leibeigener aus anderen Stämmen; in den ärmeren landwirtschaftlichen Gebieten bestand die Bevölkerung hauptsächlich aus Bauern, die mit Hilfe ihrer Familien eigenes Land bestellten. Wo aber Handel und Industrie blühten, wurden die freien Bürger reich, weil sie Sklaven arbeiten ließen – die Männer in den Gruben, die Frauen in der Textilindustrie. In Jonien stammten diese Sklaven aus den barbarischen Nachbarländern; man setzte sich in der Regel zunächst auf kriegerischem Wege in ihren Besitz. Zugleich mit dem zunehmenden Wohlstand wuchs auch die Isolierung der angesehenen Frauen, die in späterer Zeit, außer in Sparta und Lesbos, wenig Anteil am griechischen Kulturleben hatten.

Ganz allgemein verlief die Entwicklung so, daß zunächst auf die Monarchie die Aristokratie folgte; dann lösten Tyrannis und Demokratie einander wechselnd ab. Die Könige herrschten nicht absolut wie in Ägypten und Babylonien; sie wurden von einem Ältestenrat beraten und durften nicht ungestraft gegen das Gewohnheitsrecht verstoßen.

»Tyrannis« bedeutete nicht unbedingt schlechte Regierung, vielmehr nur die Herrschaft eines Mannes, der keinen Erbanspruch auf die Macht besaß. Mit »Demokratie« bezeichnete man die Regierung aller Bürger, allerdings unter Ausschluß der Sklaven und Frauen. Wie die Medici gelangten die ersten Tyrannen zur Macht, weil sie die reichsten Mitglieder der jeweiligen Plutokratien waren. Die Quelle ihres Reichtums waren oftmals ihre Gold- und Silberminen, die noch einträglicher wurden, als man Münzen zu schlagen begann; das Münzsystem stammte aus Lydien, das an Jonien grenzte,[5] und ist offenbar kurz vor 700 v. Chr. erfunden worden.

Für die Griechen war eines der wichtigsten Ergebnisse des Handels und des Piratentums – die sich anfangs kaum voneinander unterschieden –, daß sie schreiben lernten. Obwohl es seit Jahrtausenden in Ägypten und Babylonien eine Schrift gegeben hatte und auch die minoischen Kreter eine (noch nicht entzifferte) Schrift besaßen, ist nicht klar erwiesen, daß die Griechen schon vor dem zehnten Jahrhundert v. Chr. eine alphabetische Schrift kannten. Sie lernten diese Kunst von den Phöniziern, die wie andere Bewohner Syriens ägyptischen wie babylonischen Einflüssen ausgesetzt waren; sie waren im Seehandel führend bis zum Aufblühen der griechischen Städte in Jonien, Italien und Sizilien. Im vierzehnten Jahrhundert schrieben die Syrer an Echnaton (den ketzerischen König von Ägypten) noch in der babylonischen Keilschrift; Hiram von Tyrus (969–936) hingegen benützte das phönizische Alphabet, das sich wahrscheinlich aus der ägyptischen Schrift entwickelt hat. Die Ägypter verwendeten anfangs eine reine Bilderschrift; allmählich wurden diese Bilder immer konventioneller, dienten zur Bezeichnung von Silben (der ersten Silbe vom Namen der dargestellten Dinge) und entwickelten sich schließlich zu reinen Buchstaben.[6] Dieser letzte Schritt, den zwar nicht die Ägypter selbst, wohl aber die Phönizier ganz konsequent vollzogen, ergab das Alphabet mit all seinen Vorzügen. Die Griechen entlehnten es von den Phöniziern und paßten es ihrer Sprache an; dabei führten sie als wichtige Neuerung die Vokale ein, während es zuvor nur Konsonanten gegeben hatte. Zweifellos hat die Einführung dieser bequemeren Schreibweise das Entstehen der griechischen Kultur stark beschleunigt.

Das erste bemerkenswerte Ergebnis der hellenischen Kulturentwicklung war Homer. Bei dem ganzen Homer ist man auf Vermutung angewiesen, doch ist die Ansicht, daß es sich hier um eine Reihe von Dichtern und nicht um einen einzigen handelt, weit verbreitet. Nach dieser Auffassung liegen zwischen der Vollendung der Ilias und der Odyssee

---

5 Siehe P. N. Ure, *The Origin of Tyranny*.
6 Ein Beispiel: »Gimel«, der dritte Buchstabe des hebräischen Alphabets, bedeutete »Kamel«; das entsprechende Zeichen ist eine in den Schriftgebrauch genommene Darstellung eines Kamels.

etwa zweihundert Jahre, und zwar, wie vielfach behauptet wurde, die Jahre von 750–550 v. Chr.[7]; andere meinen, der »Homer« sei gegen Ende des achten Jahrhunderts nahezu abgeschlossen gewesen.[8] Die homerischen Dichtungen wurden in ihrer jetzigen Form von Pisistratus nach Athen gebracht, der (mit Unterbrechungen) von 560–527 v. Chr. regierte. Seither lernte die Jugend Athens den Homer auswendig, worauf in ihrem Unterricht am meisten Wert gelegt wurde. In einigen Gebieten, vornehmlich in Sparta, gelangte Homer erst später zu dieser Bedeutung.

Homers Werke vertreten wie die höfischen Epen des späteren Mittelalters den geistigen Standpunkt einer kultivierten Aristokratie, die manchen im Volk noch wurzelnden Aberglauben als plebejisch ablehnte. In weit späterer Zeit trat vieles von diesem Aberglauben wieder zutage. Gestützt auf die Anthropologie kamen viele moderne Autoren zu der Überzeugung, daß Homer keineswegs primitiv war, daß er vielmehr etwa wie ein Aufklärer des achtzehnten Jahrhunderts die antiken Mythen reinigend bearbeitet habe und damit das Ideal einer Oberschicht vertrat, die gebildete Aufklärung. Die olympischen Götter, bei Homer Repräsentanten der Religion, waren weder zu seiner noch in späterer Zeit der ausschließliche Gegenstand der Verehrung der Griechen. Es gab auch andere, dunklere und wildere Elemente im volkstümlichen Glauben, die von der griechischen Intelligenz zwar nach Möglichkeit in Schach gehalten wurden, jedoch nur darauf lauerten, in Augenblicken der Schwäche oder Angst hervorzubrechen. Zur Zeit des Verfalls zeigte es sich, daß religiöse Überzeugungen, die Homer bereits aufgegeben hatte, die ganze klassische Epoche, halb verschüttet, überdauert hatten. Das erklärt manches, was andernfalls widerspruchsvoll und befremdend wirken würde.

Die primitive Religion war allenthalben immer mehr Sache des Stammes als der einzelnen. Bestimmte Riten wurden vollzogen in der Absicht, durch sympathetische Magie die Interessen des Stammes zu fördern, besonders die Fruchtbarkeit der Pflanzen, der Tiere und Menschen. Zur Wintersonnenwende galt es, die Sonne zu bewegen, nicht weiterhin an Kraft abzunehmen; Frühling und Herbst erforderten entsprechende Zeremonien. Sie bewirkten oft eine große Gemeinschaftsekstase, wobei die einzelnen ihr individualistisches Empfinden verloren und sich eins fühlten mit dem ganzen Stamm. Überall in der Welt wurden in einem gewissen Stadium der religiösen Entwicklung geweihte Tiere und Menschen feierlich geopfert und verzehrt. Die verschiedenen Länder traten zu ganz unterschiedlicher Zeit in dieses Stadium ein. Am Menschenopfer hielt man gewöhnlich länger fest als am Verspeisen der geopferten Menschen; in Griechenland war es zu Beginn der histori-

---

7 Beloch, *Griechische Geschichte*, Kap. XII.
8 Rostovtzeff, *History of the Ancient World*, Band I, S. 399.

schen Zeit noch nicht völlig abgeschafft. Fruchtbarkeitsriten ohne derartige grausame Vorzeichen waren in ganz Griechenland üblich; die eleusinischen Mysterien vor allem hatten im wesentlichen landwirtschaftliche Symbolik.

Man muß zugeben, daß die Religion bei Homer nicht sehr religiös ist. Die Götter sind durchaus menschlich und unterscheiden sich vom Menschen nur durch ihre Unsterblichkeit und ihre übermenschlichen Kräfte. Moralisch gesehen läßt sich nichts zu ihren Gunsten anführen, und es ist kaum zu verstehen, warum sie eigentlich so verehrt wurden. An manchen Stellen, vermutlich späteren Einschaltungen, werden sie mit voltairescher Respektlosigkeit behandelt. Das echte religiöse Gefühl bei Homer bezieht sich weniger auf die Götter des Olymps als auf schattenhafte Wesen wie das Schicksal, die Notwendigkeit oder das Verhängnis, denen selbst ein Zeus unterworfen war. Das Schicksal übte auf das gesamte griechische Denken großen Einfluß aus – vielleicht leitete die Wissenschaft unter anderem hieraus ihren Glauben an ein Naturgesetz her.

Homers Götter waren die Gottheiten einer siegreichen Aristokratie, nicht nützliche Fruchtbarkeitsgötter von Menschen, die tatsächlich das Land bebauten. So sagt Gilbert Murray:[9]

»Die Götter der meisten Völker behaupten, die Welt erschaffen zu haben. Diesen Anspruch erheben die Olympier nicht. Sie haben die Welt höchstens erobert... Und was tun sie nun, nachdem sie ihr Reich erobert haben? Befassen sie sich mit der Regierung? Fördern sie den Ackerbau? Betreiben sie Handel und Industrie? Nichts von alledem. Warum sollten sie irgendwelche ehrliche Arbeit leisten? Sie halten es für viel bequemer, von ihren Einkünften zu leben und Leute, die nicht zahlen, mit ihrem Blitzstrahl zu treffen. Es sind siegreiche Räuberhäuptlinge, königliche Freibeuter. Sie kämpfen und schmausen und spielen und machen Musik; sie trinken gewaltig und brüllen vor Lachen über den lahmen Schmied, der sie bedient. Angst haben sie nur vor ihrem eigenen König; auch lügen sie nie, außer in der Liebe und im Krieg.«

Auch Homers menschliche Helden benehmen sich nicht besonders gut. Die führende Familie ist das Haus des Pelops, nicht gerade geeignet, für uns das Vorbild eines glücklichen Familienlebens abzugeben.

»Tantalos, der asiatische Begründer der Dynastie, leitete sie durch eine offene Beleidigung der Götter ein; er soll versucht haben, sie zu täuschen, indem er ihnen Menschenfleisch, nämlich das seines eigenen Sohnes Pelops, vorsetzte. Pelops, der auf geheimnisvolle Weise dem Leben wiedergegeben wurde, verging sich seinerseits. Er gewann das berühmte Wagenrennen gegen Oinomaos, den König von Pisa, dank dem stillschweigenden Einverständnis von Oinomaos' Wagenlenker

---

[9] *Five Stages of Greek Religion*, S. 67.

Myrtilos; später entledigte er sich dieses Bundesgenossen, den zu belohnen er versprochen hatte, indem er ihn ins Meer warf. Der Fluch vererbte sich auf seine Söhne, Atreus und Thyest, und zwar in Form der sogenannten *Ate*, eines starken, wenn nicht gar unwiderstehlichen Triebes zum Verbrechen. Thyest verführte die Frau seines Bruders und brachte es dabei zuwege, den ›Glücksbringer‹ der Familie zu stehlen, das berühmte goldene Vlies. Atreus hingegen sorgte dafür, daß der Bruder verbannt wurde, rief ihn zu einer angeblichen Versöhnung zurück und bewirtete ihn dabei mit dem Fleisch seiner eigenen Kinder. Nun vererbte sich der Fluch auf Atreus' Sohn Agamemnon, der Artemis kränkte, indem er eine heilige Hirschkuh erlegte; er opferte seine Tochter Iphigenie, um die Göttin zu versöhnen und für seine Flotte sichere Überfahrt nach Troja zu erwirken; er seinerseits wurde von seinem treulosen Weib Klytemnästra und ihrem Liebhaber Ägisth, einem überlebenden Sohn des Thyest, ermordet. Orest, Agamemnons Sohn, rächte seinen Vater, indem er seine Mutter und Ägisth tötete.«[10]

Homers Gesamtwerk war ein Produkt Joniens, das heißt eines Teils des hellenischen Kleinasiens und der benachbarten Inseln. Irgendwann, spätestens während des sechsten Jahrhunderts, wurden Homers Dichtungen in ihrer gegenwärtigen Form aufgezeichnet. Im Laufe dieses Jahrhunderts entstanden auch die griechische Wissenschaft, Philosophie und Mathematik. Zur gleichen Zeit trugen sich in anderen Teilen der Welt Ereignisse von grundlegender Bedeutung zu. Konfuzius, Buddha und Zoroaster gehören, wenn sie wirklich gelebt haben, wahrscheinlich in dieses Jahrhundert.[11] Mitte des sechsten Jahrhunderts gründete Cyrus das Perserreich; gegen Ende des Jahrhunderts erhoben sich die griechischen Städte in Jonien, denen die Perser eine begrenzte Autonomie gestattet hatten, zu einem ergebnislosen Aufstand, der von Darius niedergeschlagen wurde; ihre besten Männer wurden verbannt. Verschiedene Philosophen dieser Epoche waren Flüchtlinge, die in den noch nicht besetzten Teilen der hellenischen Welt von Stadt zu Stadt wanderten und die Kultur verbreiteten, die sich bislang hauptsächlich auf Jonien beschränkt hatte. Sie wurden auf ihrer Wanderschaft freundlich behandelt. Xenophanes, der, ebenfalls Flüchtling, Anfang des sechsten Jahrhunderts auf der Höhe seines Lebens stand, sagt: »Beim Feuer ziemt solch Gespräch zur Winterszeit, wenn man auf weichem Lager gesättigt daliegt und süßen Wein trinkt und Kichern (Erbsen) dazu knuspert. Wer und von wem bist du unter den Männern?

---

10 H. J. Rose, *Primitive Culture in Greece*, 1925, S. 193.
11 Bei Zoroasters Daten ist man allerdings stark auf Vermutungen angewiesen. Manche verlegen ihn schon in die Zeit von annähernd 1000 v. Chr. Vergl. *Cambridge Ancient History*, Band IV, S. 207.
12 Übersetzt von Herm. Diels. (Anm. d. Übers.)

Wieviel Jahre zählst du, mein Bester? Wie alt warst du, als der Meder ankam?«[12] Das übrige Grichenland verteidigte erfolgreich seine Unabhängigkeit in den Schlachten von Salamis und Platää, wonach Jonien eine Zeitlang frei war.[13]

Griechenland setzte sich aus zahlreichen kleinen, unabhängigen Staaten zusammen; ein jeder bestand aus einer Stadt mit etwas Ackerland ringsum. Die verschiedenen Teile der griechischen Welt hatten ein ganz unterschiedliches Kulturniveau, und nur eine Minderzahl dieser Stadtstaaten trug etwas zur griechischen Gesamtleistung bei. Sparta, wovon später noch viel zu sagen sein wird, war militärisch, nicht aber kulturell bedeutend. Korinth, ein großes Handelszentrum, war reich und blühend, brachte jedoch nicht viele große Männer hervor.

Dann gab es reine ackerbautreibende Landstaaten, wie das sprichwörtliche Arkadien, das sich die Städter so idyllisch vorstellten; in Wirklichkeit steckte es aber noch voll greulicher antiker Barbarismen.

Die Bewohner verehrten Hermes und Pan und hatten eine Menge Fruchtbarkeitskulte, wobei häufig eine grob bearbeitete Säule die Statue des Gottes ersetzte. Die Ziege war das Symbol der Fruchtbarkeit, weil die Landleute zu arm waren, um sich Stiere leisten zu können. Wenn das Futter knapp war, bekam die Panstatue Prügel. (Etwas Ähnliches geschieht noch heute in entlegenen chinesischen Dörfern.) Es gab einen Clan von vermeintlichen Werwölfen, wahrscheinlich im Zusammenhang mit Menschenopfern und Kannibalismus. Man glaubte, wer einmal Fleisch von einem Menschenopfer kostete, der wurde zum Werwolf. Es gab auch eine dem Zeus Lykaios (Wolf-Zeus) geweihte Höhle; in dieser Höhle warf niemand einen Schatten, und wer sie betrat, starb binnen Jahresfrist. Dieser ganze Aberglaube stand noch zu klassischer Zeit in Blüte.[14]

Pan wurde ursprünglich (wie manche behaupten) »Paon« genannt, was soviel wie der Ernährer oder Hirt bedeutete; als Athen ihn im fünften Jahrhundert nach dem Perserkrieg ebenfalls zu verehren begann, kam er zu seinem uns geläufigeren Namen, der als »All-Gott« ausgelegt wird.[15]

Es gab jedoch auch im alten Griechenland vieles, was wir als Religion in unserem Sinne empfinden können. Das hing nicht mit den Olympiern, sondern mit Dionysos oder Bacchus zusammen, den wir uns meist als den etwas berüchtigten Gott des Weines und der Trunkenheit vorstellen. Es ist jedoch sehr bemerkenswert, wie sich aus der Ver-

---

13 Das Ergebnis des Sieges von Sparta über Athen war, daß die Perser die ganze kleinasiatische Küste zurückgewannen; der Friede des Antalcidas (387/386 v. Chr.) bestätigte ihnen ihr Anrecht darauf. Etwa fünfzig Jahre später wurden sie Alexanders Reich einverleibt.
14 J. E. Harrison, *Prolegomena to the Study of Greek Religion*, S. 651.
15 Vergl. Rose, *Primitive Greece*, S. 65 ff.

ehrung dieses Gottes ein tiefer Mystizismus entwickelt hat, der viele Philosophen stark beeinflußte und sogar zum Entstehen der christlichen Religion beitrug; wer die Entwicklung des griechischen Denkens studieren möchte, muß das unbedingt erkennen.

Dionysos oder Bacchus war ursprünglich ein thrakischer Gott. Die Thraker waren weit weniger kultiviert als die Griechen, die in ihnen Barbaren sahen. Wie alle primitiven, ackerbautreibenden Völker hatten sie Fruchtbarkeitskulte und einen Gott, der die Fruchtbarkeit förderte. Er hieß Bacchus. Es ist nie ganz klar geworden, ob Bacchus die Gestalt eines Mannes oder eines Stieres gehabt hat. Als die Thraker die Kunst, Bier zu brauen, entdeckt hatten, hielten sie den Rausch für etwas Göttliches und verehrten Bacchus deswegen. Als sie später den Wein kennen und trinken lernten, begannen sie ihn nur noch höher zu schätzen. Jetzt sah man in ihm weniger den Förderer der Fruchtbarkeit im allgemeinen, als den Gott, dem man die Rebe und den göttlichen Rausch verdankte, wie ihn der Wein erzeugt.

Zu welchem Zeitpunkt die Bacchus-Verehrung von Thrakien auf Griechenland überging, ist unbekannt, doch scheint es kurz vor Beginn der historischen Zeitrechnung gewesen zu sein. Der Bacchus-Kult stieß bei den Orthodoxen auf Widerstand, setzte sich aber trotzdem durch. Er enthielt viele barbarische Elemente, z. B. wurden wilde Tiere in Stücke gerissen und roh aufgegessen. Auch haftete ihm ein seltsam femininer Zug an. Ehrbare Matronen und Mädchen pflegten in großem Kreis auf den Hügeln ganze Nächte in ekstatischen Tänzen zu verbringen; dieser Rausch war vielleicht teilweise alkoholischer, hauptsächlich jedoch mystischer Natur. Die Ehemänner schätzten diesen Brauch nicht, wagten aber in religiösen Angelegenheiten nicht zu widersprechen. Wie schön und grausam zugleich dieser Kult war, hat uns Euripides in seinen »Bacchen« gezeigt.

Es ist nicht weiter überraschend, daß der Dionysos in Griechenland so freudig aufgenommen wurde. Wie alle Völker, die sich kulturell rasch entwickelten, hatten auch die Griechen oder zumindest ein bestimmter Teil von ihnen eine Vorliebe für das Primitive; sie sehnten sich nach einer triebhafteren und leidenschaftlicheren Lebensweise, als die herrschenden Moralvorschriften es zuließen. Vernünftig zu sein ist für den Mann oder die Frau beschwerlich, die sich zwangsweise kultivierter benehmen müssen als sie empfinden; Tugend wirkt dann wie eine Last und wie Sklaverei. Das führt zu Reaktionen im Denken, Fühlen und Verhalten. Gerade die Reaktion im Denken wird uns besonders beschäftigen, doch ist zuvor noch etwas über die Reaktion im Fühlen und Verhalten zu sagen.

Der kultivierte Mensch unterscheidet sich vom Wilden hauptsächlich durch die *Vorsicht* oder, um einen etwas weiteren Begriff anzuwenden, durch die *Vorsorge*. Bereitwillig nimmt er gegenwärtige Leiden um zukünftiger Freuden willen auf sich, selbst wenn die künftigen Freuden recht fern liegen. Diese Einstellung gewann Bedeutung, als der Mensch den Acker zu bestellen begann; kein Tier und kein Wilder würde im Frühling arbeiten, um im nächsten Winter etwas zu essen zu haben; eine Ausnahme machen einige wenige, rein instinkthafte Formen des Handelns, wenn etwa die Bienen Honig herstellen oder die Eichhörnchen Nüsse vergraben. In diesen Fällen handelt es sich nicht um bewußte Vorsorge, sondern um den unmittelbaren Trieb, etwas zu tun, was sich später einmal, zumindest nach der Beobachtung des Menschen, als nützlich erweisen wird. Echte Vorsorge liegt aber nur vor, wenn ein Mensch etwas tut, ohne dazu getrieben zu sein, nur weil sein Verstand ihm sagt, daß er zu einem späteren Zeitpunkt Nutzen davon haben wird. Die Jagd ist nicht durch Vorsorge bedingt, denn sie ist ein Vergnügen; die Feldbestellung hingegen ist Arbeit und kann nicht aus spontanem Trieb getan werden.

Die Kultur hält die Triebe nicht nur durch Vorsorge, einen selbstauferlegten Zwang, in Schranken, sondern auch durch Gesetze, Sitte und Religion. Dieses Einschränken hat sie vom Barbarentum ererbt, doch geschieht es bei ihr weniger instinktiv und dafür systematischer. Bestimmte Handlungen werden als kriminell bezeichnet und bestraft; andere werden zwar nicht bestraft, gelten aber als schlecht und führen zur gesellschaftlichen Ächtung der Schuldigen. Mit dem Privateigentum kommt es zur Unterjochung der Frau und gewöhnlich auch zur Entstehung eines Sklavenstandes. Einerseits werden dem einzelnen die Interessen des Staates aufgezwungen; andererseits opfert der einzelne, der sein Leben als Ganzes zu überblicken gelernt hat, in zunehmendem Maße seine Gegenwart der Zukunft.

Ganz offensichtlich kann man diese Vorsorge übertreiben, wie es beispielsweise der Geizhals tut. Doch auch ohne so ins Extrem zu gehen, vermag Vorsorge leicht zum Verlust einiger der schönsten Dinge im Leben zu führen. Wer Dionysos verehrt, handelt wider die Vorsicht. Im physischen oder geistigen Rausch gewinnt er eine Intensität des Fühlens wieder, die durch die Vorsicht verlorenging; er entdeckt erneut die Freude und Schönheit in der Welt; seine Phantasie ist plötzlich befreit von den Fesseln der alltäglichen Vorurteile. Das Bacchus-Ritual löste den sogenannten »Enthusiasmus« aus; dieses Wort bedeutet etymologisch, daß der Gott in den Anbetenden eingeht, so daß er glaubte, mit dem Gott eins zu werden. In vielen menschlichen Höchstleistungen finden wir ein gewisses Element des Rausches;[16] die Leidenschaft triumphiert gleichsam über die Vorsicht. Ohne das bacchische Element wäre das Leben reizlos, mit ihm ist es gefährlich. Vorsicht contra Leidenschaft – dieser Konflikt zieht sich durch die ganze Weltgeschichte. Hier handelt es sich um einen Konflikt, bei dem wir nicht ganz einseitig Partei ergreifen sollten.

16 Ich meine geistigen, nicht durch Alkohol erzeugten Rausch.

In der Gedankenwelt ist die vernunftbeherrschte Kultur ungefähr gleichbedeutend mit Wissenschaft. Aber die reine Wissenschaft befriedigt nicht; die Menschen brauchen auch Leidenschaft, Kunst und Religion. Die Wissenschaft mag der Erkenntnis Grenzen setzen, sollte aber niemals die Vorstellungskraft einschränken. Unter den griechischen wie unter den späteren Philosophen gab es vorwiegend wissenschaftlich und vorwiegend religiös Eingestellte; die letzteren verdankten, mittelbar oder unmittelbar, vieles der Bacchus-Religion. Das gilt vor allem für Plato und durch ihn für jene späteren Strömungen, die schließlich im Christentum aufgingen.

In seiner ursprünglichen Form war der Dionysos-Kult grausam und vielfach abstoßend. Sein Einfluß auf die Philosophen ging nicht von dieser, sondern von einer vergeistigten Form aus, die Orpheus zugeschrieben wurde; sie war asketisch und ersetzte den physischen Rausch durch den geistigen.

Orpheus ist eine dunkle, aber interessante Erscheinung. Manche glauben, er habe wirklich gelebt; andere halten ihn für einen Gott oder eine Phantasiegestalt. Nach der Überlieferung kam er wie Bacchus aus Thrakien; wahrscheinlicher ist jedoch, daß er (oder die Bewegung, die mit seinem Namen zusammenhängt) aus Kreta stammte. Jedenfalls enthalten die orphischen Lehren vieles, was einen Ursprung in Ägypten zu haben scheint, und Ägypten beeinflußte Griechenland vor allem auf dem Wege über Kreta. Orpheus soll ein Reformator gewesen sein, den rasende, von der bacchischen Orthodoxie aufgepeitschte Mänaden in Stücke rissen. In den älteren Fassungen der Legende tritt seine Neigung zur Musik nicht so stark hervor wie später. Ursprünglich war er Priester und Philosoph.

Was Orpheus selbst auch (falls er gelebt hat) gelehrt haben mag, die Lehre der Orphiker ist jedenfalls wohlbekannt. Sie glaubten an die Seelenwanderung und lehrten, daß die Seele künftig je nach ihrer Lebensführung hier auf Erden die ewige Seligkeit erlangen könne oder ewige oder zeitweilige Qualen erdulden müsse. Sie strebten danach, »rein« zu werden, teils durch Reinigungszeremonien, teils durch Vermeiden gewisser Verunreinigungen. Die Strenggläubigsten enthielten sich tierischer Nahrung, außer bei rituellen Anlässen, wenn sie etwas vom Opfer als Sakrament zu sich nahmen. Der Mensch, so meinten sie, besteht zum Teil aus irdischen, zum Teil aus himmlischen Elementen; durch ein reines Leben erweitert sich der überirdische Anteil, indes sich der irdische vermindert. Schließlich kann der Mensch mit Bacchus eins werden und wird »ein Bacchus« genannt. Die Orphiker hatten eine sorgfältig ausgearbeitete Theologie; danach war Bacchus zweimal geboren worden, einmal von seiner Mutter Semele und einmal aus der Lende seines Vaters Zeus.

Es gibt viele Fassungen des Dionysos-Mythos. Der einen nach ist Dionysos der Sohn des Zeus und der Persephone; schon als Knabe wird er von Titanen in Stücke gerissen; sie verzehren sein Fleisch bis auf das Herz. Manche behaupten, Zeus habe dieses Herz der Semele geschenkt, andere, daß Zeus es verschluckt habe; in beiden Fällen kam es zur Wiedergeburt des Dionysos. Wenn die Bacchen ein wildes Tier zerrissen und das rohe Fleisch verschlangen, so hielten sie das für eine erneute Darstellung des alten Vorganges, da ja auch Dionysos von den Titanen zerrissen und sein Fleisch von ihnen verschlungen worden war. Das Tier war dabei gewissermaßen eine Inkarnation des Gottes. Die Titanen waren erdgeboren; nachdem sie aber den Gott verzehrt hatten, wohnte ihnen ein Funke von Göttlichkeit inne. Auch der Mensch ist teils irdisch, teils göttlich, und die Bacchus-Riten suchten ihn möglichst vollkommen mit göttlichem Wesen zu erfüllen.

Euripides legte einem orphischen Priester ein aufschlußreiches Bekenntnis in den Mund:

> Phöniziens Sohn, den Tyros gebar,
> Europas Kind und des großen Zeus,
> Du beherrschest
> Kreta mit all seinen Städten.
>
> Aus heiligem Tempel kam ich hierher:
> Aus heimischem Baum chalybischer Stahl
> Schlug Dutzende Balken, gefügt und geleimt
> Mit Rinderleim –
> So schuf uns das Haus die Zypresse.
>
> Ein heiliges Leben führ' ich seit je,
> Drum ward ich geweiht dem Idäischen Zeus.
> Nachtschwärmendem Zagreus richt' ich das Mahl,
> Das roh genossene Speise ihm gibt.
> Der Mutter der Berge die Fackeln ich trag'
> Und der Kureten
> Bacchos werd' ich genannt, man heiliget mich.
> Ich flüchte mich weit im weißen Gewand,
> Den Sippen der Menschen ja will ich entgeh'n
> Ihrem Totenschrein.
> Nicht eß ich, was jemals gelebt hat.

In Gräbern aufgefundene orphische Platten geben der Seele des Verstorbenen Ratschläge, wie sie ihren Weg in die nächste Welt zu finden habe und was sie sagen müsse, um sich der Erlösung würdig zu zeigen. Es sind nur unvollständige Bruchstücke; auf der besterhaltenen (der Platte von Petiglia) steht zu lesen:

»Links vom Haus des Hades wirst du eine Quelle finden und daneben eine weiße Zypresse – dieser Quelle nahe dich nicht. Aber am See der

Erinnerung wirst du eine andere Quelle finden, fließendes, kühles Wasser, vor dem Wächter stehen. Sprich: Ich bin ein Kind der Erde und des Sternenhimmels. Daß mein Geschlecht aber vom Himmel stammt, wisset ihr.
Sehet, ich bin ausgedörrt und vergehe vor Durst. Gebt mir rasch das kühle Wasser, das aus dem See der Erinnerung fließt. Und sie werden dir aus dem heiligen Quell zu trinken geben, und dann wirst du in das Reich der anderen Heroen eingehen ...«

Auf einer anderen Platte heißt es: »Heil dir, der du das Leiden erlitten hast... du wirst aus einem Menschen zum Gott werden.« Und auf einer dritten: »Glücklicher und Gesegneter, statt sterblich, sollst Du ein Gott sein.«

Die Quelle, von der die Seele nicht trinken soll, ist der Lethe-Quell, der Vergessen bringt; die andere Quelle ist Mnemosyne, die Erinnerung. In der nächsten Welt darf die Seele, wenn sie erlöst werden will, nicht vergessen, muß sich vielmehr ein übernatürliches Gedächtnis erwerben.

Die Orphiker waren eine asketische Sekte; der Wein galt ihnen nur als Symbol, wie später im christlichen Sakrament. Der Rausch, den sie suchten, war der »Enthusiasmus«, der Rausch der Vereinigung mit dem Gott. Sie glaubten, auf diese Weise zu mystischen Erkenntnissen zu kommen, die auf gewöhnlichen Wegen nicht zu gewinnen waren. In die griechische Philosophie ging dieses mystische Element durch Pythagoras ein. Er reformierte die Orphik, wie Orpheus die Dionysos-Religion reformiert hatte. Von Pythagoras aus drangen orphische Elemente in Platos Philosophie ein, und durch Plato in die meisten späteren philosophischen Systeme, sofern sie bis zu einem gewissen Grade religiös bestimmt waren.

Einige ausgesprochen bacchische Elemente lebten allenthalben fort, wo die Orphik Einfluß hatte. Dazu gehörte der Feminismus, der bei Pythagoras stark vertreten ist; Plato ging sogar so weit, volle politische Gleichberechtigung für die Frauen zu fordern. Pythagoras sagt: »Das Geschlecht der Frauen steht der Frömmigkeit von Natur näher.« Ein anderes bacchisches Element war die Ehrfurcht vor leidenschaftlichen Gemütsbewegungen. Die griechische Tragödie ist aus den Dionysos-Riten entstanden. Besonders Euripides ehrte die beiden Hauptgottheiten des Orphismus, Dionysos und Eros. Er verachtet den selbstgerechten Menschen von untadeligem Benehmen; in seinen Tragödien läßt er ihn wahnsinnig werden oder durch den Zorn der Götter auf seine Überheblichkeit in anderes Leid geraten.

Nach der herkömmlichen Auffassung haben die Griechen eine bewunderungswürdige Heiterkeit an den Tag gelegt, die es ihnen ermöglichte, die Leidenschaft gleichsam innerlich unbeteiligt zu betrachten und alles Schöne daran wahrzunehmen, ohne selbst dabei die olympische Gelassenheit zu verlieren. Das ist eine einseitige Ansicht. Sie trifft vielleicht auf Homer, Sophokles und Aristoteles zu, gilt aber unter keinen Umständen für solche Griechen, die unmittelbar oder mittelbar von bacchischen oder orphischen Einflüssen berührt waren. Die eleusinischen Mysterien bildeten den heiligsten Teil der athenischen Staatsreligion, und zu Eleusis wurde die folgende Hymne gesungen:

> Mit deiner vollen Weinschale,
> Mit deiner betörenden Ausgelassenheit,
> Kommst du in Eleusis' blumenreiches Tal –
> Bacchus, Paean, Heil!

In den »Bacchen« des Euripides offenbart sich durch den Chor der Mänaden etwas Poetisches und Wildes zugleich, in dieser Verbindung das genaue Gegenteil von heiterer Gelassenheit. Die Mänaden preisen die Lust, ein wildes Tier Glied um Glied zu zerreißen und es zuweilen roh zu verzehren.

> Der Herr, der uns führet, der Bakchos,
> Eu hoi,
> Hold ist er, wenn er im Bergwald
> Nach rasendem Jagen und Tanzen
> Zur Rast auf den Boden sinkt.
> Das heilige Kleid der Geweihten,
> Das Rehfell deckt seine Schultern.
> Beim Sturm durch den lydischen, phrygischen Wald
> Erhascht er ein Böcklein, um blutige Gier
> Am zuckenden Fleische zu letzen.[17]

Der Tanz der Mänaden auf den Bergen war nicht Wildheit allein, es war auch eine Flucht vor den Lasten und Sorgen der Kultur in die Welt der nichtmenschlichen Schönheit, in die Freiheit und Weite von Wind und Sternen. Weniger Raserei spricht aus ihrem Gesang:

> Werd' ich einmal noch am Nachtfest
> Zu dionysischen Tänzen
> Schwingen meine blanken Füße,
> Das Haupt in den Nacken werfen,
> Tauige Kühle zu atmen,
> Die Wonnen des Waldes genießen
> Und lustig hüpfen, als wär' ich
> Ein Reh, das leichtesten Schwunges
> Schützen und Treibern entrinnend
> Fortsprang über die Netze.

---

17 Deutsche Übertragung von U. v. Wilamowitz-Moellendorff.

> Mit gellendem Rufe
> Hetzt der Jäger die Meute.
> Rehlein flog so schnell wie der Wind
> Nach der Wiese an Baches Rand,
> Unter des Laubes schützendes Dach,
> Freut sich des Friedens,
> Den kein menschlicher Laut ihm stört.[18]

Statt weiterhin nachzubeten, wie »heiter« die Griechen waren, suche man sich die Matronen von Philadelphia in einem derartig ekstatischen Zustand vorzustellen, wenn auch nur in einem Stück von Eugene O'Neill!

Der Orphiker ist nicht »heiterer« als der nichtreformierte Dionysos-Anhänger. Dem Orphiker erscheint das Leben auf dieser Welt leidvoll und ermüdend. Wir sind auf ein Rad geflochten, das durch Geburt und Tod hindurch unaufhörlich kreist; die Sterne sind unser eigentliches Leben, wir sind aber an die Erde gebunden. Nur durch Läuterung und Entsagung und asketisches Leben können wir dem Rad entkommen und schließlich zur ekstatischen Vereinigung mit dem Gott gelangen. Das ist nicht die Auffassung von Menschen, deren Leben bequem und angenehm verläuft. Sie gleicht mehr dem Neger-Spiritual:

> Ich werde Gott all meine Leiden klagen,
> Wenn ich heimkomme...

Nicht alle Griechen, wohl aber viele, waren leidenschaftlich, unglücklich, mit sich selbst uneins, vom Verstand nach der einen, von ihren Leidenschaften nach der anderen Seite getrieben. Mit den Kräften ihrer Phantasie vermochten sie sich den Himmel, mit ihrer selbstbewußten Überheblichkeit die Hölle zu schaffen. Sie hatten den Grundsatz »Nichts im Unmaß«, waren aber in Wahrheit unmäßig in allem – im reinen Denken, in der Dichtkunst, in der Religion und in der Sünde. In der Verbindung von Leidenschaft und Verstand lag ihre Größe, solange sie groß waren. Keines von beiden allein hätte die Welt für alle Zukunft so verwandeln können, wie sie es im Verein taten. Ihr mythologisches Ideal ist nicht der olympische Zeus, sondern Prometheus, der das Feuer vom Himmel auf die Erde holte und dafür mit ewiger Qual bestraft wurde.

Das eben Gesagte jedoch als charakteristisch für die Gesamtheit der Griechen anzusehen, wäre ebenso einseitig wie die Ansicht von der typischen »Heiterkeit« der Griechen. Tatsächlich gab es zwei Richtungen in Griechenland, eine leidenschaftliche, religiöse, mystische, jenseitige und eine heitere, empirische, rationalistische und für die Vielfalt

---

18 Deutsche Übertragung von U. v. Wilamowitz-Moellendorff.

des Tatsächlichen aufgeschlossene. Die zweite Richtung wird von Herodot vertreten, desgleichen von den ersten jonischen Philosophen, bis zu einem gewissen Grade auch von Aristoteles. Beloch (*Griechische Geschichte*, Band I, Seite 434) sagt im Anschluß an seine Darstellung der Orphik:

»Aber das griechische Volk war doch viel zu jugendkräftig, als daß ein Glaube, der das Diesseits verneint und das wahre Leben erst in das Jenseits verlegt, allgemeine Annahme hätte finden können. So blieb die orphische Lehre auf die doch immer nur verhältnismäßig engen Kreise der Eingeweihten beschränkt, ohne den geringsten Einfluß auf die Staatsreligion zu gewinnen, nicht einmal in den Gemeinden, die wie Athen die Feier der Mysterien unter die Staatskulte aufgenommen und unter gesetzlichen Schutz gestellt hatten. Noch ein volles Jahrtausend sollte vergehen, ehe diese Ideen, freilich in ganz anderer theologischer Einkleidung, in der griechischen Welt zum Siege gelangten.«

Ganz so war es wohl nicht, denn besonders die eleusinischen Mysterien waren ja von Orphik erfüllt. Im allgemeinen wandten sich die religiös Veranlagten dem Orphismus zu, während die Rationalisten ihn ablehnten. Seine Stellung ließe sich mit dem des Methodismus im England des späten achtzehnten und frühen neunzehnten Jahrhunderts vergleichen.

Es ist uns mehr oder weniger bekannt, was ein gebildeter Grieche von seinem Vater lernte, doch wissen wir sehr wenig davon, was ihn in frühester Kindheit seine Mutter lehrte, die in hohem Maße von dem kulturellen Leben ausgeschlossen war, in dem die Männer aufgingen. Wahrscheinlich bewahrten sich selbst in der besten Zeit die gebildeten Athener, so rationalistisch sie auch in ihrer stark bewußten geistigen Arbeit gewesen sein mögen, nebenbei eine in Tradition und Kindheitserinnerung wurzelnde Art zu denken und zu empfinden, die sich in kritischen Zeiten immer als stärker erweisen mußte. Aus diesem Grunde kann der griechischen Geisteshaltung eine einfache Analyse niemals ganz gerecht werden.

Der Einfluß der Religion, insbesondere der nicht-olympischen Religion auf das griechische Denken ist erst in jüngster Zeit hinreichend erkannt worden. Ein revolutionäres Buch, Jane Harrisons *Prolegomena to the Study of Greek Religion*, betont sowohl das primitive als auch das dionysische Element in der Religion der durchschnittlichen Griechen; F. M. Cornfords *From Religion to Philosophy* versucht den an der griechischen Philosophie Interessierten den Einfluß der Religion auf die Philosophen klarzumachen, ist jedoch in vielen seiner Deutungen, oder in diesem Falle seiner Anthropologie, nicht völlig glaubwürdig.[19] Die ausgewogenste, mir bekannte Darstellung findet sich in John Burnets

---

19 Dagegen kann ich Cornfords Büchern über verschiedene Dialoge Platos meine ungeteilte Bewunderung nicht versagen.

Early Greek Philosophy, und zwar vor allem im 11. Kapitel »Wissenschaft und Religion«.

Ein Konflikt zwischen Wissenschaft und Religion entstand, wie Burnet sagt, »aus der Welle neubelebter Religiosität, die im sechsten Jahrhundert v. Chr. über ganz Hellas dahinging«, wobei sich zugleich der Schauplatz des Konflikts von Jonien nach dem Westen verlagerte. »Die Religion des griechischen Festlandes«, erklärt er, »hat sich ganz anders als die jonische Religion entwickelt. Besonders der Dionysos-Kult, der aus Thrakien kam und bei Homer kaum erwähnt wird, enthielt den Keim einer völlig neuen Ansicht über die Beziehung des Menschen zur Welt. Selbstverständlich wäre es falsch, den Thrakern selbst irgendwelche erhabene Anschauungen zuzuschreiben; die Griechen erkannten aber zweifellos an dem Phänomen der Ekstase, daß die Seele mehr sein müsse als ein schwaches Doppel des Selbst und sich in ihrer wahren Natur nur ›außerhalb des Leibes‹ offenbaren könne.

Die griechische Religion schien im Begriff zu sein, in das gleiche Stadium einzutreten, das die Religionen des Ostens bereits erreicht hatten; und es ist schwer zu erkennen, was außer der aufblühenden Wissenschaft diese Entwicklung aufgehalten haben sollte. Man meint häufig, eine Religion orientalischen Charakters sei den Griechen erspart geblieben, weil sie keine Priesterschaft hatten; das heißt jedoch die Wirkung mit der Ursache verwechseln. Priesterschaften schaffen keine Dogmen, sie erhalten sie nur, sobald sie einmal geschaffen sind; in frühen Entwicklungsstadien hatten ja auch die orientalischen Völker keine Priesterschaft in diesem Sinne. Griechenland wurde davor bewahrt, nicht weil die Priesterschaft fehlte, sondern weil es seine wissenschaftlichen Schulen hatte.

Die neue Religion – denn in einer Hinsicht war sie neu, wenngleich in anderer so alt wie die Menschheit selbst – erreichte den Höhepunkt ihrer Entwicklung, als sich orphische Gemeinschaften bildeten. Soweit wir sehen können, war Attika ihre ursprüngliche Heimat; sie verbreiteten sich jedoch außerordentlich rasch, besonders in Süditalien und Sizilien. Es waren vor allem Vereinigungen, die dem Dionysos-Kult dienten, doch zeichneten sie sich durch zwei für die Hellenen neue Merkmale aus. Sie leiteten die religiöse Autorität aus einer Offenbarung ab und waren als besondere Gemeinschaften organisiert. Die Dichtungen, die ihre Theologie enthielten, wurden dem Thraker Orpheus zugeschrieben, der selbst zum Hades hinabgestiegen war und deshalb die vom Körper gelöste Seele sicher durch die Gefahren hindurchführen konnte, die ihr in der nächsten Welt drohten.«

In der Folge stellt Burnet die überraschende Ähnlichkeit des orphischen Glaubens mit dem zur gleichen Zeit in Indien vorherrschenden Glauben fest, obwohl er davon überzeugt ist, daß keine Beziehung bestanden haben kann. Er kommt dann zu der ursprünglichen Bedeutung des Wortes »Orgie«, das die Orphiker im Sinn von »Sakrament« gebrauchten; die Orgie sollte die Seele des Gläubigen läutern und es ihr ermöglichen, dem Kreislauf der Wiedergeburten zu entrinnen. Die Orphiker gründeten, im Gegensatz zu den Priestern der olympischen Kulte, Vereinigungen, die wir als Kirchen bezeichnen würden, nämlich religiöse Gemeinschaften, in die jeder ohne Ansehen des Stammes oder Geschlechts durch Einweihung aufgenommen werden konnte. Unter ihrem Einfluß begann man zu erkennen, daß man von einer Philosophie geleitet leben könne.

2. KAPITEL

Die milesische Schule

Jede für Studenten bestimmte Geschichte der Philosophie geht davon aus, daß die Philosophie mit Thales begann, der da erklärte, alles sei aus Wasser entstanden. Das ist etwas entmutigend für den Anfänger, der sich bemüht – wenn auch vielleicht nicht allzu ernsthaft – der Philosophie die Hochachtung entgegenzubringen, die ihm als Voraussetzung seiner Laufbahn erscheint. Wir haben jedoch alle Ursache, Thales wirklich hochzuschätzen, wenn vielleicht auch eher den Wissenschaftler in ihm als den Philosophen im modernen Sinne des Wortes.

Thales stammte aus Milet, einer blühenden Handelsstadt in Kleinasien. Die Bevölkerung bestand zu einem großen Teil aus Sklaven, und unter den freien Bewohnern tobte ein erbitterter Klassenkampf zwischen arm und reich. »In Milet war anfangs das Volk siegreich und mordete die Frauen und Kinder der Aristokraten; dann gewann die Aristokratie die Oberhand, verbrannte ihre Gegner bei lebendigem Leibe und beleuchtete die freien Plätze der Stadt mit lebenden Fakkeln.«[1] Ähnliche Bedingungen herrschten zur Zeit des Thales in den meisten griechischen Städten Kleinasiens.

Milet erlebte wie andere jonische Handelsstädte im siebenten und sechsten Jahrhundert eine bedeutende wirtschaftliche und politische Entwicklung. Zunächst lag die politische Macht in den Händen der grundbesitzenden Aristokratie, an deren Stelle jedoch allmählich eine Plutokratie von Kaufleuten trat. Sie wurden ihrerseits von einem Tyrannen abgelöst, der, wie damals üblich, mit Hilfe der demokratischen Partei ans Ruder kam. Das Königreich Lydien lag im Osten der griechischen Küstenstädte, unterhielt jedoch freundschaftliche Beziehungen zu ihnen bis zum Fall von Ninive (606 v. Chr.). Danach konnte Lydien seine ungeteilte Aufmerksamkeit dem Westen zuwenden, doch gelang es Milet gewöhnlich, das gute Einvernehmen zu erhalten, besonders mit Crösus, dem letzten Lyder-König, den Cyrus im Jahre 546 v. Chr. besiegte. Wichtige Beziehungen wurden auch zu Ägypten unterhalten, dessen König auf griechische Söldner angewiesen war und dem griechischen Handel bestimmte Städte geöffnet hatte. Die erste griechische Niederlassung in Ägypten war ein Fort mit milesischer Besatzung, die bedeutendste während der Epoche von 610 bis 560 v. Chr. hingegen Taphnae. Hier fanden Jeremias und viele andere jüdische Flüchtlinge Schutz vor Nebukadnezar (Jeremias XLIII, 5 und folgende); während aber Ägypten zweifellos die Griechen beeinflußte, taten das die Juden

1 Rostovtzeff, *History of the Ancient World*, Band I, S. 204.

nicht, auch dürfen wir wohl annehmen, daß Jeremias kaum etwas anderes als Abscheu vor den skeptischen Joniern empfunden hat.

Wie wir gesehen haben, ist der beste Anhaltspunkt für die Beantwortung der Frage, wann Thales gelebt hat, seine berühmte Voraussage der Sonnenfinsternis, die nach Angabe der Astronomen im Jahre 585 v. Chr. eingetreten sein soll. Auch manches andere spricht für die Annahme, daß er etwa um diese Zeit wirkte. Daß er eine Sonnenfinsternis voraussagte, ist allerdings noch kein Beweis für seine ungewöhnliche Genialität. Milet war mit Lydien verbündet, und Lydien unterhielt kulturelle Beziehungen zu Babylon; babylonische Astronomen aber hatten entdeckt, daß Himmelsverfinsterungen sich in einem Zyklus von etwa neunzehn Jahren wiederholten. Mondfinsternisse konnten sie ziemlich genau voraussagen, bei Sonnenfinsternissen aber ließen sie sich dadurch beirren, daß eine solche Erscheinung nicht allenthalben sichtbar zu sein braucht. Demnach konnten sie nur wissen, daß es sich an einem bestimmten Datum lohnen würde, nach einer Sonnenfinsternis Ausschau zu halten, und mehr wußte vermutlich auch Thales nicht. Er ahnte sowenig wie sie, worauf dieser Zyklus zurückging.

Thales soll Ägypten bereist und von dort den Griechen die Geometrie mitgebracht haben. Was die Ägypter von Geometrie wußten, beschränkte sich jedoch in der Hauptsache auf die einfachsten Regeln, und wir dürfen kaum annehmen, daß Thales zu deduktiven Beweisen kam, wie sie spätere Griechen entdeckten. Er scheint erkannt zu haben, wie die Entfernung eines Schiffes auf See durch Beobachtung von zwei Landpunkten aus zu berechnen ist und wie sich die Höhe einer Pyramide nach der Länge ihres Schattens schätzen läßt. Viele andere geometrische Lehrsätze werden ihm zugeschrieben, jedoch wahrscheinlich zu Unrecht.

Er gehörte zu den sieben griechischen Weisen, die jeweils um eines weisen Ausspruchs willen besonders bekannt waren. Er soll angeblich gesagt haben: »Das Wasser ist das Beste.«

Nach Aristoteles hielt er das Wasser für die Substanz, aus der alle anderen entstanden sind; er erklärte auch, die Erde ruhe auf Wasser. Wie Aristoteles berichtet, soll er ferner gelehrt haben, der Magnet trage eine Seele in sich, weil er das Eisen anzieht, außerdem, alle Dinge seien von Göttern erfüllt.[2]

Die Behauptung, alles sei aus Wasser entstanden, muß als wissenschaftliche Hypothese durchaus ernst genommen werden. Vor zwanzig Jahren galt die Ansicht, alles habe sich aus Wasserstoff entwickelt, der zwei Drittel des Wassers ausmacht. Die Griechen stellten ihre Hypothesen etwas voreilig auf, die milesische Schule aber war zumindest darauf bedacht, sie empirisch zu überprüfen. Man weiß zu wenig über

---

2 Burnet, *Early Greek Philosophy*, S. 51, zweifelt diesen Ausspruch an.

Thales, um sich überhaupt ein befriedigendes Bild von ihm machen zu können; von seinen Nachfolgern in Milet wissen wir jedoch sehr viel mehr, und man darf wohl mit Recht annehmen, daß sie manches von ihm übernommen haben. Seine wissenschaftlichen Ansichten wie seine Philosophie waren nicht ausgereift, vermochten aber zu weiterem Nachdenken und Beobachten anzuregen.

Die Legende hat sich viel mit ihm beschäftigt, doch glaube ich nicht, daß man mehr von ihm *weiß* als das wenige, das ich angeführt habe. Manche dieser Geschichten sind allerdings amüsant; beispielsweise erzählt Aristoteles in seiner »Politik« (1259 a) von ihm: »Man hielt ihm seine Armut vor, vermutlich um zu beweisen, daß man mit der Philosophie nicht sehr weit käme. Wie der Erzähler fortfährt, wußte Thales aus seiner Kenntnis der Sternenwelt, obwohl es noch Winter war, daß im kommenden Jahr eine reiche Olivenernte zu erwarten sei; da er ein wenig Geld besaß, mietete er alle Olivenpressen in Chios und Milet; er bekam sie preiswert, da niemand ihn überbot. Als plötzlich zur Erntezeit alle Pressen gleichzeitig benötigt wurden, lieh er sie zu jedem in seinem Belieben stehenden Betrag aus und verdiente eine Menge Geld daran. So bewies er der Welt, daß auch Philosophen leicht reich werden können, wenn sie nur wollen, daß das aber nicht ihr Ehrgeiz ist.«

Anaximander, der zweite Philosoph der milesischen Schule, ist viel interessanter als Thales. Seine Lebensdaten sind unbestimmt, doch soll er 546 v. Chr. vierundsechzig Jahre alt gewesen sein, und vermutlich kommt man damit der Wahrheit ziemlich nahe. Er vertrat die Ansicht, daß alle Dinge einer Ursubstanz entstammen, es sei jedoch nicht das Wasser, wie Thales behauptete, noch irgendein anderer bekannter Stoff. Diese Ursubstanz sei räumlich und zeitlich unbegrenzt und »schließt alle Welten in sich ein« – denn er hielt unsere Welt nur für eine von vielen. Die Ursubstanz verwandelte sich in die verschiedenen bekannten Stoffe und diese wieder verwandelten sich untereinander. Er machte dabei eine wichtige und bemerkenswerte Feststellung.

»Und darein, woraus die Dinge entstehen, vergehen sie auch wieder, wie es bestimmt ist, denn sie gewähren einander Ersatz und Buße für ihre Ungerechtigkeit entsprechend der festgesetzten Zeit.«[3]

Die Rolle, die der Begriff der kosmischen und der menschlichen Gerechtigkeit in der griechischen Religion und Philosophie spielte, ist für den modernen Menschen nicht leicht zu verstehen; allerdings entspricht unser Wort »Gerechtigkeit« kaum der damaligen Bedeutung, doch ist es schwierig, eine bessere Bezeichnung dafür zu finden. Anaximander scheint etwa folgendes sagen zu wollen: Feuer, Erde und

---

3 Die Zitate aus den Vorsokratikern sind in der Übersetzung von Else Schenkl (aus J. Burnet, *Die Anfänge der griechischen Philosophie*, Verlag Teubner, Leipzig und Berlin 1913) wiedergegeben.

Wasser sollten in einem bestimmten Verhältnis auf der Welt verbreitet sein, doch versucht jedes Element (als ein Gott gedacht) unaufhörlich, seinen Bereich zu erweitern. Eine Art von Notwendigkeit oder Naturrecht stellt aber beständig das Gleichgewicht wieder her; wo beispielsweise Feuer war, bleibt Asche zurück, also Erde. Der Glaube an diese Gerechtigkeit – wonach die ewig gültigen Grenzen nicht überschritten werden dürfen – war in den Griechen mit am tiefsten verwurzelt. Die Gerechtigkeit herrscht genau so über die Götter wie über die Menschen, doch war diese erhabenste Macht unpersönlich und nicht etwa ein höchster Gott.

Zum Beweis, daß der Urstoff nicht Wasser noch irgendein anderes bekanntes Element sein könne, führt Anaximander das folgende Argument an: Wenn eines dieser Elemente der Urstoff wäre, müsse es über die anderen siegen. Nach Aristoteles soll er gesagt haben, daß die bekannten Elemente einander feindlich seien. Luft ist kalt, Wasser naß und Feuer heiß. »Und darum würden, wenn eines davon unendlich wäre, die übrigen unterdessen zu sein aufgehört haben.« Daher muß der Urstoff in diesem kosmischen Kampf neutral sein.

Dem Wirken einer ewigen Bewegung verdanken auch die Welten ihren Ursprung. Entgegen der jüdischen und der christlichen Theologie wurden die Welten nicht erschaffen, entstanden vielmehr auf dem Wege der Evolution. Auch im Tierreich hat es eine Entwicklung gegeben. Lebewesen sind aus dem feuchten Element entstanden, als es durch Einwirkung der Sonne verdunstete. Der Mensch stammt wie jedes andere Tier von den Fischen ab. Er muß von einer Tiergattung abstammen, denn er mit seiner langen Kindheit hätte sich in der Urzeit nicht am Leben erhalten können, wie es heute der Fall ist.

Anaximander war wissenschaftlich stark interessiert. Er soll die erste Landkarte entworfen haben und der Ansicht gewesen sein, die Erde habe zylindrische Form. Nach manchen Berichten soll er gesagt haben, die Sonne sei ebenso groß wie die Erde, und nach anderen, sie sei siebenundzwanzigmal oder achtundzwanzigmal so groß.

Seine Ansichten sind, wenn ursprünglich, stets wissenschaftlich und rationalistisch.

Anaximenes, der letzte der drei Milesier, ist nicht ganz so interessant wie Anaximander, tat aber einige bedeutende Schritte vorwärts. Seine Lebensdaten sind sehr unbestimmt. Er hat zweifellos später als Anaximander gelebt und vor 494 v. Chr. gewirkt, denn in diesem Jahr wurde Milet von den Persern zerstört, als sie den jonischen Aufstand unterdrückten.

Der Urstoff, sagt Anaximenes, ist die Luft. Die Seele ist Luft; Feuer ist verdünnte Luft; aus verdichteter Luft wird zuerst Wasser, dann bei stärkerer Verdichtung Erde und schließlich Stein. Diese Theorie hat den Vorteil, zwischen den verschiedenen Stoffen nur quantitative und vom Grad der Verdichtung abhängige Unterschiede zu machen.

Er glaubte, die Erde besäße die Gestalt einer runden Scheibe und alles sei von Luft umgeben: »Wie unsere Seele, die Luft ist, uns zusammenhält, so erfüllen Atem und Luft die ganze Welt.« Demnach scheint es, daß die Welt atmet.

Die Antike hat Anaximenes mehr bewundert als Anaximander, obschon man sie wohl in jeder modernen Welt umgekehrt bewerten würde. Anaximenes hatte bedeutenden Einfluß auf Pythagoras und viele spätere Denker. Die Pythagoreer entdeckten die Kugelgestalt der Erde, die Atomisten blieben jedoch bei der Ansicht des Anaximenes, daß sie die Gestalt einer Scheibe habe.

Nicht das Erreichte, sondern das Angestrebte verlieh der Schule von Milet ihre Bedeutung. Sie entstand aus der Berührung des griechischen Geistes mit Babylonien und Ägypten. Milet war eine reiche Handelsstadt, deren Aberglaube und primitive Vorurteile sich im Verkehr mit vielen Völkern gemildert hatten. Jonien war bis zu seiner Unterwerfung durch Darius zu Beginn des fünften Jahrhunderts der bedeutendste Teil der hellenischen Welt. Es blieb fast unberührt von der religiösen Bewegung, die mit Dionysos und Orpheus zusammenhing; seine Religion war olympisch, wurde jedoch allem Anschein nach nicht allzu ernst genommen. Thales', Anaximanders und Anaximenes' Spekulationen sind als wissenschaftliche Hypothesen anzusehen; selten drängen sich dabei anthropomorphische Wünsche und moralische Vorstellungen ungebührlich vor; die Fragen, die sie aufwarfen, waren gut, und die Intensität ihres Denkens hat spätere Forscher inspiriert.

Die nächste Entwicklungsstufe in der Philosophie Griechenlands, die mit den griechischen Städten in Süditalien zusammenhängt, ist in höherem Maße religiös und vor allem stärker orphisch betont, in mancher Hinsicht auch interessanter; diese Periode ist bewundernswert wegen ihrer Leistungen, im wesentlichen jedoch weniger wissenschaftlich eingestellt als die der Milesier.

3. KAPITEL

Pythagoras

Pythagoras, mit dessen Einfluß in alter und moderner Zeit ich mich in diesem Kapitel beschäftigen werde, war einer der geistig bedeutendsten Männer, die je gelebt haben, und zwar gilt das bei ihm nicht nur, wo er weise, sondern auch wo er nicht weise ist. Die Mathematik, im Sinne des überzeugenden deduktiven Beweises, beginnt mit ihm und steht bei ihm in engem Zusammenhang mit einer besonderen Art von Mystizismus. Die Mathematik hat seither auf die Philosophie stets einen starken und verhängnisvollen Einfluß ausgeübt, was teilweise auf ihn zurückzuführen ist.

Wir wollen mit dem wenigen beginnen, das aus seinem Leben bekannt ist. Er wurde auf der Insel Samos geboren und wirkte um 532 v. Chr. Manche halten ihn für den Sohn eines vermögenden Bürgers namens Mnesarchos, andere für den Sohn des Gottes Apollo; ich überlasse dem Leser die Wahl. Zu seiner Zeit wurde Samos von dem Tyrannen Polykrates regiert, einem alten Raufbold, der ungeheuer reich war und eine große Flotte besaß.

Samos rivalisierte im Handel mit Milet; Händler aus Samos kamen bis zum fernen Tartessus in Spanien, das wegen seiner Bergwerke berühmt war. Polykrates wurde etwa 535 v. Chr. Tyrann von Samos und regierte bis 515 v. Chr. Moralische Bedenken drückten ihn nicht sonderlich; er entledigte sich seiner beiden Brüder, die sich anfangs mit ihm in die Herrschaft geteilt hatten, und benützte seine Flotte vorwiegend zur Piraterie. Milet hatte sich erst unlängst Persien unterworfen, und Polykrates zog seinen Nutzen daraus. Um jede weitere Ausdehnung der Perser nach Westen zu verhindern, verbündete er sich mit dem ägyptischen König Amasis. Als jedoch Kambyses, der Perserkönig, alle Kraft zur Eroberung Ägyptens einsetzte, erkannte Polykrates, daß Kambyses wahrscheinlich siegen würde, und ging ins andere Lager über. Er schickte eine Flotte, die aus seinen politischen Gegnern bestand, zum Angriff auf Ägypten aus; die Besatzungen meuterten jedoch und kehrten nach Samos zurück, um ihn selbst anzugreifen. Er überwältigte sie zwar, stürzte dann aber, als man seiner Habgier hinterlistig eine Falle stellte. Der persische Satrap zu Sardes gab vor, einen Aufstand gegen den Großkönig organisieren und große Summen für Polykrates' Unterstützung zahlen zu wollen; Polykrates kam zu einer Besprechung auf das Festland, wurde gefangengenommen und gekreuzigt.

Polykrates war ein Schirmherr der Künste und verschönte Samos mit beachtlichen öffentlichen Bauwerken. Sein Hofpoet war Anakreon.

Pythagoras hingegen schätzte seine Regierung nicht und verließ daher Samos. Er soll, was nicht unwahrscheinlich ist, Ägypten besucht und sich dort einen großen Teil seines Wissens angeeignet haben; wie dem auch gewesen sein mag, sicher ist jedenfalls, daß er sich schließlich in Kroton in Süditalien niederließ.

Die griechischen Städte in Süditalien waren, wie Samos und Milet, reich und blühend, außerdem nicht durch die Perser gefährdet.[1] Die beiden größten waren Sybaris und Kroton. Der Luxus von Sybaris ist noch heute sprichwörtlich; nach Angabe Diodors hatte es in seiner Blütezeit 300.000 Einwohner, was aber zweifellos übertrieben ist. Kroton war ungefähr ebenso groß wie Sybaris. Beide Städte lebten vom Import jonischer Waren nach Italien, die teils in diesem Lande verbraucht, teils von der Westküste nach Gallien und Spanien wieder ausgeführt wurden. Die verschiedenen griechischen Städte in Italien bekämpften einander heftig. Als Pythagoras nach Kroton kam, war die Stadt gerade von den Lokrern besiegt worden. Bald nach seiner Ankunft jedoch erfocht Kroton einen entscheidenden Sieg im Krieg gegen Sybaris, das völlig zerstört wurde (510 v. Chr.). Sybaris hatte enge Handelsbeziehungen zu Milet unterhalten. Kroton war berühmt für seine Heilkunst; ein gewisser Demokedes von Kroton wurde Leibarzt von Polykrates und dann von Darius.

In Kroton schuf sich Pythagoras einen Kreis von Schülern, der eine Zeitlang in dieser Stadt einflußreich war. Schließlich zog er sich jedoch die Feindschaft seiner Mitbürger zu und siedelte nach Metapont (ebenfalls in Süditalien) über, wo er starb. Er wurde bald zu einer legendären Gestalt, der man Wundertaten und magische Kräfte zuschrieb; gleichzeitig war er aber auch der Gründer einer mathematischen Schule.[2] So bleibt er infolge dieser beiden gegensätzlichen Überlieferungen umstritten, und die Wahrheit läßt sich schwer ermitteln.

Pythagoras ist eine der interessantesten und rätselhaftesten geschichtlichen Persönlichkeiten. In der Überlieferung mischt sich fast unentwirrbar Wahrheit mit Dichtung; aber selbst da, wo die Berichte verhältnismäßig klar und glaubwürdig wirken, sehen wir uns einem psychologisch hochinteressanten Menschen gegenüber. Kurz gesagt, man könnte ihn als eine Verbindung von Einstein und Mrs. Eddy[3] bezeichnen. Er schuf eine Religion, die sich hauptsächlich auf die See-

---

1 Die griechischen Städte in Sizilien wurden von den Karthagern bedroht, doch in Italien empfand man diese Gefahr nicht so unmittelbar.
2 Aristoteles sagt von ihm: »Er arbeitete anfangs auf mathematischem Gebiet und ließ sich plötzlich zu den Scharlatanerien des Pherekydes herab.«
3 Mary Baker Eddy begründete 1866 die *Christian Science* (Christliche Wissenschaft), eine Weltanschauung in religiös-kirchlicher Form, die Gott als das allein Wirkliche betrachtet und Krankheit als Unwirkliches, als eine Frucht der Sünde, die durch Gebet zu beseitigen ist. (Anm. d. Übers.)

lenwanderung⁴ stützte und es für sündhaft erklärte, Bohnen zu essen. Seine Religion war in einem Orden verkörpert, der zeitweilig politisch beherrschenden Einfluß gewann und eine Ordensregel aufgestellt hatte. Aber der nicht reinkarnierte Sünder sehnte sich nach Bohnen und rebellierte früher oder später.

Hier einige der Regeln des pythagoreischen Ordens:
1. Sich der Bohnen zu enthalten.
2. Nicht aufzuheben, was zu Boden gefallen.
3. Keinen weißen Hahn anzurühren.
4. Brot nicht zu brechen.
5. Über kein Querholz zu treten.
6. Das Feuer nicht mit Eisen zu schüren.
7. Nicht von einem ganzen Laib zu essen.
8. Keinen Kranz zu zerreißen.
9. Nicht auf einem Viertelmaße zu sitzen.
10. Nicht das Herz zu essen.
11. Nicht auf Landstraßen zu gehen.
12. Keine Schwalben unter seinem Dache zu dulden.
13. Die Spur des Topfes nicht in der Asche zu lassen, wenn er herausgenommen wird, sondern die Asche durcheinanderzurühren.
14. Sieh nicht neben einem Lichte in einen Spiegel.
15. Wenn du dich aus dem Bettzeug erhebst, rolle dieses zusammen und glätte den Eindruck deines Körpers aus.⁵

Alle diese Vorschriften fallen unter primitive Tabubegriffe.

Cornford (*From Religion to Philosophy*) sagt, daß nach seiner Ansicht »die Schule der Pythagoreer die Hauptströmung jener mystischen Tradition repräsentiert, die wir der wissenschaftlichen Richtung gegenübergestellt haben«. Er hält Parmenides, den er »den Entdecker der Logik« nennt, für einen Abkömmling des Pythagoreismus und meint, sogar Plato habe in der Philosophie Italiens seine wichtigste Inspirationsquelle gefunden. Der Pythagoreismus war nach seiner Überzeugung eine Reformbewegung innerhalb der Orphik und der Orphismus eine Reformbewegung innerhalb des Dionysos-Kults. Der Gegensatz zwischen Rationalismus und Mystik, der sich durch die ganze Ge-

---

4 *Narr:* Was ist des Pythagoras Lehre, wildes Geflügel anlangend?
  Malvolio: Daß die Seele unserer Großmutter vielleicht in einem Vogel wohnen kann.
  Narr: Was hältst du von seiner Lehre?
  Malvolio: Ich denke würdig von der Seele und billige seine Lehre keineswegs.
  Narr: Gehab dich wohl! Verharre du immer in Finsternis. Ehe ich dir deinen gesunden Verstand zugestehe, sollst du die Lehre des Pythagoras bekennen.
              (*Was ihr wollt*, Shakespeare, Übers. A. W. Schlegel)
5 Zitiert aus Burnet, *Early Greek Philosophy (Anfänge der griechischen Philosophie*, deutsch von Else Schenkl, Verlag Teubner, Leipzig – Berlin 1913).

schichte zieht, tritt bei den Griechen zuerst als Gegensatz zwischen den Olympiern und jenen anderen, weniger kultivierten Göttern auf, die noch stärker mit den primitiven religiösen Anschauungen zusammenhängen, mit denen sich die Anthropologen beschäftigen. Bei dieser Einteilung gehört Pythagoras auf die Seite der Mystik, obwohl es sich bei ihm um einen Mystizismus von besonderer intellektueller Art handelt. Er hielt sich selbst für so etwas wie einen Halbgott und soll gesagt haben: »Es gibt Menschen und Götter und Wesen wie Pythagoras.« Alle von ihm inspirierten Systeme haben, nach Cornford, »eine Neigung zum Überirdischen, wobei der größte Wert auf den unsichtbaren einigen Gott gelegt wird; sie verwerfen die sichtbare Welt als falsch und trügerisch, da sie ein unruhiges Medium ist, in dem die Strahlen des Himmelslichts sich brechen und durch Nebel und Dunkelheit an Leuchtkraft einbüßen«.

Nach Dikaiarch lehrte Pythagoras erstens, »daß die Seele etwas Unsterbliches ist und in andere lebende Wesen verwandelt wird; ferner daß alles, was zum Leben kommt, in einem gewissen Kreislauf wiedergeboren wird, wobei nichts absolut neu ist; und daß alles, was geboren wird und Leben in sich trägt, als verwandt zu behandeln ist.«[6] Auch Pythagoras soll, wie der heilige Franziskus, den Tieren gepredigt haben.

In die von ihm gegründete Gemeinschaft wurden Männer und Frauen zu gleichen Bedingungen aufgenommen; Eigentum war Gemeinschaftsbesitz, wie man auch ein Gemeinschaftsleben führte. Selbst wissenschaftliche und mathematische Entdeckungen galten als Kollektivleistungen, die man auf mystische Weise Pythagoras selbst noch nach seinem Tode zu verdanken hatte. Hippasos von Metapont, der gegen diese Regel verstieß, zog sich für solchen Mangel an Ehrfurcht den göttlichen Zorn zu und erlitt Schiffbruch.

Was aber hat all das mit Mathematik zu tun? Die Verbindung wird durch eine Ethik hergestellt, die das kontemplative Leben verherrlicht. Burnet faßt diese Ethik folgendermaßen zusammen:

»Wir sind Fremdlinge auf dieser Welt und der Körper ist das Grab der Seele, und dennoch dürfen wir nicht trachten, uns durch Selbstmord zu befreien; denn wir sind die Herde Gottes, der unser Hirte ist, und ohne seinen Befehl haben wir kein Recht zu entfliehen. In diesem Leben gibt es drei Arten von Menschen, geradeso wie es drei Arten von Leuten gibt, die zu den olympischen Spielen kommen. Die niederste Klasse besteht aus jenen, welche kommen, um zu kaufen und zu verkaufen, und die nächsthöhere Klasse sind jene, die kommen, um an den Wettkämpfen teilzunehmen. Die besten von allen aber sind jene, die nur einfach kommen, um zuzusehen. Die größte von allen Reinigungen ist deshalb uneigennützige Wissenschaft, und der Mensch, welcher sich

---

6 Cornford, *From Religion to Philosophy*.

dieser hingibt, der wahre Philosoph, ist es, der sich am gründlichsten vom ›Rade der Geburt‹ gelöst hat.«[7]

Der Bedeutungswandel von Wörtern ist oft sehr aufschlußreich. Ich habe zuvor von dem Wort »Orgie« gesprochen; jetzt möchte ich etwas über das Wort »Theorie« sagen. Es war ursprünglich ein orphisches Wort, das Cornford als »leidenschaftliche, einfühlende Kontemplation« deutet. In diesem Zustand, sagt er, »ist der Schauende identisch mit dem leidenden Gott, stirbt seinen Tod und entsteht wieder in seiner Neugeburt«. Für Pythagoras war die »leidenschaftliche, einfühlende Kontemplation« intellektuell und mündete in mathematischer Erkenntnis. Auf diese Weise kam das Wort »Theorie« über den Pythagoreismus allmählich zu seiner modernen Bedeutung; für alle jedoch, die vom Pythagoras inspiriert waren, behielt es ein Element ekstatischer Offenbarung. Wer in der Schule widerstrebend ein wenig Mathematik gelernt hat, mag das befremdend finden; denjenigen aber, die das berauschende Glück einer plötzlichen Erkenntnis erlebt haben, das die Mathematik zuweilen denen schenkt, die sie lieben, wird die pythagoreische Ansicht durchaus natürlich vorkommen, selbst wenn sie unrichtig ist. Wirkt der empirische Philosoph als Sklave seines Stoffes, so erscheint hingegen der reine Mathematiker, wie der Musiker, als der freie Schöpfer einer eigenen Welt von Gesetzmäßigkeit und Schönheit.

An Burnets Darstellung läßt sich sehr interessant der Gegensatz der pythagoreischen Ethik zur modernen Wertung erkennen. Beim Fußballspiel hält man heutzutage die Spieler für wichtiger als die Zuschauer. Das gleiche gilt für den Staat. Die Politiker, die das Spiel austragen, werden mehr bewundert als diejenigen, die dabei nur zusehen. Dieser Wandel im Bewerten hängt mit einer Wandlung der Gesellschaftsordnung zusammen – der Krieger, der Gentleman, der Plutokrat und der Diktator –, jeder hat seinen eigenen Maßstab für das Gute und Wahre. Der Begriff des Gentleman hat in der Philosophie von jeher eine besondere Rolle gespielt, weil er gleichsam zur griechischen Vorstellung vom Idealmenschen gehört, weil die Tugend der Kontemplation eine Bestätigung durch die Theologie gefunden hat und das akademische Leben durch das Ideal des uneigennützig Wahren geadelt wurde. Der Gentleman muß als das Mitglied einer Gesellschaft von Gleichberechtigten bezeichnet werden, die von Sklavenarbeit leben oder zumindest von der Arbeit von Menschen, deren untergeordnete Stellung außer Frage steht. Man sollte jedoch dabei nicht übersehen, daß diese Definition auch den Heiligen und den Weisen einschließt, insofern als diese Männer eher ein kontemplatives als ein tätiges Leben führen.

Moderne Definitionen des Wahren, wie die des Pragmatismus und Instrumentalismus, die mehr praktisch als kontemplativ sind, entstan-

---

7 Burnet, *Early Greek Philosophy*.

den aus dem Gegensatz zwischen dem Industrialismus und der Aristokratie.

Man mag von einer Gesellschaftsordnung, die Sklaverei duldet, halten, was man will, es sind doch Gentlemen im obigen Sinne, denen wir die reine Mathematik verdanken. Das kontemplative Ideal war, seit es zur reinen Mathematik geführt hatte, eine Quelle nützlicher Aktivität; das verhalf ihm zu großem Ansehen und zu einem Erfolg auf religiösem, ethischem und philosophischem Gebiet, der ihm sonst wohl versagt geblieben wäre.

Soviel zur Erklärung der beiden Wesenszüge des Pythagoras: des religiösen Propheten und des reinen Mathematikers. Auf beiden Gebieten war er unendlich einflußreich, und beide waren nicht so scharf voneinander getrennt, wie es dem modernen Denken erscheint.

Die meisten Wissenschaften entstanden in Verbindung mit irgendeinem Aberglauben, was ihnen einen fiktiven Wert verlieh. Die Astronomie hing mit der Astrologie, die Chemie mit der Alchimie zusammen. Auch die Mathematik war mit einem solchen, wenn auch nicht ganz so primitiven Aberglauben verbunden. Die mathematische Erkenntnis schien sicher, exakt und auf die reale Welt anwendbar; überdies kam man zu ihr durch reines Denken und konnte dabei auf Beobachtung verzichten. Infolgedessen sah man darin ein Ideal, hinter dem die alltägliche empirische Erkenntnis zurückblieb. Von der Mathematik ausgehend stellte man das Denken höher als die Empfindung, die Intuition über die Beobachtung. Wenn die Sinnenwelt sich der Mathematik nicht fügt, um so schlimmer für die Sinnenwelt! Auf verschiedenen Wegen suchte man nach Methoden, dem mathematischen Ideal näherzukommen, und was dabei herauskam, wurde zur Quelle vieler metaphysischer und erkenntnistheoretischer Irrtümer. Diese Art von Philosophie beginnt mit Pythagoras.

Pythagoras hat bekanntlich gesagt, »alle Dinge sind Zahlen«. Für moderne Interpreten hat diese These keinen logischen Sinn; aber was er damit meinte, war durchaus nicht unsinnig. Er entdeckte die Bedeutung der Zahl in der Musik, und der Zusammenhang, den er zwischen der Musik und der Arithmetik nachwies, ist noch heute an den mathematischen Bezeichnungen »harmonisches Mittel« und »harmonische Reihe« zu erkennen. Pythagoras stellte sich die Zahlen als Figuren vor, wie auf Würfeln oder Spielkarten. Wir sprechen ja auch noch von Quadratzahlen und Kubikzahlen, Ausdrücke, die wir auf ihn zurückführen müssen. Er sprach auch von Rechtecks-, Dreiecks-, Pyramidenzahlen und so fort, und meinte damit die Anzahl von Steinchen (oder besser gesagt, von Kugeln), die erforderlich war, um die betreffende Figur zu bilden. Er dachte sich die Welt vermutlich atomistisch und die Körper aus Molekülen bestehend, die sich aus verschiedengestaltig aneinandergefügten Atomen zusammensetzten. Auf diese Weise hoffte er, das

Studium der Arithmetik zur Grundlage der Physik wie der Ästhetik zu machen.

Die größte Entdeckung des Pythagoras oder seines engsten Schülerkreises war der Lehrsatz über die rechtwinkligen Dreiecke, bei denen die Summe der Quadrate über den Katheten gleich dem Quadrat über der Hypotenuse ist. Die Ägypter wußten schon, daß ein Dreieck mit den Seiten 3, 4, 5 einen rechten Winkel hat, doch haben offenbar die Griechen als erste festgestellt, daß $3^2 + 4^2 = 5^2$ ist und hiervon ausgehend den Beweis für den allgemeinen Lehrsatz erbracht.

Es traf sich unglücklich für Pythagoras, daß sein Theorem alsbald zur Entdeckung inkommensurabler Größen führte, die seine ganze Philosophie zu widerlegen schienen. In einem rechtwinkligen, gleichschenkligen Dreieck ist das Quadrat über der Hypotenuse doppelt so groß wie das über jeder Seite. Nehmen wir an, jede Seite sei einen Zoll lang; wie groß ist dann die Hypotenuse? Angenommen, ihre Länge betrage m/n Zoll. Dann ist $m^2/n^2 = 2$. Wenn m und n einen gleichen Faktor haben, ist zu kürzen; dann muß entweder m oder n ungerade sein. Nun ist $m^2 = 2\,n^2$; also m^2 gerade, m gerade und n ungerade. Angenommen $m = 2\,p$. Dann ist $4\,p^2 = 2n^2$, $n^2 = 2p^2$ und n ist gerade, *contra hyp.* So kann die Hypotenuse also niemals ein Bruch m/n sein. Der obige Beweis ist im X. Buch des Euklid enthalten.[8]

Hiermit wurde bewiesen, daß, welche Längeneinheit wir auch immer annehmen mögen, es Längen gibt, die zahlenmäßig nicht genau in der Einheit aufgehen, das heißt, daß es nicht zwei ganze Zahlen m und n in dem Sinne gibt, daß m mal die betreffende Länge gleich n mal die Einheit ist. Dies brachte die griechischen Mathematiker zu der Überzeugung, daß die Geometrie unabhängig von der Arithmetik aufgebaut werden müsse. Es gibt Stellen bei Plato, aus denen hervorgeht, daß die unabhängige Behandlung der Geometrie schon nichts Neues mehr war; ganz unabhängig behandelt wird sie im euklidischen Lehrbuch. Im II. Buch beweist Euklid geometrisch viele Dinge, die wir eigentlich mit Hilfe der Algebra beweisen würden, zum Beispiel $(a + b)^2 = a^2 + 2\,ab + b^2$. Infolge der durch die inkommensurablen Größen verursachten Schwierigkeiten hielt er diesen Weg für notwendig. Dasselbe gilt für seine Behandlung der Proportion in Buch V und VI. Das ganze System ist von köstlicher Logik und nimmt die Strenge der Mathematik des 19. Jahrhunderts vorweg. Solange es keine adäquate arithmetische Theorie der inkommensurablen Größen gab, war die euklidische Methode die beste, die in der Geometrie möglich war. Als Descartes die analytische Geometrie einführte und damit die Arithmetik wieder an die erste Stelle treten ließ, nahm er die Möglichkeit einer Lösung des Problems

---

[8] Stammt aber nicht von Euklid. Vgl. Heath, *Greek Mathematics*. Den obigen Beweis hat wahrscheinlich Plato gekannt.

der inkommensurablen Größen an, obwohl zu seiner Zeit eine derartige Lösung noch nicht gefunden worden war.

Die Geometrie hat die Philosophie und die wissenschaftlichen Methoden sehr stark beeinflußt. Die Geometrie der Griechen geht von Axiomen aus, die selbstevident sind (oder dafür galten), und gelangt durch deduktive Schlüsse zu Theoremen, die alles andere als selbstevident sind. Für den tatsächlichen Raum, der etwas aus Erfahrung Gegebenes ist, hält man die Axiome und Theoreme für gültig. So schien es möglich, Dinge über die wirkliche Welt zu erkennen, indem man zuerst das Selbstverständliche feststellte und dann die deduktive Methode anwandte. Hiervon ließen sich Plato und Kant, wie die meisten Philosophen der Zwischenzeit beeinflussen. Wenn die Unabhängigkeitserklärung besagt, »wir halten diese Wahrheiten für selbstevident«, so hält sie sich dabei an Euklid. Die Doktrin des achtzehnten Jahrhunderts von den natürlichen Rechten ist ein Versuch, euklidische Axiome auf die Politik zu übertragen.[9] Die Form von Newtons *Principia* ist trotz ihres unbestritten empirischen Inhalts völlig von Euklid bestimmt. Auch die Theologie bezieht in ihren exakten scholastischen Formen ihren Stil aus der gleichen Quelle. Der persönliche Glaube ist aus der Ekstase gewonnen, die Theologie aus der Mathematik. Beides finden wir bei Pythagoras.

Die Mathematik ist nach meiner Ansicht die Hauptquelle des Glaubens an eine ewige und exakte Wahrheit sowie an eine übersinnliche intelligible Welt. Die Geometrie beschäftigt sich mit exakten Kreisen; kein sinnlich wahrnehmbares Objekt ist jedoch vollkommen kreisförmig; auch wenn wir unseren Zirkel noch so sorgfältig benützen, es werden sich doch stets einige Unvollkommenheiten und Unregelmäßigkeiten ergeben. Daraus darf man schließen, daß alles streng logische Denken nur auf ideale Objekte im Gegensatz zu sinnlich wahrnehmbaren Objekten anwendbar ist; und dann geht man natürlich noch darüber hinaus und hält das Denken für edler als das sinnlich Wahrnehmbare und die Objekte des Denkens für realer als die der sinnlichen Wahrnehmung. Mystische Lehren, die etwa das Verhältnis von Zeit und Ewigkeit behandeln, werden ebenfalls durch die reine Mathematik erhärtet; denn die mathematischen Objekte, zum Beispiel Zahlen, sind, wenn überhaupt real, ewig und nicht zeitgebunden. Solche ewigen Objekte kann man als Gedanken Gottes auffassen. Daher Platos Doktrin, daß Gott Mathematiker sei, und Sir James Jeans' Überzeugung, er habe eine Vorliebe für die Arithmetik. Die rationalistische Religion ist im Gegensatz zur apokalyptischen seit Pythagoras und besonders seit Plato stets und uneingeschränkt von der Mathematik und von mathematischen Methoden beherrscht worden.

---

9 Jeffersons »geheiligt und unabdingbar« wurde von Franklin durch »selbstevident« ersetzt.

Die Verbindung von Mathematik mit Theologie, die mit Pythagoras begann, ist für die Religionsphilosophie in Griechenland, im Mittelalter und in der modernen Zeit bis zu Kant charakteristisch. Der vorpythagoreische Orphismus ähnelte den asiatischen Mysterien-Religionen. Bei Plato, Augustin, Thomas von Aquino, Descartes, Spinoza und Leibniz jedoch finden wir eine innige Verschmelzung von Religiosität und Vernunft, von sittlichem Streben und logischer Bewunderung des Zeitlosen, die von Pythagoras ausgeht; darin unterscheidet sich die intellektualisierte europäische Theologie von dem unkomplizierteren Mystizismus Asiens. Erst in jüngster Zeit war es möglich, genau zu sagen, wo Pythagoras sich geirrt hat. Ich wüßte keinen zweiten, der auf dem Gebiet des Denkens ebenso einflußreich gewesen wäre wie er. Ich sage das, weil sich der Platonismus bei entsprechender Analyse im wesentlichen als Pythagoreismus erweist. Die ganze Vorstellung von einer ewigen Welt, die sich dem Intellekt, nicht aber den Sinnen offenbart, stammt von ihm. Ohne ihn hätten die Christen in Christus nicht Das Wort gesehen; ohne ihn hätten die Theologen nicht nach logischen *Beweisen* für Gott und die Unsterblichkeit gesucht. Bei ihm ist jedoch dies alles erst unausgesprochen einbegriffen. Wie es dann seinen klaren Ausdruck fand, wird sich im weiteren Verlauf des Buches zeigen.

4. KAPITEL

Heraklit

In der Beurteilung der Griechen herrschen heutzutage zwei gegensätzliche Auffassungen vor. Die einen halten sie, wie es praktisch von der Renaissance bis in die jüngstvergangene Zeit allgemein üblich war, mit nahezu abergläubischer Verehrung für die Erfinder alles Guten und Schönen und für Leute von übermenschlicher Genialität, denen gleichkommen zu können die Modernen nicht hoffen dürfen. Die anderen empfinden, inspiriert von den Triumphen der Wissenschaft und einem optimistischen Glauben an den Fortschritt, die Autorität der Alten als Alptraum und behaupten, das meiste, was sie zum Denken beigetragen hätten, sollte jetzt am besten vergessen werden. Ich selbst kann mich keiner dieser beiden extremen Ansichten anschließen; eine jede, scheint mir, ist teils richtig und teils unrichtig. Bevor ich auf Einzelheiten eingehe, möchte ich aber darzulegen versuchen, was wir noch heute an Weisheit aus dem Studium des griechischen Denkens schöpfen können.

Über die Natur und den Aufbau der Welt sind verschiedene Hypothesen möglich. Der Fortschritt in der Metaphysik, soweit man davon sprechen kann, hat im allmählichen Verbessern dieser Hypothesen bestanden, im Erweitern der durch sie ermöglichten Folgerungen und im Neuformulieren dieser Hypothesen, um den Einwänden der Anhänger von rivalisierenden Hypothesen zu begegnen. Das Universum nach jedem dieser Systeme begreifen zu lernen, ist ein beglückendes geistiges Erlebnis und zugleich ein Gegengewicht gegen Dogmatismus. Und selbst wenn sich keine der Hypothesen beweisen läßt, so gewinnt man doch echte Erkenntnis, wenn man ihren Wesenskern entdeckt und sie so formuliert, daß sie keinen Widerspruch mehr in sich enthalten und mit den bekannten Tatsachen übereinstimmen. Nun sind fast alle Hypothesen, die die moderne Philosophie beherrscht haben, zuerst von den Griechen erdacht worden; ihre schöpferische Erfindungsgabe im Bereich des Abstrakten ist über jedes Lob erhaben. Was ich über die Griechen zu sagen habe, wird hauptsächlich von diesem Gesichtspunkt aus geschehen; ich werde von ihnen als den Schöpfern von Theorien sprechen, denen ein von ihnen unabhängiges Leben und Wachsen beschieden war und die, wenn sie auch anfangs etwas kindlich wirkten, doch die Kraft bewiesen, sich mehr als zwei Jahrtausende lang zu erhalten und zu entwickeln.

Die Griechen haben allerdings zum abstrakten Denken noch etwas von bleibenderem Wert beigetragen: sie erfanden die Mathematik und die Kunst des deduktiven Schlusses. Die Geometrie im besonderen ist eine griechische Erfindung; ohne sie wäre die moderne Wissenschaft undenkbar. Aber gerade im Zusammenhang mit der Mathematik tritt die Einseitigkeit des griechischen Geistes zutage: er folgerte deduktiv von dem anscheinend Selbstevidenten aus und nicht induktiv aus der Beobachtung. Die überraschend erfolgreiche Anwendung dieser Methode wirkte nicht nur auf die Antike, sondern auch auf den größeren Teil der modernen Welt irreführend. Nur sehr langsam vermochte die wissenschaftliche Methode, die induktiv aus der Beobachtung von einzelnen Tatsachen zu Gesetzen zu kommen sucht, den hellenischen Glauben an die Deduktion aus einleuchtenden Axiomen, die dem Geist der Philosophen entstammten, zu verdrängen. Schon deshalb ist es, von vielen anderen Gründen abgesehen, ein Fehler, die Griechen mit abergläubischer Ehrfurcht zu betrachten. Die wissenschaftliche Methode war der geistigen Veranlagung der Griechen im großen und ganzen fremd, wenngleich man bei einigen wenigen von ihnen zum erstenmal spürt, daß sie ihre Bedeutung ahnten; daß man jedoch den geistigen Fortschritt der letzten vier Jahrhunderte zugunsten der Griechen bagatellisiert, wirkt wie ein Hemmschuh auf das moderne Denken.

Es spricht jedoch noch ein allgemeineres Argument gegen solche Verehrung, sei es nun für die Griechen oder sonst jemand. Will man einen Philosophen studieren, so ist die richtige Einstellung ihm gegenüber weder Ehrfurcht noch Geringschätzung, sondern zunächst eine Art hypothetischer Sympathie, bis man in der Lage ist, nachzuempfinden, was der Glaube an seine Theorien bedeutet; erst dann darf man ihn kritisch betrachten, und das möglichst in der geistigen Bereitschaft eines Menschen, der von seinen bisher vertretenen Ansichten unbelastet ist. Geringschätzung würde den ersten und Ehrfurcht den zweiten Teil dieses Vorganges beeinträchtigen. Zweierlei ist stets zu bedenken: daß man bei einem Mann, dessen Anschauungen und Theorien des Studiums wert sind, schon eine gewisse Intelligenz voraussetzen darf, daß es aber andererseits wahrscheinlich keinem Menschen gegeben ist, über irgendeinen Gegenstand die vollkommene und letzte Wahrheit erkennen zu können. Wenn ein intelligenter Mensch eine Ansicht vertritt, die uns offensichtlich unsinnig erscheint, sollten wir nicht zu beweisen suchen, daß doch etwas Wahres daran sei, uns vielmehr um die Einsicht bemühen, warum diese Anschauung jemals richtig *erscheinen* konnte. Diese Übung in historischer und psychologischer Einfühlung erweitert den Bereich unseres Denkens; außerdem können wir uns dann leichter vorstellen, wie töricht viele unserer eigenen, uns liebgewordenen Vorurteile einem Zeitalter von anderer geistiger Veranlagung erscheinen mögen.

Zwischen Pythagoras und Heraklit, mit dem wir uns in diesem Kapitel zu befassen haben, stand noch ein anderer, weniger bedeutender Philosoph, nämlich Xenophanes. Wann er gelebt hat, ist unbestimmt und eigentlich nur daraus zu ersehen, daß er auf Pythagoras und Heraklit auf ihn hinweist. Er war Jonier von Geburt, verbrachte jedoch sein Leben größtenteils in Süditalien. Er glaubte, daß alle Dinge aus Erde und Wasser entstanden seien. Über die Götter dachte er außerordentlich frei.»Homer und Hesiod haben den Göttern alle Dinge zugeschrieben, die eine Scham und Schande sind unter Sterblichen, Diebstähle und Ehebrüche und gegenseitiges Betrügen ... Aber die Sterblichen wähnen, daß die Götter erzeugt sind, wie sie es sind, und Kleider haben wie sie und Stimme und Gestalt.«»Ja, wenn Ochsen und Pferde oder Löwen Hände hätten und könnten mit ihren Händen malen und Kunstwerke hervorbringen, wie es die Menschen tun, so würden die Pferde die Gestalten der Götter als Pferde malen und die Ochsen als Ochsen und ihre Leiber je nach ihrer eigenen Art bilden... Die Äthiopier machen ihre Götter schwarz und stumpfnasig, die Thraker sagen, die ihrigen hätten blaue Augen und rotes Haar.« Er glaubte an *einen* Gott,»weder an Gestalt gleich den Sterblichen noch an Gedanken, der ohne Mühsal lenkt alle Dinge mit den Gedanken seines Geistes«. Xenophanes machte sich über die pythagoreische Lehre von der Seelenwanderung lustig.»Einst, sagt man, ging er (Pythagoras) vorüber, als ein Hund mißhandelt wurde. ›Halt‹, sagte er, ›schlage ihn nicht. Es ist die Seele eines Freundes. Ich erkannte sie, als ich ihre Stimme hörte.‹«

Auch hielt er es für unmöglich, in theologischen Fragen die Wahrheit festzustellen.»Es war nie ein Mensch und wird nie einer sein, der sichere Kenntnis hat über die Götter und über alle Dinge, von denen ich rede. Selbst wenn er zufällig die vollständige Wahrheit spricht, weiß er nicht, daß es so ist. Aber alle mögen ihre Einbildungen haben.«[1] So gehört Xenophanes in die Reihe der Rationalisten, die Gegner der mystischen Tendenzen des Pythagoras und anderer waren; als selbständiger Denker zählt er jedoch nicht zu den Größten.

Die Lehre des Pythagoras läßt sich, wie wir gesehen haben, schwer von der seiner Schüler trennen; und obwohl Pythagoras selbst der Frühzeit der Philosophie angehört, wirkte sich der Einfluß seiner Schule im allgemeinen später aus als der verschiedener anderer Philosophen. Der erste dieser Philosophen, die eine neue, noch heute einflußreiche Theorie aufstellten, war Heraklit, der um 500 v. Chr. lebte. Wir wissen kaum mehr von ihm, als daß er Aristokrat und Bürger von Ephesus war. Im Altertum hatte ihn vornehmlich seine Lehre berühmt gemacht, daß sich alles im Fluß befände. Das ist jedoch, wie wir sehen werden, nur eine Seite seiner Metaphysik. Wiewohl Jonier, wurzelte Heraklit nicht in der wissenschaftlichen Tradition der milesischen Schule.[2] Er

---

1 Zitiert aus Edwyn Bevan, *Stoics and Sceptics*, Oxford 1913, S. 121.
2 Cornford, *From Religion to Philosophy*, S. 184, betont das meiner Ansicht nach mit Recht. Heraklit wird häufig mißverstanden, weil man ihn zu den übrigen Joniern rechnet.

war Mystiker, jedoch ein Mystiker besonderer Art. Das Feuer hielt er für den Urstoff; wie die Flamme des Feuers, entsteht alles aus dem Tod von etwas anderem. »Sterbliche sind Unsterbliche und Unsterbliche sind Sterbliche, indem der eine den Tod des anderen lebt und des anderen Leben stirbt.« Die Welt ist eine Einheit, doch besteht sie aus vereinigten Gegensätzen. »Alle Dinge entstehen aus dem Einen, und aus allen Dingen entsteht das Eine«; aber das Viele ist weniger wirklich als das Eine, nämlich Gott.

Nach seinen uns erhaltenen Schriften scheint er kein liebenswerter Charakter gewesen zu sein. Er neigte sehr zu Geringschätzung und war das Gegenteil von einem Demokraten. Von seinen Mitbürgern sagte er: »Die Epheser täten gut daran, sich aufzuhängen, Mann für Mann, und die Stadt bartlosen Knaben zu überlassen; denn sie haben den Hermodoros verjagt, den besten Mann unter ihnen, indem sie sagten: ›Wir wollen keinen haben, der der beste unter uns ist; wenn es einen solchen gibt, laßt ihn anderswo und unter anderen so sein.‹« Mit einer einzigen Ausnahme spricht er nur schlecht von all seinen bedeutenden Vorgängern. »Homer sollte aus den Wettspielen verwiesen und gepeitscht werden.« – »Unter allen, deren Reden ich hörte, ist nicht einer, der dazu gelangt, zu verstehen, daß Weisheit von allen Dingen abgesondert ist.« – »Das Lernen vieler Dinge lehrt nicht Verständnis, sonst würde es Hesiod und Pythagoras gelehrt haben und wiederum Xenophanes und Hekataios.« – »Pythagoras... nahm als seine eigene Weisheit in Anspruch, was bloß ein Wissen vieler Dinge war und eine Kunst des Unheilstiftens.« – Von seiner vernichtenden Beurteilung nimmt er allein Teutamus aus, den er als »mehr wert als die übrigen« bezeichnet. Wenn wir nachforschen, womit Teutamus sich dieses Lob verdient hat, entdecken wir, daß Teutamus sagte: »Die meisten Menschen sind schlecht.«

In seiner Menschenverachtung kommt er zu der Ansicht, daß man die Leute nur mit Gewalt dazu zwingen könne, zu ihrem eigenen Besten zu handeln. »Jedes Tier wird mit Schlägen zur Weide getrieben«, und »Esel mögen lieber Stroh als Gold«.

Wie anzunehmen, glaubte Heraklit an den Krieg. »Krieg ist der Vater aller Dinge und der König aller Dinge; und einige hat er zu Göttern gemacht und einige zu Menschen, einige gebunden und einige frei.« Und weiter: »Homer hatte unrecht, als er sagte: ›Ich wollte, Streit erlöschte zwischen Göttern und Menschen!‹ Er erkannte nicht, daß er um die Zerstörung des Weltalls bat; denn wenn sein Gebet erhört würde, würden alle Dinge verschwinden.« Und schließlich: »Wir müssen wissen, daß Krieg allen gemeinsam und daß Kampf Gerechtigkeit ist und daß alle Dinge durch Kampf entstehen und vergehen.«

In seiner Ethik vertritt er eine Art stolzer Askese, die der Ethik Nietzsches stark ähnelt. Er hält die Seele für ein Gemisch aus Feuer und Wasser, wobei das Feuer edel und das Wasser unedel ist. Die Seele, die überwiegend Feuer enthält, nennt er »trocken«. »Die trockene Seele ist die weiseste und beste.« – »Wenn ein Mann trunken wird, wird er von einem unbärtigen Knaben geführt, stolpernd, nicht wissend, wohin er schreitet, da seine Seele feucht ist.« – »Es ist der Tod der Seelen, zu Wasser zu werden.« – »Es ist hart, mit des Herzens eigenen Wünschen zu kämpfen. Was immer es zu erhalten wünscht, erwirbt es auf Kosten der Seele.« – »Es ist nicht gut für die Menschen, alles zu erhalten, was sie wünschen.« – Man könnte sagen, daß Heraklit die Kraft schätzt, die aus Selbstbeherrschung gewonnen wird, und die Leidenschaften verachtet, die die Menschen von ihrem eigentlichen Streben ablenken.

Den religiösen Richtungen seiner Zeit, zumindest der Bacchus-Religion, stand Heraklit sehr ablehnend gegenüber, wenn auch nicht als wissenschaftlicher Rationalist. Er hat seine eigene Religion; manches aus der anerkannten Theologie deutet er so, daß es sich seiner Lehre einfügen läßt, anderes verwirft er recht verächtlich. Man hat ihn als bacchisch (Cornford) und als Mysteriendeuter (Pfleiderer) bezeichnet. Ich glaube nicht, daß die betreffenden Fragmente zu dieser Ansicht berechtigen. Er sagt beispielsweise: »Die Mysterien, die unter den Menschen geübt werden, sind unheilige Mysterien.« Danach darf man wohl annehmen, daß ihm heilige Mysterien vorschwebten, die er für möglich hält, obzwar sie sich von den bestehenden stark unterscheiden. Er wäre ein religiöser Reformator geworden, hätte er den Pöbel nicht zu sehr verachtet, um sich mit Propaganda abzugeben.

Es folgen alle erhaltenen Aussprüche Heraklits, die für seine Einstellung zur damaligen Theologie bezeichnend sind:

»Der Herr, dem das Orakel von Delphi gehört, äußert weder seine Meinung noch verbirgt er sie, sondern er zeigt sie durch ein Zeichen.

Und die Sibylle, die mit rasenden Lippen freudlose, ungeschmückte und ungesalbte Dinge sagt, reicht über tausend Jahre mit ihrer Stimme dank dem Gotte in ihr.

Die Seelen riechen im Hades.

Größerer Tod erringt größeren Anteil. (Die, welche ihn sterben, werden Götter.)

Nachtschwärmer, Magier, Bacchospriester und Priesterinnen der Kelter, Mysterienkrämer...

Die Mysterien, die unter den Menschen geübt werden, sind unheilige Mysterien.

Und sie beten zu diesen Bildern, als ob einer mit einem Menschenhause reden wollte, nicht wissend, was Götter oder Heroen sind.

Denn wenn es nicht Dionysos wäre, für den sie einen Festzug machten und den schändlichen Phallos-Hymnos sängen, so wäre ihre Handlungsweise höchst schamlos. Aber Hades ist derselbe wie Dionysos, dem zu Ehren sie toben und das Fest der Kelter feiern.

Sie reinigen sich umsonst, indem sie sich mit Blut besudeln, geradeso als ob einer, der in den Schmutz getreten ist, seine Füße mit Schmutz waschen wollte. Ein Mann, der ihn so handeln sähe, würde ihn für verrückt halten.«

Heraklit hielt das Feuer für das Urelement, aus dem alles andere entstanden sei. Thales glaubte, wie sich der Leser erinnern wird, es sei alles aus Wasser entstanden; Anaximenes sah in der Luft das Urelement; Heraklit gab dem Feuer den Vorzug. Schließlich schlug Empedokles einen diplomatischen Kompromiß vor und ließ alle vier Elemente, Erde, Luft, Feuer und Wasser, gelten. Hier blieb die Chemie der Alten stehen.

In diesem Wissenszweig wurden weitere Fortschritte erst erzielt, als die mohammedanischen Alchimisten nach dem Stein der Weisen, dem Lebenselixier und einer Methode, unedle Metalle in Gold zu verwandeln, zu suchen begannen.

Die Metaphysik Heraklits war so dynamisch, daß selbst die aktivsten modernen Menschen damit zufrieden sein können:

»Diese Welt, die die gleiche für alle ist, hat keiner unter den Göttern oder Menschen gemacht; sondern sie war immer, ist jetzt und wird immer ein ewiglebendes Feuer sein, in Massen sich entzündend und in Massen erlöschend.«

»Die Verwandlungen des Feuers sind zuerst vor allem Meer; und die Hälfte des Meeres ist Erde, die Hälfte Wirbelwind.«

In einer derartigen Welt mußte man mit einem beständigen Wechsel rechnen, und eben daran glaubte Heraklit.

Er vertrat jedoch noch eine andere Lehre, auf die er sogar noch mehr Gewicht legte als auf das beständige Fließen; es war die Doktrin von der Mischung der Gegensätze. Er sagt:

»Die Menschen wissen nicht, wie das, was verschieden ist, mit sich selbst übereinstimmt. Es ist eine Zusammenstimmung entgegengesetzter Spannungen, wie die des Bogens und der Lyra.« Mit dieser Theorie hängt sein Glaube an den Kampf zusammen, denn im Kampf verbinden sich Gegensätze nach einer Bewegung, die Harmonie ist. Es herrscht eine Einheit in der Welt, diese Einheit ergibt sich jedoch aus der Verschiedenheit:

»Paare sind: ganze und nicht ganze Dinge, was zusammengezogen und was auseinandergezogen ist, das Zusammenklingende und das Mißklingende. Das eine ist aus allen Dingen zusammengefügt, und alle Dinge gehen aus dem einen hervor.«

Zuweilen hört es sich an, als hielte er die Einheit für wesentlicher als das Unterschiedliche:

»Gutes und Böses sind eins.

Für Gott sind alle Dinge wohlgetan und gut und recht, aber die Menschen halten manche Dinge für unrecht und manche für recht.

Der Weg hinauf und der Weg hinab ist ein und derselbe.

Gott ist Tag und Nacht, Winter und Sommer, Krieg und Frieden, Überfluß und Hunger; aber er nimmt verschiedene Gestalten an, ebenso wie das Feuer, wenn es mit Gewürzen vermengt wird, nach dem Dufte eines jeden benannt wird.«

Trotzdem würde es keine Einheit geben, wenn es nicht Gegensätze gäbe, die sich verbinden lassen:

»Es ist das Entgegengesetzte, was gut für uns ist.«

Diese Lehre enthält den Keim der Hegelschen Philosophie, die von der Synthese der Gegensätze ausgeht.

In Heraklits Metaphysik herrscht wie bei Anaximander ein Begriff der kosmischen Gerechtigkeit vor; sie verhindert es, daß jemals einer der Gegensätze im Kampf den vollen Sieg davonträgt.

»Alle Dinge sind ein Austausch für Feuer und Feuer für alle Dinge, so wie Waren für Gold und Gold für Waren.

Feuer lebt den Tod der Luft, und Luft lebt den Tod des Feuers; Wasser lebt den Tod der Erde, Erde den des Wassers.

Die Sonne wird ihre Maße nicht überschreiten; wenn sie es tut, werden die Erinnyen, die Dienerinnen der Gerechtigkeit, sie entdecken.

Wir müssen wissen, daß Krieg allen gemeinsam und daß Kampf Gerechtigkeit ist.«

Heraklit spricht wiederholt von »Gott« zum Unterschied von »den Göttern«. »Die Art des Menschen besitzt keine Weisheit, aber die Gottes besitzt sie.« – »Der Mensch wird von Gott ein kleines Kind geheißen, so wie ein Kind von einem Manne.« – »Der weiseste Mensch ist mit Gott verglichen ein Affe, ebenso wie der schönste Affe mit dem Menschen verglichen häßlich ist.«

Gott ist zweifellos die Verkörperung kosmischer Gerechtigkeit.

Die Doktrin, daß alles fließt, ist die berühmteste Theorie Heraklits; seine Schüler hielten sie, wie Plato es im *Theaitet* beschreibt, für die wichtigste.

»Du kannst nicht zweimal in dieselben Flüsse steigen, denn frische Wasser fließen immer auf dich zu.[3]

Die Sonne ist jeden Tag neu.«

Man nimmt allgemein an, sein Glaube an einen universalen Wandel sei in dem Wort »alles fließt« zum Ausdruck gekommen, doch ist dieser Ausspruch ebenso zweifelhaft wie Washingtons »Vater, ich kann nicht lügen!« und Wellingtons »Garde, los und drauf!«. Seine Worte sind uns, wie die aller Philosophen vor Plato, nur aus Zitaten bekannt, die meist von Plato oder Aristoteles angeführt wurden, um sie zu widerlegen. Was würde wohl aus einem modernen Philosophen werden, den man nur aus der Polemik seiner Gegner kennt? Daraus läßt sich ersehen, was für großartige Leute die Vorsokratiker gewesen sein müssen, wenn sie selbst durch die Nebelschleier von Bosheit, die ihre Feinde über sie breiteten, noch immer groß erscheinen. Wie dem auch sei,

---

3 Vergl. aber: »Wir steigen und steigen nicht in dieselben Flüsse, wir sind und sind nicht«.

Plato und Aristoteles stimmen jedenfalls darin überein, daß Heraklit gelehrt hat: »Es gibt kein Sein, nur ein Werden« (Plato) und »Nichts ist beständig« (Aristoteles).

Im Zusammenhang mit Plato, der diese Lehre gern widerlegen möchte, werde ich erneut darauf eingehen. Hier jedoch will ich nicht untersuchen, was die Philosophie dazu zu sagen hat, sondern nur, was die Dichter empfanden und die Wissenschaftler lehrten.

Die Suche nach etwas Bleibendem gehört zu den stärksten Instinkten, die die Menschen zur Philosophie treibt. Sie ist zweifellos auf die Liebe zum Heim und die Sehnsucht nach einer Zuflucht vor Gefahr zurückzuführen; wir finden sie dementsprechend am heftigsten bei denen, deren Leben am meisten von Katastrophen bedroht ist. Die Religion sucht das Beständige in zweierlei Form, in Gott und in der Unsterblichkeit. Bei Gott gibt es keine Spur von Wandelbarkeit; das Leben nach dem Tode ist ewig und unveränderlich. Der Optimismus des neunzehnten Jahrhunderts aber bewirkte eine Abkehr der Menschen von diesen statischen Begriffen; die moderne liberale Theologie glaubt an einen Fortschritt im Himmel und eine Evolution in der Gottheit. Aber selbst in dieser Konzeption steckt noch etwas Beständiges, nämlich der Fortschritt selbst und das ihm innewohnende Ziel. Und bei einer gehörigen Dosis Unglück werden die Menschen wohl wieder zu ihrer ursprünglichen Jenseitshoffnung zurückkehren; wenn man im Erdenleben am Frieden verzweifeln muß, kann man ihn nur im Himmel zu finden hoffen.

Die Dichter haben es beklagt, daß es in der Macht der Zeit liegt, alles, was ihnen lieb ist, hinwegzuraffen.

> Zeit sticht ins Grün der Jugend ihre Spur
> Und höhlt die Linie in der Schönheit Braue,
> Frißt von den Kostbarkeiten der Natur...
> Nichts ist, worein nicht ihre Sense haue.

Gewöhnlich setzen sie dann allerdings hinzu, daß ihre eigenen Verse unvergänglich seien:

> Doch hält mein Vers für künftig Alter stand,
> Preist deinen Wert trotz ihrer grimmen Hand.[4]

Daraus spricht jedoch nur der übliche literarische Eigendünkel.

Philosophisch veranlagte Mystiker, außerstande, die Vergänglichkeit alles Zeitlichen zu leugnen, haben einen besonderen Ewigkeitsbegriff erfunden: sie stellen sich dabei nicht ein Fortbestehen in endloser Zeit vor, sondern eine Existenz außerhalb des gesamten zeitlichen Ver-

---

4 Übersetzt von Stefan George.

laufs. Ewiges Leben bedeutet nach Ansicht mancher Theologen, wozu auch Dean Inge gehört, nicht ein Sein in jedem Augenblick zukünftiger Zeit, vielmehr eine Art von Sein in völliger Unabhängigkeit von der Zeit; es gibt dann kein Vorher und kein Nachher und somit logisch keine Möglichkeit einer Veränderung. Diese Ansicht hat Vaughan dichterisch ausgedrückt:

> Zur andern Nacht sah ich die Ewigkeit
> Wie einen großen Ring von Licht, unendlich rein und weit,
> Voll Ruh' und Heiterkeit;
> Rings unten war die Zeit, mit Stunden, Tagen, Jahren,
> Die von Sphären getrieben waren,
> Einem ries'gen Schatten gleich – und in dem Schwall
> Die Welt mit ihren Trabanten all.[5]

Verschiedene der berühmtesten philosophischen Systeme haben versucht, diese Vorstellung in nüchterne Prosa zu fassen, um zum Ausdruck zu bringen, was zu glauben uns die Vernunft schließlich zwingen wird, wenn wir uns willig von ihr leiten lassen.

Selbst Heraklit ließ trotz seines Glaubens an einen ewigen Wandel *etwas* Bleibendes gelten. Der Begriff der Ewigkeit (im Gegensatz zur endlosen Dauer), der von Parmenides stammt, ist bei Heraklit nicht zu finden, doch erlischt in seiner Philosophie das zentrale Feuer nie: die Welt »war immerdar und ist und wird sein ewig lebendiges Feuer«. Das Feuer ist aber etwas stets Wechselndes, und seine Beständigkeit ist eher die Beständigkeit eines Vorganges als die einer Substanz – obwohl man diese Ansicht nicht Heraklit zuschreiben sollte.

Die Wissenschaft war, wie die Philosophie, bemüht, sich von der Doktrin des beständigen Flusses zu befreien und ein bleibendes Substrat inmitten der sich wandelnden Erscheinungen zu finden. Die Chemie schien ihr diesen Wunsch zu erfüllen. Man erkannte, daß das Feuer, das zu vernichten scheint, nur verwandelt: die Elemente werden neu verbunden, doch ist jedes Atom, das vor der Verbrennung da war, nach Abschluß des Vorganges auch vorhanden. Daher nahm man an, die Atome wären unzerstörbar, und jede Veränderung in der physischen Welt sei nichts anderes als eine Neuordnung der beständigen Elemente. Diese Ansicht herrschte vor, bis die Radioaktivität entdeckt wurde, wobei sich herausstellte, daß sich auch Atome zertrümmern lassen.

Unbekümmert entdeckten die Physiker neue und kleinere Einheiten, die sogenannten Elektronen und Protonen, aus denen sich die Atome zusammensetzen; und diese Einheiten hielt man einige Jahre lang für unzerstörbar, wie zuvor die Atome. Leider zeigte es sich, daß Protonen

---

5 Übersetzt von Dr. Ruth Gillischewski.

und Elektronen aufeinandertreffen und explodieren können, wobei keine neue Materie, sondern eine Energiewelle entsteht, die sich mit Lichtgeschwindigkeit ins Universum verbreitet. Die Energie mußte nun an Stelle der Materie die Rolle des Beständigen übernehmen. Doch ist Energie, im Gegensatz zur Materie, nicht etwa ein verfeinerter »Ding«-Begriff im Sinne des gesunden Menschenverstandes, charakterisiert vielmehr nur physikalische Vorgänge. Bei viel Phantasie könnte man sie als heraklitisches Feuer bezeichnen; doch ist Energie der Vorgang des Brennens, nicht das, was brennt. »Das, was brennt« ist aus der modernen Physik verschwunden.

Um vom Kleinen zum Großen zu kommen: die Astronomie erlaubt uns nicht mehr, die Himmelskörper für ewig zu halten. Die Planeten sind aus der Sonne und die Sonne ist aus einem Nebelfleck entstanden. Es gibt sie seit einer Weile und wird sie noch eine Zeitlang geben; aber früher oder später – vermutlich nach Millionen von Jahrmillionen – wird sie explodieren und dabei alle Planeten zerstören. So behaupten wenigstens die Astronomen; vielleicht entdecken sie aber noch einen Fehler in ihrer Rechnung, wenn der verhängnisvolle Tag näherrückt.

Die Lehre vom beständigen Fließen, wie Heraklit sie vertrat, ist schmerzlich, und wie wir gesehen haben, vermag die Wissenschaft sie nicht zu widerlegen. Die Philosophen haben ihren Ehrgeiz vor allem darein gesetzt, Hoffnungen neu zu beleben, die die Wissenschaft vernichtet zu haben schien. So suchten denn die Philosophen äußerst beharrlich nach etwas, das dem Gesetz der Zeit nicht unterworfen ist. Der erste, der danach zu forschen begann, war Parmenides.

5. KAPITEL

Parmenides

Die Griechen hatten weder in ihren Theorien noch in der Praxis viel für Mäßigkeit übrig. Heraklit hat behauptet, daß *alles* sich wandelt; Parmenides hingegen erklärte, daß *nichts* sich verändert.

Parmenides stammte aus Elea in Süditalien und wirkte in der ersten Hälfte des fünften Jahrhunderts v. Chr. Nach Plato hatte Sokrates in seiner Jugend (etwa um das Jahr 450 v. Chr.) eine Unterredung mit dem damals schon bejahrten Parmenides und lernte dabei viel von ihm. Mag diese Begegnung nun historisch sein oder nicht, wir können jedenfalls daraus schließen, daß Plato selbst von den parmenideischen Lehren beeinflußt war, was ohnedies ersichtlich ist. Die süditalienischen und sizilischen Philosophen waren dem Mystizismus und der Religion stärker zugeneigt als die jonischen, die im großen und ganzen wissenschaftlich und skeptisch eingestellt waren. Die Mathematik erlebte unter dem Einfluß des Pythagoras in Graecia Magna eine größere Blütezeit als in Jonien; sie war aber damals stark mystisch durchsetzt. Parmenides war von Pythagoras beeinflußt, doch läßt sich das Ausmaß dieses Einflusses nur mutmaßen. Historisch bedeutend ist Parmenides nur geworden durch die von ihm erfundene Form des metaphysischen Beweises, der in dieser oder jener Gestalt bei den meisten späteren Metaphysikern bis einschließlich Hegel zu finden ist. Er wird häufig der Erfinder der Logik genannt, in Wirklichkeit erfand er jedoch eine auf Logik beruhende Metaphysik.

Parmenides hat seine Lehre in einem Gedicht »Über die Natur« dargelegt. Er hielt die Sinne für trügerisch und die vielen sinnlich wahrnehmbaren Dinge für bloße Täuschung. Das einzig wahre Sein ist »das Eine«, das unendlich und unteilbar ist. Es ist nicht wie bei Heraklit eine Vereinigung von Gegensätzen, denn es gibt keine Gegensätze. Beispielsweise ist bei ihm offenbar »kalt« nur »nicht heiß« und »dunkel« »nicht hell«. »Das Eine« wird von Parmenides nicht so verstanden, wie wir Gott verstehen; er scheint es sich körperlich und ausgedehnt vorzustellen, denn er spricht davon als von einer Kugel. Es läßt sich jedoch nicht teilen, weil das Ganze allenthalben gegenwärtig ist.

Parmenides teilt seine Lehre in »den Weg der Wahrheit« und »den Weg der Meinung«. Mit dem letzteren brauchen wir uns nicht zu befassen. Soweit uns etwas darüber von ihm erhalten ist, sagt er aber über den Weg der Wahrheit im wesentlichen das Folgende:

»Du kannst nicht wissen, was nicht ist – das ist unmöglich –, noch es aussprechen; denn es ist dasselbe, was gedacht werden kann und was sein kann.«

»Wie also kann das, was *ist*, im Begriffe sein und Zukunft sein? Oder wie konnte es ins Dasein treten? Wenn es ins Dasein trat, ist es nicht; noch ist es, wenn es im Begriffe ist, in Zukunft zu sein. So ist das *Werden* ausgelöscht, und das *Vergehen* ist verschollen.«

»Das Ding, das gedacht werden kann, und jenes, um dessentwillen der Gedanke besteht, ist dasselbe; denn du kannst keinen Gedanken finden, ohne etwas, das da ist, um dessentwillen er geäußert worden ist.«[1]

Das Wesentliche dieses Argumentes ist: wenn man denkt, denkt man *an etwas*; wenn man einen Namen gebraucht, muß es die Bezeichnung *für etwas* sein. Demnach setzen Denken und Sprechen Objekte außerhalb von sich selbst voraus. Und da man zu jeder beliebigen Zeit an ein Ding denken oder davon sprechen kann, muß alles, woran man zu denken oder wovon man zu sprechen vermag, immer existieren. Infolgedessen kann es keine Veränderung geben, denn die Veränderung zeigt sich darin, daß Dinge werden oder aufhören zu sein.

Hier wird zum erstenmal in der Philosophie vom Denken und Sprechen auf die Welt in ihrer Gesamtheit geschlossen. Das Argument kann natürlich nicht als stichhaltig gelten, es lohnt sich jedoch zu untersuchen, was daran wahr ist.

Wir können den Beweis folgendermaßen formulieren: wenn die Sprache einen Sinn haben soll, müssen die Wörter etwas bedeuten, und im allgemeinen müssen sie nicht nur andere Wörter bedeuten, sondern etwas, das es wirklich gibt, ob wir nun davon sprechen oder nicht. Angenommen, es wäre beispielsweise die Rede von George Washington. Gäbe es keine historische Persönlichkeit dieses Namens, so wäre der Name (anscheinend) bedeutungslos und Sätze, in denen er vorkommt, wären unsinnig. Parmenides behauptet aber, daß George Washington nicht nur in der Vergangenheit existiert habe, sondern in gewisser Weise noch existieren muß, da wir mit dem Gebrauch seines Namens einen Sinn verbinden. Das scheint offensichtlich unrichtig, wie aber läßt sich das beweisen?

Denken wir an eine imaginäre Gestalt, etwa an Hamlet. Nun wollen wir den Satz untersuchen »Hamlet war ein Prinz von Dänemark«. In gewisser Hinsicht ist das wahr, nicht aber im vollen historischen Sinn. Der richtige Satz würde lauten »Shakespeare sagt, Hamlet sei ein Prinz von Dänemark gewesen«, oder noch genauer, »Shakespeare sagt, es habe einmal einen Prinzen von Dänemark gegeben, der ›Hamlet‹ hieß«. Dabei gibt es nichts Imaginäres mehr. Shakespeare und Dänemark und die Lautfolge »Hamlet«, alles ist wirklich, doch ist die Lautfolge »Hamlet« kein eigentlicher Name, da niemand wirklich »Hamlet« hieß. Sagt man jedoch »Hamlet ist der Name einer erdachten Person«, so

---

[1] Burnet bemerkt hierzu: »Das soll meines Erachtens heißen ... man kann sich keinen Namen vorstellen, zu dem nicht etwas wirklich Seiendes gehört.«

wäre das nicht ganz korrekt; man müßte sagen, »wir stellen uns vor, ›Hamlet‹ sei der Name einer wirklichen Person«.

Hamlet ist eine Phantasiegestalt; die Einhörner sind eine phantasiegeborene Gattung. Manche Sätze, in denen das Wort »Einhorn« vorkommt, sind richtig, andere falsch; in beiden Fällen jedoch nicht unbedingt. Nehmen wir die Sätze »Ein Einhorn hat ein Horn« und »Eine Kuh hat zwei Hörner«. Um das Letztere nachzuprüfen, muß man sich eine Kuh ansehen; es genügt nicht zu behaupten, daß in manchen Büchern steht, Kühe hätten zwei Hörner. Die Gewißheit aber, daß Einhörner nur ein Horn haben, ist nur in Büchern zu finden; tatsächlich wäre daher die korrekte Darstellung: »Gewisse Bücher behaupten, daß es Tiere mit einem Horn gibt, die ›Einhörner‹ genannt werden.« Alles, was über Einhörner ausgesagt wird, bezieht sich in Wirklichkeit auf das *Wort* »Einhorn«, wie alle Aussagen über Hamlet sich in Wirklichkeit auf das *Wort* »Hamlet« beziehen.

Wir sprechen aber ganz offensichtlich in den meisten Fällen nicht von Wörtern, sondern von dem, was sie bedeuten. Und das führt uns zurück zu dem Argument des Parmenides, daß ein Wort in seiner Bedeutung gebraucht, *etwas* bedeuten muß und nicht nichts bedeuten kann, und daß daher das, was mit dem Wort gemeint ist, in irgendeinem Sinne existieren muß.

Was sollen wir nun also von George Washington sagen? Offenbar gibt es nur zwei Möglichkeiten: Einmal kann man sagen, daß er noch existiert, zum anderen, daß wir, wenn *wir* die Worte »George Washington« verwenden, nicht tatsächlich von dem Mann sprechen, der diesen Namen getragen hat. Beides wirkt paradox, doch das letztere in geringerem Maße, und ich will versuchen zu beweisen, daß es in einem gewissen Sinne richtig ist.

Parmenides nimmt für die Worte eine feststehende Bedeutung an; das ist die tatsächliche Grundlage seines Arguments, die er für unanfechtbar hält. Obwohl jedoch das Wörterbuch oder die Enzyklopädie die sozusagen offizielle und allgemein sanktionierte Bedeutung eines Wortes angibt, haben doch zwei Leute, die das gleiche Wort verwenden, nie genau die gleiche Vorstellung davon.

George Washington konnte seinen Namen und das Wort »Ich« als Synonyma einsetzen. Er konnte seine eigenen Gedanken und die Bewegungen seines Körpers wahrnehmen und daher seinen Namen mehr seiner Bedeutung gemäß gebrauchen, als es sonst jemand möglich war. Wenn seine Freunde mit ihm zusammen waren, konnten sie seine Bewegungen erkennen und seine Gedanken erraten; für sie bedeutete der Name »George Washington« aus eigener Erfahrung noch etwas Konkretes. Nach seinem Tode mußte an Stelle der Wahrnehmung die Erinnerung treten, was einen anderen geistigen Vorgang bedingte, wenn sie seinen Namen gebrauchten. Bei uns, die wir ihn nie gekannt haben, sieht der geistige Vorgang wiederum anders aus. Wir können uns sein

Bild vorstellen und uns sagen, »Ja, dieser Mann«. Wir können denken, »Der erste Präsident der Vereinigten Staaten«. Wenn wir sehr ungebildet sind, ist er für uns womöglich nur »der Mann, der ›George Washington‹ hieß«. Welche Vorstellung auch immer der Name in uns erweckt, es kann doch nicht der Mann selbst sein, da wir ihn nicht gekannt haben, vielmehr etwas, das unserem Empfinden, unserer Erinnerung oder unserer Überlegung gegenwärtig ist. Womit der Trugschluß in der Argumentierung des Parmenides bewiesen ist.

Dieser ständige Bedeutungswandel der Worte bleibt oft verborgen, weil er im allgemeinen nichts an der Richtigkeit oder Unrichtigkeit der Sätze ändert, in denen die Worte vorkommen. Nimmt man irgendeinen richtigen Satz, in dem der Name »George Washington« steht, so wird er in der Regel auch richtig bleiben, wenn man den Namen durch die Wendung »der erste Präsident der Vereinigten Staaten« ersetzt. Es gibt Ausnahmen von der Regel. Vor Washingtons Wahl hätte jemand sagen können: »Ich hoffe, George Washington wird der erste Präsident der Vereinigten Staaten«, jedoch nicht: »Ich hoffe, der erste Präsident der Vereinigten Staaten wird der erste Präsident der Vereinigten Staaten werden«, es sei denn, er hätte eine ungewöhnliche Leidenschaft für das Identitätsgesetz gehabt. Es läßt sich jedoch leicht eine Regel aufstellen, die diese Ausnahmefälle ausschließt, und in allen übrigen Fällen kann man »George Washington« durch jede Umschreibung ersetzen, die auf ihn allein paßt. Und nur dank solcher Umschreibungen wissen wir überhaupt, was wir von ihm wissen.

Parmenides behauptet, wenn wir jetzt wissen können, was gemeinhin für vergangen gehalten wird, so könne es nicht tatsächlich vergangen sein, müsse vielmehr in bestimmtem Sinne noch jetzt existieren. Hieraus folgert er, daß es keine Veränderung gibt. Was wir über George Washington gesagt haben, widerlegt dieses Argument. Man kann behaupten, daß wir in gewisser Hinsicht keine Kenntnis des Vergangenen haben. Wenn man sich erinnert, so kommt diese Erinnerung eben jetzt zustande und ist nicht identisch mit dem in die Erinnerung zurückgerufenen Geschehnis. Die Erinnerung liefert aber eine *Beschreibung* des vergangenen Ereignisses, und für praktische Zwecke ist es meist nicht nötig, zwischen der Beschreibung und dem Beschriebenen zu unterscheiden.

Diese ganze Argumentierung beweist, wie leicht sich metaphysische Schlüsse aus der Sprache ziehen lassen und daß Trugschlüsse dieser Art nur zu vermeiden sind, wenn die Sprache logisch und psychologisch eingehender studiert wird, als es die meisten Metaphysiker getan haben.

Wenn aber Parmenides von den Toten auferstehen und lesen könnte, was ich eben gesagt habe, ich glaube, er würde es für sehr oberflächlich halten. »Woher wollen Sie wissen«, würde er wohl fragen, »daß Ihre Feststellungen über George Washington sich auf die Vergangenheit beziehen? Nach Ihren eigenen Worten ist eine unmittelbare Beziehung nur zu gegenwärtigen Dingen möglich; Ihre Erinnerungen beispielsweise kommen jetzt zustande, nicht zu der Zeit, deren Sie sich zu erinnern glauben. Wenn man die Erinnerung als Erkenntnisquelle gelten lassen will, muß die Vergangenheit *jetzt* vor dem geistigen Auge stehen und daher in gewissem Sinne noch existieren.«

Ich will hier nicht versuchen, diesen Einwand zu widerlegen; dazu müßte man erst die Erinnerung definieren, was recht schwierig ist. Ich habe das Argument hier herangezogen, um dem Leser ins Gedächtnis zu rufen, daß philosophische Theorien, wenn sie bedeutend sind, im allgemeinen in neuer Gestalt wieder aufleben können, wenn sie auch in ihrer ursprünglichen Fassung widerlegt worden sind. Widerlegungen sind selten endgültig; meist handelt es sich dabei um das Vorspiel zu weiteren Verbesserungen.

Was die spätere Philosophie bis in die modernste Zeit hinein von Parmenides übernommen hat, war jedoch nicht die allzu paradoxe Unmöglichkeit jeglicher Veränderung, sondern die Unzerstörbarkeit der *Substanz*. Das Wort »Substanz« kommt zwar bei seinen unmittelbaren Nachfolgern nicht vor, doch ist die *Vorstellung* davon bereits in ihren Spekulationen zu spüren. Man hielt die Substanz für das gleichbleibende Subjekt wechselnder Prädikate. Als solches wurde sie zu einem der Grundbegriffe der Philosophie, Psychologie, Physik und Theologie und blieb es mehr als zweitausend Jahre lang. Später wird noch viel darüber zu sagen sein. Im Augenblick möchte ich nur darauf hinweisen, daß ich den Begriff eingeführt habe, um den Argumenten des Parmenides gerecht werden zu können, ohne offensichtliche Tatsachen leugnen zu müssen.

6. KAPITEL

Empedokles

Philosoph, Prophet, Wissenschaftler und Scharlatan, diese Mischung, die wir schon bei Pythagoras erkannten, finden wir vollkommen in Empedokles verkörpert, der um 440 v. Chr. wirkte und somit ein jüngerer Zeitgenosse von Parmenides war, obwohl er mit seiner Lehre in mancher Beziehung Heraklit nähersteht. Er war Bürger von Akragas an der Südküste von Sizilien und ein demokratischer Politiker; gleichzeitig erhob er Anspruch darauf, als Gott zu gelten. In den meisten griechischen Stadtstaaten, ganz besonders in den sizilischen, lagen Demokratie und Tyrannis in ständigem Kampf miteinander; die Führer der jeweils unterlegenen Partei wurden hingerichtet oder verbannt. Die Verbannten nahmen meist bedenkenlos mit den Feinden Griechenlands Beziehungen auf – im Osten mit Persien, im Westen mit Karthago. Auch Empedokles wurde zur angemessenen Zeit verbannt, doch scheint er es vorgezogen zu haben, im Exil ein Weiser statt ein intrigierender Flüchtling zu werden. Wahrscheinlich ist er in seiner Jugend mehr oder weniger Orphiker gewesen; vor seiner Verbannung befaßte er sich zugleich mit Politik und Wissenschaft, um erst im späteren Leben, als Emigrant, zum Propheten zu werden.

Die Legende weiß viel von Empedokles zu berichten. Man schrieb ihm Wundertaten zu oder was teils durch die Magie, teils dank seiner naturwissenschaftlichen Kenntnisse, danach aussah. Er verstand den Winden zu gebieten, wie man uns erzählt; er erweckte eine Frau wieder zum Leben, die dreißig Tage lang für tot gegolten hatte; schließlich soll er, um seine Göttlichkeit zu beweisen, in den Krater des Ätna gesprungen sein und dabei den Tod gefunden haben. Wie es in dem Gedicht heißt:

Der Feuerkopf Empedokles, berühmt durch Wundertaten,
Sprang in des Ätna Schlund hinab und wurde ganz gebraten.

Auch Matthew Arnold schrieb ein Gedicht über dieses Thema, doch enthält es nicht die obigen Zeilen, obwohl es eines seiner schlechtesten Gedichte ist.

Empedokles schrieb wie Parmenides in Versen. Lukrez, der von ihm beeinflußt war, preist ihn als Dichter, doch waren die Ansichten in dieser Frage geteilt. Da nur noch Fragmente seiner Schriften erhalten sind, wird sein dichterisches Verdienst weiterhin zweifelhaft bleiben.

Wir müssen seine Wissenschaft und seine Religion getrennt behandeln, da sie nicht miteinander übereinstimmen. Ich werde mich zuerst mit seiner Wissenschaft, dann mit seiner Philosophie und schließlich mit seiner Religion beschäftigen.

Sein wichtigster Beitrag zur Wissenschaft war die Entdeckung, daß die Luft ein Stoff für sich ist. Dies beweist er durch die Beobachtung, daß das Wasser nicht in einen Eimer oder irgendein ähnliches Gefäß eindringt, wenn man es umgekehrt hineintaucht. Er sagt:

»Wie wenn ein Mädchen, das mit einer Wasseruhr aus blankem Erze spielt, die Mündung der Pfeife auf ihre anmutige Hand hält und die Wasseruhr in die nachgebende Silberflut des Wassers taucht – der Strom dann nicht ins Gefäß fließt, sondern die Luftmenge darin, gegen die engen Löcher drückend, ihn zurückhält, bis jene den zurückgehaltenen Strom aufdeckt, aber dann die Luft entweicht und die gleiche Menge Wassers einströmt –«

Diese Stelle kommt in einem Kapitel vor, in dem er die Atmung erklärt.

Auch entdeckte er die Zentrifugalkraft oder zumindest ein Beispiel für ihre Wirkung: wirbelt man ein mit Wasser gefülltes Gefäß an einer Schnur im Kreise herum, so fließt das Wasser nicht heraus.

Er wußte auch etwas von der Geschlechtlichkeit der Pflanzen und hat eine allerdings etwas phantastische Theorie von der Fortentwicklung und vom Überleben des Tüchtigsten aufgestellt. Ursprünglich »ergossen sich unzählige Scharen sterblicher Geschöpfe in mannigfaltige Formen gefügt, ein Wunder zu schauen«. Da gab es Köpfe ohne Nacken, Arme ohne Schultern, Augen ohne Stirnen, einzelne Gliedmaßen, die nach Vereinigung strebten. Diese Dinge fügten sich beliebig zusammen – zu schlotternden Wesen mit zahllosen Händen, Geschöpfen, deren Gesichter und Brüste nach verschiedenen Richtungen wiesen. Wesen mit Ochsengestalt und Menschenantlitz oder mit Ochsenköpfen und Menschengestalt. Es gab Hermaphroditen, die in sich die Natur von Mann und Frau vereinten, aber unfruchtbar waren. Schließlich blieben nur gewisse Formen am Leben.

Auf dem Gebiet der Astronomie wußte er, daß der Mondschein nur reflektiertes Licht ist, und glaubte, das träfe auch auf den Sonnenschein zu; er sagt, das Licht brauche für seine Reise eine gewisse Zeit, jedoch eine so geringe Spanne, daß wir sie nicht wahrzunehmen vermögen; er wußte, daß eine Sonnenfinsternis entsteht, weil sich der Mond vor die Sonne schiebt, was er offenbar von Anaxagoras gelernt hat.

Er war der Begründer der italienischen medizinischen Schule, und die von ihm ausgehende Auffassung der Medizin beeinflußte sowohl Plato als auch Aristoteles, nach Burnet (a. a. O., S. 234) sogar die gesamte wissenschaftliche und philosophische Gedankenrichtung.

All das beweist, daß Griechenland zu seiner Zeit auf wissenschaftlichem Gebiet so fruchtbar war wie später niemals wieder.

Ich komme nun zu seiner Weltlehre. Wie bereits erwähnt, war er es, der Erde, Luft, Feuer und Wasser als die vier Elemente erkannte (obgleich er das Wort »Element« nicht verwendet hat). Ein jedes war ewig, doch konnten sie in verschiedenem Verhältnis vermischt werden und so die veränderlichen, zusammengesetzten Stoffe schaffen, die wir in der Welt finden. Durch Liebe wurden sie verbunden, durch Haß getrennt. Liebe und Haß waren für Empedokles Urelemente auf gleicher Ebene mit Erde, Luft, Feuer und Wasser. Es gab Perioden, in denen die Liebe das Übergewicht hatte, und andere, in denen der Haß der Stärkere war. Es hatte ein goldenes Zeitalter gegeben, in dem die Liebe allein siegreich gewesen war. Damals verehrten die Menschen nur die kyprische Aphrodite. Nicht der Zweck bedingt den Wandel in der Welt, sondern allein der Zufall oder die Notwendigkeit. Es handelt sich um einen Kreislauf: Wenn die Liebe die Elemente gründlich miteinander vermischt hat, entmischt der Haß sie allmählich wieder; wenn der Haß sie auseinandergerissen hat, vereint die Liebe sie allmählich von neuem. Daher ist jeder zusammengesetzte Stoff zeitgebunden; nur die Elemente sind ewig wie Liebe und Haß.

Das erinnert an Heraklit, wenn auch in gemilderter Form, da es nicht der Haß allein ist, der den Wandel schafft, sondern Haß und Liebe gemeinsam ihn bewirken. Im *Sophist* (242) verbindet Plato Heraklit mit Empedokles folgendermaßen:

»Jonische und sizilische Musen kamen aber später auf den Gedanken, es sei am sichersten, beides zu verbinden, also zu sagen, das Seiende sei sowohl Vieles wie Eines und werde durch Feindschaft und Liebe zusammengehalten. Denn sich trennend wird es doch beständig wieder zusammengeführt; so sagen die gestrengeren Musen. Die nachgiebigeren aber sahen von dem Gebot, daß dies sich beständig so verhalten solle, ab und behaupten, daß abwechselnd das All bald Eines sei und einander befreundet durch die Macht der Aphrodite, bald wieder Vieles und miteinander in Feindschaft durch etwas, was sie Streit nennen.«[1]

Empedokles hielt die materielle Welt für eine Kugel; im goldenen Zeitalter war der Haß außerhalb dieser Kugel, während innerhalb die Liebe herrschte; dann drang der Haß allmählich ins Innere ein, und die Liebe wurde verdrängt; schließlich wird im schlimmsten Falle der Haß das Innere ganz ausfüllen und die Liebe völlig aus der Kugel vertrieben sein. Dann wird – wenn auch die Ursache nicht klar ersichtlich ist – eine Gegenbewegung einsetzen, bis das goldene Zeitalter zurückkehrt, doch nicht für immer, und der ganze Kreislauf sich wiederholt. Man hätte auch annehmen können, daß eines der beiden Extreme zum Dauerzustand würde, doch ist das nicht die Auffassung des Empedokles. Er wollte unter Berücksichtigung der Argumente des Parmenides die Bewegung erklären und wünschte, in keinem Stadium zu einem unwandelbaren Universum zu kommen.

---

1 Übersetzt von Otto Apelt. (Anm. d. Übers.)

Die religiösen Anschauungen des Empedokles sind vornehmlich pythagoreisch. In einem Fragment, das sich höchstwahrscheinlich auf Pythagoras bezieht, sagt er: »Und es war unter ihnen ein Mann von seltenem Wissen, höchst kundig in aller Art weiser Werke, ein Mann, der den höchsten Reichtum an Wissen erworben hatte; denn, wenn immer er mit seinem ganzen Geiste strebte, erkannte er leicht jegliches von den Dingen, die sind in zehn, ja in zwanzig Lebenszeiten der Menschen.« Im goldenen Zeitalter verehrten die Menschen, wie bereits erwähnt, ausschließlich Aphrodite; »ihr Altar rauchte nicht vom reinen Stierblut, sondern dieses war den Menschen der größte Abscheu, die wackeren Glieder zu verzehren, nachdem sie ihnen das Leben entrissen hatten«.

Einmal spricht er überschwenglich von sich selbst als einem Gott: »Freunde, die Ihr die große Stadt bewohnt, die niederblickt auf das gelbe Felsgestein von Akragas, droben bei der Burg, geschäftig in guten Werken, Häfen der Ehre für den Fremdling, Männer, ungeübt in Niedrigkeit, Heil euch! Ich gehe unter euch umher als ein unsterblicher Gott, kein Sterblicher jetzt, geehrt unter allen, wie es angemessen ist, gekrönt mit Stirnbinden und Blumenkränzen. Unverweilt, wenn ich mit diesen hier in meinem Gefolge, Männern sowohl als Weibern, die blühenden Städte betrete, wird mir Verehrung erwiesen; sie gehen hinter mir her in zahllosem Gedränge und fragen mich, welches der Weg zum Gewinn sei; manche wünschen Orakelsprüche, während manche, die durch viele hinschleichende Tage von den bitteren Qualen aller Arten von Krankheit durchbohrt worden sind, das Wort der Heilung von mir zu hören wünschen... Aber warum verweile ich bei diesen Dingen, als ob es etwas Großes wäre, daß ich sterbliche, vergängliche Menschen übertreffe?«

Ein andermal fühlt er sich als großer Sünder, der für seine Gottlosigkeit büßen muß:

»Es gibt ein Orakel der Notwendigkeit, eine alte Bestimmung der Götter, ewig und fest besiegelt mit breiten Eiden, daß, wenn jemals einer der Dämonen, welchem langes Leben zuteil geworden ist, seine Hände sündig mit Blut befleckt hat oder Streit geführt hat und falsch geschworen hat, er dreimal zehntausend Jahre ferne von den Wohnungen der Seligen wandern muß, während er die ganze Zeit hindurch in allen Arten sterblicher Gestalten geboren wird, einen mühseligen Lebenspfad mit dem andern vertauschend. Denn die mächtige Luft treibt ihn ins Meer, und das Meer speit ihn aus auf die trockene Erde, die Erde schleudert ihn in die Strahlen der lodernden Sonne, und diese schnellt ihn zurück zu den Wirbeln der Luft. Eines nimmt ihn vom anderen, und jedes stößt ihn von sich. Einer von diesen bin ich jetzt, ein Verbannter und ein Wanderer fern von den Göttern, weil ich mein Vertrauen in sinnlosen Streit setzte.«

Inwiefern er gesündigt hat, wissen wir nicht; vielleicht war es etwas,

das uns nicht sehr gewichtig erscheinen würde. Denn er sagt:
»Ach, wehe mir, daß mich der mitleidlose Todestag nicht vernichtete, bevor ich je üble Taten des Fraßes mit meinen Lippen vollbrachte!«
»Sich ganz der Lorbeerblätter enthalten.«
»Elende, ganz Elende, lasset die Hände von Bohnen!«
So hat er möglicherweise nichts Schlimmeres verbrochen, als Lorbeerblätter gekaut oder Bohnen gegessen.

Die berühmteste Stelle bei Plato, das Höhlengleichnis, wonach wir nur Schatten des Wirklichen aus der hellen Welt über uns erblicken können, hat Empedokles schon vorweggenommen; es geht auf die orphische Lehre zurück.

Manche Menschen – vermutlich diejenigen, die sich viele Inkarnationen hindurch der Sünde enthalten – erlangen schließlich ewige Seligkeit in der Gemeinschaft der Götter.

»Aber zuletzt erscheinen sie[2] unter sterblichen Menschen als Propheten, Liederdichter, Ärzte und Fürsten; und dann erheben sie sich als Götter, an Ehren erhaben, anteilhabend am Herde der anderen Götter und dem gleichen Tisch, frei von menschlichem Weh, gesichert gegen das Schicksal und unverletzbar.«

Das meiste von alledem finden wir bereits in den orphischen und pythagoreischen Lehren.

Abgesehen von aller Wissenschaft liegt die Originalität des Empedokles in der Lehre von den vier Elementen und in der Erklärung des Wandels aus den beiden Prinzipien Liebe und Haß.

Den Monismus lehnte er ab und glaubte, das Naturgeschehen sei nicht vom Zweck, sondern vom Zufall und von der Notwendigkeit bedingt. Hierin war seine Philosophie wissenschaftlicher als die des Parmenides, des Plato oder Aristoteles. In mancher Hinsicht verfiel er allerdings dem landläufigen Aberglauben; darin können es übrigens viele spätere Männer der Wissenschaft mit ihm aufnehmen.

---

2 Es ist nicht klar, wer mit »sie« gemeint ist, vermutlich aber diejenigen, die ihre Reinheit bewahrt haben.

7. KAPITEL

Athens kulturgeschichtliche Bedeutung

Athens große Zeit beginnt mit den beiden Perserkriegen (490 und 480/79 v. Chr.). Zuvor hatten Jonien und Graecia Magna (die griechischen Städte in Süditalien und Sizilien) die bedeutenden Männer hervorgebracht. Der Sieg der Athener über den Perserkönig Darius bei Marathon (490) und der vereinten griechischen Seestreitkräfte über seinen Sohn und Nachfolger Xerxes (480) unter Führung Athens brachte der Stadt einen großen Prestigegewinn. Die Jonier von den Inseln und einem Teil des kleinasiatischen Festlandes hatten sich gegen Persien aufgelehnt und waren von Athen befreit worden, nachdem die Perser vom griechischen Festland vertrieben waren. An diesen Unternehmungen hatten sich die Spartaner, die sich nur um ihr eigenes Gebiet kümmerten, nicht beteiligt. So wurde Athen im Bündnis gegen Persien zum führenden Partner. Nach den Bestimmungen des Bündnisses war jeder beteiligte Staat verpflichtet, eine bestimmte Anzahl von Schiffen zu stellen oder die entsprechende Summe dafür zu zahlen. Die meisten zogen das letztere vor, und dadurch erlangte Athen die Vorherrschaft zur See über die anderen Bundesgenossen und verwandelte das Bündnis allmählich in eine athenische Herrschaft. Athen wurde reich und blühte unter der weisen Führung von Perikles, der nach freier Wahl der Bürger etwa dreißig Jahre bis zu seinem Sturz 430 v. Chr. regierte.

Das Zeitalter des Perikles war die glücklichste und glorreichste Epoche in der Geschichte Athens. Mit Aischylos, der in den Perserkriegen mitgefochten hatte, begann die griechische Tragödie; in einem seiner Stücke, den »Persern«, weicht er von dem üblichen homerischen Thema ab und behandelt den Sieg über Xerxes. Ihm folgte sehr bald Sophokles und diesem Euripides. Er reicht schon in die dunklen Tage des Peloponnesischen Krieges hinein, die sich an den Sturz und Tod des Perikles anschlossen; in den Stücken des Euripides spiegelt sich der Skeptizismus dieser späteren Periode wider. Sein Zeitgenosse, der Komödiendichter Aristophanes, macht sich vom Standpunkt des robusten und begrenzten gesunden Menschenverstandes aus über alle Ismen lustig; viel Schlechtes sagt er ganz besonders Sokrates nach und beschuldigt ihn, Zeus zu verleugnen und sich mit unheiligen, pseudowissenschaftlichen Mysterien abzugeben.

Xerxes hatte Athen erobert, und die Tempel auf der Akropolis waren niedergebrannt worden. Perikles widmete sich ihrem Wiederaufbau. Das Parthenon und die anderen Tempel, deren Ruinen auf uns noch heute tiefen Eindruck machen, wurden von ihm erbaut. Der Bildhauer Phidias erhielt vom Staat den Auftrag, Kolossalstatuen der Götter und

Göttinnen zu schaffen. Am Ende dieser Periode war Athen die schönste und prächtigste Stadt der hellenischen Welt.

Herodot, der Vater der Geschichte, war zu Halikarnass in Kleinasien geboren, lebte jedoch in Athen, wurde vom athenischen Staat gefördert und schrieb seine Geschichte der Perserkriege vom Standpunkt Athens aus.

Die Leistungen Athens zur Zeit des Perikles sind vielleicht das Erstaunlichste in der Weltgeschichte. Zuvor hatten viele andere griechische Stadtstaaten Athen in den Schatten gestellt; weder in der Kunst noch in der Literatur hatte es irgendeinen großen Mann hervorgebracht (von Solon abgesehen, der aber in erster Linie Gesetzgeber war). Angespornt durch den Sieg, Reichtum und den notwendigen Wiederaufbau, schufen plötzlich bislang unübertroffene Architekten, Bildhauer und Dramatiker Werke, die die Zukunft bis in die Neuzeit hinein beherrschten. Das wirkt noch überraschender, wenn wir bedenken, wie klein die Einwohnerzahl damals war. Zur Blütezeit Athens, um 430 v. Chr., wurde seine Einwohnerzahl auf 230.000 (einschließlich der Sklaven) geschätzt; die Umgebung Athens, das ländliche Attika, hatte wahrscheinlich noch weniger Einwohner. Weder vorher noch nachher hat ein Volk bei annähernd gleichem Verhältnis der Einwohnerzahl zur Größe seines Territoriums dieselbe Fähigkeit bewiesen, solche Werke von höchster Vollendung hervorzubringen.

In der Philosophie ist Athen nur mit zwei großen Namen vertreten: Sokrates und Plato. Plato gehört einer etwas späteren Periode an, doch verbrachte Sokrates seine Jugend und seine frühen Mannesjahre unter Perikles. Das Interesse der Athener an der Philosophie war immerhin so groß, daß sie auch Lehrer aus anderen Stadtstaaten eifrig anhörten. Die Sophisten hatten großen Zulauf von jungen Leuten, die sich in der Kunst des Disputierens zu üben wünschten; im *Protagoras* gibt der platonische Sokrates eine amüsante satirische Beschreibung der begeisterten Schüler, die an den Lippen des berühmten Gastes hängen. Perikles holte, wie wir sehen werden, Anaxagoras nach Athen, von dem Sokrates nach eigener Aussage gelernt hatte, den Geist als das eigentlich Schöpferische anzusehen.

Plato setzt in den meisten seiner Dialoge voraus, daß sie zur Zeit des Perikles geführt werden; sie vermitteln ein erfreuliches Bild vom Leben der reichen Leute. Plato gehörte einer athenischen Aristokratenfamilie an und wuchs in der Tradition jener Zeit auf, da Wohlstand und Sicherheit der oberen Klassen noch nicht durch Krieg und Demokratie vernichtet waren. Seine jungen Menschen, die nicht beruflich zu arbeiten brauchen, beschäftigen sich aus Liebhaberei hauptsächlich mit Wissenschaft, Mathematik und Philosophie; sie kennen Homer fast ganz auswendig und üben Kritik an den Leistungen der Berufsrezitatoren. Die Kunst des deduktiven Schlusses war eben erst erfunden und regte dringend zu neuen Theorien, richtigen wie falschen, auf allen Wissensgebieten an. Wie sonst nur selten war es damals möglich, beides, klug wie glücklich zu sein, und glücklich durch Klugheit.

Die Ausgewogenheit der Kräfte, die dieses goldene Zeitalter schufen, war jedoch gefährdet. Sie wurde von innen und außen bedroht – von innen durch die Demokratie und von außen durch Sparta. Um die Ereignisse nach der Zeit des Perikles verstehen zu können, müssen wir kurz auf die vorangegangene Geschichte Attikas eingehen.

Zu Beginn der historischen Zeit war Attika ein kleines, autarkes landwirtschaftliches Gebiet; seine Hauptstadt Athen war nicht groß, besaß aber eine wachsende Bevölkerung von Handwerkern und geschickten Gewerbetreibenden, die ihre Erzeugnisse auswärts abzusetzen wünschten. Allmählich hielt man es für vorteilhafter, Wein und Oliven an Stelle von Getreide anzubauen und Korn, vor allem von der Küste des Schwarzen Meeres, einzuführen. Dieser Anbau erforderte jedoch mehr Kapital als der Ackerbau, und die kleinen Bauern gerieten in Schulden. Zur Zeit Homers war Attika wie andere griechische Staaten eine Monarchie gewesen, doch wurde der König zum rein geistlichen Beamten ohne politische Macht. Die Regierungsgewalt ging auf die Aristokratie über, die sowohl die Landwirte als auch die städtischen Handwerker unterdrückte. Zu Beginn des sechsten Jahrhunderts bewirkte Solon einen Kompromiß in demokratischer Richtung, und viel von ihm Geschaffenes hielt sich während einer späteren Periode der Tyrannis von Pisistratus und seinen Söhnen. Als die Epoche zu Ende ging, wußten sich die Aristokraten – als Gegner der Tyrannis – der Demokratie zu empfehlen. Bis zum Sturz des Perikles brachten die Fortschritte der Demokratie einen Machtzuwachs für die Aristokratie mit sich, wie in England während des neunzehnten Jahrhunderts. Doch begannen gegen Ende seines Lebens die führenden Köpfe der Demokratie in Athen einen größeren Anteil an der politischen Macht zu fordern. Gleichzeitig verursachte aber seine imperialistische Politik, mit der das wirtschaftliche Aufblühen Athens zusammenhing, immer stärkere Reibungen mit Sparta, die schließlich zum Peloponnesischen Krieg (431–404) und zur völligen Niederlage Athens führten.

Trotz des politischen Zusammenbruchs wahrte sich Athen sein Ansehen und blieb nahezu ein Jahrtausend lang Mittelpunkt der Philosophie. Zwar stellte Alexandria auf mathematischem und naturwissenschaftlichem Gebiet Athen in den Schatten, doch nahm es dank Plato und Aristoteles in der Philosophie eine Vorrangstellung ein. Die Akademie, an der Plato gelehrt hatte, überdauerte alle anderen Schulen und lebte nach der Bekehrung des römischen Imperiums zum Christentum noch zwei Jahrhunderte lang als heidnische Insel fort. Endlich wurde sie im Jahre 529 n. Chr. von Justinian in seiner religiösen Bigotterie geschlossen, und das dunkle Zeitalter brach über Europa herein.

8. KAPITEL

Anaxagoras

Obwohl Anaxagoras als Philosoph nicht an Pythagoras, Heraklit oder Parmenides heranreicht, ist er doch historisch recht bedeutend. Als Jonier setzte er die naturwissenschaftlich rationalistische Tradition Joniens fort. Er war es, der den Athenern die Philosophie brachte und als erster auf das Geistige als Ursache physischer Veränderungen hinwies.

Er war um das Jahr 500 v. Chr. in Klazomenae in Jonien geboren, verbrachte jedoch etwa dreißig Jahre seines Lebens, ungefähr die Zeit von 462 bis 432 v. Chr., in Athen. Vermutlich veranlaßte ihn Perikles, dem die Bildung seiner Mitbürger sehr am Herzen lag, nach Athen zu kommen. Vielleicht machte ihn auch Aspasia, die aus Milet kam, mit Perikles bekannt. Plato sagt im *Phaedrus*:

»Perikles machte, wie es scheint, die Bekanntschaft des Anaxagoras, der ein Mann der Wissenschaft war, und indem er sich mit der Theorie der Dinge über der Erde sättigte und zur Kenntnis des wahren Wesens des Verstandes und der Torheit gelangt war, was eben dasjenige war, wovon die Lehren des Anaxagoras hauptsächlich handelten, schöpfte er aus dieser Quelle alles, was geeignet war, ihn in der Kunst der Rede zu fördern.«

Anaxagoras soll auch Euripides beeinflußt haben, doch ist das schon zweifelhafter.

Die Bürger von Athen legten, wie die Bewohner anderer Städte zu anderen Zeiten und auf anderen Kontinenten auch, eine gewisse Feindseligkeit Menschen gegenüber an den Tag, die sich um Einführung einer höheren Kulturstufe als der bisher gewohnten bemühten. Als Perikles alterte, eröffneten seine Gegner eine Kampagne gegen ihn, indem sie seine Freunde angriffen. Sie bezichtigten Phidias, einen Teil des Goldes, das für seine Statuen bestimmt war, unterschlagen zu haben. Sie brachten ein Gesetz durch, das alle zur Verantwortung zu ziehen erlaubte, die die religiösen Bräuche nicht einhielten und Lehren über die »Dinge über der Erde« verbreiteten. Kraft dieses Gesetzes verfolgten sie Anaxagoras, der angeklagt wurde, er lehre, die Sonne sei ein rotglühender Stein und der Mond bestehe aus Erde. (Die gleiche Beschuldigung wurde von den Anklägern gegen Sokrates erhoben; er machte sich jedoch über ihre Rückständigkeit lustig.)

Was sich wirklich zutrug, steht nicht fest; wir wissen nur, daß Anaxagoras Athen verlassen mußte. Wahrscheinlich hat ihn Perikles aus dem Gefängnis befreit und fortschaffen lassen. Anaxagoras kehrte nach Jonien zurück und gründete dort eine Schule. Nach seinem

Letzten Willen hatten die Kinder alljährlich an seinem Todestag schulfrei.

Anaxagoras vertrat die Überzeugung, daß alles unbegrenzt teilbar sei und daß selbst der kleinste Bestandteil der Materie etwas von jedem Element enthalte. Die Dinge erscheinen als das, wovon sie am meisten enthalten. So birgt beispielsweise alles etwas Feuer in sich, doch sprechen wir von Feuer nur, wenn dieses Element überwiegt. Wie Empedokles bestreitet er die Leere und sagt, die Wasseruhr oder eine aufgeblasene Haut bewiesen ja, daß Luft dort ist, wo nichts zu sein scheint.

Zum Unterschied von seinen Vorgängern betrachtet er den Geist (*nous*) als eine Substanz, die in die Zusammensetzung der lebenden Dinge eintritt und sie dadurch von der toten Materie sondert. In allem, so erklärt er, ist ein Teil von allem zu finden, Geist ausgenommen; und manche Dinge enthalten auch Geist. Der Geist beherrscht alle lebenden Dinge; er ist unendlich, eigengesetzlich und mit nichts vermischt. Abgesehen vom Geist enthält alles, auch das Kleinste, Teile seines Gegenteils, das Heiße enthält das Kalte, das Weiße das Schwarze. So behauptete er, der Schnee sei teilweise schwarz.

Jede Bewegung geht auf den Geist zurück. Er bewirkt eine Kreisbewegung, die sich allmählich der ganzen Welt mitteilt und die leichtesten Dinge veranlaßt, sich der Peripherie, und die schwersten, sich dem Mittelpunkt entgegenzubewegen. Es gibt nur einen einzigen Geist, gleichwertig bei Tieren und Menschen. Der Mensch verdankt seine offenkundige Überlegenheit der Tatsache, daß er Hände besitzt; alle scheinbar geistigen Unterschiede sind in Wirklichkeit auf körperliche Unterschiede zurückzuführen.

Aristoteles wie Plato und Sokrates klagen darüber, daß Anaxagoras zwar den Geist eingeführt, hernach aber recht wenig Gebrauch davon gemacht habe. Aristoteles weist darauf hin, daß er den Geist als Ursache nur anführt, wenn ihm nichts anderes einfällt. Bei jeder möglichen Gelegenheit gibt er eine Erklärung aus der Mechanik. Er verwirft Notwendigkeit und Zufall als Ursprung der Dinge; dennoch fehlt in seiner Weltlehre der Begriff der »Vorsehung«. Über Ethik oder Religion scheint er nicht viel nachgedacht zu haben; wahrscheinlich war er wirklich Atheist, wie seine Ankläger behaupteten. Er stand unter dem Einfluß all seiner Vorgänger, mit Ausnahme von Pythagoras. Parmenides wirkte auf ihn in gleicher Weise ein wie auf Empedokles.

Um die Wissenschaft hat er sich sehr verdient gemacht. Er hat als erster erklärt, daß der Mondschein nur reflektiertes Licht sei, wenngleich ein schwerverständliches Fragment des Parmenides vermuten läßt, daß auch er es gewußt hat. Anaxagoras stellte die richtige Theorie über die Mondfinsternis auf und wußte, daß der Mond tiefer steht als die Sonne. Sonne und Sterne sind nach seiner Ansicht feurige Steine, doch spüren wir nichts von der Hitze der Sterne, weil sie zu weit entfernt sind. Die

Sonne ist größer als der Peloponnes. Der Mond ist gebirgig und (wie er glaubte) bewohnt.

Anaxagoras soll aus der Schule des Anaximenes hervorgegangen sein; jedenfalls hat er die rationalistisch wissenschaftliche Tradition der Jonier lebendig erhalten. Man findet bei ihm nicht die ethischen und religiösen Vorurteile, die von den Pythagoreern auf Sokrates und von Sokrates auf Plato übergingen und der griechischen Philosophie einen licht- und kulturfeindlichen Zug verliehen. Er gehört zwar nicht zu den ganz Großen, ist aber doch wichtig, weil er als erster die Philosophie nach Athen gebracht und unter anderen die Entwicklung des Sokrates beeinflußt hat.

9. KAPITEL

Die Atomisten

Die Lehre vom Atomismus wurde von zwei Philosophen, Leukipp und Demokrit, geschaffen. Es ist schwierig, sie auseinander zu halten, da sie ganz allgemein zusammen genannt werden und offenbar einige Werke des Leukipp nachträglich Demokrit zugeschrieben worden sind. Leukipp, der wohl um 440 v. Chr. wirkte,[1] kam aus Milet und entwikkelte die für diese Stadt charakteristische, wissenschaftlich rationalistische Philosophie weiter. Er war stark beeinflußt von Parmenides und Zeno. Es ist so wenig von ihm bekannt, daß Epikur (ein späterer Anhänger Demokrits) seine Existenz überhaupt in Abrede gestellt haben soll; neuerdings hat man diese Ansicht verschiedentlich wieder aufgegriffen. Es finden sich jedoch eine ganze Reihe von Anspielungen auf ihn (unter anderem auch Textzitate) bei Aristoteles, die unverständlich wären, wenn es sich bei ihm nur um eine mythische Gestalt gehandelt hätte.

Demokrit ist eine weit fester umrissene Erscheinung. Er stammt aus Abdera in Thrakien. Zu seinen Lebensdaten bemerkt er, daß in seiner Jugendzeit Anaxagoras ein alter Mann war, also etwa um 432 v. Chr. Er muß um 420 v. Chr. gewirkt haben. Um seine Kenntnisse zu erweitern, reiste er viel in südlichen und östlichen Ländern; möglicherweise verbrachte er geraume Zeit in Ägypten; er hat auch zweifellos Persien besucht. Dann kehrte er nach Abdera zurück, wo er blieb. Zeller bezeichnet ihn als »an Reichtum des Wissens allen, an Schärfe und Folgerichtigkeit des Denkens den meisten früheren und gleichzeitigen Philosophen überlegen«.

Demokrit war ein Zeitgenosse des Sokrates und der Sophisten und sollte eigentlich aus rein chronologischen Gründen in unserer geschichtlichen Darstellung etwas später behandelt werden. Die Schwierigkeit liegt nur darin, daß er so schwer von Leukipp zu trennen ist. Daher berücksichtige ich ihn vor Sokrates und den Sophisten, obgleich er mit seiner Philosophie zum Teil den Protagoras zu widerlegen beabsichtigte, der aus der gleichen Stadt stammte und der hervorragendste aller Sophisten war. Als Protagoras Athen besuchte, wurde er enthusiastisch empfangen; Demokrit hingegen sagt: »Ich kam nach Athen, und niemand wußte etwas von mir.« Lange Zeit nahm man in Athen von seiner Philosophie überhaupt keine Notiz. »Es ist nicht sicher«, sagt Burnet, »daß Plato etwas von Demokrit gewußt hat... Aristoteles da-

---

1 Cyril Bailey, *The Greek Atomists and Epicurus*, ist der Meinung, er habe um 430 v. Chr. oder etwas früher gewirkt.

gegen kannte Demokrit gut; denn auch er war ein Jonier aus dem Norden.«[2] Plato erwähnt ihn niemals in seinen Dialogen, doch soll er nach Angabe des Diogenes Laertius so wenig von ihm gehalten haben, daß er wünschte, all seine Bücher würden verbrannt. Heath schätzt ihn hoch als Mathematiker.[3]

Die Grundideen der Leukipp und Demokrit gemeinsamen Philosophie stammen von Leukipp; in der Auswertung sind die beiden jedoch kaum voneinander zu trennen, was für unsere Zwecke auch nicht nötig ist. Bei dem Versuch, zwischen Monismus und Pluralismus, für den sich Parmenides bzw. Empedokles eingesetzt hatten, die Mitte zu finden, kam Leukipp – oder Demokrit – zum Atomismus. Ihr Standpunkt war dem der modernen Naturwissenschaft auffallend ähnlich und ermöglichte es ihnen, die meisten Fehler zu vermeiden, zu denen das griechische Denken sonst neigte. Sie glaubten, alles sei aus Atomen zusammengesetzt, die physikalisch, nicht aber geometrisch unteilbar seien; sie nahmen an, daß sich zwischen den Atomen leerer Raum befände; daß die Atome unzerstörbar und stets in Bewegung seien und immer sein würden; daß es eine unbegrenzte Zahl von Atomen, ja sogar von Atomarten gäbe, die sich durch Form und Größe unterschieden. Aristoteles[4] behauptet, daß sich nach Ansicht der Atomisten die Atome auch in ihrer Temperatur unterscheiden, wobei die kugelförmigen Atome, aus denen das Feuer besteht, die heißesten sind; und hinsichtlich des Gewichts zitiert er Demokrits Ausspruch: »Je unteilbarer etwas ist, um so schwerer ist es.« Doch ist die Frage, ob es in den Theorien der Atomisten ursprünglich ein Atomgewicht gegeben habe, umstritten.

Die Atome waren stets in Bewegung, doch sind sich die Kommentatoren nicht einig über den Ursprung dieser Bewegung. Manche, vor allem Zeller, meinen, daß man sich die Atome beständig fallend vorstellte, wobei die schwereren schneller fielen; sie holten daher die leichteren ein, trafen zusammen, und die Atome wurden von der Richtung abgelenkt wie Billardkugeln. Das war zweifellos auch die Ansicht Epikurs, der seine Theorien weitestgehend auf denen Demokrits aufbaute, wobei er sich – recht ungeschickt – bemühte, die Kritik des Aristoteles zu berücksichtigen. Doch darf man mit gutem Grund annehmen, daß die Atome des Leukipp und Demokrit ursprünglich kein Gewicht hatten. Wahrscheinlicher ist, daß die Atome sich nach ihrer Ansicht aufs Geratewohl bewegten, wie nach der neuzeitlichen kinetischen Theorie der Gase. Demokrit behauptete, es gäbe kein Auf und Ab in der unendlichen Leere; er verglich die Bewegung der Atome in der Seele mit denen der Stäubchen in einem Sonnenstrahl bei Windstille. Diese An-

---

2 Burnet, *From Thales to Plato*, S. 193.
3 Heath, *Greek Mathematics*, Band I, S. 176.
4 Aristoteles, *De generatione et corruptione*, 316 a.

sicht ist weit gescheiter als die Epikurs, und ich glaube, man darf sie Leukipp und Demokrit zutrauen.[5]

Infolge der Kollisionen kam es durch Atomanhäufungen zur Entstehung von Wirbeln. Dann entwickelte sich alles ganz ähnlich weiter wie bei Anaxagoras; es war jedoch fortschrittlich, die Entstehung der Wirbel mechanisch zu erklären, statt sie wie bisher auf einen geistigen Vorgang zurückzuführen.

In der Antike pflegte man den Atomisten vorzuwerfen, daß sie alles dem Zufall zuschrieben. Sie waren aber im Gegenteil strenge Deterministen und glaubten, alles vollziehe sich übereinstimmend mit Naturgesetzen. Demokrit bestreitet ausdrücklich, daß irgend etwas zufällig geschehen könne.[6] Bekanntlich soll Leukipp, wiewohl seine Existenz angezweifelt wird, gesagt haben: »Nichts geschieht um nichts, sondern alles aus einem Grunde und mit Notwendigkeit.« Er gibt allerdings keinen Grund dafür an, warum die Welt ursprünglich so und nicht anders habe sein müssen; das mochte vielleicht doch dem Zufall zugeschrieben werden. Sobald die Welt aber einmal existierte, mußte sie sich unweigerlich nach mechanischen Grundsätzen weiterentwickeln. Aristoteles und andere beschuldigten ihn und Demokrit, die ursprüngliche Atombewegung nicht erklärt zu haben; hier waren aber die Atomisten bessere Wissenschaftler als ihre Kritiker. Ursächlichkeit muß von irgend etwas ausgehen, und wovon sie auch ausgehen möge, es läßt sich doch kein Grund für die Ausgangstatsache angeben. Die Welt kann auf einen Schöpfer zurückgeführt werden, doch sogar dann bleibt der Schöpfer selbst unerklärt. Die Auffassung der Atomisten kam tatsächlich der Ansicht der modernen Naturwissenschaft näher als jede andere antike Theorie.

Im Gegensatz zu Sokrates, Plato und Aristoteles suchten die Atomisten die Welt ohne den Begriff des *Zweckes* oder der *Zweckursache* zu erklären. Die »Zweckursache« eines Geschehens ist ein zukünftiges Ereignis, um dessentwillen das Geschehnis eintritt. Auf menschliche Angelegenheiten ist dieser Begriff anwendbar. Warum bäckt der Bäcker Brot? Weil die Menschen Hunger haben werden. Warum werden Eisenbahnen gebaut? Weil die Leute reisen wollen. In solchen Fällen lassen sich die Dinge durch die Zwecke erklären, denen sie dienen. Fragen wir nach dem »Warum« eines Vorganges, dann können wir zweierlei meinen. Wir meinen wohl: »Welchem Zweck hat dieser Vorgang gedient?« oder: »Worauf ist dieser Vorgang zurückzuführen?« Die Antwort auf die erste Frage ist eine teleologische Erklärung oder eine Erklärung durch die Zweckursache; die Antwort auf die zweite Frage ist

---

5 Diese Auslegung hat Burnet übernommen; desgleichen, zumindest was Leukipp betrifft, Bailey, *The Greek Atomists and Epicurus*, S. 83.
6 Vergl. Bailey, *The Greek Atomists und Epicurus*, S. 121, über den Determinismus Demokrits.

eine mechanistische Erklärung. Ich vermag nicht zu erkennen, wie man im voraus hätte wissen sollen, welche dieser beiden Fragen die Wissenschaft zu stellen hätte oder ob sie beide stellen müsse. Die Erfahrung hat jedoch bewiesen, daß die mechanistische Frage zu wissenschaftlicher Erkenntnis führt, nicht aber die teleologische. Die Atomisten stellten die mechanistische Frage und gaben eine mechanistische Antwort. Ihre Nachfolger waren bis zur Renaissance stärker an der teleologischen Frage interessiert und führten dadurch die Wissenschaft in eine Sackgasse hinein.

Beide Fragen unterliegen jedoch gleichermaßen einer Einschränkung, die oftmals im populären Denken wie auch in der Philosophie übersehen wird. Keine der beiden Fragen läßt sich klar verständlich auf die gesamte Wirklichkeit (einschließlich Gott) beziehen, sondern nur auf ihre einzelnen Teile. Die teleologische Erklärung ist gewöhnlich sehr bald bei einem Schöpfer oder zumindest bei einem Urheber angelangt, dessen Absichten in der Weltentwicklung verwirklicht werden. Ist jedoch ein Mensch so hartnäckig teleologisch eingestellt, darüber hinaus nach dem Zweck des Schöpfers zu fragen, so wird die Gottlosigkeit seiner Frage offenbar. Außerdem ist sie sinnlos, da wir sonst annehmen müßten, der Schöpfer sei von einem noch höheren Schöpfer geschaffen, dessen Zwecken er diene. Der Zweckbegriff läßt sich also nur innerhalb der Wirklichkeit, nicht auf die Wirklichkeit als Ganzes anwenden.

Ein ähnliches Argument trifft auf die mechanistischen Erklärungen zu. Ein Vorgang verursacht einen anderen, dieser wiederum einen dritten und so fort. Fragen wir jedoch nach der Ursache des Ganzen, so kommen wir zwangsläufig auf den Schöpfer, der selbst unverursacht sein muß.

Alle kausalen Erklärungen müssen daher einen willkürlichen Anfang haben. Deshalb ist es kein Fehler der atomistischen Theorie, daß sie die Frage nach dem Ursprung der Atombewegungen offen gelassen hat.

Man darf nun aber nicht annehmen, daß sie ihre Theorien *ausschließlich* empirisch begründeten. Die Atomtheorie wurde in moderner Zeit erneut aufgegriffen, um chemische Tatsachen zu erklären; von diesen Vorgängen wußten die Griechen aber nichts. Die Antike machte nicht den scharfen Unterschied zwischen empirischer Beobachtung und logischem Schluß. Parmenides hatte allerdings für Beobachtungstatsachen nichts als Verachtung; Empedokles und Anaxagoras jedoch kombinierten viele ihrer metaphysischen Ansichten mit dem, was sie an Wasseruhren und herumgewirbelten Gefäßen beobachteten. Bis zu den Sophisten scheint kein Philosoph daran gezweifelt zu haben, daß man ein vollständiges metaphysisches und kosmologisches System durch Kombination von viel Logik und etwas Beobachtung aufstellen könne. Durch einen Glücksfall kamen die Atomisten zu einer Hypothese, die sich mehr als zweitausend Jahre später als annähernd richtig erwies; zu ihrer Zeit jedoch entbehrte ihre Ansicht jeder festen Grundlage.[7]

Wie die anderen damaligen Philosophen bemühte sich Leukipp um eine Möglichkeit, die Argumente des Parmenides mit den augenfälligen Tatsachen der Bewegung und der Veränderung in Einklang zu bringen. Hierzu bemerkt Aristoteles:[8]

»Obwohl diese Ansichten (des Parmenides) der logische Schluß dialektischer Erörterung zu sein scheinen, wäre es doch geradezu verrückt, sich dazu zu bekennen, wenn man sich die Tatsachen vergegenwärtigt. Denn kein Irrer wäre so von allen guten Geistern verlassen, Feuer und Wasser für ›eins‹ zu halten: nur sind manche Menschen so wahnsinnig, zwischen dem, was richtig *ist*, und dem, was für gewöhnlich richtig *scheint*, keinen Unterschied zu sehen.«

Leukipp glaubte jedoch eine Theorie gefunden zu haben, die in Einklang mit der Sinneswahrnehmung stand und weder das Entstehen und Vergehen noch die Bewegung und die Vielfalt der Dinge ausschloß. Das alles ließ er für die Wahrnehmungstatsachen gelten; andererseits gestand er den Monisten zu, daß es ohne leeren Raum keine Bewegung geben könne. So kam er zu folgender Theorie: »Das Leere ist *Nicht-Sein*, und kein Teil des *Seienden* ist *Nicht-Sein*; denn das, was *ist* in des Wortes wahrer Bedeutung, ist völlig erfüllter Raum. Es handelt sich jedoch nicht um *einen* völlig erfüllten Raum, sondern um eine Vielheit, deren Teile an Zahl unendlich und infolge ihrer Kleinheit unsichtbar sind. Diese bewegen sich im leeren Raum (denn es gibt einen solchen): und indem sie zusammenkommen, erzeugen sie das *Werden*, während das *Vergehen* die Folge ihrer Trennung ist. Zudem ist ihre Aktivität wie ihre Passivität davon abhängig, daß sie miteinander in Kontakt kommen (denn sie sind nicht *Eins*), und durch ihre Begegnung zeugen sie und verflechten sie sich innig miteinander. Aus dem wahrhaft *Einen* kann dagegen niemals eine Vielheit hervorgegangen sein, desgleichen nicht aus dem wahrhaft *Vielen* ein *Eines*: das ist unmöglich.«

Offenbar waren sie sich alle in dem einen Punkt einig, daß nämlich in einem völlig ausgefüllten Raum keine Bewegung denkbar wäre. Und darin täuschten sie sich alle miteinander. Eine *Kreis*bewegung kann sehr wohl in einem ausgefüllten Raum stattfinden, vorausgesetzt, daß sie schon immer bestanden hat. Sie gingen von der falschen Voraussetzung aus, nur in einem leeren Raum könne sich etwas bewegen und in einem erfüllten Raum gäbe es keine Leere. Vielleicht wäre es richtig zu sagen, in einem ausgefüllten Raum könne keine Bewegung *beginnen*, doch läßt sich die Behauptung, daß sie überhaupt unmöglich sei,

---

7 Über die logischen und mathematischen Grundlagen für die Theorien der Atomisten siehe Gaston Milhaud, *Les Philosophes Géomètres de la Grèce*, 4. Kapitel.
8 Aristoteles, *De generatione et corruptione*, 325 a.

nicht aufrechterhalten. Die Griechen glaubten sich aber offenbar entweder zu der unwandelbaren Welt des Parmenides oder zum leeren Raum bekennen zu müssen.

Nun schienen die Argumente des Parmenides gegen das Nichtsein logisch unwiderleglich gegen den leeren Raum zu sprechen; sie wurden noch erhärtet durch die Feststellung, daß Luft ist, wo nichts zu sein scheint. (Ein Beispiel für das damals übliche Durcheinander von Logik und Wahrnehmung.) Die Auffassung des Parmenides läßt sich folgendermaßen formulieren: »Sagt man, es gebe die Leere, dann ist der leere Raum nicht Nichts; daher ist es also auch kein leerer Raum.« Tatsächlich haben die Atomisten dieses Argument niemals widerlegt: sie schlugen nur vor, es auf sich beruhen zu lassen, da Bewegung eine Erfahrungstatsache sei und es infolgedessen einen leeren Raum geben *müsse*, auch wenn es noch so schwierig sei, ihn sich vorzustellen.[9]

Wir wollen nun die weitere Entwicklung dieses Problems betrachten. Der erste und nächstliegende Weg, die logische Schwierigkeit zu umgehen, heißt zwischen *Materie* und *Raum* zu unterscheiden. Dann ist der Raum nicht Nichts, vielmehr gleichsam ein Behälter, der zu einem beliebigen Teil mit Materie angefüllt sein kann. Aristoteles sagt (*Physik*, 208 b): »In der Theorie vom Vorhandensein eines leeren Raumes ist das Vorhandensein eines Ortes einbegriffen: denn man würde den leeren Raum definieren als einen Ort, der des Körpers beraubt ist.« Diese Auffassung wird sehr ausführlich von Newton dargelegt, der die Existenz des absoluten Raumes annimmt und dementsprechend zwischen absoluter und relativer Bewegung unterscheidet. In der kopernikanischen Streitfrage mußten beide Parteien diese Auffassung teilen, da sie glaubten, es bestehe ein Unterschied zwischen »der Himmel dreht sich von Osten nach Westen« und »die Erde dreht sich von Westen nach Osten«. Wenn jede Bewegung relativ ist, wird mit diesen beiden Behauptungen nur das gleiche in verschiedener Form ausgedrückt, wie »John ist der Vater von James« und »James ist der Sohn von John«. Wenn jedoch jede Bewegung relativ und der Raum nicht substantiell ist, dann können wir mit den Einwänden des Parmenides gegen das Vakuum nichts anfangen.

Descartes, der genau wie die frühen griechischen Philosophen argumentiert, hielt Ausdehnung für das Wesen der Materie und nahm daher allenthalben Materie an. Für ihn ist die Ausdehnung ein Attribut, kein

---

9 Bailey, *The Greek Atomists and Epicurus*, S. 75, behauptet hingegen, Leukipp habe eine »äußerst spitzfindige« Antwort darauf gefunden. Sie bestand im wesentlichen im Zugestehen der Existenz von etwas (der Leere), das nicht körperlich war. Ähnlich sagt Burnet: »Es ist merkwürdig, daß die Atomisten, die im allgemeinen als die großen Materialisten der Antike gelten, tatsächlich die ersten waren, die es klar aussprachen, ein Ding könne auch ohne Körperlichkeit existieren.«

Substantiv; das Substantiv zu diesem Attribut ist Materie; ohne dieses Substantiv kann das Attribut nicht sein. Der leere Raum ist für Descartes ebenso sinnlos wie das Glück ohne ein fühlendes Wesen, das glücklich ist. Auch Leibniz glaubte, allerdings aus etwas anders gearteten Gründen, an den völlig ausgefüllten Raum, behauptete jedoch, der Raum sei nur ein System von Beziehungen. In dieser Frage kam es zu einer berühmten Kontroverse zwischen ihm und Newton, wobei Clarke Newtons Standpunkt vertrat. Der Streit blieb unentschieden, bis schließlich Einstein mit seiner Theorie Leibniz zum Siege verhalf.

Der moderne Physiker glaubt zwar auch in mancher Beziehung an die Atomistik der Materie, nicht aber an den leeren Raum. Selbst wo keine Materie ist, befindet sich doch *etwas*, vor allem Lichtwellen. Die Materie wird nicht mehr so hoch eingeschätzt, wie es infolge der Argumente des Parmenides in der Philosophie der Fall war. Sie ist nicht mehr unwandelbare Substanz, vielmehr nur ein Verfahren, Geschehnisse zu gruppieren. Manche Geschehnisse gehören zu Gruppen, die als materielle Dinge angesehen werden können, andere, wie etwa Lichtwellen, nicht. Es sind die Geschehnisse, die den *Stoff* der Welt darstellen, und ein jedes von ihnen ist von kurzer Dauer. Hierin steht die moderne Physik auf seiten Heraklits und im Gegensatz zu Parmenides. Bis zu Einstein und der Quantentheorie hielt sie sich jedoch an Parmenides.

Der Raum ist nach der modernen Auffassung weder Substanz, wie Newton behauptete und wie Leukipp und Demokrit hätten sagen sollen, noch Attribut ausgedehnter Körper, wie Descartes glaubte, sondern ein System von Beziehungen, wie es Leibniz vertrat. Es ist keineswegs klar, ob diese Ansicht mit der Existenz des leeren Raumes vereinbar ist. Möglicherweise läßt sie sich bei abstrakt logischer Betrachtung mit der Leere in Einklang bringen. Wir können vielleicht von einem kleineren oder größeren *Abstand* sprechen und sagen, dieser Abstand bedinge noch nicht das Vorhandensein dazwischen befindlicher Dinge. Eine solche Ansicht ließe sich jedoch in der modernen Physik gar nicht verwerten. Seit Einstein liegt Abstand zwischen *Ereignissen*, nicht aber zwischen *Dingen*; er schließt sowohl Zeit als auch Raum ein. Er ist im Grunde ein Kausalbegriff, und die moderne Physik kennt keine Fernwirkung. All das beruht jedoch stärker auf empirischen als auf logischen Gründen. Außerdem läßt sich die moderne Auffassung nur in Differentialgleichungen ausdrücken und wäre daher den Philosophen der Antike unverständlich.

Anscheinend führt demnach die logische Weiterentwicklung der Ansicht der Atomisten zu Newtons Theorie vom absoluten Raum; dabei entsteht allerdings die Schwierigkeit, dem Nicht-Seienden Realität zubilligen zu müssen. *Logische* Einwände lassen sich gegen diese Theorie nicht erheben. Der Haupteinwand ist, daß absoluter Raum außerhalb jeder Erkenntnismöglichkeit liegt und daher keine für eine empirische Wissenschaft notwendige Hypothese sein kann. Mehr vom Praktischen her könnte man einwenden, daß die Physik auch ohne ihn auskommen kann. Aber die Welt der Atomisten bleibt trotzdem logisch möglich und kommt der Welt, wie sie wirklich ist, näher als die Welt irgendeines anderen antiken Philosophen.

Demokrit arbeitete seine Theorie bis ins einzelne aus; manches daran ist interessant. Jedes Atom ist nach seiner Meinung undurchdringlich und unteilbar, da es keinen leeren Raum enthält. In dem Apfel, den man mit einem Messer zerteilen will, muß es leere Stellen geben, wenn das Messer eindringen soll; enthielte der Apfel keinen leeren Raum, wäre er unendlich hart und deshalb physikalisch unteilbar. Jedes Atom ist innerlich unveränderlich und tatsächlich ein parmenideisches Eines. Die Atome tun nichts anderes, als sich bewegen und aufeinanderstoßen und sich zuweilen verbinden, wenn ihre Form zufällig ein Ineinandergreifen zuläßt. Sie haben alle möglichen Formen; das Feuer besteht aus kleinen kugelförmigen Atomen, desgleichen die Seele. Beim Zusammenprall der Atome entstehen Wirbel, die wiederum Körper und schließlich Welten erzeugen.[10] Es gibt viele Welten, manche sind im Entstehen, manche im Vergehen; einige mögen weder Sonne noch Mond haben, andere mehrere Sonnen und Monde. Jede Welt hat einen Anfang und ein Ende. Eine Welt kann durch Zusammenstoß mit einer größeren zerstört werden. Diese Kosmologie läßt sich in Shelleys Worten zusammenfassen:

> Immer neue Welten wirbeln,
> Sie entstehen, sie verwehn;
> Wie des Flusses flücht'ge Wellen
> Sprühn sie auf, um zu vergehn.

Das Leben hat sich aus Urschlamm entwickelt. In jedem lebenden Körper gibt es überall etwas Feuer, doch am meisten im Hirn oder in der Brust. (Hierin stimmen die Autoritäten nicht überein.) Das Denken ist eine Art Bewegung und vermag infolgedessen anderswo Bewegung zu erzeugen. Wahrnehmen und Denken sind physikalische Vorgänge. Es gibt zweierlei Wahrnehmungen: die der Sinne und die des Verstandes. Wahrnehmungen der zweiten Art sind allein von den wahrgenommenen Dingen abhängig, die der ersten Art dagegen auch von unseren Sinnen, so daß dabei Täuschungen möglich sind. Wie Locke war Demokrit davon überzeugt, daß etwa Wärme, Geschmack und Farbe nicht tatsächliche Eigenschaften eines Objekts sind, unsere Sinnesorgane sollen vielmehr dafür verantwortlich sein; Eigenschaften wie Gewicht, Dichte und Härte hingegen wohnen dem Objekt tatsächlich inne.

---

10 Über die Art und Weise, in der das nach Ansicht der Atomisten vor sich ging, vergl. Bailey, *The Greek Atomists and Epicurus*, S. 133 und folgende.

Demokrit war konsequenter Materialist; für ihn setzte sich, wie wir gesehen haben, die Seele aus Atomen zusammen, und das Denken hielt er für einen physikalischen Vorgang. Im Universum gab es nach seiner Ansicht keinen Zweck, nur Atome, die mechanischen Gesetzen gehorchten. Er war nicht religiös im üblichen Sinne und erhob Einwände gegen den *nous* des Anaxagoras. In der Ethik hielt er Heiterkeit für das vornehmste Lebensziel und glaubte, durch Mäßigkeit und Kultiviertheit könne man am besten dazu gelangen. Alles Gewaltsame und Leidenschaftliche lehnte er ab; das Geschlechtliche mißbilligte er, weil seiner Meinung nach die Lust über das Bewußtsein triumphieren könne. Er schätzte die Freundschaft, dachte jedoch schlecht von den Frauen und wünschte sich keine Kinder, weil sich ihre Erziehung nicht mit der Philosophie vertrüge. In alledem ähnelte er stark Jeremy Bentham, ebenso in seiner Vorliebe für das, was die Griechen unter Demokratie verstanden.[11]

Demokrit – wenigstens ist das meine Überzeugung – ist der letzte griechische Philosoph, der von einem bestimmten Fehler frei ist, an dem das ganze spätere antike und mittelalterliche Denken krankte. Alle bisher von uns betrachteten Philosophen waren uneigennützig darum bemüht, die Welt zu verstehen. Sie hielten das für leichter als es ist, doch hätten sie ohne diesen Optimismus nicht den Mut aufgebracht, überhaupt damit anzufangen. Ihre Arbeitsweise war im großen und ganzen wissenschaftlich, sofern darin nicht nur die Vorurteile ihrer Zeit zum Ausdruck kamen. Doch war sie nicht *ausschließlich* wissenschaftlich; sie zeichnete sich durch schöpferische Phantasie, Kraft und Freude am Abenteuer aus. Diese Philosophen interessierten sich für alles – für Meteore und Finsternisse, für Fische und Wirbelwinde, Religion und Moral; scharfer Verstand paarte sich mit kindlichem Eifer.

Von nun an machen sich trotz der vorangegangenen, unvergleichlichen Leistungen gewisse Anzeichen des drohenden Verfalls bemerkbar, der dann allmählich zum Niedergang führte. Später, nach Demokrit, beging selbst die beste Philosophie den Fehler, den Menschen im Vergleich zum Universum ungebührlich zu überschätzen. Zunächst kommt mit den Sophisten der Skeptizismus auf; er führt zu einer Untersuchung der Frage, wie wir unser Wissen erlangen, und verzichtet auf den Versuch, neue Erkenntnisse zu gewinnen. Dann wird mit Sokrates das Moralische in den Vordergrund gerückt; Plato verwirft die Sinnenwelt zugunsten der selbsterschaffenen Welt des reinen Denkens; Aristoteles macht den Zweck zum Fundamentalbegriff der Wissenschaft. Obwohl an Platos und Aristoteles' Genialität nicht zu zweifeln ist, begingen sie Denkfehler, die sich verhängnisvoll auswirkten. Mit dem

---

11 »In Armut in der Demokratie zu leben ist besser als im Wohlstand unter Despoten, so wie die Freiheit der Knechtschaft vorzuziehen ist«, sagt er.

Ende ihrer Epoche ließ die geistige Kraft nach, und der volkstümliche Aberglaube nahm allmählich wieder zu. Aus dem Sieg der katholischen Orthodoxie entstand eine zum Teil neue Weltanschauung; die Philosophie jedoch gewann erst mit der Renaissance die Kraft und Unabhängigkeit zurück, die die Vorsokratiker ausgezeichnet hatte.

10. KAPITEL

Protagoras

Den großen vorsokratischen Systemen, die wir betrachtet haben, stellte sich in der zweiten Hälfte des fünften Jahrhunderts eine skeptische Bewegung entgegen, deren bedeutendste Gestalt Protagoras war, das Haupt der Sophisten. Das Wort »Sophist« hatte ursprünglich keine schlechte Bedeutung und entsprach etwa unserer Bezeichnung »Professor«. Ein Sophist war ein Mann, der sich seinen Lebensunterhalt verdiente, indem er junge Menschen Dinge lehrte, die ihnen, wie man annahm, im praktischen Leben nützen würden. Da für eine derartige Ausbildung keine öffentlichen Mittel zur Verfügung standen, unterrichteten die Sophisten nur junge Leute, die selbst oder deren Eltern vermögend waren. Daraus entstand bei ihnen für eine bestimmte Klasse eine Voreingenommenheit, die durch die politischen Zeitumstände noch verstärkt wurde. Zwar hatte sich in Athen und vielen anderen Städten die Demokratie politisch siegreich durchgesetzt; doch war nichts geschehen, um den Reichtum der Mitglieder alter Aristokratenfamilien zu vermindern. Es waren vor allem die Begüterten, die für uns zum Inbegriff der hellenischen Kultur wurden; sie besaßen Bildung und Muße; Reisen hatten ihre traditionellen Vorurteile abgeschwächt, und durch vieles Diskutieren war ihr Verstand geschärft. Die sogenannte Demokratie änderte auch nichts am Sklavenwesen, so daß sich die Reichen ihres Wohlstands erfreuen konnten, ohne freie Mitbürger unterdrücken zu müssen.

In vielen Städten jedoch und besonders in Athen hatte die Feindseligkeit der ärmeren Bürger den Reichen gegenüber zwei Gründe: Neid und Traditionsgefühl. Man hielt die Reichen – oft mit Recht – für gottlos und unmoralisch; sie untergruben alte Überzeugungen und wollten wahrscheinlich die Demokratie vernichten. So kam es, daß politische Demokratie mit konservativer Haltung in kulturellen Dingen Hand in Hand ging, während kulturelle Neuerer zu politischer Reaktion neigten. Eine ähnliche Erscheinung finden wir im modernen Amerika, wo die Tammany-Bewegung, eine vornehmlich katholische Organisation, sich bemüht, die traditionellen religiösen und ethischen Dogmen gegen die Angriffe der Aufklärung zu verteidigen. Doch sind die Aufgeklärten in Amerika politisch schwächer, als sie es in Athen waren, weil sie es versäumt haben, mit der Plutokratie gemeinsame Sache zu machen. Es gibt aber einen bedeutenden, hochintelligenten Stand, der die Aufgabe hat, die Interessen der Plutokratie zu wahren, nämlich die Juristen der großen Gesellschaften. In *mancher* Beziehung ähneln ihre Funktionen der Tätigkeit der Sophisten in Athen.

Athens Demokratie war, obwohl stark eingeschränkt durch den Ausschluß der Sklaven und Frauen, in einigen Punkten demokratischer als jedes moderne System. Die Richter und die meisten Staatsbeamten wurden durch das Los bestimmt und amtierten kurzfristig; es waren also gewöhnliche Bürger, wie unsere Geschworenen, mit allen Vorurteilen und mangelnden Fachkenntnissen, wie sie den Durchschnittsbürger kennzeichnen. Im allgemeinen stand für jeden Fall eine große Anzahl von Richtern zur Verfügung. Der Kläger und der Beklagte oder der Ankläger und der Angeklagte erschienen in Person, nicht durch Berufsanwälte vertreten. Natürlich hingen Erfolg oder Mißerfolg in hohem Maße davon ab, mit wieviel rednerischem Geschick an die Vorurteile der Menge appelliert wurde. Obwohl man seine Sache selbst vortragen mußte, konnte man sich doch die Ansprache von einem Experten ausarbeiten lassen; oder aber man konnte sich, was viele vorzogen, für Entgelt in den Kniffen unterweisen lassen, die bei Gericht Erfolg versprachen. Diese Kunst lehren zu können, traute man den Sophisten zu.

Die Zeit des Perikles entspricht in der Geschichte Athens der Viktorianischen Zeit in der englischen Geschichte. Damals war Athen reich und mächtig, hatte wenig unter Kriegen zu leiden und besaß eine demokratische Verfassung, die die Aristokraten verwalteten. Wie wir im Zusammenhang mit Anaxagoras gesehen haben, gewann die demokratische Opposition gegen Perikles allmählich an Boden und griff einen seiner Freunde nach dem anderen an. Der Peloponnesische Krieg brach im Jahre 431 v. Chr. aus;[1] Athen wurde (wie viele andere Orte auch) von der Pest verheert; die Einwohnerzahl, die etwa 230.000 betragen hatte, ging stark zurück und erreichte nie wieder ihre frühere Höhe (Bury, *History of Greece*, Band I, S. 444). Perikles selbst wurde 430 v. Chr. seines Amtes enthoben und wegen Unterschlagung öffentlicher Gelder verurteilt, doch bald wieder eingesetzt. Seine beiden legitimen Söhne erlagen der Pest, er selbst starb ein Jahr darauf (429). Phidias und Anaxagoras wurden verurteilt, Aspasia der Gottlosigkeit und des Unterhalts eines öffentlichen Hauses angeklagt, jedoch freigesprochen.

In einem solchen Staat war es nur natürlich, daß Männer, die mit der Feindschaft der demokratischen Politiker rechnen mußten, den Wunsch hatten, sich rednerisches Geschick im Auftreten vor Gericht anzueignen. Athen hatte zwar eine Vorliebe dafür, Menschen vor Gericht zu bringen, war jedoch in einer Beziehung liberaler als das moderne Amerika: wer der Gottlosigkeit oder des verderblichen Einflusses auf die Jugend angeklagt wurde, durfte in eigener Sache plädieren.

Daraus erklärt sich die Beliebtheit der Sophisten bei einer Klasse und ihre Unbeliebtheit bei einer anderen. Die Sophisten selbst glaubten allerdings überpersönlichere Zwecke zu erfüllen, und es steht fest, daß

---

1 Er endete 404 v. Chr. mit der völligen Niederlage Athens.

sich viele ernsthaft mit Philosophie beschäftigten. Plato ließ es sich angelegen sein, sie lächerlich und verächtlich zu machen, doch darf man sie nicht nach seiner Polemik beurteilen. In wohlwollenderer Stimmung hat er offenbar die folgende Stelle in *Euthydemus* geschrieben; zwei Sophisten, Dionysodorus und Euthydemus, nehmen sich vor, einen einfältigen Mann namens Ktesippos in Verlegenheit zu bringen. Dionysodorus beginnt:

> Sage mir nämlich, hast du einen Hund?
> Ja, und einen gar bösen, antwortete Ktesippos.
> Hat dieser Hund auch Junge?
> Jawohl, und zwar solche, die auch nicht gutartig sind.
> Es ist also dieser Hund ihr Vater?
> Ich sah ihn selbst, antwortete Ktesippos, die Hündin
>   bespringen.
> Wie nun, ist der Hund nicht dein?
> Ja freilich.
> Ist er folglich nicht als Vater dein, und wird nicht mithin der
>   Hund dein Vater und du der jungen Hunde Bruder?[2]

Der Dialog *Der Sophist* ist ernster gemeint. Es handelt sich dabei um eine logische Erörterung der Definition, wobei der Sophist als Beispiel herangezogen wird. Seine Logik interessiert uns augenblicklich nicht; ich möchte hier nur auf die Schlußfolgerung dieses Dialoges hinweisen: »Also die Nachahmerei in der zum Widerspruch bringenden Kunst des verstellerischen Teiles des Dünkels, welche in der trügerischen Art von der bildnerischen Kunst her nicht als die göttliche, sondern als die menschliche, tausendkünstlerische Seite der Hervorbringung in Reden abgesondert ist: Wer von diesem Geschlecht und Blute den wahrhaften Sophisten abstammen läßt, der wird, wie es scheint, das Richtigste sagen.«[3]

Wir kennen eine zweifellos unverbürgte Geschichte über Protagoras, aus der hervorgeht, wie die öffentliche Meinung das Verhältnis der Sophisten zu den Gerichten beurteilte. Es heißt darin, er habe einen jungen Mann unter der Bedingung unterrichtet, daß er erst honoriert werden solle, wenn der junge Mann seinen ersten Prozeß gewonnen hätte; dieser erste Prozeß aber wurde von Protagoras angestrengt, der sein Honorar einklagen wollte.

Wir müssen jetzt aber endlich auf weitere Vorbemerkungen verzichten und feststellen, was man tatsächlich von Protagoras weiß.

Protagoras wurde um 500 v. Chr. zu Abdera, der Heimatstadt Demo-

---

2 Übersetzt von Franz Susemihl. Die Plato-Zitate sind im allgemeinen entsprechend der Gesamtausgabe seiner Werke im Verlag Lambert Schneider, Berlin, eingesetzt.
3 Übersetzt von Friedrich Schleiermacher.

krits, geboren. Zweimal besuchte er Athen; der zweite Besuch fand spätestens 432 v. Chr. statt. Er verfaßte ein Gesetzbuch für die Stadt Thurii in den Jahren 444/43 v. Chr. Einer bestimmten Überlieferung nach soll er wegen Gottlosigkeit verfolgt worden sein; das scheint jedoch nicht zu stimmen, obwohl er ein Buch *Über die Götter* mit den einleitenden Worten schrieb: »Über die Götter weiß ich nichts zu sagen, weder daß sie existieren noch daß sie nicht existieren, denn vieles behindert unsre Erkenntnis, die Dunkelheit des Gegenstandes und die Kürze des menschlichen Lebens.«

Sein zweiter Besuch in Athen wird in Platos *Protagoras* satirisch geschildert; ernsthaft sind seine Doktrinen im *Theätet* behandelt. Er ist vor allem bekannt durch seinen Satz: »Der Mensch ist das Maß aller Dinge, der seienden, daß sie sind, der nichtseienden, daß sie nicht sind.« Das wird so ausgelegt: *jeder* Mensch ist das Maß aller Dinge, und wenn die Menschen verschiedener Meinung sind, gibt es keine objektive Wahrheit, derzufolge der eine recht und der andere unrecht hat. Es ist eine im wesentlichen skeptische Doktrin, die vermutlich vom »Trug« der Sinne ausgeht.

Einer der drei Begründer des Pragmatismus, F. C. S. Schiller, pflegte sich als Schüler des Protagoras zu bezeichnen. Und das meiner Ansicht nach, weil Plato im *Theätet* den Protagoras dahin auslegt, daß eine Ansicht zwar *besser* sein könne als eine andere, jedoch nicht *wahrer*. Für einen Menschen mit Gelbsucht beispielsweise sieht alles gelb aus. Es wäre sinnlos zu sagen, daß die Dinge in Wirklichkeit nicht gelb seien, sondern die Farbe hätten, die sie für einen gesunden Menschen aufweisen. Wir können jedoch behaupten, daß die Ansicht des gesunden Menschen besser ist als die des Gelbsüchtigen, da Gesundheit besser als Krankheit ist. Diese Auffassung ist offensichtlich dem Pragmatismus verwandt.

Der Zweifel an der objektiven Wahrheit bewirkt, daß in praktischen Dingen die Mehrheit darüber entscheidet, was man glauben soll. Daher sah sich Protagoras veranlaßt, für Gesetz, Herkommen und traditionelle Moral einzutreten. Wie wir gesehen haben, wußte er zwar nicht, ob es die Götter gäbe, war aber davon überzeugt, daß sie verehrt werden sollten. Diese Auffassung ist unverkennbar die richtige für einen Mann von gründlichem und logischem theoretischem Skeptizismus.

Protagoras lebte, nachdem er herangewachsen war, gleichsam ständig auf Vortragsreisen durch die griechischen Städte, »indem er seinen Unterricht gegen Bezahlung allen denen anbot, welche praktische Tüchtigkeit und höhere Geistesbildung zu gewinnen wünschten« (Zeller, S. 1229). Plato hält den Sophisten vor – was nach modernen Begriffen etwas snobistisch wirkt –, daß sie sich für ihren Unterricht bezahlen ließen. Plato selbst verfügte über angemessene Mittel und konnte sich offenbar nicht vorstellen, welche Bedürfnisse Menschen in weniger glücklichen Verhältnissen haben. Es ist seltsam, daß moderne Professoren, die keine Veranlassung zu haben glauben, ein Gehalt abzulehnen, so häufig Platos abfällige Bemerkungen nachgebetet haben.

Die Sophisten unterschieden sich jedoch noch in einem anderen Punkt von den meisten zeitgenössischen Philosophen. Mit Ausnahme der Sophisten pflegten die Lehrer in der Regel eine Schule zu gründen, die eine gewisse Ähnlichkeit mit einer Bruderschaft hatte; man führte mehr oder minder ein Gemeinschaftsleben, hatte häufig eine Art Ordensregel und gewöhnlich auch eine esoterische Lehre, die der Öffentlichkeit vorenthalten wurde. All das war ganz natürlich, wo die jeweilige Philosophie auf den Orphismus zurückging. Bei den Sophisten gab es so etwas nicht. Was sie zu lehren hatten, hing nach ihrer Ansicht nicht mit Religion oder Tugend zusammen. Sie lehrten die Kunst des Argumentierens und so viel Wissen, wie dieser Kunst dienlich sein konnte. Kurz gesagt, sie waren wie moderne Anwälte bemüht zu zeigen, auf welche Weise man für oder gegen eine Ansicht plädieren kann, beschäftigten sich jedoch nicht damit, eigene Überzeugungen zu vertreten. Wer in der Philosophie eine stark religiös betonte Lebensweise sah, war natürlich entsetzt; ihm erschienen die Sophisten frivol und unmoralisch.

Bis zu einem gewissen Grade – obwohl sich unmöglich sagen läßt, inwieweit – haben sich die Sophisten diesen Ruf, nicht nur bei der Allgemeinheit, sondern auch bei Plato und den späteren Philosophen durch ihren überlegenen Intellekt zugezogen. Wenn man aufrichtig nach der Wahrheit sucht, muß man sich über moralische Bedenken hinwegsetzen; wir können ja nicht im vorhinein wissen, ob sich die Wahrheit als etwas erweisen wird, was die betreffende Gesellschaft für erbaulich hält. Die Sophisten aber waren bereit, jedes Argument rücksichtslos zu verfolgen, wohin es sie auch führen mochte. Oftmals kamen sie dabei zum Skeptizismus. Einer von ihnen, Gorgias, behauptete, daß nichts existiere; wenn aber irgend etwas existiere, so könnten wir es nicht erkennen; und selbst zugestanden, daß etwas existiere und von irgendeinem Menschen erkannt werden könne, so wäre er doch außerstande, es anderen mitzuteilen. Wir wissen nichts von seinen Argumenten, doch kann ich sie mir gut als so logisch überzeugend vorstellen, daß ihre Gegner sich gezwungen sahen, Zuflucht in etwas Erbaulichem zu suchen.

Plato bemüht sich stets Ansichten zu vertreten, welche die Menschen tugendhaft in seinem Sinne machen sollen; er ist dabei kaum jemals intellektuell aufrichtig, denn er gestattet es sich, Doktrinen nach ihren sozialen Auswirkungen zu beurteilen; tatsächlich aber gibt er der Erörterung Wendungen, die zu einem moralischen Ergebnis führen müssen. Er hat diese Untugend in die Philosophie eingeführt, wo sie sich seither erhalten hat. Diese Eigentümlichkeit seiner Dialoge ist vermutlich in hohem Maße eine Folge seiner Abneigung gegen die Sophisten. Seit Plato ist es der Fehler aller Philosophen, daß sie bei ihren Untersuchungen auf ethischem Gebiet bereits im voraus wissen, zu welchen Ergebnissen sie führen sollen.

Anscheinend hat es in Athen gegen Ende des fünften Jahrhunderts Männer gegeben, deren politische Doktrinen den Zeitgenossen unmoralisch vorkamen und auch den demokratischen Völkern der Gegenwart so erscheinen. Thrasymachus erklärt im ersten Buch des *Staates*, es gäbe keine Gerechtigkeit, nur das Interesse des Stärkeren; Gesetze würden von den Regierungen zu ihrem eigenen Vorteil geschaffen; und es gäbe keine unpersönlichen Normen, an die man sich im Kampf um die Macht halten könne. Auch Kallikles vertrat laut Plato (im *Gorgias*) eine ähnliche Auffassung. Das Naturrecht, meinte er, ist das Recht des Stärkeren; aus Gründen der Bequemlichkeit haben jedoch die Menschen Einrichtungen und moralische Vorschriften geschaffen, um den Starken in Schach zu halten. Solche Doktrinen haben in unserer Zeit viel mehr Anklang gefunden als in der Antike. Und was man auch von ihnen halten mag, sie sind jedenfalls keineswegs für die Sophisten besonders charakteristisch.

Während des fünften Jahrhunderts vollzog sich in Athen – welche Rolle die Sophisten nun auch bei diesem Umschwung gespielt haben mögen – eine Wandlung von einer etwas pedantisch puritanischen Schlichtheit zu einem scharfsinnigen, ziemlich grausamen Zynismus, der sich gegen die geistig schwerfällige und nicht minder grausame Verteidigung der verfallenden Orthodoxie wandte. Zu Beginn des Jahrhunderts setzt sich Athen für die jonischen Städte gegen die Perser ein und siegt im Jahre 490 v. Chr. bei Marathon. Am Ende des Jahrhunderts, im Jahre 404 v. Chr., wird Athen von Sparta geschlagen und Sokrates (399 v. Chr.) hingerichtet. Damit endete Athens politische Bedeutung; es sicherte sich aber seine unbestreitbare kulturelle Vorrangstellung, die es bis zum Sieg des Christentums behielt.

Manches aus der Geschichte Athens im fünften Jahrhundert ist für das Verständnis Platos und des gesamten griechischen Denkens der Folgezeit wesentlich. Im ersten Perserkrieg fiel den Athenern durch den entscheidenden Sieg bei Marathon der Hauptanteil des Ruhmes zu. Im zweiten Krieg, zehn Jahre später, waren die Athener noch immer allen Griechen zur See überlegen, doch war der Sieg zu Lande in erster Linie das Verdienst der Spartaner, der anerkannten Führer der hellenischen Welt. Die Spartaner hatten jedoch den engen Horizont von Provinzlern und bekämpften die Perser nicht weiter, nachdem sie aus dem europäischen Griechenland vertrieben waren. Die Verteidigung der asiatischen Griechen und die Befreiung der von den Persern eroberten Inseln übernahmen sehr erfolgreich die Athener. Athen errang die Führung zur See und eine beträchtliche Ausdehnung seiner Macht über die jonischen Inseln. Unter der Regentschaft des Perikles, der ein gemäßigter Demokrat und ein gemäßigter Imperialist war, blühte Athen. Die großen Tempel, deren Ruinen noch heute den Ruhm Athens ausmachen, wurden auf seine Veranlassung an Stelle der von Xerxes zerstörten erbaut. Wohlstand und Kultur der Stadt nahmen rasch zu; und wie es unweigerlich in solchen Zeiten geschieht, besonders wenn der Reichtum vom Außenhandel herrührt, so verfielen auch hier die alte Moral und der alte Glaube.

Zu dieser Zeit war Athen ungewöhnlich reich an genialen Männern. Die drei großen Dramatiker Aischylos, Sophokles und Euripides gehören dem fünften Jahrhundert an. Aischylos kämpfte bei Marathon und erlebte die Schlacht bei Salamis. Sophokles war in religiöser Beziehung noch orthodox. Euripides hingegen war schon von Protagoras und dem Freidenkergeist der Zeit beeinflußt; er behandelt die Mythen auf skeptische und zersetzende Art. Aristophanes, der Komödiendichter, machte sich über Sokrates, die Sophisten und Philosophen lustig, stand ihnen aber trotzdem nicht fern; Platos *Gastmahl* zeigt ihn uns in sehr freundschaftlicher Beziehung zu Sokrates. Der Bildhauer Phidias gehörte, wie wir gesehen haben, dem Kreis um Perikles an.

Athen verdankt seine Größe mehr der Kunst als der Intelligenz. Keiner der großen Mathematiker oder Philosophen des fünften Jahrhunderts war Athener mit Ausnahme von Sokrates; und Sokrates schrieb nicht, beschränkte sich vielmehr auf mündliche Diskussionen.

Der Ausbruch des Peloponnesischen Krieges im Jahre 431 v. Chr. und der Tod des Perikles im Jahre 429 v. Chr. leiteten eine dunkle Periode in der Geschichte Athens ein. Die Athener waren zwar überlegen zur See, doch hatten die Spartaner die Überlegenheit zu Lande und besetzten wiederholt im Laufe des Sommers Attika (Athen ausgenommen). Infolgedessen war Athen übervölkert und litt schwer unter der Pest. Im Jahre 414 v. Chr. sandten die Athener eine große Expedition nach Sizilien in der Hoffnung, das mit Sparta verbündete Syrakus zu erobern; das Unternehmen scheiterte jedoch. In diesem Krieg wurden die Athener fanatisch und verfolgungswütig. Im Jahre 416 v. Chr. besetzten sie die Insel Melos, töteten alle Männer im wehrfähigen Alter und machten alle übrigen Bewohner zu Sklaven.

Die *Troerinnen*, eine Tragödie von Euripides, ist ein Protest gegen diesen Barbarismus. Der Kampf hatte einen ideologischen Aspekt, da Sparta die Oligarchie und Athen die Demokratie verfocht. Die Athener verdächtigten mit Recht einige ihrer Aristokraten des Verrats, der nach allgemeiner Ansicht zu der endgültigen Niederlage in der Seeschlacht bei den Aigospotamoi (Ziegenflüssen) im Jahre 405 v. Chr. beigetragen hatte.

Nach Kriegsende setzten die Spartaner in Athen eine oligarchische Regierung ein, bekannt als die der Dreißig Tyrannen. Einige der dreißig, darunter ihr Führer Kritias, waren Schüler von Sokrates. Die Dreißig Tyrannen waren verdientermaßen unbeliebt und wurden binnen Jahresfrist gestürzt. Mit Zustimmung von Sparta wurde die Demokratie wiederhergestellt, doch war es eine mit Ressentiments belastete Demokratie; zwar verhinderte eine Amnestie, unmittelbare Rache an den inneren Feinden zu nehmen, doch wurde jeder von der Amnestie nicht berührte Vorwand freudig aufgegriffen, um sie weiter verfolgen zu können. In dieser Atmosphäre kam es zum Prozeß und Tod des Sokrates (399 v. Chr.).

II. TEIL

Sokrates, Plato und Aristoteles

11. KAPITEL

Sokrates

Sokrates ist für den Historiker ein sehr schwieriges Kapitel. Von vielen Menschen weiß man mit Sicherheit sehr wenig, von anderen sehr viel; aber im Fall Sokrates ist es zweifelhaft, ob wir sehr wenig oder sehr viel wissen. Unzweifelhaft war er ein athenischer Bürger in bescheidenen Verhältnissen, der seine Zeit mit Disputieren verbrachte und die Jugend Philosophie lehrte, jedoch im Gegensatz zu den Sophisten unentgeltlich. Sicher ist auch, daß er angeklagt, zum Tode verurteilt und 399 v. Chr. – etwa siebzig Jahre alt – hingerichtet worden ist. Fraglos war er eine wohlbekannte Erscheinung in Athen, da Aristophanes ihn in den *Wolken* karikiert hat. Darüber hinaus begegnen wir bereits Widersprüchen. Zwei seiner Schüler, Xenophon und Plato, haben ausführlich über ihn geschrieben, sagen jedoch sehr Unterschiedliches über ihn aus. Und wenn sie einmal übereinstimmen, so nur, weil Xenophon von Plato abgeschrieben hat, wie Burnet annimmt. Wo ihre Darstellungen auseinandergehen, glauben manche dem einen, manche dem anderen, manche keinem von beiden. In einer so heiklen Auseinandersetzung wage ich nicht, Partei zu ergreifen, werde aber kurz die verschiedenen Meinungen wiedergeben.

Wir wollen mit Xenophon beginnen. Xenophon, Soldat und kein sonderlich begabter Kopf, hatte im großen und ganzen konventionelle Ansichten. Er leidet darunter, daß Sokrates der Gottlosigkeit und des schlechten Einflusses auf die Jugend angeklagt wurde; Sokrates, so behauptet er, sei im Gegenteil ungemein fromm gewesen und habe durchaus günstig auf alle eingewirkt, die unter seinen Einfluß kamen. Seine Ideen waren anscheinend weit davon entfernt, umstürzlerisch zu sein, sondern eher langweilig und alltäglich. Er geht in seiner Verteidigung zu weit, zumal sie die Feindseligkeit gegen Sokrates unerklärt läßt. In diesem Sinne bemerkt Burnet (*From Thales to Plato*, S. 149): »Xenophon entwirft in seiner Verteidigung von Sokrates ein allzu günstiges Bild. Er wäre nie zum Tode verurteilt worden, wenn er diesem Bilde entsprochen hätte.«

Man war einmal geneigt, alles, was Xenophon sagte, für unbedingt wahr halten zu müssen, weil man ihm nicht genug Phantasie und Witz zutraute, sich etwas Unwahres auszudenken. Ein sehr schwaches Argument. Der Bericht eines dummen Menschen über die Aussprüche eines klugen Mannes ist niemals genau, weil er das Gehörte unbewußt so umwandelt, daß er es verstehen kann. Mir wäre es lieber, mein erbittertster philosophischer Gegner würde über mich berichten, als daß ein Freund über mich schriebe, der keine Ahnung von Philosophie hat. Wir können daher Xenophons Worte nicht ohne weiteres hinnehmen, wenn sie etwas philosophisch Schwieriges enthalten oder beweisen wollen, daß Sokrates zu Unrecht verurteilt wurde.

Dennoch sind manche von Xenophons Reminiszenzen sehr überzeugend. Er erzählt (wie auch Plato), daß Sokrates sich ständig mit dem Problem beschäftigte, wie man fähige Männer an die Macht bringen könne. Er pflegte beispielsweise zu fragen: »Wenn ich einen Schuh geflickt haben möchte, wen muß ich damit beauftragen?« Worauf dann die gescheiten Jünglinge zu antworten pflegten: »Einen Schuhmacher, o Sokrates.« Er ging dann zu den Zimmerleuten, Kupferschmieden und anderen über, um schließlich zu fragen: »Und wer sollte das Staatsschiff ausbessern?« Als er mit den Dreißig Tyrannen aneinandergeriet, untersagte ihm ihr Führer Kritias, der seine Methode kannte, weil er bei ihm in die Schule gegangen war, die Jugend weiterhin zu lehren, und fügte hinzu: »Du solltest lieber Schluß machen mit deinen Schustern, Tischlern und Kupferschmieden. Die müssen sich ja allmählich die Hacken ablaufen, so jagst du sie herum.« (Xenophon, *Memorabilia*, I. Buch, 2. Kapitel.) Das geschah zur Zeit der kurzen oligarchischen Regierung, die die Spartaner nach Ende des Peloponnesischen Krieges eingesetzt hatten. Doch meist war Athen demokratisch, so stark demokratisch, daß selbst Generäle gewählt oder durch das Los bestimmt wurden. Sokrates begegnete einem jungen Mann, der Stratege werden wollte, und überzeugte ihn davon, daß es in diesem Falle für ihn angebracht wäre, etwas über die Kriegskunst zu erfahren. Der junge Mann machte sich also auf und nahm einen Schnellkursus in Taktik. Als er wiederkam, lobte ihn Sokrates ein wenig ironisch und schickte ihn zu weiterer Instruktion zurück. (Xenophon, *Memorabilia*, III. Buch, 1. Kapitel). Einen anderen jungen Mann hielt er dazu an, sich die Grundzüge des Finanzwesens zu eigen zu machen. In gleicher Weise suchte er auf viele andere Leute einzuwirken, unter anderen auf den Kriegsminister; doch hielt man es entschieden für bequemer, ihn durch Gift zum Schweigen zu bringen, als die Mißstände zu beheben, die er kritisierte.

Bei Platos Bericht über Sokrates liegt eine ganz andere Schwierigkeit vor als bei Xenophon; es ist nämlich sehr schwer zu entscheiden, wieweit Plato den historischen Sokrates darzustellen gedachte und wieweit er die »Sokrates« genannte Figur seiner Dialoge nur zum Sprachrohr seiner eigenen Ansichten machen wollte. Plato ist nicht nur Philosoph, sondern darüber hinaus auch ein genialer Schriftsteller mit Phantasie und Charme. Niemand setzt voraus, was auch er selbst nicht ernsthaft vorgibt, daß die Unterhaltungen in seinen Dialogen genau so verlaufen sind, wie er sie wiedergibt. Trotzdem wirken, zumindest in den ersten Dialogen, Rede und Gegenrede vollkommen natürlich und die Charaktere durchaus überzeugend. Gerade die hervorragende schriftstellerische Befähigung Platos läßt uns an seiner Zuverlässigkeit als Historiker zweifeln. Sein Sokrates ist ein so geschlossener und außerordentlich interessanter Charakter, daß es die Kraft der meisten Menschen übersteigen würde, eine solche Gestalt zu erfinden. Doch glaube ich, Plato *könnte* ihn erfunden haben. Ob er es wirklich getan hat, ist natürlich eine andere Frage.

Der Dialog, den man im allgemeinen noch am ehesten für historisch hält, ist die *Apologie*, die Rede, die Sokrates in eigener Sache vor Gericht hielt – natürlich kein stenographischer Bericht, sondern eine sorgsam durchdachte und literarisch bedeutende Zusammenfassung dessen, was Plato einige Jahre später noch im Gedächtnis hatte. Plato hatte der Verhandlung beigewohnt, und seine Aufzeichnungen enthalten wahrscheinlich ziemlich genau, was Sokrates nach Platos Erinnerung gesagt hat. Er hat also im Grunde einen historischen Bericht schreiben wollen. Das reicht trotz aller Einschränkungen aus, uns von Sokrates' Charakter ein ziemlich klares Bild zu geben.

Die wichtigsten Tatsachen der Verhandlung gegen Sokrates stehen fest. Die Anklage stützte sich auf folgende Beschuldigungen: »Sokrates ist ein Übeltäter, ein neugieriger Mensch, der den Dingen unter der Erde und droben im Himmel nachspürt, der die schlechte Sache zur guten zu machen weiß und dies andere lehrt.« Der eigentliche Grund der Feindseligkeit gegen ihn war jedoch höchstwahrscheinlich der Verdacht, daß er mit der aristokratischen Partei in Verbindung stünde; die meisten seiner Schüler gehörten dieser Partei an, und einige, die sich in führenden Stellungen befanden, hatten sich als sehr gefährlich erwiesen. Doch durfte dieser Grund der Amnestie wegen nicht geltend gemacht werden. Durch Mehrheitsbeschluß wurde er schuldig gesprochen; es stand ihm aber nun nach athenischem Gesetz noch frei, eine geringere Strafe als die Todesstrafe zu beantragen. Hatten die Richter den Angeklagten für schuldig befunden, so mußten sie wählen zwischen der von der Anklage geforderten und der von der Verteidigung vorgeschlagenen Strafe. Es hätte daher in Sokrates' Interesse gelegen, eine Geldstrafe zu beantragen, die das Gericht als angemessen anerkennen konnte. Statt dessen schlug er eine Strafe von dreißig Minen vor, für die einige seiner Freunde (darunter Plato) bürgen wollten. Das war eine so geringe Buße, daß das Gericht ärgerlich wurde und ihn mit größerer Majorität als beim Schuldspruch zum Tode verurteilte. Zweifellos hatte er dieses Ergebnis vorausgesehen. Offensichtlich wollte er sich die Befreiung von der Todesstrafe nicht durch Konzessionen erkaufen, die wie ein Eingeständnis seiner Schuld hätten wirken können.

Die Ankläger waren Anytos, ein demokratischer Politiker; Meletos, ein Tragödiendichter, »jung und unbekannt, mit dünnem Haar, spärlichem Bartwuchs und Hakennase«; und Lykon, ein obskurer Schönredner. (Vergl. Burnet, *From Thales to Plato*, S. 180.) Sie beschuldigten Sokrates, nicht die vom Staat verehrten Götter anzubeten, vielmehr neue Gottheiten eingeführt und die Jugend durch entsprechende Lehren verdorben zu haben.

Ohne uns weiter mit der unlösbaren Frage zu belasten, wieweit der platonische dem echten Sokrates entsprach, wollen wir sehen, was Plato ihn auf diese Anschuldigung antworten läßt.

Zu Anfang wirft Sokrates seinen Anklägern Beredsamkeit vor und weist die Beschuldigung, er selbst sei redselig, zurück. Beredt mache ihn nur, wenn überhaupt, die Wahrheit. Und sie dürften ihm nicht böse sein, wenn er in seiner gewohnten Weise spräche, »Keineswegs Reden aus zierlich erlesenen Worten gefällig zusammengeschmückt und aufgeputzt«.[1] Er sei über siebzig und habe bislang noch nie vor Gericht gestanden; sie sollten ihm daher verzeihen, wenn er sich nicht in der Sprache des Gerichts auszudrücken wisse.

Er habe, fährt er fort, außer seinen offiziellen Anklägern noch eine ganze Reihe inoffizieller Ankläger, die schon, als die Richter noch Kinder waren, herumliefen und von einem gewissen Sokrates erzählten, »einem weisen Mann, der den Dingen am Himmel nachgrüble und auch das Unterirdische alles erforscht habe und Unrecht zu Recht mache«. Man nimmt an, sagt er, solche Leute glaubten nicht an die Existenz der Götter. Diese alte Beschuldigung durch die öffentliche Meinung sei gefährlicher als die formale Anklage, um so mehr, als er nicht wisse, von welchen Leuten, außer Aristophanes[2], sie ausgingen. Um die Gründe, auf denen diese alte Feindschaft beruht, zu widerlegen, weist er darauf hin, daß er kein Wissenschaftler sei – »weil ich eben an diesen Dingen keinen Teil habe« –, daß er kein Lehrer sei und auch kein Geld für seinen Unterricht nähme. Dann macht er sich über die Sophisten lustig und spricht ihnen das Wissen ab, das zu besitzen sie vorgeben. Was also ist der Grund, »der mir den Namen und den üblen Ruf gemacht hat?«.

Anscheinend war das delphische Orakel einmal befragt worden, ob es einen weiseren Mann gäbe als Sokrates, was das Orakel verneint hatte. Sokrates bekennt, daß ihn das völlig verwirrt habe, da er ja nichts wisse, ein Gott aber doch nicht lügen könne. So wäre er denn zu verschiedenen Menschen gegangen, die als weise galten, in der Absicht, den Gott eines Irrtums zu überführen. Zuerst sei er zu einem Politiker gekommen, »der zwar vielen anderen Menschen auch, am meisten aber

---

[1] Die Plato-Zitate aus *Des Sokrates Verteidigung* sind nach der Übersetzung von Friedrich Schleiermacher eingefügt. (Anm. d. Übers.)
[2] In den *Wolken* leugnet Sokrates die Existenz von Zeus.

sich selbst sehr weise vorzukommen schien«. Er habe bald bemerkt, daß der Mann nicht weise war, und habe ihm dies freundlich, aber bestimmt zu verstehen gegeben: »Ich wurde dadurch ihm selbst sowohl als vielen anderen verhaßt.« Dann habe er sich zu den Dichtern begeben und sie gebeten, ihm Stellen aus ihren Werken zu erklären, wozu sie aber nicht imstande gewesen seien. »Ich erfuhr also auch von den Dichtern, daß sie nicht durch Weisheit dichteten, sondern durch eine Naturgabe und in der Begeisterung.« Schließlich sei er zu den Handwerkern gekommen, sei aber von ihnen ebenso enttäuscht worden. Auf diese Art habe er sich viele gefährliche Feinde gemacht. Zuletzt sei er zu der Einsicht gekommen: »Es scheint aber, ihr Athener, in der Tat der Gott weise zu sein und mit diesem Orakel dies zu sagen, daß die menschliche Weisheit sehr weniges nur wert ist oder gar nichts und offenbar nicht dies vom Sokrates zu sagen, sondern nur, mich zum Beispiel erwählend, sich meines Namens zu bedienen, wie wenn er sagte: ›Unter euch, ihr Menschen, ist der der Weiseste, der wie Sokrates einsieht, daß er in der Tat nichts wert ist, was die Weisheit anbelangt.‹« Diese Aufgabe, die angeblich Weisen zu entlarven, habe seine ganze Zeit in Anspruch genommen und ihm nicht das Geringste eingebracht, doch habe er es für seine Pflicht gehalten, das Orakel zu rechtfertigen.

Junge Leute aus begüterten Kreisen, fährt er fort, hätten nicht viel zu tun und hörten es gern, wenn er die Menschen untersuche; sie hätten angefangen, es ihm nachzumachen, und ihm auf diese Weise noch mehr Feinde geschaffen. »Denn die Wahrheit, denke ich, möchten sie nicht sagen wollen, daß sie nämlich erkannt würden als solche, die zwar vorgäben, etwas zu wissen, in Wirklichkeit aber nichts wüßten.«

Soviel über die erste Kategorie der Ankläger.

Nun nimmt sich Sokrates seinen Ankläger Meletos vor, »den guten und vaterlandsliebenden, wie er ja sagt«. Er fragt, welche Menschen es eigentlich sind, die die Jugend bessern. Meletos erwähnt zuerst die Richter; dann wird er Schritt für Schritt zu der Aussage gedrängt, daß jeder Athener, Sokrates ausgenommen, die Jugend bessere; woraufhin Sokrates die Stadt dazu beglückwünscht. Alsdann weist er darauf hin, daß es sich unter guten Menschen besser leben läßt als unter schlechten; er könne daher doch nicht so töricht sein, *vorsätzlich* seine Mitbürger zu verderben; sollte er es jedoch unabsichtlich getan haben, so möge Meletos ihn lieber belehren und nicht verfolgen.

Die Anklage hatte behauptet, Sokrates leugne nicht nur die Götter des Staates, habe vielmehr andere, nämlich seine eigenen Götter eingeführt; Meletos hingegen erklärt, Sokrates sei völliger Atheist, und fügt hinzu: »Denn die Sonne, behauptet er, sei ein Stein und der Mond sei Erde.« Sokrates entgegnet, Meletos scheine zu glauben, er greife Anaxagoras an, dessen Ansichten man für eine Drachme im Theater hören könne (vermutlich in den Stücken des Euripides). Sokrates weist natürlich darauf hin, daß diese neue Beschuldigung des vollkommenen

Atheismus der Anklage widerspräche, und geht dann zu allgemeineren Betrachtungen über.

Der Rest der *Apologie* ist auf einen ausgesprochen religiösen Ton gestimmt. Er sei Soldat gewesen, sagt Sokrates, und auf seinem Posten geblieben, wie ihm befohlen war. Nun aber habe ihn der Gott hingestellt, »damit ich in Aufsuchung der Weisheit mein Leben hinbrachte und in Prüfung meiner selbst und anderer«, und wie im Kriege wäre es auch jetzt eine Schande, seinen Posten zu verlassen. Furcht vor dem Tode zeuge nicht von Weisheit, denn niemand wisse, ob der Tod nicht das größte unter allen Gütern sei. Wollte man ihm das Leben schenken unter der Bedingung, nicht mehr zu spekulieren wie bisher, würde er antworten: »Ich bin euch, ihr Athener, zwar zugetan und Freund, gehorchen aber werde ich dem Gotte mehr als euch, und solange ich noch atme und es vermag, werde ich nicht aufhören, nach Weisheit zu suchen und euch zu ermahnen und zurechtzuweisen... denn so, wißt nur, befiehlt es der Gott. Und ich meinesteils glaube, daß noch nie größeres Gut dem Staate widerfahren ist als dieser Dienst, den ich dem Gott leiste.« Er fährt fort:

»Kein Getümmel, ihr Athener, sondern harret mir aus bei dem, was ich euch gebeten: mir nicht zu toben über das, was ich sage, sondern zu hören! Auch wird es euch, glaube ich, heilsam sein, wenn ihr es hört. Denn ich bin im Begriff, euch noch manches andere zu sagen, worüber ihr vielleicht schreien möchtet; aber keineswegs tut das! Denn wißt nur: Wenn ihr mich tötet, einen solchen Mann, so werdet ihr *mir* nicht größer Leid zufügen als *euch* selbst. Denn Leid zufügen wird mir weder Meletos noch Anytos im mindesten. Sie könnten es auch nicht; denn es ist, glaube ich, nicht in der Ordnung, daß dem besseren Manne von dem schlechteren Leides geschehe. Töten freilich kann mich einer, oder vertreiben oder des Bürgerrechtes berauben. Allein dies hält dieser vielleicht und sonst mancher für große Übel, ich aber gar nicht; sondern weit mehr, dergleichen tun, wie dieser jetzt tut: einen andern widerrechtlich suchen hinzurichten.«

Er plädiere im Interesse seiner Richter, nicht seinetwegen. Er sei ein Sporn, der dem Staat von Gott geschickt sei, und es werde nicht leicht halten, einen zweiten Sokrates zu finden. »Ihr aber werdet vielleicht verdrießlich, wie die Schlummernden, wenn man sie aufweckt, um euch stoßen und mich, dem Anytos folgend, leichtsinnig hinrichten, dann aber das übrige Leben weiter fort schlafen, wenn euch nicht der Gott wieder einen anderen zuschickt aus Erbarmen.«

Warum er nur privatim gewirkt habe und nicht als Berater in öffentlichen Angelegenheiten aufgetreten sei? »Hiervon ist nun die Ursache, was ihr mich oft und vielfältig sagen gehört habt, daß mir etwas Göttliches und Daimonisches widerfährt, was auch Meletos in seiner Anklage auf Spott bezogen hat. Mir aber ist dieses von meiner Kindheit an geschehen; eine Stimme nämlich, welche jedesmal, wenn sie sich hören läßt, mir von etwas abredet, was ich tun will – zugeredet aber hat sie mir nie. Das ist es, was sich mir widersetzt, daß ich nicht soll Staatsgeschäfte betreiben.« Er sagt weiter, in der Politik könne es ein ehrlicher Mann nicht lange aushalten. Nur in zwei Fällen habe es sich nicht vermeiden lassen, daß er in öffentliche Angelegenheiten hineingezogen wurde: einmal, als er sich gegen die Demokratie, das zweite Mal, als er sich gegen die Dreißig Tyrannen wandte, das heißt also, sooft die Machthaber ungesetzlich handelten.

Er verweist darauf, daß sich unter den Anwesenden viele ehemalige Schüler von ihm befänden und Väter und Brüder von Schülern; keiner von ihnen konnte jedoch bewogen werden zu bezeugen, daß er die Jugend verderbe. (Das ist fast das einzige Argument in der *Apologie*, das ein Jurist für die Verteidigung gelten lassen würde.) Er lehne es ab, seine weinenden Kinder, wie sonst allgemein üblich, dem Gericht vorzuführen, um die Herzen der Richter zu rühren; mit derartigen Szenen machten sich der Angeklagte und die Stadt nur lächerlich. Seine Aufgabe sei es, die Richter zu überzeugen, nicht sie um Gnade zu bitten.

Nachdem das Urteil gesprochen und die andere Möglichkeit, die Strafe von dreißig Minen, verworfen worden ist (wobei Sokrates Plato als einen seiner Bürgen und als bei Gericht anwesend bezeichnet), spricht er noch einige Schlußworte.

»Was aber nun hierauf folgen wird, gelüstet mich euch zu weissagen, ihr meine Verurteiler! Denn ich stehe ja auch schon da, wo vorzüglich die Menschen weissagen, wenn sie nämlich im Begriff sind zu sterben. Ich behaupte also, ihr Männer, die ihr mich hinrichtet, es wird sogleich nach meinem Tode eine weit schwerere Strafe über euch kommen als die, mit welcher ihr mich getötet habt... Denn wenn ihr meint, durch Hinrichtungen dem Einhalt zu tun, daß euch niemand schelten soll, wenn ihr nicht recht lebt, so bedenkt ihr das sehr schlecht. Denn diese Entledigung ist weder recht ausführbar, noch ist sie edel. Sondern jene ist die edelste und leichteste: nicht anderen wehren, sondern sich selbst so einrichten, daß man möglichst gut sei.«

Dann wendet er sich an diejenigen Richter, die für seinen Freispruch gestimmt haben, und erzählt ihnen, sein Orakel habe ihm bei allem, was er an diesem Tage getan habe, niemals widersprochen, obwohl es ihm bei anderer Gelegenheit oftmals mitten im Wort Einhalt geboten habe. »Es mag wohl, was mir begegnet ist, etwas Gutes sein, und unmöglich können wir recht haben, die wir annehmen, der Tod sei ein Übel. Davon ist mir dies ein großer Beweis.« Denn entweder sei der Tod traumloser Schlaf – also etwas offenkundig Gutes –, oder aber die Seele gehe in eine andere Welt ein. Und »mit dem Orpheus umzugehen und mit Musaios und Hesiodos und Homeros – wie teuer möchtet ihr das wohl erkaufen? Ich wenigstens will gern oftmals sterben, wenn dies wahr ist.« In der nächsten Welt werde er mit anderen Gespräche führen, die gleich ihm zu Unrecht den Tod erlitten hätten, und vor allem werde er weiterhin nach Erkenntnis streben. »Gewiß werden sie einen dort um deswillen doch wohl nicht hinrichten: denn nicht nur sonst ist man dort glückseliger als hier, sondern auch die übrige Zeit unsterblich, wenn das wahr ist, was gesagt wird.«

»Jedoch – es ist Zeit, daß wir gehen: ich, um zu sterben, und ihr, um zu leben. Wer aber von uns beiden zu dem bessern Geschäft hingehe, das ist allen verborgen außer nur Gott.«

Die *Apologie* gibt uns das klare Bild eines bestimmten Menschentyps: eines sehr selbstsicheren, hochherzigen Mannes, der – weltlichem Erfolg gegenüber gleichgültig – sich von einer göttlichen Stimme geführt glaubt und überzeugt ist, daß klares Denken die wichtigste Voraussetzung für das rechte Leben ist. Abgesehen von dem letzten Punkt ähnelt er einem christlichen Märtyrer oder Puritaner. Wenn er am Schluß der *Apologie* Betrachtungen über das Leben nach dem Tode anstellt, gewinnt man das überzeugende Gefühl, daß er fest an die Unsterblichkeit glaubt und daß die von ihm geäußerte Unsicherheit nur vorgetäuscht ist. Ihn quält nicht, wie die Christen, die Furcht vor ewiger Pein: er ist sicher, daß er in der nächsten Welt ein glückliches Leben führen wird. Im *Phaidon* begründet der platonische Sokrates seinen Glauben an die Unsterblichkeit; ob die gleichen Gründe auch den historischen Sokrates beeinflußten, läßt sich unmöglich sagen.

Unzweifelhaft hat aber wohl auch der historische Sokrates behauptet, von einem Orakel oder *daimon* geleitet zu sein. Ob das dem entsprach, was die Christen die Stimme des Gewissens zu nennen pflegten, oder ob es sich ihm als *tatsächliche* Stimme offenbarte, können wir nicht wissen. Die Jungfrau von Orléans war von Stimmen inspiriert, was bekanntlich ein Zeichen von Geisteskrankheit ist. Sokrates litt an kataleptischen Trancezuständen; daraus scheint sich immerhin auf natürliche Weise ein Vorfall zu erklären, der sich zutrug, als er Soldat war:

Eines Morgens dachte er über eine Frage nach, die er nicht zu beantworten vermochte; er wollte sie jedoch nicht aufgeben, dachte vielmehr vom Morgengrauen bis zur Mittagszeit weiter darüber nach und stand in Gedanken versunken da; um Mittag wurde man auf ihn aufmerksam, und die verwunderte Menge raunte sich zu, daß Sokrates dort seit Tagesanbruch unbeweglich gestanden und über etwas nachgedacht habe. Schließlich, nach dem Abendessen, brachten einige Jonier, von Neugier getrieben (zur Erklärung möchte ich hinzufügen, daß sich dies im Sommer, nicht im Winter zutrug), ihre Matten hinaus und übernachteten im Freien, um ihn zu beobachten und festzustellen, ob er die ganze Nacht stehenbleiben würde. Er stand wahrhaftig bis zum nächsten Morgen; und als es tagte, richtete er ein Gebet an die Sonne und ging seines Weges (*Gastmahl*, 220).

Etwas Derartiges war, wenn auch in geringerem Ausmaß, nichts Ungewöhnliches bei Sokrates. Zu Beginn des *Gastmahls* begeben sich Sokrates und Aristodemos miteinander zu dem Festmahl, doch bleibt

Sokrates in Gedanken versunken immer mehr zurück. Als Aristodemos eintrifft, fragt Agathon, der Gastgeber: »Wo hast du Sokrates gelassen?« Aristodemos wundert sich, Sokrates nicht mehr neben sich zu sehen; ein Sklave wird auf die Suche nach ihm ausgeschickt und findet ihn im Portikus eines Nachbarhauses stehend. »Dort steht er unbeweglich«, sagt der Sklave bei seiner Rückkehr, »und wenn ich ihn anrufe, rührt er sich nicht.« Die ihn gut kennen, erklären, »er bleibt oft ohne ersichtlichen Grund irgendwo selbstverloren stehen.« Man überläßt ihn sich selbst, und er kommt schließlich, als das Mahl halb vorüber ist.

Bekanntlich war Sokrates sehr häßlich; er hatte eine Stumpfnase, einen beachtlichen Bauch und war »häßlicher als alle die Silene im Satyrspiel« (Xenophon, *Gastmahl*). Er trug immer schäbige alte Kleidung und ging stets barfuß. Seine Gleichgültigkeit gegen Hitze und Kälte, Hunger und Durst überraschte jeden. Alkibiades schildert im *Gastmahl* Sokrates als Soldaten und sagt:

»Dort nun war er zuvorderst in der Ertragung aller Strapazen nicht bloß mir, sondern auch allen anderen überlegen. So, wenn uns irgendwo, wie es im Felde zu geschehen pflegt, die Zufuhr abgeschnitten war, vermochte bei weitem niemand so gut als er den Mangel an Speise auszuhalten... Wiederum die Beschwerden des Winters – und es war damals ein sehr rauher Winter – ertrug er nicht bloß mit der wunderbarsten Leichtigkeit, sondern eines Tages, als die Kälte gerade am stärksten war, wo sich alle entweder gar nicht hinauswagten oder, wenn dies ja einer tat, so doch in wunder wie dichter Bekleidung und so, daß die Füße nicht bloß mit untergebundenen Sohlen versehen, sondern auch in Filz und Schafpelz eingewickelt waren – da ging er dagegen mit derselben Bekleidung hinaus, wie er sie auch sonst zu tragen pflegte, und schritt barfuß leichter über den gefrorenen Erdboden hin als die anderen mit ihren Sohlen, und die Krieger sahen ihn scheel an, als wollte er sich über sie erheben.«

Stets wird betont, wie sehr er seinen Körper in der Gewalt hatte. Selten trank er Wein, doch wenn er es tat, vermochte er jeden unter den Tisch zu trinken; nie sah man ihn betrunken. In der Liebe blieb er selbst der stärksten Versuchung gegenüber »platonisch«, wenn man Plato glauben darf. Er war der vollendete Typ des orphischen Heiligen: im Dualismus der himmlischen Seele und des irdischen Körpers hatte er die vollkommene Herrschaft der Seele über den Körper erlangt. Sein Gleichmut schließlich sogar dem Tod gegenüber ist der stärkste Beweis dafür. Dabei ist er kein orthodoxer Orphiker; er läßt nur die Grundsätze der Orphik gelten, nicht ihren Aberglauben und ihre Reinigungszeremonien.

Der platonische Sokrates ist ein Vorläufer der Stoiker und Zyniker. Die Stoiker hielten die Tugend für das höchste Gut und glaubten, der Mensch könne seine Tugend nicht durch Einwirkung von außen verlieren; diese Lehre spricht aus Sokrates' Behauptung, seine Richter könnten ihm nichts zuleide tun. Die Zyniker verachteten weltliche Güter und brachten diese ihre Geringschätzung zum Ausdruck, indem sie die Errungenschaften der Kultur verschmähten; aus ebendiesem Grunde ging auch Sokrates barfuß und schlecht gekleidet.

Es steht wohl fest, daß Sokrates mehr Wert auf die Ethik als auf die Wissenschaft legte. Wie wir gesehen haben, sagt er in der *Apologie*: »Ich habe an diesen Dingen keinen Anteil.« In den ersten platonischen Dialogen, die allgemein als die sokratischsten gelten, handelt es sich hauptsächlich darum, Definitionen für ethische Begriffe zu finden. *Charmides* beschäftigt sich mit der Enthaltsamkeit oder Mäßigkeit; *Lysis* behandelt die Freundschaft, *Laches* den Mut. In all diesen Dialogen kommt es zu keinem Schluß, doch gibt Sokrates klar zu verstehen, daß er es für wichtig hält, derartige Fragen zu untersuchen. Der platonische Sokrates behauptet beharrlich, daß er nichts wisse und nur insofern weiser sei als andere, daß er es wisse; doch hält er das Wissen nicht für etwas Unerreichbares. Im Gegenteil, das Streben nach Erkenntnis gilt ihm als äußerst wichtig. Er behauptet, kein Mensch sündige wissentlich, und daher sei nur Wissen erforderlich, damit alle Menschen vollkommen tugendhaft würden.

Der enge Zusammenhang von Tugend und Wissen ist charakteristisch für Sokrates und Plato. Bis zu einem gewissen Grade ist er im ganzen griechischen, nicht aber im christlichen Denken zu finden. In der christlichen Ethik ist das Wesentliche ein reines Herz, das man mindestens ebenso häufig bei Unwissenden wie bei Gebildeten antrifft. Diese beiden unterschiedlichen Auffassungen, die griechische und die christliche Ethik, haben sich bis auf den heutigen Tag erhalten.

Die Dialektik, das heißt die durch Frage und Antwort zu Erkenntnis fortschreitende Methode, ist nicht von Sokrates erfunden worden. Als erster scheint sie systematisch Zeno, der Schüler des Parmenides, angewandt zu haben; in Platos Dialog *Parmenides* wendet Zeno Sokrates gegenüber die gleiche Methode an, die sonst Sokrates in anderen platonischen Dialogen benützt. Doch darf man wohl annehmen, daß Sokrates sich dieser Methode bedient und sie entwickelt hat. Wie wir gesehen haben, spricht Sokrates, nachdem er zum Tode verurteilt war, beglückt davon, daß er in der nächsten Welt weiterhin und immerdar Fragen stellen und, da unsterblich, nicht dafür umgebracht werden könne. Wenn er sich der Dialektik so, wie in der *Apologie* geschildert, bedient hat, dann allerdings ist die feindselige Einstellung ihm gegenüber erklärlich: alle Scharlatane Athens gingen gemeinsam gegen ihn vor.

Die dialektische Methode eignet sich nicht zur Behandlung jeder Frage. Vielleicht war das mitbestimmend bei Platos Art, Fragen zu stellen; denn sie waren größtenteils so gewählt, daß sie sich auf diese Weise behandeln ließen. Und durch Platos Einfluß waren den meisten späteren Philosophen Grenzen gezogen, die seine Methode bedingt hatte.

Auf manche Stoffgebiete, die empirische Wissenschaft beispielsweise, läßt sich offensichtlich diese Methode nicht anwenden. Zwar hat sich Galilei der Dialogform bedient, um seine Theorien zu verfechten, doch immer nur in der Absicht, falsche Vorurteile zu entkräften; die positiven Argumente für seine Entdeckungen hätten, in Gesprächsform gebracht, sehr gekünstelt gewirkt. Sokrates behauptet in Platos Werken stets, durch seine Fragen aus einem Menschen nur das herauszuholen, was jener bereits wisse; darum vergleicht er sich mit einer Hebamme. Wenn er im *Phaidon* und *Menon* seine Methode auf geometrische Probleme anwendet, muß er Suggestivfragen stellen, die kein Richter zulassen würde. Die Methode steht im Einklang mit der Theorie von der Erinnerung: lernen heißt immer nur sich dessen erinnern, was wir in einem früheren Dasein bereits gewußt haben. Gegen diese Auffassung spricht jede Entdeckung, die mit Hilfe des Mikroskops gemacht wurde, etwa die Verbreitung von Krankheiten durch Bakterien; man kann wohl schwerlich behaupten, daß sich die Kenntnis einer solchen Tatsache aus einem Menschen, der zuvor nichts davon gewußt hat, durch die Methode von Frage und Antwort herausholen läßt.

Zur Behandlung nach der sokratischen Methode eignen sich nur die Materien, von denen wir zwar schon genug wissen, um zu einem richtigen Schluß kommen zu können, es aus Mangel an klarem Denken oder an Fähigkeit zu analysieren jedoch versäumt haben, den besten logischen Gebrauch von unserem Wissen zu machen. Die Frage »Was ist Gerechtigkeit?« eignet sich beispielsweise vorzüglich für eine Erörterung in einem platonischen Dialog. Wir alle gebrauchen zwanglos die Worte »Recht« und »Unrecht«; untersuchen wir, wie wir sie anwenden, so können wir induktiv zu einer Definition gelangen, die am besten auf unsere Anwendungsart paßt. Man muß nur wissen, wie die betreffenden Wörter gebraucht werden. Nach Abschluß unserer Untersuchung haben wir dann allerdings bloß eine sprachliche, keine ethische Entdeckung gemacht.

Mit größerem Gewinn läßt sich die Methode jedoch auf eine etwas umfangreichere Kategorie von Fällen anwenden. Wenn es sich bei der Debatte mehr um Logik als um Tatsachen handelt, ist die Diskussion eine gute Methode, die Wahrheit ans Licht zu bringen. Angenommen, jemand behaupte beispielsweise, die Demokratie sei etwas Gutes, doch dürften Menschen mit gewissen Ansichten nicht das Wahlrecht ausüben, so können wir ihn der Inkonsequenz überführen und ihm beweisen, daß wenigstens eine seiner beiden Behauptungen mehr oder minder irrig sein muß. Logische Irrtümer sind nach meinem Dafürhalten von größerer praktischer Bedeutung, als viele Leute glauben; sie ermöglichen es dem, der den Irrtum begeht, bei allem stets die ihm genehme Ansicht zu vertreten. Das logisch zusammenhängende Ganze einer Doktrin steht bestimmt irgendwo in peinlichem Gegensatz zu den vorherrschenden Vorurteilen. Die dialektische Methode – oder, allgemeiner gesagt, die freie Aussprache – pflegt das logisch folgerichtige Denken zu fördern und ist insofern nützlich. Sie ist aber völlig unbrauchbar, wenn es gilt, neue Tatsachen zu entdecken. Vielleicht kann man »Philosophie« als die Gesamtsumme all der Untersuchungen definieren, die sich nach Platos Methoden durchführen lassen. Wenn aber diese Definition zutreffend ist, so nur dank Platos Einfluß auf spätere Philosophen.

12. KAPITEL

Spartas Einfluß

Um Plato und auch viele spätere Philosophen verstehen zu können, muß man etwas von Sparta wissen. Sparta wirkte in zweierlei Art auf das griechische Denken ein: als Wirklichkeit und als Mythos. Beides ist bedeutend. Das wirkliche Sparta vermochte Athen im Krieg zu besiegen; der Mythos beeinflußte die politische Theorie Platos und zahlloser späterer Autoren. Den vollentwickelten Mythos finden wir in Plutarchs *Leben Lykurgs*; die von ihm vertretenen Ideale haben bei der Entstehung der Lehren Rousseaus, Nietzsches und des Nationalsozialismus eine große Rolle gespielt.[1] Historisch ist der Mythos sogar wichtiger als die Wirklichkeit; dennoch werden wir mit dem tatsächlichen Sparta beginnen. Denn die Wirklichkeit war die Quelle des Mythos.

Lakonia oder Lakedämon, dessen Hauptstadt Sparta war, lag im Südosten des Peloponnes. Die Spartaner, der vorherrschende Stamm, hatten das Land zur Zeit der dorischen Invasion von Norden her erobert und die Bewohner, die sie dort vorfanden, zu Leibeigenen gemacht. Diese Leibeigenen wurden Heloten genannt. In der historischen Zeit gehörte alles Land den Spartanern, denen jedoch Gesetz und Brauch nicht erlaubten, es selbst zu bestellen, weil solche Arbeit als entwürdigend galt und sie stets für den Wehrdienst frei sein sollten. Die Leibeigenen wurden nicht gekauft und verkauft, sondern gehörten zu dem Grund und Boden, der in Lose aufgeteilt war. Jeder erwachsene männliche Spartaner besaß eines oder mehrere davon. Diese Lose waren wie die Heloten weder käuflich noch verkäuflich und gingen laut Gesetz vom Vater auf den Sohn über. (Sie konnten allerdings testamentarisch vermacht werden.) Der Grundeigentümer bekam alljährlich von dem Heloten, der das Los bearbeitete, siebzig Medimnen (etwa 105 Bushel)[2] Korn für den eigenen Gebrauch, zwölf für seine Frau und eine bestimmte Menge Wein und Früchte.[3] Alles, was über diese Menge hinausging, gehörte dem Heloten. Die Heloten – Griechen wie die Spartaner – waren sehr erbittert über ihr Sklavendasein. Sie empörten sich, sooft sie konnten. Die Spartaner besaßen eine Geheimpolizei, um dieser Gefahr vorzubeugen; doch hatten sie zur Sicherheit noch eine weitere Vorsichtsmaßregel eingeführt; jedes Jahr einmal wurde den

---

1 Ganz zu schweigen von Dr. Thomas Arnold und den englischen höheren Schulen.
2 Ein Medimnos (größtes Hohlmaß der Griechen für trockene Gegenstände) = 52,53 Liter. (Anm. d. Übers.)
3 Bury, *History of Greece*, Bd. I, S. 138. Anscheinend aßen bei den Spartanern die Männer nahezu sechsmal soviel wie die Frauen.

Heloten der Krieg erklärt, damit die jungen Spartaner, ohne sich vor dem Gesetz des Mordes schuldig zu machen, jeden töten konnten, den sie der Aufsässigkeit verdächtigten. Die Heloten konnten vom Staat, nicht jedoch von ihren Herren freigelassen werden; sie erhielten, was allerdings selten geschah, die Freiheit für außergewöhnliche Tapferkeit vor dem Feind.

Im Laufe des achten Jahrhunderts v. Chr. eroberten die Spartaner das benachbarte Messenien und machten die meisten Bewohner zu Heloten. Es hatte Sparta an *Lebensraum* gefehlt; nun war durch den Gebietszuwachs eine Zeitlang diese Quelle der Unzufriedenheit aus der Welt geschafft.

Die Lose waren für die große Masse der Spartaner bestimmt; die Aristokraten hingegen hatten ihre eigenen Güter, während die Lose als Teile des gemeinsamen Grundeigentums vom Staat zugewiesen wurden.

Die freien Bewohner anderer Gebiete Lakoniens, die sogenannten »Periöken«, hatten keinen Anteil an der politischen Macht.

Die einzige Beschäftigung des spartanischen Bürgers war der Kriegsdienst, für den er von Geburt an ausgebildet wurde. Schwächliche Kinder wurden nach Besichtigung durch die Stammeshäupter ausgesetzt; nur die für lebenskräftig befundenen durften aufgezogen werden. Bis zum Alter von zwanzig Jahren wurden alle Knaben gemeinsam in einer großen Schule erzogen; durch diese Erziehung sollten sie mutig, schmerzunempfindlich und diszipliniert werden. Auf solchen Unfug wie Kultur oder Wissenschaft verzichtete man bei der Ausbildung; es galt ausschließlich gute, dem Staat unbedingt ergebene Soldaten heranzubilden.

Für den Zwanzigjährigen begann der eigentliche Wehrdienst. Wer das zwanzigste Jahr überschritten hatte, durfte heiraten, doch mußte der Mann bis zum dreißigsten Jahr im »Männerhaus« leben und hatte seine Ehe wie etwas Verbotenes geheimzuhalten. Nach dem dreißigsten Jahr wurde er Vollbürger. Jeder Bürger gehörte einer Tischgemeinschaft an und nahm die Mahlzeiten mit den anderen Mitgliedern zusammen ein; er hatte einen dem Ertrag seines Loses entsprechenden Beitrag zu leisten; von Staats wegen durfte in Sparta niemand arm und niemand reich sein. Jeder sollte vom Ertrag seines Loses leben, das er nicht veräußern, nur verschenken konnte. Niemand durfte Gold oder Silber besitzen; das Geld war aus Eisen. Spartanische Einfachheit wurde sprichwörtlich.

Die Frauen nahmen in Sparta eine eigentümliche Stellung ein. Sie brauchten nicht zurückgezogen zu leben wie die achtbaren Frauen sonst in Griechenland. Die Mädchen machten die gleiche Leibeserziehung durch wie die Knaben; noch bemerkenswerter ist, daß Knaben und Mädchen gemeinsam und unbekleidet Gymnastik trieben. Ich zitiere aus Plutarchs *Lykurg*:

»Zuerst suchte er die Körper der Mädchen durch Laufen, Ringen und das Werfen von Wurfscheiben und Spießen abzuhärten, damit die in einem starken Körper erzeugte Frucht kraftvoll aufkeimen und gedeihen, sie selbst aber die zur Geburt erforderlichen Kräfte erlangen und die Wehen leicht und ohne Gefahr überstehen möchten ... Übrigens wurde durch die Entkleidung der Jungfrauen die Zucht durchaus nicht verletzt, da immer Schamhaftigkeit dabei obwaltete und alle Lüsternheit verbannt war.«[4]

Männer, die nicht heiraten wollten, wurden »ehrlos von Gesetzes wegen« und mußten, selbst bei größter Kälte, unbekleidet außerhalb des Platzes auf und ab gehen, wo die jungen Menschen Gymnastik trieben und tanzten.

Die Frauen durften keinerlei Gemütsbewegung zeigen, die nicht im Sinne des Staates war. Einem Feigling gegenüber durften sie Verachtung zum Ausdruck bringen, und wenn es ihr eigener Sohn war, wurden sie dafür gelobt; doch war es ihnen nicht gestattet, Trauer zu verraten, wenn ihr neugeborenes Kind als Schwächling zum Tode verurteilt wurde oder ihre Söhne in der Schlacht fielen. Bei den anderen Griechen galten sie als ungewöhnlich keusch; gleichzeitig pflegte jedoch eine kinderlos verheiratete Frau keinen Einspruch zu erheben, wenn der Staat ihr festzustellen befahl, ob nicht ein anderer Mann mit mehr Erfolg als ihr Gatte neue Bürger zu zeugen verstünde. Die Gesetzgebung unterstützte den Kindersegen. Nach Aristoteles war vom Wehrdienst befreit, wer drei Söhne hatte; bei vier Söhnen war er sogar von allen Staatslasten frei.

Spartas Verfassung war kompliziert. Es gab zwei Könige, die zwei verschiedenen Familien angehörten; die Nachfolge war erblich. Einer der beiden Könige befehligte in Kriegszeiten das Heer, im Frieden jedoch waren ihre Machtbefugnisse beschränkt. Bei kommunalen Festen durften sie doppelt soviel essen wie jeder andere. Wenn einer von ihnen starb, wurde allgemein getrauert. Sie gehörten dem Ältestenrat an, einer aus dreißig Mann (einschließlich der Könige) bestehenden Körperschaft; die anderen achtundzwanzig mußten mindestens sechzig Jahre alt sein und wurden auf Lebenszeit von der gesamten Bürgerschaft gewählt, jedoch nur aus aristokratischen Familien. Der Rat untersuchte Kriminalfälle und bereitete die Angelegenheiten vor, die vor die Volksversammlung kommen sollten. Diese Körperschaft (die Volksversammlung) setzte sich aus allen Bürgern zusammen; sie selbst durfte keine Anträge stellen, konnte jedoch mit Ja oder Nein zu jedem vorgebrachten Vorschlag Stellung nehmen. Ohne ihre Zustimmung konnte kein Gesetz in Kraft treten. Ihre Einwilligung war zwar unerläß-

---

4 Für alle Zitate aus *Lykurg* wurde die Ausgabe von *Plutarchs vergleichenden Lebensbeschreibungen* nach der Übersetzung von Kaltwasser, Verlag Reclam 1921, verwendet.

lich, doch allein nicht ausreichend; die Ältesten und hohen Beamten mußten die Entscheidung verkünden, bevor sie rechtskräftig wurde.

Neben den Königen, dem Ältestenrat und der Volksversammlung gab es eine vierte, für Sparta eigentümliche Staatsgewalt, die fünf Ephoren. Sie wurden aus der gesamten Bürgerschaft gewählt nach einem System, das Aristoteles als »allzu kindisch« bezeichnet. Bury erklärt, in Wirklichkeit sei diese sogenannte Wahl durch Auslosung erfolgt. Sie waren ein »demokratisches« Element in der Verfassung,[5] offenbar als Gegengewicht gegen die Könige gedacht. Allmonatlich leisteten die Könige den Eid, sich an die Verfassung zu halten, und die Ephoren schworen daraufhin, die Könige zu unterstützen, solange sie ihrem Eid treu blieben. Wenn einer der Könige zu einem kriegerischen Unternehmen auszog, begleiteten ihn zwei Ephoren, um sein Verhalten zu überwachen. Das Ephorat war das höchste Zivilgericht, übte aber den Königen gegenüber auch die Strafgerichtsbarkeit aus.

Man schrieb in der späteren Antike die spartanische Verfassung einem Gesetzgeber namens Lykurg zu, der seine Gesetze im Jahre 885 v. Chr. verkündet haben sollte. In Wirklichkeit ist das spartanische System allmählich entstanden; Lykurg war eine mythische Gestalt, ursprünglich ein Gott. Sein Name bedeutete »Wolfsvertreiber«; er stammte aus Arkadien. Sparta erweckte bei den anderen Griechen eine Bewunderung, die für uns recht überraschend ist. Ursprünglich war der Unterschied zwischen Sparta und anderen griechischen Städten nicht so groß wie später; in ihrer Frühzeit brachte die Stadt ebenso gute Dichter und Künstler hervor wie andere Staaten. Aber etwa um das siebente Jahrhundert v. Chr. oder vielleicht noch später nahm seine Verfassung jene (fälschlich Lykurg zugeschriebene) Form an, die wir eben betrachtet haben; alles wurde dem Erfolg im Kriege geopfert, und von da an hatte Sparta keinerlei Anteil mehr an Griechenlands Beitrag zur Kultur der Welt. Auf uns wirkt Sparta wie ein Miniaturmodell des Staates, den die Nazis im Falle ihres Sieges errichtet hätten. Die Griechen sahen es anders. Wie Bury sagt:

»Der athenische oder milesische Fremde, der im 5. Jahrhundert die verstreut liegenden Dörfer besuchte, die ihren anspruchslosen, von keiner Mauer umfriedeten Stadtstaat bildeten, mußte sich wie in eine längst vergangene Zeit versetzt vorkommen, zu der die Menschen noch tapferer, besser, schlichter, durch Reichtum nicht verwöhnt, von irgendwelchen Ideen noch nicht beunruhigt waren. In den Augen eines Philosophen wie Plato, der sich mit Staatswissenschaft beschäftigte, muß Sparta dem Idealstaat ungefähr entsprochen haben. Der Durch-

---

5 Wenn man von »demokratischen« Elementen in der spartanischen Verfassung spricht, muß man sich natürlich daran erinnern, daß die Bürger in ihrer Gesamtheit eine herrschende Klasse darstellten, die die Heloten grausam tyrannisierten und den Periöken keinerlei Macht zugestand.

schnittsgrieche sah in ihm ein Gebilde strenger, einfacher Schönheit, einen dorischen Staat von der Erhabenheit eines dorischen Tempels, der ihm viel edler als sein Heimatland, aber als Aufenthalt doch nicht so angenehm erschien.«[6]

Was die anderen Griechen vor allem bewunderten, war Spartas Stabilität. Alle übrigen griechischen Stadtstaaten hatten ihre Revolutionen, doch erhielt sich die spartanische Verfassung jahrhundertelang unverändert, nur die Macht der Ephoren nahm allmählich zu, was jedoch auf legalem Wege, nicht gewaltsam erfolgte.

Eines läßt sich nicht leugnen, daß nämlich die Spartaner über einen langen Zeitraum den Erfolg hatten, auf den es ihnen vor allem ankam; es gelang ihnen, eine unbesiegbare Kriegerrasse zu züchten. Die Schlacht bei den Thermopylen (480 v. Chr.) war, obwohl technisch eine Niederlage, doch vielleicht das beste Beispiel für ihre Tapferkeit. Bei Thermopylae, einem Engpaß in den Bergen, hoffte man das persische Heer aufzuhalten. Dreihundert Spartaner schlugen mit ihren Hilfstruppen alle frontalen Angriffe ab. Aber schließlich entdeckten die Perser einen Umgehungsweg über die Hügel und griffen die Griechen erfolgreich auf beiden Flanken zugleich an. Ein Spartaner nach dem anderen fiel auf seinem Posten. Zwei Mann waren wegen Krankheit beurlaubt und nicht dabei; sie litten an einem Augenübel, das sich zeitweilig fast zur Blindheit steigerte. Der eine bestand darauf, von seinem Heloten in die Schlacht geführt zu werden, wo er umkam; der andere, Aristodemos, erkannte, daß er zum Kämpfen zu krank sei, und blieb fern. Als er nach Sparta zurückkehrte, wollte niemand mit ihm sprechen; er wurde »der Feigling Aristodemos« genannt. Ein Jahr darauf tilgte er diese Schmach durch einen tapferen Soldatentod in der Schlacht vor Plataä, wo die Spartaner siegten.

Nach dem Krieg errichteten die Spartaner auf dem Schlachtfeld von Thermopylae ein Denkmal nur mit den Worten: »Wanderer, kommst du nach Sparta, verkündige dorten, du habest uns hier liegen gesehen, wie das Gesetz es befahl.«

Lange Zeit erwiesen sich die Spartaner als zu Lande unbesiegbar. Sie bewahrten sich ihre Überlegenheit bis zum Jahr 371 v. Chr., wo sie von den Thebanern in der Schlacht bei Leuktra geschlagen wurden. Das war das Ende ihrer militärischen Größe.

Abgesehen vom Krieg sah Sparta in Wirklichkeit nie ganz so aus wie in der Theorie. Herodot, der zu Spartas Blütezeit lebte, bemerkt überraschenderweise, daß kein Spartaner völlig unbestechlich gewesen sei. Und das, obwohl Geringschätzung des Reichtums und Liebe zum einfachen Leben zu den wichtigsten Grundsätzen der spartanischen Erziehung gehörten. Wir erfahren von der Keuschheit der spartanischen Frauen, und doch geschah es wiederholt, daß ein vermeintlicher

---

6 Bury, *History of Greece*, Bd. I, S. 141.

Thronerbe übergangen werden mußte, weil er nicht der Sohn des Gatten seiner Mutter war. Wir hören, daß die Spartaner unerschütterliche Patrioten waren, und dennoch endete König Pausanias, der Sieger von Platää, als Verräter im Solde von Xerxes. Trotz solcher Entgleisungen hatte Spartas Politik stets etwas Engstirniges und Provinzielles. Als Athen die Griechen in Kleinasien und auf den benachbarten Inseln von den Persern befreite, hielt sich Sparta fern; solange der Peloponnes als ungefährdet galt, war ihm das Schicksal der übrigen Griechen gleichgültig. Jeder Versuch, die hellenistische Welt zusammenzuschließen, scheiterte am spartanischen Partikularismus.

Aristoteles, der erst nach dem Fall Spartas lebte, gibt uns einen sehr ablehnenden Bericht von der spartanischen Verfassung.[7] Seine Worte weichen so stark von dem ab, was andere sagen, daß man kaum glauben kann, es sei von ein und demselben Staat die Rede. So zum Beispiel: »Der Gesetzgeber wollte den ganzen Staat hart und mäßig machen und führte diese Absicht auch bei den Männern durch, vergaß aber die Frauen, die in Ausschweifung und Luxus jeglicher Art leben. Die Folge ist, daß in einem solchen Staat der Reichtum überschätzt wird, besonders wenn die Bürger sich von ihren Frauen beherrschen lassen, was bei kriegerischen Stämmen häufig der Fall ist... Selbst den Mut, der ja zum täglichen Leben nicht nötig und nur im Kriege erforderlich ist, haben die lakedämonischen Frauen höchst nachteilig beeinflußt... Von jeher waren die Frauen in Sparta so zügellos, und das war nicht anders zu erwarten. Denn ... als Lykurg, wie die Überlieferung berichtet, die Frauen unter sein Gesetz stellen wollte, widersetzten sie sich, so daß er den Versuch aufgab.«

Dann beschuldigt er die Spartaner der Habsucht, was er der ungleichen Verteilung des Eigentums zuschreibt. Obwohl die Lose, wie er sagt, nicht verkäuflich sind, können sie doch verschenkt oder vermacht werden. Zwei Fünftel des gesamten Grundbesitzes, fügt er hinzu, gehören Frauen. Die Folge ist eine stark absinkende Bevölkerungsziffer: ursprünglich sollen es zehntausend Bürger gewesen sein, aber zur Zeit der Niederlage durch Theben waren es kaum tausend.

Aristoteles kritisiert jeden Punkt der spartanischen Verfassung. Die Ephoren seien oft sehr arm und daher leicht zu bestechen; und ihre Macht sei so groß, daß selbst Könige sie notgedrungen hofieren müßten; dadurch habe sich die Verfassung in eine Demokratie verwandelt. Wir hören, daß die Ephoren zuviel Freiheiten besäßen und ihre Lebensweise dem Geist der Verfassung widerspräche, während man gegen gewöhnliche Bürger so unerträglich streng vorgehe, daß sie heimlich ihre Zuflucht zu verbotenen Sinnenfreuden nehmen müßten.

Aristoteles schrieb, als es mit Sparta schon bergab ging, doch betont er an manchen Stellen ausdrücklich, daß die von ihm erwähnten Miß-

---

7 Aristoteles, *Politik*, Band II, 9 (1269 B – 1270 A).

stände bereits von der spartanischen Frühzeit an geherrscht hätten. Er schreibt so sachlich und realistisch, daß es schwer hält, ihm nicht zu glauben; außerdem entsprechen seine Beobachtungen ganz den Erfahrungen, die man heutzutage mit übertriebener Gesetzesstrenge macht. Es war aber nicht das aristotelische Sparta, es war das mythische Sparta Plutarchs und seine philosophische Idealisierung in Platos *Staat*, das in der Vorstellung der Menschen fortlebte. Jahrhunderte hindurch lesen junge Menschen diese Werke, die ihren Ehrgeiz wecken, Gesetzgeber wie Lykurg oder Philosophen-Könige zu werden. Die daraus resultierende Verbindung von Idealismus und Machtgier hat die Menschen wieder und wieder irregeführt und tut es noch heute.

Den Mythos von Sparta kennen mittelalterliche und moderne Leser hauptsächlich aus der Darstellung Plutarchs. Als er schrieb, war Sparta bereits romantische Vergangenheit; Spartas große Ära lag für ihn so weit zurück wie für uns die Zeit des Kolumbus. Seine Worte müssen von dem, der die Geschichte der spartanischen Institutionen schreibt, mit größter Vorsicht aufgenommen werden; für den Historiker hingegen, der sich für den Mythos interessiert, sind sie von höchster Wichtigkeit. Griechenland hat zu allen Zeiten die Welt beeinflußt, und zweifellos hat es viel mehr auf die Phantasie der Menschen, auf ihre Ideale und Hoffnungen eingewirkt als unmittelbar durch seine politische Macht; Rom baute Straßen, die zum großen Teil noch heute erhalten sind, und schuf Gesetze, die vielen modernen Gesetzbüchern zugrunde liegen; zu Bedeutung gelangte all das aber erst durch die römischen Legionen. Die Griechen, so wunderbare Krieger sie auch waren, machten doch nur wenig Eroberungen, da sich ihre Wehrkraft hauptsächlich im Bruderkampf erschöpfte. Es blieb dem Halbbarbaren Alexander vorbehalten, den Hellenismus im Nahen Osten zu verbreiten und das Griechische zur Gelehrtensprache in Ägypten, Syrien und im Inneren Kleinasiens zu machen. Die Griechen selbst hätten diese Aufgabe nie erfüllen können, nicht aus Mangel an militärischer Kraft, sondern weil sie unfähig waren, sich politisch zusammenzuschließen. Die politischen Träger des Hellenismus sind niemals Hellenen gewesen; doch hat der griechische Genius fremde Völker derart inspiriert, daß sie die Kultur derer verbreiteten, die sie besiegt hatten.

Für den Historiker der Weltgeschichte sind jedoch nicht die Kleinkriege zwischen den griechischen Stadtstaaten wichtig noch die schmutzigen Parteistreitigkeiten um die Vormacht, sondern das, was nach dem Ausgang der kurzen Periode in der Erinnerung der Menschen fortlebte – wie ein strahlender Sonnenaufgang, an den der Bergsteiger in den Alpen zurückdenkt, während er sich mühsam durch Sturm und Schnee hindurchkämpft. Verblaßte diese Erinnerung auch allmählich, so hinterließ sie in der Vorstellung der Menschen doch das Bild bestimmter Gipfel, die besonders hell im Frühlicht geschimmert hatten; sie erhielten das Bewußtsein lebendig, daß auch hinter Wolken stets eine Herrlichkeit steht, die sich jeden Augenblick wieder offenbaren kann. In diesem Sinne war Plato der wichtigste Gipfel für das frühe Christentum, wie Aristoteles für die mittelalterliche Kirche; als aber nach der Renaissance die Menschen die politische Freiheit schätzen lernten, wandten sie sich vor allem Plutarch zu. Er beeinflußte stark die englischen und französischen Liberalen des achtzehnten Jahrhunderts und die Gründer der Vereinigten Staaten; er beeinflußte auch die romantische Bewegung in Deutschland und weiterhin, hauptsächlich mittelbar, das deutsche Denken bis zum heutigen Tag. In mancher Hinsicht war sein Einfluß gut, in anderer dagegen schlecht; was er über Lykurg und Sparta berichtet, war von schlechtem Einfluß. Trotzdem ist wichtig, was er über Lykurg zu sagen hat; auf die Gefahr hin, mich gelegentlich zu wiederholen, werde ich es kurz wiedergeben.

Nachdem sich Lykurg – so sagt Plutarch – zu einer Gesetzgebung für Sparta entschlossen hatte, unternahm er weite Reisen, um verschiedene Gesetze kennenzulernen. Das »sehr strenge und einfache« kretische Recht gefiel ihm, während er das jonische »mit seinen Überflüssigkeiten und Belanglosigkeiten« nicht schätzte. In Ägypten erkannte er, wie zweckmäßig es ist, die Soldaten von der übrigen Bevölkerung zu trennen; als er später von seinen Reisen heimkehrte, zog er die Nutzanwendung daraus für Sparta: an Stelle der getrennten Gruppen von Kaufleuten, Handwerkern und Arbeitern schuf er eine edle, bürgerliche Gesellschaft. Auch verteilte er die Lose gleichmäßig auf alle Bürger von Sparta, »um grundsätzlich Zahlungsunfähigkeit, Neid, Habsucht und Freude an Annehmlichkeiten sowie Reichtum und Armut aus der Stadt zu verbannen«. Er verbot Gold- und Silberwährung und ließ nur eiserne Geldstücke von so geringem Wert zu, »daß schon eine Summe von zehn Minen (in Athen der sechste Teil eines Talentes) zum Aufbewahren im Hause eine eigene Kammer und zum Fortschaffen einen zweispännigen Wagen erforderte«. Mit diesen Mitteln schaltete er »alle unnützen und überflüssigen Künste aus«, da es nicht genug Geld gab, um diejenigen zu bezahlen, die sie ausübten; durch das gleiche Gesetz unterband er jeden Außenhandel. Schönredner, Kuppler und Juweliere, die das Eisengeld nicht schätzten, mieden Sparta. Danach ordnete er an, daß alle Bürger gemeinsam zu essen hätten, und zwar alle das gleiche.

Wie andere Reformer hielt auch Lykurg die Erziehung der Kinder für das Allerwichtigste bei der Reform der Gesetzgebung. Und gleich allen, die hauptsächlich militärische Stärke anstrebten, legte er Wert auf die Geburtenförderung. Spiel, Sport und Tanz, wobei sich die Mädchen nackt vor den jungen Männern bewegten, waren denn auch starke Reizmittel zum Heiraten, ich meine die feierlichen Aufzüge der Jungfrauen, ihre Entkleidungen und Wettspiele vor den Augen der Jünglinge, welche, wie Plato sagt, nicht durch die Nötigung eines mathematischen Beweises, sondern durch den Zwang und Reiz der Liebe angezogen wurden. Die Sitte, eine Ehe in den ersten Jahren als Geheimnis zu behandeln, hatte zur Folge, »daß die Gatten sich immer mit neuer und verjüngter Liebe umarmten«, das ist wenigstens Plutarchs Auffassung. Er erklärt weiter, daß man es einem Mann nicht verargte, wenn er, in vorgerückten Jahren mit einer jungen Frau verheiratet, einem jüngeren Manne erlaubte, Kinder mit ihr zu haben. »Auf der anderen Seite stand es auch einem rechtschaffenen Manne frei, wenn er die Frau eines anderen wegen ihrer Fruchtbarkeit und Tugend schätzte, den Gatten derselben um Erlaubnis zu bitten, daß er ihr beiwohnen und gleichsam in einem fruchtbaren Boden pflanzen und gute Kinder erzeugen dürfe.« Törichte Eifersucht durfte es nicht geben, »denn Lykurg glaubte, daß die Kinder nicht den Vätern eigen, sondern dem Staate gemeinschaftlich gehörten, und in dieser Beziehung wollte er die Bürger nur von den Besten, nicht aber von jedem ohne Unterschied erzeugen lassen«. Er stellt dann fest, daß die Landleute bei ihrem lebenden Inventar nach diesem Grundsatz verfahren.

Wenn ein Kind geboren worden war, zeigte es der Vater den Ältesten seiner Familie, damit sie es prüften: war es gesund, erhielt er es zurück, um es aufzuziehen; andernfalls wurde es in eine tiefe Wassergrube geworfen. Von Anfang an wurden die Kinder einem strengen, in mancher Beziehung jedoch nützlichen Abhärtungsverfahren unterworfen. Beispielsweise wickelte man sie nicht in Windeln. Mit sieben Jahren wurden die Knaben aus dem Hause geholt und in Internaten untergebracht, wo sie in Mannschaften eingeteilt waren; jede Mannschaft unterstand dem Befehl eines Knaben aus ihren Reihen, der um seiner Gesinnung und seines Mutes willen dazu gewählt war. »Von den Wissenschaften lernten sie nur so viel, als sie zur Not brauchten; der ganze übrige Unterricht zielte darauf ab, daß sie pünktlich gehorchen, Strapazen ertragen und im Kampf siegen lernten.« Meist aber spielten sie unbekleidet miteinander; sobald sie zwölf Jahre alt waren, trugen sie keine Unterkleidung mehr; sie waren immer »mit Schmutz bedeckt« und badeten nur an bestimmten Tagen des Jahres. Sie schliefen auf Stroh, das sie im Winter noch mit Disteln untermischten. Man lehrte sie zu stehlen und strafte sie, wenn sie dabei erwischt wurden – nicht weil sie gestohlen, sondern weil sie sich so dumm angestellt hatten.

Die gleichgeschlechtliche Liebe war bei Männern und Frauen in Sparta nichts Ungewöhnliches und wurde bewußt in die Erziehung der heranwachsenden Knaben einbezogen. Was ein Knabe tat, gereichte seinem Liebhaber zur Ehre oder Schande; wenn ein Knabe einmal weinte, so berichtet Plutarch, weil ihm im Kampf wehgetan worden war, wurde daraufhin sein Liebhaber wegen der Feigheit des Knaben bestraft.

In keinem Lebensalter wurde dem Spartaner viel Freiheit gewährt.

»Die strenge Zucht erstreckte sich auch sogar auf die Erwachsenen. Keiner durfte nach eigenem Gutdünken leben, einem jeden war in

Sparta, wie in einem Lager, eine bestimmte Lebensart vorgeschrieben, und jedermann, wes Alters er auch sein mochte, glaubte, daß er nicht sich selbst, sondern dem Vaterland angehöre... Denn dies war einer der großen und herrlichen Vorteile, welche die Spartaner Lykurg verdankten, daß sie immer Muße hatten, weil sie durchaus keine Künste oder Handwerke treiben durften. Auch der Gelderwerb, der sonst so viele Mühe und Anstrengung kostet, fiel hier gänzlich weg, weil das Geld ganz wertlos war. Das Land aber bebauten die Heloten, und sie mußten davon bestimmte Abgaben entrichten.«

Dann erzählt Plutarch die Geschichte, ein Spartaner habe, als er hörte, ein Athener sei wegen Faulheit bestraft worden, ausgerufen, »sie möchten ihm doch den Mann zeigen, der der Freiheit wegen in Strafe verfallen wäre«.

Lykurg (fährt Plutarch fort) »gewöhnte seine Mitbürger so, daß sie ein abgesondertes Privatleben weder kannten noch wünschten, sondern daß sie wie die Bienen sich immer an das Ganze hielten, um ihren König sich zusammendrängten«.

Die Spartaner durften nicht reisen, Fremde nicht nach Sparta kommen, es sei denn in Geschäften: denn man fürchtete, fremde Sitten könnten sich verderblich auf die lakedämonische Tugend auswirken.

Plutarch berichtet, daß ein Gesetz den Spartanern erlaubte, Heloten zu töten, sooft sie Lust hatten, will es jedoch nicht wahrhaben, daß etwas so Verabscheuungswürdiges auf Lykurg zurückzuführen sei. »Denn dem Lykurg kann ich unmöglich eine so abscheuliche Sache zuschreiben, wenn ich von der Milde und Gerechtigkeitsliebe, die dieser Mann bei anderen Gelegenheiten bewiesen hat, auf seinen Charakter schließe.« Abgesehen davon ist Plutarch über die spartanische Verfassung nur des Lobes voll.

Welchen Einfluß Sparta auf Plato hatte, mit dem wir uns nun eingehend beschäftigen werden, wird aus seiner Utopie ersichtlich, von der das nächste Kapitel handelt.

13. KAPITEL

Die Quellen
der platonischen Anschauungen

Von allen Philosophen der Antike, des Mittelalters und der Neuzeit haben Plato und Aristoteles den größten Einfluß gehabt; und von diesen beiden war es wieder Plato, der auf die späteren Zeitalter am tiefsten eingewirkt hat. Ich sage das aus zwei Gründen; einmal, weil Aristoteles selbst aus Plato hervorgegangen ist, zum anderen, weil die christliche Theologie und Philosophie, zumindest bis zum dreizehnten Jahrhundert, weit stärker platonisch als aristotelisch waren. Wir müssen daher in einer Geschichte des philosophischen Denkens Plato und, in etwas geringerem Maße, Aristoteles eingehender behandeln als jeden ihrer Vorgänger oder Nachfolger.

In Platos Philosophie sind am wichtigsten: 1. seine Utopie als die erste einer langen Reihe von Utopien; 2. seine Ideenlehre, ein bahnbrechender Versuch, das noch ungelöste Universalienproblem zu behandeln; 3. seine Unsterblichkeitsbeweise; 4. seine Weltlehre; 5. sein Begriff der Erkenntnis, die bei ihm weniger aus der Wahrnehmung als aus der Erinnerung resultiert. Bevor ich mich jedoch den einzelnen Themen zuwende, möchte ich etwas über sein Leben und die Einflüsse sagen, die seine politischen und philosophischen Anschauungen bestimmten.

Plato wurde um 428/27 v. Chr. in den ersten Jahren des Peloponnesischen Krieges geboren. Er war ein vermögender Aristokrat und mit verschiedenen Leuten verwandt, die an der Herrschaft der Dreißig Tyrannen beteiligt waren. Er war ein junger Mann, als Athen besiegt wurde, und es lag nahe für ihn, die Ursache der Niederlage in der Demokratie zu sehen, die er wahrscheinlich auf Grund seiner sozialen Stellung und seiner Familienbeziehungen verachtete. Er war ein Schüler von Sokrates, für den er tiefe Zuneigung und Verehrung empfand; und eben die Demokratie verurteilte Sokrates zum Tode. Es ist daher nicht überraschend, daß er sich bei dem Entwurf seines Idealstaates an Sparta hielt. Plato verstand die Kunst, seine rigorosen Vorschläge in eine Form zu kleiden, die spätere Zeitalter täuschte; sie bewunderten den Staat, ohne sich dessen bewußt zu werden, wohin eigentlich seine Anregungen führen mußten. Man hielt sich immer für verpflichtet, Plato in den Himmel zu heben, nicht aber ihn zu verstehen. Das ist nun einmal das Schicksal großer Männer. Ich beabsichtige das Gegenteil zu tun. Ich möchte ihn verstehen, ohne ihn dabei mit mehr Ehrfurcht zu behandeln, als ich für einen zeitgenössischen Vorkämpfer des Totalitarismus in England oder Amerika empfinde.

Auch die rein philosophischen Einflüsse, die sich bei Plato auswirkten, mußten ihn im voraus für Sparta einnehmen. Diese Einflüsse gingen hauptsächlich von Pythagoras, Parmenides, Heraklit und Sokrates aus.

Von Pythagoras stammten (ob nun auf dem Umweg über Sokrates oder nicht) die orphischen Elemente in Platos Philosophie, der religiöse Zug, der Glaube an die Unsterblichkeit, die Jenseitigkeit, der priesterliche Ton und alles, was im Höhlengleichnis steckt, desgleichen seine Hochachtung vor der Mathematik und die starke Verquickung von Intellekt und Mystizismus.

Von Parmenides übernahm er die Überzeugung, daß die Wirklichkeit ewig und zeitlos ist und daß aus logischen Gründen jeder Wandel daher Täuschung sein müsse.

Von Heraklit entlehnte er die negative Doktrin, daß es in der sinnlich wahrnehmbaren Welt nichts Bleibendes gäbe. Im Verein mit der Lehre des Parmenides brachte ihn diese Doktrin zu der Überzeugung, daß Erkenntnis nicht durch die Sinne, sondern nur mit Hilfe des Intellekts gewonnen werden könne. Das wiederum paßte gut zum Pythagoreismus.

Von Sokrates hatte er wahrscheinlich seine Vorliebe für ethische Probleme und die Neigung, die Welt eher teleologisch als mechanistisch erklären zu wollen. Das Denken ist bei ihm stärker als bei den Vorsokratikern von dem »Guten« beherrscht, was man eigentlich nur sokratischem Einfluß zuschreiben kann.

Wie verträgt sich all das mit seiner Vorstellung vom autoritären Staat?

Erstens: da Tugend und Wirklichkeit zeitlos sind, wird der beste Staat dadurch ausgezeichnet sein, daß er bei denkbar geringster Veränderlichkeit und einem Höchstmaß an statischer Vollkommenheit dem himmlischen Vorbild am nächsten kommt; seine Regenten sollten Menschen sein, die vom ewig Guten am meisten verstehen.

Zweitens: Platos Überzeugungen wurzeln wie die aller Mystiker in einer inneren Gewißheit, die sich anderen überhaupt nicht vermitteln läßt, es sei denn durch die Lebensweise. Die Pythagoreer hatten sich bemüht, eine Lebensregel für Eingeweihte aufzustellen, und das will im Grunde auch Plato. Um ein guter Staatsmann werden zu können, muß ein Mensch das Gute kennen; das kann er nur durch geistige und zugleich moralische Disziplin erreichen. Wenn man Leute, die sich dieser Disziplin nicht unterzogen haben, an der Regierung beteiligt, werden sie sie unweigerlich zugrunde richten.

Drittens: nur durch sorgfältige Erziehung läßt sich ein guter Regent heranbilden, wie er Platos Ideal entspricht. Uns scheint es unbegreiflich, warum der jüngere Dionysius, Tyrann von Syrakus, durchaus Geometrie lernen mußte, um ein guter Regent zu werden; in Platos Augen aber war es wesentlich. Er war zu sehr Pythagoreer, um glauben zu können, daß wahre Weisheit ohne Mathematik denkbar wäre. Damit ist ein oligarchisches Prinzip angedeutet.

Viertens: wie die meisten griechischen Philosophen hielt Plato Muße für die unerläßliche Vorbedingung der Weisheit; man findet Weisheit daher nicht bei denen, die sich ihren Lebensunterhalt erarbeiten müssen, sondern nur bei Menschen, die dank ihrer Mittel unabhängig sind oder denen der Staat die Existenzsorgen abnimmt. Das ist ein ausgesprochen aristokratischer Standpunkt.

Zwei allgemeine Fragen erheben sich, wenn man Platos Anschauungen modernen Ansichten gegenüberstellt. Erstens: gibt es überhaupt so etwas wie »Weisheit«? Zweitens: wenn ja, ist eine Verfassung denkbar, die ihr politische Macht einräumt?

»Weisheit« in diesem Sinne dürfte keine Spezialfertigkeit bedeuten, wie sie der Schuhmacher oder der Arzt oder der militärische Taktiker besitzt. Es muß sich dabei um etwas Allgemeineres handeln, da Weisheit einen Menschen instand setzen soll, weise regieren zu können. Ich glaube, Plato würde gesagt haben, Weisheit ist Kenntnis des Guten; und er hätte seine Definition durch die sokratische Doktrin ergänzt, daß, kein Mensch absichtlich sündigt, woraus folgt, daß wer da weiß, was gut ist, auch tut, was recht ist. Uns erscheint eine solche Auffassung wirklichkeitsfern. Wir würden eher sagen, daß die verschiedenen Interessen auseinanderstreben und daß der Staatsmann sich bemühen sollte, zu dem bestmöglichen Kompromiß zu gelangen. Die Angehörigen einer Klasse oder eines Volkes können ein gemeinsames Interesse haben, das aber wahrscheinlich mit den Interessen anderer Klassen oder Völker kollidieren wird. Zweifellos gibt es auch Interessen der gesamten Menschheit, doch sind sie nicht stark genug, das politische Vorgehen entscheidend zu bestimmen. Vielleicht wird es doch in der Zukunft einmal dazu kommen, aber gewiß nicht, solange es viele souveräne Staaten gibt. Und selbst wenn einmal das allgemeine Interesse im Vordergrund stehen sollte, würde noch die größte Schwierigkeit darin liegen, zwischen den wechselseitig widerstreitenden Sonderinteressen einen Kompromiß zu finden.

Doch selbst angenommen, es gäbe so etwas wie »Weisheit«, ist denn überhaupt eine Verfassung denkbar, die die Regierung dem Weisen überträgt? Es ist klar, daß Mehrheiten, wie allgemeine Konzilien, irren können und tatsächlich geirrt haben. Aristokratien sind nicht immer weise, Könige oft töricht, und Päpste haben trotz ihrer Unfehlbarkeit schwere Irrtümer begangen. Wäre wohl irgend jemand bereit, die Regierung Universitätsprofessoren oder gar Doktoren der Theologie anzuvertrauen? Oder Männern, die zwar arm geboren sind, es aber zu großem Vermögen gebracht haben? Fraglos kann keine juristisch definierbare Auswahl von Bürgern in praxi weiser sein als die Gesamtheit.

Man könnte vielleicht annehmen, die Menschen würden durch angemessene Schulung zu politischer Weisheit gelangen. Dann aber würde sich die Frage erheben: welche Art von Schulung ist angemessen? Und das liefe auf eine Parteifrage hinaus.

Das Problem, eine Anzahl »weiser« Menschen zusammenzubringen und ihnen die Regierung zu überlassen, ist also unlösbar. Nichts rechtfertigt überzeugender die Existenz der Demokratie.

14. KAPITEL

Platos Utopie

Platos bedeutendster Dialog, der *Staat*, besteht aus drei Teilen. Der erste (ungefähr bis Ende des V. Buches) beschäftigt sich mit dem Aufbau eines Idealstaates; es ist die erste Utopie.
Unter anderem kommt Plato hier zu dem Schluß, daß die Herrscher Philosophen sein müßten. Das VI. und VII. Buch dienen der Definition des Wortes »Philosoph«. Das ist der Inhalt des zweiten Teils.
Im dritten Teil werden hauptsächlich verschiedene bestehende Verfassungen, ihre Vorzüge und Nachteile erörtert.
Wie der Untertitel besagt, beabsichtigt der *Staat*, die Gerechtigkeit zu definieren. Da sich aber alles im großen Maßstab leichter als im kleinen begreifen läßt, stellt sich sehr bald heraus, daß es zweckmäßiger ist, nach den Merkmalen eines gerechten Staates zu fragen, als danach, woran man den gerechten Menschen erkennt. Und da Gerechtigkeit zu den Attributen des denkbar besten Staates gehören muß, wird zunächst das Bild eines solchen Staates entworfen und dann entschieden, welche seiner vollkommenen Eigenschaften »Gerechtigkeit« zu nennen ist.
Wir wollen zunächst Platos Utopie in großen Zügen schildern und dann im einzelnen untersuchen, was sich daraus ergibt.
Eingangs stellt Plato fest, daß die Bürger in drei Klassen aufgeteilt werden sollen: das gemeine Volk, die Soldaten und die Wächter. Nur diese allein sollen politische Macht besitzen. Sie sollen an Zahl den beiden anderen Klassen stark unterlegen sein. Die ersten Wächter sollen offenbar vom Gesetzgeber bestimmt werden; dann wird sich das Wächteramt gewöhnlich vererben; in Ausnahmefällen kann ein vielversprechendes Kind aus einer der geringeren Klassen aufrücken, während bei den Wächtern ein Kind oder Jüngling, das oder der den Anforderungen nicht genügt, degradiert werden kann.
Plato sieht das Hauptproblem darin, eine Gewähr dafür zu gewinnen, daß die Wächter die Absichten des Gesetzgebers durchführen. Zu diesem Zweck macht er verschiedene Vorschläge, pädagogische, wirtschaftliche, biologische und religiöse. Es ist nicht immer klar ersichtlich, wieweit diese Vorschläge auch auf die anderen Klassen anwendbar sind; offensichtlich gelten einige für die Soldaten, doch beschäftigt sich Plato hauptsächlich mit den Wächtern, die eine besondere Klasse sein sollen, wie die Jesuiten im alten Paraguay, die Kleriker im Kirchenstaat bis 1870 und heutzutage die kommunistische Partei in der UdSSR.
Zunächst wird die Frage der Erziehung behandelt. Der Unterricht besteht aus Musik und Gymnastik. Beides hat zu jener Zeit umfassendere Bedeutung als gegenwärtig: mit »Musik« bezeichnet man alles,

was zum Reich der Musen gehört, und mit »Gymnastik«, was mit Körpertraining und Ertüchtigung zusammenhängt. »Musik« entspricht fast dem weiten Begriff unseres Wortes »Kultur«, und der Begriff »Gymnastik« umfaßt noch etwas mehr als unsere Bezeichnung »Leichtathletik«.

Die Kultur soll dazu dienen, den Menschen zum »Gentleman« zu machen, und zwar in dem in England gebräuchlichen Sinne, der zum großen Teil auf Plato zurückgeht. Das damalige Athen läßt sich in einer Hinsicht mit dem England des neunzehnten Jahrhunderts vergleichen: da wie dort gibt es eine reiche Aristokratie von sozialem Ansehen, jedoch ohne Monopol auf die politische Macht, die sie sich nach Möglichkeit durch imponierendes Verhalten verschaffen muß.

In Platos Utopie hingegen herrscht die Aristokratie uneingeschränkt. Würde, Anstand und Mut, diese Eigenschaften vor allem sollen durch die Erziehung entwickelt werden. Von Kindheit an soll eine strenge Zensur die der Jugend zugängliche Literatur und die Musik, die sie hören darf, überwachen. Mütter und Ammen dürfen den Kindern nur von der Zensur genehmigte Geschichten erzählen. Homer und Hesiod sind aus verschiedenen Gründen nicht zugelassen. Einmal weil sich die Götter nach ihrer Darstellung gelegentlich schlecht benehmen, was nicht erbaulich ist; die Jugend muß aber lernen, daß das Böse niemals von den Göttern kommt; denn Gott ist nicht der Schöpfer aller, sondern nur der guten Dinge. Zweitens ist manches bei Homer und Hesiod darauf berechnet, dem Leser Furcht vor dem Tode einzujagen, während doch die ganze Erziehung darauf hinzielen soll, daß junge Menschen den Tod in der Schlacht willig auf sich nehmen. Unsere Knaben müssen lernen, die Sklaverei mehr zu fürchten als den Tod; daher darf man ihnen nichts erzählen von guten Männern, die weinen und wehklagen, selbst wenn es sich um den Tod ihrer Freunde handelt. Drittens verbietet der Anstand lautes Gelächter, und Homer spricht von »nicht endenwollendem Gelächter unter den seligen Göttern«. Wie sollte ein Lehrer denn mit Erfolg die ausgelassenen Knaben rügen können, wenn sie diese Stelle zu zitieren vermögen? Viertens rühmt Homer in gewissen Absätzen die üppigen Feste und schildert die Sinnenfreuden der Götter; solche Stellen regen nicht gerade zu Enthaltsamkeit an. (Dean Inge, ein echter Platoniker, beanstandete in einem wohlbekannten Kirchenlied die Zeile: »Sie jauchzen im Triumphe, sie singen bei frohem Schmaus«, die in einer Schilderung himmlischer Freuden vorkommt.) Dann darf es auch keine Geschichten geben, in denen der Schlechte glücklich und der Gute unglücklich ist; auf empfindliche Gemüter könnte das eine höchst verhängnisvolle moralische Wirkung haben. Aus all diesen Gründen sind die Dichter abzulehnen.

Dann wendet sich Plato mit einer merkwürdigen Begründung gegen das Drama. Ein guter Mensch, sagt er, sollte sich nicht dazu bereit finden, einen schlechten Menschen darzustellen; da nun aber in den meisten Stücken auch Schurken vorkommen, müssen der Dramatiker und der Schauspieler, der die Rolle des Schurken spielt, Menschen nachschaffen, die allerhand Verbrechen begehen. Nicht nur Verbrecher, sondern auch Frauen, Sklaven und überhaupt mindere Leute sollten nicht von Höherstehenden dargestellt werden. (In Griechenland wurden die Frauenrollen wie im elisabethanischen England von Männern gespielt.) Wenn man Schauspiele überhaupt zulassen wollte, dann dürften darin nur makellose männliche Helden von guter Herkunft auftreten. Da das offensichtlich ganz undurchführbar ist, beschließt Plato, alle Dichter aus seinem Staat zu verbannen.

»Einen Mann also, scheint es, der infolge seiner Weisheit alles mögliche werden und alle Dinge nachahmen könnte, werden wir, wenn er in unseren Staat kommt samt seinen Kunstwerken in der Absicht, sich zu zeigen, verehren als heilig und bewundernswert und angenehm, werden aber sagen, daß es einen solchen Mann in unserem Staat nicht gebe und nicht geben dürfe, und wir werden ihn in einen anderen Staat schikken, nachdem wir Salbe über sein Haupt gegossen und es mit Wolle bekränzt haben.«[1]

Nun kommen wir zur Zensur der Musik (im modernen Sinne). Die lydische und die jonische Tonart müssen verboten werden, denn die erste drückt Trauer aus, die zweite ist zu weichlich. Nur die dorische (die ermutigende) und die phrygische (die mäßigend wirkende) sollen zugelassen sein. Es sollen nur einfache Rhythmen erlaubt werden, die Ausdruck einer mutigen und harmonischen Lebensweise sind.

Das Körpertraining muß sehr streng sein. Fisch darf gar nicht, Fleisch nur gebraten genossen werden; Gewürze und Süßigkeiten darf es nicht geben. Menschen, die nach seinen Vorschriften erzogen werden, sagt er, brauchen keinen Arzt.

Bis zu einem bestimmten Alter dürfen Jugendliche nichts Häßliches oder Lasterhaftes sehen. Aber zur richtigen Zeit sollen sie gewissen Erschütterungen ausgesetzt werden, in Form von Schrecknissen, die jedoch kein Angstgefühl erzeugen, und von minderen Vergnügungen, die den Willen nicht lähmen dürfen. Erst wenn sie diese Proben bestanden haben, wird ihre Eignung für das Wächteramt erwiesen sein.

Knaben sollten, noch bevor sie erwachsen sind, etwas vom Krieg sehen, ohne selbst kämpfen zu müssen.

Zur Wirtschaft: Hier plädiert Plato für völligen Kommunismus bei den Wächtern und (wie mir scheint) auch bei den Soldaten, obwohl das nicht ganz klar herauskommt. Die Wächter sollen kleine Häuser haben und sich einfach ernähren; sie sollen wie in einem Lager leben und kompanieweise miteinander die Mahlzeiten einnehmen; über das unbedingt Notwendige hinaus sollen sie keinen Privatbesitz haben. Gold und Silber sind zu verbieten. Obwohl nicht reich, können sie sich doch

---

[1] Die Plato-Zitate aus dem *Staat* sind nach der Übersetzung von W. S. Teuffel (Buch I–V) und W. Wiegand (Buch VI–X) eingefügt. (Anm. d. Übers.)

durchaus glücklich fühlen; der Staat bezweckt jedoch das Wohl aller, nicht das Glück einer Klasse. Reichtum und Armut bringen Leid, und das soll es in Platos Staat nicht geben. Über den Krieg sagt er merkwürdigerweise, es werde leicht sein, Verbündete zu gewinnen, da unser Staat auf jeden Anteil an der Siegesbeute verzichten wird.

Scheinbar widerstrebend dehnt der platonische Sokrates dann den Kommunismus auf die Familie aus. Freunde, sagt er, sollten alles gemeinsam besitzen, auch die Frauen und Kinder. Er gibt zu, daß es dabei zu Schwierigkeiten kommen kann, hält sie jedoch nicht für unüberwindlich. Vor allem muß den Mädchen die gleiche Erziehung zuteil werden wie den Knaben; sie sollen in der Musik, Gymnastik und Kriegskunst gemeinsam mit den Knaben unterwiesen werden. Die Frauen müssen den Männern in jeder Hinsicht völlig gleichgestellt sein. »Dieselbe Bildung, die den Mann zum guten Wächter macht, macht die Frau zur guten Wächterin, denn ihre ursprüngliche Natur ist dieselbe.« Zweifellos gibt es Unterschiede zwischen Männern und Frauen, doch haben sie nichts mit der Politik zu tun. Manche Frauen sind philosophisch veranlagt und daher zu Wächterinnen geeignet; andere sind kriegerisch und können gute Soldaten abgeben.

Wenn der Gesetzgeber einige Männer und Frauen zu Wächtern gewählt hat, wird er anordnen, daß sie zusammen wohnen und gemeinsam speisen. Die Ehe, wie wir sie kennen, wird grundlegend umgewandelt.[2] An bestimmten Festtagen wird man so viele Bräute mit ihren Verlobten zusammenbringen, wie gebraucht werden, um die Bevölkerungszahl konstant zu halten. Man wird sie glauben machen, daß es durch das Los geschieht; in Wirklichkeit aber werden die Regenten der Stadt die Lose nach eugenischen Grundsätzen mischen. Sie werden es so einzurichten wissen, daß die besten Eltern am meisten Kinder bekommen können. Alle Kinder werden bei der Geburt ihren Eltern fortgenommen, und es ist sorgfältig darauf zu achten, daß die Eltern nicht erfahren, welche ihre Kinder sind, und daß die Kinder ihre Eltern nicht kennen. Mißgestaltete Kinder und Kinder von minderwertigen Eltern werden »an einem geheimen und unbekannten Orte verborgen, wie sich's geziemt«. Kinder aus staatlich nicht sanktionierten Verbindungen sollen als illegitim gelten. Die Mütter sollen zwischen zwanzig und vierzig sein, die Väter zwischen fünfundzwanzig und fünfundfünfzig. Außerhalb dieser Altersgrenzen ist freier Geschlechtsverkehr zulässig, doch ist in diesem Falle Abtreibung und Kindestötung gesetzliche Pflicht. Gegen die vom Staat bestimmten »Ehen« dürfen die betreffenden Partner nichts einwenden; das Pflichtbewußtsein dem Staat gegenüber muß sie erfüllen, nicht etwa das übliche Gefühl, wie es von den verbannten Poeten verherrlicht wurde.

---

2 »Daß diese Weiber alle diesen Männern allen gemeinschaftlich seien und keine mit keinem besonders zusammenwohne.«

Da keiner seine Eltern kennt, hat er jeden »Vater« zu nennen, der dem Alter nach sein Vater sein könnte, und dementsprechend auch »Mutter« und »Bruder« und »Schwester« zu sagen. (So verhält es sich bei manchen Wilden, was den Missionaren viel Kopfzerbrechen zu machen pflegte.) Ehen zwischen einem »Vater« und einer »Tochter« sowie zwischen einer »Mutter« und einem »Sohn« soll es nicht geben; im allgemeinen, wenn auch nicht unbedingt, sollen auch Ehen zwischen »Bruder« und »Schwester« verhindert werden. (Mir scheint, daß Plato, wenn er das sorgfältiger durchdacht hätte, darauf hätte kommen müssen, daß er ja eigentlich *alle* Ehen verboten hat bis auf die »Geschwister«-Ehe, die er für eine seltene Ausnahme hält.)

Vermutlich wird man heutzutage mit dem Begriff »Vater«, »Mutter«, »Sohn« und »Tochter« die gleichen Gefühle verbinden, wie Plato sie mit seinen neuen Einrichtungen bezweckte; ein junger Mann wird beispielsweise einen alten Mann nicht schlagen, weil er seinen Vater damit treffen könnte.

Angestrebt wird dadurch natürlich, die persönlichen Besitzinstinkte einzudämmen, damit die Gemeinschaftsidee ungefährdet walten kann und jeder bereitwillig auf Privateigentum verzichtet. (Auf ähnliche Motive vor allem ist die Einführung des Zölibats für die Geistlichkeit zurückzuführen.)[3]

Ich komme nun zu der theologischen Seite des Systems. Dabei denke ich nicht an die traditionellen griechischen Götter, vielmehr an bestimmte Mythen, die dem Volk von der Regierung eingeimpft werden müssen. Lügen, sagt Plato ausdrücklich, muß ein Vorrecht der Regierung sein, so wie es das Vorrecht des Arztes ist, eine Medizin zu verabreichen. Wie wir bereits gesehen haben, soll die Regierung die Menschen täuschen, indem sie vorgibt, Ehepartner durch das Los zu bestimmen, doch hat das nichts mit Religion zu tun.

Es soll »*eine* königliche Lüge« geben, die, wie Plato hofft, die Regierenden, auf alle Fälle aber den übrigen Staat täuschen wird. Diese Lüge wird sehr ausführlich erklärt. Am wichtigsten ist dabei das Dogma, daß Gott drei verschiedene Arten von Menschen geschaffen hat, die besten aus Gold, die zweitbesten aus Silber und die breite Masse aus Messing und Eisen. Die goldenen eignen sich zu Wächtern, die silbernen zu Soldaten, die übrigen zu gewöhnlicher Handarbeit. In der Regel, doch keineswegs immer, werden die Kinder der gleichen Gattung wie die Eltern angehören; andernfalls müssen sie dementsprechend gefördert oder degradiert werden. Die gegenwärtige Generation dürfte wohl kaum dazu gebracht werden, an diesen Mythos zu glauben; die nächste aber kann, wie alle folgenden Generationen, so erzogen werden, daß sie nicht daran zweifelt.

Mit Recht hält es Plato für möglich, innerhalb von zwei Generationen

---

3 Vergl. Henry C. Lea, *A History of Sacerdotal Celibacy*.

den Glauben an diesen Mythos züchten zu können. Seit 1868 hat man die Japaner gelehrt, daß der Mikado von der Sonnengöttin abstammt und daß Japan früher erschaffen wurde als die übrige Welt. Jeder Universitätsprofessor, der auch nur in einem wissenschaftlichen Werk diese Dogmen anzweifeln würde, bekäme wegen japanfeindlicher Betätigung seine Entlassung. Plato scheint jedoch nicht erkannt zu haben, daß die gewaltsame Einführung derartiger Mythen mit Philosophie unvereinbar ist und eine Erziehung bedingt, die der geistigen Entwicklung hinderlich ist.

Zu einer Definition der »Gerechtigkeit«, die der ganze Dialog dem Namen nach beabsichtigt, kommt er erst im IV. Buch. Wie wir erfahren, ist gerecht, wer seine eigene Aufgabe erfüllt und sich nicht in anderer Leute Angelegenheiten mischt; ein Staat aber ist dann »gerecht«, wenn der Geschäftsmann, der Soldat und der Wächter seiner eigenen Beschäftigung nachgeht, ohne sich in die Ressorts anderer Stände Eingriffe zu erlauben.

Daß jeder sich um seine eigene Arbeit kümmern sollte, ist zweifellos eine wunderbare Vorschrift, dürfte aber kaum dem entsprechen, was ein moderner Mensch unter »Gerechtigkeit« versteht. Das griechische Wort entspricht in dieser Übersetzung einem Begriff, der für das griechische Denken große Bedeutung hatte, dem wir jedoch nichts Analoges gegenüberstellen können. Erinnern wir uns an Anaximanders Ausspruch:

»Und darein, woraus die Dinge entstehen, vergehen sie auch wieder, wie es bestimmt ist, denn sie gewähren einander Ersatz und Buße für ihre Ungerechtigkeit entsprechend der festgesetzten Zeit.«

Ehe es die Philosophie gab, hatten die Griechen eine Theorie oder eine gefühlsmäßige Vorstellung vom Universum, die man religiös oder ethisch nennen könnte. Danach hatte jeder Mensch und jedes Ding seinen vorgeschriebenen Platz und seine vorgeschriebene Funktion. Beides ist nicht abhängig von Zeus' Befehl, denn auch er untersteht den gleichen Gesetzen, die für die anderen gelten. Diese Theorie hängt mit dem Begriff des Verhängnisses oder der Notwendigkeit zusammen. Sie gilt ganz besonders für die Himmelskörper. Wo aber Stärke ist, besteht die Neigung, die rechten Grenzen zu überschreiten; daraus entsteht Kampf. Ein sozusagen unpersönliches, überolympisches Gesetz bestraft die *Hybris* und stellt die ewige Ordnung wieder her, die der Angreifer verletzen wollte. Diese ganze Auffassung ging, ursprünglich vielleicht unbewußt, in die Philosophie ein; wir finden sie sowohl in Weltlehren, denen das Prinzip des Kampfes zugrunde liegt, bei Heraklit und Empedokles, als auch in den monistischen Doktrinen wie der des Parmenides. Sie ist die Quelle des Glaubens an ein natürliches und ein von Menschen geschaffenes Recht und liegt ganz offenkundig Platos Gerechtigkeitsbegriff zugrunde.

So wie das Wort »Gerechtigkeit« noch im Recht Anwendung findet, kommt es dem platonischen Begriff näher als dort, wo es im politischen Sinne verwendet wird. Unter dem Einfluß der demokratischen Theorie sind wir dazu gelangt, Gerechtigkeit mit Gleichheit zu verbinden, während Plato diesen Zusammenhang nicht kennt. »Gerechtigkeit«, im Sinn fast gleichbedeutend mit »Recht« – wie wenn wir etwa von »Rechtsprechung« reden –, betrifft vornehmlich Eigentumsrechte, was nichts mit Gleichheit zu tun hat. Zu Anfang des *Staates* finden wir die erste Definition der Gerechtigkeit; sie besteht aus dem Rat, Schulden zu bezahlen. Diese Definition wird zwar bald als unzulänglich aufgegeben, etwas davon ist aber doch übriggeblieben.

Auf verschiedene Punkte in Platos Definition ist besonders hinzuweisen. Zunächst einmal ermöglicht sie ungleiche Machtverhältnisse und Vorrechte, ohne daß damit Ungerechtigkeit verbunden wäre. Den Wächtern soll die ganze Macht zufallen, da sie die weisesten Mitglieder der Gemeinschaft sind; eine Ungerechtigkeit läge nach Platos Definition nur vor, wenn es in den anderen Ständen Männer gäbe, die weiser wären als irgendein Wächter. Daher sieht Plato ein Hinaufrücken oder Degradieren von Bürgern vor, obwohl seiner Ansicht nach die Kinder der Wächter dank dem doppelten Vorteil von Geburt und Erziehung meist den Kindern der anderen überlegen sein werden. Wenn es eine exaktere Wissenschaft von der Kunst zu regieren gäbe und man mehr Gewißheit hätte, daß die Menschen ihre Vorschriften befolgen, dann spräche viel für Platos System. Niemand hält es für ungerecht, in einem Fußballkampf nur die Besten herauszustellen, obwohl sie dadurch eine große Überlegenheit gewinnen. Würde das Fußballspiel genauso demokratisch gehandhabt wie die Regierung in Athen, dann müßten die Studenten, die für ihre Universität spielen sollen, durch das Los bestimmt werden. Es ist jedoch schwer zu erkennen, wer sich für Regierungsgeschäfte am besten eignet, und äußerst ungewiß, ob ein Politiker seine Fähigkeiten in den Dienst der Allgemeinheit stellen wird, statt die eigenen Interessen oder die seiner Klasse oder Partei oder Konfession zu wahren.

Weiter ist bemerkenswert, daß Platos Definition von der »Gerechtigkeit« entweder einen nach traditionellen Grundsätzen aufgebauten Staat voraussetzt oder aber einen platonischen Staat, der in seiner Totalität ein ethisches Ideal verwirklichen soll. Gerechtigkeit, hörten wir, besteht darin, daß ein jeder seinen Beruf ausfüllt. Aber was ist das für ein Beruf? In einem Staat wie dem alten Ägypten oder dem Reich der Inkas, der Generationen hindurch unverändert blieb, übernahm jeder Mann den Beruf seines Vaters; da gab es keine Probleme. In Platos Staat jedoch hat ja niemand einen legitimen Vater. Er muß sich also nach eigener Neigung für einen Beruf entscheiden, oder der Staat muß ihm eine seiner Eignung entsprechende Tätigkeit zuweisen. Das letztere war offenbar, was Plato anstrebte. Unter Umständen kann man aber bestimmte Betätigungen, trotz der großen Befähigung, die dazu gehört, für verderblich halten; so geht es Plato mit den Dichtern und mir mit Napoleon. Aufgabe der Regierung ist es also vor allem, den Beruf eines Mannes zu bestimmen. Obwohl alle Herrscher Philosophen sein sollen, darf es doch keine Neuerungen geben: ein Philosoph muß immerdar ein Mann sein, der Plato versteht und seiner Meinung ist.

Auf die Frage: Was beabsichtigt Plato eigentlich mit seinem Staat zu erreichen?, gibt es nur eine recht langweilige Antwort. Er bezweckt kriegerische Erfolge gegen annähernd gleich starke Völker und gesicherten Lebensunterhalt für eine bestimmte kleine Anzahl von Menschen. Höchstwahrscheinlich wird es in diesem Staat wegen seiner strengen Grundsätze weder Kunst noch Wissenschaft geben; hierin wird er, wie auch in anderen Punkten, Sparta gleichen. Trotz aller schönen Worte kann nicht mehr erreicht werden als kriegerische Tüchtigkeit und ausreichende Ernährung. Plato hatte in Athen gelernt, was Hunger und Niederlage bedeuten; vielleicht hat er unbewußt geglaubt, höchste Staatskunst wäre es, diese Übel zu vermeiden.

In einer ernstgemeinten Utopie müssen sich die Ideale ihres Schöpfers klar offenbaren. Wir wollen einen Augenblick überlegen, was mit »Idealen« gemeint sein könnte. Zunächst einmal werden sie von denen angestrebt, die daran glauben; der Mensch erstrebt sie aber nicht, wie man nach persönlicher Bequemlichkeit, nach Essen und Trinken oder Obdach verlangt. Der Unterschied zwischen einem »Ideal« und einem gewöhnlichen Wunschgegenstand besteht darin, daß das Ideal etwas Unpersönliches ist; es steht in keiner (zumindest keiner offensichtlichen) besonderen Beziehung zum Ich des Menschen, der es erstrebt, und kann daher theoretisch von jedermann ersehnt werden. So können wir das »Ideal« als etwas nicht egozentrisch Erstrebtes definieren, während die Person, die es erstrebt, zugleich wünscht, daß auch alle übrigen es erstreben möchten. Ich kann wünschen, daß alle genug zu essen haben, daß jeder freundlich gegen jeden gesinnt ist, und so fort; und wenn ich etwas Derartiges ersehne, so möchte ich auch, daß andere es ebenfalls wünschen. Auf diese Weise kann ich so etwas wie eine unpersönliche Ethik aufbauen, obwohl sie tatsächlich auf meinem eigenen persönlichen Wunsch beruht – denn es bleibt mein Wunsch, auch wenn das Erwünschte sich nicht auf mich selbst bezieht. Es kann sich beispielsweise jemand wünschen, alle Menschen möchten die Wissenschaft begreifen, und ein anderer, sie möchten die Kunst recht zu würdigen wissen; die Verschiedenartigkeit der Wünsche ist durch die unterschiedliche Veranlagung der beiden Menschen bedingt.

Das persönliche Element tritt zutage, sobald Gegensätze auftauchen. Angenommen, jemand sagt: »Sie begehen einen Fehler, wenn Sie wünschen, jeder Mensch sollte glücklich sein; Sie sollten den Deutschen Glück und allen anderen Unglück wünschen.« Hier bedeutet das »sollten«, daß der Sprecher mich zu seinem eigenen Wunsch überreden möchte. Ich könnte einwenden, als Nicht-Deutschem wäre es mir psychologisch unmöglich zu wünschen, daß alle Nicht-Deutschen unglücklich wären. Das wäre jedoch keine befriedigende Antwort.

Wiederum können auch rein unpersönliche Ideale im Gegensatz zueinander stehen. Nietzsches Heros unterscheidet sich vom christlichen Heiligen; beide aber genießen unpersönliche Bewunderung, der eine bei den Nietzscheanern, der andere bei den Christen. Wie sollten wir uns für einen von beiden entscheiden können, wenn nicht gestützt auf unsere eigenen Wünsche? Im Notfall kann man bei gegensätzlichen ethischen Anschauungen nur durch einen Appell an das Gefühl oder durch Gewaltanwendung – äußerstenfalls durch den Krieg – zu einer Entscheidung kommen. Handelt es sich um Tatsachen, so können wir uns an die Wissenschaft und an wissenschaftliche Beobachtungsmethoden halten; in letzten ethischen Fragen scheint es jedoch kein Analogon dazu zu geben. Doch wenn es tatsächlich keines gibt, müssen sich ethische Streitigkeiten in Kämpfe um die Macht auflösen – wozu auch die Macht der Propaganda gehört.

Diese Ansicht wird, wenn auch unausgereift, im ersten Buch des *Staates* von Thrasymachus dargelegt, der wirklich gelebt hat, wie die meisten in Platos Dialogen auftretenden Personen. Er war ein Sophist aus Chalcedon und ein berühmter Lehrer der Rhetorik. Er kommt in der ersten Komödie des Aristophanes (427 v. Chr.) vor. Nachdem Sokrates eine Zeitlang liebenswürdig über Gerechtigkeit mit einem alten Mann namens Kephalus und mit Platos älteren Brüdern Glaukon und Adeimantos diskutiert hat, unterbricht sie Thrasymachus, der mit wachsender Ungeduld zugehört hat, mit einem heftigen Protest gegen solchen kindischen Unfug. Er ruft emphatisch aus: »Das Gerechte ist nichts anderes als das dem Überlegenen Zuträgliche.«

Sokrates macht Ausflüchte; er nimmt zu dieser Ansicht niemals klar Stellung. Und es erhebt sich die ethische und politische Kardinalfrage: Gibt es eine Norm für »Gut« und »Böse«, abgesehen von dem, was der Mensch für wünschenswert hält, der diese Wörter gebraucht? Wenn nicht, sind viele der von Thrasymachus gezogenen Schlüsse unwiderleglich. Mit welchem Recht können wir aber behaupten, daß es doch eine solche Norm gibt?

Darauf weiß die Religion sogleich eine einfache Antwort. Gott bestimmt, was gut und böse ist; der Mensch, dessen Wille mit dem Willen Gottes übereinstimmt, ist ein guter Mensch. Diese Antwort ist jedoch nicht ganz orthodox. Die Theologen sagen, Gott sei gut, und das setzt eine Norm für Güte voraus, die unabhängig vom Willen Gottes ist. Wir stehen also zwangsläufig vor der Frage: kann eine Behauptung wie »Die Lust ist gut« objektiv so richtig oder so falsch sein wie die Feststellung »Der Schnee ist weiß«?

Um diese Frage beantworten zu können, wäre eine sehr lange Erörterung erforderlich. Mancher meint vielleicht, wir könnten aus praktischen Gründen die eigentliche Streitfrage umgehen und sagen: »Ich weiß zwar nicht, was mit ›objektiver Wahrheit‹ gemeint ist, werde aber eine Behauptung für ›wahr‹ halten, wenn alle oder doch so gut wie alle, die sie nachgeprüft haben, übereinstimmend von ihrer Wahrheit überzeugt sind.« In diesem Sinne ist »wahr«, daß der Schnee weiß ist, daß Cäsar ermordet wurde, daß Wasser aus Wasserstoff und Sauerstoff besteht und so fort. Alsdann stehen wir einer tatsächlichen Frage gegenüber: Gibt es auf ethischem Gebiet ähnliche übereinstimmende Urteile? Wenn ja, können sie zur prinzipiellen Grundlage des privaten Verhaltens wie auch der politischen Theorie gemacht werden. Wenn nein, werden wir in der Praxis, wie auch immer es mit der philosophischen Wahrheit stehen mag, durch Gewalt oder Propaganda oder beides zum Kampf gezwungen, sooft ein unversöhnlicher ethischer Gegensatz zwischen mächtigen Gruppen besteht.

Für Plato gibt es dieses Problem in Wirklichkeit nicht. Obwohl er in seinem Gefühl für dramatische Wirkung die Ansicht des Thrasymachus stark herausarbeitet, ist er sich ihrer Überzeugungskraft gar nicht bewußt und erlaubt sich, in seinen Gegenargumenten reichlich unfair zu werden. Plato ist davon durchdrungen, daß es »das Gute« gibt und daß sein Wesen zu erforschen ist; wenn zwei Leute darin nicht übereinstimmen, muß zumindest einer einen intellektuellen Fehler begehen, genauso wie es der Fall ist, wenn bei einer Tatsache die wissenschaftlichen Anschauungen auseinandergehen.

Der Unterschied zwischen Plato und Thrasymachus ist zwar sehr wichtig, braucht aber in einer Geschichte der Philosophie nur erwähnt zu werden, ohne daß eine Entscheidung für eine der beiden Anschauungen getroffen wird. Plato glaubt *beweisen* zu können, daß sein Idealstaat gut ist; ein Demokrat, der den objektiven Charakter der Ethik gelten läßt, mag vielleicht glauben, er könne *beweisen*, daß der Staat schlecht ist; jeder aber, der mit Thrasymachus einer Meinung ist, wird sagen: »Es kommt hier nicht auf das Beweisen oder Widerlegen an; es handelt sich nur darum, ob einem Platos Staat gefällt. Wenn ja, hält man ihn für gut, wenn nein, erscheint er einem schlecht. Wenn viele dafür und viele dagegen sind, kann nicht die Vernunft entscheiden, sondern nur die offene oder indirekte Gewalt.« Das ist eine der ungelösten philosophischen Streitfragen; beide Meinungen werden von achtunggebietenden Männern vertreten. Sehr lange Zeit aber ist Platos Ansicht nahezu unbestritten geblieben.

Man darf ferner nicht außer acht lassen, daß die Auffassung, die eine objektive Norm durch die Übereinstimmung der Meinungen ersetzen will, gewisse Konsequenzen hat, mit denen nur wenige einverstanden sein werden. Was sollen wir von wissenschaftlichen Neuerern wie Galilei halten, die eine zunächst nur von wenigen anerkannte Ansicht verfechten, sich aber damit schließlich die Anerkennung fast aller Menschen erringen? Das erreichen sie durch Beweise, nicht durch einen Appell an das Gefühl oder durch Propaganda oder Gewaltanwendung.

Das setzt ein anderes Kriterium als die öffentliche Meinung voraus. Auf ethischem Gebiet finden wir etwas Ähnliches bei den großen Religionslehrern. Christus lehrte, es sei kein Unrecht, am Sabbat Ähren zu lesen, wohl aber, seine Feinde zu hassen. Solchen ethischen Neuerungen liegt offenbar ein anderer Wertmaßstab zugrunde als die Majorität der Meinungen; aber wie dieser Maßstab auch aussehen mag, er ist nicht objektiv wie bei einer wissenschaftlichen Frage. Es ist ein schwieriges Problem, und ich will nicht vorgeben, es lösen zu können. Vorläufig wollen wir uns damit begnügen, es zur Kenntnis zu nehmen.

Vielleicht sollte Platos Staat, im Gegensatz zu modernen Utopien, tatsächlich Wirklichkeit werden. Das war nicht so phantastisch oder gar unmöglich, wie es uns heute erscheinen muß. Vieles, was er vorsieht, einschließlich dessen, was wir für ganz undurchführbar halten würden, gab es bereits in Sparta. Eine Regierung von Philosophen hatte schon Pythagoras angestrebt, und zu Platos Zeit hatte der Pythagoreer Archytas politischen Einfluß in Taras (dem modernen Tarent), als Plato Sizilien und Süditalien besuchte. Es war in den Stadtstaaten allgemein üblich, mit dem Entwurf von Gesetzen einen Weisen zu beauftragen; in Athen hatte man Solon, in Thurii Protagoras dafür ausersehen. Die Kolonien waren zu jener Zeit von ihren Mutterstädten völlig unabhängig, und einem Häuflein Platoniker wäre es ein leichtes gewesen, an der spanischen oder gallischen Küste den Staat zu gründen. Unglücklicherweise führte der Zufall Plato nach Syrakus, das als große Handelsstadt einen verzweifelten Kampf gegen Karthago führte. In einer derartigen Atmosphäre hätte kein Philosoph viel ausrichten können. Infolge des Aufstiegs von Makedonien wirkte aber schon in der nächsten Generation jede Kleinstaaterei überholt und jedes politische Experiment im Miniaturformat sinnlos.

15. KAPITEL

Die Ideenlehre

Der Mittelteil des *Staates*, vom 2. Teil des V. Buches bis zum Ende des VII. Buches, behandelt vornehmlich rein philosophische Fragen, die mit Politik nichts zu tun haben. Sie werden durch eine etwas unvermittelte Feststellung eingeleitet:

»Wenn nicht entweder die Philosophen Könige werden in den Staaten oder die, welche jetzt Könige und Herrscher heißen, echte und gründliche Philosophen, und so Macht im Staate und Philosophie zusammenfallen und den Naturen, die sich einem von beiden ausschließlich zuwenden, der Zugang mit Gewalt verschlossen wird, so gibt es keine Erlösung vom Übel für die Staaten, ich glaube aber auch nicht für die Menschheit, noch wird auch diese Verfassung, wie wir sie eben dargestellt haben, je zur Möglichkeit werden und das Sonnenlicht erblicken.«

Wenn das stimmt, müssen wir feststellen, was zu einem Philosophen gehört und was wir unter »Philosophie« verstehen. Die anschließende Erörterung, die berühmteste Stelle des *Staates*, war vielleicht auch am einflußreichsten. Sie ist stellenweise von außerordentlicher dichterischer Schönheit; der Leser wird möglicherweise (gleich mir) mit dem Inhalt nicht einverstanden, doch darum nicht weniger ergriffen sein.

Platos Philosophie baut auf dem Unterschied zwischen Wirklichkeit und Erscheinung auf, der zuerst von Parmenides dargelegt wurde; in der ganzen Erörterung, mit der wir uns jetzt beschäftigen werden, begegnen wir immer wieder parmenideischen Wendungen und Argumenten. Doch schwingt in seinem Wirklichkeitsbegriff ein religiöser Ton mit, der mehr an Pythagoras als an Parmenides anklingt; Musik und Mathematik spielen eine große Rolle, was unmittelbar auf die Schüler des Pythagoras zurückgeht Aus dieser Verbindung von parmenideischer Logik mit pythagoreischen und orphischen Jenseitsideen ergab sich eine Doktrin, die den Intellekt wie das religiöse Empfinden gleichermaßen zu befriedigen schien; das Ergebnis war eine sehr zwingende Synthese, die in verschiedenen Abwandlungen die meisten großen Philosophen bis einschließlich Hegel beeinflußt hat. Allein nicht nur die Philosophen. Warum lehnten die Puritaner die Musik und die Malerei und das prächtige Ritual der katholischen Kirche ab? Die Antwort darauf ist im X. Buch des *Staates* zu finden. Warum müssen die Kinder in der Schule Arithmetik lernen? Das wird im VII. Buch begründet.

In den nachstehenden Abschnitten ist Platos Ideenlehre kurz zusammengefaßt.

Unsere Frage lautet: Was ist ein Philosoph? Wir beantworten sie zuerst etymologisch: Ein Philosoph ist ein Mensch, der die Weisheit liebt. Das ist jedoch nicht dasselbe wie ein Mensch, der das Wissen liebt, wie man etwa einem Neugierigen nachzusagen pflegt, er möchte alles wissen; landläufige Neugier macht noch keinen Philosophen aus. Die Definition wird daher berichtigt: Ein Philosoph ist ein Mann, der die »Schau der Wahrheit« liebt. Aber worin besteht diese Schau?

Man stelle sich einen Menschen vor, der alles Schöne liebt, der sich grundsätzlich jede neue Tragödie ansieht, neue Bilder betrachtet und neue Musik hört. Solch ein Mann ist kein Philosoph, da er nur schöne Dinge liebt, während der Philosoph die Schönheit selbst liebt. Der Mensch, der nur schöne Dinge liebt, träumt; der Mensch aber, der die absolute Schönheit liebt, ist hellwach. Der eine hat nur eine Meinung, der andere aber Erkenntnis.

Wodurch unterscheiden sich »Erkenntnis« und »Meinung«? Der Mann mit Erkenntnis erkennt *etwas*, das heißt etwas, das ist, denn was nicht ist, ist nichts. (Das erinnert an Parmenides.) Somit ist Erkenntnis unfehlbar, da logisch unmöglich ist, daß sie irrig sein könnte. Eine Meinung aber kann falsch sein. Wie geht das zu? Über etwas, was nicht ist, kann es unmöglich eine Meinung geben, jedoch auch nicht über das, was ist, denn sonst wäre es Erkenntnis. Die Meinung muß sich also auf etwas beziehen, was ist und zugleich nicht ist.

Wie ist das aber möglich? Die Antwort lautet, daß einzelne Dinge stets etwas von ihrem Gegenteil in sich tragen: was schön ist, ist in gewisser Hinsicht auch häßlich; was recht ist, in mancher Beziehung unrecht und so fort. Alle konkreten, wahrnehmbaren Objekte besitzen nach Plato solche einander widersprechenden Eigenschaften; sie stehen somit zwischen Sein und Nichtsein und sind geeignete Objekte für Meinungen, nicht aber für Erkenntnisse. »Die also, welche überall am Seienden Wohlgefallen haben, muß man Freunde der Weisheit (Philosophen), nicht aber Freunde der Meinung nennen.«

So kommen wir zu dem Schluß, daß die Meinung zur sinnlichen, die Erkenntnis hingegen zu einer übersinnlichen, ewigen Welt gehört; die Meinung befaßt sich also mit einzelnen schönen Dingen, die Erkenntnis aber mit der Schönheit selbst.

Als einziges Argument dafür wird vorgebracht, daß es ein Widerspruch in sich sei, anzunehmen, ein Ding könne sowohl schön als nicht schön oder zugleich gerecht und ungerecht sein, und daß trotzdem einzelne Dinge solche widerstreitenden Eigenschaften in sich zu vereinen scheinen. Daher wären konkrete Einzeldinge nicht wirklich. Heraklit hatte gesagt: »Wir steigen nicht zweimal in denselben Fluß; wir sind und sind nicht.« Verbinden wir das mit Parmenides, so kommen wir zu Platos Ergebnis.

Es gibt jedoch etwas sehr Wichtiges in Platos Doktrin, das sich nicht auf seine Vorgänger zurückführen läßt, nämlich seine Theorie der

»Ideen« oder »Formen«. Diese Theorie ist teils logisch, teils metaphysisch. Der logische Teil bezieht sich auf die Bedeutung allgemeiner Worte. Es gibt viele einzelne Tiere, von denen wir mit Recht sagen können, »dies ist eine Katze«. Was meinen wir mit dem Wort »Katze«? Offenbar etwas, das sich von jeder speziellen Katze unterscheidet. Augenscheinlich ist ein Tier eine Katze, weil es teilhat an der allen Katzen eigenen allgemeinen Natur. Die Sprache kann ohne allgemeine Worte wie »Katze« nicht auskommen, auch sind solche Worte natürlich nicht bedeutungslos. Wenn jedoch das Wort »Katze« etwas bedeutet, so bedeutet es etwas, das nicht diese oder jene Katze ist, sondern eine Art universaler Katzenheit. Diese entsteht nicht, wenn eine einzelne Katze geboren wird, und stirbt nicht mit ihr zugleich. Sie nimmt keine wirkliche Stellung in Raum oder Zeit ein; sie ist »ewig«. Das ist der logische Teil der Lehre. Die erbrachten Beweise, ob nun letzten Endes schlüssig oder nicht, sind jedenfalls streng logisch und ganz unabhängig von dem metaphysischen Teil der Doktrin.

Im Sinne des metaphysischen Teils der Lehre bedeutet das Wort »Katze« eine bestimmte ideale Katze, »*die* Katze«, von Gott geschaffen und ohnegleichen. Einzelne Katzen haben an der Natur *der* Katze teil, jedoch in mehr oder weniger unvollkommener Weise; nur um dieser Unvollkommenheit willen kann es überhaupt so viele Katzen geben. *Die* Katze ist wirklich; einzelne Katzen sind nur *Erscheinungen*.

Im letzten Buch des *Staates* finden wir, um die Verurteilung der Maler vorzubereiten, die Lehre von den Ideen oder Formen sehr klar dargestellt. Hier erklärt Plato, daß, wann immer mehrere Einzeldinge einen gemeinsamen Namen haben, sie auch eine gemeinsame »Idee« oder »Form« besitzen müssen. Es gibt beispielsweise viele Betten, aber nur eine einzige »Idee« oder »Form« des Bettes. Wie das Spiegelbild eines Bettes nur Erscheinung und nicht »wirklich« ist, so sind auch die verschiedenen, einzelnen Betten unwirklich, da sie nur Kopien der »Idee« sind, welche das einzig wirkliche Bett und von Gott erschaffen ist. Von diesem einen, von Gott geschaffenen Bett können wir *Erkenntnis* gewinnen; über die vielen Betten jedoch, die die Tischler hergestellt haben, kann es nur eine *Meinung* geben.

Der echte Philosoph wird sich nur für das eine ideale Bett interessieren, nicht für die vielen Betten der sinnlich wahrnehmbaren Welt. Den gewöhnlichen irdischen Dingen gegenüber wird er sich ziemlich gleichgültig zeigen. »Wie könnte er, mit seinem herrlichen Geist, der alle Zeit und alles Sein zum Gegenstand seiner Spekulationen macht, wohl viel vom menschlichen Leben halten?« Der Jüngling, der sich zum Philosophen eignet, wird sich von seinen Kameraden durch sein gerechtes und vornehmes Wesen, durch seinen Wissensdurst, sein gutes Gedächtnis und die natürliche Ausgeglichenheit seines Gemüts unterscheiden. Ein solcher Jüngling soll zum Philosophen und Wächter herangebildet werden.

An dieser Stelle unterbricht ihn Adeimantos mit einem Protest. Er sagt, wenn er mit Sokrates zu disputieren versuche, fühle er sich bei jedem Schritt ein wenig mehr irregeführt, bis schließlich alle früheren Begriffe auf den Kopf gestellt seien. Was immer aber Sokrates auch sagen möge, es stünde fest, daß Leute, die sich der Philosophie verschrieben hätten, offensichtlich zu Abnormitäten, um nicht zu sagen abgefeimten Spitzbuben würden; die Philosophie mache selbst die besten unter ihnen für alles andere untauglich.

Sokrates gibt zu, das träfe für diese Welt, wie sie ist, zu, behauptet aber, nicht die Philosophen, die anderen Leute seien zu tadeln; unter Weisen würde der Philosoph nicht töricht wirken; nur unter Toren gelte der Weise als jeder Weisheit bar.

Was ist in diesem Dilemma zu tun? Es gäbe zwei Wege, um unseren Staat einzuführen: die Philosophen werden Herrscher oder die Herrscher Philosophen. Für den Anfang scheint der erste Weg ungangbar, weil die Philosophen in einem noch nicht philosophischen Staat unbeliebt sind. Ein geborener Fürst jedoch *könnte* ein Philosoph sein, »aber ein Einziger auf der Welt, wenn er einen folgsamen Staat in die Hände bekommt, ist hinreichend, alle Dinge zu verwirklichen, die jetzt unglaublich sind.« Plato hoffte einen solchen Fürsten in dem jüngeren Dionysius, dem Tyrannen von Syrakus, gefunden zu haben; aber der junge Mann wurde eine große Enttäuschung.

Im VI. und VII. Buch des *Staates* befaßt sich Plato mit zwei Fragen: 1. was ist Philosophie? und 2. wie kann ein junger Mann oder eine junge Frau von geeigneter Veranlagung zum Philosophen erzogen werden?

Für Plato ist die Philosophie eine Art Schau, die »Schau der Wahrheit«. Sie ist nicht *rein* intellektuell, nicht bloßes Wissen, vielmehr *Liebe* zum Wissen. Spinozas »intellektuelle Gottesliebe« ist fast die gleiche enge Verschmelzung von Denken und Fühlen. Jeder, der je schöpferische Arbeit irgendwelcher Art leistete, hat auch in mehr oder minder starkem Maße den Geisteszustand erlebt, in dem sich ihm nach langer Arbeit die Wahrheit oder Schönheit in plötzlicher Glorie zeigt oder zu zeigen scheint – mag es sich dabei um eine Geringfügigkeit oder auch um das ganze Universum handeln. Im Augenblick selbst ist diese Erfahrung sehr überzeugend; Zweifel mögen sich später einstellen; im Moment jedoch ist man sich seiner Sache völlig sicher. Ich glaube, die Mehrzahl der besten schöpferischen Leistungen in der Kunst, Wissenschaft, Literatur und Philosophie sind Ergebnisse eines solchen Augenblicks. Ob es anderen ebenso ergeht, kann ich nicht sagen. Ich für mein Teil weiß jedenfalls aus Erfahrung, daß ich, wenn ich über irgendein Thema ein Buch schreiben will, zuerst möglichst tief ins Detail eindringen muß, bis mir der Stoff bis ins kleinste vertraut ist; wenn ich Glück habe, steht mir dann eines Tages das Ganze im richtigen Zusammenhang all seiner Einzelteile vor Augen. Dann brauche ich nur niederzuschreiben, was ich gesehen habe. Der beste Vergleich wäre: man wandert im Nebel so lange über einen Berg, bis man jeden Pfad und jeden Kamm und jedes Tal genau kennt, um dann aus der Entfernung den Berg als Ganzes klar im hellen Sonnenschein liegen zu sehen.

Diese Erfahrung ist meines Erachtens notwendig für gute schöpferische Arbeit, reicht aber allein noch nicht aus; selbst die subjektive Gewißheit, die sie mit sich bringt, kann verhängnisvoll irreführend sein. William James schildert uns einen Mann, der durch Lachgas zu dieser Erfahrung kam; so oft er unter der Einwirkung von Lachgas stand, kannte er das Geheimnis des Weltalls; kam er jedoch wieder zu sich, so hatte er es vergessen. Schließlich schrieb er das Geheimnis mit ungeheurer Anstrengung nieder, bevor die Vision geschwunden war. Als er sich völlig erholt hatte, stürzte er sich auf die Niederschrift und las: »Es riecht alles durchdringend nach Petroleum.« Was wie plötzliche Einsicht wirkt, kann irreführend sein und muß nüchtern überprüft werden, wenn der göttliche Rausch verflogen ist.

Um dem Leser das Wesen der Schau klarzumachen, auf die Plato sich, als er den *Staat* schrieb, völlig verließ, muß er schließlich zu einem Gleichnis, dem Höhlengleichnis, greifen. Es wird jedoch durch verschiedene vorbereitende Erörterungen eingeleitet, die dazu bestimmt sind, den Leser von der Notwendigkeit der Ideenwelt zu überzeugen.

Zunächst wird die Welt des Intellekts von der Welt der Sinne geschieden; dann werden Intellekt und Sinneswahrnehmung noch je in zwei Arten unterteilt. Die beiden Arten der Sinneswahrnehmung brauchen uns nicht zu beschäftigen; die beiden Arten des Intellekts werden »Vernunft« und »Verstand« genannt. Vernunft steht höher als Verstand; sie bezieht sich auf reine Ideen und arbeitet dialektisch. Verstand ist die Art Intellekt, die man in der Mathematik braucht; der Verstand ist der Vernunft dadurch unterlegen, daß er von Hypothesen ausgeht, die er nicht belegen kann. In der Geometrie sagen wir beispielsweise: »Nehmen wir ABC als rechtwinkliges Dreieck an.« Es ist regelwidrig zu fragen, ob ABC wirklich ein rechtwinkliges Dreieck *ist*, obgleich wir gewiß sein können, daß es sich bei einer von uns gezeichneten Figur nicht so verhält, weil wir keine absolut geraden Linien ziehen können. Demnach kann die Mathematik uns nie sagen, was *ist*, sondern nur was *wäre*, wenn... In der sinnlichen Welt gibt es keine geraden Linien; wir müssen daher, wenn die Mathematik mehr als hypothetische Wahrheit haben soll, Beweise für die Existenz übersinnlicher gerader Linien in der übersinnlichen Welt zu erbringen suchen. Das kann nicht durch den Verstand geschehen, wohl aber, nach Plato, mit Hilfe der Vernunft; denn sie zeigt, daß es im Himmel ein rechtwinkliges Dreieck gibt, von dem sich geometrische Lehrsätze kategorisch, nicht hypothetisch ableiten lassen.

An dieser Stelle ergibt sich eine Schwierigkeit, die Platos Aufmerksamkeit nicht entgangen ist und modernen idealistischen Philosophen ebenfalls klar war. Wir haben gesehen, daß Gott nur ein Bett geschaffen hat, und die Vermutung liegt daher nahe, daß er auch nur eine gerade Linie schuf. Wenn es aber ein himmlisches Dreieck gibt, muß er mindestens drei gerade Linien geschaffen haben. Die geometrischen Gegenstände müssen, wenn sie auch ideell sind, in vielen Exemplaren existieren; für die Möglichkeit einer Überschneidung brauchen wir *zwei* Kreise und so fort. Hier könnte man vermuten, daß die Geometrie nach Platos Theorie der letzten Wahrheit nicht fähig sei, sondern ins Studiengebiet der Erscheinungen verwiesen werden sollte. Wir wollen jedoch diesen Punkt übergehen; Platos Antwort darauf ist ziemlich dunkel.

Plato sucht den Unterschied zwischen klarer intellektueller Schau und der undeutlichen Schau der sinnlichen Wahrnehmung analog dem Vorgang des Sehens zu erklären. Das Sehen, sagt er, unterscheidet sich von den anderen Sinneswahrnehmungen insofern, als dazu nicht nur das Auge und der Gegenstand erforderlich sind, sondern auch Licht benötigt wird. Deutlich sehen wir Gegenstände, auf die die Sonne scheint: im Zwielicht sehen wir unklar und in der Finsternis überhaupt nicht. So entspricht die Ideenwelt dem, was wir sehen, wenn der Gegenstand von der Sonne beleuchtet ist, während die Welt des Vergänglichen eine unklare Zwielichtwelt ist. Das Auge ist der Seele zu vergleichen und die Sonne, als Lichtquelle, der Wahrheit oder dem Guten.

»Dasselbe Verhältnis denke dir nun auch so in bezug auf die Seele: wenn sie darauf ihren Blick heftet, was das ewig wahre und wesenhafte Sein bescheint, so vernimmt und erkennt sie es gründlich und scheint Vernunft zu haben; richtet sie ihn aber auf das mit Finsternis gemischte Gebiet, auf das Reich des Werdens und Vergehens, so meint sie dann nur, ist blödsichtig, indem sie sich ewig im niederen Kreise der Meinungen auf und ab bewegt, und gleicht nun einem vernunftlosen Geschöpfe... Was den erkannt werdenden Objekten Wahrheit verleiht und dem erkennenden Subjekte das Vermögen des Erkennens gibt, das begreife also als die Wesenheit des *eigentlichen* (höchsten) Guten.«

Damit wird das berühmte Höhlengleichnis eingeleitet; er vergleicht darin diejenigen, die von Philosophie nichts wissen, mit Gefangenen in einer Höhle, die nur in eine Richtung zu blicken vermögen, weil sie gefesselt sind; hinter ihnen brennt ein Feuer, und vor ihnen erhebt sich eine Mauer. Zwischen ihnen und der Mauer befindet sich nichts; sie sehen nur ihren eigenen Schatten und die Schatten der Dinge in ihrem Rücken, die durch den Feuerschein auf die Mauer geworfen werden. Unweigerlich müssen sie diese Schatten für wirklich halten, auch haben sie keine Vorstellung von den Dingen, zu denen diese Schatten gehören. Schließlich gelingt es einem von ihnen, aus der Höhle ans Licht der Sonne zu entkommen; zum erstenmal erblickt er wirkliche Dinge und wird gewahr, daß er bisher von Schatten getäuscht wurde. Wenn er ein Philosoph mit den Qualitäten ist, die ihn zum späteren Wächter befähigen, wird er sich seinen früheren Mitgefangenen gegenüber verpflichtet fühlen, wieder in die Höhle hinabzusteigen, ihnen die Wahrheit zu sagen und den Weg hinaufzuweisen. Es wird ihm jedoch schwer werden, sie zu überzeugen; denn da er aus dem Sonnenlicht kommt, wird er die Schatten weniger deutlich erkennen als sie und ihnen dümmer vorkommen als zuvor.

»Betrachte nun, fuhr ich fort, unsere menschliche Anlage vor und nach ihrer Entwicklung mit dem in folgendem bildlich dargestellten Zustande: Stelle dir nämlich Menschen vor in einer höhlenartigen Wohnung unter der Erde, die einen nach dem Lichte zu geöffneten und längs der ganzen Höhle hingehenden Eingang habe, Menschen, die von Jugend auf an Schenkeln und Hälsen in Fesseln eingeschmiedet sind, so daß sie dort unbeweglich sitzenbleiben und nur vorwärtsschauen, aber links und rechts die Köpfe wegen der Fesselung nicht umzudrehen vermögen; das Licht für sie scheine von oben und von der Ferne von einem Feuer hinter ihnen; zwischen dem Feuer und den Gefesselten sei oben ein Querweg; längs diesem denke dir eine kleine Mauer erbaut, wie sie die Gaukler vor dem Publikum haben, über die sie ihre Wunder zeigen.

Ich stelle mir das vor, sagte er.

So stelle dir nun weiter vor, längs dieser Mauer trügen Leute allerhand über diese hinausragende Gerätschaften, auch Menschenstatuen und Bilder von anderen lebenden Wesen aus Holz, Stein und allerlei sonstigem Stoffe, während, wie natürlich, einige der Vorübertragenden ihre Stimme hören lassen, andere schweigen.

Ein wunderliches Gleichnis, sagte er, und wunderliche Gefangene!

Leibhaftige Ebenbilder von uns! sprach ich. Haben wohl solche Gefangenen von ihren eigenen Personen und voneinander etwas anderes zu sehen bekommen als die Schatten, die von dem Feuer auf die ihrem Gesichte gegenüberstehende Wand fallen?«

Das Gute nimmt in Platos Philosophie eine Sonderstellung ein. Wissen und Wahrheit, sagt er, »*gleichen* dem Guten, aber das Gute steht höher«. Das Gute ist nicht Wesen, es übertrifft dieses bei weitem an Würde und Macht. Die Dialektik führt zum Ziel der Welt des Denkens, nämlich zur Wahrnehmung des absolut Guten. Mit Hilfe des Guten vermag die Dialektik ohne die Hypothesen des Mathematikers auszukommen. Dem liegt die Voraussetzung zugrunde, daß die Wirklichkeit im Gegensatz zur Erscheinung vollständig und vollkommen gut ist; das Gute wahrnehmen heißt aber die Wirklichkeit wahrnehmen. In Platos Philosophie finden wir durchweg die gleiche Verschmelzung von Intellekt und Mystizismus, wie im Pythagoreismus, doch überwiegt hier, auf dem Höhepunkt seiner Philosophie, deutlich der Mystizismus.

Platos Ideenlehre enthält eine Anzahl augenfälliger Irrtümer. Dessenungeachtet bedeutet sie einen sehr wichtigen Fortschritt in der Philosophie, da sie als erste philosophische Lehre das Universalienproblem aufwirft, das in wechselnder Gestalt bis auf den heutigen Tag fortbestanden hat. Zu Anfang pflegen die Dinge häufig etwas unausgereift zu wirken, doch sollte ihre Originalität deshalb nicht übersehen werden. Etwas von dem, was Plato zu sagen hatte, ist bleibend, auch nachdem die erforderlichen Berichtigungen vorgenommen worden sind.

Selbst nach Ansicht der entschiedensten Gegner Platos bleibt wenigstens dies: wir können uns nicht in einer ausschließlich aus Eigennamen bestehenden Sprache ausdrücken, sondern brauchen auch allgemeine Wörter wie »Mensch«, »Hund«, »Katze« oder, wenn nicht diese, so doch Beziehungswörter wie »ähnlich«, »vorher« und so fort. Solche Worte sind nicht nur bedeutungslose Geräusche, und es ist kaum einzusehen, wie sie bedeutungsvoll sein sollten, wenn die Welt nur aus Einzeldingen bestünde, die durch Eigennamen bezeichnet werden. Vielleicht läßt sich dieses Argument irgendwie umgehen; jedenfalls stellt es ein Prima-facie-Argument zugunsten der Universalien dar. Ich werde es vorläufig bis zu einem gewissen Grade gelten lassen. Aber trotz dieses Zugeständnisses ergibt sich daraus noch nicht das übrige, was Plato sagt.

Zunächst versteht Plato nichts von philosophischer Syntax. Ich kann sagen »Sokrates ist menschlich«, »Plato ist menschlich« und so weiter. Man könnte annehmen, daß in all diesen Sätzen das Wort »menschlich« genau die gleiche Bedeutung hat. Aber was es auch bedeutet, es besagt immer etwas, das nicht so geartet ist wie Sokrates, Plato und die übrigen Individuen, aus denen das Menschengeschlecht besteht. »Menschlich« ist ein Adjektiv; es wäre unsinnig, zu sagen, »menschlich ist menschlich«. Aber Plato macht einen solchen Fehler. Er glaubt, daß das Schöne schön ist; er meint, der Gattungsbegriff »Mensch« sei die Bezeichnung für einen von Gott geschaffenen Modellmenschen, während die wirklichen Menschen unvollkommene und etwas blasse Kopien davon seien. Er vermag sich überhaupt nicht vorzustellen, wie groß die Kluft zwischen dem Allgemeinen und dem Besonderen ist; seine »Ideen« sind tatsächlich nichts weiter als andere Besonderheiten, nur sind sie den gewöhnlichen ethisch und ästhetisch überlegen. Später begann er selbst diese Schwierigkeit zu erkennen, wie sich im *Parmenides* zeigt; wir finden darin eine philosophische Selbstkritik, die zu den bemerkenswertesten Beispielen in der ganzen Reihe der philosophischen Selbstkritiken gehört.

Der *Parmenides* wird angeblich von Antiphon (Platos Halbbruder) erzählt, der sich als einziger an die Unterhaltung erinnert, sich aber jetzt nur für Pferde interessiert. Er wird mit einem Zaumzeug in der Hand angetroffen und läßt sich nur schwer dazu überreden, die berühmte Diskussion zwischen Parmenides, Zeno und Sokrates wiederzugeben. Sie soll stattgefunden haben, als Parmenides ein alter Mann war (etwa fünfundsechzig Jahre), Zeno in mittleren Jahren stand (um vierzig) und Sokrates noch sehr jung war. Sokrates entwickelt die Ideenlehre; er ist dessen gewiß, daß es die Idee der Ähnlichkeit, der Gerechtigkeit, der Schönheit und des Guten gibt; nicht sicher ist er, daß es eine

Idee des Menschen gibt; und entrüstet weist er die Annahme zurück, es könne etwa auch Ideen von Haar, Schlamm, Schmutz und dergleichen geben – obwohl er hinzufügt, er glaube zeitweilig, daß es von allem eine Idee gäbe. Er kommt von dieser Ansicht wieder ab, weil er fürchtet, damit in einen bodenlosen Abgrund von Unsinn zu geraten.

»Du bist eben noch jung, Sokrates«, habe da Parmenides gesprochen, »und die Philosophie hat dich noch nicht so ergriffen, wie sie dich, glaube ich, einst noch ergreifen wird, wenn du keines dieser Dinge mehr geringschätzest.«

Sokrates gibt zu, daß es auch nach seiner Ansicht bestimmte Ideen gäbe, an denen alle anderen Dinge teil hätten und von denen sie ihre Namen herleiteten; daß beispielsweise Dinge einander ähnlich würden, weil sie an der Ähnlichkeit, und groß würden, weil sie an der Größe teilhätten; gerechte und schöne Dinge würden gerecht und schön, weil sie Anteil hätten an der Gerechtigkeit und Schönheit.

Nun kommt Parmenides mit Schwierigkeiten. a) Hat das einzelne Anteil an der ganzen Idee oder nur an einem Teil? Gegen beide Ansichten läßt sich etwas einwenden. Nach der ersten ist ein Ding an vielen Orten zugleich; nach der letzten ist die Idee teilbar, und ein Ding, das nur einen Teil der Kleinheit umfaßt, wird demnach kleiner als die absolute Kleinheit sein, und das wäre unsinnig. b) Wenn ein Einzelding an einer Idee Anteil hat, dann sind beide einander gleich; daher wird es noch eine andere Idee geben müssen, die sowohl die Einzeldinge als die ursprüngliche Idee einschließt. Und wiederum eine andere, die die Einzeldinge und beide Ideen umfaßt, und so fort *ad infinitum*. So wird aus einer einzigen Idee eine unendliche Kette von Ideen. (Das gleiche finden wir bei Aristoteles' Argument für den »dritten Menschen«.) c) Sokrates meint, daß Ideen vielleicht nur Gedanken seien, doch setzt Parmenides auseinander, daß Gedanken sich *auf etwas beziehen* müssen. d) Aus dem unter b) angeführten Grund können Ideen den Einzeldingen, die daran teilhaben, nicht gleichen. e) Wenn es überhaupt Ideen gibt, müssen sie uns unbekannt sein, da wir kein absolutes Wissen haben. f) Wenn Gott das absolute Wissen besitzt, kennt er uns nicht und kann uns demnach auch nicht lenken.

Dennoch wird die Ideenlehre nicht völlig aufgegeben. Ohne Ideen, sagt Sokrates, gibt es keinen ruhenden Pol für den menschlichen Geist, so daß das vernünftige Denken aufgehoben wäre. Parmenides erklärt ihm, seine Bedenken seien die Folge mangelnden vorbereitenden Trainings; es kommt aber zu keinem bestimmten Ergebnis.

Ich glaube nicht, daß Platos logische Einwände gegen die Realität sinnlich wahrnehmbarer Einzeldinge einer Untersuchung standhalten können. Er sagt beispielsweise, daß alles Schöne in mancher Hinsicht auch häßlich, das Doppelte auch halb sei und so fort. Wenn wir jedoch von einem Kunstwerk sagen, es sei in mancher Hinsicht schön und in anderer häßlich, wird die Analyse uns stets (zumindest theoretisch) die

Erklärung ermöglichen, »dieser Teil oder Aspekt ist schön, während jener Teil oder Aspekt häßlich ist«. »Doppelt« und »halb« sind relative Begriffe; daß 2 das Doppel von 1 und die Hälfte von 4 ist, widerspricht sich nicht. Plato gerät ständig in Schwierigkeiten, weil er Wörter, die eine Beziehung ausdrücken, nicht begreift. Wenn A größer als B und kleiner als C ist, dann glaubt er, A sei zugleich groß und klein und sieht darin einen Widerspruch. Solche Schwierigkeiten gehören zu den Kinderkrankheiten der Philosophie.

Daß zwischen Wirklichkeit und Erscheinung unterschieden wird, kann nicht die Folgen haben, die ihm Parmenides, Plato und Hegel zuschreiben. Wenn die Erscheinung wirklich erscheint, kann sie nicht Nichts sein, und muß also ein Teil der Wirklichkeit sein; so streng logisch würde etwa Parmenides argumentieren. Wenn die Erscheinung nicht wirklich erscheint, warum sollten wir uns dann darüber noch den Kopf zerbrechen? Aber vielleicht wird jemand sagen, »die Erscheinung erscheint nicht wirklich, es hat nur den Anschein, daß sie erscheint«. Damit kommen wir auch nicht weiter, denn wir werden wiederum fragen: »Scheint sie wirklich zu erscheinen oder scheint sie nur scheinbar zu erscheinen?« Wenn auch die Erscheinung nur zu erscheinen scheint, müssen wir früher oder später doch zu etwas kommen, das wirklich erscheint und daher Teil der Wirklichkeit ist. Plato wäre es nicht im Traum eingefallen, zu bestreiten, daß es viele Betten zu geben scheint, obwohl es nur ein einziges wirkliches Bett, nämlich das von Gott erschaffene, gibt. Aber er scheint sich nicht die Folgen der Tatsache vergegenwärtigt zu haben, daß es viele Erscheinungsformen gibt und daß diese Vielheit Teil der Wirklichkeit ist. Jeder Versuch, die Welt in Teile zu zerlegen, deren einer »wirklicher« ist als die anderen, ist zum Scheitern verurteilt.

Damit hängt eine andere merkwürdige Ansicht Platos zusammen, daß nämlich Erkenntnis und Meinung sich auf verschiedene Gegenstände beziehen. *Wir* würden sagen: wenn ich glaube, daß es schneien wird, so ist das eine Meinung; wenn ich später feststelle, daß es schneit, so ist das eine Erkenntnis; doch ist der Gegenstand in beiden Fällen der gleiche. Plato glaubt jedoch, daß etwas, das einmal Gegenstand einer Meinung war, niemals Gegenstand der Erkenntnis sein kann. Die Erkenntnis ist sicher und unfehlbar; meinen ist nicht nur fehlbar, muß vielmehr zwangsläufig falsch sein, da es Wirklichkeit annimmt, wo es sich nur um Schein handelt. Alles das hatte schon Parmenides gesagt.

In einem Punkt scheint sich Platos Metaphysik von der des Parmenides zu unterscheiden. Parmenides kennt nur das Eine; für Plato gibt es viele Ideen. Da gibt es nicht nur die Schönheit, die Wahrheit und das Gute, sondern auch, wie wir gesehen haben, das himmlische, von Gott geschaffene Bett; es gibt einen himmlischen Menschen, einen himmlischen Hund, eine himmlische Katze und so fort durch die ganze Arche Noah. All dieses scheint jedoch im *Staat* nicht angemessen durchdacht.

Eine platonische Idee oder Form ist kein Gedanke, obwohl sie Gegenstand eines Gedankens sein kann. Es ist schwer verständlich, wie Gott sie geschaffen haben soll, da sie zeitlos ist; er konnte nicht beschlossen haben, ein Bett zu schaffen, ohne daß sein Denken bei diesem Beschluß eben dieses platonische Bett zum Gegenstand hatte, das er, wie wir hören, geschaffen hat. Was zeitlos ist, kann nicht erschaffen sein. Wir stoßen hier auf eine Schwierigkeit, die vielen philosophischen Theologen Kopfzerbrechen gemacht hat. Nur die Zufallswelt, die in Zeit und Raum gestellte Welt, kann erschaffen worden sein; dies jedoch ist die Alltagswelt, die als Täuschung und sogar als etwas Schlechtes verdammt wurde. Demnach scheint der Schöpfer also nur Täuschendes und Schlechtes geschaffen zu haben. Einige Gnostiker waren konsequent genug, sich zu dieser Auffassung zu bekennen; bei Plato jedoch tritt die Schwierigkeit noch nicht zutage; in seinem *Staat* scheint er sich ihrer nie bewußt geworden zu sein.

Der Philosoph, der Wächter werden soll, muß nach Plato in die Höhle zurückkehren und unter denen weiterleben, die niemals die Sonne der Wahrheit erblickt haben. Fast hat es den Anschein, als müsse Gott ebenso handeln, wenn er seine Schöpfung verbessern wollte; ein christlicher Platoniker könnte die Menschwerdung Christi in diesem Sinne auslegen. Völlig unerklärlich bleibt jedoch, warum Gott mit der Welt der Ideen nicht zufrieden war. Der Philosoph findet die Höhle als etwas bereits Geschaffenes vor und kehrt aus Güte freiwillig dahin zurück; doch sollte man meinen, wenn der Schöpfer alles zu schaffen verstand, hätte er eigentlich darauf verzichten können, die Höhle überhaupt erst zu erschaffen.

Vielleicht entsteht diese Schwierigkeit aber nur aus dem christlichen Schöpferbegriff und darf nicht Plato zur Last gelegt werden, der sagt, Gott habe nicht alles, sondern nur das Gute geschaffen. Die Vielfalt der sinnlich wahrnehmbaren Welt hätte nach dieser Auffassung einen anderen Ursprung als Gott; und die Ideen wären vielleicht nicht so sehr *Schöpfungen* als Wesensteile Gottes. Der scheinbare Pluralismus in der Vielfalt der Ideen wäre somit nicht das letzte. Letzten Endes gibt es nur Gott oder das Gute, dessen Attribute die Ideen sind. So könnte man Plato auslegen.

Plato entwirft dann einen interessanten Erziehungsplan für einen jungen Mann, der Wächter werden soll. Wir wissen, daß der Jüngling dank der intellektuellen und moralischen Eigenschaften, die er in sich verbindet, zu dieser Ehre ausersehen ist; er muß gerecht und vornehm sein, er muß gern lernen, er muß ein gutes Gedächtnis und ein harmonisches Gemüt besitzen. Der junge Mann, der um dieser Vorzüge willen ausgewählt wurde, muß die Zeit vom zwanzigsten bis dreißigsten Lebensjahr auf das Studium der vier pythagoreischen Lehrfächer verwenden: Arithmetik, Geometrie (Planimetrie und Stereometrie), Astronomie und Harmonie. Diese Studien werden nicht in praktisch nützlicher

Absicht betrieben, sollen vielmehr seinen Geist auf die Schau der ewigen Dinge vorbereiten. In der Astronomie beispielsweise soll er sich nicht zuviel mit den wirklichen Himmelskörpern beschäftigen, vielmehr mit der mathematischen Berechnung der Bewegung ideeller Himmelskörper. Das mag für moderne Ohren sonderbar klingen, erwies sich jedoch merkwürdigerweise in Verbindung mit der empirischen Astronomie als fruchtbarer Gesichtspunkt. Wie es dazu kam, ist interessant und der Beachtung wert.

Die Planetenbewegungen wirken, solange sie nicht sehr gründlich analysiert werden, unregelmäßig und kompliziert und scheinen keineswegs den Absichten eines pythagoreischen Schöpfers zu entsprechen. Jedem Griechen aber war es klar, daß der Himmel die Schönheit der Mathematik unter Beweis stellen sollte; das konnte jedoch nur der Fall sein, wenn die Planetenbewegungen kreisförmig waren. Plato, der auf das Gute den größten Wert legte, war ganz besonders überzeugt davon. So erhob sich das Problem: gibt es eine Hypothese, welche die scheinbare Regellosigkeit der Planetenbewegungen in Regelmäßigkeit, Schönheit und Einfachheit umwandelt? Wenn ja, wird die Idee des Guten diese unsere Behauptung rechtfertigen. Aristarch von Samos erfand eine solche Hypothese, daß nämlich alle Planeten einschließlich der Erde in Kreisen um die Sonne wandern. Diese Ansicht wurde vor zweitausend Jahren verworfen, zum Teil auf Grund der Autorität des Aristoteles, der eine ziemlich ähnliche Hypothese »den Pythagoreern« zuschreibt (*De Coelo*, 293a). Kopernikus griff sie erneut auf, und ihr Erfolg scheint Platos betont ästhetische Betrachtungsweise der Astronomie zu rechtfertigen. Unglücklicherweise entdeckte jedoch Kepler, daß die Planeten sich in Ellipsen und nicht in Kreisen bewegen, wobei die Sonne nicht im Zentrum, sondern in einem Brennpunkt steht; dann erkannte Newton, daß sie nicht einmal exakte Ellipsen beschreiben. Und so erwies sich die geometrische Einfachheit, die Plato suchte und Aristarch von Samos anscheinend gefunden hatte, schließlich als Illusion.

Dieses Stückchen Geschichte der Wissenschaft führt uns einen allgemeinen Grundsatz vor Augen: jede Hypothese, auch die abwegigste, kann der Wissenschaft nützlich sein, wenn sie es einem Entdecker ermöglicht, die Dinge auf neue Art zu sehen; wenn sie aber diesen Zweck glücklich erfüllt hat, kann sie weiterem Fortschritt leicht hinderlich werden. Der Glaube an das Gute war als Schlüssel zum wissenschaftlichen Verständnis der Welt für die Astronomie in einem bestimmten Stadium nützlich, in jedem weiteren jedoch nachteilig. Platos und noch mehr Aristoteles' ästhetische und ethische Voreingenommenheit trug viel dazu bei, der griechischen Wissenschaft jede weitere lebendige Entwicklungsmöglichkeit zu nehmen.

Bemerkenswert ist, daß moderne Platoniker mit wenigen Ausnahmen keine Ahnung von Mathematik haben, trotz der ungeheuren Bedeutung, die Plato der Arithmetik und Geometrie beimaß und trotz des gewaltigen Einflusses, den sie auf die Philosophie gehabt haben. Ein Beispiel für die Nachteile der Spezialisierung: es darf einer nur über Plato schreiben, wenn er sich in seiner Jugend so viel mit Griechisch beschäftigt hat, daß ihm keine Zeit für die Dinge blieb, die Plato für wichtig hielt.

16. KAPITEL

Platos Unsterblichkeitslehre

Der nach Phaidon benannte Dialog ist in verschiedener Hinsicht interessant. Er enthält eine Schilderung der letzten Lebensstunden des Sokrates, das Gespräch, das er führte, kurz bevor er den Schierlingsbecher leerte, und was er dann noch sprach, bis er das Bewußtsein verlor. Plato stellt hier seinen Idealmenschen dar: den Mann, der im höchsten Maße sowohl weise als auch gut und frei von jeglicher Todesfurcht ist. Dieser Sokrates, wie Plato ihn angesichts des Todes zeigt, war von hoher moralischer Bedeutung für die antike wie für die moderne Zeit. Was das Evangelium mit der Schilderung der Passion und Kreuzigung Christi für die Christen bedeutete, das war der *Phaidon* für die heidnischen oder freidenkerischen Philosophen.[1] Sokrates' unerschütterliche Ruhe während seiner letzten Stunden hängt aber eng mit seinem Unsterblichkeitsglauben zusammen; wichtig ist der *Phaidon* jedoch nicht nur durch diese Schilderung eines Märtyrertodes, sondern auch durch die darin dargelegten Doktrinen, die später wieder in den christlichen Lehren erscheinen. Die religiösen Anschauungen von Paulus und den Kirchenvätern gehen unmittelbar oder mittelbar zum großen Teil darauf zurück und sind nur recht zu verstehen, wenn man Plato kennt.

Ein früherer Dialog, der *Kriton*, berichtet von einem Plan verschiedener Freunde und Schüler des Sokrates, der ihm die Flucht nach Thessalien ermöglichen sollte. Wahrscheinlich wären die athenischen Behörden recht froh gewesen, wenn er entkommen wäre, und aus der Art des vorgeschlagenen Plans darf man schon schließen, daß die Flucht vermutlich gelungen wäre. Sokrates jedoch wollte nichts davon wissen. Er behauptete, im ordentlichen Verfahren verurteilt worden zu sein; es wäre demnach unrecht, etwas Ungesetzliches zu tun, um der Strafe zu entgehen. Er verkündete zum erstenmal den Grundsatz, den wir aus der Bergpredigt kennen, daß wir nämlich niemandem Böses mit Bösem vergelten sollen, was er uns auch angetan haben mag. Dann stellt er sich vor, die athenischen Gesetze führten ein Gespräch mit ihm; sie setzen ihm auseinander, daß er ihnen den gleichen Respekt schulde wie ein Sohn seinem Vater oder ein Sklave seinem Herrn, nur noch in höherem Maße; überdies stünde es ja jedem Bürger Athens frei auszuwandern,

---

1 Selbst für manche Christen steht sein Tod an erster Stelle nach dem Tod Christi. »Nichts in irgendeiner antiken oder modernen Tragödie, nichts in der Dichtung oder Geschichte (mit einer Ausnahme) kommt den letzten Stunden des Sokrates bei Plato gleich«, sagt Hochwürden Benjamin Jowett.

sofern ihm der athenische Staat mißfiele. Die Gesetze beschließen ihre lange Rede mit den Worten:

»Also, Sokrates, gehorche uns, deinen Erziehern, und achte weder die Kinder noch das Leben noch irgend etwas anderes höher als das Recht, damit, wenn du in die Unterwelt kommst, du dies alles zu deiner Verteidigung den dortigen Herrschern anführen kannst. Denn es zeigt sich ja weder hier für dich besser oder gerechter oder frömmer, dies wirklich auszuführen oder für irgendeinen der Deinigen, noch auch wird es, wenn du dort ankommst, besser für dich sein. Sondern, wenn du jetzt hingehst, so gehst du hin als einer, der Unrecht erlitten hat, nicht zwar von uns Gesetzen, sondern von Menschen. Entfliehst du aber, so schmählich Unrecht und Böses mit gleichem vergeltend, deine eigenen Versprechungen und Verträge mit uns verletzend und allen denen Übles zufügend, denen du es am wenigsten solltest, dir selbst nämlich, deinen Freunden, dem Vaterlande und uns – so werden nicht nur wir auf dich zürnen, solange du lebst, sondern auch unsere Brüder, die Gesetze der Unterwelt, werden dich nicht freundlich aufnehmen, wenn sie wissen, daß du auch uns zugrunde zu richten versucht hast, soviel an dir war.«

»Dies, lieber Freund Kriton, glaube ich zu hören, wie die, welche das Ohrenklingen haben, die Flöte zu hören glauben.« Und so beschließt er zu bleiben und die Todesstrafe über sich ergehen zu lassen.

Im *Phaidon* ist seine letzte Stunde gekommen; man hat ihm die Fesseln abgenommen und erlaubt, ungehindert mit seinen Freunden zu sprechen. Er schickt sein weinendes Weib fort, auf daß ihr Jammern nicht das Gespräch störe.

Zunächst stellt Sokrates fest, daß jeder vom philosophischen Geist erfüllte Mensch den Tod nicht fürchten, ihn vielmehr willkommen heißen wird; dennoch werde er sich nicht das Leben nehmen, weil das ein Verstoß gegen das Gesetz sei. Auf die Frage seiner Freunde, warum denn der Selbstmord ungesetzlich sei, gibt er eine Antwort, die zwar ganz der orphischen Lehre entspricht, aber auch fast von einem Christen stammen könnte. »Denn was darüber in den Geheimlehren gesagt wird, daß wir Menschen wie in einer Feste sind und man sich aus dieser nicht selbst losmachen und davongehen dürfe, das erscheint mir doch als eine gewichtige Rede und gar nicht leicht zu durchschauen.«[2] Er vergleicht das Verhältnis des Menschen zu Gott mit dem des Viehs zu seinem Eigentümer; man wäre wohl ärgerlich, sagt er, wenn sich ein Ochse die Freiheit nähme, sich selbst aus dem Wege zu räumen; »auf diese Weise wäre es also wohl nicht unvernünftig, daß man nicht eher sich selbst töten dürfe, bis der Gott irgendeine Notwendigkeit dazu verfügt hat, wie die jetzt uns gewordene«. Er grämt sich nicht über den Tod,

---

2 Die Plato-Zitate aus *Phaidon* in der Übersetzung von Friedrich Schleiermacher. (Anm. d. Übers.)

weil er überzeugt ist, »zuerst zu anderen Göttern zu kommen, die auch weise und gut sind, und dann auch zu verstorbenen Menschen, welche besser sind als die hiesigen, wenn ich auch das nicht so ganz sicher behaupten wollte – doch daß ich zu Göttern komme, die ganz treffliche Herren sind, wisset nur, wenn irgend etwas von dieser Art, will ich dieses gewiß behaupten. So daß ich eben deshalb nicht so unwillig bin, sondern der frohen Hoffnung, daß es etwas gibt für die Verstorbenen und, wie man ja schon immer gesagt hat, etwas weit Besseres für die Guten als für die Schlechten.«

Der Tod, sagt Sokrates, scheidet die Seele vom Körper. Hier kommen wir zum platonischen Dualismus von Wirklichkeit und Erscheinung, von Idee und Sinnesobjekt, von Vernunft und sinnlicher Wahrnehmung, von Seele und Leib. Etwas verbindet diese Paare: der erste Teil jedes Paars ist dem zweiten an Realität und Güte überlegen. Eine asketische Moral war die natürliche Folge dieses Dualismus. Das Christentum übernahm die Lehre teilweise, wenn auch niemals ganz, denn zweierlei stellte sich dem entgegen: erstens mochte die Erschaffung der sichtbaren Welt, wenn Plato recht hatte, als eine schlechte Tat erscheinen, und der Schöpfer konnte deshalb nicht gut sein; zweitens konnte sich das orthodoxe Christentum nie dazu entschließen, die Ehe abzulehnen, obgleich es das Zölibat für sittlich höherstehend hielt. In beidem waren die Manichäer konsequenter.

Zwischen Geist und Materie zu entscheiden, ist in der Philosophie, Wissenschaft und im populären Denken zu etwas Selbstverständlichem geworden, hat aber einen religiösen Ursprung und begann mit der Trennung von Seele und Leib. Wie wir gesehen haben, bezeichneten sich die Orphiker als Kinder der Erde und des Sternenhimmels; von der Erde stammt der Leib, vom Himmel die Seele. Eben dieser Theorie versucht Plato in philosophischer Sprache Ausdruck zu geben.

Sokrates geht im *Phaidon* sofort dazu über, die asketischen Folgerungen seiner Lehre zu entwickeln; seine Askese ist jedoch vornehm und gemäßigt. Er sagt nicht, der Philosoph solle sich aller üblichen Freuden enthalten, er solle nur nicht ihr Sklave sein. Der Philosoph solle sich nicht um Essen und Trinken kümmern, doch dürfe er natürlich soviel als nötig essen; von Fasten ist nicht die Rede. Und wir hören, daß Sokrates, obwohl ihm nicht besonders viel am Wein lag, gelegentlich mehr trinken konnte als alle anderen, ohne jemals berauscht zu werden. Er verurteilt nicht das Trinken, sondern den Genuß am Trinken. Desgleichen dürfe sich der Philosoph nichts aus den Freuden der Liebe, aus kostbarer Kleidung oder Schuhen oder anderem äußerem Schmuck machen. Er soll ausschließlich an die Seele denken und nicht an den Körper. Seine Beschäftigung »sollte nicht um den Leib sein, sondern soviel nur möglich von ihm abgekehrt und der Seele zugewendet«.

Diese Lehre bekam, als sie populär wurde, einen offensichtlich asketischen Zug, doch war sie, genau gesagt, ursprünglich nicht so gedacht.

Der Philosoph wird sich nicht gewaltsam aller Sinnenfreuden enthalten; er wird einfach andere Dinge im Kopf haben. Ich habe viele Philosophen gekannt, die zu essen und zu trinken vergaßen, und wenn sie schließlich aßen, dabei ein Buch lasen. Diese Menschen handelten ganz in Platos Sinn; sie brauchten keine moralische Anstrengung aufzuwenden, um sich vor Gefräßigkeit zu bewahren; sie interessierten sich eben mehr für andere Dinge. Offenbar sollen die Philosophen auch heiraten und Kinder zeugen und in der gleichen weltfernen Art aufziehen; seit der Frauenemanzipation ist das jedoch immer schwieriger geworden. Kein Wunder, daß Xantippe ein Zankteufel war.

Philosophen, fährt Sokrates fort, versuchen die Seele aus der Verbundenheit mit dem Körper zu lösen, während andere Leute glauben, das Leben sei nicht lebenswert, wenn der Mensch keinen Sinn für Vergnügungen und an körperlichen Freuden nicht seinen Teil habe. Mit diesem Satz scheint Plato – vielleicht versehentlich – die Ansicht einer bestimmten Klasse von Moralisten zu unterstützen, daß unter Freude überhaupt nur Sinnenfreude zu verstehen sei. Diese Moralisten behaupten, der Mensch, den es nicht nach Sinnenfreuden verlange, müsse auf Freude überhaupt verzichten und tugendhaft leben. Das ist ein Irrtum, der unsagbar viel Unheil angerichtet hat. Sofern man die Trennung von Geist und Körper anerkennt, sind die schlimmsten wie auch die besten Lustgefühle geistiger Art – beispielsweise Neid und viele Formen der Grausamkeit und Machtgier. Miltons Satan ist hoch erhaben über physische Quälerei; er widmet sich einem Vernichtungswerk, das ihm ein ganz und gar rein geistiges Vergnügen bereitet. Viele hervorragende Geistliche haben den Sinnenfreuden entsagt, waren aber nicht auf der Hut vor anderen Lustgefühlen und wurden dadurch zu Opfern einer Machtliebe, die sie zu entsetzlichen Grausamkeiten und Verfolgungen, angeblich um des Glaubens willen, trieb. In unseren Tagen hatten wir einen Menschen dieses Typs in Hitler; nach allem was man hört, bedeuteten ihm Sinnenfreuden sehr wenig. Frei zu werden von der Tyrannei des Körpers kann zu Größe führen, doch ebensogut zu sündhafter wie zu tugendhafter Größe.

Hier sind wir aber abgeschweift und müssen zu Sokrates zurückkehren.

Wir kommen nun zu der intellektuellen Auffassung der Religion, die Plato (mit Recht oder Unrecht) Sokrates zuschreibt. Wir wissen, daß uns der Körper auf dem Weg zur Erkenntnis hinderlich ist und daß Sehen und Hören als Zeugen unzuverlässig sind: das wahre Sein, wenn es sich überhaupt der Seele enthüllt, offenbart sich dem Denken, nicht den Sinnen. Wir wollen kurz untersuchen, was sich aus dieser Auffassung folgern läßt. Sie bedingt die völlige Ablehnung des empirischen Wissens, einschließlich der gesamten Geschichte und Geographie. Wir können nicht wissen, daß es einen Ort wie Athen und einen Mann wie Sokrates gegeben hat; sein Tod und sein Todesmut gehören der Welt der Erscheinungen an. Nur durch Sehen und Hören wissen wir etwas von alledem, und der echte Philosoph nimmt von Gesehenem und Gehörtem keine Notiz. Was bleibt dann noch für ihn übrig? Zunächst die Logik und die Mathematik; beide sind jedoch hypothetisch und rechtfertigen keine kategorische Behauptung über die wirkliche Welt. Der nächste Schritt – und zwar der entscheidende – ist durch die Idee des Guten bedingt. Ist der Philosoph bei dieser Idee angekommen, so nimmt man an, er wisse auch, daß das Gute das Wirkliche sei und daß er daraus folgern könne, das Reich der Ideen sei die wirkliche Welt. Spätere Philosophen konnten Beweisgründe für die Identität des Guten und des Wirklichen vorbringen, Plato jedoch scheint diese Identität für selbstverständlich gehalten zu haben. Um ihn verstehen zu können, müssen wir hypothetisch diese Annahme als richtig gelten lassen.

Man denkt am besten, sagt Sokrates, wenn der Geist in sich gekehrt und nicht durch Gehörtes oder Gesehenes, durch Schmerz oder Freude abgelenkt ist, sondern sich vom Körper frei macht und nach dem wahren Sein strebt; »dabei verachtet die Seele des Philosophen den Leib«. Von hier aus kommt Sokrates zu den Ideen oder Formen oder Wesen. Es gibt die absolute Gerechtigkeit, die absolute Schönheit und das absolute Gute, doch sind sie dem Auge nicht sichtbar. »Ich meine aber alles dieses, Größe, Gesundheit, Stärke und mit einem Worte von allem insgesamt das Wesen, was jegliches wirklich ist.«

All das läßt sich aber nur in geistiger Schau erblicken. Solange wir daher in einem Körper leben und die körperlichen Übel auf die Seele übergreifen, wird unsere Sehnsucht nach Wahrheit nicht gestillt werden.

Diese Ansicht schaltet die wissenschaftliche Beobachtung und das Experiment als Erkenntnisquellen aus. Der Geist des Experimentators ist nicht »in sich gekehrt« und gar nicht bemüht, Sehen und Hören zu vermeiden. Nach der von Plato empfohlenen Methode lassen sich nur zwei Arten von geistiger Tätigkeit betreiben, die Mathematik und die mystische Schau. Daraus erklärt sich ihre enge Verbundenheit bei Plato und den Pythagoreern.

Nach Ansicht des Empirikers stellt unser Körper die Verbindung mit der Welt der äußeren Realität her; für Plato aber ist er in doppelter Beziehung schlecht, als verzerrendes Medium, das unseren Blick wie dunkles Glas trübt, und als Quelle von Lustgefühlen, die uns von dem Streben nach Erkenntnis und von der Schau der Wahrheit ablenken. Aus einigen Zitaten wird das deutlich werden.

»Denn der Leib macht uns tausenderlei zu schaffen wegen der notwendigen Nahrung; dann auch, wenn uns Krankheiten zustoßen, verhindern uns diese, das Wahre zu erjagen, und auch mit Gelüsten und Begierden, Furcht und mancherlei Schattenbildern und vielen Kindereien erfüllt er uns; so daß recht in Wahrheit, wie man auch zu sagen pflegt, wir um seinetwillen nicht einmal dazu kommen, auch nur irgend etwas richtig einzusehen. Denn außer Kriegen und Unruhen und Schlachten erregt uns nichts anderes als der Leib und seine Begierden: denn über den Besitz von Geld und Gut entstehen alle Kriege, und dieses müssen wir haben des Leibes wegen, weil wir seiner Pflege dienstbar sind, und daher fehlt es uns an Muße, der Weisheit nachzutrachten um aller dieser Dinge willen wegen alles dessen. Und endlich noch, wenn er uns auch einmal Muße läßt und wir uns anschicken, etwas zu untersuchen, so fällt er uns wieder bei den Untersuchungen selbst beschwerlich, macht uns Unruhe und Störung und verwirrt uns, daß wir seinetwegen nicht das Wahre sehen können. Sondern es ist uns wirklich ganz klar, daß, wenn wir je etwas rein erkennen wollen, wir uns von ihm losmachen und mit der Seele die Dinge selbst schauen müssen. Und dann erst werden wir offenbar haben, was wir begehren und wessen Liebhaber wir zu sein behaupten, die Weisheit, wenn wir tot sein werden, wie die Rede uns andeutet, solange wir leben aber nicht. Denn wenn es nicht möglich ist, mit dem Leibe irgend etwas rein zu erkennen, so können wir nur eines von beidem: entweder niemals zum Verständnis gelangen oder erst nach dem Tode.

Und so rein der Torheit des Leibes entledigt, werden wir wahrscheinlich mit eben solchen zusammen sein und durch uns selbst alles Ungetrübte erkennen, und dies ist eben wohl das Wahre. Dem Nichtreinen aber mag Reines zu berühren wohl nicht vergönnt sein... Und wird nicht das eben die Reinigung sein, daß man die Seele möglichst vom Leibe absondere? Heißt aber dies nicht Tod: Erlösung und Absonderung der Seele von dem Leibe? ... Und sie zu lösen streben immer am meisten nur allein die wahrhaft Philosophierenden.

Die einzige rechte Münze, gegen die man alles vertauschen muß, ist die Vernünftigkeit.

Und so mögen diejenigen, welche uns die Weihen angeordnet haben, gar nicht schlechte Leute sein, sondern schon seit langer Zeit uns andeuten, wenn einer ungeweiht und ungeheiligt in der Unterwelt anlangt, daß der in den Schlamm zu liegen kommt, der Gereinigte aber und Geweihte, wenn er dort angelangt ist, bei den Göttern wohnt. Denn, sagen die, welche mit den Weihen zu tun haben, Thyrsosträger sind viele, doch echte Begeisterte wenig. Diese aber sind, nach meiner Meinung, keine anderen, als die sich auf rechte Weise der Weisheit beflissen haben.«

Diese Sprache ist durchaus mystisch und geht auf die Mysterien zurück. »Reinigung« ist ein orphischer Begriff mit ursprünglich ritueller Bedeutung; Plato versteht darunter Befreiung von der Sklaverei des Körpers und seiner Bedürfnisse. Interessant ist, daß er sagt, Kriege seien nur durch die Liebe zum Gelde verursacht und daß Geld allein für den Dienst am Körper benötigt werde. Die erste Hälfte dieser Ansicht deckt sich mit der von Marx, die zweite jedoch gehört in ein ganz anderes Anschauungsgebiet. Plato glaubt, ein Mensch könne mit sehr wenig

Geld leben, wenn er seine Bedürfnisse auf ein Mindestmaß heruntersetzt, was zweifellos richtig ist. Er meint aber auch, daß ein Philosoph nicht von seiner Hände Arbeit zu leben brauche; er ist also darauf angewiesen, von dem zu leben, was andere erarbeitet haben. In einem sehr armen Staat dürfte es demnach wahrscheinlich keine Philosophen geben. Nur der Imperialismus Athens zur Zeit des Perikles ermöglichte es den Athenern, sich der Philosophie zu widmen. Im allgemeinen sind geistige Güter ebenso kostspielig wie materielle Annehmlichkeiten und von wirtschaftlichen Bedingungen ebenso abhängig. Die Wissenschaft braucht Bibliotheken, Laboratorien, Teleskope, Mikroskope und so fort, und die Wissenschaftler müssen von der Arbeit anderer leben. Der Mystiker jedoch hält all das für Torheit. Der indische oder tibetanische Heilige braucht keine Apparate; er trägt nur einen Lendenschurz, nährt sich ausschließlich von Reis, und die Mildtätigkeit, von der er lebt, fällt recht mager aus, da man ihn ja für weise hält. Dahin hat sich die platonische Auffassung logisch fortentwickelt.

Um zum *Phaidon* zurückzukehren: Kebes äußert Zweifel am Fortleben der Seele nach dem Tode und verlangt dringend von Sokrates Beweise dafür. Sokrates bemüht sich auch darum, doch kann man seine Argumente nur als recht dürftig bezeichnen.

Den ersten Beweis sieht er darin, daß alle Dinge, die ein Gegenteil haben, aus diesem Gegenteil entstehen – eine Behauptung, die uns an Anaximanders Auffassung von der kosmischen Gerechtigkeit erinnert. Nun sind Leben und Tod Gegensätze und müssen sich demnach gegenseitig erzeugen. Daraus folgt, daß die Seelen der Toten irgendwo existieren und in angemessener Zeit zur Erde zurückkehren. Der Ausspruch von Paulus »Das Gesäte wird nicht lebendig, es sterbe denn« scheint auf einer ähnlichen Theorie zu beruhen.

Der zweite Beweis besteht darin, daß Wissen nur ein Sich-Erinnern ist und daß die Seele daher vor der Geburt existiert haben müsse. Die Theorie vom Wissen als Erinnerung stützt sich hauptsächlich auf die Tatsache, daß wir Ideen oder Vorstellungen haben etwa von exakter Gleichheit, die nicht aus Erfahrung abgeleitet sein können. Erfahrung haben wir von annähernder Gleichheit, absolute Gleichheit jedoch ist nie bei sinnlich wahrnehmbaren Objekten zu finden, und dennoch wissen wir, was wir mit »absoluter Gleichheit« meinen. Da wir dies nicht aus Erfahrung lernen können, müssen wir dieses Wissen aus einer früheren Existenz mitgebracht haben. Das gleiche gilt, wie er sagt, für alle anderen Ideen. So beweist die Existenz der Wesen und unsere Fähigkeit, sie zu begreifen, die Präexistenz der wissenden Seele.

Die Behauptung, alle Erkenntnis sei Erinnern, ist im *Menon* (82 ff.) noch ausführlicher entwickelt. Hier sagt Sokrates: »Das Untersuchen und Lernen ist durchaus nichts als Wiedererinnerung.«[3] Er behauptet, das beweisen zu können, wenn Menon einen Sklavenjungen hereinrufen wolle; Sokrates befragt diesen Knaben alsdann über geometrische

Probleme. Angeblich geht aus den Antworten hervor, daß der Knabe tatsächlich geometrische Kenntnisse besitzt, obwohl er bisher von diesen seinen Kenntnissen nichts gewußt hat. Im *Menon* wird der gleiche Schluß gezogen wie im *Phaidon*, daß nämlich die Seele das Wissen aus einer früheren Existenz mitbringe.

Hierbei wird man vor allem bemerken, daß der Beweis auf empirisches Wissen überhaupt nicht anwendbar ist. Nur wenn der Sklavenjunge zufällig dabeigewesen wäre, als die Pyramiden erbaut wurden oder als Troja belagert war, hätte man ihn dazu bewegen können, sich an diese Ereignisse zu erinnern. Allein die sogenannte Erkenntnis a priori – vor allem Logik und Mathematik – könnte möglicherweise als jedem Menschen von der Erfahrung unabhängig innewohnend angenommen werden. Tatsächlich ist das auch die einzige Erkenntnis, die Plato (abgesehen von der mystischen Schau) als echte Erkenntnis gelten läßt. Wir wollen sehen, wie sich das Argument von der Mathematik her widerlegen läßt.

Nehmen wir den Begriff der Gleichheit. Wir müssen zugeben, daß wir bei sinnlich wahrnehmbaren Dingen keine Erfahrung von exakter Gleichheit haben; wir sehen stets nur annähernde Gleichheit. Wie kommen wir dann aber zu der Idee der absoluten Gleichheit? Oder haben wir vielleicht gar keine solche Idee?

Stellen wir uns einen konkreten Fall vor. Ein Meter wird definiert als die Länge eines bestimmten, in Paris befindlichen Stabes bei einer bestimmten Temperatur. Was könnten wir wohl meinen, wenn wir sagen, irgendein anderer Stab sei genau ein Meter? Ich glaube, wir meinen gar nichts damit. Wir könnten nur sagen: selbst das genaueste, der Wissenschaft bis heute bekannte Meßverfahren vermag nicht zu beweisen, daß unser Stab länger oder kürzer ist als das Normalmeter in Paris. Wir könnten sogar, wenn wir recht voreilig sind, noch prophezeien, daß auch keine späteren Verbesserungen der Meßtechnik etwas an diesem Resultat ändern werden. Doch ist das nur eine empirische Behauptung in dem Sinne, daß empirische Evidenz sie jeden Augenblick widerlegen kann. Ich glaube nicht, daß wir eine Idee der *absoluten* Gleichheit haben, wie Plato annimmt.

Aber selbst wenn es sich doch so verhalten sollte, ist es klar, daß ein Kind die Vorstellung erst in einem bestimmten Alter haben kann und daß die Idee, wenn auch nicht von der Erfahrung direkt abgeleitet, so doch von ihr ans Licht gerufen wird. Außerdem wäre unsere vorgeburtliche Existenz, im Gegensatz zu unserem jetzigen Leben, nur fähig gewesen, uns Ideen zu vermitteln, wenn es keine sinnliche Wahrnehmung darin gegeben hätte; und wenn man unsere frühere Existenz als teilweise übersinnlich annimmt, warum das nicht auch für unsere jetzige voraussetzen? Aus all diesen Gründen versagt der Beweis.

---

3 Die Plato-Zitate aus *Menon* sind übersetzt von L. Georgii.

Nachdem die Theorie von der Erinnerung als aufgestellt gilt, sagt Kebes: »Es scheint gleichsam die eine Hälfte von dem bewiesen zu sein, was wir brauchen, daß nämlich, ehe wir geboren wurden, unsere Seele war; aber man muß noch dazu beweisen, daß auch, wenn wir tot sind, sie um nichts weniger sein wird als vor unserer Geburt, wenn der Beweis seine Vollendung bekommen soll.« Sokrates versucht auch das zu beweisen. Er sagt, das Fortleben der Seele ergebe sich aus dem, was bereits über die Entstehung aller Dinge aus ihrem Gegenteil gesagt worden sei, wonach also der Tod das Leben und das Leben den Tod zeugen müsse. Er fügt aber noch ein weiteres Argument hinzu, das eine längere Geschichte in der Philosophie gehabt hat: daß nämlich nur das Zusammengesetzte aufgelöst werden könne und daß die Seele wie auch die Ideen einfach und nicht aus Teilen zusammengesetzt sei. Was einfach ist, glaubt man, könne weder beginnen noch enden noch sich wandeln. Nun sind die Ideen unveränderlich: die absolute Schönheit beispielsweise bleibt sich immer gleich, obwohl schöne Dinge sich beständig verändern. Daher sind sichtbare Dinge zeitlich, unsichtbare aber ewig. Der Körper ist sichtbar, die Seele jedoch unsichtbar; deshalb muß die Seele zu den ewigen Dingen gezählt werden.

Die Seele, da ewig, ist in der Kontemplation ewiger Dinge, das heißt der Ideen, zu Hause; sie ist jedoch verloren und verwirrt, wenn sie, wie bei sinnlicher Wahrnehmung, die Welt der sich wandelnden Dinge betrachtet.

»Das haben wir schon lange gesagt, daß die Seele, wenn sie sich des Leibes bedient, um etwas zu betrachten, es sei durch das Gesicht oder das Gehör oder irgendeinen anderen Sinn – denn das heißt vermittelst des Leibes, wenn man vermittelst eines Sinnes etwas betrachtet –, dann von dem Leibe gezogen wird zu dem, was sich niemals auf gleiche Weise verhält, und daß sie dann selbst schwankt und irrt und wie trunken taumelt, weil sie ja eben solches berührt... Wenn sie aber durch sich selbst betrachtet, dann geht sie zu dem reinen, immer seienden Unsterblichen und sich stets Gleichen, und als diesem verwandt hält sie sich stets zu ihm, wenn sie für sich selbst ist und es ihr vergönnt wird, und dann hat sie Ruhe von ihrem Irren und ist auch in Beziehung auf jenes immer sich selbst gleich, weil sie eben solches berührt, und diesen ihren Zustand nennt man eben die Vernünftigkeit.«

Die Seele des echten Philosophen, die sich schon zu seinen Lebzeiten von der Versklavung im Fleisch befreit hat, wird nach dem Tode in eine unsichtbare Welt aufbrechen, um in Seligkeit mit den Göttern zu leben. Die unreine Seele aber, die den Körper geliebt hat, wird als Geist um die Grabstätte spuken oder entsprechend ihrem Charakter in den Körper eines Tieres eingehen, etwa eines Esels oder Wolfs oder Habichts. Ein Mensch, der tugendhaft gelebt hat, ohne dabei Philosoph zu sein, wird eine Biene oder Wespe oder Ameise oder irgendein anderes Tier mit Herden- oder Gesellschaftstrieb werden.

Nur der echte Philosoph kommt, wenn er stirbt, in den Himmel. »In der Götter Geschlecht ist wohl keinem, der nicht philosophiert hat und vollkommen rein abgeschieden ist, vergönnt zu gelangen, sondern nur dem Lernbegierigen.« Daher enthalten sich alle, die sich aufrichtig der Philosophie verschworen haben, der Fleischeslust, nicht aus Furcht vor Armut oder Schande; »es erkennen nämlich die Lernbegierigen, daß die Philosophie, indem sie ihre Seele findet, ordentlich gebunden im Leibe und ihm anklebend, und gezwungen, wie durch ein Gitter durch ihn das Sein zu betrachten, nicht aber für sich allein, und daher in aller Torheit sich umherwälzend, und indem sie die Gewalt dieses Kerkers erkennt, wie er ordentlich eine Lust ist, so daß der Gebundene selbst am meisten immer mit angreift, um gebunden zu werden.« Der Philosoph wird mäßig sein, »weil jegliche Lust und Unlust gleichsam einen Nagel hat und die Seele an den Leib annagelt und anheftet und sie leibartig macht, wenn sie doch glaubt, daß das wahr sei, was auch der Leib dafür aussagt«.

An dieser Stelle kommt Simmias mit der pythagoreischen Ansicht, daß die Seele eine Harmonie sei, und fragt dringlich: kann die Harmonie fortbestehen, auch wenn die Leier zerbrochen ist? Sokrates erwidert, die Seele sei keine Harmonie, denn eine Harmonie sei etwas Zusammengesetztes, die Seele aber sei einfach. Überdies, sagt er, sei die Auffassung von der Seele als einer Harmonie unvereinbar mit ihrer Präexistenz, die durch die Theorie von der Erinnerung bewiesen wurde, denn die Harmonie existiere nicht vor der Leier.

Nun gibt Sokrates eine Darstellung seiner eigenen philosophischen Entwicklung, die sehr interessant ist, aber nicht zum eigentlichen Thema gehört. Dann fährt er fort, die Ideenlehre zu erklären und kommt zu dem Schluß, daß Ideen existieren und daß andere Dinge an ihnen teilhaben und ihren Namen von ihnen herleiten. Schließlich schildert er das Schicksal der Seelen nach dem Tode: die gute Seele kommt in den Himmel, die schlechte in die Hölle, die mittelmäßige ins Fegefeuer.

Sein Ende und seine Abschiedsworte werden wiedergegeben. Als Letztes sagte er: »O Kriton, wir sind dem Asklepios einen Hahn schuldig: entrichtet ihm den und versäumt es ja nicht!« Man pflegte Asklepios einen Hahn zu opfern, wenn man von einer Krankheit genesen war, und Sokrates fühlte sich vom Krampffieber des Lebens erlöst.

Phaidon schließt: »Unserem Urteil nach war er von den damals Lebenden der Trefflichste und auch sonst der Vernünftigste und Gerechteste.«

Viele spätere Epochen hindurch war der platonische Sokrates das Vorbild der Philosophen. Was haben wir ethisch von ihm zu halten? (Ich meine hier nur den von Plato geschilderten Sokrates.) Was ihn auszeichnet, ist einleuchtend. Er ist gleichgültig weltlichen Erfolgen gegenüber und so furchtlos, daß er bis zum letzten Augenblick ruhig, höflich und humorvoll bleibt; er legt einzig und allein auf das Wert, was er für die Wahrheit hält. Dennoch ist er von gewissen schweren Unzulänglichkeiten nicht frei. In der Beweisführung ist er unaufrichtig und sophistisch, und in seinem persönlichen Denken setzt er seinen Intellekt ein, um zu den ihm angenehmen Schlußfolgerungen zu kommen, nicht im Interesse des uneigennützigen Strebens nach Erkenntnis. Er hat etwas Selbstzufriedenes und Salbungsvolles an sich, das an einen minderwertigen Typ von Geistlichen erinnert. Sein Todesmut wäre noch eindrucksvoller, wenn er nicht geglaubt hätte, daß ihn die ewige Seligkeit in Gesellschaft der Götter erwarte. Im Gegensatz zu manchen seiner Vorgänger dachte er nicht wissenschaftlich, wollte vielmehr unbedingt beweisen, daß das Universum den von ihm aufgestellten ethischen Normen entspräche. Das ist Verrat an der Wahrheit, die ärgste aller philosophischen Sünden. Wir glauben gern, daß er als Mensch in die Gemeinschaft der Heiligen aufgenommen wurde; als Philosoph jedoch täte ihm ein langer Aufenthalt in einem wissenschaftlichen Fegefeuer not.

17. KAPITEL

Platos Kosmogonie

Plato hat seine Lehre von der Weltentstehung im *Timaios*[1] dargelegt, der von Cicero ins Lateinische übersetzt und überdies der einzige Dialog war, den das Abendland im Mittelalter kannte. Damals wie auch schon früher, im Neuplatonismus, war er einflußreicher als alles andere von Plato; das ist um so merkwürdiger, als darin bestimmt mehr schlechthin Törichtes steht als in Platos sonstigen Schriften. Philosophisch ist er unbedeutend, hatte aber historisch so starken Einfluß, daß er etwas eingehender behandelt werden muß.

An die Stelle, die in den früheren Dialogen Sokrates einnimmt, tritt im *Timaios* ein Pythagoreer; die Lehren der pythagoreischen Schule werden im großen und ganzen anerkannt, darunter auch (bis zu einem gewissen Grade) die Anschauung, daß die Lösung des Welträtsels in der Zahl zu finden sei. Zunächst wird eine summarische Übersicht über die fünf ersten Bücher des *Staates* gegeben; daran schließt sich der Mythos von Atlantis, das eine Insel auf der Höhe der Säulen des Herkules und größer als Libyen und Kleinasien zusammen gewesen sein soll. Darauf beginnt Timaios, ein pythagoreischer Astronom, die Geschichte der Welt bis zur Erschaffung des Menschen zu erzählen. In großen Zügen sagt er folgendes:

Das Unwandelbare wird von Verstand und Vernunft erkannt, das Wandelbare ist Objekt des Meinens. Die Welt, als Welt der Sinne, kann nicht ewig, muß daher von Gott erschaffen sein. Wenn Gott gut ist, hat er die Welt nach dem Vorbild des Ewigen geschaffen; da er keinen Neid kennt, wünschte er, daß alles ihm möglichst ähnlich sei.»Da nämlich Gott wollte, daß, soweit es möglich, alles gut und nichts schlecht sei, da er aber alles, was sichtbar war, nicht in Ruhe, sondern in regelloser und ungeordneter Bewegung vorfand, so führte er es denn aus der Unordnung in die Ordnung hinüber.«[2] (Demnach scheint Platos Gott, im Gegensatz zu dem jüdischen und christlichen Gott, die Welt nicht aus dem Nichts geschaffen, sondern bereits vorhandenen Stoff neu geordnet zu haben.) Er verlieh dem Leib die Seele und der Seele Verstand. Aus dem Weltganzen machte er ein lebendes Wesen mit Seele und Verstand. Es gibt nur *eine* Welt, nicht viele Welten, wie verschiedene Vorsokratiker gelehrt hatten; es kann nur eine Welt geben, denn

---

1 Dieser Dialog enthält vieles Dunkle und hat den Kommentatoren Anlaß zu Kontroversen gegeben. Im großen und ganzen stimme ich mit Cornfords wunderbarem Buch *Plato's Cosmology* überein.
2 Die Plato-Zitate aus *Timaios* entsprechen der Übersetzung von Franz Susemihl.

sie ist als Abbild des von Gott erkannten ewigen Urbilds erschaffen und soll ihm so nahe wie möglich kommen. Die Welt ist in ihrer Gesamtheit *ein* sichtbares Wesen, das in sich alle anderen Lebewesen begreift. Sie ist eine Kugel, denn *gleich* ist besser als *ungleich*, und nur eine Kugel ist überall gleich. Sie dreht sich, weil die Kreisbewegung die vollkommenste Bewegung ist; und da es ihre einzige ist, braucht sie weder Hände noch Füße dazu.

Die vier Elemente, Feuer, Luft, Wasser und Erde, werden offenbar durch je eine Zahl vertreten und stehen zueinander in stetigem Verhältnis, das heißt, das Feuer verhält sich zur Luft wie die Luft zum Wasser und das Wasser zur Erde. Gott verwendete alle diese Elemente, als er die Welt schuf; darum ist sie vollkommen und keinem Alters- oder Krankheitsprozeß ausgesetzt. Sie ist harmonisch durch die Proportion, die ihr auch den Geist der Freundschaft verleiht; daher ist sie auch unauflöslich und auflösbar nur durch Gott allein.

Gott schuf zuerst die Seele, dann den Leib. Die Seele setzt sich aus dem Unteilbar-Unwandelbaren und dem Teilbar-Wandelbaren zusammen; sie ist eine dritte, dazwischenliegende Wesenheit.

Dann folgt eine pythagoreische Aufzählung der Planeten, an die sich eine Erklärung des Ursprungs der Zeit schließt.

»Als nun aber der Vater, welcher das All erzeugt hatte, es ansah, wie es bewegt und belebt und ein Bild der ewigen Götter geworden war, da empfand er Wohlgefallen daran, und in dieser seiner Freude beschloß er denn, es noch mehr seinem Urbilde ähnlich zu machen. Gleichwie nun dieses selber ein unvergängliches Lebendiges ist, ebenso unternahm er es daher, auch dieses All nach Möglichkeit zu einem eben solchen zu machen. Nun war aber die Natur des höchsten Lebendigen eine ewige, und diese auf das Entstandene vollständig zu übertragen, war eben nicht möglich; aber ein bewegtes Bild der Ewigkeit beschließt er zu machen und bildet, um zugleich dadurch dem Weltgebäude seine innere Einrichtung zu geben, von der in der Einheit beharrenden Ewigkeit ein nach der Vielheit der Zahl sich fortbewegendes dauerndes Abbild, nämlich eben das, was wir *Zeit* genannt haben.«[3]

Zuvor gab es weder Tage noch Nächte. Vom ewigen Wesen dürfen wir nicht sagen, es *war* oder *wird sein*, sondern nur: es *ist*. Daraus folgt, daß man von dem »beweglichen Bild der Ewigkeit« mit Recht sagt, es war und es wird sein.

Die Zeit und der Himmel sind gleichzeitig entstanden. Gott schuf die Sonne so, daß die Lebewesen rechnen lernen konnten – denn ohne die Aufeinanderfolge von Tagen und Nächten wären wir vermutlich nicht auf die Zahlen gekommen. Man sah den Tag und die Nacht, die Monate und Jahre vorüberziehen, schuf daraus die Zahl und lernte den Begriff

---

3 Diese Stelle muß Vaughan gelesen haben, als er das Gedicht mit der Anfangszeile schrieb: »Zur andern Nacht sah ich die Ewigkeit.«

der Zeit kennen; so konnte die Philosophie entstehen. Das ist das Wertvollste, was wir dem Sehen verdanken.

Es gibt (außer dem Weltganzen) vier Arten von Lebewesen: Götter, Vögel, Fische und Landtiere. Die Götter sind hauptsächlich Feuer; die Fixsterne sind göttliche, ewige Lebewesen. Der Schöpfer sagte den Göttern, daß er sie vernichten *könne*, es aber nicht tun wolle. Er überließ es ihnen, den sterblichen Teil aller anderen Lebewesen zu schaffen, nachdem er den unsterblichen und göttlichen Teil erschaffen hatte. (Diese Stelle bei Plato braucht, wie manche andere Stelle über die Götter auch, nicht sehr ernst genommen zu werden. Eingangs sagt Timaios, er suche nur nach Wahrscheinlichkeiten, Sicherheit gäbe es nicht für ihn. Viele Einzelheiten sind offenbar nur bildlich und nicht wörtlich zu verstehen.)

Wie Timaios sagt, schuf der Schöpfer für jeden Stern eine Seele. Seelen haben Gefühle, Liebe, Furcht und Zorn; nur wenn sie sich davon nicht beherrschen lassen, führen sie das rechte Leben, sonst nicht. Führt ein Mensch ein gutes Leben, so geht er nach seinem Tod zur ewigen Seligkeit auf seinen Stern ein. Andernfalls wird er im nächsten Leben eine Frau; wenn er (oder sie) weiter Böses tut, wird er (oder sie) ein unvernünftiges Vieh und so fort in der Seelenwanderung, bis endlich die Vernunft siegt. Gott hat einige Seelen auf die Erde versetzt, einige auf den Mond und wieder andere auf einzelne Planeten und Sterne; ihren Leib zu bilden überließ er den Göttern.

Es gibt zwei Arten von Ursachen, geistige und solche, die, von anderen bewegt, ihrerseits gezwungen sind, wieder andere zu bewegen. Die ersten, geistbegabten, gestalten die Dinge schön und gut, während die zweiten nur regel- und planlose Zufallswirkungen erzeugen. Beide Arten müssen erforscht werden, denn die Schöpfung ist etwas Gemischtes, aus Notwendigkeit und Geist Entstandenes. (Wobei zu beachten ist, daß die Notwendigkeit nicht Gottes Macht unterworfen ist.) Dann beschäftigt sich Timaios mit dem Anteil der Notwendigkeit.[4]

Erde, Luft, Feuer und Wasser sind nicht die ersten Urkräfte oder Buchstaben oder Elemente; sie sind nicht einmal Silben oder erste Komposita. Vom Feuer sollte man beispielsweise nicht sagen: *das*, sondern ein *derartiges*, das heißt, es ist keine Substanz, eher der Zustand einer Substanz. Hier erhebt sich die Frage: sind intelligible Wesen nur Namen? Wie wir erfahren, geht es bei der Antwort darum, ob vernünftiges Wollen das gleiche ist wie richtiges Meinen. Wenn nicht, dann ist die Erkenntnis eine Erkenntnis des Wesens, so daß diese Wesen also nicht nur Namen sein können. Nun besteht aber gewiß ein Unterschied

---

4 Cornford (*Plato's Cosmology*) weist darauf hin, daß »Notwendigkeit« nicht zu verwechseln sei mit dem modernen Begriff einer deterministisch waltenden Gesetzlichkeit. Dinge, die aus »Notwendigkeit« geschehen, entstehen nicht absichtsvoll: sie sind chaotisch und keinen Gesetzen unterworfen.

zwischen vernünftigem Wollen und richtigem Meinen, denn das eine gewinnt der Mensch durch Belehrung, zum anderen aber wird er überredet; jenes stützt sich auf die echte Vernunft, dieses aber nicht; richtiges Meinen ist allen Menschen möglich, Vernunft jedoch ist eine Eigenschaft der Götter und nur sehr weniger Menschen.

Das führt zu einer recht merkwürdigen Theorie des Raumes, der als etwas zwischen der Ideenwelt und der Welt der vergänglichen, sinnlichen Dinge Befindliches angenommen wird.

»Das *eine* ist die stets auf dieselbe Weise sich verhaltende Art, unerzeugt und unvergänglich, weder in sich ein anderes von anderswoher aufnehmend, noch selber in irgendein anderes eingehend, unsichtbar und auch sonst mittels der Sinne nicht wahrnehmbar, die, deren Betrachtung dem vernünftigen Denken zuteil geworden ist; die *zweite* aber, jener gleichnamig und ähnlich, sinnlich wahrnehmbar, erzeugt, in steter Bewegung, entstehend an einem Orte und wieder von da verschwindend, der Vorstellung mit Hilfe der Sinnenwahrnehmung erfaßbar; ein *drittes* aber wiederum immer die Gattung des Raumes, dem Untergange nicht unterworfen, welche allem, was ein Werden hat, eine Stätte gewährt, selbst aber, den Sinnen unzugänglich, auch vom Geiste nur sozusagen durch einen Bastardschluß erfaßt und kaum zuverlässig bestimmt wird, die, welche wir auch im Auge haben, wenn wir träumen, es müsse doch notwendig das, was ist, an einem Orte sein und einen Raum einnehmen, was aber weder auf der Erde noch sonst im Weltall sich befindet, sei überhaupt nicht vorhanden.«

Diese sehr schwierige Stelle vollkommen verstanden zu haben, wage ich nicht zu behaupten. Die hier ausgesprochene Ansicht muß meines Erachtens aus Reflexionen über die Geometrie entstanden sein; sie schien wie die Arithmetik Objekt der reinen Vernunft, hatte aber andererseits auch mit dem Raum zu tun, der ein Aspekt der sinnlichen Welt war. Analogien zu späteren Philosophen zu suchen, hat im allgemeinen etwas Phantastisches an sich; trotzdem stelle ich mir vor, daß Kant diese Auffassung vom Raum gefallen haben muß, da sie der seinen verwandt ist. Die eigentlichen Elemente der Welt sind, wie Timaios sagt, nicht Erde, Luft, Feuer und Wasser, sondern zwei Arten von rechtwinkligen Dreiecken, das Dreieck als halbes Quadrat und das Dreieck als halbes gleichseitiges Dreieck. Ursprünglich war alles ungeordnet und die verschiedenen Elemente »nahmen je einen verschiedenen Raum ein, bevor noch das All aus ihnen zusammengefügt wurde«. Dann aber verlieh ihnen Gott durch Form und Zahl Gestalt und fügte sie »aufs schönste und beste zusammen, nachdem sie sich vorher nicht so verhalten hatten«.

Die beiden obigen Dreiecksarten sind, wie wir hören, die schönsten Formen, und daher verwandte Gott sie beim Aufbau der Materie. Mit diesen beiden Dreiecken vermag man vier der fünf regulären Körper zu konstruieren, und jedes Atom in jedem der vier Elemente ist ein regulärer Körper. Die Atome der Erde sind Würfel, die des Feuers Tetraeder, die der Luft Oktaeder und die des Wassers Ikosaeder. (Ich komme gleich zu den Dodekaedern.)

Die Theorie der regulären Körper, die im dreizehnten Buch des Euklid dargestellt ist, war zu Platos Zeit eine Neuentdeckung; sie wurde von Theaitetos vervollkommnet, der in dem nach ihm benannten Dialog als sehr junger Mann eingeführt wird. Der Überlieferung nach soll er als erster bewiesen haben, daß es nur fünf verschiedene reguläre Körper gibt; auch soll er das Oktaeder und das Ikosaeder entdeckt haben.[5] Die Flächen des regulären Tetraeders, Oktaeders und Ikosaeders haben die Form gleichseitiger Dreiecke; das Dodekaeder weist reguläre Fünfecke auf und läßt sich daher nicht aus Platos beiden Dreiecken konstruieren. Aus diesem Grunde verwendet er es nicht in Verbindung mit den vier Elementen.

Vom Dodekaeder sagt Plato nur: »Da es aber noch eine fünfte Art der Zusammensetzung von entsprechender Eigenschaft gibt, so bediente sich Gott dieser vielmehr für das Weltganze.« Der Sinn ist dunkel, und man könnte vermuten, daß Plato das All für ein Dodekaeder hält; an anderen Stellen hingegen ist von seiner Kugelgestalt die Rede.[6] Das Pentagramm hat in der Magie stets eine besondere Rolle gespielt, was offenbar auf die Pythagoreer zurückzuführen ist; sie nannten es »Gesundheit«; auch diente es den Mitgliedern der Bruderschaft als Erkennungszeichen.[7] Seine Eignung dazu scheint es dem Umstand zu verdanken, daß die Flächen des Dodekaeders Fünfecke sind und daß es in gewissem Sinne ein Symbol des Universums ist. Es ist dies ein reizvolles Thema, nur läßt sich nicht viel mit Bestimmtheit darüber sagen.

Anschließend an eine Erörterung der Wahrnehmung geht Timaios dazu über, die zwei Seelen des Menschen zu erklären: die eine, unsterbliche, ist von Gott, die andere, sterbliche, von den Göttern erschaffen. Die sterbliche Seele nimmt gefährliche Eindrücke auf, »zunächst die Lust, die stärkste Lockspeise des Bösen, dann den Schmerz, den Verscheucher des Guten, fernerhin Mut und Furcht, zwei törichte Ratgeber, schwer zu besänftigenden Zorn und leicht verlockende Hoffnung; endlich verbanden sie (die Götter) mit ihr vernunftlose Empfindung und Wahrnehmung und allunternehmende Liebe, der Notwendigkeit gemäß, und so setzten sie das Geschlecht der Sterblichen zusammen«.

Die unsterbliche Seele hat ihren Sitz im Kopf, die sterbliche in der Brust.

Physiologisch merkwürdig ist die Auffassung, daß es Aufgabe der Eingeweide sei, die Nahrung in sich zu behalten, um Gefräßigkeit zu

---

5 Heath, *Greek Mathematics*, S. 161.
6 Vergl. Heath, *Greek Mathematics*, Band I, S. 159, 162, 294–296.
7 Zur Frage der Übereinstimmung dieser beiden Ansichten vergl. Cornford, *Plato's Cosmology*, S. 219.

verhindern. Auch findet sich hier eine andere Darstellung der Seelenwanderung. Feige oder schlechte Männer werden im nächsten Leben zu Frauen. Unwissende, leichtsinnige Menschen, die da glauben, die Astronomie ohne mathematische Kenntnisse nur dadurch erlernen zu können, daß sie die Sterne anschauen, werden zu Vögeln; Menschen ohne Philosophie werden wilde Landtiere; die allerdümmsten werden Fische.

Der letzte Absatz des Dialogs bringt eine Zusammenfassung:

»Und nunmehr möchten wir denn auch behaupten, daß unsere Erörterung über das All ihr Ziel erreicht habe; denn nachdem die Welt in der obigen Weise mit sterblichen und unsterblichen belebten Wesen ausgerüstet und erfüllt worden, ist sie so selbst zu einem sichtbaren Wesen dieser Art geworden, welches alles Sichtbare umfaßt, zum Abbilde des Schöpfers und sinnlich wahrnehmbaren Gott und zur größten und besten, zur schönsten und vollendetsten, die es geben konnte, geworden, diese eine und eingeborene Welt.«

Es ist schwer zu entscheiden, was im *Timaios* ernst zu nehmen und was nur als Spiel der Phantasie anzusehen ist. Durchaus ernst zu nehmen ist meiner Ansicht nach die Darstellung der Schöpfung, die aus dem Chaos heraus Ordnung geschaffen hat, desgleichen das Verhältnis der vier Elemente zueinander und ihre Beziehung zu den regulären Körpern und den ihnen zugrundeliegenden Dreiecken. Die Darstellung von Zeit und Raum entspricht zweifellos Platos Überzeugung, genau wie die Auffassung von der erschaffenen Welt als einem Abbild des ewigen Urbilds. Das Zusammenwirken von Notwendigkeit und Zweck in der Welt ist praktisch eine allen Griechen gemeinsame Überzeugung, die weit in die Zeit vor Entstehung der Philosophie zurückreicht; Plato übernahm sie und umging damit das Problem des Bösen, das der christlichen Theologie so viel zu schaffen macht. Ich glaube, auch seine Ansicht vom Welt-Lebewesen ist ernst gemeint. Mir scheint aber, die Einzelheiten der Seelenwanderung und die Rolle, die die Götter spielen, sind, wie manches andere Unwesentliche, nur der größtmöglichen Anschaulichkeit wegen eingeführt.

Wie gesagt, muß man sich mit dem gesamten Dialog eingehend beschäftigen, weil er das antike und mittelalterliche Denken so stark beeinflußt hat; und dieser Einfluß blieb durchaus nicht auf das weniger Phantastische darin beschränkt.

18. KAPITEL

Erkenntnis und Wahrnehmung bei Plato

Die meisten modernen Menschen halten es für selbstverständlich, daß empirische Erkenntnis auf Wahrnehmung beruht oder davon abgeleitet ist. Plato aber vertritt wie die Philosophen verschiedener anderer Schulen eine ganz abweichende Doktrin, daß nämlich nichts, was aus sinnlicher Wahrnehmung herstammt, als »Erkenntnis« bezeichnet werden darf und daß die einzig wahre Erkenntnis mit Begriffen arbeitet. In diesem Sinn ist »2 + 2 = 4« echte Erkenntnis, eine Behauptung jedoch wie »Der Schnee ist weiß« enthält soviel Unklares und Unbestimmtes, daß der Philosoph sie nicht in seinen Bestand von Wahrheiten einreihen kann.

Diese Ansicht läßt sich vielleicht auf Parmenides zurückführen; ihre eingehende, klare Formulierung verdankt die philosophische Welt jedoch Plato. In diesem Kapitel gedenke ich Platos Kritik an der Auffassung, daß Erkenntnis dasselbe wie Wahrnehmung sei, zu behandeln; diese Kritik ist das Thema der ersten Hälfte des *Theaitetos*.

Der Dialog bemüht sich um eine Definition der »Erkenntnis«, kommt aber schließlich doch nur zu einem negativen Ergebnis; verschiedene Definitionen werden vorgeschlagen und verworfen; niemand findet jedoch eine Erklärung, die als befriedigend gelten könnte.

Die erste der zur Diskussion gestellten Definitionen, die einzige, mit der ich mich beschäftigen werde, wird von Theaitetos vorgetragen und lautet:

»Mir also scheint, wer etwas erkennt, dasjenige wahrzunehmen, was er erkennt, und wie es mir jetzt erscheint, ist Erkenntnis nichts anderes als Wahrnehmung.«[1]

Sokrates identifiziert diese Lehre mit der des Protagoras, daß »der Mensch das Maß aller Dinge« sei, das heißt, »wie ein jedes Ding mir erscheint, ein solches ist es auch mir, und wie es dir erscheint, ein solches ist es wiederum dir«. Sokrates fügt hinzu: »Wahrnehmung geht also wohl immer auf das Seiende und ist untrüglich, wenn sie ja Erkenntnis ist.«

Ein großer Teil der anschließenden Begründung beschäftigt sich damit, die Wahrnehmung zu charakterisieren; danach ist sehr rasch bewiesen, daß demnach Wahrnehmung keine Erkenntnis sein könne.

Sokrates ergänzt die protagoreische Doktrin durch den Satz des Heraklit, daß alles sich stets verändert, das heißt, daß »alle Dinge, von

---

1 Die Plato-Zitate aus *Theaitetos* entsprechen der Übersetzung von Friedrich Schleiermacher. (Anm. d. Übers.)

denen wir zu sagen belieben, sie sind, in Wirklichkeit im Werden sind«. Plato meint, das dies auf alle sinnlich wahrnehmbaren Objekte, nicht aber auf die Objekte der wahren Erkenntnis zutreffe. Seine positiven Anschauungen bleiben aber während des ganzen Dialogs im Hintergrund.

Aus der Doktrin des Heraklit, auch wenn sie nur auf die Objekte der sinnlichen Wahrnehmung anwendbar sein sollte, ergibt sich in Verbindung mit der Definition der Erkenntnis als Wahrnehmung, daß es nur möglich ist zu erkennen, was *wird*, nicht was *ist*.

Hier tauchen einige Probleme von wahrhaft elementarem Charakter auf. Wir haben erfahren, daß 6 größer als 4, aber kleiner als 12 ist, demnach sowohl groß als klein ist; das aber widerspricht sich. Oder: Sokrates ist jetzt größer als der noch nicht vollerwachsene Theaitetos; in wenigen Jahren aber wird Sokrates kleiner als Theaitetos sein. Somit ist Sokrates sowohl groß als klein. Plato hat sich offenbar von der Idee eines Beziehungssatzes verwirren lassen, wie es auch den meisten großen Philosophen einschließlich Hegel ging. Diese Probleme gehören jedoch nicht zum eigentlichen Thema und mögen auf sich beruhen.

Um zur Wahrnehmung zurückzukehren: sie soll auf einer Wechselbeziehung zwischen dem Objekt und dem Sinnesorgan beruhen, die sich beide, nach Heraklit, dauernd verändern und die zugleich beide, indem sie sich verändern, auch den Wahrnehmungsinhalt verändern. Sokrates bemerkt, daß ihm, wenn er sich wohl fühle, der Wein süß schmecke, wenn er krank sei, hingegen sauer. Hier verursacht die Veränderung im Wahrnehmenden die Veränderung des Wahrnehmungsgegenstandes.

Gegen die Ansicht des Protagoras werden verschiedene Einwände vorgebracht, wovon später einige zurückgenommen werden. Es wird behauptet, Protagoras müsse dann auch Schweine und Affen als Maße aller Dinge zulassen, da sie ja auch wahrzunehmen verstünden. Es wird nach der Gültigkeit der Wahrnehmungen von Träumenden und Wahnsinnigen gefragt und darauf hingewiesen, daß, wenn Protagoras recht hat, kein Mensch mehr wisse als ein anderer: Protagoras ist dann nicht nur weise wie die Götter, sondern, was wichtiger ist, nicht klüger als ein Tor. Weiter: Wenn der eine Mensch so richtig urteilt wie der andere, können diejenigen, die behaupten, daß Protagoras irrt, mit gleichem Recht wie er beanspruchen, daß ihre Ansicht für die richtige gehalten werde.

Sokrates übernimmt es, viele dieser Einwände zu widerlegen und versetzt sich deshalb zeitweilig in die Lage des Protagoras. Auch die im Traum gemachten Wahrnehmungen sind richtige Wahrnehmungen. Der Einwand mit den Schweinen und Affen wird als unsinnig und kränkend abgelehnt. Gegen den Einwurf, daß ein Mensch genau so weise wie der andere wäre, wenn der Mensch das Maß aller Dinge sei, bringt

Sokrates im Namen von Protagoras eine sehr interessante Antwort vor: ein Urteil könne zwar nicht *richtiger*, wohl aber *besser* als ein anderes sein, falls es nämlich bessere Folgen habe. Das wäre also Pragmatismus.[2]

Wenn auch diese Antwort von Sokrates selbst stammt, so befriedigt sie ihn doch nicht. Er betont beispielsweise, daß ein Arzt, der mir den Verlauf meiner Krankheit voraussagt, tatsächlich mehr von meiner Zukunft *weiß* als ich selbst. Und wenn sich die Leute nicht einig sind, welche Beschlüsse für den Staat am weisesten wären, so zeigt das Ergebnis, daß manche Leute von der Zukunft mehr wissen als andere. So kommen wir zwangsläufig zu dem Schluß, daß der weise Mensch ein besseres Maß der Dinge ist als der Tor.

Das sind alles Einwände gegen die Doktrin, jeder Mensch sei das Maß aller Dinge; gegen die Auffassung, »Erkenntnis« sei Wahrnehmung, richten sie sich nur mittelbar insoweit, als diese Lehre die Voraussetzung für jene ist. Es gibt jedoch noch ein unmittelbares Argument, daß nämlich auch die Erinnerung als Wahrnehmung zu gelten habe. Das wird zugegeben und die vorgeschlagene Definition dementsprechend verbessert.

Wir kommen nun zur Kritik an der Doktrin Heraklits. Sie wird zunächst ins Extrem gesteigert, wie es, so hören wir, seine Schüler unter den gescheiten jungen Leuten von Ephesus zu machen pflegen. Ein Ding kann sich in doppelter Hinsicht verändern, einmal durch Ortswechsel, dann durch Veränderung seiner Beschaffenheit; und nach der Lehre vom beständigen Fluß verändert sich jedes Ding dauernd in beiden Beziehungen.[3] Die Dinge verändern sich überdies nicht nur in *einigen* ihrer Eigenschaften, sondern beständig in *allen* Eigenschaften – so denken jedenfalls, wie wir hören, die gescheiten Leute in Ephesus. Daraus ergeben sich peinliche Konsequenzen. Wir dürfen nicht sagen: »Das ist weiß«, denn wenn es auch weiß war, als wir zu sprechen begannen, kann es doch aufgehört haben, weiß zu sein, bevor wir unseren Satz zu Ende gesprochen haben. Wir sind nicht berechtigt, zu behaupten, etwas zu sehen, denn das Sehen geht dauernd in ein Nicht-Sehen über.[4] Wenn sich alles in jeder Beziehung verändert, darf man das

---

2 Diese Stelle hat vermutlich zuerst F. C. S. Schillers Bewunderung für Protagoras erweckt.

3 Anscheinend haben weder Plato noch die eifrigen jungen Epheser beachtet, daß Ortswechsel nach der extremen heraklitischen Doktrin unmöglich ist. Bewegung bedingt, daß ein gegebenes Ding A sich bald hier, bald dort befindet: es muß aber das gleiche Ding auch in der Bewegung bleiben. In der von Plato untersuchten Doktrin gibt es eine Qualitäts- und Ortsveränderung, nicht aber einen Wandel in der Substanz. Hierin geht die moderne Quantenphysik weiter, als die extremsten Schüler Heraklits sich zu Platos Zeit vorwagten. Plato hätte das für verhängnisvoll für die Wissenschaft gehalten, es erwies sich aber nicht als verhängnisvoll.

4 Vergl. die Mahnung »That's Shell, that was«.

Sehen ebensowenig als Sehen bezeichnen, wie das Nicht-Sehen und die Wahrnehmung ebensowenig als Wahrnehmung wie die Nicht-Wahrnehmung. Und wenn wir erklären: Wahrnehmung ist Erkenntnis, so können wir ebensogut sagen: Wahrnehmung ist Nicht-Erkenntnis.

Das obige Argument läuft darauf hinaus, daß, wenn sich auch alles in beständigem Fluß befindet, doch die Bedeutung der Worte zumindest auf eine gewisse Zeit festgelegt werden muß; sonst ist eine genaue Aussage nicht möglich, und eine jede kann ebenso richtig wie falsch sein. Es muß also *etwas* mehr oder minder Konstantes geben, um Gespräch und Erkenntnis überhaupt erst zu ermöglichen. Das sollte meines Erachtens zugegeben werden. Dieses Zugeständnis läßt trotzdem noch sehr viel vom ewigen Fließen zu.

Bei dieser Gelegenheit wird abgelehnt, über Parmenides zu diskutieren, weil er zu groß und bedeutend sei. Er ist »ehrwürdig mir und furchtbar zugleich«. »Es offenbarte sich mir in ihm eine ganz seltene und herrliche Tiefe des Geistes.« »Er ist ein Mensch, den ich vor allen verehre.« In diesen Bemerkungen verrät Plato seine Vorliebe für einen statischen Kosmos und seine Abneigung gegen das heraklitische Fließen, das er nur um der Diskussion willen herangezogen hat. Nachdem er aber seiner Verehrung Ausdruck gab, verzichtet er darauf, die der heraklitischen Ansicht entgegengesetzte Doktrin des Parmenides zu entwickeln.

Wir kommen nun zu Platos entscheidendem Argument gegen das Gleichsetzen von Erkenntnis und Wahrnehmung. Er weist zunächst darauf hin, daß wir eher *durch* als *mit* Auge und Ohr wahrnehmen, und erklärt dann, daß wir manches unabhängig von einem unserer Sinnesorgane erkennen. So wissen wir beispielsweise, daß Töne und Farben nicht das gleiche sind, obwohl kein Sinnesorgan beides wahrzunehmen vermag. Es gibt kein Spezialorgan für »Sein und Nichtsein, Ähnlichkeit und Unähnlichkeit, Gleichheit und Verschiedenheit und auch nicht für Einheit und Zahlen im allgemeinen.« Das gleiche gilt auch für Begriffe wie ehrenvoll und unehrenhaft, gut und schlecht. »Der Geist betrachtet manche Dinge kraft eigener Mittel, andere dagegen mittels körperlicher Fähigkeiten.« Wir nehmen Hartes und Weiches durch die Berührung wahr, der Geist aber stellt fest, daß die Dinge existieren und gegensätzlich sind. Daraus folgt, daß wir die Dinge nicht nur durch die Sinne erfassen können, da uns die Sinne allein nicht ermöglichen, das Sein der Dinge zu erkennen. Daher gewinnen wir Erkenntnis durch Denken, nicht aus Eindrücken, und Wahrnehmung ist nicht Erkenntnis, weil sie »nicht beteiligt ist an der Erfassung der Wahrheit, da sie nicht an der Erfassung des Seins teilhat«.

Es ist keineswegs leicht herauszufinden, was an diesem Beweis gegen das Gleichsetzen von Wahrnehmung und Erkenntnis anzuerkennen und was abzulehnen ist. Plato erörtert drei miteinander zusammenhängende Thesen, nämlich:

1. Erkenntnis ist Wahrnehmung;
2. Der Mensch ist das Maß aller Dinge;
3. Alles befindet sich in ständigem Fließen.

1. Die erste dieser Thesen, mit der allein die Argumentierung sich vornehmlich beschäftigen soll, wird eigentlich nur in der Schlußstelle erörtert, die wir gerade behandelt haben. Hier wird geltend gemacht, daß das Vergleichen, das Erfassen des Seins und das Verstehen der Zahl das Wesentliche der Erkenntnis sind, jedoch nicht zur Wahrnehmung gehören können, da sie nicht durch ein Sinnesorgan ermöglicht werden. Dazu läßt sich Verschiedenes sagen. Wir wollen mit Gleichheit und Ungleichheit beginnen.

Daß zwei Farbschattierungen, die ich sehe, je nachdem gleich oder ungleich sind, würde ich persönlich nicht so sehr als »Wahrnehmung«, sondern als »Wahrnehmungsurteil« bezeichnen. Wahrnehmung, möchte ich sagen, ist nicht Erkenntnis, sondern ein bloßer Vorgang, der gleichermaßen in den physischen wie den psychischen Bereich gehört. Wie Plato halten wir gewöhnlich die Wahrnehmung für eine Beziehung zwischen dem Wahrnehmenden und dem Objekt; wir sagen: »Ich sehe einen Tisch.« Hier sind aber »Ich« und »Tisch« logische Konstruktionen. Der rohe Vorgang wird nur durch ein paar Farbflecke ausgelöst. Damit verbinden sich gewisse Vorstellungen, die aus der Berührung gewonnen wurden; aus diesen Vorstellungen ergeben sich Worte, die wiederum gewisse Erinnerungen erwecken. Besteht der Wahrnehmungsinhalt aus Vorstellungen, die die Berührung hervorrief, dann wird er zum »Objekt«, das als körperlich angesehen wird; besteht er aus Worten und Erinnerungen, so wird er zur »Wahrnehmung«, die Teil eines »Subjekts« ist und als etwas Geistiges zu gelten hat. Der Wahrnehmungsinhalt ist eben nur ein Vorgang und weder falsch noch richtig; der aus Worten bestehende Wahrnehmungsinhalt ist ein Urteil, das wahr oder falsch sein kann. Dieses Urteil bezeichne ich als »Wahrnehmungsurteil«. Der Satz »Erkenntnis ist Wahrnehmung« ist zu verstehen als »Erkenntnis besteht aus Wahrnehmungsurteilen«. Nur in dieser Form kann er grammatikalisch korrekt sein.

Um zur Gleichheit und Ungleichheit zurückzukehren: wenn wir an einer Sache gleichzeitig zwei Farben wahrnehmen, so ist es durchaus möglich, daß ihre Gleichheit oder Ungleichheit Teil dieser bestimmten Sache sind und in einem Wahrnehmungsurteil ausgesagt werden können. Wenn Plato behauptet, wir besäßen kein Sinnesorgan, um Gleichheit und Ungleichheit wahrzunehmen, so übersieht er dabei die Hirnrinde und nimmt an, alle unsere Sinnesorgane lägen an der Oberfläche des Körpers.

Der Beweis, der auch Gleichheit und Ungleichheit als mögliche wahrnehmbare Data einbegreift, sieht folgendermaßen aus: angenommen, wir sehen zwei Farbschattierungen A und B und urteilen »A gleich

B«. Wir wollen ferner voraussetzen, was auch Plato tut, daß ein solches Urteil im allgemeinen richtig und auch in unserem besonderen Falle zutreffend ist. Dann besteht zwischen A und B eine Beziehung der Gleichheit, und es handelt sich dabei nicht nur um ein Urteil, worin wir behaupten, daß diese Gleichheit besteht. Gäbe es nichts weiter als unser Urteil, so wäre es ein willkürliches Urteil, das weder falsch noch richtig sein könnte. Da es aber offenbar richtig oder falsch sein kann, muß es bei A und B Gleichheit geben können; sie kann demnach nicht nur etwas »Geistiges« sein. Das Urteil »A gleich B« ist (wenn es richtig ist) infolge eines »Faktums« richtig, genau wie das Urteil »A ist rot« oder »A ist rund«. Der Geist ist an der Wahrnehmung der Gleichheit keineswegs *mehr* beteiligt als an der Wahrnehmung der Farbe.

Ich komme nun zum *Sein*, das Plato stark unterstreicht. Bei Ton und Farbe, sagt er, haben wir einen Gedanken, der beide umfaßt, nämlich, daß sie sind. Das Sein ist allem zu eigen und gehört zu den Dingen, die der Geist aus sich selbst begreift; kann das Sein nicht begriffen werden, so läßt sich auch die Wahrheit unmöglich begreifen.

Hier muß gegen Plato ein ganz anderer Einwand erhoben werden als im Falle der Gleichheit und Ungleichheit. Alles, was Plato über das Sein sagt, läuft nämlich auf schlechte Grammatik oder vielmehr auf schlechte Syntax hinaus. Dieses Argument ist nicht nur im Zusammenhang mit Plato, sondern auch mit anderen Dingen, wie dem ontologischen Beweis für die Existenz der Gottheit wichtig.

Angenommen, man sagte zu einem Kind: »Löwen gibt es, Einhörner hingegen nicht«, so kann man diese Behauptung insofern beweisen, als man das Kind in den Zoo führt und sagt: »Schau, das da ist ein Löwe.« Und nur ein Philosoph würde vielleicht hinzufügen: »Du kannst also sehen, daß er ist.« Gerade ein Philosoph aber dürfte sich einen so unsinnigen Ausspruch nicht erlauben. Sagt man »Löwen sind«, so bedeutet das »Es gibt Löwen«, das heißt »›X ist ein Löwe‹ trifft auf ein bestimmtes X zu«. Wir können aber von diesem X nicht sagen, es »ist«; wir können dieses Verbum nur bei einer mehr oder minder vollständigen Beschreibung gebrauchen. »Löwe« ist eine unvollständige Beschreibung, weil sie auf viele Objekte zutrifft; »der größte Löwe im Zoo« ist als Beschreibung vollständig, weil nur auf *ein* Objekt anwendbar.

Angenommen, ich blicke auf einen hellroten Fleck. Ich kann sagen »dies ist mein augenblickliches Wahrnehmungsobjekt«; ich kann aber auch sagen »mein gegenwärtiges Wahrnehmungsobjekt existiert«, doch darf ich nicht sagen »dies existiert«, weil das Wort »existiert« nur Bedeutung hat, wenn es bei einer Beschreibung und nicht bei einem Namen gebraucht wird.[5] Dadurch zählt Existenz zu den Dingen, die der Geist an Objekten wahrnimmt.

Ich komme nun zum Verständnis der Zahlen. Hier sind zwei ganz ver-

---

5 Vergleiche hierzu das letzte Kapitel dieses Buches.

schiedene Dinge zu beachten: einerseits die arithmetischen Sätze und andererseits die empirischen Sätze des Aufzählens.
»2 + 2 = 4« gehört zu den ersten, »ich habe zehn Finger« zu den zweiten Sätzen.
Wie Plato bin ich der Ansicht, daß die Arithmetik und ganz allgemein die reine Mathematik nicht aus der Wahrnehmung herrührt. Die reine Mathematik besteht aus Tautologien, analog dem Satz »Menschen sind Menschen«; sie sind gewöhnlich nur komplizierter. Um die Gültigkeit eines mathematischen Satzes zu erkennen, brauchen wir nicht die Welt, sondern nur die Bedeutung der Symbole zu studieren; und wenn wir auf Definitionen verzichten (die meist nur der Abkürzung dienen sollen), dann stellen sich die Symbole als Worte heraus, wie zum Beispiel »oder«, »nicht«, »alle«, »manche«, die nicht wie »Sokrates« etwas in der wirklichen Welt Vorhandenes bezeichnen. Eine mathematische Gleichung behauptet, daß zwei Gruppen von Symbolen das gleiche bedeuten; und solange wir uns auf die reine Mathematik beschränken, muß diese Bedeutung zu begreifen sein, ohne Kenntnis dessen, was wahrgenommen werden kann. Nach Plato ist die mathematische Wahrheit also unabhängig von der Wahrnehmung; es ist jedoch eine ganz besonders geartete Wahrheit, die sich nur mit Symbolen befaßt.
Aufzählende Sätze wie »Ich habe zehn Finger« gehören einer ganz anderen Kategorie an und hängen offensichtlich, zumindest teilweise, von der Wahrnehmung ab. Es ist klar, daß der Begriff »Finger« von der Wahrnehmung abstrahiert ist; wie steht es aber mit dem Begriff »zehn«? Hier scheinen wir auf etwas wahrhaft Universales oder eine platonische Idee zu stoßen. Wir können nicht sagen, daß »zehn« von der Wahrnehmung abstrahiert ist, denn jedes Wahrnehmungsobjekt, das als aus zehn von einer bestimmten Sorte von Dingen bestehend gilt, läßt sich ebensogut auch anders auffassen. Angenommen, ich bezeichnete alle Finger einer Hand mit »Gefinger«; dann kann ich sagen »Ich habe zwei Gefinger«; damit wird die gleiche Wahrnehmungstatsache beschrieben, die ich zuvor mit Hilfe der Zahl zehn dargestellt habe. Somit spielt in der Feststellung »Ich habe zehn Finger« die Wahrnehmung eine geringere und die Auffassung eine größere Rolle als in einer Behauptung wie etwa »Dies ist rot«. Es handelt sich dabei allerdings nur um einen Gradunterschied.
Die ganze Frage ist umfassend dadurch zu beantworten, daß Sätze mit dem Wort »zehn« bei korrekter Analyse keinen dem Wort »zehn« entsprechenden Bestandteil enthalten. Das an einer so großen Zahl wie zehn erklären zu wollen, ist zu kompliziert; wir wollen statt dessen sagen »Ich habe zwei Hände«. Das bedeutet:
»Ein gegebenes a und ein gegebenes b sind einander nicht gleich; und was immer auch x sein mag, so ist doch der Satz, ›(x)x ist eine meiner Hände‹ nur richtig, wenn x = a oder x = b ist.«

Hier kommt das Wort »zwei« überhaupt nicht vor. Es treten zwar zwei Buchstaben, a und b, auf, doch brauchen wir nicht zu wissen, daß es zwei sind, so wenig wie wir wissen müssen, ob sie schwarz oder weiß sind oder welche Farbe sie sonst zufällig haben mögen.

Streng genommen sind Zahlen daher etwas *Formales*. Wenn Fakten verschiedene Sätze bestätigen, die besagen, daß gewisse Mengen jeweils zwei Glieder besitzen, so ist ihnen nicht ein Bestandteil, sondern die Form gemeinsam. Hierin unterscheiden sie sich von Aussagen über die Freiheitsstatue oder den Mond oder George Washington. Solche Sätze beziehen sich auf einen besonderen Raum-Zeit-Anteil; das ist das Gemeinsame in allen Aussagen, die sich über die Freiheitsstatue machen lassen. Sätze aber wie etwa »Es gibt zwei So-und-Sos« haben nichts als die Form gemein. Das Verhältnis des Symbols »zwei« zu der Bedeutung des Satzes, in dem es vorkommt, ist viel komplizierter als das Verhältnis des Symbols »rot« zu der Bedeutung eines Satzes, in dem dieses Wort steht. In gewissem Sinne können wir sagen, das Symbol »zwei« bedeutet nichts, denn selbst wenn es in einer richtigen Aussage vorkommt, fehlt doch der entsprechende Bestandteil in der Bedeutung dieser Aussage. Ferner können wir, wenn wir wollen, sagen, Zahlen sind etwas Ewiges, Unveränderliches, und so fort, müssen jedoch hinzufügen, daß es sich dabei um logische Fiktionen handelt.

Noch ein weiterer Punkt ist zu erwähnen. Von Ton und Farbe sagt Plato: »Beide zusammen sind *zwei* und jedes von beiden ist *eins*«. Wir haben die Zwei untersucht, nun müssen wir uns die Eins ansehen. Hier wird ein ähnlicher Fehler wie beim Sein gemacht. Das Prädikat »eins« ist nicht auf Dinge, sondern nur auf eine einheitliche Gattung anwendbar. Wir können sagen »Die Erde hat einen Satelliten«, es wäre aber ein syntaktischer Fehler, von *einem* Monde zu sprechen, denn was sollte das bedeuten? Mit gleicher Berechtigung könnte man dann von »vielem Mond« sprechen, da er viele Teile hat. Man sagt, »Die Erde hat einen Satelliten«, um das Besondere des Begriffs »Satellit der Erde« auszudrücken, und zwar so:

»Es gibt ein c, das so beschaffen ist, daß der Satz, ›(x) x ist ein Satellit der Erde‹ richtig, und zwar nur dann richtig ist, wenn x gleich c ist.«

Das ist eine astronomische Wahrheit; ersetzt man aber »Satellit der Erde« durch »Mond« oder einen anderen Eigennamen, so kommt dabei nur etwas Sinnloses oder eine reine Tautologie heraus. »Eins« ist demnach eine Besonderheit bestimmter Begriffe, geradeso wie »zehn« eine Besonderheit des Begriffs »mein Finger« ist. Folgert man jedoch, »Die Erde hat *einen* Satelliten, nämlich den Mond, also ist der Mond eins«, so ist das eine ebenso schlechte Folgerung wie »Der Apostel waren zwölf; Petrus war ein Apostel; also war Petrus zwölf«. Schlüssig wäre das Argument, wenn wir für »zwölf« »weiß« setzen würden.

Die obigen Betrachtungen haben ergeben, daß Platos Beweise nur auf eine Erkenntnis formaler Art zutreffen, nämlich auf Logik und Mathematik, die nicht aus der Wahrnehmung abgeleitet werden, bei jeder anderen Erkenntnis jedoch trügerisch sind. Das beweist natürlich nicht, daß sein Schluß falsch ist, zeigt vielmehr nur, daß er uns keinen triftigen Grund geliefert hat, ihn für richtig halten zu können.

2) Ich komme nun zu Protagoras' Standpunkt, daß der Mensch das Maß aller Dinge oder, wie der Satz gewöhnlich ausgelegt wird, daß *jeder* Mensch das Maß aller Dinge sei. Hier ist es wesentlich, sich über die Diskussionsbasis zu einigen. Selbstverständlich müssen wir zunächst zwischen Wahrnehmungen und Schlüssen unterscheiden. Bei den Wahrnehmungen ist jeder Mensch zwangsläufig auf sich selbst angewiesen; was er von den Wahrnehmungen anderer weiß, folgert er aus dem, was er selbst durch Hören und Lesen wahrgenommen hat. Die Wahrnehmungen von Träumenden oder Geisteskranken sind *als solche* keineswegs schlechter als die Wahrnehmungen anderer Menschen; einwenden läßt sich gegen sie nur, daß sie infolge ihres ungewöhnlichen Zusammenhanges zu Trugschlüssen führen können.

Wie steht es nun aber mit den Schlußfolgerungen? Sind sie gleichermaßen etwas Persönliches und Individuelles? In einer Beziehung müssen wir das zugestehen. Wenn ich etwas glauben soll, so muß ich es aus einem bestimmten, mir einleuchtenden Grund glauben wollen. Die Behauptung eines anderen kann zu meinem Beweggrund werden und dabei ein durchaus zureichender Grund sein – wenn ich beispielsweise als Richter eine Zeugenaussage höre. Und mag man auch noch so protagoreisch denken, so ist es doch vernünftig, sich bei einer Zahlenaufstellung mehr auf die Ansicht des Buchhalters als auf die eigene zu verlassen; denn wenn man auch anfangs wiederholt anderer Überzeugung war als er, stellt sich bei sorgfältigerer Prüfung doch heraus, daß er recht hatte. In diesem Sinne kann ich vielleicht zugeben, daß ein anderer klüger ist als ich. Die protagoreische Auffassung besagt bei richtiger Auslegung nicht, daß ich niemals Fehler mache, sondern nur, daß der Augenschein *mir* meine Fehler vor Augen führen muß. Mein gewesenes Ich kann wie jede andere Person beurteilt werden. Wenn wir den Gegensatz zwischen Schlüssen und Wahrnehmungen untersuchen, setzt aber all das eine unpersönliche Norm für das voraus, was als gültig anzusehen ist. Ist ein von mir beliebig gezogener Schluß ebenso gut wie jeder andere, dann kommen wir tatsächlich zu der geistigen Anarchie, für die Plato Protagoras verantwortlich macht. In diesem Punkt, der sehr wichtig ist, scheint Plato wirklich recht zu haben. Der Empiriker würde allerdings sagen, daß Wahrnehmungen die Probe auf die Richtigkeit des Schlusses bei empirischen Dingen sind.

3) Plato karikiert die Lehre vom beständigen Fließen, und es ist schwer vorstellbar, daß sich jemals irgend jemand zu ihr in der extremen Form, die er ihr verleiht, bekannt hat. Nehmen wir beispielsweise einmal an, daß die Farben, die wir sehen, sich dauernd verändern. Eine

Bezeichnung wie »rot« läßt sich auf viele Farbschattierungen anwenden; und wenn man sagt: »Ich sehe rot«, so wäre es unbegründet anzunehmen, daß dies nicht für die Zeit, die man zum Aussprechen des Satzes braucht, wahr bleibt. Plato kommt zu seinen Ergebnissen, indem er solche logischen Gegensätze wie Wahrnehmen und Nicht-Wahrnehmen, Erkennen und Nicht-Erkennen auf Vorgänge der beständigen Veränderung anwendet. Solche Gegensätze eignen sich aber nicht zur Beschreibung derartiger Vorgänge. Man stelle sich vor, ein Mann entferne sich an einem nebligen Tage auf der Straße von uns: er wird immer undeutlicher, und schließlich kommt der Augenblick, wo man gewiß ist, ihn nicht mehr zu sehen; dazwischen liegt aber eine Übergangsperiode des Zweifels. Logische Gegensätze sind zu unserer Bequemlichkeit erfunden worden; der beständige Wechsel aber macht ein Operieren mit Quantitäten erforderlich, eine Möglichkeit, die Plato übersieht. Was er zu diesem Thema vorbringt, liegt daher weit vom Ziel.

Gleichzeitig muß eingeräumt werden, daß ein Gespräch nicht möglich wäre, wenn die Worte nicht eine bis zu einem gewissen Grade feststehende Bedeutung hätten. Auch hierin kann man wieder leicht zu absolut sein. Die Bedeutung der Worte verändert sich; nehmen wir beispielsweise das Wort »Idee«. Wir müssen schon einen beachtlichen Bildungsweg hinter uns haben, um das Wort annähernd so verstehen zu können, wie Plato es gebraucht hat. Selbstverständlich vollzieht sich der Bedeutungswandel der Worte langsamer als die Veränderungen, die die Worte beschreiben; es ist jedoch nicht notwendig, daß sich die Bedeutung der Wörter überhaupt *nicht* wandelt. Das gilt vielleicht nicht für die abstrakten Wörter der Logik und Mathematik, doch beziehen sich diese Wörter, wie wir gesehen haben, nur auf die Form, nicht auf den Inhalt der Sätze. Auch hier sehen wir wieder, daß Logik und Mathematik eine Sonderstellung einnehmen. Unter dem Einfluß der Pythagoreer glich Plato andere Erkenntnisse zu sehr der Mathematik an. Er teilte diesen Fehler mit vielen der größten Philosophen; trotzdem blieb es ein Fehler.

19. KAPITEL

Die Metaphysik des Aristoteles

Beim Studium eines bedeutenden Philosophen, ganz besonders aber bei Aristoteles, ist unbedingt zweierlei zu beachten: was bedeutet er im Vergleich zu seinen Vorgängern und wie wirkte er auf seine Nachfolger? Im ersten Punkt hat Aristoteles gewaltige Verdienste; ebenso ungeheuer ist jedoch auch der nachteilige Einfluß, den er auf dem zweiten Gebiet gehabt hat. Hierfür sind jedoch seine Nachfolger stärker verantwortlich zu machen als er selbst. Er stand am Ausgang der schöpferischen Periode des griechischen Denkens, und nach seinem Tode dauerte es zweitausend Jahre, bis die Welt wieder einen ihm auch nur annähernd ebenbürtigen Philosophen hervorbrachte. Gegen Ende dieses Zeitraums galt er als eine fast so unbestrittene Autorität wie die Kirche und war für einen Fortschritt in der Wissenschaft wie in der Philosophie zum ernstlichen Hindernis geworden. Seit Beginn des siebzehnten Jahrhunderts mußte unweigerlich fast jeder ernsthafte geistige Fortschritt mit einem Angriff auf eine aristotelische Doktrin einsetzen; in der Logik verhält es sich noch heute so. Aber auch wenn einer seiner Vorgänger (ausgenommen vielleicht Demokrit) die gleiche Bedeutung erlangt hätte wie er, wären die Folgen nicht minder katastrophal gewesen. Um Aristoteles gerecht zu werden, müssen wir zunächst einmal seine übergroße posthume Berühmtheit zu vergessen suchen, desgleichen aber auch die ebenso übermäßige Ablehnung, die sich daraus ergeben hat.

Aristoteles wurde wahrscheinlich 384 v. Chr. in Stagira (Thrakien) geboren. Auf seinen Vater war der Posten des Leibarztes beim König von Makedonien übergegangen. Im Alter von achtzehn Jahren kam Aristoteles nach Athen, wo er Platos Schüler wurde; er blieb fast zwanzig Jahre lang, bis zum Tode Platos (348/7 v. Chr.), an der Akademie. Dann ging er eine Zeitlang auf Reisen und heiratete die Schwester oder Nichte eines Tyrannen namens Hermias. (Böse Zungen behaupteten, sie sei die Tochter oder Geliebte des Hermias gewesen; beide Versionen werden aber durch die Tatsache widerlegt, daß er ein Eunuch war.) 343 v. Chr. wurde er, vierzigjährig, der Lehrer Alexanders. Diese Stellung behielt er, bis der sechzehnjährige Alexander von seinem Vater mündig gesprochen und für die Dauer von Philipps Abwesenheit zum Regenten bestellt wurde. Alles, was man gern über das Verhältnis zwischen Aristoteles und Alexander wissen möchte, ist nicht genau festzustellen, um so weniger, als sehr bald viele Legenden darüber entstanden. Die vorhandenen Briefe, die sie miteinander gewechselt haben sollen, hält man allgemein für Fälschungen. Wer beide Persönlichkeiten bewundert, nimmt meist an, daß der Lehrer den Schüler beeinflußte. Hegel sieht in Alexanders Laufbahn den praktischen Beweis für den Nutzen der Philosophie. Dazu bemerkt A. W. Benn: »Es wäre traurig, wenn die Philosophie für sich keine bessere Bestätigung anzuführen hätte als den Charakter Alexanders... Anmaßend, trunksüchtig, grausam, rachgierig und unbeschreiblich abergläubisch, vereinte er in sich die schlechten Eigenschaften eines Räuberhauptmanns mit der wilden Unbeherrschtheit eines orientalischen Despoten.«[1]

Wenn ich für meinen Teil auch mit Benn über den Charakter Alexanders gleicher Ansicht bin, so halte ich dennoch Alexanders Leistung für ungeheuer bedeutend und segensreich, da ohne ihn wahrscheinlich die gesamte Tradition der griechischen Kultur nicht erhalten geblieben wäre. Von Aristoteles' Einfluß auf ihn können wir nach Belieben halten, was uns am glaubwürdigsten scheint. Ich meinerseits setze diesen Einfluß gleich null. Alexander war ein ehrgeiziger, leidenschaftlicher Junge, der schlecht mit seinem Vater stand und vermutlich als Schüler schwierig war. Aristoteles meinte, kein Staat solle mehr als hunderttausend Einwohner haben[2] und predigte die Doktrin der goldenen Mitte. Ich kann mir vorstellen, daß sein Schüler in ihm nur einen langweiligen alten Pedanten sah, an den ihn sein Vater ausgeliefert hatte, damit er keinen Unfug triebe. Zwar hatte auch Alexander eine gewisse snobistische Hochachtung vor der athenischen Kultur, doch stellte sich seine ganze Dynastie so ein, um nicht als barbarisch zu gelten. Ähnliche Gefühle hegten im neunzehnten Jahrhundert die russischen Aristokraten für Paris. Das war daher nicht dem Einfluß des Aristoteles zuzuschreiben. Und sonst finde ich nichts bei Alexander, was aus dieser Quelle stammen könnte.

Viel überraschender ist hingegen, daß Alexander so geringen Einfluß auf Aristoteles ausgeübt hat, der bei seinen politischen Spekulationen einfach nicht bemerkt hatte, wie die Ära der Stadtstaaten von der Ära der großen Reiche abgelöst wurde. Ich fürchte, Aristoteles hat ihn letzten Endes nur für einen »faulen, starrköpfigen Jungen ohne jedes Verständnis für Philosophie« gehalten. Alles in allem scheint die Begegnung dieser beiden großen Männer so wenig Früchte getragen zu haben, als hätten sie in verschiedenen Welten gelebt.

Von 335 bis 323 v. Chr. (Alexanders Todesjahr) lebte Aristoteles in Athen. Er gründete in diesen zwölf Jahren seine Schule und schrieb die meisten seiner Bücher. Als Alexander starb, erhoben sich die Athener und wandten sich gegen seine Freunde, darunter auch Aristoteles; er wurde der Gottlosigkeit beschuldigt, flüchtete jedoch im Gegensatz zu Sokrates, um der Strafe zu entgehen. Im Jahr darauf (322) starb er.

---

1 Benn, *The Greek Philosophers*, Band I, S. 285.
2 *Nikomachische Ethik*, 1170 b.

Als Philosoph unterscheidet sich Aristoteles in vieler Beziehung stark von all seinen Vorgängern. Er ist der erste, der wie ein Professor schreibt: seine Abhandlungen sind systematisch, seine Diskussionen in Kapitel eingeteilt; er ist ein echter Lehrer, kein inspirierter Prophet. Er arbeitet kritisch, sorgfältig, trocken, ohne jede Spur von bacchischem Enthusiasmus. Die orphischen Elemente bei Plato erscheinen bei Aristoteles verwässert und mit einer starken Dosis gesunden Menschenverstandes versetzt; wo er Platoniker ist, gewinnt man den Eindruck, daß sein natürliches Empfinden hinter der Schule, die er durchgemacht hat, zurücktritt. Er ist nicht leidenschaftlich, noch in irgendeinem ernsthaften Sinne religiös. Die Irrtümer seiner Vorgänger waren die köstlichen Irrtümer der Jugend, die das Unmögliche anstrebt; seine Irrtümer hingegen sind die Irrtümer des Alters, das sich von den gewohnten Vorurteilen nicht freizumachen vermag. Seine Stärke ist das Detail und die Kritik; der große Aufbau jedoch liegt ihm nicht, weil es ihm an fundamentaler Klarheit und titanischem Feuer fehlt.

Es läßt sich schwer entscheiden, bei welchem Punkt die Darstellung der aristotelischen Metaphysik einsetzen soll, doch beginnt man vielleicht am besten mit seiner Kritik der Ideenlehre und seiner eigenen Universaliendoktrin, die er an deren Stelle setzte. Er führt gegen die Ideenlehre eine Reihe sehr guter Argumente ins Feld; die meisten findet man bereits in Platos *Parmenides*. Am stärksten wirkt sein Argument vom »dritten Menschen«; wenn ein Mensch ein Mensch ist, weil er einem Idealmenschen gleicht, muß es einen noch idealeren Menschen geben, dem beide, der gewöhnliche und der ideale Mensch, gleichen. Ferner ist Sokrates ein Mensch und ein Lebewesen, und es fragt sich, ob der ideale Mensch ein ideales Lebewesen ist; wenn ja, dann muß es so viele ideale Lebewesen wie Arten von Lebewesen geben. Es ist zwecklos, die Frage weiter zu verfolgen; Aristoteles erklärt: wenn mehrere Einzeldinge das gleiche Prädikat haben, so nicht infolge ihrer Beziehung zu etwas ihnen Gleichgeartetem, sondern zu etwas Idealerem. Mag das auch als bewiesen gelten, so ist doch das, was Aristoteles darüber sagt, alles andere als klar. Durch diesen Mangel an Klarheit konnte die mittelalterliche Kontroverse zwischen Nominalisten und Realisten entstehen.

Die aristotelische Metaphysik könnte man etwa als durch gesunden Menschenverstand verwässerte Platonik bezeichnen. Aristoteles ist schon insofern ein schwieriges Kapitel, als Plato und der gesunde Menschenverstand so schwer miteinander vereinbar sind. Wenn man Aristoteles zu verstehen sucht, hat man zeitweilig den Eindruck, daß er die Ansichten eines von Philosophie unbeschwerten Durchschnittsmenschen zum Ausdruck bringt, zeitweilig wieder, daß er die Lehren Platos in neuer Terminologie darstellt. Man darf auch nicht jeden einzelnen Satz allzu wichtig nehmen, weil häufig manche Ansichten an anderer Stelle korrigiert oder umgewandelt werden. Im großen und ganzen versteht man seine Universalientheorie sowie seine Lehre von Stoff und Form noch am ehesten, wenn man zunächst von der Auffassung des gesunden Menschenverstandes ausgeht, der einen Seite seiner Anschauungsart, und dann die platonischen Modifizierungen berücksichtigt, denen er sie unterzieht.

Bis zu einem gewissen Punkt ist die Universalientheorie ganz einfach. Die Sprache hat Eigennamen und Adjektiva. Die Eigennamen beziehen sich auf »Dinge« oder »Personen«, und zwar gibt es jeweils nur eine Sache oder Person, auf die der betreffende Name angewendet wird. Die Sonne, der Mond, Frankreich, Napoleon sind einmalig; die Dinge, auf welche die Bezeichnung zutrifft, sind nicht durch eine ganze Reihe von Exemplaren vertreten. Andererseits lassen sich Wörter wie »Katze«, »Hund«, »Mensch« auf viele verschiedene Dinge anwenden. Beim Universalienproblem handelt es sich um die Bedeutung solcher Wörter, sowie von Adjektiven wie etwa »weiß«, »hart«, »rund« und so fort. Er sagt:[3] »Unter der Bezeichnung ›universal‹ verstehe ich etwas, das sich von vielen Subjekten aussagen läßt, unter ›individuell‹ dasjenige, bei dem das nicht möglich ist«.

Was mit einem Eigennamen bezeichnet wird, ist eine »Substanz«, während das, was durch ein Adjektiv oder eine Gattungsbezeichnung bestimmt wird, ein »Universale« genannt wird. Bei der Substanz spricht man von »dieser, diese, dieses« – bei den Universalien aber von »derartig« –, sie bezeichnen die *Art* einer Sache, nicht die tatsächliche Einzelsache. (Platos himmlisches Bett wäre für diejenigen, die es wahrnehmen können, ein »dieses«; in diesem Punkt ist Aristoteles anderer Meinung als Plato.) »Es scheint mir unmöglich«, sagt Aristoteles, »daß irgendeine Universalbezeichnung Name einer Substanz sein könnte. Denn... die Substanz jedes Dinges ist das, was nur ihm eigentümlich ist und sonst nichts anderem gehört. Das Universale aber ist etwas, was vielen gemein ist, denn als universal wird bezeichnet, was so beschaffen ist, daß es auch mehreren Dingen angehören kann.« Das Wesentliche ist also, daß Universalien kein Eigenleben haben, vielmehr nur *in* einzelnen Dingen existieren können.

Oberflächlich betrachtet wirkt Aristoteles' Lehre durchaus klar. Angenommen ich sage: »Es gibt etwas, das Fußballspiel heißt«, so werden die meisten Leute diese Bemerkung für eine Binsenwahrheit halten. Wollte ich dann aber folgern, daß das Fußballspiel ohne Fußballspieler denkbar wäre, dann würde man mit Recht von mir glauben, daß ich Unsinn rede. Desgleichen könnte man von einer Elternschaft sprechen, aber nur, weil es Eltern gibt; von Süßigkeit, weil es süße Dinge, von Röte nur, weil es rote Dinge gibt. Und diese Abhängigkeit können wir nicht als reziprok ansehen: die Menschen, die Fußball spielen, würden auch existieren, wenn sie niemals Fußball gespielt hätten; Dinge, die

---

[3] *De Interpretatione* 17 a.

für gewöhnlich süß sind, können sauer werden; und mein Gesicht, das sonst rot ist, kann blaß werden und trotzdem mein Gesicht bleiben. Auf diese Weise kommen wir zu dem Schluß, daß das, was durch ein Adjektiv ausgedrückt wird, mit seinem Sein von dem abhängt, was wir mit einem Eigennamen bezeichnen, aber nicht umgekehrt. Das, glaube ich, meint Aristoteles. Hierbei ist seine Lehre, wie so häufig, die pedantische Wiedergabe eines Vorurteils des gesunden Menschenverstandes.

Es ist jedoch nicht leicht, die Theorie genau zu präzisieren. Angenommen, ohne Fußballspieler gäbe es kein Fußballspiel, so könnte hingegen das Fußballspiel sehr wohl ohne diesen oder jenen Fußballspieler existieren. Und angenommen, eine Person könne zwar existieren, ohne Fußball zu spielen, so doch nicht, ohne *etwas* zu tun. Die Eigenschaft *Röte* kann nicht *ohne ein* Subjekt existieren, wohl aber ohne dieses oder jenes Subjekt; desgleichen kann ein Subjekt nicht ohne *irgendeine* Eigenschaft existieren, wohl aber ohne diese und jene. Der vermeintliche Grund für den Unterschied zwischen Dingen und Eigenschaften scheint also eine Täuschung zu sein.

In Wirklichkeit ist der Unterschied nur sprachlich begründet; er stammt aus der Syntax. Es gibt Eigennamen, Adjektive und Beziehungswörter; man kann sagen: »John ist klug, James ist dumm, John ist größer als James«. Hier sind »John« und »James« Eigennamen, »klug« und »dumm« Adjektiva und »größer« ist ein Relativwort. Seit Aristoteles haben die Metaphysiker stets diese syntaktischen Unterschiede metaphysisch ausgelegt: John und James sind Substanzen, Klugheit und Dummheit Universalien (Beziehungswörter wurden übergangen oder falsch interpretiert). Möglicherweise lassen sich bei genügender Sorgfalt metaphysische Unterschiede von gewisser Beziehung zu diesen syntaktischen Unterschieden ausfindig machen; wenn aber überhaupt, so nur durch einen langen Prozeß, der überdies voraussetzen würde, daß eine besondere philosophische Sprache dafür geschaffen wird. Und in dieser Sprache würde es keine Namen wie »John« oder »James« und keine Adjektiva wie »klug« und »dumm« geben; all diese Worte der Umgangssprache müßten analysiert und durch weniger vieldeutige Worte ersetzt werden. Ehe diese Arbeit nicht durchgeführt ist, läßt sich die Frage der Eigennamen und Universalien nicht befriedigend diskutieren. Und wenn wir schließlich so weit sind, das Problem erörtern zu können, wird sich herausstellen, daß wir uns um eine ganz andere Frage streiten als die, von der wir auszugehen glaubten.

Wenn es mir also nicht gelungen ist, Aristoteles' Universalienlehre klarzumachen, so liegt das daran, daß sie (wie ich behaupte) eben nicht klar ist. Zweifellos bedeutet sie jedoch einen Fortschritt gegenüber der Ideenlehre: auch handelt es sich dabei wirklich um ein echtes und sehr bedeutendes Problem.

Ein weiterer Terminus ist bei Aristoteles und seinen scholastischen Nachfolgern wichtig: das »Wesen«. Es handelt sich dabei keineswegs um ein Synonym des »Universalen«. »Wesen« ist das, »was man durch seine eigenste Natur ist«. Man könnte sagen, es sind die Eigenschaften, die man nicht verlieren kann, ohne dabei aufzuhören, man selbst zu sein. Nicht allein das Einzelding, auch die Gattung hat ein Wesen. Die Definition einer Gattung sollte aus einer Bezeichnung bestehen, die ihr Wesen charakterisiert: Ich werde auf den Begriff »Wesen« im Zusammenhang mit der aristotelischen Logik zurückkommen. Im Augenblick möchte ich nur bemerken, daß es ein ziemlich verworrener Begriff ist, der sich nicht präzisieren läßt.

Als nächstes macht die aristotelische Metaphysik einen Unterschied zwischen »Form« und »Stoff«. (Dabei ist zu beachten, daß »Stoff«, im Gegensatz zu »Form« gebraucht, etwas anderes ist als »Stoff« im Gegensatz zu »Geist«.)

Auch hier geht Aristoteles wieder in seiner Theorie vom gesunden Menschenverstand aus, doch sind dabei, anders als beim Universalienproblem, die an Platos Theorien vorgenommenen Modifizierungen sehr bedeutend. Denken wir uns eine Marmorstatue: hier ist der Marmor der Stoff und die vom Bildhauer geschaffene Gestalt die Form. Oder, um das aristotelische Beispiel anzuführen, wenn ein Mann eine Bronzekugel schafft, dann ist Bronze der Stoff und die Kugelgestalt die Form, während bei ruhiger See das Wasser der Stoff und die Glätte des Meeresspiegels die Form ist. Bis dahin ist alles einfach.

Er führt weiter aus, daß der Stoff kraft der Form zu einem bestimmten Ding werde und daß darin die Wesenheit des Dinges liege. Aus Aristoteles' Worten scheint der reine, gesunde Menschenverstand zu sprechen: ein »Ding« muß begrenzt sein, und seine Begrenzung macht seine Form aus. Nehmen wir beispielsweise eine bestimmte Menge Wasser: jedes beliebige Quantum davon läßt sich vom übrigen trennen, indem es in ein Gefäß getan wird; dann wird dieser Teil zum »Ding«. Aber solange dieser Teil überhaupt nicht von der übrigen homogenen Menge abgesondert wird, ist er kein »Ding«. Eine Statue ist ein »Ding«, und der Marmor, aus dem sie besteht, hat in gewissem Sinne keine Veränderung erfahren im Vergleich zu dem, was dieser Marmor als Teil eines Blocks oder als Teil eines Marmorbruchs war. *Wir* werden natürlich nicht sagen, daß die Form Substantialität verleiht, weil wir uns nämlich in unserer Vorstellung von der Hypothese der Atome nicht freizumachen vermögen. Wenn aber ein Atom ein »Ding« ist, so nur, weil es von anderen Atomen abgegrenzt ist und infolgedessen eine »Form« hat.

Wir kommen nun zu einer neuen Behauptung, die auf den ersten Blick schwierig wirkt: Die Seele ist, wie wir hören, die Form des Körpers. Wobei sich von selbst versteht, daß »Form« hier nicht »Gestalt« bedeutet. Ich werde später darauf zurückkommen, in welchem Sinne die Seele die Form des Körpers ist; im Augenblick möchte ich nur bemerken, daß nach dem aristotelischen System die Seele den Körper zu *einem* Dinge macht, das einem einheitlichen Zweck dient und die

Merkmale aufweist, die für uns zum Begriff des »Organismus« gehören. Der Zweck des Auges ist das Sehen; es kann jedoch nicht sehen, wenn es vom Körper getrennt ist. In Wirklichkeit ist es die Seele, die sieht.

Demnach scheint »Form« dasjenige zu sein, was einer bestimmten Menge Stoff Einheit verleiht, und zwar gewöhnlich, wenn auch nicht immer, eine teleologische Einheit. Es erweist sich jedoch, daß »Form« noch weit mehr als das ist, und gerade darin liegt die Schwierigkeit.

Die Form eines Dinges ist, so erfahren wir, sein Wesen und seine Grundsubstanz. Die Formen sind substantiell, die Universalien hingegen nicht. Wenn jemand eine Bronzekugel modelliert, hat es Stoff und Form schon vorher gegeben; er tut nichts anderes, als beides miteinander zu verbinden; der Mann macht nicht etwa die Form, so wenig wie die Bronze. Nicht alles ist stofflich; die ewigen Dinge bestehen nicht aus Stoff, mit Ausnahme derer, die sich im Raum bewegen können. Die Dinge werden wirklicher, wenn sie Form annehmen; Stoff ohne Form ist nur eine Möglichkeit.

Mit der Ansicht, daß Formen Substanzen sind mit unabhängiger Existenz von dem Stoff, in dem sie erscheinen, widerspricht Aristoteles offenbar den Argumenten, die er selbst gegen die platonischen Ideen angeführt hatte. Er hält die Formen für etwas von den Universalien ganz Abweichendes, doch haben sie viel Charakteristisches gemeinsam. Die Form ist, wie wir hören, wirklicher als der Stoff; das erinnert an die alleinige Realität der Ideen. Offensichtlich verändert Aristoteles die platonische Metaphysik nicht so stark, wie er es hinstellt. Diese Ansicht vertritt Zeller, der zur Frage von Stoff und Form bemerkt:[4]

»Den letzten Grund dieser Unklarheit werden wir aber darin zu suchen haben, daß der Philosoph, wie sich noch zeigen wird, von der platonischen Hypostasierung der Begriffe sich nur zur Hälfte befreit hat. Die Formen haben für ihn, wie die Ideen für Plato, als Bedingung der Einzeldinge eine eigene metaphysische Existenz, und so eingehend er das allmähliche Hervorwachsen der Begriffe aus der Erfahrung zu verfolgen weiß, werden diese schließlich doch wieder, wenigstens da, wo sie sich am weitesten von der unmittelbaren Erfahrung entfernen, aus einem logischen Erzeugnis des menschlichen Denkens zum unmittelbaren Abbild einer übersinnlichen Welt und als solches zum Gegenstand einer intellektuellen Anschauung.«

Wie Aristoteles dieser Kritik hätte begegnen wollen, wüßte ich nicht. Ich kann mir nur vorstellen, daß er allein mit der Behauptung hätte antworten können, zwei Dinge könnten nicht die *gleiche* Form haben. Wenn beispielsweise ein Mann zwei Bronzekugeln macht, so hat eine jede ihre eigene, besondere Kugelgestalt, die ein substantielles und besonderes Exemplar der universalen Kugelform, nicht aber mit ihr identisch ist. Ich glaube allerdings nicht, daß der Wortlaut der von mir

---

[4] *Philosophie der Griechen*, Aristoteles.

zitierten Stellen ohne weiteres diese Auslegung ermöglicht. Und der Einwand liegt nahe, daß die besondere Kugelform nach Aristoteles nicht erkennbar wäre, wogegen es ja zum Wesen seiner Metaphysik gehört, daß die Dinge immer erkennbarer werden, je mehr sie an Form gewinnen und an Materie verlieren. Das verträgt sich nicht mit seinen übrigen Ansichten, es sei denn, die Form könnte in vielen Einzeldingen verkörpert werden. Wollte er sagen, es gäbe eben so viele Formen, also Beispiele der Kugelgestalt, wie kugelförmige Dinge, dann hätte er sehr einschneidende Veränderungen an seinem philosophischen System vornehmen müssen. So wäre etwa seine Ansicht, daß eine Form mit ihrem Wesen identisch ist, unvereinbar mit dem oben angedeuteten Ausweg aus dieser Schwierigkeit.

Die Lehre von Stoff und Form hängt bei Aristoteles mit dem Unterschied von Möglichkeit und Wirklichkeit (Aktualität) zusammen. Der reine Stoff wird als Möglichkeit der Form verstanden, jede Veränderung würden wir als »Entwicklung« bezeichnen in dem Sinne, daß das betreffende Ding nach der Veränderung mehr Form besitzt als vorher. Was mehr Form besitzt, gilt als »wirklicher« (aktueller). Gott ist reine Form und reine Wirklichkeit; für ihn kann es daher keine Veränderung geben. Wir werden sehen, daß diese Doktrin optimistisch und teleologisch ist: das Universum und alles darin Befindliche entwickelt sich beständig zu etwas Besserem.

Der Begriff der Möglichkeit erweist sich in verschiedenen Zusammenhängen als praktisch; wenn wir ihn verwenden wollen, müssen wir allerdings unsere Feststellungen so formulieren, daß er darin nicht vorkommt. »Ein Marmorblock ist eine mögliche Statue« bedeutet, »Aus einem Marmorblock kann bei entsprechender Behandlung eine Statue werden«. Wird aber die Möglichkeit als fundamentaler, unwandelbarer Begriff gebraucht, so verbirgt sich dahinter stets nur unklares Denken. Die Art, wie Aristoteles ihn verwendet, gehört zu den Schwächen seines Systems.

Aristoteles' Theologie ist interessant und hängt eng mit seiner übrigen Metaphysik zusammen – »Theologie« gehört ja sogar zu seinen Bezeichnungen für das, was wir Metaphysik nennen. (Das Buch, das wir unter diesem Titel kennen, trug bei ihm einen anderen Namen.)

Es gibt bei ihm drei Arten von Substanzen: die sinnlich wahrnehmbaren und vergänglichen, die sinnlich wahrnehmbaren, aber unvergänglichen und die weder sinnlich wahrnehmbaren noch vergänglichen. Zur ersten Gruppe gehören Pflanzen und Tiere, zur zweiten die Himmelskörper (bei denen es nach Auffassung von Aristoteles keine Veränderung, nur Bewegung gibt) und drittens die Vernunftseele beim Menschen und bei Gott.

Das Hauptargument für Gott ist die erste Ursache: es muß etwas geben, das Bewegung erzeugt, und dieses Etwas muß selbst unbewegt und ewig, Substanz und Wirklichkeit sein. Das Objekt des Begehrens und das Objekt des Denkens, sagt Aristoteles, verursachen in dieser Weise Bewegung, ohne selbst in Bewegung zu sein. So erzeugt Gott dadurch Bewegung, daß er geliebt wird, während jede andere Ursache dadurch Bewegung bewirkt, daß sie selbst in Bewegung ist (wie eine Billardkugel). Gott ist reines Denken; denn das Denken ist das Höchste. »Er (Gott) ist aber auch das subsistierende Leben. Denn die Aktualität des Intellektes ist Leben; jener aber ist die Aktualität, die Aktualität aber sein subsistierendes vollkommenes und ewiges Leben. Darum pflegen wir zu sagen, Gott sei ein vollkommenes und ewiges lebendiges Wesen. Demnach eignet Gott stetes und ewiges Leben und stete und ewige Dauer. Denn Gott ist persönlich diese beide.« (1072b.)[5]

»Aus dem Gesagten ist also klar, daß es ein ewiges, unbewegtes und vom Sichtbaren abgeschiedenes Wesen gibt. Es wurde aber auch gezeigt, daß dieses Wesen keinerlei Größe haben kann, sondern unteilbar und unzertrennlich ist... Man sieht aber auch, daß das göttliche Wesen leiden- und wandellos ist. Alle anderen Bewegungen sind ja später als die Ortsbewegung.« (1073a.)

Gott besitzt nicht die Eigenschaften der christlichen Vorsehung; denn die Vorstellung, er könne an etwas anderes als das Vollkommene, also sich selbst, denken, würde seiner eigenen Vollkommenheit Abbruch tun. »Mithin denkt er sich selbst, wenn anders er das Vollkommenste ist, und ist das Denken Denken des Denkens.« (1074b.) Daraus müssen wir schließen, daß Gott von unserer unter dem Monde gelegenen Welt nichts weiß. Aristoteles ist wie Spinoza der Ansicht, die Menschen müßten zwar Gott lieben, doch könne Gott unmöglich die Menschen lieben.

Gott kann nicht als »der unbewegte Beweger« *definiert* werden. Astronomische Erwägungen haben vielmehr zu dem Ergebnis geführt, daß es siebenundvierzig oder fünfundfünfzig unbewegte Beweger gibt (1074a.). Ihre Beziehung zu Gott kommt nicht klar heraus; eine natürliche Auslegung wäre wohl, daß es siebenundvierzig oder fünfundfünfzig Götter gibt. Denn nach einer der obigen Stellen fährt Aristoteles fort: »Ob man aber *ein* solches Wesen anzunehmen hat oder mehrere, und wie viele, darf nicht unentschieden bleiben«; und alsbald beginnt er mit der Argumentierung, die zu den siebenundvierzig oder fünfundfünfzig unbewegten Bewegern führt.

»Der unbewegte Beweger« ist ein schwieriger Begriff. Dem modernen Betrachter scheint jede Bewegung durch eine vorangegangene Bewegung verursacht zu sein; er glaubt, daß es ewig dabei bleiben müsse, wenn das Universum immer völlig statisch wäre. Um verstehen zu können, was Aristoteles meint, müssen wir berücksichtigen, was er über die Ursachen sagt. Es gibt nach seiner Auffassung vier Arten von

---

[5] Aristoteles, *Metaphysik* und *Nikomachische Ethik*, übersetzt von Dr. Eugen Rolfes (Verlag Felix Meiner, Leipzig 1920–1921).

Ursachen: stoffliche, formale, wirkende und Zweck-Ursachen. Denken wir wieder an den Bildhauer, der die Statue schafft. Die stoffliche Ursache ist der Marmor, die formale das Wesen der herzustellenden Statue, die wirkende Ursache die Berührung des Marmors mit dem Meißel und die Zweck-Ursache das, was der Bildhauer beabsichtigt. In moderner Ausdrucksweise würde die Bezeichnung »Ursache« nur auf die wirkende Ursache beschränkt bleiben. Der unbewegte Beweger kann als Zweck-Ursache angesehen werden: sie verleiht der Veränderung einen Sinn, der im wesentlichen in der Entwicklung zur Gottgleichheit besteht.

Ich sagte bereits, Aristoteles sei nicht sehr religiös veranlagt gewesen; das ist aber nur teilweise richtig. Die *eine* Seite seiner religiösen Überzeugung ließe sich, allerdings ziemlich frei, folgendermaßen auslegen:

Gott ist ewig als reines Denken, als Glückseligkeit, völlige Selbsterfüllung und ist ewig im Verwirklichen all seiner Absichten. Die sinnliche Welt hingegen ist unvollkommen, doch gibt es darin Leben, Wunsch, Denken (wenn auch unvollkommenes) und Sehnsucht. Alles Lebendige weiß mehr oder weniger von Gott und wird durch Bewunderung Gottes und Liebe zu Gott zum Handeln getrieben. Somit ist Gott die Zweckursache alles Handelns. Veränderung bedeutet, dem Stoff Form geben; wo es sich jedoch um sinnliche Dinge handelt, bleibt immer ein stoffliches Substrat zurück. Nur Gott ist reine Form ohne Stoff. Die Welt entwickelt sich beständig zu immer höherer Form und wird dadurch allmählich gottähnlicher. Der Vorgang kann aber nie zu einem Ende führen, weil der Stoff sich nicht ganz ausschalten läßt. Es ist eine Religion des Fortschritts und der Evolution; denn Gott in seiner statischen Vollkommenheit bewegt die Welt nur durch die Liebe, die endliche Wesen für ihn empfinden. Plato war Mathematiker, Aristoteles Biologe; daraus erklären sich ihre unterschiedlichen religiösen Anschauungen.

Aristoteles' Religion jedoch nur so aufzufassen, hieße sie allzu einseitig sehen; auch er liebt wie alle Griechen die statische Vollkommenheit; auch er zieht die Kontemplation der Aktion vor. Seine Lehre von der Seele veranschaulicht diese Seite seiner Philosophie.

Bei den Kommentatoren war es eine umstrittene Frage, ob Aristoteles in irgendeiner Form den Unsterblichkeitsgedanken vertreten habe. Averroes, der das verneinte, hatte Anhänger in christlichen Ländern, deren extremste Epikureer genannt wurden; Dante sah sie in der Hölle. Die aristotelische Lehre ist tatsächlich sehr kompliziert und führt leicht zu Mißverständnissen. In seinem Buch *Von der Seele* glaubt Aristoteles die Seele an den Körper gebunden und macht sich zugleich über die pythagoreische Doktrin von der Seelenwanderung lustig (407b). Offenbar geht die Seele mit dem Körper zugrunde: »unzweifelhaft folgt daraus, daß die Seele vom Körper untrennbar ist« (413a); er fügt aber sogleich hinzu: »oder zumindest Teile der Seele«. Leib und Seele verhalten sich zueinander wie Stoff und Form: »Die Seele muß Substanz sein im Sinne der Form eines materiellen Körpers, der potentiell Leben besitzt. Substanz aber ist Aktualität, also ist die Seele die Aktualität eines Körpers der oben bezeichneten Art« (412a). Die Seele »ist Substanz als objektiver Begriff. Das heißt, sie ist das eigentümliche Sein eines Körpers von dieser bestimmten Beschaffenheit (d. h. Leben besitzenden)« (412b). Die Seele ist die erste Stufe der Aktualität eines natürlichen, mit Lebensfähigkeit begabten Körpers. Der so beschriebene Körper ist ein organischer Körper (412a). Die Frage, ob Leib und Seele eins sind, ist ebenso sinnlos wie die Frage, ob das Wachs und die ihm aufgeprägte Form eins sind (412b). Selbsternährung ist das einzige psychische Vermögen, das Pflanzen besitzen (413a). Die Seele ist die Bestimmtheit des Leibes (414a).

In diesem Buch unterscheidet er zwischen »Seele« und »Geist«, wobei er den Geist höher stellt als die Seele und ihn für weniger an den Körper gebunden hält. Nachdem er über die Beziehung von Seele und Körper gesprochen hat, sagt er: »Mit dem Geist verhält es sich anders; er erscheint als eine unabhängige Substanz, die dem Körper innewohnt und nicht zerstört werden kann« (408b). Weiter: »Wir haben noch keinerlei Gewißheit, wie es sich mit dem Geist oder der Denkfähigkeit verhält: er erscheint als eine ganz andere Art von Seele, so verschieden von ihr, wie das Ewige vom Vergänglichen sich unterscheidet; er allein kann getrennt von allen anderen psychischen Fähigkeiten existieren. Alle anderen Teile der Seele können, wie aus dem, was wir gesagt haben, klar hervorgeht, trotz aller gegenteiligen Behauptungen nicht für sich allein existieren« (413b). Der Geist ist derjenige Teil von uns, der Mathematik und Philosophie begreift; er beschäftigt sich mit zeitlosen Gegenständen, daher muß er selbst als zeitlos angesehen werden. Die Seele bewegt den Körper und nimmt sinnliche Dinge wahr; sie ist charakterisiert durch Selbsterhaltung, Empfindung, Vorstellung und Bewegung (413b); dem Geist aber fällt die höhere Funktion des Denkens zu, die keine Beziehung zum Körper oder zu den Sinnen hat. Daher kann der Geist unsterblich sein, nicht aber die Seele.

Um Aristoteles' Ansicht über die Seele zu verstehen, müssen wir uns erinnern, daß die Seele die »Form« des Körpers ist und daß die räumliche Gestalt eine Art der »Form« ist. Was haben nun Seele und Gestalt gemein? Mir scheint, ihr Gemeinsames besteht darin, daß sie einer bestimmten Menge Materie Einheit verleihen. Der Teil eines Marmorblocks, der später zu einer Statue wird, ist bislang noch nicht vom übrigen Marmor getrennt; er ist noch kein Ding und besitzt keine Einheit. Nachdem der Bildhauer die Statue geschaffen hat, besitzt er Einheit, die er aus seiner Gestalt bezieht. Nun ist das Wesensmerkmal der Seele, kraft dessen sie die »Form« des Leibes ist, daß sie den Körper zu einem organischen Ganzen macht, der als Einheit bestimmten Zwecken dient.

Die Zwecke eines Einzelorgans liegen außerhalb seiner selbst; das Auge kann für sich allein nicht sehen. Daher kann man sagen, daß ein Tier oder eine Pflanze als Ganzes das Subjekt vieler Dinge ist, was sich von ihren Einzelteilen nicht sagen läßt. Was einer Pflanze oder einem Tier Wesenheit verleiht, bezeichnet Aristoteles mit »Seele«. »Geist« hingegen ist etwas ganz anderes und weniger innig mit dem Leib verbunden; vielleicht ist er ein Teil der Seele, doch besitzt ihn nur eine kleine Minderheit lebender Wesen (415a). Die theoretische Vernunft kann nicht Bewegung verursachen, denn sie denkt nie über das Praktische nach und sagt niemals etwas darüber, was zu erstreben und was zu vermeiden ist (432b).

Eine ähnliche Doktrin wird, wenn auch in leicht abgewandelter Terminologie, in der *Nikomachischen Ethik* dargelegt. In der Seele gibt es ein rationales und ein irrationales Element. Der irrationale Teil ist zweifach: vegetativ in jedem Lebewesen, selbst in den Pflanzen, und triebhaft in allen Tieren (1102b). Das Leben der rationalen Seele besteht in der Kontemplation, die für den Menschen vollkommene Glückseligkeit bedeutet, obgleich er sie nicht ganz erlangen kann. »Aber das Leben, in dem sich diese Bedingungen erfüllen, ist höher, als es dem Menschen als Menschen zukommt. Denn so kann er nicht leben, insofern er Mensch ist, sondern nur insofern er etwas *Göttliches* in sich hat. So groß aber der Unterschied ist zwischen diesem Göttlichen selbst und dem aus Leib und Seele zusammengesetzten Menschenwesen, so groß ist auch der Unterschied zwischen der Tätigkeit, die von diesem Göttlichen ausgeht, und allem sonstigen tugendgemäßen Tun. Ist nun die Vernunft im Vergleich mit dem Menschen etwas Göttliches, so muß auch das Leben nach der Vernunft im Vergleich mit dem menschlichen Leben göttlich sein. Man darf aber nicht jener Mahnung Gehör geben, die uns anweist, unser Streben als Menschen auf Menschliches und als Sterbliche auf Sterbliches zu beschränken, sondern wir sollen, so weit es möglich ist, uns bemühen, unsterblich zu sein und alles zu dem Zwecke zu tun, dem Besten, was in uns ist, nachzuleben. Denn ob klein an Umfang, ist es doch an Kraft und Wert das bei weitem über alles Hervorragende« (1177b).

Nach diesen Stellen scheint die Individualität – nämlich das, was den einen Menschen vom anderen unterscheidet – mit dem Leib und der irrationalen Seele zusammenzuhängen, während die rationale Seele (Vernunftseele) oder der Geist göttlich und unpersönlich ist. Der eine liebt Austern, der andere Ananas; das unterscheidet sie voneinander. Denken sie aber über das Einmaleins nach, so besteht zwischen ihnen kein Unterschied, vorausgesetzt, daß sie richtig denken. Das Irrationale trennt uns, das Rationale eint uns. Somit ist die Unsterblichkeit des Geistes oder der Vernunft nicht an die Person eines Menschen gebundene Unsterblichkeit, sondern Teil von Gottes Unsterblichkeit. Es hat nicht den Anschein, als glaube Aristoteles an *persönliche*

Unsterblichkeit, wie sie von Plato und später vom Christentum gelehrt wurde. Er glaubte nur, daß die Menschen, soweit sie rational sind, an dem Göttlichen teilhaben, das unsterblich ist. Es steht dem Menschen frei, das göttliche Element in seiner Seele zu entfalten und zu erweitern; das ist dann höchste Tugend. Käme er dabei aber ganz zum Ziel, so wäre er keine Einzelperson mehr. Das ist vielleicht nicht die einzig mögliche Deutung der aristotelischen Worte, meiner Ansicht nach aber die natürlichste.

20. KAPITEL

Aristoteles' Ethik

Das Gesamtwerk des Aristoteles enthält drei Abhandlungen über Ethik; zwei davon werden jetzt allerdings allgemein Schülern von ihm zugeschrieben. Die Echtheit des größten Teils der dritten, der *Nikomachischen Ethik*, wird nicht angezweifelt; doch wird vielfach angenommen, daß selbst in diesem Buch manches (die Bücher V, VI und VII) aus den Werken von Schülern stammt und eingefügt wurde. Ich möchte jedoch von dieser Streitfrage absehen und das Buch als ein von Aristoteles selbst stammendes Ganzes behandeln.

Mit seinen ethischen Anschauungen vertritt Aristoteles im großen und ganzen die vorherrschenden Ansichten der gebildeten und erfahrenen Menschen seiner Zeit. Sie sind nicht wie bei Plato mit religiöser Mystik durchsetzt; auch enthalten sie keine so ketzerischen Theorien über Eigentum und Familie, wie wir sie in Platos *Staat* finden. Wer weder im guten noch schlechten Sinne von der Norm anständiger Bürgerlichkeit abweicht, wird in der *Ethik* die systematische Darstellung ihm angemessen erscheinender Prinzipien der Lebensführung sehen. Wer mehr davon erwartet, wird enttäuscht sein. Das Buch wendet sich an ehrbare Menschen mittleren Alters, und solche Leute haben es auch, besonders seit dem siebzehnten Jahrhundert, dazu verwendet, dem Überschwang und Eifer der Jugend einen Dämpfer aufzusetzen. Auf einen etwas tiefer empfindenden Menschen wird es aber wohl geradezu abstoßend wirken.

Das höchste Gut ist, wie wir hören, die Glückseligkeit, eine Leistung der Seele. Aristoteles gibt Plato recht, der in der Seele einen rationalen und einen irrationalen Teil unterscheidet. Der irrationale zerfällt wiederum in das Vegetative (das sogar die Pflanzen haben) und in das Animalische (das bei allen Tieren zu finden ist). Der animalische Teil kann bis zu einem gewissen Grade rational sein, wenn die Vernunft die von ihm angestrebten Güter anerkennen kann. Das ist wesentlich für die Bewertung der Tugend; denn bei Aristoteles ist die Vernunft allein rein kontemplativ und kommt ohne Hilfe des Animalischen zu keiner praktischen Aktivität.

Es gibt entsprechend den beiden Teilen der Seele zweierlei Tugend, die *intellektuelle* und die *ethische*. Intellektuelle Tugenden sind Ergebnisse der Belehrung, moralische Tugenden Ergebnisse der Gewohnheit. Aufgabe des Gesetzgebers ist es, gute Gewohnheiten zu erzielen, um dadurch gute Bürger heranzubilden. Wir werden gerecht, wenn wir gerecht handeln, und so verhält es sich auch mit anderen Tugenden. Zwingt man uns, gute Sitten anzunehmen, so werden wir nach Auffas-

Aristoteles mit der Zeit Freude daran finden, gute Taten zu tun. Das erinnert uns an die Worte, die Hamlet an seine Mutter richtet:

> Nehmt eine Tugend an, die ihr nicht habt.
> Der Teufel Angewöhnung, der des Bösen
> Gefühl verschlingt, ist hierin Engel doch:
> Er gibt der Übung schöner, guter Taten
> Nicht minder eine Kleidung oder Tracht,
> Die gut sich anlegt.

Wir kommen nun zu seiner berühmten Lehre von der goldenen Mitte. Jede Tugend ist die Mitte zwischen zwei Extremen, deren jedes ein Laster ist. Das wird durch eine Untersuchung der verschiedenen Tugenden bewiesen.

Mut ist die Mitte zwischen der Feigheit und der Tollkühnheit, Freigebigkeit zwischen der Verschwendungssucht und der Knausrigkeit, Selbstbewußtsein zwischen Eitelkeit und Selbsterniedrigung, schlagfertiger Witz zwischen Possenreißerei und Flegelhaftigkeit, Bescheidenheit zwischen Schüchternheit und Unverschämtheit. Manche Tugenden scheinen allerdings in dieses Schema nicht hineinzupassen, beispielsweise die Wahrhaftigkeit. Aristoteles bezeichnet sie als ein Mittelding zwischen Prahlsucht und vorgetäuschter Unwissenheit (1108a); das trifft jedoch nur auf die Wahrhaftigkeit sich selbst gegenüber zu. Ich wüßte aber nicht, wie Wahrhaftigkeit im weiteren Sinne diesem Schema einzufügen wäre. Es war einmal ein Bürgermeister, der sich die aristotelische Lehre zu eigen gemacht hatte; am Ende seiner Amtszeit sagte er in einer Ansprache, er habe sich stets bemüht, sich auf der schmalen Grenzlinie zwischen Parteilichkeit und Unparteilichkeit zu halten. Die Auffassung von der Wahrhaftigkeit als Mittelding wirkt kaum weniger töricht.

Die aristotelische Auffassung deckt sich in moralischen Fragen durchweg mit den damals üblichen Ansichten. In manchen Punkten weichen sie von den unseren ab, und zwar vornehmlich dort, wo die Aristokratie in irgendeiner Form eine Rolle spielt. Nach unserer Meinung haben, zumindest in der ethischen Theorie, alle Menschen die gleichen Rechte, und Gleichheit ist für uns die Voraussetzung der Gerechtigkeit; nach Aristoteles bedingt jedoch Gerechtigkeit nicht Gleichheit, sondern das rechte Verhältnis, das nur *bisweilen* Gleichheit ist (1131b).

Beim Herrn oder Vater sieht die Gerechtigkeit anders aus als beim Bürger, denn ein Sohn oder Sklave ist Eigentum, und dem Eigenbesitz gegenüber kann es keine Ungerechtigkeit geben (1134b). Für die Sklaven wird diese Auffassung allerdings leicht modifiziert, und zwar in Zusammenhang mit der Frage, ob jemand mit seinem Sklaven befreundet sein könne: »Hier fehlt jedes Gemeinsame: der Sklave ist ein beseeltes

Werkzeug... Sofern er also Sklave ist, ist keine Freundschaft mit ihm möglich, wohl aber sofern er Mensch ist. Denn jeder Mensch, kann man sagen, steht im Rechtsverhältnis zu jedem Menschen, der Gesetz und Vertrag mit ihm gemeinsam haben kann, und damit ist auch die Möglichkeit eines Freundschaftsbandes gegeben, insofern der Sklave ein Mensch ist« (1161b).

Ein Vater kann seinen Sohn verstoßen, wenn er nicht gut tut, nicht aber ein Sohn seinen Vater, denn er verdankt ihm mehr, als er ihm je vergelten kann, vor allem das Leben (1163b). Jeder sollte seinem Wert entsprechend geliebt werden; daher ist es bei ungleichem Verhältnis richtig, daß der Geringere den Höheren mehr liebt als umgekehrt: Frauen, Kinder, Untertanen sollten für ihre Männer, Eltern und Landesherren mehr Liebe empfinden als diese für sie. In einer guten Ehe »herrscht der Mann gebührenderweise, und zwar auf dem dem Manne zustehenden Gebiete, und überläßt dagegen der Frau, was sich für diese schickt«. (1160b.)

In ihrem Bereich sollte er sie allein herrschen lassen; noch weniger aber sollte sie sich in den seinen einmischen, wie es zuweilen geschieht, wenn sie eine reiche Erbin ist.

Der Idealmensch ist nach der Auffassung des Aristoteles etwas ganz anderes als der christliche Heilige. Er soll Selbstbewußtsein besitzen und die eigenen Vorzüge nicht unterschätzen. Wer Verachtung verdient, den soll er verachten (1124b). Seine Charakteristik des Menschen von Seelengröße[1] ist äußerst interessant und läßt den Unterschied zwischen heidnischer und christlicher Ethik erkennen; es erklärt sich daraus auch, was Nietzsche berechtigte, das Christentum für eine Sklavenmoral zu halten.

»Wer Seelengröße besitzt, muß, wenn anders er das Höchste beanspruchen darf, ein vortrefflicher Mensch sein. Also muß, wer wahrhaft Seelengröße besitzt, sittlich gut sein. Das, was an jeder einzelnen Tugend das Große ist, scheint ihm besonders zuzukommen. So stünde es zum Beispiel im Widerspruch zur Seelengröße, mit schlotternden Knien die Flucht zu ergreifen oder ein Unrecht zu begehen. Denn wozu sollte ein Mann, dem nichts zu groß ist, eine schimpfliche Handlung verüben?... Seelengröße ist also gewissermaßen die Krone aller Tugenden, denn sie steigert diese und kann ohne sie überhaupt nicht bestehen. Darum ist es in Wahrheit schwer, Seelengröße zu erlangen; denn ohne vollkommene Tüchtigkeit ist es nicht möglich. Wer Seelengröße be-

---

[1] Die griechische Bezeichnung bedeutet wörtlich »mit großer Seele« und wird gewöhnlich mit »großmütig« übersetzt, doch gibt die Oxforder Übertragung den Ausdruck mit »stolz« wieder. Kein Wort im modernen Sprachgebrauch entspricht vollkommen dem, was Aristoteles meint; ich finde aber den Ausdruck »ein Mensch, der Seelengröße besitzt« am besten, womit ich das Wort »stolz« in der Oxforder Übertragung des obigen Zitats ersetzt habe.

sitzt, hat es also in erster Linie mit Ehre und Unehre zu tun, und er wird sich über Ehrenerweisungen, die ihm von ernsthaften Leuten zuteil werden, maßvoll freuen, als empfinge er nur, was sein eigen ist, oder auch weniger; denn eine der vollendeten Rechtschaffenheit entsprechende Ehre gibt es gar nicht. Er wird sie aber annehmen, da man ihm keine größere erweisen kann. Ehrungen dagegen, die ihm von Nächstbesten und wegen Kleinigkeiten erwiesen werden, werden ihn gleichgültig lassen – denn sie sind seiner nicht würdig –, und ebenso Verunglimpfungen, da sie ihm gegenüber immer Unrecht haben werden ... Macht und Reichtum erstrebt man um der Ehre willen. Wem daher sogar die Ehre nicht viel bedeutet, bei dem gilt dies auch von allem anderen. Daher kommt es, daß Seelengröße den Eindruck von Hochmut machen kann ... Wer Seelengröße besitzt, setzt sich nicht wegen einer Kleinigkeit der Gefahr aus. Dagegen nimmt er die Gefahr um einer großen Sache willen auf sich, und wenn er es tut, so schont er auch sein Leben nicht, weil es ihm unwürdig erscheint, das Leben um jeden Preis zu erhalten.

Er ist der Mann, anderen Dienste zu erweisen, scheut sich aber, sich solche erweisen zu lassen; denn jenes ist die Sache des Überlegenen, dieses die des Abhängigen. Dienste, die man ihm geleistet hat, erwidert er durch größere: denn so wird er sich den, der ihm zuerst einen Dienst erwiesen hat, in noch höherem Grad verpflichten, und dieser wird dann der Empfangende sein ... Auch pflegt, wer Seelengröße besitzt, andere Leute nicht mit Bitten anzugehen, oder doch ungern, dagegen gerne selbst gefällig zu sein, ferner gegen hochstehende und in günstigen äußeren Verhältnissen lebende Personen eine selbstbewußte Haltung zu zeigen, mit Leuten mittleren Standes dagegen in schlichter Weise zu verkehren. Denn jenen sich überlegen zu zeigen, ist schwierig und erfordert einen gewissen Stolz; bei diesen dagegen ist es keine Kunst; und jenen gegenüber sich stolz zu zeigen, ist nicht unedel, Niedrigstehenden gegenüber aber wäre es ebenso taktlos, wie wenn man vor Schwachen sich seiner Stärke rühmte ... Wer diese Eigenschaften besitzt, kann nicht anders als seinen Haß und seine Liebe offen zeigen; denn sie verbergen würde Furcht verraten. Die Wahrheit stellt er höher als den Schein, und er ist offen in Wort und Tat. Er redet frei heraus, weil er sich den anderen überlegen weiß. Deshalb ist er auch wahrhaftig, sofern er sich nicht der Ironie bedient; diese wird er aber auch nur gegenüber der Menge in Anwendung bringen ... Auch zur Bewunderung ist er nicht geneigt, denn in seinen Augen ist nichts groß ... Er redet nicht gerne über Menschen, weder über sich selbst noch über andere, denn es liegt ihm weder an seinem eigenen Lob noch am Tadel anderer ... Es ist ihm mehr darum zu tun, das Schöne zu besitzen, das keinen Nutzen abwirft als das Nutzbringende und Vorteilhafte ... In seinem äußern Auftreten hat er eine gemessene Bewegung, eine tiefe Stimme und eine ruhige Art zu sprechen ... So also ist derjenige beschaffen, der Seelengröße besitzt. Wem aber hier ein Mangel anhaftet, der hat niederen Sinn, und wem ein Übermaß anhaftet, der ist aufgeblasen.«[2]

Man schaudert bei dem Gedanken, wie dieser aufgeblasene Mensch wohl aussehen würde.

Was man auch von dem Menschen mit Seelengröße halten mag, so ist doch eines klar: sehr viele dieser Art können in einem Staat nicht existieren. Ich meine nicht nur allgemein, daß es wohl nicht allzu viele tugendhafte Menschen geben wird, weil es nun einmal so schwer ist, tugendhaft zu sein; ich meine vielmehr, daß die Tugenden eines solchen Menschen von Seelengröße weitgehend von seiner sozialen Ausnahmestellung abhängen. Aristoteles hält die Ethik für einen Zweig der Politik; es ist daher nicht überraschend, daß er nach diesem Loblied auf den Stolz die Monarchie für die beste und die Aristokratie für die zweitbeste Staatsform erklärt: Monarchen und Aristokraten können »Seelengröße« haben. Durchschnittsbürger jedoch würden sich lächerlich machen, wenn sie nach diesem hohen Vorbild zu leben versuchen wollten.

Das führt zu einer Frage, die halb ethisch, halb politisch ist. Können wir einen Staat für moralisch befriedigend halten, dessen Verfassung im wesentlichen die besten Dinge nur einigen wenigen vorbehält, während sie der großen Mehrheit zumutet, sich mit den zweitbesten zu begnügen? Plato und Aristoteles bejahen diese Frage, und Nietzsche stimmt mit ihnen überein. Stoiker, Christen und Demokraten verneinen sie. In der Art, sie zu verneinen, unterscheiden sie sich jedoch sehr stark. Die Stoiker und ersten Christen halten die Tugend für das höchste Gut; äußere Umstände können nach ihrer Auffassung den Menschen nicht davon abhalten, tugendhaft zu sein; ein gerechtes soziales System braucht daher gar nicht erst angestrebt zu werden, da soziale Ungerechtigkeit nur bei unwichtigen Angelegenheiten vorkommen kann. Der Demokrat hingegen hält im allgemeinen, zumindest auf politischem Gebiet, Macht und Eigentum für das Wichtigste; er kann deshalb nicht mit einem Gesellschaftssystem einverstanden sein, das in diesen Beziehungen ungerecht ist.

Die Auffassung der Stoiker und Christen setzt einen Tugendbegriff voraus, der sich von dem aristotelischen stark unterscheidet, denn sie muß darauf bestehen, daß Tugend für Sklaven und Herren gleichermaßen erreichbar ist. Die christliche Ethik mißbilligt den Stolz, den Aristoteles für eine Tugend hält, und lobt die Demut, die ihm als Laster gilt. Die intellektuellen Tugenden, die Plato und Aristoteles am höchsten schätzten, müssen überhaupt aus der Liste der Tugenden gestrichen werden, damit die Armen und Demütigen ebenso tugendhaft sein können wie alle übrigen. Papst Gregor der Große tadelte in aller Form einen Bischof, weil er Grammatik lehrte.

---

2 Übersetzt von Wilhelm Nestle. (Anm. d. Übers.)

Die aristotelische Auffassung, die höchste Tugend sei nur wenigen vorbehalten, findet ihre logische Begründung darin, daß er die Ethik der Politik unterordnet. Wenn es wichtiger ist, den guten Staat als den guten Menschen anzustreben, dann ist wohl in einem solchen Staat auch Subordination möglich. In einem Orchester ist die erste Violine bedeutender als die Oboe, obwohl beide zur Vollkommenheit des Ganzen notwendig sind. Man kann unmöglich ein Orchester nach dem Prinzip aufbauen, jedem Mitglied das zukommen zu lassen, was für ihn als einzelnen das Beste wäre. Das gleiche gilt für die Verfassung eines großen modernen, wenn auch demokratischen Staates. Die Demokratie der Neuzeit überträgt – abweichend von der Antike – bestimmten, erwählten Einzelpersonen, Präsidenten oder Ministerpräsidenten, große Macht und muß von ihnen Leistungen erwarten, mit denen sie bei durchschnittlichen Bürgern nicht rechnen darf. Wer nicht gerade religiös oder politisch oppositionell zu denken gewöhnt ist, wird wahrscheinlich der Ansicht sein, daß dem Präsidenten mehr Ehre gebührt als dem Maurer. Die Demokratie erwartet von einem Präsidenten nicht, daß er voll und ganz dem aristotelischen Menschen von Seelengröße entspricht; wohl aber nimmt man an, daß er sich beträchtlich vom Durchschnittsbürger unterscheidet und für seine Stellung bestimmte Vorzüge mitbringt. Diese besonderen Vorzüge wird man vielleicht nicht als »ethisch« bezeichnen; das liegt aber daran, daß wir dieses Adjektiv in engerem Sinne gebrauchen als Aristoteles.

Durch das christliche Dogma hat sich der Unterschied zwischen moralischen und anderen Verdiensten, verglichen mit der griechischen Zeit, stärker ausgeprägt. Es ist ein Verdienst, ein großer Dichter, Komponist oder Maler zu sein, jedoch kein moralisches; wir halten ihn um dieser Vorzüge willen nicht für tugendhafter, noch glauben wir, daß er darum mehr Aussicht hat, in den Himmel zu kommen. Das *moralische* Verdienst ist ausschließlich mit Willensakten verbunden, das heißt mit der richtigen Wahl zwischen zwei verschiedenen *möglichen* Handlungsweisen.[3]

Man kann mir keinen Vorwurf daraus machen, daß ich keine Oper schreibe, weil ich nicht weiß, wie das zu machen ist. Nach der orthodoxen Auffassung sagt mir mein Gewissen, wenn zwei verschiedene Handlungsweisen möglich sind, welche die richtige ist, und es wäre Sünde, die andere zu wählen. Tugendhaft sein bedeutet hauptsächlich, das Sündigen zu unterlassen, seltener etwas Positives. Es ist unbegründet, von einem gebildeten Menschen zu erwarten, daß er *moralisch* besser als ein dummer Mensch sei. Auf diese Weise werden viele gute Eigenschaften von großer sozialer Bedeutung aus dem Bereich der Ethik ausgeschlossen. Das Adjektiv »unmoralisch« ist im modernen Sprach-

---

3 Das sagt allerdings auch Aristoteles (1005a), doch sind die Folgen seiner Auffassung nicht so weitgehend wie in der christlichen Auslegung.

gebrauch viel enger begrenzt als das Adjektiv »unerwünscht«. Schwachsinn ist etwas Unerwünschtes, aber nichts Unmoralisches.

Viele moderne Philosophen haben jedoch diese Auffassung der Ethik nicht anerkannt. Sie meinten, man müsse zunächst das Gute definieren und dann erst erklären, wir hätten so zu handeln, damit das Gute verwirklicht werden könne. Diese Auffassung kommt Aristoteles näher, der das Gute im Glück sieht. Das höchste Glück ist freilich nur dem Philosophen zugänglich, für Aristoteles spricht das jedoch nicht gegen die Theorie.

Ethische Theorien lassen sich, je nachdem sie die Tugend als Zweck oder als Mittel ansehen, in zwei Klassen einteilen. Aristoteles ist im großen und ganzen der Meinung, die Tugenden seien Mittel zum Zweck, nämlich zum Glück. »Da nun aber der Zweck Gegenstand des Wollens ist und die Mittel zum Zweck Gegenstand der Überlegung und Willenswahl, so sind wohl die auf diese Mittel gerichteten Handlungen frei gewählt und freiwillig. In solchen Handlungen bestehen aber die Tugendakte.« (1113b.) Aber die Tugend ist noch in anderer Hinsicht in den Zwecken des Handelns einbegriffen. »Das menschliche Gut ist der Tugend gemäße Tätigkeit der Seele, dies ein volles Leben hindurch.« (1089a.) Ich glaube, nach seiner Ansicht sind die intellektuellen Tugenden Zwecke, die praktischen dagegen nur Mittel. Christliche Moralisten behaupten, daß die Folgen tugendhafter Handlungen zwar im allgemeinen gut sind, jedoch nicht *so* gut wie die tugendhaften Handlungen selbst, die nur um ihretwillen zu schätzen sind und nicht wegen ihrer Wirkung. Andererseits sehen diejenigen, die die Lust für das Gute halten, in den Tugenden ausschließlich Mittel zum Zweck. Jede Definition des Guten, die das Gute nicht in der Tugend sieht, muß das gleiche Ergebnis haben, daß nämlich die Tugenden Mittel zum Guten, nicht aber mit ihm identisch sind. Wie gesagt stimmt Aristoteles in dieser Frage im wesentlichen, wenn auch nicht ganz, mit denen überein, welche die Definition des Guten für die erste Aufgabe der Ethik halten und in der Tugend die Handlung sehen wollen, die das Gute bewirkt.

Aus der Beziehung der Moral zur Politik ergibt sich eine weitere ethische Frage von erheblicher Bedeutung. Angenommen, das Gute, das durch gutes Handeln angestrebt wird, sei für den ganzen Staat oder letztlich für die ganze Menschheit gut, ist dann dieses allgemeine Gute die Summe des verschiedenen Guten, dessen sich die einzelnen erfreuen, oder ist es etwas, das seinem Wesen nach dem Ganzen, nicht aber den Teilen zugehört? Das Problem läßt sich durch einen Vergleich mit dem menschlichen Körper veranschaulichen. Sinnliche Freuden sind meist an einzelne Körperteile gebunden, die wir aber als zur Gesamtheit einer Person gehörig betrachten; wir können uns an einem angenehmen Geruch erfreuen, wissen jedoch, daß die Nase allein ihn nicht genießen könnte. Analog behaupten manche, daß in einem straff organisierten Staat alles Gute für die Gesamtheit, nicht aber für einen besonderen Teil da sei. Wird das von Metaphysikern behauptet, so mögen sie wie Hegel der Auffassung sein, daß jede gute Eigenschaft ein Attribut des gesamten Universums sei; gewöhnlich werden sie allerdings hinzufügen, daß es richtiger ist, das Gute dem Staat und nicht dem einzelnen zuzuerkennen. Logisch ließe sich das folgendermaßen formulieren: Man kann dem Staat verschiedene Attribute beilegen, die wir seinen einzelnen Gliedern nicht zubilligen können – man kann ihn als bevölkert, ausgedehnt, mächtig und so fort bezeichnen. Die von uns untersuchte Ansicht bewertet diese Attribute ethisch und behauptet, daß sie nur in abgeleiteter Form den einzelnen zukämen. Ein Mensch kann einem volkreichen, einem guten Staat angehören, er selbst aber ist nur insofern gut, als er zur Bevölkerung dieses Staates gehört. Diese Auffassung wird stark von deutschen Philosophen vertreten, entspricht aber nicht der des Aristoteles, wenn man bis zu einem gewissen Grad von seinem Gerechtigkeitsbegriff absehen will.

Ein großer Teil der *Ethik* beschäftigt sich mit der Freundschaft einschließlich aller Beziehungen, die Zuneigung voraussetzen. Vollkommene Freundschaft ist nur unter guten Menschen möglich, und unmöglich ist es, mit vielen Menschen befreundet zu sein. Mit einer Person, die sich in höherer Stellung als man selbst befindet, sollte man nicht befreundet sein, es sei denn, sie wäre einem auch moralisch überlegen, wodurch die ihr bezeigte Hochachtung gerechtfertigt wäre. Wie wir gesehen haben, sollte bei ungleichen Beziehungen, wie etwa zwischen Mann und Frau oder Vater und Sohn, der Höherstehende mehr geliebt werden. Mit Gott befreundet zu sein, ist unmöglich, da er uns nicht lieben kann. Aristoteles erwägt auch die Frage, ob ein Mensch sich selbst Freund sein könne, und kommt zu dem Schluß, daß das nur bei einem guten Menschen möglich wäre; schlechte Menschen, versichert er, hassen sich oft selbst. Der gute Mensch sollte sich selbst lieben, aber auf vornehme Weise (1169a). Freunde sind ein Trost im Unglück; man sollte sie aber nicht dadurch unglücklich machen, daß man ihr Mitgefühl sucht, wie es Frauen und weibische Männer oft tun (1171b). Nicht nur im Unglück sehnt man sich nach Freunden; auch der Glückliche braucht Freunde, um mit ihnen sein Glück teilen zu können. »Niemand möchte allein stehen, wenn ihm auch alle Güter der Welt zugehören sollten. Denn der Mensch ist von Natur ein geselliges Wesen und auf das Zusammenleben angelegt.« (1169b) Alles, was über die Freundschaft gesagt wird, ist vernünftig, reicht aber mit keinem Wort über den gesunden Menschenverstand hinaus.

Bei der Diskussion der *Lust*, die Plato etwas asketisch behandelt hat, beweist Aristoteles wiederum seine vernünftige Einstellung. In dem von ihm gebrauchten Sinne unterscheidet sich der Begriff der Lust vom Glück, obwohl es ohne Lust kein Glück gibt. Lust läßt sich, wie er sagt, auf dreierlei Art betrachten: 1. sie ist niemals gut; 2. manche Lust ist gut, meist jedoch ist sie schlecht; 3. Lust ist etwas Gutes, jedoch nicht das Beste. Die erste Ansicht verwirft er, weil Schmerz zweifellos etwas Schlechtes ist und die Lust daher etwas Gutes sein muß. Er sagt sehr richtig, es sei unsinnig zu behaupten, ein Mensch könne auf der Folterbank glücklich sein; ein gewisses Maß günstiger äußerer Umstände ist zum Glücklichsein schon erforderlich. Er räumt auch mit der Ansicht auf, daß jede Lust körperlicher Art sei; alle Dinge haben etwas Göttliches und können daher Lust auf irgendeine höhere Weise mit sich bringen. Gute Menschen empfinden immer Freude, sofern sie nicht unglücklich sind, und Gott lebt stets in einzigartiger, reiner Seligkeit (1152–1154).

In einem späteren Teil des Buches wird nochmals die Lust erörtert, und zwar in etwas abweichendem Sinn. Hier ist davon die Rede, daß es auch schlechte Lustgefühle gibt, die jedoch für gute Menschen keine Lustgefühle sind (1173b), daß vielleicht verschiedene Arten von Lust möglich sind (1173b) und die Freuden gut oder schlecht sind, je nach ihrem Zusammenhang mit guten oder schlechten Handlungen (1175b). Es gibt wertvollere Dinge als Lust; niemand würde sich damit zufriedengeben, mit dem Verstand eines Kindes durchs Leben zu gehen, selbst wenn es angenehm wäre. Jedes Tier hat seine eigene Lust, und die dem Menschen eigentümliche Glückseligkeit hängt mit der Vernunft zusammen.

Damit kommt Aristoteles zu der einzigen Doktrin dieses Buches, aus der nicht nur der gesunde Menschenverstand spricht. Glück besteht in tugendhafter Betätigung und vollkommene Glückseligkeit in der besten Betätigung, der Kontemplation. Sie ist dem Kriegführen, der Politik oder irgendeiner sonstigen praktischen Laufbahn vorzuziehen, denn sie gestattet Muße, und Muße ist für das Glück wesentlich. Praktische Tugend gewährt nur ein Glück zweiten Ranges; höchstes Glück vermittelt der Gebrauch der Vernunft, denn der Mensch *ist* vor allem Vernunft. Der Mensch kann nicht *ganz* in der Kontemplation aufgehen; soweit es ihm jedoch gelingt, hat er teil am göttlichen Leben. »So muß denn die Tätigkeit Gottes, die an Seligkeit alles übertrifft, die denkende Tätigkeit sein.« (1178b). Von allen menschlichen Wesen ist der Philosoph in seiner Betätigung am gottähnlichsten, und daher ist er der Glücklichste und Beste.

»Wer aber denkend tätig ist und die Vernunft in sich pflegt, mag sich nicht nur der allerbesten Verfassung erfreuen, sondern auch von der Gottheit am meisten geliebt werden. Denn, wenn die Götter, wie man doch allgemein glaubt, um unsere menschlichen Dinge irgendwelche Sorge haben, muß man ja vernünftigerweise urteilen, daß sie an dem Besten und ihnen Verwandtesten Freude haben – und das ist unsere Vernunft –, und daß sie denjenigen, die dasselbe am meisten lieben und hochachten, mit Gutem vergelten, weil sie für das, was ihnen lieb ist, Sorge tragen und recht und löblich handeln. Es ist aber unverkennbar, daß dies alles vorzüglich bei dem Weisen zu finden ist. Mithin wird er von der Gottheit am meisten geliebt; wenn aber das, so muß er auch der Glückseligste sein. Somit wäre der Weise auch aus diesem Grunde der Glückseligste.« (1179b)

Mit dieser Stelle schließt die *Ethik* eigentlich ab; die wenigen Absätze, die noch folgen, leiten zur Politik über.

Wir wollen versuchen, uns darüber klar zu werden, was wir von den Vorzügen und Nachteilen der *Ethik* zu halten haben. Im Gegensatz zu anderen, von griechischen Philosophen behandelten Themen ist auf dem Gebiet der Ethik damit kein entscheidender Fortschritt im Sinne bestimmter Entdeckungen gemacht worden; in der Ethik ist nichts im wissenschaftlichen Sinne *bekannt*. Es liegt infolgedessen kein Grund vor anzunehmen, daß von einer antiken Abhandlung über Ethik in irgendeiner Hinsicht weniger zu halten sei als von einer modernen. Wenn Aristoteles über Astronomie spricht, können wir mit Sicherheit erklären, daß er etwas Falsches behauptet; spricht er jedoch über ethische Fragen, so können wir nicht im gleichen Sinne sagen, er habe recht oder unrecht. Ganz allgemein kann man zur Ethik des Aristoteles oder irgendeines anderen Philosophen drei Fragen stellen: 1. Enthält sie keinen Widerspruch in sich? 2. Widerspricht sie nicht den sonstigen Ansichten des Philosophen? 3. Stimmen die Antworten, die sie auf ethische Fragen erteilt, mit unserem eigenen moralischen Empfinden überein? Fällt die Antwort auf die erste und zweite Frage negativ aus, dann hat der betreffende Philosoph einen Denkfehler begangen. Wenn aber die dritte Frage verneinend beantwortet werden muß, dann haben wir kein Recht, den Fehler bei ihm zu suchen; wir dürfen dann höchstens sagen, daß wir ihn nicht mögen.

Wir wollen nacheinander diese drei Fragen von der Moraltheorie der *Nikomachischen Ethik* aus untersuchen.

1. Alles in allem enthält das Buch keine Widersprüche in sich, abgesehen von einigen unwichtigen Punkten. Die Lehre, daß das Gute das Glück sei und daß das Glück in erfolgreicher Tätigkeit bestünde, ist gut entwickelt. Die Lehre von der Tugend als der Mitte zwischen zwei Extremen ist, wenn auch sehr geistreich aufgebaut, weniger überzeugend, da sie nicht auf die intellektuelle Kontemplation anwendbar ist, die, wie uns versichert wird, die beste aller Betätigungen sei. Man könnte jedoch sagen, daß die Doktrin von der Mitte nur für die praktischen, nicht aber für die geistigen Tugenden gelten solle. Vielleicht ist, um einen anderen Punkt aufzugreifen, die Stellung des Gesetzgebers etwas unklar. Er soll bewirken, daß Kindern und jungen Menschen gute Taten zur Gewohnheit werden, was sie schließlich dazu bringen soll, Freude an der Tugend zu haben und auch ohne gesetzlichen Zwang gut zu handeln. Es ist einleuchtend, daß der Gesetzgeber der Jugend auch ebensogut *schlechte* Gewohnheiten beibringen könnte; wenn dies vermieden werden soll, muß er die ganze Weisheit

eines platonischen Wächters besitzen; und wird es nicht vermieden, so muß sich das Argument, daß ein tugendhaftes Leben erfreulich sei, als falsch erweisen. Jedoch gehört dieses Problem vielleicht eher ins politische als ins ethische Gebiet.

2. Die Ethik des Aristoteles stimmt in allen Punkten mit seiner Metaphysik überein. Seine metaphysischen Theorien selbst sind sogar Ausdruck eines ethischen Optimismus. Er glaubt an die wissenschaftliche Bedeutung von Zweckursachen; das schließt die Überzeugung ein, daß eine Absicht den Entwicklungsverlauf in der Welt lenke. Er hält Veränderungen hauptsächlich für den Ausdruck zunehmender Organisation oder »Form«, und im Grunde genommen sind seiner Meinung nach Handlungen dann tugendhaft, wenn sie diese Tendenz begünstigen. Zwar ist ein großer Teil seiner praktischen Ethik nicht speziell philosophisch, sondern nur das Ergebnis der Beobachtung menschlicher Dinge; aber auch dieser Teil seiner Lehre steht nicht im Widerspruch zu seiner Metaphysik, obwohl er vielleicht von ihr unabhängig ist.

3. Wenn wir Aristoteles' ethische Einstellung mit unserer eigenen vergleichen wollen, fällt uns, wie schon bemerkt, zunächst auf, daß er die menschliche Ungleichheit gelten läßt, was das moderne Empfinden abstößt. Nicht genug damit, daß nichts gegen die Sklaverei oder die Überlegenheit der Gatten und Väter über ihre Frauen und Kinder eingewendet wird; es wird auch noch behauptet, daß das Beste für einige wenige bestimmt sei – für die Menschen mit Seelengröße und die Philosophen. Daraus scheint sich zu ergeben, daß die meisten Menschen hauptsächlich dazu da sind, einige wenige Herrscher und Weise hervorzubringen. Kant behauptete, jedes menschliche Wesen trage seinen Zweck in sich, was man als den Ausdruck einer durch das Christentum eingeführten Auffassung ansehen kann. Die kantische Ansicht birgt aber insofern eine logische Schwierigkeit in sich, als sie nicht die Mittel an die Hand gibt, um eine Entscheidung zu treffen, wenn die Interessen zweier Menschen aufeinanderprallen. Wenn jeder für sich Selbstzweck ist, wie können wir dann zu einem Prinzip gelangen, nach dem zu entscheiden ist, wer nachgeben soll? Ein derartiges Prinzip muß stärker auf den Staat als auf den einzelnen abgestimmt sein. Es muß sich dabei im weitesten Sinne des Wortes um ein Prinzip der Gerechtigkeit handeln. Bentham und die Utilitaristen interpretieren »Gerechtigkeit« mit »Gleichheit«: Wenn die Interessen zweier Menschen kollidieren, ist der richtige Weg derjenige, der das größte Maß von Glück gewährleistet; dabei darf nicht berücksichtigt werden, wem von beiden es zugute kommt oder wie es sich auf beide verteilt. Wenn dem Besseren mehr zuteil wird als dem Schlechteren, so nur, weil letzten Endes das allgemeine Glück vermehrt wird, indem Tugend Belohnung und Laster Strafe erfährt, und nicht wegen einer letztlich ethischen Doktrin, daß der Gute mehr verdient als der Schlechte. »Gerechtigkeit« besteht nach dieser Ansicht nur in der Beurteilung der Menge des involvierten

Glücks, ohne daß dabei ein einzelner oder eine Klasse vor anderen bevorzugt wird. Die griechischen Philosophen, unter ihnen Plato und Aristoteles, hatten eine andere Vorstellung von Gerechtigkeit, die auch heute noch weithin vorherrscht. Sie glaubten – ursprünglich aus religiösen Gründen –, jede Sache oder Person habe ihre eigene Sphäre, die zu überschreiten »ungerecht« wäre. Manche Menschen haben dank ihrem Charakter oder ihren Fähigkeiten eine größere Sphäre als andere; daher ist es auch nicht ungerecht, wenn sie sich eines größeren Anteils am Glück erfreuen. Von dieser Ansicht geht Aristoteles aus; daß sie aber, was bei den früheren Philosophen klar zu erkennen ist, in der primitiven Religion wurzelt, kommt in seinen Schriften nicht mehr zum Ausdruck.

Die sogenannte Güte oder Menschenfreundlichkeit fehlt bei Aristoteles fast völlig. Die Leiden der Menschheit lassen ihn, sofern er sich ihrer überhaupt bewußt wird, ganz unberührt; er hält sie verstandesmäßig für ein Übel; nirgends aber bemerkt man, daß er darunter leidet, wenn die Betroffenen nicht zufällig seine Freunde sind.

Ganz allgemein ist die *Ethik* durch eine Gefühlsarmut gekennzeichnet, die sich bei den frühen Philosophen nicht findet. Mit unangemessen behaglicher Selbstzufriedenheit spekuliert Aristoteles über menschliche Dinge; alles, was die Menschen zu leidenschaftlichem gegenseitigem Interesse anregt, scheint er zu übersehen. Selbst seine Schilderung der Freundschaft ist lau und matt. Niemals merkt man ihm an, daß er irgendwelche Erlebnisse gehabt hat, bei denen er Gefahr lief, den Verstand zu verlieren; alle tieferen Aspekte des moralischen Lebens sind ihm offenbar unbekannt. Man möchte sagen, der ganze Bereich menschlicher Erfahrung auf religiösem Gebiet fällt bei ihm aus. Was er zu sagen hat, mag nützlich sein für bequeme Menschen mit schwachem Temperament; wer aber von einem Gott oder Teufel besessen ist oder wen äußeres Mißgeschick zur Verzweiflung treibt, dem kann er nichts bieten. Aus diesen Gründen entbehrt die *Ethik*, so berühmt sie ist, meines Erachtens der wirklichen Bedeutung.

21. KAPITEL

Die Politik des Aristoteles

Aristoteles' *Politik* ist ebenso interessant wie bedeutend – interessant als Ausdruck der landläufigen Vorurteile gebildeter Griechen der damaligen Zeit und bedeutend als Quelle vieler Prinzipien, die bis zum Ausgang des Mittelalters einflußreich geblieben sind. Ich glaube, sie enthält nicht viel, was für einen heutigen Politiker noch von praktischem Wert wäre; wohl aber wirft manches ein Licht auf die Parteikämpfe in den verschiedenen Teilen der hellenischen Welt. Von den verschiedenen Regierungsmethoden nichthellenischer Staaten wird darin allerdings wenig Notiz genommen. Es finden sich zwar Hinweise auf Ägypten, Babylon, Persien und Karthago; aber soweit sie nicht Karthago betreffen, sind sie recht bedeutungslos. Alexander wird nicht erwähnt, und die völlige Umwälzung, die er in der Welt hervorrief, scheint Aristoteles nicht im geringsten erkannt zu haben. Die ganze Erörterung dreht sich um Stadtstaaten, und daß sie etwa veralten könnten, berücksichtigt er in seinen Spekulationen nicht. Griechenland war durch seine Aufteilung in unabhängige Stadtstaaten das reine Laboratorium für politische Experimente; doch gab es von der Zeit des Aristoteles an bis zum Entstehen der italienischen Städte im Mittelalter nichts, wofür diese Experimente von Bedeutung gewesen wären. In mancher Beziehung ist die Erfahrung, auf die sich Aristoteles beruft, für die relativ moderne Welt erheblicher als für irgendeine, die während der fünfzehnhundert Jahre nach Niederschrift des Buches bestand.

Es sind viele amüsante Bemerkungen eingestreut, von denen einige hier angeführt werden mögen, bevor wir auf seine politische Theorie eingehen. Wir erfahren, daß Euripides, als er sich am Hof des makedonischen Königs Archelaos aufhielt, von einem gewissen Dekamnichos des üblen Mundgeruchs bezichtigt wurde. Um den wütenden Euripides zu besänftigen, gab ihm der König die Erlaubnis, Dekamnichos zu peitschen, was auch geschah. Dekamnichos ließ viele Jahre verstreichen und beteiligte sich dann an einem erfolgreichen Anschlag auf das Leben des Königs; damals lebte aber Euripides nicht mehr. Wir hören, daß Kinder am besten im Winter gezeugt würden, wenn der Wind aus Norden kommt; daß dabei sorgfältig alles Unzüchtige zu vermeiden sei, »da schamlose Worte zu schamlosen Handlungen führen«, und daß Unzüchtigkeit höchstens in Tempeln zu dulden sei, wo das Gesetz sogar Zoten erlaube. Die Leute sollten auch nicht allzu jung heiraten; andernfalls würden sie schwache Kinder und nur Mädchen bekommen, die Frauen würden begehrlich und die Ehemänner in ihrer Entwicklung behindert. Das richtige Heiratsalter wäre für die Männer siebenunddreißig, für die Frauen achtzehn Jahre.

Es wird erzählt, daß Thales, wegen seiner Armut geneckt, alle Olivenpressen auf Abzahlung aufkaufte, so daß er dann Monopolpreise für ihre Benutzung fordern konnte. Er tat das zum Beweis, daß auch Philosophen Geld verdienen *können* und daß es, wenn sie trotzdem arm bleiben, nur daran liegt, weil sie etwas Wichtigeres im Kopf haben als Reichtum. Doch dies nur nebenbei; wir müssen uns nun ernsteren Dingen zuwenden.

Zu Beginn des Buches wird die Bedeutung des Staates dargelegt; er ist die höchste Form von Gemeinschaft und strebt das höchstmögliche Gute an. In zeitlicher Hinsicht kommt zuerst die Familie; sie ist aufgebaut auf den beiden naturgegebenen Grundbeziehungen von Mann und Frau und Herrn und Sklave. Mehrere Familien bilden gemeinsam ein Dorf, mehrere Dörfer einen Staat, vorausgesetzt, daß das Ganze annähernd groß genug ist, um sich selbst zu erhalten. Der Staat, obwohl er zeitlich nach der Familie kommt, ist aber seiner Natur nach ihr und dem einzelnen übergeordnet; denn »bei jedem Ding bezeichnen wir den Zustand der vollen Entwicklung als seine Natur«. Der Staat ist aber die vollentwickelte menschliche Gemeinschaft, und das Ganze rechnet vor dem Teil. Darin steckt der Begriff des *Organismus*: wenn der Körper vernichtet ist, heißt es, ist eine Hand keine Hand mehr. Daraus folgt, daß die Hand durch ihren Zweck zu definieren ist – sie kann ihn aber nur erfüllen, wenn sie mit einem lebenden Körper verbunden ist. Desgleichen kann der einzelne seinen Zweck nur erfüllen, wenn er Teil eines Staates ist. Derjenige, der den Staat erfunden hat, sagt Aristoteles, war der größte Wohltäter; denn ohne *Gesetz* ist der Mensch das schlimmste Tier, und das Gesetz verdankt seine Existenz dem Staat. Der Staat ist nicht bloß eine Gemeinschaft zu Tauschzwecken und zur Verhütung von Verbrechen: »Der Zweck des Staates ist das sittlich gute Leben. – Der Staat ist die Vereinigung von Familien und Dörfern zu einem vollkommenen und selbstgenügsamen Leben, worunter wir ein glückliches und ehrenvolles Leben verstehen« (1280b). »Die staatliche Gemeinschaft ist um tugendhafter Taten willen, nicht wegen des bloßen Zusammenlebens da« (1281a).

Da sich der Staat aus Haushalten zusammensetzt, deren jeder aus einer Familie besteht, beginnt die Erörterung der Politik mit der Familie. Der Hauptteil dieser Diskussion beschäftigt sich mit dem Sklavenwesen – denn im Altertum zählten die Sklaven immer zur Familie. Das Sklavenwesen ist etwas Nützliches und Richtiges, doch muß der Sklave *von Natur* unter seinem Herrn stehen. Von Geburt an sind manche Menschen schon zum Dienen, andere zum Herrschen bestimmt; ein Mensch, der von Natur nicht sein eigener Herr ist, sondern einem anderen gehört, ist der geborene Sklave. Sklaven sollten nicht Griechen, sondern Angehörige eines geringeren Volkes von weniger Mut sein

(1255a und 1330a). Zahmen Tieren geht es besser, wenn der Mensch über sie bestimmt; das gleiche gilt für Menschen, die von Natur niedriger stehen, wenn sie von Höherstehenden geleitet werden. Es mag freilich fraglich sein, ob das übliche Verfahren, Kriegsgefangene zu Sklaven zu machen, gerechtfertigt ist; Macht, die im Kriege zum Sieg führt, ist offenbar durch höhere Tugend bedingt, was jedoch nicht immer der Fall ist. Der Krieg ist jedoch berechtigt, wenn er gegen Menschen geführt wird, die zwar von Natur dazu bestimmt sind, beherrscht zu werden, sich aber nicht unterwerfen wollen (1256b); in diesem Falle versteht es sich von selbst, daß es richtig ist, die Besiegten zu Sklaven zu machen. Dies dürfte genügen, jeden Eroberer der Weltgeschichte zu rechtfertigen; denn kein Volk wird zugeben, daß es von Natur dazu bestimmt sei, beherrscht zu werden, so daß nur der Ausgang des Krieges beweisen kann, was die Natur beabsichtigt hat. In jedem Krieg sind somit die Sieger im Recht und die Besiegten im Unrecht. Eine äußerst befriedigende Lösung!

Daran schließt sich eine Erörterung des Handels, die die scholastische Kasuistik stark beeinflußt hat. Jedes Ding hat zwei Verwendungszwecke, einen eigentlichen und einen uneigentlichen. Ein Schuh zum Beispiel kann getragen werden, was sein eigentlicher Zweck ist, oder getauscht werden, sein uneigentlicher Zweck. Daraus ergibt sich etwas Herabsetzendes für den Schuhmacher, der seine Schuhe eintauschen muß, um leben zu können. Der Kleinhandel gehört, wie wir erfahren, seiner Natur nach nicht zur Kunst, reich zu werden (1257a). Der natürliche Weg zum Reichtum ist die geschickte Verwaltung von Haus- und Grundbesitz. Auf diese Weise zu Geld zu kommen, ist nur begrenzt möglich; für den Handel gilt diese Einschränkung nicht. Der Handel hat es mit *Geld* zu tun, Reichtum besteht aber nicht im Erwerb von Münzen. Durch Handel erworbener Reichtum ist mit Recht verhaßt, weil er unnatürlich ist.

»Ihm zur Seite tritt noch das Wuchergewerbe, das aus guten Gründen verhaßt ist, da es seinen Erwerb aus dem Gelde selbst zieht und nicht aus den Dingen, zu deren Vertrieb das Geld eingeführt wurde. Denn dieses sollte nur zur Erleichterung des Austauschs dienen; der Zins aber bewirkt, daß es sich selbst vermehrt... deshalb ist diese Art des Erwerbs die allernaturwidrigste« (1258).

Wohin dieser Ausspruch geführt hat, kann man in Tawneys *Religion and the Rise of Capitalism* nachlesen. Aber wenn auch Tawneys geschichtliche Darstellung zuverlässig ist, so wirkt sein Kommentar doch etwas gefärbt zugunsten der vorkapitalistischen Zeit.

Mit »Wucher« wird jegliches Verleihen gegen Zinsen bezeichnet, nicht nur, wie heute, das Ausleihen zu übermäßig hohem Zinsfuß. Von der Zeit der Griechen an bis zum heutigen Tage war die Menschheit oder doch zumindest der wirtschaftlich fortgeschrittene Teil der Menschheit in Schuldner und Gläubiger aufgeteilt; die Schuldner sind gegen und die Gläubiger für Zinsen gewesen. Fast zu allen Zeiten waren Grundbesitzer Schuldner, Geschäftsleute dagegen Gläubiger. Die Philosophen haben in ihren Ansichten, von wenigen Ausnahmen abgesehen, mit den finanziellen Interessen ihrer Klasse übereingestimmt. Griechische Philosophen gehörten zur Klasse der Grundbesitzer oder standen in ihren Diensten; deshalb lehnten sie das Zinswesen ab. Die mittelalterlichen Philosophen waren Männer der Kirche; das Vermögen der Kirche bestand hauptsächlich aus Grundbesitz; sie sahen sich daher nicht veranlaßt, die aristotelische Anschauung einer Revision zu unterziehen. Ihre Abneigung gegen den Wucher wurde noch durch den Antisemitismus vertieft, denn das flüssige Kapital war größtenteils in jüdischem Besitz. Geistliche und Barone lagen sich zwar, oftmals recht erbittert, in den Haaren, verstanden es aber, einträchtig gegen den bösen Juden vorzugehen, der ihnen mit einem Darlehen über eine schlechte Ernte hinweggeholfen hatte und nun der Meinung war, er habe für seine Wirtschaftlichkeit eine Belohnung verdient.

Mit der Reformation änderte sich die Lage. Viele der überzeugtesten Protestanten waren Geschäftsleute, für die das Geldverleihen auf Zinsen sehr wichtig war. Infolgedessen wurden die Zinsen zuerst von Calvin, dann von anderen frommen Protestanten sanktioniert. Schließlich sah sich die katholische Kirche genötigt, ihrem Beispiel zu folgen, weil die alten Verbote nicht mehr in die moderne Welt paßten. Seit die Philosophen nicht mehr Geistliche waren und daher nicht mehr mit dem Grundbesitz in Verbindung standen, ihre Einkünfte vielmehr aus den Kapitalanlagen der Universitäten bezogen, unterstützten sie stets das Zinswesen. In keinem Stadium hat es an überreichlichen theoretischen Argumenten zugunsten der jeweiligen wirtschaftlich zweckmäßigen Auffassung gefehlt.

An Platos Utopie übt Aristoteles aus verschiedenen Gründen Kritik. Da ist zunächst der sehr interessante Hinweis, daß sie dem Staat zuviel Einheit verleiht und ihn daher zu einem Individuum machen würde. Dann folgt ein Argument, auf das natürlich jeder Leser kommt, nämlich das Argument, das sich gegen die vorgeschlagene Abschaffung der Familie richtet. Plato meint, man brauche nur alle diejenigen, die es dem Alter nach sein könnten, »Sohn« zu nennen, um in den Menschen gegenüber der Gesamtheit die Gefühle zu erwecken, die man heute für die eigenen Söhne empfindet; das Entsprechende gilt bei ihm für die Bezeichnung »Vater«. Aristoteles hingegen sagt: die Mehrzahl der Menschen interessiert sich für das ihr Gemeinsame am wenigsten, so daß »Söhne« vieler Väter vernachlässigt würden; ein richtiger Vetter wäre besser daran als ein »Sohn« im Sinne Platos; würde Platos Plan verwirklicht, so gäbe es keine wahre Liebe mehr. Dann trägt er ein merkwürdiges Argument vor: da der Verzicht auf Ehebruch eine Tugend ist, wäre es bedauerlich, wenn ein Gesellschaftssystem eingeführt würde, das diese Tugend und das entsprechende Laster ausschaltete

(1263b). Im Anschluß daran wird uns die Frage vorgelegt: wenn die Frauen Gemeinschaftsbesitz sind, wer soll dann den Haushalt führen? Ich habe einmal in einem Essay *Architecture and the Social System* auseinandergesetzt, daß alle, für die Abschaffung der Familie zum Kommunismus gehört, damit zugleich für große Gemeinschaftshäuser mit gemeinsamen Küchen, Speiseräumen und Kinderzimmern einträten. Man könnte dieses System als Klöster ohne Zölibat bezeichnen. Es wäre wesentlich für die Durchführung von Platos Plänen, ist aber bestimmt ebenso unmöglich wie vieles andere, was er empfiehlt.

Platos Kommunismus ist Aristoteles ein Ärgernis. Man würde wütend werden über die faulen Leute, meint er, und Streitigkeiten, wie sie unter Reisegenossen üblich sind, wären die Folge. Es wäre besser, wenn sich jeder um seine eigenen Angelegenheiten kümmerte. Er tritt für das Privateigentum ein, doch sollten die Menschen soweit zu Herzensgüte erzogen werden, daß sie seiner weitgehenden Verwendung für die Allgemeinheit zustimmten. Wohltätigkeit und Freigebigkeit sind Tugenden und ohne Privateigentum nicht denkbar. Schließlich werden wir belehrt, daß, wenn Platos Pläne wirklich gut wären, wohl schon früher jemand darauf verfallen wäre.[1] Ich bin nicht der Ansicht Platos; wenn mich aber etwas zu seiner Überzeugung bekehren könnte, so die Einwände, die Aristoteles gegen ihn erhebt.

Wie wir im Zusammenhang mit dem Sklavenwesen gesehen haben, glaubt Aristoteles nicht an Gleichheit. Läßt man schon die untergeordnete Stellung von Sklaven und Frauen gelten, so bleibt doch immer noch fraglich, ob alle *Bürger* politisch gleichgestellt sein sollten. Wie er sagt, halten manche Menschen das für wünschenswert, weil es sich bei allen Revolutionen um die Regelung der Eigentumsfrage handelt. Er verwirft dieses Argument mit der Begründung, die größten Verbrechen seien eher auf ein Übermaß als auf einen Mangel zurückzuführen; kein Mensch wird zum Tyrannen, um nicht frieren zu müssen.

Eine Regierung ist gut, wenn sie das Wohl des ganzen Staates anstrebt, und schlecht, wenn sie nur an sich selbst denkt. Drei Regierungsformen sind gut: die Monarchie, die Aristokratie und die konstitutionelle Regierung (oder »Politie«); desgleichen gibt es drei schlechte: die Tyrannis, die Oligarchie und die Demokratie. Es gibt daneben noch viele gemischte Zwischenformen. Dabei ist zu beachten, daß die guten und schlechten Regierungen durch die moralischen Qualitäten der Machthaber, nicht durch die Form der Verfassung definiert werden. Das ist aber nur teilweise richtig. Eine Aristokratie ist die Herrschaft tugendhafter Männer, eine Oligarchie die Herrschaft der Reichen, und

---

[1] Vergleiche die Rede des Dummkopfs bei Sydney Smith: »Wenn der Vorschlag gut wäre, wären dann nicht die Sachsen darauf gekommen? Würden die Dänen nicht daran gedacht haben? Wäre er der Aufmerksamkeit der Normannen entgangen?« (Ich zitiere aus dem Gedächtnis.)

für Aristoteles sind Tugend und Reichtum nicht ausgesprochene Synonyma. Im Einklang mit der Lehre von der goldenen Mitte vertritt er die Ansicht, daß mittlere Verhältnisse die größte Aussicht für tugendhafte Lebensführung bieten: »Die Menschheit erwirbt oder behält Tugend nicht mit Hilfe äußerer Güter, sondern äußere Güter mit Hilfe der Tugend, und das Glück, mag es nun in Lust oder Tugend oder in beidem bestehen, findet sich viel öfter bei denen, die geistig und charakterlich auf einer hohen Stufe stehen und nur einen bescheidenen Anteil an äußeren Gütern haben, als bei denen, die deren so viel haben, daß sie gar keinen Gebrauch davon machen können, denen dafür aber höhere Eigenschaften abgehen« (1323a und b). Daher besteht ein Unterschied zwischen der Herrschaft der Besten (Aristokratie) und der der Reichsten (Oligarchie), denn die Besten werden wahrscheinlich nur bescheidene Mittel haben. Auch zwischen Demokratie und »Politie« ist ein Unterschied, abgesehen von der abweichenden ethischen Auffassung von Regierung; denn was Aristoteles »Politie« nennt, enthält einige oligarchische Elemente (1293b). Zwischen Monarchie und Tyrannis besteht aber nur ein ethischer Unterschied.

Er betont nachdrücklich, daß sich Oligarchie und Demokratie durch die wirtschaftliche Stellung der Regierungspartei unterscheiden: Oligarchie ist gegeben, wenn die Reichen regieren, ohne an die Armen zu denken, Demokratie, wenn die Macht in den Händen der Armen liegt, die die Interessen der Reichen nicht berücksichtigen.

Die Monarchie ist besser als die Aristokratie, die Aristokratie besser als die Politie. Am schlimmsten aber ist es, wenn die Höchstgestellten korrupt sind; daher ist die Tyrannis schlimmer als die Oligarchie und die Oligarchie schlechter als die Demokratie. Auf diese Weise kommt Aristoteles dazu, die Demokratie bedingt zu verteidigen; denn in der Praxis sind die meisten bestehenden Regierungen schlecht; daher können die Demokratien noch am ehesten als die besten gelten.

Der griechische Begriff der Demokratie war in vieler Beziehung extremer als der unsere; Aristoteles sagt zum Beispiel, daß es oligarchisch sei, Beamte zu wählen, demokratisch dagegen, sie durch das Los zu bestimmen. In extremen Demokratien stand die Bürgerversammlung über dem Gesetz und entschied unabhängig jede Frage. Die athenischen Gerichtshöfe bestanden aus vielen, durch das Los gewählten Bürgern, denen kein Jurist zur Seite gegeben war; sie neigten natürlich dazu, sich bereden oder durch leidenschaftliche Parteinahme beeinflussen zu lassen. Wenn an der Demokratie Kritik geübt wurde, so ist das so zu verstehen, daß sie sich gegen derartige Dinge richtete.

Die Ursachen von Revolutionen werden ausführlich erörtert. In Griechenland waren Revolutionen ebenso häufig wie früher in Lateinamerika; infolgedessen konnte Aristoteles aus reicher Erfahrung seine Schlüsse ziehen. Die Hauptursache war der Konflikt zwischen Oligarchen und Demokraten. Die Demokratie, sagt Aristoteles, beruht auf der Überzeugung, daß Menschen, die gleichermaßen frei sind, in jeder Beziehung gleichberechtigt sein sollen; die Oligarchie hingegen darauf, daß Menschen, die in mancher Hinsicht auf höherer Stufe stehen, zu große Ansprüche stellen. Beiden kann man ein gewisses Recht nicht absprechen, keine aber vertritt die beste Art von Recht. »Daher hetzen beide Parteien, wenn ihre Beteiligung an der Regierung nicht dem entspricht, was ihnen vorschwebt, zur Revolution« (1301a). Demokratische Regierungen sind durch Revolutionen weniger gefährdet als Oligarchien, weil Oligarchen leicht untereinander uneinig werden. Die Oligarchen müssen energische Burschen gewesen sein. In manchen Stadtstaaten sollen sie den folgenden Eid geleistet haben: »Ich will ein Feind des Volkes sein und ihm so viel Leid zufügen, wie ich nur kann.« Heute sind Reaktionäre nicht so offenherzig.

Um Revolutionen vorzubeugen, ist dreierlei erforderlich: Propaganda der Regierung auf dem Gebiet der Erziehung, Achtung vor dem Gesetz, selbst im Kleinen, und Gerechtigkeit in Justiz und Verwaltung, das heißt »proportionale Gleichheit und Respektierung des Eigentums« (1307a, 1307b, 1310a). Aristoteles scheint sich niemals klargemacht zu haben, was für ein schwieriges Problem »proportionale Gleichheit« ist. Wenn das die wahre Gerechtigkeit sein soll, muß die Proportion nach der *Tugend* bemessen werden. Tugend selbst aber ist schwer zu messen, daher ist das eine beliebte Streitfrage der Parteien. In der politischen Praxis pflegt man infolgedessen die Tugend nach dem Einkommen zu bewerten; der Unterschied zwischen Aristokratie und Oligarchie, den Aristoteles zu machen versucht, kann nur bestehen, wo es sich um einen sehr festgegründeten erblichen Adel handelt. Sobald es aber eine starke Klasse reicher, nichtadliger Leute gibt, muß man sie selbst dann noch an die Macht lassen, damit sie keine Revolution machen. Erbliche Aristokratien können nur dort an der Macht bleiben, wo Grundbesitz fast die ausschließliche Quelle des Reichtums ist. Jede soziale Ungleichheit ist letzten Endes Ungleichheit des Einkommens. Für die Demokratie spricht unter anderem, daß jeder Versuch, zu einer auf anderen Verdiensten als dem Vermögen basierenden »proportionierten Gerechtigkeit« zu kommen, zum Scheitern verurteilt ist. Verteidiger der Oligarchie behaupten, das Einkommen sei der Tugend proportional; der Prophet sagte, er habe noch nie einen rechtschaffenen Menschen um Brot betteln sehen, und Aristoteles meint, gute Menschen hätten etwa sein Einkommen, also weder ein sehr großes noch ein sehr geringes. Aber solche Ansichten sind töricht. Jede Art »Gerechtigkeit« außer der absoluten Gleichheit wird in praxi eine ganz andere Eigenschaft als die Tugend belohnen und ist deshalb zu verwerfen.

Ein interessanter Abschnitt beschäftigt sich mit der Tyrannis. Der Tyrann trachtet nach Reichtümern, der König jedoch nach Ehre. Der Tyrann hat Söldner als Wachen, der König aber Bürger. Tyrannen sind meist Demagogen, die zur Macht kommen, weil sie das Volk vor den

Großen zu schützen versprechen. Mit machiavellistischer Ironie setzt Aristoteles auseinander, was ein Tyrann tun müsse, um seine Macht zu wahren. Er muß es verhindern, wenn nötig durch Hinrichtung oder Mord, daß irgendeine besonders verdienstvolle Person hochkommt. Er muß Tischgemeinschaften, Klubs und jedwede Erziehung verbieten, die ihm feindliche Gefühle erwecken könnte. Aufklärende Versammlungen und Diskussionen dürfen nicht stattfinden. Er muß zu verhindern wissen, daß die Menschen einander gut kennen, und sie zwingen, öffentlich unter seinen Augen zu leben. Er sollte Spione, wie die weiblichen Detektive in Syrakus, verwenden. Er muß für Unruhe sorgen und seine Untertanen aussaugen. Er soll sie mit großen Arbeiten beschäftigen, wie es der König von Ägypten tat, als er die Pyramiden bauen ließ. Er sollte den Frauen und Sklaven Macht übertragen, um Spitzel aus ihnen zu machen. Er sollte Kriege heraufbeschwören, damit seine Untertanen etwas zu tun haben und stets einen Führer brauchen (1313a und b).

Es stimmt melancholisch, wenn man bedenkt, daß aus dem ganzen Buch gerade diese Stelle am meisten auf die Gegenwart paßt. Aristoteles kommt zu dem Schluß, daß ein Tyrann gar nicht schlecht genug sein könne. Es gibt jedoch, wie er sagt, noch eine andere Methode, die Tyrannis aufrechtzuerhalten: dann nämlich müsse sich der Tyrann mäßig zeigen und den Anschein erwecken, fromm zu sein. Er äußert sich nicht darüber, welche der beiden Methoden mehr Aussicht auf Erfolg hat.

Besonders ausführlich wird begründet, daß Eroberungen nicht Zweck des Staates sind; demnach müssen also viele Leute Imperialisten gewesen sein. Es gibt allerdings eine Ausnahme: »natürliche Sklaven« zu erbeuten ist richtig und berechtigt. Das würde nach Aristoteles' Auffassung Kriege gegen Barbaren, nicht aber gegen Griechen rechtfertigen, denn Griechen sind keine »natürlichen Sklaven«. Im allgemeinen ist Krieg nur ein Mittel, kein Zweck; ein isoliert gelegener Stadtstaat, dem Eroberungen unmöglich sind, kann glücklich sein; trotz Isoliertheit brauchen Staaten aber nicht untätig zu bleiben. Gott und das Universum sind aktiv, obwohl Eroberungen bei ihnen undenkbar sind. Das Glück, das ein Staat anzustreben hat, sollte daher nicht der Krieg, sondern friedliche Betätigung sein, obwohl der Krieg zuweilen das unumgängliche Mittel dazu sein mag.

Damit erhebt sich die Frage: wie groß sollte ein Staat sein? Große Stadtstaaten sind, wie wir erfahren, niemals gut regiert, weil die breite Masse nicht gesittet sein kann. Ein Staat muß groß genug sein, um mehr oder minder autark sein zu können, aber wiederum nicht zu umfangreich für eine konstitutionelle Regierung. Er sollte so klein sein, daß ein Bürger des anderen Charakter kennen kann, sonst könne bei Wahlen und Prozessen dem Recht nicht Genüge getan werden. Das Gebiet dürfte nur so groß sein, daß es in seinem ganzen Umfang von der Spitze eines Hügels überwacht werden könnte. Wir hören, daß der Staat sowohl autark sein (1326b) als auch exportieren und importieren sollte (1327a), was inkonsequent erscheint.

Menschen, die sich ihren Lebensunterhalt verdienen müssen, dürften nicht in die Bürgerschaft aufgenommen werden. »Bürger sollen nicht das Leben von Handwerkern oder Geschäftsleuten führen, denn ein solches Leben ist unedel und der Tugend feindlich.« Auch sollten sie das Land nicht bestellen, weil sie Muße brauchen. Die Bürger müßten Eigentümer des Bodens sein, bestellen sollten ihn aber Sklaven einer anderen Rasse (1130a). Die Rassen des Nordens sind kühn, wie wir hören, die des Südens intelligent; daher sollten die Sklaven aus den südlichen Völkern stammen, da mutige Sklaven unbequem sind. Die Griechen allein sind mutig und intelligent zugleich; sie werden besser regiert als die Barbaren und könnten, wenn sie einig wären, die ganze Welt beherrschen (1327b). Hier erwartet man vergeblich einen Hinweis auf Alexander.

Bei seinen Erklärungen über die Größe des Staates macht Aristoteles, wenn auch in anderem Maßstab, den gleichen Fehler wie viele moderne Liberale. Ein Staat muß sich im Krieg selbst verteidigen können, und zwar ohne allzu große Schwierigkeiten, wenn eine gewisse kulturelle Freiheit gewahrt werden soll. Wie groß aus diesem Grunde ein Staat sein muß, hängt von der Kriegstechnik und Industrie ab. Zu Aristoteles' Zeit war der Stadtstaat überholt, weil er sich nicht gegen Makedonien verteidigen konnte. Heute ist das gesamte Griechenland einschließlich Makedoniens in diesem Sinne veraltet, wie sich jüngst gezeigt hat.[2] Für die völlige Unabhängigkeit Griechenlands oder eines anderen kleinen Landes heute noch einzutreten, ist ebenso verfehlt wie die Unabhängigkeit eines einzelnen Stadtstaates zu verfechten, dessen gesamtes Gebiet sich von einer Anhöhe aus überblicken läßt. Wahre Unabhängigkeit kann es nur noch für einen Staat oder Staatenbund geben, der stark genug ist, aus eigener Kraft jeden Eroberungsversuch abzuweisen. Nur Mächte wie Amerika und das Britische Empire könnten im Verein heute diesem Anspruch genügen; vielleicht wäre aber auch das noch eine zu kleine Einheit.

Am Ende des Buches, das in der uns überlieferten Form unvollendet wirkt, kommt Aristoteles noch auf die Erziehung zu sprechen. Von Erziehung kann natürlich nur bei Kindern die Rede sein, die einmal Bürger werden sollen; Sklaven können in praktischen Fertigkeiten, wie zum Beispiel im Kochen, unterwiesen werden; das gehört jedoch nicht zur Erziehung. Der Bürger sollte im Sinne der Regierungsform, unter der er lebt, ausgebildet werden; daher sollte es unterschiedliche Erziehungsarten geben, je nachdem, ob der betreffende Staat oligarchisch oder demokratisch ist. Aristoteles setzt in seiner Erörterung aber voraus, daß alle Bürger an der politischen Macht beteiligt sind. Die Kinder

---

2 Dies wurde im Mai 1941 geschrieben.

sollen lernen, was für sie nützlich ist, ohne sie zu degradieren; beispielsweise sollten sie keine Fertigkeit erlernen, die ihren Körper entstellt oder mit der sie Geld verdienen könnten. Sie sollen mit Maßen Gymnastik treiben, es darin aber nicht bis zu professioneller Geschicklichkeit bringen; die Knaben, die für die Olympischen Spiele trainieren, nehmen Schaden an ihrer Gesundheit; bewiesen wird das durch die Tatsache, daß diejenigen, die als Knaben Sieger waren, als Männer kaum je Lorbeeren ernteten. Die Kinder sollten zeichnen lernen, um die Schönheit der menschlichen Gestalt würdigen zu können; auch müßten sie in der Malerei und Skulptur den Ausdruck moralischer Ideen erkennen lernen. Im Gesang und Instrumentalspiel sollen sie ausreichend unterwiesen werden, um Musik kritisch genießen zu können, doch sollen sie selbst keine Virtuosen werden; denn ein freier Mensch singt oder spielt nur, wenn er berauscht ist. Sie müssen natürlich lesen und schreiben lernen, obwohl es praktisch nützliche Künste sind. Der eigentliche Zweck der Erziehung ist jedoch »Tugend« und nicht Nützlichkeit. Was Aristoteles unter »Tugend« versteht, hat er uns in seiner Ethik erklärt, worauf er häufig Bezug nimmt.

Die Voraussetzungen, die Aristoteles seiner *Politik* zugrunde legt, unterscheiden sich stark von den Anschauungen eines modernen Autors. Der Zweck des Staates ist nach seiner Ansicht, kultivierte Gentlemen hervorzubringen – Menschen, die aristokratische Gesinnung mit Liebe zu Kunst und Wissenschaft verbinden. Diese Kombination gab es in höchster Vollendung im perikleischen Athen, allerdings nicht in der breiten Masse, wohl aber bei den Vermögenden. In Perikles' letzten Lebensjahren begann dieser Typ immer seltener zu werden. Die Bevölkerung, die keine Kultur hatte, wandte sich gegen Perikles' Freunde, die sich gezwungen sahen, die Vorrechte der Reichen durch Verrat, Mord, ungesetzlichen Despotismus und ähnliche, nicht sehr gentlemanlike Methoden zu verteidigen. Nach Sokrates' Tod glaubte man nicht mehr blind an die Vorzüge der athenischen Demokratie, und wenn Athen auch das Kulturzentrum der Antike blieb, so ging doch die politische Macht auf andere über. Während des ganzen späteren Altertums waren gewöhnlich Macht und Kultur getrennt: die Macht lag in den Händen rauher Krieger, die Kultur wurde von machtlosen Griechen, oftmals Sklaven, gepflegt. Auf Roms große Zeit trifft das nur teilweise zu, gilt aber ganz besonders für die Epochen vor Cicero und nach Mark Aurel. Nach der Germaneninvasion waren die nordischen Barbaren die »Gentlemen«, während die kultivierten Menschen die verfeinerten Geistlichen des Südens waren. So blieb es mehr oder minder bis zur Renaissance, als das Laientum begann, sich Kultur anzueignen. Seit der Renaissance setzte sich die griechische Vorstellung von einer aus gebildeten Gentlemen bestehenden Regierung mehr und mehr durch, eine Entwicklung, die im achtzehnten Jahrhundert ihren Höhepunkt erreichte.

Verschiedene Machtströmungen haben das Ende dieses Stadiums bewirkt. Zunächst die Demokratie, wie sie in der Französischen Revolution und ihren Folgeerscheinungen Ausdruck fand. Wie in der Zeit nach Perikles mußten die kultivierten Gentlemen ihre Vorrechte gegen den Pöbel verteidigen, wobei sie dann sehr bald weder gentlemanlike noch kultiviert vorgingen. Der zweite Grund war das Entstehen des Industrialismus, dessen wissenschaftliche Technik stark von der traditionellen Kultur abwich. Der dritte Grund war die Volksbildung, die wohl die Fähigkeit, lesen und schreiben zu können, nicht aber Kultur vermittelte; das ermöglichte es einem neuen Demagogentyp, eine neue Art von Propaganda anzuwenden, wie wir bei den Diktatoren gesehen haben. Es ist daher sowohl gut als auch schlimm, daß die Tage des kultivierten Gentleman vorüber sind.

22. KAPITEL

Die Logik des Aristoteles

Aristoteles hatte auf vielen Gebieten sehr großen Einfluß, den größten jedoch in der Logik. In der Spätantike, als Plato unter den Metaphysikern noch an erster Stelle stand, war Aristoteles in der Logik die allgemein anerkannte Autorität und blieb es auch während des ganzen Mittelalters. Erst im dreizehnten Jahrhundert gestanden ihm christliche Philosophen auch in der Metaphysik die gleiche Überlegenheit zu. Diese Vorrangstellung büßte er nach der Renaissance größtenteils wieder ein, in der Logik jedoch erhielt er sie sich. Selbst heute noch lehnen die katholischen Lehrer der Philosophie, wie viele andere auch, die Entdeckungen der modernen Logik ab und halten seltsam zäh an einem System fest, das ganz entschieden ebenso überholt ist wie die ptolemäische Astronomie. Der Einfluß, den er noch heute besitzt, ist klarem Denken so hinderlich, daß man sich kaum vorstellen kann, welch großen Fortschritt er im Vergleich zu seinen Vorgängern (einschließlich Platos) bedeutete; seine Leistung auf dem Gebiet der Logik würde noch weit bewundernswerter erscheinen, wenn sie nur eine Stufe in einer kontinuierlichen Entwicklung gewesen wäre, statt bei einem toten Punkt zu enden (wie es tatsächlich war), dem mehr als zwei Jahrtausende der Stagnation folgten. Es ist wohl nicht notwendig, den Leser daran zu erinnern, daß man bei den Vorgängern des Aristoteles von Verbalinspiration nicht sprechen kann; man darf sie infolgedessen wohl ihrer Fähigkeiten wegen loben, ohne in den Verdacht zu geraten, damit ihre gesamten Doktrinen zu unterschreiben. Aristoteles ist noch immer, besonders in seiner Logik, umstrittenes Gebiet und kann daher nicht rein historisch behandelt werden.

Seine bedeutendste logische Leistung ist die Lehre vom Syllogismus. Ein Syllogismus ist ein aus drei Teilen, dem Obersatz, dem Untersatz und dem Schluß, bestehender Beweis. Es gibt eine Reihe verschiedener Syllogismen, deren jeder einen besonderen, von den Scholastikern stammenden Namen hat. Der bekannteste trägt die Bezeichnung »Barbara«:

Alle Menschen sind sterblich. (Obersatz)
Sokrates ist ein Mensch. (Untersatz)
Also ist Sokrates sterblich. (Schluß)

oder:

Alle Menschen sind sterblich.
Alle Griechen sind Menschen.
Also sind alle Griechen sterblich.

(Aristoteles macht keinen Unterschied zwischen diesen beiden Formen, was, wie wir später sehen werden, ein Fehler ist.)

Weitere Formen lauten: Fische haben keine Vernunft, alle Haie sind Fische, also haben Haie keine Vernunft (»Celarent«).

Alle Menschen sind vernünftig, manche Lebewesen sind Menschen, also sind manche Lebewesen vernünftig (»Darii«).

Kein Grieche ist schwarz, manche Menschen sind Griechen, also sind manche Menschen nicht schwarz (»Ferio«).

Diese vier bilden die »erste Figur«; Aristoteles fügte noch eine zweite und dritte hinzu, die Scholastiker ergänzten sie durch eine vierte. Es erweist sich aber, daß sich die drei letzten Figuren durch einige Kunstgriffe auf die erste reduzieren lassen.

Aus einer einzelnen Prämisse lassen sich verschiedene Schlüsse ziehen. Aus dem Satz »Manche Menschen sind sterblich« können wir folgern: »Manche Sterbliche sind Menschen.« Nach Aristoteles läßt sich das auch aus dem Satz »Alle Menschen sind sterblich« schließen. Aus dem Satz »Götter sind nicht sterblich« können wir folgern: »Die Sterblichen sind keine Götter«; aus dem Satz »Manche Menschen sind Griechen« folgt jedoch nicht »Manche Griechen sind keine Menschen«.

Aristoteles und seine Anhänger glaubten, von Schlüssen wie den obigen abgesehen sei jeder streng durchgeführte deduktive Schluß syllogistisch. Wenn man daher alle gültigen Arten von Syllogismen feststelle und alle beabsichtigten Beweise syllogistisch durchführe, müßten sich Trugschlüsse vermeiden lassen.

Die formale Logik begann mit diesem System; es ist daher ebenso bedeutsam wie bewundernswert. Betrachtet man es jedoch als Resultat, nicht als Anfang der formalen Logik, so ist daran dreierlei auszusetzen:
1. Formale Mängel innerhalb des Systems selbst.
2. Überschätzung des Syllogismus im Vergleich zu anderen Formen des deduktiven Beweises.
3. Überschätzung der Deduktion als Beweisform.

Zu allen drei Punkten ist etwas zu bemerken.

1. *Formale Mängel.* Wir wollen mit den beiden Sätzen beginnen »Sokrates ist ein Mensch« und »Alle Griechen sind Menschen«. Man muß scharf zwischen diesen beiden unterscheiden, was die aristotelische Logik versäumt. Der Satz »Alle Griechen sind Menschen« wird gemeinhin so ausgelegt, als enthalte er die Voraussetzung, daß es Griechen gibt; ohne diese Voraussetzung wären manche der aristotelischen Syllogismen nicht gültig. Beispielsweise:

»Alle Griechen sind Menschen, alle Griechen sind weiß, daher sind manche Menschen weiß.« Das ist nur gültig, wenn es Griechen gibt, sonst jedoch nicht. Würde ich etwa sagen:

»Alle goldenen Berge sind Berge, alle goldenen Berge sind golden, also sind manche Berge golden«, so wäre mein Schluß falsch, obwohl meine Prämissen in gewissem Sinne richtig sind. Um korrekt vorzugehen, müssen wir daher aus dem einen Satz »Alle Griechen sind Menschen« zwei Sätze machen; der eine würde lauten »Es gibt Griechen« und der andere »Wenn etwas ein Grieche ist, so ist es ein Mensch«. Dies aber ist ein rein hypothetischer Satz und schließt nicht ein, daß es Griechen gibt.

Der Satz »Alle Griechen sind Menschen« ist also der Form nach komplexer als der Satz »Sokrates ist ein Mensch«. In dem Satz »Sokrates ist ein Mensch« ist »Sokrates« Subjekt; dagegen hat der Satz »Alle Griechen sind Menschen« nicht »Alle Griechen« zum Subjekt, denn »alle Griechen« ist in keinem Fall Subjekt, weder in dem Satz »Es gibt Griechen« noch in »Wenn etwas ein Grieche ist, dann ist es ein Mensch«.

Dieser rein formale Fehler war eine Quelle metaphysischer und erkenntnistheoretischer Irrtümer. Wie steht es um unsere Erfahrung bei den beiden Sätzen »Sokrates ist sterblich« und »Alle Menschen sind sterblich«? Um zu wissen, ob der Satz »Sokrates ist sterblich« richtig ist, begnügen sich die meisten von uns damit, sich auf das Zeugnis anderer zu verlassen; soll das Zeugnis aber zuverlässig sein, so müssen wir auf jemand zurückgreifen, der Sokrates gekannt und gesehen hat, daß er tot war. Das Wahrnehmen dieser einen Tatsache – der Leiche des Sokrates – im Verein mit unserem Wissen, daß dies Sokrates war, genügt, uns von der Sterblichkeit des Sokrates zu überzeugen. Kommen wir aber zu dem Satz »Alle Menschen sind sterblich«, so sieht die Sache anders aus. Es ist eine sehr schwierige Frage, wieweit solche allgemeinen Sätze bei uns auf tatsächlichem Wissen beruhen. Zuweilen sind diese Sätze rein verbal: daß »alle Griechen Menschen sind« wissen wir, weil nur ein Mensch »ein Grieche« genannt werden kann. Solche allgemeinen Feststellungen lassen sich nach dem Wörterbuch ermitteln; sie sagen für uns jedoch nichts über die Welt, nur über den Gebrauch der Worte aus. »Alle Menschen sind sterblich« fällt aber nicht darunter; von einem unsterblichen Menschen zu sprechen, ist in sich logisch noch nicht widerspruchsvoll. Wir glauben diesen Satz auf Grund der Induktion, weil nicht verbürgt ist, daß ein Mensch je länger als (sagen wir) 150 Jahre gelebt hätte; das macht den Satz jedoch nur wahrscheinlich, nicht aber gewiß. Solange es lebende Menschen gibt, kann er nicht gewiß sein.

Metaphysische Irrtümer entstehen durch die Annahme, in dem Satz »Alle Menschen sind sterblich« sei »alle Menschen« das Subjekt im gleichen Sinne, wie »Sokrates« Subjekt des Satzes »Sokrates ist sterblich« ist. Dadurch konnte die Auffassung entstehen, daß mit »alle Menschen« in gewisser Beziehung eine Entität gleicher Gattung wie mit »Sokrates« bezeichnet sei. So kam Aristoteles zu der Behauptung, eine Gattung sei in bestimmtem Sinne eine Substanz. Er qualifiziert diese Behauptung sehr vorsichtig; seine Nachfolger jedoch, vor allem Porphyrius, gingen dabei unbedachtsamer vor.

Durch diesen Fehler verfällt Aristoteles einem weiteren Irrtum, daß nämlich das Prädikat eines Prädikats Prädikat des eigentlichen Subjekts sein könne. Wenn ich sage »Sokrates ist ein Grieche, alle Griechen sind menschlich«, so hält Aristoteles »menschlich« für das Prädikat von »Grieche«, während »Grieche« das Prädikat von »Sokrates« und offensichtlich »menschlich« das Prädikat von »Sokrates« ist. In Wirklichkeit ist aber »menschlich« nicht das Prädikat von »Griechen«. Dadurch wird der Unterschied zwischen Namen und Prädikaten oder, metaphysisch gesprochen, zwischen Einzeldingen und Universalien mit verhängnisvollen Folgen für die Philosophie verwischt. So entstand unter anderem die verwirrende Annahme, daß eine nur durch ein Glied vertretene Klasse mit diesem Glied identisch sei. Infolge dieses Irrtums konnte keine korrekte Theorie der Zahl *Eins* gewonnen werden, man kam vielmehr zu unendlich vielen, schlechten metaphysischen Ansichten über die Einheit.

2. *Überschätzung des Syllogismus.* Der Syllogismus ist nur eine besondere Art des deduktiven Beweises. In der Mathematik, die ausschließlich deduktiv ist, kommen Syllogismen kaum vor. Natürlich ließen sich mathematische Beweise in syllogistischer Form neu schreiben; das wäre jedoch gekünstelt, ohne daß der Beweis dadurch zwingender würde. Nehmen wir beispielsweise die Arithmetik. Wenn ich etwas für DM 16,30 kaufe und dafür einen Zwanzigmarkschein in Zahlung gebe, was habe ich dann herauszubekommen? Diese einfache Rechnung in syllogistische Form zu bringen, wäre töricht und nur dazu angetan, den wirklichen Charakter des Beweises zu verdunkeln. Ferner gibt es in der Logik nichtsyllogistische Schlüsse, wie etwa: »Ein Pferd ist ein Tier, infolgedessen ist ein Pferdekopf ein Tierkopf.« Unter den gültigen Deduktionen gibt es tatsächlich nur einige gültige Syllogismen, auch haben sie vor anderen keine logische Priorität. Durch den Versuch, dem Syllogismus in der Deduktion eine Vorrangstellung einzuräumen, kamen viele Philosophen zu einer irrigen Auffassung von echtem, mathematischem Denken. Kant, der die Mathematik als nichtsyllogistisch erkannte, folgerte daraus, daß sie außerlogische Prinzipien anwende; er nahm allerdings an, sie seien genau so sicher wie die Prinzipien der Logik. Gleich seinen Vorgängern, wenn auch in einer anderen Art, ließ er sich hier durch den Respekt vor Aristoteles irreführen.

3. *Überschätzung der Deduktion.* Die Griechen maßen im allgemeinen der Deduktion als Erkenntnisquelle mehr Bedeutung zu als moderne Philosophen. In dieser Beziehung war Aristoteles weniger auf falscher Fährte als Plato; er gestand wiederholt der Induktion ihre Bedeutung zu und verwandte beträchtliche Aufmerksamkeit auf die Frage: wie kennen wir die ersten Prämissen, von denen die Deduktion auszugehen hat? Trotzdem räumt er, wie andere Griechen auch, der Deduktion in seiner Erkenntnistheorie eine unangemessene Vorrangstellung ein. Wir werden zugeben, daß beispielsweise Mr. Smith sterblich ist und vielleicht schlechthin sagen, wir wüßten das, weil wir wissen,

daß alle Menschen sterblich sind. Was wir aber wirklich wissen, ist nicht, daß »alle Menschen sterblich sind«, wir wissen vielmehr nur so etwas wie »alle Menschen, die mehr als hundertfünfzig Jahre zuvor geboren wurden, sind sterblich, desgleichen fast alle Menschen, die mehr als hundert Jahre zuvor geboren wurden«. Aus diesem Grunde glauben wir, daß Mr. Smith sterben wird. Dieser Beweis ist jedoch eine Induktion, keine Deduktion. Er ist weniger zwingend als eine Deduktion und läßt nur eine Wahrscheinlichkeit, keine Gewißheit zu; andererseits vermittelt er eine *neue* Erkenntnis, was die Deduktion nicht tut. Alle wichtigen Schlüsse außerhalb der Logik und der reinen Mathematik sind induktiv, nicht deduktiv; eine Ausnahme machen nur das Recht und die Theologie; beide leiten ihre Grundprinzipien von einem unbestrittenen Text ab, nämlich von den Gesetzbüchern oder der Heiligen Schrift.

Abgesehen von der *Ersten Analytik*, die vom Syllogismus handelt, sind in der Geschichte der Philosophie noch andere logische Schriften des Aristoteles von beachtlicher Bedeutung, darunter das kleine Werk *Die Kategorien*. Der Neuplatoniker Porphyrius schrieb zu diesem Buch einen Kommentar, der die mittelalterliche Philosophie bemerkenswert beeinflußt hat; hier jedoch wollen wir uns auf Aristoteles beschränken.

Was bei Aristoteles, Kant oder Hegel, mit dem Wort »Kategorie« exakt gemeint ist, habe ich, ehrlich gestanden, nie zu begreifen vermocht. Ich selbst glaube, der Terminus »Kategorie« kann für die Philosophie nicht nützlich sein, nicht einmal als klarer Begriff. Bei Aristoteles gibt es zehn Kategorien: Substanz, Quantität, Qualität, Relation, Ort, Zeit, Lage, Haben, Tun und Leiden. Von dem Terminus »Kategorie« wird nur die folgende Definition gegeben: »Ausdrücke, die in keiner Beziehung zusammengesetzt sind« – und dann schließt sich die obige Aufzählung an. Das soll offenbar heißen, jedes Wort, dessen Bedeutung sich nicht aus der Bedeutung anderer Wörter zusammensetzt, bezeichnet eine Substanz oder eine Quantität und so fort. Daß die Zusammenstellung der zehn Kategorien nach irgendeinem Prinzip erfolgt wäre, läßt sich nicht feststellen.

»Substanz« ist primär das, was sich nicht von einem Subjekt aussagen läßt, noch was einem Subjekt innewohnt. Etwas ist »in einem Subjekt vorhanden«, wenn es, ohne Teil des Subjekts zu sein, nicht ohne das Subjekt existieren kann. Als Beispiel wird angeführt, daß bestimmte grammatikalische Kenntnisse in einem Geist vorhanden sind und eine besondere Art von Weiß in einem Körper vorhanden sein kann. Substanz im obigen primären Sinn ist ein Einzelding oder eine Person oder ein Tier. In sekundärem Sinn kann aber auch eine Art oder Gattung – beispielsweise »Mensch« oder »Tier« – als Substanz bezeichnet werden. Dieser sekundäre Sinn ist unhaltbar und hat späteren Autoren Tür und Tor für viel minderwertige Metaphysik geöffnet.

Ein großer Teil der *Zweiten Analytik* beschäftigt sich mit der Frage, die jede deduktive Theorie erschwert, nämlich: wie werden erste Prämissen gewonnen? Da die Deduktion irgendwo anfangen muß, müssen wir von etwas Unbewiesenem ausgehen, das aus etwas anderem als aus Beweisen bekannt ist. Ich werde die aristotelische Theorie nicht im einzelnen wiedergeben, da sie auf dem Begriff des sogenannten »Wesens« beruht. Die Definition, sagt er, ist die Feststellung der Wesensnatur eines Dinges. Der Wesensbegriff ist aus der nacharistotelischen Philosophie nicht wegzudenken, bis wir zur Neuzeit kommen. Für mein Gefühl ist es ein hoffnungslos verworrener Begriff; da er aber historische Bedeutung hat, müssen wir ein paar Worte darüber sagen.

Mit dem »Wesen« eines Dinges sind offenbar »diejenigen seiner Eigenschaften« gemeint, »die sich nicht verändern können, ohne daß das Ding seine Identität einbüßt«. Sokrates kann zuweilen glücklich oder traurig, gesund oder krank sein. Da diese Eigenschaften bei ihm wechseln können, ohne daß er aufhört, Sokrates zu sein, sind sie nicht Teil seines Wesens. Wohl aber nimmt man an, es gehöre zum Wesen des Sokrates, daß er ein Mensch ist, wenn auch ein Pythagoreer, der an Seelenwanderung glaubt, das nicht zugeben wird. In Wirklichkeit handelt es sich bei der Frage des Wesens um den Gebrauch von Wörtern. Wir wenden den gleichen Namen bei verschiedenen Gelegenheiten auf recht verschiedene Vorgänge an, die wir für Manifestationen einer einzigen »Sache« oder »Person« halten. Tatsächlich ist das jedoch nur eine sprachliche Vereinfachung. Das »Wesen« des Sokrates besteht daher in Eigenschaften, bei deren Fehlen wir den Namen »Sokrates« nicht gebrauchen würden. Es ist also eine rein sprachliche Frage: ein *Wort*, nicht aber ein Ding kann ein Wesen haben.

Bei dem Begriff »Substanz« wird wie bei dem des »Wesens« etwas in die Metaphysik übertragen, was nur eine sprachliche Vereinfachung ist. Wenn wir die Welt beschreiben wollen, ist es uns bequemer, eine bestimmte Reihe von Vorgängen als Ereignisse aus dem Leben des »Sokrates« und andere als Geschehnisse im Leben von »Mr. Smith« zu schildern. Das veranlaßt uns, »Sokrates« oder »Mr. Smith« für Bezeichnungen von etwas zu halten, das eine bestimmte Anzahl von Jahren hindurch existiert und gewissermaßen dauerhafter und wirklicher ist als das, was sich mit ihm begibt. Wenn Sokrates krank ist, meinen wir, Sokrates sei zu anderen Zeiten gesund; demnach wäre das Sein des Sokrates von seiner Krankheit unabhängig; Krankheit setzt allerdings voraus, daß jemand da ist, der krank sein kann. Aber wenn auch Sokrates deshalb nicht krank zu sein braucht, *irgend etwas* muß doch mit ihm geschehen, wenn er als existent angesehen werden soll. Er ist also tatsächlich keineswegs »wirklicher« als die Dinge, die ihm zustoßen.

Wenn man den Begriff »Substanz« ernst nehmen will, muß er zwangsläufig zu Schwierigkeiten führen. Substanz gilt als das Subjekt von Eigenschaften und als etwas von den Eigenschaften Verschiedenes. Lassen wir jedoch die Eigenschaften fort und versuchen uns dann die Substanz selbst vorzustellen, so wird sich ergeben, daß nichts übrigbleibt.

Man kann die Sache auch so formulieren: Wodurch unterscheidet sich eine Substanz von einer anderen? Nicht durch die Verschiedenartigkeit der Eigenschaften, denn entsprechend der Substanz setzt der Unterschied der Eigenschaften die numerische Verschiedenheit der betreffenden Substanzen logisch voraus. Zwei Substanzen müssen demnach eben zwei sein, ohne daß sie sich sonst voneinander unterscheiden. Wie aber sollen wir je feststellen können, daß es zwei *sind?*

»Substanz« bezeichnet in Wirklichkeit nur das vereinfachte Verfahren, Vorgänge gebündelt zusammenzufassen. Was können wir von Mr. Smith wissen? Wenn wir ihn anschauen, sehen wir Farbflecke; wenn wir ihn sprechen hören, vernehmen wir eine Reihe von Tönen. Wir nehmen an, daß er wie wir denkt und fühlt. Was aber ist Mr. Smith abgesehen von alledem? Nichts als ein imaginärer Haken, an dem offenbar die Ereignisse aufgehängt werden. Tatsächlich bedürfen sie aber so wenig eines Hakens, wie die Erde einen Elefanten braucht, um darauf zu ruhen. Um einen analogen Fall aus der Geographie heranzuziehen: jeder wird einsehen, daß ein Wort wie etwa »Frankreich« nichts als eine sprachliche Vereinfachung ist, und daß es kein *Ding* namens »Frankreich« über und außer seinen verschiedenen Teilen gibt. Dasselbe gilt für »Mr. Smith«: Es ist der Kollektivname für eine Reihe von Ereignissen; verstehen wir mehr darunter, so bezeichnet er etwas, was völlig außerhalb unseres Wissensbereichs liegt und daher unbrauchbar ist, um auszudrücken, was wir wissen.

Kurz, »Substanz« ist ein metaphysischer Irrtum, der dadurch entsteht, daß die Struktur von Subjekt-Prädikat-Sätzen auf die Struktur der Welt übertragen wird.

Ich komme zu dem Schluß, daß sämtliche aristotelischen Ansichten, mit denen wir uns in diesem Kapitel beschäftigt haben, falsch sind mit Ausnahme der formalen Theorie des Syllogismus, die unwichtig ist. Wer heutzutage Logik erlernen will, verschwendet nur seine Zeit, wenn er Aristoteles oder einen seiner Schüler liest. Trotzdem zeugen seine logischen Schriften von großer Befähigung und wären der Menschheit auch nützlich gewesen, wenn sie zu einer Zeit erschienen wären, als es noch lebendige geistige Originalität gab. Unglücklicherweise wurden sie aber gerade am Ende der schöpferischen Periode des griechischen Denkens veröffentlicht und wurden daher als maßgebend übernommen. Als die geistige Originalität dann wieder auflebte, hatte Aristoteles bereits zweitausend Jahre unbeschränkt regiert und war sehr schwer zu entthronen. In der ganzen Neuzeit mußte praktisch jeder wissenschaftliche, logische oder philosophische Fortschritt eine Kampfansage an die Anhänger des Aristoteles bedeuten.

23. KAPITEL

Die Physik des Aristoteles

In diesem Kapitel gedenke ich die beiden Bücher des Aristoteles zu behandeln, die den Titel *Physik* und *Über den Himmel* tragen. Diese beiden Bücher hängen eng zusammen; das zweite setzt die Erörterung da fort, wo das erste sie abbricht. Beide waren außerordentlich einflußreich und beherrschten die Wissenschaft bis zur Zeit Galileis. Worte wie »Quintessenz« und »sublunarisch« stammen aus den in diesen Büchern enthaltenen Theorien. Dementsprechend muß sich der Historiker der Philosophie mit ihnen beschäftigen, obwohl kaum ein Satz darin im Licht der modernen Wissenschaft bestehen kann.

Um die Anschauungen des Aristoteles wie die der meisten Griechen in physikalischen Fragen begreifen zu können, muß man sich klarmachen, welche Vorstellungen ihnen zugrunde lagen. Jeder Philosoph verfügt neben dem formalen System, mit dem er vor die Welt tritt, noch über ein zweites, weit einfacheres, ohne sich möglicherweise dessen bewußt zu werden. Weiß er darum, so wird er wahrscheinlich erkennen, daß es nicht ganz genügt; er hält es daher geheim und bietet dafür ein ausgeklügeltes System; er selbst glaubt daran, weil es seinem ursprünglichen System ähnelt, andere aber sollen es gelten lassen, weil er es nach seiner Ansicht so gestaltet hat, daß es nicht zu widerlegen ist. Der Eindruck des Ausgeklügelten entsteht, weil darin Widerlegungen widerlegt werden; das allein ergibt aber noch kein positives Resultat; es beweist bestenfalls nur, daß eine Theorie wahr sein *kann*, aber nicht sein *muß*. Das positive Ergebnis verdankt der Philosoph, so wenig er sich darüber auch klar sein mag, den vorgefaßten Meinungen seiner Einbildungskraft oder dem, was Santayana mit »animalischem Glauben« bezeichnet.

Bei Aristoteles sah der imaginative Hintergrund in der Physik ganz anders aus als bei einem modernen Studenten. Heutzutage beginnt der Knabe mit der Mechanik, die schon durch ihren Namen an Maschinen erinnert. Er ist an Autos und Flugzeuge gewöhnt; er glaubt nicht einmal in den geheimsten Tiefen seines Unterbewußtseins, daß im Innern eines Autos so etwas wie ein Pferd stecken könne oder daß ein Flugzeug fliegt, weil es die Flügel eines Vogels mit magischen Kräften besitzt. Tiere spielen in den Vorstellungen, die sich die Phantasie von der Welt macht, keine Rolle mehr; in dieser Welt steht der Mensch heute relativ allein da als Herr über eine im ganzen unbelebte und ihm größtenteils dienstbare materielle Umgebung.

Als die Griechen versuchten, die Bewegung wissenschaftlich darzustellen, kamen sie kaum darauf, sie rein mechanisch zu erklären, wenn wir von einigen wenigen großen Geistern wie Demokrit und Archimedes absehen. Zwei Gattungen von Phänomenen erschienen ihnen wichtig: die Bewegungen der Tiere und die Bewegungen der Himmelskörper. Für den modernen Wissenschaftler ist der Tierkörper eine äußerst durchdachte Maschine von ungeheuer komplizierter physikalisch-chemischer Struktur; jede neue Entdeckung dient dazu, die sichtliche Kluft zwischen Tier und Maschine zu verringern. Den Griechen lag es von Natur mehr, offensichtlich leblose Bewegungen zu Bewegungen der Tiere umzudenken. Das Kind sieht den Unterschied zwischen lebenden Tieren und anderen Dingen darin, daß die Tiere sich aus eigener Kraft bewegen können; viele Griechen und vor allem Aristoteles glaubten, darauf eine allgemeine physikalische Theorie aufbauen zu können.

Wie aber steht es mit den Himmelskörpern? Sie unterscheiden sich von den Tieren durch die Regelmäßigkeit ihrer Bewegungen, die sich aber vielleicht nur auf ihre höhere Vollkommenheit zurückführen ließ. Jeder griechische Philosoph, zu welchen Ansichten er auch als Erwachsener gekommen sein mochte, hatte als Kind gelernt, Sonne und Mond als Götter zu betrachten; Anaxagoras wurde wegen Gottlosigkeit verfolgt, weil er sie für nicht lebendig hielt. Natürlich mußte ein Philosoph, der die Himmelskörper selbst nicht für göttlich anzusehen vermochte, der Überzeugung sein, sie würden durch den Willen eines göttlichen Wesens bewegt, das die Vorliebe der Griechen für Ordnung und geometrische Einfachheit teilte. Somit ist der Ursprung aller Bewegung der Wille: auf Erden der launische Wille von Mensch und Tier, im Himmel jedoch der unwandelbare Wille des höchsten Urhebers.

Ich meine nicht, daß dies bis ins kleinste für alles gilt, was Aristoteles zu sagen hat. Ich möchte nur darauf hinweisen, daß diese Dinge in seiner Vorstellung lebten und daß er sie bestätigt zu finden hoffte, als er mit seinen Untersuchungen begann.

Nach diesen Vorbemerkungen wollen wir feststellen, was er wirklich zu sagen hat.

Physik ist bei Aristoteles die Wissenschaft von dem, was die Griechen »phusis« (oder *physis*) nannten, ein Wort, das mit »Natur« übersetzt wird; es hat aber nicht genau die gleiche Bedeutung, die wir dem Wort beilegen. Wir sprechen noch von »Naturwissenschaft« und »Naturgeschichte«, aber wenn Natur auch ein sehr vieldeutiges Wort ist, so entspricht es doch nur selten genau dem, was mit »*physis*« gemeint ist. »*Physis*« hängt mit Wachstum zusammen; man könnte sagen, es sei die »Natur« der Eichel, sich zu einer Eiche auszuwachsen; das hieße dieses Wort im aristotelischen Sinne gebrauchen. Die »Natur« eines Dinges, sagt Aristoteles, ist sein Zweck, um dessentwillen es existiert. Insofern steckt in dem Begriff etwas Teleologisches. Manche Dinge existieren von Natur, manche aus anderen Ursachen. Tiere, Pflanzen und einfache Körper (Elemente) existieren von Natur; es wohnt ihnen ein Bewegungsprinzip inne (das mit »Bewegung« übersetzte Wort bedeutet mehr als bloße »Ortsveränderung«; neben der Ortsveränderung ist darin noch eine Veränderung der Eigenart oder des Umfangs enthalten). Aus der Natur ergibt sich, ob die Dinge sich in Bewegung oder in Ruhe befinden. Dinge »haben eine Natur«, wenn sie ein inneres Prinzip dieser Art besitzen. Der Ausdruck »naturgemäß« bezieht sich auf diese Dinge und ihre Wesensattribute. (Aus dieser Anschauung heraus wurde das Wort »unnatürlich« zum Ausdruck des Tadels.) Die Natur findet sich eher in der Form als im Stoff; was der Möglichkeit nach Fleisch oder Knochen ist (also erst dazu werden soll), hat noch nicht seine eigentliche Natur erlangt, und ein Ding ist stärker es selbst, wenn es seine volle Entwicklung erreicht hat. Dieser Gesichtspunkt scheint aus der Biologie zu stammen: die Eichel ist »potentiell« eine Eiche.

Die Natur gehört zur Klasse der zweckbestimmten Ursachen. Das führt zur Diskussion der Ansicht, daß die Natur aus Notwendigkeit schafft, ohne Absicht; in diesem Zusammenhang erörtert Aristoteles das Überleben des Tauglichsten in der von Empedokles gelehrten Form. Das kann nicht richtig sein, sagt Aristoteles, weil alles in vorgeschriebener Weise geschieht, und wenn eine Reihe vollendet ist, dann hat jeder vorangegangene Schritt dazu beigetragen. Dinge sind »natürlich«, die »durch eine kontinuierliche Bewegung, die von einem inneren Prinzip hervorgerufen worden ist, zu einer bestimmten Vollendung gelangen« (199b).

Dieser ganze Begriff der »Natur« wurde jedoch, obwohl er so wunderbar geeignet schien, das Wachstum der Tiere und Pflanzen zu erklären, dem Fortschritt der Wissenschaft sehr hinderlich und zur Quelle von vielem Schlechten in der Ethik. In dieser Beziehung wirkt er noch heute nachteilig.

Wie wir hören, ist Bewegung die Erfüllung dessen, was als Möglichkeit existiert. Diese Auffassung ist, abgesehen von anderen Fehlern, unvereinbar mit der Relativität der Ortsveränderung. Wenn A sich in bezug auf B bewegt, so bewegt sich B auch in bezug auf A; es wäre demnach sinnlos zu sagen, daß sich eines von beiden in Bewegung, das andere hingegen in Ruhe befinde. Wenn ein Hund einen Knochen packt, dann scheint sich nach Ansicht des gesunden Menschenverstandes der Hund zu bewegen, während der Knochen unbewegt bleibt (bis er gepackt wird), und die Bewegung einen Zweck zu haben, nämlich die »Natur« des Hundes zu erfüllen. Es hat sich jedoch erwiesen, daß diese Auffassung nicht auf die tote Materie anwendbar ist, daß der wissenschaftlichen Physik kein »Zweck«-Begriff nützen kann und daß jede Bewegung, streng wissenschaftlich gesehen, nur als relative Bewegung behandelt werden darf.

Aristoteles verwirft die Theorie von der Leere, die Leukipp und Demokrit vertraten. Dann geht er zu einer recht merkwürdigen Erörterung der Zeit über. Man könnte vielleicht sagen, meint er, es gäbe keine Zeit, denn sie setzt sich aus Vergangenheit und Zukunft zusammen; die erste aber ist nicht mehr, die andere ist noch nicht. Diese Ansicht lehnt er jedoch ab. Nach seiner Auffassung ist Zeit Bewegung, die sich zählen läßt. (Es ist nicht klar, warum er das Zählen für wesentlich hält.) Man könnte geradezu fragen, meint er, ob es Zeit auch ohne die Seele geben würde, da von Zählen nicht die Rede sein könnte, wenn nichts da wäre, was zählen kann, und Zeit setzt das Zählen voraus. Anscheinend hält er die Zeit für soundso viele Stunden oder Tage oder Jahre. Manche Dinge sind ewig, wie er hinzufügt, weil sie unabhängig von der Zeit sind; vermutlich denkt er dabei etwa an Zahlen.

Bewegung hat es immer gegeben und wird es stets geben; denn Zeit ist ohne Bewegung undenkbar, und alle sind sich darin einig, daß die Zeit nicht erschaffen worden ist; eine Ausnahme macht hier nur Plato. In diesem Punkt mußten die christlichen Anhänger des Aristoteles anderer Meinung sein, da die Bibel uns berichtet, daß das Universum einen Anfang hatte.

Die *Physik* schließt mit dem Beweis vom unbewegten Beweger, über den wir im Zusammenhang mit der »Metaphysik« gesprochen haben. Es gibt einen unbewegten Beweger, der eine direkte Kreisbewegung verursacht. Die Kreisbewegung ist die ursprüngliche Bewegungsart und zugleich die einzige, die kontinuierlich und unendlich sein kann. Der erste Beweger hat weder Teile noch Umfang und befindet sich an der Peripherie der Welt.

Nach dieser Folgerung gehen wir zum Himmel über.

In der Abhandlung *Über den Himmel* wird eine hübsche, einfache Theorie aufgestellt. Dinge unter dem Mond sind dem Werden und Vergehen unterworfen; oberhalb des Mondes ist alles stets gewesen und unzerstörbar. Die Erde, eine Kugel, befindet sich im Mittelpunkt des Alls. In der sublunarischen Sphäre setzt sich alles aus den vier Elementen Erde, Wasser, Luft und Feuer zusammen; es gibt jedoch noch ein fünftes Element, aus dem die Himmelskörper bestehen. Die natürliche Bewegung der terrestrischen Elemente ist geradlinig, die des fünften Elements dagegen kreisförmig. Der Himmel hat vollkommene Kugelgestalt; die höheren Regionen sind göttlicher als die niederen. Die Sterne und Planeten bestehen nicht aus Feuer, sondern aus dem fünften Element; ihre Bewegung hängt von der Sphäre ab, der sie angehören. (Alles dies finden wir in poetischer Form in Dantes *Paradiso*.)

Die vier terrestrischen Elemente sind nicht ewig, vielmehr aus einander entstanden – Feuer ist absolut leicht, was an seiner natürlichen Aufwärtsbewegung erkennbar ist; Erde ist absolut schwer. Luft ist relativ leicht und Wasser relativ schwer.

Aus dieser Theorie sollten späteren Zeiten viele Schwierigkeiten erwachsen. Kometen, die sich als zerstörbar erwiesen, mußten der sublunarischen Sphäre zugeteilt werden; im siebzehnten Jahrhundert aber entdeckte man, daß sie Bahnen um die Sonne beschreiben und selten so nahe sind wie der Mond. Da die natürliche Bewegung terrestrischer

Körper geradlinig ist, nahm man an, ein horizontal abgefeuertes Geschoß bewege sich eine Zeitlang horizontal und beginne dann plötzlich vertikal zu fallen. Galileis Entdeckung, daß ein Geschoß Parabeln beschreibt, empörte seine aristotelischen Kollegen. Kopernikus, Kepler und Galilei hatten sowohl gegen Aristoteles als auch gegen die Bibel zu kämpfen, als sie behaupteten, die Erde sei nicht Mittelpunkt des Alls, drehe sich vielmehr im Verlauf eines Tages um sich selbst und innerhalb eines Jahres um die Sonne.

Um noch auf etwas Allgemeineres zu kommen: die aristotelische Physik ist unvereinbar mit Newtons »Erstem Bewegungsgesetz«, das ursprünglich von Galilei stammt. Dieses Gesetz besagt, daß sich jeder in Bewegung befindliche Körper, sich selbst überlassen, mit gleichbleibender Geschwindigkeit in gerader Linie weiter bewegt. Somit sind äußere Ursachen erforderlich, nicht um die Bewegung, wohl aber eine Veränderung der Bewegung zu bewirken, sei es in der Geschwindigkeit, sei es in der Richtung. Die Kreisbewegung, die Aristoteles für die »natürliche« Bewegung der Himmelskörper hielt, setzt einen kontinuierlichen Wechsel der Bewegungsrichtung voraus und bedingt deshalb eine auf den Mittelpunkt des Kreises gerichtete Kraft wie bei Newtons Gravitationsgesetz.

Schließlich mußte die Ansicht, daß die Himmelskörper ewig und unvergänglich seien, aufgegeben werden. Die Sonne und die Gestirne sind langlebig, leben aber nicht ewig. Sie sind aus einem Nebelfleck entstanden, und zuletzt explodieren sie oder gehen durch Kälte zugrunde. Alles in der sichtbaren Welt unterliegt dem Wandel und der Vergänglichkeit; der aristotelische Glaube an das Gegenteil ist, wenn sich auch die Christen im Mittelalter dazu bekannten, aus der heidnischen Verehrung von Sonne, Mond und Planeten entstanden.

24. KAPITEL

Die Anfänge der griechischen Mathematik und Astronomie

Ich habe mich in diesem Kapitel mit der Mathematik zu befassen, und zwar nicht mit ihr selbst, sondern mit ihrer Beziehung zur griechischen Philosophie – denn diese Beziehung war, vornehmlich bei Plato, sehr eng. Die Vorrangstellung der Griechen tritt hauptsächlich in der Mathematik und Astronomie zutage. Wie man ihre künstlerischen, literarischen und philosophischen Leistungen beurteilen will, bleibt mehr oder minder dem persönlichen Geschmack überlassen; was sie jedoch in der Geometrie leisteten, ist über jeden Zweifel erhaben. Einiges übernahmen sie von Ägypten, etwas weniger von Babylonien; aus diesen Quellen flossen ihnen jedoch auf mathematischem Gebiet in der Hauptsache nur einfache Grundregeln zu; in der Astronomie handelte es sich dabei um Aufzeichnungen von über sehr lange Zeiträume ausgedehnten Beobachtungen. Die Kunst der mathematischen Beweisführung aber war fast ausschließlich griechischen Ursprungs.

Es gibt viele amüsante, wahrscheinlich erfundene Geschichten, aus denen hervorgeht, welche praktischen Probleme die Mathematiker zu ihren Untersuchungen anregten. Die älteste und einfachste Anekdote bezieht sich auf Thales, der während seines Aufenthalts in Ägypten vom König aufgefordert wurde, die Höhe einer Pyramide festzustellen. Er wartete die Tageszeit ab, zu der die Länge seines Schattens seiner Körpergröße gleich kam; dann maß er den Schatten der Pyramide, der natürlich ihrer Höhe entsprach. Die Gesetze der Perspektive soll zuerst der Geometer Agatharkus erforscht haben, um die Bühnenbilder für die Stücke des Aischylos malen zu können. Das Problem, die Entfernung eines Schiffes auf See festzustellen, mit dem sich Thales beschäftigt haben soll, ist schon frühzeitig richtig gelöst worden. Eines der schwersten Probleme, das griechische Geometer beschäftigte, war die Verdoppelung des Würfels; es soll zuerst bei den Priestern eines bestimmten Tempels aufgetaucht sein, die durch das Orakel erfahren hatten, der Gott wünsche sich eine doppelt so große Statue wie die bereits vorhandene. Zunächst dachten sie, man brauche nur alle Maße der Statue zu verdoppeln; dann aber wurde ihnen klar, daß sich daraus etwas achtmal so Großes ergeben würde, was höhere Kosten verursacht hätte, als der Gott verlangt hatte. So sandten sie eine Abordnung zu Plato mit der Frage, ob jemand in der Akademie das Problem für sie lösen könne. Die Geometer griffen es auf und arbeiteten jahrhundertelang daran, wobei gelegentlich auch manches Großartige herauskam. Das Problem besteht aber natürlich darin, die Kubikwurzel aus 2 zu bestimmen.

Die Quadratwurzel aus 2, die als erste irrationale Zahl entdeckt werden sollte, war schon den frühen Pythagoreern bekannt, und um ihren annähernden Wert festzustellen, wurden geistreiche Methoden erfunden. Die beste war folgende: es werden zwei Zahlenkolumnen aufgestellt, die wir a und b nennen wollen; jede beginnt mit 1. Die nächste Zahl der Kolumne und jede weitere wird dadurch gefunden, daß das letzte a und das letzte b, die wir erhalten haben, zusammengezählt werden. Das nächste b wird gefunden, indem man das Doppelte des vorhergehenden a zu dem vorhergehenden b addiert. Die ersten sechs Paare, die dabei herauskommen, lauten (1, 1); (2, 3); (5, 7); (12, 17); (29, 41); (70, 99). Bei jedem Paar ist $2a^2 - b^2 = 1$ oder -1. So ist b/a ungefähr die Quadratwurzel aus 2; bei jedem weiteren Schritt wird die Annäherung größer. Der Leser mag sich damit begnügen, daß das Quadrat von $99/70$ etwa 2 ist.

Pythagoras – stets eine etwas unklare Erscheinung – soll nach der Darstellung von Proklos der erste gewesen sein, der die Geometrie zum regelrechten Unterrichtsfach gemacht hat. Viele Autoritäten, darunter Sir Thomas Heath[1], halten es für wahrscheinlich, daß er der Entdecker des nach ihm benannten Lehrsatzes war, demzufolge im rechtwinkeligen Dreieck die Summe der Quadrate über den Katheten gleich dem Quadrat über der Hypotenuse ist. Jedenfalls ist dieser Lehrsatz den Pythagoreern schon zu einem sehr frühen Zeitpunkt bekannt gewesen. Sie wußten auch, daß die Summe der Winkel eines Dreiecks gleich zwei Rechten ist.

Neben der Quadratwurzel aus 2 wurden noch andere irrationale Zahlen erforscht, und zwar im einzelnen von Theodorus, einem Zeitgenossen des Sokrates, und mehr im allgemeinen von Theaitetos, der etwa zur Zeit Platos lebte, nur etwas älter war. Demokrit schrieb eine Abhandlung über irrationale Zahlen; über ihren Inhalt ist aber nur sehr wenig bekannt. Plato war stark an diesen Dingen interessiert; er erwähnt das Werk von Theodorus und Theaitetos in dem nach Theaitetos benannten Dialog. In den *Gesetzen* (819–820) sagt er, die allgemeine Unwissenheit auf diesem Gebiet sei eine Schande, läßt aber durchblicken, daß er selbst auch erst ziemlich spät im Leben etwas davon erfahren habe. Der Einfluß dieser mathematischen Entdeckungen auf die pythagoreische Philosophie war natürlich bedeutend.

Zum wichtigsten, was sich aus der Entdeckung der irrationalen Zahlen ergab, gehörte die Lehre von den Proportionen, die Eudoxus erfand (etwa 408 bis etwa 355 v. Chr.). Zuvor hatte es nur die arithmetische Proportionentheorie gegeben. Hiernach verhält sich a zu b wie c zu d, wenn a mal d = b mal c ist. Diese Definition ist ohne eine arithmetische Theorie irrationaler Zahlen nur auf die rationalen Zahlen anwendbar. Eudoxus jedoch erfand eine neue Definition, die dieser Ein-

---

[1] Heath, *Greek Mathematics*, Band I, S. 145.

schränkung nicht unterliegt und in seiner Fassung bereits auf moderne analytische Methoden hinweist. Diese Theorie hat Euklid logisch besonders schön entwickelt.

Eudoxus erfand oder vervollkommnete auch die »Methode der Exhaustion«, die später sehr erfolgreich von Archimedes angewandt wurde. Diese Methode nimmt die Integralrechnung vorweg. Nehmen wir beispielsweise die Frage nach dem Inhalt eines Kreises. In einen Kreis läßt sich ein reguläres Achteck einzeichnen, ein Zwölfeck oder Vieleck mit tausend oder einer Million Seiten. Der Inhalt eines solchen Vielecks ist, unabhängig von der Zahl seiner Seiten, proportional dem Quadrat über dem Durchmesser des Kreises. Je mehr Seiten das Vieleck hat, um so mehr nähert es sich dem Kreis. Gibt man dem Vieleck die genügende Anzahl von Seiten, so läßt sich beweisen, daß sich der Unterschied zwischen seinem Inhalt und dem des Kreises mit jeder weiteren Seite verringert. Hierzu benützt man das Archimedische Prinzip. Es besagt (in etwas vereinfachter Form): halbiert man von zwei Größen die größere, dann diese Hälfte und so fort, dann kommt man schließlich zu einer Größe, die kleiner ist als die kleinere der beiden Anfangsgrößen. Mit anderen Worten: wenn a größer ist als b, dann ist, sofern n eine bestimmte ganze Zahl ist, 2^n mal b größer als a.

Diese Exhaustionsmethode führt zuweilen zu einem exakten Ergebnis, wie etwa bei der Quadratur der Parabel, die Archimedes gelang; manchmal werden aber nur, wie bei dem Versuch der Quadratur des Zirkels, sukzessive Näherungswerte erreicht. Das Problem der Quadratur des Kreises besteht darin, das Verhältnis des Umfangs eines Kreises zu dem π genannten Durchmesser zu bestimmen. Archimedes benutzte bei seinen Berechnungen den Näherungswert $22/7$; durch Einbeschreiben und Umschreiben eines regulären Vielecks von 96 Seiten bewies er, daß π kleiner als $3^{1/7}$ und größer als $3^{10/71}$ ist. Das Verfahren ließ sich auf jeden beliebigen Näherungswert ausdehnen, und mehr kann man bei diesem Problem von keiner Methode verlangen. Die Anwendung der eingeschriebenen und umschriebenen Vielecke zwecks Näherung an π geht auf Antiphon zurück, der ein Zeitgenosse von Sokrates war.

Euklid, dessen Werk noch in meiner Jugend das einzige anerkannte geometrische Lehrbuch für Knaben war, lebte in Alexandria etwa 300 v. Chr., einige Jahre nach dem Tod Alexanders und Aristoteles'. Der größte Teil seines Werkes *Elemente* stammt nicht von ihm, wohl aber weitgehend die Anordnung der Lehrsätze und der logische Aufbau. Je mehr man sich mit Geometrie beschäftigt, um so mehr erkennt man, wie bewunderungswürdig dieses beides ist. Die Behandlung der Parallelen nach dem berühmten Postulat der Parallelen hat das zweifache Verdienst, sich durch Strenge der Deduktion auszuzeichnen und über die Zweifelhaftigkeit der Anfangsvoraussetzung nicht hinwegzutäuschen. Die Proportionentheorie nach Eudoxus umgeht alle mit den irrationalen Zahlen verbundenen Schwierigkeiten durch Verfahren, die den von Weierstraß in die Analysis eingeführten Methoden des neunzehnten Jahrhunderts im wesentlichen gleichen. Dann geht Euklid zu einer Art geometrischer Algebra über und beschäftigt sich in Buch X mit den irrationalen Zahlen. Schließlich kommt er zur Stereometrie, die mit der Konstruktion regulärer Körper endet; sie wurde von Theaitetos vervollkommnet und in Platos *Timaios* vorausgesetzt.

Euklids Werk, die *Elemente*, ist gewiß eines der großartigsten Bücher, das je geschrieben worden ist, und eines der vollendetsten Denkmäler des griechischen Geistes. Es hat natürlich seine typisch griechischen Grenzen: es kennt nur die deduktive Methode und bietet keine Möglichkeit, die Anfangsvoraussetzungen zu überprüfen. Diese Voraussetzungen galten als unbestreitbar; im neunzehnten Jahrhundert bewies jedoch die nichteuklidische Geometrie, daß sie teilweise falsch sein *können* und daß sich nur durch Beobachtung feststellen läßt, ob es sich so verhält.

Euklid verachtet zutiefst den praktischen Nutzen, der von Plato so nachdrücklich betont worden war. Es wird erzählt, ein Schüler habe einmal eine Beweisführung mitangehört und dann gefragt, was er eigentlich davon habe, wenn er Geometrie lerne; daraufhin habe Euklid einen Sklaven herbeigerufen und gesagt: »Gib dem jungen Mann drei Groschen, denn er will unbedingt etwas mit dem verdienen, was er lernt.« Die Geringschätzung des Praktischen war jedoch aus der damaligen Einstellung zu verstehen. Denn zur griechischen Zeit kam zum Beispiel niemand auf den Gedanken, daß Kegelschnitte irgendeinen praktischen Nutzen haben könnten; erst im siebzehnten Jahrhundert entdeckte Galilei die Parabelbewegung der Geschosse und Kepler die Ellipsenbewegung der Planeten. Plötzlich wurde das, was die Griechen aus reiner Liebe zur Theorie geleistet hatten, zum Schlüssel für die Kriegführung und Astronomie.

Die Römer waren zu praktisch veranlagt, um Euklid richtig würdigen zu können; der erste, der ihn erwähnt, ist Cicero, zu dessen Zeit es vermutlich noch keine lateinische Übersetzung gab; tatsächlich findet sich die erste *Erwähnung* einer lateinischen Übertragung bei Boëthius (etwa 480 n. Chr.). Die Araber hatten mehr Verständnis: etwa 760 n. Chr. erhielt der Kalif von dem byzantinischen Kaiser eine Abschrift, und etwa 800 n. Chr. erfolgte unter Harun al Raschid eine Übersetzung ins Arabische. Die erste noch vorhandene lateinische Übertragung wurde aus dem Arabischen vorgenommen, und zwar durch Adelard von Bath im Jahre 1120 n. Chr. Von da an lebte das Studium der Geometrie im Westen allmählich wieder auf; aber erst in der Spätrenaissance kam man dabei zu bedeutenden Fortschritten.

Ich komme nun zur Astronomie: hier leisteten die Griechen ebenso Bemerkenswertes wie in der Geometrie. Vor ihrer Zeit hatten die Babylonier und Ägypter durch jahrhundertelange Beobachtung eine erste Grundlage geschaffen. Die sichtbaren Bewegungen der Planeten waren aufgezeichnet worden, doch war noch nicht bekannt, daß der Morgenstern auch der Abendstern ist. Ein Zyklus von Sonnen- und Mondfinsternissen war bestimmt in Babylonien und wahrscheinlich auch in Ägypten festgestellt worden; daher ließen sich Mondfinsternisse ziemlich zuverlässig voraussagen, nicht aber Sonnenfinsternisse, da sie nicht an jeder beliebigen Stelle sichtbar waren. Wir verdanken den Babyloniern die Einteilung des rechten Winkels in neunzig Grad und des Grades in sechzig Minuten; sie hatten eine Vorliebe für die Zahl sechzig und sogar ein darauf aufgebautes Zahlensystem. Die Griechen führten gern das Wissen ihrer Pioniere auf deren Reisen in Ägypten zurück; in Wirklichkeit war aber vor den Griechen sehr wenig geleistet worden. Daß Thales eine Mondfinsternis vorauszusagen wußte, war allerdings ein Beispiel für fremden Einfluß; es ist nicht anzunehmen, daß er das aus ägyptischen und babylonischen Quellen Stammende aus Eigenem ergänzte, und daß seine Voraussage sich bewahrheitete, war ein Glücksfall.

Wir wollen mit einigen der frühesten Entdeckungen und richtigen Hypothesen beginnen. Anaximander meinte, die Erde schwebe frei und sei von nichts gestützt. Aristoteles[2], der häufig die besten Hypothesen seiner Zeit verwarf, wandte sich gegen Anaximanders Theorie, daß die Erde als Mittelpunkt des Alls unbeweglich sei, denn es läge kein Grund für sie vor, sich in einer bestimmten Richtung zu bewegen. Er meinte, wenn es sich so verhielte, würde ein Mensch Hungers sterben, den man in den Mittelpunkt eines Kreises stellte, auf dessen Umfang an verschiedenen Punkten Nahrungsmittel verteilt seien; denn es sei ja für ihn kein Grund gegeben, sich lieber für diese als für jene Portion Nahrungsmittel zu entscheiden. Dieses Argument taucht in der scholastischen Philosophie wieder auf, allerdings nicht im Zusammenhang mit der Astronomie, sondern mit der Willensfreiheit. Wir erkennen es in »Buridans Esel« wieder, der unfähig war, zwischen zwei Heubündeln zu wählen, die in gleichen Abständen links und rechts von ihm lagen, und deshalb verhungerte.

Pythagoras war höchstwahrscheinlich der erste, der sich die Erde als Kugel dachte, jedoch (vermutlich) eher aus ästhetischen als aus wissenschaftlichen Gründen. Wissenschaftliche Begründungen wurden aber bald gefunden. Anaxagoras entdeckte, daß der Mondschein nur reflektiertes Licht ist und stellte die richtige Theorie der Mondfinsternis auf. Er selbst hielt die Erde noch für eine Scheibe; die Form des Erdschattens bei Mondfinsternissen ermöglichte es jedoch den Pythagoreern, die Kugelgestalt der Erde zwingend zu beweisen. Sie gingen noch einen Schritt weiter und rechneten die Erde zu den Planeten. Sie wußten – angeblich durch Pythagoras selbst –, daß der Morgenstern mit dem

---

2 *De Coelo*, 295 b.

Abendstern identisch ist, und glaubten, daß alle Planeten, auch die Erde, kreisförmige Bahnen beschreiben, zwar nicht um die Sonne, wohl aber um das »Zentralfeuer«. Auch hatten sie entdeckt, daß der Mond der Erde stets die gleiche Seite zukehrt und meinten, die Erde sei auch immer mit derselben Seite dem »Zentralfeuer« zugewandt. Die Mittelmeerregionen lägen auf der dem Zentralfeuer abgewandten Seite, das infolgedessen stets unsichtbar bleibe. Das Zentralfeuer hieß »Haus des Zeus« oder »Mutter der Götter«. Man nahm an, die Sonne leuchte dank dem vom Zentralfeuer reflektierten Licht. Außer der Erde sollte es im gleichen Abstand vom Zentralfeuer noch einen anderen Körper geben, die sogenannte Gegenerde.

Dafür führten sie zwei Gründe an, einen wissenschaftlichen und einen, der ihrem arithmetischen Mystizismus entstammte. Der wissenschaftliche Grund bestand in der richtigen Beobachtung, daß zuweilen eine Mondfinsternis eintritt, wenn Sonne und Mond zugleich oberhalb des Horizontes stehen. Die Strahlenbrechung, auf der diese Erscheinung beruht, war ihnen unbekannt; sie glaubten daher, die Mondfinsternis sei in solchen Fällen auf den Schatten eines anderen Himmelskörpers als den der Erde zurückzuführen. Als zweiter Grund galt ihnen, daß die Sonne und der Mond, die fünf Planeten, die Erde und die Gegenerde sowie das Zentralfeuer zusammen *zehn* Himmelskörper ausmachten, und zehn war die mystische Zahl der Pythagoreer.

Diese pythagoreische Theorie wird dem Thebaner Philolaos zugeschrieben, der gegen Ende des fünften Jahrhunderts v. Chr. lebte. Sie ist, wenn auch phantastisch und teilweise ganz unwissenschaftlich, doch sehr wichtig, weil sie bereits den größeren Teil der schöpferischen Leistung in sich birgt, die zur Konzeption der kopernikanischen Hypothese erforderlich war. Daß sie sich die Erde nicht mehr als Mittelpunkt des Universums, sondern als einen Planeten, nicht als ewig feststehend, sondern durch den Raum wandernd vorstellten, bewies, in welch ungewöhnlichem Maße sie sich bereits von der anthropozentrischen Denkweise freigemacht hatten. Nachdem einmal das natürliche Weltbild der Menschen diese Erschütterung erfahren hatte, war es nicht mehr so schwer, mit Hilfe wissenschaftlicher Beweisführungen zu einer richtigeren Theorie zu kommen.

Dazu trugen verschiedene Beobachtungen bei. Oenopides, der wenig jünger als Anaxagoras war, entdeckte die Schiefe der Ekliptik. Bald sah man auch ein, daß die Sonne viel größer sein müsse als die Erde, was die Ansicht derer stützte, die die Erde nicht als Mittelpunkt des Universums anzusehen vermochten. Das Zentralfeuer und die Gegenerde wurden von den Pythagoreern schon sehr bald nach Platos Zeit fallengelassen. Herakleides aus dem pontischen Heraklea (etwa 388 bis 315 v. Chr., ein Zeitgenosse des Aristoteles) erkannte, daß Venus und Merkur sich um die Sonne drehen, und kam zu der Überzeugung, daß die

Erde sich innerhalb von vierundzwanzig Stunden einmal um ihre eigene Achse dreht. Das war ein so wichtiger Fortschritt, wie ihn keiner seiner Vorgänger zu verzeichnen hatte. Herakleides kam aus Platos Schule und muß ein bedeutender Mann gewesen sein; er war jedoch lange nicht so angesehen, wie man erwarten sollte; er wird als fetter Dandy geschildert.

Aristarch von Samos, der ungefähr von 310 bis 230 v. Chr. lebte und also etwa fünfundzwanzig Jahre älter war als Archimedes, ist der interessanteste der alten Astronomen, weil er die gesamte kopernikanische Hypothese vorwegnahm, daß nämlich alle Planeten einschließlich der Erde um die Sonne kreisen und daß die Erde sich in vierundzwanzig Stunden einmal um sich selbst dreht.

Es ist ein wenig enttäuschend, daß das einzige noch vorhandene Werk des Aristarch *Über Größe und Entfernung von Sonne und Mond* an der geozentrischen Theorie festhält. Es ist allerdings bei den Problemen, mit denen sich das Buch beschäftigt, belanglos, zu welcher der Theorien sich der Autor bekennt; vielleicht hat es Aristarch daher für klüger gehalten, sich in seinen Berechnungen nicht mit unnötiger Opposition gegen die vorherrschende Meinung der Astronomen zu belasten; möglicherweise ist er auch erst, nachdem er das Buch geschrieben hatte, auf die kopernikanische Hypothese gekommen. Zu dieser Ansicht neigt Sir Thomas Heath in seinem Werk über Aristarch[3], in dem der Text dieses Buches und seine Übersetzung enthalten sind. Daß Aristarch die Anregung zu der kopernikanischen Theorie gegeben hat, ist jedenfalls zwingend erwiesen.

Der erste und beste Beweis dafür ist Archimedes, der, wie wir gesehen haben, ein jüngerer Zeitgenosse von Aristarch war. In einem Brief an König Gelon von Syrakus sagt er, Aristarch habe »ein Buch mit gewissen Hypothesen« veröffentlicht und fährt fort: »Nach seinen Hypothesen bleiben die Fixsterne und die Sonne unbeweglich, während sich die Erde auf einer Kreislinie um die Sonne bewegt und die Sonne in der Mitte der kreisförmigen Bahn steht.« Eine Stelle bei Plutarch besagt, daß Kleanthes »es für die Pflicht der Griechen hielt, Aristarch der Gottlosigkeit anzuklagen, weil er den Herd des Alls (das heißt die Erde) in Bewegung versetze; dies sei das Ergebnis seines Versuchs, die Erscheinungen zu retten, indem er nämlich annähme, der Himmel bleibe in Ruhe und die Erde drehe sich in einem schrägen Kreise, gleichzeitig aber um ihre eigene Achse«. Kleanthes war ein Zeitgenosse Aristarchs und starb etwa 232 v. Chr. An anderer Stelle sagt Plutarch, Aristarch habe diese Ansicht nur als Hypothese geäußert, sein Nachfolger Seleukus sei jedoch fest von ihrer Richtigkeit überzeugt gewesen. (Seleukus wirkte um 150 v. Chr.)

---

3 *Aristarchus of Samos, the Ancient Copernicus* von Sir Thomas Heath, Oxford 1913. Das Folgende stützt sich auf dieses Buch.

Auch Aetius und Sextus Empiricus versichern, Aristarch habe die heliozentrische Hypothese vertreten, sprechen aber nicht davon, daß er sie *nur* als Hypothese dargestellt habe. Selbst wenn er es getan hat, war er dabei möglicherweise, wie zweitausend Jahre später Galilei, von der Furcht beeinflußt, religiöse Vorurteile damit zu verletzen; wie Kleanthes' (oben erwähntes) Verhalten beweist, war diese Besorgnis offenbar begründet.

Die kopernikanische Hypothese wurde, nachdem sie Aristarch, sei es positiv, sei es versuchsweise, vorgebracht hatte, bestimmt von Seleukus, sonst aber von keinem der alten Astronomen übernommen. Diese allgemeine Ablehnung ist hauptsächlich auf Hipparch zurückzuführen, der von 161 bis 126 v. Chr. wirkte. Heath bezeichnet ihn als »den größten Astronomen der Antike«[4]. Er schrieb als erster systematisch über Trigonometrie und entdeckte das Vorrücken der Äquinoktien; bei der Schätzung der Dauer eines Mondjahres irrte er sich um weniger als eine Sekunde; er verbesserte Aristarchs Schätzungen der Größe und Entfernung von Sonne und Mond und legte ein Verzeichnis von achthundertfünfzig Fixsternen samt ihren Längen und Breiten an. Als Gegner der heliozentrischen Hypothese Aristarchs übernahm und verbesserte er die Epizyklentheorie, die von Apollonius erfunden worden war; er wirkte um 220 v. Chr. Aus dieser Theorie entwickelte sich später das sogenannte Ptolemäische System, das nach dem um die Mitte des zweiten Jahrhunderts lehrenden Astronomen Ptolemäus benannt ist.

Kopernikus hatte vielleicht etwas, wenn auch nicht viel, von der fast vergessenen Hypothese Aristarchs erfahren und sich ermutigt gefühlt, als er für seine Neuerung eine alte Autorität entdeckte. Im übrigen war die Wirkung dieser Hypothese auf die nachfolgende Astronomie praktisch gleich null.

Die antiken Astronomen schätzten die Größe der Erde, des Mondes und der Sonne sowie die Entfernungen von Sonne und Mond nach theoretisch gültigen Methoden; praktisch aber waren sie durch den Mangel an Präzisionsinstrumenten sehr behindert. Viele ihrer Ergebnisse sind, wenn man das berücksichtigt, überraschend gut. Eratosthenes schätzte den Durchmesser der Erde auf 7850 Meilen und blieb damit nur um 50 Meilen hinter der tatsächlichen Länge zurück. Ptolemäus schätzte die durchschnittliche Entfernung des Mondes auf die 29^1/$_2$fache Länge des Erddurchmessers; die genaue Zahl liegt bei 30,2. Keiner aber traf auch nur annähernd Größe und Entfernung der Sonne, die alle unterschätzten.

Ihre Schätzungen betrugen im Verhältnis zum Durchmesser der Erde: bei Aristarch das 180fache, bei Hipparch das 1245fache, bei Posidonius das 6545fache.

---

4 *Greek Mathematics*, Band II, S. 253.

Die genaue Zahl ist das 11726fache. Man sieht, daß immer besser geschätzt wurde (nur bei Ptolemäus ist ein Rückschritt zu beobachten); Posidonius[5] erreicht mit seiner Schätzung ungefähr die Hälfte der richtigen Zahl. Im großen und ganzen war ihre Vorstellung vom Sonnensystem von der Wirklichkeit nicht so sehr weit entfernt.

Die griechische Astronomie war geometrisch, nicht dynamisch. Die Alten hielten die Bewegungen der Himmelskörper für gleich- oder kreisförmig oder dachten sie sich aus Kreisbewegungen zusammengesetzt. Sie kannten nicht den Begriff der *Kraft*. Die Sphären bewegten sich im ganzen und an ihnen waren die verschiedenen Himmelskörper befestigt. Mit Newton und der Schwerkraft kam eine neue, weniger geometrische Anschauung auf. Es ist interessant, daß in Einsteins allgemeiner Relativitätstheorie eine Rückkehr zur geometrischen Anschauungsweise festzustellen ist; der Begriff der Kraft im Newtonschen Sinne ist hier völlig ausgeschaltet.

Das Problem sieht für den Astronomen folgendermaßen aus: gegeben ist die sichtbare Bewegung der Himmelskörper in der himmlischen Sphäre; einzuführen ist auf dem Wege der Hypothese eine dritte Koordinate, die Tiefe, und zwar so, daß die denkbar einfachste Beschreibung der Erscheinungen ermöglicht ist. Das Verdienst der kopernikanischen Hypothese liegt nicht in der *Richtigkeit*, sondern in der Einfachheit; angesichts der Relativität der Bewegung erübrigt sich die Frage nach der Richtigkeit. Auf ihrer Suche nach Hypothesen, um »die Erscheinungen zu retten«, packten die Griechen das Problem, wenn auch völlig unbeabsichtigt, korrekt wissenschaftlich an. Ein Vergleich mit ihren Vorgängern wie auch mit ihren Nachfolgern bis zu Kopernikus muß jeden, der sie studiert, von ihrer wahrhaft erstaunlichen Genialität überzeugen.

Mit zwei wirklich großen Männern, Archimedes und Apollonius, endet im dritten Jahrhundert v. Chr. die Liste der griechischen Mathematiker ersten Ranges. Archimedes war ein Freund, vielleicht sogar ein Vetter des Königs von Syrakus, und fand den Tod, als die Stadt im Jahre 212 v. Chr. von den Römern eingenommen wurde. Apollonius lebte von Kindheit an in Alexandrien. Archimedes war nicht nur Mathematiker, sondern auch Physiker und Forscher auf dem Gebiet der Hydrostatik. Apollonius ist vornehmlich durch sein Werk über Kegelschnitte bekannt. Das mag für uns genügen, da beide zu spät kamen, um die Philosophie beeinflussen zu können.

Mit diesen beiden bedeutenden Männern war die große Zeit zu Ende, wenn auch in Alexandrien noch weiterhin Beachtliches geleistet wurde. Unter der römischen Herrschaft büßten die Griechen das Selbstvertrauen ein, das zur politischen Freiheit gehört, und an seine Stelle trat

---

5 Posidonius war Ciceros Lehrer. Seine Tätigkeit fällt in die zweite Hälfte des zweiten Jahrhunderts v. Chr.

lähmender Respekt vor ihren Vorgängern. Daß ein römischer Soldat Archimedes tötete, war symbolisch für das Ende des originellen Denkens, das Rom in der ganzen hellenischen Welt verschuldet hat.

III. TEIL

Antike Philosophie nach Aristoteles

25. KAPITEL

Die hellenistische Welt

Die Geschichte der griechisch sprechenden Welt in der Antike läßt sich in drei Perioden einteilen: die Periode der freien Stadtstaaten, die durch Philipp und Alexander beendet wurde; die Periode der makedonischen Herrschaft, deren letzte Überreste vernichtet wurden, als die Römer nach dem Tod Kleopatras Ägypten annektierten, und schließlich die Periode des römischen Reiches. Die erste dieser drei Perioden ist durch Freiheit und Unordnung, die zweite durch Abhängigkeit und Unordnung, und die dritte durch Abhängigkeit und Ordnung gekennzeichnet.

Die zweite Periode ist als Zeitalter des Hellenismus bekannt. Was auf wissenschaftlichem und mathematischem Gebiet zu dieser Zeit vollbracht wurde, zählt zu den Höchstleistungen der Griechen. In der Philosophie gehört in diese Periode das Entstehen der epikureischen und der stoischen Schule sowie die genau formulierte Lehre des Skeptizismus; insofern ist auch diese Periode noch philosophisch wichtig, wenn auch nicht in dem Maße wie die Zeit von Plato und Aristoteles. Vom dritten Jahrhundert v. Chr. an bis zu den Neuplatonikern im dritten Jahrhundert n. Chr. gibt es in der griechischen Philosophie nichts wahrhaft Neues mehr. Inzwischen aber war die römische Welt auf den Sieg des Christentums vorbereitet worden.

Die griechische Welt wurde plötzlich durch Alexanders kurze Laufbahn verändert. In den zehn Jahren von 334 bis 324 v. Chr. eroberte er Kleinasien, Syrien, Ägypten, Babylonien, Persien, Samarkand, Baktrien und das Pandschab. Das persische Reich, das größte, das die Welt bislang gekannt hatte, wurde in drei Schlachten vernichtet. Das alte Wissen der Babylonier wie auch ihr alter Aberglaube erschlossen sich der griechischen Wißbegier, desgleichen der Dualismus Zoroasters und (in geringerem Maße) die Religionen Indiens, wo der Buddhismus allmählich an erste Stelle rückte. Wohin Alexander vordrang, selbst in den Bergen Afghanistans, an den Ufern des Jaxartes und an den Nebenflüssen des Indus, gründete er griechische Städte, in denen er griechische Einrichtungen mit einer gewissen Selbstverwaltung nachzuschaffen suchte. Obwohl sein Heer hauptsächlich aus Makedoniern bestand und obwohl sich die meisten europäischen Griechen nur widerwillig unterwarfen, hielt er sich selbst anfänglich für den Apostel des Hellenismus. Allmählich aber ging er, als seine Eroberungen immer größeren Umfang annahmen, zur Politik der friedlichen Verschmelzung von Griechentum und Barbarentum über.

Hierfür hatte er verschiedene Beweggründe. Einerseits war es einleuchtend, daß seine nicht sehr starken Armeen auf die Dauer ein so ungeheures Reich nicht mit Gewalt halten konnten, sondern schließlich auf friedliche Verständigung mit den besiegten Völkern angewiesen waren. Andererseits kannte der Osten keine andere Regierungsform als die des göttlichen Königs, eine Rolle, der sich Alexander wohl gewachsen fühlte. Ob er sich selbst wirklich für einen Gott hielt oder sich die Attribute der Göttlichkeit nur aus politischen Gründen zulegte, ist eine psychologische Frage; historisch ist sie nicht entschieden. Jedenfalls war er sichtlich erfreut über die Verehrung, die ihm in Ägypten als Nachfolger der Pharaonen und in Persien als Großkönig zuteil wurde. Seine makedonischen Hauptleute – die »Gefährten«, wie man sie nannte – stellten sich ihm wie abendländische Edelleute ihrem konstitutionellen Souverän gegenüber ein: sie lehnten es ab, sich vor ihm niederzuwerfen, sie sparten nicht mit Rat und Kritik, selbst wenn sie dabei ihr Leben aufs Spiel setzten, und in einem kritischen Augenblick ließen sie ihn nicht nach eigenem Ermessen handeln: sie zwangen ihn nämlich, am Indus umzukehren, statt die Eroberung des Gangesgebiets in Angriff zu nehmen. Die Orientalen waren fügsamer, vorausgesetzt, man respektierte ihre religiösen Überzeugungen. Das machte Alexander keine Schwierigkeiten; er brauchte nur Ammon oder Baal mit Zeus zu identifizieren und sich selbst für den Sohn Gottes zu erklären. Psychologen haben festgestellt, daß Alexander Philipp haßte und vermutlich mitschuldig an seiner Ermordung war. Er hätte es gewiß lieber gesehen, wenn seine Mutter Olympias, wie manche Dame der griechischen Mythologie, von einem Gott geliebt worden wäre. Alexanders Laufbahn war ein solches Wunder, daß er wohl eine wunderbare Abstammung für die beste Erklärung seines ungeheuren Erfolges halten mochte.

Die Griechen fühlten sich den Barbaren stark überlegen; Aristoteles spricht zweifellos eine allgemeine Ansicht aus, wenn er sagt, die nordischen Völker seien mutig, die südlichen kultiviert, aber die Griechen allein seien mutig und kultiviert zugleich. Plato und Aristoteles hielten es für unrecht, Griechen zu Sklaven zu machen; Barbaren gegenüber dachten sie anders. Alexander, der kein reiner Grieche war, bemühte sich, dieser überlegenen Haltung ein Ende zu machen. Er selbst heiratete zwei barbarische Prinzessinnen und zwang seine makedonischen Großen, Perserinnen vornehmer Herkunft zu Frauen zu nehmen. In seinen zahllosen griechischen Städten gab es, wie anzunehmen, viel mehr männliche als weibliche Kolonisten, so daß die Männer seinem

Beispiel folgen und Mischehen mit einheimischen Frauen eingehen mußten. Infolge dieser Politik entstand in den Köpfen nachdenklicher Menschen die Vorstellung, daß das Menschengeschlecht ein Ganzes sei; die alte Loyalität dem Stadtstaat und (in geringerem Maße) der griechischen Rasse gegenüber schien nicht länger angebracht. In der Philosophie findet man diesen kosmopolitischen Standpunkt zuerst bei den Stoikern, praktisch aber schon früher, bei Alexander. Daraus ergab sich ein wechselseitiger Einfluß zwischen Griechen und Barbaren: die Barbaren lernten etwas von griechischer Wissenschaft, während die Griechen viel von barbarischem Aberglauben erfuhren. Die griechische Kultur, nunmehr auf einen größeren Bereich ausgedehnt, begann etwas von ihrem rein hellenischen Charakter einzubüßen.

Die griechische Kultur war im wesentlichen eine städtische Kultur. Es gab natürlich viele Griechen, die sich mit Landwirtschaft beschäftigten, doch steuerten sie zur eigentlichen hellenischen Kultur wenig bei. Von der milesischen Schule an standen die in Wissenschaft, Philosophie und Literatur hervorragenden Griechen in Beziehung zu reichen Handelsstädten, die oft von barbarischen Völkern umgeben waren. Diesen Kulturtyp hatten nicht die Griechen, sondern die Phönikier geschaffen; Tyrus, Sidon und Karthago waren auf Sklaven für häusliche Handarbeit und auf gedungene Söldner für die Kriegführung angewiesen. Sie hingen nicht, wie moderne Hauptstädte, von einer starken Landbevölkerung ab, die gleichen Blutes war und gleiche politische Rechte besaß. Die stärkste moderne Analogie dazu finden wir im Fernen Osten während der zweiten Hälfte des neunzehnten Jahrhunderts. Singapore und Hongkong, Schanghai und die übrigen Vertragshäfen Chinas waren kleine europäische Inseln, wo die Weißen eine Handelsaristokratie darstellten, die von Kuliarbeit lebte. In Nordamerika nördlich der Mason-Dixon-Linie waren weiße Männer gezwungen, Landwirtschaft zu betreiben, da Arbeitskräfte dieser Art nicht zur Verfügung standen. Daher hat der weiße Mann Nordamerika fest in der Hand, während seine Macht im Fernen Osten schon stark zurückgegangen ist und vielleicht ganz enden wird. Vieles von seiner Kulturart, besonders der Industrialismus, wird trotzdem fortleben. Diese Analogie wird uns das Verständnis für die Stellung der Griechen in den östlichen Teilen von Alexanders Reich erleichtern.

Alexander hat auf die Phantasie Asiens stark und anhaltend eingewirkt. Das *erste Buch der Makkabäer*, das Jahrhunderte nach seinem Tod geschrieben wurde, beginnt mit einer Schilderung seiner Laufbahn:

»Alexander, der Sohn des Philippus, König von Makedonien, der erste Monarch in Griechenland, ist ausgezogen aus dem Lande Chittim und hat große Kriege geführt, viele feste Städte erobert und der Perser und Meder König Darius geschlagen, hernach andere Könige in allen Landen unter sich gebracht; und ist immer fortgezogen und hat alle

Lande und Königreiche eingenommen. Und niemand hat sich ihm widersetzen dürfen; und er hatte ein gewaltiges gutes Kriegsvolk. Da er nun die Königreiche innehatte, ward er stolz und fiel in Krankheit. Da er aber merkte, daß er sterben würde, forderte er zu sich seine Fürsten, die mit ihm von Jugend auf erzogen waren, und setzte sie zu Hauptleuten über die Länder bei seinem Leben.[1] Hernach ist Alexander gestorben, als er regiert hatte zwölf Jahre.«

Er lebte als legendärer Held in der mohammedanischen Religion fort, und noch heute behaupten kleine Hauptleute im Himalaya, von ihm abzustammen.[2] Er hat wie kein anderer wirklich historischer Held soviel prachtvollen Anlaß zu Mythenbildung geboten.

Nach Alexanders Tod versuchte man die Einheit seines Reiches zu erhalten. Einer seiner beiden Söhne war jedoch ein Kind, der andere noch gar nicht geboren. Jeder hatte seine Anhänger; in dem Bürgerkrieg aber, der daraufhin ausbrach, wurden beide aus dem Wege geräumt. Schließlich wurde das Reich auf die Familien von drei Feldherren derart verteilt, daß – in großen Umrissen – die eine den europäischen, die zweite den afrikanischen und die dritte den asiatischen Teil von Alexanders Besitzungen erhielt. Der europäische Teil fiel zuletzt den Nachkommen des Antigonus zu; Ptolemäus, dem Ägypten gehörte, machte Alexandrien zu seiner Hauptstadt; Seleukus, der nach vielen Kriegen Asien bekam, war zu sehr mit Feldzügen beschäftigt, um eine feste Hauptstadt brauchen zu können; später war dann Antiochia die Hauptstadt seiner Dynastie.

Sowohl die Ptolemäer als auch die Seleukiden (wie die Dynastie des Seleukus genannt wurde) gaben Alexanders Versuche auf, eine Verschmelzung von Griechen und Barbaren zu erreichen, und errichteten Militärtyranneien, die sich zunächst auf ihren Anteil am makedonischen, durch griechische Söldner verstärkten Heer stützten. Die Ptolemäer hatten Ägypten ziemlich in der Gewalt; in Asien jedoch machte erst die römische Eroberung den zweihundert Jahre währenden dynastischen Kriegswirren ein Ende. Die Parther eroberten indessen Persien, und die baktrischen Griechen wurden immer mehr isoliert.

Im zweiten Jahrhundert v. Chr. (danach setzte ein rascher Verfall ein) hatten sie einen König namens Menander, dessen indisches Reich sehr ausgedehnt war. Einige zwischen ihm und einem buddhistischen Weisen geführte Gespräche sind teils in Pali, zum Teil in chinesischer Übersetzung erhalten geblieben. Dr. Tarn vermutet, daß der erste Dialog auf ein griechisches Original zurückgeht, dagegen bestimmt nicht der zweite, der damit endet, daß Menander abdankt und ein buddhistischer Heiliger wird.

---

1 Das ist historisch nicht richtig.
2 Vielleicht trifft das heute nicht mehr zu, da die Söhne derer, die diese Überzeugung vertraten, in Eton erzogen worden sind.

DIE HELLENISTISCHE WELT

Der Buddhismus machte als Religion damals stark Proselyten. Asoka (264–228), der heilige buddhistische König, hat in einer noch vorhandenen Inschrift aufgezeichnet, daß er Missionare an alle makedonischen Könige entsandte: »Und das hält Seine Majestät für den größten Sieg – die Überwindung durch das Gesetz; Seine Majestät hat sie vollbracht in seinen eigenen Reichen und in den Nachbarreichen sechshundert Meilen weit, ja sogar dort, wo der griechische König Antiochus wohnt, und noch weiter bis dahin, wo die vier Könige Ptolemäus, Antigonus, Magas und Alexander herrschen ... und ebenso hier, im Reiche des Königs, unter den Yomas«[3] (das heißt den Griechen des Pandschab). Leider ist kein abendländischer Bericht über diese Missionare erhalten.

Babylonien war viel tiefer vom Hellenismus beeinflußt. Wie wir sahen, folgte unter den Alten nur Seleukus von Seleukia am Tigris (er wirkte um 150 v. Chr.) den Spuren Aristarchs und trat für das kopernikanische System ein. Tacitus berichtet uns, daß Seleukia im ersten Jahrhundert n. Chr. »nicht zu den barbarischen Bräuchen der Parther herabgesunken war, sondern noch die Institutionen des Seleukus[4], seines griechischen Gründers beibehalten hatte. Dreihundert Bürger, die wegen ihres Reichtums oder ihrer Weisheit gewählt worden waren, bildeten eine Art Senat; auch der Pöbel hatte seinen Anteil an der Macht.«[5] Im ganzen, weiter westlich gelegenen Mesopotamien wurde Griechisch die Sprache der Literatur und Kultur und blieb es bis zur Eroberung durch die Mohammedaner.

Syrien (mit Ausnahme von Judäa) wurde, soweit es Sprache und Literatur betraf, vollkommen hellenisiert. Aber die ländliche Bevölkerung war konservativer und blieb bei dem Glauben und der Sprache, die sie gewöhnt war.[6] In Kleinasien hatten die griechischen Küstenstädte jahrhundertelang ihre barbarischen Nachbarn beeinflußt. Dieser Einfluß verstärkte sich noch durch die makedonische Eroberung. Der erste Konflikt zwischen dem Hellenismus und den Juden wird in den *Büchern der Makkabäer* geschildert. Es ist eine äußerst interessante Geschichte, die im makedonischen Reich nicht ihresgleichen hat. Ich werde mich später damit beschäftigen, wenn ich zur Entstehung und Ausbreitung des Christentums komme. Anderwärts stieß der griechische Einfluß nicht auf so hartnäckigen Widerstand.

Den glänzendsten Erfolg erzielte die hellenistische Kultur im dritten Jahrhundert v. Chr. mit der Stadt Alexandrien. Ägypten war der Kriegsgefahr weit weniger ausgesetzt als die europäischen und asiatischen Teile des makedonischen Reichs, und Alexandrien war für den Handel außergewöhnlich günstig gelegen. Die Ptolemäer förderten die

---

3 Zitiert bei Bevan, *House of Seleucus*, Band I, S. 128.
4 Der König, nicht der Astronom.
5 *Annalen*, Buch VI, Kapitel 42.
6 Vergl. *Cambridge Ancient History*, Band VII, S. 194/195.

Wissenschaft und zogen viele der besten Köpfe ihrer Zeit in ihre Hauptstadt. Die Mathematik wurde und blieb bis zum Fall Roms eine vornehmlich alexandrinische Angelegenheit. Archimedes allerdings war Sizilianer und gehörte somit dem einzigen Teil der Welt an, in dem sich die griechischen Stadtstaaten (genau bis zu seinem Tod im Jahre 212 v. Chr.) ihre Unabhängigkeit bewahrt hatten; aber auch er hatte in Alexandrien studiert. Eratosthenes war Chefbibliothekar der berühmten alexandrinischen Bücherei. Die Mathematiker und Wissenschaftler des dritten Jahrhunderts v. Chr., die in mehr oder minder enger Beziehung zu Alexandrien standen, waren genau so fähige Köpfe wie die Griechen der vergangenen Jahrhunderte und leisteten ebenso Bedeutendes. Im Gegensatz zu ihren Vorgängern zeigten sie sich jedoch nicht auf allen Wissensgebieten beschlagen und hatten keine universalen Philosophien anzubieten; sie waren Spezialisten im modernen Sinne. Euklid, Aristarch, Archimedes und Apollonius beschränkten sich auf die Mathematik; in der Philosophie erhoben sie keinen Anspruch auf Originalität.

Für diese Zeit war Spezialisierung auf allen Gebieten, nicht nur in der gelehrten Welt, charakteristisch. Während des fünften und vierten Jahrhunderts nahm man in den griechischen Städten mit Selbstverwaltung stillschweigend an, daß ein fähiger Mann schlechthin für alles begabt sei. Wenn die Umstände es verlangten, hatte er Soldat, Politiker, Gesetzgeber oder Philosoph zu sein. Selbst Sokrates, der die Politik verabscheute, konnte es nicht verhindern, in politische Erörterungen einbezogen zu werden. In seiner Jugend war er Soldat und studierte Naturwissenschaft (obwohl er es in der *Apologie* leugnet). Protagoras unterwies die aristokratische Jugend bei dem Forschen nach letzten Dingen in Skeptizismus; was er dabei aber an Zeit erübrigen konnte, verwendete er auf den Entwurf eines Gesetzbuches für Thurii; Plato versuchte sich, wenn auch erfolglos, in der Politik. Xenophon war Feldherr, wenn er nicht über Sokrates schrieb oder als Landedelmann lebte. Pythagoreische Mathematiker bemühten sich, in den Stadtstaaten an die Regierung zu kommen. Jedermann konnte zum Geschworenen bestellt werden und hatte verschiedene andere öffentliche Pflichten. Im dritten Jahrhundert wurde das alles anders. Man trieb zwar in den alten Stadtstaaten weiterhin Politik, sie war aber zu unbedeutender Lokalpolitik herabgesunken, seit Griechenland unter die Gewalt makedonischer Heere geraten war. Die eigentlichen Machtkämpfe spielten sich unter den makedonischen Soldaten ab; es handelte sich dabei nicht um prinzipielle Fragen, sondern nur um die Aufteilung der besetzten Gebiete unter rivalisierenden Abenteurern. In Angelegenheiten der Technik und Verwaltung bedienten sich diese mehr oder minder ungebildeten Soldaten griechischer Fachleute; in Ägypten beispielsweise wurde Ausgezeichnetes auf dem Gebiet der Berieselung und Entwässerung geleistet. Es gab Soldaten, Verwaltungsfachleute, Ärzte,

Mathematiker, Philosophen, aber es gab niemanden, der alles das zugleich war.

Zu dieser Zeit konnte man, wenn man Geld und keinen politischen Ehrgeiz hatte, ein recht angenehmes Leben führen – immer vorausgesetzt, daß keine plündernden Truppen daherkamen. Gelehrte Leute, die sich der Gunst eines Fürsten erfreuten, konnten es zu beachtlichem Luxusleben bringen, sofern sie geschickt zu schmeicheln verstanden und sich nichts daraus machten, Zielscheibe der Spötteleien eines königlichen Ignoranten zu sein. Irgendwelche Sicherheit gab es allerdings nicht. Eine Palastrevolution konnte den Gönner des schmarotzenden Weisen entthronen; die Galater konnten die Villa des reichen Mannes zerstören; die Stadt, in der man lebte, konnte in einem dynastischen Krieg plötzlich vernichtet werden. Unter solchen Umständen war es kein Wunder, daß die Menschen darauf kamen, die Göttin Fortuna oder das Glück zu verehren. Die menschlichen Angelegenheiten schienen ja völlig willkürlich eingerichtet zu sein. Diejenigen, die hartnäckig irgendwo einen Sinn finden wollten, zogen sich in sich selbst zurück und kamen, wie Miltons Satan, zu der Überzeugung:

> Es ist der Geist sein eignes Reich, in dem er sich
> zum Himmel macht die Hölle, Höll'n zu Himmeln.

Es hatte keinen Reiz mehr, sich für Politik zu interessieren, wenn man nicht gerade ein abenteuernder Egozentriker war. Nach der glänzenden Episode der Eroberungen Alexanders versank die hellenistische Welt im Chaos; es fehlte an einem Despoten, der stark genug gewesen wäre, eine dauerhafte Herrschaft zu begründen, oder an einem überzeugenden Prinzip, das den sozialen Zusammenhalt ermöglicht hätte. Die griechische Intelligenz stand neuen politischen Problemen gegenüber und erwies sich als völlig unfähig. Die Römer waren im Vergleich zu den Griechen zweifellos stupid und brutal, schufen aber zumindest Ordnung. Die alte Unordnung aus den Tagen der Freiheit hatte sich ertragen lassen, weil jedermann mitverantwortlich dafür war; die neue makedonische Unordnung jedoch, die den Untertanen von unfähigen Herrschern aufgezwungen wurde, war ganz unerträglich – noch weit unerträglicher als die Abhängigkeit von Rom, die dann kam.

Allenthalben herrschte soziale Unzufriedenheit und Furcht vor Revolution. Die Löhne für freie Arbeit fielen, vermutlich infolge der Konkurrenz durch östliche Sklavenarbeit; gleichzeitig stiegen die Preise für Bedarfsartikel. Wir sehen, daß Alexander zu Beginn seines Unternehmens Zeit findet, Verträge zu schließen, um ja die Armen in Schranken zu halten. »In den Verträgen, die im Jahre 335 zwischen Alexander und den Staaten des Bundes von Korinth geschlossen wurden, war vorgesehen, daß der Bundesrat und Alexanders Vertreter darauf sehen sollten, daß in keiner der Bundesstädte Konfiskationen von persönlichem

Eigentum, Landverteilung, Streichung von Schulden oder Freilassung von Sklaven zum Zwecke der Revolutionen vorkämen.«[7] In der hellenistischen Welt waren die Tempel die Bankiers; sie besaßen die Goldreserven und regelten das Kreditwesen. Zu Beginn des dritten Jahrhunderts gab der Apollotempel auf Delos Darlehen zu zehn Prozent; ursprünglich waren die Zinssätze noch höher.[8]

Freie Arbeiter, deren Löhne nicht ausreichten, das nackte Leben zu bestreiten, mußten, wenn sie jung und kräftig waren, Beschäftigung als Söldner suchen. Das Leben eines Söldners war zweifellos hart und gefahrvoll, bot aber auch große Möglichkeiten. In den reichen Städten des Ostens konnte man auf Beute rechnen; auch mochte sich Gelegenheit zu einträglicher Meuterei bieten. Der Versuch, sein Heer aufzulösen, muß daher für einen Befehlshaber gefährlich gewesen sein; mit aus diesem Grunde wurde vielleicht fortwährend Krieg geführt.

Der ehemalige Bürgergeist lebte mehr oder minder noch in den alten griechischen Städten, nicht aber in den neuen Stadtgründungen Alexanders – wobei Alexandrien keine Ausnahme machte. In früheren Zeiten war eine neue Stadt stets eine Kolonie gewesen, und ihre Bevölkerung hatte sich aus Auswanderern zusammengesetzt, die mit ihrer Mutterstadt gefühlsmäßig verbunden blieben. Dieses Gefühl erhielt sich lange am Leben, wie beispielsweise die Diplomatie von Lampsakos am Hellespont im Jahre 196 v. Chr. bewies. Der Seleukidenkönig Antiochus III. drohte damals, die Stadt zu unterjochen; sie beschloß daher, Rom um Schutz zu bitten. Eine Abordnung wurde entsandt, begab sich aber nicht direkt nach Rom, sondern zunächst, ungeachtet der ungeheuren Entfernung, nach Marseille, das wie Lampsakos eine Kolonie von Phokäa war und überdies von Rom mit freundlichen Augen betrachtet wurde. Die Bürger von Marseille hörten sich an, was der Gesandte zu sagen hatte, und beschlossen unverzüglich, selbst eine diplomatische Mission nach Rom zu schicken, um ihre Schwesterstadt zu unterstützen. Die Gallier aus der Umgebung von Marseille beteiligten sich mit einem Brief an ihre Verwandten in Kleinasien, die Galater, indem sie Lampsakos ihren Freunden ans Herz legten. Rom war natürlich erfreut über den Vorwand, sich in die Angelegenheiten Kleinasiens einmischen zu können, und dank seiner Intervention konnte Lampsakos seine Freiheit retten – bis es den Römern unbequem wurde.[9]

Im allgemeinen bezeichneten sich die asiatischen Herrscher als »Phil-Hellenen« und behandelten die griechischen Kolonien freundlich, soweit es ihre politischen und militärischen Interessen zuließen. Die

---

7 *The Social Question in the Third Century* von W. W. Tarn, in: *The Hellenistic Age*, von verschiedenen Autoren, Cambridge 1923. Dieser Aufsatz ist außerordentlich interessant und enthält vieles, was sonst schwer zugänglich ist.
8 *The Social Question in the Third Century* von W. W. Tarn.
9 Bevan, *House of Seleucus*, Band II, S. 45/46.

Städte erstrebten und beanspruchten (wenn möglich) ihr Recht auf demokratische Selbstverwaltung, Tributfreiheit und Befreitsein von königlicher Besatzung. Es war lohnend, gut mit ihnen zu stehen, denn sie waren reich, konnten Söldner stellen und besaßen häufig wichtige Häfen. Schlossen sie sich jedoch in einem Bürgerkrieg der falschen Partei an, so liefen sie Gefahr, ohne weiteres erobert zu werden. Im großen und ganzen behandelten die Seleukiden und die anderen Dynastien, die allmählich groß wurden, sie leidlich; es gab aber auch Ausnahmen.

Die neuen Städte besaßen ungeachtet der gewissen Selbstverwaltung doch nicht dieselben Traditionen wie die älteren. Ihre Bürger waren nicht durchweg gleicher Herkunft, stammten vielmehr aus allen Teilen Griechenlands. Sie waren größtenteils Abenteurer wie die *Konquistadoren* oder die Siedler von Johannesburg, nicht fromme Pilger wie die früheren griechischen Kolonisten oder die Pioniere Neu-Englands. Infolgedessen stellte keine von Alexanders Städten eine kraftvolle politische Einheit dar. Vom Standpunkt des regierenden Königs aus gesehen, war das ein Vorteil, für die Ausbreitung des Hellenismus aber war es nachteilig.

Der Einfluß des nichtgriechischen Glaubens und Aberglaubens war in der hellenistischen Welt großenteils, aber nicht durchweg schlecht. Das war gar nicht möglich. Die Religionen der Juden, Perser und Buddhisten waren in jedem Fall dem populären griechischen Polytheismus eindeutig überlegen; sie zu studieren hätte selbst die besten Philosophen bereichert. Unglücklicherweise waren es gerade die Babylonier oder Chaldäer, welche die Phantasie der Griechen am stärksten beeinflußten. Da war zunächst ihre sagenreiche Vergangenheit; die Aufzeichnungen der Priester reichten Jahrtausende oder gar, wie sie behaupteten, um vieles weiter zurück. Sie verfügten auch über tatsächliches Wissen: die Babylonier konnten schon lange vor den Griechen Sonnen- und Mondfinsternisse mehr oder minder genau voraussagen. Gewiß haben sich die Griechen dadurch anregen lassen; tatsächlich übernommen aber wurden Astrologie und Magie. »Die Astrologie«, sagt Professor Gilbert Murray, »befiel den hellenistischen Geist wie eine neue Krankheit ein fernes Inselvolk befällt. Das Grab des Ozymandias war nach der Beschreibung von Diodorus mit astrologischen Symbolen bedeckt, desgleichen das in Commagene gefundene Grab Antiochus' I. Die Herrscher hielten es für ganz natürlich, daß die Sterne über ihnen wachten. Aber keiner war gegen die Ansteckung immun.«[10] Anscheinend haben die Griechen zur Zeit Alexanders zum erstenmal durch einen Chaldäer namens Berosus etwas von Astrologie erfahren; Berosus lehrte in Kos und »legte Baal aus«, wie Seneca berichtet. »Das bedeutet wohl«, sagt Professor Murray, »daß er ›das Auge Bels‹, eine auf siebzig Tafeln in der Bibliothek von Assur-bani-pal (686–626) gefundene, aber für Sargon I. im dritten Jahrtausend v. Chr.

verfaßte Abhandlung ins Griechische übersetzte.« (*Five Stages of Greek Religion*, S. 176)

Wie wir sehen werden, glaubte die Mehrzahl selbst der besten Philosophen an die Astrologie. Da sie die Zukunft voraussagen zu können meinte, war damit auch ein Glaube an die Notwendigkeit oder an das Verhängnis verbunden, den man dem vorherrschenden Glauben an den Zufall entgegensetzen konnte. Zweifellos glaubten die meisten Menschen an beides, ohne zu bemerken, wie inkonsequent sie darin waren.

Dieser allgemeine Wirrwarr mußte in erster Linie zum moralischen Verfall, daneben aber auch zu einem gewissen Nachlassen der geistigen Kräfte führen. In Epochen langanhaltender Unsicherheit können zwar einige wenige Menschen zu vollendeten Heiligen werden, auf die prosaischen Alltagstugenden der achtbaren Bürger jedoch wirken solche Zeiten schädlich. Sparsamkeit scheint nicht angebracht, wenn morgen schon alle Ersparnisse dahin sein können; gegen andere ehrlich zu sein, ist zwecklos, da man es ja wohl doch nur mit Schwindlern zu tun hat; an irgend etwas krampfhaft festzuhalten ist sinnlos, da nichts mehr wichtig ist oder Aussicht hat, sich auf die Dauer durchzusetzen; nichts spricht für die Wahrhaftigkeit, wenn man sich Leben und Vermögen nur durch geschickte Winkelzüge erhalten kann. Der Mensch, dessen Tugend sich nur auf rein irdische, kluge Vorsicht stützt, wird in einer solchen Welt, wenn er den Mut dazu hat, zum Abenteurer; andernfalls sucht er als furchtsamer Heuchler die Verborgenheit.

Menander, der in diese Zeit gehört, sagt:

> Ich habe so oft erlebt, daß Menschen,
> die von Natur nicht schlecht, Verbrecher wurden;
> So wirkt das Unglück oder auch der Zwang.

Abgesehen von ein paar Sonderfällen, finden wir hier den moralischen Charakter der Menschen des dritten Jahrhunderts v. Chr. in wenigen Worten dargestellt: Selbst bei den wenigen Ausnahmemenschen wurde die Hoffnung von der Furcht verdrängt; der Sinn des Lebens war weniger, etwas positiv Gutes zu leisten, als vielmehr, dem Unglück zu entrinnen. »Die Metaphysik trat in den Hintergrund; die Ethik, die nunmehr Angelegenheit des einzelnen wurde, spielte die Hauptrolle. Die Philosophie war nicht länger die brennende Fackel, die einigen wenigen furchtlosen Wahrheitsuchern voranleuchtet; sie war eher ein Krankenwagen, der auf den Spuren des Daseinskampfes hinterdreinfuhr und die Schwachen und Verwundeten auflas.«[11]

---

10 Murray, *Five Stages of Greek Religion*, S. 177/78.
11 C. F. Angus in *Cambridge Ancient History*, Band VII, S. 231. Das obige Menander-Zitat ist dem gleichen Kapitel entnommen.

26. KAPITEL

Kyniker und Skeptiker

In den verschiedenen Epochen hatten geistig bedeutende Männer zur zeitgenössischen Gesellschaft ein ganz unterschiedliches Verhältnis. In manchen glücklichen Perioden lebten sie im allgemeinen in Harmonie mit ihrer Umwelt – zweifellos rieten sie auch zu Verbesserungen, die ihnen notwendig schienen; doch waren sie ziemlich überzeugt, daß ihre Anregungen willkommen wären und verachteten nicht etwa die Welt, in die sie sich hineingestellt sahen, selbst wenn sie sich nicht besserte. Zu anderen Zeiten waren sie revolutionär, weil sie radikale Umwälzungen für erforderlich hielten; sie verlangten jedoch, daß diese Umwälzungen bereits in nächster Zukunft zu erfolgen hätten, zum Teil, weil sie selbst dafür eingetreten waren. Und dann gab es wieder Zeiten, in denen sie an der Welt verzweifelten; sie wußten zwar, was nottat, meinten jedoch, es gäbe keine Hoffnung, daß es sich verwirklichen ließe. Wer so empfindet, verfällt leicht noch tieferer Verzweiflung; das Erdenleben erscheint ihm dann von Grund auf schlecht, und Gutes erhofft er sich nur von einem zukünftigen Leben oder von mystischer Verwandlung.

In gewissen Epochen konnte man alle diese verschiedenen Einstellungen bei gleichzeitig lebenden Menschen finden. Nehmen wir beispielsweise den Anfang des neunzehnten Jahrhunderts. Goethe lebt in Harmonie, Bentham ist Reformer, Shelley Revolutionär und Leopardi Pessimist. In den meisten Perioden jedoch herrschte *eine* Haltung bei den großen Schriftstellern vor. In England lebten sie unter Elisabeth und im achtzehnten Jahrhundert zufrieden; in Frankreich wurden sie um 1750 revolutionär; in Deutschland sind sie seit 1813 nationalistisch gewesen.

Zur Zeit der Herrschaft der Kirche, also vom fünften bis fünfzehnten Jahrhundert, bestand ein gewisser Gegensatz zwischen dem, was man glaubte und dem, was man tatsächlich empfand. Theoretisch war die Welt ein Tal der Tränen, inmitten lauter Trübsal eine Vorbereitung auf das Jenseits. In der Praxis aber konnten die Schriftsteller, fast durchweg Geistliche, nicht umhin, die Macht der Kirche sehr erfreulich zu finden; sie hatten Gelegenheit, sich ausgiebig auf eine Weise zu betätigen, die sie für nützlich hielten. Sie empfanden daher wie Mitglieder einer herrschenden Klasse, nicht wie Verbannte in einer fremden Welt. Das gehört zu dem merkwürdigen Dualismus, der sich durch das ganze Mittelalter zieht und darauf zurückgeht, daß die Kirche zwar auf dem Jenseitsglauben aufgebaut, zugleich aber die bedeutendste Institution der Alltagswelt war.

Die psychologische Vorbereitung auf die Jenseitigkeit des Christentums beginnt in der hellenistischen Periode und hängt mit dem Verfall des Stadtstaats zusammen. Bis zu Aristoteles hatten die griechischen Philosophen zwar auch über dies oder jenes zu klagen, kannten aber im Grunde keine kosmische Verzweiflung und fühlten sich auch politisch keineswegs ohnmächtig. Sie mochten wohl einmal einer geschlagenen Partei angehören; das war aber dann ihrer Ansicht nach nicht darauf zurückzuführen, daß der Weise unbedingt ohnmächtig ist, hing vielmehr mit den besonderen Umständen des Konflikts zusammen. Selbst Philosophen, die wie Pythagoras und in gewisser Stimmung auch Plato, die Welt der Erscheinungen verdammten und Zuflucht im Mystizismus suchten, entwarfen praktische Pläne, aus den Mitgliedern der herrschenden Klassen Heilige und Weise zu machen. Als die politische Macht in die Hände der Makedonier überging, wandten sich die griechischen Philosophen, wie es ganz natürlich war, von der Politik ab, um sich mehr dem Problem der individuellen Tugend oder des persönlichen Seelenheils zu widmen. Sie fragten nicht mehr: wie können Menschen einen guten Staat aufbauen? Sondern: wie können Menschen in einer bösen Welt tugendhaft sein oder glücklich in einer Welt der Leiden? Es änderte sich freilich nur die Rangfolge, denn derartige Fragen waren auch schon vorher gestellt worden, und die späteren Stoiker beschäftigten sich eine Zeitlang mit Politik – mit römischer, nicht mit griechischer Politik. Dennoch lag hier eine echte Wandlung vor.

Mit gewissen Einschränkungen, die für die römische Periode des Stoizismus zu machen sind, wurde die Einstellung aller ernsthaft denkenden und fühlenden Menschen zunehmend subjektiv und individualistisch, bis schließlich das Christentum ein Evangelium der persönlichen Erlösung entwickelte, das den Bekehrungseifer inspirierte und die Kirche schuf. Bis dahin gab es keine Institution, der sich der Philosoph mit voller Überzeugung anschließen konnte, so daß er seiner legitimen Liebe zur Macht keinen Ausdruck zu geben vermochte. Aus diesem Grunde waren den Philosophen der hellenistischen Periode menschlich engere Grenzen gezogen als den Menschen, die zu einer Zeit lebten, als der Stadtstaat noch zu Untertanentreue begeistern konnte. Sie denken noch immer, weil sie nicht anders können; aber sie hoffen kaum noch darauf, daß ihr Denken in der Welt der Politik Früchte tragen wird.

Vier Philosophenschulen wurden um die Zeit Alexanders gegründet. Die beiden berühmtesten, die stoische und die epikureische, sollen in späteren Kapiteln behandelt werden; hier wollen wir uns mit den Kynikern und Skeptikern beschäftigen.

Die erste dieser Schulen wird durch ihren Gründer Diogenes von Antisthenes hergeleitet, einem Schüler von Sokrates, der etwa zwanzig Jahre älter war als Plato. Antisthenes war ein bemerkenswerter Charakter; in mancher Beziehung hat er Ähnlichkeit mit Tolstoi. Bis nach

Sokrates' Tod lebte er in dem aristokratischen Kreis seiner Mitschüler, ohne je eine ketzerische Meinung zu äußern. Irgend etwas aber veranlaßte ihn – sei es die Niederlage Athens oder der Tod des Sokrates oder seine Abneigung gegen philosophische Haarspaltereien –, als seine Jugend vorüber war, sich von den Dingen, die er zuvor geschätzt hatte, verächtlich abzuwenden. Er wollte ganz einfach nur gut sein. Er gesellte sich zu den Arbeitern und kleidete sich wie sie. Er begann unter freiem Himmel zu predigen, und zwar so, daß auch der Ungebildete ihn verstehen konnte. Jede ausgeklügelte Philosophie dünkte ihn wertlos; was sich wissen ließ, konnte auch der einfache Mann wissen. Er glaubte an die »Rückkehr zur Natur« und ging in diesem Glauben sehr weit. Es sollte keine Regierung, kein Privateigentum, keine Ehe, keine festgelegte Religion geben. Seine Nachfolger, wenn nicht er selbst, verurteilten die Sklaverei. Er war kein ausgesprochener Asket, verachtete aber den Luxus und die Jagd nach künstlich hervorgerufenem Sinnengenuß. »Ich wäre lieber wahnsinnig als genußsüchtig«, sagte er.[1]

Berühmter als Antisthenes ist sein Schüler Diogenes, »ein junger Mann aus Sinope am Schwarzen Meer, den er (Antisthenes) zuerst nicht aufnehmen wollte; er war der Sohn eines verrufenen Geldwechslers, der wegen Münzfälschung ins Gefängnis gekommen war. Antisthenes schickte den Burschen seines Weges, der aber beachtete die Aufforderung nicht; er schlug ihn mit seinem Stock. Diogenes jedoch rührte sich nicht. Er wollte ›Weisheit‹ und sah, daß Antisthenes solche zu vergeben hatte. Sein Lebensziel war wie das seines Vaters die ›Münzfälschung‹, aber in weit größerem Stil. Er wollte die in der ganzen Welt gültige Münze umwandeln. Jeder konventionelle Stempel war falsch. Die Menschen, die als Feldherren und Könige, die Dinge, die als Ehre, Weisheit, Glück und Reichtum abgestempelt waren, sie alle waren unechtes Metall mit falscher Aufschrift.«[2]

Er beschloß, wie ein Hund zu leben und wurde darum »kynisch« genannt, was »hündisch« bedeutet. Er lehnte jede Konvention ab – mochte es sich um Religion, Sitte, Kleidung, Wohnung, Ernährung oder Anstand handeln. Er soll in einer Tonne gelebt haben; Gilbert Murray versichert uns jedoch, das sei ein Irrtum; es sei ein großer Krug gewesen, wie man ihn in primitiven Zeiten bei Begräbnissen verwendete.[3] Wie ein indischer Fakir lebte er vom Betteln. Er erklärte sich für den Bruder nicht nur des ganzen Menschengeschlechts, sondern auch der Tiere. Schon zu Lebzeiten wurde er Mittelpunkt vieler Anekdoten. Jeder kennt die Geschichte, daß Alexander ihn besuchte und fragte, ob er ihm einen Wunsch erfüllen könne; »Geh mir nur aus der Sonne«, antwortete er.

---

1 Benn, Band II, S. 4/5; Murray, *Five Stages*, S. 113/14.
2 Murray, *Five Stages*, S. 117.
3 Ebenda, S. 119.

Die Lehre des Diogenes war keineswegs das, was wir heute unter »zynisch« verstehen – ganz im Gegenteil. Diogenes war von glühender Liebe zur Tugend erfüllt; im Vergleich dazu schienen ihm weltliche Güter gering. Er suchte Tugend und moralische Freiheit in der Wunschlosigkeit: Sei gleichgültig gegenüber Gütern, die das Glück zu verschenken hat, und du wirst frei von Furcht sein. Insofern wurde seine Lehre, wie wir sehen werden, von den Stoikern aufgegriffen; sie lehnten jedoch nicht wie er die Annehmlichkeiten der Kultur ab. Nach seiner Ansicht war Prometheus mit Recht dafür gestraft worden, daß er den Menschen die Künste brachte; durch sie sei das Leben so kompliziert und unnatürlich geworden. Hierin ähnelt er den Taoisten, Rousseau und Tolstoi, war aber konsequenter als sie.

Obwohl er ein Zeitgenosse des Aristoteles war, gehörte seine Lehre der geistigen Haltung nach in die hellenistische Zeit. Aristoteles ist der letzte griechische Philosoph, der die Welt heiter ansieht; alles Spätere ist in dieser oder jener Form eine Philosophie der Weltflucht. Die Welt ist schlecht; wir müssen lernen, von ihr unabhängig zu werden. Auf äußere Güter ist kein Verlaß; sie sind ein Geschenk des Glücks, nicht etwa Lohn für unsere Bemühungen. Nur subjektive Güter – Tugend oder Zufriedenheit durch Entsagung – sind zuverlässig, und daher wird der Weise sie allein schätzen. Diogenes selbst war ein kraftvoller Mann, aber wie alle Anschauungen der hellenistischen Zeit übte auch seine Lehre Anziehungskraft auf schwache Menschen aus, die vom Leben enttäuscht waren und dadurch jedes natürliche Wohlbefinden eingebüßt hatten. Und es war ganz gewiß keine Lehre, die darauf abzielte, Kunst, Wissenschaft und Staatskunst zu fördern oder zu irgendeiner nützlichen Betätigung außer dem Protest gegen die Macht des Bösen anzuregen.

Es ist interessant zu beobachten, was aus der kynischen Lehre wurde, nachdem sie populär geworden war. Zu Anfang des dritten Jahrhunderts v. Chr. waren die Kyniker Mode, vor allem in Alexandrien. Sie veröffentlichten Traktätchen, in denen auseinandergesetzt wurde, wie angenehm es sich ohne materiellen Besitz leben ließe, wie glücklich man bei einfacher Kost sein könne, wie warm man sich im Winter ohne kostspielige Kleidung halten könne (was vielleicht für Ägypten zutraf), wie töricht es sei, sein Vaterland zu lieben oder zu trauern, wenn einem die Kinder oder Freunde stürben. »Daß mein Sohn oder meine Frau tot ist«, sagt Teles, einer dieser volkstümlichen Kyniker, »ist doch noch kein Grund für mich, der ich noch am Leben bin, nicht an mich selbst zu denken oder mich nicht mehr um meine Habe zu kümmern.«[4] Von nun an wird es allerdings schwierig, irgendwelche Sympathie für das einfache Leben zu empfinden, das allmählich *allzu* einfach geworden ist. Man fragt sich, wer wohl etwas von diesen Sermonen hatte. Der

4 *The Hellenistic Age*, Cambridge 1923, S. 84 ff.

Reiche, der die Leiden der Armen gern für eingebildet gehalten hätte? Oder vielleicht der neu Verarmte, der sich bemühte, den erfolgreichen Geschäftsmann zu verachten? Oder waren es Schmarotzer, die sich einredeten, die milde Gabe, die ihnen zuteil wurde, sei ganz unbedeutend? Teles sagt zu einem reichen Mann: »Du gibst großzügig und ich nehme wacker von dir, ohne zu kriechen oder mich gemein zu erniedrigen oder zu murren.«[5] Eine recht bequeme Lehre. Der populäre Kynismus predigte nicht Enthaltsamkeit von den guten Dingen auf dieser Welt, nur eine gewisse Gleichgültigkeit gegen sie. Das ermöglicht es beispielsweise einem Schuldner, seine Schuld dem Gläubiger gegenüber zu bagatellisieren. Daraus ist zu ersehen, wie das Wort »zynisch« zu seiner heutigen Alltagsbedeutung kam.

Die besten Elemente der kynischen Lehre gingen in den Stoizismus ein, der im ganzen eine vollständigere und abgerundetere Philosophie war.

Der erste Vertreter des Skeptizismus, wie die Schulen ihn lehrten, war Pyrrhon, der in Alexanders Heer diente und seinen Feldzug bis nach Indien mitmachte. Anscheinend war seine Reiselust dadurch befriedigt, so daß er den Rest seines Lebens in seiner Geburtsstadt Elis verbrachte, wo er 275 v. Chr. starb. Abgesehen von einer gewissen Systematisierung und Formalisierung älterer Zweifelsfragen bietet seine Lehre kaum etwas Neues. Skepsis den Sinnesorganen gegenüber hatte griechischen Philosophen schon von früher Zeit an zu schaffen gemacht, sofern sie nicht wie Parmenides und Plato den Erkenntniswert der Wahrnehmung leugneten und damit einem intellektuellen Dogmatismus den Weg bereiteten. Die Sophisten, vor allem Protagoras und Gorgias, waren durch das Unklare und offensichtlich Widerspruchsvolle der Sinneswahrnehmung zu einem Subjektivismus gekommen, der dem Humes ähnelte. Pyrrhon scheint (denn er war so klug, keine Bücher zu schreiben) den Skeptizismus gegenüber der Sinneswahrnehmung auch auf Moral und Logik ausgedehnt zu haben. Er soll behauptet haben, es sei niemals rational zu begründen, warum eine Handlungsweise einer anderen vorzuziehen sei. Auf die Praxis übertragen bedeutete das, man habe sich den Bräuchen des Landes anzupassen, in dem man sich aufhielt. Ein moderner Vertreter dieser Lehre würde demnach sonntags zur Kirche gehen und dort korrekt die Knie beugen, ohne von der religiösen Überzeugung erfüllt zu sein, durch die dieses Verhalten inspiriert sein sollte. Antike Skeptiker machten das ganze heidnische Ritual mit und waren sogar zuweilen Priester; als Skeptiker sagten sie sich, ihr Vorgehen könne sich nicht als Unrecht erweisen, und ihr gesunder Menschenverstand (der ihre Philosophie überlebte) versicherte ihnen, daß es überdies zweckdienlich sei.

Der Skeptizismus hatte natürlich für viele unphilosophische Köpfe

---

5 *The Hellenistic Age*, S. 86.

einen gewissen Reiz. Die Leute sahen, wie viele Schulen es gab und wie heftig sie einander bekämpften, und kamen zu der Überzeugung, daß sie allesamt ein Wissen vortäuschten, das in Wirklichkeit gar nicht zu erlangen war. Der Skeptizismus war ein Trost für den Faulpelz, da er den Ignoranten als genau so weise gelten ließ wie den anerkannten Gelehrten. Menschen, die sich ihrer Veranlagung gemäß nach einem Evangelium sehnten, mochte er unbefriedigend erscheinen; aber wie jede Lehre der hellenistischen Zeit empfahl er sich als Gegengift gegen Kummer. Warum sich um die Zukunft sorgen? Sie ist völlig ungewiß. Darum kann man doch die Gegenwart genießen; »was kommen wird, ist noch unsicher«. Aus diesen Gründen erfreute sich der Skeptizismus großen Erfolges und beachtlicher Popularität.

Wohlgemerkt ist der Skeptizismus als Philosophie nicht bloße Zweifelsucht; man könnte ihn als dogmatisches Zweifeln bezeichnen. Der Wissenschaftler sagt: »Ich glaube, es verhält sich so und so, bin dessen aber nicht sicher.« Der an dem Problem verstandesmäßig Interessierte meint: »Ich weiß zwar nicht, wie es ist, hoffe aber, dahinterzukommen.« Der philosophische Skeptiker erklärt: »Niemand weiß und niemand kann jemals wissen.« Auf Grund dieses dogmatischen Elements ist das System anfechtbar. Die Skeptiker leugnen natürlich, dogmatisch zu behaupten, daß es unmöglich sei, etwas zu wissen; sie leugnen jedoch nicht sehr überzeugend.

Pyrrhons Schüler Timon brachte jedoch einige vernünftige Argumente vor, die vom Standpunkt der griechischen Logik aus sehr schwer zu widerlegen waren. Die Griechen ließen die deduktive Logik gelten; jede Deduktion hatte wie bei Euklid von allgemeinen Grundsätzen auszugehen, die man für selbstevident hielt. Timon bestritt, daß solche Sätze zu finden seien. Alles muß also durch etwas anderes bewiesen werden, und jede Beweisführung wird sich entweder im Kreise bewegen oder als endlose Kette irgendwo in der Luft hängen. In keinem Falle läßt sich etwas beweisen. Wir sehen, der aristotelischen Philosophie, die das Mittelalter beherrschte, ging dieses Argument an die Wurzel.

Manche Formen des Skeptizismus, heutzutage von Menschen vertreten, die keineswegs ausgesprochene Skeptiker sind, haben die Skeptiker der Antike noch nicht gekannt. Sie bezweifelten weder die Erscheinungen noch stellten sie Sätze in Frage, die nach ihrer Ansicht nur ausdrückten, was man von den Erscheinungen unmittelbar weiß. Fast alle Werke Timons sind verlorengegangen, zwei noch enthaltene Fragmente veranschaulichen dies jedoch deutlich. Das eine besagt: »Die Erscheinung ist immer gültig.« Das andere: »Ich weigere mich zu bestätigen, daß Honig süß *ist*; daß er süß erscheint, gebe ich voll und ganz zu.«[6] Ein moderner Skeptiker würde darauf hinweisen, daß die Erscheinung nur *auftritt* und weder gültig noch ungültig ist; gültig oder ungültig

---

6 Zitiert bei Edwyn Bevan, *Stoics and Sceptics*, S. 126.

könne nur die jeweilige Aussage sein; keine Aussage aber vermöge der Erscheinung so nahezukommen, daß sie nicht etwas Unrichtiges enthalten könne. Aus diesem Grunde würde er sagen, daß die Feststellung »Honig erscheint süß« nur sehr wahrscheinlich, nicht aber absolut gewiß sei. – In mancher Hinsicht ähnelt Timons Lehre stark der Doktrin Humes. Er behauptet, etwas, das niemals beobachtet worden sei – die Atome beispielsweise –, könne nicht gültig gefolgert werden; wenn aber zwei *Erscheinungen* häufig zusammen beobachtet würden, dann ließe sich die eine aus der anderen folgern.

Timon verbrachte die letzten Jahre seines langen Lebens in Athen und starb dort 235 v. Chr. Mit seinem Tod fand auch die Schule Pyrrhons als solche ihr Ende; seine Lehren jedoch wurden, etwas modifiziert, von der Akademie, die die platonische Tradition repräsentierte, übernommen, so seltsam das auch wirkt.

Der Mann, der diesen überraschenden philosophischen Umschwung herbeiführte, war Arkesilaos, ein Zeitgenosse Timons, der als alter Mann etwa 240 v. Chr. starb. Was die meisten Menschen von Plato übernommen haben, ist sein Glaube an eine übersinnliche geistige Welt und an die Überlegenheit der unsterblichen Seele über den sterblichen Leib. Aber Plato war vielseitig, und in mancher Hinsicht könnte man ihn sogar für einen Lehrer des Skeptizismus halten. Der platonische Sokrates bekennt, nichts zu wissen; wir fassen das natürlich als Ironie auf; es ließe sich jedoch auch ernst nehmen. Viele seiner Dialoge kommen zu keinem positiven Schluß und sind darauf abgestellt, den Leser im Zweifel zu lassen. Manche, wie beispielsweise der zweite Teil des *Parmenides*, scheinen ausschließlich beweisen zu wollen, daß sich jede Seite irgendeines Problems mit gleicher Glaubwürdigkeit vertreten läßt. Man könnte die platonische Dialektik eher als Selbstzweck denn als Mittel ansehen: So betrachtet würde sie sich ausgezeichnet dazu eignen, den Skeptizismus zu verfechten. Auf diese Weise scheint Arkesilaos den Mann interpretiert zu haben, dem noch immer zu folgen er behauptete. Er hatte Plato den Kopf abgeschlagen; der Torso aber, der zurückblieb, war jedenfalls echt.

Die Lehrmethode des Arkesilaos hätte viel für sich gehabt, wenn sich die jungen Leute, die von ihm lernten, davon nicht hätten paralysieren lassen. Er legte sich auf keine These fest und pflegte jede These eines Schülers abzulehnen. Zuweilen trug er zwei sich widersprechende Sätze bei aufeinanderfolgenden Gelegenheiten vor und zeigte, wie man für einen jeden Satz überzeugend argumentieren könne. Ein Schüler, der die Kraft besaß, sich dagegen aufzulehnen, hätte dabei lernen können, gewandt zu werden und Trugschlüsse zu vermeiden; tatsächlich scheint aber niemand etwas gelernt zu haben außer einer gewissen Routine und Gleichgültigkeit gegenüber der Wahrheit. Der Einfluß des Arkesilaos war so groß, daß die Akademie etwa zwei Jahrhunderte lang skeptisch blieb.

Mitten in dieser skeptischen Periode trug sich etwas Amüsantes zu. Karneades, als Haupt der Akademie ein würdiger Nachfolger des Arkesilaos, war einer der drei Philosophen, die Athen im Jahre 156 v. Chr. in diplomatischer Mission nach Rom entsandte. Er sah nicht ein, warum seine Gesandtenwürde ihn hindern sollte, seinen persönlichen Vorteil zu wahren, und kündigte in Rom eine Reihe von Vorlesungen an. Die jungen Leute, die damals sehr darauf erpicht waren, griechische Sitten nachzuahmen und sich griechische Kultur anzueignen, strömten in Scharen herbei, um ihn zu hören. Seine erste Vorlesung hatte die Anschauungen Platos und Aristoteles' über die Gerechtigkeit zum Thema und war durchaus erbaulich. In der zweiten Vorlesung jedoch widerlegte er alles, was er in der ersten gesagt hatte, nicht etwa, um zu entgegengesetzten Schlüssen zu kommen, sondern nur zum Beweis, daß kein Schluß gerechtfertigt sei. Platos Sokrates hatte bewiesen, daß jedes Unrecht ein größeres Übel ist für den, der es begeht, als für den, der es erleidet. Karneades behandelte diese Behauptung in seiner zweiten Vorlesung verächtlich. Mächtige Staaten, so legte er dar, sind durch ungerechtfertigte Angriffe auf ihre schwächeren Nachbarn groß geworden; dies ließ sich in Rom nun nicht gut abstreiten. Bei einem Schiffbruch dürfte man sein Leben auf Kosten eines anderen, schwächeren, retten, und man wäre ein Narr, wenn man es nicht täte. Er scheint anzunehmen, daß man es wohl kaum überleben würde, wenn man dem Gebot »Frauen und Kinder zuerst« folgte. Wie hätte man sich zu verhalten, wenn man auf der Flucht vor einem siegreichen Feind sein Pferd verloren hätte, jedoch einen verwundeten Kameraden zu Pferde anträfe? Wenn man gescheit wäre, würde man ihn herunterholen und sich seines Pferdes bemächtigen, ohne danach zu fragen, ob man recht handele. Die ganze, nicht sehr erbauliche Beweisführung überrascht bei einem Mann, der sich als Nachfolger Platos bezeichnete, scheint aber den modern denkenden jungen Leuten in Rom gefallen zu haben.

Einem allerdings gefiel sie nicht, und das war der ältere Cato, der den strengen, starren, bornierten, brutalen Sittenkodex vertrat, der Rom zum Sieg über Karthago verholfen hatte. Von der Wiege bis zur Bahre lebte er einfach, stand früh auf, verrichtete schwere Handarbeit, nahm nur Rohkost zu sich und trug niemals ein Gewand, das mehr als 100 Drachmen (Plutarch) gekostet hatte. Als Staatsbürger war er peinlich rechtschaffen; Bestechlichkeit oder Gewinnsucht kannte er nicht. Er verlangte von den anderen Römern alle von ihm geübten Tugenden und behauptete, das Beste, was ein rechtschaffener Mensch tun könne, sei, die Schlechten anzuklagen und zu verfolgen. Er setzte sich mit aller Kraft für die alte römische Sittenstrenge ein:

»Noch einen anderen Mann, in dem man einen künftigen Konsul erblickte, stieß Cato aus dem Senate, den Manilius. Der Grund bestand darin, daß er seine Frau bei Tage und vor den Augen seiner Tochter zärtlich geküßt hatte. Ihm selbst, äußerte Cato, sei eine Frau niemals um den Hals gefallen, außer nach einem heftigen Donner.«[7]

Als er an der Macht war, schaffte er Luxus und Festlichkeiten ab. Seine Frau mußte nicht nur die eigenen Kinder, sondern auch die seiner Sklaven nähren; durch die gleiche Milch wollte er die Sklavenkinder dazu bringen, seine eigenen Kinder zu lieben. Wenn seine Sklaven zum Arbeiten zu alt waren, verkaufte er sie erbarmungslos. Er bestand darauf, daß seine Sklaven stets entweder arbeiteten oder schliefen. Er unterstützte ihre Streitigkeiten, »denn er könne es nicht leiden, wenn sie sich anfreundeten«. Wenn ein Sklave sich eine schwere Verfehlung hatte zuschulden kommen lassen, pflegte er die übrigen herbeizurufen und sie zu veranlassen, den Delinquenten zum Tode zu verurteilen; daraufhin vollstreckte er das Urteil eigenhändig im Beisein der Überlebenden. Cato und Karneades waren vollkommene Gegensätze: Brutal der eine infolge einer zu strengen und traditionellen moralischen Einstellung, gemein der andere infolge einer zu laxen und von der gesellschaftlichen Auflösung der hellenistischen Welt allzu angekränkelten Moral.

»Wenn die jungen Leute sich eine griechische Bildung anzueignen suchten, so sah man dies nur gerne; Cato dagegen war von Anfang an über den wissenschaftlichen Eifer . . . höchst unzufrieden. Er fürchtete, die Jugend möchte ihrem Ehrgeiz nach dieser Seite die Richtung geben, sie möchte den Ruhm einer guten Rede höher achten lernen als denjenigen der Tat und kriegerischen Tapferkeit . . . Er ergriff im Senate das Wort und machte den höchsten Behörden Vorwürfe darüber, daß eine Gesandtschaft so lange Zeit ohne Erledigung ihrer Sache hinsitzen müsse, eine Gesandtschaft von Männern, welche bei jedem beliebigen Gegenstand ohne jede Mühe jedermann zu überzeugen vermöchten. Man müsse demnach aufs schleunigste eine Entschließung und Entscheidung über die Gesandtschaft abgeben, damit die Leute wieder in ihre Schulen kämen. Sie sollten dort ihre Gespräche mit jungen Griechen führen; die jungen Römer dagegen sollten wie früherhin wieder auf *ihre* Gesetze und *ihre* Obrigkeit hören. Übrigens war keineswegs, wie einige annehmen, eine Verstimmung gegen Karneades der Grund dieses Verfahrens. Vielmehr hatte er überhaupt an der Philosophie Anstoß genommen.«

Die Athener waren nach Catos Ansicht ein minderwertiger Menschenschlag ohne Sinn für Recht und Gesetz; ob *sie* durch die oberflächliche Sophisterei der Intellektuellen noch weiter herunterkamen, war gleichgültig; die römische Jugend jedenfalls sollte puritanisch, imperialistisch, unbarmherzig und borniert bleiben. Das gelang ihm jedoch nicht; spätere Römer behielten zwar viele seiner Fehler bei, übernahmen aber noch dazu die des Karneades.

---

7 Die Plutarch-Zitate entsprechen der Übersetzung von E. Eyth, Langenscheidtsche Verlagsbuchhandlung, Berlin.

Nach Karneades (etwa 180 bis etwa 110 v. Chr.) wurde ein Karthager Leiter der Akademie; er hieß eigentlich Hasdrubal, zog es aber im Umgang mit den Griechen vor, sich Kleitomachos zu nennen. Im Gegensatz zu Karneades, der sich auf Vorlesungen beschränkte, schrieb Kleitomachos über 400 Bücher, davon einige in phönikischer Sprache. Er scheint die gleichen Prinzipien wie Karneades gehabt zu haben. In mancher Beziehung waren sie nützlich. Diese beiden Skeptiker bekämpften den Glauben an Divination, Magie und Astrologie, der sich mehr und mehr ausbreitete. Sie entwickelten auch eine konstruktive Doktrin von den Graden der Wahrscheinlichkeit: Obwohl man niemals berechtigt ist, etwas für sicher zu halten, besteht doch bei manchen Dingen größere Wahrscheinlichkeit, daß sie wahr sind, als bei anderen. Man sollte sich in der Praxis von der Wahrscheinlichkeit leiten lassen, da es vernünftig ist, auf Grund der wahrscheinlichsten der möglichen Hypothesen zu handeln. Diese Ansicht werden wohl die meisten modernen Philosophen billigen. Unglücklicherweise sind die Bücher, in denen sie dargelegt ist, verlorengegangen, und die Lehre aus den vorhandenen Andeutungen zu rekonstruieren, ist schwierig.

Mit Kleitomachos endete der Skeptizismus der Akademie, und von der Zeit des Antiochus an (der 69 v. Chr. starb) ließen sich ihre Lehren jahrhundertelang praktisch nicht vom Stoizismus unterscheiden.

Dennoch verschwand der Skeptizismus nicht. Er wurde neu belebt durch den Kreter Anaesidemus, der von Knossos kam; dort soll es schon, soviel wir wissen, zweitausend Jahre zuvor Skeptiker gegeben haben, die liederliche Höflinge damit unterhielten, daß sie die Göttlichkeit der Herrin der Tiere anzweifelten. Die Daten des Anaesidemus sind ungewiß. Die von Karneades vertretenen Wahrscheinlichkeitslehren ließ er fallen, um zu den frühesten Formen des Skeptizismus zurückzukehren. Er hatte beachtlichen Einfluß; einer seiner Anhänger war der Satiriker Lukian im zweiten Jahrhundert v. Chr., desgleichen später Sextus Empiricus, der einzige skeptische Philosoph der Antike, dessen Werke erhalten sind. Darunter findet sich beispielsweise eine kurze Abhandlung »Argumente gegen den Glauben an einen Gott«, die von Edwyn Bevan in seinem Werk *Later Greek Religion*, S. 52–56, übersetzt worden ist; nach seiner Ansicht hat Sextus Empiricus sie von Karneades in der Wiedergabe von Kleitomachos übernommen.

Diese Abhandlung beginnt mit der Erklärung, daß die Skeptiker in *ihrem Verhalten* orthodox seien: »Wir Skeptiker folgen in der Praxis dem Lauf der Welt, ohne uns eine Meinung über sie zu bilden. Wir sprechen von den Göttern, als existierten sie; wir bringen ihnen unsere Verehrung dar und sagen, daß sie als Vorsehung walten; das ist aber nicht Ausdruck unseres Glaubens, denn wir hüten uns vor der Voreiligkeit der Dogmatiker.«

Dann spricht er davon, daß die Menschen über das Wesen Gottes verschieden denken; manche halten ihn beispielsweise für körperlich, andere für unkörperlich. Da Gott außerhalb unserer Erfahrung steht, können wir seine Eigenschaften nicht kennen. Die Existenz Gottes sei nicht selbstverständlich und müsse daher bewiesen werden. Daß ein solcher Beweis nicht möglich ist, begründet er etwas unklar. Dann greift er das Problem des Bösen auf und schließt mit den Worten:

»Die, welche positiv behaupten, Gott existiere, machen sich zwangsläufig eines Frevels schuldig. Denn wenn sie sagen, Gott beherrsche alles, dann machen sie ihn auch zum Schöpfer des Bösen; wenn sie dagegen sagen, Gott herrsche nur über manches oder über gar nichts, dann stellen sie Gott unweigerlich als widerwillig oder machtlos hin, und das ist ganz offensichtlich Gotteslästerung.«

Obwohl der Skeptizismus weiterhin bis etwa ins dritte Jahrhundert n. Chr. auf manche Gebildeten eine gewisse Anziehungskraft ausübte, entsprach er keineswegs dem Geist der Zeit, die sich immer mehr der dogmatischen Religion zuwandte und nach Heilslehren suchte. Der Skeptizismus war stark genug, die Gebildeten das Unbefriedigende der Staatsreligionen empfinden zu lassen, hatte aber selbst im Bereich des reinen Denkens nichts Positives an ihrer Stelle zu bieten. Von der Renaissance an ist der theologische Skeptizismus bei den meisten seiner Anhänger durch einen enthusiastischen Glauben an die Wissenschaft ergänzt worden; in der Antike stand dem Zweifel jedoch nichts derartiges zur Seite. Ohne die Argumente der Skeptiker zu widerlegen, wandte sich die alte Welt von ihnen ab. Die Olympier waren in Mißkredit geraten, und der Weg war frei für den Einbruch orientalischer Religionen, deren jede bis zum Sieg des Christentums die abergläubischen Gemüter zu gewinnen suchte.

27. KAPITEL

Die Epikureer

Die beiden großen neuen Schulen der hellenistischen Zeit, die der Stoiker und Epikureer, entstanden gleichzeitig. Ihre Gründer, Zeno und Epikur, waren ungefähr gleichaltrig und ließen sich als Häupter ihrer Gemeinschaften im Abstand von wenigen Jahren in Athen nieder. Es ist also Geschmackssache, wen man zuerst behandeln will. Ich werde mit den Epikureern beginnen, weil ihre Lehren ein für allemal von ihrem Gründer festgelegt wurden, während der Stoizismus eine lange Entwicklung hatte; sie währte bis zu Kaiser Marc Aurel, der im Jahre 180 n. Chr. starb.

Die Hauptautorität für das Leben Epikurs ist Diogenes Laertius[1] der im dritten Jahrhundert n. Chr. lebte. Hier stößt man jedoch auf zwei Schwierigkeiten: Erstens ist Diogenes Laertius selbst für Legenden von geringem oder gar keinem historischen Wert sehr empfänglich; zweitens besteht seine »Lebensgeschichte« zum Teil aus einer Wiedergabe der verleumderischen Beschuldigungen, die von den Stoikern gegen Epikur erhoben wurden; es ist daher nicht immer klar, ob er selbst etwas behauptet oder nur eine Verleumdung wiedergibt. Tatsache ist, daß die Stoiker die Skandalgeschichten erfunden haben, woran man sich erinnern sollte, wenn ihre erhabene Sittlichkeit gepriesen wird; auf Epikur treffen sie jedenfalls nicht zu. So wurde beispielsweise erzählt, seine Mutter sei eine quacksalbernde Priesterin gewesen, wozu Diogenes bemerkt:

»Sie (augenscheinlich die Stoiker) sagen, er pflege mit seiner Mutter von Haus zu Haus zu gehen und Zaubersprüche herzubeten, und seinem Vater helfe er für einen elenden Hungerlohn beim Elementarunterricht.«

Hierzu gibt Bailey folgenden Kommentar:[2] »Wenn etwas Wahres daran ist, daß er seine Mutter als Akoluth begleitete und die Zauberformeln für sie hersagte, dann wird wohl schon sehr früh bei ihm der Haß auf den Aberglauben entstanden sein, der später in seiner Lehre so deutlich hervortritt.« Diese Auffassung hat zwar etwas für sich, aber angesichts der außerordentlichen Skrupellosigkeit, mit der die Spätantike Skandalgeschichten erfand, glaube ich nicht, daß man sie für be-

---

1 *Leben und Meinungen berühmter Philosophen*, übersetzt von Otto Apelt (Phil. Bibl. Bd. 54, Verlag Felix Meiner, Leipzig 1921).
2 *The Greek Atomists and Epicurus* von Cyril Bailey, Oxford 1928, S. 221. Bailey hat sich auf Epikur spezialisiert; sein Buch ist für den Forscher von unschätzbarem Wert.

gründet halten darf.³ Dagegen spricht auch, daß er mit ungewöhnlich inniger Liebe an seiner Mutter hing.⁴

Die wichtigsten Tatsachen aus dem Leben Epikurs scheinen jedoch ziemlich gesichert zu sein. Sein Vater war ein armer athenischer Kolonist auf Samos; Epikur wurde 342 oder 341 v. Chr. geboren, ob aber auf Samos oder in Attika, ist nicht bekannt. Jedenfalls verbrachte er seine Knabenzeit auf Samos. Nach eigener Angabe hat er mit vierzehn Jahren angefangen, sich mit Philosophie zu beschäftigen. Achtzehnjährig kam er, etwa zur Zeit von Alexanders Tod, nach Athen, offenbar um das Bürgerrecht zu erwerben; aber während er sich dort aufhielt, wurden die athenischen Kolonisten von Samos vertrieben (322 v. Chr.). Die Familie Epikurs suchte Zuflucht in Kleinasien, wo er sich zu ihr gesellte. Damals oder vielleicht etwas früher empfing er in Taos philosophischen Unterricht bei einem gewissen Nausiphanes, augenscheinlich einem Anhänger Demokrits. Obwohl er als reifer Philosoph Demokrit mehr als irgendeinem anderen verdankte, sprach er stets nur verächtlich von Nausiphanes, den er in seinen Schriften die »Qualle« nennt.

Im Jahre 311 gründete er seine Schule, die sich erst in Mytilene, dann in Lampsakos und von 307 an in Athen befand, wo er 271/170 v. Chr. starb.

Nach der harten Jugendzeit führte er in Athen ein ruhiges Leben, das nur durch seinen schlechten Gesundheitszustand getrübt war. Er besaß ein Haus und einen Garten (der offenbar vom Haus getrennt lag), und in diesem Garten lehrte er. Seine drei Brüder und noch andere Leute hatten von Anfang an zu seiner Schule gehört; in Athen aber vergrößerte sich seine Gemeinde nicht nur durch philosophische Schüler, sondern auch durch Freunde und deren Kinder, Sklaven und *Hetären*. Die Hetären boten seinen Feinden willkommenen Anlaß, Skandalgeschichten, die aber augenscheinlich ganz unbegründet waren, über ihn zu verbreiten. Tatsächlich war er in ungewöhnlich hohem Maße rein menschlicher Freundschaften fähig und schrieb an die kleinen Kinder der Mitglieder seiner Gemeinschaft reizende Briefe. Wenn er sein Gefühl sprechen ließ, wahrte er keineswegs die Würde und Zurückhaltung, die man von antiken Philosophen erwartete; seine Briefe sind erstaunlich natürlich und unaffektiert.

Die Gemeinschaft führte, teils aus Prinzip, teils (sicherlich) aus Geldmangel, ein sehr einfaches Leben. Man nährte sich hauptsächlich von Wasser und Brot, was Epikur völlig ausreichend fand. »Ein Wohlgefühl

---

3 Die Stoiker waren sehr ungerecht gegen Epikur. Epiktet z. B. wendet sich an ihn mit den Worten: »Lebe wie ein Wurm einzig in den Geschäften, deren du dich würdig befunden hast: iß, trink, begatte dich, entlade den Wanst und schnarche!« (Nach »Epiktet« in der Übersetzung von Schulthess, Heidelberg, Universitätsbuchhandlung, 1926. Buch II, Kapitel XX, Unterredungen Epiktets.)
4 Gilbert Murray, *Five Stages*, S. 130.

durchdringt mich«, sagt er, »wenn ich bei Wasser und Brot lebe, und ich pfeife auf alles Schwelgen, nicht um seiner selbst willen, sondern wegen der Unannehmlichkeiten, die es nach sich zieht.« Die Gemeinschaft war zumindest teilweise auf freiwillige Beiträge angewiesen. »Schick' mir ein wenig Dauerkäse«, schreibt er, »damit ich mir etwas Gutes leisten kann, wenn ich Lust habe.« An einen anderen Freund: »Schick' uns Spenden zum Unterhalt unserer frommen Gemeinschaft um deinet und deiner Kinder willen.« Ferner: »Als einzigen Beitrag verlange ich das, was mir die Schüler senden sollen, auch wenn sie bei den Hyperboreern sein sollten. Ich wünsche von jedem von euch zweihundert Drachmen jährlich, das ist alles.«[5]

Epikur war sein Leben lang leidend, lernte das aber sehr tapfer zu ertragen. Er und nicht ein Stoiker hat als erster behauptet, daß der Mensch selbst auf der Folterbank glücklich sein könne. Zwei Briefe, deren einer kurz vor seinem Tode, der andere an dem Tage, da er starb, geschrieben ist, beweisen, daß er ziemlich berechtigt war, so zu denken. »Heute vor sieben Tagen trat völlige Verstopfung ein, und ich bin vor Schmerzen beinahe umgekommen. Wenn mir etwas zustoßen sollte, kümmere dich bitte vier oder fünf Jahre lang um Metrodors Kinder, gib aber nicht mehr für sie aus als jetzt für mich.« Im zweiten schreibt er: »An diesem wahrhaft glücklichen Tag meines Lebens, da es für mich ans Sterben geht, schreibe ich dir dieses. Mein Blasen- und Magenleiden nimmt mit der üblichen Heftigkeit seinen Verlauf; dem steht aber meine Herzensfreude bei der Erinnerung an meine Gespräche mit dir gegenüber. Bitte gib gut acht auf Metrodors Kinder, wie ich es von dir erwarte, da du mir und der Philosophie von Jugend an immer ergeben warst.« Metrodor, einer seiner ersten Schüler, war gestorben; Epikur bedachte seine Kinder in seinem Testament.

Obwohl Epikur milde und freundlich gegen die meisten Menschen war, tritt eine andere Seite seines Charakters in seinen Beziehungen zu den Philosophen zutage, namentlich, wenn es sich um Männer handelte, denen gegenüber man ihn für verpflichtet halten konnte. »Ich vermute«, sagt er, »daß diese Brummbären mich für einen Schüler der ›Qualle‹ (Nausiphanes) halten und meinen, ich hätte mit einigen trinkfreudigen Jünglingen zusammen seinen Lehren gelauscht. Wahrlich, der Bursche war nämlich wirklich schlecht und benahm sich so, daß er niemals ein weiser Mann werden konnte.«[6] Er gab nicht zu, wieviel er Demokrit verdankte, und von Leukipp behauptete er, es gäbe gar keinen solchen Philosophen – was sicher nicht bedeuten sollte, daß ein solcher Mann nicht existiert hätte, vielmehr nur, daß dieser Mann kein Philosoph wäre. Diogenes Laertius zählt eine ganze Reihe schimpflicher Epitheta auf, die er den bedeutendsten seiner Vorgänger beigelegt

---

5 Etwa ein Pfund.
6 *The Stoic and Epicurean Philosophers* von W. J. Oates, S. 47.

haben soll. Neben diesem Mangel an Großzügigkeit anderen Philosophen gegenüber hat er noch einen weiteren schweren Fehler, nämlich seinen diktatorischen Dogmatismus. Seine Anhänger hatten eine Art Glaubensbekenntnis zu lernen, das seine Anschauungen verkörperte und an dem sie nicht zweifeln durften. Aus diesem Grunde hat keiner etwas hinzugefügt oder daran verändert. Als Lukrez zweihundert Jahre später Epikurs Philosophie in poetische Form brachte, trug er, soweit sich das beurteilen läßt, zur Lehre des Meisters theoretisch nichts Neues bei. Wo ein Vergleich möglich ist, findet man bei Lukrez völlige Übereinstimmung mit dem Original; man ist auch allgemein der Ansicht, daß Lukrez die Lücken auszufüllen vermag, die in unserem Wissen durch den Verlust der dreihundert Bücher Epikurs entstanden sind. Von seinen Schriften ist nichts erhalten als ein paar Briefe, einige Fragmente und ein Auszug aus den *Kernsprüchen*.

Die Philosophie Epikurs war wie die aller Philosophen seiner Zeit (den Skeptizismus zum Teil ausgenommen) vor allem darauf berechnet, den Menschen heitere Gelassenheit zu vermitteln.

Für das Gute schlechthin hielt er die Lust und trat mit bemerkenswerter Konsequenz für alle Folgen dieser Auffassung ein. »Lust«, sagte er, »ist Anfang und Ende des glücklichen Lebens.« Diogenes Laertius zitiert eine Stelle aus seinem Buch *Vom Sinn des Lebens*: »Ich weiß nicht, was ich mir unter dem Guten vorstellen soll, wenn ich mir die Freuden des Gaumens und der Liebe und die Lust am Hören und Sehen wegdenke.« Ferner: »Beginn und Wurzel alles Guten sind die Freuden des Magens, selbst Weisheit und Kultur müssen darauf zurückgeführt werden.« Die Lust des Geistes besteht, wie wir hören, in der Kontemplation der leiblichen Freuden. Vor den leiblichen Freuden hat sie den einzigen Vorzug, daß wir lernen können, mehr an die Freuden als an die Leiden zu denken und infolgedessen auch mehr Gewalt über die geistigen Freuden als über die physischen Lüste zu haben. »Tugend« ist nichts als ein leeres Wort, sofern es nicht »Klugheit bei der Suche nach Lust« bedeutet. Gerechtigkeit besteht beispielsweise darin, so zu handeln, daß man den Groll anderer Menschen nicht zu fürchten braucht – diese Auffassung führt zu einer Doktrin vom Ursprung der Gesellschaft, die der Theorie vom Gesellschaftsvertrag nicht unähnlich ist.

Epikur ist anderer Ansicht als manche seiner hedonistischen Vorgänger, da er zwischen *aktiven* und *passiven* oder *dynamischen* und *statischen* Lüsten unterscheidet. Dynamisch ist eine Lust, wenn ein erwünschtes Ziel erreicht wird, wobei der voraufgegangene Wunsch von einem Schmerzgefühl begleitet war. Statische Lust ist der Gleichgewichtszustand, der sich aus einem Stand der Dinge ergibt, der, falls nicht vorhanden, ersehnt werden würde. Als dynamische Lust könnte man meines Erachtens den Vorgang bezeichnen, der darin besteht, das Hungergefühl zu stillen; als statische Lust hingegen den Ruhezustand, der nach völliger Sättigung eintritt. Der zweiten dieser beiden Arten nachzustreben, hielt Epikur für gescheiter, da sie unverfälschter ist und nicht Schmerz als Erreger des Wunsches voraussetzt. Wenn der Körper sich im Gleichgewichtszustand befindet, gibt es keinen Schmerz für ihn; daher sollte man den Gleichgewichtszustand anstreben und weniger nach heftigen als vielmehr nach ruhigen Freuden trachten. Demnach scheint Epikur zu wünschen, sich, wenn möglich, stets im Zustand mäßiger Sättigung, niemals aber des gierigen Hungers zu befinden.

So kommt er praktisch dazu, das Ziel des Weisen mehr im fehlenden Schmerz als in der vorhandenen Lust zu sehen.[7] Wohl mag alles im Magen seinen Ursprung haben, doch heben die Qualen der Magenschmerzen die Freuden der Gefräßigkeit auf; daher lebte Epikur von Brot, wozu an Festtagen ein wenig Käse kam. Das Verlangen nach Reichtum und Ehre ist eitel, denn es macht den Menschen ruhelos, während er sonst zufrieden sein könnte. »Das allergrößte Gut ist die Klugheit; sie ist noch wertvoller als die Philosophie.« Er sah in der Philosophie ein praktisches System, zu einem glücklichen Leben zu gelangen; erforderlich war dazu nur der gesunde Menschenverstand, nicht Logik oder Mathematik oder ein ausgeklügeltes Training, wie es Plato vorschreibt. Er legt es seinem jungen Schüler und Freund Pythokles dringend ans Herz, »die Kultur in jeder Form zu fliehen«. Ein natürliches Ergebnis seiner Prinzipien war sein Rat, sich dem öffentlichen Leben fernzuhalten; denn wenn ein Mensch mehr Macht gewinnt, so erhöht er dementsprechend dadurch die Zahl seiner Neider, die ihm etwas Böses antun möchten. Selbst wenn er äußerem Mißgeschick entgeht, gibt es in solcher Lage doch keinen Seelenfrieden für ihn. Der Weise wird bemüht sein, unbeachtet zu leben, um sich niemanden zum Feind zu machen.

Die geschlechtliche Liebe wird natürlich als eine der »dynamischsten« Lüste in Acht und Bann getan. »Der Geschlechtsverkehr«, erklärt der Philosoph, »ist noch keinem gut bekommen, und jeder kann sich glücklich preisen, dem er nicht geschadet hat.« Er liebte die Kinder (anderer Leute), scheint sich jedoch darauf verlassen zu haben, daß andere seinen Rat nicht befolgten, damit er diese Neigung befriedigen konnte. Er hat offensichtlich die Kinder gegen seine Überzeugung gern gehabt, denn nach seiner Ansicht lenkten Ehe und Kinder den Menschen von ernsterem Streben ab. Lukrez, der gleich ihm wenig von der Liebe hält, sieht im Geschlechtsverkehr nichts Schädliches, vorausgesetzt, daß keine Leidenschaft dabei im Spiel ist.

Die sicherste aller sozialen Freuden ist nach Auffassung Epikurs die Freundschaft. Wie Bentham glaubt Epikur, alle anderen Menschen jagten nur stets dem eigenen Vergnügen nach, wobei sie zuweilen klug, zuweilen unklug vorgehen; aber auch darin gleicht er Bentham, daß ihn

---

7 Abwesenheit von Schmerz ist (für Epikur) an sich schon Lust; in letzter Analyse aber ist es die eigentliche Lust. Bailey, *The Greek Atomists and Epicurus*, S. 249.

seine gütige, liebevolle Natur beständig zu einem bewunderungswürdigen Verhalten verführt, vor dem er sich, seinen eigenen Grundsätzen entsprechend, eigentlich hüten sollte. Er liebte seine Freunde offensichtlich ohne Rücksicht darauf, was er durch sie gewann; er redete sich aber ein, er sei genau so selbstsüchtig, wie seine Philosophie es von allen Menschen annahm. Laut Cicero meinte er, »Freundschaft sei von der Lust nicht zu trennen und müsse aus diesem Grunde gepflegt werden, da wir ohne sie nicht sicher und furchtlos oder auch nur angenehm leben können«. Gelegentlich jedoch vergißt er seine eigenen Theorien mehr oder weniger: »Jede Freundschaft ist an sich erstrebenswert«, sagt er und fügt hinzu, »auch wenn sie aus Hilfsbedürftigkeit entsteht.«[8]

Obwohl Epikurs Ethik anderen schweinisch und moralisch minderwertig erschien, war es ihm doch sehr ernst damit. Wie wir gesehen haben, spricht er von der Gemeinschaft im Garten als von »unserer heiligen Gemeinschaft«; er schrieb auch ein Buch *Über die Heiligkeit* und war ganz von der Inbrunst des religiösen Reformators erfüllt. Er muß sehr starkes Mitgefühl für die leidende Menschheit empfunden haben und unerschütterlich davon überzeugt gewesen sein, daß es ihr weit besser ginge, wenn sie sich seine Philosophie zu eigen machen würde. Es war eine kränkliche Philosophie, für eine Welt bestimmt, in der es ein abenteuerliches Glück kaum noch geben konnte. Iß wenig aus Angst vor Magenbeschwerden; trink mäßig aus Furcht vor dem nächsten Morgen; meide Politik, Liebe und alle heftig leidenschaftlichen Betätigungen; liefere dem Schicksal keine Geiseln durch Ehe und Kinder aus; erzieh' deinen Geist dazu, mehr an die Freuden als an die Leiden zu denken! Physischer Schmerz ist gewiß ein arges Übel, aber wenn er stark ist, ist er kurz, und wenn er anhält, läßt er sich durch geistige Disziplin und die Gewohnheit, an glückliche Dinge zu denken, trotzdem ertragen. Lebe vor allem so, daß du nichts zu fürchten hast.

Durch das Problem, wie die Furcht auszuschalten sei, kam Epikur zur theoretischen Philosophie. Für zwei der stärksten Quellen der Furcht hielt er die Religion und das Entsetzen vor dem Tod, die beide miteinander zusammenhängen, da die Religion die Menschen darin bestärke, daß die Toten unglücklich seien. Er suchte daher nach einer Metaphysik, die zu beweisen vermochte, daß sich die Götter nicht in menschliche Angelegenheiten einmischen und daß die Seele zugleich mit dem Körper zugrunde geht. Die meisten modernen Menschen sehen in der Religion einen Trost; Epikur jedoch hielt sie für das Gegenteil. Im Glauben an eine übernatürliche Einmischung in den Lauf der Welt sah er eine Quelle der Furcht, und der Unsterblichkeitsgedanke war nach seiner Ansicht verhängnisvoll für die Hoffnung, vom Schmerz befreit zu werden. Dementsprechend konstruierte er eine regelrechte Doktrin,

---

[8] Zu Epikurs liebenswürdiger Inkonsequenz in der Frage der Freundschaft vergl. Bailey, *The Greek Atomists und Epicurus*, S. 517–520.

welche die Menschen von furchterregenden Vorstellungen befreien sollte.

Epikur war Materialist, aber nicht Determinist. Er teilte Demokrits Ansicht, daß die Welt aus Atomen und Leere besteht; aber im Gegensatz zu Demokrit glaubte er nicht, daß die Atome allzeit vollkommen den Naturgesetzen unterstünden. Der griechische Begriff der Notwendigkeit war, wie wir gesehen haben, religiösen Ursprungs; vielleicht glaubte Epikur daher mit Recht, die Religion sei nur erfolgreich anzugreifen, wenn man die Notwendigkeit nicht länger gelten ließe. Seine Atome hatten Gewicht und befanden sich ständig im Fallen, und zwar nicht auf den Mittelpunkt der Erde zu gerichtet, sondern abwärts in einem absoluten Sinne. Hin und wieder geschah es jedoch, daß ein Atom, von einer Art freien Willens getrieben, ein wenig von der Abwärtsbewegung abwich[9] und mit einem anderen Atom kollidierte. Von hier an vollzog sich die Entwicklung der Wirbel und so fort bei ihm fast genau wie bei Demokrit. Die Seele ist materiell und besteht aus Teilchen, die denen des Hauchs und der Wärme gleichen. (Epikur hielt den Hauch und den Wind für eine andere Substanz als die Luft; sie waren für ihn nicht nur bewegte Luft.) Die Seelenatome sind im ganzen Körper verteilt. Empfindung entsteht, wenn sich dünne Häutchen von den Körpern lösen und umherwandern, bis sie Seelenatome berühren. Diese Häutchen können auch dann noch vorhanden sein, wenn die Körper, die sie ursprünglich abgestoßen haben, vergangen sind; so sind Träume zu erklären. Beim Tod zerfällt die Seele; ihre Atome bestehen natürlich fort, sind jedoch nicht länger empfindungsfähig, da sie mit dem Körper keinen Zusammenhang haben. Daraus folgt, nach Epikurs eigenen Worten, daß »der Tod nichts für uns bedeutet; denn das, was sich auflöst, ist ohne Empfindung, und was empfindungslos ist, bedeutet für uns nichts.«

Von der Existenz der Götter ist Epikur fest überzeugt, da er sonst die weitverbreitete Vorstellung von den Göttern nicht zu erklären vermochte. Aber er glaubt, daß sie sich nicht mit den Angelegenheiten der Menschenwelt plagen. Sie sind rationale Hedonisten, die seine Regeln befolgen und sich vom öffentlichen Leben fernhalten; Regieren würde eine unnötige Arbeit für sie bedeuten, zu der sie sich in ihrem Leben vollkommener Glückseligkeit durchaus nicht gedrängt fühlen. Natürlich sind Voraussagen, Vorahnungen und all solche Dinge reiner Aberglaube, desgleichen der Glaube an eine Vorsehung.

Es besteht daher gar keine Veranlassung, zu befürchten, daß wir uns den Zorn der Götter zuziehen könnten oder nach dem Tode im Hades leiden müßten. Wenn wir auch den Naturgewalten unterworfen sind, die sich wissenschaftlich erforschen lassen, so haben wir doch einen

---

[9] Eine analoge Auffassung vertritt heute Eddington bei seiner Auslegung des Unbestimmbarkeitsprinzips.

freien Willen und sind in gewissen Grenzen Herren unseres Schicksals. Wir können zwar dem Tode nicht entgehen, doch ist der Tod, richtig verstanden, nichts Schlimmes. Wenn wir klug nach Epikurs Grundsätzen leben, können wir wahrscheinlich bis zu einem gewissen Grade von Schmerz frei werden. Das ist ein bescheidenes Evangelium, aber einen vom menschlichen Elend erschütterten Mann konnte es schon begeistern.

Für die Wissenschaft an sich interessiert sich Epikur nicht; er schätzt sie nur, weil sie es ermöglicht, Erscheinungen, die der Aberglaube dem Wirken der Götter zuschreibt, naturalistisch zu erklären. Wo verschiedene naturalistische Erklärungen denkbar sind, spricht nach seiner Ansicht nichts für den Versuch, sich für die eine oder andere zu entscheiden. Die Mondphasen beispielsweise hat man auf verschiedene Gründe zurückgeführt; eine dieser Begründungen ist so gut wie die andere, sofern sie die Götter aus dem Spiel läßt; es wäre müßige Neugier, wollte man zu bestimmen versuchen, welche die richtige ist. Dabei ist es keineswegs verwunderlich, daß die Epikureer praktisch nichts zur Erkenntnis der Natur beigesteuert haben. Sie dienten einem nützlichen Zweck, weil sie gegen die zunehmende Neigung des Spätheidentums zu Magie, Astrologie und Divination protestierten; wie ihr Gründer jedoch blieben sie dogmatisch, beschränkt und ohne wirkliches Interesse für alles, was nicht das individuelle Glück betraf. Sie lernten das Glaubensbekenntnis Epikurs auswendig und fügten all die Jahrhunderte lang, in denen sich die Schule hielt, nichts hinzu.

Der einzige bedeutende Schüler Epikurs ist der Dichter Lukrez (99–55 v. Chr.), der ein Zeitgenosse Julius Caesars war. In den letzten Tagen der römischen Republik war Freidenkerei in Mode; die Lehren Epikurs erfreuten sich bei den Gebildeten großer Beliebtheit. Durch Kaiser Augustus kam es zu einem Wiederaufleben des Archaischen, der alten Tugend und der alten Religion; aus diesem Anlaß wurde Lukrez' Gedicht *Über das All* unpopulär und blieb es bis zur Renaissance. Nur ein einziges Manuskript überlebte das Mittelalter und entging mit knapper Not der Vernichtung durch blindgläubige Fanatiker. Selten hat ein großer Dichter so lange auf Anerkennung warten müssen; in der Neuzeit jedoch werden seine Verdienste fast allgemein geschätzt. Er und Benjamin Franklin waren beispielsweise Shelleys Lieblingsschriftsteller.

Sein Gedicht ist die poetische Darstellung der Philosophie Epikurs. Obwohl die beiden Männer die gleiche Lehre vertraten, unterscheiden sie sich doch stark im Temperament. Lukrez war leidenschaftlich und mußte weit eher zu Besonnenheit ermahnt werden als Epikur. Er beging Selbstmord und scheint unter periodisch auftretendem Wahnsinn gelitten zu haben, der, wie manche behaupten, durch Liebeskummer oder die unbeabsichtigten Wirkungen eines Liebestranks hervorgerufen worden war. Er empfand für Epikur wie für einen Erlöser und spricht in inbrünstigen religiösen Worten von dem Mann, den er für den Zerstörer der Religion hält:

> Als von den Blicken der Menschen das Leben schmachvoll auf
>   Erden
> Niedergebeugt von der Last schwerwuchtender Religion war,
> Die ihr Haupt aus des Himmels erhabenen Höhen hervorstreckt
> Und mit gräulicher Fratze die Menschen furchtbar bedräuet,
> Da erkühnte zuerst sich ein Grieche, das sterbliche Auge
> Gegen das Scheusal zu heben und kühn sich entgegenzustemmen.
> Nicht das Göttergefasel, nicht Blitz und Donner des Himmels
> Schreckt' ihn mit ihrem Drohn. Nein, um so stärker nur hob sich
> Höher und höher sein Mut. So wagt' er zuerst die verschlossnen
> Pforten der Mutter Natur in gewaltigem Sturm zu erbrechen –
> Also geschah's. Sein mutiger Geist blieb Sieger, und kühnlich
> Setzt' er den Fuß weit über des Weltalls flammende Mauern,
> Und er durchdrang das unendliche All mit forschendem Geiste.
> Dorther bracht' er zurück als Siegesbeute die Wahrheit:
> Was kann werden, was nicht? und wie ist jedem umzirket
> Seine wirkende Kraft und der grundtief ruhende Markstein?
> So liegt wie zur Vergeltung die Religion uns zu Füßen
> Völlig besiegt, doch uns, uns hebt der Triumph in den Himmel.[10]

Der Haß auf die Religion, der bei Epikur und Lukrez zum Ausdruck kommt, ist keineswegs leicht zu verstehen, wenn man von den üblichen Darstellungen der heiteren griechischen Religion und des griechischen Rituals ausgeht. Keats *Ode on a Grecian Urn* verherrlicht beispielsweise einen religiösen Brauch, der jedoch nicht dazu angetan war, menschliche Gemüter mit grauenvollem, düsterem Schrecken zu erfüllen. Ich nehme aber an, die populären religiösen Anschauungen waren großenteils nicht von dieser heiteren Art. Mit der Verehrung der Olympier war weniger abergläubische Grausamkeit verbunden als mit anderen Formen der griechischen Religion; aber bis zum siebenten und sechsten Jahrhundert v. Chr. verlangten selbst die Olympier gelegentlich Menschenopfer, und dieser Brauch wurde in Mythos und Drama festgehalten.[11] In der ganzen barbarischen Welt waren zur Zeit Epikurs Menschenopfer noch üblich; bis zur römischen Eroberung wurden sie in Krisenzeiten, etwa in den Punischen Kriegen, selbst von den zivilisiertesten Barbarenvölkern dargebracht.

Wie Jane Harrison höchst überzeugend gezeigt hat, gab es bei den Griechen neben der offiziellen Verehrung von Zeus und seiner Familie

---

10 Übersetzt von Hermann Diels. (Anm. d. Übers.)
11 Lukrez führt Iphigenies Opferung als Beispiel für das von der Religion verursachte Unheil an (Buch I, S. 85–100).

andere, primitivere religiöse Anschauungen, die mit mehr oder minder barbarischen Riten zusammenhängen. Bis zu einem gewissen Grad waren sie im Orphismus verkörpert, zu dem sich religiös veranlagte Menschen mit Vorliebe bekannten. Man hat zuweilen die Hölle für eine christliche Erfindung gehalten; das ist aber nicht richtig. Das Christentum hat sich hierbei darauf beschränkt, ältere populäre Anschauungen zu systematisieren. Aus dem Anfang des platonischen *Staates* geht klar hervor, daß die Furcht vor Strafe nach dem Tode im Athen des fünften Jahrhunderts allgemein war, und es ist nicht wahrscheinlich, daß sie im Zeitraum zwischen Sokrates und Epikur abgenommen hat. (Ich denke dabei nicht an die gebildete Minderheit, sondern an das Volk im allgemeinen.) Sicher war es auch üblich, Seuchen, Erdbeben, Niederlagen im Kriege und ähnliches Unheil auf göttliches Mißfallen oder Nichtachtung gewisser Vorzeichen zurückzuführen. Die griechische Literatur und Kunst können meines Erachtens sehr irreführende Ansichten über die populären religiösen Überzeugungen hervorrufen. Was würden wir vom Methodismus im späteren achtzehnten Jahrhundert wissen, wenn uns aus dieser Zeit nichts anderes überliefert wäre als seine aristokratischen Bücher und Gemälde? Der methodistische Einfluß kam, wie die religiöse Strömung im hellenistischen Zeitalter, aus den unteren Schichten; er war schon mächtig zur Zeit Boswells und Sir Joshua Reynolds, obwohl aus ihren Anspielungen nicht ersichtlich ist, wie stark er bereits war. Wir dürfen also die populäre Religion nicht nach den Bildern auf »griechischen Urnen« oder nach den Werken der Dichter und aristokratischen Philosophen beurteilen. Epikur war kein Aristokrat, weder von Geburt noch durch seinen Umgang; vielleicht erklärt sich daraus seine ungewöhnlich feindliche Einstellung gegen die Religion.

Seit der Renaissance ist den Lesern die Philosophie Epikurs hauptsächlich durch das Lukrezsche Gedicht bekannt geworden. Was diejenigen, die nicht Berufsphilosophen waren, daran am stärksten beeindruckte, ist der Gegensatz zum christlichen Glauben, wie etwa im Materialismus, im Leugnen der Vorsehung und im Verwerfen der Unsterblichkeit. Den modernen Leser überrascht dabei am meisten, daß diese Ansichten – die heutzutage allgemein als düster und deprimierend gelten – als ein Evangelium der Befreiung von drückender Furcht hingestellt werden. Lukrez ist wie jeder Christ von der Bedeutung echten religiösen Glaubens überzeugt. Nachdem er geschildert hat, wie Menschen sich selbst zu entfliehen suchen, wenn sie Opfer eines inneren Konflikts sind und in einem Ortswechsel vergeblich Erleichterung zu finden hoffen, sagt er:

> So will jeder sich selbst entfliehn. Doch, wie es zu gehn pflegt,
> Sich entrinnt er gewiß nicht. Unwillig stockt er und wird nun
> Ärgerlich, weil er als Kranker der Krankheit Grund nicht erkannt
> hat.

Sähe er ihn, dann würde wohl jeder das übrige lassen
Und versuchen zuerst, die Natur recht kennenzulernen;
Denn hier handelt sich's nicht um den Zustand einiger Stunden,
Sondern der Ewigkeiten, in dem sich der Sterblichen Dasein
Abspielt, das nach dem Tode uns bleibt und jeden erwartet.[12]

Epikur lebte in einem müden Zeitalter, und ein Auslöschen mochte wohl als ein willkommenes Ausruhen von schwerer geistiger Anstrengung angesehen werden. Für die meisten Römer hingegen war die letzte Zeit der Republik keine Periode der Enttäuschungen: Männer von titanischer Energie schufen aus dem Chaos eine neue Ordnung, was die Makedonier zu tun versäumt hatten. Für den römischen Aristokraten jedoch, der der Politik fern stand und den die ganze Balgerei um Macht und Besitz nicht kümmerte, mußte der Verlauf der Dinge etwas tief Entmutigendes haben. Wenn dann noch wiederholt Wahnsinnsanfälle hinzukamen, dann ist es kein Wunder, daß Lukrez die Hoffnung auf ein Nicht-Sein für befreiend hielt.

Aber die Todesfurcht ist so tief im Instinkt verwurzelt, daß Epikurs Evangelium zu keiner Zeit eine große Anhängerschaft fand; es blieb immer das Glaubensbekenntnis einer gebildeten Minderheit. Selbst die Philosophen lehnten es in der Zeit nach Augustus in der Regel ab und bevorzugten den Stoizismus. Es lebte allerdings, wenn auch seine Bedeutung immer mehr schwand, noch sechshundert Jahre lang nach dem Tode Epikurs fort. Da die Menschen aber immer mehr unter dem Elend unseres irdischen Daseins zu leiden begannen, verlangten sie beständig stärkere Arzneien von der Philosophie oder der Religion. Die Philosophen flüchteten sich mit wenigen Ausnahmen in den Neuplatonismus; die Ungebildeten wandten sich manchem östlichen Aberglauben und dann in stets wachsender Zahl dem Christentum zu, das in seiner ursprünglichen Form alles Gute in das Leben jenseits des Grabes verlegte und damit den Menschen ein Evangelium schenkte, das in völligem Gegensatz zu Epikur stand. Dem Epikureismus sehr ähnliche Doktrinen lebten freilich gegen Ende des achtzehnten Jahrhunderts durch die französischen *philosophes* wieder auf und wurden von Bentham und seinen Anhängern nach England gebracht; das geschah in bewußter Opposition gegen das Christentum, dem diese Menschen ebenso feindlich gegenüberstanden wie Epikur den religiösen Anschauungen seiner Zeit.

12 Übersetzt von Hermann Diels. (Anm. d. Übers.)

28. KAPITEL

Der Stoizismus

Die Stoa entstand etwa gleichzeitig mit dem Epikureismus, hat aber eine längere Geschichte und hielt sich als Lehre nicht so unverändert. Ihr Begründer Zeno lehrte zu Anfang des dritten Jahrhunderts v. Chr. keineswegs dasselbe wie Marc Aurel in der zweiten Hälfte des zweiten Jahrhunderts n. Chr. Zeno war Materialist, seine Lehre vornehmlich eine Kombination der Doktrinen der Kyniker und Heraklits; nachdem aber platonische Elemente in sie eingedrungen waren, gaben die Stoiker den Materialismus allmählich auf, bis schließlich kaum noch eine Spur davon übrigblieb. Ihre Ethik veränderte sich allerdings wenig und galt bei den meisten Stoikern als das Wichtigste. Aber selbst hier kann man einen Wandel in der Betonung beobachten. Im Verlauf der Zeit ist immer weniger von anderen Seiten des Stoizismus die Rede; und immer ausschließlicher wird der Akzent auf die Ethik und die ethisch bedeutendsten Teile der Theologie gelegt. In der Beurteilung der ersten Stoiker sind wir stark behindert, weil uns von ihren Werken nur einige wenige Fragmente erhalten blieben. Nur die Bücher Senecas, Epiktets und Marc Aurels, die ins erste und zweite Jahrhundert n. Chr. gehören, sind uns vollständig überliefert.

Die Stoa ist weniger griechisch als alle Philosophenschulen, mit denen wir uns bisher befaßt haben. Die ersten Stoiker waren meist Syrer, die späteren größtenteils Römer. Tarn (*Hellenistic Civilization*, S. 287) vermutet chaldäische Einflüsse im Stoizismus. Überweg bemerkt sehr richtig, daß die Griechen bei der Hellenisierung der barbarischen Welt abstreiften, was nur auf griechischem Boden gedeihen konnte. Im Gegensatz zu früheren, rein griechischen Philosophien ist der Stoizismus gefühlsarm und in gewissem Sinn fanatisch; er enthält aber auch religiöse Elemente, wonach die Welt ein Bedürfnis empfand, das aber die Griechen offenbar nicht zu befriedigen vermochten. Insbesondere wendet er sich an Herrscher: »Nahezu alle Nachfolger Alexanders – man kann wohl sagen, alle wichtigen Könige der Generationen nach Zeno – bekannten sich zur Stoa«, sagt Professor Gilbert Murray.

Zeno war Phönizier; er wurde in der zweiten Hälfte des vierten Jahrhunderts v. Chr. in Kitium auf Cypern geboren. Wahrscheinlich stammte er aus einer Kaufmannsfamilie und kam ursprünglich in geschäftlichen Angelegenheiten nach Athen. Als er aber einmal dort war, setzte er alles daran, Philosophie zu studieren. Die Anschauungen der Kyniker lagen ihm mehr als die aller anderen Schulen; doch neigte er zum Eklektizismus. Die Nachfolger Platos beschuldigten ihn, die Akademie zu plagiieren. Sokrates war der Haupttheilige der Stoiker während ihrer ganzen Geschichte; seine Haltung vor Gericht, seine Weigerung zu fliehen, seine Ruhe angesichts des Todes und seine Behauptung, wer einem anderen Unrecht tue, schade damit sich selbst mehr als seinem Opfer – das alles paßte vollendet zur stoischen Lehre; desgleichen seine Unempfindlichkeit gegenüber Hitze und Kälte, seine Bescheidenheit in Fragen der Kleidung und Ernährung und seine völlige Unabhängigkeit von allen leiblichen Annehmlichkeiten. Niemals aber übernahmen die Stoiker Platos Ideenlehre, und die meisten verwarfen auch seine Unsterblichkeitsbeweise. Nur die späteren Stoiker folgten ihm wenigstens insoweit, daß sie die Seele für nicht materiell hielten; die frühen Stoiker teilten Heraklits Überzeugung, daß die Seele aus feurigem Stoff bestünde. Dem Wortlaut nach findet sich diese Ansicht auch bei Epiktet und Marc Aurel, doch soll bei ihnen das Feuer anscheinend nicht buchstäblich als eines der vier Elemente aufgefaßt werden, aus denen die physischen Dinge zusammengesetzt sind.

Zeno besaß nicht die Geduld für metaphysische Spitzfindigkeiten. Ihm kam es vor allem auf die Tugend an; Physik und Metaphysik schätzte er nur, soweit sie zur Tugend beitrugen. Er versuchte, die metaphysischen Neigungen seiner Zeit mit dem gesunden Menschenverstand zu bekämpfen; nach griechischen Begriffen war das gleichbedeutend mit Materialismus. Jeder Zweifel an der Zuverlässigkeit der Sinne reizte ihn, so daß er die entgegengesetzte Doktrin bis ins Extrem steigerte.

»›Zeno begann damit, die Existenz der wirklichen Welt zu behaupten. ›Was verstehst du unter ‚wirklich'?‹ fragte der Skeptiker. ›Das Körperliche und Materielle. Ich meine, daß dieser Tisch körperliche Materie ist.‹ ›Und Gott, und die Seele?‹ fragte der Skeptiker. ›Vollkommen körperlich‹, sagte Zeno, ›körperlicher als alles, körperlicher noch als der Tisch.‹ ›Und die Tugend oder die Gerechtigkeit oder die Regeldetri, sind die auch körperlich?‹ ›Natürlich‹, sagte Zeno, ›durchaus körperlich.‹«[1]

Offensichtlich wurde Zeno hier, wie viele andere, durch seinen antimetaphysischen Eifer in eine eigene Metaphysik hineingetrieben.

Die hauptsächlichen Lehren, an denen die Schule durchgehend festhielt, bezogen sich auf kosmischen Determinismus und menschliche Freiheit. Zeno glaubte, daß es so etwas wie Zufall nicht gäbe und daß das Naturgeschehen streng durch Naturgesetze bestimmt sei. Ursprünglich gab es nur das Feuer; dann entstanden nach und nach die anderen Elemente – Luft, Wasser, Erde, in dieser Reihenfolge. Aber früher oder später wird es zu einem großen Weltbrand kommen, und alles wird wieder zu Feuer werden. Das ist nach Ansicht der meisten Stoiker kein völliges Ende, wie das Ende der Welt in der christlichen Lehre; es schließt damit vielmehr nur ein Kreislauf; der ganze Vorgang wird sich

---

1 Gilbert Murray, *The Stoic Philosophy*, 1915, S. 25.

endlos wiederholen. Alles, was geschieht, ist bereits früher gewesen und wird wieder geschehen, nicht einmal, sondern unzählige Male.

Insoweit mochte die Lehre freudlos und keineswegs tröstlicher wirken als der gewöhnliche Materialismus, wie ihn etwa Demokrit lehrte. Das war jedoch nur eine Seite des Stoizismus. Wie in der Theologie des achtzehnten Jahrhunderts wurde im Stoizismus der Lauf der Natur von einem Gesetzgeber bestimmt, der zugleich eine gütige Vorsehung war. Bis in die kleinsten Einzelheiten war das All darauf abgestellt, bestimmte Zwecke durch natürliche Mittel zu erreichen. Diese Zwecke sind, sofern sie nicht Götter und Dämonen betreffen, im Leben des Menschen zu finden. Alles hat einen mit den Menschen zusammenhängenden Zweck. Manche Tiere eignen sich gut dazu, verspeist zu werden; anderen gegenüber zeigt sich der Mut des Menschen; selbst Wanzen sind nützlich, denn sie helfen uns, frühmorgens zu erwachen und nicht zu lange im Bett zu liegen. Die höchste Macht wird manchmal Gott, zuweilen auch Zeus genannt. Seneca machte einen Unterschied zwischen diesem Zeus und dem Gegenstand des populären Glaubens; zwar ist auch dieser wirklich, steht aber auf einer niedrigeren Stufe.

Gott ist nicht von der Welt getrennt; er ist die Weltseele, und jeder von uns trägt etwas vom göttlichen Feuer in sich. Alle Dinge sind Teile eines einzigen Systems, das Natur genannt wird. Das Leben des einzelnen ist gut, wenn es mit der Natur harmoniert. Einerseits ist *alles* Leben in Harmonie mit der Natur, denn durch die Naturgesetze ist es entstanden; andererseits befindet sich das menschliche Leben nur dann in Harmonie mit der Natur, wenn der individuelle Wille auf Zwecke gerichtet ist, die zu den Zwecken der Natur gehören. *Tugend* ist der *Wille*, der mit der Natur übereinstimmt. Wenn auch die Bösen zwangsweise Gottes Gebot gehorchen, so tun sie es doch unfreiwillig; im Gleichnis des Kleanthes ähneln sie einem Hund, der an einen Karren gebunden ist und dorthin gehen muß, wohin er rollt.

Im Leben des einzelnen Menschen ist Tugend das einzige Gut; Gesundheit, Glück, Besitztümer sind bedeutungslos. Da die Tugend im Willen wurzelt, hängt alles wirklich Gute oder Schlechte im Leben des Menschen von ihm selbst ab. Er kann arm werden, aber was bedeutet das? Er kann deswegen immer noch tugendhaft sein. Ein Tyrann kann ihn ins Gefängnis werfen, trotzdem kann er weiterhin in Harmonie mit der Natur leben. Er kann zum Tode verurteilt werden, kann aber so edel sterben wie Sokrates. Andere Menschen haben nur Macht über äußere Dinge; die Tugend aber, das einzige wahrhaft Gute, ist völlig Sache des einzelnen. Daher hat jeder Mensch vollkommene Freiheit, vorausgesetzt, daß er sich über irdische Wünsche erhebt. Nur auf Grund falscher Urteile können solche Wünsche vorherrschen; der Weise, der richtig urteilt, ist Herr seines Schicksals in allem, was für ihn von Wert ist, da keine äußere Macht ihm seine Tugend zu rauben vermag.

Im Zusammenhang mit dieser Lehre ergeben sich offensichtliche logische Schwierigkeiten. Wenn die Tugend wirklich das einzig Gute ist, müßte eine gütige Vorsehung allein auf Tugend bedacht sein; dennoch sind durch die Naturgesetze unzählige Sünder entstanden. Wenn Tugend das einzige Gut ist, darf gegen Grausamkeit und Ungerechtigkeit nichts eingewendet werden, da Ungerechtigkeit und Grausamkeit dem, der sie erleidet, die beste Gelegenheit bieten, sich in der Tugend zu üben, worauf die Stoiker unermüdlich hinweisen. Wenn die Welt vollkommen deterministisch ist, dann werden die Naturgesetze bestimmen, ob ich tugendhaft sein werde oder nicht. Wenn ich schlecht bin, zwingt mich die Natur dazu, und die Freiheit, die die Tugend angeblich verleiht, gibt es dann für mich nicht.

Der moderne Mensch wird sich schwerlich für ein tugendhaftes Leben begeistern können, wenn nichts damit zu erreichen ist. Wir bewundern einen Arzt, der bei einer Seuchenepidemie sein Leben aufs Spiel setzt, weil wir Krankheit für ein Übel halten und hoffen, verhindern zu können, daß sie sich ausbreitet. Wenn Krankheit aber kein Übel ist, dann kann der Arzt ebensogut ruhig zu Hause bleiben. Dem Stoiker ist seine Tugend Selbstzweck und nicht etwas, das Gutes schafft. Und was kommt schließlich, wenn man das alles näher betrachtet, dabei heraus? Vernichtung der gegenwärtigen Welt durch Feuer und anschließend Wiederholung des gesamten Vorganges. Kann man sich etwas Sinn- und Zweckloseres vorstellen? Es mag hier und da vorübergehend einen Fortschritt geben, auf lange Sicht jedoch ist alles immer wieder dasselbe. Wenn wir etwas unerträglich Schmerzliches sehen, dann hoffen wir, daß im Laufe der Zeit solche Dinge endlich nicht mehr vorkommen werden; der Stoiker aber versichert uns, daß das, was jetzt geschieht, immer und immer wieder geschehen wird. Die Vorsehung, die das Ganze überblickt, müßte schließlich, wie man meinen sollte, verzweifelt erlahmen.

Hand in Hand damit geht eine gewisse Kälte in der stoischen Auffassung der Tugend. Verurteilt werden nicht nur schlechte Leidenschaften, sondern Leidenschaften überhaupt. Der Weise kennt kein Mitgefühl; wenn ihm seine Frau oder seine Kinder sterben, dann macht er sich klar, daß dieses Ereignis seiner Tugend nicht hinderlich sein kann, und leidet daher nicht sehr. Die von Epikur so hochgepriesene Freundschaft ist recht gut und schön, darf aber nicht so weit getrieben werden, daß einem das Unglück von Freunden die eigene geheiligte Ruhe nimmt. Am öffentlichen Leben teilzunehmen, mag Pflicht eines jeden sein, da sich hierbei Gelegenheit bietet, sich gerecht, tapfer und so fort zu zeigen; man darf sich dabei nur nicht von dem Wunsch leiten lassen, der Menschheit wohltun zu wollen; denn die Wohltaten, die man erweisen kann – etwa am Frieden oder an gerechterer Verteilung der Lebensmittel mitzuwirken –, sind keine echten Wohltaten, und es kommt für jeden einzig und allein ausnahmslos auf die eigene Tugend an. Der

Stoiker ist nicht tugendhaft, um Gutes zu tun, tut vielmehr Gutes, um tugendhaft zu sein. Es fällt ihm nicht ein, seinen Nächsten wie sich selbst zu lieben; in seiner Vorstellung von Tugend fehlt die Liebe, oder sie ist nur in ganz oberflächlichem Sinne vorhanden.

Ich denke dabei an die Liebe als Gefühl, nicht als Prinzip. Als Prinzip predigten die Stoiker die universale Liebe; es findet sich bei Seneca und seinen Nachfolgern; vermutlich haben sie es von den frühen Stoikern übernommen. Die Logik der Schule führte zu Lehren, die von ihren humanen Anhängern abgemildert wurden; sie waren damit weit bessere Menschen, als wenn sie konsequent gewesen wären. Kant – der ihnen ähnelt – sagt, man müsse gütig zu seinem Bruder sein, nicht weil man ihn liebt, sondern weil das moralische Gesetz Güte vorschreibt; ich bezweifle jedoch, daß er im Privatleben dieses Gebot befolgte.

Nach diesen allgemeinen Betrachtungen wollen wir uns der Geschichte der Stoa zuwenden.

Von Zeno[2] sind nur einige Fragmente erhalten. Daraus geht hervor, daß er Gott als den feurigen Geist der Welt definierte, ihn für körperliche Substanz und das ganze All für die Substanz Gottes hielt: Tertullian sagt, nach Zeno rinne Gott durch die materielle Welt wie Honig durch die Honigwabe. Nach Angabe von Diogenes Laertius glaubte Zeno, das Oberste Gesetz, also die Rechte Vernunft, durchdringe alles und sei dasselbe wie Zeus, das Haupt des Weltregiments: Gott, Geist, Notwendigkeit, Zeus sind ein und das gleiche. Notwendigkeit ist eine Macht, die die Materie bewegt; »Vorsehung« und »Natur« sind nur andere Bezeichnungen dafür. Zeno glaubt, es solle keine Tempel für die Götter geben: »Tempel zu bauen ist nicht nötig, denn ein Tempel darf nicht für etwas besonders Wertvolles oder Heiliges gehalten werden. Nichts, das von Baumeistern oder Handwerkern geschaffen ist, kann besonders wertvoll oder heilig sein.« Wie die späteren Stoiker scheint er an Astrologie und Divination geglaubt zu haben. Cicero meint, er habe den Sternen göttliche Kraft zugeschrieben. Diogenes Laertius sagt: »Die Stoiker lassen alle Arten von Divination gelten. Wie sie erklären, müsse es Divination geben, wenn es so etwas wie Vorsehung gibt. Sie beweisen, daß die Kunst der Divination etwas Wirkliches ist, durch eine Anzahl von Fällen, in denen sich, wie Zeno behauptet, Voraussagen bewahrheiteten.« Chrysippos spricht sich eingehend darüber aus.

In den von Zeno erhaltenen Fragmenten findet sich die stoische Tugendlehre nicht, doch scheint er sie vertreten zu haben.

Kleanthes von Assos, der unmittelbare Nachfolger Zenos, ist aus zweierlei Gründen bemerkenswert. Erstens war er, wie wir bereits gesehen haben, der Ansicht, Aristarch von Samos müsse wegen Gottlosigkeit verfolgt werden, weil er die Sonne an Stelle der Erde für den

---

2 Als Quelle für das Folgende vergleiche Bevan, *Later Greek Religion*, S. 1 ff.

Mittelpunkt des Alls hielt. Das Zweite ist sein *Hymnus an Zeus*; vieles darin könnte von Pope oder einem gebildeten Christen in dem auf Newton folgenden Jahrhundert geschrieben sein. Noch christlicher ist das kurze Gebet des Kleanthes:

> So führe mich, o Zeus, und du, o weises Schicksal,
> Wo immer auch mein Platz von euch bestimmt mag sein.
> Ich bin bereit zu folgen. Widersetzt' ich mich,
> So wär' ich feig und müßte dennoch folgen.

Chrysippos (280–207 v. Chr.), der auf Kleanthes folgte, war ein sehr produktiver Autor; er soll siebenhundertundfünf Bücher geschrieben haben. Durch ihn bekam die Stoa einen systematischen und pedantischen Charakter. Er glaubte, nur Zeus, das höchste Feuer, sei unsterblich; die anderen Götter, einschließlich Sonne und Mond, seien geboren und würden sterben. Er soll der Ansicht gewesen sein, Gott habe nichts mit der Entstehung des Bösen zu tun; es ist jedoch nicht klar, wie er diese Anschauung mit dem Determinismus in Einklang brachte. Sonst behandelt er das Böse nach der Art Heraklits, indem er behauptet, daß Gegensätze einander einbegriffen und Gutes ohne Böses logisch unmöglich sei; »Es gibt nichts Törichteres als Leute, die der Meinung sind, das Gute könne ohne das Böse sein. Gut und Böse müssen infolge ihrer antithetischen Natur zwangsläufig als Gegensätze bestehen.« Er stützt sich mit dieser Doktrin auf Plato, nicht auf Heraklit.

Chrysippos behauptete, der gute Mensch sei stets glücklich, der schlechte stets unglücklich, und das Glück des guten Menschen unterscheide sich in keiner Weise von der Glückseligkeit Gottes. In der Frage, ob die Seele nach dem Tode weiterlebe, waren die Meinungen geteilt. Kleanthes glaubte, alle Seelen lebten fort bis zum nächsten Weltbrand (wo alles in Gott aufginge); Chrysippos hingegen meinte, das träfe nur auf die Seelen der Weisen zu. Seine Interessen waren nicht so ausschließlich auf das Ethische gerichtet wie die der späteren Stoiker; für ihn war vielmehr die Logik das Fundamentale. Der hypothetische und disjunktive Syllogismus stammt wie die Bezeichnung »Disjunktion« von den Stoikern, desgleichen das Studium der Grammatik und die Bezeichnung »Casus« für die Beugungsformen.[3] Chrysippos oder andere durch sein Werk inspirierte Stoiker hatten eine Erkenntnistheorie ausgearbeitet, die in der Hauptsache empirisch war und auf der Wahrnehmung beruhte; sie ließ jedoch gewisse Ideen und Prinzipien gelten, die aus dem *consensus gentium*, der menschlichen Übereinstimmung, entstanden sein sollten. Aber sowohl Zeno als auch die römischen Stoiker waren überzeugt, alles theoretische Forschen sei der Ethik unterzuordnen: Zeno vergleicht die Philosophie mit einem

---

[3] Vergl. Barth, *Die Stoa*, 4. Auflage, Stuttgart 1922.

Obstgarten, dessen Mauern die Logik, dessen Bäume die Physik und dessen Früchte die Moral seien, oder mit einem Ei, wobei die Logik die Schale, die Physik das Weiße und die Moral das Gelbe darstelle.[4] Chrysippos scheint den Wert der theoretischen Studien autonomer gesehen zu haben. Vielleicht ist es seinem Einfluß zuzuschreiben, daß unter den Stoikern viele waren, die es in der Mathematik und anderen Wissenszweigen zu Fortschritten brachten.

Nach Chrysippos erfuhr der Stoizismus durch zwei bedeutende Männer, Panaetius und Posidonius, eine beachtliche Wandlung. Panaetius brachte ein stark platonisches Element hinein und gab den Materialismus auf. Er war mit dem jüngeren Scipio befreundet und beeinflußte Cicero, durch den die Römer den Stoizismus hauptsächlich kennenlernten. Posidonius, ein Schüler des Panaetius (um 110 v. Chr. gestorben), war Ciceros Lehrer in Rhodos und beeinflußte ihn noch stärker.

Posidonius (etwa 135 bis etwa 51 v. Chr.), ein syrischer Grieche, war beim Untergang des Seleukidenreiches noch ein Kind. Vielleicht reiste er, weil er die anarchischen Zustände in Syrien miterlebt hatte, gen Westen, und zwar zunächst nach Athen, wo er die stoische Philosophie in sich aufnahm, und dann weiter in die westlichen Teile des römischen Imperiums. »Er sah mit eigenen Augen die Sonne jenseits des Randes der bekannten Welt untergehen; er sah die afrikanische Küste gegenüber von Spanien, wo die Bäume voller Affen hingen; er sah die Barbarendörfer des Hinterlandes von Marseille, wo Menschenköpfe als Trophäen über den Haustüren ein alltäglicher Anblick waren.«[5] Er schrieb viele Bücher über wissenschaftliche Themen; unter anderem unternahm er seine Reisen, um die Gezeiten studieren zu können, was am Mittelmeer nicht möglich war. Auf astronomischem Gebiet leistete er Ausgezeichnetes; wie wir im 14. Kapitel sahen, hat er von allen Gelehrten der Antike die Entfernung der Sonne am treffendsten geschätzt.[6] Außerdem war er ein Historiker von Ruf – er führte das Werk des Polybius fort. Hauptsächlich aber war er als eklektischer Philosoph bekannt; er nahm in den Stoizismus viel von Platos Lehre auf, die an der Akademie, als sie ihre skeptische Phase durchmachte, offenbar in Vergessenheit geraten war.

Seine Verwandtschaft mit Plato zeigt sich in seiner Lehre von der Seele und dem Leben nach dem Tode. Panaetius hatte wie die meisten Stoiker erklärt, die Seele ginge mit dem Körper zugrunde. Posidonius hingegen sagt, sie lebe in der Luft fort, wo sie in den meisten Fällen bis zum nächsten Weltenbrand unverändert bleibe. Es gibt keine Hölle,

---

4 Vergl. Barth, *Die Stoa*.
5 Bevan, *Stoics and Sceptics*, S. 88.
6 Er schätzte, daß man, von Cadiz westwärts segelnd, Indien in 70.000 Stadien erreichen würde. »Auf dieser Bemerkung beruhte letzten Endes Kolumbus' Zuversicht«, Tarn, *Hellenistic Civilization*, S. 249.

aber die Schlechten sind nach dem Tod nicht so glücklich wie die Guten; denn die Sünde trübt den reinen Hauch der Seele und hindert sie daran, sich so hoch zu erheben wie die gute Seele. Die *ganz* Bösen bleiben in der Nähe der Erde und werden reinkarniert; die wirklich Tugendhaften steigen bis in die Sternensphäre auf und verbringen ihre Zeit damit, die Sternenkreise zu beobachten. Sie können anderen Seelen helfen; darin sieht er die Gültigkeit der Astrologie bestätigt. Bevan vermutet, Posidonius habe dem Gnostizismus den Weg bereitet, als er auf diese Weise orphische Vorstellungen wiederbelebte und dem Stoizismus neupythagoreische Anschauungen einverleibte. Er fügt sehr richtig hinzu, Philosophien wie den seinen sei nicht das Christentum, sondern die kopernikanische Theorie verhängnisvoll gewesen.[7] Kleanthes sah mit Recht in Aristarch von Samos einen gefährlichen Feind.

Historisch (wenn auch nicht philosophisch) viel wichtiger als die frühen Stoiker waren die drei Männer, die im Zusammenhang mit Rom standen: Seneca, Epiktet und Marc Aurel – also ein Minister, ein Sklave und ein Kaiser.

Seneca (etwa 3 v. Chr. bis 65 n. Chr.) war ein Spanier; sein Vater, ein gebildeter Mann, lebte in Rom. Seneca wurde Politiker und hatte es zu mäßigen Erfolgen gebracht, als er von Kaiser Claudius nach Korsika verbannt wurde (41 n. Chr.), weil er sich die Feindschaft der Kaiserin Messalina zugezogen hatte. Claudius' zweite Gemahlin Agrippina rief Seneca 48 n. Chr. aus dem Exil zurück und machte ihn zum Lehrer ihres elfjährigen Sohnes. Seneca hatte mit seinem Schüler, Kaiser Nero, weniger Glück als Aristoteles mit dem seinen. Obwohl Seneca als Stoiker offiziell den Reichtum verabscheute, häufte er ein riesiges Vermögen an, das sich auf dreihundert Millionen Sesterzen (etwa drei Millionen Pfund) belaufen haben soll. Einen großen Teil davon erwarb er dadurch, daß er Geld in Britannien auslieh; nach Dio trugen dort die übermäßig hohen Zinsen, die er forderte, zum Ausbruch einer Revolution bei. Die heldenhafte Königin Boadicea war, sofern man es glauben darf, die Anführerin der Empörung gegen den Kapitalismus in Gestalt des philosophischen Apostels der Sittenstrenge.

Allmählich fiel Seneca, als Neros Ausschweifungen immer zügelloser wurden, in zunehmendem Maße in Ungnade. Schließlich beschuldigte man ihn, ob nun mit Recht oder Unrecht, an einer ausgedehnten Verschwörung beteiligt zu sein, die Nero ermorden und einen neuen Kaiser – manche sagten, Seneca selbst – auf den Thron heben wollte. Mit Rücksicht auf seine früheren Verdienste wurde ihm gnädig gestattet, Selbstmord zu begehen (65 n. Chr.).

Sein Ende war erbaulich. Zuerst wollte er, als er den kaiserlichen Entscheid erfuhr, sein Testament machen. Da man ihm sagte, es bliebe

---

7 Der obigen Darstellung liegt hauptsächlich Kapitel III von Edwyn Bevan, *Stoics and Sceptics*, zugrunde.

ihm keine Zeit mehr für ein so langwieriges Geschäft, wandte er sich seiner bekümmerten Familie zu und rief: »Sorgt euch nicht, ich hinterlasse euch etwas weit Wertvolleres als irdischen Reichtum, nämlich das Vorbild eines tugendhaften Lebens« oder so ähnlich. Dann schnitt er sich die Adern auf und befahl seinen Sekretären, seine letzten Worte aufzuzeichnen; nach Tacitus floß der Strom seiner Beredsamkeit bis zum letzten Augenblick. Sein Neffe, der Dichter Lucan, erlitt zur gleichen Zeit einen ähnlichen Tod und hauchte sein Leben aus, während er eigene Verse rezitierte. Seneca wurde in späterer Zeit mehr nach seinen wunderbaren Lebensregeln als nach seiner etwas zweifelhaften Lebensführung beurteilt. Manche Kirchenväter nahmen ihn für das Christentum in Anspruch, und den angeblichen Briefwechsel zwischen ihm und Paulus hielten Männer wie Hieronymus für echt.

Epiktet (um 60 n. Chr. geboren, um 138 n. Chr. gestorben) ist als Mensch ein ganz anderer Typ, wenn auch als Philosoph ihm nah verwandt. Er war Grieche, ursprünglich ein Sklave von Epaphroditos, durch Nero freigelassen und später sein Minister. Er lahmte – wie es hieß, infolge einer grausamen Bestrafung während seiner Sklavenzeit. Er lebte und lehrte in Rom bis zum Jahre 90 n. Chr., als Kaiser Domitian, der für Intellektuelle keine Verwendung mehr hatte, alle Philosophen verbannte. Epiktet zog sich daher nach Nikopolis in Epirus zurück, wo er einige Jahre lang schrieb und lehrte, bis er starb.

Marc Aurel (121 bis 180 n. Chr.) stand am anderen Ende der sozialen Stufenleiter. Er war der Adoptivsohn des guten Kaisers Antoninus Pius, seines Onkels und Schwiegervaters; er folgte ihm 161 n. Chr. auf den Thron und hielt sein Andenken in Ehren. Sein Leben als Kaiser weihte er der stoischen Tugend. Er bedurfte auch großer Standhaftigkeit, denn während seiner Regierungszeit war das Reich von Unglück verfolgt – von Erdbeben, Seuchen, langen, schweren Kriegen und Militärrevolten. Seine *Selbstbetrachtungen*, die offensichtlich nicht für die Öffentlichkeit bestimmt waren, zeigen, daß er schwer an seinen kaiserlichen Pflichten trug und daher oft an großer Ermüdung litt. Sein einziger Sohn Commodus, der ihm folgte, erwies sich als einer der schlimmsten unter den vielen schlechten Kaisern, wußte aber zu Lebzeiten seines Vaters seine lasterhaften Neigungen mit Erfolg zu verheimlichen. Faustina, die Gemahlin des Philosophen, wurde, vielleicht mit Unrecht, höchster Unmoral bezichtigt; er verdächtigte sie jedoch niemals und bemühte sich nach ihrem Tode, sie für göttlich erklären zu lassen. Er verfolgte die Christen, weil sie sich nicht zur Staatsreligion bekannten, die er für politisch notwendig hielt. Stets handelte er gewissenhaft, hatte aber meist keinen Erfolg damit. Er ist eine ergreifende Gestalt; er zählt alle irdischen Wünsche auf, denen man nicht nachgeben dürfe, und hält darunter für den verführerischsten Wunsch, sich zu einem ruhigen Leben auf dem Lande zurückziehen zu können. Dazu bot sich ihm niemals die Gelegenheit. Manche seiner *Selbstbetrachtun-*

gen sind aus dem Feldlager datiert, von Kriegszügen in fernen Gegenden, deren Strapazen möglicherweise zu seinem Tode geführt haben.

Es ist auffallend, daß Epiktet und Marc Aurel in philosophischen Fragen völlig übereinstimmen. Demnach läßt sich wohl vermuten, daß zwar die sozialen Umstände auf die Philosophie eines ganzen Zeitalters einwirken, daß jedoch persönliche Verhältnisse die Philosophie des einzelnen weniger stark beeinflussen, als bisweilen angenommen wird. Philosophen sind gewöhnlich Menschen von umfassendem Geist und Blick, die Unglücksfälle im eigenen Leben weitgehend zu bagatellisieren verstehen; doch auch sie können nicht ganz erhaben sein über das, was, an einem größeren Maßstab gemessen, in ihrer Epoche gut oder schlecht ist. In schweren Zeiten ersinnen sie Tröstliches; in guten interessieren sie sich stärker für das rein Intellektuelle.

Gibbon, der seine ausführliche Geschichte mit den Lastern des Commodus beginnt, hält, wie die meisten Autoren des achtzehnten Jahrhunderts, die Periode der Antoninen für ein goldenes Zeitalter.»Wenn jemand aufgefordert würde, die Epoche der Weltgeschichte zu nennen, die dem Menschengeschlecht die glücklichsten und gedeihlichsten Bedingungen bot, würde er ohne zu zögern den Zeitraum vom Tode Domitians bis zur Thronbesteigung von Commodus anführen.« Diese Ansicht kann man nicht uneingeschränkt teilen. Das unheilvolle Sklavenwesen verursachte unendliches Leid und untergrub die Lebenskraft der antiken Welt. Die Gladiatorenkämpfe und die Kämpfe mit wilden Tieren waren unerträglich grausam und müssen auf das Volk, das dem Schauspiel beiwohnte, demoralisierend gewirkt haben. Marc Aurel dekretierte allerdings, daß die Gladiatoren mit stumpfen Schwertern zu kämpfen hätten; diese Reform hielt sich jedoch nicht lange, und gegen die Kämpfe mit wilden Tieren unternahm er nichts. Das Wirtschaftssystem war sehr schlecht; Italien begann die Bodenbestellung aufzugeben, und die Bevölkerung Roms war auf die freie Verteilung von Getreide aus den Provinzen angewiesen. Die Initiative lag allein beim Kaiser und seinen Ministern; im ganzen, unendlich großen Imperium blieb keinem etwas anderes übrig, als zu gehorchen, von gelegentlich rebellierenden Generälen abgesehen. Die Menschen sahen alles Gute nur in der Vergangenheit; sie fühlten, die Zukunft könne ihnen bestenfalls Abspannung, schlimmstenfalls Schrecken bringen. Vergleicht man den Ton Marc Aurels mit dem Bacons, Lockes oder Condorcets, so erkennt man den Unterschied zwischen einem müden und einem hoffnungsvollen Zeitalter. In einer hoffnungsfreudigen Epoche sind gegenwärtige arge Übel zu ertragen, weil man sie für vorübergehend hält; aber in Zeiten der Ermüdung verlieren selbst echte Güter ihren Reiz. Die stoische Ethik entsprach den Zeiten Epiktets und Marc Aurels, denn ihr Evangelium hieß Dulden, nicht Hoffen.

Zweifellos diente das Zeitalter der Antoninen dem allgemeinen Glück weit besser als alle späteren Epochen bis zur Renaissance. Bei eingehenderer Untersuchung zeigt sich jedoch, daß es nicht ganz so gedeihlich war, wie man nach seinen architektonischen Überresten vermuten könnte. Die griechisch-römische Kultur hatte die landwirtschaftlichen Gebiete ziemlich unberührt gelassen; sie beschränkte sich praktisch auf die Städte. Aber selbst in den Städten gab es ein Proletariat, das unter bitterer Armut litt, und einen umfangreichen Sklavenstand.

Rostovtzeff schließt seine Darstellung der sozialen und wirtschaftlichen Verhältnisse in den Städten mit den folgenden, zusammenfassenden Sätzen ab:[8]

»Dieses Bild ihrer sozialen Verhältnisse ist nicht so anziehend wie das ihrer äußeren Erscheinung. Aus unseren Quellen gewinnt man den Eindruck, daß der Glanz der Städte einer ziemlich kleinen Minderheit der Bevölkerung zu verdanken und auch nur für sie vorhanden war; daß das Wohlergehen selbst dieser kleinen Minderheit auf einer verhältnismäßig schwachen Grundlage ruhte; daß die breite Masse der städtischen Bevölkerung entweder ein sehr bescheidenes Einkommen hatte oder in bitterster Armut lebte. Mit einem Wort, wir dürfen uns von dem Reichtum der Städte keine übertriebene Vorstellung machen: der Schein trügt hier.«

Auf Erden sind wir Gefangene, an einen irdischen Leib gefesselt, sagt Epiktet. Nach Marc Aurel pflegte er zu erklären: »Ein Seelchen bist du, von einem Leichnam belastet.«[9] Zeus konnte keinen freien Leib schaffen, schenkte uns aber einen Teil seiner Göttlichkeit. Gott ist der Vater der Menschen, und wir sind alle Brüder. Man sollte nicht sagen: »Ich bin Athener« oder »Ich bin Römer«, sondern »Ich bin ein Weltbürger«. Als Verwandter von Caesar würde man sich sicher fühlen; aber sollten wir uns nicht noch für weit gesicherter halten, weil wir mit Gott verwandt sind? Wenn wir begreifen, daß die Tugend das einzig wahre Gut ist, werden wir einsehen, daß kein wirkliches Unheil uns treffen kann.

»Ich muß sterben. Aber muß ich unter Seufzen sterben? Mir ist der Kerker bestimmt. Aber muß ich deswegen weinen? Ich muß Verbannung auf mich nehmen. Aber wer will mich hindern, lächelnd, guten Mutes und in Frieden fortzugehen. ›Verrate das Geheimnis!‹ – ›Ich verrate es nicht, denn das liegt bei mir!‹ – ›Aber ich werde dich in Ketten legen.‹ – ›Was sagst du, Bursche? Mich in Ketten legen? Mein Bein kannst du an die Kette legen – ja, aber nicht meinen Willen, das kann nicht einmal Zeus.‹ – ›Ich werfe dich ins Gefängnis.‹ – ›Du meinst, meinen armseligen Körper.‹ – ›Ich werde dich enthaupten.‹ – ›Warum? Habe ich dir je gesagt, daß ich der einzige Mensch auf der Welt wäre, der nicht enthauptet werden könnte?‹ So sollten Philosophen denken;

---

8 Rostovtzeff, *The Social and Economic History of the Roman Empire*, S. 179.
9 Marc Aurel, *Selbstbetrachtungen*, übersetzt von Dr. A. Wittstock (Reclam).

das sind die Lehren, die sie Tag für Tag niederschreiben und in denen sie sich üben sollten.«[10]

Sklaven sind anderen Menschen gleich, denn alle sind gleichermaßen Kinder Gottes.

Wir müssen uns Gott unterwerfen, wie gute Bürger sich dem Gesetz unterwerfen. »Der Soldat schwört, niemand mehr als den Caesar zu ehren; wir aber schwören, daß wir vor allem uns selber ehren.«[11] »Wenn du vor einem Mächtigen dieser Erde erscheinst, denke daran, daß ein anderer von oben herabschaut, was geschieht, und daß du vor allem Ihm, nicht diesem Manne gefallen sollst.«[12]

Wer ist also ein echter Stoiker?

»Zeige mir einen Menschen, der genau dem Ideal entspricht, von dem er spricht, wie man eine Statue als Phidias-Statue bezeichnet, die nach der Kunst des Phidias geformt ist. Zeige mir jemand, der krank und doch glücklich, verbannt und doch glücklich, in Ungnade gefallen und doch glücklich ist. Zeige ihn mir. Bei den Göttern, ich möchte gern einmal einen Stoiker sehen. Nein, du kannst mir keinen vollkommenen Stoiker zeigen. Dann zeige mir jemand, der im Begriff ist, es zu werden, der bereits den ersten Schritt auf diesem Wege getan hat. Tu mir die Liebe, mißgönne einem alten Mann wie mir nicht einen Anblick, den er noch nie gehabt hat. Was? Du denkst, du wirst mir den Zeus des Phidias oder seine Athene zeigen, dieses Bild aus Gold und Elfenbein? Eine Seele brauche ich; einer von euch soll mir die Menschenseele zeigen, die einig sein will mit Gott und die Menschen nicht mehr tadeln, niemals versagen, nichts als Unglück empfinden, frei von Furcht, Neid, Eifersucht sein will – jemand, der (warum soll ich es nicht aussprechen?) sein Menschentum mit Göttlichkeit vertauschen will, einen Menschen, der in seiner armseligen Leiblichkeit Gemeinschaft mit Gott erstrebt. Zeig ihn mir. Nein, du kannst es nicht.«

Unermüdlich zeigt Epiktet, wie man mit dem, was als Unglück gilt, fertig werden kann; oftmals tut er das in Form schlichter Zwiegespräche.

Wie die Christen meint er, man solle seine Feinde lieben. Im allgemeinen verachtet er genau wie andere Stoiker die Lust; es gibt jedoch eine Glückseligkeit, die nicht zu verachten ist. »Athen ist schön, gewiß, aber die Glückseligkeit ist viel schöner – Freisein von Leidenschaft und Unruhe, das Gefühl, von niemandem abhängig zu sein.« Jeder ist ein Schauspieler in einem Stück, in dem Gott die Rollen verteilt hat; es ist unsere Pflicht, unseren Part würdig zu spielen, wie er auch aussehen mag.

Die Schriften, die Epiktets Lehre überliefern (nach Notizen seines

---

10 W. J. Oates, *The Stoic and Epicurean Philosophers*, S. 225/26.
11 W. J. Oates, *The Stoic and Epicurean Philosophers*, S. 251.
12 W. J. Oates, *The Stoic and Epicurean Philosophers*, S. 280.

Schülers Arrian niedergeschrieben), sind von großer Aufrichtigkeit und Schlichtheit. Seine Moral ist erhaben und dem Jenseits zugekehrt; für eine Situation, in der es eines Menschen erste Pflicht ist, der Tyrannenmacht Widerstand zu leisten, läßt sich kaum etwas Nützlicheres denken. In mancher Beziehung, beispielsweise in der Feststellung, daß alle Menschen Brüder und die Sklaven anderen Menschen ebenbürtig sind, ist sie allem überlegen, was bei Plato oder Aristoteles oder sonst einem vom Stadtstaat inspirierten Philosophen zu finden ist. Die Welt des Tatsächlichen stand zur Zeit Epiktets weit unter dem Athen des Perikles; ihre Schlechtigkeit steigerte seine Sehnsucht, und seine ideale Welt steht so hoch über der Platos, wie die wirkliche Welt, in der er lebte, hinter dem Athen des fünften Jahrhunderts zurückblieb.

Zu Beginn seiner *Selbstbetrachtungen* erkennt Marc Aurel an, wieviel er seinem Großvater, Vater, Adoptivvater, verschiedenen Lehrern und den Göttern verdankt. Was er da anführt, ist manchmal merkwürdig. Von Diognetus lernte er (wie er sagt), keine Wundertäter anzuhören, von Rusticus, keine Verse zu schreiben; von Sextus, ernst, ohne affektiert zu sein; von dem Grammatiker Alexander, schlechte Grammatik bei anderen nicht zu korrigieren, sondern gleich darauf selbst den richtigen Ausdruck zu benützen; vom Platoniker Alexander, sich bei verspäteter Beantwortung eines Briefes nicht mit der Ausrede zu entschuldigen, man sei zu beschäftigt gewesen; von seinem Adoptivvater, sich nicht in Knaben zu verlieben. Den Göttern habe er es zu danken (wie er fortfährt), daß er nicht zu lange bei der Geliebten seines Großvaters erzogen worden sei und seine Männlichkeit nicht zu früh erprobte; daß seine Kinder weder dumm noch körperlich mißgestaltet seien; daß seine Frau gehorsam, liebevoll und schlicht sei und er, als er sich der Philosophie ergab, weder mit Geschichte noch mit Syllogistik oder Astronomie Zeit verschwendet hätte.

Alles Nicht-Persönliche in den *Selbstbetrachtungen* stimmt genau mit Epiktet überein. Marc Aurel zweifelt an der Unsterblichkeit, sagt jedoch, wie es auch ein Christ tun könnte: »All dein Tun und Denken sei so beschaffen, als solltest du möglicherweise im Augenblick aus diesem Leben scheiden.«[13] In Harmonie mit dem Universum ist das Leben gut; und Harmonie mit dem Universum ist gleichbedeutend mit Gehorsam dem Willen Gottes gegenüber.

»Alles, was dir ansteht, o Welt, steht auch mir an. Nichts kommt zu früh, nichts zu spät, was für dich zur rechten Zeit kommt. Alles, was deine Zeiten mitbringen, ist mir eine liebliche Frucht, o Natur. Von dir kommt alles, in dir ist alles, in dich kehrt alles zurück. Jener (Aristophanes) sagt: ›O du geliebte Cecropsstadt‹, und du solltest nicht sagen: O du geliebte Gottesstadt?«

---

13 Alle Zitate Marc Aurels sind der Reclam-Ausgabe der *Selbstbetrachtungen*, übersetzt von Dr. Albert Wittstock, entnommen.

Wie man sieht, hat Augustin seinen Gottesstaat teilweise von dem heidnischen Kaiser übernommen.

Marc Aurel ist überzeugt, daß Gott jedem Menschen einen eigenen Dämon zum Führer gibt – ein Glaube, der im christlichen Schutzengel wiederkehrt. Er findet Trost in dem Gedanken, daß das Universum ein festgefügtes Ganzes ist; wie er sagt, ist es *ein* lebendes, aus einer einzigen Substanz und Seele bestehendes Wesen. Eine seiner Maximen lautet: »Bedenke oft die Verkettung aller Dinge in der Welt.« – »Alles, was dir widerfahren mag, war dir von Ewigkeit her bestimmt, und die Verkettung der Ursachen hat von Anfang an dein Dasein und dieses dein Geschick miteinander verknüpft.« Hand in Hand geht damit bei ihm, ungeachtet seiner Stellung im römischen Staat, der stoische Glaube, daß das Menschengeschlecht *eine* Gemeinschaft sei: »Meine Stadt und mein Vaterland... ist, insofern ich Antonin heiße, Rom, insofern ich ein Mensch bin, die Welt.« Wie bei allen Stoikern macht sich auch hier die Schwierigkeit bemerkbar, den Determinismus mit der Willensfreiheit in Einklang zu bringen. »Die Menschen sind füreinander da«, sagt er, wenn er an seine Herrscherpflichten denkt. »Die Bosheit... schadet weder der Welt im allgemeinen noch dem Nebenmenschen insbesondere«, erklärt er auf der gleichen Seite im Gedanken an die Doktrin, daß allein der tugendhafte Wille gut ist. Niemals zieht er den Schluß, daß die Güte eines Menschen einem anderen nichts nützt und daß er nur sich selbst und keinem anderen schaden würde, wenn er ein so schlechter Kaiser wie Nero wäre; und doch scheint sich diese Folgerung zu ergeben.

»Es ist ein Vorzug des Menschen, auch diejenigen zu lieben, die ihn beleidigen. Dahin gelangt man, wenn man bedenkt, daß die Menschen mit uns *eines* Geschlechtes sind, daß sie aus Unwissenheit und gegen ihren Willen fehlen, daß ihr beide nach kurzer Zeit tot sein werdet, und vor allem, daß dein Widersacher dich nicht beschädigt hat. Denn er hat die in dir herrschende Vernunft doch nicht anders gemacht, als sie zuvor war.«

Weiter: »Liebe das Menschengeschlecht; folge der Gottheit... Und es genügt, sich zu erinnern, daß alles unter dem göttlichen Gesetz steht.«

In diesen Stellen treten die inneren Widersprüche der stoischen Ethik und Theologie sehr klar zutage. Einerseits ist das All ein streng deterministisches Ganzes, und alles geschieht darin auf Grund vorangegangener Ursachen. Andererseits ist der Wille des einzelnen völlig autonom; niemand kann durch äußere Anlässe zum Sündigen gezwungen werden. Das ist der eine Widerspruch, und ein zweiter hängt eng damit zusammen. Da der Wille autonom und nur der tugendhafte Wille gut ist, kann einer dem anderen weder Gutes noch Schlechtes antun; Gutes zu tun ist daher nur eine Täuschung. Zu jedem dieser Widersprüche ist etwas zu bemerken.

Der Widerspruch zwischen Willensfreiheit und Determinismus gehört zu den Widersprüchen, die es von Urzeiten an bis auf den heutigen Tag in der Philosophie stets gegeben hat; er nahm nur zu verschiedenen Zeiten unterschiedliche Form an. Im Augenblick haben wir uns mit der stoischen Form zu beschäftigen.

Würde man einen Stoiker einem sokratischen Verhör unterziehen, so würde er meines Erachtens seine Auffassung etwa folgendermaßen verfechten: »Das Universum ist ein einziges lebendes Wesen mit einer Seele, die man auch Gott oder Vernunft nennen kann. Als Ganzes ist dieses Wesen frei. Gott beschloß von Anbeginn, nach festen, allgemeinen Gesetzen zu handeln; er wählte aber Gesetze, die die besten Resultate zeitigen mußten. Bisweilen und in besonderen Fällen sind die Ergebnisse nicht ganz wünschenswert, aber diese Unzulänglichkeit muß, wie bei menschlichen Gesetzbüchern, um des Vorteils einer feststehenden Gesetzgebung willen ertragen werden. Ein menschliches Wesen besteht teils aus Feuer, teils aus minderer Erde; soweit es aus Feuer ist (beste Qualität vorausgesetzt), ist es ein Teil Gottes. Wenn der göttliche Teil eines Menschen seinen Willen tugendhaft gebraucht, dann ist dieser Wille ein Teil des göttlichen, also freien Willens; insofern ist auch der Wille des Menschen frei.«

Bis zu einem gewissen Punkt ist die Antwort gut, sie bricht aber zusammen, wenn wir die Ursachen unseres Wollens näher betrachten. Wir wissen alle aus Erfahrung, daß sich eine Verdauungsstörung schlecht auf die menschliche Tugend auswirkt und daß die Willenskraft zerstört werden kann, wenn entsprechende Drogen gewaltsam verabreicht werden. Nehmen wir Epiktets Lieblingsbeispiel, den Mann, der zu Unrecht von einem Tyrannen eingekerkert worden ist, was in den letzten Jahren öfter vorkam als in jeder anderen geschichtlichen Periode. Manche dieser Menschen haben sich heroisch wie ein Stoiker gehalten, andere recht rätselhafterweise nicht. Es hat sich aber klar erwiesen, daß die Standhaftigkeit fast aller Menschen nicht allein unter ausreichender Folterung zusammenbricht, sondern auch, daß Morphium oder Kokain den Menschen gefügig macht. Der Wille ist tatsächlich vom Tyrannen nur so lange unabhängig, wie der Tyrann nichts von Wissenschaft versteht. Das ist ein extremes Beispiel, aber die gleichen Argumente, die für den Determinismus in der unbelebten Welt sprechen, müssen auch im Bereich des menschlichen Wollens im allgemeinen gelten. Ich sage nicht – und glaube es auch nicht –, daß diese Argumente schlüssig sind; ich erkläre nur, daß sie in beiden Fällen von gleicher Beweiskraft sein müssen und daß nicht einzusehen ist, warum man sie in dem einen Bereich gelten lassen, im anderen aber verwerfen sollte. Wenn der Stoiker sich verpflichtet fühlt, auf Duldsamkeit gegenüber Sündern zu dringen, so tut er das in der Überzeugung, daß der Wille zum Sündigen das Ergebnis vorhergehender Ursachen ist; nur den tugendhaften Willen hält er für frei. Das ist jedoch inkonsequent. Marc

Aurel behauptet, seine Tugend dem guten Einfluß seiner Eltern, Großeltern und Lehrer zu verdanken; der gute Wille ist demnach gleichermaßen das Ergebnis vorangegangener Ursachen wie der böse Wille. Der Stoiker kann wohl sagen, daß seine Philosophie die Ursache der Tugend derer ist, die sich zu ihr bekennen; offenbar hat sie aber diese wünschenswerte Wirkung nur dann, wenn ihr ein gewisses Quantum intellektuellen Irrtums beigemischt ist. Die Vorstellung, daß Tugend und Sünde gleichermaßen das unvermeidliche Ergebnis vorhergehender Ursachen sind (wie die Stoiker hätten behaupten müssen), hat wahrscheinlich eine etwas lähmende Wirkung auf moralische Bestrebungen.

Ich komme nun zu dem zweiten Widerspruch, daß der Stoiker zwar Gutes zu tun predigt, in der Theorie aber der Meinung ist, niemand könne einem anderen etwas Böses oder Gutes antun, da der tugendhafte Wille allein gut und von äußeren Ursachen unabhängig sei. Hier ist der Widerspruch noch offenkundiger und noch charakteristischer für die Stoiker (wie auch für gewisse christliche Moralisten). Daß sie ihn nicht gewahrten, ist erklärlich; denn wie viele andere Menschen hatten sie zwei Moralsysteme, ein besonders feines für sich selbst und ein geringeres für »minderwertigere Menschentypen ohne Sinn für Recht und Gesetz«. Wenn der stoische Philosoph an sich selbst denkt, so hält er das Glück und alle sogenannten irdischen Güter für wertlos; er sagt sogar, die Sehnsucht nach Glück sei wider die Natur, da seiner Meinung nach Mangel an Ergebung in Gottes Willen daraus spricht. Aber als Praktiker, der das römische Imperium zu verwalten hat, weiß Marc Aurel sehr wohl, daß es damit nicht getan ist. Es ist seine Pflicht, dafür zu sorgen, daß die Getreideschiffe von Afrika richtig nach Rom gelangen, daß Maßnahmen zur Linderung der durch die Pest verursachten Not getroffen werden und die feindlichen Barbaren nicht über die Grenzen dringen. Das heißt also: wenn er es mit solchen Untertanen zu tun hat, die er nicht für tatsächliche oder mögliche stoische Philosophen hält, legt er gewöhnliche irdische Maßstäbe für Gut und Böse an. Nur mit Hilfe dieser Maßstäbe erkennt er, welche Pflicht er als Verwalter des Reiches hat. Das Seltsame daran ist, daß eben diese seine Pflicht auf einer noch höheren Ebene liegt als das, was der stoische Weise tun sollte, obwohl sie von einer Ethik abgeleitet ist, die der weise Stoiker für grundfalsch hält.

Die einzige Lösung, die ich mir für diese Schwierigkeit vorstellen kann, ist vielleicht logisch unangreifbar, aber nicht sehr plausibel. Sie könnte, glaube ich, von Kant gegeben werden, dessen Moralsystem dem stoischen sehr ähnlich ist. Zwar, könnte er sagen, ist nichts gut außer dem guten Willen; der Wille ist aber gut, wenn er auf bestimmte Zwecke gerichtet ist, die an sich gleichgültig sind. Es spielt keine Rolle, ob Herr A glücklich oder unglücklich ist; ich werde aber, wenn ich tugendhaft bin, so handeln, daß er meiner Überzeugung nach glücklich wird, weil es so vom Sittengesetz bestimmt ist. Ich kann Herrn A nicht zur Tugend verhelfen, weil sie nur von ihm selbst abhängt; ich kann aber etwas dazu tun, ihn glücklich oder reich oder gebildet oder gesund zu machen. Die stoische Ethik läßt sich demnach folgendermaßen formulieren: bestimmte Dinge gelten gemeinhin als Güter, das ist aber falsch: gut *ist* nur ein Wille, der darauf abzielt, anderen Menschen jene falschen Güter zu sichern. Diese Lehre birgt keinen logischen Widerspruch, verliert aber alle Glaubwürdigkeit, wenn wir wirklich all das, was gemeinhin als gut angesehen wird, für wertlos halten, denn in diesem Falle könnte sich der tugendhafte Wille ebensogut auf ganz andere Zwecke richten.

Der Stoizismus enthält zweifellos ein Element, das an die Fabel von den sauren Trauben erinnert. Man kann zwar nicht glücklich, wohl aber gut sein; laßt uns daher vorgeben, es mache uns nichts aus, unglücklich zu sein, solange wir nur gut sind. Eine heroische und in einer schlechten Welt nützliche Lehre; sie ist jedoch weder ganz richtig noch auch im Grunde ganz aufrichtig.

Die Stoiker waren vor allem durch ihre Ethik bedeutend; ihre Lehre war aber noch auf zwei anderen Gebieten fruchtbar, nämlich in der Erkenntnistheorie und in der Lehre vom Naturrecht und von den natürlichen Rechten.

In der Erkenntnistheorie ließen sie trotz Plato die Wahrnehmung gelten; die Sinne für trügerisch zu halten, sei ihrer Meinung nach eine wirklich falsche Wertung, ließe sich aber bei einiger Sorgfalt ausschalten. Ein stoischer Philosoph namens Sphaerus, persönlicher Schüler Zenos, war einst bei König Ptolemäus, der von dieser Lehre gehört hatte, zu Tisch geladen. Der König bot ihm einen Granatapfel aus Wachs an. Als der Philosoph ihn zu verspeisen suchte, lachte der König ihn aus. Sphaerus erwiderte, er sei nicht *sicher* gewesen, daß es wirklich ein Granatapfel wäre, hätte es aber für unwahrscheinlich gehalten, daß etwas nicht Eßbares an der königlichen Tafel gereicht würde.[14] Mit dieser Antwort bezog er sich auf die bei den Stoikern übliche Unterscheidung zwischen Dingen, die auf Grund der Wahrnehmung mit Sicherheit erkannt werden können, und solchen, die auf dieser Basis nur wahrscheinlich sind. Alles in allem war diese Lehre vernünftig und wissenschaftlich.

Eine andere stoische Lehre auf erkenntnistheoretischem Gebiet war einflußreicher, aber auch bedenklicher, nämlich der Glaube an eingeborene Ideen und Prinzipien. Die griechische Logik war ausschließlich deduktiv. Damit erhob sich die Frage nach den ersten Prämissen. Sie mußten, mindestens zum Teil, allgemein sein; es gab keine Methode, sie zu beweisen. Die Stoiker meinten, es gäbe bestimmte Prinzipien, die vollkommen einleuchtend seien und von niemand bestritten würden; sie könnten daher, wie in Euklids *Elementen*, zur Grundlage der De-

---

14 Diogenes Laertius, Band VII, S. 177.

duktion gemacht werden. Ähnlich könnten auch eingeborene Ideen den Ausgangspunkt für Definitionen bilden. Diese Auffassung galt das ganze Mittelalter hindurch und wurde auch von Descartes geteilt.

In der Lehre vom *natürlichen Recht*, der wir im sechzehnten, siebzehnten und achtzehnten Jahrhundert begegnen, lebt eine stoische Doktrin wieder auf, wenn auch in erheblich modifizierter Form. Denn die Stoiker waren es gewesen, die einen Unterschied machten zwischen *jus naturale* und *jus gentium*. Das Naturrecht wurde von Grundprinzipien abgeleitet, die man für das Fundament des allgemeinen Wissens hielt. Die Stoiker glaubten, alle Menschen seien von Natur gleich. In seinen *Selbstbetrachtungen* verficht Marc Aurel »einen Staat, in dem das gleiche Gesetz für alle gilt, der unter Berücksichtigung gleicher Rechte und gleicher Redefreiheit geleitet wird, und eine königliche Regierung, der die Freiheit der Untertanen über alles geht«. Dieses Ideal ließ sich im römischen Reich nicht konsequent verwirklichen; es beeinflußte jedoch die Gesetzgebung und bewirkte vor allem, daß sich die Stellung der Frau und der Sklaven besserte. Das Christentum übernahm neben vielen anderen auch diesen Teil der stoischen Doktrin. Und als sich im siebzehnten Jahrhundert schließlich die Gelegenheit ergab, den Despotismus wirksam zu bekämpfen, gewannen die stoischen Lehren des Naturrechts und der natürlichen Gleichheit in christlicher Gewandung praktisch eine Wirkungskraft, die ihnen in der Antike nicht einmal ein Kaiser hatte verleihen können.

29. KAPITEL

Die kulturgeschichtliche Bedeutung des römischen Reiches

Das römische Reich beeinflußte die Kulturgeschichte auf verschiedenen, mehr oder minder zusammenhängenden Wegen.

Erstens: auf das hellenistische Denken hatte Rom zwar unmittelbaren, aber weder sehr bedeutenden noch tiefen Einfluß.

Zweitens: der Einfluß Griechenlands und des Ostens auf die westliche Hälfte des Reiches; er war vor allem, weil er das Christentum einschloß, tief und anhaltend.

Drittens: Die Bedeutung der langdauernden römischen Friedenszeit für die Ausbreitung der Kultur und für die Gewöhnung der Menschen an die Vorstellung einer einzigen Kultur, die mit einer Alleinherrschaft verbunden war.

Viertens: der Übergang der hellenistischen Kultur auf die Mohammedaner und dadurch schließlich auf Westeuropa.

Bevor wir diese Einflüsse, die von Rom ausgingen, betrachten, wird ein kurzer Überblick über die politische Geschichte nützlich sein.

Alexander hatte bei seinen Eroberungen das westliche Mittelmeergebiet unberührt gelassen; es wurde zu Beginn des dritten Jahrhunderts v. Chr. von zwei mächtigen Stadtstaaten, Karthago und Syrakus, beherrscht. Im Ersten und Zweiten Punischen Krieg (264–241 und 218–201) eroberte Rom Syrakus und erniedrigte Karthago zu völliger Bedeutungslosigkeit. Während des zweiten Jahrhunderts besiegte Rom die makedonischen Monarchien – Ägypten hielt sich allerdings noch bis zum Tode Kleopatras (30 v. Chr.) als Vasallenstaat. Die Eroberung Spaniens war nur eine Begleiterscheinung des Krieges mit Hannibal; Frankreich wurde um die Mitte des ersten Jahrhunderts v. Chr. besetzt und England etwa hundert Jahre später erobert. In der Glanzzeit des Reichs verliefen seine Grenzen in Europa am Rhein und an der Donau, in Asien am Euphrat und in Nordafrika am Rande der Wüste.

Von seiner besten Seite zeigte sich der römische Imperialismus wohl in Nordafrika (wichtig in der christlichen Geschichte als Heimat des heiligen Cyprian und Augustins), wo weite Flächen, die vor und nach der römischen Zeit unkultiviert waren, fruchtbar gemacht wurden und reich bevölkerte Städte ernährten. Im großen und ganzen war das römische Reich über zweihundert Jahre lang, vom Beginn der Regierung des Augustus (30 v. Chr.) bis zu den Katastrophen im dritten Jahrhundert, stabil und befriedet.

Inzwischen hatte die Verfassung des römischen Staates eine bedeutende Entwicklung durchgemacht. Ursprünglich war Rom ein kleiner Stadtstaat, nicht unähnlich den griechischen, und zwar besonders solchen Stadtstaaten, die wie Sparta nicht vom Außenhandel abhingen. Den Königen war, wie im homerischen Griechenland, eine republikanische Aristokratie gefolgt. Wenn auch das im Senat verkörperte aristokratische Element wirksam blieb, so kamen doch allmählich demokratische Elemente hinzu; den sich daraus ergebenden Kompromiß hielt der Stoiker Panaetius (dessen Anschauungen Polybius und Cicero wiedergeben) für die ideale Verbindung monarchischer, aristokratischer und demokratischer Elemente. Aber das unsichere Gleichgewicht litt unter den Eroberungen; sie brachten dem Senatorenstand und in etwas geringerem Maße auch den »Rittern«, wie der höhere Mittelstand genannt wurde, ungeheuren, neuen Reichtum. Die Landwirtschaft Italiens hatte bisher in den Händen kleiner Bauern gelegen, die mit ihren Familien die Kornfelder selbst bestellten, wurde aber nun zu einer Sache der römischen Aristokratie, der die riesigen Güter gehörten, wo Wein und Oliven durch Sklaven angebaut wurden. Daraus ergab sich praktisch die Allmacht des Senats, die einzelne schamlos mißbrauchten, um sich ohne Rücksicht auf die Interessen des Staates oder die Wohlfahrt seiner Untertanen zu bereichern.

Die demokratische Bewegung, die in der zweiten Hälfte des zweiten Jahrhunderts v. Chr. von den Gracchen ausging, führte zu einer Reihe von Bürgerkriegen und schließlich – wie so häufig in Griechenland – zur Tyrannis. Es ist interessant zu beobachten, wie sich Entwicklungen, die in Griechenland auf sehr kleine Bereiche beschränkt waren, hier in so großem Maßstab wiederholen. Augustus, Julius Caesars Erbe und Adoptivsohn, der von 30 v. Chr. bis 14 n. Chr. regierte, machte den inneren Unstimmigkeiten und den Eroberungskriegen (von wenigen Ausnahmen abgesehen) ein Ende. Seit Beginn der griechischen Kultur durfte die alte Welt zum erstenmal Frieden und Sicherheit genießen.

Zweierlei hatte in Griechenland den Zusammenbruch des politischen Systems verursacht: erstens der Anspruch jeder Polis auf absolute Souveränität; zweitens der erbitterte und blutige Kampf zwischen arm und reich innerhalb der meisten Stadtstaaten. Nachdem Karthago und die hellenistischen Königreiche unterworfen waren, beunruhigte die erste dieser Ursachen die Welt nicht länger, da gegen Rom wirksamer Widerstand nicht möglich war. Die zweite Ursache aber blieb. In den Bürgerkriegen pflegte ein Feldherr sich zum Vorkämpfer des Senats, ein anderer zum Vorkämpfer des Volkes zu erklären. Der Sieg fiel dem zu, der den Soldaten den höheren Lohn zu bieten vermochte. Die Legionen forderten nicht nur Sold und Beute, sondern auch Landschenkungen. Um für die Legionäre des Siegers Platz zu gewinnen, wurden daher am Ende jedes Bürgerkrieges viele Gutsbesitzer, die nominelle Staatspächter waren, formal gesetzlich vertrieben. Die Mittel zur Kriegführung brachte man laufend durch Exekution reicher Leute und Konfiskation ihres Eigentums auf. Dieses System, so unheilvoll es war, ließ sich nur schwer abstellen; schließlich war Augustus zum allgemeinen Erstaunen so unbestrittener Sieger, daß niemand ihn mehr zu einem Wettkampf um die Macht herauszufordern wagte.

Für die römische Welt bedeutete die Entdeckung, daß die Zeit der Bürgerkriege vorüber war, eine Überraschung, über die sich alle, mit Ausnahme einer kleinen Senatorenpartei, freuten. Allen anderen brachte es ungeheure Erleichterung, daß Rom unter Augustus endlich zu jener Stabilität und Ordnung gelangt war, die Griechen und Makedonier vergebens angestrebt hatten und die auch Rom vor Augustus versagt geblieben waren. Nach Rostovtzeff hatte das republikanische Rom in Griechenland »nichts Neues eingeführt, außer Verarmung, Bankrott und Vernichtung jeglicher unabhängigen politischen Aktivität«.[1]

Die Regierungszeit des Augustus war für das römische Reich eine Periode des Glücks. Die Verwaltung der Provinzen war endlich mit gewisser Rücksicht auf die Wohlfahrt der Bevölkerung und nicht allein nach dem Prinzip der reinen Ausbeutung organisiert. Nach seinem Tode wurde Augustus nicht nur offiziell für göttlich erklärt, sondern in verschiedenen Provinzen aus freiem Antrieb als Gott verehrt. Die Dichter verherrlichten ihn, die Geschäftskreise empfanden die allgemeine Befriedung als angenehm, und selbst der Senat, den er nach außen formvollendet respektvoll behandelte, versäumte keine Gelegenheit, sein Haupt mit Ehren und Ämtern zu überhäufen.

Aber obwohl die Welt glücklich war, hatte das Leben doch etwas an Reiz verloren, seitdem die Sicherheit mehr galt als das Abenteuer. In früheren Zeiten war jedem freien Griechen der Weg ins Abenteuer offen gewesen; Philipp und Alexander hatten dem ein Ende gemacht, und in der hellenistischen Periode erfreuten sich nur die makedonischen Dynasten anarchischer Freiheit. Die griechische Welt begann zu altern und wurde entweder kynisch oder religiös. Die Hoffnung, Ideale in irdischen Institutionen verwirklichen zu können, schwand dahin und mit ihr die Lebensfreude der besten Menschen. Sokrates hielt den Himmel für einen Ort, wo er weiter würde debattieren können; für die Philosophen nach Alexander unterschied er sich weit mehr von ihrem Dasein hienieden.

In Rom kam es zur gleichen Entwicklung erst später und in weniger schmerzlicher Form. Rom wurde nicht wie Griechenland unterworfen, fühlte vielmehr in sich die Triebkraft zu sieghaftem Imperialismus. Für die Unruhen während der Periode der Bürgerkriege waren Römer verantwortlich. Die Griechen hatten sich, als sie sich den Makedoniern ergaben, keineswegs Frieden und Ordnung erkauft; aber Griechen wie Römer erlangten beides, als sie sich Augustus unterwarfen. Augustus war ein Römer, dem sich die meisten Römer gern unterordneten, und dies nicht *nur*, weil er mächtiger war als sie; er gab sich sogar Mühe,

---

1 Rostovtzeff, *History of the Ancient World*, Band II, S. 255.

den militärischen Ursprung seiner Macht zu verschleiern und den Anschein zu erwecken, als gründe sie sich auf Senatsbeschlüsse. Der Senat war in seiner Schmeichelei ihm gegenüber zweifellos zum großen Teil unaufrichtig; außerhalb des Senatorenstandes fühlte sich jedoch niemand gedemütigt.

Die Stimmung der Römer glich der eines *jeune homme rangé* im Frankreich des neunzehnten Jahrhunderts, der sich nach einem an Liebesabenteuern reichen Leben zu einer Vernunftehe entschließt. Aus dieser Stimmung erwächst zwar Zufriedenheit, nicht aber schöpferische Kraft. Die großen Dichter der augustäischen Ära hatten sich in bewegteren Zeiten herangebildet; Horaz war bei Philippi geflohen, und sowohl er wie Vergil hatten ihr Landgut bei Konfiskationen zugunsten der siegreichen Soldaten verloren. Um der Stabilität willen und nicht unbedingt aus aufrichtiger Überzeugung machte sich Augustus daran, die alte Pietät wieder herzustellen, und mußte daher unumgänglich der freien Forschung gegenüber eine etwas feindliche Haltung einnehmen. Die römische Welt begann stereotyp zu werden, ein Vorgang, der unter den späteren Kaisern fortschritt.

Die unmittelbaren Nachfolger des Augustus ergingen sich in furchtbaren Grausamkeiten gegenüber den Senatoren und etwaigen Mitbewerbern um den Purpur. Bis zu einem gewissen Grad erstreckte sich die Mißherrschaft dieser Epoche auch auf die Provinzen; aber im großen und ganzen funktionierte die von Augustus geschaffene Verwaltungsmaschine weiterhin recht gut.

Eine bessere Zeit begann mit der Thronbesteigung Trajans im Jahre 98 n. Chr.; sie währte bis zum Tode Marc Aurels 180 n. Chr. Damals wurde das Reich so gut regiert, wie das unter einer despotischen Führung nur möglich ist. Das dritte Jahrhundert hingegen war eine Zeit schrecklicher Katastrophen. Das Heer wurde sich seiner Macht bewußt, setzte, wenn ihm Geld geboten und ein friedliches Leben versprochen wurde, Kaiser ein und ab und war infolgedessen kein wirksames Kampfmittel mehr. Von Norden und Osten drangen die Barbaren plündernd in das römische Territorium ein. Das Heer war nur auf den eigenen Vorteil und die bürgerliche Uneinigkeit bedacht und somit für die Verteidigung ungeeignet. Das ganze Finanzsystem brach zusammen, da die Einnahmen ungeheuer zurückgingen und zugleich die Ausgaben durch die unglückliche Kriegführung und die Bestechung des Heeres gewaltig anstiegen. Zum Krieg kam noch die Pest und dezimierte die Bevölkerung stark. Das Reich schien vor dem Zusammenbruch zu stehen.

Dieser Ausgang wurde von zwei tatkräftigen Männern abgewendet, von Diokletian (286–305 n. Chr.) und Konstantin, dessen unbestrittene Regierungszeit von 312 bis 337 n. Chr. währte. Sie teilten das Reich in eine östliche und eine westliche Hälfte, etwa entsprechend der Grenze zwischen der griechischen und der lateinischen Sprache. Konstantin machte Byzanz zur Hauptstadt der östlichen Hälfte und gab ihm den Namen Konstantinopel. Diokletian bekam das Heer für eine Weile wieder in die Hand, indem er seinen Charakter von Grund auf veränderte; seither setzten sich die besten Kampftruppen aus Barbaren, hauptsächlich Germanen, zusammen, denen auch die höchsten Kommandostellen offen standen. Das war augenscheinlich ein gefährlicher Notbehelf, dessen natürliche Folgen sich bereits Anfang des fünften Jahrhunderts zeigten. Die Barbaren erkannten, daß es einträglicher sei, für eigene Rechnung als für einen römischen Herrn zu kämpfen. Trotzdem erfüllten sie mehr als hundert Jahre lang ihren Zweck. Diokletians Verwaltungsreformen waren eine Zeitlang ebenso erfolgreich, wie sie sich auf lange Sicht als verhängnisvoll erwiesen. Das römische System räumte den Städten lokale Selbstverwaltung ein und überließ es ihren Beamten, die Steuern einzuziehen; die Zentralbehörden setzten nur die Gesamtsumme fest, die jede Stadt aufbringen mußte. Dieses System hatte sich in guten Zeiten recht bewährt; aber nun wurden, bei der Erschöpfung des Staates, so viel Steuern gefordert, daß übermäßige Härten unvermeidlich waren. Die Gemeindevorstände hatten persönlich für die Steuern zu haften und flüchteten, wenn sie nicht bezahlen konnten. Diokletian zwang wohlhabende Bürger, Gemeindeämter zu übernehmen und erklärte die Flucht für rechtswidrig. Aus ähnlichen Gründen machte er die Landbewohner zu Leibeigenen, die zum Grund und Boden gehörten und nicht auswandern durften. Dieses System wurde von den späteren Kaisern beibehalten.

Konstantins bedeutendste Neuerung bestand darin, das Christentum zur Staatsreligion zu erklären; das geschah offenbar, weil es unter den Soldaten viele Christen gab.[2] Die Folge war, daß das Ansehen des römischen Reiches die Barbaren veranlaßte, den christlichen Glauben anzunehmen, als sie im fünften Jahrhundert den westlichen Teil zerstörten; dadurch retteten sie für Westeuropa soviel von antiker Kultur, wie die Kirche in sich aufgenommen hatte.

Das zur östlichen Hälfte des Reiches gehörige Territorium nahm eine andere Entwicklung. Das östliche Reich, das beständig an Ausdehnung verlor (abgesehen von den vorübergehenden Eroberungen Justinians im sechsten Jahrhundert), bestand bis zur Einnahme Konstantinopels durch die Türken im Jahre 1453. Aber der größte Teil der ehemals römischen Provinzen im Osten, einschließlich Afrikas und Spaniens im Westen, wurde mohammedanisch. Im Gegensatz zu den Germanen lehnten die Araber die Religion des von ihnen besiegten Volkes ab, eigneten sich aber seine Kultur an. Die Kultur des östlichen Reiches war griechisch, nicht römisch; infolgedessen ist es diesem Reich und den Arabern zu verdanken, daß vom siebenten bis elften Jahrhundert die griechische Literatur und alles das erhalten wurde, was von griechischer

---

2 Vergl. Rostovtzeff, *History of the Ancient World*, Band II, S. 332.

Kultur, im Gegensatz zur lateinischen, übriggeblieben war. Vom elften Jahrhundert an, zuerst durch maurische Einflüsse, gewann das Abendland allmählich zurück, was es vom griechischen Erbe verloren hatte.

Ich werde nun untersuchen, auf welchen vier Wegen das römische Reich die Kulturgeschichte beeinflußte.

1. *Unmittelbare Einwirkung Roms auf das griechische Denken.* Sie beginnt im zweiten Jahrhundert v. Chr. mit zwei Männern, dem Historiker Polybius und dem stoischen Philosophen Panaetius. Die natürliche Haltung des Griechen dem Römer gegenüber war mit Furcht gemischte Verachtung; der Grieche hielt sich für kultivierter, aber für politisch machtloser. Wenn die Römer in der Politik mehr Erfolg hatten, so bewies das nur, was Politik für ein unedles Gewerbe war. Der Durchschnittsgrieche des zweiten Jahrhunderts v. Chr. war vergnügungssüchtig, schlagfertig, ein gewiegter Geschäftsmann und in jeder Beziehung skrupellos. Aber es gab auch noch philosophisch begabte Köpfe. Bei manchen – besonders bei den Skeptikern wie Karneades – hatten Geschicklichkeit und Routine das ernste Streben verdrängt. Andere, wie etwa die Epikureer und eine Gruppe von Stoikern, hatten sich ganz ins ruhige Privatleben zurückgezogen. Einige wenige jedoch erkannten mit mehr Einsicht, als Aristoteles Alexander gegenüber bewiesen hatte, daß Roms Größe auf bestimmte Vorzüge zurückzuführen war, die den Griechen fehlten.

Der in Arkadien um 200 v. Chr. geborene Historiker Polybius kam als Gefangener nach Rom und hatte hier das Glück, den jüngeren Scipio, den er auf vielen seiner Feldzüge begleitete, zum Freunde zu gewinnen. Daß ein Grieche das Lateinische beherrschte, war etwas Ungewöhnliches, obwohl die meisten gebildeten Römer Griechisch konnten; Polybius wurde jedoch durch seine Lebensumstände mit dem Lateinischen äußerst vertraut. Er schrieb zum Nutzen der Griechen die Geschichte der Punischen Kriege, die Rom die Eroberung der Welt ermöglicht hatten. Während er sie schrieb, begann seine Bewunderung für die römische Verfassung unzeitgemäß zu werden; bis zu seiner Zeit jedoch hatte sich die römische Staatsform, was Stabilität und Leistungsfähigkeit betraf, sehr vorteilhaft von den beständig wechselnden Verfassungen der griechischen Stadtstaaten unterschieden. Die Römer lasen natürlich seine Geschichte mit Vergnügen; ob es sich bei den Griechen ebenso verhielt, ist zweifelhaft.

Der Stoiker Panaetius wurde bereits im vorigen Kapitel behandelt. Er war mit Polybius befreundet und gleich ihm ein Protegé des jüngeren Scipio. Zu Scipios Lebzeiten war er häufig in Rom; nach dessen Tod im Jahre 129 v. Chr. blieb er jedoch als Haupt der stoischen Schule in Athen. Rom besaß noch, was Griechenland verloren hatte: die Hoffnungsfreudigkeit, die politische Aktivität ermöglicht. Demgemäß waren die Lehren des Panaetius stärker politisch betont und denen der Kyniker weniger verwandt als die Doktrinen der früheren Stoiker. Vermutlich veranlaßte ihn die Bewunderung für Plato, die damals die kultivierten Römer empfanden, von der begrenzten Dogmatik seiner stoischen Vorgänger abzuweichen. Er und sein Nachfolger Posidonius gaben dem Stoizismus eine allgemeinere Form.

Zu einer späteren Zeit verbrachte Epiktet, obwohl Grieche, in Rom den größten Teil seines Lebens. Rom lieferte ihm die meisten seiner Beispiele; stets ermahnt er den Weisen, in Gegenwart des Kaisers nicht zu zittern. Wir wissen, welchen Einfluß Epiktet auf Marc Aurel ausübte, aber seine Wirkung auf die Griechen ist schwer festzustellen.

Plutarch (etwa 46 bis 120 n. Chr.) zog in seinen *Lebensbeschreibungen edler Griechen und Römer* Parallelen zwischen den bedeutendsten Männern der beiden Länder. Er lebte lange Zeit in Rom und stand bei den Kaisern Hadrian und Trajan in hohem Ansehen. Neben seinen *Lebensbeschreibungen* verfaßte er zahlreiche Werke über Philosophie, Religion, Naturgeschichte und Ethik. Seine *Lebensbeschreibungen* beabsichtigen offensichtlich, zwischen Griechenland und Rom in der Vorstellung der Menschen einen Ausgleich zu schaffen.

Im großen und ganzen wirkte Rom, abgesehen von solchen Ausnahmeerscheinungen, auf den griechisch sprechenden Teil des Reiches wie Mehltau. Philosophie und Kunst verfielen gleichermaßen. Bis zum Ausgang des zweiten Jahrhunderts n. Chr. floß das Leben für die Wohlhabenden angenehm und leicht dahin; es lag kein Anlaß vor, sich besonders anzustrengen, und zu großen Leistungen bot sich wenig Gelegenheit. Die anerkannten philosophischen Schulen – die Akademie, die Peripatetiker, die Epikureer und die Stoiker – bestanden weiter, bis sie von Justinian geschlossen wurden. Keine bewies jedoch in der Zeit nach Marc Aurel irgendwelche Vitalität, mit Ausnahme der Neuplatoniker im dritten Jahrhundert n. Chr., die wir im nächsten Kapitel behandeln werden. Diese Männer können aber kaum von Rom beeinflußt worden sein. Die lateinische und die griechische Hälfte des Reiches strebten mehr und mehr auseinander; die Kenntnis des Griechischen wurde seltener im Westen, und im Osten erhielt sich nach Konstantin das Lateinische nur noch im Recht und beim Militär.

2. Griechischer und östlicher Einfluß auf Rom. Hierbei sind zwei sehr unterschiedliche Einwirkungen zu beachten: erstens der Einfluß griechischer Kunst, Literatur und Philosophie auf die Höchstgebildeten der Römer; zweitens die Ausbreitung nichtgriechischer Religion und nichtgriechischen Aberglaubens über die abendländische Welt.

a) Als die Römer zuerst mit den Griechen in Berührung kamen, empfanden sie sich selbst als verhältnismäßig barbarisch und ungehobelt. Die Griechen waren ihnen in vieler Beziehung unvergleichlich überlegen, in Industrie und landwirtschaftlicher Technik, in allen Wissenszweigen, in denen ein guter Beamter bewandert sein muß, in Konversation und Lebensstil, in Kunst, Literatur und Philosophie. Nur auf zwei Gebieten waren ihnen die Römer voraus: in militärischer Taktik und in sozialem Zusammenhalt. Das Verhältnis der Römer zu den Griechen ähnelte dem der Preußen zu den Franzosen in den Jahren 1814 und 1815; dies war ein vorübergehender, jenes jedoch ein langanhaltender Zustand. Nach den Punischen Kriegen waren die jungen Römer von Bewunderung für die Griechen erfüllt. Sie lernten die griechische Sprache, sie kopierten die griechische Architektur und beschäftigten griechische Bildhauer. Die römischen Götter wurden mit den griechischen identifiziert. Man erfand einen trojanischen Ursprung für die Römer, um eine Beziehung zum homerischen Mythos herstellen zu können. Lateinische Dichter machten sich griechische Versmaße zu eigen, lateinische Philosophen übernahmen griechische Theorien. Kurz: Rom war ein Parasit der griechischen Kultur. Die Römer erfanden keine neuen Kunstformen, sie stellten keine eigenen philosophischen Systeme auf und machten keine wissenschaftlichen Entdeckungen. Sie bauten gute Straßen, verfaßten systematische Gesetzbücher und fabrizierten schlagkräftige Waffen; alles übrige sahen sie den Griechen ab.

Die Hellenisierung Roms hatte eine gewisse Verfeinerung der Sitten zur Folge, was dem älteren Cato zuwider war. Bis zu den Punischen Kriegen waren die Römer ein bukolisches Volk mit bäuerlichen Vorzügen und Fehlern: nüchtern, fleißig, brutal, widerspenstig und stupid. Ihr Familienleben war fest und sicher auf der *patria potestas* aufgebaut; die Ehefrauen und jungen Leute lebten in völliger Unterordnung. All das änderte sich mit dem Zustrom plötzlichen Reichtums. Die kleinen Bauernhöfe verschwanden, und an ihre Stelle traten allmählich ungeheure Güter, auf denen Sklaven zur Durchführung neuer wissenschaftlicher Ackerbaumethoden eingesetzt wurden. Ein ausgedehnter Kaufmannsstand wuchs heran, und viele Menschen wurden reich durch Ausbeutung, wie die Nabobs im England des achtzehnten Jahrhunderts. Frauen, die bislang tugendhafte Sklavinnen gewesen waren, wurden frei und liederlich; Scheidungen waren an der Tagesordnung; die Reichen wollten keine Kinder mehr haben. Die Griechen, die vor Jahrhunderten eine ähnliche Entwicklung durchgemacht hatten, förderten durch ihr Beispiel, was die Historiker als sittlichen Verfall bezeichnen. Selbst in den liederlichsten Zeiten des Reiches hielt der Durchschnittsrömer seine Stadt noch für den Hort einer reineren Moral gegenüber der dekadenten Verdorbenheit Griechenlands.

Vom dritten Jahrhundert an nahm der kulturelle Einfluß Griechenlands auf das weströmische Reich rasch ab, hauptsächlich infolge des allgemeinen Kulturverfalls. Er hatte viele Gründe; einer jedoch ist besonders zu erwähnen. In den letzten Perioden des weströmischen Reichs war die Regierung offenkundiger denn je eine Militärtyrannis; das Heer wählte gewöhnlich einen erfolgreichen Feldherrn zum Kaiser; es bestand aber selbst in den höchsten Rängen nicht mehr aus kultivierten Römern, sondern aus Halbbarbaren der Grenzgebiete. Diese rauhen Krieger wußten mit Kultur nichts anzufangen und betrachteten die zivilisierten Bürger lediglich als Einnahmequelle. Die Privatleute waren zu ausgepowert, um viel für Bildung ausgeben zu können, und der Staat hielt Bildung für unnötig. Die Folge davon war, daß im Westen nur noch ein paar besonders gelehrte Leute fortfuhren, Griechisch zu lesen.

b) Nichthellenischer Glaube und Aberglaube hingegen faßten im Lauf der Zeit immer fester Fuß im Abendland. Wir haben bereits gesehen, wie Alexanders Eroberungszüge die griechische Welt mit dem Glauben der Babylonier, Perser und Ägypter in Berührung brachten. Die römischen Eroberungszüge machten in gleicher Weise die abendländische Welt mit diesen Lehren, dazu aber auch mit den jüdischen und christlichen Anschauungen vertraut. Einstweilen werde ich mich soweit wie möglich auf den heidnischen Aberglauben beschränken.[3]

In Rom gab es Sekten und Propheten jeder Art, die sich bisweilen die Gunst sogar der höchsten Regierungskreise erwarben. Lukian, der trotz der Leichtgläubigkeit seiner Zeit für einen gesunden Skeptizismus eintrat, erzählt eine amüsante Geschichte, von der man allgemein annimmt, daß sie sich tatsächlich zugetragen hat; sie handelt von einem Propheten und Wundertäter namens Alexander dem Paphlagonier. Dieser Mann heilte die Kranken und sagte die Zukunft voraus, wobei er sich kleine Abstecher ins Erpresserische leistete. Sein Ruhm kam Marc Aurel zu Ohren, der damals an der Donau mit den Markomannen kämpfte. Der Kaiser befragte ihn, wie er den Krieg gewinnen könne, und erhielt die Antwort, wenn er zwei Löwen in die Donau würfe, würde es einen großen Sieg geben. Er befolgte den Rat des Sehers; es waren jedoch die Markomannen, die den großen Sieg davontrugen. Trotz dieses Mißgeschicks nahm Alexanders Ruhm ständig zu. Rutilianus, ein prominenter Römer im Rang eines Konsuls, der ihn schon mehrfach wegen verschiedener Dinge befragt hatte, ersuchte ihn schließlich auch um Rat, als er sich zu verheiraten gedachte. Alexander hatte sich wie Endymion der Gunst der Mondgöttin erfreut und von ihr eine Tochter, die das Orakel dem Rutilianus empfahl. »Rutilianus, der damals 60 Jahre zählte, fügte sich sogleich dem göttlichen Gebot und feierte seine Hochzeit, wobei er seiner himmlischen Schwiegermutter ganze Hekatomben opferte.«[4]

Bedeutender als die Karriere Alexanders des Paphlagoniers war die Regierung des Kaisers Elogabalus oder Heliogabalus (218–222 n. Chr.), der syrischer Sonnenpriester gewesen war, bis ihn das Heer zum Kaiser wählte. Auf seinem langsamen Marsch von Syrien nach Rom wurde ihm sein Bildnis vorangetragen, das der Senat zum Geschenk erhalten sollte. »Er war in seinen Priestergewändern von Seide und Gold nach der lose fallenden Mode der Meder und Phönizier ge-

---

3 Vergl. Cumont, *Les Religions orientales dans le paganisme romain.*
4 Benn, *The Greek Philosophers*, Band 11, S. 226.

malt; eine hohe Tiara krönte sein Haupt, seine zahlreichen Halsketten und Armbänder trugen Gemmen von unschätzbarem Wert. Seine Augenbrauen waren geschwärzt und seine Wangen mit künstlichem Rot und Weiß bemalt. Die gesetzten Senatoren gestanden sich seufzend, daß Rom, nachdem es lange die strenge Tyrannis der eigenen Landsleute erduldet hatte, sich nun auch noch unter den verweichlichten Luxus des orientalischen Despotismus beugen müsse.«[5] Gestützt auf einen großen Teil des Heeres, machte er sich mit fanatischem Eifer daran, die religiösen Bräuche des Orients in Rom einzuführen; er trug den Namen des Sonnengottes, der in Emesa verehrt wurde, wo er Oberpriester gewesen war. Seine Mutter oder Großmutter, die eigentliche Regentin, erkannte, daß er zu weit gegangen war; sie setzte ihn zugunsten ihres Neffen Alexander (222–235) ab, dessen orientalische Neigungen etwas gemäßigter waren. Welches Glaubensgemisch zu seiner Zeit möglich war, kam in seiner Privatkapelle zum Ausdruck; er hatte darin Statuen von Abraham, Orpheus, Apollonius von Tyana und Christus aufgestellt.

Die Mithrasreligion, die persischen Ursprungs war, machte dem Christentum vor allem in der zweiten Hälfte des dritten Jahrhunderts n. Chr. starke Konkurrenz. Bei ihren verzweifelten Versuchen, das Heer in der Hand zu behalten, erkannten die Kaiser, daß vielleicht die Religion die so notwendige Stabilität herbeiführen könnte; es mußte dann aber eine von diesen neuen Religionen sein, da die Soldaten sie bevorzugten. Der Mithraskult wurde in Rom eingeführt und hatte viel Anziehendes für soldatische Gemüter. Mithras war ein Sonnengott, jedoch nicht so verweichlicht wie sein syrischer Kollege; seine Sache war der Krieg, der große Kampf zwischen Gut und Böse, der seit Zoroaster zum persischen Glauben gehörte. Bei Rostovtzeff[6] ist ein Bas-Relief reproduziert, das uns zeigt, wie er verehrt wurde; es war in einem unterirdischen Heiligtum nahe Heddernheim in Deutschland aufgefunden worden und beweist, daß er unter den Soldaten zahlreiche Anhänger nicht nur im Morgen-, sondern auch im Abendland gehabt hat.

Die Einführung des Christentums durch Konstantin war ein politischer Erfolg, während frühere Versuche, eine neue Religion durchzusetzen, fehlgeschlagen waren; dabei hatten sie vom Herrscher aus gesehen mit seinem Versuch viel Ähnlichkeit. Alle erblickten gleichermaßen ihre Erfolgschance im Unglück und in der Schwäche der römischen Welt. Die traditionellen Religionen Griechenlands und Roms eigneten sich für Menschen, die an der irdischen Welt hingen und sich ein Glück auf Erden erhofften. Asien hatte längere Erfahrung in der Verzweiflung und ein wirksameres Gegengift in Form von Jenseitshoffnungen entwickelt, jedoch ging vom Christentum die stärkste Trostwirkung

---

5 Gibbon, VI. Kapitel.
6 Rostovtzeff, *History of The Ancient World*, Band II, S. 343.

aus. Aber das Christentum hatte, bis es Staatsreligion wurde, viel Griechisches in sich aufgenommen und trug es, zusammen mit dem jüdischen Element, für die Folgezeit in das Abendland.

3. *Die Vereinigung von Herrschaft und Kultur.* Wir haben es zunächst Alexander und dann Rom zu verdanken, daß die Errungenschaften der griechischen Blütezeit nicht wie die der minoischen Kultur der Welt verlorengegangen sind. Wäre im fünften Jahrhundert v. Chr. zufällig ein Dschingis-Khan erstanden, so hätte er möglicherweise alles, was in der hellenischen Welt bedeutend war, zerstört; wäre Xerxes etwas tüchtiger gewesen, dann hätte die griechische Kultur sich wohl nie zu der Höhe entwickelt, die sie nach seiner Niederlage erreichte. Man denke an die Zeit von Aischylos bis Plato: Alles, was damals geschah, wurde von dem kleineren Teil der Bevölkerung einiger Handelsstädte vollbracht. Wie die Zukunft lehren sollte, vermochten diese Städte fremden Eroberungsgelüsten keinen großen Widerstand zu leisten; aber dank einem ungewöhnlichen Glücksfall waren ihre Eroberer, Makedonier und Römer, Philhellenen und zerstörten nicht, was sie erobert hatten, wie es Xerxes oder Karthago getan hätten. Daß wir erfahren durften, was die Griechen in Kunst, Literatur, Philosophie und Wissenschaft geleistet haben, danken wir den abendländischen Eroberern, die derart sichere Verhältnisse schufen; sie hatten so viel Verstand, die Kultur, zu deren Herren sie sich gemacht hatten, zu bewundern und dabei ihr möglichstes zu tun, sie zu erhalten.

Die Philosophie, als deren Urheber Alexander und die Römer gelten können, war in gewisser politischer und ethischer Beziehung besser als alle philosophischen Theorien, die die Griechen in den Tagen ihrer Freiheit verkündet hatten. Die Stoiker glaubten, wie wir gesehen haben, an die Brüderlichkeit der Menschen und beschränkten sich in ihrer Sympathie nicht auf die Griechen. Durch die lange Dauer der römischen Macht gewöhnten sich die Menschen an die Vorstellung einer einzigen Kultur unter einer einzigen Herrschaft. *Wir* allerdings wissen, daß es bedeutende Teile der Erde gab, die Rom nicht untertan waren – insbesondere Indien und China. Für die Römer aber schien es außerhalb des Reiches nur mehr oder minder barbarische Stämme zu geben, die man unterwerfen konnte, wenn es der Mühe wert war. Nach römischer Auffassung war das Imperium nicht nur in der Idee, sondern tatsächlich ein Weltreich. Dieser Gedanke ging auf die Kirche über, die trotz der Buddhisten, Konfuzianer und (später) Mohammedaner »katholisch« war. *Securus judicat orbis terrarum* ist ein Grundsatz, den die Kirche von den späteren Stoikern übernahm; er dankt seine suggestive Kraft der scheinbaren Universalität des römischen Reiches. Während des ganzen Mittelalters nach der Zeit Karls des Großen blieben die Kirche und das Heilige Römische Reich in der Idee weltumfassend, obwohl jeder wußte, daß sie es tatsächlich nicht waren. Die Vorstellung von der Menschheit als *einer* Familie, *einer* katholischen Religion, *einer* Universalkultur und *eines* weltweiten Staates hat stets in den Köpfen der Menschen gespukt, seit sie einmal von Rom fast verwirklicht worden war.

Bei der Ausbreitung der Kultur hat Rom eine ungeheuer bedeutende Rolle gespielt. Norditalien, Spanien, Frankreich und Teile von Westdeutschland wurden infolge der gewaltsamen Eroberung durch römische Legionen der Kultur gewonnen. Es erwies sich, daß alle diese Gebiete einer Kultur gleich hohen Niveaus fähig waren wie Rom selbst. In den letzten Tagen des weströmischen Reichs brachte Gallien Männer hervor, die ihren Zeitgenossen in älteren Kulturzonen mindestens ebenbürtig waren. Nur weil Rom die Kultur in die Weite getragen hatte, vermochten die Barbaren die Welt bloß zeitweilig zu beschatten, ohne anhaltende Finsternis zu bewirken. Es mag eingewendet werden, daß die Kultur *qualitativ* nie wieder jenen Stand wie zur Zeit des Perikles in Athen erreichte; in Perioden des Krieges und der Vernichtung ist jedoch Quantität auf die Dauer fast ebenso wichtig wie Qualität, und diese Quantität war Rom zu verdanken.

4. *Die Mohammedaner als Mittler des Hellenismus.* Im siebenten Jahrhundert eroberten die Anhänger des Propheten Syrien, Ägypten und Nordafrika, im darauffolgenden Jahrhundert Spanien. Die Siege waren leicht, die Kämpfe unbedeutend. Nur während der ersten paar Jahre vielleicht waren die Mohammedaner Fanatiker; sonst blieben Christen und Juden unbehelligt, solange sie ihren Tribut zahlten. Sehr bald machten sich die Araber die Kultur des oströmischen Reiches zu eigen; es geschah jedoch mit der Hoffnungsfreudigkeit einer aufsteigenden Macht, nicht mit der Müdigkeit, die eine Folge des Verfalls ist. Ihre Gelehrten lasen griechische Autoren in der Übersetzung und schrieben Kommentare. Aristoteles kam in erster Linie durch sie zu seinem Ruf; in der Antike stellte ihn niemand auf eine Stufe mit Plato.

Es ist lehrreich, einige der Wörter zu betrachten, die wir aus dem Arabischen übernommen haben, zum Beispiel Algebra, Alkohol, Alchimie, Alembic, Alkali, Azimut, Zenith. Mit Ausnahme von »Alkohol« – womit ein in der Chemie verwendeter Stoff, kein Getränk gemeint war – veranschaulichen diese Wörter deutlich, welche Dinge wir den Arabern verdanken. Die Algebra wurde zwar von den alexandrinischen Griechen erfunden, jedoch von den Mohammedanern ausgebaut. »Alchimie«, »Alembic«, »Alkali« sind Wörter, die mit dem Versuch, unedle Metalle in Gold umzuwandeln, zusammenhängen; die Mohammedaner beriefen sich dabei auf die griechische Philosophie.[7] »Azimut« und »Zenith« sind astronomische Begriffe, von den Arabern hauptsächlich in Verbindung mit der Astrologie benutzt.

Die etymologische Methode läßt jedoch nicht klar erkennen, wieviel von unserer Kenntnis der griechischen Philosophie auf die Araber zu-

---

7 Vergl. *Alchemy, Child of Greek Philosophy*, von Arthur Hopkins, Columbia 1934.

rückgeht; als man nämlich die griechische Philosophie in Europa wieder zu studieren begann, wurden die erforderlichen technischen Ausdrücke dem Griechischen oder Lateinischen entnommen. Auf philosophischem Gebiet waren die Araber stärker im Kommentieren als im ursprünglichen Denken. Für uns sind sie bedeutend, weil sie und nicht die Christen die unmittelbaren Erben dessen waren, was das östliche Reich an griechischer Tradition lebendig erhalten hatte. Durch den Kontakt mit den Mohammedanern in Spanien und in geringerem Maße in Sizilien wurde das Abendland auf Aristoteles aufmerksam, desgleichen auf arabische Ziffern, Algebra und Chemie. Aus dieser Berührung erblühte im elften Jahrhundert neue Gelehrsamkeit, die zu der scholastischen Philosophie führte. Später, vom dreizehnten Jahrhundert an, erschloß das Studium des Griechischen den Menschen den unmittelbaren Zugang zu den Werken Platos, Aristoteles' und anderer griechischer Autoren der Antike. Wenn aber nicht die Araber die Tradition gewahrt hätten, wären die Menschen der Renaissance kaum darauf gekommen, wieviel für sie durch die Wiederbelebung der klassischen Gelehrsamkeit zu gewinnen war.

30. KAPITEL

Plotin

Plotin (204–270 n. Chr.), der Begründer des Neuplatonismus, ist der letzte große Philosoph der Antike. Sein Leben umfaßte beinahe den gleichen Zeitraum wie eine der verhängnisvollsten Perioden der römischen Geschichte. Kurz vor seiner Geburt war sich das Heer seiner Macht bewußt geworden und dazu übergegangen, zum Kaiser zu wählen, wer es dafür entsprechend zu entlohnen verstand; es pflegte die Cäsaren dann später zu ermorden, um neue Gelegenheiten zu schaffen, das Reich zu verkaufen. Da die Soldaten darin ihre Hauptbeschäftigung sahen, wurden sie unfähig, die Grenzen zu verteidigen und ermöglichten daher den Germanen von Norden und den Persern von Osten starke Invasionen. Krieg und Pest setzten die Bevölkerungszahl etwa um ein Drittel herab, während erhöhte Steuern und verminderte Einnahmen den finanziellen Ruin selbst der von feindlichen Einfällen verschonten Provinzen zur Folge hatten. Die Städte, als Träger der Kultur, waren besonders hart betroffen; die vermögenden Bürger ergriffen in Scharen die Flucht, um dem Steuereinnehmer zu entgehen. Erst nach dem Tode Plotins wurde die Ordnung wiederhergestellt und das Imperium durch die energischen Maßnahmen Diokletians und Konstantins noch für eine Weile gerettet.

All das wird in Plotins Werken nicht erwähnt. Er wandte sich von diesem Schauspiel des Untergangs und Elends in der wirklichen Welt ab, um sich der Betrachtung einer ewigen Welt der Güte und Schönheit hinzugeben. Hierin erging es ihm wie jedem wahrhaft ernsten Menschen seiner Zeit. Für sie alle, Christen wie Heiden, schien es in diesem Leben keine Hoffnung mehr zu geben; nur die jenseitige Welt war ihnen der Hingabe wert. Die Christen sahen in der anderen Welt das himmlische Königreich, dessen Freuden man nach dem Tode genießen dürfe; für den Platoniker war sie das ewige Reich der Ideen, die wirkliche Welt im Gegensatz zur Welt des trügerischen Scheins. Christliche Theologen verneinten diese beiden Auffassungen und übernahmen vieles von der plotinschen Philosophie. In seinem unschätzbaren Buch über Plotin betont Dean Inge mit Recht, was das Christentum ihm verdankt. Er sagt, »der Platonismus gehört zur Wesensstruktur der christlichen Theologie, und ich wage zu behaupten, daß keine andere Philosophie sich reibungslos damit verträgt«. Es sei »völlig unmöglich, den Platonismus aus dem Christentum herauszulösen, ohne es dabei in Stücke zu reißen«. Er verweist darauf, daß Augustin von Platos System als »dem reinsten und klarsten der ganzen Philosophie« und von Plotin als einem Menschen spricht, in dem »Plato wiedererstanden ist«; bei etwas längerem

Leben hätte er »nur ein paar Worte und Sätze abzuändern brauchen, um Christ zu werden«. Nach Dean Inge steht Thomas von Aquino »Plotin näher als dem *wirklichen* Aristoteles«.

Plotin ist demnach historisch bedeutend durch seinen gestaltenden Einfluß auf das Christentum des Mittelalters und der katholischen Theologie. Wenn der Historiker vom Christentum spricht, muß er sorgfältig beachten, wie viele sehr starke Wandlungen es durchgemacht hat und was für vielfältige Formen es allein schon in einer Epoche annehmen kann. Im Christentum der synoptischen Evangelien fehlt die Metaphysik fast ganz. Im modernen Amerika gleicht es darin dem Urchristentum; der Platonismus ist dem populären Denken und Fühlen der Vereinigten Staaten fremd; die meisten amerikanischen Christen sind weit mehr mit ihren Pflichten hienieden und dem sozialen Aufstieg in der Alltagswelt beschäftigt als mit den Jenseitshoffnungen, die die Menschen trösteten, wenn alles Irdische sie mit Verzweiflung erfüllte. Ich spreche nicht von einer Umwandlung des Dogmas, sondern von der unterschiedlichen Bewertung und dem verschiedenen Grad des Interesses. Wenn ein moderner Christ nicht erkennt, wie groß dieser Unterschied ist, wird er das Christentum der Vergangenheit nicht verstehen können. Da wir uns mit Geschichte beschäftigen, müssen wir uns für den tatsächlichen religiösen Glauben vergangener Jahrhunderte interessieren, und da muß man durchaus dem beipflichten, was Dean Inge über den Einfluß Platos und Plotins sagt.

Plotin ist jedoch nicht *nur* historisch bedeutend. Von allen Philosophen ist er der beste Repräsentant eines wichtigen theoretischen Typs. Ein philosophisches System kann aus den verschiedensten Gründen als bedeutend gelten. Der erste und einleuchtendste ist, daß wir es für wahr halten. Gegenwärtig dürfte es nicht allzu viele Kenner der Philosophie geben, die so über Plotin denken; Dean Inge ist in dieser Beziehung eine seltene Ausnahme. Aber außer der Wahrheit kann eine Metaphysik noch andere Verdienste haben. Sie kann sich durch Schönheit auszeichnen, und gerade Schönheit ist gewiß bei Plotin zu finden; manche Stellen bei ihm erinnern an einen der letzten Gesänge von Dantes »Paradies« und haben sonst in der Literatur nahezu nicht ihresgleichen. Hin und wieder geschieht es, daß seine Schilderungen der ewigen Welt der Glorie

> Erscheinen unsrer hochgespannten Phantasie
> Wie jener Sang von reiner Harmonie,
> Der wohl ertönt zu Gottes höchsten Ehren
> Vor seinem blauen Thron in Himmelssphären.

Ferner kann eine Philosophie bedeutend sein, weil sie klar zum Ausdruck bringt, was Menschen in gewissen Stimmungen oder unter bestimmten Umständen zu glauben geneigt sind. Sich mit unkomplizierten Freuden und Schmerzen zu beschäftigen, ist nicht Sache der Philosophie, sondern eher der schlichteren Poesie und Musik. Nur aus Leiden und Freuden, die zu Reflexionen über das All führen, entstehen metaphysische Theorien. Ein Mensch kann ein heiterer Pessimist oder ein melancholischer Optimist sein. Vielleicht darf Samuel Butler als Repräsentant der ersten Gattung gelten; Plotin ist jedenfalls ein wunderbares Beispiel für die zweite. In einem Zeitalter wie dem seinen ist das Unglück etwas Unmittelbares und Niederdrückendes, während das Glück, wenn überhaupt erreichbar, in der Reflexion über Dinge, die jenseits der Sinneswahrnehmungen liegen, gesucht werden muß. Diese Art Glück zu erlangen setzt stets eine gewisse Anstrengung voraus; es unterscheidet sich daher stark vom naiven Glücklichsein des Kindes. Und da es nicht aus der Alltagswelt, sondern aus Denken und Imagination herrührt, bedarf man dazu der Kraft, die Sinnenwelt zu ignorieren oder gering zu schätzen. Jene Arten von metaphysischem Optimismus, die auf einem Glauben an die Wirklichkeit der übersinnlichen Welt beruhen, werden demnach nicht von Menschen erfunden, die instinkthaft glücklich zu sein vermögen. Unter denen, die im weltlichen Sinne unglücklich waren, jedoch unbeirrbar ein höheres Glück in der Welt der Theorie suchten, nimmt Plotin einen sehr hohen Rang ein.

Auch seine rein intellektuellen Fähigkeiten dürfen keineswegs unterschätzt werden. Er hat in vieler Hinsicht Klarheit in Platos Lehre gebracht und mit äußerster Konsequenz den theoretischen Typ entwikkelt, den er gemeinsam mit vielen anderen vertritt. Seine Argumente gegen den Materialismus sind vorzüglich; seine ganze Konzeption der Beziehung von Leib und Seele ist klarer als die platonische oder aristotelische.

Wie Spinoza kennzeichnet ihn eine besondere, sehr eindrucksvolle moralische Reinheit und Erhabenheit. Er ist immer aufrichtig, niemals aufdringlich oder kritisch, und stets unveränderlich darauf bedacht, dem Leser so einfach wie möglich mitzuteilen, was er für wichtig hält. Was man auch über ihn als theoretischen Philosophen denken mag, als Menschen jedenfalls muß man ihn unbedingt lieben.

Was wir von Plotins Leben wissen, erfahren wir aus der Biographie seines Freundes und Schülers Porphyrius, eines Semiten, der eigentlich Malchus hieß. Diese Darstellung enthält jedoch manches Mirakelhafte, wodurch auch die Zuverlässigkeit der glaubwürdigen Teile in Frage gestellt wird.

Plotin hielt seine raum-zeitliche Erscheinung für unwichtig und mochte nicht über die Geschehnisse seiner historischen Existenz sprechen. Er gab jedoch an, in Ägypten geboren zu sein, und man weiß, daß er als Jüngling in Alexandrien studierte, wo er sich bis zum neununddreißigsten Lebensjahr aufhielt; sein dortiger Lehrer war Ammonius Saccas, den man häufig für den Gründer des Neuplatonismus hält. Sodann nahm Plotin an dem Feldzug Kaiser Gordians III. gegen die Perser teil, wie es hieß in der Absicht, die Religionen des Morgenlandes kennenzulernen. Der Kaiser war noch jung, als er, wie damals üblich, vom Heer ermordet wurde. Das geschah im Jahr 244 n. Chr. während seines Feldzuges in Mesopotamien. Daraufhin gab Plotin seine östlichen Pläne auf und ließ sich in Rom nieder, wo er bald zu lehren begann. Unter seinen Hörern waren viele einflußreiche Leute; auch erfreute er sich der Gunst des Kaisers Gallienus.[1] Einmal arbeitete er ein Projekt aus, Platos Staat in der Campagna erstehen zu lassen; zu diesem Zweck wollte er eine neue Stadt mit Namen Platonopolis erbauen. Der Kaiser begünstigte anfangs das Unternehmen, zog dann aber seine Einwilligung zurück. Es erscheint vielleicht seltsam, daß so nahe bei Rom Platz für eine neue Stadt gewesen sein sollte, aber wahrscheinlich war die Gegend zu jener Zeit malariaverseucht wie heute, zuvor jedoch nicht. Bis zum Alter von neunundvierzig Jahren schrieb Plotin nichts, dann aber sehr viel. Seine Werke wurden geordnet und herausgegeben von Porphyrius, der dem Pythagoreismus näher stand als Plotin; durch ihn wurde die neuplatonische Schule stärker supranaturalistisch, als es der Fall gewesen wäre, wenn sie sich treulicher an Plotin gehalten hätte.

Plotin empfindet vor Plato sehr große Ehrfurcht, auf ihn wird gewöhnlich mit »Er« angespielt. Im allgemeinen behandelt er die »seligen Alten« verehrungsvoll, nimmt von dieser Verehrung jedoch die Atomisten aus. Die Stoiker und Epikureer, die noch aktiv waren, werden angegriffen, die Stoiker nur wegen ihres Materialismus, die Epikureer um ihrer gesamten Philosophie willen. Aristoteles spielt eine größere Rolle als deutlich zutage tritt, da Plotin Anleihen, die er bei ihm macht, häufig nicht eingesteht. An vielen Stellen erkennt man auch den Einfluß des Parmenides.

Plotins Plato ist nicht so blutvoll wie der wirkliche Plato. Die Ideenlehre, die mystischen Doktrinen des *Phaidon* und des VI. Buches des *Staates* sowie die Erörterung der Liebe im *Symposion*: Das ist ungefähr alles, was von Plato in den *Enneaden* (wie die Bücher Plotins genannt werden) auftaucht. Die politischen Interessen, die Suche nach Definitionen für die einzelnen Tugenden, die Freude an der Mathematik, das dramatische und liebevolle Eingehen auf den einzelnen Menschen und vor allem das Spielerisch-Dichterische bei Plato fehlen gänzlich bei Plotin. Wie Carlyle sagte, gibt sich Plato »im himmlischen Jerusalem

---

1 Über Gallienus bemerkt Gibbon: »Er war ein Meister in vielen merkwürdigen, aber nutzlosen Künsten, ein gewandter Redner und eleganter Dichter, ein geschickter Gärtner, ein ausgezeichneter Koch, als Fürst aber durchaus abzulehnen. Als der große Notstand des Staates seine Gegenwart und Aufmerksamkeit dringend erforderte, war er gerade ganz von seinen Gesprächen mit dem Philosophen Plotin in Anspruch genommen und vergeudete seine Zeit mit läppischen oder ausschweifenden Vergnügungen, bereitete seine Einweihung in die griechischen Mysterien vor und beanspruchte einen Platz im Areopag von Athen.« (Kapitel X.)

wie zu Hause«; Plotin dagegen ist immer sehr auf bestes Benehmen bedacht.

Die Metaphysik geht von einer Heiligen Dreieinigkeit aus, dem Einen, dem Geist und der Seele. Diese Drei sind nicht gleichwertig wie die Gestalten der christlichen Dreifaltigkeit; das Eine steht am höchsten, dann kommt der Geist und zuletzt die Seele.[2]

Das Eine ist etwas schattenhaft. Zuweilen wird es Gott, zuweilen das Gute genannt; es ist mehr als das Sein, das gleich nach dem Einen kommt. Wir dürfen ihm keine Prädikate beilegen, sondern nur sagen, »Es ist«. (Das erinnert an Parmenides.) Es wäre falsch, von Gott als »dem All« zu sprechen, weil Gott mehr ist als das All. Gott ist durch alle Dinge hindurch gegenwärtig. Ohne je zu kommen, ist das Eine zugegen: »Während es nirgends ist, ist es doch nicht nirgends.« Obwohl manchmal von dem Einen als dem Guten gesprochen wird, hören wir auch, daß es den Vorrang vor dem Guten und Schönen hat.[3] Zuweilen scheint das Eine dem Aristotelischen Gott zu ähneln; wie wir erfahren, bedarf Gott keines von ihm Abgeleiteten und beachtet die geschaffene Welt nicht. Das Eine ist unerklärbar; wenn man schweigt, kommt man der Wahrheit darüber näher, als alle Worte es vermögen.

Wir gehen nun zur Zweiten Person über, die Plotin »*nous*« nennt. Es ist stets schwierig, das entsprechende Wort für *nous* zu finden. Die übliche Wörterbuchübersetzung lautet »Geist«, trifft jedoch nicht den Kern, vor allem dann nicht, wenn das Wort in religionsphilosophischem Zusammenhang gebraucht wird. Wollte man sagen, Plotin stelle den Geist über die Seele, so würde man damit einen ganz falschen Eindruck erwecken. Die Mathematik, das Reich der Ideen und alle gedankliche Beschäftigung mit dem, was nicht sinnlich ist, hat für Pythagoras, Plato und Plotin etwas Göttliches; sie gehen von dem Grundgesetz der Aktivität des *nous* aus oder zumindest von dem, was wir äußerstenfalls von seiner Aktivität begreifen können. Dieses intellektuelle Element in Platos Religion veranlaßte die Christen – vor allem den Verfasser des Johannes-Evangeliums -, Christus mit dem *Logos* zu identifizieren. *Logos* ist in diesem Zusammenhang mit »Vernunft« zu übersetzen; das bewahrt uns davor, für *nous* »Vernunft« zu sagen.

Nous ist, wie wir hören, das Abbild des Einen; es entsteht, weil das Eine, auf der Suche nach sich selbst, schauend ist; dieses Schauen ist der *nous*, ein schwieriger Begriff. Das Seiende, das keine Teile hat,

---

[2] Origenes, der ein Zeitgenosse Plotins war und den gleichen philosophischen Lehrer hatte, lehrte, daß die Erste Person über der Zweiten und die Zweite über der Dritten stände, worin er mit Plotin übereinstimmte. Origenes' Ansicht wurde jedoch später für ketzerisch erklärt.

[3] *Fünfte Enneade*, Fünftes Buch, Kapitel 12. Die Plotin-Zitate sind in der Übersetzung von H. F. Müller (Weidmannsche Buchhandlung, Berlin 1880) wiedergegeben. (Anm. d. Übers.)

kann sich selbst erkennen; in diesem Falle sind das Erkennende und das Erkannte eins. Bei Gott, den sich Plotin wie Plato analog zur Sonne vorstellt, ist der Lichtspender und das Erleuchtete dasselbe. Bleibt man bei dieser Analogie, dann kann der *nous* als das Licht angesehen werden, durch welches das Eine sich selbst erblickt. Es ist uns möglich, den göttlichen Geist zu erkennen; wir vergessen jedoch, dies zu tun, wenn wir uns nur auf das eigene Selbst konzentrieren. Um den göttlichen Geist zu erkennen, müssen wir die eigene Seele erforschen, wenn sie am gottähnlichsten ist: Wir müssen den Körper ausschalten und den Teil der Seele, der den Körper geformt hat und »die Sinne mit ihren Begierden und Impulsen und alles Nichtige dieser Art«; was dann übrigbleibt, ist ein Abbild des göttlichen Intellekts.

»Sondern wie die Begeisterten und Entzückten so viel wissen, *daß* sie ein Höheres in sich tragen, ohne zu wissen *was*, und wie sie aus dem, was sie in Erregung gebracht und zu Äußerungen veranlaßt hat, einen Eindruck von dem Erregenden entnehmen, während sie selbst andere sind als das Erregende: so wird auch wohl unser Verhältnis zu jenem sein, wenn wir den reinen Intellekt (nous) haben, indem wir ahnen, wie dieser Intellekt in uns ist, der Wesenheit und alles andere, was in dieser Reihe liegt, gibt, während er selbst dies nicht ist, sondern etwas Höheres als dies, was wir seiend nennen, ja noch mehr und größer, als wir vom Seienden aussagen, weil er selbst größer ist als Begriff und Denken und Empfinden, er, der dies darreicht, ohne selbst dies zu sein.«[4]

Wir schauen also, wenn wir »begeistert und entzückt« sind, nicht nur den *nous*, sondern das Eine. Während dieser Berührung mit dem Göttlichen können wir nicht vernünftig denken, noch unsere Schau in Worte fassen; das kommt später.

»Aber man muß in diesem Akt der Ergreifung durchaus weder Vermögen noch Ruhe haben zum Reden, erst später muß man darüber reflektieren und Schlüsse machen. Dann aber muß man glauben, geschaut zu haben, wenn die Seele urplötzlich Licht empfangen hat; denn dies kommt von ihm und ist er selbst (Gott); und dann eben muß man ihn für gegenwärtig halten, wenn er gleich einem anderen Gotte jemandes Anrufung, in das Haus eintretend, es erleuchtet; denn ist er nicht eingetreten, hat er auch nicht erleuchtet. So ist denn auch die Seele ohne Licht, wenn sie ohne jenen Gott ist; erleuchtet aber hat sie, was sie suchte, und dies ist der wahre Zweck der Seele, jenes Licht zu ergreifen und durch dasselbe das Licht zu schauen, nicht durch das Licht eines anderen ein anderes, sondern eben das, wodurch sie auch schaut. Denn wodurch sie erleuchtet wurde, das ist's, was sie schauen muß; sieht man doch auch die Sonne nicht durch ein anderes Licht.

Wie kann das nun wohl geschehen?

Tue alles hinweg (abstrahiere von allem)«.[5]

---

4 *Enneaden* V, 3, 14.

Das Erlebnis der »Ekstase« (das Heraustreten aus dem eigenen Leibe) hatte Plotin häufig:

»Oft, wenn ich aus dem Schlummer des Leibes zu mir selbst erwache und aus der Außenwelt heraustretend bei mir selber Einkehr halte, schaue ich eine wundersame Schönheit: ich glaube dann am festesten an meine Zugehörigkeit zu einer besseren und höheren Welt, wirke kräftig in mir das herrlichste Leben und bin mit der Gottheit eins geworden; ich bin dadurch, daß ich in sie hineinversetzt worden, zu jener Lebensenergie gelangt und habe mich über alles andere *Intelligible* emporgeschwungen; steige ich dann nach diesem Verweilen in der Gottheit zur Verstandestätigkeit aus der Vernunftanschauung herab, so frage ich mich, wie es zuging, daß ich jetzt herabsteige und daß überhaupt einmal meine Seele in den Körper eingetreten ist, obwohl sie doch das war, als was sie sich trotz ihres Aufenthalts im Körper, an und für sich betrachtet, offenbarte.«[6]

Damit kommen wir zur Seele, dem dritten und untersten Glied der Dreieinigkeit. Wenn die Seele auch etwas Geringeres ist als der *nous*, so ist sie doch die Urheberin alles Lebenden; sie schuf Sonne, Mond und Sterne und die ganze sichtbare Welt. Sie ist aus dem göttlichen Intellekt hervorgegangen. Sie ist zweifach: Die innere Seele ist auf den *nous* gerichtet und eine andere ist nach außen gekehrt. Diese hängt mit einer abwärtsführenden Bewegung zusammen, in der die Seele ihr Bild, nämlich die Natur und die Sinnenwelt, erzeugt. Die Stoiker hatten die Natur mit Gott identifiziert; Plotin sieht jedoch in ihr die unterste Sphäre, eine Emanation der Seele, wenn sie vergißt, zum *nous* emporzublicken. Man könnte dabei an die gnostische Ansicht denken, daß die Welt schlecht sei; aber Plotin teilt nicht diese Auffassung. Die sichtbare Welt ist schön und von seligen Geistern bewohnt; sie ist nur weniger gut als die intellektuelle Welt. In einem sehr interessanten Streitgespräch über die gnostische Ansicht, der Kosmos und sein Schöpfer seien böse, gibt er zu, daß einige Teile der gnostischen Lehre, beispielsweise der Haß auf die Materie, wohl Plato zuzuschreiben wären, daß aber andere Teile, die nicht von Plato stammen, unzutreffend seien. Gegen den Gnostizismus hat er zweierlei einzuwenden. Einmal sagt er, wenn die Seele die materielle Welt schaffe, so täte sie es aus der Erinnerung an die göttliche Welt heraus und nicht, weil sie gefallen sei; die Sinnenwelt, meint er, sei so gut, wie eine sinnliche Welt nur sein könne. Er hat ein starkes Gefühl für die Schönheit der von den Sinnen wahrgenommenen Dinge:

»Was wäre das für ein Musiker, der, wenn er die Harmonie im *Intelligiblen* geschaut hat, nicht ergriffen würde von der Harmonie in den sinnlich wahrnehmbaren Tönen? Oder wie kann jemand sich auf Geo-

---

5 *Enneaden* V, 3, 17.
6 *Enneaden* V, 8, 1.

metrie oder Arithmetik verstehen, der sich nicht freute, sobald er Symmetrie, Analogie und die Prinzipien der Ordnung mit sehenden Augen erblickt? Tatsache ist es ja, daß selbst bei bildlichen Darstellungen diejenigen, welche mit ihren Augen die Werke der Kunst sehen, keineswegs in gleicher Weise denselben Gegenstand sehen, sondern wenn sie im sinnlich Wahrnehmbaren eine Nachahmung des in der Idee Befindlichen erkennen, dann werden sie wie aufgeregt; dann wird in ihnen die Idee des Wahrhaften und Wesentlichen lebendig; und aus solchen Eindrücken entstehen denn auch die Empfindungen der Liebe. Also wer Schönheit auf einem Antlitz schön ausgeprägt findet, fühlt sich zu ihr hingezogen: und jemand wollte so trägen Geistes und so gleichgültig sein, daß er beim Anblick all des Schönen in der sinnlichen Welt, all der Symmetrie und hohen Regelmäßigkeit, der an den Gestirnen trotz ihrer Entfernung erscheinenden Form, nicht daran abnehmen und beherzigen wollte, wie herrliche Dinge dies und ihre Urbilder sind? Dann hat er weder über dieses gründlich nachgedacht noch jene geschaut« (II, 9, 16).

Aber die gnostische Ansicht wird noch aus einem anderen Grunde abgelehnt. Die Gnostiker meinen, daß Sonne, Mond und Sterne nichts mit dem Göttlichen zu tun hätten; sie seien von einem bösen Geist erschaffen. Von allen wahrgenommenen Dingen wohne allein der menschlichen Seele von Güte etwas inne. Plotin dagegen ist fest davon überzeugt, daß sich in den Gestirnen gottähnliche Wesen verkörpern, die unendlich viel höher stehen als der Mensch. Die Gnostiker erklären, »daß sie ihre eigene Seele unsterblich und göttlich nennen, selbst die der schlechtesten Menschen, vom ganzen Himmel dagegen und den Gestirnen an ihm, die doch aus viel schöneren und reineren Elementen bestehen, behaupten, sie hätten keinen Teil an der unsterblichen Seele« (II, 9, 5).

Plotins Anschauung läßt sich durch den *Timaios* belegen, und einige Kirchenväter, beispielsweise Origenes, bekannten sich zu ihr. Sie wirkt sehr anziehend auf die Phantasie; sie bringt Empfindungen, welche die Himmelskörper erwecken, zum Ausdruck und nimmt dem Menschen teilweise das Gefühl seiner völligen Verlassenheit im physischen Universum.

Plotins Mystizismus ist nicht grau und trübe, sondern für Schönheit aufgeschlossen. Auf viele Jahrhunderte hinaus ist Plotin der letzte der religiösen Lehrer, von dem sich das sagen läßt. Von nun an begann man, die Schönheit und alle mit ihr verbundenen Freuden für Teufelswerk zu halten; es kam so weit, daß Christen wie Heiden das Häßliche und den Schmutz verherrlichten. Julian Apostata rühmte sich, gleich anderen orthodoxen Heiligen seiner Zeit, wie bevölkert sein Bart sei. All das gibt es bei Plotin nicht.

Die Materie wird von der Seele erschaffen und besitzt keine unabhängige Wirklichkeit. Jede Seele hat ihre Stunde; schlägt sie, so steigt die

Seele herab und geht in den für sie geeigneten Körper ein. Der Beweggrund dafür ist nicht Vernunft, vielmehr etwas dem sexuellen Begehren Ähnliches. Verläßt die Seele den Körper, so muß sie in einen anderen Körper eingehen, sofern sie sündig war; denn die Gerechtigkeit verlangt, daß sie bestraft werde. Wenn man in diesem Leben seine Mutter umgebracht hat, ist man im nächsten Leben eine Frau, die von ihrem Sohn ermordet wird (III, 2, 13). Sünde muß bestraft werden; das vollzieht sich jedoch ganz natürlich; den unaufhörlichen Antrieb dazu geben die Verfehlungen des Sünders.

Erinnern wir uns nach dem Tode dieses Lebens? Die Antwort ist vollkommen logisch, entspricht aber nicht dem, was moderne Theologen sagen würden. Die Erinnerung bezieht sich auf unser zeitliches Leben, während unser bestes und wahrstes Leben in der Ewigkeit liegt. Je mehr daher die Seele dem ewigen Leben entgegenwächst, um so weniger wird sie sich erinnern; Freunde, Kinder, Gattin wird sie allmählich vergessen; schließlich wissen wir nichts mehr von den Dingen dieser Welt, leben vielmehr nur noch der Kontemplation des geistigen Bereichs. Es gibt keine Erinnerung mehr an die Persönlichkeit, die in kontemplativer Schau ihrer selbst nicht länger gewahr wird. Die Seele wird eins mit dem *nous*, aber nicht, um zerstört zu werden; der *nous* und die individuelle Seele werden gleichzeitig zwei *und* eines sein (IV, 4, 2).

In der *Vierten Enneade*, die von der Seele handelt, ist ein Abschnitt, der Siebente Traktat, der Erörterung der Unsterblichkeit gewidmet.

Der Körper ist, da zusammengesetzt, offensichtlich nicht unsterblich; weil er ein Teil von uns ist, sind wir nicht ganz unsterblich. In welcher Beziehung steht jedoch die Seele zum Körper? Aristoteles, der nicht ausdrücklich genannt ist, sagte, die Seele sei die Form des Körpers; Plotin aber verwirft diese Ansicht, weil die Vernunfttätigkeit unmöglich sei, wenn die Seele irgendeine Form des Körpers wäre. Die Stoiker halten die Seele für materiell, doch beweist die Einheit der Seele, daß dies undenkbar ist. Überdies kann sich die Materie nicht selbst geschaffen haben, da sie passiv ist; die Materie könnte nicht sein, wenn die Seele sie nicht erschaffen hätte, und wenn die Seele nicht wäre, würde die Materie augenblicklich verschwinden. Die Seele ist weder Materie noch Form eines materiellen Körpers, sondern Wesen, und Wesen ist ewig. Diese Ansicht ist bereits in Platos Argument enthalten, daß nämlich die Seele unsterblich ist, weil die Ideen ewig sind; ausdrücklich betont hat es aber erst Plotin.

Wie geht die Seele aus der Abgeschlossenheit der intelligiblen Welt in den Körper ein? Die Antwort lautet, durch das Begehren. Aber obwohl das Begehren bisweilen etwas Unedles ist, kann es auch verhältnismäßig edel sein. Im besten Falle hat die Seele »das Verlangen, eine Ordnung nach dem Vorbild dessen zu schaffen, was sie im intellektuellen Prinzip (*nous*) gesehen hat«. Das heißt, die Seele betrachtet den inneren Bereich des Wesens und wünscht, etwas ihm möglichst Ähnliches hervorzubringen, das äußerlich, nicht nur innerlich sichtbar ist; wie etwa ein Komponist sich zuerst seine Musik vorstellt und sie dann von einem Orchester ausgeführt zu hören wünscht.

Aber dieses Schaffensverlangen der Seele führt zu unglücklichen Ergebnissen. Solange sie in der reinen Welt des Wesens wohnt, ist sie von anderen, in der gleichen Welt lebenden Seelen nicht getrennt; sobald sie sich aber mit einem Körper vereinigt, hat sie die Aufgabe, etwas zu beherrschen, was geringer ist als sie, und wird dadurch von anderen Seelen in anderen Körpern isoliert. Die Seele ist stets an den Körper gekettet, und nur wenige Menschen erleben in seltenen Augenblicken davon eine Ausnahme. »Der Körper verdunkelt die Wahrheit, dort[7] aber ist alles und jedes klar« (IV, 9, 5).

Bei dieser wie bei Platos Lehre kann man sich kaum des Gedankens erwehren, daß die Schöpfung ein Fehler war. Die Seele in ihrer Vollkommenheit findet ihr Genügen im *nous*, der Welt des Wesens; wäre sie immer vollkommen, so würde sie nicht schaffen, sondern sich der Kontemplation hingeben. Der Schöpfungsakt ist offenbar nur dadurch zu entschuldigen, daß die erschaffene Welt im großen und ganzen die logisch denkbar beste ist; sie ist jedoch ein Abbild der ewigen Welt und ist so schön, wie ein Abbild sein kann. Die deutlichste Darstellung findet sich in dem Traktat über die Gnostiker (II, 9, 8):

»Die Frage: Weshalb hat die Seele geschaffen? ist ebenso unstatthaft wie die: Weshalb ist die Seele? und: Weshalb hat der *Demiurg* geschaffen? Das heißt erstens einen zeitlichen Anfang annehmen von dem, was ewig ist, und zweitens meinen, der *Demiurg* sei durch eine Wandlung und einen Übergang aus einem Zustand in einen anderen der Urheber der Weltbildung geworden.

Man muß sie also, falls sie es wohlwollend aufnehmen wollen, belehren, welches die Natur dieser *intelligiblen* Prinzipien ist, damit sie aufhören, das Ehrwürdige zu schmähen, womit sie rasch zur Hand sind, statt mit gebührender Vorsicht zu verfahren.

Kann doch auch niemand die Verwaltung des Weltalls mit Recht tadeln, da sie erstlich die Größe der *intelligiblen* Natur an den Tag legt.

Ja, wenn das All so ins Leben getreten ist, daß sein Leben kein unentwickeltes ist – wie die kleineren Geschöpfe in ihm, die durch die Fülle des Lebens fortwährend Tag und Nacht erzeugt werden –, sondern wenn es ein zusammenhängendes, mannigfaltiges und überallhin ausgebreitetes Leben ist, welches unendliche Weisheit offenbart: Wie sollte man es nicht als ein deutliches und schönes Bild der intelligiblen Götter bezeichnen? Wenn es als Nachahmung nicht jenes ist, so ist das ganz naturgemäß, denn sonst würde es keine Nachahmung sein. Daß aber die Nachahmung eine unähnliche sei, ist falsch; denn nichts ist weg-

---

[7] Plotin gebraucht dieses Wort gewöhnlich wie ein Christ – wie etwa in den Zeilen: »Dort währt das Leben ewig / Und Tränen gibt es nicht.«

gelassen, was möglicherweise ein schönes, natürliches Bild haben konnte.

Es war nämlich eine Notwendigkeit, daß die Nachahmung nicht im Wege der Reflexion und Kunst erzielt wurde, weil eben das Intelligible nicht das letzte sein konnte. Vielmehr mußte die Wirksamkeit desselben eine doppelte sein, einmal in sich, dann auf ein anderes. Es mußte also etwas nach ihm sein, denn allein das Allerkraftloseste hat keine Stufe nach sich.«

Das ist vielleicht die beste Antwort auf die gnostische Theorie, die nach Plotins Prinzipien möglich ist. Das Problem wurde in leicht veränderter Formulierung von den christlichen Theologen übernommen; auch sie sahen eine Schwierigkeit darin, der Schöpfung gerecht zu werden, ohne den blasphemischen Schluß zuzulassen, daß dem Schöpfer zuvor etwas gemangelt habe. Sie hatten es dabei sogar schwerer als Plotin, denn er kann sagen, das Wesen des Geistes habe die Schöpfung unvermeidlich gemacht, während die Welt für den Christen aus dem ungehinderten Walten des freien göttlichen Willens hervorgegangen ist.

Plotin hat ein sehr lebhaftes Gefühl für eine gewisse abstrakte Schönheit. Er beschreibt die Mittelstellung des Geistes zwischen dem Einen und der Seele und verfällt dabei plötzlich in eine seltene Beredsamkeit:

»Denn jener durfte nicht auf einem Unbeseelten einherschreiten, auch wieder nicht unmittelbar auf der Seele uns entgegentreten; sondern es mußte eine gewaltig große Schönheit vor ihm hergehen, wie vor einem großen Könige auf dem Wege vor ihm her zuerst das geringere Volk, dann kommt immer das größere und geehrtere nach diesem, und das um den König ist bereits königlicher, dann folgt nach ihm das würdigste, und hinter allem diesem erscheint plötzlich der große König: Die aber huldigen und neigen sich zur Erde, ausgenommen die, welche etwa zufrieden mit dem Anblick des Aufzugs vor dem Könige weggegangen sind« (I, 5, 3).

In einem Traktat über die Schönheit des Geistes kommt das gleiche Gefühl zum Ausdruck:

»Denn ehrwürdig sind die Götter alle und schön, und ihre Schönheit ist unendlich. Aber was ist es, wodurch sie so schön sind? Nur die Vernunft oder vielmehr die in ihnen sich zur Erscheinung auswirkende Vernunft...

Auch das ›leicht leben‹ ist dort anzutreffen, und die Wahrheit ist ihnen Mutter und Amme und Sein und Nahrung, und sie sehen alles, nicht als die Werdenden, sondern als die Seienden, und sie sehen sich in anderen; denn alles ist klar und durchsichtig, nichts dunkel oder widerstrebend, sondern jeder ist jedem offenbar nach innen und durch alles hindurch, denn ›Licht zu Licht‹ heißt's dort. Es hat auch jeder jedes in sich selbst, und wiederum sieht er in dem anderen alles, so daß überall alles und alles ist, alles und jedes alles und unermeßlich der Glanz; denn jedes an ihnen ist groß, so auch das Kleine groß und die

Sonne dort die Gesamtheit der Gestirne und jedes Gestirn wieder Sonne und alles. An einem jeden ragt ein anderes hervor, es zeigt aber zugleich alles.«

Zu der Unvollkommenheit, die der Welt unvermeidlicherweise innewohnt, weil sie nur ein Abbild ist, tritt für Plotin wie für die Christen noch das positivere Übel, das sich aus der Sünde ergibt. Sünde ist eine Folge der Willensfreiheit, wie Plotin im Gegensatz zu den Deterministen und vor allem zu den Astrologen behauptet. Er wagt es nicht, der Astrologie jede Berechtigung abzustreiten, versucht jedoch, sie einzuschränken, um den Rest mit der Willensfreiheit in Einklang bringen zu können. Ebenso verfährt er mit der Magie; er sagt, dem Weisen könne die Macht des Magiers nichts anhaben. Porphyrius berichtet, ein philosophischer Rivale habe sich bemüht, Plotin mit bösem Zauber zu belegen; dank Plotins Heiligkeit und Weisheit sei jedoch der Zauber auf den Rivalen zurückgefallen. Porphyrius und alle Anhänger Plotins sind weit abergläubischer als er selbst. Er war so frei von Aberglauben, wie man es damals nur sein konnte.

Wir wollen nun versuchen, die Vorzüge und Nachteile der Doktrin zusammenzufassen, die Plotin vertrat und die die christliche Theologie, solange sie systematisch und intellektuell blieb, im großen und ganzen gelten ließ.

Zuerst und vor allem hat Plotin ein System aufgebaut, das er für einen sicheren Hort der Ideale und Hoffnungen hielt und das zudem moralische und ethische Bemühung bedingte. Im dritten Jahrhundert sowie in den Jahrhunderten nach der Barbareninvasion drohte der abendländischen Kultur völlige Vernichtung. Da sich die geistige Aktivität fast nur noch in der Theologie erhalten hatte, war es ein Glück, daß das anerkannte System nicht aus reinem Aberglauben bestand; es ließ vielmehr, wenn auch bisweilen stark verschüttet, Doktrinen fortleben, die einen großen Teil der griechischen Geistesarbeit und viel von dem moralischen Eifer verkörperte, der Stoikern und Neuplatonikern gemeinsam war. So konnte die scholastische Philosophie entstehen; und später kam dann, zur Zeit der Renaissance, der geistige Antrieb, der sich aus dem erneuten Studium Platos und damit der anderen Alten ergab.

Andererseits krankt die Philosophie Plotins daran, daß sie den Menschen die Anregung gibt, mehr nach innen als nach außen zu sehen: Wenn wir nach innen schauen, erblicken wir den *nous*, der göttlich ist, während wir, nach außen blickend, die Unzulänglichkeiten der sinnlichen Welt erkennen. Dieser besondere Subjektivismus hatte sich allmählich entwickelt; wir finden ihn in den Lehren von Protagoras, Sokrates und Plato, wie auch bei den Stoikern und Epikureern. Zunächst war er aber rein lehrhaft und entsprach nicht einer Veranlagung oder dem Temperament; auf lange Zeit hinaus jedenfalls vermochte er das wissenschaftliche Forscherinteresse nicht zu ertöten. Wie wir gesehen haben, reiste Posidonius um 100 v. Chr. nach Spanien und der Atlantikküste, um die Gezeiten zu studieren. Nach und nach jedoch drang der Subjektivismus ebenso stark in das menschliche Gefühlsleben wie in die Doktrinen ein. Die Wissenschaft wurde vernachlässigt; als wertvoll galt nur noch die Tugend. Tugend im platonischen Sinne schloß alle geistigen Leistungen ein, die damals möglich waren; aber in späteren Jahrhunderten verstand man darunter in zunehmendem Maße nur den Willen zur Tugend und nicht das Bestreben, die physische Welt zu begreifen oder die Welt der menschlichen Einrichtungen zu verbessern. Das Christentum war in seinen ethischen Doktrinen von diesem Fehler nicht frei, obwohl man es in der Praxis für wichtig hielt, das Christentum zu verbreiten; damit war der Anlaß zu moralischer Aktivität gegeben, die sich nicht mehr auf die Vervollkommnung der eigenen Person beschränkte.

Plotin ist sowohl ein Ende wie ein Anfang – für die Griechen ein Ende, ein Anfang für das Christentum. Die antike Welt, die der jahrhundertelangen Enttäuschungen müde und durch Verzweiflung erschöpft war, mochte seine Lehre annehmbar finden; neuen Antrieb aber konnte sie ihr nicht geben. Auf die gröbere barbarische Welt jedoch konnte sich das, was von seiner Lehre in sie eindrang, nur wohltätig auswirken, denn hier galt es ja weit eher, überschüssige Kraft zu zügeln und zu lenken, als sie anzufeuern; das Übel, das bekämpft werden mußte, war nicht Ermattung, sondern Brutalität. Späteren Zeiten dasjenige aus Plotins Philosophie zu vermitteln, was sich als lebenskräftig erwies: Diese Aufgabe führten die christlichen Philosophen der letzten römischen Zeit durch.

ZWEITES BUCH

Die katholische Philosophie

Einführung

In dem Sinne, wie ich die katholische Philosophie als Begriff verwenden werde, beherrschte sie das europäische Denken von Augustin bis zur Renaissance. Vor und nach dieser sich über zehn Jahrhunderte erstreckenden Periode hat es Philosophen gegeben, die derselben allgemeinen Schule angehörten; vor Augustin waren es die frühen Kirchenväter, vornehmlich Origenes; nach der Renaissance beharrten viele, einschließlich aller orthodoxen katholischen Lehrer der Philosophie bis zur Gegenwart bei irgendeinem mittelalterlichen System, und zwar hauptsächlich bei dem Thomas von Aquinos. Aber nur in der Epoche von Augustin bis zur Renaissance haben die größten Philosophen der Zeit daran gearbeitet, die katholische Synthese zu vollziehen oder zu vervollkommnen. In den christlichen Jahrhunderten vor Augustin waren die Stoiker und Neuplatoniker den Kirchenvätern an philosophischer Begabung weit überlegen; nach der Renaissance aber war keiner der bedeutenden Philosophen, nicht einmal unter den orthodox katholischen, daran interessiert, die scholastische oder augustinische Tradition fortzuführen.

Die Periode, mit der wir uns in diesem Buch beschäftigen werden, unterscheidet sich von früheren und späteren Zeiten nicht nur durch ihre Philosophie, sondern auch in vielen anderen Beziehungen, vor allem aber durch die Macht der Kirche. Die Kirche stellte zwischen den philosophischen Anschauungen und den sozialen und politischen Umständen eine engere Beziehung her, als sie es je vor oder nach dem Mittelalter gegeben hatte, wobei wir das Mittelalter von etwa 400 n. Chr. bis 1400 n. Chr. rechnen dürfen. Die Kirche ist eine soziale Institution und als solche auf einem teils philosophischen, teils biblischen Glauben aufgebaut. Mit Hilfe dieses Glaubens gelangte sie zu Macht und Reichtum. Die weltlichen Herrscher, die häufig in Konflikt mit ihr gerieten, wurden besiegt, weil die überwiegende Mehrheit der Bevölkerung einschließlich der meisten weltlichen Herrscher selbst tief von der Wahrheit des katholischen Glaubens durchdrungen war. Die Kirche mußte den Kampf gegen die römische und deutsche Tradition aufnehmen. Die römische Tradition zeigte sich am stärksten in Italien, und zwar vornehmlich bei den Juristen, die deutsche in der Feudalaristokratie, die durch die Barbareninvasion entstanden war. Viele Jahrhunderte lang jedoch erwies sich keine dieser Traditionen als stark genug, erfolgreichen Widerstand gegen die Kirche aufzubieten, und das hauptsächlich, weil sie nicht in einer entsprechenden Philosophie Ausdruck fanden.

Eine Geschichte des Denkens, wie wir sie beabsichtigen, muß, wenn sie das Mittelalter behandelt, unweigerlich einseitig sein. Alle Männer dieser Periode, die im Geistesleben ihrer Zeit eine Rolle spielten, waren mit sehr geringen Ausnahmen Geistliche. Das mittelalterliche Laientum baute allmählich ein starkes politisches und wirtschaftliches System auf, das aber in gewissem Sinne wirkungslos blieb. Im späten Mittelalter gab es eine bedeutende Laienliteratur, die sich wesentlich von der kirchlichen unterschied; in einer allgemeinen Geschichte müßte diese Literatur eingehender behandelt werden, als es für eine Geschichte des philosophischen Denkens erforderlich ist. Erst in Dante begegnen wir einem Laienschriftsteller, der die kirchliche Philosophie seiner Zeit genau kennt. Bis zum vierzehnten Jahrhundert hatten die Geistlichen praktisch das Monopol in der Philosophie; dementsprechend schrieb man Philosophie vom Standpunkt der Kirche aus. Daher kann das mittelalterliche Denken nur verständlich werden, wenn man ziemlich ausführlich auf die Entwicklung der kirchlichen Institutionen und vor allem des Papsttums eingeht.

Im Gegensatz zur Antike ist die mittelalterliche Welt durch verschiedene Formen des Dualismus charakterisiert: durch den Dualismus der Geistlichkeit und des Laientums, des Lateinischen und Germanischen, des Gottesreichs und der weltlichen Reiche, des Geistes und des Fleisches. Für all das ist der Dualismus von Papst und Kaiser beispielhaft. Der lateinisch-germanische Dualismus ist eine Folge der Bareninvasion, während alle anderen Dualismen auf ältere Quellen zurückgehen. Nach der Vorstellung des Mittelalters sollte das Verhältnis von Geistlichkeit und Laientum dem von Samuel und Saul entsprechen; der Suprematsanspruch des Klerus stammte aus der Zeit der arianischen oder halbarianischen Kaiser und Könige. Der Dualismus des Gottesreichs und der weltlichen Reiche geht auf das Neue Testament zurück, wurde aber in Augustins »*Gottesstaat*« systematisiert. Den Dualismus von Geist und Fleisch, schon bei Plato zu finden, haben die Neuplatoniker noch stärker betont; er ist ein wichtiges Element in Paulus' Lehre, und das christliche Asketentum des vierten und fünften Jahrhunderts stand in diesem Zeichen.

Das dunkle Zeitalter, in dem es fast keine geistige Regsamkeit in Westeuropa gab, teilt die katholische Philosophie in zwei Perioden. Von der Bekehrung Konstantins bis zum Tode des Boëthius wurde das Denken der christlichen Philosophen noch vom römischen Reich beherrscht, entweder tatsächlich oder weil es als etwas jüngst Vergangenes in der Erinnerung fortwirkte. Die Barbaren gelten zu dieser Zeit mehr als bloße Plage denn als selbständiger Teil der Christenheit. Es gibt noch eine Gemeinschaft von Gebildeten, darin alle wohlhabenden Leute lesen und schreiben können, und der Philosoph hat sich sowohl an das Laientum wie an die Geistlichkeit zu wenden. Zwischen dieser Epoche und dem dunklen Zeitalter, am Ende des sechsten Jahrhunderts, steht Gregor der Große, der sich zwar als Untertan des byzantinischen Kaisers betrachtet, Barbarenkönigen gegenüber jedoch eine herrische Haltung einnimmt. Nach seiner Zeit macht sich in der ganzen abendländischen Christenheit die Trennung von Kirche und Laientum immer stärker bemerkbar. Die Laienaristokratie begründet ein Feudalsystem, das die herrschende Unruhe und Anarchie kaum mäßigend beeinflußt; die Kirche predigt zwar christliche Demut, doch wird sie nur von den unteren Klassen geübt; heidnische Überheblichkeit findet ihren Ausdruck in Zweikämpfen, Kampfproben, Turnieren und persönlicher Rache; all das verabscheut die Kirche, ohne es verhindern zu können. Unter großen Schwierigkeiten gelingt es ihr, sich vom elften Jahrhundert ab von der Feudalaristokratie zu emanzipieren, und auf diese Emanzipation ist es unter anderen Gründen zurückzuführen, daß Europa aus dem dunklen Zeitalter wieder emporsteigt.

Die erste große Periode der katholischen Philosophie beherrschen der heilige Augustin und der Heide Plato. Die zweite Periode erreicht in Thomas von Aquino ihren Höhepunkt; für ihn und seine Nachfolger stellt Aristoteles Plato weit in den Schatten. Der Dualismus des *Gottesstaates* bleibt jedoch weiterhin uneingeschränkt bestehen. Der Gottesstaat wird von der Kirche repräsentiert, und politische Philosophen treten für ihre Interessen ein. Die Philosophie hatte den Glauben zu verteidigen und zog die Vernunft heran, um diejenigen überzeugen zu können, die wie die Mohammedaner die christliche Offenbarung nicht gelten lassen wollten. Durch diesen Appell an die Vernunft forderten die Philosophen die Kritik heraus, und zwar nicht nur als Theologen, sondern auch als Erfinder von Systemen, die sich an Gläubige jedweden Bekenntnisses wenden sollten. Auf lange Sicht war die Anrufung der Vernunft vielleicht ein Fehler, im dreizehnten Jahrhundert jedoch offenbar äußerst erfolgreich.

Vielerlei Ursachen vernichteten die Synthese des dreizehnten Jahrhunderts, die den Menschen als etwas Vollkommenes und Endgültiges erschienen war. Den wichtigsten Grund darf man vielleicht darin sehen, daß zuerst in Italien und dann anderwärts ein reicher Kaufmannsstand aufblühte. Die Feudalaristokratie war im großen und ganzen ungebildet, beschränkt und barbarisch gewesen; das gewöhnliche Volk hatte sich auf die Seite der Kirche gestellt, weil sie dem Adel an Intelligenz, Moral und der Fähigkeit, die Anarchie zu bekämpfen, überlegen war. Der neue Kaufmannsstand war so intelligent wie der Klerus und in weltlichen Angelegenheiten ebenso gut unterrichtet; doch verstand er es besser als die Geistlichkeit, dem Adel die Stirn zu bieten, und galt bei den unteren Schichten der städtischen Bevölkerung für geeigneter, die bürgerliche Freiheit zu verteidigen. In den Vordergrund traten demokratische Tendenzen, die dem Papst zum Sieg über den Kaiser verholfen hatten und nun danach strebten, das Wirtschaftsleben von der Herrschaft der Kirche zu befreien.

Daß in Frankreich, England und Spanien starke nationale Monarchien entstanden, war eine weitere Ursache, die das Ende des Mittelalters bewirkte. Nachdem die Könige die innere Anarchie unterdrückt und sich mit den reichen Kaufleuten gegen die Aristokratie verbündet hatten, waren sie in der zweiten Hälfte des fünfzehnten Jahrhunderts mächtig genug, den Papst im nationalen Interesse bekämpfen zu können.

Inzwischen hatte das Papsttum das moralische Prestige eingebüßt, dessen es sich im elften, zwölften und dreizehnten Jahrhundert erfreute und das es im großen und ganzen auch verdiente. Die Päpste hatten die abendländische Welt zunächst durch ihre Unterwürfigkeit Frankreich gegenüber während der Periode, die sie in Avignon verbrachten, dann durch das Große Schisma unabsichtlich davon überzeugt, daß eine unbeschränkte päpstliche Autokratie weder möglich noch wünschenswert sei. Im fünfzehnten Jahrhundert spielten sie praktisch als Herrscher der Christenheit eine geringere Rolle als in ihrer Stellung als italienische Fürsten, die in das komplizierte und skrupellose Spiel der italienischen Machtpolitik verwickelt waren.

Und so zerstörten Renaissance und Reformation die mittelalterliche Synthese, die in ihrer augenfälligen Vollkommenheit und Sauberkeit bisher ohnegleichen geblieben ist. Entstehung und Verfall dieser Synthese sind Gegenstand des zweiten Buches.

Während dieser ganzen Periode waren die denkenden Menschen von tiefer Verzweiflung über die irdischen Dinge erfüllt, die sich nur in der Hoffnung auf ein späteres, besseres Jenseits ertragen ließ. Schuld an diesem inneren Elend waren die Ereignisse in Westeuropa. Im dritten Jahrhundert, einer Epoche der Katastrophen, sank das Niveau des allgemeinen Wohlergehens plötzlich stark ab. Nach einer leichten Beruhigung während des vierten Jahrhunderts erlosch im fünften das weströmische Reich; in seinem gesamten früheren Territorium setzten sich die Barbaren fest. Viele gebildete reiche Städter, die Träger der spätrömischen Kultur, wurden zu mittellosen Flüchtlingen; der Rest zog es vor, auf seinen ländlichen Besitzungen zu leben. Neue Schicksalsschläge ereigneten sich unaufhörlich bis zum Jahre 1000 n. Chr., ohne daß sich die Menschen in einer ausreichenden Atempause hätten erholen können. Die Kriege der Byzantiner und Langobarden vernichteten das meiste, was an Kultur in Italien noch übriggeblieben war. Die Araber eroberten fast das ganze Gebiet des oströmischen Reichs, setzten sich in Afrika und Spanien fest, bedrohten Frankreich und plünderten sogar gelegentlich Rom. Die Dänen und Normannen richteten in Frankreich und England, in Sizilien und Süditalien Verwüstungen an. In all diesen Jahrhunderten war das Leben unsicher und reich an Härten. Aber wenn es an sich schon schlimm genug war, so wurde es doch durch finsteren Aberglauben noch mehr erschwert. Man glaubte allgemein, daß der größte Teil der Menschen, selbst der Christen, in die Hölle käme. Immerwährend fühlten sich die Leute von bösen Geistern umgeben und den Machenschaften von Zauberern und Hexen ausgeliefert. Lebensfreude war nicht mehr möglich, es sei denn in glücklichen Augenblicken für Menschen, die sich kindliche Gedankenlosigkeit bewahrt hatten. Das allgemeine Elend vertiefte das inbrünstige religiöse Empfinden. Das Leben der Guten hienieden war nur eine Pilgerschaft zur himmlischen Stadt; in der sublunarischen Welt war nichts Wertvolles denkbar außer beharrlicher Tugend, die schließlich zur ewigen Seligkeit führen mußte. Die Griechen hatten in ihrer Blütezeit Freude und Schönheit in ihrer Alltagswelt gefunden. Empedokles sagt in einer Ansprache an seine Mitbürger: »Freunde, die ihr die große Stadt bewohnt, die niederblickt auf das gelbe Felsgestein von Akragas, droben bei der Burg, geschäftig in guten Werken, Häfen der Ehre für den Fremdling, Männer, ungeübt in Niedrigkeit, Heil euch!« In späteren Epochen bis zur Renaissance kannten die Menschen nicht dieses schlichte Glück in der sichtbaren Welt, setzten vielmehr ihre Hoffnung auf die unsichtbare. Sie liebten nicht mehr Akragas, sie liebten Jerusalem, die goldene Stadt. Als schließlich das irdische Glück wiederkehrte, verging die inbrünstige Sehnsucht nach dem Jenseits nur langsam. Die Menschen gebrauchten dieselben Worte, nur weniger tief und aufrichtig.

Bei meinem Versuch, Entstehung und Bedeutung der katholischen Philosophie verständlich zu machen, habe ich es für notwendig gehalten, der allgemeinen Geschichte mehr Platz einzuräumen, als sonst im Zusammenhang mit einer antiken oder modernen Philosophie erforderlich ist. Die katholische Philosophie ist im wesentlichen die Philosophie einer Institution, nämlich der katholischen Kirche; die moderne Philosophie beschäftigt sich, selbst wenn sie weit von Orthodoxie entfernt ist, in hohem Maße mit Problemen vor allem ethischer und politischer Theorien, die christlichen Ansichten über das Moralgesetz und katholischen Doktrinen von den Beziehungen zwischen Kirche und Staat entstammen. Das griechisch-römische Heidentum kennt nicht diese doppelte Loyalität, die der Christ von frühestem Anbeginn Gott und dem Kaiser oder, politisch ausgedrückt, der Kirche und dem Staat schuldete.

Die Probleme, die sich aus dieser doppelten Loyalität ergaben, waren größtenteils schon in der Praxis gelöst, ehe die Philosophen die dafür erforderliche Theorie gefunden hatten. Dieser Vorgang vollzog sich in zwei sehr unterschiedlichen Stadien, nämlich vor und nach dem Ende des weströmischen Reiches. Die praktische Erfahrung einer langen Reihe von Bischöfen, die im heiligen Ambrosius ihren Höhepunkt erreichte, diente der politischen Philosophie Augustins als Grundlage. Dann kam die Barbareninvasion, der eine lange Zeit der Verwirrung und zunehmenden Unwissenheit folgte. Zwischen Boëthius und dem heiligen Anselm, also in einem Zeitraum von über fünfhundert Jahren, gibt es nur einen hervorragenden Philosophen, Duns Scotus; er aber war als Ire von den verschiedenen Prozessen, die die übrige abendländische Welt formten, fast ganz unberührt geblieben. Obwohl es dieser Zeit an Philosophen fehlte, nahm sie doch eine geistige Entwicklung. Das Chaos warf dringende, praktische Probleme auf, an deren Lösung man mit Hilfe von Institutionen und Gedankengängen arbeitete, die von der scholastischen Philosophie beherrscht waren und großenteils noch heute von Bedeutung sind. Unter dem Zwang des Konflikts kam die Welt nicht durch Theoretiker, sondern durch Männer der Praxis zu diesen Institutionen und Denkweisen. Die moralische Reform der Kirche im elften Jahrhundert, die der scholastischen Philosophie unmittelbar vorausging, war eine Reaktion gegen das Feudalsystem, das sich bemühte, die Kirche in zunehmendem Maße zu absorbieren. Um die Scholastiker begreifen zu können, müssen wir Hildebrand verstehen, und um Hildebrand zu verstehen, müssen wir etwas von den Übeln wissen, die er bekämpfte. Auch dürfen wir nicht die Gründung des Heiligen Römischen Reichs und seine Wirkung auf das europäische Denken unberücksichtigt lassen.

Aus diesem Grunde wird der Leser in den folgenden Seiten viel Kirchengeschichte und viel politische Geschichte finden, deren Beziehung zur Entwicklung des philosophischen Denkens ihm vielleicht nicht unmittelbar deutlich wird. Es ist jedoch um so notwendiger, einiges von dieser Geschichte anzuführen, als die betreffende Epoche dunkel und vielen, die in der alten und neuen Geschichte zu Hause sind, nicht vertraut ist. Wenige Berufsphilosophen haben das philosophische Denken in gleich starkem Maße beeinflußt wie der heilige Ambrosius, Karl der Große und Hildebrand. Keine unserem Thema angemessene Darstellung kann daher darauf verzichten, aufzuzeigen, was an diesen Männern und an ihrer Zeit wesentlich ist.

I. TEIL

Die Kirchenväter

1. KAPITEL

Die religiöse Entwicklung der Juden

Die christliche Religion, wie sie den Barbaren durch das spätrömische Reich übermittelt wurde, bestand aus drei Elementen: erstens aus bestimmten philosophischen Anschauungen, die hauptsächlich von Plato und den Neuplatonikern, zum Teil aber auch von den Stoikern stammten; zweitens aus einem Moralbegriff und einer Geschichtsauffassung, die auf die Juden zurückgehen, und drittens aus gewissen Theorien, speziell von der Erlösung, die als Ganzes erst dem Christentum eigentümlich waren, wenn sie sich auch teilweise bis in die Orphik und in verwandte Kulte des Nahen Ostens zurückverfolgen lassen.

Für die wichtigsten jüdischen Elemente des Christentums halte ich die folgenden:

1. Eine heilige Geschichte, die bei der Schöpfung beginnt, sich in der Zukunft vollendet und die Wege Gottes dem Menschen gegenüber rechtfertigt.

2. Die Existenz eines kleines Ausschnitts der Menschheit, der von Gott besonders geliebt wird. Nach jüdischer Auffassung ist dieser Teil das auserwählte Volk, nach christlicher sind es die Auserwählten.

3. Ein neuer Begriff der »Gerechtigkeit«. Die Tugend des Almosenspendens beispielsweise übernahm das Christentum vom Spätjudentum. Die der Taufe beigelegte Bedeutung mag auf die Orphik oder auf orientalische, heidnische Mysterienkulte zurückgehen; die praktische Nächstenliebe als Element des christlichen Tugendbegriffs scheint hingegen von den Juden zu stammen.

4. Das Gesetz. Die Christen übernahmen teilweise das hebräische Gesetz, so zum Beispiel den Dekalog, verwarfen jedoch jüdisches Zeremoniell und Ritual. In praxi aber bedeutete das Glaubensbekenntnis für sie das gleiche wie das Gesetz für die Juden. Das schloß die Überzeugung ein, der rechte Glaube sei mindestens ebenso wichtig wie tugendhaftes Handeln, eine Doktrin, die im wesentlichen griechisch ist. Rein jüdischen Ursprungs ist die Ausschließlichkeit der Auserwählten.

5. Der Messias. Die Juden glaubten, der Messias werde ihnen weltliches Glück und den Sieg über ihre Feinde hier auf Erden bringen;

zudem blieb er immer ein Kommender. Für die Christen war der Messias der historische Jesus, der auch mit dem Logos der griechischen Philosophie identifiziert wurde; und dieser Messias würde seine Anhänger nicht auf Erden, sondern erst im Himmel über ihre Feinde triumphieren lassen.

6. Das himmlische Reich. Die Jenseitigkeit ist ein Begriff, den Juden und Christen in gewisser Beziehung mit dem Spätplatonismus teilen; er nimmt jedoch bei ihnen eine weit konkretere Form an als bei den griechischen Philosophen. Die griechische Lehre – die sich in vielen christlichen Philosophien, nicht aber im populären Christentum findet – besagte, die sinnliche Welt mit Zeit und Raum sei eine Täuschung, und der Mensch könne durch geistige und moralische Erziehung lernen, in der ewigen, allein wirklichen Welt zu leben. Die jüdische und die christliche Lehre hingegen sahen im Jenseits nichts *metaphysisch* von dieser Welt Verschiedenes, sondern nur etwas Zukünftiges, darin der Tugendhafte ewige Seligkeit genießen und der Schlechte ewige Pein erleiden werde. In diesem Glauben kam eine Psychologie der Vergeltung zum Ausdruck, die für jedermann verständlich war; bei den Doktrinen der griechischen Philosophen hatte es sich nicht so verhalten.

Um Ursprung und Entstehung solcher Überzeugungen begreifen zu können, müssen wir bestimmte Ereignisse aus der jüdischen Geschichte berücksichtigen, denen wir jetzt unsere Aufmerksamkeit zuwenden wollen.

Unsere einzige Quelle für die Anfänge der israelitischen Geschichte ist das Alte Testament, und es ist unmöglich festzustellen, wie weit sie reine Legende ist. David und Salomo sind vielleicht Könige, die tatsächlich gelebt haben; wo wir zuerst auf etwas historisch Sicheres stoßen, gibt es bereits die beiden Königreiche Israel und Juda. Die erste, im Alten Testament erwähnte Person, von der unabhängig davon auch sonst noch berichtet wird, ist Ahab, König von Israel; in einem assyrischen Brief des Jahres 853 v. Chr. ist von ihm die Rede. 722 v. Chr. eroberten die Assyrer schließlich das Nordreich und vertrieben einen großen Teil der Bevölkerung. Nach dieser Zeit blieben israelitische Religion und Tradition nur im Königreich Juda erhalten. Das Königreich Juda überlebte sogar die Assyrer, deren Macht mit der Einnahme von Ninive durch die Babylonier und Meder 606 v. Chr. ein Ende nahm. Doch im Jahre 586 v. Chr. eroberte Nebukadnezar Jerusalem; er zerstörte den Tempel und trieb die Einwohner großenteils nach Babylon. Das babylonische Königreich endete 538 v. Chr., als Babylon von Kyros, dem König der Meder und Perser, eingenommen wurde. In einem Edikt des Jahres 537 v. Chr. gestattete Kyros den Juden, nach Palästina zurückzukehren. Das taten auch viele unter der Führung Nehemias und Esras; der Tempel wurde wieder aufgebaut, und eine jüdische Orthodoxie begann sich herauszubilden.

Während der Gefangenschaft wie auch einige Zeit vor und nach dieser Periode machte die jüdische Religion eine sehr bedeutende Entwicklung durch. Ursprünglich scheint auf religiösem Gebiet kein sehr großer Unterschied zwischen den Israeliten und den benachbarten Stämmen bestanden zu haben. Jahwe war anfänglich nur ein Stammesgott, der den Kindern Israels besonders zugeneigt war; man leugnete jedoch nicht, daß es auch noch andere Götter gäbe; sie zu verehren, war durchaus üblich. Wenn das Erste Gebot lehrt: »Du sollst nicht andere Götter haben neben mir«, so besagte es damit für die Zeit unmittelbar vor der Gefangenschaft etwas Neues. Das geht aus verschiedenen Stellen bei den frühen Propheten hervor. Eben die damaligen Propheten waren es, die zum erstenmal lehrten, heidnische Götter anzubeten sei Sünde. Um in den ständigen Kriegen dieser Epoche den Sieg erringen zu können, war, wie sie erklärten, die Hilfe Jahwes unerläßlich; er würde ihnen jedoch seinen Beistand versagen, wenn auch andere Götter verehrt würden. Von Jeremias und Hesekiel vor allem scheint die Vorstellung zu stammen, daß sämtliche Religionen bis auf eine falsch seien und daß der Herr den Götzendienst bestrafe.

Einige Zitate mögen ihre Lehre veranschaulichen und zeigen, wie stark die heidnischen Bräuche vorherrschten, gegen die sie protestierten. »Denn siehest du nicht, was sie tun in den Städten Judas und auf den Gassen zu Jerusalem? Die Kinder lesen Holz, so zünden die Väter das Feuer an, und die Weiber kneten den Teig, daß sie der Melecheth des Himmels Kuchen backen und Trankopfer den fremden Göttern geben, daß sie mir Verdruß tun.«[1] Der Herr ist erzürnt darüber. »Und bauen die Altäre des Tophet im Tal Ben-Hinnom, daß sie ihre Söhne und Töchter verbrennen, welches ich nie geboten noch in den Sinn genommen habe.«[2]

In einer sehr interessanten Stelle beschuldigt Jeremias die Juden, in Ägypten Götzendienerei getrieben zu haben. Er hatte selbst eine Zeitlang bei ihnen gelebt. Der Prophet verkündet den jüdischen Flüchtlingen in Ägypten, daß Jahwe sie alle vernichten werde, weil ihre Frauen für andere Götter Weihrauch verbrannt hätten. Sie aber mögen ihn nicht anhören und sagen: »Sondern wir wollen tun nach alle dem Wort, das aus unserem Munde geht, und wollen Melecheth des Himmels räuchern und derselbigen Trankopfer opfern, wie wir und unsere Väter, unsere Könige und Fürsten getan haben in den Städten Judas und auf den Gassen zu Jerusalem. Da hatten wir auch Brot genug und ging uns wohl und sahen kein Unglück.« Jeremias aber versichert ihnen, daß Jahwe diesen Götzendienst wahrgenommen habe und daß deswegen Unglück über sie gekommen sei. »Siehe, ich schwöre bei meinem großen Namen, spricht der Herr, daß mein Name nicht mehr soll durch irgend eines Menschen Mund aus Juda genannt werden in ganz Ägypten-

---

1 Jeremias VIII, 17–18.
2 Jeremias VII, 31.

land ... Ich will über sie wachen zum Unglück und zu keinem Guten, daß wer aus Juda in Ägyptenland ist, soll durch Schwert und Hunger umkommen, bis es ein Ende mit ihnen habe.«[3]

Hesekiel ist über die Götzendienerei der Juden ebenso entsetzt. Der Herr zeigt ihm in einer Vision am Nordtor des Tempels Frauen, die über Tammuz weinen (eine babylonische Gottheit); dann weist er ihm »noch größere Greuel«, fünfundzwanzig Männer, die am Tempeltor die Sonne anbeten. Der Herr spricht: »Darum will ich auch wider sie im Grimm handeln, und mein Auge soll ihrer nicht verschonen, und ich will nicht gnädig sein; und wenn sie gleich mit lauter Stimme vor meinen Ohren schreien, will ich sie doch nicht hören.«[4]

Die Vorstellung, daß alle Religionen bis auf eine schlecht seien und daß der Herr den Götzendienst bestrafe, war augenscheinlich eine Erfindung dieser Propheten. Die Propheten waren im allgemeinen fanatische Nationalisten und sehnten den Tag herbei, an dem der Herr die Heiden völlig vernichten würde.

In der Gefangenschaft sah man den Beweis dafür, daß die Anschuldigungen der Propheten berechtigt waren. Bei der Allmacht Jahwes und der Auserwähltheit der Juden ließen sich ihre Leiden nur durch ihre Verworfenheit erklären. Es ist die Psychologie der väterlichen Züchtigung: die Juden sollen durch Strafe geläutert werden. Unter dem Einfluß dieser Überzeugung entwickelten sie im Exil eine weit strengere und national viel ausschließlichere Gläubigkeit, als bei ihnen zur Zeit ihrer Unabhängigkeit vorherrschte. Die Juden, die zurückgeblieben und nicht nach Babylon verpflanzt worden waren, machten keine Entwicklung von annähernd gleichem Ausmaß durch. Als Esra und Nehemia aus der Gefangenschaft nach Jerusalem heimkehrten, sahen sie mit Entsetzen, daß Mischehen allgemein üblich geworden waren, und lösten sie sämtlich auf.[5]

Die Juden unterschieden sich von allen anderen Völkern der Antike durch ihren unbeugsamen Nationalstolz. Alle anderen Völker pflegten, wenn sie einmal besiegt waren, sich innerlich wie äußerlich zu ergeben; die Juden allein glaubten weiter an ihre eigene Überlegenheit und hielten daran fest, ihr Unglück sei nur darauf zurückzuführen, daß Gott ihnen zürne, weil sie ihren Glauben und ihr Ritual nicht rein bewahrt hätten. Die historischen Bücher des Alten Testaments, größtenteils in der Zeit nach der Gefangenschaft zusammengestellt, vermitteln einen irreführenden Eindruck, da sie vermuten lassen, die von den Propheten bekämpfte Götzendienerei bedeute einen Abfall von einstiger Strenggläubigkeit; in Wirklichkeit hatte es sie aber nie gegeben. Die Propheten waren Neuerer viel größeren Ausmaßes, als in der Bibel zum Aus-

---

3 Jeremias XLIV, 17, 26.
4 Hesekiel VIII, 18–Ende.
5 Esra IX–X, 5.

druck kommt, sofern man sie nicht unter historischen Gesichtspunkten liest.

Manches, was später für die jüdische Religion charakteristisch war, entwickelte sich während der Gefangenschaft, wenn es auch teilweise aus älteren Quellen stammte. Da nur im Tempel Opfer gebracht werden durften, der Tempel aber zerstört war, verlor das jüdische Ritual zwangsläufig seinen Opfercharakter. Zu dieser Zeit entstanden die Synagogen, wo die bereits vorhandenen Teile der Heiligen Schrift verlesen wurden. Desgleichen wurde damals zuerst die Bedeutung des Sabbats betont; aus jener Epoche stammt auch die Beschneidung als Kennzeichen der Juden. Wie wir schon sahen, war nur während des Exils die Ehe mit Heiden verboten. Überhaupt nahm auf jedem Gebiet die Exklusivität zu. »Ich bin der Herr, Euer Gott, der Euch von den Völkern abgesondert hat.«[6]

»Ihr sollt heilig sein, denn ich bin heilig, der Herr, Euer Gott.«[7] Das Gesetz ist ein Produkt dieser Periode. Es war eine der Hauptkräfte, die dazu dienten, die nationale Einheit zu erhalten.

Was uns als das Buch Jesaja vorliegt, ist das Werk zweier verschiedener Propheten, deren einer vor, deren anderer nach der Gefangenschaft anzusetzen ist. Der zweite, von den Bibelforschern als Deutero-Jesajas bezeichnet, ist von allen Propheten am bemerkenswertesten. Er berichtet als erster, der Herr habe gesagt: »Es gibt keine Götter neben mir.« Vielleicht glaubt er infolge persischer Einflüsse an die Auferstehung des Fleisches. Unter allen alttestamentarischen Textstellen wurden später seine Prophezeiungen des Messias vornehmlich zum Beweis herangezogen, daß die Propheten das Erscheinen Christi vorausgesagt hätten.

In Streitgesprächen von Christen mit Heiden und Juden spielten diese Stellen aus dem Deutero-Jesajas eine sehr große Rolle; daher will ich die wichtigsten zitieren. Alle Völker müssen schließlich bekehrt werden: »Da werden sie ihre Schwerter zu Pflugscharen und ihre Spieße zu Sicheln machen. Denn es wird kein Volk wider das andere ein Schwert aufheben und werden hinfort nicht mehr kriegen lernen« (Jesaja II, 4). »Siehe, eine Jungfrau ist schwanger und wird einen Sohn gebären, den wird sie heißen Immanuel.«[8] (Um dieser Stelle willen kam es zu einem Streit zwischen Juden und Christen; die Juden sagten, die genaue Übersetzung laute: »Eine junge Frau ist schwanger«; aber die Christen glaubten, das wäre von den Juden gelogen.) »Das Volk, so im Finstern wandelt, siehet ein großes Licht, und über die da wohnen im finstern Lande, scheinet es helle... Denn uns ist ein Kind geboren, ein

6 3. Buch Moses, XX, 24.
7 3. Buch Moses, XIX, 2.
8 Jesaja, VII, 14.
9 Jesaja X, 2, 6.

Sohn ist uns gegeben, welches Herrschaft ist auf seiner Schulter; und er heißt Wunderbar, Rat, Kraft, Held, Ewigvater, Friedefürst.«[9] Unter all diesen Stellen findet sich die klarste Prophezeiung im 53. Kapitel, das die bekannten Worte enthält: »Er war der Allerverachtetste und Unwerteste, voller Schmerzen und Krankheit; fürwahr, er trug unsere Krankheit und lud auf sich unsere Schmerzen... Aber er ist um unserer Missetat willen verwundet und um unserer Sünde willen zerschlagen. Die Strafe liegt auf ihm, auf daß wir Frieden hätten, und durch seine Wunden sind wir geheilt... Da er gestraft und gemartert ward, tat er seinen Mund nicht auf wie ein Lamm, das zur Schlachtbank geführt wird, wie ein Schaf, das verstummt vor seinem Scherer und seinen Mund nicht auftut.« Daß auch die Heiden in dieser letzten Erlösung einbegriffen sind, wird ausdrücklich gesagt: »Und die Heiden werden in Deinem Lichte wandeln und die Könige im Glanz, der über Dir aufgehet.«[10]

In der Zeit nach Esra und Nehemia verschwinden die Juden für eine Weile aus der Geschichte. Der jüdische Staat lebte als Theokratie fort, umfaßte aber, nach E. Bevan[11], ein sehr kleines Gebiet, nur etwa 10 bis 15 Meilen (16–24 km) rund um Jerusalem. Nach Alexanders Tod stritten sich die Ptolemäer und die Seleukiden darum. Doch kam es dabei selten zu Kämpfen auf dem eigentlichen jüdischen Territorium, und die Juden konnten lange Zeit ungestört ihre religiösen Bräuche beibehalten. Ihre moralischen Maximen zu jener Zeit sind im Buch Jesus Sirach dargelegt, das wahrscheinlich um 200 v. Chr. geschrieben wurde. Bis vor kurzem war dieses Buch nur in einer griechischen Fassung bekannt und aus diesem Grunde unter die Apokryphen verbannt. Neuerdings aber wurde ein hebräisches Manuskript entdeckt, das in mancher Hinsicht von dem in unserer Version der Apokryphen übersetzten griechischen Text abweicht. Die darin gelehrte Moral ist sehr weltlich. Der gute Ruf unter Nachbarn ist hochbedeutsam. Rechtschaffenheit ist die beste Politik, weil es nützlich ist, Jahwe auf seiner Seite zu haben. Almosen zu spenden wird empfohlen. Das einzige Zeichen für griechischen Einfluß ist ein Loblied auf die Medizin.

Sklaven sollen nicht zu freundlich behandelt werden. »Dem Esel gehört sein Futter, Geißel und Last; also dem Knecht sein Brot, Strafe und Arbeit... Lege ihm Arbeiten auf, die einem Knecht gebühren; gehorcht er dann nicht, so setze ihn in den Stock« (XXXIII, 25, 30). Denke gleichzeitig daran, daß du etwas für ihn bezahlt hast und daß du dein Geld los bist, wenn er fortläuft; damit ist zweckmäßiger Strenge eine Grenze gesetzt (XXXIII, 30, 31). Töchter sind eine Quelle großer Sorge; offenbar waren sie dazumal sehr unmoralisch (XIII, 9–11). Von den Frauen hält er nur sehr wenig: »Denn gleichwie aus den Kleidern Motten kommen, also kommt von Weibern viel Böses« (XIII, 13). Es

---

10 Jesaja IX, 3.
11 Bevan, *Jerusalem under the High Priests*, S. 12.

ist falsch, fröhlich mit den Kindern zu sein, richtig hingegen »ihren Hals von Jugend auf zu beugen« (VII, 25).

Alles in allem vertritt er wie der ältere Cato die Moral des tugendhaften Geschäftsmannes, läßt sie aber in sehr ungünstigem Licht erscheinen.

Dieses ruhige Dahinleben in angenehmer Selbstzufriedenheit erfuhr eine gewaltsame Unterbrechung durch den Seleukidenkönig Antiochus I., der entschlossen war, all seine Herrschaftsgebiete zu hellenisieren. Im Jahre 175 v. Chr. gründete er ein Gymnasium in Jerusalem und brachte den jungen Männern bei, griechische Hüte zu tragen und Gymnastik zu treiben. Dabei unterstützte ihn ein hellenisierter Jude namens Jason, den er zum Hohenpriester machte. Die Priesteraristokratie war lässig geworden und fühlte sich zur griechischen Kultur hingezogen; sie stieß aber auf heftige Opposition bei der Partei der »Hasidim« (was »Heilige« bedeutet), die unter der Landbevölkerung starke Anhängerschaft hatte.[12] Als Antiochus im Jahre 170 v. Chr. in einen Krieg mit Ägypten verwickelt wurde, erhoben sich die Juden. Infolgedessen entfernte der König die heiligen Gefäße aus dem Tempel und stellte das Bild des Gottes dort auf. Jahwe identifizierte er mit Zeus und verfolgte dabei eine Politik, mit der er sonst allenthalben Erfolg gehabt hatte.[13] Er beschloß, die jüdische Religion auszurotten und die Beschneidung und die Ernährungsvorschriften abzuschaffen. Jerusalem fügte sich alledem; aber außerhalb der Stadt leisteten die Juden hartnäckigsten Widerstand.

Die Geschichte dieser Periode erzählt uns das 1. Buch der Makkabäer. Im ersten Kapitel wird berichtet, daß Antiochus befahl, alle Bewohner seines Königreichs sollten *ein* Volk sein und ihre besonderen Gesetze aufgeben. Alle Heiden und auch viele Israeliten folgten den Vorschriften, obwohl der König bestimmte, daß der Sabbat nicht geheiligt werden dürfe, daß sie Schweinefleisch opfern und ihre Kinder nicht beschneiden sollten. Wer nicht gehorchte, mußte sterben. Trotzdem widersetzten sich viele. »Die Weiber, welche ihre Kinder beschnitten, wurden getötet... Die Eltern wurden in ihren Häusern erwürget und die Kinder drinnen aufgehängt. Aber viele vom Volk Israel waren beständig und wollten nichts Unreines essen und ließen sich lieber töten, denn daß sie sich verunreinigten, und wollten nicht vom heiligen Gesetz Gottes abfallen; darum wurden sie umgebracht.«[14]

Zu jener Zeit begann sich der Unsterblichkeitsgedanke bei den Juden

---

12 Aus ihnen entwickelte sich wahrscheinlich die Sekte der Essener, deren Lehren das Christentum in seinen Anfängen beeinflußt haben. Vergl. Oesterley and Robinson, *History of Israel*, Band II, S. 323 ff. Auch die Pharisäer gehen auf sie zurück.
13 Manche alexandrinischen Juden wandten nichts gegen diese Identifikation ein. Siehe Briefe des Aristeas, 15, 16.
14 I. Makkabäer I, 63–67.

zu verbreiten. Bisher hatte man geglaubt, die Tugend würde auf Erden belohnt; da aber gerade die Tugendhaftesten heimgesucht wurden, war es offenbar, daß dem nicht so sei. Um aber an der göttlichen Gerechtigkeit keinen Zweifel aufkommen zu lassen, mußte man daher notgedrungen an Belohnungen und Strafen im Jenseits glauben. Diese Lehre setzte sich nicht allenthalben bei den Juden durch; zur Zeit Christi lehnten die Sadduzäer sie noch ab. Sie waren jedoch damals nicht zahlreich, und später glaubten alle Juden an die Unsterblichkeit.

An der Spitze des Aufstandes gegen Antiochus stand Judas Makkabäus, ein befähigter militärischer Befehlshaber, der zunächst Jerusalem zurückeroberte (164 v. Chr.) und dann zum Angriff überging. Zuweilen tötete er alle Männer, zuweilen ließ er sie gewaltsam beschneiden. Sein Bruder Jonathan wurde Hoherpriester und durfte eine Garnison nach Jerusalem legen. Er eroberte einen Teil von Samarien und nahm Joppe und Akra. Er verhandelte mit Rom und verstand es, seinem Land volle Autonomie zu sichern. Angehörige dieser Familie waren Hohepriester bis zu Herodes und als Hasmonäische Dynasten bekannt.

Im Erdulden und in der Abwehr von Verfolgungen bewiesen die Juden zu dieser Zeit ungeheuren Heroismus, obwohl sie sich damit für Dinge einsetzten, die wir nicht für wichtig halten würden, wie etwa die Beschneidung und die Auffassung, es sei verwerflich, Schweinefleisch zu essen.

Ein kritischer Zeitpunkt in der jüdischen Geschichte war die Periode der Verfolgung durch Antiochus IV. Die Hellenisierung der Juden in der Diaspora griff damals immer weiter um sich; die Juden von Judäa waren gering an Zahl, aber selbst unter ihnen waren die Reichen und Einflußreichen sehr empfänglich für griechische Neuerungen. Ohne den heroischen Widerstand der Hasidim wäre die jüdische Religion womöglich ausgestorben. In diesem Falle würden weder das Christentum noch der Islam annähernd in der Form bestehen, die sie tatsächlich angenommen haben. Townsend sagt in seiner Einleitung zur Übersetzung des IV. Buches der Makkabäer:

»Es ist sehr schön ausgedrückt, daß es dem Christentum am Nährboden gefehlt hätte, wenn das Judentum als Religion unter Antiochus zugrunde gegangen wäre; so wurde das Blut der makkabäischen Märtyrer, die das Judentum retteten, zum Samen der Kirche. Da also nicht nur das Christentum, sondern auch der Islam ihren Monotheismus aus einer jüdischen Quelle ableiten, darf man wohl annehmen, daß die heutige Welt den Monotheismus als solchen im Westen wie im Osten den Makkabäern verdankt.«[15]

Die Makkabäer selbst aber waren später bei den Juden nicht beliebt, da die Mitglieder dieser Familie als Hohepriester irdische und verwelt-

---

15 *The Apocrypha and Pseudepigrapha of the Old Testament in English*, herausgegeben von R. H. Charles, Bd. II, S. 659.

lichende Politik trieben, nachdem sie ihre Ziele erreicht hatten. Bewundert wurden sie nur, solange sie Märtyrer waren. Aus dem IV. Buch der Makkabäer, das wahrscheinlich zur Zeit Christi in Alexandrien verfaßt worden ist, geht dies neben manchem anderen Interessanten deutlich hervor. Von den Makkabäern ist in diesem Buch trotz seines Titels niemals die Rede; es berichtet vielmehr von der erstaunlichen Standhaftigkeit eines alten Mannes und sieben junger Brüder, die sämtlich von Antiochus zunächst gemartert und dann verbrannt wurden; ihre Mutter, in deren Gegenwart das geschah, ermahnte sie, stark zu bleiben. Anfänglich versuchte der König, sie durch Freundlichkeit zu gewinnen; er versprach ihnen, sie in Gnaden aufzunehmen und für ihre weitere erfolgreiche Laufbahn zu sorgen, sofern sie nur bereit wären, Schweinefleisch zu essen. Als sie das ablehnten, wies er ihnen die Marterwerkzeuge vor. Sie aber blieben unerschütterlich und erklärten ihm, er würde nach seinem Tode ewige Pein leiden müssen, ihnen jedoch werde die ewige Seligkeit zuteil werden. In Anwesenheit aller, auch der Mutter, wurden sie nacheinander zunächst aufgefordert, Schweinefleisch zu essen, und dann, als sie sich weigerten, gemartert und getötet. Als alles vorüber war, wandte sich der König an seine Soldaten und gab der Hoffnung Ausdruck, sie möchten sich an solchem Mut ein Beispiel nehmen. Die Legende hat den Vorgang natürlich idealisiert, doch ist historisch belegt, daß die Verfolgung hart war und heroisch ertragen wurde, auch daß es sich dabei hauptsächlich um die Beschneidung und den Genuß von Schweinefleisch handelte.

Noch in anderer Beziehung ist das Buch interessant. Obwohl der Verfasser offensichtlich ein orthodoxer Jude ist, gebraucht er die Sprache der Stoa und sucht zu beweisen, daß die Juden fast ausschließlich nach jener Lehre lebten. Das Buch beginnt mit den Worten: »Ich möchte eine Frage vorlegen: Hat die gottgeleitete Vernunft volle Herrschaft über die Triebe? Diese Frage ist echt philosophisch. Deshalb möchte ich euch recht raten, auf diese Philosophie bereitwillig zu achten.«[16]

In der Philosophie wollten sich die alexandrinischen Juden schon gern von den Griechen belehren lassen; doch hielten sie sich mit außerordentlicher Zähigkeit an das Gesetz, besonders an die Beschneidung, an das Einhalten des Sabbats und den Verzicht auf Schweinefleisch und andere unreine Speisen. Von den Tagen Nehemias an bis nach der Einnahme von Jerusalem im Jahre 70 n. Chr. maßen sie dem Gesetz stets wachsende Bedeutung bei. Propheten, die etwas Neues zu sagen hatten, wurden nicht mehr geduldet. Wer sich veranlaßt fühlte, im Stil der Propheten zu schreiben, gab vor, ein altes Buch von Daniel oder Salomo oder sonst einer unfehlbaren Autorität entdeckt zu haben. Die

---

16 *Altjüdisches Schrifttum außerhalb der Bibel*, übersetzt von Paul Riessler (Dr. Benno Filser Verlag, Augsburg 1928).

Besonderheiten ihres Rituals waren das Band, das sie als Nation zusammenhielt; da sie aber so starken Nachdruck auf das Gesetz legten, büßten sie allmählich ihre Originalität ein und wurden streng konservativ. Bei dieser starren Auffassung erscheint die Auflehnung von Paulus gegen die Herrschaft des Gesetzes besonders bemerkenswert.

Das Neue Testament ist jedoch kein so völlig neuer Anfang, wie man meinen könnte, wenn man von der jüdischen Literatur in der Periode unmittelbar vor der Geburt Christi nichts weiß. Der prophetische Eifer war keineswegs erloschen, obwohl er sich der List der Pseudonymität bedienen mußte, wenn er Gehör finden wollte. Am interessantesten in dieser Beziehung ist das Buch Henoch[17], ein Werk verschiedener Autoren, deren frühester kurz vor den Makkabäern und deren spätester um 64 v. Chr. angesetzt werden dürfte. Das Buch berichtet größtenteils von apokalyptischen Visionen des Patriarchen Henoch und ist sehr wichtig für jene Seite des Judentums, die sich zum Christentum entwickelt. Die Verfasser des Neuen Testaments kennen es gut; der Apostel Judas glaubt, daß es tatsächlich von Henoch stammt. Die frühen Kirchenväter, wie etwa Clemens von Alexandrien und Tertullian, hielten es für kanonisch, während Hieronymus und Augustin es verwarfen. Infolgedessen geriet es in Vergessenheit und galt als verloren, bis Anfang des neunzehnten Jahrhunderts in Abessinien drei äthiopische Handschriften davon gefunden wurden. Seither sind Teilmanuskripte in griechischer und lateinischer Fassung entdeckt worden. Ursprünglich scheint es teils hebräisch, teils aramäisch geschrieben zu sein. Seine Verfasser gehörten der Familie der Hasidim an; ihre Nachfolger waren die Pharisäer. Wenn es die Könige und Fürsten anklagt, sind die hasmonäischen Dynasten und die Sadduzäer damit gemeint. Es hat die Lehre des Neuen Testaments beeinflußt, vor allem, wo es sich um den Messias, Scheol (die Hölle) und die Dämonologie handelt.

Das Buch besteht hauptsächlich aus »Gleichnissen«, die sich im Gegensatz zu denen des Neuen Testaments mit kosmischen Dingen befassen. Da finden sich Visionen von Himmel und Hölle, vom Jüngsten Gericht und so fort; wo es von literarisch guter Qualität ist, fühlt man sich an die beiden ersten Bücher des *Verlorenen Paradieses* erinnert, wo es schlecht ist, an die prophetischen Bücher von Blake.

Genesis VI, 2, 4 erfährt darin eine interessante und prometheische Erweiterung. Demnach haben die Menschen den Gebrauch der Metalle von den Engeln gelernt, die dafür bestraft wurden, weil sie damit »ewige Geheimnisse« enthüllt haben. Überdies waren diese Kannibalen. Die sündigen Engel wurden heidnische Götter und ihre Weiber Sirenen; aber schließlich wurden sie alle mit ewiger Pein bestraft.

---

17 Wegen der englischen Übersetzung dieses Buches vergleiche Charles, *The Apocrypha and Pseudepigrapha of the Old Testament in English*, dessen Einleitung ebenfalls wertvoll ist.

Manche Schilderungen von Himmel und Hölle sind literarisch recht beachtlich. Das Jüngste Gericht hält »der Menschensohn, der die Gerechtigkeit hat«[18] und auf dem Thron seiner Glorie sitzt. Manche Heiden werden zuletzt bereuen und Vergebung finden; aber die meisten Heiden und alle hellenisierten Juden werden die ewige Verdammnis erleiden müssen, denn der Gerechte wird um Rache flehen und erhört werden.

Ein Abschnitt darin handelt von der Astronomie; wir erfahren, daß Sonne und Mond in vom Wind getriebenen Wagen fahren, daß das Jahr aus 364 Tagen besteht, daß die Sünden der Menschen die Himmelskörper veranlassen, von ihrer Bahn abzuweichen, und daß nur der Tugendhafte in der Himmelskunde Bescheid wissen kann. Fallende Sterne sind fallende Engel, die von den sieben Erzengeln bestraft werden.

Dann folgt die heilige Geschichte. In ihren Anfängen bis zu den Makkabäern deckt sie sich mit dem, was wir aus der Bibel wissen, in ihrem weiteren Verlauf mit dem historisch Bekannten. Alsdann beschäftigt sich der Autor mit der Zukunft: mit dem Neuen Jerusalem, der Bekehrung der restlichen Heiden, der Auferstehung der Gerechten und dem Messias.

Viel ist die Rede von der Bestrafung der Sünder und der Belohnung der Gerechten, die allerdings nie geneigt sind, wie Christen den Sündern zu vergeben. »Was wollt ihr tun, ihr Sünder, und wohin wollt ihr an jenem Tage des Gerichts fliehen, wenn ihr die Stimme des Gebets der Gerechten hören werdet?« »Die Sünde ist nicht auf die Erde geschickt worden, sondern die Menschen haben sie aus ihrem eigenen Selbst erschaffen.« Die Sünden werden im Himmel aufgeschrieben. »Ihr Sünder seid verflucht auf ewig und werdet keinen Frieden haben.« Die Sünder mögen ihr Leben lang und auch noch im Sterben glücklich sein, ihre Seelen aber steigen hinab in die Hölle, wo sie »Finsternis, Fesselung und lodernde Flammen« zu erdulden haben. Mit den Gerechten aber werden »ich und mein Sohn uns auf ewig ... vereinigen«.

Das Buch schließt mit den Worten: »Den Treuen wird er Treue halten in der Wohnung der Pfade der Rechtschaffenheit. Und sie werden sehen, wie die in Finsternis Geborenen in die Finsternis gestoßen werden, während die Gerechten glänzen. Die Sünder aber werden schreien und jene sehen, wie sie glänzen, und auch sie werden dahingehen, wo ihnen Tage und Zeiten bestimmt sind.«

Wie die Christen dachten auch die Juden viel über die Sünde nach; jedoch hielten sich nur wenige *selbst* für Sünder. Dies war hauptsächlich eine christliche Neuerung, die mit dem Gleichnis vom Pharisäer und Zöllner eingeführt und von Christus selbst als Tugend gepredigt wurde, als er die Schriftgelehrten und Pharisäer verdammte. Die Chri-

---

18 Buch Henoch (J. C. Hinrichs'sche Buchhandlung, Leipzig 1901).

sten suchten sich in christlicher Demut zu üben, was die Juden im allgemeinen nicht taten.

Es gibt jedoch unmittelbar vor der Zeit Christi bedeutende Ausnahmen unter den orthodoxen Juden. Nehmen wir beispielsweise. *Die Testamente der Zwölf Patriarchen*, die zwischen 109 und 107 v. Chr. von einem Pharisäer, einem Bewunderer des Johannes Hyrkanus, eines Hohenpriesters aus der hasmonäischen Dynastie, geschrieben sind. In der uns vorliegenden Form enthält das Buch christliche Einschaltungen, die sich aber durchweg auf Dogmatisches beziehen. Wenn sie ausgemerzt werden, deckt sich die ethische Doktrin nahezu mit dem, was die Evangelien lehren. Hochwürden R. H. Charles bemerkt hierzu: »Die Bergpredigt spiegelt in verschiedenen Punkten den Geist unseres Textes, den sie sogar stellenweise wörtlich wiedergibt; viele Teile der Evangelien weisen Spuren dieses Textes auf, und für Paulus scheint das Buch ein Vademekum gewesen zu sein.« (R. H. Charles, *op. cit.*, S. 291–292). Wir finden in dem Werk unter anderem folgende Vorschriften:

»So liebet euch von Herzen! Und sündiget einer gegen dich, so sag es ihm in Frieden! Schaff so des Hasses Gift hinweg! Bewahr in deiner Seele nicht die List! Wenn er bekennt und es bereut, vergib ihm! Und leugnet er, streit nicht mit ihm! Sonst schwört er noch und du bist doppelt schuldig... Ist er dagegen unverschämt, verharrt er bei der Schlechtigkeit. Vergib ihm dann auch so von Herzen und überlaß die Rache Gott!«

Dr. Charles ist der Ansicht, daß Christus diese Stelle gekannt haben müsse. Ferner lesen wir:

»Liebt nur den Herrn und euren Nächsten!«

»Liebt doch den Herrn in eurem ganzen Leben und auch aus wahrem Herzensgrund.«

»Ich liebte auch den Herrn mit ganzer Kraft und jeden Menschen liebte ich.« Man vergleiche hiermit Matthäus XXII, 37–39. Der Haß wird in dem *Testament der zwölf Patriarchen* völlig verurteilt, beispielsweise:

»Der Zorn ist Blindheit, meine Kinder. Kein Zorniger sieht je ein Angesicht in Wahrheit.«

»Schlecht ist der Haß; er hält's beständig mit der Lüge.«[19] Wie nicht anders zu erwarten, ist der Verfasser des Buches davon überzeugt, daß nicht allein die Juden, sondern auch alle Heiden erlöst werden.

Die Evangelien haben die Christen gelehrt, schlecht von den Pharisäern zu denken; der Autor dieses Buches war jedoch Pharisäer, und was er lehrte, waren die ausgesprochen ethischen Gebote, die uns das Wesentlichste an Christi Lehre dünken. Das ist allerdings nicht schwer zu erklären. Zunächst muß er selbst zu seiner Zeit unter den Pharisäern

---

19 *Altjüdisches Schrifttum außerhalb der Bibel*, übersetzt von Paul Riessler (Dr. Benno Filser Verlag, Augsburg 1928).

eine Ausnahmestellung eingenommen haben; die gebräuchlichere Lehre war zweifellos die des Buches Henoch. Zweitens wissen wir, daß alle Bewegungen die Tendenz haben, zu erstarren; wer könnte in den Grundsätzen der *Daughters of the American Revolution*[20] noch Jeffersons Prinzipien wiedererkennen? Drittens ist uns außerdem speziell von den Pharisäern bekannt, daß sie dem Gesetz als der absoluten und letzten Wahrheit gänzlich ergeben waren und so bald jedem frischen, lebendigen Denken und Fühlen ein Ende machten. Dr. Charles bemerkt hierzu:

»Als das Pharisäertum mit den alten Idealen seiner Partei brach, sich politischen Interessen und Bewegungen zuwandte und sich demzufolge mehr und mehr einem völlig am Buchstaben klebenden Studium des Gesetzes hingab, bot es bald keine Möglichkeit mehr für die Entwicklung einer so hochstehenden Ethik, wie sie die Testamente (der Patriarchen) enthalten, und so gaben die eigentlichen Nachfolger der ehemaligen Hasids und ihrer Lehre das Judentum auf und suchten, wie es ganz natürlich war, Zuflucht im Schoß des Urchristentums.«

Nachdem eine Zeitlang die Hohenpriester geherrscht hatten, machte Marc Anton seinen Freund Herodes zum König der Juden. Herodes war ein lebenslustiger Abenteurer, der häufig vor dem Bankrott stand, in der römischen Gesellschaft verkehrte und dem die jüdische Frömmigkeit sehr fern lag. Seine Frau stammte aus der Familie der Hohenpriester; er selbst war Idumäer, was allein schon genügt hätte, ihn den Juden verdächtig zu machen. Er war ein gewandter Konjunkturritter und ließ Antonius prompt im Stich, als sich zeigte, daß Oktavian siegen würde. Trotzdem versuchte er ständig, die Juden mit seiner Herrschaft auszusöhnen. Er baute den Tempel neu auf, wenn auch im hellenistischen Stil mit korinthischen Säulenreihen; über dem Haupttor brachte er jedoch einen großen goldnen Adler an und verstieß damit gegen das Zweite Gebot. Als sich das Gerücht verbreitete, er liege im Sterben, holten die Pharisäer den Adler herunter; Herodes rächte sich dafür an ihnen durch zahlreiche Hinrichtungen. Im Jahre 4 v. Chr. starb er; bald nach seinem Tode schafften die Römer das Königreich ab und unterstellten Judäa im Jahre 26 n. Chr. einem Prokurator namens Pontius Pilatus; er erwies sich jedoch als taktlos und wurde bald abberufen.

Im Jahre 66 empörten sich die Juden unter Führung der Zelotenpartei gegen Rom. Sie erlitten eine Niederlage; im Jahre 70 n. Chr. wurde Jerusalem besetzt und der Tempel zerstört; in Judäa blieben nur wenige Juden übrig.

Vor dieser Zeit hatten die Juden der Diaspora bedeutende Jahrhunderte erlebt. Ursprünglich waren die Juden ein fast ausschließlich ackerbautreibendes Volk gewesen, hatten aber während ihrer Gefangen-

---

20 Töchter der Amerikanischen Revolution, konservativste amerikanische Frauenvereinigung.

schaft von den Babyloniern gelernt, Handel zu treiben. Nach der Epoche Esras und Nehemias blieben viele, darunter verschiedene sehr reiche Leute, in Babylon. Eine große Zahl von Juden ließ sich in dem neugegründeten Alexandrien nieder; sie bewohnten ein eigens für sie bestimmtes Viertel, das aber nicht als Getto gedacht war, sie vielmehr nur davor bewahren sollte, mit Heiden in Berührung zu kommen und dadurch befleckt zu werden. Die Hellenisierung der Juden ging in Alexandrien viel weiter als in Judäa; sie vergaßen sogar das Hebräische. Aus diesem Grunde mußte das Alte Testament ins Griechische übersetzt werden; das Ergebnis war die Septuaginta. Der Pentateuch wurde um die Mitte des dritten Jahrhunderts v. Chr. übersetzt; die Übertragung der anderen Teile erfolgte etwas später.

Es bildeten sich Legenden um die Septuaginta, deren Name sich daraus erklärt, daß siebzig Übersetzer an dem Werk arbeiteten. Es hieß, alle siebzig hätten unabhängig voneinander das Ganze übertragen; bei einem Vergleich der Übersetzungen habe sich dann herausgestellt, daß sie alle bis ins kleinste übereinstimmten, da sie alle von Gott inspiriert gewesen seien. Dennoch wiesen spätere Gelehrte an der Septuaginta schwere Fehler nach. Als das Christentum entstanden war, benutzten die Juden sie kaum noch, sondern lasen das Alte Testament wieder auf Hebräisch. Die ersten Christen hingegen, die nur selten Hebräisch konnten, waren auf die Septuaginta oder ihre lateinischen Übersetzungen angewiesen. Im dritten Jahrhundert schuf Origenes einen erheblich verbesserten Text; wer aber nur Latein beherrschte, mußte sich mit recht mangelhaften Versionen begnügen, bis Hieronymus im fünften Jahrhundert die Vulgata fertigstellte. Sie wurde anfangs sehr kritisch aufgenommen, da er sich bei der Abfassung des Textes von Juden hatte helfen lassen; viele Christen jedoch waren der Meinung, die Juden hätten die Propheten absichtlich gefälscht, um nicht einmal den Anschein zuzulassen, sie hätten das Kommen Christi vorausgesagt. Allmählich aber setzte sich das Werk des Hieronymus durch und ist bis auf den heutigen Tag in der katholischen Kirche maßgebend geblieben.

Der Philosoph Philo, ein Zeitgenosse Christi, stellt das beste Beispiel für den griechischen Einfluß auf jüdisches Denken dar. Trotz seiner religiösen Strenggläubigkeit ist Philo als Philosoph in erster Linie Platoniker; auch zeigen sich bei ihm starke Einflüsse der Stoiker und Neupythagoreer. Seine Einwirkung auf die Juden erlosch nach der Einnahme Jerusalems; die Kirchenväter jedoch stellten fest, er habe bewiesen, daß es sich sehr wohl mit griechischer Philosophie vereinen lasse, die hebräischen Schriften anzuerkennen.

In jeder bedeutenden Stadt der Antike entstanden ausgedehnte Kolonien der Juden, die wie die Anhänger anderer östlicher Religionen Einfluß auf Menschen gewannen, denen der Skeptizismus oder die offiziellen Religionen Griechenlands und Roms nicht genügten. Bekehrungen zum Judentum waren nicht nur im Imperium, sondern auch in

Südrußland häufig. Das Christentum fand wahrscheinlich zuerst in jüdischen und halbjüdischen Kreisen Eingang. Das strenggläubige Judentum wurde allerdings nach dem Fall Jerusalems noch orthodoxer und begrenzter, genau wie schon einmal nach der Einnahme der Stadt durch Nebukadnezar. Nach dem ersten Jahrhundert begann auch das Christentum feste Formen anzunehmen; die Beziehungen zwischen Judentum und Christentum wurden ausgesprochen feindlich und äußerlich; das Christentum gab, wie wir sehen werden, dem Antisemitismus einen kräftigen Auftrieb. Während des ganzen Mittelalters waren die Juden an der Kultur christlicher Länder nicht beteiligt; sie wurden zu hart verfolgt, um kulturelle Mitarbeit leisten zu können, sofern es sich nicht nur darum handelte, Mittel für den Bau von Kathedralen und ähnliche Unternehmen beizusteuern. Zu dieser Zeit gingen allein die Mohammedaner mit den Juden menschlich um, so daß sie sich mit Philosophie und aufgeklärter Spekulation beschäftigen konnten.

Das ganze Mittelalter hindurch waren die Mohammedaner kultivierter und humaner als die Christen. Die Christen verfolgten die Juden, vor allem in religiös erregten Epochen; anläßlich der Kreuzzüge kam es zu furchtbaren Pogromen. In den mohammedanischen Ländern hingegen wurden die Juden fast allzeit gut behandelt. Besonders im maurischen Spanien trugen sie viel zur Gelehrsamkeit bei; Maimonides (1135–1204), in Cordoba geboren, gilt bei manchen als Hauptquelle der Philosophie Spinozas. Als die Christen Spanien wiedereroberten, waren es vor allem die Juden, die ihnen maurisches Wissen vermittelten. Gelehrte Juden, die Hebräisch, Griechisch und Arabisch beherrschten und mit der aristotelischen Philosophie vertraut waren, gaben ihre Kenntnisse an weniger gelehrte Scholastiker weiter. Allerdings übermittelten sie zugleich manches nicht so Wünschenswerte, wie Alchimie und Astrologie.

Nach dem Mittelalter waren die Juden noch in hohem Maße am kulturellen Fortschritt beteiligt, jedoch nicht mehr als Rasse, sondern durch einzelne Vertreter.

2. KAPITEL

Das Christentum
in den ersten vier Jahrhunderten

Das Christentum wurde anfangs Juden von Juden als reformiertes Judentum gepredigt. Denn das und nichts darüber hinaus sollte es nach Johannes und, in geringerem Maße, auch nach Petrus bleiben; vielleicht hätten sie ihre Absicht auch durchgesetzt, hätte es nicht einen Paulus gegeben, der entschlossen war, auch Heiden aufzunehmen, ohne die Beschneidung oder Unterwerfung unter das mosaische Gesetz zu fordern. Vom Streit der beiden Parteien, wie Paulus ihn sah, berichtet uns die Apostelgeschichte. Die Christengemeinden, die Paulus an vielen Orten gründete, bestanden zweifellos teils aus jüdischen Konvertiten, teils aus Heiden, die nach einer neuen Religion verlangten. Die ihr innewohnenden Gewißheiten machten die jüdische Religion zu jener Zeit des schwindenden religiösen Glaubens besonders anziehend; die Beschneidung aber hinderte die Männer daran, sich zu ihr zu bekehren. Auch die rituellen Ernährungsvorschriften waren unbequem. Schon wenn diese beiden Hindernisse die einzigen gewesen wären, hätten sie die allgemeine Verbreitung der hebräischen Religion nahezu unmöglich gemacht. Durch den Einfluß von Paulus behielt das Christentum von den jüdischen Lehren nur das bei, was anziehend war, ohne die Eigenheiten zu übernehmen, an die sich die Heiden nicht zu gewöhnen vermochten.

Die Auffassung aber, daß die Juden das auserwählte Volk seien, blieb dem griechischen Stolz verhaßt. Die Gnostiker lehnten diese Einstellung radikal ab. Sie oder zumindest manche von ihnen waren davon überzeugt, daß die sinnliche Welt von einer niederen Gottheit namens Jaldabaoth, dem rebellischen Sohn der Sophia (der himmlischen Weisheit), erschaffen worden wäre. Er sei, wie sie behaupteten, der Jahwe des Alten Testaments, während die Schlange, weit davon entfernt, böse zu sein, Eva davor bewahren sollte, sich von ihm täuschen zu lassen. Lange Zeit hatte die höchste Gottheit Jaldabaoth freie Hand gelassen; schließlich sandte der höchste Gott seinen Sohn, der zeitweilig die Gestalt des Menschen Jesus annehmen und die Welt von der falschen Lehre Mosis befreien sollte. Wer dieser oder ähnlicher Ansicht war, verband sie gewöhnlich mit einer platonischen Philosophie; wie wir gesehen haben, fand es Plotin schwierig, sie zu widerlegen. Der Gnostizismus war ein Kompromiß zwischen philosophischem Heidentum und Christentum, denn er verehrte zwar Christus, dachte aber schlecht von den Juden. Dasselbe galt später für die Manichäer, durch die Augustin zum katholischen Glauben kam. Der Manichäismus vereinte christliche mit zoroastrischen Elementen, indem er lehrte, das Böse sei ein positives, in der Materie verkörpertes Prinzip; das gute Prinzip hingegen offenbare sich im Geist. Verboten war jeder Fleischgenuß sowie alles Geschlechtliche, sogar in der Ehe. Solche Zwischenlehren trugen viel dazu bei, gebildete griechisch-sprechende Menschen allmählich zu bekehren; das Neue Testament aber warnt wahre Gläubige vor ihnen: »O Timotheus! Bewahre, was dir vertrauet ist, und meide die ungeistlichen losen Geschwätze und Gezänke der falsch berühmten Kunst (Gnosis), welche etliche vorgeben und fehlen des Glaubens.«[1]

Die Gnostiker und Manichäer wirkten weiter, bis die Regierung christlich wurde. Danach mußten sie ihren Glauben verheimlichen, doch besaßen sie noch immer unterirdischen Einfluß. Die Lehre einer dieser gnostischen Sekten machte sich Mohammed zu eigen. Es hieß darin, Jesus sei nur ein Mensch, zu dem der Sohn Gottes in der Taufe herniedersteige, um ihn in der Passionszeit wieder zu verlassen. Sie stützten sich bei dieser Ansicht auf den Text: »Mein Gott, mein Gott, warum hast du mich verlassen?«[2], eine Stelle, die den Christen allerdings stets Schwierigkeiten gemacht hat. Die Gnostiker hielten es des Gottessohnes nicht für würdig, geboren zu werden, ein Kind zu sein und obendrein am Kreuz zu sterben; sie behaupteten, dies alles sei dem Menschen Jesus geschehen, nicht aber dem göttlichen Sohn Gottes. Mohammed, der Jesus als Propheten, wenn auch nicht als göttlich anerkannte, war in einem gewissen starken Klassenbewußtsein davon überzeugt, daß ein Prophet kein schlechtes Ende nehmen dürfe. Er übernahm daher die Auffassung der Doketen (einer gnostischen Sekte), die meinten, am Kreuz habe nur ein Phantom gehangen, an dem Juden und Römer in ihrer Ohnmacht und Unwissenheit wirkungslose Rache übten. Auf diesem Wege gelangte einiges vom Gnostizismus in die orthodoxe Lehre des Islams.

Schon früh nahmen die Christen den zu ihrer Zeit lebenden Juden gegenüber eine feindliche Haltung ein. Nach allgemein anerkannter Ansicht hatte Gott zu den Patriarchen und Propheten, also heiligen Männern, gesprochen und das Kommen Christi angekündigt; als Christus dann aber kam, erkannten ihn die Juden nicht; deswegen galten sie seitdem als schlecht. Überdies hatte Christus das mosaische Gesetz abgeschafft und durch die beiden Gebote ersetzt, daß man Gott und seinen Nächsten lieben solle; auch das hatten die Juden frevelhafterweise nicht anerkannt. Sobald der Staat christlich wurde, setzte der Antisemitismus in seiner mittelalterlichen Form ein, namentlich als Manifestation des christlichen Eifers. Wie weit wirtschaftliche Motive, die ihn später entflammten, im christlichen Imperium bereits mitspielten, scheint sich nicht feststellen zu lassen.

Der zunehmenden Hellenisierung des Christentums entsprechend

---

1 Timotheus VI, 20, 21.
2 Markus XV, 34.

verstärkte sich auch sein theologischer Charakter. Die jüdische Theologie war stets einfach. Jahwe entwickelt sich aus einer Stammesgottheit zum alleinigen, allmächtigen Gott, der Himmel und Erde erschuf; als man erkannte, daß die göttliche Gerechtigkeit dem Tugendhaften kein Glück auf Erden schenkt, verlegte man es in den Himmel; daraus entstand der Glaube an die Unsterblichkeit. Aber während dieser ganzen Entwicklung enthielt das jüdische Bekenntnis nichts Kompliziertes und Metaphysisches; Mysterien gab es darin nicht, und jeder Jude konnte es verstehen.

Alles in allem ist diese jüdische Einfachheit auch noch charakteristisch für die synoptischen Evangelien (Matthäus, Markus und Lukas), für das Johannesevangelium jedoch, worin Christus mit dem platonisch-stoischen Logos identifiziert wird, schon nicht mehr. Der vierte Evangelist interessiert sich weniger für den Menschen Christus als vielmehr für Christus als theologische Gestalt. Das gilt noch stärker für die Kirchenväter; in ihren Schriften finden sich viel mehr Anspielungen auf das Johannesevangelium als auf die drei übrigen Evangelien zusammengenommen. Die Paulus-Briefe enthalten ebenfalls viel Theologisches, vor allem in der Frage der Erlösung; gleichzeitig verrät manches darin eine weitgehende Vertrautheit mit der griechischen Kultur, ein Zitat aus Menander, ein Hinweis auf den Kreter Epimenides, der erklärt hatte, daß alle Kreter Lügner seien und so fort. Trotzdem sagt Paulus:[3] »Sehet zu, daß euch niemand beraube durch die Philosophie und lose Verführung.«

Bis zur Zeit des Origenes (185–254 n. Chr.) blieb die Synthese von griechischer Philosophie und hebräischen Schriften mehr oder minder zufällig und fragmentarisch. Origenes lebte wie Philo in Alexandrien, das dank dem Handel und der Universität von seiner Gründung bis zu seinem Fall das Hauptzentrum des gelehrten Synkretismus war. Gleich seinem Zeitgenossen Plotin war er ein Schüler des Ammonius Saccas, den viele für den Begründer des Neuplatonismus halten. Seine Lehren, in seinem Werk *De Principiis* niedergelegt, sind den Doktrinen Plotins stark verwandt – stärker, als mit Orthodoxie vereinbar ist.

Nach Origenes gibt es nichts völlig Unkörperliches außer Gott – Vater, Sohn und Heiligem Geist. Die Sterne sind lebendige, vernünftige Wesen, von Gott mit Seelen begabt, die bereits gelebt haben. Die Sonne kann nach seiner Ansicht sündigen. Wie Plato lehrte, kommen die Seelen bei der Geburt von anderwärts her zum Menschen, da sie seit der Schöpfung immer existiert haben. *Nous* und Seele unterscheiden sich bei ihm wie bei Plotin mehr oder weniger voneinander. Ist der *nous* abtrünnig, so wird er zur Seele; ist die Seele tugendhaft, so wird sie zum

---

[3] Oder vielmehr der Verfasser eines Briefes, der Paulus zugeschrieben wird: Kolosser II, 8.

nous. Zuletzt werden alle Geister völlig Christus untertan und dann körperlos sein. Selbst der Teufel wird schließlich erlöst werden.

Obwohl als einer der Kirchenväter anerkannt, wurde Origenes später doch beschuldigt, vier ketzerische Ansichten vertreten zu haben:

1. die von Plato gelehrte Präexistenz der Seelen;
2. die Auffassung, daß auch die menschliche und nicht nur die göttliche Natur Christi schon vor der Menschwerdung existiert habe;
3. die Überzeugung, daß unsere Leiber bei der Auferstehung in völlig ätherische Körper verwandelt werden;
4. die Ansicht, daß alle Menschen und sogar die Teufel schließlich erlöst werden.

Hieronymus, der Origenes um seiner Textfassung des Alten Testamentes willen etwas unvorsichtig bewundert hatte, hielt es später für klug, viel Zeit und Temperament darauf zu verwenden, seine theologischen Irrtümer zu widerlegen.

Origenes' Verirrungen waren jedoch nicht nur theologischer Art; in seiner Jugend hatte er sich eines irreparablen Vergehens schuldig gemacht, als er die Stelle allzu wörtlich auslegte: »Und sind etliche verschnitten, die sich selbst verschnitten haben um des Himmelreichs willen.«[4] Diese von Origenes vorschnell gewählte Methode, den Versuchungen des Fleisches zu entrinnen, war von der Kirche verurteilt worden; zudem wurde ihm dadurch die Aufnahme in den geistlichen Stand unmöglich gemacht, obwohl einige Geistliche anders gedacht zu haben scheinen und damit Anlaß zu unerfreulichen Kontroversen gaben.

Origenes' umfangreichstes Werk ist ein Buch mit dem Titel *Contra Celsum* (Gegen Celsus). Celsus war der Verfasser eines (jetzt verlorenen) gegen das Christentum gerichteten Buches, und Origenes unternahm es, Punkt für Punkt zu widerlegen. Celsus beginnt damit, den Christen vorzuwerfen, sie gehörten illegalen Vereinigungen an; das leugnet Origenes nicht, will es jedoch wie den Mord an Tyrannen als Tugend angesehen wissen. Dann kommt er zu dem zweifellos eigentlichen Grund seiner Geringschätzung des Christentums: das Christentum, sagt Celsus, geht von den Juden aus, die Barbaren sind; und den Lehren der Barbaren vermögen nur die Griechen einen Sinn abzugewinnen. Origenes erwidert, jeder, der von der griechischen Philosophie ausgehend zu den Evangelien käme, würde erkennen müssen, daß sie wahr sind; er würde auch einen den griechischen Intellekt befriedigenden Beweis dafür erbringen. Überdies aber »besitzt das Evangelium seinen eigenen Beweis, der göttlicher ist als jeder von den griechischen Dialektikern aufgestellte. Und diese göttlichere Methode wird von dem Apostel ›die Offenbarung des Geistes und der Kraft‹ genannt; des Geistes um der Prophezeiungen willen, die hinreichen, in jedem, der sie liest, Glauben zu erwecken, vornehmlich bei allen Dingen, die sich auf

---

4 Matthäus XIX, 12.

Christus beziehen; und der ›Kraft‹ wegen der Zeichen und Wunder, die wir als tatsächlich geschehen anerkennen müssen; und zwar spricht dafür, neben vielen anderen Gründen, daß Spuren davon sich noch bei denen erhalten haben, die ein Leben nach den Geboten des Evangeliums führen.«[5]

Diese Stelle ist interessant, da sie schon das doppelte Glaubensargument enthält, das für die christliche Philosophie charakteristisch ist. Auf der einen Seite genügt die richtig angewendete reine Vernunft, um die Elemente des christlichen Glaubens außer Frage zu stellen, insbesondere Gott, die Unsterblichkeit und die Willensfreiheit. Auf der anderen Seite beweist die Heilige Schrift nicht nur diese bloßen Elemente, sondern noch weit mehr: Die Schrift ist von Gott inspiriert, und zwar, weil die Propheten das Kommen des Messias weissagten; das geht auch aus den Wundern und der wohltätigen Wirkung des Glaubens auf das Leben der Gläubigen hervor. Manche dieser Argumente gelten heute als veraltet, aber der übrigen bediente sich noch William James. Sie wurden jedoch ohne Ausnahme bis zur Renaissance von jedem christlichen Philosophen anerkannt.

Einige Argumente des Origenes sind sonderbar. Er sagt, daß Zauberer den »Gott Abrahams« anrufen, häufig ohne zu wissen, wer Er sei; offensichtlich ist aber dieser Anruf besonders wirksam. In der Magie spielen Namen eine große Rolle; es ist nicht gleichgültig, ob Gott bei seinem jüdischen, ägyptischen, babylonischen, griechischen oder brahmanischen Namen beschworen wird. Übersetzt verlieren Zauberformeln ihre Wirksamkeit. Man möchte fast annehmen, daß die Zauberer damals Formeln aus allen bekannten Religionen gebrauchten; wenn man jedoch Origenes glauben darf, wirkten die aus hebräischen Quellen stammenden am stärksten. Diese Erklärung ist um so merkwürdiger, als er darauf hinweist, daß Moses die Zauberei verboten hatte.[6]

Wie wir erfahren, sollen sich Christen nicht an der Verwaltung des Staates, sondern nur an der Verwaltung der »göttlichen Nation«, das heißt der Kirche beteiligen.[7] Diese Doktrin wurde selbstverständlich nach der Zeit Konstantins etwas abgemildert, einiges davon aber lebte fort. In Augustins *Gottesstaat* ist sie enthalten. Sie veranlaßte die Geistlichen zur Zeit des Niedergangs des weströmischen Reiches, weltliche Katastrophen untätig mitanzusehen, während sie ihre sehr großen Fähigkeiten nur auf dem Gebiet der kirchlichen Disziplin, der theologischen Kontroversen und der Ausbreitung des Mönchtums einsetzten. Spuren dieser Auffassung findet man heute noch; die meisten Leute sehen in der Politik etwas »Weltliches«, das eines wirklich frommen Menschen unwürdig ist.

---

5 Origenes, Contra Celsum, Buch I, Kap. II.
6 Origenes, Contra Celsum, Buch I, Kap. XXII.
7 Origenes, Contra Celsum, Buch VIII, Kap. LXXV.

Die Kirchenverwaltung entwickelte sich während der ersten drei Jahrhunderte nur langsam, rasch jedoch nach der Bekehrung Konstantins. Die Bischöfe wurden vom Volk gewählt; allmählich erlangten sie über die Christen ihrer Diözesen beträchtliche Macht; vor Konstantin aber gab es kaum in irgendeiner Form eine Zentralleitung der gesamten Kirche. Die Macht der Bischöfe in den großen Städten wuchs durch den Brauch, Almosen zu spenden; die Opfer der Gläubigen wurden vom Bischof verwaltet, der den Armen die milden Gaben zuteilen oder vorenthalten konnte. So kam es, daß ein aus den Armen und Hilflosen bestehender Pöbel bereit war, sich jedem Willen des Bischofs zu fügen. Als der Staat christlich wurde, übertrug man den Bischöfen richterliche und administrative Funktionen. Auch entstand eine Zentralverwaltung zumindest für Fragen des Dogmas. Konstantin ärgerte sich über den Streit zwischen Katholiken und Arianern; nachdem er sich ganz auf die Seite der Christen gestellt hatte, wollte er sie auch einig sehen. Um Meinungsverschiedenheiten zu bereinigen, veranlaßte er, das ökumenische Konzil von Nicäa einzuberufen; dort wurde das nicäische Glaubensbekenntnis[8] aufgestellt und in der arianischen Streitfrage ein für allemal der orthodoxe Maßstab festgelegt. Andere, später entstandene Streitfragen wurden ganz ähnlich von ökumenischen Konzilien entschieden, bis sie durch die Teilung in Ost und West und die Weigerung des Ostens, die Autorität des Papstes anzuerkennen, unmöglich wurden.

Die autoritäre Gewalt des Papstes über die gesamte Kirche stammt aus einer viel späteren Zeit, obwohl er damals schon offiziell ihre wichtigste Persönlichkeit war. Das langsame Erstarken der päpstlichen Macht ist ein sehr interessantes Thema, mit dem ich mich in späteren Kapiteln beschäftigen werde.

Verschiedene Autoren haben unterschiedliche Erklärungen für die Ausbreitung des Christentums vor Konstantin wie für die Motive seiner Bekehrung gefunden. Gibbon[9] führt fünf Gründe dafür an:

»I. Der unbeugsame und, wenn wir so sagen dürfen, unduldsame Eifer der Christen stammte unstreitig aus der jüdischen Religion, doch fehlte die enge und unsoziale Geisteshaltung, die die Heiden abschreckte, statt ihnen die Anerkennung des mosaischen Gesetzes zu erleichtern.

II. Die Lehre vom künftigen Leben; um sie zu vertiefen, wurde jede zusätzliche Möglichkeit aufgegriffen, die Gewicht und Einfluß dieser bedeutenden Wahrheit verstärken konnte.

III. Die wunderbaren Kräfte, die der Urkirche beigelegt wurden.

IV. Die reine und erhabene Moral der Christen.

---

8 Nicht genau in der heutigen Fassung, die erst 362 festgelegt wurde.
9 Gibbon, *The Decline and Fall of the Roman Empire* (Geschichte des Verfalls und Untergangs des römischen Reiches), Kap. XV.

V. Die Einigkeit und Disziplin der christlichen Republik, die allmählich zu einem unabhängigen, wachsenden Staat im Herzen des römischen Imperiums wurde.«

Versieht man diese Analyse mit einigen Anmerkungen, so kann man sie im großen und ganzen gelten lassen. Den ersten Grund – die von den Juden stammende Unbeugsamkeit und Intoleranz – darf man wohl uneingeschränkt anerkennen. Welche Vorzüge eine intolerante Propaganda bieten kann, haben wir selbst erlebt. Fast alle Christen waren der Überzeugung, daß allein sie in den Himmel eingehen und über die Heiden in der nächsten Welt die schrecklichsten Strafen kommen würden. Die anderen Religionen, die sich im dritten Jahrhundert durchzusetzen suchten, waren nicht so drohenden Charakters. Die Anhänger der Großen Mutter beispielsweise hatten zwar eine der Taufe ähnliche Zeremonie – das Taurobolium –, lehrten aber nicht, daß in die Hölle käme, wer davon nichts wissen wollte. Nebenbei bemerkt war das Taurobolium eine kostspielige Angelegenheit: es galt, einen Bullen zu schlachten, damit sein Blut auf den Bekehrten tropfen konnte. Ein derartiger Ritus hat etwas Aristokratisches an sich und eignet sich nicht zur Grundlage einer Religion, die für die breite Masse des Volkes bestimmt sein soll, für Reiche und Arme, für Freie und Sklaven. Auf diesem Gebiet zeigte sich das Christentum allen Rivalen überlegen.

Die Doktrin vom künftigen Leben war im Abendland zuerst von den Orphikern ausgegangen und dann von den griechischen Philosophen übernommen worden. Manche der jüdischen Propheten lehrten die Auferstehung des Fleisches; anscheinend haben aber die Juden von den Griechen gelernt, an die Auferstehung des Geistes zu glauben.[10] Die Unsterblichkeitslehre hatte in Griechenland eine populäre Form in der Orphik und eine gelehrte im Platonismus gefunden. In dieser Fassung, die sich auf schwierige Argumente stützte, konnte sie nicht sehr populär werden; in der orphischen Form aber hatte sie wahrscheinlich großen Einfluß auf die allgemeinen Anschauungen der Spätantike, und zwar nicht nur bei Heiden, sondern auch bei Juden und Christen. Elemente orphischer und asiatischer Mysterienreligionen durchdrangen stark die christliche Theologie; allen gemeinsam war der Zentralmythos vom sterbenden Gott, der wieder aufersteht.[11] Daher meine ich, daß die Unsterblichkeitslehre weniger zur Ausbreitung des Christentums beigetragen hat, als Gibbon annahm.

Sicherlich spielten Wunder eine sehr große Rolle in der christlichen Propaganda. In der Spätantike waren jedoch Wunder nichts Besonderes und nichts, was eine Religion speziell für sich hätte in Anspruch nehmen können. Es ist überhaupt schwer verständlich, wie es kam, daß man in diesem Wettstreit die christlichen Wunder für glaubwürdiger

---

10 Vergl. Oesterley and Robinson, *Hebrew Religion*.
11 Vergl. Angus, *The Mystery Religions and Christianity*.

hielt als die anderer Sekten. Mir scheint, Gibbon übersieht dabei etwas sehr Wichtiges, daß nämlich die Christen ein Heiliges Buch besaßen. Die Wunder, auf die sich die Christen beriefen, hatten bereits in ferner Vergangenheit eingesetzt, und zwar bei einem Volk, das den Alten geheimnisvoll erschien; es gab eine bei der Schöpfung beginnende, lückenlose Geschichte, nach der die Vorsehung von jeher Wunder gewirkt hatte, zunächst für die Juden, dann für die Christen. Der moderne Geschichtskenner weiß, daß die frühe israelitische Geschichte Legende ist; die Alten aber dachten anders. Sie glaubten an den homerischen Bericht über die Belagerung Trojas, an Romulus und Remus und so fort; warum, fragt Origenes, sollte man diese Überlieferungen gelten lassen und die jüdischen verwerfen? Dieses Argument ist logisch nicht zu widerlegen. Es war daher natürlich, daß man die Wunder des Alten Testaments anerkannte und daß danach auch diejenigen jüngeren Datums für glaubwürdig gehalten wurden, besonders in Anbetracht der christlichen Auslegung der Propheten.

Vor Konstantin waren die Christen in der Ethik zweifellos den durchschnittlichen Heiden weit überlegen. Die Christen wurden von Zeit zu Zeit verfolgt und befanden sich im Wettstreit der Religionen den Heiden gegenüber fast immer im Nachteil. Sie waren fest davon überzeugt, daß die Tugend im Himmel ihren Lohn und die Sünde ihre Strafe in der Hölle finden würde. Ihre Geschlechtsmoral war von einer in der Antike seltenen Strenge. Plinius, der die offizielle Aufgabe hatte, die Christen zu verfolgen, bezeugt ihr hohes moralisches Niveau. Nach der Bekehrung Konstantins gab es natürlich auch unter den Christen Konjunkturritter; aber von wenigen Ausnahmen abgesehen waren die bedeutenden Geistlichen weiterhin Männer von unbeugsamen moralischen Grundsätzen. Meiner Ansicht nach schreibt Gibbon mit Recht diesem hohen moralischen Niveau als einem der Gründe für die Ausbreitung des Christentums große Bedeutung zu.

Zuletzt führt Gibbon »die Einigkeit und Disziplin der christlichen Republik« an. Politisch gesehen scheint mir das die wichtigste der fünf Ursachen zu sein. Wir, die wir in der modernen Welt leben, sind an politische Organisation gewöhnt; jeder Politiker hat mit dem katholischen Votum zu rechnen, das aber durch das Votum anderer organisierter Gruppen ausgewogen wird. In Amerika ist ein katholischer Präsidentschaftskandidat infolge der protestantischen Voreingenommenheit im Nachteil. Ohne ein solches protestantisches Vorurteil jedoch hätte der katholische Kandidat bessere Aussichten als jeder andere. Etwas Ähnliches scheint sich auch Konstantin gedacht zu haben. Er konnte sich die Unterstützung der Christen, die einen einzigen organisierten Block bildeten, durch gute Behandlung gewinnen. Alles Anti-Christliche war unorganisiert und politisch wirkungslos. Wahrscheinlich stimmt Rostovtzeffs Annahme, daß ein großer Teil des Heeres christlich und daß gerade dieser Umstand für Konstantin ausschlaggebend war. Jedenfalls organisierten sich die Christen schon, als sie noch in der Minderheit waren, auf eine Art, die zwar heute allgemein ist, damals aber neu war; sie verlieh ihnen den ganzen politischen Einfluß einer Machtgruppe, der keine anderen Gruppen von gleicher Wirkungskraft gegenüberstanden. Das war die natürliche Folge ihres tatsächlich einzigartigen Eifers, und dieser Eifer war ein Erbteil der Juden.

Unglücklicherweise begannen die Christen, sobald sie politische Macht erlangt hatten, gegeneinander zu eifern. Vor Konstantin hatte es nicht wenig Ketzerei gegeben, doch besaßen die Rechtgläubigen damals keine Strafgewalt. Mit der Christianisierung des Staates winkten den Geistlichen große Vorteile in Gestalt von Macht und Reichtum. Manche Wahl war heftig umkämpft, und bei theologischen Streitigkeiten wurden zugleich weltliche Vorteile ausgehandelt. Konstantin verhielt sich in den Kontroversen der Theologen ziemlich neutral, aber nach seinem Tode (337) begünstigten seine Nachfolger (mit Ausnahme von Julian Apostata) bis zur Thronbesteigung von Theodosius im Jahre 379 mehr oder minder die Arianer.

Der Held dieser Periode ist Athanasius (etwa 297–373), der sein ganzes langes Leben hindurch der unerschrockenste Vorkämpfer der nicäischen Orthodoxie war.

Die Epoche von Konstantin bis zum Konzil von Chalzedon (451) ist infolge der politischen Bedeutung der Theologie besonders bemerkenswert. Zwei Fragen bewegten nacheinander die christliche Welt: erstens das Wesen der Dreieinigkeit, zweitens die Lehre von der Menschwerdung. Zur Zeit des Athanasius stand nur die erste zur Diskussion. Arius, ein kultivierter alexandrinischer Priester, behauptete, der Sohn sei nicht dem Vater gleich, sondern von ihm erschaffen. In einer früheren Periode hätte diese Ansicht keine große Gegnerschaft hervorgerufen; im vierten Jahrhundert jedoch wurde sie von den meisten Theologen abgelehnt. Schließlich setzte sich die Auffassung durch, daß Vater und Sohn einander gleich und von gleicher Substanz seien; doch wären sie getrennte Personen. Die Ansicht, daß sie nicht verschieden, sondern nur unterschiedliche Aspekte desselben Wesens wären, wurde nach ihrem Verfechter Sabellius als sabellianische Ketzerei bezeichnet. So mußte sich die Rechtgläubigkeit auf schmaler Bahn bewegen; wer die Verschiedenheit von Vater und Sohn zu stark betonte, lief Gefahr, als Arianer zu gelten; wer ihr Einssein zu sehr vertrat, riskierte es, des Sabellianismus beschuldigt zu werden.

Das Konzil von Nicäa (325) verwarf mit überwältigender Mehrheit die Lehren des Arius. Verschiedene Theologen regten aber gewisse Modifikationen an, die von den Kaisern befürwortet wurden. Athanasius, der von 328 bis zu seinem Tode Bischof von Alexandrien war, lebte ständig im Exil, weil er zu leidenschaftlich für die nicäische Strenggläubigkeit eintrat. Er war ungeheuer populär in Ägypten, das während der ganzen Kontroverse unbeirrt auf seiner Seite stand. Es ist merkwürdig, daß im Verlauf dieses theologischen Streites das nationale (oder doch zumindest regionale) Empfinden, das seit der Römerherrschaft erloschen schien, wieder erwachte. Konstantinopel und Asien neigten zum Arianismus; Ägypten war fanatisch athanasisch; das Abendland hielt unerschütterlich an den Beschlüssen des Konzils von Nicäa fest. Nachdem der arianische Streit beigelegt war, entstanden neue Kontroversen mehr oder minder verwandter Art, in deren Verlauf Ägypten in der einen, Syrien in der anderen Richtung ketzerisch wurde. Diese von den Orthodoxen verfolgten Ketzereien beeinträchtigten die Einheit des oströmischen Reichs und erleichterten den Mohammedanern die Eroberung. Die separatistischen Bewegungen an sich sind nicht überraschend; merkwürdig ist nur, daß sie mit derart schwierigen und schwer verständlichen theologischen Fragen zusammengehangen haben sollen.

Von 335 bis 378 standen die Kaiser, soweit sie es wagen durften, mehr oder weniger auf arianischer Seite, mit Ausnahme von Julian Apostata (361–363), der sich als Heide den inneren Streitigkeiten der Christen gegenüber neutral verhielt. Kaiser Theodosius endlich unterstützte im Jahre 379 ausschließlich die Katholiken; sie trugen daraufhin den vollen Sieg im ganzen Imperium davon. Die Lebenszeit von Ambrosius, Hieronymus und Augustin, die uns im nächsten Kapitel beschäftigen werden, fiel größtenteils in diese Periode des katholischen Triumphes. Darauf folgte jedoch im Abendland eine andere arianische Herrschaft, die der Goten und Vandalen, die miteinander fast das ganze weströmische Reich eroberten. Ihre Macht währte etwa ein Jahrhundert; dann wurde ihr von Justinian, den Langobarden und den Franken ein Ende gemacht; Justinian und die Franken waren orthodox, desgleichen zuletzt auch die Langobarden. So hatte sich schließlich der katholische Glaube allenthalben entscheidend durchgesetzt.

3. KAPITEL

Drei Doctores Ecclesiae

Vier Männer werden als Doctores der abendländischen Kirche bezeichnet: Ambrosius, Hieronymus, Augustin und Papst Gregor der Große. Die ersten drei waren Zeitgenossen, während der vierte einer späteren Epoche angehörte. Ich werde in diesem Kapitel einiges Biographische und Zeitgeschichtliche über die drei ersten bringen und einem weiteren Kapitel die Darstellung der Lehren Augustins vorbehalten, der für unsere Begriffe der Bedeutendste der drei ist.

Ambrosius, Hieronymus und Augustin wirkten sämtlich in der kurzen Periode, die zwischen dem Sieg der katholischen Kirche im römischen Imperium und dem Barbareneinfall lag. Alle drei waren jung zur Regierungszeit Julian Apostatas; Hieronymus überlebte die Plünderung Roms durch die Goten unter Alarich um zehn Jahre; Augustin erlebte den Einfall der Vandalen in Afrika und starb, als sie Hippo, seinen Bischofssitz, belagerten. Unmittelbar nach ihrer Zeit waren die Herren Italiens, Spaniens und Afrikas nicht nur Barbaren, sondern dazu noch arianische Ketzer. Auf Jahrhunderte hinaus verfiel die Zivilisation, und erst etwa tausend Jahre später brachte das Christentum wieder Männer von gleicher Gelehrsamkeit und Kultur hervor. Während des dunklen Zeitalters und der mittelalterlichen Epoche wurden sie als Autoritäten verehrt; mehr als alle anderen bestimmten sie die Form, die die Kirche allmählich annahm. Von Ambrosius stammte in großen Zügen die geistliche Konzeption des Verhältnisses von Kirche und Staat; Hieronymus schenkte der abendländischen Kirche die lateinische Bibel und trug stark zum Entstehen der Mönchsbewegung bei; dagegen bestimmte Augustin die Theologie der Kirche bis zur Reformation und beinflußte später einen großen Teil der Lehren Luthers und Calvins. Nur wenige Männer haben stärker auf den Verlauf der Geschichte eingewirkt als diese drei. Die Unabhängigkeit der Kirche vom weltlichen Staat, für die sich Ambrosius erfolgreich einsetzte, war eine neue, revolutionäre Doktrin, die bis zur Reformation vorherrschte; als Hobbes sie im siebzehnten Jahrhundert bekämpfte, griff er dabei hauptsächlich Ambrosius an. Während der theologischen Kämpfe des sechzehnten und siebzehnten Jahrhunderts stand Augustin im Brennpunkt, wobei Protestanten und Jansenisten für ihn, die orthodoxen Katholiken gegen ihn waren.

Am Ende des vierten Jahrhunderts war die Hauptstadt des weströmischen Reiches Mailand, ihr Bischof Ambrosius. Seine Pflichten brachten ihn ständig in Berührung mit den Kaisern, zu denen er gewöhnlich wie ein Gleichberechtigter, manchmal aber auch wie ein Vorgesetzter sprach. Sein Umgang mit dem kaiserlichen Hof veranschaulicht einen allgemeinen und für die damalige Zeit charakteristischen Kontrast: Der Staat war schwach, unfähig, von unmoralischen Egoisten regiert, deren Politik niemals über für den Augenblick bestimmte Behelfslösungen hinausging; die Kirche hingegen war stark, geschickt von Männern geleitet, die in ihrem Interesse alles Persönliche zurückzustellen bereit waren und eine so weitblickende Politik verfolgten, daß sie für die nächsten tausend Jahre von Erfolg gekrönt war. Wohl standen diesen Vorzügen Fanatismus und Aberglaube gegenüber, ohne die sich aber in damaliger Zeit Reformbewegungen nicht durchsetzen konnten.

Ambrosius hatte jede Chance, eine erfolgreiche Laufbahn im Staatsdienst einzuschlagen. Sein Vater, der ebenfalls Ambrosius hieß, war hoher Beamter – Präfekt der Gallier. Der Heilige ist wahrscheinlich in Trier geboren, damals eine Grenzgarnison. Mit dreizehn Jahren wurde er nach Rom gebracht, wo er eine gute Ausbildung erhielt und auch besonders gründlich Griechisch lernte. Als er heranwuchs, widmete er sich mit großem Erfolg dem Rechtsstudium; als Dreißigjähriger wurde er Statthalter von Ligurien und Aemilien. Trotzdem gab er vier Jahre später den Staatsdienst auf und wurde durch Zuruf des Volkes vor einem arianischen Kandidaten zum Bischof von Mailand gewählt. Er schenkte all seine weltliche Habe den Armen und stellte sich für den Rest seines Lebens in den Dienst der Kirche, womit er sich selbst häufig stark gefährdete. Es war in jedem Fall ein kluger Entschluß, obwohl ihn gewiß keine weltlichen Gründe dazu bewogen. Der Staatsdienst hätte ihm damals keinesfalls, nicht einmal als Kaiser, die Entfaltungsmöglichkeiten für seine politische und administrative Begabung geboten, wie er sie in der Ausübung seiner bischöflichen Pflichten fand.

Während der ersten neun Jahre des Episkopats von Ambrosius war der katholische, tugendhafte und an der Politik uninteressierte Gratian im Westen Kaiser. Seine Leidenschaft für die Jagd ging so weit, daß er darüber die Regierungsgeschäfte vernachlässigte; schließlich wurde er ermordet. Seinem Nachfolger, dem Usurpator Maximus, fiel fast das ganze weströmische Reich zu; in Italien jedoch ging die Nachfolge auf Gratians jüngeren Bruder Valentinian II. über, der noch ein Knabe war. Zunächst übte seine Mutter Justina, die Witwe Kaiser Valentinians I., die kaiserliche Gewalt aus; da sie aber Arianerin war, entstanden zwischen ihr und Ambrosius unvermeidliche Konflikte.

Jeder dieser drei Heiligen, mit denen wir uns in diesem Kapitel beschäftigen, schrieb unzählige Briefe, von denen uns viele erhalten sind; infolgedessen wissen wir über sie mehr als über alle heidnischen Philosophen und über alle Geistlichen des Mittelalters, von wenigen Ausnahmen abgesehen. Augustin schrieb an alle und jeden, zumeist über die Lehre oder die Kirchendisziplin; Hieronymus richtete seine Briefe hauptsächlich an Damen und erteilte ihnen darin Ratschläge, wie sie sich ihre Jungfräulichkeit bewahren könnten; Ambrosius' wichtigste und interessanteste Briefe hingegen sind an die Kaiser geschrieben, wobei er ihnen vorhält, inwieweit sie ihre Pflichten verabsäumt haben, oder sie auch gelegentlich beglückwünscht, wenn sie sie erfüllten.

Bei der ersten Frage von öffentlichem Interesse, mit der sich Ambrosius zu befassen hatte, handelte es sich um Altar und Statue der Victoria in Rom. Das Heidentum hielt sich unter den Senatorenfamilien der Hauptstadt länger als anderwärts; die Pflege der offiziellen Religion, die mit dem imperialen Stolz der Welteroberer eng zusammenhing, lag in den Händen einer aristokratischen Priesterschaft. Die Victoriastatue war von Konstantius, dem Sohne Konstantins, aus dem Senatsgebäude entfernt und von Julian Apostata wieder an ihren Platz gestellt worden. Kaiser Gratian ließ sie erneut fortschaffen, worauf eine Deputation des Senats unter Führung des Stadtpräfekten Symmachus darum ersuchte, sie wieder zurückzubringen.

Symmachus, der auch in Augustins Leben eine Rolle spielte, war ein hervorragendes Mitglied einer vornehmen Familie – reich, aristokratisch, gebildet und heidnisch. Wegen seines Protestes gegen die Entfernung der Victoriastatue verbannte ihn Gratian im Jahre 382, freilich nur auf kurze Zeit, denn schon 384 war er wieder Stadtpräfekt. Der spätere Symmachus, der Schwiegervater von Boëthius und ein bedeutender Mann zur Zeit Theoderichs, war sein Enkel.

Die christlichen Senatoren erhoben Einwände, und mit Ambrosius' und des Papstes (Damasus) Hilfe gelang es, den Kaiser für ihre Auffassung zu gewinnen. Nach dem Tode Gratians wurden Symmachus und die heidnischen Senatoren im Jahre 384 n. Chr. bei dem neuen Kaiser Valentinian II. vorstellig. Um diesen neuerlichen Versuch zu vereiteln, schrieb Ambrosius an den Kaiser und setzte ihm auseinander, daß, wie alle Römer ihm zu militärischen Diensten verpflichtet seien, er (der Kaiser) dem Allmächtigen zu dienen habe.[1] »Laßt niemand«, sagt er, »sich Eure Jugend zunutze machen; es ist unrecht, wenn ein Heide Euren Geist in die Fesseln seines eigenen Aberglaubens schlagen will; er sollte vielmehr alles daransetzen, Euch zu belehren und zu ermahnen, nach dem wahren Glauben zu streben; denn es sind eitle Dinge, die er mit der ganzen Leidenschaft der Wahrheit verteidigt.« Am Altar eines Götzen schwören zu müssen, sagt er, bedeutet für einen Christen die Verfolgung. »In jedem zivilrechtlichen Fall hat die Gegenpartei das Recht auf Einspruch; hier handelt es sich aber um einen religiösen Streit, und ich als Bischof erhebe Klage... Wir Bischöfe können es wirklich nicht dauernd dulden oder stillschweigend übergehen, wenn irgend etwas anderes dekretiert wird; Ihr könnt ja in die Kirche kommen, doch werdet Ihr dort entweder gar keinen Priester finden oder aber einen, der Euch Widerstand leistet.«[2]

---

1 Diese Ansicht scheint die Auffassung des Feudalismus vorwegzunehmen.
2 Epistel XVII.

Die nächste Epistel verweist darauf, daß die Mittel der Kirche Zwecken dienen, für die der Reichtum heidnischer Tempel niemals verwendet worden ist. »Was die Kirche besitzt, dient der Unterstützung der Armen. Die Tempel sollten doch einmal aufzählen, wieviel Gefangene sie ausgelöst, was sie zur Ernährung der Notleidenden beigesteuert und wie vielen Verbannten sie den Lebensunterhalt gewährt hätten.« Das war ein eindrucksvolles und zudem durch christlichen Brauch durchaus gerechtfertigtes Argument.

Ambrosius setzte seine Sache durch, aber Eugenius, ein späterer Usurpator, der für die Heiden eintrat, stellte Altar und Statue an ihren alten Platz. Erst nachdem Eugenius im Jahre 394 von Theodosius besiegt worden war, wurde die Frage endgültig zugunsten der Christen entschieden.

Anfangs stand der Bischof mit dem kaiserlichen Hof auf gutem Fuße; er wurde in diplomatischer Mission zu dem Usurpator Maximus entsandt, der in Italien einzufallen drohte. Aber bald darauf kam es zu einem ernsthaften Streit. Die Kaiserin Justina forderte als Arianerin, eine der Mailänder Kirchen solle den Arianern vorbehalten bleiben; Ambrosius verweigerte es. Das Volk stand auf seiner Seite und strömte in hellen Scharen in die Basilika. Gotische Soldaten, die arianischen Glaubens waren, erhielten den Befehl, die Kirche zu besetzen, verbrüderten sich aber mit dem Volk. »Die Grafen und Tribune«, sagte er in einem bewegten Brief an seine Schwester,[3] »kamen und drangen in mich, dafür zu sorgen, daß die Basilika geräumt werde; sie erklärten, der Kaiser mache nur von seinen Rechten Gebrauch, da alles unter seiner Macht stände. Ich antwortete, würde er etwas von mir verlangen, mein Land, mein Geld oder was sonst mein sei, dann würde ich ihm nichts verweigern, obwohl alles, was ich besäße, den Armen gehörte, daß sich aber auf solche Dinge, die Gottes seien, seine Macht nicht erstrecke. ›Wenn mein väterliches Erbteil verlangt wird, sollst du es haben; wenn mein Leib gefordert wird, werde ich augenblicklich gehen. Willst du mich in Ketten legen oder töten? Es wird mir ein Vergnügen sein. Ich will mich nicht von der Volksmenge verteidigen lassen, noch mich an die Altäre klammern und um mein Leben flehen, sondern mich lieber für die Altäre erschlagen lassen.‹ Tatsächlich schauderte ich, als ich erfuhr, daß Bewaffnete die Basilika besetzen sollten, zumal das Volk sie verteidigte; es hätte ein Blutbad entstehen können, wodurch die ganze Stadt in Mitleidenschaft gezogen worden wäre. Ich betete zu Gott, die Zerstörung einer so großen Stadt oder womöglich ganz Italiens nicht erleben zu müssen.«

Diese Befürchtungen waren nicht unbegründet, da die gotische Soldateska zu wilden Exzessen neigte; bei der Plünderung Roms, fünfundzwanzig Jahre später, sollte es sich zeigen.

---

3 Epistel XX.

Ambrosius' Stärke war, daß er das Volk hinter sich hatte. Man beschuldigte ihn zwar, die Menschen aufzureizen, er entgegnete jedoch darauf: »Es lag nicht in meiner Macht, sie aufzureizen; sie zu beschwichtigen aber vermochte nur Gott.« Keiner der Arianer, sagte er, wagte es, weiterzugehen, da unter den Bürgern niemand Arianer war. Er erhielt offiziell die Weisung, die Basilika zu übergeben, und den Soldaten wurde befohlen, notfalls Gewalt anzuwenden. Das aber taten sie schließlich doch nicht, und der Kaiser sah sich gezwungen, nachzugeben. Im Kampf um die Unabhängigkeit der Kirche war ein großer Sieg errungen worden; Ambrosius hatte bewiesen, daß es Dinge gab, in denen sich der Staat der Kirche zu fügen hatte, und somit ein neues Prinzip in Kraft gesetzt, das sich seine Bedeutung bis auf den heutigen Tag bewahrt hat.

Den nächsten Konflikt hatte er mit Kaiser Theodosius auszutragen. Eine Synagoge war in Brand gesteckt worden, und der Graf (comes) des Ostens berichtete, es sei auf Anstiften des dortigen Bischofs geschehen. Der Kaiser befahl, die eigentlichen Brandstifter zu bestrafen; der schuldige Bischof aber habe die Synagoge wieder aufzubauen. Ambrosius bestätigt weder die Mittäterschaft des Bischofs noch leugnet er sie, ist aber entrüstet, daß sich der Kaiser offenbar gegen die Christen auf die Seite der Juden stellt. Wenn der Bischof nun den Gehorsam verweigert? Bleibt er fest, wird er zum Märtyrer werden müssen, andernfalls zum Abtrünnigen. Angenommen, der Graf entschlösse sich, die Synagoge selbst auf Kosten der Christen wiederaufzubauen? Dann hätte der Kaiser einen abtrünnigen Grafen, und das Geld der Christen würde zur Stärkung des Unglaubens verwendet werden. »Soll denn durch Ausbeutung der Kirche dem Unglauben der Juden eine Stätte bereitet werden und das Patrimonium, das mit Christi Hilfe für die Christen gewonnen worden ist, den Schatzkammern der Ungläubigen zugute kommen?« Er fährt fort: »Vielleicht aber laßt Ihr Euch durch den Gedanken an die Disziplin beeinflussen, Kaiser. Was aber ist wohl wichtiger, der Eindruck der Disziplin oder die Sache des Glaubens? Unbedingt muß die Entscheidung zugunsten der Religion ausfallen. Habt Ihr nicht gehört, Kaiser, daß, als Julian den Tempel in Jerusalem wiederaufzubauen befahl, diejenigen, die den Schutt wegräumten, im Feuer umkamen?«

Es ist klar, daß nach Ansicht des Heiligen die Zerstörung von Synagogen überhaupt nicht bestraft werden sollte, ein Beispiel für die Art und Weise, in der die Kirche zum Antisemitismus aufreizte, sobald sie zu Macht gelangt war.

Der nächste Konflikt mit dem Kaiser war für den Heiligen ehrenvoller. Im Jahre 390, als Theodosius sich in Mailand aufhielt, ermordete ein Volkshaufen in Thessalonich den Hauptmann der Garnison. Bei dieser Nachricht packte Theodosius zügellose Wut, und er befahl, furchtbare Rache zu nehmen. Als sich die Leute im Zirkus versammelt hatten, fielen die Soldaten über sie her und schlachteten wahllos mindestens siebentausend Menschen in grauenvollem Gemetzel ab. Darauf schrieb Ambrosius, der sich schon im voraus, wenn auch vergeblich, bemüht hatte, dem Kaiser Mäßigung anzuraten, ihm einen herrlich mutigen Brief rein moralischen Charakters, in dem einmal nicht von Religion oder der Macht der Kirche die Rede ist:

»So ist also in der Stadt der Thessalonier geschehen, was ohne Beispiel ist; es war mir nicht gegeben, es zu verhüten; wirklich, ich wußte vorher, wie grauenvoll es werden würde, als ich mich so oft dagegen ins Mittel legte.«

David sündigte wiederholt und bekannte reuig seine Sünde.[4] Wird Theodosius ebenso handeln? Ambrosius beschließt: »Ich wage nicht, Gott zu opfern, sofern Ihr zugegen sein wollt. Was nicht erlaubt ist, wenn das Blut eines einzigen Unschuldigen vergossen worden ist, sollte das gestattet sein, wenn das Blut so vieler geflossen ist? Ich glaube nicht.«

Der Kaiser bereute, legte den Purpur ab und tat in der Kathedrale von Mailand öffentlich Buße. Von da an bis zu seinem Tod im Jahre 395 gab es zwischen ihm und Ambrosius keine Reibungen mehr.

Ambrosius war zwar ein bedeutender Politiker, sonst aber auch nur ein typischer Vertreter seiner Zeit. Wie andere kirchliche Schriftsteller schrieb er eine Abhandlung zum Lob der Jungfräulichkeit und eine andere, in der er die Wiedervermählung von Witwen mißbilligt. Als er den Platz für seine neue Kathedrale bestimmt hatte, traf es sich gut, daß zwei Skelette (in einer Vision geoffenbart, wie es hieß) eben dort gefunden wurden; sie stellten sich als wundertätig heraus und wurden von ihm als die Skelette zweier Märtyrer erklärt. Mit der ganzen, für seine Zeit charakteristischen Gläubigkeit erzählt er in seinen Briefen von weiteren Wundern. Als Gelehrter war Hieronymus, als Philosoph Augustin bedeutender. Als Politiker jedoch, der geschickt und mutig die Macht der Kirche festigte, steht er an erster Stelle.

Hieronymus ist vor allem bemerkenswert als Übersetzer der Vulgata, die bis zum heutigen Tag der offizielle katholische Bibeltext geblieben ist. Beim Alten Testament mußte sich die Kirche des Abendlandes bis zu seiner Zeit hauptsächlich auf Übersetzungen aus der Septuaginta stützen, die in wichtigen Punkten vom hebräischen Original abwich. Wie wir sahen, pflegten manche Christen zu behaupten, die Juden hätten seit der Entstehung des Christentums den hebräischen Text an den Stellen gefälscht, wo der Messias geweissagt wurde. Diese Ansicht war,

---

4 Diese Anspielung auf die Bücher Samuel leitet eine Reihe biblischer Argumente gegen die Könige ein, die sich durch das ganze Mittelalter, ja bis zum Kampf der Puritaner mit den Stuarts fortsetzt. Etwas Derartiges finden wir beispielsweise bei Milton.

wie zuverlässige Gelehrte bewiesen hatten, unhaltbar, und auch Hieronymus lehnte sie entschieden ab. Er ließ sich von Rabbinern helfen, die ihn jedoch aus Furcht vor den Juden heimlich unterstützten. Gegen die Kritik der Christen verteidigte er sich mit den vorbeugenden Worten: »Wer etwas gegen diese Übersetzung einzuwenden hat, möge die Juden fragen.« Weil er die Form des hebräischen Textes anerkannte, die die Juden für richtig hielten, wurde seine Fassung anfangs sehr feindlich aufgenommen; schließlich aber setzte sie sich durch, zum Teil, weil Augustin sie alles in allem gelten ließ. Es war eine große Leistung, die eine beachtliche Textkritik voraussetzte.

Hieronymus war im Jahre 345 – fünf Jahre später als Ambrosius – unweit Aquileia in einer Stadt namens Stridon geboren, die die Goten 377 zerstörten. Seine Familie war wohlhabend, wenn auch nicht reich. Im Jahre 363 ging er nach Rom, wo er Rhetorik studierte und sündigte. Im Anschluß an seine Reisen in Gallien ließ er sich in Aquileia nieder und wurde Asket. Die nächsten fünf Jahre verbrachte er als Eremit in der syrischen Wildnis. »In der Wüste führte er ein Leben harter Buße, der Tränen und der von geistiger Ekstase unterbrochenen Zerknirschung und der Versuchungen, die ihn bei der Erinnerung an seine römischen Tage heimsuchten; er lebte in einer Zelle oder Höhle, erntete selbst sein täglich Brot und kleidete sich in Sackleinwand.«[5] Anschließend an diese Periode reiste er nach Konstantinopel; dann lebte er drei Jahre lang in Rom, wo er der Freund und Ratgeber von Papst Damasus wurde, auf dessen Anregung hin er seine Bibelübersetzung durchführte.

Hieronymus war ein Mensch, der immerfort Streit hatte. Er stritt sich mit Augustin über das etwas zweifelhafte Verhalten von Petrus, wovon im zweiten Kapitel des Galaterbriefs die Rede ist; er entzweite sich mit seinem Freund Rufinus wegen Origenes; und gegen Pelagius wurde er so ausfallend, daß sein Kloster von einer pelagianischen Menge angegriffen wurde. Nach Damasus' Tod scheint er mit dem neuen Papst Streitigkeiten gehabt zu haben; während seines Aufenthalts in Rom war er mit verschiedenen Damen bekannt geworden, die nicht nur aristokratisch, sondern auch fromm waren, und er hatte einige davon zum asketischen Leben überredet. Aber dem neuen Papst sowie vielen anderen Leuten mißfiel das. Mit aus diesem Grunde verließ Hieronymus Rom und begab sich nach Bethlehem, wo er von 386 bis zu seinem Tode im Jahre 420 blieb.

Zwei seiner vornehmen Konvertitinnen waren besonders bemerkenswert: die Witwe Paula und ihre Tochter Eustochium. Diese beiden Damen begleiteten ihn auf seiner umständlichen Reise nach Bethlehem. Sie entstammten den höchsten Adelskreisen, und das Verhalten des Heiligen ihnen gegenüber hat etwas ausgesprochen Snobistisches.

---

5 *Select Library of Nicene and Post-Nicene Fathers*, Band VI, S. 17.

Als Paula starb und in Bethlehem begraben wurde, verfaßte Hieronymus folgende Grabschrift für sie:

> In diesem Grabe liegt ein Kind des Scipio,
> Paulinischen Geschlechts, ein Sproß der Gracchen
> Aus dem berühmten Stamme Agamemnons;
> Hier ruht die Dame Paula, sehr geliebt
> Von ihren Eltern und Eustochium, ihrer Tochter,
> Die erste röm'sche Dame, die ein Leben
> In Bethlehem um Christi willen vorzog
> Und Armut und Entbehrung sich gelobte.[6]

Einige von Hieronymus' Briefen an Eustochium sind merkwürdig. Er berät sie sehr eingehend und offen, wie sie sich ihre Jungfräulichkeit erhalten könne; er erklärt die genaue anatomische Bedeutung bestimmter Euphemismen im Alten Testament und bedient sich eines gewissen erotischen Mystizismus, wenn er die Freuden des Klosterlebens schildert. Eine Nonne ist die Braut Christi; dieses Verlöbnis wird im Hohenlied Salomonis gepriesen. Zur Zeit, da Eustochium die Gelübde ablegte, vermittelte er ihrer Mutter in einem langen Brief eine bemerkenswerte Botschaft: »Zürnt Ihr ihr, weil sie lieber eines Königs (Christus) als eines Soldaten Weib sein will? Ihr habt ihr ein hohes Privileg zu verdanken: Ihr seid nun Gottes Schwiegermutter.«[7]

Zu Eustochium sagt er im gleichen Brief (XXII): »Lasset immer die Abgeschlossenheit. Eurer Kammer Euren Schutz sein; erfreuet Euch darinnen mit Eurem Bräutigam. Betet Ihr? Ihr sprecht zum Bräutigam. Lest Ihr? Er spricht zu Euch. Wenn der Schlaf Euch übermannt, wird er kommen und seine Hand durch die Tür stecken, und Euer Herz wird ihm entgegenschlagen, und Ihr werdet erwachen und Euch erheben und sprechen: ›Ich bin krank vor Liebe.‹ Dann wird er entgegnen: ›Meine Schwester, liebe Braut, du bist ein unzugänglicher Garten, eine verschlossene Quelle, ein versiegelter Born.‹«

Im gleichen Brief berichtet er, daß er sich zwar von seinen Verwandten und Freunden getrennt habe, »und – was noch schlimmer war – von dem guten Essen, an das ich gewöhnt war«, es dann aber nicht habe über sich gewinnen können, auf seine Bücher zu verzichten, und sie in die Wüste mitgenommen hätte. »Und so wollte ich elender Mensch, der ich war, fasten, nur um nachher Cicero lesen zu können.« Nach Tagen und Nächten voller Gewissensbisse wurde er wieder rückfällig und las Plautus. Im Anschluß an solche Ausschweifung erschien ihm der Stil der Propheten »roh und abstoßend«. Schließlich träumte er während eines Fieberanfalls, daß Christus ihn beim Jüngsten Gericht fragte, wer

---

6 *Select Library of Nicene and Post-Nicene Fathers*, Band VI, S. 212.
7 *Select Library of Nicene and Post-Nicene Fathers*, Band VI, S. 30.

er sei, und daß er erwiderte, er sei ein Christ. Die Antwort lautete: »Du lügst, du bist ein Ciceronianer, aber kein Christ.« Daraufhin wurde ihm befohlen, sich geißeln zu lassen. Schließlich schrie Hieronymus im Traum auf: »Herr, wenn ich jemals weltliche Bücher besitze und zur Hand nehme, dann will ich Dich verleugnet haben.« »Es kann aber hier«, fügt er hinzu, »nicht von Schlaf oder eitlen Träumereien die Rede sein.«[8]

Danach enthalten seine Briefe einige Jahre lang wenig klassische Zitate. Aber nach einer gewissen Zeit verfällt er wieder in Verse von Vergil, Horaz und sogar Ovid. Er scheint sie jedoch aus dem Gedächtnis anzuführen, zumal er einige davon immer aufs neue wiederholt.

In Hieronymus' Briefen kommen deutlicher als in allen anderen mir bekannten Episteln die Empfindungen zum Ausdruck, die das Ende des römischen Reiches hervorrief. 396 schreibt er:[9]

»Mich schaudert, wenn ich an die Katastrophen unserer Zeit denke. Mehr als zwanzig Jahre lang ist Tag für Tag zwischen Konstantinopel und den Julischen Alpen römisches Blut vergossen worden. Skythien, Thrakien, Makedonien, Dacien, Thessalien, Achaja, Epirus, Dalmatien, Pannonien – samt und sonders sind sie ausgeraubt und ausgebeutet und geplündert worden von den Goten und Sarmaten, Quaden und Alanen, Hunnen, Vandalen und Markomannen... Es geht zu Ende mit der römischen Welt: dennoch tragen wir den Kopf hoch, statt ihn zu beugen. Wie, glaubt Ihr, mag es um den Mut der Korinther oder Athener oder Lakedämonier oder Arkader oder sonstiger Griechen jetzt bestellt sein, nachdem die Barbaren Herren über sie geworden sind? Ich habe nur ein paar Städte genannt, dafür sind es aber die Hauptstädte ansehnlicher Staaten.«

Dann berichtet er von den Verheerungen der Hunnen im Osten und schließt mit der Betrachtung: »Bei dem Versuch, solche Themen angemessen zu behandeln, würden selbst Thukydides und Sallust versagen.«

Siebzehn Jahre darauf, drei Jahre nach der Plünderung Roms, schreibt er:[10]

»Die Welt sinkt in Trümmer: jawohl! Aber es ist beschämend, sagen zu müssen, daß unsere Sünden noch fortleben und gedeihen. Die berühmte Stadt, die Hauptstadt des römischen Imperiums, ist von einem furchtbaren Feuer verzehrt worden, und es gibt kein Fleckchen auf Erden, wo nicht verbannte Römer leben. Kirchen, die einst heilig ge-

---

8 Diese feindliche Einstellung gegenüber der heidnischen Literatur währte in der Kirche bis zum 11. Jahrhundert; eine Ausnahme machte Irland, wo die olympischen Götter niemals verehrt und infolgedessen niemals von der Kirche gefürchtet worden waren. Die Hieronymus-Zitate entsprechen der Übersetzung von Dr. L. Schade (Bibliothek der Kirchenväter, Verlag Kösel und Pustet, München 1914).
9 Brief LX.
10 Brief CXXVIII.

halten wurden, liegen nun in Schutt und Asche, und dennoch haben wir nur unseren Vorteil im Sinn. Wir leben, als sollten wir morgen sterben; aber wir bauen, als sollten wir ewig in dieser Welt leben. Unsere Wände, unsere Decken, die Kapitelle unserer Säulen schimmern von Gold; aber Christus stirbt in der Person der Bettler bloß und hungrig vor unserer Tür.«

Diese Stelle findet sich beiläufig in einem Brief an einen Freund, der seine Tochter zu ewiger Jungfräulichkeit bestimmt hatte; fast das ganze Schreiben beschäftigt sich mit pädagogischen Grundsätzen für solche Mädchen. Es ist seltsam, daß Hieronymus, den der Untergang der antiken Welt so tief beeindruckt, es doch wichtiger nimmt, die Jungfräulichkeit zu erhalten, als die Hunnen, Vandalen und Goten zu besiegen. Niemals denkt er darüber nach, welche praktischen Maßnahmen ein echter Staatsmann ergreifen könnte; niemals verweist er auf die Mängel des Finanzsystems oder die Mißstände, die sich aus der Abhängigkeit von einem aus Barbaren bestehenden Heer ergeben. Das gleiche gilt für Ambrosius und Augustin; Ambrosius war allerdings Politiker, jedoch nur in kirchlichen Angelegenheiten. Kein Wunder, daß das Imperium in Trümmer sank, wenn alle besten und fähigsten Köpfe der Zeit den weltlichen Erfordernissen so völlig fern standen. Andererseits war die christliche Weltanschauung, wenn der Untergang des Reiches schon unvermeidlich war, wunderbar geeignet, den Menschen Kraft zu geben und ihnen ihre religiösen Hoffnungen zu erhalten, da irdische Hoffnungen trügerisch erscheinen mußten. Diese Auffassung im *Gottesstaat* zum Ausdruck gebracht zu haben, war Augustins größtes Verdienst.

Hier werde ich nur von dem Menschen Augustin sprechen, seine Bedeutung als Theologe und Philosoph aber erst im nächsten Kapitel behandeln.

Er wurde 354, neun Jahre später als Hieronymus und vierzehn Jahre nach Ambrosius geboren; er stammte aus Afrika, wo er den größten Teil seines Lebens verbrachte. Seine Mutter war christlich, nicht aber sein Vater. Nach einer manichäischen Periode wurde er katholisch; Ambrosius taufte ihn in Mailand. Er wurde 396 Bischof von Hippo in der Nähe von Karthago. Dort blieb er bis zu seinem Tode im Jahre 430.

Von seinen jungen Jahren wissen wir weit mehr als von der Jugend der meisten Geistlichen, weil er davon in seinen *Confessiones* erzählt. Dieses Buch hat berühmte Nachahmer gefunden, vor allem in Rousseau und Tolstoi; ich glaube aber nicht, daß es vor ihm schon etwas Ähnliches gegeben hat. In mancher Beziehung ähnelt Augustin Tolstoi, ist ihm aber geistig überlegen. Er war ein leidenschaftlicher Mensch, in seiner Jugend alles andere als ein Muster an Tugend, aber von einem inneren Drang nach Wahrheit und Rechtschaffenheit erfüllt. Wie Tolstoi litt er als älterer Mann stark unter dem Gefühl seiner Sündhaftigkeit, was sein Leben trübte und seiner Philosophie etwas Unmenschliches verlieh. Er kämpfte energisch gegen das Ketzertum, doch wurden manche seiner Ansichten, als Jansenius sie im siebzehnten Jahrhundert wieder aufgriff, für ketzerisch erklärt. Ehe die Protestanten seine Anschauungen übernahmen, war ihre Rechtgläubigkeit jedoch von der katholischen Kirche niemals bestritten worden.

Eines der ersten, in den *Confessiones* erzählten Erlebnisse seines Lebens trug sich in seiner Kindheit zu und unterscheidet sich kaum von den Abenteuern aller Knaben. Offenbar hatte er mit ein paar gleichaltrigen Kameraden des Nachbars Birnbaum geplündert, obwohl er nicht hungrig war und seine Eltern daheim bessere Birnen hatten. Sein ganzes Leben lang sah er darin etwas nahezu unglaublich Verruchtes. Es wäre nicht so schlimm gewesen, wenn er Hunger oder keine andere Möglichkeit gehabt hätte, zu Birnen zu kommen; so aber war es reine Schlechtigkeit, inspiriert von der Liebe zum Bösen um seiner selbst willen. Darum ist es eine so unsagbar schwarze Tat. Er fleht Gott um Vergebung an:

»So war mein Herz, o Gott, so war mein Herz, dessen du dich erbarmt hast, da es in Sündentiefe lag. Siehe, nun soll es dir sagen, was es damals suchte, daß ich böse war und meiner Bosheit Grund nichts anderes als die Bosheit selbst. Häßlich war sie und ich liebte sie doch, liebte mein Verderben, liebte meine Sünde; nicht das, warum ich sündigte, meine Sünde selbst hab' ich geliebt. In meiner Seelenschmach ging ich vom festen Boden deines Gesetzes und lief in mein Verderben. Nicht irgendeinem Dinge lief ich nach in Schande, die Schande selber war es, die ich suchte.«[11]

So geht es sieben Kapitel lang fort, und das alles wegen ein paar Birnen, die bei einem Lausbubenstreich vom Baum gepflückt wurden. Nach modernen Begriffen wirkt das krankhaft;[12] seiner Zeit jedoch erschien es normal und sogar als ein Zeichen von Frömmigkeit. Dieses Gefühl der Sündhaftigkeit, das damals sehr stark war, bot den Juden die Möglichkeit, sich trotz der äußeren Niederlage das Bewußtsein des eigenen Wertes zu erhalten. Jahwe war allmächtig, und Jahwe hatte besonderes Interesse an den Juden; warum ging es ihnen dann aber nicht gut? Weil sie schlecht waren: Sie trieben Götzendienst, schlossen heidnische Ehen und hielten sich nicht an das Gesetz. Gottes Absichten konzentrierten sich auf die Juden; aber da Rechtschaffenheit, das höchste Gut, nur durch Leiden zu erlangen ist, mußten sie zuerst gezüchtigt werden und darin den Beweis für Gottes Vaterliebe erkennen lernen. Die Christen setzten die Kirche an die Stelle des auserwählten Volkes, doch machte das bei der Psychologie der Sünde nur in einer Beziehung, sonst aber kaum einen Unterschied. Wie die Juden hatte auch die

---

11 *Des Heiligen Augustin Bekenntnisse*, übertragen von Hermann Hefele (Verlag Eugen Diederichs, Jena 1928). *Confessiones*, Buch II, Kap. 4.

12 Ich muß auf eine Ausnahme hinweisen: Mahatma Gandhis Autobiographie enthält Stellen, die mit dem oben Berichteten sehr viel Ähnlichkeit haben.

Kirche zu leiden; sie mußte gegen das Ketzertum kämpfen; einzelne Christen wurden unter dem Druck der Verfolgung abtrünnig. Doch waren die Juden bereits um einen sehr wichtigen Schritt weitergekommen: An Stelle der Sünde aller war bei ihnen die Sünde des einzelnen getreten. Ursprünglich war es das ganze jüdische Volk, das gesündigt hatte und in seiner Gesamtheit bestraft worden war; später aber wurde die Sünde etwas Persönlicheres und verlor dadurch ihren politischen Charakter. Daß die Kirche an die Stelle des jüdischen Volkes trat, bedeutete einen grundlegenden Wandel, da die Kirche als spirituelle Wesenheit nicht zu sündigen vermochte; der einzelne Sünder nur konnte die Verbindung mit der Kirche verlieren. Wie wir eben schon sagten, besteht ein Zusammenhang zwischen der Sünde und dem Bewußtsein des eigenen Wertes. Ursprünglich verkörperte das jüdische Volk diesen Wert, später aber handelte es sich um den Wert des einzelnen – nicht etwa der Kirche, da die Kirche niemals sündigte. So kam es zu der Zweiteilung der christlichen Theologie, indem sie sich einerseits mit der Kirche und andererseits mit der Seele des einzelnen befaßte. In späterer Zeit betonten die Katholiken am stärksten den ersten, die Protestanten den zweiten Teil; bei Augustin jedoch bestehen beide gleichwertig nebeneinander, ohne daß er es als unharmonisch empfunden hätte. Diejenigen, die erlöst werden, hat Gott im voraus zum Heil bestimmt; das ist eine unmittelbare Beziehung der Seele zu Gott. Wer aber nicht getauft und somit nicht zu einem Glied der Kirche geworden ist, kann auch nicht erlöst werden; dadurch wird die Kirche zur Mittlerin zwischen der Seele und Gott.

Die Sünde ist für die unmittelbare Beziehung wesentlich als Erklärung dafür, warum eine gütige Gottheit die Menschen leiden lassen kann, obwohl die Einzelseelen das Wichtigste in der Schöpfung sind. Es überrascht daher nicht, daß die der Reformation zugrunde liegende Theologie auf einen Mann zurückgehen sollte, dessen Sündenbewußtsein anormal war.

Aber genug von den Birnen! Wir wollen nun sehen, was uns die *Confessiones* sonst noch zu sagen haben.

Augustin erzählt, wie er mühelos auf dem Schoß seiner Mutter Latein lernte, Griechisch aber, das ihm in der Schule beigebracht werden sollte, gehaßt habe, weil man ihn »zwang mit harter Gewalt, unter bitterem Zwang und strengen Strafen«. Bis an sein Lebensende waren seine griechischen Kenntnisse schwach. Man sollte annehmen, daß er aus dem Ergebnis dieser gegensätzlichen Methoden eine Lehre zugunsten milderer Erziehungsarten gezogen hätte. Er sagt jedoch:

»Ist es ja doch so klar, daß im Lernen freie Wißbegierde mehr Erfolg genießt als Zwang und Furcht. Doch nach deinen Gesetzen, Gott, setzt Zwang der Neugier ungezügeltem Laufe Schranken, Zwang nach deinen Gesetzen, von der Rute des Lehrers bis zu der Blutzeugen Folterqualen. Das süße Gift hat uns von dir entfernt; nach diesem deinem Gesetze mischest du heilsame Bitternis darein und rufst uns so zu dir zurück.«

Wenn ihm die schulmeisterlichen Schläge auch das Griechische nicht beizubringen vermochten, so heilten sie ihn doch von verderblicher Fröhlichkeit und waren insofern ein wünschenswerter Teil der Erziehung. Denen, die für die bedeutendste aller menschlichen Fragen die Sünde halten, erscheint diese Auffassung logisch. Augustin weist ferner darauf hin, daß er nicht erst als Schuljunge sündigte, wenn er log und etwas zu essen stahl, sondern sogar schon früher; ja, er verwendet ein ganzes Kapitel (Buch I, Kapitel VII) darauf, nachzuweisen, daß selbst Kinder an der Mutter Brust durch und durch sündig sind – gefräßig, eifersüchtig und anderes schrecklich Lasterhaftes mehr.

Als er zum Jüngling heranwuchs, überkam ihn die Fleischeslust. »Wo war ich? Wie weilte ich fern von den Freuden deines Hauses, damals, als mein Fleisch sechzehn Jahre zählte, da die wildeste Wollust über mich das Zepter führte, und ich ihr, mich zu leiten, willig beide Hände bot, der Wollust, von deinem Gesetz verpönt, erlaubt nur von der Schmach der Menschen.«[13]

Sein Vater bemühte sich nicht weiter, dieses Übel zu verhindern, beschränkte sich vielmehr darauf, Augustin bei seinem Studium zu unterstützen. Seine Mutter hingegen, die heilige Monika, ermahnte ihn, wenn auch vergeblich, zur Keuschheit. Damals riet sie ihm nicht einmal zu heiraten, »damit die Schranken der Ehe nicht den Hoffnungen im Wege sein möchten, die man auf mich setzte«.

Mit sechzehn Jahren kam er nach Karthago; »da umschwärmte mich von allen Seiten ein wilder Wirrwarr wüster Liebeshändel. Noch liebte ich nicht, doch sehnte ich mich zu lieben, und liebedurstig im tiefsten Herzen haßte ich mich selbst, weil ich so wenig liebedurstig war. So suchte ich, was ich lieben sollte, und haßte die sichere Ruhe... Aber zu lieben und wiedergeliebt zu werden, war mir weit süßere Wonne, wenn ich auch des Liebenden Leib genoß. So trübte ich den reinen Quell der Freundschaft mit dem Schmutz der Sinnlichkeit, und ihre helle Schönheit umdunkelte ich mit der Höllennacht der Wollust.«[14] Mit diesen Worten schildert er seine Beziehung zu einer Frau, die er viele Jahre lang treu liebte;[15] er hatte einen Sohn von ihr, dem er ebenfalls zugetan war und dem er nach seiner Bekehrung eine sehr sorgfältige religiöse Erziehung zuteil werden ließ.

Es kam die Zeit, da er und seine Mutter meinten, er müsse nun anfangen, ans Heiraten zu denken. Er verlobte sich mit dem Mädchen, mit dem seine Mutter einverstanden war, und es schien notwendig, daß er mit seiner Geliebten brach. »Ich hatte die Frau vertrieben, mit der ich

---

13 *Confessiones*, Buch II, 2. Kap.
14 *Confessiones*, Buch III, 1. Kap.
15 *Confessiones*, Buch IV, 2. Kap.

das Bett zu teilen pflegte, weil ich sie als Hindernis meiner Ehe empfand. Aber noch hing mein Herz an ihr, und da sie ging, ward es verwundet und ließ Blut. Sie war nach Afrika zurückgekehrt (Augustin hielt sich damals in Mailand auf) und hatte gelobt, nie einen Mann mehr zu erkennen. Sie hatte mir einen natürlichen Sohn zurückgelassen, den sie mir geboren.«[16] Als die Heirat jedoch wegen der Jugend des Mädchens erst nach zwei Jahren stattfinden konnte, nahm er inzwischen eine andere Geliebte, allerdings war diese Beziehung weniger offiziell und gesellschaftlich anerkannt. Sein Gewissen plagte ihn immer mehr, und er pflegte zu beten: »Gib mir Keuschheit und Enthaltsamkeit, aber gib sie mir nicht gleich.«[17] Schließlich jedoch siegte, noch ehe die Zeit seiner Eheschließung herangekommen war, die Religion vollständig, und er lebte fernerhin im Zölibat.

Um auf eine frühere Zeit zurückzugreifen: Als er, neunzehnjährig, in der Rhetorik voll ausgebildet war, führte ihn Cicero zur Philosophie zurück. Er versuchte, die Bibel zu lesen, fand jedoch, daß es ihr an ciceronianischer Würde fehle. Damals wurde er Manichäer. Von Beruf war er Lehrer der Rhetorik und der Astrologie sehr ergeben; erst im späteren Leben wurde er ihr Gegner, weil sie lehrte »Von den Sternen kommt dir unwiderstehlich der Zwang zur Sünde«.[18] Er las Philosophie, soweit dazu auf Lateinisch die Möglichkeit bestand; er erwähnt besonders Aristoteles' *Zehn Kategorien*, die er ohne Hilfe eines Lehrers verstand. »Und was nützte es mir, dem erbärmlichen Sklaven böser Lüste, der ich damals war, daß ich alle Bücher der freien Künste für mich selber las und sie verstand, soviel ich ihrer immer lesen konnte? ... Denn ich hatte den Rücken gegens Licht gekehrt und das Angesicht gegen das, worauf das Licht fiel; und so war es, daß mein Angesicht im Dunkel blieb.« Zu dieser Zeit hielt er Gott für einen unermeßlich großen, leuchtenden Körper und sich selbst für einen Teil davon. Man wünschte, er hätte etwas ausführlicher von den Manichäern und ihren Grundsätzen berichtet, statt nur zu erklären, daß sie sich irrten.

Interessant ist, daß Augustin die Lehren des Mani zunächst aus wissenschaftlichen Gründen verwirft. Er erinnerte sich – so erzählt er uns[20] –, was er von Astronomie aus den Schriften der besten Astronomen gelernt hatte, »und verglich ich nun mit dem die Behauptungen eines Manichäers, der über diesen Gegenstand vieles geschrieben in weitschweifig blödem Geschwätz, sah ich wohl, daß da nicht die Rede war von Beweis und wissenschaftlicher Begründung, nicht der Tagggleichen und Nachtgleichen noch der Sonnenfinsternisse und Mondfinster-

---

16 *Confessiones*, Buch VI, 15. Kap.
17 *Confessiones*, Buch VIII, 7. Kap.
18 *Confessiones*, Buch IV, 3. Kap.
19 *Confessiones*, Buch IV, 16. Kap.
20 *Confessiones*, Buch V, 3. Kap.

nisse noch andrer Dinge, wie ich sie aus den Büchern weltlicher Gelehrter kannte. Hier hieß es nur glauben und mit dem, was ich rechnend und sehend erforscht hatte, stimmte es nicht überein und war gar sehr davon verschieden.« Er verweist ausdrücklich darauf, wissenschaftliche Irrtümer an sich seien noch kein Beweis dafür, daß der Glaube falsch wäre; sie würden vielmehr erst dazu, wenn man sie mit dem Anschein der Glaubwürdigkeit vortrüge, weil sie angeblich auf göttliche Inspiration zurückgingen. Man fragt sich, was er wohl gedacht hätte, wenn er ein Zeitgenosse Galileis gewesen wäre.

In der Hoffnung, seine Zweifel entkräften zu können, suchte ihn ein manichäischer Bischof namens Faustus auf, der als das gelehrteste Mitglied der Sekte bekannt war, und diskutierte mit ihm. »Da fand ich bald, daß er von allen freien Künsten nur in der Grammatik bewandert sei, und das nur in gewohntem Maße, und daß er einige Reden Ciceros gelesen und ganz wenige Bücher Senecas und einiges von den Dichtern und Werke seiner Sekte, soweit sie lateinisch und in gutem Stil geschrieben waren. Und da er täglich Übung in der Rede hatte, war es ihm gelungen, sich eine Fähigkeit darin zu schaffen, die um so einnehmender und verführerischer sein mußte, als sie aus einem maßvoll natürlichen Verstand mit gefälliger Anmut floß.«[21]

Er erkannte, daß Faustus außerstande war, ihm zu erklären, was ihm an der Astronomie unverständlich war. Die Bücher der Manichäer, teilt er uns mit, sind voll von »ellenlangem Geschwätz über Himmel und Sterne und Sonne und Mond«, das nicht mit den Entdeckungen der Astronomen übereinstimmt; als er aber Faustus nach diesen Dingen fragte, bekannte dieser offen seine Unwissenheit. »Und schon darum mußte er mir lieb sein. Denn etwas Schöneres ist es um die Bescheidenheit einer bekennenden Seele als um die Dinge, die ich von ihm erfahren wollte. Und so zeigte er sich in allen schwierigen und tieferen Fragen.«[22]

Diese Einstellung ist erstaunlich liberal, nach unserem Gefühl für jene Zeit kaum zu erwarten. Sie stimmt auch nicht überein mit Augustins späterer Haltung Ketzern gegenüber.

Damals beschloß er nach Rom zu gehen, nicht, wie er sagt, weil das Einkommen eines Lehrers dort höher wäre als in Karthago, sondern weil er gehört hätte, daß es bei den Lehrkursen dort ordentlicher zuginge. In Karthago benahmen sich die Studenten derart ungezogen, daß das Unterrichten fast unmöglich wurde; in Rom waren sie zwar disziplinierter, drückten sich dafür aber in betrügerischer Absicht ums Bezahlen.

In Rom hielt er es zwar noch mit den Manichäern, war aber nicht mehr so fest davon überzeugt, daß sie recht hätten. Er begann sich der

---

21 *Confessiones*, Buch V, 6. Kap.
22 *Confessiones*, Buch V, 7. Kap.

Ansicht der Akademiker anzuschließen, daß die Menschen an allem zweifeln sollten.[23] Jedoch stimmt er weiter mit den Manichäern darin überein, »nicht wir seien es, die da sündigten, sondern es sei ich weiß nicht welche andere Natur in uns, die sündige«; außerdem hielt er das Böse für etwas Substantielles. Daraus geht klar hervor, daß vor wie nach seiner Bekehrung das Problem der Sünde ihn vor allem beschäftigte.

Nachdem er etwa ein Jahr in Rom verbracht hatte, schickte ihn der Präfekt Symmachus nach Mailand, da diese Stadt einen Lehrer für Rhetorik suchte. Dort lernte er Ambrosius kennen, »als einer der Besten auf weitem Erdenrund bekannt«. Er begann Ambrosius um seiner Güte willen zu lieben und gab schließlich der katholischen Lehre vor der manichäischen den Vorzug; eine Zeitlang hielt ihn allerdings noch die Skepsis zurück, die er von den Akademikern gelernt hatte; »diesen Philosophen aber die Heilung meiner kranken Seele anzuvertrauen, das wies ich durchaus zurück; sie kannten ja den heilsamen Namen Christi nicht«.[24]

In Mailand gesellte sich seine Mutter zu ihm, die ihn stark beeinflußte, die letzten Schritte zu seiner Bekehrung zu beschleunigen. Sie war eine sehr überzeugte Katholikin; er schreibt stets in verehrungsvollem Ton von ihr. Sie bedeutete ihm in jener Zeit um so mehr, als Ambrosius zu beschäftigt war, um sich privatim unterhalten zu können.

In einem sehr interessanten Kapitel[25] vergleicht er die platonische Philosophie mit der christlichen Lehre. Wie er sagt, führte ihn der Herr damals heran an »einige Bücher der Platoniker, vom Griechischen ins Lateinische übersetzt. Und darin las ich nun, zwar nicht mit Worten, aber doch dem Sinne nach und mit gar vielen mannigfaltigen Gründen vorgetragen, daß ›im Anfang das Wort war und das Wort war bei Gott und Gott war das Wort‹. Dies aber war im Anfang bei Gott. Alles ist durch dies gemacht worden, und ohne dies ist nichts geschaffen, was geschaffen ist. In ihm ist das Leben. Und das Leben war das Licht der Menschen. Und das Licht leuchtet in der Finsternis, und die Finsternisse haben's nicht begriffen. Und daß des Menschen Seele, obschon sie Zeugnis gibt vom Licht, doch nicht das Licht ist. Sondern das Wort Gottes, Gott ist das Licht, das jedem Menschen leuchtet, der in diese Welt kommt. Und daß er in dieser Welt war, und die Welt ist doch durch ihn geschaffen worden, und die Welt hat ihn nicht erkannt. Daß er aber in das Seine kam und die Seinen ihn nicht aufgenommen; daß er aber denen, die ihn aufgenommen, Macht gegeben, Gotteskinder zu werden, da sie an seinen Namen glaubten, das habe ich dort nicht gelesen.« Desgleichen fand er dort nicht, »daß das Wort Fleisch ge-

---

23 *Confessiones*, Buch V, 10. Kap.
24 *Confessiones*, Buch V, 14. Kap.
25 *Confessiones*, Buch VIII, 9. Kap.

worden ist und gewohnt hat unter uns«; noch »daß er sich selbst erniedrigte und gehorsam ward zum Tod, zum Kreuzestod«, noch »daß im Namen Jesu jedes Knie sich beuge«.

Kurz gesagt fand er bei den Platonikern die metaphysische Logoslehre, nicht aber die Doktrin von der Menschwerdung und die sich daraus ergebende Lehre von der Erlösung des Menschen. Etwas diesen Doktrinen Ähnliches enthielten die Orphik und die anderen Mysterienreligionen; aber davon hat Augustin offenbar nichts gewußt. Jedenfalls standen sie alle nicht im Zusammenhang mit einem historischen Ereignis verhältnismäßig jüngeren Datums wie das Christentum.

Im Gegensatz zu den Manichäern, die Dualisten waren, kam Augustin zu der Überzeugung, daß das Böse seinen Ursprung nicht in irgendeiner Substanz hat, sondern in der Verderbtheit des Willens.

Besonderen Trost fand er in den Schriften von Paulus.[26]

Schließlich kam es nach leidenschaftlichen inneren Kämpfen zu seiner Bekehrung (386); er gab seine Professur, seine Geliebte und seine Braut auf und ließ sich nach einer kurzen Zeit des Meditierens in der Zurückgezogenheit von Ambrosius taufen. Seine Mutter war glücklich darüber, starb aber bald darauf. Im Jahre 388 kehrte er nach Afrika zurück, wo er bis an sein Lebensende blieb; dort widmete er sich ausschließlich seinen bischöflichen Pflichten und verfaßte Streitschriften gegen verschiedene Ketzer, Donatisten, Manichäer und Pelagianer.

---

26 *Confessiones*, Buch VII, 21. Kap.

4. KAPITEL

Philosophie und Theologie Augustins

Augustin schrieb außerordentlich viel, und zwar hauptsächlich über theologische Fragen. Manche seiner Streitschriften hatten nur zeitgebundene Bedeutung und waren nicht mehr von Interesse, wenn sie ihren Zweck erfüllt hatten; anderes aber, in erster Linie alles, was sich auf die Pelagianer bezog, blieb praktisch bis in die Neuzeit einflußreich. Ich beabsichtige nicht, seine Werke erschöpfend zu behandeln, werde vielmehr nur über das sprechen, was mir wegen seines Wahrheitsgehalts oder historisch wichtig erscheint. Ich werde berücksichtigen
1. seine reine Philosophie, vornehmlich seinen Zeitbegriff;
2. seine in der *Civitas Dei* entwickelte Geschichtsphilosophie;
3. seine gegen die Pelagianer vorgetragene Heilslehre.

I. Die reine Philosophie

Meist beschäftigt sich Augustin nicht mit reiner Philosophie; wenn er es aber tut, dann zeigt sich seine große philosophische Begabung. Er ist der erste in einer langen Reihe von Denkern, deren rein spekulative Ansichten von der Notwendigkeit beeinflußt sind, Übereinstimmung mit der Heiligen Schrift zu erzielen. Von früheren christlichen Philosophen, beispielsweise Origenes, läßt sich das nicht behaupten; bei Origenes finden sich Christentum und Platonismus nebeneinander, ohne sich gegenseitig zu durchdringen. Augustin hingegen wird zu selbständigem, rein philosophischem Denken angeregt, weil er erkennt, daß der Platonismus in gewissen Beziehungen mit der Genesis nicht in Einklang steht.

Unter Augustins Schriften ist das beste, rein philosophische Werk das elfte Buch der *Confessiones*. Volksausgaben der *Confessiones* schließen mit dem zehnten Buch, weil das, was noch folgt, uninteressant ist; als uninteressant gilt es, weil es philosophisch gut, aber nicht biographisch ist. Das elfte Buch behandelt das folgende Problem: wenn es wirklich eine Schöpfung gegeben hat, wie im ersten Kapitel der Genesis behauptet wird und wie Augustin als Gegner der Manichäer ebenfalls behauptet, dann muß sie so früh wie möglich erfolgt sein. In dieser Art läßt er einen imaginären Widersacher argumentieren.

Um seine Antwort verstehen zu können, muß man sich zunächst vergegenwärtigen, daß die Schöpfung aus dem Nichts, wie sie das Alte Testament lehrt, eine der griechischen Philosophie völlig fremde Vorstellung war. Wenn Plato von der Schöpfung spricht, so denkt er dabei an einen Urstoff, dem Gott die Form gab; das gleiche gilt für Aristoteles. Ihr Gott ist eher ein Handwerker oder Baumeister als ein Schöpfer. Die Substanz wird als etwas Ewiges und Unerschaffenes angesehen; nur die Form entstammt dem Willen Gottes. Im Gegensatz zu dieser Ansicht behauptet Augustin wie jeder rechtgläubige Christ, daß die Welt nicht aus einem bestimmten Stoff, sondern aus dem Nichts erschaffen worden sei. Gott schuf auch die Substanz, nicht nur Ordnung und Anordnung.

Die griechische Auffassung, eine Schöpfung aus dem Nichts sei unmöglich, ist in christlicher Zeit zuweilen wieder aufgetaucht und hat zum Pantheismus geführt. Der Pantheismus vertritt die Überzeugung, daß Gott und die Welt nicht zweierlei und alles in der Welt ein Teil Gottes sei. Diese Anschauung ist am ausführlichsten von Spinoza entwickelt worden, hat aber fast alle Mystiker angezogen. Infolgedessen war es für die Mystiker in den christlichen Jahrhunderten durchweg schwierig, rechtgläubig zu bleiben, da sie kaum an eine Welt außerhalb Gottes zu glauben vermochten. Augustin aber sieht darin keine Schwierigkeit; was die Genesis ausdrücklich erklärt, genügt ihm. Diese Einstellung ist für seinen Zeitbegriff wesentlich.

Warum ist die Welt nicht früher erschaffen worden? Weil es kein »Früher« gab. Die Zeit wurde mit der Welt zugleich geschaffen. Gott ist ewig im Sinne von zeitlos; bei Gott gibt es kein Vorher oder Nachher, vielmehr nur ewige Gegenwart. Gottes Ewigkeit steht in keiner Beziehung zur Zeit; jede Zeit ist für ihn gleichzeitige Gegenwart. Er war nicht *vor* seiner Zeitschöpfung, denn das würde bedeuten, daß er in der Zeit sei, während er ewig außerhalb des Stroms der Zeit steht. So kommt Augustin zu einer höchst bewunderungswürdigen relativistischen Zeittheorie.

»Was ist also Zeit?« fragt er. »Solange mich niemand danach fragt, ist mir's, als wüßt' ich's; doch fragt man mich und soll ich es erklären, so weiß ich's nicht.« Verschiedene Schwierigkeiten machen ihm zu schaffen. Weder Vergangenheit noch Zukunft, sagt er, sind wirklich, nur die Gegenwart *ist* es; die Gegenwart ist nur ein Augenblick, und die Zeit kann allein bemessen werden, während sie vergeht. Dennoch ist aber Zeit wirklich vergangen und wird wirklich in Zukunft sein. Hier scheinen wir auf Widersprüche zu stoßen. Den einzigen Ausweg, diese Widersprüche zu umgehen, sieht Augustin in der Erklärung, Vergangenheit und Zukunft könnten nur als Gegenwart gedacht werden: Die Vergangenheit muß mit der Erinnerung, die Zukunft mit der Erwartung identifiziert werden, da Erinnerung und Erwartung beide etwas Gegenwärtiges sind. Es gibt nach seinen Ausführungen drei Zeiten: »die Gegenwart des Vergangenen, die Gegenwart des Gegenwärtigen und die Gegenwart der Zukunft.« »Die Gegenwart des Vergangenen ist das Gedächtnis, die Gegenwart des Gegenwärtigen die Anschauung, die Gegenwart des Künftigen ist die Erwartung.«[1] Von drei Zeiten, der Vergangenheit, Gegenwart und Zukunft, zu sprechen, hieße sich ungenau ausdrücken.

Er erkennt, daß er mit dieser Theorie noch nicht alle Schwierigkeiten gelöst hat. »Meine Seele glüht, dies unentwirrbar dunkle Rätsel aufzulösen«, sagt er und bittet Gott um Erleuchtung; dabei versichert er ihm, daß ihn diese Frage nicht aus eitler Neugier interessiere. »Und ich bekenne Dir, Herr, daß noch immer ich nicht weiß, was Zeit ist.« Der Kernpunkt der von ihm angenommenen Lösung aber ist die Subjektivität der Zeit: die Zeit existiert nur im Geist des Menschen, der erwartet, erwägt und sich erinnert.[2] Daher kann es Zeit ohne ein Geschöpf nicht geben[3], und von einer Zeit vor der Schöpfung zu sprechen wäre sinnlos.

Ich selbst stimme dieser Theorie nicht zu, soweit sie die Zeit zu etwas Geistigem macht. Zweifellos ist es aber eine sehr geschickte Theorie, die wert ist, ernsthaft erwogen zu werden. Ich möchte sogar noch weitergehen und behaupten, daß sie einen großen Fortschritt allem gegenüber bedeutet, was zu diesem Thema in der griechischen Philosophie zu finden ist. Sie ist besser und klarer formuliert als Kants subjektive Zeittheorie – die sich seitdem bei den Philosophen stark eingebürgert hat.

Die Anschauung, Zeit sei nur ein Aspekt unseres Denkens, ist eine der extremsten Erscheinungsformen eines Subjektivismus, der, wie wir gesehen haben, in der Antike von der Zeit des Protagoras und des Sokrates an ständig Boden gewann. Der Gefühlsaspekt zeigt sich im Bewußtsein der Sündhaftigkeit, das späteren Datums ist als seine intellektuelleren Aspekte.

Bei Augustin traten beide Arten des Subjektivismus zutage. Der Subjektivismus führte ihn dazu, nicht nur Kants Zeitbegriff, sondern auch Descartes *Cogito* vorwegzunehmen. In seinen *Soliloquia* sagt er: »Der du den Willen hast, in dich hineinzuschauen, hast du das Wissen auch von deinem Sein? – Ich hab' es. – Woher weißt du dies? – Das weiß ich nicht. – Empfindest du dich selbst als einfach oder als ein Vielfaches? – Das weiß ich nicht. – Weißt du, daß du dich selbst bewegst? – Ich weiß es nicht. – Weißt du, daß du selbst denkst? – Ich weiß es.«[4] Darin steckt nicht nur Descartes *Cogito*, sondern auch seine Entgegnung auf Gassendis *Ambulo ergo sum*. Augustin ist demnach ein Philosoph von hohem Rang.

---

1 *Confessiones*, Buch XI, 20. Kap.
2 *Confessiones*, Buch XI, 28. Kap.
3 *Confessiones*, Buch XI, 30. Kap.
4 Aurelius Augustinus *Selbstgespräche*, übersetzt von Dr. L. Schopp (Verlag Kösel und Pustet, München 1938).

II. Der Gottesstaat

Als die Goten Rom im Jahre 410 plünderten, führten die Heiden begreiflicherweise diese Katastrophe auf den Abfall von den alten Göttern zurück. Solange Jupiter verehrt wurde, sagten sie, blieb Rom mächtig; nachdem sich die Kaiser aber von ihm abgewandt hatten, beschützte er seine Römer nicht länger. Dieses heidnische Argument fordert eine Entgegnung heraus. Augustins Antwort war der *Gottesstaat*, der nach und nach zwischen 412 und 427 entstand; im Verlauf der Arbeit ging Augustin jedoch weit über seine ursprüngliche Absicht hinaus und entwickelte darin ein vollständiges christliches Geschichtsschema der Vergangenheit, Gegenwart und Zukunft. Es war während des ganzen Mittelalters ein ungeheuer einflußreiches Buch, besonders in den Kämpfen der Kirche mit weltlichen Fürsten.

Wie viele andere sehr bedeutende Bücher verwandelt es sich in der Erinnerung des Lesers zu etwas Größerem, so daß die erneute Lektüre zunächst enttäuscht. Vieles darin läßt sich heutzutage kaum noch vertreten, und seine Hauptthese wirkt etwas getrübt durch Auswüchse, die sich aus der damaligen Zeit erklären. Aber die allgemeine Konzeption des Gegensatzes zwischen dem Staat, der von dieser Welt ist, und dem Gottesstaat hat sich ihre Inspirationskraft für viele Menschen bewahrt und läßt sich noch heute in nichttheologischen Ausdrücken neu formulieren.

Man würde einen ungebührlich günstigen Eindruck gewinnen, wollte man bei der Darstellung des Buches auf Details verzichten und sich nur auf den Hauptgedanken beschränken; andererseits hieße es das Beste und Wichtigste auslassen, wenn man nur auf die Einzelheiten einginge. Ich werde versuchen, beide Fehler zu vermeiden, indem ich zunächst die Einzelheiten behandle und dann auf den Hauptgedanken und seine historische Entwicklung übergehe.

Das Buch beginnt mit Betrachtungen, die sich aus der Plünderung Roms ergaben und aufzeigen sollen, daß sich in vorchristlichen Zeiten sogar noch schlimmere Dinge zugetragen haben. Die Heiden führten zwar die Katastrophe auf das Christentum zurück; es gab aber, wie der Heilige sagt, viele unter ihnen, die während der Plünderung eine Freistatt in den Kirchen suchten, denn die Goten waren Christen und respektierten sie. Als hingegen Troja geplündert wurde, bot der Junotempel keinen Schutz, und die Götter bewahrten die Stadt nicht vor der Zerstörung. Die Römer schonten in eroberten Städten niemals die Tempel; in dieser Beziehung ging es bei der Plünderung Roms ungewöhnlich glimpflich zu, und das war dem Christentum zu verdanken.

Die Christen, die unter der Plünderung zu leiden hatten, dürfen sich aus verschiedenen Gründen nicht beklagen. Manche bösen Goten haben es sich vielleicht auf ihre Kosten wohl sein lassen; dafür werden sie dann aber später zu dulden haben: wenn alle Sünden bereits auf

Erden bestraft würden, bedürfte es keines Jüngsten Gerichts. Alles, was die Christen durchzumachen hatten, würde ihnen, wenn sie tugendhaft waren, zum Heil gereichen; denn fromme Menschen verlieren nichts Wertvolles, wenn sie irdische Güter einbüßen. Es hat auch nichts auf sich, wenn ihre Leiber unbestattet bleiben, weil selbst wilde Tiere die Auferstehung des Fleisches nicht verhindern können.

Dann kommt er zum Thema der frommen Jungfrauen, die während der Plünderung vergewaltigt wurden. Offenbar waren manche Leute der Ansicht, daß diese Damen, wenn auch nicht durch eigenes Verschulden, die Blüte ihrer Jungfräulichkeit eingebüßt hätten. Dieser Auffassung tritt der Heilige in sehr vernünftiger Weise entgegen. »Fremde Lust befleckt nicht.« Keuschheit ist eine Tugend des Herzens, die einem nicht geraubt werden kann, sondern nur verlorengeht, wenn man zu sündigen gedenkt, auch wenn man die Sünde dann nicht tatsächlich begeht. Es wird angedeutet, Gott habe die Vergewaltigungen zugelassen, weil die Opfer zu stolz auf ihre Enthaltsamkeit waren. Es ist schlecht, Selbstmord zu verüben, um der Vergewaltigung zu entgehen; damit wird zu einer langen Erörterung des Falles der Lukretia übergeleitet, die sich nicht hätte töten dürfen, da Selbstmord immer eine Sünde ist.

Wenn Augustin auch die tugendhaften, vergewaltigten Frauen rechtfertigt, so macht er dabei doch einen Vorbehalt: Sie dürfen bei der Vergewaltigung kein Vergnügen empfinden; andernfalls begehen sie eine Sünde.

Dann spricht er von der Verworfenheit der heidnischen Götter. Beispielsweise: »Die Bühnenspiele, diese Schaustellungen von Schändlichkeiten und diese Freistätten der Nichtswürdigkeit, sind nicht durch die Lasterhaftigkeit der Menschen, sondern auf Befehl eurer Götter in Rom eingeführt worden.«[5] Es wäre besser, einen tugendhaften Mann wie etwa Scipio anzubeten als diese unmoralischen Götter. Die Plünderung Roms aber braucht die Christen nicht zu berühren, die ja eine Freistatt in der »Pilgerstadt Gottes« haben.

In dieser Welt sind die beiden Staaten – der irdische und der himmlische – nicht voneinander zu trennen; danach aber werden der Prädestinierte und der Verdammte voneinander geschieden. In diesem Leben können wir noch nicht wissen, wer selbst von unseren vermeintlichen Feinden unter den Auserwählten zu finden sein wird.

Wir erfahren, daß der schwierigste Teil des Werkes die Widerlegung der Philosophen sein wird, mit deren besten die Christen weitgehend übereinstimmen – so in der Frage der Unsterblichkeit und der Erschaffung der Welt durch Gott.[6]

Die Philosophen ließen nicht davon ab, heidnische Götter zu ver-

---

5 *Der Gottesstaat*, I, 32.
6 *Der Gottesstaat*, I, 35.

ehren; ihre Morallehren waren schwach, weil die Götter schlecht waren. Es heißt nicht, die Götter seien nur Fabelwesen; Augustin glaubt schon an ihre Existenz, hält sie jedoch für Teufel. Sie haben es gern, daß schmutzige Geschichten von ihnen erzählt werden, weil sie die Menschen kränken möchten. Jupiters Taten zählen bei den meisten Heiden mehr als Platos Lehren oder Catos Meinungen. »Plato, der den Dichtern nicht erlauben wollte, in einem gut regierten Staat zu leben, bewies, daß er allein schon mehr wert war als diese Götter, die mit Schauspielen geehrt sein wollen.«[7]

Seit dem Raub der Sabinerinnen war Rom stets verdorben. Viele Kapitel werden der Sündhaftigkeit des römischen Imperialismus gewidmet. Auch stimmt es nicht, daß Rom vor der Christianisierung des Staates nichts auszustehen hatte: Unter den Galliern und den Bürgerkriegen mußte es mindestens ebensoviel leiden wie unter den Goten.

Die Astrologie ist nicht nur sündhaft, sondern auch irrig; das läßt sich an den unterschiedlichen Schicksalen von Zwillingen beweisen, die das gleiche Horoskop haben.[8] Der stoische Begriff des Fatums (der mit der Astrologie zusammenhing) ist falsch, denn Engel und Menschen haben einen freien Willen. Es ist wahr, daß Gott unsere Sünden vorher weiß, wir sündigen aber nicht, *weil* er sie im voraus kennt. Die Annahme, daß Tugend Unglück eintrüge, wenn auch nur auf dieser Welt, ist ein Irrtum; sofern die christlichen Kaiser tugendhaft waren, fühlten sie sich auch im Unglück glücklich; Konstantin und Theodosius waren recht glücklich; desgleichen währte das jüdische Königreich so lange, wie sich die Juden an den wahren Glauben hielten.

Von Plato berichtet er mit sehr viel Verständnis; er stellt ihn über alle anderen Philosophen. Sie alle haben vor ihm zurückzutreten: »ein Thales mit der Feuchtigkeit, ein Anaximenes mit der Luft, die Stoiker mit dem Feuer, Epikur mit den Atomen.«[9] Sie alle waren Materialisten, nur Plato nicht. Plato erkannte, daß Gott nichts Körperliches ist, daß aber alle Dinge von Gott und von etwas Unwandelbarem stammen. Auch hatte er recht mit seiner Behauptung, die Wahrnehmung sei nicht die Quelle der Wahrheit. Die Platoniker sind die besten Logiker und Ethiker und kommen dem Christentum am nächsten. »Man sagte, Plotin, der noch nicht lange tot ist, habe Plato am besten verstanden.« Aristoteles stand nicht so hoch wie Plato, aber höher als alle übrigen. Beide jedoch meinten, die Götter seien gut und zu verehren.

Im Gegensatz zu den Stoikern, die jede Leidenschaft verurteilten, behauptet Augustin, daß die Leidenschaften bei den Christen Tugend

---

7 *Der Gottesstaat*, II, 14.
8 Dieses Argument ist nicht neu; es stammt von dem akademischen Skeptiker Karneades. Vergl. Cumont, *Les Religions Orientales dans le Paganisme romain*, S. 166.
9 *Der Gottesstaat*, VIII, 5.

wirken können; Zorn oder Mitleid sind nicht *an sich* zu verurteilen, wir müssen vielmehr nach ihren Beweggründen forschen.

Die Platoniker haben richtige Ansichten von Gott, falsche jedoch von den Göttern. Sie irren auch, insofern sie die Menschwerdung nicht anerkennen.

Im Zusammenhang mit den Neuplatonikern spricht er ausführlich über die Dämonen und Engel. Engel können gut oder schlecht sein, Dämonen hingegen sind immer schlecht. Für Engel ist die Kenntnis weltlicher Dinge (wenn sie sie überhaupt besitzen) etwas Gemeines. Wie Plato ist Augustin der Auffassung, daß die sinnliche Welt tiefer stehe als die ewige.

Buch XI beginnt das Wesen des Gottesstaates darzulegen. Der Gottesstaat ist die Gemeinschaft der Auserwählten. Gott kann nur durch Christus erkannt werden. Es gibt Dinge, die die Vernunft entdecken kann (wie es sich etwa bei den Philosophen verhält), bei jeder weiteren religiösen Erkenntnis müssen wir uns aber auf die Heilige Schrift stützen. Wir sollten uns nicht bemühen, Raum und Zeit vor Entstehung der Welt zu begreifen: vor der Schöpfung gab es keine Zeit, und es gibt keinen Raum, wo die Welt nicht ist.

Alles Gesegnete ist ewig, doch ist nicht alles Ewige gesegnet – Hölle und Satan sind es beispielsweise nicht. Gott wußte im voraus um die Sünden der Teufel; er wußte aber auch, daß sie zur Besserung des Universums als Ganzem nützlich sind, was der Antithese in der Rhetorik entspricht.

Origenes' Ansicht, den Seelen würden die Körper zur Strafe verliehen, ist irrig. Wenn dem so wäre, hätten schlechte Seelen auch schlechte Körper; aber selbst die verruchtesten Teufel haben luftige Körper, die besser als die unseren sind.

Daß die Welt in sechs Tagen erschaffen wurde, ist dadurch begründet, daß sechs eine vollkommene Zahl ist (das heißt, sie ist gleich der Summe ihrer Faktoren).

Es gibt gute und schlechte Engel, aber selbst die schlechten Engel sind in ihrem Wesen Gott nicht entgegengesetzt. Gottes Gegner sind seine Feinde nicht von Natur, sondern durch eigenen Willen. Die Ursache des bösen Willens ist nicht eine wirkende Kraft, sondern eine Unzulänglichkeit; der böse Wille ist nicht *Effekt*, sondern *Defekt*.

Die Welt ist noch keine sechstausend Jahre alt. Die Geschichte wiederholt sich nicht, wie manche Philosophen behaupten: »Denn daß er (Christus) gestorben ist, das ist er der Sünde gestorben zu *einem* Mal.«[10]

Wenn unsere Ureltern nicht gesündigt hätten, wären sie nicht gestorben; aber da sie gesündigt haben, stirbt auch ihre gesamte Nachkommenschaft. Daß der Apfel gegessen wurde, hatte nicht nur den

---

10 Römer, VI, 10.

natürlichen Tod zur Folge, sondern auch den ewigen, das heißt die Verdammnis.

Porphyrius irrt, wenn er bestreitet, daß die Frommen im Himmel Körper haben. Sie werden einen besseren Leib besitzen als Adam vor dem Sündenfall; ihre Leiber werden geistig, aber nicht Geister und ohne Schwere sein. Die Männer werden männliche und die Frauen weibliche Körper haben, und die als Kinder gestorben sind, werden als Erwachsene auferstehen.

Adams Sündenfall würde den ewigen Tod aller Menschen bedeuten (daß heißt die Verdammnis), hätte Gottes Gnade nicht viele davon ausgenommen. Die Sünde entsprang der Seele, nicht dem Fleisch. Platoniker wie Manichäer irren, wenn sie die Sünde als zum Wesen des Fleisches gehörig bezeichnen, obwohl die Platoniker nicht so schlecht sind wie die Manichäer. Die ganze Menschheit für Adams Sünde zu bestrafen, war gerecht; denn infolge seiner Sünde wurde der Mensch, der geistig im Fleisch hätte sein können, fleischlich im Geiste.[11]

Das führt zu einer langen, eingehenden Erörterung der sexuellen Lust, der unterworfen zu sein zu unserer Bestrafung für Adams Sünde gehört. Diese Ausführung ist insofern sehr wichtig, als sie uns die Psychologie der Askese enthüllt, wir müssen uns also damit befassen, wiewohl der Heilige dieses Thema für unpassend erklärt. Es handelt sich um die folgende Auffassung:

Zugegeben muß werden, daß der Geschlechtsverkehr in der Ehe keine Sünde ist, vorausgesetzt, daß er dazu dienen soll, Nachkommenschaft zu erzeugen. Aber selbst in der Ehe wird ein tugendhafter Mensch den Wunsch haben, dabei ohne Lustempfindung auszukommen. Das Verlangen, den Geschlechtsverkehr geheimzuhalten, beweist jedoch, daß man sich seiner sogar in der Ehe schämt, »weil dieser von der Natur vorgeschriebene Vorgang (von unseren Ureltern her) mit Scham über unsere Bestrafung verbunden ist.« Nach der Lehre der Kyniker sollte man keine Scham kennen, und Diogenes soll kein Schamgefühl gehabt haben, weil er in allem einem Hund gleichen wollte; aber selbst er verzichtete nach einem ersten Versuch in der Praxis auf diesen höchsten Grad von Schamlosigkeit. Das Beschämende an der Lust ist, daß der Wille keinen Einfluß darauf hat. Adam und Eva hätten vor dem Sündenfall ohne Lust miteinander verkehren können, was sie aber in Wirklichkeit nicht getan haben. Handwerker rühren ihre Hände bei der Ausübung ihres Berufs ohne Lust; so hätte auch Adam, wenn er dem Apfelbaum ferngeblieben wäre, seine sexuelle Aufgabe erfüllen können, ohne die Empfindungen, die jetzt dazu gehören. Die Geschlechtsorgane hätten, wie der übrige Körper, dem Willen gehorcht. Daß zum Geschlechtsverkehr Lust gehören muß, ist eine Strafe für Adams Sünde; ohne sie hätte das Geschlecht von der Lust getrennt werden

11 *Der Gottesstaat*, XIV, 15.

können. Wenn wir von einigen physiologischen Details absehen, die der Übersetzer eigens in dem dezenten Dunkel des lateinischen Originals belassen hat, so haben wir in den obigen Sätzen Augustins Auffassung vom Geschlechtsleben.

Es geht klar daraus hervor, daß der Asket das Geschlechtliche ablehnt, weil es vom Willen unabhängig ist. Zur Tugend, heißt es, gehört die vollständige Herrschaft des Willens über den Körper; diese Herrschaft über den Körper vermag jedoch noch nicht den Geschlechtsakt zu ermöglichen. Er scheint daher mit einem vollkommen tugendhaften Leben unvereinbar.

Seit dem Sündenfall ist die Welt stets in zwei Staaten zerfallen: Der eine, Gott zur Seite, wird ewig herrschen, der andere, mit Satan, wird ein Reich ewiger Pein sein. Kain gehört dem Staat des Teufels, Abel dem Gottesstaat an. Abel war durch die Gnade und Kraft der Prädestination ein Pilger auf Erden und Bürger des Himmelreichs. Auch die Patriarchen gehörten zum Gottesstaat. Bei einer Erörterung des Todes von Methusalem kommt Augustin auf den heiklen Vergleich der Septuaginta mit der Vulgata. Aus den Angaben in der Septuaginta ist zu schließen, daß Methusalem die Sintflut um vierzehn Jahre überlebte, was aber unmöglich ist, da er sich nicht in der Arche befand. Aus der Vulgata, die sich an die hebräischen Handschriften hält, geht hervor, daß er im Jahr der Sintflut starb. Nach Augustins Überzeugung sagen Hieronymus und die hebräischen Handschriften in diesem Punkte das Richtige. Manche behaupteten, die Juden hätten aus Bosheit gegen die Christen die hebräischen Handschriften absichtlich gefälscht; diese Hypothese wird verworfen. Andererseits muß die Septuaginta auf göttlicher Inspiration beruhen. Es ist nur denkbar, daß die Schreiber des Ptolemäus bei der Abschrift der Septuaginta Fehler gemacht haben. Von den Übersetzungen des Alten Testaments sagt Augustin: »Die Kirche hat die Übersetzung der Siebzig anerkannt, als wäre sie die einzige, und viele griechische Christen, die sie ausschließlich benutzen, wissen nicht einmal, ob es noch andere Übersetzungen neben ihr gibt oder nicht. Auch unsere lateinische Übertragung beruht auf ihr, obwohl ein Hieronymus, ein gebildeter Geistlicher und großer Sprachforscher, eben diese Schriften aus dem Hebräischen ins Lateinische übersetzt hat. Aber wenn auch die Juden bestätigen, daß die Arbeit dieses Gelehrten durchweg richtig ist, und zugeben, daß sich die Siebzig oft geirrt haben, sind die christlichen Kirchen doch der Auffassung, man dürfe einem einzelnen Mann vor so vielen nicht den Vorzug geben, wenn diese noch dazu von den Hohenpriestern für ihre Aufgabe ausgewählt worden seien.« Er glaubt an die Geschichte von der wunderbaren Übereinstimmung der siebzig voneinander unabhängigen Übersetzungen und sieht darin einen Beweis für die göttliche Inspiration der Septuaginta. Aber auch der hebräische Text ist inspiriert. Dieser Schluß läßt die Frage nach der Autorität der Übersetzung des Hieronymus offen. Vielleicht hätte er sich entschiedener auf Hieronymus' Seite gestellt, wenn die beiden Heiligen nicht über Petrus' Hang zur Heuchelei in Streit geraten wären.[12]

Die heilige und die weltliche Geschichte sind bei Augustin synchron. Wir erfahren, daß Äneas nach Italien kam, als Abdom[13] Richter in Israel war, und daß die letzte Verfolgung unter dem Antichrist stattfinden wird; der Zeitpunkt aber sei unbekannt.

Nach einem wundervollen Kapitel, in dem er sich gegen die gerichtliche Folter wendet, beginnt Augustin die neuen Akademiker anzugreifen, die alles anzweifeln. »Die Kirche Christi verabscheut diese Zweifel und hält sie für wahnsinnig, da sie ganz sicheres Wissen von allen Dingen hat, an die sie glaubt.« Wir sollen von der Wahrheit der Heiligen Schrift überzeugt sein. Ferner setzt er auseinander, daß es keine echte Tugend außer der wahren Religion gibt. Die heidnische Tugend »ist dem Einfluß obszöner und schmutziger Teufel ausgesetzt«. Die Tugenden der Christen wären bei den Heiden Laster. »Diejenigen Dinge, welche sie (die Seele) zu den Tugenden zu zählen scheint und denen sie infolgedessen ihre Neigung zuwendet, sind, wenn sie nicht alle auf Gott bezogen werden, in Wirklichkeit eher Laster als Tugenden.« Wer nicht dieser Gemeinschaft (der Kirche) angehört, wird ewiges Leid erdulden müssen. »In unseren Erdenkämpfen siegt entweder der Schmerz, und den vertreibt der Tod, so daß wir ihn nicht mehr fühlen, oder es siegt die Natur, dann vertreibt sie den Schmerz. Dort aber wird der Schmerz ewig anhalten und die Natur ewig leiden, solange die auferlegte Strafe währt.«

Es gibt zwei Auferstehungen, die der Seele nach dem Tode und die des Leibes beim Jüngsten Gericht. Nach der Erörterung verschiedener Schwierigkeiten, die das Tausendjährige Reich Christi und die späteren Taten Gogs und Magogs betreffen, kommt er zu einer Stelle aus dem 2. Brief der Thessalonicher (II, 11, 12): »Darum wird ihnen Gott kräftige Irrtümer senden, daß sie glauben der Lüge, auf daß gerichtet werden alle, die der Wahrheit nicht glauben, sondern haben Lust an der Ungerechtigkeit.« Mancher mag es für ungerecht halten, daß der Allmächtige die Menschen erst täuscht und sie dann dafür bestraft, daß sie getäuscht wurden; aber Augustin scheint das ganz in der Ordnung zu finden. »Weil sie verdammt sind, werden sie verführt, und weil sie verführt worden sind, werden sie verdammt. Daß sie aber verführt werden, beruht auf Gottes verborgenem Ratschluß, der mit Recht verborgen und dessen Verborgenheit gerecht ist und der von Anbeginn der Welt an fortbesteht.« Augustin glaubt, Gott habe die Menschheit in die Auserwählten und die Verworfenen geteilt, und zwar willkürlich, nicht auf

---

12 Galather II, 11–14.
13 Von Abdom wissen wir nur, daß er vierzig Söhne und dreißig Neffen hatte und daß alle siebzig auf Eselsfüllen ritten (Richter XII, 14).

Grund ihrer Verdienste oder Vergehen. Alle haben gleichermaßen die Verdammnis verdient, und deshalb haben die Verworfenen keine Ursache zu klagen. Aus der oben angeführten Stelle von Paulus geht hervor, daß sie schlecht sind, weil sie verworfen wurden, nicht daß sie verworfen wurden, weil sie schlecht waren.

Nach der Auferstehung des Fleisches werden die Leiber der Verdammten ewig brennen, ohne daß die Flamme sie verzehrt. Daran ist nichts Seltsames; dasselbe geschieht mit dem Feuersalamander und dem Ätna. Auch die Teufel, wiewohl körperlos, können in konkretem Feuer brennen. Höllenqualen sind nicht läuternd und lassen sich durch Fürbitte der Heiligen nicht abmildern. Origenes war im Irrtum, als er die Hölle nicht für ewig hielt. Ketzer und sündige Katholiken werden verdammt sein.

Das Buch schließt mit der Schilderung einer Vision Gottes im Himmel und der ewigen Glückseligkeit des Gottesstaates.

Aus der obigen Zusammenstellung geht vielleicht die Bedeutung des Werkes nicht klar genug hervor. Von Einfluß war die Trennung der Kirche vom Staat; das hieß natürlich, daß der Staat am Gottesstaat nur teilhaben könne, wenn er sich der Kirche in allen religiösen Angelegenheiten unterordnete. Seither hat die Kirche stets diese Doktrin vertreten. Das ganze Mittelalter hindurch berief sich die abendländische Kirche beim allmählichen Erstarken der päpstlichen Macht und im Kampf zwischen Papst und Kaiser zur theoretischen Rechtfertigung ihrer Politik auf Augustin.

Der jüdische Staat war in der legendären Zeit der Richter und in der historischen Epoche nach der Rückkehr aus der babylonischen Gefangenschaft eine Theokratie; der christliche Staat sollte sich daran ein Beispiel nehmen. Die Schwäche der Kaiser und der meisten abendländischen Monarchen des Mittelalters ermöglichte es der Kirche, das Ideal des Gottesstaates weitgehend zu verwirklichen. Im Osten, wo die Kaiser stark waren, kam es niemals zu dieser Entwicklung; dort blieb die Kirche stets in weit größerer Abhängigkeit vom Staat als im Abendland.

Die Reformation, in der Augustins Heilslehre wieder auflebte, machte seiner theokratischen Lehre ein Ende; sie wurde erastianisch[14], und zwar zum großen Teil, weil es im Kampf mit dem Katholizismus praktisch erforderlich war. Aber der protestantische Erastianismus war lau; die gläubigsten Protestanten standen noch unter Augustins Einfluß.

Die Wiedertäufer, die Männer der Fünften Monarchie und die Quäker übernahmen einen Teil seiner Lehre, legten aber weniger Gewicht auf die Kirche. Er verfocht die Prädestination sowie die für die Erlösung notwendige Taufe; diese beiden Doktrinen vertragen sich nicht

---

14 Der Erastianismus ist die Lehre, daß die Kirche dem Staat untertan sein solle.

gut miteinander, und strenge Protestanten gaben daher die zweite auf. Ihre Eschatologie[15] aber blieb augustinisch.

Der *Gottesstaat* enthält wenig grundlegend Neues. Die Eschatologie ist jüdischen Ursprungs und gelangte vornehmlich durch das Buch der Offenbarung ins Christentum. Die Lehre von der Prädestination und von der Auserwähltheit ist paulinisch, obwohl sie durch Augustin eine viel eingehendere und logischere Entwicklung erfuhr als in den Episteln. Im Alten Testament werden die heilige Geschichte und die Profangeschichte ganz deutlich voneinander getrennt. Augustins Leistung bestand darin, diese Elemente miteinander zu verschmelzen und sie zur Geschichte seiner Zeit in Beziehung zu bringen; er verfuhr dabei so, daß der Sturz des weströmischen Reiches und die anschließende Periode der Verwirrung von den Christen hingenommen werden konnten, ohne daß ihr Glaube auf eine ungebührlich harte Probe gestellt wurde.

Die jüdische Auffassung der Geschichte in Vergangenheit und Zukunft hat zu allen Zeiten etwas stark Anziehendes für die Unterdrückten und Unglücklichen gehabt. Augustin übernahm dieses Schema für das Christentum, Marx für den Sozialismus. Um Marx psychologisch verstehen zu können, sollte man sich des folgenden Vokabulariums bedienen:

Jahwe = dialektischer Materialismus,
der Messias = Marx,
die Auserwählten = das Proletariat,
die Kirche = die kommunistische Partei,
die Wiederkunft = die Revolution,
die Hölle = die Bestrafung der Kapitalisten,
das Tausendjährige Reich Christi = der kommunistische Staat.

Die Termini der linken Seite bedeuten den Gefühlsgehalt der Termini der rechten Seite, und eben dieser Gefühlsgehalt, der allen in der christlichen oder jüdischen Tradition aufgewachsenen Menschen vertraut war, machte Marx' Eschatologie glaubwürdig. Ein ähnliches Vokabularium ließe sich für die Nazis aufstellen, ihre Begriffe sind jedoch viel ausgesprochener alttestamentarisch und weniger christlich als die marxistischen; ihr Messias gleicht mehr den Makkabäern als Christus.

III. Die Pelagianische Kontroverse

Im einflußreichsten Teil der augustinischen Theologie richtet sich vieles gegen das pelagianische Ketzertum. Pelagius war ein Waliser, der eigentlich Morgan hieß, was, wie das griechische »Pelagios«, »Mann von der See« bedeutet. Er war ein kultivierter, sympathischer Geist-

---

15 Eschatologie = theologische Lehre von den letzten Dingen. (Anm. d. Übers.)

licher und kein ausgesprochener Fanatiker wie viele seiner Zeitgenossen. Er glaubte an die Willensfreiheit, zweifelte an der Lehre von der Erbsünde und war der Überzeugung, daß tugendhaftes Handeln den Menschen nur kraft eigener moralischer Anstrengung möglich sei. Wenn sie rechtschaffen und rechtgläubig sind, kommen sie zum Lohn für ihre Tugend in den Himmel.

Diese Ansichten, für uns heute ziemliche Gemeinplätze, verursachten zu jener Zeit große Aufregung und wurden hauptsächlich auf Betreiben Augustins für ketzerisch erklärt. Sie hatten jedoch eine Zeitlang beachtlichen Erfolg. Augustin sah sich veranlaßt, den Patriarchen von Jerusalem in einem Brief vor dem schlauen Häresiarchen zu warnen, der viele Theologen des Ostens zu seinen Ansichten zu bekehren vermocht hatte. Selbst nach seiner Verdammung traten noch andere, die sogenannten Semi-Pelagianer, für seine etwas abgemilderten Doktrinen ein. Erst sehr viel später setzte sich die reinere Lehre des Heiligen vollkommen durch, und zwar vor allem in Frankreich, wo die endgültige Verdammung der semi-pelagianischen Ketzerei 529 auf dem Konzil von Orange erfolgte.

Augustin lehrte, daß Adam vor dem Sündenfall Willensfreiheit besessen habe und daher nicht hätte zu sündigen brauchen. Aber als er und Eva vom Apfel aßen, kam Verderbtheit über sie und alle ihre Nachkommen. Sie können sich niemals aus eigener Kraft der Sünde enthalten. Allein Gottes Gnade ermöglicht es den Menschen, tugendhaft zu sein. Da wir alle Adams Sünde erben, verdienen wir auch alle die ewige Verdammnis. Wer ungetauft stirbt, selbst als Kind, wird in die Hölle kommen und ewige Pein erleiden. Wir dürfen uns nicht darüber beklagen, denn wir sind alle schlecht. (In den *Confessiones* zählt der Heilige die Verbrechen auf, deren er sich schon in der Kindheit schuldig gemacht hat.) Aber durch Gottes unbeeinflußte Gnade sind manche der Getauften für den Himmel ausersehen; das sind die Auserwählten. Sie kommen nicht in den Himmel, weil sie gut sind; wir sind ja alle durch und durch schlecht, sofern uns nicht Gottes Gnade, die nur den Auserwählten zuteil wird, anders sein läßt. Es gibt keine Erklärung dafür, warum einige erlöst und die übrigen verdammt sind; das geschieht nach Gottes unbegründeter Wahl. Die Verdammnis ist ein Beweis für Gottes Gerechtigkeit, die Erlösung ein Beweis seiner Gnade. In beiden tritt gleichermaßen Gottes Güte zutage.

Die zugunsten dieser unbarmherzigen Lehre angeführten Argumente – die bei Calvin wieder auflebten und seither von der katholischen Kirche nicht vertreten wurden – sind in den Briefen von Paulus, vor allem im Römerbrief zu finden. Ihrer bedient sich Augustin wie der Richter des Gesetzes: die Auslegung ist geschickt, und die Texte sind so gehalten, daß sie sich in sehr weitem Sinne deuten lassen. Zu guter Letzt ist man zwar überzeugt, daß Paulus gar nicht geglaubt hat, was Augustin aus seinen Worten ableitet, wohl aber, daß bestimmte Stellen außerhalb ihres Zusammenhanges gerade das enthalten, was er von ihnen behauptet. Es mag seltsam klingen, daß die Verdammnis ungetaufter Kinder nicht als etwas Schreckliches galt, sondern einem gütigen Gott zugeschrieben werden sollte. Die Überzeugung von der Sündhaftigkeit beherrschte ihn jedoch so stark, daß er tatsächlich neugeborene Kinder für Satansbrut hielt. Vieles, was an der mittelalterlichen Kirche am unbarmherzigsten wirkt, geht auf seine düstere Auffassung von der universalen Schuld zurück.

Eine einzige intellektuelle Schwierigkeit macht Augustin wirklich zu schaffen. Zwar sieht er sie nicht darin, daß die Erschaffung des Menschen eigentlich etwas Beklagenswertes ist, weil die ungeheure Mehrheit des Menschengeschlechts zu ewiger Pein vorherbestimmt ist. Kopfzerbrechen macht ihm vielmehr die Frage: wenn wir die Erbsünde von Adam erben, wie Paulus lehrt, muß die Seele genau wie der Leib von den Eltern fortgepflanzt werden, denn es ist die Seele, die sündigt, nicht der Leib. Er erkennt die Schwierigkeit dieser Lehre, sagt jedoch, da die Heilige Schrift darüber schweigt, sei es für die Erlösung nicht nötig, in dieser Frage die richtige Ansicht zu haben. Er läßt sie infolgedessen offen.

Es mutet seltsam an, daß die letzten bedeutenden Männer vor Anbruch des dunklen Zeitalters sich nicht damit befaßten, die Kultur zu erhalten oder die Barbaren zu vertreiben oder die Mißstände der Verwaltung zu beheben, daß sie es vielmehr für wichtiger hielten, die Verdienste der Jungfräulichkeit und die Verdammnis ungetaufter Kinder zu predigen. Wenn man sich vergegenwärtigt, daß die Kirche vornehmlich solche Vorurteile an die bekehrten Heiden weitergab, ist es nicht weiter verwunderlich, daß die nun folgende Zeit fast alle anderen historischen Epochen an Grausamkeit und Aberglauben übertraf.

5. KAPITEL

Das fünfte und sechste Jahrhundert

Das fünfte Jahrhundert stand im Zeichen des Barbareneinfalls und des untergehenden weströmischen Reichs. Nach dem Tode Augustins im Jahre 430 war es schlecht um die Philosophie bestellt; es war ein Jahrhundert destruktiver Gewalten, das jedoch weitgehend die Richtung bestimmte, in der sich Europa entwickeln sollte: das Jahrhundert, in dem die Engländer in Britannien eindrangen und es dadurch zu England machten; desgleichen wurde in diesem Zeitraum aus Gallien infolge der fränkischen Invasion Frankreich, während die Vandalen in Spanien einfielen und Andalusien ihren Namen gaben. Um die Mitte des Jahrhunderts bekehrte der heilige Patrick die Iren zum Christentum. In der ganzen abendländischen Welt folgten unkultivierte germanische Königreiche auf die zentralisierte Bürokratie des Imperiums. Der imperiale Postverkehr ging ein, die großen Straßen verfielen, der Krieg machte dem ausgedehnten Handel ein Ende, und das politische und wirtschaftliche Leben wurde wieder zur reinen Lokalangelegenheit. Zentralisierte Autorität bewahrte sich allein die Kirche, und das auch nur unter großen Schwierigkeiten.

Von den germanischen Stämmen, die während des fünften Jahrhunderts in das Imperium einfielen, waren die Goten die bedeutendsten. Die Hunnen, die sie von Osten her angriffen, drängten sie nach Westen ab. Zunächst versuchten sie das oströmische Reich zu erobern, wurden aber geschlagen; dann wandten sie sich nach Italien. Seit Diokletian waren sie römische Söldner gewesen; daher verstanden sie mehr von der Kriegskunst, als es sonst bei Barbaren der Fall gewesen wäre. Der Gotenkönig Alarich plünderte Rom a. D. 410, starb aber im gleichen Jahr. Mit Odowakar, König der Ostgoten, kam 476 das Ende des westlichen Reiches. Er regierte bis 493, in welchem Jahr er treulos von einem anderen Ostgoten, Theoderich, ermordet wurde, der bis 526 König von Italien war. Von ihm wird bald noch mehr die Rede sein. Er war von Bedeutung für die Geschichte wie für die Legende; im Nibelungenlied tritt er als »Dietrich von Bern« auf (wobei mit »Bern« Verona gemeint ist).

Inzwischen setzten sich die Vandalen in Afrika, die Westgoten im Süden und die Franken im Norden von Frankreich fest.

Inmitten der germanischen Invasionsperiode erfolgten die Einfälle der Hunnen unter Attila. Die Hunnen waren mongolischer Rasse, trotzdem aber häufig mit den Goten im Bunde. Im entscheidenden Augenblick jedoch, als sie nämlich 451 in Gallien einfielen, hatten sie sich mit den Goten verfeindet; Goten und Römer besiegten sie gemeinsam in diesem Jahr bei Châlons. Darauf wandte sich Attila nach Italien und plante einen Marsch auf Rom; Papst Leo brachte ihn aber davon ab mit dem Hinweis, daß Alarich gestorben sei, nachdem er Rom geplündert hatte. Sein Verzicht nützte ihm jedoch nichts, denn er starb im darauffolgenden Jahr. Nach seinem Tod brach die Macht der Hunnen zusammen.

In dieser Periode allgemeiner Verwirrung machte der Kirche ein komplizierter Streit um die Fleischwerdung zu schaffen. Die Hauptpersonen der Debatten waren die beiden Geistlichen Kyrillos und Nestor; daß der erste zum Heiligen, der zweite jedoch zum Ketzer erklärt wurde, beruhte mehr oder minder auf Zufall. Kyrillos war von 412 bis zu seinem Tode im Jahre 444 Patriarch von Alexandrien, Nestor Patriarch von Konstantinopel. Die umstrittene Frage war das Verhältnis der Göttlichkeit Christi zu seiner menschlichen Natur. Handelte es sich um zwei Personen, eine göttliche und eine menschliche? Diese Ansicht vertrat Nestor. Gab es andernfalls eine Natur oder zwei Naturen in einer Person, eine menschliche und eine göttliche? Diese Fragen erregten die Gemüter im fünften Jahrhundert mit kaum vorstellbarer Leidenschaft und Heftigkeit. »Heimliche, unheilbare Zwietracht wurde genährt zwischen denen, die die Göttlichkeit und Menschlichkeit Christi durchaus miteinander vereinen, und denen, die sie ängstlich auseinanderhalten wollten.«[1]

Der heilige Kyrillos, der für die Einheit eintrat, war ein fanatischer Eiferer. Er benutzte seine Stellung als Patriarch, um Pogrome gegen die sehr ausgedehnte jüdische Kolonie in Alexandrien zu entfesseln. Berühmt wurde er vornehmlich dadurch, daß er Hypathia lynchte, eine vornehme Dame, die in diesem bigotten Zeitalter an der neuplatonischen Philosophie festhielt und sich mit all ihrer Begabung der Mathematik widmete. Sie wurde »von ihrem Karren heruntergezerrt, nackt ausgezogen, zur Kirche geschleppt und auf unmenschliche Weise von dem Vorleser Petrus und einem Haufen wilder, unbarmherziger Fanatiker hingeschlachtet: ihr Fleisch wurde mit scharfen Austernschalen von den Knochen geschabt und ihre zuckenden Gliedmaßen den Flammen übergeben. Die rechtmäßige Untersuchung und Bestrafung war durch entsprechende Bestechung verhindert worden.«[2] Danach machte der Stadt Alexandrien kein Philosoph mehr zu schaffen.

Zu seinem Leidwesen erfuhr der heilige Kyrillos, daß Konstantinopel durch die Lehre seines Patriarchen Nestor irregeführt wurde, der behauptete, in Christus seien zwei Personen vereinigt, eine menschliche und eine göttliche. Aus diesem Grunde protestierte Nestor gegen die neue Sitte, die Jungfrau Maria »Mutter Gottes« zu nennen; sie sei nur die Mutter der menschlichen Person, die göttliche Person hingegen,

---

1 Gibbon, *op. cit.*, Kap. XLVII.
2 Ebenda.

also Gott selbst, hätte keine Mutter. Zu dieser Frage nahm die Kirche geteilte Stellung, und zwar etwa so, daß die Bischöfe östlich von Suez zu Nestor hielten, indes die Bischöfe westlich davon auf seiten Kyrillos' standen. Um eine Entscheidung herbeizuführen, wurde im Jahre 431 ein Konzil nach Ephesus berufen. Die westlichen Bischöfe trafen zuerst ein und begannen die Türen vor den Späterkommenden zu verriegeln, um in höchster Eile für Kyrillos zu stimmen, der den Vorsitz führte. »Dieser bischöfliche Tumult hat sich dann in der Vorstellung der Menschen nach dreizehn Jahrhunderten in das ehrwürdige dritte ökumenische Konzil verwandelt.«[3]

Auf diesem Konzil wurde Nestor als Ketzer verdammt. Er widerrief nicht, gründete vielmehr die Sekte der Nestorianer, die in Syrien und im ganzen Osten viele Anhänger fand. Einige Jahrhunderte später war der Nestorianismus in China derart stark, daß er Aussicht zu haben schien, Staatsreligion zu werden. Nestorianer wurden im sechzehnten Jahrhundert in Indien von spanischen und portugiesischen Missionaren festgestellt. Daß die katholische Regierung von Konstantinopel den Nestorianismus verfolgte, rief Unzufriedenheit hervor, was den Mohammedanern die Eroberung Syriens erleichterte.

Nestors Zunge, deren Beredsamkeit so viele Menschen verführt hatte, fraßen die Würmer – so wird uns jedenfalls versichert.

Ephesus hatte gelernt, die Jungfrau an die Stelle von Artemis zu setzen, verehrte aber seine Göttin noch mit gleich leidenschaftlichem Eifer wie zur Zeit von Paulus. Es hieß, die Jungfrau sei dort begraben. Im Jahre 449, nach dem Tode des heiligen Kyrillos, versuchte eine Synode in Ephesus den Triumph noch zu übersteigern und verfiel dabei in die dem Nestorianismus entgegengesetzte Häresie: sie wurde als monophysitische Ketzerei bezeichnet und vertrat die Überzeugung, Christus habe nur *eine* Natur. Wäre Kyrillos noch am Leben gewesen, hätte er sich bestimmt für diese Auffassung eingesetzt und wäre damit auch zum Ketzer geworden. Der Kaiser stellte sich auf die Seite der Synode, der Papst hingegen erkannte die Lehre nicht an. Schließlich berief Papst Leo – derselbe, der Attila bewogen hatte, von einem Angriff auf Rom abzusehen – im Jahre 451, dem Jahr der Schlacht bei Châlons, ein ökumenisches Konzil nach Chalcedon, das die Monophysiten verdammte und sich endgültig für die orthodoxe Lehre der Fleischwerdung entschied. Das Konzil von Ephesus war zu der Entscheidung gekommen, es gäbe nur eine *Person* Christi, in Chalcedon hingegen wurde festgelegt, daß er in zwei *Naturen* existiere, einer göttlichen und einer menschlichen. Der Einfluß des Papstes war bei dieser Entscheidung ausschlaggebend.

Wie die Nestorianer weigerten sich auch die Monophysiten, sich zu fügen. Ägypten verfiel fast ganz und gar dieser Ketzerei, die nilaufwärts

---

3 Gibbon, *op. cit.*, Kap. XLVII.

und bis nach Abessinien um sich griff. Die Häresie der Abessinier diente neben anderen Gründen Mussolini zum Vorwand, Abessinien zu erobern. Das Ketzertum Ägyptens erleichterte wie die gegensätzliche Häresie Syriens den Arabern die Eroberung.

Während des sechsten Jahrhunderts waren vier Männer für die Kulturgeschichte von großer Bedeutung: Boëthius, Justinian, Benedikt und Gregor der Große. Mit ihnen werde ich mich noch in diesem wie im nächsten Kapitel hauptsächlich beschäftigen.

Die Eroberung Italiens durch die Goten bedeutete nicht das Ende der römischen Kultur. Unter dem Gotenkönig Theoderich, dem König von Italien, war die Zivilverwaltung vollkommen römisch; das Land erfreute sich des Friedens und der religiösen Toleranz (bis fast an sein Ende); der König war klug und energisch. Er ernannte Konsuln, behielt das römische Recht und den Senat bei; sooft er in Rom war, galt sein erster Besuch dem Senatsgebäude. Obwohl Arianer, stand sich Theoderich bis in seine letzten Lebensjahre gut mit der Kirche. 523 aber verbot Kaiser Justinian den Arianismus; das beunruhigte Theoderich. Er hatte Anlaß zu seinen Befürchtungen, denn Italien war katholisch und stand aus religiöser Sympathie auf der Seite desCed Kaisers. Theoderich glaubte, ob mit Recht oder Unrecht, an eine Verschwörung, an der sogar Männer seiner Regierung beteiligt sein sollten. Er ließ daraufhin seinen Minister, den Senator Boëthius, verhaften und hinrichten.

Boëthius schrieb seine *Tröstungen der Philosophie* im Gefängnis. Er ist eine ungewöhnliche Gestalt. Das ganze Mittelalter hindurch las und bewunderte man ihn; er galt immer als frommer Christ und wurde fast als Kirchenvater angesehen. Aber die *Tröstungen der Philosophie*, die 524 geschrieben wurden, als er im Gefängnis seine Hinrichtung erwartete, sind reiner Platonismus; zwar ist das kein Beweis dafür, daß er kein Christ war, zeigt aber, daß ihn die heidnische Philosophie viel stärker beeinflußte als der christliche Glaube. Einige theologische Werke, vornehmlich über die Dreieinigkeit, werden ihm zugeschrieben, von vielen Autoritäten sind sie jedoch als Fälschungen bezeichnet worden. Das Mittelalter aber konnte ihn vermutlich um dieser Werke willen für orthodox halten und viel Platonisches daraus in sich aufnehmen, das andernfalls mit Mißtrauen angesehen worden wäre.

In dem Werk wechseln Verse mit Prosa ab; Boëthius selbst spricht in Prosa, während die Philosophie in Versen antwortet. Es hat eine gewisse Ähnlichkeit mit Dante, dessen *Vita Nuova* zweifellos von Boëthius beeinflußt ist.

Die *Tröstungen*, die Gibbon mit Recht als »goldenes Buch« bezeichnet, beginnen mit der Feststellung, daß Sokrates, Plato und Aristoteles die wahren Philosophen seien; die Stoiker, Epikureer und alle übrigen maßten sich das nur an und würden von der profanen Menge fälschlich für Freunde der Philosophie gehalten. Boëthius sagt, er gehorche dem pythagoreischen Gebot »Folge Gott nach!« (nicht dem *christlichen*

Gebot). Glück ist dasselbe wie Seligkeit, und Glück, nicht Lust ist das Gute. Freundschaft ist »der allerköstlichste Schatz«. Die Ethik ähnelt stark der stoischen Lehre und ist auch tatsächlich zum großen Teil Seneca entnommen. Das Werk enthält auch eine Inhaltsangabe des Anfangs vom *Timaios* in Versen. Daran schließt sich sehr viel rein platonische Metaphysik. Unvollkommenheit ist, wie wir erfahren, ein Mangel, der die Existenz eines vollkommenen Vorbildes voraussetzt. Er bekennt sich zu der Theorie, die das Böse verneint. Dann geht er zu einem Pantheismus über, der eigentlich bei den Christen hätte Anstoß erregen müssen, was aber aus irgendeinem Grunde nicht der Fall war. Glückseligkeit und Gott, sagt er, sind die beiden höchsten Güter und infolgedessen identisch. »Die Menschen werden durch Erlangen der Gottheit glückselig.« »Welche die Gottheit erlangen, werden auch selber Gott. Jeder Glückselige ist also Gott, und wenn es auch naturgemäß nur einen Gott geben kann, so steht doch nichts im Wege, daß nicht unendlich viele an der Gottheit teilhaben könnten.« »Die Summe, der Kernpunkt und der Zweck alles Begehrenswerten ist das Gute.« »Das Wesen Gottes kann in nichts anderem als in der höchsten Güte bestehen.« Kann Gott Böses tun? Nein. Deshalb gibt es nichts Böses, denn Gott vermag alles zu tun. Tugendhafte Menschen sind stets stark und schlechte immer schwach; denn beide streben das Gute an, aber nur der Tugendhafte erlangt es. Die Schlechten sind unglücklicher, wenn sie der Strafe entgehen, als wenn sie sie erleiden. »Im Herzen des Weisen kann der Haß keine Stätte mehr haben.«[4]

Im Ton ähnelt das Buch stärker Plato als Plotin. Es weist keine Spur des Aberglaubens oder der Kränklichkeit jener Zeit auf, kein Besessensein vom Gefühl der Sündhaftigkeit, kein übertriebenes Streben nach Unerreichbarem. Es ist von vollkommener philosophischer Gelassenheit durchdrungen, und zwar in so hohem Maße, daß man fast von Selbstzufriedenheit sprechen könnte, wenn das Buch unter glücklicheren Umständen verfaßt worden wäre. Da es aber im Gefängnis und in Erwartung der Hinrichtung geschrieben wurde, ist es ebenso bewundernswert wie die letzten Stunden des platonischen Sokrates.

Erst nach Newton finden wir wieder eine ähnliche Weltanschauung. Ich möchte ungekürzt ein Gedicht aus dem Buch von Boëthius zitieren, das in seiner Philosophie Popes »*Essay über den Menschen*« ähnelt.

> Wer das Gesetz des erhabenen Donnerers
> Will mit reinem Geiste betrachten,
> Schau empor zum Scheitel des Himmels,
> Dort bewahren die Sterne den Frieden
> Noch dem All in rechtmäßigem Bündnis.

---

4 Die Boëthius-Zitate entsprechen der Übersetzung von Richard Schewen (Verlag Ph. Reclam, Leipzig 1930).

Nicht vom rötlichen Lichte getrieben,
Hindert Phöbus den kühlen Mondlauf,
Und die Bärin, die rings um des Poles
Höchsten Scheitel auf schneller Bahn kreist,
Niemals wünscht sie im tiefsten Westen,
Wo die anderen Sterne eintauchen,
Ihre Leuchten im Meer zu löschen.
Stets zu gleicher geeigneter Stunde
Kündet Hesper die nächtlichen Zeiten,
Leuchtet Luzifer vor dem Tage.
So führet Wechselliebe den Kreislauf
Ewig wieder zurück; verbannt vom
Sternenantlitz zwieträchtige Kriege.
Solche Eintracht zügelt im Gleichmaß
Elemente, daß sie im Wettstreit
Wechselnd lösen Feuchtes und Trocknes,
Hitze und Kälte friedlich sich einen,
Steil zur Höhe die Flamme aufsteigt,
Schwer die Last der Erde herabsinkt.
Gleichem Gesetz nach atmet der Frühling
Blütenschwer seine feuchten Düfte,
Trocknet Saaten der heftige Sommer,
Kommt der Herbst mit Früchten beladen,
Näßt den Winter strömender Regen.
Solch ein Gleichmaß nährt und befruchtet
Alles Leben, das irdisch atmet,
Gleicher Weise vernichtet und gründet
Tod und Geburt im Steigen und Sinken.
Oben thront indessen der Schöpfer
Aller Dinge und lenkt die Zügel,
König, Herr und Quelle und Ursprung,
Weises Gesetz und Richter des Rechten.
Wenn zu heftig antreibt Bewegung,
Hält zurück er und festigt das Schwanke.
Nur wem die graden Bahnen befohlen,
Beugt er nicht mehr zurück zum Kreise.
Was jetzt fest seine Ordnung gegründet,
Sinkt erschlafft, getrennt von der Quelle.
Hier ist Liebe, gemeinsam des Weltalls.
Nur in Grenzen streben die Guten,
Weil sie anders dauern nicht können,
Wenn sie nicht durch erwidernde Liebe
Fluten zum Quell, der Leben verliehen.[5]

5 Deutsche Übersetzung von Eberhard Gothein. (Anm. d. Übers.)

Bis zu seinem Ende stand Boëthius dem König als Freund nahe. Er wie sein Vater und seine beiden Söhne waren Konsul. Sein Schwiegervater Symmachus (wahrscheinlich ein Enkel des Mannes, der mit Ambrosius eine Kontroverse wegen der Victoria-Statue hatte) spielte eine bedeutende Rolle am Hofe des Gotenkönigs. Theoderich beauftragte Boëthius mit der Reform des Münzwesens; außerdem sollte er minder zivilisierte Barbarenkönige mit Erfindungen wie Sonnen- und Wasseruhren in Erstaunen setzen.

Seine Unabhängigkeit von jeglichem Aberglauben war vielleicht in römischen Aristokratenfamilien weniger ungewöhnlich als anderwärts, aber in Verbindung mit seinem großen Wissen und seiner eifrigen Sorge um das allgemeine Wohl war das für diese Epoche etwas Einzigartiges.

In den beiden Jahrhunderten vor ihm und in den zehn Jahrhunderten nach ihm wüßte ich keinen europäischen Gelehrten, der in diesem Maße von Aberglauben und Fanatismus frei gewesen wäre. Darüber hinaus sind aber seine Vorzüge noch positiverer Art: er hat von allem eine erhabene, uneigennützige und große Auffassung. In jeder Epoche wäre er eine auffallende Erscheinung gewesen; zu seiner Zeit jedoch ist er eine unvergleichlich bewundernswerte Gestalt.

Das Ansehen, das Boëthius im Mittelalter genoß, beruhte zum Teil darauf, daß er als Märtyrer der arianischen Verfolgung betrachtet wurde – eine Ansicht, die zwei oder drei Jahrhunderte nach seinem Tode aufkam. In Pavia *galt* er als Heiliger, doch war er in Wirklichkeit nicht heiliggesprochen. Zwar hatte man einen Kyrillos zum Heiligen gemacht, nicht aber Boëthius.

Zwei Jahre nach Boëthius' Hinrichtung starb Theoderich. Im Jahr darauf wurde Justinian Kaiser. Er regierte bis 565; in dieser langen Zeit brachte er es fertig, viel Leid und einiges Gute zu schaffen. Natürlich ist er in der Hauptsache wegen seiner *Digesten* berühmt, doch wage ich mich nicht an die Beurteilung dieses Themas, für das die Juristen zuständig sind. Er war ein Mann von tiefer Frömmigkeit, die er darin zum Ausdruck brachte, daß er zwei Jahre nach seiner Thronbesteigung die Philosophenschulen in Athen schließen ließ, an denen noch das Heidentum herrschte. Die entlassenen Philosophen begaben sich nach Persien, wo sie vom König freundlich aufgenommen wurden. Sie entsetzten sich jedoch darüber – stärker, als es Philosophen ansteht, wie Gibbon sagt –, daß in Persien Polygamie und Blutschande an der Tagesordnung waren, so daß sie in die Heimat zurückkehrten, wo sie in Vergessenheit gerieten. Drei Jahre nach dieser Heldentat (532) schickte sich Justinian zu einer neuen, rühmlicheren an – zum Bau der Hagia Sophia. Ich habe zwar die Hagia Sophia niemals gesehen, wohl aber die schönen zeitgenössischen Mosaiken in Ravenna einschließlich der Bilder Justinians und seiner Kaiserin Theodora. Beide waren sehr fromm, obwohl Theodora eine etwas leichtfertige Dame gewesen ist, die er im Zirkus aufgelesen hatte. Noch schlimmer aber war, daß sie monophysitische Neigungen hatte.

Aber genug der Skandalgeschichten. Zu meiner Freude kann ich erklären, daß der Kaiser persönlich von unantastbarer Rechtgläubigkeit war, sogar in der Angelegenheit der »Drei Kapitel«. Das war eine ärgerliche Streitfrage. Das Konzil von Chalcedon hatte drei Kirchenväter, die des Nestorianismus verdächtigt waren, für orthodox erklärt; wie viele andere hatte auch Theodora alle Dekrete des Konzils anerkannt, dieses eine jedoch nicht. Die abendländische Kirche stand zu allen Entscheidungen des Konzils, und die Kaiserin war genötigt, den Papst zu verfolgen. Justinian betete sie an, und nach ihrem Tode im Jahre 548 wurde sie für ihn, was der Königin Victoria der verstorbene Prinzgemahl war. So verfiel er schließlich der Häresie, dem Aphthartodoketismus.[6] Ein zeitgenössischer Historiker (Evagrius) schreibt: »Nachdem er seit Ende seines Lebens den Lohn für seine Missetaten empfangen hatte, hoffte er vor dem Richterstuhl der Hölle die Gerechtigkeit zu finden, die ihm gebührte.«

Justinian wollte möglichst viel vom weströmischen Reich zurückerobern. Im Jahre 535 fiel er in Italien ein und errang zunächst rasch einige Erfolge gegen die Goten. Die katholische Bevölkerung nahm ihn freudig auf; er kam als Repräsentant Roms und Gegner der Barbaren. Aber die Goten sammelten sich wieder, und der Krieg währte achtzehn Jahre, in denen Rom und Italien im allgemeinen weit mehr zu leiden hatten als während der Barbareninvasion.

Rom wurde fünfmal eingenommen, dreimal von den Byzantinern und zweimal von den Goten; es sank auf die Stufe einer Kleinstadt herab. Ähnliches ereignete sich in Afrika, wo Justinian ebenfalls mehr oder minder große Gebiete zurückeroberte. Anfangs waren seine Heere willkommen; dann allerdings stellte sich heraus, daß die byzantinischen Verwaltungsorgane korrupt und die Steuern der Byzantiner ruinös waren. Schließlich wünschten sich viele Menschen die Goten und Vandalen zurück. Die Kirche jedoch hielt sich bis in die letzten Jahre des Kaisers unbeirrt auf seiner Seite, weil er rechtgläubig war. Gallien zurückzugewinnen versuchte er nicht, zum Teil der Entfernung wegen, zum andern Teil aber auch, weil die Franken orthodox waren.

Drei Jahre nach Justinians Tod, 568, fielen die Langobarden, ein neuer, sehr wilder germanischer Stamm, in Italien ein. Zweihundert Jahre lang, etwa bis zur Zeit Karls des Großen, dauerte mit Unterbrechung der Krieg zwischen ihnen und den Byzantinern. Die Byzantiner verloren allmählich immer mehr Boden in Italien; im Süden hatten sie es auch noch mit den Sarazenen aufzunehmen. Rom blieb ihnen dem

---

6 Aphthartodoketen = Partei der Monophysiten, die im Gegensatz zu den Severianern die Verweslichkeit des Leibes Christi verneint. Sie heißen auch Julianisten oder Gajaniten. (Anm. d. Übers.)

Namen nach untertan, und die Päpste behandelten die östlichen Kaiser mit Ehrerbietung. Aber in den meisten Teilen Italiens besaßen die Kaiser, nachdem die Langobarden gekommen waren, nur noch sehr wenig oder gar keine Autorität. Diese Zeit richtete die italienische Kultur zugrunde. Menschen, die vor den Langobarden, nicht vor Attila flohen, wie die Überlieferung behauptet, gründeten Venedig.

6. KAPITEL

Benedikt und Gregor der Große

In dem allgemeinen Kulturverfall während der unaufhörlichen Kriege des sechsten Jahrhunderts und der anschließenden Jahrhunderte bewahrte vor allem die Kirche, was von der Kultur des alten Rom übriggeblieben war. Das gelang ihr jedoch nur sehr unvollkommen, weil selbst bei den größten Geistlichen jener Zeit Fanatismus und Aberglaube vorherrschten und weltliche Gelehrsamkeit als verworfen galt. Dennoch schufen kirchliche Institutionen einen festen Rahmen, der es Kunst und Wissenschaft ermöglichte, in späterer Zeit erneut aufzuleben.

In der Periode, mit der wir uns beschäftigen, verdient die Wirksamkeit der Kirche vor allem auf drei Gebieten unsere besondere Beachtung: erstens in der Mönchsbewegung, zweitens im Einfluß des Papsttums, speziell unter Gregor dem Großen, und drittens in der Bekehrung der heidnischen Barbaren durch die Mission. Zu jeder dieser Bewegungen werde ich der Reihe nach einiges bemerken.

Die Mönchsbewegung setzte etwa zu Beginn des vierten Jahrhunderts gleichzeitig in Ägypten und Syrien ein. Sie zeigte sich in zwei Formen, in den Einsiedeleien und den Klöstern. Der heilige Antonius, der erste Eremit, wurde etwa im Jahre 250 in Ägypten geboren und zog sich gegen 270 von der Welt zurück. Fünfzehn Jahre lang lebte er allein in einer Hütte nahe seinem Haus, dann zwanzig Jahre in einsamer Zurückgezogenheit in der Wüste. Aber sein Ruhm verbreitete sich, und die Menge verlangte, ihn predigen zu hören. Infolgedessen kam er um 305 zum Vorschein, um zu lehren und das Eremitenleben zu empfehlen. Er lebte nach streng asketischen Grundsätzen, indem er Essen, Trinken und Schlafen auf das Allernötigste beschränkte. Der Teufel setzte ihm ständig mit wollüstigen Visionen zu, doch widerstand er mannhaft Satans boshaftem Bemühen. Gegen Ende seines Lebens wimmelte die Thebais[1] von Einsiedlern, die von seinem Beispiel und seinen Geboten inspiriert waren.

Einige Jahre später – um 315 oder 320 – gründete Pachomius, ebenfalls ein Ägypter, das erste Kloster. Hier führten die Mönche bei Verzicht auf persönliches Eigentum ein Gemeinschaftsleben mit gemeinsamen Mahlzeiten und gemeinsamen religiösen Übungen. In dieser Form eroberte sich das Mönchtum die christliche Welt, während die vom heiligen Antonius angeratene Art weniger erfolgreich war. In den Klöstern, die auf Pachomius zurückgingen, leisteten die Mönche

---

1 Die Wüste in der Nähe des ägyptischen Theben.

viel praktische Arbeit, vor allem in der Landwirtschaft, statt ihre ganze Zeit damit zuzubringen, den Versuchungen des Fleisches zu widerstehen.

Ungefähr zur gleichen Zeit kam auch in Syrien und Mesopotamien das Mönchswesen auf. Hier erlangte der Asketizismus weit größere Bedeutung als in Ägypten. Die Styliten des heiligen Simeon und andere Säulenheilige waren Syrer. Das Mönchswesen kam besonders durch den heiligen Basilius (um 360) aus dem Osten in die griechischsprechenden Länder. Seine Klöster waren weniger asketisch aufgezogen; sie besaßen Waisenhäuser und Schulen für Knaben (und zwar nicht nur für zukünftige Mönche).

Anfangs war das Mönchswesen eine ursprüngliche Bewegung ganz außerhalb jeder kirchlichen Organisation. Der heilige Athanasius stellte die Verbindung mit der Geistlichkeit her. Zum Teil durch seinen Einfluß wurde es zur Regel, daß Mönche Priester sein durften. Er war es auch, der während seines Aufenthalts in Rom 339 die Bewegung im Westen einführte. Der heilige Hieronymus hat sie stark gefördert, Augustin brachte sie nach Afrika. Der heilige Martin von Tours gründete Mönchsklöster in Gallien, St. Patrick in Irland. Das Kloster von Jona wurde von dem heiligen Columba angelegt. Anfänglich waren die Mönche, bevor sie in die Organisation der Kirche eingeordnet wurden, eine Quelle der Unruhe gewesen. Einmal konnte man echte Asketen nicht von Leuten unterscheiden, die nichts besaßen und daher die Einrichtungen der Klöster geradezu luxuriös fanden. Zum andern ergab sich eine Schwierigkeit daraus, daß die Mönche den von ihnen bevorzugten Bischof so stürmisch zu unterstützen pflegten, daß dadurch Synoden (und beinahe auch Konzilien) in Häresie verfielen. Die Synode (nicht das Konzil) von Ephesus, die für die Monophysiten entschied, stand unter dem Terror der Mönche. Ohne den Widerstand des Papstes hätten sich die Monophysiten ein für allemal durchgesetzt. In späterer Zeit kamen solche Übergriffe nicht mehr vor.

Nonnen scheint es eher gegeben zu haben als Mönche, und zwar schon in der Mitte des dritten Jahrhunderts.

Reinlichkeit galt als etwas Verabscheuungswürdiges. Läuse wurden »Gottesperlen« genannt und waren ein Zeichen von Heiligkeit. Heilige beiderlei Geschlechts durften sich rühmen, daß niemals Wasser ihre Füße benetzt habe, es sei denn, daß sie einmal einen Fluß zu durchqueren hatten. In späteren Jahrhunderten erfüllten die Mönche viele nützliche Aufgaben; sie waren geschickte Landwirte, und manche wahrten das bestehende Wissen oder riefen die Gelehrsamkeit wieder ins Leben. Aber anfänglich gab es dies alles nicht, vor allem nicht bei den Eremiten. Die meisten Mönche taten nichts, lasen ausschließlich, was die Religion vorschrieb, und faßten die Tugend rein negativ auf, nämlich als Enthaltung von Sünden, besonders von den Sünden des Fleisches. Der heilige Hieronymus nahm zwar seine Bibliothek mit in die

Wüste, kam aber zu der Überzeugung, daß er damit eine Sünde begangen habe.

Im abendländischen Mönchtum gewann der Name des heiligen Benedikt, des Gründers des Benediktinerordens, die größte Bedeutung. Benedikt wurde um 480 bei Spoleto als Sproß einer vornehmen umbrischen Familie geboren; zwanzigjährig entfloh er dem Luxus und den Vergnügungen Roms, um drei Jahre in einer einsamen Höhle zuzubringen. Danach lebte er weniger zurückgezogen, und etwa im Jahre 520 gründete er das berühmte Kloster Monte Cassino, für das er die »Benediktinerregel« aufstellte. Sie war dem abendländischen Klima angepaßt und weniger streng als die bei den ägyptischen und syrischen Mönchen üblichen Gesetze. Dort hatte man auf unerfreuliche Weise in übersteigerter Askese gewetteifert, und wer darin am weitesten ging, gewann den Ruf der größten Heiligkeit. Dem machte der heilige Benedikt ein Ende, indem er bestimmte, daß über die Regel hinausgehende Kasteiungen nur mit Erlaubnis des Abtes vorgenommen werden dürften. Dem Abt war große Macht zugestanden worden; er wurde auf Lebenszeit gewählt und beherrschte seine Mönche (in den Grenzen der Regel und der Rechtgläubigkeit) beinahe despotisch; auch durften sie nicht mehr wie früher ihr Kloster nach Belieben mit einem anderen vertauschen. Später waren die Benediktiner um ihrer Gelehrsamkeit willen bekannt, anfangs aber lasen sie nur Erbauliches.

Organisationen haben ein Eigenleben, das sich unabhängig von den Absichten ihrer Gründer entwickelt. Das schlagendste Beispiel dafür ist die katholische Kirche, die Jesus und selbst Paulus in Erstaunen setzen würde. Der Benediktinerorden ist ein schwächeres Beispiel. Die Mönche verpflichten sich zu Armut, Gehorsam und Keuschheit. Hierzu bemerkt Gibbon: »Ich habe irgendwo das freimütige Bekenntnis eines Benediktinerabtes gehört oder gelesen: ›Mein Gelübde der Armut hat mir hunderttausend Kronen jährlich eingebracht; mein Gelübde des Gehorsams hat mich in den Rang eines souveränen Fürsten erhoben.‹ Die Ergebnisse seines Keuschheitsgelübdes sind mir entfallen.«[2] Wenn der Orden von den Intentionen seines Stiftes abwich, so war das jedoch keineswegs immer bedauerlich. Das gilt besonders für die Gelehrsamkeit. Die Bibliothek von Monte Cassino war berühmt, und die Welt hat auf verschiedenen Gebieten den gelehrten Neigungen späterer Benediktiner sehr viel zu verdanken.

Der heilige Benedikt lebte in Monte Cassino von dessen Gründung bis zu seinem Tode im Jahre 543. Das Kloster wurde von den Langobarden geplündert, kurz bevor Gregor der Große, der selbst Benediktiner war, Papst wurde. Die Mönche flüchteten nach Rom, kehrten aber nach Monte Cassino zurück, als die Wut der Langobarden sich gelegt hatte.

---

2 Gibbon, *op. cit.*, XXXVII, Anm. 57.

Aus den Dialogen Papst Gregors des Großen, die im Jahre 593 geschrieben wurden, erfahren wir viel über den heiligen Benedikt. Er wurde »nach Rom geschickt, um dort zu studieren. Aber als er dabei viele in dem Abgrund der Laster versinken sah, zog er den Fuß, den er schon auf die Schwelle der Welt gesetzt hatte, wieder zurück, um nicht auch selbst, wenn er etwas von ihrer Wissenschaft gekostet hätte, in den entsetzlichen Abgrund zu stürzen. Er verschmähte also das Studium, verließ Vaterhaus und Vermögen und begehrte in dem Verlangen, Gott allein zu gefallen, das Ordenskleid. So zog er sich zurück, mit Wissen unwissend und in Weisheit ungelehrt.«[3]

Sogleich wurde ihm die Kraft zuteil, Wunder zu tun. Als erstes wurde ein schadhaftes Sieb, über dem er ein Gebet sprach, wieder heil. Seine Mitbürger hingen das Sieb über die Kirchentür; »es war dort viele Jahre vor aller Augen und hing bis zur Langobardenzeit über der Kirchentür«. Er kehrte dem Sieb den Rücken und ging in seine Höhle; niemand wußte darum außer einem Freund, der ihn heimlich mit Nahrung versorgte; er ließ sie an einem Seil herab, an dem eine Glocke befestigt war, um den Heiligen wissen zu lassen, daß sein Mittagessen gekommen sei. Satan aber zerschmetterte mit einem Stein Seil und Glocke. Trotzdem sah sich der Feind der Menschheit in seiner Hoffnung getäuscht, die Lebensmittelzufuhr des heiligen Mannes unterbinden zu können.

Als Benedikt so lange in der Höhle gelebt hatte, wie es Gottes Absicht entsprach, erschien der Herr an einem Ostersonntag einem bestimmten Priester, offenbarte ihm des Eremiten Aufenthalt und befahl ihm, sein Ostermahl mit ihm zu teilen. Ungefähr zur gleichen Zeit entdeckten ihn auch einige Hirten. »Sie hielten ihn zuerst, wie sie ihn mit Fellen bekleidet im Gesträuch erblickten, für ein Tier. Als sie aber den Diener Gottes erkannten, wandten sich viele unter ihnen von ihrer tierischen Gesinnung der Gnade eines frommen Lebens zu.«

Wie andere Eremiten litt auch Benedikt unter den Anfechtungen des Fleisches. »Er hatte nämlich einmal eine Frauensperson gesehen; diese führte der böse Feind vor die Augen seiner Seele und entfachte in dem Herzen des Dieners Gottes durch ihre Schönheit ein solches Feuer, daß sich die Liebesflamme in seiner Brust kaum mehr verhalten ließ und er beinahe schon daran dachte, der Sinnlichkeit nachzugeben und die Einsamkeit zu verlassen. Da traf ihn plötzlich ein Blick der göttlichen Gnade, und er kam wieder zu sich; und als er in der Nähe ein dichtes Nessel- und Dorngestrüpp erblickte, zog er sein Gewand aus und warf sich nackt in die spitzigen Dornen und in die brennenden Nesseln. Lange wälzte er sich darin und war, als er herausging, am ganzen Körper verwundet. So entfernte er durch die Wunden der Haut die Wunden der Seele aus seinem Körper.«

---

3 Die Zitate aus den Dialogen Gregors des Großen entsprechen der Ausgabe Bibliothek der Kirchenväter (Verlag Kösel und Pustet, München 1933). (Anm. d. Übers.)

Da sich sein Ruhm verbreitet hatte, baten ihn die Mönche eines bestimmten Klosters, der Nachfolger ihres Abtes, der gerade gestorben war, zu werden. Er willigte ein, bestand aber auf so strenger Tugendauffassung, daß die Mönche wuterfüllt beschlossen, ihn mit einem Glas vergifteten Weins umzubringen. Er aber schlug das Kreuz über dem Glas, worauf es zerbrach. Und dann kehrte er in die Wüste zurück.

Die Sache mit dem Sieb blieb nicht das einzige, praktisch nützliche Wunder, das der heilige Benedikt vollbrachte. Eines Tages war ein tugendhafter Gote dabei, Dornsträucher mit der Hacke zu roden, als der Kopf der Hacke vom Stiel flog und ins tiefe Wasser fiel. Der Heilige hörte davon und hielt den Stiel ins Wasser, worauf der eiserne Kopf heraufkam und wieder auf den Stiel sprang.

Ein benachbarter Priester, der dem heiligen Mann seinen Ruhm neidete, sandte ihm einen vergifteten Brotlaib. Benedikt jedoch erkannte auf mysteriöse Weise, daß er vergiftet war. Er pflegte einer Krähe Brot zu geben, und als sie an dem betreffenden Tage kam, sage er zu ihr: »Im Namen unseres Herrn Jesu Christi, nimm dieses Brot und wirf es an einen Ort, wo es kein Mensch finden kann.« Die Krähe gehorchte und bekam bei ihrer Rückkehr ihre übliche Mahlzeit. Als der böse Priester sah, daß er Benedikts Leib nicht töten konnte, beschloß er, seine Seele zu vernichten, und schickte sieben nackte junge Frauen in das Kloster. Der Heilige fürchtete, daß manche der jüngeren Mönche sich versündigen könnten, und verließ deshalb das Kloster, um dem Priester keine Veranlassung mehr zu weiteren derartigen Taten zu geben. Der Priester aber kam ums Leben, weil seine Stubendecke über ihm zusammenbrach. Ein Mönch eilte Benedikt freudig mit der Kunde nach und bat ihn zurückzukehren. Benedikt betrauerte den Tod des Sünders und legte dem Mönch eine Strafe auf, weil er sich darüber gefreut hatte.

Gregor berichtet nicht nur von Wundern, läßt sich vielmehr auch dann und wann herab, Tatsachen aus dem Leben des heiligen Benedikt zu erzählen. Nachdem er zwölf Klöster gegründet hatte, kam er schließlich nach Monte Cassino, wo sich eine »Kapelle« Apollos befand, sie wurde von der ländlichen Bevölkerung noch zu heidnischem Gottesdienst benützt. »Auch waren dort ringsum Haine für den Dämonendienst angelegt, in welchen das unsinnige Volk damals noch seine Opfer darbrachte.« Benedikt zerstörte den Altar, setzte eine Kirche an seine Stelle und bekehrte die Heiden ringsum. Satan war empört.

»Der Urfeind aber wollte dies nicht stillschweigend hinnehmen, sondern stellte sich, nicht heimlich oder im Traum, sondern in offenbarem Gesichte vor den Vater und klagte mit lautem Geschrei, daß ihm Gewalt angetan werde, so daß alle Brüder das Geschrei hörten, wenn sie auch die Erscheinung nicht sahen. Wie aber der ehrwürdige Vater seinen Schülern erzählte, erschien ihm der Urfeind in einer ganz schrecklichen, feurigen Gestalt und schäumte und wütete gegen ihn mit feuersprühenden Augen. Was er aber sagte, das hörten alle. Zuerst nannte er ihn beim Namen; als aber der Mann Gottes keine Antwort gab, brach er sofort in Beschimpfungen aus. Denn als er ›Benediktus, Benediktus!‹ rief und sah, daß er gar keine Antwort bekam, schrie er weiter: ›Malediktus du, nicht Benediktus, was hast du gegen mich? Warum verfolgst du mich?‹« Hier endet die Geschichte, und man darf wohl annehmen, daß Satan verzweifelt seine Bemühungen aufgab.

Ich habe diese Dialoge etwas ausführlicher zitiert, weil sie von dreifacher Bedeutung sind. Erstens bilden sie die Hauptquelle für alles, was wir vom Leben des heiligen Benedikt wissen, dessen Regel sich alle abendländischen Klöster mit Ausnahme der irischen oder von den Iren gegründeten zum Muster nahmen. Zweitens veranschaulichen sie lebendig die geistige Atmosphäre der kultiviertesten Menschen, die am Ausgang des sechsten Jahrhunderts lebten. Drittens sind sie von Papst Gregor dem Großen aufgezeichnet, dem vierten und letzten der abendländischen Doctores Ecclesiae, einem der politisch bedeutendsten Päpste. Ihm haben wir jetzt unsere Aufmerksamkeit zuzuwenden.

Ehrwürden W. H. Hutton, Archidiakon von Northampton,[4] behauptet, Gregor sei der größte Mann des sechsten Jahrhunderts gewesen. Nur Justinian und der heilige Benedikt könnten ihm nach seiner Ansicht den Rang streitig machen. Alle drei hatten sicher starken Einfluß auf die spätere Zeit: Justinian durch seine Gesetzgebung (nicht durch seine Eroberungen, die nur Eintagserfolge waren); Benedikt durch seinen Mönchsorden; Gregor durch das Erstarken der päpstlichen Macht, sein Werk. In den Dialogen, die ich angeführt habe, wirkt er kindlich und leichtgläubig; als Politiker jedoch ist er scharfsinnig und überlegen und sich außerdem durchaus im klaren, was man in der komplizierten und wandelbaren Welt, mit der er es zu tun hat, erreichen kann. Ein überraschender Kontrast; die erfolgreichsten Tatmenschen sind jedoch häufig nicht hervorragend geistig begabt.

Gregor der Große, der erste Papst dieses Namens, wurde ungefähr um 540 als Sproß einer reichen und vornehmen Familie in Rom geboren. Sein Großvater scheint, nachdem er Witwer geworden war, Papst gewesen zu sein. Er selbst besaß als junger Mann einen Palast und ungeheure Reichtümer. Er hatte eine sogenannte gute Erziehung genossen, konnte jedoch nicht Griechisch und lernte es auch niemals, obwohl er sechs Jahre lang in Konstantinopel lebte. Im Jahre 573 war er Stadtpräfekt von Rom. Doch zog ihn die Religion in ihren Bann: er legte sein Amt nieder, stiftete sein Vermögen für die Gründung von Klöstern und wohltätige Zwecke und verwandelte seinen Palast in eine Unterkunft für Mönche; er selbst wurde Benediktiner. Er ergab sich der Meditation und legte sich so harte Vorschriften auf, daß seine Gesundheit ständig darunter litt. Papst Pelagius II. jedoch war auf seine diplomatischen Fähigkeiten aufmerksam geworden und schickte ihn als seinen Gesandten

---

4 *Cambridge Medieval History*, II, 8. Kap.

nach Konstantinopel, dem Rom seit der Zeit Justinians nominell unterworfen war. Dort lebte Gregor von 579 bis 585; er vertrat die päpstlichen Interessen am kaiserlichen Hof und die päpstliche Theologie in Diskussionen mit den morgenländischen Geistlichen, die stets mehr als die abendländischen zu Ketzerei neigten. Der Patriarch von Konstantinopel verfocht damals die irrige Ansicht, daß unsere auferstandenen Leiber unfaßbar seien; Gregor aber bewahrte den Kaiser vor dieser Abirrung vom wahren Glauben. Er vermochte ihn jedoch nicht zu einem Feldzug gegen die Langobarden zu überreden, worin der eigentliche Zweck seiner Mission bestanden hatte.

Die fünf Jahre von 585 bis 590 verbrachte Gregor als Haupt seines Klosters. Dann starb der Papst, und Gregor wurde sein Nachfolger. Es war eine kritische Zeit, die aber gerade um ihrer Verworrenheit willen einem fähigen Politiker große Möglichkeiten bot. Die Langobarden verwüsteten Italien; in Spanien und Afrika herrschten infolge der Schwäche der Byzantiner, der Dekadenz der Westgoten und der maurischen Plünderungen anarchische Zustände. Nord- und Südfrankreich bekämpften einander. Britannien, das zur Zeit der Römer christlich gewesen war, wurde nach dem Einfall der Sachsen wieder heidnisch. Es waren noch Reste des Arianismus vorhanden, und die Ketzerei der Drei Kapitel war keineswegs ganz verschwunden. Selbst die Bischöfe ließen sich von den unruhigen Zeiten anstecken, so daß viele ein keineswegs vorbildliches Leben führten. Der Handel mit geistlichen Ämtern stand in Blüte und blieb bis in die zweite Hälfte des elften Jahrhunderts hinein ein schreiendes Unrecht.

All diese Ursachen der Unruhe und Unordnung bekämpfte Gregor energisch und scharfsinnig. Bevor er das Pontifikat übernahm, hatte der Bischof von Rom zwar als Haupt der Hierarchie gegolten, doch war ihm keine Gerichtsbarkeit außerhalb der eigenen Diözese zugestanden worden. Ambrosius beispielsweise, der mit dem damaligen Papst denkbar gut stand, hielt sich offensichtlich keineswegs für verpflichtet, ihn als übergeordnete Autorität anzuerkennen. Gregor vermochte teils dank seiner persönlichen Qualitäten, teils infolge der herrschenden Anarchie eine Autorität zu behaupten, die von der Geistlichkeit im ganzen Abendland und in etwas geringerem Umfange auch im Osten anerkannt wurde. Er brachte diese Macht hauptsächlich in Briefen an die Bischöfe und weltlichen Herrscher in allen Teilen der römischen Welt zum Ausdruck; jedoch auch noch auf andere Weise. Seine *Regula Pastoralis* (Buch der Pastoralregel), eine Anweisung für Bischöfe, war das ganze frühe Mittelalter hindurch sehr einflußreich. Er hatte sie als Leitfaden für bischöfliche Pflichten gedacht, und als solcher wurde sie auch anerkannt. Er schrieb sie ursprünglich für den Bischof von Ravenna und sandte sie dann auch an den Bischof von Sevilla. Unter Karl dem Großen überreichte man sie den Bischöfen bei der Weihe. Alfred der Große übersetzte sie ins Angelsächsische. Im Osten zirkulierte sie auf Griechisch. Sie erteilt den Bischöfen gesunde, bisweilen überraschende Ratschläge; so wird ihnen beispielsweise empfohlen, die geschäftlichen Interessen nicht zu vernachlässigen. Auch rät sie ihnen, an den Herrschern keine Kritik zu üben; doch sollten sie an die Gefahr des höllischen Feuers erinnert werden, wenn sie den Absichten der Kirche zuwiderhandeln.

Gregors Briefe sind außerordentlich interessant, weil sie uns nicht nur einen Eindruck von seinem Charakter, sondern auch ein Bild seiner Zeit vermitteln. Wenn er sich nicht gerade an den Kaiser und die Damen des byzantinischen Hofes wendet, schlägt er einen schulmeisterlichen Ton an – manchmal lobend, häufig tadelnd, niemals jedoch im Zweifel an seiner Berechtigung zu befehlen.

Nehmen wir zum Beispiel seine Briefe aus einem bestimmten Jahr (599). Der erste ist an den Bischof von Cagliari in Sardinien gerichtet, der trotz seines Alters ein schlechter Mensch war. Darin heißt es unter anderem: »Es ist mir zu Ohren gekommen, daß Du am Tage des Herrn, bevor Du die feierliche Messe zelebriertest, ausgegangen bist, das Korn des Überbringers umzupflügen... Auch hast Du Dich nach der feierlichen Messe nicht gescheut, die Grenzsteine dieses Besitzes auszugraben... Du siehst, daß wir noch einmal Rücksicht auf Dein graues Haupt nehmen wollen, so besinne Dich endlich, alter Mann, und lege dieses leichtsinnige Verhalten und die schlechte Handlungsweise ab.« Zur gleichen Zeit schreibt er über dasselbe Thema an die weltliche Obrigkeit von Sardinien. Zunächst sei der betreffende Bischof zu tadeln, weil er sich für Leichenbegängnisse bezahlen lasse, dann, weil ein bekehrter Jude mit seiner Einwilligung das Kreuz und das Bild der Jungfrau in einer Synagoge aufgehängt habe. Überdies sei bekanntgeworden, daß er und andere sardinische Bischöfe ohne Genehmigung des Erzbischofs zu verreisen pflegten. Das habe aufzuhören. Dann folgt ein sehr scharfer Brief an den dalmatinischen Prokonsul, in dem es unter anderem heißt: »Wir begreifen nicht, ob Ihr Gott oder den Menschen gefallen wollt«, und weiter: »Wenn Euch an unserem Wohlwollen liegt, wäre es angezeigt, daß Ihr mit ganzer Seele und unter Tränen, wie es sich für Euch gehört, Euren Erlöser wegen solcher Dinge versöhnt.« Mir ist nicht bekannt, was der Elende verbrochen hatte.

Dann folgt ein Brief an Callinicus, den Exarchen von Italien, den er zu seinem Sieg über die Slawen beglückwünscht und dem er mitteilt, wie er sich gegen die Ketzer in Istrien zu verhalten habe, die in der Angelegenheit der Drei Kapitel gefehlt hatten. Über das gleiche Thema schreibt er an den Bischof von Ravenna. Einmal finden wir auch einen Brief an den Bischof von Syrakus, in dem Gregor sich ausnahmsweise selbst rechtfertigt, statt nur Fehler bei anderen festzustellen. Es handelt sich um eine gewichtige Frage, ob nämlich an einer bestimmten Stelle der Messe »Hallelujah« gesagt werden solle. Zu seinem Verhalten in dieser Sache, sagt Gregor, habe ihn nicht etwa Unterwürfigkeit gegen die Byzantiner bestimmt, wie der Bischof von Syrakus vermute, sondern er berufe sich dabei über den seligen Hieronymus auf den heiligen Jakob. Daher sei jeder im Irrtum, der annähme, daß er sich in ungehöriger Weise griechischem Brauch unterwerfe. (Eine ähnliche Frage war eine der Ursachen für das Schisma der Altgläubigen in Rußland.)

Eine Anzahl von Briefen ist an barbarische Herrscher beiderlei Geschlechts gerichtet. Die Frankenkönigin Brunichild wünschte das Pallium für einen bestimmten französischen Bischof, und Gregor war bereit, ihrem Wunsch nachzukommen; unglücklicherweise aber war ihr Abgesandter ein Schismatiker. An den Langobardenkönig Agilulph schreibt er, um ihn zu seinem Friedensschluß zu beglückwünschen. »Denn wenn das Unglück es gewollt hätte, daß der Friede nicht geschlossen worden wäre, was wäre dann außer Sünde und Wagnis auf beiden Seiten anders dabei herausgekommen, als daß das Blut unglücklicher Bauern geflossen wäre, deren Arbeit für beide Teile nützlich ist?« Gleichzeitig schreibt er an Agilulphs Gemahlin, die Königin Theodolind, sie möge ihren Einfluß auf ihren Gatten geltend machen, damit er weiterhin recht handle. Er schreibt erneut an Brunichild, um zweierlei in ihrem Königreich zu tadeln: daß Laien sofort Bischöfe werden könnten, ohne zuvor eine Probezeit als gewöhnliche Priester durchzumachen, und daß Juden christliche Sklaven halten dürften. Den Frankenkönigen Theoderich und Theodobert teilt er mit, er möchte ihnen um der sprichwörtlichen Frömmigkeit der Franken willen am liebsten nur angenehme Dinge sagen, müsse aber leider doch darauf hinweisen, daß die Simonie in ihrem Königreich allzu stark um sich gegriffen habe. Dann wieder erörtert er ein Unrecht, das dem Bischof von Turin angetan worden sei. Eines seiner Schreiben an einen Barbarenkönig ist außerordentlich höflich; es ist an Richard, den König der Westgoten, gerichtet, der Arianer gewesen, aber 587 katholisch geworden war. Dafür belohnt ihn der Papst mit einem kleinen Schlüssel von dem allerheiligsten Körper des gebenedeiten Apostels Petrus, der seinen Segen überbringen solle und aus Eisen von seinen Ketten bestünde, »damit das, was seinen Nacken für das Martyrium gefesselt habe, den Euren von allen Sünden löse«. Ich hoffe, daß Seine Majestät sich über dieses Geschenk gefreut hat.

Der Bischof von Antiochia wird über die ketzerische Synode von Ephesus instruiert; außerdem teilt ihm der Papst mit: »Es ist uns zu Ohren gekommen, daß man in den Kirchen des Ostens nur gegen Bestechung einen kirchlichen Rang erhält« – eine Angelegenheit, die der Bischof in Ordnung bringen soll, soweit es in seiner Macht steht. Der Bischof von Marseille wird getadelt, weil er bestimmte Bilder, die verehrt wurden, zerstört hat: natürlich ist es unrecht, Bilder anzubeten; dennoch sind sie nützlich und sollten respektvoll behandelt werden. Zwei gallische Bischöfe erhalten eine Rüge, weil eine Dame, die Nonne geworden war, später notgedrungen heiraten mußte. »Wenn es sich so verhält ... sollt Ihr den Dienst von Mietlingen versehen und nicht die Vergünstigung genießen, Hirten zu sein.«

Das sind einige der Briefe aus einem einzigen Jahr. Kein Wunder, daß ihm die Zeit zur Kontemplation fehlt, wie er in einem dieser Schreiben klagt (CXXI).

Gregor war kein Freund weltlicher Gelehrsamkeit. An den Bischof Desiderius von Vienne in Frankreich schreibt er:

»Wir haben erfahren, was wir nur beschämt wiederholen können, daß Deine Brüderlichkeit (das heißt Du) gewissen Leuten die Grammatik zu erläutern pflegt. Dies haben wir so übel genommen und so mißbilligt, daß wir das zuvor Gesagte in Seufzen und Kummer umgewandelt haben, da derselbe Mund nicht Christus und Jupiter lobpreisen kann... Gerade weil es so abscheulich ist, daß einem Priester etwas Derartiges nachgesagt wird, sollte klipp und klar bewiesen werden, ob es so ist oder nicht.«

Diese feindliche Haltung gegenüber heidnischer Gelehrsamkeit lebte in der Kirche mindestens vier Jahrhunderte fort, nämlich bis zur Zeit Gerberts (Sylvester II.). Erst vom elften Jahrhundert an begann die Kirche, der Wissenschaft wohlwollender gesonnen zu sein.

Dem Kaiser steht Gregor viel ehrerbietiger gegenüber als barbarischen Königen. Einem Briefpartner in Konstantinopel schreibt er: »Was dem allerfrommsten Kaiser gefällt, was immer er zu tun befiehlt, das hat er zu bestimmen. Laßt ihn sorgen, wie er es für richtig hält. Nur soll er uns nicht in die Absetzung (eines rechtgläubigen Bischofs) mit hineinziehen. Solange nicht gegen die Vorschrift verstößt, was er tut, werden wir ihm folgen. Wenn das aber doch der Fall ist, werden wir es tragen, soweit wir können, ohne uns selbst zu versündigen.« Als der Kaiser Mauritius von Meuterern unter Führung eines obskuren Zenturios namens Phokas abgesetzt worden war, bemächtigte sich dieser Emporkömmling des Throns und schlachtete die fünf Söhne von Mauritius im Beisein ihres Vaters ab, um dann den betagten Kaiser selbst zu töten. Phokas wurde selbstverständlich von dem Patriarchen von Konstantinopel gekrönt, dem keine andere Wahl blieb, wenn er nicht auch sterben wollte. Viel überraschender ist, daß Gregor aus Rom, also aus ziemlich sicherer Entfernung, dem Usurpator und seinem Weibe widerliche Schmeichelbriefe schrieb. »Zwischen den Königen der Völker und den Kaisern der Republik«, schreibt er, »besteht der Unterschied, daß die Könige der Völker Herren über Sklaven sind, die Kaiser der Republik aber Herren über freie Menschen ... Möge der Allmächtige Gott in allen Gedanken und Taten das Herz Eurer Frömmigkeit (das heißt Euch) in der Hand seiner Gnade halten, und was immer an gerechten und milden Dingen geschehen soll, das möge der Heilige Geist, der in Eurer Brust wohnt, bestimmen.« Und an die Frau des Phokas, die Kaiserin Leontia, schreibt er: »Welche Zunge vermöchte es auszudrücken, welcher Geist davon Rechenschaft abzulegen, wieviel

Dank wir der Allmächtigen Güte für die Ruhe in Eurem Reich schulden, in dem so lange währende schwere Lasten von unserem Nacken genommen worden sind und das sanfte Joch kaiserlicher Herrschaft uns wieder auferlegt ist.« Man könnte Mauritius, der in Wirklichkeit ein guter alter Mann war, fast für einen Unmenschen halten. Gregors Verteidiger entschuldigen ihn damit, er habe nicht gewußt, welche Greueltaten Phokas beging; gewiß aber war ihm bekannt, wie sich byzantinische Usurpatoren in der Regel benahmen, und er wartete nicht den Beweis dafür ab, daß Phokas eine Ausnahme machte.

Die Bekehrung der Heiden spielte bei dem Erstarken des kirchlichen Einflusses eine bedeutende Rolle. Die Goten waren vor Ausgang des vierten Jahrhunderts von Ulphilas oder Ulfila bekehrt worden – ein Unglück für den Arianismus, der auch das Glaubensbekenntnis der Vandalen war. Nach dem Tode Theoderichs wurden jedoch die Goten allmählich katholisch: wie wir gesehen haben, nahm der König der Westgoten zur Zeit Gregors den rechten Glauben an. Und auch die Franken waren seit Chlodwig rechtgläubig. Vor dem Untergang des weströmischen Reichs wurden die Iren von dem heiligen Patrick bekehrt, einem Landedelmann[5] aus Somersetshire, der von 432 bis zu seinem Tode im Jahre 461 unter ihnen lebte. Die Iren waren ihrerseits stark daran beteiligt, Schottland und England zu christianisieren. Als größter Missionar wirkte hierbei der heilige Columba, desgleichen der heilige Columban, der lange Briefe an Gregor über den Zeitpunkt des Osterfestes und andere wichtige Fragen schrieb. Die Bekehrung Englands mit Ausnahme Northumbriens lag Gregor besonders am Herzen. Allgemein bekannt ist die Geschichte, daß er, bevor er Papst wurde, auf dem Sklavenmarkt in Rom zwei blondhaarige, blauäugige Knaben erblickte; als man ihm sagte, es seien Angeln, erwiderte er: »Nein, Engel.« Als er Papst geworden war, sandte er den heiligen Augustin nach Kent, um die Angeln zu bekehren. Unter seinen Briefen finden sich viele Schreiben über die Mission an den heiligen Augustin, an Edilbert, den König der Angeln, und andere. Gregor befahl, in England nicht die heidnischen Tempel, wohl aber die Götzenbilder darin zu zerstören, um danach die Tempel zu Kirchen zu weihen. Augustin legt dem Papst eine Reihe von Fragen vor, so etwa, ob Vettern und Basen heiraten, ob Ehegatten, die in der Nacht zuvor miteinander verkehrt hätten, zur Kirche kommen dürften (ja, erklärt Gregor, wenn sie sich gewaschen hätten) und so fort. Weil die Mission bekanntlich damals so gute Fortschritte machte, sind wir heute alle Christen.

Die Periode, mit der wir uns beschäftigt haben, zeichnet sich durch die seltsame Tatsache aus, daß ihre großen Männer stärkere Wirkung auf spätere Zeitalter ausübten als die anderer Epochen, die ihnen an sich überlegen waren. Römisches Recht, Mönchswesen und Papsttum

---

5 Das behauptet zumindest Bury in seiner Lebensbeschreibung des Heiligen.

verdanken ihren langanhaltenden, tiefen Einfluß in sehr hohem Maße Justinian, Benedikt und Gregor. Die Männer des sechsten Jahrhunderts waren, wenn auch weniger kultiviert als ihre Vorgänger, dennoch den Menschen der nachfolgenden vier Jahrhunderte an Kultur weit voraus; es gelang ihnen, ein System von Institutionen zu schaffen, das schließlich die Barbaren zähmte. Bemerkenswert ist, daß zwei der drei obengenannten Männer aus römischen Adelskreisen stammten und der dritte römischer Kaiser war. Gregor ist im wahrsten Sinne des Wortes der letzte Römer. Sein Befehlston, den sein Amt rechtfertigte, hat den natürlichen Ursprung im römischen Aristokratenstolz. Nach ihm brachte Rom auf lange Zeit hinaus keine großen Männer mehr hervor. Aber selbst im Untergang verstand es noch, die Seelen seiner Eroberer in Bann zu schlagen: die Ehrfurcht, die sie vor dem Stuhle Petri empfanden, ging auf die Scheu zurück, mit der sie der Thron der Cäsaren erfüllt hatte.

Im Osten nahm die Geschichte einen anderen Verlauf. Als Gregor ungefähr dreißig Jahre alt war, wurde Mohammed geboren.

II. TEIL

Die Scholastiker

7. KAPITEL

Das Papsttum im dunklen Zeitalter

Während der vier Jahrhunderte von Gregor dem Großen bis zu Sylvester II. war das Papsttum erstaunlichen Wechselfällen ausgesetzt. Zeitweilig befand es sich in Abhängigkeit von dem griechischen, zeitweilig von dem abendländischen Kaiser und schließlich von dem in Rom ansässigen Adel; trotzdem gelang es im achten und neunten Jahrhundert starken Päpsten, die günstige Augenblicke zu nützen wußten, die Tradition der päpstlichen Macht zu begründen. Die Periode von 600 bis 1000 nach Christi Geburt ist von lebenswichtiger Bedeutung für das Verständnis der mittelalterlichen Kirche und ihrer Beziehung zum Staat.

Die Unabhängigkeit von den griechischen Kaisern erlangten die Päpste weniger durch eigenes Bemühen, als vielmehr durch die Waffen der Langobarden, denen sie sich jedoch keineswegs zu Dank verpflichtet fühlten. Die griechische Kirche blieb stets weitgehend vom Kaiser abhängig, der sich für zuständig hielt, in Glaubensangelegenheiten zu entscheiden und Bischöfe, ja sogar Patriarchen zu ernennen und abzusetzen. Die Mönche strebten nach Unabhängigkeit vom Kaiser und standen daher zuweilen auf seiten des Papstes. Die Patriarchen von Konstantinopel jedoch waren zwar bereit, sich dem Kaiser unterzuordnen, lehnten es aber energisch ab, den Papst in irgendeiner Beziehung als übergeordnete Autorität anzuerkennen. Zuweilen verhielt sich selbst der Kaiser, wenn er nämlich päpstliche Hilfe gegen die Barbaren in Italien benötigte, freundlicher zum Papst als der Patriarch von Konstantinopel. Die Hauptursache für die endgültige Trennung der morgenländischen und der abendländischen Kirche war die Weigerung des Ostens, sich päpstlicher Rechtsprechung zu unterwerfen.

Nachdem die Langobarden die Byzantiner besiegt hatten, fürchteten die Päpste mit Recht, daß auch sie von den starken Barbaren überwältigt werden würden. Sie sicherten sich durch ein Bündnis mit den Franken, die unter Karl dem Großen Italien und Deutschland eroberten. Aus diesem Bündnis ging das Heilige Römische Reich hervor, dessen Verfassung ein gutes Einvernehmen zwischen Papst und Kaiser voraussetzte. Die Macht der karolingischen Dynastie verfiel jedoch rasch. Zunächst kamen dem Papst die Vorteile dieses Verfalls zugute; in der zweiten Hälfte des neunten Jahrhunderts steigerte Nikolaus I. die päpstliche Macht zu bislang beispielloser Höhe. Die allgemeine Anarchie führte jedoch zur praktischen Unabhängigkeit der römischen Aristokratie, die im zehnten Jahrhundert das Papsttum beherrschte; die Folgen waren katastrophal. Auf welche Weise das Papsttum und ganz allgemein die Kirche durch eine große Reformbewegung vor der Unterwerfung unter den Feudaladel bewahrt blieb, wird in einem späteren Kapitel behandelt werden.

Im siebenten Jahrhundert unterstand Rom noch der Militärgewalt des Kaisers; die Päpste hatten zu gehorchen oder zu leiden. Manche, beispielsweise Honorius, gingen in ihrem Gehorsam bis an den Rand der Ketzerei, andere, wie Martin I., widersetzten sich und wurden vom Kaiser eingekerkert. Von 685 bis 752 stammten die meisten Päpste aus Syrien oder Griechenland. Als aber die Langobarden immer größere Teile Italiens eroberten, verfiel allmählich die byzantinische Macht. Im Jahre 726 erließ Kaiser Leo, der Isaurier, sein Bildersturmdekret, das nicht nur im ganzen Abendland, sondern auch in einem großen Teil des Ostens als ketzerisch galt. Die Päpste widersetzten sich energisch und erfolgreich dem Dekret; schließlich gab der Osten 787 unter der Kaiserin Irene (anfänglich Regentin) den ketzerischen Bildersturm auf. Mittlerweile aber hatten abendländische Ereignisse der Herrschaft der Byzantiner über das Papsttum für alle Zeit ein Ende gemacht.

Um 751 eroberten die Langobarden Ravenna, die Hauptstadt des byzantinischen Italien. Durch dieses Geschehnis sahen sich die Päpste zwar stark von den Langobarden bedroht, gleichzeitig aber befreite diese Entwicklung sie aus jeglicher Abhängigkeit von den griechischen Kaisern. Die Päpste hatten verschiedene Gründe, die Griechen den Langobarden vorzuziehen. Erstens war die Autorität der Kaiser legitim, während die Barbarenkönige, wenn nicht von den Kaisern anerkannt, als Usurpatoren galten. Zweitens hatten die Griechen Kultur. Drittens waren die Langobarden Nationalisten, während die Kirche den römischen Internationalismus beibehielt. Viertens hing den Langobarden als ehemaligen Arianern ein gewisses Odium auch noch nach ihrer Bekehrung an.

Im Jahre 739 versuchten die Langobarden unter König Liutprand Rom zu erobern und stießen dabei auf heftigen Widerstand bei Papst Gregor III., der sich mit der Bitte um Beistand an die Franken wandte. Die merowingischen Könige, Nachkommen Chlodwigs, hatten alle tatsächliche Macht im fränkischen Königreich eingebüßt; es wurde von den »Hausmeiern« regiert. Dazumal war ein außerordentlich energischer und befähigter Mann Hausmeier: Karl Martell, wie Wilhelm der Eroberer ein Bastard. Er hatte 732 die Entscheidungsschlacht von Tours gegen die Mauren gewonnen und damit Frankreich für das Christentum gerettet. Das würde ihm den Dank der Kirche eingetragen haben, wenn ihn nicht finanzielle Gründe gezwungen hätten, sich einige Kirchengebiete anzueignen, was die kirchliche Anerkennung seiner Verdienste stark schmälerte. Doch starben er und Gregor III. im Jahr 741, und sein Nachfolger Pippin war der Kirche durchaus genehm. Papst Stephan III. ging 754 über die Alpen, um den Langobarden zu entgehen, und besuchte Pippin; dabei wurde eine Abmachung getroffen, die sich für beide Teile als sehr vorteilhaft erwies. Der Papst suchte militärische Unterstützung, Pippin aber brauchte etwas, was nur der Papst gewähren konnte: seine Anerkennung als König an Stelle des letzten Merowingers. Dafür gestand Pippin dem Papst Ravenna und das ganze Gebiet des früheren Exarchats in Italien zu. Da nicht zu erwarten war, daß Konstantinopel ein derartiges Geschenk anerkennen würde, bedeutete das gleichzeitig eine politische Trennung vom Ostreich.

Wären die Päpste weiterhin von den griechischen Kaisern abhängig geblieben, hätte die katholische Kirche eine ganz andere Entwicklung genommen. In der morgenländischen Kirche gelangte der Patriarch von Konstantinopel niemals zu gleicher Unabhängigkeit von der weltlichen Autorität und Überlegenheit über andere Geistliche, wie der Papst sie erreicht hatte. Ursprünglich galten alle Bischöfe als gleichgestellt; bei dieser Auffassung war es im Osten weitgehend geblieben. Überdies gab es im Morgenland auch noch andere Patriarchen, in Alexandrien, Antiochien und Jerusalem, während der Papst im Abendland der einzige Patriarch war. (Nach der Eroberung durch die Mohammedaner wurde das allerdings bedeutungslos.) Im Gegensatz zum Morgenland war das abendländische Laientum jahrhundertelang ungebildet; das bot der Kirche im Abendland einen Vorteil, den sie im Osten nicht besaß. Roms Prestige übertraf das aller Städte des Morgenlandes, denn es vereinte die Tradition des Imperiums mit den Legenden von Petrus' und Paulus' Martyrium und von Petrus als dem ersten Papst. Das Ansehen eines Kaisers hätte eigentlich imstande sein müssen, sich mit dem Prestige des Papstes messen zu können, tatsächlich aber traf das bei keinem abendländischen Monarchen zu. Die Heiligen Römischen Kaiser waren oftmals völlig machtlos; überdies wurden sie nur Kaiser, wenn der Papst sie krönte. Aus all diesen Gründen war die Emanzipation des Papstes von der byzantinischen Oberhoheit wesentlich sowohl für die Unabhängigkeit der Kirche gegenüber weltlichen Fürsten als auch für die endgültige Aufrichtung der päpstlichen Monarchie in der Herrschaft der abendländischen Kirche.

Gewisse sehr wichtige Dokumente, die »Konstantinische Schenkung« und die »Pseudo-Isidorischen Dekretalen« gehören in diese Zeit. Mit den Pseudo-Isidorischen Dekretalen brauchen wir uns nicht zu beschäftigen, wohl aber ist über die Konstantinische Schenkung einiges zu sagen. Um Pippins Schenkung den Schein uralter Rechtsgültigkeit zu verleihen, fälschten Kirchenmänner ein Dokument, das ein von

Kaiser Konstantin erlassenes Dekret vorstellen sollte. Demnach hätte er bei der Gründung des neuen Roms dem Papst das alte Rom mit all seinen abendländischen Gebieten geschenkt. Dieses Vermächtnis bildete die Grundlage der weltlichen Macht des Papstes und galt im ganzen weiteren Mittelalter allgemein als echt. Es wurde zum erstenmal in der Renaissance, 1439, von Lorenzo Valla als Fälschung aufgedeckt und verworfen. Er hatte ein Buch *Über die Feinheiten der lateinischen Sprache* geschrieben, die selbstverständlich in einem Werk des achten Jahrhunderts nicht zu finden waren. Seltsamerweise wurde er, nachdem er sein Werk gegen die Konstantinische Schenkung sowie eine Abhandlung zum Lob Epikurs veröffentlicht hatte, von Papst Nikolaus V., der sich mehr um die lateinische Sprache als um die Kirche kümmerte, zum apostolischen Sekretär ernannt. Nikolaus V. beabsichtigte jedoch nicht, den Kirchenstaat aufzugeben, wenn auch das Papsttum seinen Anspruch darauf mit dieser vermeintlichen Schenkung begründete. Der Inhalt des bemerkenswerten Dokumentes wird von C. Deslisle Burns folgendermaßen knapp zusammengefaßt:[1]

»Nach einer kurzen Darstellung des nicänischen Glaubensbekenntnisses, des Sündenfalls von Adam und der Geburt Christi erklärt Konstantin, er sei am Aussatz erkrankt; Ärzte seien zwecklos gewesen, er habe sich daher an ›die Priester des Kapitols‹ gewendet. Sie hätten ihm vorgeschlagen, einige Kinder zu schlachten und in ihrem Blut zu baden; wegen der Tränen ihrer Mütter habe er sie jedoch geschont. In jener Nacht seien ihm Peter und Paul erschienen, um ihm zu sagen, daß Papst Sylvester sich in einer Höhle am Soracte verborgen halte und ihn heilen werde. Er habe sich zum Soracte begeben, wo der ›Universalpapst‹ ihm mitgeteilt hätte, Petrus und Paulus seien keine Götter, sondern Apostel; auch habe er ihm Bilder gezeigt, die er nach seiner Vision wiedererkannte, was er vor all seinen ›Satrapen‹ bekundet habe. Papst Sylvester erlegte ihm auf, eine Zeitlang in härenem Gewande Buße zu tun; dann taufte er ihn, als er sah, wie eine Hand vom Himmel herab ihn berührte. Er wurde vom Aussatz geheilt und gab es auf, Götzenbilder anzubeten. Dann hielt er es für gut, mit all seinen Satrapen, dem Senat, seinen Edlen und dem ganzen römischen Volk, dem Stuhle Petri die höchste Macht zu verleihen sowie die Oberherrschaft über Antiochia, Alexandria, Jerusalem und Konstantinopel zu übertragen. Darauf erbaute er eine Kirche in seinem Lateran-Palast. Er übergab dem Papst seine Krone, die Tiara und die kaiserlichen Gewänder. Er setzte dem Papst die Tiara aufs Haupt und hielt die Zügel seines Pferdes. ›Sylvester und seinen Nachfolgern hinterließ er Rom und alle Provinzen, Distrikte und Städte Italiens und das Abendland, die der römischen Kirche für immer untertan sein sollten‹; dann zog er gegen Osten, ›weil es nicht recht wäre, daß ein irdischer Kaiser noch Macht hätte, wo vom himm-

---

[1] Ich zitiere aus dem Buch *The First Europe*.

lischen Kaiser das Reich der Bischöfe errichtet und das Haupt der christlichen Kirche eingesetzt ist‹.«

Die Langobarden unterwarfen sich Pippin und dem Papst nicht willig, wurden vielmehr erst in wiederholten Kriegen mit den Franken überwunden. Schließlich marschierte Pippins Sohn Karl der Große in Italien ein, besiegte die Langobarden endgültig, ließ sich als ihr König anerkennen und besetzte Rom, wo er Pippins Schenkung bestätigte. Die damaligen Päpste, Hadrian und Leo III., hielten es für vorteilhaft, seine Absichten in jeder Weise zu unterstützen. Er eroberte fast ganz Deutschland, bekehrte die Sachsen durch energische Verfolgung und stellte schließlich das in ihm personifizierte Westreich wieder her, indem er sich am Weihnachtstage des Jahres 800 n. Chr. vom Papst zum Kaiser krönen ließ.

Die Gründung des Heiligen Römischen Reiches kennzeichnet in der Theorie, wenn auch weit weniger in der Praxis des Mittelalters, den Beginn einer neuen Epoche. Das Mittelalter legte besonderen Wert auf Legitimitätsfiktionen, und bis zu diesem Zeitpunkt hatte die Fiktion gegolten, daß die abendländischen Provinzen des ehemaligen römischen Reichs noch *de jure* dem Kaiser von Konstantinopel untertan wären, den man für den alleinigen Träger der *legalen* Autorität hielt. Karl der Große, in Legalitätsfiktionen erfahren, behauptete, der Kaiserthron sei vakant; Irene, die regierende Souveränin des Ostens (die sich Kaiser, nicht Kaiserin nannte) sei eine Usurpatorin, da eine Frau nicht Kaiser sein könne. Karl leitete seinen Legitimitätsanspruch vom Papst her. Deshalb bestand von Anbeginn ein merkwürdiges Verhältnis wechselseitiger Abhängigkeit zwischen Papst und Kaiser. Niemand konnte Kaiser sein, der nicht vom Papst gekrönt war; auf der anderen Seite nahm jahrhundertelang jeder starke Kaiser das Recht für sich in Anspruch, Päpste zu ernennen oder abzusetzen. Die mittelalterliche Theorie der legitimen Macht stützte sich sowohl auf den Kaiser wie auf den Papst; ihre wechselseitige Abhängigkeit war für beide Teile ärgerlich, auf Jahrhunderte hinaus aber unumgänglich. Ständige Reibungen waren die Folge, wobei bald der eine, bald der andere Teil die Oberhand hatte. Schließlich gab es im dreizehnten Jahrhundert in diesem Konflikt überhaupt keine Verständigungsmöglichkeit mehr. Der Papst trug den Sieg davon, büßte jedoch bald darauf seine moralische Autorität ein. Der Papst und der Heilige Römische Kaiser lebten fort, der Papst bis auf den heutigen Tag, der Kaiser bis zur Zeit Napoleons. Aber die ausgefeilte mittelalterliche Theorie, die im Interesse ihrer beiderseitigen Machtbefugnisse aufgestellt worden war, verlor im fünfzehnten Jahrhundert ihre Wirkung. Die Einheit des Christentums, auf die sie sich stützte, wurde in der weltlichen Sphäre durch die Macht der französischen, spanischen und englischen Monarchien, in der geistlichen durch die Reformation vernichtet.

Eine kurze Charakteristik Karls des Großen und seiner Umgebung gibt Dr. Gerhart Seeliger:[2]
»Reges Leben entwickelte sich an Karls Hof. Pracht und Genialität begegnen uns hier, aber auch Unmoral. Denn Karl war nicht wählerisch in seinem Umgang. Er selbst war kein Muster an Tugend und räumte denen, die er leiden mochte und für nützlich hielt, größte Freiheiten ein. Er ließ sich ›Heiliger Kaiser‹ anreden, obwohl in seiner Lebensführung von Heiligkeit nicht viel zu merken war. So spricht ihn auch Alcuin an, der das Loblied Rotruds, der schönen Tochter des Kaisers, wegen ihrer Tugenden singt, obwohl sie dem Grafen Roderich von Maine einen Sohn geschenkt hatte, ohne mit ihm verheiratet zu sein. Karl wollte sich nicht von seiner Tochter trennen und erlaubte nicht, daß sie sich verehelichte; so mußte er die Folgen tragen. Auch Bertha, seine andere Tochter, hatte zwei Söhne, und zwar von dem frommen Abt Angilbert von St. Riquier. Karls Hof war wirklich der Mittelpunkt eines recht lockeren Lebens.«

Karl der Große war ein tatkräftiger Barbar, zwar politisch mit der Kirche im Bunde, litt aber sonst nicht unter übertriebener persönlicher Frömmigkeit. Er selbst konnte weder lesen noch schreiben, begründete jedoch eine literarische Renaissance. Er führte ein ausschweifendes Leben; auch die Liebe zu seinen Töchtern ging etwas weit; dennoch tat er alles, was in seinen Kräften stand, um seine Untertanen zu einem frommen Lebenswandel anzuhalten. Wie sein Vater Pippin wußte er den Eifer der Missionare geschickt zur Erweiterung seines Einflusses in Deutschland zu nutzen; doch achtete er sehr darauf, daß die Päpste seine Anordnungen befolgten. Das taten sie um so bereitwilliger, als Rom eine Barbarenstadt geworden war, in der es für die Person des Papstes ohne fremden Schutz keine Sicherheit gab; auch waren die Papstwahlen zu unwürdigen Parteikämpfen geworden. Im Jahre 799 bemächtigten sich ortsansässige Feinde des Papstes, warfen ihn ins Gefängnis und drohten, ihn zu blenden. Zu Karls Lebzeiten hatte es den Anschein, als könne eine neue Ordnung entstehen; aber nach seinem Tode blieb wenig mehr als eine Theorie übrig.

Was die Kirche und in noch stärkerem Maße das Papsttum gewonnen hatten, erwies sich als dauerhafter als die Errungenschaften des Westreichs. England war von einer Mönchsmission auf Weisung Gregors des Großen bekehrt worden und Rom in höherem Maße untertan als Länder mit Bischöfen von altgewohnter, örtlicher Autonomie. Die Bekehrung Deutschlands vollbrachte zum größten Teil der heilige Bonifazius (680–754), ein englischer Missionar, mit Karl Martell und Pippin befreundet und dem Papst vollkommen ergeben. Bonifazius gründete in Deutschland viele Klöster; sein Freund St. Gallus stiftete das Schweizer Kloster, das seinen Namen trägt. Wie wir aus einigen zuverlässigen

---

2 In *Cambridge Medieval History*, II, 663.

Quellen wissen, salbte Bonifazius Pippin nach einem dem I. Buch der Könige entnommenen Ritus zum König.

Der heilige Bonifazius wurde in Devonshire geboren und in Exeter und Winchester erzogen. Er kam 716 nach Friesland, mußte aber bald zurückkehren. Im Jahre 717 ging er nach Rom; 719 sandte ihn Papst Gregor II. nach Deutschland, um die Germanen zu bekehren und den Einfluß irischer Missionare zu bekämpfen (die, wie wohl noch erinnerlich, irrige Ansichten über den Ostertermin und die Form der Tonsur hatten). Nach beachtlichen Erfolgen kehrte er im Jahre 722 in die heilige Stadt zurück; dort machte ihn Gregor II. zum Bischof, wofür Bonifazius ihm Gehorsam schwören mußte. Der Papst gab ihm einen Brief an Karl Martell und beauftragte ihn, die Heiden zu bekehren und dazu noch die Ketzerei zu bekämpfen. Im Jahre 732 wurde er Erzbischof; 738 besuchte er Rom zum drittenmal. 741 ernannte ihn Papst Zacharias zum Legaten und übertrug ihm die Reform der fränkischen Kirche. Bonifazius gründete die Abtei Fulda, der er eine noch strengere Regel gab, als sie die Benediktiner hatten. Dann geriet er in Streit mit einem irischen Bischof von Salzburg namens Virgil, der kanonisiert worden war, obwohl er behauptete, es gäbe noch andere Welten neben der unseren. Nach Friesland zurückgekehrt, wurden Bonifazius und seine Begleiter 754 von den Heiden ermordet. Ihm ist es zu verdanken, daß das deutsche Christentum päpstlich und nicht irisch wurde.

Die englischen Klöster besaßen damals große Bedeutung, vor allem in Yorkshire. Die Kultur, die zur Zeit der Römer in Britannien bestanden hatte, war verschwunden, und eine neue, von den christlichen Missionaren eingeführte Kultur konzentrierte sich rings um die Benediktinerabteien, die alles unmittelbar Rom zu verdanken hatten. Der ehrwürdige Beda war ein Mönch in Jarrow. Sein Schüler Ecbert, der erste Erzbischof von York, gründete eine Kathedralschule, in der Alcuin erzogen wurde.

Alcuin ist eine bedeutende Gestalt der damaligen Zeit. Er kam 780 nach Rom und begegnete auf seiner Reise Karl dem Großen in Parma. Der Kaiser trug ihm auf, die Franken Latein zu lehren und die königliche Familie zu unterrichten. Er verbrachte einen beträchtlichen Teil seines Lebens am Hofe Karls des Großen, indem er Unterricht erteilte und Schulen gründete. Gegen Ende seines Lebens war er Abt von St. Martin bei Tours. Er schrieb eine Reihe von Büchern, darunter eine gereimte Geschichte der Kirche von York. Der Kaiser, obwohl selbst ungebildet, hielt die Kultur für sehr wichtig und brachte eine kurze Zeit lang etwas Licht in die Finsternis des dunklen Zeitalters. Was er auf diesem Gebiet schuf, hatte jedoch keinen Bestand. Auf die Kultur Yorkshires wirkten die Dänen eine Weile vernichtend ein, die französische wurde von den Normannen zerstört. Die Sarazenen überfielen Süditalien, eroberten Sizilien und griffen 846 sogar Rom an. Im großen und ganzen war das zehnte Jahrhundert für die abendländische Christenheit annähernd die dunkelste Epoche; denn das neunte Jahrhundert hatte zum Ausgleich immerhin die englischen Geistlichen und die erstaunliche Gestalt des Johannes Scotus aufzuweisen, über den ich bald ausführlicher sprechen werde.

Der Verfall der karolingischen Macht nach dem Tode Karls des Großen und die Teilung seines Reiches wirkten sich zunächst für das Papsttum günstig aus. Nikolaus I. (858–867) brachte die päpstliche Macht auf einen bislang unerreichten Höchststand. Er hatte Streit mit den Kaisern des Morgen- und des Abendlandes, mit König Karl dem Kahlen von Frankreich, mit König Lothar II. von Lothringen und mit den Episkopaten fast aller christlichen Länder; aber er erreichte in diesen Streitigkeiten fast immer, was er wollte. In vielen Gegenden war die Geistlichkeit von den örtlichen Fürsten abhängig geworden, und er suchte diesen Zustand abzuändern. Seine beiden größten Kontroversen betrafen die Scheidung Lothars II. und die unkanonische Absetzung des Patriarchen Ignatius von Konstantinopel. Während des ganzen Mittelalters hing die Macht der Kirche stark mit königlichen Scheidungen zusammen. Die Könige waren Männer von halsstarrigen Leidenschaften, die in der Unlöslichkeit der Ehe nur eine für Untertanen nützliche Doktrin sahen. Die Kirche hatte jedoch allein das Recht, eine Eheschließung feierlich zu vollziehen, und wenn die Kirche eine Ehe für ungültig erklärte, war ziemlich sicher mit einem Streit um die Nachfolge und einem dynastischen Krieg zu rechnen. Infolgedessen befand sich die Kirche durch ihren Widerstand gegen königliche Scheidungen und ungesetzliche Ehen in sehr starker Position. In England verlor sie diese Stellung unter Heinrich VIII., gewann sie aber unter Eduard VIII. zurück.

Als Lothar II. die Scheidung verlangte, erklärte sich der Klerus seines Reiches einverstanden, Papst Nikolaus jedoch setzte die Bischöfe ab, die zugestimmt hatten, und wies die Bitte des Königs um Scheidung rundweg zurück. Daraufhin marschierte Lothars Bruder, Kaiser Ludwig II., auf Rom, um den Papst einzuschüchtern; doch die abergläubische Furcht vor diesem Unternehmen gewann die Oberhand; der Kaiser zog sich zurück, und der Papst setzte schließlich seinen Willen durch.

Daß Ignatius amtieren konnte, ist insofern interessant, als es beweist, wieweit sich der Papst auch noch im Morgenlande behaupten konnte. Ignatius, der dem Regenten Bardas verhaßt war, wurde abgesetzt und durch einen Laien namens Photius ersetzt. Die byzantinische Regierung forderte den Papst auf, dieses Vorgehen zu sanktionieren. Er sandte zwei Legaten aus, die der Sache auf den Grund gehen sollten; als sie jedoch nach Konstantinopel kamen, wurden sie eingeschüchtert und gaben ihre Zustimmung. Eine Zeitlang verheimlichte man dem Papst die wahren Vorgänge; als er aber davon erfuhr, griff er energisch ein. Er berief ein Konzil nach Rom, das über die Frage beraten sollte, und enthob den einen Legaten seines Bischofsamtes, desgleichen den

Erzbischof von Syrakus, der Photius geweiht hatte, seines Episkopats. Über Photius verhängte er den Bann, setzte alle ab, die er ordiniert hatte, und alle wieder ein, die amtsenthoben worden waren, weil sie sich ihm widersetzt hatten. Kaiser Michael III. war empört und schrieb dem Papst einen ärgerlichen Brief; dieser jedoch erwiderte: »Die Tage der Königs-Priester und der Kaiser-Päpste sind vorüber; das Christentum hat beide Funktionen getrennt; die christlichen Kaiser bedürfen des Papstes im Hinblick auf das ewige Leben, die Päpste hingegen brauchen die Kaiser nur, wenn es sich um weltliche Dinge handelt.« Photius und der Kaiser antworteten mit der Einberufung eines Konzils, das den Papst exkommunizierte und die römische Kirche für ketzerisch erklärte. Bald darauf wurde jedoch Michael III. ermordet; sein Nachfolger Basil setzte Ignatius wieder ein, indem er die päpstliche Rechtsprechung in jener Angelegenheit ausdrücklich anerkannte. Dieser Triumph fiel gerade in die Zeit nach Nikolaus' Tod und war fast ausschließlich das Ergebnis von Palastrevolutionen. Nach Ignatius' Hinscheiden wurde Photius wieder Patriarch und die Kluft zwischen der abendländischen und der morgenländischen Kirche noch größer. Man kann daher nicht sagen, daß Nikolaus' Politik in dieser Sache auf die Dauer erfolgreich gewesen wäre.

Für Nikolaus war es fast noch schwieriger, den Episkopaten als den Königen seinen Willen aufzuzwingen. Die Erzbischöfe hatten begonnen, sich für etwas ganz Besonderes zu halten; es widerstrebte ihnen, sich fügsam einem kirchlichen Monarchen zu unterwerfen. Nikolaus jedoch behauptete, die Bischöfe hätten ihre Existenz nur dem Papst zu verdanken, und solange er lebte, gelang es ihm im großen und ganzen, sich mit dieser Ansicht durchzusetzen. In all diesen Jahrhunderten war man sehr im Zweifel, wie Bischöfe eigentlich ernannt werden sollten. Ursprünglich wurden sie durch Zuruf der Gläubigen in ihrer Kathedralstadt gewählt, dann häufig durch eine Synode der benachbarten Bischöfe und schließlich zuweilen vom König, zuweilen vom Papst ernannt. Bischöfe konnten aus schwerwiegenden Gründen abgesetzt werden, doch war nicht klar, ob sie vom Papst oder von einer Provinzialsynode zu verhören seien. Dieser Unklarheiten wegen waren die Machtbefugnisse, die ein solches Amt mit sich brachte, von der Energie und Schlauheit seiner Träger abhängig. Nikolaus dehnte die päpstliche Macht bis zur äußersten damals möglichen Grenze aus; unter seinen Nachfolgern verfiel sie jedoch wieder stark.

Während des zehnten Jahrhunderts wurde das Papsttum völlig von der in Rom ansässigen Aristokratie beherrscht. Es gab noch immer keine feste Regel für die Papstwahl; zuweilen verdankten die Päpste ihre Würde dem Zuruf des Volkes oder auch Kaisern oder Königen, und manchmal, wie im zehnten Jahrhundert, den jeweiligen Machthabern in Rom. Rom war dazumal keine kultivierte Stadt wie noch zur Zeit Gregors des Großen. Öfter tobten Parteikämpfe; dann wieder brachten einige reiche Geschlechter durch Gewalt und Korruption die Macht an sich; Unordnung und Schwäche Westeuropas waren in dieser Periode so groß, daß dem Christentum völlige Vernichtung zu drohen schien. Der Kaiser und der König von Frankreich vermochten der Anarchie nicht Herr zu werden, die durch feudale Machthaber, angeblich ihre Vasallen, in ihren Reichen entstanden war. Die Ungarn fielen wiederholt in Norditalien ein. Die Normannen griffen die französische Küste an, bis sie im Jahre 911 die Normandie erhielten und dafür Christen wurden. Die größte Gefahr aber drohte Italien und Südfrankreich durch die Sarazenen, die sich nicht bekehren ließen und keinen Respekt vor der Kirche hatten. Gegen Ende des neunten Jahrhunderts eroberten sie Sizilien vollständig; sie setzten sich am Garigliano bei Neapel fest und zerstörten Monte Cassino und andere große Klöster; an der Küste der Provence besaßen sie eine Kolonie, von der aus sie Italien und die Alpentäler angriffen und den Verkehr zwischen Rom und dem Norden störten.

Das Ostreich überwältigte im Jahre 915 die Sarazenen vom Garigliano und verhinderte dadurch, daß sie ganz Italien eroberten. Es war aber nicht stark genug, um Rom, ähnlich wie nach der Eroberung durch Justinian, richtig zu regieren; die Papstwürde wurde auf annähernd hundert Jahre zum persönlichen Vorrecht der römischen Aristokratie oder der Grafen von Tuskulum. Zu Beginn des zehnten Jahrhunderts waren die mächtigsten Römer der »Senator« Theophylact und seine Tochter Marozia, in deren Familie die Papstwürde nahezu erblich wurde. Marozia hatte nacheinander verschiedene Männer und zahllose Liebhaber. Einen davon erhob sie unter dem Namen Sergius II. (904–911) zum Papst. Ihrer beider Sohn war Papst Johann XI. (931–936), ihr Enkel Johann XII. (955–964), der mit sechzehn Jahren Papst wurde und »die Entwürdigung des Papsttums auf die Spitze trieb durch sein ausschweifendes Leben und die Orgien, deren Schauplatz der Lateran-Palast sehr bald wurde«.[3] Auf Marozia geht wahrscheinlich die Legende von einem weiblichen »Papst Johanna« zurück.

In dieser Epoche büßten die Päpste natürlich ein, was sich ihre Vorgänger an Einfluß im Osten noch bewahrt hatten. Auch die von Nikolaus I. erfolgreich ausgeübte Macht über die Bischöfe nördlich der Alpen verloren sie völlig. Die Provinzialkonzilien behaupteten ihre völlige Unabhängigkeit vom Papst, doch vermochten sie sich nicht unabhängig von den Fürsten und Feudalherren zu machen. Die Bischöfe glichen mehr und mehr weltlichen Feudalmagnaten. »Die Kirche selbst erscheint so als das Opfer der gleichen Anarchie, in der sich die weltliche Gesellschaft bewegt; alle bösen Triebe wuchern ungehindert, und diejenigen Geistlichen, die sich noch um die Religion und das Heil der ihnen anvertrauten Seelen kümmern, trauern über den allgemeinen

---

3 *Cambridge Medieval History*, III, 455.

Niedergang und lenken die Blicke der Gläubigen auf das drohende Weltende und das Jüngste Gericht.«[4]

Entgegen der üblichen Ansicht darf man jedoch nicht annehmen, daß gerade für das Jahr 1000 der Weltuntergang besonders stark befürchtet wurde. Von Paulus an glaubten die Christen stets, das Ende der Welt stehe nahe bevor, gingen aber trotzdem ihren gewöhnlichen Geschäften nach.

Das Jahr 1000 kann wohl als Endpunkt einer Epoche bezeichnet werden, in der die westeuropäische Kultur ihren äußersten Tiefstand erreichte. Von da an setzte die Aufwärtsbewegung ein, die bis 1914 anhielt. Der Fortschritt ist anfangs vornehmlich auf die Mönchsreform zurückzuführen. Der Klerus außerhalb der Mönchsorden war größtenteils gewalttätig, unmoralisch und weltlich geworden; der Reichtum und die Macht, die er der Wohltätigkeit der Frommen verdankte, hatten ihn korrumpiert. Der gleiche Vorgang war immer wieder, selbst bei den Mönchsorden, zu beobachten; sooft jedoch ihre moralische Kraft nachgelassen hatte, fanden sich Reformatoren, die sie erneut und eifrig wiederbelebten.

Noch aus einem anderen Grunde ist das Jahr 1000 ein Wendepunkt; um diese Zeit nämlich nehmen die Eroberungen der Mohammedaner wie auch der Barbaren aus dem Norden, zumindest in Westeuropa, ein Ende. Goten, Langobarden, Ungarn und Normannen kamen in aufeinanderfolgenden Wellen; eine dieser Horden nach der anderen wurde christianisiert, eine wie die andere schwächte jedoch die kulturelle Tradition. Das Westreich spaltete sich in viele barbarische Königreiche auf; die Könige büßten die Autorität über ihre Vasallen ein; es herrschte allgemeine Anarchie und ständige Gewalttätigkeit im großen wie im kleinen. Schließlich waren alle starken Eroberstämme aus dem Norden zum Christentum bekehrt und seßhaft geworden. Die Normannen, die zuletzt gekommen waren, erwiesen sich als kulturell besonders begabt. Sie eroberten Sizilien von den Sarazenen zurück und schützten Italien vor den Mohammedanern. Sie gliederten England wieder in die römische Welt ein, das die Dänen weitgehend davon ausgeschlossen hatten. Nachdem sie einmal in der Normandie seßhaft geworden waren, konnte Frankreich sich erholen; sie gewährten dem Land dabei materielle Unterstützung.

Unsere Gewohnheit, die Epoche von 600 bis 1000 als »dunkles Zeitalter« zu bezeichnen, beweist, daß wir uns dabei einseitig auf Westeuropa beschränken. Für China fällt in diese Periode die Zeit der Tangdynastie, das größte Zeitalter der chinesischen Dichtung und auch in vielen anderen Beziehungen eine höchst bemerkenswerte Epoche. Von Indien bis Spanien entfaltete der Islam seine prachtvolle Kultur. Das damals dem Christentum Verlorene war damit keineswegs der Kultur

---

4 *Cambridge Medieval History.* III, 455.

verloren, ganz im Gegenteil. Niemand wäre damals darauf gekommen, daß Westeuropa später einmal machtpolitisch und kulturell führend werden würde. Wir sind leicht geneigt, die westeuropäische Kultur für die Kultur schlechthin zu halten, doch ist das eine allzu begrenzte Auffassung. Der größte Teil unseres Kulturgehalts kam aus den östlichen Mittelmeergebieten, von den Griechen und Juden, zu uns. Machtpolitisch dominierte Westeuropa von den Punischen Kriegen bis zum Fall Roms – also ungefähr während der sechshundert Jahre von 200 v. Chr. bis 400 n. Chr. Danach konnte sich kein westeuropäischer Staat mehr an Macht mit China, Japan oder dem Kalifat messen.

Unsere Überlegenheit seit der Renaissance beruht teils auf der Wissenschaft und wissenschaftlichen Technik, teils auf politischen Institutionen, die während des Mittelalters allmählich aufgebaut wurden. Daß diese Überlegenheit von Dauer sein müsse, ist nach der Natur der Dinge unbegründet. In den letzten Kriegen haben sich Rußland, China und Japan militärisch als sehr stark erwiesen. Sie alle vereinen abendländische Technik mit morgenländischer, also byzantinischer, konfuzianischer oder Shinto-Ideologie. Durch die Befreiung Indiens kam ein weiteres morgenländisches Element hinzu. Es ist durchaus möglich, daß die Kultur, sofern sie weiterbesteht, in den nächstfolgenden Jahrhunderten viel mannigfaltiger sein wird als jemals seit der Renaissance. Es gibt einen Kulturimperialismus, der schwerer zu besiegen ist als der Machtimperialismus. Noch lange nach dem Niedergang des Westreichs – ja bis zur Reformation – wies die gesamte europäische Kultur Spuren des römischen Imperialismus auf. Heute trägt sie für uns westeuropäisch-imperialistische Färbung. Um uns nach dem Zweiten Weltkrieg auf der Erde wohl fühlen zu können, werden wir meiner Ansicht nach Asien in unserer Vorstellung nicht nur politisch, sondern auch kulturell als ebenbürtig anerkennen müssen. Was das für Wandlungen mit sich bringen wird, weiß ich nicht, bin aber überzeugt, daß sie tiefgehend und von größter Bedeutung sein werden.

8. KAPITEL

Johannes Scotus

Johannes Scotus, zuweilen mit dem Zusatz Eriugena oder Erigena[1], ist die erstaunlichste Persönlichkeit des neunten Jahrhunderts; hätte er im fünften oder fünfzehnten Jahrhundert gelebt, würde er weniger überraschen. Er war Ire, Neuplatoniker, ein vorzüglicher Kenner des Griechischen, Pelagianer und Pantheist. Lange Zeit lebte er unter der Schirmherrschaft Karls des Kahlen, Königs von Frankreich, und obwohl er alles andere als orthodox war, entging er doch, soweit uns bekannt ist, der Verfolgung. Er stellte die Vernunft über den Glauben und kümmerte sich nicht um die Autorität der Geistlichkeit; dennoch riefen die Priester in ihren Streitigkeiten seine schiedsrichterliche Entscheidung an.

Um das Auftreten eines solchen Mannes verstehen zu können, müssen wir unsere Aufmerksamkeit zunächst auf die irische Kultur der Jahrhunderte richten, die auf den heiligen Patrick folgten. Abgesehen von der äußerst peinlichen Tatsache, daß Patrick Engländer war, sind noch zwei weitere Umstände kaum weniger unangenehm: erstens, daß es in Irland schon Christen gab, bevor er dorthin kam; zweitens, daß die irische Kultur nicht sein Werk war, ungeachtet alles dessen, was er für das irische Christentum getan haben mag. Zu der Zeit, als zunächst Attila und dann die Goten, die Vandalen und Alarich (einem gallischen Autor zufolge) in Gallien einfielen, »ergriffen alle gelehrten Leute diesseits des Meeres die Flucht und förderten in den Ländern jenseits des Meeres und wohin immer sie sich begaben, die Bewohner dieser Gegenden gewaltig in gelehrten Dingen«.[2] Wenn solche Männer in England Zuflucht suchten, werden die Angeln, Sachsen und Jüten wohl kurzen Prozeß mit ihnen gemacht haben; denjenigen aber, die nach Irland kamen, gelang es, gemeinsam mit den Missionaren einen großen Teil des Wissens und der Kultur, die auf dem Kontinent zu erlöschen begannen, dorthin zu verpflanzen. Man darf wohl annehmen, daß im sechsten, siebenten und achten Jahrhundert die Kenntnis des Griechischen wie auch eine beachtliche Vertrautheit mit lateinischen Klassikern bei den Iren fortlebte.[3] Griechisch konnte man in England seit der Zeit des Erzbischofs Theodor von Canterbury (669–690), der selbst

---

1 Dieser Zusatz ist überflüssig; es hieße dann nämlich »der irische Johannes aus Irland«. Im neunten Jahrhundert bedeutete »scotus« »irisch«.
2 *Cambridge Medieval History*, III, 501.
3 In *Cambridge Medieval History*, III, Kap. 19, ist diese Frage sorgfältig untersucht worden; das Ergebnis fällt für die irische Kenntnis des Griechischen günstig aus.

Grieche und in Athen erzogen war; es mag auch im Norden durch irische Missionare bekannt geworden sein. »Im späteren siebenten Jahrhundert«, sagt Montague James, »war gerade in Irland der Wissensdurst besonders groß; der Unterricht wurde hier sehr energisch durchgeführt und die lateinische Sprache wie (in etwas geringerem Umfang) das Griechische nach wissenschaftlichen Gesichtspunkten erforscht ... Als die Gelehrten, zunächst im Missionseifer und später infolge der unruhigen Verhältnisse daheim, in großer Zahl nach dem Kontinent herüberkamen, waren sie behilflich, die Fragmente jener Literatur zu erhalten, die sie bereits schätzen gelernt hatten.«[4] Heiric von Auxerre schreibt um 876 über den Zustrom irischer Gelehrter: »Irland wandert ungeachtet der Gefahren zur See beinahe *en masse* mit seinen vielen Philosophen zu unseren Küsten, und alle die hochgelehrten Leute verurteilen sich selbst zu freiwilliger Verbannung, um der Einladung des weisen Salomo – das heißt König Karls des Kahlen – zu folgen.«[5]

Vielfach haben Gelehrte notgedrungen ein Nomadenleben führen müssen. Zu Beginn der griechischen Philosophie waren zahlreiche Philosophen vor den Persern geflohen; am Ausgang dieser Periode, zur Zeit Justinians, flüchteten sie *zu* den Persern. Wie wir gesehen haben, retteten sich im fünften Jahrhundert Gelehrte vor den Germanen aus Gallien auf die westlichen Inseln; im neunten Jahrhundert flüchteten sie wieder aus England und Irland vor den Skandinaviern zurück. In unseren Tagen mußten deutsche Philosophen vor ihren eigenen Landsleuten nach Westen fliehen. Ich bin gespannt, ob es ebensolange dauern wird, bis sie wieder zurückflüchten.

Wir wissen zu wenig von den Iren jener Zeit, die Europa die klassische Kultur erhielten. Diese Gelehrsamkeit wurde in den Klöstern gepflegt und war, wie ihre Bußbücher beweisen, von tiefer Frömmigkeit erfüllt; mit theologischen Spitzfindigkeiten scheint sie sich allerdings wenig abgegeben zu haben. Da Mönche und nicht Bischöfe Träger dieser Gelehrtenkultur waren, hatten sie nicht den administrativen Charakter, der die kontinentale Geistlichkeit seit Gregor dem Großen kennzeichnete. Und fast ganz abgeschnitten vom wirkungsvollen Einfluß Roms, sah sie den Papst so, wie man ihn zur Zeit des heiligen Ambrosius gesehen hatte, nicht, wie man ihn später sehen sollte. Obwohl Pelagius wahrscheinlich Brite war, halten ihn doch manche für einen Iren. Möglicherweise lebte sein Ketzertum in Irland fort; hier vermochte die Obrigkeit es nicht auszurotten, wie es, wenn auch unter Schwierigkeiten, in Gallien geschah. Diese Umstände tragen manches dazu bei, die damals ungewöhnliche Freiheit und Frische der Spekulationen von Johannes Scotus zu erklären.

---

4 *Cambridge Medieval History*, S. 507/8.
5 *Cambridge Medieval History*, S. 524.

Anfang und Ausklang des Lebens von Johannes Scotus sind unbekannt; wir kennen die mittlere Periode, in der er beim französischen König beschäftigt war. Man nimmt an, daß er etwa um 800 geboren und um 877 gestorben ist; beide Daten stützen sich aber auf reine Vermutung. Er lebte in Frankreich, als Nikolaus I. Papst war, und wir begegnen in seinem Leben den Gestalten wieder, die mit diesem Papst in Zusammenhang stehen, wie beispielsweise Karl dem Kahlen, Kaiser Michael und natürlich dem Papst selbst.

Johannes wurde von Karl dem Kahlen etwa 843 nach Frankreich eingeladen und zum Leiter der höfischen Schule gemacht. Zwischen einem Mönch namens Gottschalk und dem bedeutenden Hincmar, Erzbischof von Reims, war ein Streit um die Prädestination und Willensfreiheit ausgebrochen. Der Mönch vertrat die Prädestinationslehre, der Erzbischof die Theorie der Willensfreiheit. Johannes unterstützte die Ansicht des Erzbischofs in einer Abhandlung *Von der göttlichen Prädestination*, ging aber unvorsichtigerweise dabei zu weit. Das Thema war heikel; Augustin hatte sich damit in seinen Schriften gegen Pelagius befaßt; aber es war gefährlich, mit ihm übereinzustimmen, und noch gefährlicher, ausdrücklich gegenteiliger Meinung zu sein. Johannes verfocht die Willensfreiheit, und das mochte noch ungestraft hingehen; Empörung aber erweckte der rein philosophische Charakter seiner Beweisführung. Nicht daß er etwas bestritt, was in der Theologie für richtig galt; er sah vielmehr in einer von der Offenbarung unabhängigen Philosophie eine gleichwertige oder womöglich höherstehende Autorität. Er behauptete, aus der Vernunft wie aus der Offenbarung ließe sich die Wahrheit schöpfen; sie könnten daher nicht in Konflikt geraten; wenn es aber einmal diesen *Anschein* habe, dann müsse man der Vernunft den Vorzug geben. Wahre Religion, sagt er, ist wahre Philosophie; umgekehrt aber sei auch wahre Philosophie wahre Religion. Zwei Konzilien in den Jahren 855 und 859 verdammten sein Werk; das erste Konzil bezeichnete es als »*Scots porridge*«.

Er entging jedoch der Bestrafung dank der Unterstützung des Königs, mit dem er auf vertrautem Fuß gestanden zu haben scheint. Wenn man Wilhelm von Malmesbury glauben darf, so fragte der König einmal, als Johannes mit ihm speiste: »Was trennt einen ›Scot‹ (Scotus oder Iren) von einem ›sot‹ (Idioten)?« Worauf Johannes antwortete: »Nur der Eßtisch.« Der König starb im Jahre 877; danach wissen wir nichts mehr von Johannes. Zuweilen wird angenommen, daß er ebenfalls in diesem Jahr starb. Gewissen Legenden zufolge soll er von Alfred dem Großen nach England eingeladen, zum Abt von Malmesbury oder Athelney gemacht und von den Mönchen ermordet worden sein. Dieses Unglück scheint aber einen anderen Johannes betroffen zu haben.

Johannes' nächste Arbeit war eine Übersetzung des Pseudo-Dionysius aus dem Griechischen. Dieses Werk war im frühen Mittelalter sehr berühmt. Als Paulus in Athen predigte, »hingen ihm etliche Männer an und wurden gläubig, unter welchen war Dionysius, einer aus dem Rat« (Apostelgeschichte XVII, 34). Weiter ist nichts von diesem Mann bekannt; im Mittelalter wußte man aber sehr viel mehr über ihn. Er war nach Frankreich gereist und hatte die Abtei von St. Denis gegründet, so erklärt zumindest Hilduin, der kurz vor Johannes' Ankunft in Frankreich Abt war. Überdies hatte Dionysius einen großen Ruf als Verfasser eines bedeutenden Werkes, das Neuplatonismus und Christentum in Einklang zu bringen suchte. Die Entstehungszeit dieses Buches ist unbekannt; zweifellos wurde es aber vor dem Jahre 500 und nach Plotin geschrieben. Im Morgenland hatte es weite Verbreitung und Bewunderung gefunden, im Abendland hingegen wurde es erst allgemein bekannt, nachdem der griechische Kaiser Michael im Jahre 827 Ludwig dem Frommen eine Abschrift gesandt hatte, der sie dem obengenannten Abt Hilduin übergab. Dieser hielt das Buch für ein Werk von Paulus' Schüler, dem berühmten Gründer seiner Abtei; er hätte deshalb seinen Inhalt gern kennengelernt; aber niemand konnte Griechisch übersetzen, bis Johannes erschien. Er führte die Übersetzung aus. Da er mit den Ansichten des Pseudo-Dionysius stark übereinstimmte, muß es ihm Freude gemacht haben; von da an hat der Pseudo-Dionysius großen Einfluß auf die katholische Philosophie des Abendlandes ausgeübt.

Johannes' Übersetzung wurde 860 Papst Nikolaus übersandt. Der Papst war beleidigt, weil man vor der Veröffentlichung des Werks nicht seine Erlaubnis eingeholt hatte, und befahl Karl, Johannes nach Rom zu schicken, ein Befehl, den man einfach ignorierte. Gegen das Werk selbst und vor allem gegen das Wissen, das in der Übersetzung zum Ausdruck kam, hatte er nichts einzuwenden. Sein Bibliothekar Anastasius, ein ausgezeichneter Kenner des Griechischen, dem er das Buch zur Begutachtung übergab, wunderte sich, daß ein Mann aus einem so entlegenen, barbarischen Lande eine so tiefgründige Kenntnis des Griechischen besaß.

Johannes' größtes Werk trug (in Griechisch) den Titel *Über die Einteilung der Natur*. Dieses Buch wäre zur Zeit der Scholastik als »realistisch« bezeichnet worden; das heißt, es behauptete, auf Plato gestützt, daß die Universalien vor den Einzeldingen seien. Für ihn fällt unter den Begriff »Natur« nicht nur das, was ist, sondern auch das, was nicht ist. Die Gesamtheit der Natur ist in vier Klassen eingeteilt: 1. das, was schafft und nicht geschaffen ist; 2. was schafft und geschaffen ist; 3. was geschaffen ist, aber nicht schafft; 4. was weder schafft noch geschaffen ist. Das erste ist offensichtlich Gott. Das zweite besteht aus den (platonischen) Ideen, die in Gott sind. Das dritte sind Dinge in Zeit und Raum. Das vierte ist überraschenderweise wiederum Gott, und zwar nicht als Schöpfer, sondern als Ziel und Zweck aller Dinge. Alles, was aus Gott hervorgeht, strebt danach, zu ihm zurückzukehren; so ist das Ende aller Dinge gleichzeitig ihr Beginn. Die Brücke zwischen dem Einen und dem Vielen ist der Logos.

In den Bereich des Nichts-Seienden schließt er verschiedene Dinge ein, zum Beispiel physische Objekte, die nicht zur intelligiblen Welt gehören, auch die Sünde, da sie Verlust des göttlichen Vorbilds bedeutet. Das, was schafft und nicht erschaffen ist, hat allein wesenhaftes Sein; es ist das Wesen aller Dinge. Gott ist Anfang, Mitte und Ende aller Dinge. Gottes Wesen ist für die Menschen und selbst für die Engel unerforschlich. In gewissem Sinne ist Gott sich selbst unbegreiflich: »Gott weiß selbst nicht, was er ist, weil er kein *Was* ist; in gewisser Beziehung ist er sich selbst und jedem Intellekt unbegreiflich.«[6] Im Sein der Dinge kann Gottes Sein erblickt werden; in ihrer Ordnung seine Weisheit, in ihrer Bewegung sein Leben. Sein Sein ist der Vater, seine Weisheit der Sohn, sein Leben der Heilige Geist. Aber Dionysius sagt mit Recht, daß kein Name für Gott ganz zutreffend sei. Es gibt eine positive Theologie, die ihn als die Wahrheit, die Güte, das Wesen und so fort bezeichnet, doch sind solche Behauptungen nur symbolisch wahr, denn alle diese Prädikate besitzen ein Gegenteil, das es bei Gott nicht gibt.

Die Kategorie von Dingen, die sowohl selber schaffen wie auch erschaffen sind, umfaßt die Gesamtheit der *primae causae* oder Prototypen oder platonischen Ideen. Die Summe dieser *primae causae* ist der Logos. Die Welt der Ideen ist ewig und dennoch erschaffen. Unter dem Einfluß des Heiligen Geistes lassen diese *primae causae* die Welt der Einzeldinge erstehen, deren Materialität illusorisch ist. Wenn es hieß, Gott habe die Dinge aus dem Nichts erschaffen, so ist unter diesem »Nichts« Gott selbst zu verstehen, in dem Sinne, daß er jenseits aller Erkenntnis ist.

Die Schöpfung ist ein ewiger Vorgang: die Substanz aller endlichen Dinge ist Gott. Das Geschöpf ist kein von Gott verschiedenes Wesen. Das Geschöpf besteht in Gott, und Gott offenbart sich selbst in dem Geschöpf auf unaussprechliche Weise. »Die Heilige Dreieinigkeit liebt sich in uns und in sich selbst«;[7] sie erblickt und bewegt sich selbst.

Die Sünde entspringt der Freiheit: sie entstand, weil der Mensch sich seinem Ich und nicht Gott zuwandte. Das Böse hat seinen Ursprung nicht in Gott, denn bei Gott gibt es die Idee des Bösen nicht. Das Böse ist nicht existent und hat keinen Grund; denn hätte es einen Grund, so wäre es notwendig. Das Böse ist ein Mangel an Gutem.

Der Logos ist das Prinzip, welches das Viele auf das Eine und den Menschen zu Gott zurückführt; er ist also der Erlöser der Welt. Durch die Vereinigung mit Gott wird der Teil des Menschen, der die Vereinigung bewirkt, göttlich.

Im Gegensatz zu den Aristotelikern leugnet Johannes die Substan-

---

6 Vergl. Bradley über das Unzureichende aller Erkenntnis. Er ist der Ansicht, daß keine Wahrheit ganz wahr, die beste erreichbare Wahrheit aber nicht intellektuell korrigierbar wäre.

7 Vergl. Spinoza.

tialität der Einzeldinge. Plato nennt er die Gipfelerscheinung aller Philosophen. Doch leitet er indirekt die ersten drei Seinsarten von Aristoteles' bewegendem Unbewegten, bewegendem Bewegten und bewegtem Nichtbewegenden ab. Die vierte Seinsart in Johannes' System, die weder erschafft noch erschaffen ist, wurzelt in der Lehre des Dionysius, daß alle Dinge zu Gott zurückkehren.

Daß Johannes Scotus nicht rechtgläubig war, geht aus der obigen Zusammenstellung klar hervor. Sein Pantheismus, der die substantielle Wirklichkeit der Dinge leugnet, widerspricht der christlichen Lehre. Seine Deutung der Schöpfung aus dem Nichts könnte kein vorsichtiger Theologe gelten lassen. In seiner Auffassung der Dreieinigkeit ähnelt er stark Plotin, wahrt jedoch nicht die Gleichheit der drei Personen, obwohl Johannes bemüht ist, sich in diesem Punkt nicht zu exponieren. Seine geistige Unabhängigkeit, die in diesen Ketzereien zutage tritt, ist für das neunte Jahrhundert überraschend. In Irland war vielleicht seine neuplatonische Auffassung etwas so Übliches wie bei den griechischen Kirchenvätern des vierten und fünften Jahrhunderts. Wenn wir mehr über das irische Christentum vom fünften bis zum neunten Jahrhundert wüßten, würden wir Johannes Scotus möglicherweise weniger erstaunlich finden. Andererseits könnte es sein, daß das meiste von dem, was bei ihm ketzerisch ist, dem Einfluß des Pseudo-Dionysius zugeschrieben werden muß, der wegen seiner angeblichen Beziehung zu Paulus fälschlich als orthodox galt.

Seine Anschauung, die Schöpfung sei zeitlos, ist natürlich auch ketzerisch und zwingt ihn zu erklären, daß der Schöpfungsbericht der Genesis allegorisch zu verstehen sei. Das Paradies und der Sündenfall sind nicht wörtlich zu nehmen. Wie allen Pantheisten macht ihm die Sünde Schwierigkeiten. Er ist der Auffassung, daß der Mensch ursprünglich frei von Sünde gewesen sei, und ohne Sünde kannte er auch keinen Unterschied der Geschlechter. Das widerspricht natürlich dem Wort »und er schuf einen Mann und ein Weib«. Nach Johannes war es nur eine Folge der Sünde, daß die Menschheit in Männer und Frauen geschieden wurde. Im Weib verkörpert sich des Mannes sinnliche und gefallene Natur. Schließlich wird der Unterschied der Geschlechter wieder verschwinden, und wir werden einen rein geistigen Körper haben.[8] Sünde ist irregeleiteter Wille, ist die fälschliche Annahme, etwas sei gut, das nicht gut ist. Daß sie bestraft wird, ist natürlich; diese Strafe besteht in der Entdeckung, daß sündige Wünsche eitel sind. Aber die Strafe währt nicht ewig. Wie Origenes vertritt Johannes die Auffassung, daß sogar die Teufel erlöst werden, wenn auch später als andere Wesen.

Johannes' Übersetzung des Pseudo-Dionysius hatte großen, sein Magnum Opus über die Einteilung der Natur jedoch nur sehr geringen

---

8 Anders Augustin.

Einfluß auf das mittelalterliche Denken. Es wurde wiederholt als ketzerisch verdammt; und schließlich ordnete Papst Honorius III. im Jahre 1225 an, alle Abschriften davon zu verbrennen. Glücklicherweise wurde sein Befehl nicht strikt ausgeführt.

9. KAPITEL

Die Kirchenreform im elften Jahrhundert

Seit dem Ende des Westreichs machte Europa im elften Jahrhundert zum erstenmal einen raschen Fortschritt, der später nicht wieder verlorenging. Auch während der karolingischen Renaissance war es zu einer gewissen Weiterentwicklung gekommen, doch hatte sie sich nicht als dauerhaft erwiesen. Die Aufwärtsbewegung im elften Jahrhundert jedoch war vielseitig und von Bestand. Sie begann mit einer Reform des Mönchswesens; dann dehnte sie sich auf das Papsttum und die Herrschaft der Kirche aus; gegen Ende des Jahrhunderts gingen die ersten scholastischen Philosophen daraus hervor. Die Normannen hatten die Sarazenen aus Sizilien vertrieben; die Ungarn waren Christen geworden und stellten das Plündern ein; die Eroberungen der Normannen in Frankreich und England bewahrten diese Länder vor weiteren skandinavischen Einfällen. Die Architektur, die bislang barbarisch gewesen war, wo nicht byzantinischer Einfluß vorherrschte, nahm plötzlich einen großartigen Aufschwung. Das Bildungsniveau hob sich beim Klerus gewaltig und auch beträchtlich bei der Laienaristokratie.

Die Reformbewegung war in ihren Anfangsstadien nach Ansicht derer, die sie ins Leben gerufen hatten, ausschließlich aus moralischen Motiven entstanden. Der Klerus, und zwar sowohl die Ordensmitglieder als auch die weltlichen Geistlichen, waren auf Abwege geraten, und ernstdenkende Männer bemühten sich, sie zu veranlassen, sich in ihrer Lebensführung mehr nach ihren Lehren zu richten. Hinter diesem rein moralischen Motiv stand jedoch ein anderes, das man vielleicht anfangs nicht gewahrte, das aber allmählich immer stärker zutage trat: die Absicht, eine vollständige Trennung zwischen Klerus und Laientum durchzuführen und einen Machtzuwachs der Geistlichkeit zu bewirken. Naturgemäß mußte der Sieg der Kirchenreform geradewegs zu einem heftigen Konflikt zwischen Kaiser und Papst führen.

Die Priester waren in Ägypten, Babylonien und Persien, nicht aber in Griechenland oder Rom eine besondere und mächtige Kaste gewesen. Mit Entstehen der christlichen Kirche hatte sich langsam der Abstand zwischen Klerus und Laientum entwickelt; wenn wir im Neuen Testament von »Bischöfen« lesen, so besitzt das Wort nicht die Bedeutung, die es heute für uns gewonnen hat. Die Trennung der Geistlichkeit vom übrigen Volk hatte zwei Aspekte, einen dogmatischen und einen politischen; der politische war von dem dogmatischen bedingt. Die Geistlichkeit verfügte über gewisse übernatürliche Kräfte, vor allem im Zusammenhang mit den Sakramenten – mit Ausnahme der Taufe, die auch von Laien durchgeführt werden konnte. Ohne die

Geistlichkeit waren Eheschließungen, Absolutionen und Letzte Ölung unmöglich. Noch wichtiger war im Mittelalter die Transsubstantiation: nur durch einen Priester konnte sich das Wunder der Messe vollziehen. Erst im elften Jahrhundert, und zwar im Jahre 1079, wurde die Lehre von der Transsubstantiation ein Glaubensartikel, obwohl man schon lange ganz allgemein daran geglaubt hatte.

Dank ihrer übernatürlichen Kräfte konnten die Priester bestimmen, ob ein Mensch die Ewigkeit im Himmel oder in der Hölle zu verbringen hätte. Starb er, während er exkommuniziert war, kam er in die Hölle; starb er, nachdem der Priester das ganze Zeremoniell in gehöriger Form vollzogen hatte, konnte er schließlich in den Himmel kommen, vorausgesetzt, daß er regelrecht gebeichtet und bereut hatte. Bevor er aber in den Himmel einging, mußte er eine gewisse Zeit – vielleicht sogar recht lange – die Qualen des Fegefeuers erdulden. Die Priester vermochten diese Frist abzukürzen, indem sie Messen für seine Seele lasen, was sie gegen angemessene Bezahlung zu tun bereit waren.

Wohlverstanden, an all das glaubten Priester und Laien aufrichtig und fest; es war nicht nur ein Glaube, zu dem man sich offiziell bekannte. Wieder und wieder siegten die Geistlichen durch diese übernatürlichen Kräfte über mächtige Fürsten, hinter denen ein Heer stand. Zweierlei beeinträchtigte jedoch diese Macht: rückhaltlose Leidenschaftsausbrüche auf seiten wütender Laien und Spaltungen innerhalb der Geistlichkeit. Die Bewohner Roms zeigten bis zur Zeit Gregors VII. wenig Respekt vor der Person des Papstes. Sie wollten ihn verschleppen, einkerkern, vergiften oder bekämpfen, sooft ihre heftigen Parteizwistigkeiten sie zu derartigem Vorgehen drängten. Wie aber ließ sich das mit ihrem Glauben in Einklang bringen? Zum Teil erklärt sich ihre Einstellung aus einem völligen Mangel an Selbstbeherrschung, zum Teil aber auch aus der Erwägung, daß man ja auf dem Sterbebett bereuen könne. Weniger in Rom als anderwärts machte sich noch ein weiterer Grund geltend, daß nämlich die Könige die Bischöfe ihres Reiches ihrem Willen gefügig machen und sich somit hinreichend priesterliche Magie sichern konnten, um sich vor der Verdammnis zu bewahren. Kirchliche Disziplin und ein einiges Kirchenregiment waren daher für die Macht des Klerus eine unerläßliche Voraussetzung. Diese Ziele wurden im Lauf des elften Jahrhunderts im Rahmen und als Bestandteil einer moralischen Reformation der Geistlichkeit klargestellt und erreicht.

Die Macht der Geistlichkeit als Ganzes konnte nur durch beträchtliche Opfer von seiten einzelner Geistlicher erkauft werden. Die beiden großen Übel, gegen die jeder Kirchenreformer mit aller Energie vorging, waren Simonie und Konkubinat. Über beide ist etwas zu sagen.

Dank der Wohltätigkeit der Frommen war die Kirche reich geworden. Viele Bischöfe hatten ungeheure Besitzungen, und selbst die Pfarrer konnten in der Regel ein für damalige Zeit angenehmes Leben führen. Bischöfe zu ernennen war gewöhnlich Sache der Könige, zuweilen aber auch eines Angehörigen des untergeordneten Feudaladels. Es war üblich, daß der König die Bistümer verkaufte; praktisch sicherte er sich dadurch einen wesentlichen Teil seines Einkommens. Der Bischof seinerseits veräußerte alle höheren geistlichen Ämter, über die er verfügen konnte. Daraus wurde kein Geheimnis gemacht. Gerbert (Sylvester II.) charakterisiert die Bischöfe mit ihren eigenen Aussprüchen: »Ich habe Gold gegeben und das Episkopat erhalten; aber ich brauche mir keine Sorgen zu machen, wie ich es wiederbekomme, wenn ich es nur richtig anstelle. Ich ordiniere einen Priester und erhalte Gold; ich bestelle einen Diakon und bekomme einen Haufen Silber. Siehe da, das Gold, das ich fortgab, habe ich unvermindert wieder in meiner Börse.«[1] Peter Damian in Mailand stellte 1059 fest, daß jeder Kleriker in der Stadt, vom Erzbischof an abwärts, sich der Simonie schuldig gemacht hätte. Und das war keineswegs ein Ausnahmezustand.

Die Simonie war zweifellos eine Sünde, doch blieb das nicht der einzige Einwand, der sich gegen sie erheben ließ. Sie war die Veranlassung, daß die geistlichen Ämter nach der Finanzlage und nicht nach den Verdiensten des Kandidaten vergeben wurden; sie stärkte die Laienautorität bei der Ernennung von Bischöfen und die Unterwürfigkeit der Bischöfe gegenüber weltlichen Herrschern; ihr Bestreben ging dahin, das Episkopat dem Feudalsystem einzugliedern. Überdies war natürlich jeder, der sich ein Episkopat erkauft hatte, darauf bedacht, sich schadlos zu halten, so daß ihn meist weltliche Interessen stärker in Anspruch nahmen als geistliche. Aus diesem Grunde war die Kampagne gegen die Simonie ein unerläßlicher Bestandteil des kirchlichen Kampfes um die Macht.

Sehr ähnliche Erwägungen spielten in der Frage des geistlichen Zölibats eine Rolle. Die Reformatoren des elften Jahrhunderts bezeichneten sehr oft als »Konkubinat«, was richtiger »Ehe« genannt worden wäre. Die Mönche waren selbstverständlich durch ihre Keuschheitsgelübde von der Ehe ausgeschlossen, der weltlichen Geistlichkeit aber war sie nicht ausdrücklich verboten. Die morgenländische Kirche gestattete es zu dieser Zeit den Priestern, zu heiraten. Im Abendland waren während des elften Jahrhunderts die meisten Pfarrer verheiratet. Die Bischöfe für ihr Teil beriefen sich auf das Paulus-Wort: »Es soll aber ein Bischof unsträflich sein, eines Weibes Mann.«[2] Die Folgen waren hier nicht so eindeutig moralischer Art wie bei der Simonie; wenn man aber auf dem geistlichen Zölibat bestand, so lagen dafür politische Gründe vor, die den Motiven für den Kampf gegen die Simonie sehr ähnlich waren.[3]

1 *Cambridge Medieval History*, V, Kap. 10.
2 I. Timotheus, III, 2.
3 Vergl. Henry C. Lea, *The History of Sacerdotal Celibacy.*

Verheiratete Priester versuchten natürlich, kirchliches Eigentum auf ihre Söhne zu übertragen. Das konnten sie auf legale Weise tun, wenn ihre Sohne Priester wurden; daher war es eine der ersten Maßnahmen der Reformpartei, nachdem sie die Macht erlangt hatte, die Ordination von Priestersöhnen zu verbieten.[4] In dem Wirrwarr der damaligen Zeiten bestand aber dennoch die Gefahr, daß die Priester, wenn sie Söhne hatten, Mittel und Wege fanden, auf illegale Weise Teile des Kirchengebietes zu veräußern. Zu dieser wirtschaftlichen Erwägung kam noch der Umstand, daß ein Priester, der wie seine Nachbarn Familienvater war, diesen fast wie ihresgleichen erschien. Zumindest vom fünften Jahrhundert an wurde das Zölibat stark bewundert, und wenn die Geistlichen die Ehrfurcht gebieten sollten, auf der ihre Macht beruhte, dann war es höchst vorteilhaft, wenn sie sich offensichtlich von anderen Menschen durch ihren Verzicht auf die Ehe unterschieden. Die Reformatoren selbst glaubten zweifellos aufrichtig, daß der Ehestand, wenn auch nicht ausgesprochen sündig, so doch etwas Minderes sei als das Zölibat und nur ein Zugeständnis an die Schwäche des Fleisches bedeute. Paulus sagt: »So sie aber sich nicht enthalten, so laß sie freien«;[5] ein wahrhaft heiliger Mann aber sollte der »Enthaltsamkeit« fähig sein. Deshalb ist das geistliche Zölibat für die moralische Autorität der Kirche wesentlich.

Nach diesen allgemeinen einführenden Worten wollen wir zu der eigentlichen Geschichte der Reformbewegung in der Kirche des elften Jahrhunderts übergehen.

Ihre Anfänge reichen zurück auf die Gründung der Abtei von Cluny durch Wilhelm den Frommen, Herzog von Aquitanien, im Jahre 910. Diese Abtei war von Anbeginn an unabhängig von jeder äußeren Autorität mit Ausnahme der päpstlichen; zudem unterstanden dem Abt noch andere Klöster, die Cluny ihre Entstehung verdankten. Zu jener Zeit waren die meisten Klöster reich und nicht regelstreng; Cluny jedoch war, wenn auch nicht übertrieben asketisch, so doch sehr darauf bedacht, Sitte und Anstand zu wahren. Odo, der zweite Abt, ging nach Italien und erhielt die Aufsicht über verschiedene römische Klöster. Er war nicht immer erfolgreich: »Farfa, von einem Schisma zwischen zwei rivalisierenden Äbten zerrissen, die ihren Vorgänger umgebracht hatten, widersetzte sich der Einführung von Cluniazensermönchen durch Odo und entledigte sich durch Gift des Abts, den Alberich mit Waffengewalt eingesetzt hatte.«[6] (Alberich war der römische Herrscher, der Odo eingeladen hatte.) Im zwölften Jahrhundert erlahmte Clunys reformatorischer Eifer. Der heilige Bernhard tadelte seine schöne Bau-

---

4 1046 wurde dekretiert, daß der Sohn eines Geistlichen nicht Bischof werden, später, daß er nicht in den geistlichen Stand treten dürfe.
5 I. Korinther, VII, 9.
6 *Cambridge Medieval History*, V, S. 662.

kunst; wie alle wahrhaft ernsten Menschen jener Zeit sah er in prächtigen kirchlichen Bauten ein Zeichen sündigen Stolzes.

Während des elften Jahrhunderts gründeten Reformatoren verschiedene andere Orden. Im Jahre 1012 stiftete Romuald, ein asketischer Eremit, den Kamaldulenserorden; Peter Damian, auf den wir in Kürze zu sprechen kommen werden, war einer seiner Anhänger. Der Kartäuserorden, der stets streng war und blieb, wurde 1084 von Bruno von Köln gegründet. In den Zisterzienserorden, der 1098 entstand, trat im Jahre 1113 der heilige Bernhard ein. Dieser Orden hielt sich streng an die Benediktinerregel. Bunte Glasfenster waren verboten. Zur Arbeit wurden *Conversi* oder Laienbrüder eingestellt. Diese Männer legten die Gelübde ab, durften jedoch nicht lesen und schreiben lernen; sie wurden hauptsächlich in der Landwirtschaft beschäftigt, aber auch mit anderen Arbeiten betraut, beispielsweise bei Bauten. Fountains Abbey in Yorkshire ist zisterziensisch – eine beachtliche Leistung für Menschen, die jegliche Schönheit für Teufelswerk hielten.

Wie wir an Farfa sahen, das durchaus kein Einzelfall war, bedurften die Mönchsreformer großen Muts und starker Tatkraft. Wo sie Erfolg hatten, waren sie von weltlicher Autorität unterstützt worden. Diese Männer vor allem und ihre Nachfolger ermöglichten die Reform zunächst des Papsttums und dann der gesamten Kirche.

Anfangs war die Reform des Papsttums jedoch in erster Linie ein Werk des Kaisers. Der letzte dynastische Papst, Benedikt IX., wurde im Jahre 1032 gewählt und soll damals erst zwölf Jahre alt gewesen sein. Er war der Sohn Alberichs von Tuskulum, dem wir schon im Zusammenhang mit Abt Odo begegnet sind. Mit den Jahren wurde er immer ausschweifender und erregte sogar bei den Römern Anstoß. Schließlich ging seine Zügellosigkeit so weit, daß er beschloß, auf die Papstwürde zu verzichten, um zu heiraten. Er verkaufte sie seinem Paten, der auf diese Weise Gregor VI. wurde. Dieser Mann, obwohl durch Simonie zum Papst erhoben, war ein Reformator, ein Freund Hildebrands (Gregors VII.). Die allzu skandalöse Art, wie er zur Papstwürde gelangt war, konnte jedoch nicht geduldet werden. Der junge Kaiser Heinrich III. (1039–1056) erwies sich als frommer Reformator, der die Simonie unter großem Verlust für sein Einkommen abgeschafft, sich aber das Recht vorbehalten hatte, Bischöfe zu ernennen. Im Jahre 1046 kam er, zweiundzwanzigjährig, nach Italien und setzte Gregor VI. wegen Simonie ab.

Heinrich III. bewahrte sich während seiner ganzen Regierungszeit die Macht, Bischöfe zu ernennen und abzusetzen; er machte aber davon weisen Gebrauch im Interesse der Reform. Nachdem er sich Gregors VI. entledigt hatte, ernannte er einen deutschen Bischof, Suitger von Bamberg, zum Papst; die Römer verzichteten auf ihr Wahlrecht, das sie beansprucht, oft ausgeübt, aber fast immer schlecht gehandhabt hatten. Der neue Papst starb im darauffolgenden Jahr, und auch der nächste, der vom Kaiser benannt wurde, verschied fast unmittelbar darauf – an Gift, wie es hieß. Heinrich III. machte nun einen seiner Verwandten, Bruno von Toul, zum Papst Leo IX. (1049–1054). Er war ein ernsthafter Reformator, der viel reiste und zahlreiche Konzilien abhielt; er wollte die Normannen in Süditalien bekämpfen, hatte aber damit kein Glück. Hildebrand war sein Freund, sein Schüler, wie man fast sagen könnte. Bei seinem Tode ernannte der Kaiser noch einen Papst. Gebhard von Eichstätt, der 1055 Victor II. wurde. Aber der Kaiser starb im nächstfolgenden Jahr und der Papst ein Jahr darauf. Von diesem Zeitpunkt an gestalteten sich die Beziehungen zwischen Kaiser und Papst weniger freundlich. Der Papst, der mit Heinrichs III. Hilfe moralische Autorität gewonnen hatte, beanspruchte erst Unabhängigkeit vom Kaiser, dann dessen Unterordnung. So begann der große Konflikt, der zweihundert Jahre währte und mit der Niederlage des Kaisers endete. Von höherer Warte gesehen, war daher Heinrichs III. auf Reform des Papsttums gerichtete Politik vielleicht kurzsichtig.

Der nächste Kaiser, Heinrich IV., regierte fünfzig Jahre (1066–1106). Anfangs, als er noch minderjährig war, übte seine Mutter, die Kaiserin Agnes, die Regentschaft aus. Stephan IX. war ein Jahr lang Papst; als er starb, wählten die Kardinäle einen Nachfolger, während die Römer wieder auf ihren Rechten bestanden, die sie aufgegeben hatten, und einen anderen erhoben. Die Kaiserin stand auf seiten der Kardinäle; der von ihnen Vorgeschlagene nahm den Namen Nikolaus II. an. Obwohl er nur drei Jahre lang amtierte, war diese Zeit doch von Bedeutung. Er schloß Frieden mit den Normannen und machte dadurch das Papsttum unabhängiger vom Kaiser. Zu seiner Zeit wurden die Formalitäten der Papstwahl durch ein Dekret festgelegt; danach vollzogen die Wahl zuerst die Kardinalbischöfe, dann die anderen Kardinäle und zuletzt die Geistlichkeit und das römische Volk; dessen Teilnahme jedoch war, wie sich denken läßt, rein formal. In Wirklichkeit hatten die Kardinalbischöfe den Papst zu wählen. Die Wahl sollte, wenn möglich, in Rom stattfinden, konnte aber auch anderwärts vor sich gehen, wenn besondere Umstände sie in Rom schwierig oder unerwünscht machten. Der Kaiser hatte bei der Wahl überhaupt nicht mitzureden. Dieses Dekret, das erst nach Kämpfen anerkannt wurde, war ein wesentlicher Schritt auf dem Wege der Emanzipation des Papsttums von der Laienherrschaft.

Nikolaus II. bestimmte in einem weiteren Dekret, daß in Zukunft Ordinationen von Geistlichen, die sich der Simonie schuldig gemacht hatten, ungültig sein sollten. Diesem Dekret wurde keine rückwirkende Kraft verliehen, da es sonst die überwiegende Mehrheit der Ordinationen amtierender Priester aufgehoben hätte.

Während des Pontifikats von Nikolaus II. setzte in Mailand ein interessanter Kampf ein. Der Erzbischof beanspruchte nach ambrosianischer Tradition eine gewisse Unabhängigkeit vom Papst. Er und sein

Klerus waren mit der Aristokratie im Bunde und widersetzten sich heftig jeder Reform. Der Kaufmannsstand und die niederen Klassen verlangten dagegen, daß die Geistlichkeit fromm sei; das Volk rottete sich zusammen und forderte das geistliche Zölibat; es entstand gegen den Erzbischof und seine Partei die starke Reformbewegung der sogenannten »Patarener«. Im Jahre 1059 sandte der Papst zur Unterstützung der Reform den bedeutenden Peter Damian als seinen Legaten nach Mailand. Damian war der Verfasser einer Abhandlung »*Von der göttlichen Allmacht*«, in der er die Ansicht vertrat, Gott könne dem Gesetz der Unvereinbarkeit entgegenhandeln und die Vergangenheit ungeschehen machen. (Diese Auffassung wurde vom heiligen Thomas verworfen und galt seither als nichtorthodox.) Er lehnte die Dialektik ab und nannte die Philosophie die Magd der Theologie. Er war, wie wir gesehen haben, ein Anhänger des Eremiten Romuald und übernahm nur sehr widerstrebend derartige Aufträge. Sein Ruf als Heiliger war jedoch von so großem Wert für das Papsttum, daß alles aufgeboten wurde, um ihn zu bewegen, die Reformkampagne zu unterstützen, und so ging er auf die Vorstellungen des Papstes ein. Im Jahre 1059 hielt er in Mailand vor den versammelten Klerikern eine Rede gegen die Simonie. Zuerst waren sie so empört, daß sein Leben in Gefahr schien; endlich überwand er sie jedoch mit seiner Beredsamkeit, und unter Tränen bekannten sie sich samt und sonders schuldig. Überdies versprachen sie ihm Gehorsam gegenüber Rom. Unter dem nächsten Papst entstand ein Disput mit dem Kaiser über das Erzbistum Mailand, wobei der Papst mit Hilfe der Patarener schließlich siegte.

Beim Tode Nikolaus' II. im Jahre 1061 kam es zwischen dem mittlerweile mündig gewordenen Heinrich IV. und den Kardinälen zu einem Streit um die päpstliche Nachfolge. Der Kaiser hatte das Wahldekret nicht anerkannt und war nicht geneigt, auf seine Rechte an der Papstwahl zu verzichten. Drei Jahre lang währte der Streit; dann aber blieb es bei der Kardinalswahl, ohne daß es in der Kraftprobe zwischen Kaiser und Kurie zu einer Entscheidung kam. Den Ausschlag gaben die unbestreitbaren Verdienste des von den Kardinälen vorgeschlagenen Papstes, eines Mannes, der Tugend und Erfahrung in sich vereinte; er war ehemaliger Schüler Lanfrancs (des späteren Erzbischofs von Canterbury). Nach dem Tode dieses Papstes, Alexanders II., im Jahre 1073 kam es zur Wahl Hildebrands (Gregors VII.).

Gregor VII. (1073–1085) war einer der bedeutendsten Päpste und schon lange eine prominente Persönlichkeit gewesen. Auf die päpstliche Politik hatte er bereits großen Einfluß gehabt. Ihm war es zu danken, daß Alexander II. dem englischen Unternehmen Wilhelms des Eroberers seinen Segen gab; er begünstigte die Normannen in Italien wie im Norden. Gregor VI., der die Papstwürde kaufte, um die Simonie bekämpfen zu können, hatte ihn protegiert; nach der Absetzung dieses Papstes lebte Hildebrand zwei Jahre lang in der Verbannung. Den Rest seines Lebens verbrachte er fast ganz in Rom. Er war kein Gelehrter, jedoch weitgehend von Augustin inspiriert, dessen Lehren er aus zweiter Hand durch den von ihm sehr bewunderten Gregor den Großen kennengelernt hatte. Als Papst hielt er sich dann für den Wortführer Petri. Dadurch stieg sein Selbstvertrauen in einem Maße, das nach weltlichen Begriffen nicht gerechtfertigt war. Er gestand auch der Autorität des Kaisers göttlichen Ursprung zu: anfangs verglich er Kaiser und Papst mit zwei Augen, später, als er mit dem Kaiser in Streit lag, mit Sonne und Mond, wobei selbstverständlich der Papst die Sonne war. Der Papst mußte als höchste moralische Autorität das Recht haben, gegebenenfalls einen unmoralischen Kaiser abzusetzen. Und nichts konnte unmoralischer sein als Widersetzlichkeit gegen den Papst. Das alles war seine aufrichtige und feste Überzeugung.

Stärker als jeder seiner päpstlichen Vorgänger setzte sich Gregor VII. dafür ein, das geistliche Zölibat zu erzwingen. In Deutschland rebellierte die Geistlichkeit dagegen und neigte unter anderem aus diesem Grunde dazu, sich auf die Seite des Kaisers zu stellen. Das Laientum jedoch war allenthalben für das Zölibat seiner Priester. Gregor hetzte es zum Aufruhr gegen die verheirateten Geistlichen und ihre Frauen, wobei häufig beide brutale Grausamkeiten zu erdulden hatten. Er forderte vom Laientum, der Messe fernzubleiben, wenn sie von einem widerspenstigen Priester zelebriert würde. Er erklärte die Sakramente der verheirateten Geistlichen für ungültig und untersagte solchen Priestern in einem Dekret, die Kirche zu betreten. Das alles erweckte beim Klerus Opposition, während es bei den Laien Unterstützung fand; selbst in Rom, wo das Leben der Vorgänger Gregors meist gefährdet gewesen war, liebte ihn das Volk.

Zur Zeit Gregors begann der große »Investitur«-Streit. Wenn ein Bischof geweiht wurde, belehnte man ihn mit Ring und Stab als den Symbolen seines Amtes. Sie wurden ihm vom Kaiser oder König (je nachdem, wo der Vorgang stattfand) als dem obersten Lehnsherrn übergeben. Gregor bestand auf Übergabe durch den Papst. Der Streit hing mit dem Bestreben zusammen, die geistliche von der feudalen Hierarchie zu trennen. Er währte lange Zeit; schließlich ging jedoch das Papsttum als uneingeschränkter Sieger daraus hervor.

Der Kampf, der Canossa zur Folge hatte, begann mit einer Auseinandersetzung über das Erzbistum Mailand. Im Jahre 1075 ernannte der Kaiser im Einverständnis mit den Suffraganbischöfen einen Erzbischof; der Papst sah darin eine Verletzung seiner Vorrechte und drohte, den Kaiser zu exkommunizieren und abzusetzen. Der Kaiser rächte sich durch Einberufung eines Bischofskonzils nach Worms, wo die Bischöfe ihrem Gehorsam gegen den Papst abschworen. Sie schrieben ihm einen Brief und beschuldigten ihn des Ehebruchs, des Meineids und (was schlimmer als beides war) der Mißhandlung von Bischöfen. Auch der Kaiser sandte ihm ein Schreiben, worin er für sich das Recht in Anspruch nahm, über alle irdische Gerichtsbarkeit erhaben zu sein. Der Kaiser und seine Bischöfe erklärten Gregor für abgesetzt; Gregor sprach den Bann über den Kaiser und seine Bischöfe aus und erklärte *sie* für amtsenthoben. Nun konnte das Schauspiel beginnen.

Im ersten Akt siegte der Papst. Die Sachsen, die sich zuvor gegen Heinrich IV. aufgelehnt und dann Frieden mit ihm geschlossen hatten, empörten sich aufs neue; die deutschen Bischöfe versöhnten sich mit Gregor. Fast die ganze Welt nahm Anstoß daran, wie der Kaiser den Papst behandelte. Infolgedessen beschloß Heinrich im darauffolgenden Jahr (1077), den Papst um Absolution zu bitten. Mitten im tiefen Winter ging er mit seiner Gemahlin, seinem kleinen Sohn und einigen wenigen Begleitern über den Mont-Cenis-Paß und erschien als Bittsteller vor dem Schloß von Canossa, in dem sich der Papst befand. Drei Tage lang ließ ihn der Papst barfuß im Büßergewand warten. Schließlich wurde ihm Einlaß gewährt. Nachdem er seine Reue zum Ausdruck gebracht und geschworen hatte, in Zukunft den Weisungen des Papstes bei der Behandlung seiner deutschen Gegner zu folgen, wurde ihm verziehen und der Bann aufgehoben.

Der Sieg des Papstes war jedoch eine Illusion. Er hatte sich nach den Regeln seiner eigenen Theologie einfangen lassen, deren eine für jeden reuigen Sünder Absolution vorschrieb. So seltsam es klingt, er hatte sich von Heinrich einwickeln lassen und seine Reue für aufrichtig gehalten. Bald wurde ihm sein Irrtum klar. Er konnte nicht länger Heinrichs deutsche Gegner unterstützen, die sich von ihm verraten fühlten. Von da an begannen sich die Dinge gegen ihn zu wenden.

Heinrichs deutsche Antagonisten wählten einen Gegenkönig namens Rudolf. Obwohl der Papst sich für zuständig hielt, zwischen Heinrich und Rudolf zu entscheiden, weigerte er sich zunächst, sich festzulegen. Als er sich im Jahre 1080 davon überzeugt hatte, daß Heinrichs Reue unaufrichtig gewesen war, entschied er sich schließlich für Rudolf. Inzwischen hatte Heinrich jedoch die Mehrzahl seiner Gegner in Deutschland besiegt, durch seine geistlichen Anhänger einen Gegenpapst wählen lassen und kam 1084 mit ihm nach Rom. Der Gegenpapst krönte ihn pflichtgemäß; dann aber mußten sich beide schleunigst zurückziehen, da die Normannen zur Unterstützung Gregors heranrückten. Sie plünderten Rom erbarmungslos und nahmen Gregor mit sich. Er blieb praktisch ihr Gefangener bis zu seinem Tode im nächsten Jahr.

Demnach hatte seine Politik mit einer Katastrophe geendet. In Wirklichkeit führten sie jedoch seine Nachfolger in gemäßigter Form fort. Für den Augenblick brachte man einen dem Papsttum günstigen Kompromiß zustande, aber im Grunde genommen gab es in diesem Konflikt keine Ausgleichsmöglichkeit. Sein weiterer Verlauf wird in späteren Kapiteln behandelt werden.

Nun noch ein paar Worte über das Wiederaufleben des Denkens im elften Jahrhundert. Das zehnte Jahrhundert hatte überhaupt keine Philosophen aufzuweisen mit Ausnahme von Gerbert (Papst Sylvester II., 999–1003), und selbst er war mehr Mathematiker als Philosoph. Im Laufe des elften Jahrhunderts jedoch begannen Männer von wirklich hohem philosophischem Rang hervorzutreten. Darunter sind Anselm und Roscellin am bedeutendsten gewesen; aber auch andere sind erwähnenswert. Es waren durchweg Mönche, die mit der Reformbewegung in Zusammenhang standen.

Peter Damian, der älteste von ihnen, wurde bereits genannt. Berengar von Tours (gestorben 1086) ist insofern interessant, als er so etwas wie ein Rationalist war. Er behauptete, die Vernunft stünde über der Autorität, und berief sich zur Bekräftigung seiner Ansicht auf Johannes Scotus, den man deswegen posthum verdammte. Berengar leugnete die Transsubstantiation und wurde zweimal gezwungen, zu widerrufen. Lanfranc bekämpfte Berengars Häresie in seinem Buch *De corpore et sanguine Domini*. Lanfranc war in Pavia geboren, studierte in Bologna Rechtswissenschaft und entwickelte sich zu einem Dialektiker ersten Ranges. Aber er gab die Dialektik um der Religion willen auf und trat in das Kloster von Bec in der Normandie ein, wo er eine Schule leitete. Im Jahre 1070 machte ihn Wilhelm der Eroberer zum Erzbischof von Canterbury.

Der heilige Anselm war, wie Lanfranc, Italiener, Mönch in Bec und Erzbischof von Canterbury (1093–1109). Als solcher folgte er den Grundsätzen Gregors VII. und überwarf sich mit dem König. Er ist hauptsächlich als Erfinder des »ontologischen Beweises« für die Existenz Gottes berühmt geworden. In seiner Formulierung lautet dieser Beweis etwa folgendermaßen: Wir definieren Gott als das Größte, was denkbar ist. Wenn nun etwas, das sich denken läßt, nicht existiert, dann ist etwas anderes, das ihm genau gleicht und existiert, größer. Daher muß das Größte, das sich denken läßt, auch sein, sonst wäre etwas anderes, noch Größeres möglich. Infolgedessen ist Gott.

Dieses Argument haben die Theologen niemals gelten lassen. Es wurde zur damaligen Zeit scharf kritisiert; dann geriet es bis zur zweiten Hälfte des dreizehnten Jahrhunderts in Vergessenheit. Thomas von Aquino verwarf es, und seine Autorität war seither unter den Theologen stets ausschlaggebend. Bei den Philosophen jedoch fand der Beweis eine bessere Aufnahme. Descartes ließ ihn in etwas verbesserter Form wiederaufleben; Leibniz glaubte ihn stichhaltig machen zu können, als er den ergänzenden Beweis, daß Gott *möglich* sei, hinzufügte. Kant meinte mit ihm ein für allemal aufgeräumt zu haben. Dennoch liegt er in gewissem Sinne dem System Hegels und seiner Nachfolger zugrunde, und in Bradleys Satz: »Was sein kann und sein muß, das ist«, erscheint er aufs neue.

Ein Beweis mit so berühmter Geschichte ist selbstverständlich respektvoll zu behandeln, ob er nun gültig ist oder nicht. Die eigentliche Frage lautet: Gibt es etwas, das wir denken können und dessen Existenz außerhalb unseres Denkens sich durch die bloße Tatsache beweisen läßt, daß wir es denken können? Jeder Philosoph würde die Frage gern bejahen, denn Aufgabe des Philosophen ist es, Probleme der Welt nicht durch Beobachtung, sondern durch Denken zu erforschen. Wenn die Frage zu bejahen ist, dann führt eine Brücke vom reinen Denken zu den Dingen, nicht aber, wenn sie verneint wird. In dieser Verallgemeinerung verwendet Plato eine Art ontologischen Beweises, um die objektive Realität von Ideen zu erklären. Aber erst Anselm hat den Beweis in unverhüllter logischer Reinheit aufgestellt. Was er an Reinheit gewann, das verlor er an Glaubwürdigkeit; aber auch das macht Anselm Ehre.

Im übrigen geht seine Philosophie hauptsächlich auf Augustin zurück, von dem sie viele platonische Elemente übernimmt. Er glaubt an Platos Ideen und leitet einen weiteren Gottesbeweis daraus ab. Er meint mit neuplatonischen Argumenten nicht nur Gott, sondern auch die Dreieinigkeit beweisen zu können. (Es sei daran erinnert, daß es auch bei Plotin eine Dreieinigkeit gibt, die von Christen allerdings nicht als orthodox angesehen werden kann.) Anselm stellt den Glauben über die Vernunft. »Ich glaube, um zu verstehen«, sagt er; wie Augustin ist er der Auffassung, daß Verständnis ohne Glauben unmöglich sei. Gott, sagt er, ist nicht *gerecht*, er ist vielmehr *die Gerechtigkeit*. Wir erinnern uns, daß Johannes Scotus etwas Ähnliches sagt. Der gemeinsame Ursprung ist Plato.

Der heilige Anselm steht wie seine christlich philosophischen Vorgänger stärker in der platonischen als in der aristotelischen Tradition. Aus diesem Grunde weist er nicht die besonderen philosophischen Charakteristika der sogenannten »Scholastik« auf, die in Thomas von Aquino gipfelt. Den Anfang dieser Philosophie kann man in Roscellin sehen, der, siebzehn Jahre jünger als Anselm, sein Zeitgenosse war; Roscellin soll in einem späteren Kapitel behandelt werden; mit ihm beginnt eine neue Entwicklung.

Wenn davon die Rede war, die mittelalterliche Philosophie sei bis zum dreizehnten Jahrhundert in der Hauptsache platonisch gewesen, so muß daran erinnert werden, daß Platos Werke mit Ausnahme eines *Timaios*-Fragments nur aus zweiter oder dritter Hand bekannt waren. Johannes Scotus beispielsweise wäre ohne Plato nicht zu den von ihm vertretenen Ansichten gelangt; das meiste jedoch, was bei ihm platonisch ist, stammt von dem Pseudo-Dionysius. Die Daten dieses Autors sind ungewiß; wahrscheinlich aber war er ein Schüler des Neuplatonikers Proklos. Mit gleicher Wahrscheinlichkeit ist aber anzunehmen, daß Johannes Scotus niemals etwas von Proklos gehört oder eine Zeile von Plotin gelesen hat. Neben dem Pseudo-Dionysius war Boëthius die zweite Quelle des Platonismus im Mittelalter. Dieser Platonismus unterschied sich in vielem von demjenigen, den ein moderner Forscher unmittelbar aus Platos eigenen Schriften ableitet. Er ließ fast alles fort, was sich nicht offensichtlich auf die Religion bezog, und verstärkte und unterstrich gewisse religionsphilosophische Aspekte auf Kosten anderer. Diesen Wandel in der Auffassung von Plato hatte schon Plotin bewirkt. Die Kenntnis des Aristoteles war ebenfalls fragmentarisch, wenn auch in entgegengesetztem Sinne: bis zum zwölften Jahrhundert waren von ihm nur die *Kategorien* und *De Emendatione* in der Übersetzung des Boëthius bekannt. So sah man in Aristoteles allein den Dialektiker und in Plato ausschließlich einen Religionsphilosophen und den Erfinder der Ideenlehre. Im Verlauf des späteren Mittelalters wurden diese unvollständigen Auffassungen allmählich berichtigt, besonders was Aristoteles betraf. Bei Plato jedoch kam dieser Prozeß erst in der Renaissance zum Abschluß.

10. KAPITEL

Mohammedanische Kultur und Philosophie

Die Angriffe auf das oströmische Reich, Afrika und Spanien unterschieden sich von denen der Barbaren des Nordens auf den Westen durch zweierlei: erstens hielt sich das oströmische Reich noch bis 1453 und überdauerte somit das weströmische um fast tausend Jahre; zweitens erfolgten Hauptangriffe auf das oströmische Reich durch Mohammedaner, die nach der Eroberung nicht das Christentum annahmen, sondern eine bedeutende eigene Kultur entwickelten.

Die Hedschra[1], mit der die mohammedanische Zeitrechnung beginnt, trug sich 622 n. Chr. zu; zehn Jahre später starb Mohammed. Unmittelbar nach seinem Tode begannen die Araber mit ihren Eroberungen und drangen außergewöhnlich schnell vor. Im Osten fielen sie 634 in Syrien ein und unterwarfen es innerhalb von zwei Jahren vollkommen. 637 griffen sie Persien an, 650 war es ganz in ihrer Hand. In Indien drangen sie 664 ein; Konstantinopel wurde 669 (und dann noch einmal 716/17) belagert. Die westwärts gerichtete Bewegung erfolgte nicht ganz so plötzlich. Ägypten wurde 642 erobert, Karthago erst 697 und Spanien mit Ausnahme eines kleinen Zipfels im Nordwesten 711/12 besetzt. Die Expansion im Abendland kam (von Sizilien und Süditalien abgesehen) durch die Niederlage der Mohammedaner in der Schlacht von Tours 732, genau hundert Jahre nach dem Tode des Propheten, zum Stillstand. (Die ottomanischen Türken, die schließlich Konstantinopel einnahmen, gehören einer späteren Periode an, mit der wir uns hier noch nicht beschäftigen.)

Verschiedene Umstände erleichterten die Ausdehnung. Persien und das Ostreich waren durch ihre langen Kriege erschöpft. Die Syrer wurden, da sie großenteils Nestorianer waren, von den Katholiken verfolgt, während die Mohammedaner alle christlichen Sekten unbehelligt ließen, wenn sie Tribut zahlten. Desgleichen waren die Eindringlinge den Monophysiten in Ägypten, das heißt der Masse der Bevölkerung, willkommen. In Afrika verbündeten sich die Araber mit den Berbern, die völlig zu unterwerfen den Römern nie gelungen war. Araber und Berber drangen gemeinsam in Spanien ein, wo die Juden sie unterstützten, die von den Westgoten hart verfolgt worden waren.

Der Glaube des Propheten war einfacher Monotheismus und nicht durch die ausgearbeiteten Dogmen der Dreieinigkeit und der Menschwerdung kompliziert. Der Prophet machte keinen Anspruch auf Göttlichkeit; auch seine Jünger wollten ihn nicht als göttlich angesehen wis-

---

1 Die Hedschra ist Mohammeds Flucht von Mekka nach Medina.

sen. Er führte das jüdische Verbot der Götzenbilder wieder ein und untersagte den Weingenuß. Pflicht des Gläubigen war es, soviel wie möglich von der Welt für den Islam zu erobern; doch durften Christen, Juden und die Anhänger Zoroasters nicht verfolgt werden – »die Völker des Buchs«, wie der Koran sie nennt, das heißt diejenigen, die nach der Lehre einer heiligen Schrift leben.

Arabien war großenteils Wüste und vermochte seine Bevölkerung immer weniger zu ernähren. Die ersten Eroberungen der Araber hatten daher zunächst den Charakter reiner Beutezüge und gingen erst dann in dauernde Besetzung über, wenn sich die Schwäche des Feindes einwandfrei herausgestellt hatte. Plötzlich, im Verlauf von einigen zwanzig Jahren, sahen sich Menschen, die an alle Entbehrungen einer kärglichen Existenz am Rande der Wüste gewöhnt waren, als Herren einiger der reichsten Gebiete der Welt und in der Lage, jeden Luxus zu genießen und sich alle Feinheiten einer alten Kultur zu eigen zu machen. Besser als die meisten Barbaren des Nordens widerstanden sie den Versuchungen, die eine solche Veränderung mit sich bringen mußte. Als sie ihr Reich ohne allzu schwere Kämpfe erworben hatten, war nur wenig zerstört und die Zivilverwaltung fast unverändert beibehalten worden. Sowohl in Persien als auch im byzantinischen Reich war sie vorzüglich organisiert. Die arabischen Stammesgenossen verstanden zunächst nichts von diesen komplizierten Dingen und bedienten sich notgedrungen weiter der geschulten Männer, die sie in den Ämtern vorgefunden hatten. Diese erklärten sich in der Mehrzahl widerspruchslos bereit, unter den neuen Herren weiter zu arbeiten. Auch erleichterte ihnen der Wechsel praktisch ihre Tätigkeit insofern, als sehr bedeutende Steuerermäßigungen vorgenommen wurden. Überdies gab die Bevölkerung, um keine Tribute zahlen zu müssen, großenteils das Christentum zugunsten des Islams auf.

Das arabische Reich war eine absolute Monarchie; sie unterstand dem Kalifen, dem Nachfolger des Propheten, von dessen Heiligkeit viel auf ihn übergegangen war. Angeblich sollte das Kalifat durch Wahl besetzt werden, wurde jedoch bald erblich. Die erste Dynastie, die der Omaijaden, die bis 750 währte, gründeten Männer, die lediglich aus politischen Motiven den mohammedanischen Glauben annahmen und daher stets von den fanatischeren Gläubigen angefeindet wurden. Obwohl die Araber einen großen Teil der Welt im Namen einer neuen Religion eroberten, waren sie kein sehr religiöses Volk. Was sie zu ihren Eroberungen trieb, war weniger der religiöse Eifer als vielmehr die Aussicht auf Beute und Reichtum. Nur weil ihnen jeder Fanatismus fremd war, vermochten sie, im Grunde nicht mehr als eine Handvoll Krieger, ohne große Schwierigkeiten riesige Völker höherer Kultur und fremden Glaubens zu regieren.

Die Perser hingegen waren von alters her tief religiös und sehr spekulativ veranlagt. Nach ihrer Bekehrung machten sie aus dem Islam etwas viel Interessanteres, Religiöseres und Philosophischeres, als der Prophet und seine Anhänger beabsichtigt hatten. Als Mohammeds Schwiegersohn Ali im Jahre 661 gestorben war, teilten sich die Mohammedaner für alle Zeit in zwei Sekten, die Sunniten und die Schiiten. Die Sunna ist die größere Partei; die Schia folgte Ali und hält die Dynastie der Omaijaden für Thronräuber. Seit langem haben die Perser der Schia-Sekte angehört. Schließlich wurden die Omaijaden, vor allem durch persischen Einfluß, gestürzt und von den Abbassiden abgelöst, die persische Interessen vertraten. Dieser Wandel ist äußerlich dadurch gekennzeichnet, daß die Hauptstadt von Damaskus nach Bagdad verlegt wurde.

Die Abbassiden standen politisch bei den Fanatikern in höherem Ansehen als die Omaijaden. Sie beherrschten jedoch nicht das ganze Reich. Ein Mitglied des Geschlechtes der Omaijaden war dem allgemeinen Massaker entronnen, nach Spanien geflohen und dort als rechtmäßiger Herrscher anerkannt worden. Seit dieser Zeit war Spanien unabhängig von der übrigen mohammedanischen Welt.

Unter den ersten Abbassiden entfaltete sich das Kalifat zu Größe und Pracht. Der bekannteste ist Harun-al-Raschid (gestorben 809), ein Zeitgenosse Karls des Großen und der Kaiserin Irene; jeder kennt ihn als legendäre Gestalt aus »1001 Nacht«. An seinem Hofe vereinigten sich Luxus, Dichtkunst und Wissenschaft zu höchstem Glanz; seine Einnahmen waren märchenhaft; von der Straße von Gibraltar bis zum Indus erstreckte sich sein Reich. Sein Wille war absolut; gewöhnlich ließ er sich vom Henker begleiten, der auf seinen Wink in Aktion trat. Diese Blütezeit war jedoch nur von kurzer Dauer. Haruns Nachfolger beging den Fehler, sein Heer hauptsächlich aus Türken zusammenzustellen. Sie waren widersetzlich; unter ihrem Einfluß wurde der Kalif bald zu einer Null; die Soldateska pflegte ihn zu blenden oder zu ermorden, sobald sie seiner überdrüssig war. Trotzdem hielt sich das Kalifat weiter; den letzten Kalifen der Abbassidendynastie töteten 1256 die Mongolen zusammen mit 800.000 Einwohnern von Bagdad.

Das politische und soziale System der Araber krankte unter anderem an ähnlichen Fehlern wie das römische Reich. Wie häufig in Ländern mit Polygamie und absoluter Monarchie kam es jedesmal beim Tode eines Herrschers zu dynastischen Kämpfen, die damit endeten, daß einer der Söhne des Regenten den Sieg davontrug, während alle anderen getötet wurden. Es gab, hauptsächlich infolge siegreicher Kriege, eine ungeheure Zahl von Sklaven; zeitweilig brachen gefährliche Sklavenaufstände aus. Der Handel blühte stark auf, vor allem durch die zentrale Lage des Kalifats zwischen Morgen- und Abendland. »Der Besitz ungeheuren Reichtums schuf nicht nur ein Bedürfnis nach Luxusgegenständen, wie chinesischer Seide und Pelzen aus Nordeuropa; der Handel wurde auch durch besonders günstige Bedingungen gefördert, so durch die ungeheure Ausdehnung des Muslim-Reiches, die Verbreitung des Arabischen als Weltsprache und den hohen moralischen Rang, den der Kaufmann bei den Muslims einnahm. Man erinnerte sich daran, daß der Prophet selbst Kaufmann gewesen und während der Pilgerfahrt nach Mekka Handel zu treiben empfohlen hatte.«[2] Diesen Handel wie auch den militärischen Zusammenhalt ermöglichten die großen Straßen, welche die Araber von den Römern und Persern übernahmen und nicht wie die nordischen Eroberer verfallen ließen. Dennoch brach das Reich allmählich in einzelne Teile auseinander – Spanien, Persien, Nordafrika und Ägypten splitterten der Reihe nach ab und erlangten völlige oder nahezu vollständige Unabhängigkeit.

Mit am besten entwickelt im arabischen Wirtschaftssystem war der Ackerbau, vornehmlich die geschickte Bewässerung, worauf sich die Araber als Bewohner wasserarmer Gegenden verstanden. Noch heutigen Tages werden in der spanischen Landwirtschaft arabische Bewässerungsanlagen benützt.

Obwohl die besondere Kultur der muslimischen Welt von Syrien ausging, erreichte sie bald in den entlegensten Teilen des Abend- wie des Morgenlandes, in Persien und Spanien, ihre höchste Blüte. Zur Zeit der Eroberung gehörten die Syrer zu den Bewunderern des Aristoteles; denn die Nestorianer gaben ihm vor Plato, dem von den Katholiken hauptsächlich geschätzten Philosophen, den Vorzug. Die Araber wurden zuerst durch die Syrer mit der griechischen Philosophie bekannt; infolgedessen erschien ihnen von Anfang an Aristoteles bedeutender als Plato. Nichtsdestoweniger trug ihr Aristoteles ein neuplatonisches Gewand. Kindi (gestorben etwa 873), der als erster philosophische Werke in arabischer Sprache schrieb, zugleich der einzige namhafte Philosoph, der selbst Araber war, übersetzte Teile der *Enneaden* von Plotin und veröffentlichte seine Übertragung unter dem Titel *Die Theologie des Aristoteles*. Dadurch entstand große Verwirrung in den arabischen Vorstellungen von dem Stagiriten, die erst im Laufe von Jahrhunderten beseitigt werden konnte.

Inzwischen kamen Muslims in Persien mit Indien in Berührung. Durch Sanskritschriften hatten sie im achten Jahrhundert die Astronomie kennengelernt. Um 830 veröffentlichte Muhammad ibn Musa al-Khwarazmi, ein Übersetzer mathematischer und astronomischer Bücher aus dem Sanskrit, ein Buch, das im zwölften Jahrhundert unter dem Titel *Algoritmi de numero Indorum* ins Lateinische übertragen wurde. Dieses Buch vermittelte dem Abendland zum erstenmal die sogenannten »arabischen« Ziffern, die eigentlich »indische« Ziffern heißen müßten. Der gleiche Autor verfaßte ein Buch über Algebra, das dem Okzident bis zum sechzehnten Jahrhundert als Lehrbuch diente.

Die persische Kultur blieb geistig und künstlerisch bewundernswert, wiewohl ihr der Mongoleneinfall im dreizehnten Jahrhundert schweren

---

2 *Cambridge Medieval History*, IV, S. 286.

Schaden zufügte. Omar Khayyam, der einzige, der meines Wissens Dichter und Mathematiker zugleich war, reformierte im Jahre 1079 den Kalender. Sein bester Freund ist merkwürdigerweise der Gründer der Assassinen-Sekte gewesen, der berühmte, sagenhafte »Alte vom Berge«. Die Perser waren große Dichter: Firdusi (etwa 941), Verfasser des Epos *Shahnama*, wird von denen, die ihn gelesen haben, Homer gleichgestellt. Sie waren auch im Gegensatz zu anderen Mohammedanern bemerkenswerte Mystiker. Die Sûfi-Sekte, die noch besteht, verfuhr sehr großzügig bei der mystischen und allegorischen Auslegung des orthodoxen Dogmas, die mehr oder weniger neuplatonisch war.

Die Nestorianer, durch die griechische Einflüsse zuerst in die Welt der Muslims gelangten, hatten durchaus keine rein griechisch bestimmte Weltanschauung. Ihre Schule in Edessa war von Kaiser Zeno 481 geschlossen worden; die Gelehrten wanderten daraufhin nach Persien aus, wo sie ihre Arbeit fortsetzten, allerdings nicht ohne persischen Einflüssen zu erliegen. Die Nestorianer schätzten Aristoteles einzig wegen seiner Logik, und ihretwegen hielten ihn anfänglich auch die arabischen Philosophen hauptsächlich für bedeutend. Später studierten sie freilich auch seine *Metaphysik* und sein Buch *Von der Seele*. Die arabischen Philosophen sind im allgemeinen Enzyklopädisten: sie interessieren sich für Alchimie, Astrologie, Astronomie und Zoologie ebenso sehr wie für das, was wir Philosophie nennen würden. Das Volk, fanatisch und abergläubisch fromm, betrachtete sie mit Argwohn; ihre Sicherheit verdankten sie (wenn sie gesichert waren) dem Schutz verhältnismäßig freidenkender Herrscher.

Zwei mohammedanische Philosophen, ein Perser und ein Spanier, verdienen besondere Beachtung: Avicenna und Averroes. Dieser gelangte bei den Christen, jener bei den Mohammedanern zu größerer Berühmtheit.

Avicenna (Ibn Sina, 980–1037) verbrachte sein Leben an Orten, von denen man gewöhnlich glaubt, daß sie nur in der Dichtung existieren. Er wurde in der Provinz Bochara geboren; mit zwanzig Jahren kam er nach Khiva – »Khiva, einsam in der Wüste« –, dann nach Chorasan – »Chorasmiens einsame Küste«. Eine Zeitlang lehrte er Medizin und Philosophie in Isphahan; dann ließ er sich in Teheran nieder. Er war eine noch größere medizinische als philosophische Berühmtheit, obwohl er nur wenig über Galenos hinauskam. Vom zwölften bis zum siebzehnten Jahrhundert galt er in Europa als medizinische Autorität. Er war nicht zum Heiligen geboren, hatte vielmehr eine Leidenschaft für Wein und Frauen. Den Orthodoxen war er verdächtig, bei den Fürsten aber um seiner medizinischen Tüchtigkeit willen gern gesehen. Zeitweilig bereitete ihm die Feindseligkeit türkischer Söldner Schwierigkeiten; zuweilen mußte er sich im Verborgenen, zuweilen im Gefängnis aufhalten. Er war der Verfasser einer Enzyklopädie, die infolge der feindlichen Einstellung der Theologen im Morgenland fast unbekannt blieb, im Abendland jedoch dank lateinischer Übersetzungen einflußreich wurde. In seiner Psychologie neigte er zum Empirismus.

Seine Philosophie kommt Aristoteles näher und ist weniger neuplatonisch als die seiner muslimischen Vorgänger. Er beschäftigt sich, wie später die christlichen Scholastiker, mit dem Universalienproblem. Plato sagte, die Universalien seien vor den Dingen. Aristoteles vertritt zwei Ansichten, die eine, wenn er philosophiert, die andere, wenn er Plato bekämpft. Insofern ist er ein ideales Objekt für den Kommentator.

Avicenna fand eine Formel, die Averroes und Albertus Magnus übernahmen: »Das Denken verwirklicht das Allgemeine in den Formen.« Daraus könnte man schließen, daß die Universalien für ihn nur im Denken existierten. Das hieße jedoch, das Problem ungebührlich vereinfacht sehen. Die Gattungen – mit anderen Worten die Universalien – sind, wie er sagt, gleichzeitig vor, in und nach den Dingen. Das erklärt er folgendermaßen: vor den Dingen sind sie in Gottes Geist. (Gott beschließt beispielsweise, Katzen zu schaffen. Demnach muß er die Vorstellung »Katze« haben, die insofern also den einzelnen Katzen vorausgeht.)

Die Gattungen sind *in* den Dingen, wenn sie in natürlichen Objekten vertreten sind. (Wenn Katzen geschaffen sind, ist das Katzenhafte in jeder von ihnen.) *Nach* den Dingen sind die Gattungen in unserem Denken. (Wenn wir viele Katzen gesehen haben, stellen wir fest, daß sie einander gleichen, und kommen zu der allgemeinen Vorstellung »Katze«.) Diese Auffassung beabsichtigt offenbar, verschiedene Theorien miteinander zu verbinden.

Averroes (Ibn Rushd, 1126–1198) lebte, von Avicenna geographisch weit entfernt, genau am anderen Ende der muslimischen Welt. Er wurde in Cordoba geboren, wo sein Vater und Großvater Kadis gewesen waren; auch er war Kadi, anfangs in Sevilla, dann in Cordoba. Er studierte zunächst Theologie und Jurisprudenz, später Medizin, Mathematik und Philosophie. Dem »Kalifen« Abu Yakub Jusuf wurde er als der für eine Analyse der aristotelischen Schriften geeignete Mann empfohlen. (Es scheint jedoch, daß er nicht Griechisch konnte.) Dieser Herrscher war ihm wohlgesinnt; 1184 machte er ihn zu seinem Leibarzt, unglücklicherweise starb aber der Patient bereits nach zwei Jahren.

Sein Nachfolger Yakub Al-Mansur blieb, wie sein Vater, elf Jahre lang sein Gönner; schließlich entließ er ihn jedoch, beunruhigt durch die Feindschaft der Orthodoxen gegen den Philosophen, und verbannte ihn zunächst in einen kleinen Ort bei Cordoba, dann nach Marokko. Man beschuldigte ihn, die Philosophie der Alten auf Kosten des wahren Glaubens betrieben zu haben. Al-Mansur erließ ein Edikt des Inhalts, Gott habe das Höllenfeuer für alle bestimmt, die meinten, die Wahrheit könne allein durch die Vernunft gefunden werden. Alle Bücher über

Logik und Metaphysik, die sich auftreiben ließen, wurden den Flammen übergeben.³

Kurz darauf wurde das maurische Gebiet in Spanien durch christliche Eroberungen stark beschnitten. Die muslimische Philosophie schloß in Spanien mit Averroes ab. In der übrigen mohammedanischen Welt machte eine strenge Orthodoxie der Spekulation ein Ende.

Überweg unternimmt amüsanterweise den Versuch, Averroes gegen den Vorwurf mangelnder Rechtgläubigkeit zu verteidigen – was, wie man meinen sollte, Sache der Muslims wäre. Überweg weist darauf hin, daß nach Ansicht der Mystiker jede Koranstelle 7 oder 70 oder 700 aufeinander aufgebaute Interpretationen habe und daß die wörtliche Bedeutung nur etwas für den unwissenden Laien sei. Daraus sollte man schließen können, daß die Lehre eines Philosophen mit dem Koran gar nicht in Konflikt geraten könne, denn unter 700 Deutungen müßte sich ja wohl schließlich eine finden, die mit dem übereinstimmt, was der Philosoph zu sagen hat. In der mohammedanischen Welt scheint sich jedoch der Ungebildete gegen jedes Wissen gesträubt zu haben, das über die Kenntnis des Heiligen Buches hinausging; es war selbst dann gefährlich, wenn sich darin regelrechte Ketzerei nicht nachweisen ließ. Die Auffassung der Mystiker, daß das Volk den Koran wörtlich nehmen solle, gelehrte Leute hingegen nicht, war kaum dazu angetan, den Beifall breiter Schichten zu finden.

Averroes machte es sich zur Aufgabe, die arabische Auffassung von Aristoteles, die zu stark neuplatonisch beeinflußt war, richtigzustellen. Er verehrte Aristoteles wie einen Religionsstifter – verehrte ihn sogar noch mehr, als es Avicenna tat. Er behauptete, das Dasein Gottes ließe sich unabhängig von der Offenbarung durch die Vernunft beweisen, eine Ansicht, die auch Thomas von Aquino vertrat. In der Frage der Unsterblichkeit scheint er sich stark an Aristoteles angelehnt zu haben, denn er hielt nicht die Seele für unsterblich, wohl aber den Intellekt (nous). Damit ist aber noch nicht die *persönliche* Unsterblichkeit bewiesen, denn der Intellekt ist, wenn er sich auch in verschiedenen Personen manifestiert, immer ein und derselbe. Diese Auffassung wurde natürlich von den christlichen Philosophen bekämpft.

Wie die meisten späteren mohammedanischen Philosophen war Averroes zwar gläubig, doch nicht streng orthodox. Es gab aber eine Sekte von völlig orthodoxen Theologen, die gegen jede Philosophie einwandte, sie wirke sich verderblich auf den Glauben aus. Ein Mitglied dieser Sekte, Algazel mit Namen, schrieb ein Buch mit dem Titel *Destructio philosophorum* (Widerlegung der Philosophen); er wies darin nach, daß man einer von der Offenbarung unabhängigen Spekulation gar nicht bedürfe, da alle notwendige Wahrheit im Koran enthalten sei. Averroes antwortete mit einem Buch *Destructio destructionis* (Wider-

---

3 Averroes soll kurz vor seinem Tode wieder in Gnaden aufgenommen worden sein.

legung der Widerlegung). Die religiösen Dogmen, die Algazel speziell gegen die Philosophen verteidigte, waren die Erschaffung der Welt aus dem Nichts in die Zeit, die Realität der göttlichen Eigenschaften und die Auferstehung des Leibes. Averroes sieht in der Religion die allegorische Darstellung philosophischer Wahrheit. Dies gilt besonders für die Schöpfung, die er als Philosoph in aristotelischer Weise auslegt.

Averroes ist für die christliche Philosophie von größerer Bedeutung als für die mohammedanische. In dieser stellte er einen Endpunkt, in jener einen Anfang dar. Er wurde schon früh im dreizehnten Jahrhundert von Michael Scotus ins Lateinische übersetzt; das überrascht, da seine Werke erst in der zweiten Hälfte des zwölften Jahrhunderts entstanden. In Europa hatte er sehr starken Einfluß, und zwar nicht nur auf die Scholastiker, sondern auch auf die große Schar nichtzünftiger Freidenker, welche die Unsterblichkeit leugneten und Averroisten genannt wurden. Unter den Berufsphilosophen fand er zunächst vor allem bei den Franziskanern und an der Universität Paris Bewunderer. Doch werden wir uns mit diesem Thema in einem späteren Kapitel beschäftigen.

Die eigenen Gedanken in der arabischen Philosophie sind nicht sehr bedeutend. Männer wie Avicenna und Averroes waren hauptsächlich Kommentatoren. In großen Zügen stammen die logischen und metaphysischen Anschauungen der wissenschaftlicheren Philosophen von Aristoteles und den Neuplatonikern, die medizinischen von Galenos, die mathematischen und astronomischen aus griechischen und indischen Quellen, und in der Religionsphilosophie der Mystiker sind auch Spuren altpersischen Glaubens zu bemerken. Arabische Autoren bewiesen einige Originalität auf dem Gebiet der Mathematik und Chemie – dies als Zufallsergebnis alchimistischer Forschungen. In ihrer Blütezeit leistete die mohammedanische Kultur Bewunderungswürdiges in den Künsten und auch in manchen technischen Dingen, doch zeigte sie keinerlei Begabung für unabhängige theoretische Spekulation. Bedeutung hatte sie als Vermittlerin, was nicht unterschätzt werden darf. Zwischen der alten und der modernen europäischen Kultur lag das dunkle Zeitalter. Wenn es den Mohammedanern und Byzantinern auch an der geistigen Kraft fehlte, etwas Neues hervorzubringen, so erhielten sie doch den Apparat der Kultur: Bildung, Bücher und Muße zum wissenschaftlichen Arbeiten. Beide regten das Abendland an, als es das Stadium der Barbarei überwunden hatte: die Mohammedaner hauptsächlich im dreizehnten, die Byzantiner vornehmlich im fünfzehnten Jahrhundert. In beiden Fällen zeitigte dieser Anreiz eine neue geistige Produktivität, die alles übertraf, was die Vermittler selbst hervorgebracht hatten – im einen Falle die Scholastik, im anderen die Renaissance (die jedoch auch noch andere Ursachen hatte).

Zwischen den spanischen Mauren und den Christen stellten die Juden ein nützliches Bindeglied dar. Viele Juden blieben in Spanien, als das

Land von den Christen zurückerobert wurde. Da sie Arabisch konnten und sich notgedrungen auch die Sprache der Christen zu eigen machten, waren sie imstande, Übersetzungen auszuführen. Weitere Möglichkeiten der Verschmelzung ergaben sich, als die Mohammedaner im dreizehnten Jahrhundert die Aristoteliker verfolgten. Damals suchten maurische Philosophen bei Juden, vornehmlich in der Provence, Zuflucht.

Aus den Kreisen der spanischen Juden erwuchs ein Philosoph von Bedeutung: Maimonides. Er war 1135 in Cordoba geboren, ging aber mit dreißig Jahren nach Kairo und blieb dort bis zu seinem Tode. Er schrieb in arabischer Sprache, wurde aber unverzüglich ins Hebräische übersetzt. Einige Jahrzehnte nach seinem Tode erschienen lateinische Übertragungen, vermutlich auf Anregung Kaiser Friedrichs II. Er schrieb ein Buch *Führer der Unschlüssigen*, das sich an Philosophen wendet, die ihren Glauben verloren haben. Das Werk beabsichtigt, die aristotelische Philosophie mit der jüdischen Theologie in Einklang zu bringen. Die Autorität der sublunarischen Welt ist Aristoteles, die der himmlischen die Offenbarung. Philosophie und Offenbarung begegnen sich aber in der Erkenntnis Gottes. Das Streben nach Wahrheit ist religiöse Pflicht. Die Astrologie wird verworfen. Der Pentateuch ist nicht immer wörtlich zu nehmen; wo die wörtliche Bedeutung mit der Vernunft unvereinbar ist, müssen wir nach einer allegorischen Auslegung suchen. Im Gegensatz zu Aristoteles behauptet Maimonides, daß Gott nicht nur die Form, sondern auch den Stoff aus dem Nichts geschaffen habe. Er gibt einen kurzen Abriß des *Timaios* (den er auf arabisch kannte) und stellt ihn in einigen Punkten über Aristoteles. Vom Wesen Gottes können wir nichts wissen, denn er steht jenseits aller aussagbaren Vollkommenheit. Die Juden sahen in Maimonides einen Ketzer und gingen sogar so weit, die christlichen Kirchenautoritäten gegen ihn anzurufen. Manche glauben, Spinoza sei von ihm beeinflußt, doch ist das sehr fraglich.

11. KAPITEL

Das zwölfte Jahrhundert

Vier Aspekte des zwölften Jahrhunderts sind für uns von besonderem Interesse:
1. der anhaltende Kampf zwischen Kaisertum und Papsttum;
2. der Aufstieg der lombardischen Städte;
3. die Kreuzzüge und
4. die Entwicklung der Scholastik.

Alle vier reichten noch in das anschließende Jahrhundert hinein. Die Kreuzzüge nahmen allmählich ein unrühmliches Ende; aber für die drei anderen Bewegungen bedeutete das dreizehnte Jahrhundert den Höhepunkt dessen, was sich im zwölften Jahrhundert noch im Übergangsstadium befunden hatte. Im dreizehnten Jahrhundert triumphierte der Papst endgültig über den Kaiser, gelang es den lombardischen Städten, sich ihre Unabhängigkeit zu sichern, erreichte die Scholastik ihren Gipfel. All das war jedoch nur das Ergebnis dessen, was das zwölfte Jahrhundert vorbereitet hatte.

Nicht nur die erste dieser vier Bewegungen, sondern auch die übrigen drei stehen in engem Zusammenhang mit der zunehmenden Macht von Papst und Kirche. Der Papst hatte mit den lombardischen Städten ein Bündnis gegen den Kaiser geschlossen; Papst Urban II. regte den ersten der Kreuzzüge an, und spätere Päpste riefen zu den weiteren auf; die scholastischen Philosophen waren durchweg Geistliche, und Kirchenkonzilien wachten darüber, daß sie die Grenzen des rechten Glaubens nicht überschritten, oder maßregelten sie, wenn sie fehlten. Das Bewußtsein des politischen Triumphes der Kirche, an dem sie sich selbst beteiligt fühlten, stärkte zweifellos ihre geistige Initiative.

Das Merkwürdige am Mittelalter war unter anderem, daß es originell und schöpferisch war, ohne sich dessen bewußt zu sein. Alle Parteien rechtfertigten ihre Politik mit altertümlichen und archaistischen Argumenten. In Deutschland berief sich der Kaiser auf die Feudalprinzipien aus der Zeit Karls des Großen, in Italien auf das römische Recht und die Macht der alten Kaiser. Die lombardischen Städte griffen sogar noch weiter bis auf die Institutionen der römischen Republik zurück. Die Partei des Papstes stützte sich bei ihren Ansprüchen teils auf die gefälschte Konstantinische Schenkung, teils auf die Beziehungen zwischen Saul und Samuel, wie das Alte Testament sie darstellt. Die Scholastiker bezogen sich entweder auf die Heilige Schrift oder zunächst auf Plato, dann auf Aristoteles; wenn sie etwas Eigenes zu sagen hatten, suchten sie es zu verschleiern. Die Kreuzzüge waren ein Versuch, den

Stand der Dinge wiederherzustellen, der vor der Entstehung des Islam existiert hatte.

Wir dürfen uns von diesem gelehrten Archaismus nicht täuschen lassen. Nur im Falle des Kaisers entsprach er der Wirklichkeit. Der Feudalismus verfiel, vor allem in Italien; das römische Reich war nur noch eine Erinnerung. So mußte der Kaiser unterliegen. In ihrer späteren Entwicklung zeigten die norditalienischen Städte viel Ähnlichkeit mit den Stadtstaaten des antiken Griechenlands und schienen dieses Vorbild zu kopieren; es geschah jedoch nicht aus Nachahmungssucht, lag vielmehr an den ähnlich gearteten Umständen: es waren kleine, reiche, hochkultivierte Handelsrepubliken, die von Monarchien niedrigeren Kulturniveaus umgeben waren. Trotz ihrer Verehrung für Aristoteles besaßen die Scholastiker mehr Originalität als irgendeiner der Araber – ja mehr als jeder andere Philosoph seit Plotin oder wenigstens seit Augustin. In der Politik wie im Denken bewiesen sie die gleiche, hervorragende Ursprünglichkeit.

Der Kampf zwischen Kaisertum und Papsttum

Von der Zeit Gregors VII. an bis zur Mitte des dreizehnten Jahrhunderts steht im Mittelpunkt der europäischen Geschichte der Kampf der Kirche mit den weltlichen Monarchen um die Macht – vor allem mit dem Kaiser, gelegentlich aber auch mit den französischen und englischen Königen. Gregors Pontifikat hatte mit einer offensichtlichen Katastrophe geendet, doch griff Urban II. (1088–1099) seine Politik, wenn auch in gemäßigter Form, wieder auf; er erließ erneut die Dekrete gegen die Laieninvestitur und forderte die freie Bischofswahl durch Klerus und Volk. (Die Beteiligung des Volkes sollte zweifellos rein formal sein.) In der Praxis hatte er jedoch gegen die Ernennung geeigneter Laien nichts einzuwenden.

Anfangs war Urban nur auf normannischem Boden sicher. Aber im Jahre 1093 empörte sich Heinrichs IV. Sohn Konrad gegen seinen Vater, verbündete sich mit dem Papst und eroberte Norditalien; die lombardische Liga, ein Städtebund unter Mailands Führung, unterstützte hier den Papst. Im Jahre 1094 unternahm Urban einen Triumphzug durch Norditalien und Frankreich. Er triumphierte über König Philipp von Frankreich, der seine Scheidung verlangt, sich aber, vom Papst deshalb exkommuniziert, unterworfen hatte. Auf dem Konzil von Clermont im Jahre 1095 verkündete Urban den ersten Kreuzzug; er löste eine Welle religiöser Begeisterung aus, stärkte die Macht des Papstes, führte aber auch zu grausamen Judenpogromen. Urban verbrachte sein letztes Lebensjahr unbehelligt in Rom, wo sich die Päpste sonst selten sicher fühlen konnten.

Der nächste Papst, Paschalis II., kam wie Urban aus Cluny. Er setzte den Investiturstreit fort und hatte in Frankreich und England Erfolg. Nach dem Tode Heinrichs IV. im Jahre 1106 jedoch siegte der nächste Kaiser, Heinrich V., über den Papst, der ein weltabgewandter Mann war und die Frömmigkeit über die politischen Interessen stellte. Der Papst schlug vor, der Kaiser solle auf die Investitur und die Bischöfe sollten dafür auf weltlichen Besitz verzichten. Der Kaiser erklärte sich einverstanden; als jedoch der Kompromißvorschlag veröffentlicht wurde, empörten sich die Geistlichen überaus heftig gegen den Papst. Diese Gelegenheit benützte der Kaiser, der sich gerade in Rom aufhielt, um den Papst gefangenzunehmen. Der Papst gab den Drohungen nach, gestattete die Laieninvestitur und krönte Heinrich V. Elf Jahre später jedoch zwang Papst Calixtus II. durch das Konkordat von Worms (1122) Heinrich V., in der Investiturfrage nachzugeben und auf die Kontrolle der Bischofswahlen in Burgund und Italien zu verzichten.

Somit war das Endergebnis dieses Kampfes, daß der Papst, der einst Heinrich III. unterstellt gewesen war, nunmehr mit dem Kaiser auf einer Stufe stand. Zugleich war er in noch stärkerem Maße als früher zum Alleinherrscher der Kirche geworden, die er mit Hilfe von Legaten regierte. Dieses Erstarken der päpstlichen Macht verringerte die relative Bedeutung der Bischöfe. Die Papstwahl unterstand fortan nicht mehr der Laienkontrolle, und die Geistlichkeit wurde mächtiger als vor der Reformbewegung.

Der Aufstieg der lombardischen Städte

Die nächste Epoche steht im Zeichen Kaiser Friedrich Barbarossas (1152–1190), eines befähigten, energischen Mannes, dem jedes Unternehmen gelang, das nur irgendwie Erfolg verhieß. Er war ein gebildeter Mann, der gern Latein las, obwohl er es nur schlecht sprach; er verfügte über beachtliche klassische Kenntnisse und bewunderte das römische Recht. Er hielt sich für den Erben der römischen Kaiser und hoffte, es zu gleicher Macht zu bringen. Als Deutscher war er jedoch in Italien nicht populär. Die lombardischen Städte zeigten sich zwar gewillt, seine formelle Oberhoheit anzuerkennen, widersetzten sich jedoch einer Einmischung in ihre Angelegenheiten – eine Ausnahme machten nur einige Städte, die aus Furcht vor Mailand den Kaiser um seinen Schutz baten. Die Patarenerbewegung dauerte in Mailand an und ging Hand in Hand mit einer mehr oder weniger demokratischen Strömung; die meisten, wenn auch keineswegs alle norditalienischen Städte sympathisierten mit Mailand und machten mit dieser Stadt gemeinsame Sache gegen den Kaiser.

Hadrian IV., ein tatkräftiger Engländer, der Missionar in Norwegen gewesen war, wurde zwei Jahre nach der Thronbesteigung Barbarossas

Papst und stand zuerst sehr gut mit ihm. Eine gemeinsame Feindschaft einte sie. Die Stadt Rom stellte den Anspruch, von beiden gleichermaßen unabhängig zu sein, und hatte in diesem Kampf einen frommen Ketzer, Arnold von Brescia, zu Hilfe gerufen.[1] Er ging in der Ketzerei sehr weit und behauptete, »Geistliche, welche Vermögen, Bischöfe, welche Lehen, und Mönche, welche Eigentum besitzen, können nicht erlöst werden«. Diese Ansicht vertrat er, weil nach seiner Auffassung der Klerus sich ausschließlich geistigen Dingen widmen sollte. Niemand zweifelte an der Aufrichtigkeit seiner Strenge, obgleich er wegen seiner Ketzerei als böser Mensch galt. Der heilige Bernhard, der ihn heftig angriff, sagte: »Er ißt und trinkt nicht, hungert und dürstet vielmehr nur wie der Teufel nach dem Blut der Seelen.« Hadrians päpstlicher Vorgänger hatte sich in einem Brief an Barbarossa darüber beklagt, daß Arnold die Volkspartei unterstütze, die hundert Senatoren und zwei Konsuln wählen und ihren eigenen Kaiser haben wollte. Friedrich, auf dem Wege nach Italien, war natürlich empört. Das von Arnold unterstützte Streben der Römer nach kommunaler Freiheit führte zu einem Aufruhr, bei dem ein Kardinal den Tod fand. Der neugewählte Papst Hadrian belegte deshalb Rom mit einem Interdikt. Es war in der Karwoche, und der Aberglaube gewann die Oberhand über die Römer; sie gaben nach und versprachen, Arnold zu verbannen. Er verbarg sich; aber nachdem ihn die kaiserlichen Truppen aufgegriffen hatten, wurde er verbrannt und seine Asche in den Tiber gestreut, da man fürchtete, sie könne als Reliquie aufbewahrt werden. Nach einer Verzögerung, die durch Friedrichs Weigerung entstand, dem Papst beim Absteigen Zügel und Steigbügel zu halten, krönte der Papst den Kaiser im Jahre 1155 gegen den Widerstand der Bevölkerung, der durch ein großes Gemetzel erstickt wurde.

Nachdem die eigentlichen Politiker sich auf diese Weise des redlichen Mannes entledigt hatten, konnten sie nun ungehindert ihren Streit fortsetzen.

Der Papst hatte mit den Normannen Frieden geschlossen und wagte es im Jahre 1157, mit dem Kaiser zu brechen. Zwanzig Jahre lang war fast ununterbrochen Krieg zwischen dem Kaiser auf der einen und dem Papst mit den lombardischen Städten auf der anderen Seite. Die Normannen unterstützten meist den Papst. Den Hauptanteil des Kampfes gegen den Kaiser bestritt der lombardische Städtebund, der von »Freiheit« sprach und stark von der Volksstimmung getragen wurde. Der Kaiser belagerte verschiedene Städte und nahm 1162 sogar Mailand ein, das er dem Erdboden gleichmachte, während er die Einwohner zwang, anderwärts zu leben. Fünf Jahre später aber baute der Städtebund Mailand wieder auf, und die früheren Bewohner kehrten zurück. Im gleichen Jahr marschierte der Kaiser, der rechtzeitig für einen

---

[1] Er soll ein Schüler Abälards gewesen sein, was aber fraglich ist.

Gegenpapst gesorgt hatte[2], mit einem großen Heer auf Rom. Der Papst floh; seine Sache schien verzweifelt zu stehen; aber die Pest vernichtete das Heer Friedrichs, der als einsamer Flüchtling nach Deutschland zurückkehrte. Obwohl nun nicht nur Sizilien, sondern auch der griechische Kaiser auf die Seite des Städtebundes traten, machte Barbarossa noch einen neuen Versuch, der mit seiner Niederlage bei Legnano im Jahre 1176 endete. Danach mußte er Frieden schließen und den Städten volle Freiheit zugestehen. Die Friedensbedingungen erkannten jedoch in diesem Kampf des Kaisertums gegen das Papsttum keiner Partei den alleinigen Sieg zu.

Barbarossa fand ein würdiges Ende. 1189 begab er sich auf den dritten Kreuzzug; ein Jahr darauf starb er.

In diesem langen Kampf bewies der Aufstieg der freien Städte seine ausschlaggebende Bedeutung. Die Macht des Kaisers hing mit dem verfallenden Feudalsystem zusammen; die Macht des Papstes, wenn auch noch im Erstarken begriffen, beruhte hauptsächlich darauf, daß die Welt ihn als Gegenspieler des Kaisers brauchte; sie verfiel daher, als das Kaisertum keine Bedrohung mehr darstellte; die Macht der Städte aber war etwas Neues, das Ergebnis eines wirtschaftlichen Fortschritts und der Ursprung neuer Formen der Politik. Obwohl dies im zwölften Jahrhundert noch nicht zutage trat, entwickelten die italienischen Städte bald eine nichtkirchliche Kultur, die in der Literatur, Kunst und Wissenschaft das höchste Niveau erreichte. Dies alles hatte ihr erfolgreicher Widerstand gegen Barbarossa ermöglicht.

Die großen Städte Norditaliens lebten durchweg vom Handel, und dank der gesicherten Verhältnisse ging es den Kaufleuten im zwölften Jahrhundert besser als zuvor. Die Küstenstädte Venedig, Genua und Pisa brauchten nie um ihre Freiheit zu kämpfen und standen dem Kaiser daher weniger feindlich gegenüber als die Städte am Fuße der Alpen, die für ihn als Einfallstore nach Italien wichtig waren. Aus diesem Grunde war Mailand zu jener Zeit die interessanteste und bedeutendste italienische Stadt.

Bis zu Heinrich III. hatten sich die Mailänder in der Regel bereitwillig ihrem Erzbischof untergeordnet. Aber durch die Patarenerbewegung, von der schon in einem früheren Kapitel die Rede war, wurde das anders: der Erzbischof stellte sich auf die Seite des Adels, während sich im Volk eine starke Bewegung gegen beide richtete. Es entwickelten sich Ansätze zur Demokratie, und eine Verfassung entstand, nach der die Oberhäupter der Stadt von den Bürgern gewählt wurden. In ver-

---

2 Während der ganzen Zeit gab es fast immer einen Gegenpapst. Beim Tode Hadrians IV. veranstalteten die beiden Anwärter, Alexander III. und Viktor IV., ein regelrechtes Tauziehen mit dem Papstmantel. Viktor IV. (der Gegenpapst), dem der Mantel aus den Händen geglitten war, erhielt von seinen Anhängern einen von ihm vorsorglich bereitgehaltenen Ersatzmantel, den er aber in der Eile verkehrt anlegte.

schiedenen nördlichen Städten, besonders aber in Bologna, gab es einen Stand gelehrter Laienjuristen, die im römischen Recht wohlbewandert waren; überdies verfügten die reichen Laien vom zwölften Jahrhundert an über eine viel bessere Bildung als der Feudaladel nördlich der Alpen. Obwohl die reichen Handelsstädte es mit dem Papst gegen den Kaiser hielten, waren sie nicht kirchlich eingestellt. Im zwölften und dreizehnten Jahrhundert nahmen viele etwas puritanisch Ketzerhaftes an, wie die englischen und holländischen Kaufleute nach der Reformation. Später neigten sie zum Freidenkertum und leisteten der Kirche nur noch Lippendienste, während ihnen jegliche echte Frömmigkeit abging.

Dante ist der letzte Vertreter des alten, Boccaccio der erste des neuen Typs.

Die Kreuzzüge

Als Kriege brauchen uns die Kreuzzüge nicht zu beschäftigen; sie sind aber auch von gewisser Bedeutung für die Kultur. Es war nur natürlich, daß bei einem Kreuzzug die führende Initiative vom Papsttum ausging, da es sich (zumindest nach außen) um ein religiöses Ziel handelte; daher erstarkte die Macht der Päpste durch die Kriegspropaganda und den religiösen Eifer, der bei dieser Gelegenheit geweckt wurde. Eine andere bedeutsame Folgeerscheinung war, daß eine große Anzahl von Juden hingeschlachtet wurde; die Überlebenden beraubte man häufig ihres Besitzes und taufte sie zwangsweise. In Deutschland gab es Judenmorde großen Ausmaßes während des ersten und in England während des dritten Kreuzzuges, zur Zeit der Thronbesteigung von Richard Löwenherz. York, wo der erste christliche Kaiser zu regieren begonnen hatte, war der Schauplatz eines der entsetzlichsten Massengreuel gegen die Juden. Vor den Kreuzzügen hatten die Juden fast ein Handelsmonopol für morgenländische Waren in ganz Europa; nach den Kreuzzügen lag der Handel infolge der Judenpogrome zum großen Teil in christlichen Händen.

Eine weitere, wenn auch ganz anders geartete Auswirkung der Kreuzzüge war das Aufleben des literarischen Austausches mit Konstantinopel. Während des zwölften und zu Beginn des dreizehnten Jahrhunderts entstanden dank dieser Verbindung viele Übersetzungen aus dem Griechischen ins Lateinische. Schon immer war der Handel mit Konstantinopel, vor allem von den Venezianern gepflegt, sehr lebhaft gewesen; aber die italienischen Kaufleute kümmerten sich ebensowenig um die griechischen Klassiker wie die englischen oder amerikanischen Handelsleute in Schanghai um die chinesischen. (Europa verdankt die Kenntnis der chinesischen Klassiker hauptsächlich den Missionaren.)

Die Entwicklung der Scholastik

Die Scholastik im engeren Sinne beginnt früh im zwölften Jahrhundert. Als philosophische Schule weist sie ganz bestimmte Charakteristika auf. Zunächst hält sie sich in den Grenzen dessen, was dem jeweiligen Autor als rechtgläubig gilt; verdammt ein Konzil seine Ansichten, so ist er gewöhnlich bereit zu widerrufen. Das braucht man durchaus nicht nur als Feigheit auszulegen, es entspricht vielmehr dem Fall eines Richters, der sich der Entscheidung eines Appellationsgerichtes unterwirft. Dann wird im Rahmen der Orthodoxie Aristoteles, der im zwölften und dreizehnten Jahrhundert allmählich immer bekannter wurde, in zunehmendem Maße als höchste Autorität anerkannt; Plato steht jetzt nicht mehr an erster Stelle. Drittens hält man sehr viel von der »Dialektik« und von syllogistischen Schlüssen; die Scholastiker haben im allgemeinen etwas Pedantisches und Streitsüchtiges, nichts Mystisches. Viertens kommt der Universalienstreit durch die Entdeckung zum Ausbruch, daß Plato und Aristoteles in dieser Frage nicht übereinstimmten; daraus darf man jedoch nicht schließen, daß sich die Philosophen in dieser Epoche vornehmlich mit den Universalien beschäftigten.

Unter anderem ist das zwölfte Jahrhundert auch auf diesem Gebiet die Vorbereitung für das dreizehnte, dem die größten Namen angehören. Als Wegbereiter sind jedoch auch die früheren Männer interessant. Es herrscht ein neues, intellektuelles Selbstvertrauen; ungeachtet allen Respekts vor Aristoteles macht man ungebundenen und nachhaltigen Gebrauch von der Vernunft, soweit das Dogma jedes Spekulieren nicht zu gefährlich erscheinen läßt. Die Mängel der scholastischen Methode sind jene Fehler, die unweigerlich entstehen, wenn besonderes Gewicht auf »Dialektik« gelegt wird, nämlich: Gleichgültigkeit gegenüber den Tatsachen und der Wissenschaft, Glaube an die vernunftgemäße Beurteilung von Fragen, die nur die Beobachtung entscheiden kann, und unangemessenes Betonen von wörtlichen Unterschieden und Subtilitäten. Diese Fehler zu erwähnen hatten wir schon bei Plato Gelegenheit; bei den Scholastikern jedoch finden wir sie in noch weit ausgeprägterer Form.

Der erste Philosoph, der als ausgesprochener Scholastiker gelten kann, ist Roscellinus. Man weiß nicht sehr viel von ihm. Er wurde um 1050 in Compiègne geboren und lehrte zu Loches in der Bretagne, wo Abälard sein Schüler war. Ein Konzil zu Reims beschuldigte ihn im Jahre 1092 der Ketzerei; er widerrief, weil er fürchtete, von lynchbereiten Geistlichen zu Tode gesteinigt zu werden. Er floh nach England, war aber dort so voreilig, Anselm anzugreifen. Diesmal flüchtete er nach Rom, wo er sich mit der Kirche aussöhnte. Gegen 1120 verschwindet er aus der Geschichte; das Datum seines Todes läßt sich nur vermuten.

Von Roscellinus' Schriften ist außer einem Brief an Abälard über die

Dreifaltigkeit nichts erhalten geblieben. In diesem Brief setzt er Abälard herab und macht sich über dessen Kastrierung lustig. Überweg, der selten Empfindungen äußert, sieht sich zu der Bemerkung veranlaßt, er könne kein sehr liebenswürdiger Mensch gewesen sein. Abgesehen von diesem Brief sind Roscellinus' Ansichten hauptsächlich durch die polemischen Schriften Anselms und Abälards bekannt. Nach Anselm bezeichnete er die Universalien als bloßen »flatus vocis«, »von der Stimme erzeugte Luftbewegung«. Wenn dies wörtlich zu nehmen ist, so bedeutet es, daß das Universale ein physischer Vorgang sei, der stattfindet, wenn wir ein Wort aussprechen. Es ist jedoch kaum anzunehmen, daß Roscellinus etwas so Törichtes gemeint haben kann. Anselm sagt, nach Roscellinus sei *Mensch* nicht eine Einheit, vielmehr nur eine allgemeine Bezeichnung; diese Ansicht führt Anselm als guter Platoniker darauf zurück, daß Roscellinus nur dem sinnlich Wahrnehmbaren Wirklichkeit zugestand. Im allgemeinen scheint er der Auffassung gewesen zu sein, ein Ganzes, das aus Teilen besteht, besitze keine eigene Realität und sei nichts weiter als eine Bezeichnung; die Realität steckt in den Teilen. Diese Ansicht hätte ihn zu einem extremen Atomismus führen müssen, was vielleicht auch der Fall war. Jedenfalls verursachte sie ihm Schwierigkeiten in der Frage der Dreieinigkeit. Er meinte, die Drei Personen seien drei verschiedene Substanzen, und nur die Gewohnheit hindere uns, von drei Göttern zu sprechen. Die andere Möglichkeit, zu der er sich aber nicht bekannte, bestand nach seiner Auffassung darin, von der Fleischwerdung nicht nur des Sohnes, sondern auch des Vaters und des Heiligen Geistes zu reden. All diese Spekulationen widerrief er, soweit sie ketzerisch waren, auf dem Konzil zu Reims im Jahre 1092. Es läßt sich unmöglich genau feststellen, wie er wirklich über die Universalien dachte, auf jeden Fall aber ist er so etwas wie ein Nominalist gewesen.

Sein Schüler Abälard (oder Abailard), viel befähigter und ungewöhnlicher als er selbst, war im Jahre 1079 bei Nantes geboren, studierte bei Wilhelm von Champeaux (einem Realisten) in Paris und wurde dann Lehrer an der Pariser Kathedralschule; dort bekämpfte er Wilhelms Ansichten und zwang ihn, sie abzumildern. Nach einer dem theologischen Studium unter Anselm von Laon (nicht dem Erzbischof) gewidmeten Periode kehrte er 1113 nach Paris zurück und wurde als Lehrer außerordentlich populär. In dieser Zeit verliebte er sich in Héloïse, die Nichte des Kanonikus Fulbert. Der Kanonikus ließ ihn kastrieren, und er und Héloïse mußten der Welt entsagen; er trat in ein Kloster zu St. Denis, sie in ein Nonnenkloster in Argenteuil ein. Ein deutscher Gelehrter namens Schmeidler behauptet, ihr berühmter Briefwechsel sei durchweg eine literarische Fiktion Abälards gewesen. Ich halte mich nicht für befugt, die Gültigkeit dieser Theorie zu beurteilen, aber Abälards Charakter würde diese Möglichkeit durchaus zulassen. Er war stets eitel, streitsüchtig und hochfahrend, nach seinem

Unglück auch noch verbittert und gedemütigt. Héloïses Briefe sind viel hingebender als die seinen, und man könnte sich gut vorstellen, daß er sie als Balsam für seinen verwundeten Stolz erfand.

Selbst in der Zurückgezogenheit hatte er als Lehrer noch großen Erfolg; die Jugend liebte seinen Scharfsinn, seine dialektische Gewandtheit und seine Respektlosigkeit ihren bejahrteren Lehrern gegenüber. Ältere Leute schätzten ihn entsprechend weniger, und 1121 wurde er in Soissons wegen eines nichtorthodoxen Buches über die Dreieinigkeit verdammt. Nachdem er sich ausreichend gedemütigt hatte, machte man ihn zum Abt von St. Gildas in der Bretagne. Hier mußte er feststellen, daß die Mönche recht ungehobelte Bauern waren. Nachdem er vier Jahre in dieser elenden Verbannung verbracht hatte, kehrte er in kultiviertere Gegenden zurück. Seine weitere Geschichte ist dunkel; Johannes von Salisbury bezeugt nur, daß er weiterhin mit großem Erfolg lehrte. Im Jahre 1141 wurde er auf Veranlassung des heiligen Bernhard zum zweitenmal verdammt, diesmal in Sens. Er zog sich nach Cluny zurück und starb im darauffolgenden Jahr.

Abälards berühmtestes Buch, das er 1121/22 verfaßte, ist *Sic et Non*, »Ja und Nein«. Er erbringt darin dialektische Beweise für und gegen eine große Zahl von Thesen, häufig ohne dabei den Versuch zu machen, einen Schluß zu ziehen; offenbar liebte er die Diskussion um ihrer selbst willen und hielt sie für nützlich, um den Verstand zu schärfen. Das Buch trug sehr viel dazu bei, die Menschen aus ihrem dogmatischen Schlummer zu wecken. Abälards Ansicht, die Dialektik sei (neben der Heiligen Schrift) der einzige Weg zur Wahrheit, die kein Empiriker erfassen könne, hatte damals die wertvolle Wirkung, mit Vorurteilen aufzuräumen und die Leute zu ermutigen, furchtlos ihren Verstand zu gebrauchen. Nichts außer der Heiligen Schrift ist unfehlbar, wie er sagt; selbst Apostel und Kirchenväter können irren.

Nach neuzeitlichen Begriffen überschätzte er den Wert der Logik. Er hielt sie für die bedeutendste, speziell christliche Wissenschaft und entwickelte ihre Ableitung vom »Logos« mit Vergnügen nach allen Regeln der Kunst. »Im Anfang war das Wort«, sagt das Johannesevangelium; damit war nach seinem Dafürhalten der Wert der Logik erwiesen.

Auf dem Gebiet der Logik und der Erkenntnistheorie liegt seine Hauptbedeutung. Seine Philosophie besteht aus einer kritischen, großenteils sprachlichen Analyse. Bei den Universalien, das heißt dem, was sich von vielen verschiedenen Dingen aussagen läßt, bezeichnen wir, wie er meint, nicht ein *Ding*, sondern nur ein *Wort*. In diesem Sinne ist er Nominalist. Aber im Gegensatz zu Roscellin erklärt er, daß der »flatus vocis« ein Ding *ist*; es handelt sich nicht um das Wort als physischen Vorgang, sondern um das Wort als *Bedeutung*. Hier beruft er sich auf Aristoteles. Die Dinge, sagt er, ähneln einander, und diese Ähnlichkeit läßt die Universalien entstehen. Aber die Eigenschaft der Ähnlichkeit bei zwei ähnlichen Dingen ist nicht etwa selbst ein Ding; das ist der Irrtum des Realismus. Gegen den Realismus erhebt er noch einige viel schärfere Einwände: beispielsweise beruhten allgemeine Begriffe nicht auf der Natur der Dinge, seien vielmehr unklare Bilder vieler Dinge. Nichtsdestoweniger lehnt er die platonischen Ideen doch nicht ganz ab; sie existieren im göttlichen Geist als Vorbilder für die Schöpfung; tatsächlich sind sie Begriffe Gottes.

All das, mag es nun stimmen oder nicht, ist gewiß recht brauchbar. Selbst in modernster Zeit ist man bei Erörterungen des Universalienproblems nicht viel darüber hinausgekommen.

Der heilige Bernhard, der trotz seiner Frömmigkeit nicht allzu intelligent war,[3] vermochte Abälard nicht zu verstehen und brachte ungerechte Beschuldigungen gegen ihn vor. Er behauptete, Abälard behandle die Dreieinigkeit wie ein Arianer, die Gnade wie ein Pelagianer und die Person Christi wie ein Nestorianer; er selber erweise sich als Heide, wenn er sich abmühe, Plato als Christen hinzustellen; ferner leugne er das Verdienst des christlichen Glaubens durch die Behauptung, daß Gott vollkommen von der menschlichen Vernunft zu begreifen sei. In Wirklichkeit hat Abälard dies niemals behauptet und dem Glauben immer einen weiten Spielraum gelassen, obwohl er wie der heilige Anselm meinte, die Dreieinigkeit könne ohne Hilfe der Offenbarung durch die Vernunft bewiesen werden. Allerdings hat er einmal den Heiligen Geist mit der platonischen Weltseele identifiziert, ließ aber diese Ansicht fallen, sobald man ihm deren ketzerischen Charakter klargemacht hatte. Wahrscheinlich trug ihm weit eher seine Kampfeslust als seine Lehre die Anklage der Ketzerei ein; denn seine Gewohnheit, an gelehrten Leuten Kritik zu üben, machte ihn bei allen einflußreichen Menschen äußerst unbeliebt.

Die meisten Gelehrten der damaligen Zeit waren der Dialektik weniger ergeben als Abälard. Besonders in der Schule von Chartres gab es eine humanistische Bewegung, die die Antike bewunderte und sich an Plato und Boëthius hielt. Das Interesse an der Mathematik lebte wieder auf: Adelard von Bath ging Anfang des zwölften Jahrhunderts nach Spanien und übersetzte dann Euklid.

Den Gegensatz zu der trockenen scholastischen Methode bildete eine starke mystische Bewegung, deren Haupt der heilige Bernhard war. Sein Vater, ein Ritter, starb während des ersten Kreuzzuges. Er selbst war Zisterziensermönch und wurde 1115 Abt der neugegründeten Abtei von Clairvaux. Er hatte großen Einfluß auf die Kirchenpolitik, gab den Ausschlag gegen die Gegenpäpste, bekämpfte die Ketzerei in Norditalien und Südfrankreich, betonte den Wert der Rechtgläubigkeit gegenüber abenteuerlichen Philosophen und predigte den zweiten Kreuzzug. Wenn er Philosophen angriff, so hatte er gewöhnlich Erfolg

---

3 »Die Größe des heiligen Bernhard lag nicht in seinen geistigen Vorzügen, sondern in seinen Charaktereigenschaften«, *Encyclopaedia Britannica*.

damit; nach dem Mißerfolg seines Kreuzzuges gelang es ihm jedoch nicht, Gilbert de la Porée zu überführen, der mit Boëthius stärker übereinstimmte, als dem heiligen Ketzerjäger recht schien. Obwohl Politiker und Eiferer, war er doch ein Mann von wahrhaft religiöser Veranlagung; seine lateinischen Hymnen sind außerordentlich schön.[4] Bei Menschen, die unter seinem Einfluß standen, gewann der Mystizismus die Oberhand, bis er bei Joachim von Floris (gestorben 1202) nahezu ketzerische Formen annahm. Doch gehört die Einwirkung dieses Mannes in eine spätere Zeit. Der heilige Bernhard und seine Nachfolger suchten religiöse Wahrheit nicht durch Beweisführungen, sondern in subjektiver Erfahrung und Kontemplation. Vielleicht sind Abälard und Bernhard, jeder auf seine Weise, gleichermaßen einseitig.

Bernhard beklagte als religiöser Mystiker, daß das Papsttum in irdischen Angelegenheiten aufginge; er verachtete jede weltliche Macht. Obwohl er den Kreuzzug predigte, schien er nicht erkannt zu haben, daß ein Krieg auch organisiert werden muß und sich nicht ausschließlich mit religiöser Begeisterung führen läßt. Er beschwert sich darüber, daß »das Gesetz Justinians, nicht das Gesetz des Herrn« die Aufmerksamkeit der Menschen voll in Anspruch nähme. Er ist entsetzt, daß der Papst sein Gebiet mit militärischer Macht verteidigt. Der Papst hat eine geistig-geistliche Funktion und sollte keine tatsächliche Herrschaft auf Erden anstreben. Diese Auffassung verträgt sich jedoch bei ihm mit unbegrenzter Verehrung für den Papst, den er bezeichnet als »Fürst der Bischöfe, Erben der Apostel, des Primats von Abel, der Herrschaft Noahs, des Patriarchats von Abraham, der Ordnung Melchisedeks, der Würde Aarons, der Autorität Mosis im Richteramt Samuels, in der Macht des Petrus, in der Salbung Christi«. Natürlich hatte das Wirken des heiligen Bernhard als Fazit zur Folge, daß die päpstliche Macht in weltlichen Angelegenheiten sehr erstarkte.

Johannes von Salisbury ist zwar kein bedeutender Denker, für uns jedoch wichtig bei der Beurteilung seiner Zeit, über die er einen geschwätzigen Bericht verfaßt hat. Er arbeitete als Sekretär bei drei Erzbischöfen von Canterbury, zu denen auch Becket gehörte; er war ein Freund Hadrians IV. und gegen Ende seines Lebens Bischof von Chartres. Hier starb er im Jahre 1180. In allem, nur nicht in Dingen des Glaubens, war er Skeptiker und bezeichnete sich selbst als Akademiker (in dem von Augustin gebrauchten Sinne des Wortes). Vor Königen empfand er nur begrenzten Respekt: »Ein ungebildeter König ist ein gekrönter Esel.« Er verehrte den heiligen Bernhard, erkannte aber sehr wohl, daß sein Versuch, Plato und Aristoteles miteinander in Einklang

---

4 In den mittelalterlichen Hymnen mit ihren Reimen und Rhythmen kommt bald in erhabener, bald in sanfter und rührender Weise das Beste des religiösen Empfindens der damaligen Zeit zum Ausdruck.

zu bringen, fehlschlagen mußte. Abälard bewunderte er, lachte aber über seine Universalientheorie genauso wie über die Roscellins. Die Logik, die ihn an sich blutlos und unfruchtbar dünkte, hielt er nur für eine gute Einführung in das Studium. Aristoteles, meinte er, ließe sich verbessern, selbst seine Logik; die Ehrfurcht vor antiken Autoren sollte niemand hindern, von seiner Vernunft kritischen Gebrauch zu machen. Plato bleibt für ihn der »Fürst aller Philosophen«. Die meisten Gelehrten seiner Zeit kennt er persönlich und nimmt freundlichen Anteil an scholastischen Debatten. Als er eine philosophische Schule nach dreißig Jahren erneut besucht, muß er lächelnd feststellen, daß immer noch die gleichen Probleme erörtert werden. Die gesellschaftliche Atmosphäre, in der er sich meist aufhält, ähnelt stark der der *Oxford Common Rooms* (Aufenthaltsräume der Fellows) vor dreißig Jahren. Gegen Ende seines Lebens traten Universitäten an die Stelle der Kathedralschulen, und die Universitäten haben sich, zumindest in England, seither bis auf den heutigen Tag durch bemerkenswerte Kontinuität ausgezeichnet.

Während des zwölften Jahrhunderts erweiterten Übersetzer nach und nach die Reihe der griechischen Bücher, die den abendländischen Gelehrten zur Verfügung standen. Für diese Übersetzungen gab es drei Hauptquellen: Konstantinopel, Palermo und Toledo. Darunter war Toledo die bedeutendste; die Übersetzungen, die von dort kamen, gingen häufig auf das Arabische und nicht direkt auf das Griechische zurück. Im zweiten Viertel des zwölften Jahrhunderts rief Erzbischof Raymund von Toledo ein Übersetzerkollegium ins Leben, das sehr fruchtbare Arbeit leistete. Im Jahre 1128 übersetzte Jakob von Venedig Aristoteles' *Analytik*, *Topik* und die *Sophistici Elenchi*; die abendländischen Philosophen aber fanden die *Zweite Analytik* schwierig. Henricus Aristippus von Catania (gestorben 1162) übersetzte *Phaidon* und *Menon*; seine Übertragungen blieben aber ohne unmittelbare Wirkung. Bei der fragmentarischen Kenntnis der griechischen Philosophie im zwölften Jahrhundert erkannten die Gelehrten, daß es hier für das Abendland noch viel zu entdecken gab, und ein gewisser Eifer, das Wissen von der Antike zu vervollkommnen, machte sich bemerkbar. Die Orthodoxie war kein so strenges Joch, wie manchmal angenommen wird; jeder konnte ruhig sein Buch schreiben; notfalls zog er dann die ketzerischen Teile zurück, nachdem sie in der breiten Öffentlichkeit diskutiert worden waren. Die meisten Philosophen dieser Zeit waren Franzosen, und Frankreich war für die Kirche als Gegengewicht gegen das Kaisertum von Bedeutung. Mochten auch bei den gelehrten Klerikern bisweilen theologische Ketzereien vorkommen, politisch waren sie jedenfalls fast alle orthodox; nur Arnold von Brescia machte eine Ausnahme von dieser Regel und galt daher als besonders verworfen. Politisch betrachtet, kann man die frühe Scholastik im ganzen als ein Resultat des Kampfes der Kirche um die Macht ansehen.

12. KAPITEL

Das dreizehnte Jahrhundert

Im dreizehnten Jahrhundert erreichte das Mittelalter einen Kulminationspunkt. Die Synthese, die seit dem Untergang Roms allmählich entwickelt worden war, wurde im größtmöglichen Maße vollendet. Das vierzehnte Jahrhundert führte zum Verfall von Institutionen und Philosophien; das fünfzehnte bringt auf diesen Gebieten die Anfänge dessen, was wir heute noch als neuzeitlich bezeichnen. Die großen Männer des dreizehnten Jahrhunderts waren wirklich überragend: Innozenz III., der heilige Franziskus, Friedrich II. und Thomas von Aquino sind, jeder auf seine Weise, die hervorragendsten Vertreter ihrer geistigen Kategorien. Auch hat dieses Jahrhundert bedeutende Leistungen aufzuweisen, die nicht unbedingt an große Namen gebunden sind; die gotischen Kathedralen Frankreichs, die romantische Literatur von Karl dem Großen, von Arthus und den Nibelungen, die Anfänge der verfassungsmäßigen Regierung in der *Magna Charta* und im englischen Unterhaus. Wir haben uns vor allem mit der scholastischen Philosophie zu beschäftigen, wie Thomas von Aquino sie vertritt; das soll aber erst im nächsten Kapitel geschehen; zunächst möchte ich versuchen, einen Überblick über die Ereignisse zu geben, welche die geistige Atmosphäre dieses Zeitalters bestimmten.

Die zentrale Gestalt zu Beginn des Jahrhunderts ist Papst Innozenz III. (1198–1216), ein scharfsinniger Politiker und ein Mann von unbegrenzter Tatkraft; er war fest davon überzeugt, daß das Papsttum mit Recht die allergrößten Ansprüche stellen dürfe, doch fehlte es ihm völlig an christlicher Demut. Bei seiner Konsekration predigte er über den Text: »Siehe, ich setze dich heute dieses Tages über Völker und Königreiche, daß du ausreißen, zerbrechen, zerstören und verderben sollst und bauen und pflanzen.« Er bezeichnete sich selbst als König der Könige, Herrscher der Herrscher, Priester in alle Ewigkeit nach der Ordnung Melchisedeks. Um dieser Auffassung seiner Person Geltung zu verschaffen, nutzte er jede günstige Situation aus. Kaiser Heinrich VI. (gestorben 1197), der Gemahl der Konstanze, der Erbin der Normannenkönige, hatte Sizilien erobert; sein neuer König, Friedrich, war zu Beginn von Innozenz' Pontifikat erst drei Jahre alt. Es ging unruhig zu in diesem Königreich, und Konstanze brauchte die Hilfe des Papstes. Sie bestellte ihn zum Vormund des unmündigen Friedrich und sicherte ihrem Sohn die päpstliche Anerkennung seiner Rechte in Sizilien, indem sie ihrerseits die Oberhoheit des Papstes anerkannte. Portugal und Aragonien machten ähnliche Zugeständnisse. In England wurde König Johann nach heftigem Widerstand gezwungen, sein

Königreich an Innozenz abzugeben und es als päpstliches Lehen zurückzunehmen.

Den Venezianern allerdings gelang es bis zu einem gewissen Grade, sich während des vierten Kreuzzuges gegen den Papst durchzusetzen. Die Kreuzfahrer sollten sich in Venedig an Bord begeben, es erwies sich jedoch als schwierig, genügend Schiffe zu beschaffen. Über die ausreichende Anzahl verfügten allein die Venezianer selbst; diese aber behaupteten (aus rein geschäftlichen Gründen), es sei viel besser, Konstantinopel an Stelle von Jerusalem zu erobern – auf alle Fälle wäre es ein nützliches Sprungbrett, und das Ostreich habe sich den Kreuzfahrern gegenüber nie sehr freundlich gezeigt. Es blieb nichts anderes übrig, als Venedig den Willen zu tun: Konstantinopel wurde genommen und ein lateinischer Kaiser eingesetzt. Zunächst war Innozenz verärgert; dann aber erwog er, daß es nunmehr vielleicht möglich sein würde, die östliche Kirche wieder mit der westlichen zu vereinigen. (Die Hoffnung erwies sich als trügerisch.) Von dieser einen Ausnahme abgesehen wüßte ich niemanden, der je in irgendeiner Beziehung seinen Kopf gegen Innozenz III. durchgesetzt hätte. Er rief zu dem großen Kreuzzug gegen die Albigenser auf, der Ketzerei, Glück, Wohlergehen und Kultur in Südfrankreich ausrottete. Er setzte den Grafen Raymond von Toulouse ab, weil er sich beim Kreuzzug als zu lau erwiesen hatte, und übertrug den größten Teil des albigensischen Gebiets dem Führer des Kreuzzugs, Simon de Montford, dem Vater des Vaters des englischen Parlaments. Mit Kaiser Otto entzweite er sich und forderte die Deutschen auf, ihn zu entthronen. Sie taten es und wählten auf sein Anraten statt dessen Friedrich II., der eben mündig geworden war. Für die Unterstützung Friedrichs verlangte er jedoch einen ungeheuren Preis in Gestalt von Versprechungen – die sobald als möglich zu brechen Friedrich jedoch entschlossen war.

Innozenz III. war der erste *große* Papst, der absolut nichts Heiliges hatte. Dank der Kirchenreform fühlte sich die Hierarchie ihres moralischen Prestiges so sicher, daß sie glaubte, sie brauche sich nicht länger zu bemühen, heilig zu sein. Von dieser Zeit an wurde das Papsttum mehr und mehr von bloßem Machtstreben beherrscht, und schon zu Innozenz' Lebzeiten opponierten einige fromme Menschen dagegen. Er kodifizierte das kanonische Recht dergestalt, daß es die Macht der Kurie verstärkte; Walther von der Vogelweide nannte diesen Kodex »das schwärzeste Buch, das die Hölle jemals hervorgebracht hat«. Obwohl das Papsttum noch einflußreiche Siege erringen sollte, hätte man bereits voraussehen können, auf welche Weise sein späterer Verfall vor sich gehen würde.

Friedrich II., der Innozenz' III. Mündel gewesen war, kam 1212 nach Deutschland und wurde mit päpstlicher Unterstützung an Ottos Stelle gewählt. Innozenz erlebte nicht mehr, welch furchtbarem Gegner des Papsttums er damit in den Sattel geholfen hatte.

Friedrich – einer der bemerkenswertesten Herrscher der Weltgeschichte – verbrachte seine Kindheit und Jugend unter schwierigen und widrigen Umständen. Sein Vater, Heinrich VI. (der Sohn Barbarossas), hatte die Normannen in Sizilien besiegt und Konstanze, die Erbin des Königreichs, geheiratet. Er führte eine bei den Sizilianern verhaßte deutsche Besatzung ein, starb aber im Jahre 1197, als Friedrich zwei Jahre alt war. Daraufhin wandte sich Konstanze gegen die Deutschen und versuchte, ohne sie mit Hilfe des Papstes zu regieren. Die Deutschen waren rachsüchtig, und Otto bemühte sich, Sizilien zu erobern; aus diesem Grunde entzweite er sich mit dem Papst. In Palermo, wo Friedrich seine Kindheit verlebte, gab es noch andere Schwierigkeiten. Dort empörten sich wiederholt die Muslims; die Pisaner und Genueser bekämpften einander und alle andern, um in den Besitz der Insel zu gelangen; die maßgebenden Leute in Sizilien wechselten dauernd die Partei, je nachdem, welche gerade den Verrat höher bezahlte. Kulturell aber hatte Sizilien Großes zu bieten. Die muselmanische, byzantinische, italienische und deutsche Kultur begegneten und mischten sich hier wie sonst nirgendwo. Griechisch und Arabisch waren auf Sizilien noch lebende Sprachen. Friedrich lernte sechs Sprachen fließend zu sprechen und wußte sich in jeder geistreich auszudrücken. Er war mit der arabischen Philosophie vertraut und unterhielt freundschaftliche Beziehungen zu den Mohammedanern – zum Ärger frommer Christen. Er war ein Hohenstaufe und konnte in Deutschland als Deutscher gelten. Aber in seiner Kultur und in seinem Empfinden war er Italiener mit byzantinischem und arabischem Einschlag. Das Erstaunen, mit dem seine Zeitgenossen auf ihn blickten, verwandelte sich allmählich in Grausen; sie nannten ihn »ein Wunder der Welt und Verwandler«. Schon zu seinen Lebzeiten begann die Mythenbildung. Er sollte der Verfasser eines Buches »*De Tribus Impostoribus*« sein – die drei Betrüger waren Moses, Christus und Mohammed. Das Buch, das niemals existiert hat, wurde nacheinander vielen Kirchenfeinden, zuletzt Spinoza, zugeschrieben.

Die Bezeichnungen »Guelfe« und »Ghibelline« kamen zur Zeit von Friedrichs Kampf mit Kaiser Otto auf. Es handelt sich dabei um die entstellten Worte »Welf« und »Waiblingen«, die Geschlechternamen der beiden Gegner. (Ottos Neffe war ein Vorfahr der englischen Königsfamilie.)

Innozenz III. starb 1216, Otto, der von Friedrich besiegt worden war, 1218. Der neue Papst, Honorius III., stand anfangs gut mit Friedrich; aber bald ergaben sich Schwierigkeiten. Zunächst weigerte sich der Staufer, an einem Kreuzzug teilzunehmen; dann hatte er Ärger mit den lombardischen Städten, die 1226 ein Offensiv- und Defensivbündnis auf 25 Jahre schlossen. Sie haßten die Deutschen; einer ihrer Dichter schrieb flammende Verse gegen sie: »Liebt es nicht, das Volk der Deutschen; jagt sie weit fort, diese tollen Hunde.« Das scheint dem allgemeinen lombardischen Empfinden entsprochen zu haben. Friedrich wollte in Italien bleiben, um sich mit den Städten zu beschäftigen, aber 1227 starb Honorius; sein Nachfolger wurde Gregor IX., ein glühender Asket, der Franziskus liebte und von ihm wiedergeliebt wurde. (Er sprach Franziskus zwei Jahre nach seinem Tode heilig.) Gregor hielt nichts für so wichtig wie den Kreuzzug und belegte Friedrich mit dem Bann, weil er ihn nicht unternahm. Friedrich, der die Tochter und Erbin des Königs von Jerusalem geheiratet hatte, war gern bereit, ins Heilige Land zu ziehen, sobald es ihm möglich sein würde; er nannte sich selbst König von Jerusalem. Im Jahre 1228 begab er sich auf den Kreuzzug, obwohl der Bann noch über ihm lag; das ärgerte Gregor noch mehr als seine anfängliche Weigerung; denn wie konnte ein Mann, den der Papst exkommuniziert hatte, das Heer der Kreuzfahrer anführen? In Palästina angekommen, befreundete sich Friedrich mit den Mohammedanern, erklärte ihnen, warum die Christen auf Jerusalem, trotz seiner geringen strategischen Bedeutung, Wert legten, und erreichte es, daß sie ihm auf friedlichem Wege die Stadt zurückgaben. Darüber ergrimmte der Papst noch heftiger – mit Ungläubigen hatte man zu kämpfen, nicht zu verhandeln. Dennoch wurde Friedrich ordnungsgemäß in Jerusalem gekrönt, und niemand konnte bestreiten, daß er Erfolg gehabt hatte. Der Friede zwischen Papst und Kaiser wurde im Jahre 1230 wiederhergestellt.

Während der wenigen nun folgenden Friedensjahre widmete sich der Kaiser den Angelegenheiten des Königreichs Sizilien. Mit Hilfe seines Kanzlers Petrus de Vinea führte er ein neues, auf dem römischen Recht fußendes Gesetzbuch ein, das von dem hohen Kulturniveau seiner südlichen Gebiete zeugte; der Kodex wurde sofort für die griechischsprechenden Einwohner ins Griechische übersetzt. In Neapel gründete er eine bedeutende Universität. Er ließ die sogenannten »Augustalen« prägen, auf Jahrhunderte hinaus die ersten Goldmünzen des Abendlandes. Dem Handel ebnete er die Wege, schaffte alle inneren Zölle ab und berief sogar ausgewählte Vertreter der Städte in seinen Rat, der jedoch nur konsultative Befugnisse hatte.

Diese Friedensperiode fand ihr Ende, als Friedrich 1237 wieder mit dem lombardischen Städtebund in Konflikt geriet. Der Papst trat auf die Seite der Städte und bannte den Kaiser erneut. Von da an bis zu Friedrichs Tod im Jahre 1250 hörte der Krieg praktisch nicht mehr auf; er wurde vielmehr von beiden Seiten aus immer erbitterter, grausamer und hinterlistiger geführt. Das Kriegsglück schwankte heftig hin und her; der Ausgang war noch unentschieden, als der Kaiser starb. Aber keiner derer, die sich um die Nachfolge bemühten, verfügte über so viel Macht wie er; sie wurden nacheinander besiegt und ließen ein geteiltes Italien und einen siegreichen Papst zurück.

Ob die Päpste starben, spielte bei dem Kampf kaum eine Rolle; jeder neue Papst führte praktisch die Politik seines Vorgängers unverändert fort. Gregor IX. starb 1241; 1243 wurde Innozenz IV., ein erbitterter Gegner Friedrichs, gewählt. Ludwig IX. versuchte trotz seiner unfehlbaren Rechtgläubigkeit mäßigend auf Gregors und Innozenz' IV. Fanatismus einzuwirken; doch vergeblich. Besonders Innozenz lehnte alle Vorschläge des Kaisers ab und bediente sich ihm gegenüber aller erdenklichen skrupellosen Mittel. Er erklärte ihn für abgesetzt, rief zum Kreuzzug gegen ihn auf und bannte alle, die ihn unterstützten. Die Mönche predigten gegen ihn; die Muslims erhoben sich; und unter den bedeutenden seiner angeblichen Helfer wurden Komplotte geschmiedet. All dies bewirkte, daß Friedrich immer grausamer wurde; Verschwörer ließ er furchtbar bestrafen; Gefangene verloren das rechte Auge und die rechte Hand.

Während dieses Titanenkampfes trug sich Friedrich einmal mit dem Gedanken, eine neue Religion zu gründen, deren Messias er selbst sein wollte; sein Minister Petrus de Vinea sollte die Stelle von Petrus einnehmen.[1] Er ging zwar nicht so weit, diesen Plan zu veröffentlichen, schrieb aber darüber an de Vinea. Plötzlich jedoch gewann er, ob mit Recht oder nicht, die Überzeugung, daß Petrus gegen ihn intrigiere; er ließ ihn blenden und öffentlich in einem Käfig zeigen; Petrus entzog sich aber weiteren Leiden durch Selbstmord.

Trotz all seiner Fähigkeiten konnte Friedrich keinen Erfolg haben, weil die antipäpstlichen Kräfte seiner Zeit fromm und demokratisch gesinnt waren, während ihm so etwas wie eine Restauration des heidnischen römischen Imperiums vorschwebte. In kultureller Beziehung war er aufgeklärt, in politischer hingegen rückschrittlich. Seine Hofhaltung war orientalisch; er hielt sich einen Harem mit Eunuchen. Aber gerade von diesem Hof nahm die italienische Dichtung ihren Ausgang; Friedrich selbst hatte als Dichter einige Verdienste. In seinem Kampf mit dem Papsttum veröffentlichte er Streitschriften über die Gefahren des kirchlichen Absolutismus, die im sechzehnten Jahrhundert Beifall gefunden hätten, zu seiner Zeit aber keinen Eindruck machten. Die Ketzer, die seine Verbündeten hätten sein sollen, kamen ihm nur wie Rebellen vor, und dem Papst zu Gefallen verfolgte er sie. Ohne den Kaiser würden sich die freien Städte vielleicht dem Papst widersetzt haben; aber solange Friedrich Unterwerfung von ihnen verlangte, begrüßten sie den Papst als Bundesgenossen. So zwang ihn seine Stellung als Kaiser dazu, alles politisch Liberale zu bekämpfen, obwohl er frei von allem Aberglauben seiner Zeit und an Kultur den anderen zeitgenössischen Herrschern weit überlegen war. Er mußte scheitern; dennoch bleibt er einer der interessantesten aller Gescheiterten der Geschichte.

Die Ketzer, gegen die Innozenz III. einen Kreuzzug unternahm und die von allen Herrschern (auch Friedrich) verfolgt wurden, verdienen

---

1 Vergl. Hermann Kantorowicz, *Kaiser Friedrich der Zweite*, Berlin 1927. Verlag Georg Bondi.

nicht nur an sich einiges Interesse, sondern auch insofern, als sie eine
Ahnung dessen vermitteln, was das Volk damals empfand; das Schrifttum jener Zeit enthält darüber sonst kaum eine Andeutung.

Die interessanteste, zugleich auch die größte ketzerische Sekte war
die der Katharer in Südfrankreich, bekannter unter dem Namen Albigenser. Ihre Lehren kamen über den Balkan aus Asien. Sie waren in
Norditalien sehr verbreitet; in Südfrankreich bekannte sich die überwiegende Mehrheit der Bevölkerung dazu, einschließlich der Adligen,
die gern einen Vorwand fanden, um sich Ländereien der Kirche anzueignen. Der Grund für die weite Verbreitung des Ketzertums war einmal Enttäuschung über den Mißerfolg der Kreuzzüge, vor allem aber
moralischer Widerwille gegen den Reichtum und die Verworfenheit des
Klerus. Wie später im Puritanismus hatte die Sehnsucht nach individueller Heiligkeit weite Kreise erfaßt; daneben wurde ein Kult mit der
Armut getrieben. Die Kirche war reich und stark weltlich gesinnt; sehr
viele Priester lebten äußerst unmoralisch. Die Bettelmönche klagten
die älteren Orden und die Pfarrer an und behaupteten, sie mißbrauchten den Beichtstuhl, um die Gläubigen zu verführen, während die Gegner der Mönche die Anklage umkehrten. Daß derartige Vorwürfe in
hohem Maße berechtigt waren, steht außer Zweifel. Je größer der aus
religiösen Gründen erhobene Suprematsanspruch der Kirche wurde,
um so mehr entsetzte sich die breite Masse des Volkes darüber, wie weit
die Geistlichkeit von dem entfernt war, was zu sein sie vorgab. Die gleichen Gründe, die schließlich zur Reformation führten, machten sich
auch im dreizehnten Jahrhundert geltend. Der Hauptunterschied bestand nur darin, daß weltliche Herrscher nicht gewillt waren, mit den
Ketzern gemeinsame Sache zu machen, vor allem, weil keine der damals bestehenden Philosophien das Ketzertum mit den Herrschaftsansprüchen der Könige in Einklang zu bringen verstand.

Die Grundsätze der Katharer können uns nicht genau bekannt sein,
da wir dabei gänzlich auf die Aussagen ihrer Gegner angewiesen sind.
Zudem pflegten die Kleriker, mit der Geschichte der Ketzerei wohlvertraut, den jeweiligen bestehenden Sekten gern ein bekanntes Etikett zu
geben und ihnen sämtliche Lehren früherer Sekten zuzuschreiben, häufig nur auf Grund einer recht schwachen Ähnlichkeit. Dennoch steht
ein gut Teil dessen, was wir wissen, außer Frage. Demnach scheinen die
Katharer Dualisten gewesen und den alttestamentarischen Jehova wie
die Gnostiker für einen bösen Demiurgen gehalten zu haben, während
sich nach ihrer Ansicht der wahre Gott nur im Neuen Testament offenbart hat. Die Materie hielten sie ihrem Wesen nach für schlecht und
glaubten, es gäbe für den Tugendhaften keine Auferstehung des Leibes. Die bösen Menschen müßten allerdings eine Verwandlung in Tiergestalten erleiden. Aus diesem Grunde waren sie Vegetarier, die sogar
Eier, Käse und Milch verschmähten. Sie aßen jedoch Fische, weil die
Fische nach ihrer Meinung nicht geschlechtlich gezeugt würden. Alles

Geschlechtliche war ihnen zuwider; manche hielten sogar die Ehe für schlimmer als den Ehebruch, weil sie ein angenehmer Dauerzustand wäre. Andererseits hatten sie nichts gegen Selbstmord einzuwenden. Das Neue Testament nahmen sie wörtlicher als die Orthodoxen; sie lehnten den Eid ab und boten die andere Wange dar. Die Verfolger berichten von einem Mann, der sich gegen die Anklage der Ketzerei mit den Worten verteidigte, er äße Fleisch, schwöre und sei überhaupt ein guter Katholik.

Die strengeren Vorschriften der Sekte brauchten nur von bestimmten besonders frommen Leuten, den sogenannten »Vollkommenen«, befolgt zu werden; die anderen durften Fleisch essen und sogar heiraten.

Es ist interessant, die Entstehungsgeschichte dieser Lehren zu verfolgen. Die Kreuzfahrer brachten sie von den Bogomilen, einer bulgarischen Sekte, mit nach Italien und Frankreich; an dem Konzil, das die Katharer 1167 bei Toulouse abhielten, nahmen bulgarische Delegierte teil. Die Bogomilen ihrerseits waren aus einer Mischung von Manichäern und Pauliziern hervorgegangen. Die Paulizier, eine armenische Sekte, lehnten die Kindertaufe, das Fegefeuer, die Anrufung der Heiligen und die Dreifaltigkeit ab; sie gewannen allmählich in Thrakien und später in Bulgarien Anhänger. Die Paulizier waren Schüler des Marcion (etwa 150 n. Chr.), der sich als Jünger von Paulus bezeichnete, die jüdischen Elemente im Christentum verwarf und eine gewisse Verwandtschaft mit den Gnostikern hatte, ohne jedoch zu ihnen zu gehören.

Als einzige der anderen bekannten ketzerischen Sekten möchte ich jetzt noch die Waldenser behandeln. Sie waren Jünger Peter Waldos, eines Schwärmers, der 1170 einen »Kreuzzug« organisierte, um Christi Gebot zu befolgen. Er schenkte seinen ganzen Besitz den Notleidenden und gründete eine Vereinigung »Die Armen von Lyon«, die das Ideal der Besitzlosigkeit und eines streng tugendhaften Lebens verwirklichten. Anfangs erfreuten sie sich päpstlicher Billigung; aber sie zogen etwas zu heftig gegen die Unmoral des Klerus zu Felde und wurden infolgedessen 1184 vom Konzil zu Verona verdammt. Daraufhin entschieden sie, daß jeder gute Mensch berechtigt sei zu predigen und die Heilige Schrift auszulegen; sie ernannten ihre Geistlichen selbst und verzichteten auf die Dienste des katholischen Priestertums. Sie breiteten sich nach der Lombardei und nach Böhmen aus, wo sie den Hussiten den Weg bereiteten. Während der Verfolgung der Albigenser, die auch sie in Mitleidenschaft zog, flohen viele nach Piemont; ihre Verfolgung in Piemont zu Miltons Zeit inspirierte den Dichter zu dem Sonett: »O räche, Herr, das Blutbad deiner Frommen.« Es gibt noch heute Waldenser in entlegenen Alpentälern und in den Vereinigten Staaten.

Dieses ganze Ketzerwesen beunruhigte die Kirche, und energische Maßnahmen wurden ergriffen, um ihm ein Ende zu machen. Nach Innozenz' III. Meinung hatten alle Ketzer den Tod verdient, da sie sich des Verrats an Christus schuldig gemacht hätten. Er rief den französischen König zu einem Kreuzzug gegen die Albigenser auf, der 1209 stattfand. Er wurde mit unglaublicher Grausamkeit durchgeführt; besonders nach der Einnahme von Carcassonne gab es ein entsetzliches Blutbad. Die Ketzerei aufzuspüren war Sache der Bischöfe gewesen, wurde aber für Männer, die noch andere Aufgaben hatten, zu beschwerlich; Gregor IX. schuf deshalb im Jahre 1254 die Inquisition, die diesen Teil der bischöflichen Pflichten übernehmen sollte. Nach 1254 war den von der Inquisition Angeklagten kein Rechtsbeistand mehr gestattet. Das Eigentum der Verurteilten wurde beschlagnahmt – in Frankreich zugunsten der Krone. War ein Angeklagter schuldig befunden worden, dann wurde er der weltlichen Gerichtsbarkeit übergeben mit der Bitte, sein Leben zu schonen; wenn ihn die weltlichen Behörden aber nicht verbrannten, liefen sie Gefahr, selbst vor die Inquisition zu kommen. Sie beschäftigte sich nicht nur mit gewöhnlicher Ketzerei, sondern auch mit dem Zauber- und Hexenwesen. In Spanien richtete sie sich hauptsächlich gegen die Juden, die ihrer Lehre noch im geheimen anhingen. Inquisitoren waren vor allem Dominikaner und Franziskaner. Bis Skandinavien oder England ist die Inquisition niemals vorgedrungen, doch hatten die Engländer keine Bedenken, sie gegen die Jungfrau von Orléans anzuwenden. Im großen und ganzen war sie sehr erfolgreich; zum Auftakt rottete sie das Ketzertum der Albigenser vollkommen aus.

Mit dem Beginn des dreizehnten Jahrhunderts drohte der Kirche eine allgemeine Auflehnung von kaum geringerem Ausmaß als die des sechzehnten Jahrhunderts. Davor bewahrte sie hauptsächlich die Entstehung der Bettelorden; die Heiligen Franziskus und Dominikus haben bedeutend mehr für die Strenggläubigkeit getan als selbst die energischsten Päpste.

Der heilige Franz von Assisi (1181 oder 1182–1226) ist eine der liebenswertesten Gestalten der gesamten Geschichte. Er entstammte einer wohlhabenden Familie und war in seiner Jugend den üblichen Freuden nicht abhold. Als er jedoch eines Tages an einem Aussätzigen vorüberritt, stieg er in plötzlich aufwallendem Mitleid ab, um ihn zu küssen. Bald darauf beschloß er, allen weltlichen Gütern zu entsagen und in seinem weiteren Leben nur noch zu predigen und gute Werke zu tun. Sein Vater, angesehener Geschäftsmann, war empört, konnte ihn jedoch nicht von seinem Entschluß abbringen. Er hatte bald eine Schar von Anhängern um sich versammelt, die alle vollkommene Besitzlosigkeit gelobten. Anfangs beobachtete die Kirche die Bewegung einigermaßen argwöhnisch; sie schien den »Armen von Lyon« zu ähneln. Die ersten Missionare, die Franziskus in entlegene Ortschaften entsandte, galten als Ketzer, weil sie tatsächlich besitzlos lebten, statt nur (wie die Mönche) ein Armutsgelübde abzulegen, das niemand ernst nahm. Innonenz III. aber war so klug einzusehen, wie wertvoll diese

Bewegung sein konnte, wenn man sie in den Grenzen der Rechtgläubigkeit zu halten verstand; er erkannte 1209 oder 1210 den neuen Orden an. Gregor IX., ein persönlicher Freund von Franziskus, blieb ihm weiter gewogen, obwohl er gewisse Regeln aufstellte, die dem Heiligen mit seinen schwärmerischen und anarchischen Neigungen lästig waren. Franziskus wollte das Gelübde der Armut so streng wie möglich aufgefaßt wissen; er lehnte Häuser oder Kirchen für seine Anhänger ab. Sie sollten ums tägliche Brot betteln und als Dach über dem Kopf nur das haben, was ihnen Zufall und Barmherzigkeit boten. Im Jahre 1219 reiste er in den Orient und predigte vor dem Sultan, der ihn höflich aufnahm, jedoch Mohammedaner blieb. Bei seiner Rückkehr mußte er feststellen, daß sich die Franziskaner ein Haus gebaut hatten; er war tief betrübt darüber, doch bewog oder zwang ihn der Papst nachzugeben. Nach seinem Tode sprach Gregor ihn heilig, milderte aber die Armutsregel seines Ordens.

Es hat Männer gegeben, die es an Heiligkeit mit Franziskus aufnehmen konnten; was ihn jedoch vor allen Heiligen auszeichnet, ist sein elementares Glücklichsein, seine allumfassende Liebe und seine dichterische Begabung. Seine Güte wirkt stets ungezwungen, als habe sie nie etwas Häßliches zu überwinden gehabt. Er liebte alles Lebendige nicht nur als Christ oder als gütiger Mensch, sondern auch als Dichter. Der kurz vor seinem Tode geschriebene Sonnenhymnus könnte *fast* – wenn auch nicht ganz – von dem Sonnenanbeter Echnaton verfaßt sein; er ist, obschon nicht augenfällig, christlich inspiriert. Den Aussätzigen gegenüber fühlte er sich verpflichtet, und zwar um ihres, nicht um seines eigenen Heils willen; im Gegensatz zu den meisten sonstigen christlichen Heiligen lag ihm das Glück anderer mehr am Herzen als die eigene Erlösung. Niemanden, auch den Geringsten oder Schlechtesten nicht, ließ er je irgendwelche Überlegenheit fühlen. Thomas von Celano sagte von ihm, unter Heiligen sei er mehr als ein Heiliger, unter Sündern einer ihresgleichen.

Wenn es den Teufel wirklich gäbe, hätte er an dem weiteren Schicksal des von dem heiligen Franziskus gegründeten Ordens seine hellste Freude gehabt. Der unmittelbare Nachfolger des Heiligen als Haupt des Ordens war Bruder Elias, der in Luxus schwelgte und das Gelübde der Armut gänzlich aufgab. In den ersten Jahren nach dem Tode ihres Gründers beschäftigten sich die Franziskaner hauptsächlich damit, Feldwebel für die erbitterten blutigen Kriege der Guelfen und Ghibellinen anzuwerben. Die Inquisition, sieben Jahre nach seinem Tode ins Leben gerufen, lag in verschiedenen Ländern hauptsächlich in den Händen der Franziskaner. Eine kleine Minderheit, die sogenannten Spiritualen, blieb seiner Lehre treu; viele von ihnen wurden als Ketzer von der Inquisition verbrannt. Diese Menschen glaubten, daß Christus und die Apostel nichts, nicht einmal die Kleider, die sie trugen, ihr eigen nannten – eine Auffassung, die Johann XXII. 1323 als ketzerisch verdammte. Das Leben des heiligen Franziskus hatte nur dazu gedient, einen weiteren reichen und korrupten Orden zu schaffen, die Hierarchie zu stärken und die Verfolgung aller derer zu erleichtern, die sich durch sittlichen Ernst oder Freiheit des Denkens auszeichneten. In Anbetracht seines eigenen Charakters und seiner Ziele kann man sich kaum ein Ergebnis von grausamerer Ironie vorstellen.

Der heilige Dominikus (1170–1221) ist weit uninteressanter als der heilige Franziskus. Er stammte aus Kastilien und war wie Loyola fanatisch orthodox. Seine Hauptaufgabe sah er darin, das Ketzertum zu bekämpfen; zu diesem Zweck gelobte er Besitzlosigkeit. Er machte den ganzen Albigenser-Krieg mit, obwohl er manche der schlimmsten dabei begangenen Abscheulichkeiten beklagt haben soll. Der Dominikanerorden wurde 1215 von Innozenz III. bestätigt und setzte sich bald erfolgreich durch. Der einzige, mir bekannte menschliche Zug an dem heiligen Dominikus ist seine Äußerung Jordan von Sachsen gegenüber, daß er sich lieber mit jungen als mit alten Frauen unterhielte. Im Jahre 1242 dekretierte der Orden feierlich, diese Stelle aus Jordans Lebensbeschreibung des Stifters sei auszumerzen.

Die Dominikaner betätigten sich in der Inquisition noch eifriger als die Franziskaner. Doch leisteten sie der Menschheit wertvolle Dienste, weil sie der Wissenschaft sehr ergeben waren. Das allerdings hatte nicht in Dominikus' Absicht gelegen; nach seiner Anordnung sollten seine Mönche »weltliche Wissenschaften oder artes liberales nur mit besonderer Erlaubnis studieren dürfen«. Diese Regel wurde 1259 aufgehoben; danach geschah alles, um den Dominikanern alle erdenklichen Studien zu ermöglichen. Manuelle Arbeit gehörte nicht zu ihren Pflichten, und die Stunden der Andacht wurden zugunsten des Forschens beschränkt. Sie setzten sich zum Ziel, Christus mit Aristoteles in Einklang zu bringen; zwei Dominikaner, Albertus Magnus und Thomas von Aquino, lösten diese Aufgabe, soweit sie überhaupt lösbar ist. Thomas von Aquino errang sich so überwältigende Autorität, daß spätere Dominikaner in der Philosophie nicht mehr viel weiterkamen; obwohl Franziskus noch mehr als Dominikus alle Gelehrsamkeit verabscheute, waren es durchweg Franziskaner, die in der unmittelbar folgenden Periode die größten Namen trugen: Roger Bacon, Duns Scotus und Wilhelm von Occam. Die Leistung der Mönche auf philosophischem Gebiet wird das Thema des anschließenden Kapitels sein.

13. KAPITEL

Thomas von Aquino

Thomas von Aquino (geboren 1225 oder 1226, gestorben 1274) gilt als der größte scholastische Philosoph. An allen katholischen Bildungsanstalten mit philosophischer Fakultät muß sein System als das einzig richtige gelehrt werden; das ist seit einem Erlaß Leos XIII. aus dem Jahre 1879 die Regel. Der heilige Thomas ist also nicht nur historisch interessant, sondern noch gegenwärtig einflußreich wie Plato, Aristoteles, Kant und Hegel, ja sogar in noch stärkerem Maße als die beiden letztgenannten. Fast überall lehnt er sich so eng an Aristoteles an, daß der Stagirit bei den Katholiken beinahe die Autorität eines Kirchenvaters besitzt; in rein philosophischen Fragen an ihm Kritik zu üben, gilt jetzt schon fast als gottlos.[1] Das war nicht immer so. In Thomas' Zeiten mußte der Kampf für Aristoteles gegen Plato erst ausgefochten werden. Der Einfluß der Aquinaten sicherte ihm den Sieg bis zur Renaissance; dann stand Plato, den man nun besser kannte als im Mittelalter, nach Auffassung der meisten Philosophen wieder an erster Stelle. Im siebzehnten Jahrhundert konnte man orthodox und zugleich Cartesianer sein; Malebranche zog sich, obwohl er Priester war, niemals einen Verweis zu. Heutzutage gibt es derartige Freiheiten nicht mehr; wer sich als katholischer Geistlicher mit Philosophie beschäftigt, muß Thomas von Aquino anerkennen.

Thomas war der Sohn des Grafen von Aquino, dessen Schloß im Königreich Neapel nahe bei Monte Cassino lag; dort begann die Erziehung des *doctor angelicus*. Sechs Jahre lang hielt er sich an Friedrichs II. Universität Neapel auf; dann wurde er Dominikaner und ging nach Köln, um unter Albertus Magnus zu studieren, dem führenden Aristoteliker unter den Philosophen der damaligen Zeit. Nach einem Aufenthalt in Paris und Köln kehrte er im Jahre 1259 nach Italien zurück, wo er mit Ausnahme der drei Jahre von 1269 bis 1272 sein ganzes weiteres Leben verbrachte. Während dieser drei Jahre hielt er sich in Paris auf, wo die Dominikaner als Aristoteliker mit den Größen der Universität aneinander und sogar in den Verdacht geraten waren, in ketzerischer Weise mit den dort stark vertretenen Averroisten zu sympathisieren. Die Averroisten verfochten, gestützt auf ihre Auslegung des Aristoteles, die Ansicht, daß die Seele, soweit sie individuell ist, nicht unsterblich sei; unsterblich sei nur die Vernunft, die unpersönlich und bei den verschiedenen vernunftbegabten Wesen ein und dieselbe sei. Als ihnen gewaltsam zur Kenntnis gebracht wurde, daß diese Lehre dem katholischen Glau-

---

1 Als ich mir das einmal im Rundfunk erlaubte, protestierten viele Katholiken.

ben widerspräche, verschanzten sie sich hinter der Ausflucht der »doppelten Wahrheit«: einer auf der Vernunft basierenden in der Philosophie und einer anderen auf der Offenbarung beruhenden in der Theologie. Alles das brachte Aristoteles in Verruf, und Thomas, damals in Paris, bemühte sich, den Schaden auszugleichen, der durch allzu enge Annäherung an arabische Doktrinen entstanden war. Er erzielte dabei einen außergewöhnlichen Erfolg.

Im Gegensatz zu seinen Vorgängern besaß Thomas von Aquino eine wahrhaft umfassende Kenntnis des Aristoteles. Sein Freund Wilhelm von Moerbeke versorgte ihn mit Übersetzungen aus dem Griechischen, und er selbst schrieb Kommentare. Bis zu seiner Zeit waren die Vorstellungen, die die Menschen von Aristoteles hatten, durch neuplatonische Beimischungen entstellt. Er aber hielt sich an den unverfälschten Aristoteles und hatte eine Abneigung gegen den Platonismus, selbst in der Form, die er bei Augustin angenommen hatte. Es gelang ihm, die Kirche davon zu überzeugen, daß das aristotelische System dem platonischen als Grundlage der christlichen Philosophie vorzuziehen sei und daß mohammedanische und christliche Averroisten Aristoteles falsch interpretiert hätten. Ich für mein Teil möchte behaupten, daß *De Anima* weit folgerichtiger zu der Auffassung Averroes' als zur Ansicht Thomas von Aquinos führt; seit Thomas aber war die Kirche anderer Meinung. Weiter möchte ich bemerken, daß Aristoteles' Auffassung in den meisten logischen und philosophischen Fragen keine endgültige Lösung darstellt und daß seither nachgewiesen wurde, wie weitgehend er irrte; auch diese Ansicht darf kein katholischer Philosoph oder Lehrer der Philosophie äußern.

Thomas' bedeutendstes Werk, die *Summa contra Gentiles* (Die Summe wider die Heiden), entstand in den Jahren 1259–64. Es soll darin die Wahrheit der christlichen Religion bewiesen werden, und zwar ist die Argumentierung für einen Leser bestimmt, der selbst noch kein Christ ist; wohl aber errät man, daß bei diesem imaginären Leser im allgemeinen eine gute Kenntnis der arabischen Philosophie vorausgesetzt wird. Er schrieb ein zweites Buch von fast gleicher Bedeutung, die *Summa Theologiae* (Die katholische Wahrheit oder die theologische Summe); für uns ist es etwas weniger interessant, weil es in seinen Argumenten meist die Wahrheit des Christentums bereits voraussetzt.

Es folgt ein Auszug aus der *Summa contra Gentiles*:

Zunächst wollen wir sehen, was mit »Weisheit« gemeint ist. Ein Mensch kann bei einer bestimmten Betätigung weise sein, zum Beispiel beim Hausbau; das heißt, er kennt die Mittel, ein bestimmtes Ziel zu erreichen. Alle besonderen Ziele aber sind dem Endziel des Universums untergeordnet, und die Weisheit an sich beschäftigt sich mit diesem Endziel des Universums. Nun besteht das Endziel des Universums in der Frucht des Verstandes, das heißt in der *Wahrheit*. So gesehen ist das Streben nach Weisheit das vollkommenste, sublimste, nützlichste und köstlichste Streben. All dies wird bewiesen unter Berufung auf die Autorität »des Philosophen«, nämlich Aristoteles.

Es ist meine Absicht (so sagt er), die Wahrheit zu erklären, die der katholische Glaube verkündet. Dabei muß ich jedoch die natürliche Vernunft zu Hilfe nehmen, da die Heiden die Autorität der Heiligen Schrift nicht gelten lassen. Die natürliche Vernunft ist jedoch unzulänglich, wenn es sich um göttliche Fragen handelt; sie kann manche Teile des Glaubens beweisen, andere hingegen nicht. Durch sie läßt sich die Existenz Gottes und die Unsterblichkeit der Seele beweisen, nicht aber die Dreieinigkeit, die Fleischwerdung oder das Jüngste Gericht. Was immer beweisbar ist, steht, soweit es irgend geht, im Einklang mit dem christlichen Glauben, und in der Offenbarung *widerspricht* nichts der Vernunft. Es ist jedoch wichtig, die Teile des Glaubens, die sich durch die Vernunft beweisen lassen, von denen zu trennen, bei denen das nicht möglich ist. Dementsprechend berufen sich die ersten drei der vier Bücher, in welche die *Summa* eingeteilt ist, nicht auf die Offenbarung, es sei denn, um zu beweisen, daß sie mit den durch die Vernunft erreichten Schlüssen übereinstimmt; allein im vierten Buch werden Dinge behandelt, die nur aus der Offenbarung bekannt sein können.

Zuerst soll das Dasein Gottes bewiesen werden. Manche halten das für unnötig, da die Existenz Gottes (wie sie behaupten) selbstevident ist. Wenn wir das Wesen Gottes kennen würden, träfe das zu, da (wie später bewiesen wird) bei Gott Wesen und Sein eins sind. Aber wir kennen sein Wesen nicht oder doch nur sehr unvollkommen. Weise Menschen wissen mehr von seinem Wesen als unwissende, und Engel wissen mehr als beide; aber kein Geschöpf ist weise genug, um Gottes Sein aus seinem Wesen ableiten zu können. Aus diesem Grunde wird der ontologische Beweis verworfen.

Es ist wichtig, sich vor Augen zu halten, daß religiöse Wahrheiten, die sich beweisen lassen, auch durch den Glauben erkannt werden können. Die Beweisführung ist schwierig und kann nur von Gelehrten verstanden werden; der Glaube aber ist nötig für die Ungebildeten, für die jungen Menschen und all diejenigen, denen es an Muße fehlt, sich mit Philosophie zu beschäftigen, weil ihre praktische Betätigung sie voll in Anspruch nimmt. Für sie reicht die Offenbarung aus. Manche sagen, Gott könne *ausschließlich* durch den Glauben erkannt werden. Sie argumentieren: wenn wir die Beweisprinzipien aus der von den Sinnen stammenden Erfahrung kennengelernt haben, wie in der *Zweiten Analytik* behauptet wird, ließe sich nichts beweisen, was über die Sinne hinausgeht. Das jedoch ist falsch; und selbst wenn es richtig wäre, könnte Gott an seinem wahrnehmbaren Wirken erkannt werden.

Die Existenz Gottes wird wie bei Aristoteles durch das Argument des unbewegten Bewegers bewiesen.[2] Es gibt Dinge, die nur bewegt wer-

---

2 Bei Aristoteles aber führt dieses Argument zu 47 oder 55 Bewegern.

den, und wieder andere, die sowohl bewegen als auch bewegt werden. Alles Bewegte wird stets durch irgend etwas bewegt, und da ein Zurückgehen ins Unendliche unmöglich ist, müssen wir irgendwo zu etwas kommen, das andere Dinge bewegt, ohne selbst bewegt zu werden. Dieser unbewegte Beweger ist Gott. Man könnte einwenden, daß dieses Argument die Ewigkeit der Bewegung in sich begreift, was die Katholiken verwerfen. Das wäre ein Irrtum: es ist gültig auf Grund der Hypothese von der Ewigkeit der Bewegung; erhärtet aber wird es nur durch die entgegengesetzte Hypothese, welche einen Anfang und somit eine erste Ursache einbegreift.

In der *Summa Theologiae* (Die katholische Wahrheit oder die theologische Summe) werden fünf Gottesbeweise aufgestellt. Zunächst der obige Beweis vom unbewegten Beweger. Zweitens das Argument der Ersten Ursache, das wiederum auf der Unmöglichkeit eines Zurückgehens ins Unendliche beruht. Drittens, daß es eine letzte Ursache aller Notwendigkeit geben müsse, was sich zum großen Teil mit dem zweiten Argument deckt. Viertens, daß wir verschiedenes in der Welt vollkommen finden, was auf etwas höchst Vollkommenes zurückgehen muß. Fünftens sehen wir, daß selbst unbelebte Dinge einem Zweck dienen, der von einem Wesen außerhalb ihrer selbst kommen muß, da nur das Lebendige einen ihm innewohnenden Zweck haben kann.

Kehren wir zur *Summa contra Gentiles* zurück, so können wir nun, nachdem der Gottesbeweis erbracht ist, viele Dinge über ihn aussagen, doch sind sie durchweg in gewissem Sinne negativ; wir wissen von der Gottnatur nur, was sie nicht ist. Gott ist ewig, da Er unbewegt ist; Er ist unwandelbar, denn Er begreift keine passive latente Kraft in sich. David von Dinant (ein materialistischer Pantheist des frühen dreizehnten Jahrhunderts) »schwärmte« davon, Gott sei dasselbe wie der Urstoff (*prima materia*); das ist absurd, denn der Urstoff ist reine Passivität, und Gott ist reine Aktivität. Bei Gott gibt es nichts Zusammengesetztes; aus diesem Grunde ist er kein Körper, denn Körper haben Teile.

Gott ist sein eigenstes Wesen, denn sonst wäre er nicht einfach, sondern bestünde aus Wesen und Sein. (Dieser Punkt ist wichtig.) In Gott sind Wesen und Sein identisch. Bei Gott gibt es nichts Zufälliges (Akzidenzen) und Nebensächliches. Er läßt sich nicht durch einen substantiellen Unterschied spezifizieren, gehört keiner Gattung an und kann nicht definiert werden. Aber dennoch vereinigt er in sich die Vorzüge aller Gattungen. In mancher Beziehung ähneln die Dinge Gott, in anderer dagegen nicht. Es ist angebrachter zu sagen: die Dinge sind Gott gleich, als: Gott gleicht den Dingen.

Gott ist gut, er ist seine eigene Güte; er ist das Gute alles Guten. Er hat Verstand, und die Wirksamkeit seines Verstandes ist sein Wesen. Er begreift durch sein Wesen und begreift sich selbst vollkommen. (Wie erinnerlich, dachte Johannes Scotus anders.)

Obwohl es im göttlichen Verstande nichts Zusammengesetztes gibt, begreift Gott viele Dinge. Das könnte schwierig erscheinen, aber die von ihm begriffenen Dinge haben in ihm kein besonderes Sein. Sie sind auch nicht aus sich selbst, wie Plato annahm, denn Formen natürlicher Dinge können getrennt von der Materie weder existieren noch begriffen werden. Trotzdem muß Gott vor dem Schöpfungsakt die Formen verstehen. Diese Schwierigkeit wird folgendermaßen gelöst: »Hieraus also folgt, daß die Empfängnis des Göttlichen Verstandes, so wie er Sich Selbst versteht, die Empfängnis, welche Sein Wort ist, nicht allein die Ähnlichkeit des verstandenen Gottes Selbst ist, sondern alles dessen, dessen Ähnlichkeit die Göttliche Wesenheit ist. So also kann von Gott durch eine einzige verstehbare Gestalt,[3] die die Göttliche Wesenheit ist, und durch ein einziges verstandenes Hinspannen,[4] das das göttliche Wort ist, das Viele erkannt werden.«[5] Jede Form, soweit etwas Positives, ist etwas Vollkommenes. Gottes Verstand begreift in seinem Wesen, was jedem Ding eigentümlich ist, indem er versteht, wo es ihm ähnlich und wo es ihm unähnlich ist; beispielsweise ist Leben, aber nicht Erkenntnis das Wesen der Pflanze, und Erkenntnis, nicht aber Verstand das Wesen des Tiers. Somit ist die Pflanze Gott ähnlich, da sie lebt, unähnlich jedoch, weil sie keine Erkenntnis besitzt; das Tier ist Gott ähnlich in der Erkenntnis, aber unähnlich insofern, als es keinen Verstand hat. Ein Geschöpf unterscheidet sich von Gott immer durch eine Negation.

Gott begreift die Dinge alle gleichzeitig. Seine Erkenntnis ist kein geistiger Vorgang und weder diskursiv noch logisch. Gott ist Wahrheit. (Das ist wörtlich zu verstehen.)

Wir kommen nun zu einer Frage, die schon Plato und Aristoteles zu schaffen machte. Kann Gott einzelne Dinge erkennen, oder erkennt er nur die Universalien und allgemeinen Wahrheiten? Da der Christ an die Vorsehung glaubt, muß er annehmen, daß Gott einzelne Dinge erkennt; dennoch sprechen gewichtige Argumente gegen diese Auffassung. Der heilige Thomas zählt sieben solcher Argumente auf und verwirft sie dann. Es sind die folgenden:

1. Da das Besondere ein bestimmtes Stück Materie ist, kann nichts Immaterielles es erkennen.
2. Das Besondere existiert nicht immer und kann nicht erkannt wer-

---

3 *species intelligibilis* = *species impressa:* das »eingeprägte Erkenntnisbild«.
4 *intentio intellecta* = *species expressa*, das »ausgeprägte Erkenntnisbild«. Dieses bildet den inneren Abschluß der Erkenntnistätigkeit. Es ist das Mittel, in dem (*medio in quo*) der Erkennende erkennt, während *species intelligibilis* (*species impressa:* das eingeprägte Erkenntnisbild) das Mittel ist, wodurch (*medio quo*) er erkennt. (Anm. d. Übers.)
5 *Summa contra Gentiles*, Buch I, Kap. 53 (übers. von Hans Nachod und Paul Stern, Vorwort von Alois Dempf). Erläuterungen von August Brauner. (Anm. d. Übers.)

den, wenn es nicht existiert; daher ist es von einem unwandelbaren Wesen nicht zu erkennen.

3. Das Besondere ist zufällig, nicht notwendig; es kann deshalb nur dann genau erkannt werden, wenn es existiert.

4. Manches Besondere ist auf einen Willensakt zurückzuführen; es kann nur der wollenden Person bekannt sein.

5. Das Besondere gibt es in unendlicher Zahl; das Unendliche als solches ist unerkannt.

6. Das Besondere ist zu gering für Gottes Aufmerksamkeit.

7. In manchem Besonderen ist das Böse, aber Gott kann das Böse nicht erkennen.

Thomas von Aquino entgegnet darauf, daß Gott die Besonderheiten kennt, weil er ihr Urgrund ist; daß er Dinge kennt, die noch nicht sind, gerade wie ein Handwerker, wenn er etwas herstellt; daß er zukünftige Zufälligkeiten kennt, weil er jedes Ding in der Zeit sieht, als ob es gegenwärtig wäre, während er selbst nicht in der Zeit ist; daß er unsere Gedanken und geheimen Wünsche kennt und daß er eine unendliche Zahl von Dingen kennt, was uns natürlich nicht gegeben ist. Er kennt unbedeutende Dinge, weil nichts *ganz* unbedeutend ist und jedes Ding einen *gewissen* Adel besitzt; andernfalls würde Gott nur sich selbst kennen. Überdies ist die Weltordnung etwas sehr Edles, und das läßt sich nur erkennen, wenn man auch die unedlen Teile kennt. Schließlich kennt Gott auch schlechte Dinge, da das Wissen von etwas Gutem auch das Wissen um das entgegengesetzte Böse einbegreift.

In Gott ist Wille; sein Wille ist sein Wesen, und das Hauptziel seines Willens das göttliche Wesen. Gott will sich selbst und damit auch andere Dinge, denn Gott ist der Endzweck aller Dinge. Er will sogar Dinge, die noch nicht sind. Er will sein eigenes Sein und seine eigene Güte, aber andere Dinge will er nicht notwendigerweise. Gottes Wille ist frei; sein Wille kann einen *Grund* haben, doch keine *Ursache*. Er kann keine Dinge wollen, die an sich unmöglich sind; denn beispielsweise kann er, was der Wahrheit widerspricht, nicht wahr machen. Das Beispiel des Heiligen dafür, daß es noch etwas die göttliche Macht Übersteigendes gibt, ist nicht recht glücklich gewählt; er sagt nämlich, Gott könne es nicht vollbringen, einen Menschen zu einem Esel zu machen.

Bei Gott sind Freude, Wonne und Liebe; Gott kennt keinen Haß und besitzt die Tugend der Kontemplation und der Aktivität. Er ist glückselig und ist seine eigene Glückseligkeit.

Wir kommen nun (in Buch II) zur Betrachtung der Geschöpfe. Sie ist nützlich, um mit Irrtümern über Gott aufzuräumen. Entgegen der Ansicht der Alten schuf Gott die Welt aus dem Nichts. Das Thema von den Dingen, die Gott nicht tun kann, wird wieder aufgegriffen. Er kann kein Körper sein und sich nicht verwandeln; er kann nicht fehlen, nicht ermüden oder vergessen, bereuen oder zornig oder traurig sein; er kann nicht bewirken, daß ein Mensch keine Seele habe, noch daß die Winkelsumme eines Dreiecks nicht gleich zwei Rechten ist. Er kann die Vergangenheit nicht ungeschehen machen, nicht sündigen, keinen zweiten Gott erschaffen oder sich selbst aufheben.

Das II. Buch befaßt sich hauptsächlich mit der Seele des Menschen. Alle geistigen Substanzen sind immateriell und unvergänglich; die Engel haben keine Körper, bei den Menschen aber ist die Seele mit einem Körper vereinigt. Wie bei Aristoteles ist sie die Form des Leibes. Der Mensch besitzt nicht drei Seelen, sondern nur eine Seele. Die ganze Seele ist in jedem Teil des Leibes vollständig gegenwärtig. Die Seelen der Tiere sind im Gegensatz zu denen der Menschen nicht unsterblich. Der Verstand ist ein Teil der menschlichen Seele; es gibt nicht, wie Averroes behauptete, einen einzigen Verstand, an dem verschiedene Menschen teilhaben. Die Seele wird nicht mit dem Samen übertragen, sondern mit jedem Menschen neu geschaffen. Eine Schwierigkeit gibt es allerdings: wird ein Mensch außerehelich geboren, so scheint Gott damit zum Mitschuldigen am Ehebruch zu werden. Dieser Einwand ist jedoch nur scheinbar einleuchtend. (Ein anderer schwerer Einwand, der Augustin zu schaffen machte, betrifft die Übertragung der Erbsünde. Es ist ja die Seele, die sündigt, und wenn die Seele nicht übertragen, sondern neu erschaffen wird, wie kann sie dann Adams Sünde erben? Diese Frage bleibt unerörtert.)

Im Zusammenhang mit dem Verstand wird das Universalienproblem behandelt; Thomas nimmt dazu die gleiche Stellung ein wie Aristoteles. Die Universalien sind nicht außerhalb der Seele, aber der Verstand begreift Dinge außerhalb der Seele, wenn er die Universalien begreift.

Das III. Buch befaßt sich eingehend mit ethischen Fragen. Das Böse ist unbeabsichtigt, kein Wesen und hat eine Zufallsursache, die gut ist. Alle Dinge streben danach, Gott gleich zu werden; er ist das Ziel aller Dinge. Die menschliche Glückseligkeit besteht nicht in fleischlichen Freuden, in Ehre, Ruhm, Reichtum, weltlicher Macht oder Gütern des Leibes, und wohnt nicht in den Sinnen. Der Menschen höchstes Glück liegt nicht in moralisch tugendhaften Handlungen, die nur Mittel sind; es besteht in der Kontemplation Gottes. Aber was die Mehrzahl der Menschen von Gott weiß, genügt nicht; auch nicht das Wissen um ihn, das sich aus Beweisen gewinnen läßt; nicht einmal das aus dem Glauben gewonnene Wissen. In diesem Leben können wir Gott nicht in seiner Wesenheit erblicken oder die höchste Glückseligkeit erlangen; danach aber werden wir ihn von Angesicht zu Angesicht sehen. (Wir werden gewarnt, das nicht buchstäblich zu nehmen, da Gott kein Angesicht hat.) Das wird nicht durch unsere eigene Kraft, sondern durch das göttliche Licht geschehen; und selbst dann noch können wir ihn nicht vollständig erblicken. Durch diese Schau werden wir eines ewigen Lebens teilhaftig, das heißt eines Lebens außerhalb der Zeit.

Die göttliche Vorsehung schließt nicht das Böse aus und nicht den

Zufall, die Willensfreiheit, die Möglichkeit oder das Glück. Das Böse entsteht durch Ursachen zweiten Ranges, wie bei einem guten Künstler mit schlechten Werkzeugen.

Die Engel sind nicht alle gleichgestellt; sie haben eine Rangordnung. Jeder Engel ist das einzige Exemplar seiner Gattung, denn da Engel keine Körper haben, können sie sich nur durch spezifische Abweichungen voneinander unterscheiden, nicht durch Stellung im Raum.

Die Astrologie ist aus den üblichen Gründen abzulehnen. Auf die Frage »Gibt es so etwas wie ein Fatum?« erwidert Thomas, daß wir die von der Vorsehung aufgestellte Ordnung zwar »Fatum« nennen *können*, es zu unterlassen sei jedoch klüger, da »Fatum« ein heidnisches Wort wäre. Das führt zu dem Argument, daß Beten nützlich sei, obwohl sich die Vorsehung nicht abändern ließe. (Diesem Argument habe ich mich nicht anschließen können.) Gott wirkt zuweilen Wunder, was sonst niemand kann. Magie hingegen ist mit Hilfe der Dämonen möglich; das ist jedoch kein eigentliches Wunder und geschieht ohne Unterstützung durch die Sterne.

Das *göttliche Gebot* veranlaßt uns, Gott und in geringerem Maße auch unseren Nächsten zu lieben. Es verbietet die Unzucht, weil der Vater bei der Mutter bleiben soll, solange die Kinder aufgezogen werden. Es untersagt die Geburtenregelung, weil sie widernatürlich ist, nicht aber das lebenslängliche Zölibat. Die Ehe soll unlöslich sein, da der Vater zur Erziehung der Kinder nötig ist; einmal, weil er mehr Verstand hat als die Mutter, zum andern auch, weil er über größere physische Kraft verfügt, falls es zu strafen gilt. Nicht jeder fleischliche Verkehr ist Sünde, denn er ist etwas Natürliches; die Ehe für ebenso wertvoll zu halten wie die Enthaltsamkeit hieße jedoch ebenso ketzerisch sein wie Jovinian. Es muß strenge Monogamie herrschen; Vielweiberei ist ein Unrecht gegen die Frauen, und Vielmännerei macht die Vaterschaft ungewiß. Die Blutschande ist zu verbieten, weil sie das Familienleben zu sehr kompliziert. Gegen die Blutschande zwischen Bruder und Schwester wird ein seltsames Argument vorgebracht: wenn zu der Gattenliebe auch noch die Geschwisterliebe käme, würde die gegenseitige Anziehung so stark werden, daß ein ungebührlich häufiger Verkehr die Folge wäre.

All diese Argumente auf sexual-ethischem Gebiet stützen sich wohlgemerkt auf rein rationale Erwägungen, nicht auf göttliche Gebote oder Verbote. Hier wie in den ersten drei Büchern ist Thomas froh, wenn er eine Erörterung mit Zitaten beenden kann, die beweisen, daß er durch die Vernunft zu einem Schluß gekommen ist, der mit der Heiligen Schrift übereinstimmt; er beruft sich jedoch erst auf die Autorität, sobald er zu einem Resultat gekommen ist.

Höchst lebendig und interessant wird die Frage der freiwilligen Armut erörtert. Wie zu erwarten, gelangt er dabei schließlich zu einer Folgerung, die mit den Prinzipien der Bettelorden in Einklang steht;

die Einwände dagegen werden jedoch sehr kraftvoll und realistisch dargestellt und lassen so erkennen, daß sie tatsächlich in seiner Gegenwart von weltlichen Geistlichen sehr eindringlich erhoben wurden.

Dann geht er zur Sünde, zur Prädestination und zur Gnadenwahl über; hier ist er im großen und ganzen der Auffassung Augustins. Infolge der Todsünde verfehlt der Mensch sein letztes Ziel auf alle Ewigkeit, deshalb ist ewige Strafe sein Lohn. Kein Mensch kann von der Sünde befreit werden, es sei denn durch Gnade; dennoch ist der Sünder zu tadeln, wenn er sich nicht bekehrt hat. Der Mensch bedarf der Gnade, damit er im Guten beharre, aber niemand vermag sich göttlichen Beistand zu *verdienen*. Gott ist nicht die Ursache, daß Menschen sündigen, doch beläßt er manche im Zustand der Sünde, während er andere daraus befreit. In der Frage der Prädestination scheint Thomas wie Augustin anzunehmen, daß sich kein Grund dafür angeben läßt, warum manche auserwählt sind und in den Himmel eingehen, während andere verworfen werden und in die Hölle kommen. Auch meint er, niemand könne ungetauft in den Himmel aufsteigen. Diese Wahrheit gehört nicht zu denen, die durch die bloße Vernunft zu beweisen sind; sie wird in Johannes III, 5 geoffenbart.[6]

Das IV. Buch befaßt sich mit der Dreieinigkeit, der Menschwerdung, dem Supremat des Papstes, den Sakramenten und der Auferstehung des Leibes. Es wendet sich in der Hauptsache stärker an die Theologen als an die Philosophen; ich werde es daher nur kurz behandeln.

Es gibt drei Wege, Gott zu erkennen: durch die Vernunft, durch Offenbarung und durch intuitives Erfassen von Dingen, die zuvor nur aus Offenbarungen bekannt waren. Über die dritte Erkenntnisart sagt er jedoch fast gar nichts aus. Ein zur Mystik neigender Autor hätte gerade darüber mehr geschrieben als über die beiden anderen; Thomas aber liegt das vernunftmäßige Schließen näher als die Mystik.

Die griechische Kirche wird gerügt, weil sie leugnet, daß der Heilige Geist und das Supremat des Papstes nebeneinander bestehen können. Obwohl Christus vom Heiligen Geist empfangen ward, werden wir vor der Annahme gewarnt, in ihm auch dem Fleische nach den Sohn des Heiligen Geistes zu sehen.

Heilige Handlungen sind gültig, auch wenn sie von schlechten Priestern vollzogen werden. Dies war ein wichtiger Punkt in der Kirchenlehre. Sehr viele Priester lebten in der Todsünde, und fromme Menschen befürchteten, solche Geistliche könnten sakramentale Handlungen nicht vornehmen. Das war peinlich; kein Mensch konnte wissen, ob er wirklich verheiratet war oder gültige Absolution erhalten hatte. Die Folgen waren Ketzerei und Spaltung, da die sittlich streng Denkenden eine Priesterschaft von weniger angreifbarer Tugend zu schaffen

---

6 Jesus antwortete: »Wahrlich, wahrlich, ich sage dir: Es sei denn, daß jemand geboren werde aus Wasser und Geist, so kann er nicht in das Reich Gottes kommen.«

suchten. Daher sah sich die Kirche gezwungen, sehr nachdrücklich zu versichern, daß die Sünde einen Priester nicht der Fähigkeit beraube, seine Funktionen auszuüben.

Eines der zuletzt erörterten Probleme ist die Auferstehung des Leibes. Hier wie anderwärts auch setzt Thomas ganz unparteiisch die Argumente auseinander, die gegen die orthodoxe Auffassung vorgebracht worden sind. Eines dieser Argumente bereitet sofort große Schwierigkeiten. Was soll mit einem Menschen geschehen, fragt der Heilige, der sein Leben lang wie seine Eltern nur Menschenfleisch gegessen hat? Es wäre doch unbillig, wenn seine Opfer um seiner Gier willen am Jüngsten Tage keine Leiber hätten; woraus aber sollte andernfalls sein Leib gebildet werden? Glücklicherweise kann ich erklären, daß diese zunächst unüberwindlich erscheinende Schwierigkeit wahrhaft glänzend behoben wird. Die Identität des Leibes ist, wie Thomas ausführt, nicht davon abhängig, daß dieselben materiellen Bestandteile erhalten bleiben; solange der Mensch lebt, ist durch den Vorgang des Essens und Verdauens der Stoff, aus dem sein Körper besteht, einer dauernden Veränderung unterworfen. Der Kannibale kann deshalb bei der Auferstehung den gleichen Körper bekommen, auch wenn er nicht aus demselben Stoff besteht, der sich bei seinem Tode in seinem Körper befand. Mit diesem tröstlichen Gedanken wollen wir unseren Auszug aus der *Summa contra Gentiles* abschließen.

In ihren Grundzügen stimmt die Philosophie des Thomas von Aquino mit der aristotelischen überein; der Leser wird sie anerkennen oder ablehnen, je nachdem, wieweit er den Stagiriten anerkennt oder ablehnt. Die Originalität Thomas von Aquinos zeigt sich darin, daß er Aristoteles mit einem Mindestmaß an Veränderung dem christlichen Dogma anpaßte. Zu seiner Zeit galt er als kühner Neuerer; selbst nach seinem Tode wurden viele seiner Doktrinen von den Universitäten Paris und Oxford verdammt. Noch bemerkenswerter als seine Originalität war seine Fähigkeit zu systematisieren. Selbst wenn alle seine Lehren falsch wären, bliebe die *Summa* doch imponierend in ihrem geistigen Aufbau. Sobald Thomas eine Doktrin verwerfen will, setzt er sie zunächst auseinander, und zwar oftmals sehr nachdrücklich und fast immer in der Absicht, ihr möglichst gerecht zu werden. Wie scharf und klar er einerseits die von der Vernunft, andererseits die von der Offenbarung abgeleiteten Argumente unterscheidet, ist bewundernswert. Er kennt Aristoteles gut und versteht ihn voll und ganz, was von keinem der voraufgegangenen katholischen Philosophen behauptet werden kann.

Diese Vorzüge scheinen jedoch kaum hinreichend, sein ungeheures Ansehen zu rechtfertigen. Der Appell an die Vernunft ist in gewisser Hinsicht unaufrichtig, da die Schlußfolgerung, die erreicht werden soll, im voraus feststeht. Nehmen wir beispielsweise die Unlösbarkeit der Ehe. Er verficht sie mit der Begründung, daß der Vater zur Erziehung der Kinder nützlich ist, a) weil er vernünftiger ist als die Mutter, b) weil er als der Kräftigere besser imstande ist, körperliche Züchtigungen vorzunehmen. Ein moderner Pädagoge könnte dagegen einwenden, a) daß die Annahme unbegründet sei, Männer im allgemeinen für vernünftiger als Frauen zu halten, b) daß bei der Erziehung Bestrafung, die große physische Kraft erfordert, nicht wünschenswert sei. Er könnte weiter darauf hinweisen, daß in der modernen Welt die Väter an der Erziehung kaum beteiligt sind. Deshalb aber würde noch kein Anhänger des heiligen Thomas aufhören, für die lebenslängliche Einehe einzutreten, weil in Wirklichkeit andere als die von ihm angeführten Gründe dafür sprechen.

Oder greifen wir auf die Gottesbeweise zurück. Mit Ausnahme des aus der Teleologie der unbelebten Dinge abgeleiteten Beweises beruhen sie alle auf der Annahme, es sei unmöglich, daß eine Reihe kein Anfangsglied hätte. Jeder Mathematiker weiß, daß es eine solche Unmöglichkeit nicht gibt; die Reihe der negativen ganzen Zahlen, die mit minus eins endet, beweist das Gegenteil. Aber auch hier wird wohl kein Katholik seinen Glauben an Gott aufgeben, selbst wenn er sich davon überzeugen ließe, daß Thomas' Argumente schlecht sind; er wird andere erfinden oder seine Zuflucht zur Offenbarung nehmen.

Die Behauptungen, daß Gottes Wesen und Sein ein und dasselbe wären, daß Gott seine eigene Güte, seine eigene Macht sei und so fort, lassen auf eine Verwechslung der Seinsweise des Individuellen und der Seinsweise des Universalen schließen, die sich bei Plato findet, von Aristoteles jedoch, wie man annimmt, vermieden wurde. Gottes Wesen, nicht aber sein Sein, ist vermutlich von der Natur der Universalien. Es ist nicht leicht, diese Schwierigkeit befriedigend zu erklären, da sie im Rahmen einer Logik auftritt, die man nicht mehr gelten lassen kann. Sie weist aber deutlich auf eine Art syntaktischer Verwechslung hin, ohne die viele Gottesbeweise ihre Überzeugungskraft einbüßen würden.

Von echtem Philosophengeist findet sich bei Thomas von Aquino wenig. Im Gegensatz zu dem platonischen Sokrates verfolgt er einen Gedanken nicht ohne Rücksicht darauf, wohin ihn die Argumentierung führen mag. Auf Untersuchungen, deren Ergebnisse im voraus unmöglich bekannt sein können, läßt er sich nicht ein. Bevor er zu philosophieren beginnt, kennt er bereits die Wahrheit; sie ist im katholischen Glauben geoffenbart. Wenn er einleuchtende rationale Beweise für manche Glaubensbestandteile erbringen kann, um so besser; andernfalls braucht er nur auf die Offenbarung zurückzugreifen. Die Suche nach Beweisen für einen bereits gegebenen Schluß kann man aber nicht als Philosophie bezeichnen, sondern nur als eine besonders geartete Verteidigung. Für mein Empfinden verdient er daher nicht, den besten griechischen oder modernen Philosophen gleichgestellt zu werden.

14. KAPITEL

Franziskanische Scholastiker

Die Franziskaner waren im großen und ganzen nicht so unanfechtbar orthodox wie die Dominikaner. Zwischen den beiden Orden bestand ein ausgesprochenes Rivalitätsverhältnis, und die Franziskaner waren nicht geneigt, die Autorität des heiligen Thomas anzuerkennen. Die drei bedeutendsten franziskanischen Philosophen waren Roger Bacon, Duns Scotus und Wilhelm von Occam. Der heilige Bonaventura und Matthäus von Aquasparta verdienen ebenfalls Beachtung.

Roger Bacon (etwa 1214 bis etwa 1294) wurde zu seinen Lebzeiten nicht sonderlich bewundert, in der Moderne jedoch weit über Gebühr gepriesen. Er war weniger Philosoph im engeren Sinne als ein Mann von umfassender Bildung mit einer Vorliebe für Mathematik und Naturwissenschaft. Damals wurde die Naturwissenschaft mit der Alchimie durcheinandergebracht; man glaubte sogar, sie hätte etwas mit schwarzer Magie zu tun; Bacon hatte andauernd Schwierigkeiten, weil er der Häresie und Magie verdächtigt wurde. Im Jahre 1257 ließ ihn Bonaventura, der General des Franziskanerordens, in Paris überwachen und verbot ihm jede Veröffentlichung. Obwohl dieses Verbot noch in Kraft war, befahl ihm der päpstliche Legat in England, Guy de Foulques, ungeachtet anderslautender Befehle, eine Darstellung seiner gesamten Philosophie für den Papst aufzuzeichnen. Daher schrieb er in sehr kurzer Zeit drei Bücher, das *Opus Majus*, das *Opus Minus* und das *Opus Tertium*. Sie scheinen einen guten Eindruck gemacht zu haben; 1268 wurde ihm gestattet, nach Oxford zurückzukehren; von dort war er zu einer Art Haft nach Paris geholt worden. Nichts jedoch konnte ihn zu Vorsicht erziehen. Ständig übte er in herabsetzender Weise Kritik an den gelehrtesten Männern seiner Zeit; vor allem behauptete er, die Übersetzer aus dem Griechischen und Arabischen verstünden nicht das geringste. Im Jahre 1271 schrieb er ein Buch mit dem Titel *Compendium Studii Philosophiae*, worin er die Ignoranz der Geistlichkeit angriff. Dadurch machte er sich bei seinen Kollegen nicht gerade beliebter; 1278 verdammte der Ordensgeneral seine Bücher, und er selbst kam auf vierzehn Jahre ins Gefängnis. 1292 wurde er freigelassen, starb aber kurz darauf.

Seine Gelehrsamkeit war enzyklopädisch, jedoch nicht systematisch. Im Gegensatz zu den meisten Philosophen seiner Zeit hielt er viel vom Experiment, dessen Bedeutung er mit seiner Theorie des Regenbogens bewies. Er schrieb Vorzügliches über Geographie; Kolumbus las diesen Teil seines Werks und ließ sich davon beeinflussen. Bacon war auch ein guter Mathematiker; er zitiert das sechste und neunte Buch des Euklid.

Anhand arabischer Quellen schrieb er über die Perspektive; die Logik dünkte ihn eine nutzlose Kunst; die Alchimie hingegen schätzte er hoch genug, um darüber zu schreiben.

Um eine Vorstellung von seinem geistigen Horizont und seiner Methode zu geben, werde ich kurz über einige Teile des *Opus Majus* sprechen.

Wie er sagt, hat die Unwissenheit vier Ursachen: 1. Das Beispiel unzureichender und ungeeigneter Autorität (da das Werk für den Papst bestimmt ist, erklärt er vorsichtshalber, daß damit nicht die Kirche gemeint sei). 2. Die Macht der Gewohnheit. 3. Die Meinung der ungebildeten Menge (damit, versteht sich, sind alle Zeitgenossen außer ihm selbst gemeint). 4. Die Tatsache, daß jeder seine Unwissenheit durch Entfaltung eines Scheinwissens zu verschleiern sucht. Von diesen Plagen, deren schlimmste die vierte ist, haben alle menschlichen Nöte ihren Ausgang genommen.

Will man eine bestimmte Ansicht verteidigen, so darf man bei der Argumentierung nicht von dem Wissen unserer Vorfahren oder der Gewohnheit oder der allgemeinen Überzeugung ausgehen. Zur Unterstützung seiner Auffassung zitiert er Seneca, Cicero, Avicenna, Averroes, Adelard von Bath, Hieronymus und Chrysostomus. Diese Autoritäten, so scheint er anzunehmen, beweisen hinreichend, daß man vor der Autorität an sich keinen Respekt zu haben brauche.

Für Aristoteles fühlt er zwar große, aber nicht unbegrenzte Hochachtung. »Nur Aristoteles und seine Anhänger haben nach dem Urteil aller weisen Menschen den Namen Philosophen verdient.« Wie fast alle seine Zeitgenossen gebrauchte er die Bezeichnung »der Philosoph«, wenn er von Aristoteles spricht; aber selbst der Stagirit gelangte, wie wir erfahren, nicht bis an die Grenze der menschlichen Weisheit. Nach ihm war Avicenna »Fürst und Führer der Philosophie«, wenn er auch den Regenbogen nicht ganz verstand; er erkannte nämlich nicht seine Zweckursache, die nach der Genesis in der Zerteilung der Wasserdämpfe besteht. (Trotzdem zitiert Bacon bei der Behandlung des Regenbogens Avicenna voll Bewunderung.) Dann und wann sagt er etwas, was sich rechtgläubig anhört, zum Beispiel, vollkommene Weisheit sei nur in der Heiligen Schrift zu finden, wie sie kanonisches Recht und Philosophie auslegen. Es klingt jedoch aufrichtiger, wenn er erklärt, nichts spräche dagegen, unser Wissen bei den Heiden zu erweitern; neben Avicenna und Averroes zitiert er sehr häufig Alfarabi[1] und bisweilen Albumazar[2] und andere. Albumazar wird zum Beweis herangezogen, daß die Mathematik schon vor der Sintflut Noah und seinen Söhnen bekannt war; damit soll vermutlich gezeigt werden, was wir von den Ungläubigen lernen können. Bacon preist die Mathematik als die einzige

---

1 Anhänger Kindis, gestorben 950.
2 Ein Astronom (805–855).

(nicht geoffenbarte) Quelle der Gewißheit und als notwendig für Astronomie und Astrologie.

Er schließt sich der Auffassung von Averroes an, daß der aktive Intellekt dem Wesen nach eine von der Seele getrennte Substanz ist. Er zitiert verschiedene hervorragende Theologen, darunter Grosseteste, Bischof von Lincoln, die ebenfalls dieser, Thomas von Aquino widersprechenden Ansicht sind. Daß manche Stellen bei Aristoteles dazu im Gegensatz zu stehen scheinen, liegt, wie er meint, an der falschen Übersetzung. Plato zitiert er nicht unmittelbar, sondern auf dem Umweg über Cicero aus zweiter oder über die Araber durch Porphyrius aus dritter Hand. Nicht daß er viel Respekt vor Porphyrius hätte; er nennt vielmehr seine Universalienlehre »kindisch«.

In der Neuzeit ist Bacon sehr gepriesen worden, weil er das Experiment als Erkenntnisquelle über das Schlußverfahren stellte. Zweifellos weichen seine Interessen und seine Art, die Dinge anzufassen, stark von denen der typischen Scholastiker ab. In seinen enzyklopädischen Neigungen gleicht er den arabischen Schriftstellern, die ihn offensichtlich stärker beeinflußten als die meisten anderen christlichen Philosophen. Wie er interessierten sie sich für die Wissenschaft und glaubten an die Magie und die Astrologie; die Christen hingegen hielten die Magie für etwas Schlechtes und die Astrologie für eine Täuschung. Er erstaunt uns, weil er sich so stark von den übrigen christlichen Philosophen des Mittelalters unterscheidet; er übte jedoch nur geringen Einfluß auf seine Zeit aus und war meines Erachtens nicht der Wissenschaftler, für den er bisweilen gehalten wird. Englische Publizisten pflegten zu behaupten, er sei der Erfinder des Schießpulvers, doch stimmt das selbstverständlich nicht.

Der heilige Bonaventura (1221 – 1274), der als General des Franziskanerordens Bacon jede Veröffentlichung untersagte, war ein Mann ganz anderer Art. Er lebte in der Tradition des heiligen Anselm, für dessen ontologischen Beweis er eintrat. Im neuen Aristotelismus sah er einen fundamentalen Gegensatz zum Christentum und glaubte an Platos Ideen, die jedoch nur Gott vollkommen kenne. In seinen Schriften zitiert er beständig Augustin; die Araber dagegen führt er überhaupt nicht und die Heiden der Antike nur selten an.

Matthäus von Aquasparta (etwa 1235–1302), zwar ein Anhänger Bonaventuras, blieb aber dennoch von der neuen Philosophie weniger berührt. Er war Franziskaner, wurde Kardinal und bekämpfte Thomas von einem augustinischen Gesichtspunkt aus. Aber Aristoteles galt ihm als »der Philosoph«, den er ständig anführt. Avicenna wird häufig erwähnt und der heilige Anselm wie auch der Pseudo-Dionysius respektvoll zitiert; die größte Autorität jedoch ist Augustin. Wie er sagt, müssen wir einen Mittelweg zwischen Plato und Aristoteles finden. Platos Ideen sind »höchst irrig«; sie statuieren Weisheit, aber keine Erkenntnis. Andererseits hat auch Aristoteles unrecht; er statuiert Erkenntnis, nicht aber Weisheit. Unsere Erkenntnis – schließt er – beruht auf geringeren wie auf höheren Dingen, auf äußeren Objekten und ideellen Gründen.

Duns Scotus (etwa 1270–1308) führte die franziskanische Kontroverse mit Thomas von Aquino fort. Er war in Schottland oder Ulster geboren, wurde in Oxford Franziskaner und verbrachte sein späteres Leben in Paris. Gegen Thomas verteidigte er die unbefleckte Empfängnis; darin stimmte die Universität Paris und schließlich die ganze katholische Kirche mit ihm überein. Er ist Anhänger Augustins, doch in einer weniger extremen Form als Bonaventura oder selbst Matthäus von Aquasparta; wie sie unterscheidet auch er sich von Thomas darin, daß seine Philosophie (via Augustin) stärker mit Platonismus durchsetzt ist.

Er erörtert zum Beispiel die Frage, »ob eine sichere, reine Wahrheit auf natürliche Weise durch den Verstand des Wanderers ohne die besondere Erleuchtung des unerschaffenen Lichts zu erfassen sei?« Und er argumentiert, es wäre nicht möglich. Im Eingangsargument stützt er seine Ansicht nur auf Zitate aus Augustin; die einzige Schwierigkeit findet er in Römer I, 20: »Gottes unsichtbares Wesen, das ist seine ewige Kraft und Gottheit, wird ersehen, so man dies wahrnimmt, an den Werken, nämlich an der Schöpfung der Welt.«

Duns Scotus war ein gemäßigter Realist. Er glaubte an die Willensfreiheit und neigte zum Pelagianismus. Zwischen *Sein* und *Wesen* bestand nach seiner Auffassung kein Unterschied. Am meisten interessiert ihn die *Evidenz*, das heißt diejenigen Dinge, die ohne Beweis zu wissen sind. Deren gibt es drei Arten: 1. die selbstevidenten Prinzipien; 2. die Dinge, die aus der Erfahrung gewußt werden; 3. unsere eigenen Handlungen. Aber ohne göttliche Erleuchtung können wir nichts wissen.

Die meisten Franziskaner hingen Duns Scotus stärker an als Thomas von Aquino.

Duns Scotus war der Auffassung, das *principium individuationis* – wonach kein Ding mit einem anderen identisch ist – müsse Form, nicht Materie sein, da es einen Unterschied zwischen Sein und Wesen nicht gäbe. Das *principium individuationis* war eines der wichtigsten Probleme der scholastischen Philosophie. In verschiedenen Abwandlungen ist es bis auf den heutigen Tag ein Problem geblieben. Ohne auf einen bestimmten Autor Bezug zu nehmen, können wir es etwa folgendermaßen formulieren:

Manche der Eigenschaften eines Einzeldings sind wesentlich, manche nebensächlich: nebensächlich sind die Eigenschaften eines Dinges, wenn es bei ihrem Verlust seine Identität nicht einbüßt – beispielsweise, daß man als Mann einen Hut trägt. Nun erhebt sich folgende Frage: angenommen, zwei Einzeldinge gehören der gleichen Gattung an, müssen sie sich dann stets in ihrem Wesen unterscheiden, oder kann möglicherweise das Wesen bei beiden genau das gleiche sein? Thomas hält die zweite Ansicht bei den materiellen, die erste bei den immateriellen Substanzen für zutreffend. Nach der Überzeugung von Duns Scotus bestehen *stets* Wesensunterschiede zwischen zwei verschiedenen Einzeldingen. Thomas stützt sich mit seiner Auffassung auf die Theorie, daß die reine Materie aus undifferenzierten Teilen bestehe, die sich nur durch ihre verschiedene räumliche Stellung unterscheiden. Auf diese Weise dürfte sich eine Person, die aus Geist und Körper besteht, *physisch* von einer anderen Person nur durch die Stellung ihres Körpers im Raum unterscheiden. (Dies kann theoretisch bei identischen Zwillingen der Fall sein.) Andererseits meint Duns Scotus, wenn die Dinge unterschiedlich seien, müsse es sich dabei um einen Qualitätsunterschied handeln. Mit dieser Ansicht kommt er offensichtlich dem Platonismus näher als Thomas von Aquino mit seiner Auffassung.

Wir müssen die Entwicklung des Problems erst durch verschiedene Stadien hindurch verfolgen, bevor wir ihm eine moderne Formulierung geben können. Als erstes mußte – was durch Leibniz geschah – der Unterschied zwischen wesentlichen und nebensächlichen Eigenschaften beseitigt werden, der sich, wie vieles, was die Scholastiker von Aristoteles übernahmen, als nicht vorhanden erweist, sobald wir versuchen, ihn sorgfältig klarzustellen. Wir haben so an Stelle des »Wesens« alle Behauptungen, die auf das betreffende Ding passen. (Im allgemeinen aber pflegte die räumlich-zeitliche Stellung noch ausgenommen zu werden.) Leibniz erklärt, in diesem Sinne sei es unmöglich, daß zwei Dinge einander genau gleichen; das ist sein *principium identitatis indiscernibilium*. An diesem Prinzip übten die Physiker Kritik und behaupteten, daß zwei Materieteilchen sich nur durch ihre räumlich-zeitliche Stellung voneinander unterscheiden könnten – eine Ansicht, die durch die Relativität, die Raum und Zeit auf bloße Beziehungen reduziert, noch schwieriger geworden ist.

Zur Modernisierung des Problems ist ein weiterer Schritt erforderlich, und zwar muß der »Substanz«-Begriff beseitigt werden. Wenn das geschehen ist, kann ein »Ding« nur noch ein Bündel von Eigenschaften sein, da es keine eigentliche, bloße »Dinglichkeit« mehr gibt. Danach scheint sich zu ergeben, daß wir mit dem Verwerfen der »Substanz« eine Ansicht gewinnen, die Scotus nähersteht als Thomas von Aquino. Diese Auffassung birgt aber eine große Schwierigkeit im Zusammenhang mit Zeit und Raum in sich. Ich habe meine Einstellung zu dieser Frage unter dem Titel *Proper Names* in meiner Arbeit *Inquiry into Meaning and Truth* dargelegt.

Nach Thomas ist Wilhelm von Occam der bedeutendste Scholastiker. Über die näheren Umstände seines Lebens weiß man nur ganz wenig. Er wurde wahrscheinlich zwischen 1290 und 1300 geboren und starb am 10. April, ob aber 1349 oder 1350, ist ungewiß. (Der Schwarze Tod wütete 1349, so daß dieses Jahr das wahrscheinlichere ist.) Man nimmt allgemein an, daß er zu Ockham in Surrey geboren wurde, aber Deslisle

Burns meint, es müsse sich um Ockham in Yorkshire handeln. Er lebte in Oxford, dann in Paris, wo er zuerst Schüler, dann Rivale von Duns Scotus gewesen ist. Er war in den Streit des Franziskanerordens mit Papst Johann XXII. über die Armut verwickelt. Unterstützt von dem Ordensgeneral Michael von Cesena hatte der Papst die Spiritualen verfolgt. Nach einer früher getroffenen Vereinbarung galt das den Mönchen belassene Eigentum als Geschenk des Papstes, der ihnen die Nutznießung gestattete, ohne daß sie sich durch diesen Besitz versündigten. Dem machte Johann XXII. ein Ende, indem er erklärte, sie sollten regelrechte Eigentümer sein. Dagegen lehnte sich der größte Teil des Ordens unter Michael Cesena auf. Occam, der vom Papst nach Avignon geladen worden war, um sich gegen den Vorwurf der Ketzerei in der Frage der Transsubstantiation zu rechtfertigen, trat auf die Seite von Michael Cesena, desgleichen ein anderer bedeutender Mann, Marsiglio von Padua. Alle drei wurden 1328 exkommuniziert, entkamen jedoch aus Avignon und suchten bei Kaiser Ludwig Zuflucht. Ludwig war einer der beiden Bewerber um das Reich; er wurde von Deutschland, der andere jedoch vom Papst begünstigt. Der Papst exkommunizierte Ludwig, der gegen ihn an ein allgemeines Konzil appellierte. Der Papst selbst wurde der Häresie bezichtigt.

Occam soll bei einer Begegnung mit dem Kaiser gesagt haben: »Verteidigt mich mit dem Schwert, dann werde ich Euch mit der Feder verteidigen.« Jedenfalls ließen er und Marsiglio von Padua sich unter dem Schutz des Kaisers in München nieder und schrieben dort recht bedeutende politische Abhandlungen. Was aus Occam nach dem Tode des Kaisers im Jahre 1338 wurde, ist unsicher. Manche behaupten, er habe sich mit der Kirche ausgesöhnt, doch scheint das nicht zuzutreffen.

Das Reich war nicht mehr, was es zur Zeit der Hohenstaufen gewesen war, und das Papsttum gebot nicht mehr über die gleiche Ehrfurcht wie früher, obwohl es stets wachsende Ansprüche stellte. Clemens V. hatte den Sitz des Papsttums zu Beginn des vierzehnten Jahrhunderts nach Avignon verlegt, und der Papst war zum politischen Untergebenen des Königs von Frankreich geworden. Das Kaiserreich, noch tiefer gesunken, konnte auch nicht mehr den geringsten Anspruch auf Universalherrschaft erheben, weil England und Frankreich zu stark waren; andererseits verringerte der Papst durch seine Unterwürfigkeit dem französischen König gegenüber seinen Universalitätsanspruch auf weltliche Angelegenheiten. So war der Konflikt zwischen Papst und Kaiser in Wirklichkeit ein französisch-deutscher Konflikt. England befand sich unter Eduard III. mit Frankreich im Krieg und infolgedessen mit Deutschland im Bunde; das bestimmte England auch dazu, antipäpstlich zu sein. Die Gegner des Papstes forderten ein Allgemeines Konzil – die einzige kirchliche Autorität, die als dem Papst übergeordnet gelten konnte.

Damals nahm die Feindschaft gegen den Papst einen anderen Charakter an. Statt wie bisher ausschließlich den Kaiser zu begünstigen, bekam sie nun, vornehmlich in Sachen des Kirchenregiments, einen demokratischen Zug. Das verlieh ihr neue Kraft und führte schließlich zur Reformation.

Dante (1265-1321) war zwar als Dichter ein großer Neuerer, blieb aber als Denker etwas hinter seiner Zeit zurück. Sein Buch *De Monarchia* zeugt von einer ziemlich ghibellinischen Einstellung und wäre hundert Jahre zuvor zeitgemäßer gewesen. Er hält Kaiser und Papst für unabhängig und glaubt, beide seien von Gott eingesetzt. In der *Göttlichen Komödie* hat sein Satan drei Münder, die ewig Judas Ischariot, Brutus und Cassius durchkauen – sie sind alle drei gleichermaßen Verräter, der erste an Christus, die beiden anderen an Cäsar. Dantes Denkweise ist nicht nur an sich interessant, sondern auch charakteristisch für das Denken des damaligen Laien; aber es war ohne jeden Einfluß und hoffnungslos veraltet.

Dagegen ging auf Marsiglio von Padua (1270-1342) die neuartige Feindschaft gegen den Papst zurück; dabei fiel dem Kaiser vor allem die Rolle dekorativer Würde zu. Marsiglio war eng mit Wilhelm von Occam befreundet, dessen politische Überzeugungen er beeinflußte. Politisch ist er bedeutender als Occam. Er vertritt die Auffassung, Gesetzgeber sei die Mehrheit des Volkes, und die Mehrheit wäre berechtigt, die Fürsten zu bestrafen. Er dehnt die Souveränität des Volkes auch auf die Kirche aus und schließt das Laientum ein. Es sollten örtliche Volkskonzilien unter Mitwirkung des Laientums abgehalten werden, wobei Vertreter für die Allgemeinen Konzilien zu wählen wären. Nur das Allgemeine Konzil sollte ermächtigt sein, zu exkommunizieren und die Heilige Schrift autoritativ auszulegen. So würden alle Gläubigen in Fragen der Lehre entscheidend mitstimmen können. Die Kirche sollte keine weltliche Autorität haben; ohne staatliche Mitwirkung dürfte keine Exkommunizierung vorgenommen werden und der Papst keine Sonderbefugnisse besitzen.

Occam ging nicht ganz so weit wie Marsiglio, arbeitete jedoch eine vollkommen demokratische Methode für die Wahl zum Allgemeinen Konzil aus.

Die Konzilbewegung erreichte zu Beginn des fünfzehnten Jahrhunderts ihren Höhepunkt, als es galt, das große Schisma zu beseitigen. Nachdem sie aber ihre Aufgabe erfüllt hatte, ebbte sie ab. Wie wir bereits bei Marsiglio sahen, ging sie von einem anderen Standpunkt aus als später in der Theorie der Protestantismus. Die Protestanten beanspruchten das Recht der eigenen Meinung und waren nicht gewillt, sich einem Allgemeinen Konzil zu unterwerfen. Sie vertraten die Ansicht, der religiöse Glaube sei keine Angelegenheit, die sich von einer Regierungsmaschinerie entscheiden ließe. Marsiglio dagegen trachtete noch danach, die Einheit des katholischen Glaubens zu wahren, wünschte jedoch, daß dies mit demokratischen Mitteln geschähe, nicht durch den päpstlichen Absolutismus. In Wirklichkeit taten die meisten Protestanten, wenn sie an die Regierung kamen, nichts anderes, als daß sie für den Papst den König setzten; dadurch aber war weder die Freiheit der eigenen Meinung noch auch eine demokratische Methode gewährleistet, dogmatische Fragen zu entscheiden. Aber ihre Opposition gegen den Papst fand in den Lehren der Konzilbewegung einen Rückhalt. Occam sagte von allen Scholastikern Luther am meisten zu. Erwähnenswert ist, daß ein beachtlicher Teil der Protestanten bei der Doktrin der persönlichen Meinungsfreiheit selbst da beharrte, wo der Staat protestantisch war. Das machte den Hauptunterschied zwischen Independenten und Presbyterianern im englischen Bürgerkrieg aus.

Occams politische Bücher[3] sind im Stile philosophischer Disputationen mit Argumenten für und gegen verschiedene Thesen verfaßt, wobei er bisweilen zu keinem Schluß kommt. Wir sind an eine direktere Art von politischer Propaganda gewöhnt, aber zu seiner Zeit war die von ihm gewählte Form wahrscheinlich wirkungsvoll.

Einige Beispiele mögen seine Methode und seine Einstellung veranschaulichen.

Eine lange Abhandlung ist betitelt »Acht Fragen, die Macht des Papstes betreffend«. Die erste Frage lautet, ob *ein* Mensch rechtmäßig die oberste Stelle in Kirche und Staat einnehmen könne. Die zweite: wird die weltliche Autorität unmittelbar von Gott abgeleitet oder nicht? Die dritte: hat der Papst das Recht, dem Kaiser und anderen Fürsten die weltliche Gerichtsbarkeit zu übertragen? Die vierte: verleiht die Wahl durch die Kurfürsten dem deutschen König unbeschränkte Macht? Die fünfte und sechste: welche Rechte entstehen der Kirche durch die Befugnis der Bischöfe, die Könige zu salben? Die siebente: ist die Krönungszeremonie gültig, wenn sie von einem falschen Erzbischof vollzogen wird? Die achte: erhält der deutsche König durch die Wahl der Kurfürsten den Kaisertitel? Das waren damals durchweg brennende Fragen der praktischen Politik.

Eine andere Abhandlung befaßt sich mit dem Problem, ob ein Fürst ohne Erlaubnis des Papstes Kirchengut erhalten dürfe. Damit ist beabsichtigt, Eduard III. zu rechtfertigen, der den Klerus für seinen Krieg mit Frankreich besteuerte. Wie erinnerlich, war Eduard ein Bundesgenosse des Kaisers.

Dann folgt eine »Konsultation in einer Ehesache«; sie behandelt die Frage, ob der Kaiser berechtigt sei, seine Base zu heiraten.

Wie man sieht, tat Occam sein Möglichstes, sich den Schutz des kaiserlichen Schwertes zu verdienen.

Nunmehr müssen wir uns aber Occams rein philosophischen Lehren zuwenden. Hierüber gibt es ein sehr gutes Buch von Ernest E. Moody, *The Logic of William of Occam*. Vieles von dem, was ich zu sagen haben

---

3 Vergl. Guillelmi de Ockham, *Opera Politica*, Manchester University Press 1940.

werde, stützt sich auf dieses Werk, das eine zwar etwas ungewöhnliche, aber nach meinem Dafürhalten richtige Ansicht vertritt. Wer über die Geschichte der Philosophie schreibt, hat meist die Neigung, die Menschen im Licht ihrer Nachfolger darzustellen; das ist jedoch im allgemeinen ein Fehler. So führte man auf Occam den Zusammenbruch der Scholastik zurück; dann wieder sah man in ihm einen Vorläufer von Descartes oder von Kant oder dessen, der gerade der bevorzugte moderne Philosoph des jeweiligen Interpreten sein mochte. Moody, mit dem ich übereinstimme, hält das alles für falsch. Occam wollte, wie er meint, in erster Linie das unverfälschte Bild des Aristoteles, von arabischen und augustinischen Einflüssen befreit, wiederherstellen. Das war in hohem Maße auch die Absicht des heiligen Thomas; wie wir gesehen haben, blieben jedoch die Franziskaner dabei, sich weit stärker an Augustin als an ihn zu halten. Moderne Historiker machen bei der Interpretation Occams nach Moodys Auffassung den Fehler, einen *allmählichen* Übergang von der Scholastik zur neuzeitlichen Philosophie finden zu wollen; daher hat man moderne Doktrinen aus ihm herausgelesen, wo er in Wirklichkeit nur Aristoteles auslegte.

Am bekanntesten ist Occam durch einen Ausspruch geworden, der sich nicht in seinen Werken findet, jedoch die Bezeichnung »Occams Rasiermesser« bekommen hat. Dieser Satz lautet: »Entitäten sollten nicht unnötig vervielfacht werden.« Wenn auch nicht dies, so sagte er doch etwas, was ungefähr auf dasselbe hinausläuft, nämlich: »Es ist unnütz, etwas mit mehr zu tun, was auch mit weniger getan werden kann.« Das heißt, wenn sich in irgendeiner Wissenschaft alles interpretieren läßt, ohne diese oder jene hypothetische Entität vorauszusetzen, dann soll man sie auch nicht voraussetzen. Ich für mein Teil habe festgestellt, daß dieses Prinzip bei der logischen Analyse höchst fruchtbar ist.

In der Logik, wenn auch offenbar nicht in der Metaphysik, war Occam Nominalist; die Nominalisten des fünfzehnten Jahrhunderts[4] sahen in ihm den Begründer ihrer Schule. Er glaubte, Aristoteles sei von den Scotisten falsch ausgelegt worden und diese falsche Auslegung gehe teilweise auf den Einfluß Augustins, teils auf Avicenna, teils aber auch auf eine frühere Quelle, nämlich die Abhandlung des Porphyrius über Aristoteles' *Kategorien* zurück. Porphyrius warf in dieser Abhandlung drei Fragen auf: 1. Sind Gattungen und Arten Substanzen? 2. Sind sie körperlich oder unkörperlich? 3. Sind sie, wenn das letztere zutrifft, in sinnlich wahrnehmbaren Dingen oder getrennt davon? Er stellte diese Fragen als sachlich zu den aristotelischen Kategorien gehörig und veranlaßte damit das Mittelalter, das *Organon* zu metaphysisch auszulegen. Thomas hatte versucht, diesen Irrtum auszumerzen, aber durch Duns Scotus war er wieder neu entstanden. Die Folge war, daß

---

4 Vgl. z. B. Swineshead, Heytesbury, Gerson und d'Ailly.

Logik und Erkenntnistheorie in Abhängigkeit von Metaphysik und Theologie gerieten. Occam begann sie wieder zu trennen.

Für Occam ist die Logik ein Instrument der Naturphilosophie, das von der Metaphysik unabhängig sein kann. Logik ist die Analyse der diskursiven Wissenschaft; die Wissenschaft hat es mit Dingen zu tun, die Logik jedoch nicht. Die Dinge sind individuell; unter den Termini gibt es dagegen Universalien; die Logik behandelt die Universalien, während sich die Wissenschaft ihrer bedient, ohne sie zu erörtern. Die Logik beschäftigt sich mit Termini oder Begriffen nicht als seelischen Zuständen, sondern um ihrer Bedeutung willen. »Der Mensch ist eine Species« ist kein logischer Satz, weil er eine Kenntnis vom Menschen voraussetzt. Die Logik befaßt sich mit Dingen, die der Geist in sich selbst erzeugt und die ohne die Vernunft nicht existieren können. Ein Begriff ist ein *natürliches*, ein Wort ein *konventionelles* Zeichen. Wir müssen unterscheiden, ob wir von dem Wort als einem Ding sprechen oder ob wir es benützen, weil es eine Bedeutung hat, sonst verfallen wir in Irrtümer wie etwa: »Der Mensch ist eine Species, Sokrates ist ein Mensch, also ist Sokrates eine Species.«

Termini, die auf Dinge hinweisen, nennt man »Termini erster Intention«, Termini, die auf Termini verweisen, »Termini zweiter Intention«. Die Termini der Wissenschaft sind erster, die der Logik zweiter Intention. *Metaphysische* Termini nehmen insofern eine Sonderstellung ein, als sie beides bezeichnen, Dinge, die durch Wörter erster Intention, und Dinge, die durch Wörter zweiter Intention bezeichnet werden. Es gibt genau sechs metaphysische Termini: Sein, Ding, etwas, eins, wahr, gut.[5] Diese Termini haben die Eigentümlichkeit, einander wechselseitig als Prädikat dienen zu können. Aber zum logischen Denken sind sie nicht erforderlich.

Begriffen werden Dinge, nicht Formen, die ja der Geist schafft; die Formen sind nicht das, *was* begriffen wird, sondern das, *wodurch* die Dinge begriffen werden. Die Universalien sind in der Logik nur Termini oder Begriffe, die von vielen anderen Termini oder Begriffen ausgesagt werden können. *Universale, Gattung, Art* sind Termini zweiter Intention und können infolgedessen nicht *Dinge* bedeuten. Da aber bei einem seienden Universale »seiend« und »eins« gleichbedeutend sind, ist das Universale *ein* individuelles Ding. Ein Universale ist nur ein Zeichen für viele Dinge. Hierin stimmt Occam mit Thomas gegen Averroes, Avicenna und die Augustiner überein. Beide behaupten, es gäbe nur individuelle Dinge, individuelle Meinungen und Vorgänge des Begreifens. Allerdings geben beide, Thomas wie Occam, das *universale ante rem* zu, aber nur, um die Schöpfung erklären zu können; sie hat in Gottes Geist bestehen müssen, damit er die Schöpfung vollbringen

---

5 Ich will mich hier nicht damit aufhalten, an der Art, wie Occam diese Termini gebraucht, Kritik zu üben.

konnte. Das aber gehört in die Theologie, nicht in die Erklärung *menschlicher* Erkenntnis, die sich nur mit dem *universale post rem* beschäftigt. Bei der Erklärung der *menschlichen* Erkenntnis gibt Occam niemals zu, daß die Universalien Dinge wären. Sokrates ähnelt Plato, meint er, aber nicht kraft eines dritten *Dinges*, genannt Ähnlichkeit. Ähnlichkeit ist ein Terminus zweiter Intention und ist im Geist. (All das ist gut.)

Behauptungen über künftige Möglichkeiten sind nach Occam weder falsch noch richtig. Er macht keinen Versuch, diese Ansicht mit der göttlichen Allmacht in Einklang zu bringen. Hier wie anderwärts hält er die Logik von der Metaphysik und Theologie getrennt.

Einige Beispiele für Occams Art, die Dinge zu behandeln, sind vielleicht angebracht.

Er fragt: »Erkennt der Intellekt als erstes nach genetischer Ordnung das Individuelle?«

Dagegen: Das Universale ist das erste und eigentliche Objekt des Intellekts.

Dafür: Das Objekt der Sinne und das Objekt des Intellekts sind ein und dasselbe, das Individuelle aber ist das erste Sinnesobjekt.

Das bestimmt die Bedeutung der Frage. (Vermutlich, weil beide Argumente zwingend sind.)

Er fährt fort: »Was außerhalb der Seele und kein Zeichen ist, wird zuerst durch solche Erkenntnis (das heißt durch individuelle Erkenntnis) begriffen; deshalb wird zuerst das Individuelle erkannt, denn alles außerhalb der Seele ist individuell.«

Er sagt dann weiter, daß abstraktive Erkenntnis immer »intuitive« Erkenntnis (das heißt durch Wahrnehmung) voraussetze, und diese komme durch individuelle Dinge zustande.

Dann zählt er vier mögliche Zweifel auf, die er alsbald klärt.

Er schließt, indem er die Ausgangsfrage bejaht, setzt aber hinzu, »das Universale sei nach der Ordnung der Adäquation, nicht nach genetischer Ordnung das erste Objekt«.

Es handelt sich dabei um die Frage, ob oder inwieweit die Wahrnehmung Erkenntnisquelle ist. Wie erinnerlich, lehnt Plato im *Theaitet* die Definition der Erkenntnis als Wahrnehmung ab. Höchstwahrscheinlich hat Occam den *Theaitet* nicht gekannt, aber auch andernfalls wäre er nicht gleicher Meinung gewesen.

Die Frage, »ob die sensitive Seele und die intellektive Seele im Menschen zweierlei sind«, wird von ihm bejaht, obwohl das kaum zu beweisen ist. Eins seiner Argumente lautet, daß wir mit unseren Trieben etwas wünschen können, was wir mit unserem Verstande ablehnen, deshalb gehören Trieb und Intellekt zu verschiedenen Subjekten. Ein anderer Beweis ist, daß die Sinneswahrnehmungen subjektiv in der sensitiven, nicht aber subjektiv in der intellektiven Seele seien. Ferner ist die sensitive Seele ausgedehnt und materiell, während die Denkseele beides nicht ist. Vier Einwände, durchweg theologischer Natur,[6] werden berücksichtigt und beantwortet. Die Ansicht, die Occam in dieser Frage vertritt, entspricht vielleicht nicht dem, was man erwartet. Dennoch stimmt er gegen Averroes mit Thomas darin überein, daß jedes Menschen Intellekt etwas Eigenes, nicht aber etwas Unpersönliches ist.

Occam bestand auf der Möglichkeit, Logik und menschliche Erkenntnis unabhängig von Metaphysik und Theologie zu studieren, und förderte dadurch mit seinem Werk die wissenschaftliche Forschung. Die Augustiner irrten, sagt er, wenn sie zunächst von der Annahme ausgingen, die Dinge könnten nicht begriffen werden und der Mensch könne sie nicht begreifen, dann aber eine Erleuchtung vom Unendlichen her zu Hilfe nahmen, durch die Erkenntnis möglich wurde. Hier ist er gleicher Ansicht wie Thomas von Aquino, die er allerdings nicht mit demselben Nachdruck vertritt, denn jener war in erster Linie Theologe, Occam aber, soweit es sich um Logik handelte, vor allem ein weltlicher Philosoph.

Seine Einstellung ermutigte alle, die sich mit einzelnen Problemen befaßten, zum Beispiel seinen unmittelbaren Nachfolger Nikolaus von Oresme (gestorben 1382), der sich mit einer Planetentheorie beschäftigte. Dieser Mann war in gewissem Sinne ein Vorläufer von Kopernikus; er bewies sowohl die geozentrische wie die heliozentrische Theorie und behauptete, daß sich mit jeder von ihnen alles bislang Bekannte erklären lasse; daher sei es unmöglich, sich für eine von beiden zu entscheiden.

Nach Wilhelm von Occam gab es keinen bedeutenden Scholastiker mehr. Eine neue Zeit für große Philosophen begann erst mit der Spätrenaissance.

---

6 Zum Beispiel: Zwischen Karfreitag und Ostern fuhr Christi Seele nieder zur Hölle, während sein Leib im Grabe von Joseph von Arimathia verblieb. Wenn die sensitive Seele etwas anderes ist als die intellektive Seele, hielt sich dann Christi sensitive Seele in dieser Zeit in der Hölle oder im Grabe auf?

15. KAPITEL

Der Verfall des Papsttums

Das dreizehnte Jahrhundert hatte eine große philosophische, theologische, politische und soziale Synthese zur Vollendung gebracht, die das Zusammenwirken vieler Elemente allmählich aufgebaut hatte. Das erste dieser Elemente war reine griechische Philosophie, insbesondere die Philosophie von Pythagoras, Parmenides, Plato und Aristoteles. Dann erfolgte auf Grund der Eroberungen Alexanders ein großer Zustrom von Religionen aus dem Orient.[1] Sie verwandelten die Anschauung der griechisch- und schließlich auch der lateinischsprechenden Welt, wobei ihnen Orphik und Mysterien den Boden bereiteten. Der sterbende und wiedererstehende Gott, der sakramentale Genuß dessen, was den Leib Gottes bedeuten sollte, die Wiedergeburt zu einem neuen Leben durch einen der Taufe analogen feierlichen Akt gingen in die Theologie großer Teile der heidnischen römischen Welt ein. Verbunden damit war eine Ethik der Befreiung von der Herrschaft des Fleisches, die zumindest in der Theorie asketisch war. Aus Syrien, Ägypten, Babylonien und Persien kam die Institution einer von der Laienbevölkerung abgesonderten Priesterschaft, die, mehr oder weniger mit magischen Kräften ausgestattet, beachtlichen politischen Einfluß auszuüben vermochte. Denselben Quellen entstammten eindrucksvolle Riten, die in hohem Maße mit dem Glauben an ein Leben nach dem Tode zusammenhingen. Aus Persien besonders kam ein Dualismus, der in der Welt den Kampfplatz zweier großer Heere sah, eines guten, das von Ahura Mazda, und eines bösen, das von Ahriman geführt wurde. *Schwarze* Magie war etwas, das mit Hilfe Ahrimans und seiner Jünger in der Welt der Geister bewirkt wurde. Satan ist ein Produkt Ahrimans.

Dieser Zustrom barbarischer Vorstellungen und Bräuche vereinigte sich mit bestimmten griechischen Elementen in der neuplatonischen Philosophie. Im Orphismus, Pythagoreismus und in manchen Teilen der platonischen Lehren hatten die Griechen Anschauungen entwickelt, die sich leicht mit den orientalischen verbinden ließen, möglicherweise weil sie zu einer viel früheren Zeit aus dem Morgenland entlehnt worden waren. Mit Plotin und Porphyrius erreicht die heidnische Philosophie ihr Ende.

Die Denkweise dieser Männer war zwar tief religiös, vermochte jedoch nicht, ohne starke Umwandlungen durchzumachen, eine sieg-

---

1 Vergl. Cumont, *Les Religions orientales dans le Paganisme romain.*

reiche, volkstümliche Religion zu inspirieren. Ihre Philosophie war schwierig und nicht jedermann verständlich; ihre Wege zum Heil waren für die breite Masse viel zu intellektuell. Ihre konservative Einstellung bewog sie, die traditionelle griechische Religion beizubehalten; sie mußten sie jedoch allegorisch auslegen, um ihre unmoralischen Elemente abzuschwächen und sie mit ihrem philosophischen Monotheismus in Einklang zu bringen. Die griechische Religion war in Verfall geraten, da sie mit morgenländischen Riten und Religionen nicht zu konkurrieren vermochte. Die Orakel waren verstummt und die Priester ohnedies nie eine gesonderte, mächtige Kaste gewesen. Der Versuch, die griechische Religion wieder zu beleben, hatte infolgedessen etwas Archaistisches; sie bekam dadurch einen schwächlichen, pedantischen Zug, der besonders bei Kaiser Julian hervortritt. Schon im dritten Jahrhundert hätte sich voraussehen lassen, daß irgendeine asiatische Religion die römische Welt erobern würde, obwohl damals noch viele andere verschiedene Religionen in Frage kamen, die alle Aussicht zu haben schienen, sich durchzusetzen.

Das Christentum vereinigte starke Elemente aus verschiedenen Quellen. Von den Juden übernahm es ein heiliges Buch und die Doktrin, daß alle Religionen bis auf eine einzige falsch und schlecht seien; es übernahm von ihnen jedoch nicht die rassische Ausschließlichkeit und die Unbequemlichkeiten des mosaischen Gesetzes. Das spätere Judentum hatte bereits gelernt, an ein Leben nach dem Tode zu glauben, aber die Christen gaben Himmel und Hölle eine neue Bestimmtheit und wiesen klarere Wege, in den Himmel zu kommen und der Hölle zu entgehen. Das Osterfest vereinte in sich das jüdische Passah und die heidnischen Feiern zu Ehren des auferstandenen Gottes. Der persische Dualismus wurde ganz aufgenommen, jedoch mit stärkerer Betonung der letzten Allmacht des guten Prinzips und mit dem Zusatz, daß die heidnischen Götter Anhänger Satans seien. Anfangs waren die Christen in der Philosophie und im Ritual ihren Gegnern nicht gewachsen, doch änderte sich das allmählich zu ihren Gunsten. Zunächst machte die Philosophie bei den halbchristlichen Gnostikern stärkere Fortschritte als bei den Orthodoxen; aber von Origenes an entwickelten die Christen eine ebenbürtige Philosophie durch Modifizierung des Neuplatonismus. Das Ritual ist bei den ersten Christen eine etwas dunkle Angelegenheit, war aber, jedenfalls zur Zeit von Ambrosius, äußerst eindrucksvoll geworden. Die Macht und die Sonderstellung der Priesterschaft wurden vom Morgenland übernommen, allmählich jedoch noch verstärkt durch die Herrschaftsmethoden der Kirche, die viel vom römischen Reich gelernt hatte. Das Alte Testament, die Mysterienreligionen, griechische Philosophie und römische Verwaltungsmethoden vereinigten sich alle in der katholischen Kirche und verliehen ihr gemeinsam eine Kraft, die keine frühere soziale Organisation besessen hatte.

Gleich dem alten Rom, wenn auch langsamer, entwickelte sich die abendländische Kirche aus einer Republik zu einer Monarchie. Wir haben die einzelnen Stadien der erstarkenden päpstlichen Macht verfolgt von Gregor dem Großen über Nikolaus I., Gregor VII. und Innozenz III. bis schließlich zur Niederlage der Hohenstaufen in den Guelfen- und Ghibellinenkriegen. Zur selben Zeit bereicherte die Berührung mit Konstantinopel und den Mohammedanern die christliche Philosophie, die bislang die Philosophie Augustins und daher platonisch gewesen war, um neue Elemente. Während des dreizehnten Jahrhunderts wurden fast alle Werke von Aristoteles im Abendland bekannt; dank dem Einfluß von Albertus Magnus und Thomas von Aquino galt er in der gelehrten Welt neben der Heiligen Schrift und der Kirche als höchste Autorität. Bei den katholischen Philosophen hat er sich diese Stellung bis auf den heutigen Tag bewahrt. Nach meiner Überzeugung war es jedoch vom christlichen Standpunkt aus ein Fehler, Aristoteles an die Stelle von Augustin und Plato zu setzen. Plato war weit religiöser veranlagt als Aristoteles, und die christliche Theologie war fast von Anfang an dem Platonismus angepaßt. Plato lehrte, Erkenntnis sei nicht Wahrnehmung, vielmehr eine Art erinnernder Schau; Aristoteles hingegen hatte viel mehr von einem Empiriker. Thomas wurde, sowenig er dies beabsichtigte, zum Wegbereiter für die Rückkehr vom platonischen Träumen zum wissenschaftlichen Beobachten.

Äußere Ereignisse waren stärker als die Philosophie an der Auflösung der katholischen Synthese beteiligt, die im vierzehnten Jahrhundert einsetzte. Das byzantinische Reich wurde 1204 von den Lateinern erobert und blieb bis 1261 in ihrer Hand. Während dieser Zeit war die Religion ihrer Regierung katholisch, nicht griechisch. Nach 1261 aber ging Konstantinopel dem Papst verloren und blieb es auch trotz der angeblichen Einigung in Ferrara im Jahre 1438. Die Niederlage des abendländischen Kaisertums in seinem Konflikt mit dem Papst erwies sich als nutzlos für die Kirche infolge des Aufstiegs der nationalen Monarchien in Frankreich und England; fast das ganze vierzehnte Jahrhundert hindurch war der Papst ein politisches Werkzeug in den Händen der französischen Könige. Wichtiger noch als diese Ursachen wurde das Aufkommen eines reichen Kaufmannsstandes und die zunehmende Bildung des Laientums. Beides ging von Italien aus, wo es bis zur Mitte des sechzehnten Jahrhunderts stets weiter vorgeschritten war als in anderen Teilen des Abendlandes. Die norditalienischen Städte waren im vierzehnten Jahrhundert viel reicher als alle anderen Städte des Nordens, und die Zahl der weltlichen Gelehrten nahm vor allem in der Justiz und Medizin ständig zu. Die Städte erfüllte ein Unabhängigkeitswille, der nun, da der Kaiser keine Bedrohung mehr bedeutete, die Tendenz hatte, sich gegen die Kirche zu richten. Die gleichen Bestrebungen zeigten sich aber auch anderwärts, wenngleich in schwächerem Maße. Flandern blühte auf, desgleichen die Hansestädte. In England war der Wollhandel eine Quelle des Reichtums. Es war ein Zeitalter, in dem allgemein als demokratisch zu bezeichnende Strömungen sehr stark, noch stärker jedoch die nationalistischen Neigungen waren. Das sehr weltlich gewordene Papsttum hatte große Ähnlichkeit mit einer Steuerbehörde und zog beträchtliche Steuerbeträge für sich ab, die die meisten Länder gern behalten hätten. Die Päpste besaßen oder verdienten nicht länger die moralische Autorität, die ihre Macht begründet hatte. Der heilige Franziskus vermochte noch im besten Einvernehmen mit Innozenz III. und Gregor IX. zu wirken, im vierzehnten Jahrhundert jedoch gerieten die meisten ernst denkenden Menschen mit dem Papsttum in Konflikt.

Zu Beginn des Jahrhunderts traten jedoch diese Ursachen des Verfalls des Papsttums noch nicht in Erscheinung. Bonifazius VIII. stellte in der Bulle *Unam Sanctam* weitaus höhere Ansprüche, als je zuvor ein Papst erhoben hatte. Er führte 1300 das Jubiläumsjahr ein, das allen Katholiken, die nach Rom kamen und sich während ihres Aufenthalts gewissen Zeremonien unterwarfen, völligen Ablaß gewährte. Dadurch strömten ungeheure Summen in die Kassen der Kirche und in die Taschen der römischen Bevölkerung. Ein solches Jubiläum sollte alle hundert Jahre begangen werden, aber die Vorteile waren so groß, daß der Zwischenraum auf fünfzig, dann auf fünfundzwanzig Jahre verkürzt wurde, wobei es bis heute geblieben ist. Das erste Jubiläum im Jahre 1310 zeigte den Papst auf dem Gipfel seines Erfolges und kann mit Recht als der Zeitpunkt gelten, zu dem der Verfall einsetzte.

Bonifazius VIII. war Italiener und in Anagni geboren. Er war im Tower von London belagert worden, als er sich in England aufhielt, um Heinrich III. im Namen des Papstes gegen die rebellischen Barone zu unterstützen; 1267 aber wurde er von dem Sohn des Königs, dem späteren Eduard I., befreit. Schon damals gab es eine mächtige französische Partei in der Kirche, und französische Kardinäle widersetzten sich seiner Wahl. Er geriet mit Philipp IV., dem König von Frankreich, in einen heftigen Konflikt über die Frage, ob der König das Recht habe, den französischen Klerus zu besteuern. Bonifazius neigte zu Nepotismus und Habsucht; er wünschte daher die Kontrolle über möglichst viele Einnahmequellen zu behalten. Er wurde – wahrscheinlich mit Recht – der Ketzerei beschuldigt, war anscheinend Averroist und glaubte nicht an die Unsterblichkeit. Sein Streit mit dem König von Frankreich verschärfte sich derart, daß der König Truppen zu seiner Gefangennahme entsandte in der Absicht, ihn durch ein Allgemeines Konzil absetzen zu lassen. Er wurde in Anagni gefangengenommen, entkam aber nach Rom, wo er starb. Danach wagte es lange Zeit kein Papst mehr, sich dem französischen König zu widersetzen.

Nach einem sehr kurzen Interregnum wählten die Kardinäle im Jahre

1305 den Erzbischof von Bordeaux, der den Namen Clemens V. annahm. Er stammte aus der Gascogne und vertrat infolgedessen durchweg die französische Partei in der Kirche. Während der ganzen Zeit seines Pontifikats kam er niemals nach Italien. Er wurde in Lyon gekrönt und ließ sich 1309 in Avignon nieder, das etwa siebzig Jahre lang der Sitz der Päpste blieb. Clemens V. bewies seine Verbundenheit mit dem König von Frankreich in ihrer gemeinsamen Aktion gegen die Templer. Beide brauchten Geld, der Papst, weil er zu Günstlingswirtschaft und Nepotismus neigte, Philipp für den Krieg mit England, den Aufstand in Flandern und um die Kosten seiner immer tatkräftigeren Regierung bestreiten zu können. Nachdem er die lombardischen Bankiers ausgeplündert und die Juden bis an die Grenze dessen, »was der Handel tragen konnte«, verfolgt hatte, kam ihm der Gedanke, daß die Templer nicht nur Bankiers waren, sondern auch ungeheuren Grundbesitz in Frankreich hatten, den er sich mit Hilfe des Papstes aneignen könnte. Es wurde daher vereinbart, die Kirche solle die Templer als Ketzer entlarven, woraufhin sich König und Papst in die Beute teilen würden. Am festgesetzten Tage des Jahres 1307 wurden alle führenden Templer in Frankreich verhaftet; man legte ihnen eine Liste vorher aufgesetzter Suggestivfragen vor; unter der Folter gestanden sie, Satan gehuldigt und verschiedene andere Greueltaten begangen zu haben; schließlich hob der Papst den Orden auf und beschlagnahmte seinen gesamten Besitz. Die beste Darstellung dieses Vorganges ist in Henry C. Leas Werk *History of the Inquisition* zu finden; nach eingehender Untersuchung kommt Lea zu dem Ergebnis, daß die gegen die Templer erhobenen Beschuldigungen jeder Grundlage entbehren.

Im Falle der Templer stimmten die finanziellen Interessen von König und Papst überein. Sonst jedoch gerieten sie bei jeder Gelegenheit in fast allen Teilen der christlichen Welt in Konflikt. Zur Zeit Bonifazius' VIII. hatte sich Philipp IV. die Unterstützung der Stände (auch der Kirche) in seinen Streitigkeiten mit dem Papst über die Besteuerung gesichert. Als die Päpste Frankreich politisch untertan wurden, waren die dem französischen König feindlichen Souveräne zwangsläufig auch dem Papst feindlich gesinnt. So kam es, daß Wilhelm von Occam und Marsiglio von Padua vom Kaiser unterstützt wurden und etwas später John von Gaunt den Papstgegner Wyclif protegierte.

Die Bischöfe waren damals ganz allgemein völlig vom Papst abhängig; sie zu ernennen, wurde immer mehr Sache des heiligen Vaters. Die Mönchsorden und die Dominikaner waren ihm gleichermaßen gehorsam, nur die Franziskaner bewiesen noch einen gewissen Unabhängigkeitsdrang. Daraus entstand ihr Konflikt mit Johann XXII., von dem wir schon im Zusammenhang mit Wilhelm von Occam gesprochen haben. Im Laufe dieses Konflikts überredete Marsiglio den Kaiser zu einem Marsch auf Rom, wo er vom Volk die Kaiserkrone erhielt; ein franziskanischer Gegenpapst wurde gewählt, nachdem das Volk

Johann XXII. für abgesetzt erklärt hatte. Doch kam bei alledem nichts weiter heraus, als daß die Achtung vor dem Papst ganz allgemein nachließ.

Die Auflehnung gegen die päpstliche Herrschaft nahm an den verschiedenen Orten abweichende Formen an. Bisweilen trat sie zusammen mit einem monarchischen Nationalismus auf, zuweilen mit einem puritanischen Abscheu vor der Verderbtheit und Weltlichkeit des päpstlichen Hofes. In Rom selbst war die Revolte von archaistisch-demokratischen Bestrebungen unterstützt. Unter Clemens VI. (1342–52) suchte sich Rom eine Zeitlang, geführt von einem bemerkenswerten Manne namens Cola di Rienzi, des abwesenden Papstes zu entledigen. Rom litt nicht nur unter der Herrschaft des Papstes, sondern auch unter der ortsansässigen Aristokratie, die weiterhin Unruhe stiftete, wodurch das Ansehen des Papsttums im zehnten Jahrhundert gelitten hatte. Tatsächlich waren die Päpste zum Teil deswegen nach Avignon geflohen, um sich vor dem zügellosen römischen Adel in Sicherheit zu bringen. Anfangs rebellierte Rienzi, dessen Vater eine Schenke besaß, nur gegen den Adel und genoß dabei die Unterstützung des Papstes. Er versetzte das Volk in solche Begeisterung, daß der Adel floh (1347). Petrarca, der ihn bewunderte und ihm eine Ode widmete, drang in ihn, sein großes, edles Werk fortzuführen. Rienzi ließ sich Tribun nennen und verkündete die Souveränität des römischen Volkes über das Kaisertum. Diese Souveränität scheint er demokratisch aufgefaßt zu haben, denn er rief Vertreter der italienischen Städte zu einer Art Parlament zusammen. Der Erfolg täuschte ihn jedoch über seine eigene Größe. Auch zu dieser Zeit erhoben wie schon so häufig zwei Rivalen Anspruch auf das Reich. Rienzi lud sie beide wie auch die Kurfürsten zu sich, um den Fall zu entscheiden. Damit zog er sich natürlich die Feindschaft beider Anwärter auf die Kaiserwürde zu; obendrein überwarf er sich mit dem Papst, der es für seine Sache hielt, das Urteil in solchen Fragen zu sprechen. Rienzi wurde vom Papst gefangengenommen (1352) und zwei Jahre im Gefängnis gehalten, bis Clemens VI. starb. Dann kam er frei und kehrte nach Rom zurück, wo er wieder für einige Monate zur Macht gelangte. Bei dieser zweiten Gelegenheit war seine Beliebtheit beim Volk jedoch nur von kurzer Dauer, da er schließlich vom Pöbel umgebracht wurde. Wie Petrarca hat auch Byron ein Gedicht zu seinem Ruhm geschrieben.

Soviel war klar geworden: Wollte das Papsttum das Haupt der ganzen katholischen Kirche bleiben, so mußte es sich durch die Rückkehr nach Rom aus der Abhängigkeit von Frankreich befreien. Außerdem war Frankreich, durch den englisch-französischen Krieg, in dem es schwere Niederlagen erlitten hatte, unsicher geworden. Daher ging Urban V. 1367 nach Rom; aber die italienische Politik war ihm zu kompliziert, und kurz vor seinem Tode kehrte er nach Avignon zurück. Gregor XI., der nächste Papst, erwies sich als resoluter. Aus Feindschaft gegen die französische Kurie waren viele italienische Städte, vor allem Florenz, erbittert antipäpstlich geworden; durch seine Rückkehr nach Rom jedoch und seinen Widerstand gegen die französischen Kardinäle tat Gregor alles, was in seiner Macht stand, um die Situation zu retten. Doch zeigten sich bei seinem Tode die französische und die römische Partei im Kardinalskollegium unversöhnlich. Den Wünschen der römischen Partei entsprechend wurde ein Italiener, Bartholomeo Prignano, gewählt, der den Namen Urban VI. annahm. Aber eine Anzahl von Kardinälen erklärte seine Wahl für unkanonisch und wählte Robert von Genua, der zur französischen Partei gehörte. Er nannte sich Clemens VII. und lebte in Avignon.

So begann das große Schisma, das einige vierzig Jahre währte. Frankreich erkannte natürlich den Papst von Avignon, jeder Gegner Frankreichs den römischen Papst an. Schottland war Englands und England Frankreichs Feind; infolgedessen stand Schottland auf seiten des französischen Papstes. Jeder Papst wählte sich seine Kardinäle unter seinen Parteigängern, und wenn er starb, wählten die Kardinäle rasch einen neuen. So gab es keine andere Möglichkeit, das große Schisma zu beheben, als eine Macht ins Leben zu rufen, der sich beide Päpste zu beugen hatten. Es stand fest, daß einer der beiden das rechtmäßige Haupt der Kirche sein mußte; also galt es eine Macht zu finden, die noch über dem *rechtmäßigen Papst* stand. Die einzige Lösung war ein Allgemeines Konzil. Die Universität von Paris entwickelte unter Führung Gersons eine neue Theorie, die dem Konzil Initiativrechte verlieh. Die weltlichen Fürsten, denen das Schisma unbequem war, unterstützten sie. Schließlich wurde im Jahre 1409 ein Konzil nach Pisa einberufen. Die Art, wie es versagte, war jedoch geradezu lächerlich. Beide Päpste erklärte man wegen Ketzerei und Schisma für abgesetzt; ein dritter wurde gewählt, der aber sogleich starb; seine Kardinäle bestimmten jedoch zu seinem Nachfolger einen ehemaligen Piraten namens Baldassare Cossa, der sich Johann XXIII. nannte. Infolgedessen gab es jetzt also drei Päpste an Stelle zweier, wobei der Konzil-Papst ein notorischer *Rowdy* war. Die Situation schien nunmehr hoffnungsloser denn je.

Aber die Anhänger der Konzilbewegung gaben nicht nach. 1414 wurde ein neues Konzil nach Konstanz einberufen, das sich sogleich energisch an die Arbeit machte. Zunächst dekretierte es, daß die Päpste Konzilien nicht auflösen könnten und sich ihren Entscheidungen in gewissen Fragen zu unterwerfen hätten; weiter bestimmte es, daß künftige Päpste alle sieben Jahre ein Allgemeines Konzil einberufen müßten. Es setzte Johann XXIII. ab und veranlaßte den römischen Papst, zu verzichten. Der Avignon-Papst weigerte sich, zurückzutreten, und nach seinem Tode ließ der König von Aragonien einen Nachfolger wählen. Frankreich aber, das damals von England abhängig war, lehnte es ab, ihn anzuerkennen; seine Partei wurde immer unbedeutender und löste sich endlich auf. So hatte schließlich der 1417 vom Konzil gewählte Papst keinen Gegner mehr; er nahm den Namen Martin V. an.

Diese Vorgänge waren rühmlich für das Konzil, was man von der Behandlung, die Hus, dem böhmischen Schüler Wyclifs, widerfuhr, nicht behaupten kann. Man hatte ihn unter Zusicherung freien Geleits nach Konstanz geholt; dort angekommen aber wurde er verurteilt und mußte den Märtyrertod erleiden. Zu seinem Glück war Wyclif tot; das Konzil jedoch befahl, seine Gebeine auszugraben und zu verbrennen. Die Anhänger der Konzilbewegung waren ängstlich darauf bedacht, keinen Zweifel an ihrer Rechtgläubigkeit aufkommen zu lassen.

Das Konzil von Konstanz hatte das Schisma beseitigt, jedoch gehofft, noch weit mehr erreichen und den päpstlichen Absolutismus durch eine konstitutionelle Monarchie ersetzen zu können. Martin V. hatte vor seiner Wahl viele Versprechungen gegeben; einige hielt er, andere nicht. Er war mit dem Dekret, alle sieben Jahre ein Konzil einzuberufen, einverstanden und hielt sich auch daran. Nachdem das Konzil zu Konstanz 1417 aufgelöst worden war, wurde im Jahre 1424 ein neues einberufen, das sich als bedeutungslos erwies; dann sollte 1431 ein drittes in Basel zusammentreten. Gerade da starb Martin V., und sein Nachfolger Eugen stand während seines ganzen Pontifikats in erbittertem Gegensatz zu den Reformern, die das Konzil beherrschten. Er löste es auf, das Konzil weigerte sich jedoch, sich als aufgelöst anzusehen; 1433 gab er eine Zeitlang nach, hob das Konzil dann aber 1437 erneut auf. Trotzdem tagte es bis 1448 weiter; zu diesem Zeitpunkt war jedem klar geworden, daß der Papst einen vollen Sieg davongetragen hatte. Im Jahre 1439 büßte das Konzil viel Sympathie ein, weil es den Papst für abgesetzt erklärte und einen Gegenpapst (den letzten der Geschichte) wählte, der jedoch fast sofort verzichtete. Im gleichen Jahr verzeichnete Eugen IV. einen Prestigegewinn, als er sein eigenes Konzil in Ferrara abhielt und die griechische Kirche sich dort aus verzweifelter Furcht vor den Türken *pro forma* Rom unterwarf. So hatte der Papst zwar politisch gesiegt, jedoch an Kraft, moralische Verehrung zu erwecken, sehr stark verloren.

Wyclif (etwa 1320–1384) veranschaulicht durch sein Leben und seine Lehre, was das Papsttum im vierzehnten Jahrhundert an Autorität eingebüßt hatte. Im Gegensatz zu früheren religiösen Erziehern war er ein weltlicher Priester, kein Mönch oder Bettelmönch. Er genoß in Oxford hohes Ansehen, wo er 1372 Doktor der Theologie wurde. Kurze Zeit war er Leiter von Balliol. Er war Oxfords letzter bedeutender Scholastiker, als Philosoph allerdings nicht fortschrittlich, weniger Aristoteliker als Platoniker und Realist. Gottes Beschlüsse sind nach seiner Auffassung nicht willkürlich gefaßt, wie von manchen angenommen wurde; unsere Welt ist nicht einfach eine von vielen denkbaren Welten, sondern die einzig mögliche Welt, da Gott sich stets nur für das Beste entschließen muß. All das aber ist es nicht eigentlich, was ihn uns interessant macht oder was ihn selbst hauptsächlich interessiert zu haben scheint, denn er zog sich von Oxford als Geistlicher aufs Land zurück. Während der letzten zehn Jahre seines Lebens war er Pfarrer von Lutterworth, wozu ihn die Krone bestellt hatte. Doch las er weiter in Oxford.

An Wyclif fällt seine ungewöhnlich langsame Entwicklung auf. Im Jahre 1372, also im Alter von fünfzig oder mehr Jahren, war er noch orthodox; augenscheinlich wurde er erst nach diesem Zeitpunkt zum Ketzer. Dazu scheint ihn ausschließlich sein starkes moralisches Empfinden getrieben zu haben – sein Mitgefühl mit den Armen und sein Abscheu vor reichen weltlichen Geistlichen. Anfangs griff er das Papsttum nur von der politischen und moralischen, nicht von der dogmatischen Seite her an; erst ganz allmählich ließ er sich zu umfassender Auflehnung hinreißen.

Wyclif begann sich im Jahre 1376 von der Rechtgläubigkeit abzukehren, als er in Oxford eine Vorlesungsreihe *De Civili Dominio* hielt. Er stellte die Theorie auf, daß nur Rechtschaffenheit zu Herrschaft und Besitz berechtige; der unredliche Klerus habe keinen solchen Anspruch; die Entscheidung, ob ein Geistlicher sein Eigentum behalten solle oder nicht, müsse von der weltlichen Macht getroffen werden. Außerdem lehrte er, Eigentum sei eine Frucht der Sünde; Christus und die Apostel besaßen nichts, und auch der Klerus dürfe nichts sein eigen nennen. Durch diese Lehren verletzte er alle Geistlichen mit Ausnahme der Bettelmönche. Die englische Regierung hingegen unterstützte sie, denn der Papst bezog ungeheure Beträge aus England, und die Lehre, daß kein Geld mehr von der Insel nach Rom gehen sollte, paßte ihr sehr gut. Das war besonders der Fall, solange der Papst sich Frankreich unterordnete und England mit Frankreich im Krieg lag. John von Gaunt, der während der Minderjährigkeit Richards II. die Macht in Händen hatte, stand Wyclif so lange wie möglich bei. Gregor XI. hingegen hatte achtzehn Thesen aus Wyclifs Vorlesungen verdammt und behauptet, sie stammten von Marsiglio von Padua. Wyclif wurde aufgefordert, zur Verhandlung vor einem Bischofstribunal zu erscheinen, aber die Königin und der Pöbel beschützten ihn, während die Universität Oxford sich weigerte, die päpstliche Gerichtsbarkeit über ihre Lehrer anzuerkennen. (Selbst damals glaubten englische Universitäten an die akademische Freiheit.)

Inzwischen schrieb Wyclif in den Jahren 1378 und 1379 weiterhin gelehrte Abhandlungen und erklärte, der König sei Gottes Stellvertreter und die Bischöfe wären ihm unterstellt. Als es zu der großen Spaltung kam, ging er noch weiter, brandmarkte den Papst als Antichrist und sagte, die Annahme der Konstantinischen Schenkung habe alle darauffolgenden Päpste zu Abtrünnigen gemacht. Er übersetzte die *Vulgata* ins Englische und schuf die Einrichtung der »armen Priester«, die weltlich waren. Er brauchte die »armen Priester« als Wanderprediger, deren Mission hauptsächlich in der Armenfürsorge bestand. Zuletzt sah er sich in seinen Angriffen gegen die päpstliche Macht veranlaßt, die Transsubstantiation zu leugnen, die er als Betrug und gotteslästerliche Torheit bezeichnete. Nunmehr gebot ihm John von Gaunt Schweigen.

Der Bauernaufstand unter Wat Tyler im Jahre 1381 machte die Sache für Wyclif noch schwieriger. Es ist nicht erwiesen, daß er ihn aktiv unterstützte, aber im Gegensatz zu Luther, bei dem die Verhältnisse ähnlich lagen, unterließ er es, ihn zu verurteilen. John Ball, der amtsenthobene, sozialistische Priester, einer der Führer, bewunderte Wyclif, was befremdend war. Aber da er schon 1366 exkommuniziert wurde, als Wyclif noch rechtgläubig war, mußte er unabhängig von ihm zu seinen Ansichten gekommen sein. Wyclif hatte seine kommunistischen Anschauungen, wenn sie auch zweifellos von seinen »armen Priestern« verbreitet wurden, nur lateinisch aufgezeichnet, so daß sie den Bauern nicht unmittelbar zugänglich waren.

Es ist überraschend, daß Wyclif um seiner Überzeugungen und seiner demokratischen Betätigung willen nicht mehr zu leiden hatte. Die Universität Oxford verteidigte ihn so lange wie möglich gegen die Bischöfe. Als das Oberhaus seine Wanderprediger verurteilte, verweigerte das Unterhaus die Zustimmung. Zweifellos wären größere Schwierigkeiten entstanden, wenn er länger gelebt hätte; so aber war er, als er 1384 starb, noch nicht einmal formaliter verdammt worden. Er wurde in Lutterworth, wo er gestorben war, beigesetzt; seine Gebeine durften in Frieden ruhen, bis das Konzil zu Konstanz sie ausgraben und verbrennen ließ.

Seine Anhänger in England, die Lollarden, wurden heftig verfolgt und praktisch ausgerottet. Aber dank der Tatsache, daß die Gemahlin Richards II. Böhmin war, gelangten seine Lehren nach Böhmen, wo Hus sein Schüler wurde; und dort lebten sie trotz der Verfolgung bis zur Reformation fort. In England beschäftigte die Auflehnung gegen das Papsttum, wenn auch nur unterirdisch, weiterhin das Denken der Menschen und bereitete dem Protestantismus den Boden.

Während des fünfzehnten Jahrhunderts führten neben dem Verfall des Papsttums noch verschiedene andere Ursachen zu einem raschen politischen und kulturellen Wandel. Das Schießpulver stärkte die Zentralgewalt auf Kosten des Feudaladels. In Frankreich und England verbündeten sich Ludwig XI. und Eduard IV. mit dem reichen Mittelstand, der ihnen behilflich war, der aristokratischen Anarchie Herr zu werden. In Italien stand bis in die letzten Jahre des Jahrhunderts kein Heer aus dem Norden mehr; das Land nahm rasch an Wohlstand und Kultur zu. Die neue Kultur war mit ihrer Bewunderung für Griechenland und Rom und ihrer Verachtung des Mittelalters im wesentlichen heidnisch. Architektur und literarischer Stil paßten sich antiken Vorbildern an. Als Konstantinopel, das letzte Überbleibsel der Antike, von den Türken eingenommen wurde, hießen die Humanisten die griechischen Flüchtlinge in Italien willkommen. Vasco da Gama und Kolumbus erweiterten die geographische Welt, Kopernikus erweiterte den Himmelsraum. Die Konstantinische Schenkung wurde als Fabel verworfen und von den Gelehrten mit Spott überschüttet. Mit Unterstützung der Byzantiner lernte man Plato nicht nur in neuplatonischen und augustinischen Versionen, sondern im Original kennen. Die sublunarische Sphäre galt nicht länger als Tränental, als Schauplatz einer schmerzreichen Pilgerschaft zu einer anderen Welt, sie bot nun vielmehr Gelegenheit zu heidnischen Freuden, zu Ruhm, Schönheit und Abenteuer. Die langen Jahrhunderte der Askese gerieten in einem Rausch von Kunst, Poesie und Freude in Vergessenheit. Freilich starb selbst in Italien das Mittelalter nicht kampflos! Savonarola und Leonardo wurden im gleichen Jahr geboren. Im allgemeinen jedoch hatten die alten Schrecken ihre bedrohliche Bedeutung verloren, und die neue Freiheit des Geistes hatte etwas Berauschendes. Der Rausch konnte nicht von Dauer sein, im Augenblick aber bannte er die Furcht. In diesem freudigen Augenblick der Befreiung wurde die moderne Welt geboren.

DRITTES BUCH

Die Philosophie der Neuzeit

I. TEIL

Von der Renaissance bis Hume

1. KAPITEL

Allgemeine Charakteristik

Die geistige Einstellung der geschichtlichen Periode, die wir als »modern« zu bezeichnen pflegen, unterscheidet sich in vielen Beziehungen von der mittelalterlichen. Dabei sind die beiden wichtigsten Unterschiede die schwindende Autorität der Kirche und das zunehmende Ansehen der Wissenschaft. Andere Abweichungen hängen mit diesen beiden zusammen. Die Kultur der Neuzeit ist weniger geistlich als vor allem weltlich. An die Stelle der Kirche treten als kulturbeherrschende regierende Autoritäten immer stärker die weltlichen Staaten. Anfangs werden die Völker fast immer von Königen regiert; dann ersetzen, wie im alten Griechenland, allmählich Demokratien oder Tyrannen diese Könige. Die Macht des Nationalstaats und die von ihm ausgeübten Funktionen nehmen (von einigen unbedeutenden Schwankungen abgesehen) während der ganzen Periode ständig zu; meist aber hat der Staat weniger Einfluß auf die Ansichten der Philosophen, als ihn die Kirche im Mittelalter besaß. Der Feudaladel, der sich nördlich der Alpen bis zum fünfzehnten Jahrhundert gegen die Zentralregierungen zu behaupten vermocht hatte, verliert zunächst seine politische, dann seine wirtschaftliche Bedeutung. An seine Stelle tritt der König im Verein mit reichen Kaufleuten, wobei sich in den einzelnen Ländern die Macht auf beide Parteien verschieden verteilt. Bei dem reichen Kaufmannsstand zeigt sich die Tendenz, im Adel aufzugehen. Von der amerikanischen und Französischen Revolution an wird die Demokratie im modernen Sinne zu einer bedeutenden politischen Macht. Der Sozialismus, der sich im Gegensatz zur Demokratie nicht auf Privateigentum stützt, kommt 1917 zum erstenmal ans Ruder. Diese Art Regierung muß jedoch, wenn sie sich ausbreitet, zwangsläufig zu einer neuen Form von Kultur führen. Die Kultur, mit der wir uns beschäftigen werden, ist in der Hauptsache »liberal«, das heißt, sie hängt ganz naturgemäß mit dem Handel zusammen. Daneben gibt es bedeutende Ausnahmen, vor allem in Deutschland; die Weltanschauung Fichtes und Hegels, um zwei Beispiele zu nennen, hat mit dem Handel nicht das Geringste zu tun. Solche Ausnahmen jedoch sind nicht typisch für die damalige Zeit.

Die Ablehnung der kirchlichen Autorität, das negative Charakteristikum der Neuzeit, setzt früher ein als das positive, die Anerkennung der wissenschaftlichen Autorität. In der italienischen Renaissance spielte die Wissenschaft eine sehr geringe Rolle; die geistige Opposition gegen die Kirche hing mit der Antike zusammen und hielt sich noch an die Vergangenheit, an eine Vergangenheit jedoch, die weiter zurücklag als die Urkirche und das Mittelalter. Der erste ernstliche Einbruch der Wissenschaft war die Veröffentlichung der kopernikanischen Theorie im Jahre 1543; einflußreich aber wurde diese Theorie erst, als Kepler und Galilei sie im siebzehnten Jahrhundert aufgriffen und verbesserten. Damit begann der lange Kampf zwischen Wissenschaft und Dogma, in dem die Traditionalisten dem neuen Wissen gegenüber auf verlorenem Posten standen.

Die Autorität der Wissenschaft, die von den meisten Philosophen der Neuzeit anerkannt wird, unterscheidet sich stark von der Autorität der Kirche; sie ist rein intellektueller Art, hinter ihr steht keine Regierungsgewalt. Wer sie ablehnt, verfällt keiner Strafe; wer sie anerkennt, ist dabei unbeeinflußt von Erwägungen kluger Vorsicht. Sie siegt allein durch den für sie charakteristischen Appell an die Vernunft. Überdies ist es eine nur für Teilgebiete geltende, partielle Autorität; sie stellt nicht wie das katholische Dogma als Ganzes ein vollständiges System auf, das die menschliche Sittlichkeit, die Hoffnungen der Menschen und die vergangene wie die zukünftige Geschichte des Universums umfaßt. Sie äußert sich jeweils nur zu dem, was gerade wissenschaftlich erwiesen zu sein scheint, ein kleines Eiland inmitten eines Ozeans von Unwissenheit. Und weiterhin unterscheidet sie sich von der kirchlichen Autorität, die ihre Verkündigungen für absolut gewiß und ewig unabänderlich erklärt; die Wissenschaft macht ihre Aussagen versuchsweise, auf einer Wahrscheinlichkeitsbasis beruhend und hält sie von vornherein für modifizierbar. Die daraus resultierende Geisteshaltung weicht stark von der des mittelalterlichen Dogmatikers ab.

Bisher habe ich von der *theoretischen* Wissenschaft gesprochen, die einen Versuch bedeutet, die Welt zu *begreifen*. Die *praktische* Wissenschaft, die einen Versuch, die Welt zu *ändern*, darstellt, ist von Anfang an wichtig gewesen und gewann ständig an Bedeutung, bis sie die theoretische Wissenschaft nahezu aus dem menschlichen Denken verdrängt hat. Den praktischen Wert der Wissenschaft erkannte man zuerst im Zusammenhang mit dem Krieg; Galilei und Leonardo wurden von der Regierung angestellt, weil sie behaupteten, Artillerie und Festungsbau verbessern zu können. Von ihrer Zeit an haben die Wissenschaftler im Krieg eine immer größere Rolle gespielt. Sie trugen dazu bei, die maschinelle Produktion zu entwickeln und die Bevölkerung an den Gebrauch zunächst der Dampfkraft, dann der Elektrizität zu gewöhnen; doch gehört das in eine spätere Zeit und begann erst gegen Ende des neunzehnten Jahrhunderts wichtige politische Auswirkungen zu zeigen. Die Wissenschaft verdankt ihren Sieg hauptsächlich ihrer praktischen Nützlichkeit; durch den Versuch, diesen Aspekt von dem theoretischen zu trennen, ist die Wissenschaft mehr und mehr zu einer Technik und immer weniger zu einer Lehre vom Wesen der Welt gemacht worden. Diese Einsicht hat sich bei den Philosophen erst in jüngster Zeit durchgesetzt.

Die Emanzipation von der Autorität der Kirche verstärkte den Individualismus bis an die Grenze der Anarchie. In der Vorstellung der Renaissancemenschen war geistige und politische Disziplin von der scholastischen Philosophie und dem Kirchenregiment nicht zu trennen. Die aristotelische Logik der Scholastiker lebte zwar in engem Raum, nötigte aber die Menschen, sich in einer bestimmten, scharfen Denkweise zu üben. Als diese logische Schule unmodern wurde, folgte ihr nicht sogleich etwas Besseres, vielmehr nur eine eklektische Nachahmung antiker Vorbilder. Bis zum siebzehnten Jahrhundert geschah auf philosophischem Gebiet nichts von Bedeutung. Die moralische und politische Anarchie Italiens im fünfzehnten Jahrhundert war erschreckend; auf diesem Boden erwuchsen Machiavellis Doktrinen. Gleichzeitig führte der Fortfall jedes geistigen Zwanges zu einer erstaunlichen Entfaltung genialer Kräfte in Kunst und Literatur. Eine derartige Kombination aber ist nicht von Dauer. Reformation und Gegenreformation sowie die Unterwerfung Italiens durch Spanien bereiteten sowohl allem Guten wie Schlechten der italienischen Renaissance ein Ende. Als die Bewegung sich nördlich der Alpen ausbreitete, trug sie nicht mehr den gleichen anarchischen Charakter.

Die moderne Philosophie hat sich jedoch größtenteils eine individualistische und subjektive Tendenz bewahrt. Das zeigt sich sehr deutlich bei Descartes, der die gesamte Erkenntnis auf der Gewißheit des eigenen Seins aufbaut und Klarheit und Deutlichkeit (beide subjektiv) zu Kriterien der Wahrheit macht. Bei Spinoza tritt sie nicht hervor, dafür aber wieder in Leibniz' fensterlosen Monaden. Der durch und durch objektiv veranlagte Locke bekennt sich nur sehr widerstrebend zu der subjektiven Anschauung, daß Erkenntnis in der Übereinstimmung oder Nichtübereinstimmung zweier Ideen besteht – eine Auffassung, die ihm so zuwider ist, daß er sie durch gewaltsame Inkonsequenzen zu umgehen sucht. Berkeley bewahrt sich, nachdem er die Materie abgeschafft hat, vor völligem Subjektivismus nur durch Verwendung eines Gottesbegriffes, den die meisten späteren Philosophen für ungerechtfertigt gehalten haben. Bei Hume gipfelt die empirische Philosophie in einem Skeptizismus, den zwar niemand widerlegen, aber auch niemand anerkennen konnte. Kant und Fichte waren in ihrer Veranlagung wie in ihrer Lehre subjektiv; Hegel rettete sich vorsorglich in den Einfluß Spinozas. Rousseau und die Romantik dehnten die Subjektivität von der Erkenntnistheorie auf die Ethik und die Politik aus und endeten logisch bei völligem Anarchismus wie dem Bakunins. Dieser extreme Subjektivismus kann nur als eine Art Wahnsinn gelten.

Indessen führte die Wissenschaft als Technik bei den Praktikern zu einer Weltanschauung, die sich von der aller theoretischen Philosophen völlig unterschied. Die Technik verlieh ein Gefühl von Macht: der Mensch ist fortan viel weniger abhängig von seiner Umgebung als zuvor. Aber die von der Technik verliehene Macht ist sozial, nicht individuell. Ein Durchschnittsmensch des siebzehnten Jahrhunderts hätte sich, schiffbrüchig auf eine einsame Insel verschlagen, weit besser zu helfen gewußt als ein Durchschnittsmensch von heute. Die wissenschaftliche Technik bedingt die Zusammenarbeit einer großen Anzahl einzelner unter einheitlicher Leitung. Sie ist infolgedessen gegen den Anarchismus, ja selbst gegen den Individualismus eingestellt, da sie einer wohlgefügten sozialen Struktur bedarf. Im Gegensatz zur Religion ist sie moralisch neutral: sie versichert den Menschen, daß sie Wunder vollbringen können, verrät ihnen aber nicht, welche Wunder sie vollbringen sollen. In dieser Beziehung ist sie unvollkommen. In der Praxis hängt es weitgehend vom Zufall ab, welchen Zwecken wissenschaftliches Können sich widmet. Die Menschen an der Spitze großangelegter Organisationen, die das wissenschaftliche Können zwangsläufig schafft, vermögen es in gewissen Grenzen nach Belieben auf diese oder jene Weise einzusetzen. Dem Machttrieb ist somit ein Spielraum geboten wie nie zuvor. Die von der wissenschaftlichen Technik inspirierten Philosophien sind Machtphilosophien und neigen dazu, alles Nichtmenschliche als bloßen Rohstoff anzusehen. Ziele und Zwecke werden nicht mehr beachtet; nur die Tauglichkeit der Methode wird gewertet. Auch das ist eine Art Wahnsinn, und zwar die heutzutage gefährlichste Form des Wahnsinns, gegen die eine gesunde Philosophie ein Gegengift erfinden sollte.

Die alte Welt machte der Anarchie durch das römische Imperium ein Ende, aber das römische Imperium war eine harte Tatsache, keine Idee. Die katholische Welt suchte der Anarchie in Gestalt der Kirche Herr zu werden, die zwar eine Idee war, sich aber niemals entsprechend in der Wirklichkeit verkörperte. Weder die alte noch die mittelalterliche Lösung war befriedigend – die eine, weil sie sich nicht idealisieren, die andere, weil sie sich nicht aktualisieren ließ. Zur Zeit scheint die moderne Welt einer Lösung ähnlich der antiken zuzustreben: auf eine gewaltsam aufgezwungene soziale Ordnung, die stärker den Willen der Mächtigen als die Hoffnungen der gewöhnlichen Menschen repräsentiert. Das Problem einer dauerhaften, befriedigenden sozialen Ordnung läßt sich nur lösen, wenn es gelingt, die Solidität des römischen Imperiums mit dem Idealismus des augustinischen Gottesstaates zu vereinen. Dazu wird es einer neuen Philosophie bedürfen.

2. KAPITEL

Die italienische Renaissance

Die Weltanschauung, die wir im Gegensatz zur mittelalterlichen als modern bezeichnen, entstand in Italien mit der Renaissance genannten Bewegung. Anfänglich hatten nur einige wenige Menschen, vor allem Petrarca, diese Weltanschauung; im Verlauf des fünfzehnten Jahrhunderts aber griff sie auf die Mehrheit der gebildeten weltlichen wie geistlichen Italiener über. In mancher Beziehung empfanden die Italiener der Renaissance (Leonardo und einige andere ausgenommen) nicht die Ehrfurcht vor der Wissenschaft, die die meisten bedeutenden Neuerer vom siebzehnten Jahrhundert an charakterisieren sollte; mit diesem Mangel an Ehrfurcht war eine höchst unvollständige Emanzipation vom Aberglauben verbunden, besonders wo er in Form der Astrologie auftrat. Viele besaßen noch den Respekt vor der Autorität, der die mittelalterlichen Philosophen erfüllt hatte, doch ersetzten sie die Autorität der Kirche durch die der Alten. Das bedeutete natürlich einen Fortschritt zur Emanzipation hin; denn da sich die Alten untereinander nicht einig waren, mußte man sich persönlich entscheiden, wem man sich anschließen wollte. Aber nur sehr wenige Italiener des fünfzehnten Jahrhunderts hätten es gewagt, eine Anschauung zu vertreten, für die sich eine Autorität weder in der Antike noch in der Kirchenlehre finden ließ.

Zum Verständnis der Renaissance ist zunächst ein kurzer Überblick über die damalige politische Situation Italiens unerläßlich. Nach dem Tode Friedrichs II. im Jahre 1250 blieb Italien im großen und ganzen von äußeren Eingriffen verschont, bis der französische König Karl VIII. 1494 in das Land einfiel. Damals gab es in Italien fünf bedeutende Staaten: Mailand, Venedig, Florenz, den Kirchenstaat und Neapel; dazu kamen noch einige kleine Fürstentümer, die in wechselnden Beziehungen zu verschiedenen großen Staaten standen, indem sie entweder mit ihnen verbündet oder von ihnen abhängig waren. Bis 1378 kämpften Genua und Venedig um die Vorherrschaft im Handel und zur See; nach diesem Zeitpunkt jedoch stand Genua unter Mailands Oberhoheit.

Mailand, das im zwölften und dreizehnten Jahrhundert im Widerstand gegen den Feudalismus führend gewesen war, geriet nach der endgültigen Niederlage der Hohenstaufen unter die Herrschaft der Visconti, eines tüchtigen Geschlechtes, dessen Macht auf plutokratischer, nicht auf feudaler Grundlage beruhte. Sie herrschten hundertsiebzig Jahre, von 1277 bis 1447; dann kam, nachdem für drei Jahre die republikanische Regierung wieder eingesetzt worden war, ein neues Geschlecht, die mit den Visconti verwandten Sforza, an die Macht; sie nannten sich Herzöge von Mailand. Von 1494 bis 1535 war Mailand das Schlachtfeld in den Kämpfen zwischen den Franzosen und den Spaniern; die Sforza standen bald auf dieser, bald auf jener Seite. Während dieser Zeit lebten sie zuweilen in der Verbannung, zeitweilig waren sie im nominellen Besitz der Herrschaft. Schließlich wurde Mailand im Jahre 1535 von Kaiser Karl V. annektiert.

Die Republik Venedig stand, besonders in den ersten Jahrhunderten ihrer Größe, etwas außerhalb der italienischen Politik. Venedig war nie von den Barbaren erobert worden und betrachtete sich anfangs als Untertan der griechischen Kaiser. Diese Tradition machte es unabhängig von Rom, wozu noch kam, daß seine Handelsinteressen im Orient lagen; so blieb es auch bis zum Konzil von Trient (1545), dessen Geschichte der Venezianer Paolo Sarpi von ausgesprochen antipäpstlichem Standpunkt aus schrieb. Wir haben gesehen, wie Venedig zur Zeit des vierten Kreuzzuges auf der Einnahme Konstantinopels bestand. Dadurch hob sich der venezianische Handel, bis mit der Eroberung Konstantinopels durch die Türken im Jahre 1453 ein Umschwung eintrat. Aus verschiedenen Gründen, die zum Teil mit der Lebensmittelversorgung zusammenhingen, hielten es die Venezianer für nötig, während des vierzehnten und fünfzehnten Jahrhunderts beachtliche Gebiete des italienischen Festlandes an sich zu bringen; damit zog man sich Feindschaften zu, die schließlich im Jahre 1509 zur Bildung der Liga von Cambray führten, einer Vereinigung mächtiger Staaten, durch die Venedig besiegt wurde. Von diesem Schlage hätte es sich vielleicht noch erholen können, nicht aber von Vasco da Gamas Entdeckung des Kapweges nach Indien (1497/98). All das bedeutete neben der Macht der Türken Venedigs Ruin, doch hielt es sich noch, bis es durch Napoleon seine Unabhängigkeit einbüßte.

Die ursprünglich demokratische Verfassung Venedigs verlor allmählich diesen Charakter und wurde nach 1297 streng oligarchisch. Die politische Macht lag beim Großen Rat; die Mitgliedschaft war nach diesem Zeitpunkt erblich und auf die führenden Geschlechter beschränkt. Exekutivgewalt hatte der Zehnerrat, den der Große Rat wählte. Der Doge, das offizielle Oberhaupt des Staates, wurde auf Lebenszeit gewählt; seine nominellen Machtbefugnisse waren sehr begrenzt, doch war gewöhnlich sein Einfluß in der Praxis ausschlaggebend. Die venezianische Diplomatie galt als außerordentlich raffiniert; die Berichte der venezianischen Gesandten waren bemerkenswert scharfsinnig. Seit Ranke rechnen die Historiker sie zu den besten Quellen für die Kenntnis jener Geschehnisse, die sie behandeln.

Florenz war die kultivierteste Stadt der Welt und der eigentliche Ausgangspunkt der Renaissance. Fast alle großen Namen der Literatur und der frühen, zum Teil auch der späteren Kunst hängen mit Florenz zusammen; im Augenblick aber beschäftigen wir uns mehr mit der Politik als mit der Kunst. Im dreizehnten Jahrhundert bekämpften sich in Florenz drei Stände: der Adel, die reichen Kaufherren und die kleinen Leute. Der Adel war in der Hauptsache ghibellinisch, die beiden anderen Stände waren guelfisch. Die Ghibellinen wurden 1266 endgültig besiegt, während im Verlauf des vierzehnten Jahrhunderts die kleinen Leute die Oberhand über die reichen Kaufherren gewannen. Der Kampf führte jedoch nicht zu einer dauerhaften Demokratie, sondern zum allmählichen Erstarken dessen, was die Griechen als »Tyrannis« bezeichnet hätten. Die Medici, die schließlich Florenz beherrschten, hatten als politische Parteiführer auf seiten der Demokraten begonnen. Cosimo dei Medici (1389–1464), der erste hervorragende Vertreter des Geschlechts, hatte noch keine offizielle Stellung; seine Macht beruhte auf geschickten Wahlmanipulationen. Er war schlau, zeigte sich, wenn möglich, versöhnlich, jedoch rücksichtslos, wenn es nötig war. Ihm folgte nach kurzer Pause sein Enkel Lorenzo Magnifico, der von 1469 bis zu seinem Tode im Jahre 1492 herrschte. Beide Männer verdankten ihre Macht dem Reichtum, den sie vor allem aus ihren Handelsgeschäften, aber auch aus Bergwerken und anderen Industrieunternehmen gezogen hatten. Sie verstanden nicht nur sich selbst, sondern auch Florenz Quellen des Reichtums zu erschließen, und unter ihrer Herrschaft blühte und gedieh die Stadt.

Lorenzos Sohn Pietro besaß nicht die Vorzüge seines Vaters und wurde 1494 vertrieben. Dann folgten vier Jahre, in denen Savonarolas Einfluß vorherrschte; damals kehrten sich die Menschen in einer Art puritanischer Erweckung von Fröhlichkeit und Luxus ab und wandten sich vom Freidenkertum fort einer Frömmigkeit zu, die man für das Charakteristikum eines schlichteren Zeitalters hielt. Schließlich aber triumphierten, vornehmlich aus politischen Gründen, Savonarolas Feinde; er selbst wurde hingerichtet und sein Leichnam verbrannt (1498). Die Republik, die demokratisch sein sollte, in Wirklichkeit aber plutokratisch war, lebte bis 1512 fort; dann kehrten die Medici zurück. Ein Sohn Lorenzos, der mit vierzehn Jahren Kardinal geworden war, wurde 1513 zum Papst gewählt und nannte sich Leo X. Die Medici regierten unter dem Titel »Großherzöge von Toskana« Florenz bis 1737; mittlerweile aber war die Stadt wie das übrige Italien arm und unbedeutend geworden.

Die weltliche Macht des Papstes, die durch Pippin und die Konstantinische Schenkung begründet worden war, nahm während der Renaissance gewaltig zu; die Methoden aber, deren sich die Päpste zu diesem Zweck bedienten, brachten das Papsttum um seine geistig-geistliche Autorität. Die Konzilbewegung, die in dem Konflikt zwischen dem Konzil von Basel und Papst Eugen IV. (1431–1447) versagte, repräsentierte die ernstesten Elemente der Kirche; sie repräsentierte ferner, was vielleicht noch wichtiger war, die Meinung der Geistlichkeit nördlich der Alpen. Der Sieg der Päpste war der Sieg Italiens und (in geringerem

Maße) Spaniens. Die italienische Kultur der zweiten Hälfte des fünfzehnten Jahrhunderts war etwas völlig anderes als die Kultur nördlicher Länder, die mittelalterlich geblieben war. Die Italiener nahmen die Kultur ernst, nicht aber die Moral und die Religion; elegantes Latein pflegte selbst nach Auffassung der Geistlichkeit eine ganze Menge Sünden aufzuwiegen. Nikolaus V. (1447–1455), der erste humanistische Papst, vergab ohne Rücksicht auf andere Erwägungen päpstliche Ämter an Gelehrte, nur weil er ihr Wissen schätzte; Lorenzo Valla, ein Epikureer, zudem der Mann, der die Fälschung der Konstantinischen Schenkung aufdeckte, der den Stil der Vulgata bespöttelte und Augustin der Ketzerei bezichtigte, wurde apostolischer Sekretär. Diese Politik, den Humanismus stärker zu fördern als die Frömmigkeit oder Rechtgläubigkeit, währte bis zur Plünderung Roms im Jahre 1527.

Die Förderung des Humanismus könnte, wenn sie auch den ernsthaften Norden empörte, mit unseren Augen betrachtet als Verdienst gelten; die kriegerische Politik und das unmoralische Leben einiger Päpste aber lassen sich höchstens vom Standpunkt nackter Gewaltpolitik vertreten. Alexander VI. (1492–1503) benutzte die Zeit seines Pontifikats nur dazu, die Macht seiner eigenen Person und seiner Familie zu vergrößern. Er hatte zwei Söhne, den Herzog von Gandia, der sein Liebling war, und Cesare Borgia. Der Herzog wurde jedoch ermordet, wahrscheinlich von seinem Bruder; die dynastischen Ambitionen des Papstes mußten sich infolgedessen auf Cesare konzentrieren. Vater und Sohn eroberten gemeinsam die Romagna und Ancona, die ein Fürstentum für Cesare abgeben sollten; als aber der Papst starb, war Cesare schwer krank und konnte daher nicht unverzüglich handeln. Ihre Eroberungen fielen somit an das Patrimonium Petri zurück. Bald bemächtigte sich die Legende der Verruchtheit dieser beiden Männer, so daß schwer festzustellen ist, was an den vielen Morden, deren sie beschuldigt werden, Wahrheit und was Dichtung ist. Daran allerdings kann kein Zweifel bestehen, daß sie es in der Kunst des Ränkespinnens weiter gebracht haben als je ein Mensch zuvor. Julius II. (1503–1513), der auf Alexander VI. folgte, war zwar nicht besonders fromm, erregte jedoch weniger Anstoß als sein Vorgänger. Er fuhr fort, das päpstliche Gebiet zu erweitern, und hatte gewisse Verdienste als Soldat, nicht aber als Haupt der christlichen Kirche. Die Reformation, die unter seinem Nachfolger Leo X. (1513–1521) begann, war das natürliche Ergebnis der heidnischen Politik der Renaissance-Päpste.

Den südlichsten Teil Italiens nahm das Königreich Neapel ein, das zumeist mit Sizilien vereint war. Neapel und Sizilien waren das besondere, persönliche Königreich Kaiser Friedrichs II. gewesen; er hatte eine absolute Monarchie nach mohammedanischem Muster errichtet, die aufgeklärt, aber despotisch war und dem Feudaladel keinerlei Macht einräumte. Nach seinem Tode im Jahre 1250 fielen Neapel und Sizilien an seinen natürlichen Sohn Manfred, auf den jedoch die Kirche ihren unversöhnlichen Haß übertrug; Manfred wurde 1266 von den Franzosen abgesetzt. Die Franzosen machten sich unbeliebt und wurden in der »Sizilianischen Vesper« (1282) niedergemetzelt. Danach gehörte das Königreich Peter III. von Aragonien und seinen Erben. Nach verschiedenen Komplikationen, die zur zeitweiligen Trennung von Neapel und Sizilien führten, wurden die Gebiete im Jahre 1443 von Alfons dem Großmütigen, einem besonderen Schirmherrn der Wissenschaft, wieder vereinigt. Von 1495 an versuchten drei französische Könige Neapel zu erobern; schließlich kam das Königreich jedoch an Ferdinand von Aragonien (1502). Die französischen Könige Karl VIII., Ludwig III. und Franz I. hatten alle (juristisch nicht ganz einwandfreie) Ansprüche auf Mailand und Neapel; alle drangen mit zeitweiligem Erfolg in Italien ein, wurden aber zuletzt von den Spaniern besiegt. Der Sieg Spaniens und die Gegenreformation machten der italienischen Renaissance ein Ende. Da Papst Clemens VII. der Gegenreformation im Wege stand und als Mediceer ein Freund Frankreichs war, ließ Karl V. im Jahre 1527 Rom von einem vorwiegend protestantischen Heer plündern. Danach wurden die Päpste wieder fromm, und die italienische Renaissance war zu Ende.

Das Spiel der politischen Kräfte in Italien war unglaublich kompliziert. Die kleineren Fürsten, die sich meist selbst zu Tyrannen gemacht hatten, verbündeten sich bald mit diesem, bald mit jenem der größeren Staaten; waren sie unvorsichtig und ungeschickt bei diesem Spiel, so bedeutete das ihren Untergang. Die Kriege hörten nicht auf, blieben aber bis zum Einmarsch der Franzosen im Jahre 1494 meist unblutig: die Soldaten waren Söldner und darauf bedacht, ihr Berufsrisiko so gering wie möglich zu halten. Diese rein italienischen Kriege beeinträchtigten weder den Handel noch den wachsenden Wohlstand des Landes übermäßig. Mangelte es auch nicht an Staatskunst, so fehlte es doch an weiser staatsmännischer Führung; als die Franzosen kamen, war das Land praktisch wehrlos. Die Franzosen stürzten die Italiener in Entsetzen, weil sie in der Schlacht tatsächlich Menschen töteten. Es waren ernsthafte Kriege, die sich zwischen den Franzosen und Spaniern entwickelten und dem Land Leiden und Armut brachten. Dennoch ließen die italienischen Staaten nicht davon ab, gegeneinander zu intrigieren, wobei sie ohne jedes Gefühl für nationale Einheit die Hilfe Frankreichs oder Spaniens in ihren internen Streitigkeiten anriefen. Zuletzt waren sie alle ruiniert. Allerdings würde Italien sowieso unweigerlich infolge der Entdeckung Amerikas und des Kapweges nach dem Osten seine Bedeutung verloren haben; der Zusammenbruch hätte jedoch nicht so katastrophal zu sein und sich nicht so vernichtend auf die Qualität der italienischen Kultur auszuwirken brauchen.

Die Renaissance selbst leistete in der Philosophie nichts Großes, dennoch trug auch sie durch manches Wesentliche dazu bei, die Größe des siebzehnten Jahrhunderts vorzubereiten. Zunächst machte sie dem starren scholastischen System, das zu einer geistigen Zwangsjacke geworden war, ein Ende. Sie ließ das Studium Platos wieder aufleben und forderte dadurch zumindest soviel Denkfreiheit, wie nötig war, um sich für Plato oder Aristoteles entscheiden zu können. Sie förderte das echte, unmittelbare Wissen von beiden, unabhängig von den Glossen der Neuplatoniker und der arabischen Kommentatoren. Noch wichtiger war, daß sie die Neigung der Menschen stärkte, in geistiger Tätigkeit ein köstliches, soziales Abenteuer zu sehen und nicht nur einsames Meditieren mit dem Zweck, eine im voraus festgelegte Strenggläubigkeit zu erhalten.

Die Berührung mit byzantinischen Gelehrten beschleunigte den Vorgang, der damit endete, daß Plato an die Stelle des Aristoteles (in der scholastischen Auffassung) trat. Schon auf dem Konzil von Ferrara (1438), das nominell die östliche Kirche wieder mit der westlichen vereinte, kam es zu einer Debatte, in der die Byzantiner die Ansicht vertraten, Plato sei Aristoteles überlegen. Gemistus Pletho, ein leidenschaftlicher griechischer Platoniker von zweifelhafter Rechtgläubigkeit, trug viel dazu bei, den Platonismus in Italien zu unterstützen, desgleichen Bessarion, ein Grieche, der Kardinal wurde. Cosimo und Lorenzo dei Medici waren beide große Verehrer Platos; die Florentinische Akademie, die vor allem dem Studium Platos geweiht war, wurde von Cosimo gegründet und von Lorenzo weiter gefördert. Cosimo ließ sich sterbend einen platonischen Dialog vorlesen. Die Humanisten waren damals jedoch zu sehr damit beschäftigt, die Antike zu studieren, als daß sie auf philosophischem Gebiet etwas Eigenes hätten hervorbringen können.

Die Renaissance, an sich keine populäre Bewegung, war Sache einer kleinen Schar von Gelehrten und Künstlern und wurde von freigebigen Mäzenen gefördert, besonders von den Medici und den humanistischen Päpsten. Ohne diese Schirmherren wäre sie weit weniger erfolgreich gewesen. Petrarca und Boccaccio lebten zwar im vierzehnten Jahrhundert, gehörten geistig jedoch schon zur Renaissance; wegen der andersgearteten politischen Umstände ihrer Zeit übten sie aber einen geringeren unmittelbaren Einfluß aus als die Humanisten des fünfzehnten Jahrhunderts.

Die Einstellung der Gelehrten der Renaissance zur Kirche einheitlich zu charakterisieren ist schwierig. Manche waren erklärte Freidenker, wiewohl auch sie gewöhnlich die Letzte Ölung empfingen und ihren Frieden mit der Kirche machten, wenn sie den Tod nahen fühlten. Die meisten waren beeindruckt von der Schlechtigkeit der Päpste ihrer Zeit, aber dennoch froh, wenn sie von ihnen herangezogen wurden. Der Historiker Guicciardini schrieb 1529:

»Keinem Menschen mißfällt mehr als mir der Ehrgeiz, die Habsucht und die Ausschweifung der Priester, sowohl weil jedes dieser Laster an sich hassenswert ist, als auch, weil jedes allein oder alle sich wenig ziemen bei Leuten, die sich zu einem von Gott besonders abhängigen

Stand bekennen, und vollends, weil sie unter sich so entgegengesetzt sind, daß sie sich nur in ganz absonderlichen Individuen vereinigt finden können. Gleichwohl hat meine Stellung bei mehreren Päpsten mich gezwungen, die Größe derselben zu wollen, meines eigenen Vorteils wegen. Aber ohne diese Rücksicht hätte ich Martin Luther geliebt wie mich selbst, nicht, um mich loszumachen von den Gesetzen, welche das Christentum, so wie es insgemein erklärt und verstanden wird, uns auferlegt, sondern um diese Schar von Nichtswürdigen in ihre gebührenden Grenzen gewiesen zu sehen, so daß sie entweder ohne Laster oder ohne Macht leben müßten.«[1]

Das ist erquickend offenherzig und zeigt deutlich, warum die Humanisten keine Reformation ins Leben rufen konnten. Überdies sahen die meisten von ihnen keinen Mittelweg zwischen Orthodoxie und Freidenkertum; eine Haltung wie die Luthers war für sie unmöglich, weil sie nicht mehr das mittelalterliche Gefühl für theologische Feinheiten besaßen. Masuccio schildert die Schlechtigkeit der Mönche, Nonnen und Bettelmönche und sagt dann: »Es gäbe keine bessere Züchtigung für sie, als wenn Gott recht bald das Fegefeuer aufhöbe; dann könnten sie nicht mehr von Almosen leben und müßten wieder zur Hacke greifen.«[2] Aber er kommt nicht auf den Gedanken, wie Luther das Fegefeuer zu leugnen, den größten Teil des katholischen Glaubens aber beizubehalten.

Der Reichtum Roms beruhte nur in geringem Maße auf den Erträgen der päpstlichen Gebiete; in der Hauptsache bestand er aus einem Tribut, der von der ganzen katholischen Welt erhoben wurde; man bediente sich dabei eines theologischen Systems, das sich auf die Behauptung gründete, die Päpste besäßen den Schlüssel zum Himmelreich. Hätte ein Italiener dieses System ernsthaft angezweifelt, so würde er damit den Wohlstand Italiens und seine Position in der abendländischen Welt gefährdet haben. Infolgedessen war in Italien die Abkehr von der Orthodoxie etwas rein Intellektuelles; sie führte weder zu einem Schisma noch zu irgendeinem Versuch, eine populäre, von der Kirche fortstrebende Bewegung zu schaffen. Die einzige, allerdings sehr bedingte Ausnahme machte Savonarola, der in seiner geistigen Einstellung noch dem Mittelalter angehörte.

Die meisten Humanisten blieben bei den abergläubischen Ansichten, die die Antike vertreten hatte. Magie und Hexerei mochten schlecht sein, trotzdem rechnete man mit ihnen. Innozenz VIII. erließ 1484 eine Bulle gegen das Hexenwesen, die in Deutschland und anderwärts zu einer schrecklichen Hexenverfolgung führte. Die Astrologie stand be-

---

[1] Zitiert aus Burckhardt, *Kultur der Renaissance in Italien* (Ausgabe Kröner, Stuttgart), S. 435.
[2] Zitiert aus Burckhardt, *Kultur der Renaissance in Italien* (Ausgabe Kröner, Stuttgart), S. 438.

sonders bei Freidenkern in hohem Ansehen; sie erlangte eine Beliebtheit, die sie seit der Antike nicht mehr besessen hatte. Das erste Ergebnis der Emanzipation von der Kirche bestand nicht etwa darin, daß die Menschen rational denken lernten, sondern daß sie für jeden erdenklichen antiken Unsinn empfänglich wurden.

Auch auf moralischem Gebiet war die erste Auswirkung der Emanzipation nicht minder verheerend. Die alten Moralgesetze wurden nicht mehr respektiert; die meisten Staatsoberhäupter waren durch unlautere Mittel zu ihrer Stellung gelangt, die sie sich rücksichtslos und grausam zu erhalten suchten. Wenn die Kardinäle anläßlich einer Papstkrönung zu einem Festmahl geladen waren, brachten sie aus Furcht, vergiftet zu werden, ihren eigenen Wein und ihren eigenen Mundschenk mit.[3] Von Savonarola abgesehen, wagte in dieser Zeit kaum ein Italiener etwas im Interesse der Allgemeinheit aufs Spiel zu setzen. Die Lasterhaftigkeit der Päpste und alle Übel, die sich daraus ergaben, lagen klar zutage, und dennoch wurde nichts dagegen unternommen. Wie wünschenswert es war, Italien zu einen, lag auf der Hand, aber die Herrscher erwiesen sich als unfähig, einen solchen Zusammenschluß zu vollziehen. Die Gefahr einer Fremdherrschaft drohte, und doch trug kein italienischer Fürst Bedenken, die Hilfe irgendeiner fremden Macht, und sei es auch die der Türken, anzurufen, wenn er mit einem anderen italienischen Fürsten in Streit geriet. Ich kann mir kein Verbrechen vorstellen, von der Vernichtung antiker Manuskripte abgesehen, dessen sich die Menschen der Renaissance nicht wiederholt schuldig gemacht hätten.

Außerhalb der moralischen Sphäre hatte die Renaissance große Verdienste. Ihre Architektur, Malerei und Dichtkunst sind noch immer berühmt. Sie brachte große Männer wie Leonardo, Michelangelo und Machiavelli hervor. Die Gebildeten befreite sie von den Fesseln der mittelalterlichen Kultur; selbst als sie noch sklavisch die Antike verehrte, brachte sie es den Gelehrten zum Bewußtsein, daß achtunggebietende Autoritäten zu fast jedem Thema die unterschiedlichsten Ansichten vertreten haben. Durch erneute Beschäftigung mit der griechischen Welt schuf sie eine geistige Atmosphäre, die wieder ein Wetteifern mit den griechischen Leistungen ermöglichte und in der sich persönliche Genialität so frei entfalten konnte, wie man es seit der Zeit Alexanders nicht mehr gekannt hatte. Die politischen Verhältnisse der Renaissance begünstigten jede individuelle Entwicklung, waren jedoch unbeständig; Unbeständigkeit und Individualismus gingen Hand in Hand wie im alten Griechenland. Ein stabiles Gesellschaftssystem ist notwendig; jedes stabile System jedoch, das bisher ersonnen wurde, hat die Entfaltung außergewöhnlicher künstlerischer oder geistiger Qualitäten behindert. Wie viele Morde, wieviel Anarchie wären wir wohl bereit zu

---

3 Burckhardt, *Kultur der Renaissance in Italien,* Teil VI, Kap. 1.

ertragen um so großer Leistungen willen, wie sie die Renaissance hervorgebracht hat? In der Vergangenheit war man gewillt, weit mehr dafür auf sich zu nehmen, als wir es heute zu tun vermögen. Dieses Problem hat sich bisher nicht lösen lassen, obwohl die zunehmende soziale Organisation die Bedeutung des Problems immer stärker unterstreicht.

3. KAPITEL

Machiavelli

Die Renaissance hat zwar keinen bedeutenden philosophischen Theoretiker, wohl aber auf dem Gebiet der *politischen* Philosophie einen Mann von überragender Bedeutung hervorgebracht: Niccolò Machiavelli. Es ist üblich, ihn entsetzt abzulehnen, und sicher ist er da und dort wirklich entsetzlich. Aber das wären viele andere Menschen auch, wenn sie wie er darauf verzichten würden, den Leuten etwas vorzumachen. Seine politische Philosophie ist wissenschaftlich und empirisch; sie beruht auf seinen politischen Erfahrungen und ist darauf abgestellt, Mittel und Wege zu vorbestimmten Zielen zu weisen ohne Rücksicht darauf, ob diese Ziele als gut oder schlecht anzusehen sind. Wenn er sich einmal gestattet, die von ihm angestrebten Zwecke anzuführen, dann sind sie dergestalt, daß wir sie alle nur gutheißen können. Seinen schlechten Ruf verdankt er zum großen Teil entrüsteten Heuchlern, denen es verhaßt ist, wenn jemand seine anfechtbaren Handlungen freimütig eingesteht. Es bleibt allerdings immer noch genug übrig, was wirklich die Kritik herausfordert; das liegt aber an seiner Zeit, deren charakteristischer Vertreter er ist. So klug und offen über politische Unehrlichkeit zu sprechen, wäre kaum zu einer anderen Epoche oder in einem anderen Lande möglich gewesen, höchstens vielleicht noch in Griechenland, und zwar bei Männern, die ihre theoretische Erziehung den Sophisten und ihre praktische Erfahrung den Kriegern der Kleinstaaten verdankten; sie bildeten im klassischen Griechenland wie im Italien der Renaissance den politischen Hintergrund für die einzelnen Genies.

Machiavelli (1467–1527) stammte aus Florenz; sein Vater, ein Jurist, war weder reich noch arm. Als Machiavelli in den Zwanzigern stand, herrschte in Florenz Savonarolas Einfluß; das jammervolle Ende des religiösen Eiferers machte offenbar großen Eindruck auf Machiavelli, denn er bemerkt: »Alle bewaffneten Propheten haben den Sieg davongetragen, die unbewaffneten aber sind zugrunde gegangen«,[1] wobei er Savonarola als Beispiel für die letzteren anführt. Zur ersten Gruppe rechnet er Moses, Kyros, Theseus und Romulus. Es ist charakteristisch für die Renaissance, daß Christus nicht erwähnt wird.

Unmittelbar nach Savonarolas Hinrichtung erhielt Machiavelli einen untergeordneten Posten bei der florentinischen Regierung (1498).

---

[1] Sämtliche Zitate aus dem *Fürstenspiegel* sind der Ausgabe von Eugen Diederichs, Jena 1912, in der Übersetzung von Friederich von Oppeln-Bronikowski entnommen. (Anm. d. Übers.)

Zeitweilig mit wichtigen diplomatischen Missionen betraut, blieb er in ihren Diensten bis zur Restauration der Medici im Jahre 1512; dann wurde er, der sie stets bekämpft hatte, verhaftet, jedoch wieder freigelassen; man gestattete ihm, zurückgezogen auf dem Lande in der Nähe von Florenz zu leben. Da er nichts anderes zu tun hatte, verlegte er sich aufs Schriftstellern. Sein berühmtestes Werk *Il Principe* (Der Fürstenspiegel) entstand 1513 und war Lorenzo Magnifico gewidmet. Dadurch hoffte er (allerdings vergeblich), sich die Gunst der Medici zu gewinnen. Vielleicht ist der Ton des Buches teilweise auf diesen praktischen Zweck abgestimmt; sein umfangreicheres Werk, die gleichzeitig entstandenen *Discorsi*, ist bedeutend republikanischer und liberaler. Zu Beginn des *Principe* erklärt er, in diesem Buch nicht von Republiken sprechen zu wollen, da er das bereits an anderer Stelle getan habe. Wer also nicht auch die *Discorsi* liest, läuft Gefahr, von seiner Lehre ein sehr einseitiges Bild zu gewinnen.

Nachdem es ihm mißlungen war, sich mit den Medici auszusöhnen, blieb Machiavelli nichts anderes übrig, als seine schriftstellerische Tätigkeit fortzusetzen. Er lebte zurückgezogen bis zu seinem Tode, der in das Jahr fiel, in dem die Truppen Karls V. Rom plünderten. Dieses Jahr kann zugleich als das Todesjahr der italienischen Renaissance gelten.

Der *Principe* soll anhand der Geschichte sowie damals aktueller Geschehnisse aufzeigen, wie Fürstentümer gewonnen und gehalten werden und wie sie verlorengehen. Italien lieferte im fünfzehnten Jahrhundert dafür eine Menge großer und kleiner Beispiele. Rechtmäßige Herrscher waren eine Seltenheit; selbst die Päpste sicherten sich vielfach ihre Wahl durch unlautere Mittel. Auf der Jagd nach Erfolg galten damals andere Spielregeln als zu Zeiten, in denen die Verhältnisse sich gefestigt hatten, denn niemand nahm Anstoß an Grausamkeit oder Verrat, die einen Mann im achtzehnten oder neunzehnten Jahrhundert disqualifiziert hätten. Unsere Zeit bringt vielleicht für Machiavelli wieder mehr Verständnis auf, denn einige der bemerkenswertesten Erfolge unserer Tage sind mit Methoden erzielt worden, die an Gemeinheit hinter denen der italienischen Renaissance durchaus nicht zurückstehen. Machiavelli, der an der Staatskunst nur das Artistische sah und schätzte, hätte Hitlers Reichstagsbrand, der Reinigung seiner Partei im Jahre 1934 und seinem Treubruch nach München Beifall gezollt.

Cesare Borgia, der Sohn Alexanders VI., wird hoch gepriesen. Er stand vor einem schwierigen Problem: erstens mußte er sich durch den Tod seines Bruders zum einzigen Nutznießer des dynastischen Ehrgeizes seines Vaters machen; zweitens mußte er durch Waffengewalt im Namen des Papstes Gebiete erobern, die nach Alexanders Tod ihm persönlich und nicht dem Kirchenstaat gehören sollten; drittens hatte er das Kardinalskollegium so geschickt zu behandeln, daß der nächste Papst sein Freund würde. Er verfolgte dieses schwierige Ziel mit großem Geschick; Machiavelli bemerkt, daß man als Fürst nur von ihm lernen könne. Cesare scheiterte allerdings, jedoch allein »infolge eines ganz außergewöhnlichen Mißgeschicks«. Der Zufall wollte es, daß er schwer krank war, als sein Vater starb; bis zu seiner Genesung hatten seine Feinde bereits ihre Kräfte organisiert, und sein erbittertster Gegner war zum Papst gewählt worden. Am Tage dieser Wahl sagte Cesare zu Machiavelli, er habe für alles Vorsorge getroffen, »nur daran hätte er nie gedacht, daß er bei diesem Tode selbst sterbenskrank sein könnte«.

Machiavelli, der Cesares Schändlichkeiten genauestens kannte, gibt folgendes Urteil über ihn ab: »Fasse ich nun alle Handlungen des Herzogs (Cesare) zusammen, so kann ich ihn nicht schelten; vielmehr erscheint er mir, wie gesagt, als Vorbild für alle, die durch Glück und mit fremder Macht zur Herrschaft gelangen.«

In einem interessanten Kapitel »Von den geistlichen Herrschaften« spricht Machiavelli mit Rücksicht auf das in den *Discorsi* Gesagte nicht alles aus, was er denkt, zweifellos weil der *Principe* den Medici gefallen sollte und weil während seiner Entstehung gerade ein Medici Papst geworden war (Leo X.). Bei den geistlichen Fürstentümern, sagt er im *Principe*, liegen alle Schwierigkeiten »vor ihrer Gewinnung! denn wenn man sie entweder durch Tüchtigkeit oder durch Glück erlangt, so behauptet man sie ohne das eine oder das andere. Beruhen sie doch auf alten religiösen Einrichtungen, welche mächtig genug und so beschaffen sind, daß sie ihre Häupter in ihrer Stellung erhalten, mögen sie sich aufführen und leben, wie sie wollen.« Diese Fürsten bedürfen, wie er sagt, keiner Truppen, »da sie von höheren Ursachen abhängen, an die der menschliche Verstand nicht reicht«. Und »weil sie von Gott erhoben und beschirmt werden, wäre es vorwitzig und vermessen, wenn der Mensch hierüber reden wollte«. Wie er fortfährt, darf man aber trotzdem fragen, auf welche Weise Alexander VI. die weltliche Macht des Papstes so sehr erweitert habe.

In den *Discorsi* wird über die päpstlichen Befugnisse ausführlicher und offener gesprochen. Hier beginnt er damit, bedeutende Menschen in eine ethische Hierarchie einzuordnen. Am höchsten stehen die Religionsstifter; dann kommen die Begründer von Monarchien oder Republiken, schließlich die Schriftsteller. Diese sind gut; schlecht aber sind alle, die Religionen vernichten, Republiken oder Königreiche stürzen und sich als Feinde der Tugend oder der Wissenschaft erweisen. Auch wer eine Tyrannis aufrichtet, ist zu verurteilen, wobei Julius Cäsar nicht ausgenommen wird; Brutus hingegen war gut. (Der Unterschied zwischen dieser Auffassung und der Ansicht Dantes zeigt den Einfluß der klassischen Literatur.) Er ist der Meinung, der Religion solle eine hervorragende Rolle im Staat zugestanden werden, nicht weil sie wahr, sondern weil sie ein soziales Bindemittel ist: die Römer taten recht daran, wenn sie angeblich an Vorzeichen glaubten und die bestraften, die sie nicht beachteten. An der Kirche seiner Zeit hat er zweierlei auszusetzen: daß sie durch ihr schlechtes Verhalten den religiösen Glauben untergraben habe und daß die weltliche Macht der Päpste mit der von ihr inspirierten Politik eine Einigung Italiens verhindere. Diese Beanstandungen trägt er mit großem Nachdruck vor. »Je näher die Menschen der Kirche in Rom, dem Haupt unserer Religion leben, um so mehr läßt ihre Religiosität nach... Ihr Untergang und ihre Züchtigung werden nicht lange auf sich warten lassen... Wir Italiener haben es der römischen Kirche und ihren Priestern zu verdanken, daß wir ungläubig und schlecht geworden sind; sie hat uns gegenüber jedoch noch eine größere Schuld auf sich geladen, die unseren Untergang verursachen wird: die Kirche hat unser Vaterland ungeeint gelassen und läßt es noch immer ungeeint.«[2]

Aus solchen Stellen muß man annehmen, daß Machiavelli Cesare Borgia nur wegen seiner Geschicklichkeit, nicht wegen der von ihm verfolgten Ziele so hoch schätzte. Geschicklichkeit und Taten, die einen großen Ruf einbrachten, wurden in der Renaissance überhaupt sehr bewundert. Solche Empfindungen hat es natürlich immer gegeben; viele Feinde Napoleons verehrten ihn gleichzeitig als bedeutenden Strategen. Aber im machiavellistischen Italien fand man ein viel stärkeres, gleichsam künstlerisches Wohlgefallen an der Gewandtheit als in früheren oder späteren Jahrhunderten. Es wäre falsch, sie mit den größeren politischen Zielen, die Machiavelli für wichtig hielt, in Einklang bringen zu wollen; beides, die Bewunderung der Geschicklichkeit und die patriotische Sehnsucht nach einem geeinten Italien bestanden in seiner Vorstellung ohne jede Synthese nebeneinander. So kann er Cesare Borgia einerseits um seiner Gewandtheit willen loben und ihm andererseits den Vorwurf machen, Italien ungeeint gelassen zu haben. Eine vollkommene Persönlichkeit wäre vermutlich nach seiner Meinung der Mann, der in der Wahl seiner Mittel so geschickt und skrupellos wie Cesare Borgia ist, jedoch ein anderes Ziel anstrebt. *Il Principe* endet mit einem berühmten Appell an die Medici, Italien von den Barbaren (das heißt den Franzosen und Spaniern) zu befreien, deren Herrschaft »stinkt«. Er erwartet nicht, daß ein derartiges Werk aus selbstlosen Motiven in Angriff genommen würde, sondern aus Liebe zur Macht oder mehr noch zum Ruhm.

Il Principe lehnt ausdrücklich die anerkannten Moralgesetze ab, wo es sich um das Verhalten von Herrschern handelt. Wenn ein Herrscher immer nur gut sein würde, wäre er verloren; er muß schlau wie ein Fuchs und wild wie ein Löwe sein. Ein Kapitel (XVIII) ist betitelt: »Inwiefern die Fürsten ihr Wort halten sollen«. Wir erfahren, daß sie ihr Wort nur zu halten brauchen, wenn es sich lohnt, sonst nicht. Ein Fürst muß gelegentlich auch treulos sein können.

2 Dies galt bis 1870.

»Freilich ist es nötig, daß man diese Natur geschickt zu verhehlen versteht und in der Verstellung und Falschheit ein Meister ist. Denn die Menschen sind so einfältig und gehorchen so sehr dem Eindruck des Augenblicks, daß der, welcher sie hintergeht, stets solche findet, die sich betrügen lassen. Ich will nur ein neueres Beispiel anführen. Alexander VI. tat nichts anderes als betrügen, sann auf nichts anderes und fand immer solche, die sich betrügen ließen. Nie besaß ein Mensch größere Fertigkeit, etwas zu beteuern und mit größeren Schwüren zu versichern, und es weniger zu halten. Trotzdem gelangen ihm alle seine Betrügereien nach Wunsch, weil er die Welt von dieser Seite gut kannte. Ein Fürst braucht also nicht alle oben genannten Tugenden zu besitzen, muß aber im Rufe davon stehen.«

Weiter heißt es, ein Fürst müsse sich vor allem den Anschein geben, religiös zu sein.

Die *Discorsi*, die er in Form eines Livius-Kommentars erscheinen ließ, sind in völlig anderem Ton gehalten. Ganze Kapitel darin könnte fast Montesquieu geschrieben haben; ein Liberaler des achtzehnten Jahrhunderts konnte den größten Teil des Buches wohl bejahen. Die Lehre vom Gleichgewicht der sich gegenseitig kontrollierenden Kräfte wird eingehend behandelt. Fürsten, Adel und Volk sollen alle eine Rolle in der Verfassung spielen, »denn diese drei Gewalten werden einander gegenseitig in Schach halten«. Die Verfassung Spartas, das Werk Lykurgs, war die beste, denn sie verkörperte das vollkommene Gleichgewicht; Solons Verfassung war zu demokratisch und führte infolgedessen zur Tyrannis des Pisistratus. Die Verfassung der römischen Republik war gut dank dem Widerspiel der Kräfte von Senat und Volk.

Das Wort »Freiheit« wird durchweg so gebraucht, als bezeichne es etwas Kostbares, obwohl nicht klar herauskommt, was damit gemeint ist. Der Begriff stammt natürlich aus der Antike und wurde an das achtzehnte und neunzehnte Jahrhundert weitergegeben. Toskana hat sich seine Freiheit bewahrt, weil es über keine Schlösser und keine »Gentlemen« verfügt (»Gentlemen« ist natürlich keine gute, aber eine hübsche Übersetzung). Es scheint ausgemacht, daß politische Freiheit eine gewisse persönliche Tugend der Bürger voraussetzt. Nur in Deutschland sind noch, wie wir vernehmen, Redlichkeit und Frömmigkeit allgemein; deshalb gibt es in Deutschland so viele Republiken. Gewöhnlich ist das Volk klüger und von beständigerer Gesinnung als die Fürsten, obwohl Livius und die meisten anderen Schriftsteller das Gegenteil behaupten. Nicht ohne Grund heißt es: »Volkes Stimme ist Gottes Stimme.«

Es ist interessant zu beobachten, wie das politische Denken der Griechen und Römer aus ihrer republikanischen Zeit im fünfzehnten Jahrhundert eine Aktualität erlangt, die es in Griechenland seit Alexander oder in Rom seit Augustus nicht mehr besessen hatte. Die Neuplatoniker, die Araber und die Scholastiker interessierten sich leidenschaftlich für Platos und Aristoteles' Metaphysik, dagegen ganz und gar nicht für deren politische Schriften, weil es die politischen Systeme des Zeitalters der Stadtstaaten überhaupt nicht mehr gab. Das Entstehen der Stadtstaaten in Italien fiel mit einem Wiederaufleben der Gelehrsamkeit zusammen und ermöglichte es so den Humanisten, aus den politischen Theorien der republikanischen Griechen und Römer Nutzen zu ziehen. Die Liebe zur »Freiheit« und die Lehre vom Gleichgewicht der einander kontrollierenden Kräfte übernahm die Renaissance von der Antike, und die Neuzeit wiederum entlehnte sie größtenteils von der Renaissance, wenn auch zum Teil unmittelbar dem griechischen und römischen Altertum. Aus Machiavelli dies herauszulesen, ist mindestens ebenso wichtig, wie die ewige Betonung seiner »unmoralischen« Doktrinen im *Principe*, die weit berühmter sind.

Bemerkenswert ist, daß Machiavelli sich in seinen politischen Argumenten niemals auf das Christentum oder die Bibel stützt. Die mittelalterlichen Autoren stellten sich unter »legitimer« Macht die des Papstes oder des Kaisers oder eine von diesen beiden abgeleitete Macht vor. Schriftsteller des Nordens, ja sogar noch Locke, diskutieren die Ereignisse im Garten Eden und glauben von dort Beweise herführen zu können, daß bestimmte Arten von Macht »legitim« seien. Bei Machiavelli fehlt eine solche Konzeption. Macht gebührt denen, die es verstehen, sie im freien Wettbewerb an sich zu reißen. Seine Vorliebe für eine Volksregierung fußt nicht auf einer Vorstellung von irgendwelchen »Rechten« des Volkes, erklärt sich vielmehr aus der Beobachtung, daß die Volksregierung weniger grausam, skrupellos und unbeständig zu sein pflegt als die Tyrannis.

Versuchen wir nun eine Synthese der »moralischen« und »unmoralischen« Teile seiner Lehre zu vollziehen (was Machiavelli selbst nicht tat). Im Folgenden gebe ich nicht meine eigenen Anschauungen wieder, sondern Ansichten, die er selbst unmittelbar oder mittelbar zum Ausdruck bringt.

Es gibt bestimmte politische Werte, und drei davon sind besonders wichtig: nationale Unabhängigkeit, Sicherheit und eine wohldurchdachte Verfassung. Am besten ist eine Verfassung, welche legale Rechte auf Fürsten, Adel und Volk dem tatsächlichen Machtverhältnis entsprechend verteilt, denn unter einer derartigen Verfassung werden Revolutionen nur schwerlich Erfolg haben, und infolgedessen ist Stabilität möglich; aber mit Rücksicht auf die Stabilität dürfte es klug sein, dem Volk mehr Macht einzuräumen. Soviel über die Ziele.

In der Politik kommt es aber auch auf die Mittel an. Es ist sinnlos, politische Zwecke mit Methoden zu verfolgen, die zum Scheitern verurteilt sind; ist das Ziel als gut erkannt, so müssen angemessene Mittel angewandt werden, um es zu erreichen. Die Frage der Mittel läßt sich rein wissenschaftlich behandeln, ohne Rücksicht darauf, ob die Zwecke gut oder schlecht sind. »Erfolg« bedeutet, das Ziel erreicht zu haben, welcher Art es auch sein mag. Wenn es eine Wissenschaft des Erfolges gibt, so läßt sie sich an den Erfolgen der Bösen genauso wie an denen der Guten studieren – ja sogar noch besser, da es weit mehr Beispiele von erfolgreichen Sündern als erfolgreichen Heiligen gibt. Ist diese Wissenschaft aber erst einmal begründet, dann wird sie dem Heiligen ebenso nützlich sein wie dem Sünder. Denn auch der Heilige muß, wenn er sich auf Politik einläßt, genau wie der Sünder nach Erfolg streben.

Es ist letzten Endes eine Machtfrage. Um ein politisches Ziel zu erreichen, ist Macht in der einen oder anderen Form nötig. Diese nackte Tatsache wird durch Schlagworte wie »Das Recht siegt« oder »Der Sieg des Bösen ist nicht von Dauer« verschleiert. Trägt die Partei, auf deren Seite man das Recht glaubt, den Sieg davon, so nur deswegen, weil sie mächtiger ist. Die Macht hängt allerdings oft von der Meinung, die Meinung von der Propaganda ab; auch stimmt es schon, daß es propagandistisch von Vorteil ist, tugendhafter zu erscheinen als der Gegner; und *eine* Möglichkeit, tugendhaft zu scheinen, ist, tugendhaft zu *sein*. Aus diesem Grunde kann es zuweilen vorkommen, daß der Sieg der Partei zufällt, die dem Tugendbegriff der breiten Masse am meisten entspricht. Wir müssen Machiavelli beipflichten, daß dieser Umstand bei der zunehmenden Macht der Kirche im elften, zwölften und dreizehnten Jahrhundert eine wichtige Rolle spielte, wie es auch im sechzehnten Jahrhundert bei der Reformation der Fall war. Dennoch müssen hier bedeutende Einschränkungen vorgenommen werden. Zunächst einmal können diejenigen, die sich die Macht angeeignet haben, durch entsprechend gelenkte Propaganda erreichen, daß ihre Partei moralisch einwandfrei erscheint; niemand dürfte beispielsweise die Verfehlungen Alexanders VI. an einer New Yorker oder Bostoner Volksschule erwähnen. Zweitens gibt es chaotische Epochen, in denen offenbar Schurkerei immer wieder Erfolg beschieden ist; hierher gehört die Zeit Machiavellis. In solchen Perioden pflegt sich ein rasch zunehmender Zynismus zu entwickeln, der alles verzeihlich findet, was sich bezahlt macht. Wie Machiavelli selbst sagt, ist es aber sogar in solchen Zeiten wünschenswert, sich der ahnungslosen Öffentlichkeit gegenüber den Anschein der Tugendhaftigkeit zu geben.

Man kann in dieser Frage noch einen Schritt weiter gehen. Machiavelli ist der Ansicht, es sei ziemlich sicher, daß zivilisierte Menschen skrupellose Egoisten sind. Wer heutzutage eine Republik aufrichten wolle, meint er, würde dabei mit schlichten Bergbauern besser fahren als mit den Bewohnern einer großen Stadt, die ja bereits verdorben wären.[3] Der skrupellose Egoist handelt am klügsten, wenn er sein Verhalten der Bevölkerung anpaßt, mit der er es zu tun hat. Jeder war über

---

3 Es ist interessant, wie er hier Rousseau vorwegnimmt. Amüsant und nicht ganz unrichtig wäre es, Machiavelli als enttäuschten Romantiker zu deuten.

die Kirche der Renaissance empört, aber nur nördlich der Alpen ging die Empörung der Menschen so weit, daß es zur Reformation kam. Als Luther sich aufzulehnen begann, waren die Einkünfte des Papsttums vermutlich größer, als es der Fall gewesen wäre, wenn sich Alexander VI. und Julius II. als moralisch einwandfrei erwiesen hätten; stimmt das, so ist es auf den Zynismus Italiens zur Zeit der Renaissance zurückzuführen. Daraus folgt, daß sich Staatsmänner besser benehmen werden, wenn sie auf eine tugendhafte Bevölkerung angewiesen sind, wie wenn sie es mit einem Volk zu tun haben, das moralischen Erwägungen gleichgültig gegenübersteht; auch werden sie sich besser verhalten in einem Staat, in dem ihre etwaigen Verbrechen weiten Kreisen bekannt werden können, als dort, wo eine von ihnen kontrollierte, strenge Zensur herrscht. Ein gewisses Maß von Verbrechen ist natürlich mit Hilfe von Heuchelei immer möglich; es läßt sich jedoch durch geeignete Institutionen stark einschränken.

In einer Beziehung sind Machiavellis politische Gedanken wie bei den meisten Alten etwas oberflächlich. Für ihn gibt es nur solche große Gesetzgeber wie Lykurg und Solon, die nach der Überlieferung einen Staat fix und fertig hinstellten ohne Rücksicht auf alles Vorangegangene. Der Staat als etwas organisch Gewachsenes, worauf die Staatsmänner nur begrenzten Einfluß haben, ist hauptsächlich eine moderne Vorstellung, die durch die Evolutionstheorie noch stark gefestigt wurde. Diese Vorstellung findet sich bei Machiavelli ebensowenig wie bei Plato.

Man könnte allerdings einwenden, die Auffassung, eine Gesellschaft müsse sich allmählich entwickeln, sei gültig für die Vergangenheit, heute jedoch nicht mehr anwendbar; für Gegenwart und Zukunft müsse sie vielmehr durch eine viel mechanistischere Theorie ersetzt werden. In Rußland und Deutschland sind neue Gesellschaftsordnungen auf fast die gleiche Art geschaffen worden, die der mythische Lykurg angewandt haben soll, als er den spartanischen Staat ins Leben rief. Der antike Gesetzgeber war ein freundlicher Mythos; der moderne ist furchtbare Wirklichkeit. Die Welt ist heute machiavellistischer geworden, als sie es zu Machiavellis Zeit war; der moderne Mensch, der seine Philosophie widerlegen zu können hofft, muß tiefer nachdenken, als es im neunzehnten Jahrhundert notwendig zu sein schien.

4. KAPITEL

Erasmus und Morus

Später als in Italien setzte die Renaissance in den nördlichen Ländern ein, wo sie bald in die Reformation verwickelt wurde. Zu Beginn des sechzehnten Jahrhunderts jedoch gab es eine kurze Periode, in der sich die neue Gelehrsamkeit in Frankreich, England und Deutschland mächtig verbreiten konnte, ohne dabei in die theologischen Kontroversen hineingezogen zu werden. Diese Renaissance des Nordens unterschied sich in vieler Hinsicht stark von der italienischen. Sie war weder anarchisch noch amoralisch, ging vielmehr Hand in Hand mit Frömmigkeit und allgemeiner Tugend. Sie bemühte sich sehr darum, die Bibel wissenschaftlich zu behandeln und einen genaueren Text zu gewinnen, als die Vulgata ihn bot. Sie war nicht so glänzend, dafür aber gediegener als ihre italienische Vorgängerin; es kam ihr weniger darauf an, daß der einzelne seine Gelehrsamkeit entfaltete, als darauf, das Wissen selbst so weit wie möglich unter die Menschen zu tragen.

Zwei Männer, Erasmus und Thomas Morus, können als Beispiele für die Renaissance des Nordens gelten. Sie waren eng befreundet und hatten viel Gemeinsames. Beide waren gelehrt, doch war es Morus weniger als Erasmus; beide verachteten die scholastische Philosophie; beide erstrebten eine Kirchenreform von innen her, bedauerten aber sehr, daß es zum protestantischen Schisma kam; beide waren geistreich, humorvoll und äußerst gewandt mit der Feder. Vor Luthers Auflehnung waren sie als Denker führend gewesen; danach aber ging es auf beiden Seiten der Welt für Männer ihres Schlages zu gewalttätig zu. Morus wurde zum Märtyrer, und auf Erasmus hörte niemand mehr.

Weder Erasmus noch Morus waren Philosophen im eigentlichen Sinne. Ich spreche über sie, weil sie charakteristisch sind für die Stimmung einer vorrevolutionären Epoche, in der ein allgemeines Verlangen nach gemäßigter Reform bestand und noch keine Extremisten die zaghaften Menschen in die Reaktion gehetzt hatten. Sie sind auch typisch für die Ablehnung alles Systematischen in der Theologie und Philosophie, welche die Widerstandsbewegungen gegen die Scholastik kennzeichnete.

Erasmus (1466–1536) war in Rotterdam geboren.[1] Er war ein uneheliches Kind und erfand eine romantische Geschichte über die näheren Umstände seiner Geburt. In Wahrheit war sein Vater ein Priester, der einiges Wissen besaß und auch etwas Griechisch konnte. Seine Eltern

---

1 Bei der Lebensbeschreibung des Erasmus habe ich mich hauptsächlich an die vorzügliche Biographie von Huizinga gehalten.

starben, bevor er erwachsen war, und seine Vormünder beredeten ihn (vermutlich, weil sie sein Geld veruntreut hatten), als Mönch in das Kloster von Steyn einzutreten; er bereute diesen Schritt sein Leben lang. Zu seinen Vormündern gehörte auch ein Schulmeister, der jedoch weniger Latein konnte, als Erasmus schon während seiner Schulzeit beherrschte; in einem Antwortbrief auf eine lateinische Epistel des Knaben schrieb der Lehrer: »Wenn Du wieder einmal so elegant schreiben solltest, füge bitte einen Kommentar bei.«

Im Jahre 1493 wurde er Sekretär des Bischofs von Cambrai, der Kanzler des Ordens vom Goldenen Vlies war. Damit bot sich ihm die Gelegenheit, das Kloster zu verlassen und zu reisen, wenn auch nicht nach Italien, wie er gehofft hatte. Seine griechischen Kenntnisse waren noch immer recht unbedeutend; dafür war er ein ganz hervorragender Lateiner; er bewunderte vor allem Lorenzo Valla wegen seines Buches über die Feinheiten der lateinischen Sprache. In seinen Augen war Latinität durchaus vereinbar mit echter Frömmigkeit; als Beispiele hierfür zieht er Augustin und Hieronymus heran – wobei er offensichtlich nicht an den Traum dachte, in dem der Herr Hieronymus mit Strafe bedrohte, weil er Cicero las. Eine Zeitlang studierte er an der Universität Paris, fand dort aber nichts, was ihm hätte nützlich sein können. Von Beginn der Scholastik bis zu Gerson und der Konzilbewegung hatte die Universität ihre Glanzzeit gehabt; jetzt aber waren die alten Diskussionen reizlos geworden. Die Thomisten und Scotisten, die man gemeinsam als die Alten bezeichnete, disputierten gegen die Occamisten, die man Terministen oder Moderne nannte. Schließlich einigten sie sich im Jahre 1482, um gemeinsame Sache gegen die Humanisten zu machen, die in Paris außerhalb der Universitätskreise Boden gewannen. Erasmus haßte die Scholastiker, die ihm überaltert und antiquiert vorkamen. In einem Brief erwähnt er, daß er sich, als er die Doktorwürde erwerben wollte, bemüht habe, ja nichts Hübsches oder Geistreiches zu sagen. Er machte sich in Wahrheit nichts aus der Philosophie, nicht einmal aus Plato und Aristoteles, obwohl man respektvoll von ihnen zu sprechen hatte, denn sie gehörten zu den Alten.

Im Jahre 1499 stattete er England seinen ersten Besuch ab, wo ihm die Mode, junge Mädchen küssen zu dürfen, sehr behagte. In England befreundete er sich mit Colet und Morus, die ihm zuredeten, sich lieber mit einem ernsthaften Werk als mit literarischen Spielereien zu beschäftigen. Colet hielt Vorlesungen über die Bibel, ohne Griechisch zu können; Erasmus empfand das Bedürfnis, sich ebenfalls mit der Bibel zu befassen, hielt dabei jedoch die Kenntnis des Griechischen für unerläßlich. Nachdem er zu Anfang des Jahres 1500 England verlassen hatte, begann er Griechisch zu lernen, obwohl er zu arm war, sich einen Lehrer leisten zu können; im Herbst des Jahres 1502 war er darin firm, und als er 1506 nach Italien kam, stellte er fest, daß er von den Italienern nichts mehr lernen könne. Er beschloß, Hieronymus' Werke herauszugeben und das Neue Testament in neuer lateinischer Übersetzung zu veröffentlichen, beides hatte er 1516 durchgeführt. Die Entdeckung von Ungenauigkeiten in der Vulgata erwies sich später für die Protestanten in Streitfragen als nützlich. Er versuchte auch Hebräisch zu lernen, gab es aber auf.

Erasmus' einziges Buch, das heute noch gelesen wird, ist das *Lob der Narrheit*.[2] Die Konzeption dieses Buches stammt aus dem Jahre 1509, als er auf der Reise von Italien nach England die Alpen überschritt. In London schrieb er es rasch im Hause Thomas Morus' nieder, dem er es mit einer scherzhaften Anspielung widmete; die Zueignung sei besonders passend, weil nämlich »moros«[3] soviel wie »der Tor« bedeutet. In diesem Buch tritt die Torheit persönlich auf; wohlgefällig singt sie ihr eigenes Lob; der Text wird noch durch Handzeichnungen von Holbein belebt. Sie hat den Menschen sein ganzes Leben lang in der Hand und läßt keine Klasse und keinen Beruf aus. Aber wenn sie nicht wäre, würde das Menschengeschlecht aussterben, denn wer könnte ohne Torheit heiraten? Als Gegengift gegen die Weisheit rät sie, »ihm ein Weib zuzugesellen! Ein närrisches und schwindliches Tier, aber zugleich ein holdes und lächerliches; ein Hausmittel, welches das Düstere des männlichen Scharfsinns durch eigentümliche Narrheit zu würzen und zu versüßen im Stande ist. Wer könnte ohne Schmeichelei und Eigenliebe glücklich sein? Und doch ist ein solches Glück Narrheit. Am glücklichsten sind die Menschen, die den Tieren am nächsten kommen und auf die Vernunft verzichten. Am besten ist ein Glück, das auf Täuschung beruht, denn es ist am billigsten: es ist leichter, sich wie ein König vorzukommen als wirklich ein König zu sein.« Dann macht sich Erasmus lustig über Nationalstolz und Berufsdünkel: fast alle Professoren in Kunst und Wissenschaft sind gewaltig eingebildet und beziehen ihr Glück aus ihrem Dünkel.

An manchen Stellen geht die Satire in Schmähreden über; dann spricht die Torheit aus, was Erasmus im Ernst, und zwar von kirchlichen Mißbräuchen hält. Absolution und Ablaß, wonach die Priester die Zeit berechnen, die jede Seele im Fegefeuer zubringen muß; die Anbetung der Heiligen, selbst der Jungfrau, wobei Blindgläubige die Mutter Gottes über den Sohn zu stellen pflegen; die Streitigkeiten der Theologen um die Dreieinigkeit und die Menschwerdung; die Transsubstantiationslehre; die scholastischen Sekten; Päpste, Kardinäle und Bischöfe – sie alle werden grimmig verspottet. Besonders heftig greift er die Mönchsorden an; sie sind »Erznarren«, die sehr wenig Religion in sich haben, aber »stark verliebt in sich selbst sind und ihre eigene Glückse-

---

2 Die diesem Werk entstammenden Zitate sind der Ausgabe von Georg Müller, München 1918 (nach der Ausgabe von Georg Jacob Decker, Berlin und Leipzig 1781) entnommen.

3 Der Titel des Buches lautet »Encomium Moriae«. (Anm. d. Übers.)

ligkeit sehr bewundern«. Ihr Benehmen beweist, daß sie in der Religion nichts anderes als peinliche Einhaltung gewisser Äußerlichkeiten sehen: »wie viele Knoten am Schuhe sein müssen; von welcher Farbe der Gurt, von welchem Schnitte das Kleid, von welchem Stoffe, wie viele Strohhalme breit der Gürtel« und so fort. Sehr hübsch werden sich ihre Ausreden beim Jüngsten Gericht anhören: Der eine wird damit prahlen, daß er seinen Appetit auf Fleisch durch ausschließlichen Fischgenuß abtötete; ein anderer wird nachdrücklich darauf hinweisen, daß er den größten Teil seiner Zeit auf Erden damit zubrachte, Psalmen zur Ehre Gottes zu singen... ein dritter, daß er sechzig Jahre kein einziges Geldstück angefaßt habe, es sei denn mit Büffelhandschuhen. Aber Christus wird ihnen ins Wort fallen: »Nur ein einziges Gesetze, wird er sagen, erkenne ich für das meinige; und nur von diesem hör' ich nichts; ehedem versprach ich deutlich, ohne es in Parabeln zu hüllen, mein väterliches Erbe nicht dieser oder jener Kappe, diesem oder jenem Gebetlein, noch dem Fasten, sondern der Liebthätigkeit...« Auf Erden jedoch sind diese Menschen gefürchtet; denn sie wissen Beichtstuhlgeheimnisse, die sie oft in der Trunkenheit ausplappern.

Auch die Päpste werden nicht geschont. Sie sollten dem Herrn in Demut und Armut nacheifern. Sie sollten keine anderen als geistliche Waffen verwenden, und damit sind sie denn auch sehr freigebig: »Interdiktionen, Suspensionen, Aggravationen, Anathematisationen, Verdammungsgemälde, und der entsetzliche Bannstrahl, der schon allein im Stand ist, die Seelen der Sterblichen mit einem Winke bis in die unterste Hölle zu stürzen. Die in Christo allerheiligsten Väter und Statthalter Christi schießen solche Pfeile wider niemanden schärfer los, als wider die, welche sich durch den Teufel verleiten lassen, das Patrimonium des Petrus zu schmälern.«

Aus solchen Stellen könnte man schließen, daß Erasmus die Reformation begrüßt hätte; das aber war nicht der Fall.

Das Buch endet mit dem ernstgemeinten Hinweis, daß die wahre Religion eine Form der Narrheit sei. Es handelt sich durchweg um zwei Narrheiten, die eine wird ironisch, die andere ernsthaft gepriesen; ernsthaft gepriesen wird die Narrheit, die sich in christlicher Schlichtheit zu erkennen gibt. Dieses Lob stimmt überein mit Erasmus' Verachtung der scholastischen Philosophie und der gelehrten Doktoren, deren Latein nicht klassisch ist. Es hat aber noch einen tieferen Aspekt. Soviel ich weiß, taucht hier zum erstenmal in der Literatur die Auffassung auf, der wir später in Rousseaus *Savoyischem Vikar* wieder begegnen, daß nämlich echte Religion aus dem Herzen, nicht aus dem Verstand entspringt, und daß alle ausgeklügelte Theorie überflüssig ist. Diese Anschauung gewann immer mehr Anhänger und ist heute bei den Protestanten fast allgemein anerkannt. Sie besteht im wesentlichen aus einer Ablehnung des griechischen Intellektualismus durch den Sentimentalismus des Nordens.

Bei seinem zweiten Besuch blieb Erasmus fünf Jahre (1509–1514) in England, teils in London, teils in Cambridge. Sein beträchtlicher Einfluß wirkte besonders anregend auf den englischen Humanismus. Bis vor kurzem entsprach die Erziehung auf den englischen höheren Schulen fast völlig dem Ideal des Erasmus, sie bestand aus einer soliden Grundlage in Griechisch und Latein, wozu nicht nur das Übersetzen, sondern auch das Verfassen von Versen und Prosa gehörte. Obwohl die Wissenschaft seit dem siebzehnten Jahrhundert auf geistigem Gebiet dominierte, hielt es der Gentleman oder Theologe für unter seiner Würde, ihr Beachtung zu schenken; Plato sollte zwar studiert werden, nicht aber die Dinge, die Plato für studierenswert gehalten hatte. In gleicher Richtung wirkte der Einfluß des Erasmus.

Die Menschen der Renaissance waren ungeheuer wißbegierig; »diese Köpfe«, sagt Huizinga, »konnten nie genug bekommen von sensationellen Ereignissen, interessanten Einzelheiten, Seltsamkeiten und Anomalien.« Anfangs aber suchten sie diese Dinge nicht in der wirklichen Welt, sondern in alten Büchern. Erasmus interessierte sich zwar für die Welt, doch konnte er sie in ihrem Rohzustand nicht vertragen: sie mußte ihm lateinisch oder griechisch aufgetischt werden, bevor er sie in sich aufnehmen konnte. Reisebeschreibungen wurden mit Vorsicht aufgenommen, was aber Plinius an Wunderbarem berichtet, fand Glauben. Nach und nach wandte sich die Wißbegier von den Büchern ab und der wirklichen Welt zu; die Menschen interessierten sich mehr für die Wilden und fremdartigen Tiere, die damals gerade entdeckt wurden, als für die von den klassischen Autoren beschriebenen Lebewesen. Caliban stammt von Montaigne, und Montaigne verdankt seine Kannibalen den Reisenden. Othello hatte »die Anthropophagen und die Menschen, denen die Köpfe unter den Schultern wachsen«, selbst gesehen und nicht in alten Quellen gefunden.

Und so verwandelte sich die literarische Wißbegier der Renaissance allmählich in wissenschaftliches Interesse. Ein wahrer Sturzbach neuer Tatsachen überflutete die Menschen, so daß sie sich anfangs nur von dem Strom mitreißen lassen konnten. Die alten Systeme waren offensichtlich falsch; Aristoteles' Physik, Ptolemäus' Astronomie und Galenos' Medizin ließen sich nicht so ausweiten, daß die neugewonnenen Entdeckungen hineingepaßt hätten. Montaigne und Shakespeare gefiel diese allgemeine Verwirrung. Entdeckungen zu machen ist etwas Wunderbares und verträgt sich mit keinem System. Erst im siebzehnten Jahrhundert vermochten die Menschen ihr neues Tatsachenwissen in entsprechende Systeme einzuordnen. All das aber hat uns weit von Erasmus fortgeführt, den Kolumbus weniger interessierte als die Argonauten.

Erasmus war ein unverbesserlicher Büchermensch, woraus er kein Hehl machte. Er schrieb ein Buch *Enchiridion Militis Christiani* mit Ratschlägen für ungebildete Soldaten: sie sollten die Bibel lesen, aber auch Plato, Ambrosius, Hieronymus und Augustin. Er legte eine umfangreiche Sammlung lateinischer Sprichwörter an, denen er in späteren Ausgaben auch noch viele griechische beifügte; seine eigentliche Absicht dabei war, die Menschen zu lehren, Latein idiomatisch zu schreiben. Auch verfaßte er ein ungemein erfolgreiches Buch *Colloquia*, um den Leuten zu zeigen, wie man sich über alltägliche Angelegenheiten, beispielsweise das Kegeln, lateinisch zu unterhalten habe. Das konnte nützlicher gewesen sein, als es heute scheint. Latein war die einzige internationale Sprache, und aus ganz Westeuropa kamen Studenten an die Universität Paris. Es mag oft genug vorgekommen sein, daß sich zwei Studenten nur auf lateinisch verständigen konnten.

Nach der Reformation lebte Erasmus zunächst in Löwen, das streng katholisch geblieben war, dann in Basel, das protestantisch wurde. Beide Konfessionen suchten ihn für sich zu gewinnen, jedoch lange Zeit vergeblich. Wie erinnerlich, hatte er sich ausdrücklich gegen die kirchlichen Mißbräuche und die Schlechtigkeit der Päpste geäußert; 1518, gerade in dem Jahr, als Luther sich auflehnte, veröffentlichte er eine Satire mit dem Titel *Julius Exclusus*, darin schildert er Julius' II. mißlungene Versuche, in den Himmel zu kommen. Von Luthers Ungestüm aber fühlte er sich abgestoßen, und den Krieg haßte er. Schließlich entschied er sich für den Katholizismus. 1524 schrieb er ein Werk, in dem er für die Willensfreiheit eintrat; Luther, der sich der Ansicht Augustins anschloß und sie sogar noch übersteigerte, lehnte es ab und drängte durch seine sehr heftige Erwiderung Erasmus noch weiter in die Reaktion. Von diesem Zeitpunkt an verlor der Gelehrte bis zu seinem Tode immer mehr an Bedeutung. Er war stets zurückhaltend gewesen, und feiner organisierte Menschen paßten nicht mehr in jene Zeit. Für ehrliche Leute gab es nur noch zwei vertretbare Möglichkeiten: Märtyrertum oder Sieg. Erasmus' Freund Thomas Morus sah sich gezwungen, sich für das Märtyrertum zu entscheiden, und Erasmus bemerkt dazu: »Hätte sich Morus doch niemals mit dieser gefährlichen Sache abgegeben und die Theologie den Theologen überlassen.« Erasmus lebte zu lange, bis hinein in ein Zeitalter neuer Tugenden und neuer Laster – des Heroismus und der Intoleranz –, die beide ihm innerlich stets fremd blieben.

Sir Thomas Morus (1478–1535) war als Mensch viel bewunderungswürdiger als Erasmus, doch bei weitem nicht so einflußreich. Er war Humanist, aber auch ein von tiefer Frömmigkeit erfüllter Mann. In Oxford begann er Griechisch zu lernen, damals etwas Ungewöhnliches; daher glaubte man, er sympathisiere mit italienischen Ungläubigen. Die Behörden und sein Vater protestierten, und er wurde von der Universität verwiesen. Bald darauf fühlte er sich zu den Karthäusern hingezogen; er unterwarf sich härtesten Kasteiungen und erwog seinen Eintritt in den Orden. Davon brachte ihn jedoch offenbar Erasmus ab, dem er damals zum erstenmal begegnete. Sein Vater war Rechtsanwalt, und er beschloß, den väterlichen Beruf zu ergreifen. Im Jahre 1504 wurde er Mitglied des Parlaments und Führer der Opposition gegen Heinrich VII., der neue Steuern erheben wollte. Er setzte sich erfolgreich durch, doch der König war erzürnt; er schickte Morus' Vater in den Tower, ließ ihn aber gegen Zahlung von 100 Pfund frei. Beim Tode des Herrschers im Jahre 1509 übernahm Morus wieder seine juristische Praxis und gewann die Gunst Heinrichs VIII. 1514 wurde er geadelt und mit verschiedenen diplomatischen Missionen betraut. Der König lud ihn wiederholt an den Hof, aber Morus wollte der Einladung nicht folgen; schließlich erschien der König unaufgefordert bei ihm zu Tisch in seinem Hause in Chelsea. Morus machte sich keine Illusionen über Heinrich VIII.; als man ihn beglückwünschte, weil ihm der König so geneigt war, erwiderte er: »Könnte ihm mein Kopf ein Schloß in Frankreich einbringen, so müßte er unweigerlich herunter.«

Bei Wolseys Sturz ernannte der König Morus an seiner Stelle zum Kanzler. Entgegen allem Brauch nahm er keine Geschenke von prozessierenden Parteien an. Er fiel bald in Ungnade, weil der König beschlossen hatte, sich von Katharina von Aragonien scheiden zu lassen, um Anna Boleyn heiraten zu können, und Morus sich beharrlich dieser Scheidung widersetzte. Er legte deshalb 1532 seine Ämter nieder. Wie unbestechlich er im Dienst war, wurde durch die Tatsache bewiesen, daß er nach dem Rücktritt nur hundert Pfund im Jahr zu verzehren hatte. Trotz seiner ablehnenden Einstellung lud ihn der König zu seiner Hochzeit mit Anna Boleyn ein, doch nahm Morus die Aufforderung nicht an. Im Jahre 1534 brachte der König das Parlament dazu, die Suprematsakte anzunehmen, die ihn, nicht den Papst zum Oberhaupt der englischen Kirche erklärte. Mit dieser Akte wurde ein Suprematseid erzwungen, den zu leisten Morus sich weigerte. Das war an sich nur Verrat, ein Vergehen, das nicht mit dem Tode bestraft wurde. Mit Hilfe sehr zweifelhafter Zeugen bewies man jedoch, er habe gesagt, das Parlament *könne* Heinrich gar nicht zum Oberhaupt der Kirche machen. Auf diesen Beweis hin wurde er des Hochverrats für schuldig befunden und enthauptet. Seine Habe erhielt Prinzessin Elisabeth, die sie bis zu ihrem Tode bewahrte.

Morus ist heute eigentlich nur noch der Verfasser der *Utopia* (1518). Utopia ist eine Insel der südlichen Hemisphäre, wo alles in der denkbar besten Weise eingerichtet ist. Sie wurde zufällig von einem Seemann namens Raphael Hythloday besucht, der fünf Jahre dort verbrachte und nach Europa nur zurückkehrte, um ihre weisen Einrichtungen bekannt zu machen.

Wie in Platos Staat ist auch in Utopia alles Gemeinbesitz, denn wo es Privateigentum gibt, kann das allgemeine Wohl nicht gedeihen, und ohne Kommunismus ist keine Gleichheit möglich. Im Gespräch wendet Morus ein, der Kommunismus mache die Menschen träge und führe zu Respektlosigkeit gegenüber der Obrigkeit, darauf erwiderte Raphael, niemand, der in Utopia gelebt habe, werde das zugeben.

In Utopia gibt es vierundfünfzig Städte, die durchweg nach dem gleichen Plan angelegt sind; eine davon ist die Hauptstadt. Alle Straßen sind zwanzig Fuß breit, und alle Privathäuser gleichen sich aufs Haar; eine Tür führt auf die Straße, eine zweite in den Garten. Die Türen haben weder Schloß noch Riegel, so daß jedermann jedes Haus betreten kann. Die Dächer sind flach. Alle zehn Jahre wechseln die Leute die Häuser, offenbar damit kein Besitzgefühl aufkommen kann. Auf dem Lande gibt es Bauernhöfe mit mindestens vierzig Personen, wozu auch zwei Leibeigene gehören; jeder Hof untersteht einem Herrn und einer Herrin, die alt und weise sind. Die Küken werden nicht von Hennen ausgebrütet, sondern in Brutapparaten (die es zu Morus' Zeit noch nicht gab). Alle Menschen sind gleich angezogen; nur in der Kleidung der Männer und Frauen sowie der Verheirateten und der Ledigen bestehen Unterschiede. Die Mode wechselt niemals; auch weicht die Sommer- von der Winterkleidung nicht ab. Bei der Arbeit werden Ledersachen oder Felle getragen; ein Gewand hält sieben Jahre. Wenn sie zu arbeiten aufhören, werfen die Menschen einen wollenen Mantel über die Arbeitskleidung. Alle diese Mäntel sind gleich und bestehen aus ungefärbter Wolle. Jede Familie stellt ihre Kleidung selbst her.

Alle – Männer wie Frauen – arbeiten sechs Stunden täglich, drei vor, drei nach dem Essen. Alle gehen um acht Uhr zu Bett und schlafen acht Stunden. Früh am Morgen finden Vorlesungen statt, die sehr stark besucht werden, obwohl die Teilnahme freiwillig ist. Nach dem Abendessen gehört eine Stunde dem Spiel. Eine sechsstündige Arbeitszeit ist ausreichend, weil niemand faul ist und nur sinnvolle Arbeit verrichtet wird. Bei uns, heißt es, tun die Frauen, die Priester, die reichen Leute, die Dienstboten und die Bettler meist nichts Vernünftiges, und wegen der reichen Leute wird viel Arbeit auf die Erzeugung von unnötigem Luxus verschwendet; all das ist in Utopia vermieden. Manchmal wird ein Überschuß festgestellt, dann verkündet die Obrigkeit, daß die Arbeitszeit eine Weile verkürzt ist.

Manche Männer werden ausgewählt und zu Gelehrten bestimmt; solange man mit ihnen zufrieden ist, brauchen sie keine andere Arbeit zu leisten. Die Gelehrten wählen alle, die mit Regierungsgeschäften betraut werden. Die Regierungsform ist eine repräsentative Demokratie mit indirektem Wahlsystem, an der Spitze steht ein Fürst, der auf Lebenszeit gewählt wird, jedoch abgesetzt werden kann, wenn er sich als Tyrann erweist.

Das Familienleben ist patriarchalisch; verheiratete Söhne leben im Haus ihres Vaters und haben sich ihm unterzuordnen, solange er nicht zu alt ist. Wenn eine Familie zu groß wird, werden die überzähligen Kinder an eine andere Familie abgegeben. Dehnt sich eine Stadt zu sehr aus, wird ein Teil der Bewohner in eine andere Stadt gebracht. Wenn alle Städte zu groß geworden sind, wird eine neue Stadt auf Ödland

Ödland gebaut. Es ist nichts darüber gesagt, was geschehen soll, falls es kein Ödland mehr gibt. Tiere für Ernährungszwecke zu töten ist ausschließlich Sache von Leibeigenen, damit freie Bürger keine Gelegenheit haben, grausam zu werden. Es gibt so ausgezeichnete Spitäler, daß die Kranken sich besonders gern darin aufhalten. Zu Hause zu speisen ist gestattet, die meisten Leute essen jedoch in Gemeinschaftssälen. Hier wird die »niedere Arbeit« von Leibeigenen verrichtet; das Kochen aber ist Sache der Frauen, und aufgewartet wird von größeren Kindern. Männer und Frauen sitzen auf getrennten Bänken; stillende Mütter mit Kindern unter fünf Jahren sind in einem besonderen Raum untergebracht. Alle Frauen nähren ihre Kinder selbst. Kinder über fünf Jahre, die noch zu klein zum Aufwarten sind, »stehen beiseite und verhalten sich unglaublich still«, solange ihre Eltern essen; für sie wird nicht besonders aufgetragen, sie müssen vielmehr mit den Bissen vorliebnehmen, die ihnen bei Tisch zugesteckt werden.

Männer und Frauen, die nicht unberührt in die Ehe gehen, werden schwer bestraft; wird in einem Haus liederliche Wirtschaft festgestellt, so setzt sich der betreffende Hausvorstand wegen dieser Nachlässigkeit allgemeiner Verachtung aus. Vor der Hochzeit sehen Braut und Bräutigam einander unbekleidet; niemand würde ein Pferd kaufen, ohne ihm zuvor Sattel und Zaumzeug abzunehmen, und ähnliche Erwägungen sollten vor dem Eheschluß mitsprechen. Scheidung erfolgt bei Ehebruch oder »unerträglicher Launenhaftigkeit« eines Partners, doch darf der schuldige Teil nicht wieder heiraten. Zuweilen ist auch die Scheidung möglich, nur weil beide Partner sie wünschen. Ehebrecher werden zur Strafe Leibeigene.

Außenhandel wird vor allem betrieben, um Eisen zu beschaffen, das auf der Insel nicht vorkommt. Der Handel dient auch dazu, den Kriegsbedarf zu decken. Die Utopier halten nichts von Kriegsruhm, obwohl sie alle – Männer wie Frauen – kämpfen lernen. Nur aus drei Gründen können sie sich dazu entschließen, Krieg zu führen: um ihr Land zu verteidigen, wenn es angegriffen wird; um das Gebiet eines Bundesgenossen von Eindringlingen zu säubern und um ein unterdrücktes Volk von Tyrannei zu befreien. Aber wenn irgend möglich, lassen sie Söldner für sich kämpfen. Sie suchen sich andere Völker zu verpflichten; diese können ihre Schulden dadurch abtragen, daß sie ihnen Söldner stellen. Zu Kriegszwecken halten sie auch einen Vorrat an Gold und Silber für nützlich, um nämlich fremde Söldner damit bezahlen zu können. Sie selbst besitzen kein Geld und machen das Gold verächtlich, indem sie es für Nachtgeschirre und Sklavenketten verwenden. Mit Perlen und Diamanten schmücken sich die Kinder, niemals aber Erwachsene. Im Kriegszustand setzen sie hohe Belohnungen aus für den, der den Fürsten des Feindeslandes tötet; noch höher ist die Prämie für denjenigen, der ihn lebend gefangennimmt oder für den Fürsten selbst, wenn er sich freiwillig ergibt. Das Volk des feindlichen Landes bemitleiden sie, »da sie wissen, daß es gegen seinen Willen durch den tollen Wahnsinn der Fürsten und Staatshäupter in den Krieg getrieben und gezwungen wird«. Die Frauen kämpfen ebenso gut wie die Männer, aber niemand wird zum Kampf gezwungen. »Sie erfinden und ersinnen auf das Geistreichste wunderbare Kriegsmaschinen.« Offenbar denken sie eher vernünftig als heroisch über den Krieg, obgleich sie großen Mut zeigen, wenn es nötig ist.

Auf ethischem Gebiet, so erfahren wir, sind sie zu sehr geneigt, das Glück in der Lust zu sehen. Diese Ansicht hat jedoch keine schlechten Folgen, da sie glauben, daß im nächsten Leben die Guten belohnt und die Bösen bestraft werden. Sie sind keine Asketen und halten es für töricht, zu fasten.

Es gibt viele Religionen bei ihnen, die sämtlich toleriert werden. Fast alle glauben an Gott und die Unsterblichkeit; die wenigen, die darin eine Ausnahme bilden, gelten nicht als Bürger und haben keinen Anteil am politischen Leben, bleiben aber sonst unbehelligt. Einige heilige Männer essen kein Fleisch und lehnen die Ehe ab; man hält sie für heilig, nicht aber für weise. Auch Frauen können Priesterinnen werden, wenn sie alt und verwitwet sind. Es gibt nicht viele Priester; sie stehen in hohem Ansehen, haben aber keine Macht.

Leibeigene sind Menschen, die wegen abscheulicher Verbrechen verurteilt wurden, oder Fremde, über die in ihrem eigenen Lande das Todesurteil ausgesprochen worden ist, die aber als Leibeigene aufzunehmen die Utopier bereit waren.

Im Fall eines schmerzhaften, unheilbaren Leidens wird dem Kranken geraten, Selbstmord zu begehen; er wird aber trotzdem sorgsam gepflegt, wenn er sich nicht dazu entschließt.

Raphael Hythloday erzählt, daß er den Utopiern das Christentum gepredigt habe und daß sich viele dazu bekehrten, als sie hörten, Christus lehne das Privateigentum ab. Die Bedeutung des Kommunismus wird ständig unterstrichen; fast am Schluß heißt es, bei allen anderen Völkern »kann ich nichts anderes beobachten als ein Komplott der Reichen, die angeblich für das allgemeine Wohl, in Wirklichkeit aber für die eigenen Taschen arbeiten«.

Morus' *Utopia* war in vielen Beziehungen erstaunlich liberal. Nicht einmal so sehr, weil darin der Kommunismus gepredigt wird, denn das gehörte zur Tradition vieler religiöser Bewegungen. Ich denke dabei eher an das, was über Krieg, Religion und religiöse Toleranz, gegen das mutwillige Töten von Tieren (an einer Stelle äußert er sich sehr beredt gegen die Jagd) und zugunsten eines milden Strafgesetzes gesagt wird. (Das Buch beginnt mit einem Argument gegen die Todesstrafe für Diebstahl.)

Es läßt sich jedoch nicht leugnen, daß das Leben in Morus' *Utopia* wie in den meisten anderen Utopien unerträglich langweilig sein würde.

Abwechslung ist nun einmal eine wesentliche Voraussetzung des Glücklichseins, und die gibt es in Utopia schwerlich. Das ist ein Fehler aller konstruierten Gesellschaftssysteme, mögen sie der Wirklichkeit oder dem Reich der Phantasie angehören.

5. KAPITEL

Reformation und Gegenreformation

Reformation und Gegenreformation bedeuten die Auflehnung minder kultivierter Völker gegen die geistige Herrschaft Italiens. Bei der Reformation handelte es sich um eine Auflehnung sowohl politischer wie theologischer Art: die Autorität des Papstes wurde nicht mehr anerkannt und der Tribut, den ihm seine Schlüsselgewalt zusprach, nicht mehr bezahlt. Die Gegenreformation aber war nichts als eine Revolte gegen die geistige und moralische Ungebundenheit Renaissance-Italiens; die Macht des Papstes wurde nicht beschränkt, sondern vergrößert, gleichzeitig aber Klarheit darüber geschaffen, daß die päpstliche Autorität mit der leichtfertigen Laxheit der Borgia und Medici unvereinbar sei. Im großen und ganzen war die Reformation eine deutsche, die Gegenreformation eine spanische Bewegung; die Religionskriege waren zugleich Kämpfe zwischen Spanien und seinen Feinden. Diese Kriege fielen zeitlich mit dem Höhepunkt der spanischen Macht zusammen.

Was die öffentliche Meinung in den nördlichen Staaten von der italienischen Renaissance hielt, veranschaulicht ein englisches Sprichwort aus der damaligen Zeit:

> Ein welscher Engländer
> ist ein leibhaftiger Teufel.

Es ist auffällig, wie viele Schurken bei Shakespeare Italiener sind. Jago ist vielleicht das prominenteste Beispiel, doch noch bezeichnender Jachimo in *Cymbeline*, der den wackeren Briten auf seiner Italienreise irreführt und nach England kommt, um arglosen Inselbewohnern übel mitzuspielen. Sittliche Entrüstung über die Italiener trug viel zum Ausbruch der Reformation bei. Leider war damit auch intellektuelle Nichtachtung dessen, was die Italiener für die Kultur getan hatten, verbunden.

Die drei großen Männer der Reformation und Gegenreformation sind Luther, Calvin und Loyola. Geistig kamen sie alle drei von der Philosophie des Mittelalters weit weniger los als die Italiener, die ihnen unmittelbar vorangingen, oder Männer wie Erasmus und Morus. Das Jahrhundert, das dem Beginn der Reformation folgt, ist auf philosophischem Gebiet unfruchtbar. Luther und Calvin griffen auf Augustin zurück, übernahmen jedoch nur den Teil seiner Lehre, der von der Beziehung der Seele zu Gott, nicht aber den, der von der Kirche handelt. Ihre Theologie mußte die Macht der Kirche einschränken. Sie schafften das

Fegefeuer ab, von dem die Seelen der Toten durch Messen erlöst werden konnten. Sie verwarfen den Ablaß, auf dem ein großer Teil der päpstlichen Einkünfte beruhte. Durch die Prädestinationslehre machten sie das Schicksal der Seelen nach dem Tode völlig unabhängig von priesterlichen Handlungen. Diese Neuerungen waren nützlich im Kampf gegen den Papst und hinderten die protestantische Kirche zugleich daran, in protestantischen Ländern so mächtig zu werden, wie es die katholische Kirche in katholischen Ländern war. Die protestantischen Geistlichen waren (zumindest anfangs) ebenso blindgläubig wie die katholischen Theologen, doch weniger mächtig, so daß sie auch weniger Schaden anzurichten vermochten.

Fast von Anfang an gab es eine Spaltung unter den Protestanten wegen der Frage der staatlichen Machtbefugnisse in religiösen Angelegenheiten. Luther war bereit, jeden Fürsten als Oberhaupt der Kirche seines Landes anzuerkennen, wenn er nur Protestant war. In England behaupteten Heinrich VIII. und Elisabeth energisch ihre Ansprüche auf diesem Gebiet, desgleichen die protestantischen Fürsten von Deutschland, Skandinavien und Holland (nach dem Abfall von Spanien). Das beschleunigte die ohnedies vorhandene Entwicklung, die Macht der Könige zu erweitern.

Diejenigen Protestanten aber, welche die individualistischen Seiten der Reformation ernst nahmen, wollten sich ebensowenig dem König wie dem Papst unterordnen. Die Wiedertäufer wurden zwar in Deutschland unterdrückt, doch breitete sich ihre Lehre nach Holland und England aus. Der Konflikt zwischen Cromwell und dem Langen Parlament hatte viele Aspekte; theologisch gesehen war es zum Teil ein Konflikt zwischen den Anhängern und den Gegnern der Ansicht, daß der Staat in religiösen Angelegenheiten zu entscheiden habe. Zunehmende Ermüdung, eine Folge der Religionskriege, förderte ständig den Glauben an die religiöse Toleranz, eine der Quellen jener Bewegung, die sich zum Liberalismus des achtzehnten und neunzehnten Jahrhunderts entwickelte.

Den verblüffend raschen Anfangserfolgen des Protestantismus wurde hauptsächlich dadurch Einhalt geboten, daß Loyola den Jesuitenorden gründete. Loyola war Soldat gewesen und hatte seinen Orden nach militärischem Muster organisiert; dem General mußte unbedingter Gehorsam geleistet werden, und jeder Jesuit hatte es für seine Pflicht zu halten, die Ketzerei zu bekämpfen. Schon mit dem Konzil von Trient begannen die Jesuiten einflußreich zu werden. Sie waren diszipliniert, tüchtig, ihrer Sache völlig ergeben und geschickte Propagandisten. Ihre Theologie war das genaue Gegenteil der protestantischen; sie verwarfen diejenigen Elemente der augustinischen Lehre, auf die die Protestanten besonderen Wert legten. Sie glaubten an die Willensfreiheit und waren Gegner der Prädestinationslehre. Die Erlösung resultierte nicht nur aus dem Glauben, sondern aus Glauben und Werken.

Die Jesuiten erwarben sich Ansehen durch ihren Missionseifer, und zwar hauptsächlich im Fernen Osten. Sie wurden zu beliebten Beichtvätern, weil sie (wenn man Pascal glauben darf) milder waren als andere Geistliche, wenn es sich nicht gerade um Ketzerei handelte. Vor allem ließen sie sich die Erziehung angelegen sein und gewannen dadurch starken Einfluß auf junge Gemüter. Wo die Theologie nicht hineinspielte, war ihre Erziehung die denkbar beste. Wie wir sehen werden, lernte Descartes bei ihnen mehr Mathematik, als es irgendwo anders möglich gewesen wäre. Politisch waren sie ein einziges, geschlossenes und diszipliniertes Ganzes, das vor keiner Gefahr und keiner Anstrengung zurückschreckte; sie zwangen katholische Fürsten zu erbarmungslosen Verfolgungen und führten, den Spuren der siegreichen spanischen Heere folgend, den Terror der Inquisition wieder ein, sogar in Italien, wo nahezu ein Jahrhundert lang Denkfreiheit geherrscht hatte.

Auf geistigem Gebiet hatten Reformation und Gegenreformation anfangs durchweg schlechte, schließlich aber doch nützliche Ergebnisse. Der Dreißigjährige Krieg überzeugte jeden Menschen davon, daß weder Katholiken noch Protestanten den vollen Sieg davontragen könnten; die mittelalterliche Hoffnung auf eine einheitliche Lehre mußte aufgegeben werden; dadurch gewannen die Menschen größere Freiheit, sich über fundamentale Dinge ihre eigenen Gedanken zu machen. Weil die einzelnen Länder verschiedenen Glaubensbekenntnissen angehörten, konnte man sich der Verfolgung entziehen, indem man im Ausland lebte. Angewidert von den theologischen Kämpfen, wandten tüchtige Männer ihre Aufmerksamkeit immer mehr weltlicher Gelehrsamkeit zu, besonders der Mathematik und Naturwissenschaft. Mit aus diesem Grunde hat das siebzehnte Jahrhundert im Gegensatz zum sechzehnten, das nach Luthers Aufstieg philosophisch unfruchtbar ist, die größten Namen aufzuweisen und seit der Zeit der Griechen den bedeutendsten Fortschritt zu verzeichnen. Dieser Fortschritt setzte bei der Naturwissenschaft ein, die ich im nächsten Kapitel behandeln werde.

6. KAPITEL

Der Aufschwung der Naturwissenschaft

Fast alles, was die moderne Welt von früheren Jahrhunderten unterscheidet, ist der Naturwissenschaft zuzuschreiben, die ihre augenfälligsten Triumphe im siebzehnten Jahrhundert feierte. Die italienische Renaissance ist, wenn auch nicht mittelalterlich, so doch auch nicht modern; sie hat mehr Verwandtschaft mit Griechenlands großer Zeit. Das sechzehnte Jahrhundert, das ganz in der Theologie aufgeht, ist stärker mittelalterlich als die Welt Machiavellis. Die Neuzeit beginnt, soweit es sich um die geistige Haltung handelt, mit dem siebzehnten Jahrhundert. Kein Italiener der Renaissance wäre wohl Plato oder Aristoteles unverständlich geblieben; über Luther hätte sich Thomas von Aquino zwar entsetzt, dennoch wäre er wohl ohne weiteres von ihm begriffen worden. Im siebzehnten Jahrhundert liegen die Dinge anders: Plato und Aristoteles, Thomas von Aquino und Occam hätten mit Newton nichts anzufangen gewußt.

Die neuen, von der Naturwissenschaft eingeführten Begriffe übten auf die moderne Philosophie einen tiefgehenden Einfluß aus. Descartes, der in gewissem Sinne der Begründer der modernen Philosophie war, hat selbst zu den Männern gehört, die die Naturwissenschaft des siebzehnten Jahrhunderts ins Leben riefen. Einige Worte über die Methoden und Resultate der Astronomie und Physik sind unerläßlich für das Verständnis der geistigen Atmosphäre der Zeit, in welcher die moderne Philosophie begann.

Vier große Männer – Kopernikus, Kepler, Galilei und Newton – müssen als die eigentlichen Begründer der Naturwissenschaft gelten. Dabei gehört Kopernikus noch ins sechzehnte Jahrhundert, doch hatte er zu seinen Lebzeiten nur geringen Einfluß.

Kopernikus (1473–1543) war ein unanfechtbar rechtgläubiger polnischer Geistlicher. In seiner Jugend bereiste er Italien, wo er einiges von der Atmosphäre der Renaissance in sich aufnahm. Im Jahre 1500 war er Lektor oder Professor der Mathematik in Rom, kehrte aber bereits 1503 in seine Heimat zurück, wo er Kanonikus in Frauenburg wurde. Er scheint viel Zeit darauf verwandt zu haben, die Deutschen zu bekämpfen und eine Währungsreform durchzuführen; seine gesamte Freizeit jedoch widmete er der Astronomie. Bald kam er zu der Überzeugung, daß die Sonne im Mittelpunkt des Universums steht und daß die Erde eine doppelte Bewegung ausführt: eine tägliche Umdrehung um sich selbst und eine jährliche um die Sonne. Aus Furcht vor der Kritik der Kirche zögerte er, seine Ansichten zu veröffentlichen, obwohl er nichts dagegen hatte, daß sie bekannt wurden. Sein Hauptwerk *De*

Revolutionibus Orbium Coelestium wurde im Jahre seines Todes (1543) veröffentlicht; in einem Vorwort erklärt sein Freund Osiander, die heliozentrische Theorie werde nur als Hypothese vorgetragen. Es ist ungewiß, wieweit Kopernikus diese Erklärung guthieß; die Frage ist jedoch unwichtig, da er selbst Bemerkungen dieser Art in seinem Buch macht.[1] Das Buch ist dem Papst gewidmet und entging der offiziellen katholischen Verdammung bis zur Zeit Galileis. Zu Kopernikus' Lebzeiten war die Kirche liberaler als später, nachdem das Konzil zu Trient, die Jesuiten und die wieder aufgelebte Inquisition wirksam gewesen waren.

Die Atmosphäre des kopernikanischen Werkes ist nicht modern; man könnte sie eher als pythagoreisch bezeichnen. Kopernikus hält es für absolut gewiß, daß alle Himmelsbewegungen kreisförmig und gleichmäßig verlaufen müssen, wobei er sich wie die Griechen von ästhetischen Gesichtspunkten leiten läßt. Er arbeitet in seinem System noch mit Epizykeln, obwohl ihre Mittelpunkte in der Sonne oder vielmehr in Sonnennähe liegen. Die Tatsache, daß die Sonne nicht genau im Mittelpunkt steht, beeinträchtigte die Klarheit seiner Theorie. Obwohl er von den pythagoreischen Lehren gehört hatte, scheint er doch nichts von Aristarchs heliozentrischer Theorie gewußt zu haben; dennoch findet sich in seinen Spekulationen nichts, worauf nicht auch ein griechischer Astronom hätte kommen können. Wichtig an seiner Leistung war, daß er der Erde ihre geometrische Vorherrschaft nahm. Daher wurde es auf die Dauer schwierig, dem Menschen die kosmische Bedeutung zu belassen, die ihm von der christlichen Theologie eingeräumt wurde; aber derartige Konsequenzen seiner Theorie hätte Kopernikus nicht gelten lassen, denn er war ein aufrichtiger Christ und protestierte gegen die Auffassung, seine Lehre widerspräche der Bibel.

Es gab wirkliche Schwierigkeiten in der kopernikanischen Theorie. Die größte bestand im Fehlen der Gestirnsparallaxe. Wenn die Erde an irgendeinem Punkt in ihrer Bahn 186,000.000 Meilen von dem Punkt entfernt ist, den sie in sechs Monaten erreicht haben wird, so müßte dadurch der augenscheinliche Stand der Gestirne eine Veränderung erfahren, wie etwa ein Schiff auf See, das genau nördlich von einem bestimmten Punkt der Küste steht, nicht genau nördlich von einem anderen Punkt stehen kann. Eine Parallaxe wurde nicht beobachtet, und Kopernikus schloß daraus mit Recht, daß die Fixsterne sehr viel weiter entfernt sein müßten als die Sonne. Erst im neunzehnten Jahrhundert wurde die Meßtechnik so weit vervollkommnet, daß sich Gestirnsparallaxen beobachten ließen, und auch dann nur bei wenigen der uns nächststehenden Sterne.

Eine andere Schwierigkeit ergab sich bei den fallenden Körpern. Wenn sich die Erde beständig von Westen nach Osten dreht, dann kann

---

1 Vgl. *Three Copernican Treatises*, übersetzt von Edward Rosen, Chicago 1939.

ein von oben herabfallender Körper nicht auf den Punkt fallen, der sich genau senkrecht unter seinem Ausgangspunkt befindet, sondern er muß auf einen Punkt etwas weiter westlich fallen, da die Erde in der Fallzeit ein wenig weitergerückt ist. Dieses Problem löste Galilei mit seinem Trägheitsgesetz; aber zur Zeit von Kopernikus wurde noch keine Lösung gefunden.

In seinem interessanten Buch *The Metaphysical Foundations of Modern Physical Science* (1925) zeigt E. A. Burtt sehr anschaulich auf, von wie vielen unhaltbaren Voraussetzungen die Begründer der modernen Naturwissenschaft ausgingen. Er bemerkt sehr richtig, daß zur Zeit von Kopernikus keinerlei Tatsachen bekannt waren, die die Menschen hätten zwingen können, sein System anzuerkennen, daß aber verschiedene dagegen sprachen.»Wenn Empiriker unserer Zeit im sechzehnten Jahrhundert gelebt hätten, wären sie die ersten gewesen, die neue Philosophie des Universums als indiskutabel zu verspotten.« Das Buch beabsichtigt vor allem, die moderne Naturwissenschaft durch den Hinweis zu diskreditieren, daß ihre Entdeckungen nur glückliche Zufallsergebnisse abergläubischer Vorstellungen seien, die an Ungeheuerlichkeit den mittelalterlichen nichts nachgäben. Mir scheint, darin zeigt sich eine falsche Auffassung von der Einstellung des Wissenschaftlers: den Wissenschaftler kennzeichnet nicht, *was* er glaubt, sondern *wie* und *warum* er es glaubt. Seine Anschauungen sind Versuche, nicht Dogmen; sie beruhen auf Evidenz, nicht auf Autorität oder Intuition. Kopernikus tat recht daran, seine Theorie als Hypothese zu bezeichnen; seine Gegner aber waren im Unrecht, wenn sie neue Hypothesen für unerwünscht hielten.

Die Begründer der modernen Naturwissenschaft hatten zwei Vorzüge, die nicht immer unbedingt zusammen auftreten: sie besaßen unendliche Geduld bei der Beobachtung und große Kühnheit im Aufstellen von Hypothesen; den zweiten Vorzug finden wir schon bei den frühen griechischen Philosophen; durch den ersten zeichneten sich in beträchtlichem Maße die späteren Astronomen der Antike aus. Aber keiner der Alten, Aristarch vielleicht ausgenommen, verfügte über beide Vorzüge, und im Mittelalter gab es niemanden, der auch nur den einen oder anderen besessen hätte. Wie seine großen Nachfolger hatte Kopernikus alle beide. Er wußte alles, was man mit den damaligen Instrumenten überhaupt von der augenscheinlichen Bewegung der Himmelskörper im Weltenraum feststellen konnte, und erkannte, daß die tägliche Umdrehung der Erde eine ökonomischere Hypothese war als die Umdrehung aller himmlischen Sphären. Nach moderner Auffassung, die jede Bewegung als relativ ansieht, ist der einzige Vorzug dieser Hypothese die Einfachheit; aber das war weder seine Ansicht noch die seiner Zeitgenossen. Auch die jährliche Umdrehung der Erde bedeutete eine Vereinfachung, die jedoch nicht so bemerkenswert war wie die tägliche. Kopernikus benötigte noch Epizykeln, wenn auch weniger als das ptolemäische System. Erst als Kepler seine Gesetze entdeckte, gelangte die Theorie zu ihrer vollkommenen Klarheit und Einfachheit.

Abgesehen von ihrer revolutionierenden Wirkung auf die Vorstellungen vom Kosmos, hatte die neue Astronomie zwei große Verdienste: erstens führte sie zu der Erkenntnis, daß falsch sein könne, was man von alters her geglaubt hatte; zweitens, daß eine wissenschaftliche Wahrheit durch geduldiges Zusammentragen von Tatsachen bestätigt werden müsse, wozu sich kühnes Erraten der diese Tatsachen verbindenden Gesetze zu gesellen habe. Beides ist bei Kopernikus noch nicht so voll entwickelt wie bei seinen Nachfolgern, macht sich aber in seinem Werk schon in hohem Maße bemerkbar.

Einige der Menschen, denen Kopernikus seine Theorie mitteilte, waren deutsche Lutheraner; als Luther selbst jedoch davon erfuhr, war er tief empört. »Das Volk«, sagte er, »hört auf einen dahergelaufenen Astrologen, der beweisen will, daß sich die Erde dreht und nicht der Himmel oder das Firmament, die Sonne und der Mond. Wer für schlau gehalten werden will, muß irgendein neues System erfinden, das natürlich von allen Systemen das beste ist. Der Narr will die ganze Astronomie umkehren; aber die Heilige Schrift sagt uns, daß Josua die Sonne stillstehen ließ und nicht die Erde.« Ganz ähnlich wurde Kopernikus von Calvin mit den Textworten abgetan: »So weit die Welt ist und zugerichtet, daß es bleiben soll.« (93. Psalm, Vers 1); dann rief Calvin aus: »Wer wird es wagen, Kopernikus als Autorität über den Heiligen Geist zu stellen?« Die protestantische Geistlichkeit war mindestens ebenso blindgläubig wie die katholische Priesterschaft; dennoch wurde die Spekulation in protestantischen Ländern bald sehr viel freier als in katholischen, denn in protestantischen Ländern hatte die Geistlichkeit weniger Macht. Von besonderer Bedeutung am Protestantismus war das Schisma, nicht die Ketzerei, denn das Schisma führte zur Entstehung von Staatskirchen, und diese Staatskirchen waren nicht stark genug, die weltliche Regierung zu kontrollieren. Das war durchaus ein Segen, da ja doch die Kirchen sich allenthalben, solange sie konnten, praktisch jeder Neuerung widersetzten, die darauf abzielte, Glück oder Wissen auf Erden zu mehren.

Kopernikus war nicht in der Lage, einen stichhaltigen Beweis für seine Hypothese zu erbringen, die lange Zeit von den Astronomen abgelehnt wurde. Der nächste bedeutende Astronom war Tycho Brahe (1546–1601), der eine Mittelstellung einnahm; er vertrat die Ansicht, daß Sonne und Mond um die Erde, die Planeten jedoch um die Sonne kreisen. Seine Theorie als solche war nicht sehr originell. Er führte jedoch zwei gute Begründungen gegen die aristotelische Anschauung ins Treffen, daß alles oberhalb des Mondes unveränderlich sei. Einmal verwies er auf einen im Jahre 1572 neu auftauchenden Stern, dem die tägliche Parallaxe fehlte, weswegen er weiter entfernt sein mußte als der

Mond. Der andere Grund ergab sich aus der Beobachtung von Kometen, die man ebenfalls als entfernt erkannte. Der Leser wird sich an die aristotelische Doktrin erinnern, daß Wandel und Vergehen sich auf die sublunarische Sphäre beschränken; dies erwies sich wie alles andere, was Aristoteles auf naturwissenschaftlichem Gebiet äußerte, als hinderlich für den Fortschritt.

Tycho Brahe, der zunächst unter der Schirmherrschaft des dänischen Königs, dann Kaiser Rudolfs II. wirkte, ist nicht um seiner Theorien, sondern um seiner Beobachtungen willen bedeutend. Er legte ein Sternenverzeichnis an und notierte jahrelang die Stellungen der Gestirne. Gegen Ende seines Lebens wurde Kepler, damals noch ein junger Mann, sein Assistent. Für Kepler waren seine Beobachtungen von unschätzbarem Wert.

Kepler (1571 – 1630) ist ein höchst bemerkenswertes Beispiel dafür, wieviel man allein durch Geduld und ohne besondere Genialität erreichen kann. Nach Kopernikus war er der erste bedeutende Astronom, der die heliozentrische Theorie anerkannte; Tycho Brahes Unterlagen bewiesen jedoch, daß sie in der Form, die ihr Kopernikus gegeben hatte, nicht ganz richtig sein konnte. Kepler war vom Pythagoreismus beeinflußt und neigte, obwohl er protestantisch war, zu mehr oder minder phantastischer Sonnenverehrung. Diese Motive gaben zweifellos bei ihm den Ausschlag zugunsten der heliozentrischen Hypothese. Sein Pythagoreismus bewog ihn auch, sich der Ansicht des platonischen *Timaios* anzuschließen, daß den fünf regulären Körpern kosmische Bedeutung zukommen müsse. Er ließ sich von ihnen allerhand hypothetische Vorstellungen suggerieren; schließlich hatte er Glück, denn eine davon stimmte.

Keplers große Tat war die Entdeckung der drei Gesetze der Planetenbewegung. Zwei davon veröffentlichte er 1609, das dritte 1619. Das erste Gesetz besagt: die Planeten bewegen sich in Ellipsen, in deren einem Brennpunkt die Sonne steht; das zweite: die Verbindungslinie zwischen der Sonne und einem Planeten überstreicht in gleichen Zeiten gleiche Flächen; das dritte: das Quadrat der Umlaufszeit eines Planeten ist proportional dem Kubus der mittleren Entfernung von der Sonne.

Hierzu einige Worte, um die Bedeutung dieser Gesetze zu erklären.

Die ersten beiden Gesetze ließen sich zu Keplers Zeit nur beim Mars *nachprüfen*; auch die Beobachtungen an anderen Planeten stimmten damit überein, jedoch nicht so, daß man sie als endgültig bezeichnen konnte. Es dauerte jedoch nicht lange, bis die entscheidende Bestätigung gefunden wurde.

Die Entdeckung des ersten Gesetzes, daß die Planeten elliptische Bahnen beschreiben, setzte eine weit größere Anstrengung voraus, sich von der Tradition freizumachen, als der moderne Mensch sich ohne weiteres vorzustellen vermag. In einem einzigen Punkt nämlich stimmten alle Astronomen ausnahmslos überein, und zwar darin, daß alle

Himmelsbewegungen kreisförmig oder aus Kreisbewegungen zusammengesetzt seien. Wo Kreise zur Erklärung der Planetenbewegung nicht ausreichten, nahm man Epizykel zu Hilfe. Ein Epizykel ist die gekrümmte Linie, die ein Punkt eines Kreises beschreibt, während sich dieser Kreis um einen anderen dreht. Beispielsweise: Man befestige ein großes Rad flach auf dem Boden; dann lasse man ein zweites kleineres Rad, durch das ein Nagel getrieben ist, sich ebenfalls flach auf dem Boden um das große Rad drehen, wobei die Nagelspitze den Boden berührt. Dann wird die Nagelspitze auf dem Boden einen Epizykel beschreiben. In Beziehung zur Sonne sieht die Bahn des Mondes etwa folgendermaßen aus: die Erde beschreibt ungefähr einen Kreis um die Sonne, während gleichzeitig der Mond im Kreis um die Erde läuft. So verhält es sich aber nur annähernd. Als die Beobachtung exakter wurde, stellte es sich heraus, daß kein Epizykelsystem genau den Tatsachen entsprach. Keplers Hypothese kam den aufgezeichneten Positionen des Mars bedeutend näher als die Hypothesen von Ptolemäus oder selbst Kopernikus.

Daß Ellipsen an die Stelle von Kreisen traten, bedingte die Preisgabe des ästhetischen Vorurteils, das die Astronomie seit der Zeit des Pythagoras beherrscht hatte. Der Kreis war eine vollkommene Figur, und die Himmelskörper waren vollkommene Körper (ursprünglich Götter), und selbst bei Plato und Aristoteles den Göttern nah verwandt. Es schien klar, daß ein vollkommener Körper sich in einer vollkommenen Figur bewegen müsse. Da sich die Himmelskörper überdies frei bewegen, ohne gezogen oder getrieben zu werden, mußte ihre Bewegung »natürlich« sein. Nun ist verständlich, daß man zwar im Kreis etwas »Natürliches« sah, nicht aber in der Ellipse. So waren zunächst viele tiefeingewurzelte Vorurteile zu beseitigen, ehe sich Keplers erstes Gesetz durchsetzen konnte. Keiner der Alten, nicht einmal Aristarch von Samos, hätte daher auf eine derartige Hypothese kommen können.

Das zweite Gesetz betrifft die wechselnde Geschwindigkeit des Planeten an verschiedenen Punkten seiner Bahn. Wenn S die Sonne ist und P_1, P_2, P_3, P_4, P_5 Stellungen des Planeten bezeichnen, die einander in gleichen Zeitabständen folgen – etwa jeweils nach Verlauf eines Monats –, dann sind nach Keplers Gesetz die Flächen P_1SP_2, P_2SP_3, P_3SP_4, P_4SP_5 alle gleich. Der Planet bewegt sich demnach am schnellsten, wenn er der Sonne am nächsten ist, und am langsamsten, wenn er sich am weitesten von ihr entfernt hat. Das war wieder ungehörig: etwas so Majestätisches wie ein Planet sollte nicht mal dahinjagen und dann wieder trödeln.

Das dritte Gesetz war wichtig, weil es die verschiedenen Planetenbewegungen miteinander verglich, während die beiden anderen Gesetze die einzelnen Planeten gesondert behandelten. Das dritte Gesetz lautet: wenn r die durchschnittliche Entfernung eines Planeten von der Sonne und T die Länge seines Jahres bedeutet, dann ist r^3/T^2 bei allen

Planeten gleich. Dieses Gesetz lieferte (soweit das Sonnensystem gemeint war) den Beweis für das Newtonsche Gravitationsgesetz von der Umkehrung des Quadrats. Aber davon werden wir später sprechen.

Galilei (1564–1642) ist die überragende Erscheinung unter den Begründern der modernen Naturwissenschaft, wenn man von Newton absehen will. Er wurde ungefähr an dem Tage geboren, da Michelangelo starb; sein Todesjahr ist Newtons Geburtsjahr. Ich erwähne diese Daten für Leute, die womöglich noch an Seelenwanderung glauben. Er ist groß als Astronom, noch größer aber vielleicht, weil er die Gesetze der Dynamik entdeckte.

Galilei erkannte als erster die Bedeutung der *Beschleunigung* in der Dynamik. »Beschleunigung« bezeichnet die Veränderung der Geschwindigkeit, und zwar entweder in ihrer Größe oder ihrer Richtung; so erfährt ein Körper, der sich gleichförmig im Kreise bewegt, jederzeit eine Beschleunigung auf den Mittelpunkt des Kreises zu. In der Ausdrucksweise, die bis dahin üblich gewesen war, können wir sagen, daß er die gleichförmige, geradlinige Bewegung am Himmel wie auf Erden als die einzig »natürliche« ansah. Man hatte die Kreisbewegung bei Himmelskörpern und bei irdischen Körpern die geradlinige Bewegung für »natürlich« gehalten; doch glaubte man, daß sich bewegende irdische Körper allmählich zum Stillstand kommen würden, wenn sie sich selbst überlassen bleiben. Im Gegensatz dazu war Galilei der Ansicht, daß jeder sich selbst überlassene Körper fortfahren würde, sich in gerader Linie mit gleicher Geschwindigkeit zu bewegen; jede Veränderung der Geschwindigkeit wie der Bewegungsrichtung sei nur durch das Einwirken einer »Kraft« zu erklären. Das ist das Prinzip, das Newton als »Erstes Bewegungsgesetz« aufstellte. Es wird auch als Trägheitsgesetz bezeichnet. Ich werde noch darauf zurückkommen; denn zunächst ist noch einiges zu Galileis Entdeckungen zu bemerken.

Galilei stellte als erster das Gesetz der fallenden Körper auf, ein höchst einfaches Gesetz, da ja der Begriff der »Beschleunigung« gegeben war. Es besagt, daß bei einem frei fallenden Körper die Beschleunigung konstant ist, soweit sich nicht der Luftwiderstand auswirkt; ferner, daß die Beschleunigung bei allen Körpern unabhängig von Größe und Gewicht die gleiche ist. Dieses Gesetz ließ sich erst vollständig beweisen, als die Luftpumpe erfunden wurde, also etwa 1654. Erst dann war man in der Lage, den Fall der Körper in einem (annähernd) luftleeren Raum zu beobachten, und man stellte fest, daß Federn ebenso schnell fallen wie Blei. Galilei bewies auch, daß kein meßbarer Unterschied zwischen größeren oder kleineren Teilen der gleichen Substanz besteht. Bis dahin hatte man angenommen, ein großes Stück Blei müsse viel schneller fallen als ein kleines, aber Galilei wies durch Experimente nach, daß es sich nicht so verhält. Die Meßtechnik war damals noch keine so exakte Angelegenheit, wie sie es mittlerweile geworden ist; dennoch fand er das richtige Fallgesetz. Wenn ein Körper in einem

Vakuum frei fällt, nimmt seine Geschwindigkeit stets gleichmäßig zu. Am Ende der ersten Sekunde beträgt seine Geschwindigkeit 9,8 m pro Sekunde, am Ende der zweiten 19,6 m pro Sekunde, am Ende der dritten 29,4 m und so fort. Die Beschleunigung, das heißt das Verhältnis, in dem die Geschwindigkeit wächst, ist immer die gleiche; in jeder Sekunde nimmt die Geschwindigkeit um (annähernd) 9,8 m pro Sekunde zu.

Galilei beschäftigte sich auch mit Ballistik, einem für seinen Auftraggeber, den Herzog von Toskana, sehr wichtigen Gegenstand. Bisher hatte man angenommen, daß ein horizontal abgefeuertes Geschoß sich eine Weile in waagrechter Richtung fortbewege und dann plötzlich in senkrechter Richtung zu fallen beginne. Galilei bewies, daß, vom Luftwiderstand abgesehen, die horizontale Geschwindigkeit nach dem Trägheitsgesetz konstant bleibt, daß aber eine vertikale Geschwindigkeit hinzukommt, die nach dem Fallgesetz zunimmt. Um festzustellen, wie sich ein bereits im Fluge befindliches Geschoß in einem kleinen Zeitabschnitt, beispielsweise in einer Sekunde, bewegt, haben wir folgendes zu überlegen: 1. das Geschoß würde, wenn es nicht fiele, eine bestimmte Entfernung horizontal durchmessen, die genau der in der ersten Flugsekunde zurückgelegten Strecke entspräche; 2. wenn es sich nicht horizontal bewegte, sondern nur fiele, würde es senkrecht mit einer Geschwindigkeit fallen, die proportional der Zeit seit Flugbeginn wäre. In Wirklichkeit vollzieht sich seine Ortsveränderung so, wie wenn es sich zuerst eine Sekunde lang mit der Anfangsgeschwindigkeit horizontal bewegte und dann eine Sekunde lang senkrecht mit einer der Flugzeit proportionalen Geschwindigkeit fiele. Eine einfache Berechnung beweist, daß es eine Parabel beschreibt: dies alles wird, wenn man davon absieht, daß der Luftwiderstand dabei eine Rolle spielt, durch die Beobachtung bestätigt.

Das Obige ist ein einfaches Beispiel für ein Prinzip, das sich in der Dynamik als ungeheuer fruchtbar erwies: das Prinzip, daß mehrere gleichzeitig wirkende Kräfte das gleiche Ergebnis erzielen, wie wenn sie allein nacheinander wirkten. Es ist ein Teil eines allgemeinen Prinzips, des sogenannten Parallelogramms der Kräfte. Angenommen, man befände sich an Bord eines fahrenden Schiffes und spaziere quer über das Deck. Während des Gehens hat sich das Schiff vorwärts bewegt, so daß man sich in Beziehung zum Wasser sowohl vorwärts als auch quer zur Schiffsbewegung bewegt hat. Um zu wissen, wo man sich im Verhältnis zum Wasser befindet, muß man sich vorstellen, man hätte zuerst stillgestanden, während sich das Schiff bewegte; dann habe das Schiff so lange seine Fahrt eingestellt, wie man zum Gang quer über das Deck brauchte. Das gleiche Prinzip ist auf die Kräfte anwendbar. Auf diese Weise läßt sich die Gesamtwirkung einer Anzahl von Kräften errechnen; auch physikalische Erscheinungen lassen sich analysieren, indem man die einzelnen Gesetze der Kräfte feststellt, die auf sich bewegende Körper einwirken. Es war Galilei, der diese unendlich fruchtbare Methode einführte.

In all diesen Ausführungen habe ich versucht, mich soweit wie möglich der Sprache des siebzehnten Jahrhunderts zu bedienen. Die moderne Sprache unterscheidet sich in manchen wichtigen Punkten davon; wenn man aber von der Leistung des siebzehnten Jahrhunderts eine richtige Vorstellung geben will, verwendet man am besten die Ausdrucksweise der damaligen Zeit.

Das Trägheitsgesetz löste ein Rätsel, welches das Kopernikanische System vor Galilei nicht zu erklären vermocht hatte. Wie erwähnt, wird ein Stein, den man von der Spitze eines Turms hinunterwirft, am Fuße des Turms niederfallen und nicht etwas weiter westlich; wenn sich aber die Erde dreht, dann muß sie ein wenig weitergerückt sein, während der Stein herabfällt. Der Stein fällt jedoch nicht weiter westlich nieder, und zwar, weil er die Rotationsgeschwindigkeit beibehält, die er, bevor er zu fallen begann, wie alle Dinge der Erdoberfläche besaß. Wäre der Turm hoch genug, dann würde gerade das Gegenteil von dem eintreten, was die Gegner des Kopernikus erwarteten. Da die Turmspitze vom Mittelpunkt der Erde weiter entfernt ist als sein Fuß, bewegt sie sich schneller; deshalb müßte der Stein ein wenig östlich vom Fuß des Turms niederfallen. Diese Wirkung wäre jedoch zu gering, um meßbar zu sein.

Galilei bekannte sich begeistert zum heliozentrischen System; er korrespondierte mit Kepler und erkannte seine Entdeckungen an. Als er erfuhr, ein Holländer habe vor kurzem ein Fernrohr erfunden, konstruierte er auch eines und entdeckte rasch einige wichtige Dinge, etwa daß die Milchstraße aus einer Unzahl einzelner Sterne besteht. Er beobachtete die Phasen der Venus, von denen Kopernikus schon wußte, daß auch sie unter seine Theorie fielen, obwohl sie mit bloßem Auge nicht wahrnehmbar waren. Er entdeckte die Jupitertrabanten, die er zu Ehren seines Auftraggebers »sidera Medicaea« nannte. Es erwies sich, daß Keplers Gesetze für diese Satelliten galten. Dennoch gab es eine Schwierigkeit. Man hatte immer nur sieben Himmelskörper gekannt, fünf Planeten, Sonne und Mond, und sieben galt als eine heilige Zahl. War nicht der Sabbath der siebente Tag? Gab es nicht siebenarmige Leuchter und die sieben Kirchen Asiens? War es daher nicht mehr als recht und billig, daß es sieben Himmelskörper gäbe? Wenn wir jedoch noch vier Jupitermonde hinzuzählen müssen, gewinnen wir elf – eine Zahl, die keinerlei mystische Eigenschaften besitzt. Aus diesem Grunde wollten die Traditionalisten vom Fernrohr nichts wissen, weigerten sich hindurchzusehen und erklärten, es sei zu nichts nütze, als den Menschen die Illusionen zu rauben. Galilei schrieb an Kepler, er wünsche sehnlich, sie könnten sich einmal von Herzen lustig machen über die Dummheit dieses »Gesindels«; aus dem übrigen Brief geht hervor, daß mit dem »Gesindel« die Professoren der Philosophie gemeint waren, die sich bemühten, die Jupitermonde durch logische Argumente wegzubeschwören, als handle es sich dabei um Zauberformeln.

Galilei wurde bekanntlich von der Inquisition verurteilt, zunächst nichtöffentlich im Jahre 1616, dann, 1633, auch öffentlich; bei dieser Gelegenheit widerrief er und versprach, nie wieder zu behaupten, die Erde drehe sich um sich selbst oder um die Sonne. Die Inquisition hatte es verstanden, der Wissenschaft in Italien so nachdrücklich ein Ende zu machen, daß sie dort jahrhundertelang nicht wieder aufleben konnte. Sie vermochte aber nicht zu verhindern, daß Wissenschaftler die heliozentrische Theorie anerkannten; durch ihre Stupidität fügte die Inquisition der Kirche beträchtlichen Schaden zu. Glücklicherweise gab es protestantische Länder, in denen die Geistlichkeit, wenn sie auch der Wissenschaft sehr feindlich gegenüberstand, keine Macht über den Staat zu gewinnen vermochte.

Newton (1642–1727) errang den letzten, endgültigen Sieg, dem Kopernikus, Kepler und Galilei den Weg bereitet hatten. Ausgehend von seinen drei Bewegungsgesetzen – deren erste beide von Galilei stammten – bewies er, daß die drei Keplerschen Gesetze gleichbedeutend sind mit dem Satz: jeder Planet erfährt in jedem Augenblick eine Beschleunigung zur Sonne hin, die jeweils umgekehrt proportional dem Quadrat seiner Entfernung von der Sonne ist. Er wies nach, daß die Beschleunigungen zur Erde und zur Sonne hin, die derselben Formel unterliegen, die Mondbewegung erklären, und daß die Beschleunigung fallender Körper auf der Erdoberfläche sich wiederum zu der des Mondes nach dem Gesetz der Umkehrung des Quadrats verhalten. Er definierte die »Kraft« als Ursache der veränderten Bewegung, das heißt der Beschleunigung. Das ermöglichte es ihm, sein allgemeines Gravitationsgesetz aufzustellen: »Jeder Körper übt auf einen anderen eine Anziehungskraft aus, die direkt proportional ist dem Produkt ihrer Massen und umgekehrt proportional dem Quadrat ihrer Entfernung.« Aus dieser Formel vermochte er alles in der planetarischen Theorie abzuleiten: die Bewegungen der Planeten und ihrer Trabanten, die Kometenbahnen, die Gezeiten. Später stellte sich heraus, daß sich sogar die geringen Abweichungen der Planeten von ihren Ellipsen-Bahnen aus Newtons Gesetzen berechnen ließen. Newton errang einen so vollkommenen Sieg, daß er Gefahr lief, ein zweiter Aristoteles und ein unüberwindliches Hindernis für den Fortschritt zu werden. In England konnten sich die Menschen erst hundert Jahre nach seinem Tode von seiner Autorität genügend frei machen, um auf Gebieten, die er bearbeitet hatte, etwas Eigenes und Bedeutendes zu schaffen.

Das siebzehnte Jahrhundert war aber nicht nur wegen seiner Leistungen in der Astronomie und Dynamik bemerkenswert, sondern auch um manch anderer Dinge willen, die mit der Naturwissenschaft zusammenhingen.

Denken wir zunächst an die Frage der naturwissenschaftlichen Instrumente.² Das zusammengesetzte Mikroskop wurde kurz vor Beginn des siebzehnten Jahrhunderts, um 1590, erfunden. Das Fernrohr konstruierte 1608 ein Holländer namens Lippershey, obwohl erst Galilei ernsthaften Gebrauch für wissenschaftliche Zwecke davon machte. Galilei erfand – zumindest höchstwahrscheinlich – auch das Thermometer. Sein Schüler Torricelli ist der Erfinder des Barometers. Guericke (1602–1686) konstruierte die Luftpumpe. Obwohl es schon Uhren gab, wurden sie erst im siebzehnten Jahrhundert wesentlich vervollkommnet, was hauptsächlich Galilei zu danken war. Infolge dieser Erfindungen konnte man viel exaktere wissenschaftliche Beobachtungen auf weit größerem Gebiet anstellen als je zuvor.

Nicht nur in der Astronomie und Dynamik, sondern auch auf anderen wissenschaftlichen Gebieten wurde Bedeutendes geleistet. Im Jahre 1600 veröffentlichte Gilbert (1540–1603) sein großes Werk über den Magneten. Harvey (1578–1657) entdeckte den Blutkreislauf und veröffentlichte seine Entdeckung 1628. Leuwenhoek (1632–1723) gilt als der Entdecker der Spermatozoen, obwohl ein anderer Gelehrter, Stephen Hamm, sie offenbar schon einige Monate früher gefunden hatte. Leuwenhoek entdeckte auch die Protozoen oder einzelligen Organismen, ja sogar die Bakterien. In meiner Jugend lernten die Kinder, Robert Boyle (1627–1691) sei »der Vater der Chemie und der Sohn des Grafen Cork«; heute ist er vor allem bekannt wegen des »Boyleschen Gesetzes«, welches besagt, daß bei einer bestimmten Gasmenge und bei bestimmter Temperatur der Druck umgekehrt proportional dem Volumen ist.

Ich habe bisher noch nicht über die Fortschritte auf dem Gebiet der reinen Mathematik gesprochen, die tatsächlich sehr bedeutend und zum großen Teil die Voraussetzung dessen waren, was in der Physik geleistet wurde. Napier veröffentlichte die von ihm erfundenen Logarithmen im Jahre 1614. Die analytische Geometrie war das Ergebnis der Arbeit verschiedener Mathematiker des siebzehnten Jahrhunderts, zu dem Descartes am meisten beitrug. Das Werkzeug fast der gesamten höheren Mathematik, die Differential- und Integralrechnung, erfanden Newton und Leibniz unabhängig voneinander. Das sind nur die hervorragendsten Leistungen auf dem Gebiet der reinen Mathematik, zu denen noch zahllose andere von großer Bedeutung kamen.

Infolge der wissenschaftlichen Leistung, die wir betrachtet haben, veränderte sich das Weltbild der gebildeten Menschen von Grund auf. Zu Beginn des Jahrhunderts nahm Sir Thomas Browne an Hexenprozessen teil; am Ausgang des gleichen Jahrhunderts wäre so etwas unmöglich gewesen. Zu Shakespeares Zeit galten Kometen noch als wunderbare Vorzeichen; nachdem Newton im Jahre 1687 seine *Principia*

---

2 Vgl. hierzu das Kapitel »Wissenschaftliche Instrumente«, in: A. Wolf, *A History of Science, Technology and Philosophy in the Sixteeth and Seventeeth Centuries*.

veröffentlicht hatte, wußte man, daß er und Halley die Bahn gewisser Kometen berechnet hatten und daß die Kometen genau wie die Planeten dem Gravitationsgesetz unterliegen. Das Prinzip des Gesetzmäßigen hatte die Herrschaft über die Vorstellungsgewalt der Menschen angetreten, so daß man an Magie und Zauberei nicht mehr glaubte. Im Jahre 1700 war die Anschauungsweise der Gebildeten schon völlig modern, 1600 jedoch, von einigen wenigen Ausnahmen abgesehen, noch in hohem Maße mittelalterlich.

Zum Schluß dieses Kapitels werde ich versuchen, in Kürze die philosophischen Anschauungen darzulegen, die offenbar das Ergebnis der naturwissenschaftlichen Einstellung des siebzehnten Jahrhunderts sind; auch möchte ich einige Punkte aufzeigen, in denen die moderne Naturwissenschaft von der Newtons abweicht.

Zunächst ist bemerkenswert, daß fast alle animistischen Spuren aus den Gesetzen der Physik entfernt wurden. Wenn die Griechen es auch nicht ausdrücklich sagten, so erblickten sie doch in der Bewegungsfähigkeit ein Zeichen des Lebens. Der gesunde Menschenverstand glaubt aus Beobachtung zu wissen, daß die Tiere sich selbst bewegen, während die tote Materie sich nur bewegt, wenn eine Kraft von außen darauf einwirkt. Nach Aristoteles hat die Seele der Tiere verschiedene Funktionen; unter anderem soll sie den Körper des Tieres bewegen. Die griechische Auffassung hält es für möglich, daß die Sonne und die Planeten Götter sind oder zumindest von Göttern gelenkt und bewegt werden. Anaxagoras dachte anders darüber, war aber auch nicht fromm. Demokrit war ebenfalls abweichender Meinung, wurde aber allgemein (wenn wir von den Epikureern absehen) nicht so geschätzt wie Plato und Aristoteles. Aristoteles' siebenundvierzig oder fünfundfünfzig unbewegte Beweger sind göttliche Geister und die letzte Ursache aller Himmelsbewegungen. Sich selbst überlassen würde jeder unbeseelte Körper sehr bald bewegungslos werden; also mußte die Seele fortdauernd auf die Materie einwirken, wenn die Bewegung nicht aufhören sollte.

All dies änderte sich mit dem ersten Bewegungsgesetz. Die einmal in Bewegung gesetzte, leblose Materie wird sich stets weiterbewegen, wenn sie nicht durch eine äußere Ursache aufgehalten wird. Überdies zeigte sich, daß die äußeren Ursachen einer Bewegungsänderung überall da, wo sie sich mit Sicherheit feststellen ließen, selbst materieller Natur waren. Das Sonnensystem jedenfalls wurde durch eigene Kraft und eigene Gesetze in Bewegung gehalten: es bedurfte dazu keiner äußeren Einwirkung. Gott schien aber noch nötig, um den Mechanismus in Bewegung zu setzen; nach Newton waren die Planeten ursprünglich von Gottes Hand auf ihre Bahn geschleudert worden. Als Gott aber dies vollbracht und das Gravitationsgesetz in Kraft gesetzt hatte, lief alles von selbst weiter, ohne daß es fernerer göttlicher Intervention bedurft hätte. Als Laplace die Vermutung aussprach, den gleichen, noch heute wirksamen Kräften zufolge könnten die Planeten auch aus der

Sonne entstanden sein, wurde Gottes Mitwirkung am Lauf der Natur noch mehr in den Hintergrund gedrängt. Er mochte weiter als Schöpfer gelten, obwohl selbst das zweifelhaft sein konnte, da es nicht klar war, ob die Welt einen zeitlichen Anfang hatte. Wenn auch die meisten Wissenschaftler vorbildlich fromm waren, wirkte doch die Anschauung, die in ihrem Werk zum Ausdruck kam, zersetzend auf den Glauben; mit Recht fühlten sich die Theologen dadurch beunruhigt.

Auch daß sich die Auffassung von der Stellung des Menschen im Universum stark veränderte, ist auf die Naturwissenschaft zurückzuführen. In der mittelalterlichen Welt war die Erde Mittelpunkt des Himmelsraums; gewesen, und alles hatte einen auf den Menschen bezogenen Sinn gehabt. In Newtons Welt ist die Erde ein kleinerer Planet eines nicht besonders bemerkenswerten Sterns; infolge der ungeheuren astronomischen Entfernungen wirkte die Erde im Vergleich dazu nur wie ein Stecknadelkopf. Es erschien unwahrscheinlich, daß dieser ungeheure Apparat nur zum Besten gewisser kleiner Kreaturen auf diesem Stecknadelkopf bestimmt sein sollte. Zudem wurde der Zweck, der seit Aristoteles in dem Begriff der Wissenschaft eine sehr wesentliche Rolle gespielt hatte, aus der wissenschaftlichen Methode nunmehr ausgeschaltet. Man konnte ruhig noch glauben, der Himmel bestünde nur, um Gottes Ruhm zu verkünden, aber niemand konnte sich mehr dadurch bei seiner astronomischen Berechnung beirren lassen. Die Welt mochte einen Zweck haben, doch durften sich Zwecke nicht länger in wissenschaftliche Erklärungen einmischen.

Die kopernikanische Theorie hätte eigentlich für den menschlichen Stolz etwas Demütigendes haben müssen, bewirkte aber das genaue Gegenteil, denn die Triumphe der Wissenschaft gaben ihm neuen Auftrieb. Die sterbende alte Welt war besessen gewesen vom Bewußtsein ihrer Sündhaftigkeit und hatte dieses bedrückende Gefühl dem Mittelalter hinterlassen. Demut vor Gott war richtig und auch klug, denn Gott pflegte den Stolz zu strafen. Seuchen, Überschwemmungen, Erdbeben, Türken, Tataren und Kometen erfüllten die dunklen Jahrhunderte mit Schrecken; man glaubte, allein durch immer mehr Demut solche bereits eingetretenen oder bevorstehenden Schicksalsschläge abwenden zu können. Aber angesichts solcher menschlicher Triumphe wurde es langsam unmöglich, demütig zu bleiben:

> Natur und ihr Gesetz in tiefem Dunkel lag.
> Gott sprach: »Laßt Newton sein«,
> Und es ward Tag.

Und zum Thema Verdammnis: der Schöpfer eines so ausgedehnten Universums hatte gewiß etwas Besseres zu bedenken, als Menschen für geringfügige religiöse Irrtümer in die Hölle zu schicken. Judas Ischariot mochte verdammt werden, nicht aber Newton, obwohl er Arianer war.

Natürlich spielten noch mancherlei andere Gründe mit, daß die Menschen mit sich selbst zufrieden waren. Die Tataren hatte man nach Asien zurückgedrängt, und die Türken stellten keine Bedrohung mehr dar. Die Kometen waren von Halley in ihre Schranken gewiesen worden, und die Erdbeben – nun ja, sie waren noch immer etwas Grauenvolles, aber doch so interessant, daß die Wissenschaftler ihr Vorhandensein kaum bedauern konnten. Die Westeuropäer wurden zusehends reicher und standen im Begriff, sich zu Herren der ganzen Welt zu machen: sie hatten Nord- und Südamerika erobert, herrschten in Afrika und Indien, waren in China angesehen und in Japan gefürchtet. Als sich zu alledem auch noch die Triumphe der Naturwissenschaft gesellten, war es kein Wunder, daß sich die Menschen des siebzehnten Jahrhunderts für tüchtige Kerle hielten und nicht für so elende Sünder, als die sie sich sonntags noch immer bekannten.

In einigen Punkten weichen die Begriffe der modernen theoretischen Physik von denen des Newtonschen Systems ab. Zunächst hat sich der Begriff der »Kraft«, der im siebzehnten Jahrhundert vorherrschend war, als überflüssig erwiesen. »Kraft« war bei Newton die Ursache der Veränderung der Bewegung in Intensität und Richtung. Der Begriff der Ursache galt als wichtig, und unter Kraft wurde begrifflich das verstanden, was wir erfahren, wenn wir einen Druck oder Zug ausüben. Aus diesem Grunde glaubte man gegen die Schwerkraft einwenden zu können, daß sie auf die Entfernung wirke, und Newton selbst gestand zu, sie müsse durch irgendein Mittel übertragen werden. Allmählich aber erkannte man, daß sich alle Gleichungen auch ohne Einführung von »Kräften« aufstellen lassen. Zu beobachten war eine bestimmte Beziehung zwischen der Beschleunigung und der Stellung der Gestirne; wollten wir sagen, daß diese Beziehung durch eine vermittelnde »Kraft« hergestellt würde, so wären wir damit in unserer Erkenntnis keinen Schritt weitergekommen. Die Beobachtung zeigt, daß die Planeten fortwährend eine Beschleunigung nach der Sonne hin erfahren, die umgekehrt proportional dem Quadrat ihrer Entfernung von der Sonne ist. Diese Tatsache einfach mit Schwer-»Kraft« zu erklären, hieße ein Gleiches nur mit anderen Worten ausdrücken, als wolle man sagen, das Opium schläfere die Menschen ein, weil es einschläfernde Kraft besitzt. Der moderne Physiker begnügt sich daher damit, die Beschleunigung jeweils durch Formeln zu bestimmen, und vermeidet das Wort »Kraft« überhaupt. »Kraft« war der wesenlose Geist, der nach vitalistischer Auffassung Bewegung verursachte, und allmählich ist diese Geistererscheinung vertrieben worden.

Bis zur Entdeckung der Quantenmechanik geschah nichts, was den eigentlichen Zweck der ersten beiden Bewegungsgesetze modifiziert hätte, nämlich: daß die Gesetze der Dynamik in Begriffen der Beschleunigung auszudrücken sind. Hierin müssen Kopernikus und Kepler noch zu den Alten gerechnet werden; sie suchten nach Gesetzen, welche die Bahn der Himmelskörper bestimmten. Newton wies nach, daß Gesetze dieser Art immer nur annähernde Gültigkeit haben können. Die Planeten beschreiben keine *exakte* Ellipsenform, weil die Anziehungskraft der anderen Planeten störend einwirkt. Aus demselben Grunde durchmißt ein Planet auch niemals genau die gleiche Bahn. Aber das Gravitationsgesetz, das sich auf die Beschleunigung bezog, war sehr einfach und galt noch zwei Jahrhunderte nach Newtons Zeit für ganz exakt. Als Einstein es verbesserte, blieb es doch immer noch ein Gesetz, das die Beschleunigung erklärte.

Es ist richtig, daß die Erhaltung der Energie ein Gesetz ist, welches die Geschwindigkeit und nicht die Beschleunigung betrifft. Aber bei Berechnungen, zu denen dieses Gesetz herangezogen wird, gilt es, doch noch den Begriff der Beschleunigung zu verwenden.

Die Quantenmechanik hat sehr tiefgehende Wandlungen zur Folge gehabt, die aber bis zu einem gewissen Grade noch Gegenstand von Erörterungen und Zweifeln sind.

Eine Abweichung von der Philosophie Newtons darf aber hier nicht unerwähnt bleiben, nämlich die Preisgabe der absoluten Zeit und des absoluten Raums. Der Leser wird sich erinnern, daß diese Frage im Zusammenhang mit Demokrit gestreift wurde. Newton glaubte an einen aus Punkten zusammengesetzten Raum und eine aus Augenblicken bestehende Zeit mit eigener Existenz, unabhängig von den darin auftretenden Körpern und Ereignissen.

Seine Ansicht über den Raum stützte er auf ein empirisches Argument, daß uns nämlich physikalische Erscheinungen ermöglichen, die absolute Rotation zu erkennen. Wenn Wasser in einem Eimer zur Rotation gebracht wird, steigt es an den Seiten empor, indem es von der Mitte fortgedrückt wird; versetzt man jedoch anstelle des Wassers den Eimer selbst in Umdrehung, so tritt diese Wirkung nicht ein. Seitdem wurde das Foucaultsche Pendel-Experiment erdacht, worin man einen Beweis für die Erdumdrehung gefunden zu haben glaubte. Aber selbst den Vertretern der modernsten Anschauungen bereitete diese Frage der absoluten Rotation Schwierigkeiten. Wenn jede Bewegung relativ ist, dann besteht der Unterschied zwischen der Hypothese, daß die Erde sich dreht, und der anderen, daß der Himmel rotiert, nur in Worten; der Unterschied ist nicht größer als in den beiden Formulierungen »John ist der Vater von James« oder »James ist der Sohn von John«. Wenn sich aber der Himmel dreht, dann bewegen sich die Sterne schneller als das Licht, was als unmöglich gilt.

Man kann nicht behaupten, daß die modernen Antworten auf diese schwierige Frage ganz befriedigend sind, immerhin aber befriedigend genug, um fast alle Physiker zu veranlassen, Raum und Bewegung für rein relativ zu halten. In Verbindung mit dem Verschmelzen von Raum und Zeit zur Raum-Zeit führte dies zu einer Auffassung vom Universum, die von dem aus dem Wirken Galileis und Newtons hervorgegangenen Weltbild beträchtlich abweicht. Da es sich jedoch hierbei um die Quantentheorie handelt, möchte ich im Augenblick nicht mehr darüber sagen.

7. KAPITEL

Francis Bacon

Obwohl seine Philosophie in vieler Beziehung nicht befriedigt, hat Francis Bacon (1561–1626) doch durch die Einführung der modernen induktiven Methode und den bahnbrechenden Versuch einer logischen Systematisierung der wissenschaftlichen Arbeitsweise bleibende Bedeutung erlangt.

Er war ein Sohn des Großsiegelbewahrers Sir Nicholas Bacon; seine Tante war die Gattin Sir William Cecils, des späteren Lord Burghleys; er wuchs also in einer politischen Atmosphäre auf. Im Alter von 23 Jahren wurde er Mitglied des Parlaments und Berater von Essex. Als Essex in Ungnade fiel, beteiligte er sich aber trotzdem an seiner Verfolgung. Das ist ihm ernstlich verargt worden, unter anderen auch von Lytton Strachey, der ihn in seinem Buch *Elisabeth und Essex* als einen Ausbund von Treulosigkeit und Undankbarkeit hinstellt. Das ist sehr ungerecht. Er arbeitete mit Essex, solange dessen Loyalität nicht zu bezweifeln war, ließ ihn aber fallen, als weiteres Zusammengehen mit ihm Verrat bedeutet hätte; an diesem Verhalten hätte selbst der strengste Moralist der damaligen Zeit nichts aussetzen können.

Obwohl er Essex aufgegeben hatte, war er zu Lebzeiten der Königin Elisabeth nie sehr beliebt. Als Jacob den Thron bestieg, besserten sich seine Aussichten. Im Jahre 1617 übernahm er das Amt seines Vaters als Großsiegelbewahrer, und 1618 wurde er Lord-Kanzler. Er hatte diesen hohen Posten erst zwei Jahre innegehabt, als man ihn schon anklagte, sich von Prozeßparteien bestechen zu lassen. Er leugnete nicht, führte aber zu seiner Verteidigung an, Geschenke hätten ihn in seinen Entscheidungen nie beeinflussen können. Hierüber mag sich jeder seine eigene Meinung bilden, da sich nicht beweisen läßt, wie Bacons Entscheidungen unter anderen Umständen ausgefallen wären. Er wurde daher zu einer Buße von 40.000 Pfund, zu einer Kerkerhaft im Tower (deren Dauer im Belieben des Königs stand) und zu ständiger Verbannung vom Hofe verurteilt. Außerdem erklärte man ihn für unwürdig, ein Amt zu bekleiden. Dieses Urteil wurde jedoch nur zum Teil vollstreckt. Die Geldstrafe brauchte er nicht zu zahlen, und im Tower mußte er bloß vier Tage bleiben. Allerdings war er gezwungen, sich aus dem öffentlichen Leben zurückzuziehen und den Rest seiner Tage damit zu verbringen, bedeutende Bücher zu schreiben.

Die Juristen hatten damals eine etwas nachlässige Auffassung von Moral. Fast jeder Richter nahm Geschenke an, und zwar gewöhnlich von beiden Parteien. Heute finden wir es abscheulich, wenn ein Richter sich bestechen läßt, und noch abscheulicher, wenn er hinterher gegen denjenigen entscheidet, der ihn beschenkt hat. Damals aber waren derartige Geschenke an der Tagesordnung, und ein Richter bewies seine »Lauterkeit«, indem er sich nicht dadurch beeinflussen ließ. Bacon wurde im Zusammenhang mit einem politischen Parteistreit verurteilt, nicht weil er persönlich sich besonders schuldig gemacht hatte. Er war moralisch kein so bemerkenswert hochstehender Mann wie sein Vorläufer Sir Thomas Morus, aber auch kein ausnehmend schlechter Mensch. Seine Moral war durchschnittlich, nicht besser und nicht schlimmer als die der meisten seiner Zeitgenossen.

Nachdem er fünf Jahre zurückgezogen gelebt hatte, starb er an einer Erkältung; er hatte sie sich bei einem Kälte-Experiment zugezogen, das er an einem Huhn vorgenommen hatte, das mit Schnee ausgestopft worden war.

Bacons bedeutendstes Buch *The Advancement of Learning* ist in vielen Beziehungen auffallend modern. Gewöhnlich schreibt man ihm den Ausspruch »Wissen ist Macht« zu, und obwohl gewiß schon mancher vor ihm etwas Derartiges geäußert hatte, erklärte er es von neuem, aber mit besonderem Nachdruck. Seine Philosophie geht von einer rein praktischen Grundlage aus: mit Hilfe wissenschaftlicher Entdeckungen und Erfindungen soll die Menschheit Herrschaft über die Naturgewalten gewinnen. Er vertrat die Ansicht, die Philosophie sei von der Theologie zu trennen und dürfe nicht eng mit ihr verschmolzen werden wie in der Scholastik. Da er nicht der Mann war, sich wegen derartiger Dinge mit der Regierung zu verfeinden, bekannte er sich zur Orthodoxie. Aber obgleich er glaubte, die Existenz Gottes lasse sich durch die Vernunft beweisen, hielt er alles andere in der Theologie doch für nur aus der Offenbarung stammende Erkenntnis. Wenn ein Dogma der reinen Vernunft ganz besonders absurd erschien, so sah er darin sogar den höchsten Triumph des Glaubens. Die Philosophie jedoch sollte allein auf der Vernunft beruhen. So wurde er zum Vorkämpfer der Lehre von der »doppelten Wahrheit«, der Wahrheit der Vernunft und der Wahrheit der Offenbarung. Gewisse Averroisten des dreizehnten Jahrhunderts hatten diese Doktrin gepredigt, die jedoch von der Kirche verworfen worden war. Der »Triumph des Glaubens« erwies sich als eine für die Orthodoxie gefährliche Devise. Bayle machte im späten siebzehnten Jahrhundert ironischen Gebrauch von ihr, indem er sehr ausführlich alles darlegte, was sich mit Hilfe der Vernunft gegen einige orthodoxe Überzeugungen einwenden ließ, und mit den Worten schloß: »Um so größer ist der Triumph des Glaubens, wenn man trotzdem glaubt.« Wieweit Bacons Orthodoxie aufrichtig war, läßt sich unmöglich sagen.

Bacon hob als erster in der langen Reihe wissenschaftlich eingestellter Philosophen die Bedeutung der Induktion im Gegensatz zur Deduktion hervor. Wie die meisten seiner Nachfolger suchte er nach einer besseren Induktion als der sogenannten »Induktion mittels einfacher Enumeration«. Die Induktion durch eine einfache Enumeration kann durch ein Gleichnis veranschaulicht werden. Es war einmal ein Volkszählungsbeamter, der die Namen aller Hausbesitzer in einem walisischen Dorf aufnehmen sollte. Der erste, den er fragte, hieß William Williams, desgleichen der zweite, dritte und vierte ... Schließlich sagte er sich: »Wie langweilig. Offenbar heißen sie alle William Williams. Ich werde das hinschreiben und mir einen freien Tag machen.« Aber er irrte sich; ausgerechnet einer hieß John Jones. Womit bewiesen ist, daß wir uns irren können, wenn wir uns zu sehr auf die Induktion mittels einfacher Enumeration verlassen.

Bacon glaubte eine Methode zur Verbesserung der Induktion gefunden zu haben. Er wollte beispielsweise die Natur der Wärme bestimmen, von der er (mit Recht) annahm, sie bestünde aus raschen, unregelmäßigen Bewegungen der kleinsten Teile des Körpers. Dabei verfuhr er nach folgender Methode: er legte ein Verzeichnis kalter Körper an, dann ein Verzeichnis warmer Körper und schließlich eines von Körpern mit verschiedenen Temperaturen. Aus diesen Aufstellungen würden sich, wie er hoffte, bestimmte charakteristische Merkmale ergeben, die bei warmen Körpern stets auftraten, bei kalten aber immer fehlen und in verschiedenen Abstufungen bei Körpern mit verschiedenen Temperaturen anzutreffen sind. Durch diese Methode glaubte er zu allgemeinen Gesetzen kommen und in erster Linie den Grad von Allgemeingültigkeit feststellen zu können. Mit einer Reihe solcher Gesetze hoffte er zur zweiten Instanz der Allgemeinheit zu gelangen und so fort. Die Probe auf ein solches angenommenes Gesetz sollte darin bestehen, daß man es auf andere Umstände anwandte; war es auch hier wirksam, dann galt es soweit als erwiesen. Manche Instanzen sind besonders wertvoll, weil sie es ermöglichen, zwischen zwei Theorien zu entscheiden, die nach vorhergegangenen Beobachtungen beide möglich sein könnten; das sind die sogenannten »prärogativen« Instanzen.

Bacon verachtete nicht nur die Syllogistik, unterschätzte vielmehr auch die Mathematik, vermutlich weil sie nicht ausreichend experimentell ist. Er war ein erbitterter Gegner von Aristoteles, hielt aber sehr viel von Demokrit. Obwohl er nicht bestritt, daß aus dem Naturgeschehen göttliche Absicht spräche, lehnte er jede Beimischung teleologischer Erklärungen in die praktische Untersuchung von Phänomenen ab; nach seiner Überzeugung sollte alles als notwendige Folge wirkender Ursachen erklärt werden.

Er hielt insofern viel von seiner Methode, als sie ein Ordnungsprinzip für die Data der Beobachtung lieferte, auf denen die Wissenschaft aufzubauen war. Wie er sagt, sollten wir weder den Spinnen gleichen, welche die Dinge aus ihrem eigenen Innern herausspinnen, noch uns wie die Ameisen verhalten, die nur zusammentragen, sondern wie Bienen, die sammeln und ordnen. Das ist ein wenig ungerecht gegen die Ameisen, veranschaulicht aber, was Bacon meint.

Zu den berühmtesten Teilen seiner Philosophie gehört die Aufzählung der von ihm als »Idole« bezeichneten Trugbilder, welche die Menschen zu Irrtümern verleiten. Er zählt fünf Arten solcher Trugbilder auf. Die »idola tribus« sind in der menschlichen Natur begründet; er erwähnt dabei besonders die Gepflogenheit, bei Naturerscheinungen eine größere Ordnung vorauszusetzen, als sich wirklich feststellen läßt. »Idole der Höhle« nennt er persönliche Vorurteile, die für den einzelnen Forscher charakteristisch sind. Die »Idole des Marktes« entstehen dadurch, daß einzelne Wörter auf uns einen Zwang ausüben, deren Einfluß auf unseren Geist wir uns nur schwer entziehen können. »Idole der Bühne« stammen aus überkommenen Denksystemen; dafür lieferten ihm natürlich Aristoteles und die Scholastiker die bemerkenswertesten Beispiele. Schließlich gibt es noch die »Idole der Schulen«; sie bestehen in der Annahme, bei der Forschung könnten einige blind hingenommene Regeln (beispielsweise der Syllogismus) das Urteil ersetzen.

Obwohl Bacon besonders stark naturwissenschaftlich interessiert und seine ganze Anschauungsweise dadurch bestimmt war, fehlte es ihm doch an Verständnis für die meisten naturwissenschaftlichen Errungenschaften seiner Zeit. Die kopernikanische Theorie lehnte er ab, was, soweit Kopernikus selbst in Betracht kam, entschuldbar war, da er keine gültigen Beweise erbracht hatte. Wohl aber hätte Kepler, dessen »Neue Astronomie« 1609 erschien, Bacon überzeugen müssen. Auch von Vesalius' Leistung, die bahnbrechend für die moderne Anatomie war, scheint Bacon nichts gewußt zu haben, obwohl er Gilbert bewunderte, dessen Arbeit über den Magnetismus ein glänzendes Beispiel für die induktive Methode darstellte. Noch überraschender ist, daß er nichts von Harveys Werk gewußt zu haben scheint, obwohl Harvey sein medizinischer Berater war. Zwar hat Harvey seine Entdeckung des Blutkreislaufs erst nach Bacons Tod veröffentlicht; man sollte aber doch annehmen, daß Bacon etwas von seinen Untersuchungen gehört hätte. Harvey hielt nicht sehr viel von ihm und sagte: »Er philosophiert wie ein Lord-Kanzler.« Zweifellos hätte Bacon besser daran getan, etwas weniger auf äußeren Erfolg zu geben.

Bacons induktive Methode krankt daran, daß sie der Hypothese zu geringen Wert beimißt. Er hoffte, allein aus der methodischen Anordnung des Tatsachenmaterials würde sich die richtige Hypothese ergeben; das ist aber selten der Fall. In der Regel ist der schwierigste Teil der wissenschaftlichen Arbeit, das hypothetische Gerüst aufzustellen; es gehört am meisten Geschicklichkeit dazu. Bisher hat man noch keine Methode gefunden, die es ermöglichen würde, durch Regeln zu Hypothesen zu kommen. Gewöhnlich ist irgendeine Hypothese die unerläßliche Vorbedingung bei der Zusammenstellung von Tatsachen, da die Auswahl der Tatsachen nach dem Prinzip einer bestimmenden Relevanz erfolgen muß. Ohne etwas Derartiges ist die bloße Anhäufung von Tatsachen verwirrend.

Die Deduktion spielt in der Wissenschaft eine größere Rolle, als

Bacon annahm. Soll eine Hypothese überprüft werden, so führt oft ein langer deduktiver Weg von der Hypothese bis zu einer Folgerung, die sich durch Beobachtung nachprüfen läßt. Gewöhnlich ist die Deduktion mathematisch; in dieser Hinsicht unterschätzte Bacon die Bedeutung der Mathematik für die wissenschaftliche Forschung.

Das Problem der Induktion durch einfache Enumeration ist bis auf den heutigen Tag ungelöst geblieben. Bacon lehnte mit Recht die einfache Enumeration ab, wenn es sich um die Einzelheiten der wissenschaftlichen Forschung handelte; bei der Beschäftigung mit Details können wir nämlich von allgemeinen Gesetzen ausgehen, auf denen wir, solange wir sie als gültig ansehen, mehr oder minder zwingende Methoden aufbauen können. John Stuart Mill stellte vier Regeln der induktiven Methode auf, die so lange erfolgreich angewendet werden können, wie man das Kausalitätsgesetz gelten läßt; er mußte aber zugeben, daß man dieses Gesetz selbst nur aufgrund der Induktion durch einfache Enumeration anerkennen könne. Das eigentliche Verdienst der theoretischen Organisation der Wissenschaft besteht in der Zusammenfassung aller untergeordneten zu einigen wenigen, wirklich umfassenden Induktionen, vielleicht nur zu einer einzigen Induktion. Solche umfassenden Induktionen werden durch so viele Instanzen bestätigt, daß man es für gerechtfertigt hält, in ihrem Falle eine Induktion durch einfache Enumeration anzuerkennen. Diese Situation ist völlig unbefriedigend; doch hat weder Bacon noch einer seiner Nachfolger hier einen Ausweg gefunden.

8. KAPITEL

Hobbes' Leviathan

Hobbes (1588–1679) ist als Philosoph schwer zu klassifizieren. Er war Empirist wie Locke, Berkeley und Hume, aber im Gegensatz zu ihnen ein Bewunderer der mathematischen Methode, und zwar schätzte er nicht allein die reine, sondern auch die angewandte Mathematik. In seinen allgemeinen Anschauungen war er stärker von Galilei als von Bacon inspiriert. Von Descartes bis Kant leitete die kontinentaleuropäische Philosophie ihre Vorstellung vom Wesen der menschlichen Erkenntnis großenteils aus der Mathematik ab, hielt aber die mathematischen Resultate für unabhängig von der Erfahrung. Infolgedessen unterschätzte sie wie der Platonismus die Rolle, welche die Wahrnehmung spielt, während sie den Anteil des reinen Denkens überbewertete. Der englische Empirismus hingegen war von der Mathematik nur wenig beeinflußt und neigte daher zu einer falschen Auffassung von der wissenschaftlichen Methode. Hobbes verfiel keinem dieser Irrtümer. Erst heutzutage finden wir wieder verschiedene Philosophen, die, obwohl Empiristen, die Bedeutung der Mathematik gebührend betonen. In dieser Beziehung hat sich Hobbes sehr verdient gemacht. Dennoch begeht auch er schwere Fehler, so daß man ihn nicht zu den ernsten Philosophen rechnen kann. Er hat nicht die Geduld, ein Problem bis ins Letzte zu verfolgen, und neigt sehr dazu, den gordischen Knoten durchzuschlagen. Seine Schlüsse sind logisch, was er aber dadurch erreicht, daß er unbequeme Tatsachen einfach übergeht. Er wirkt kraftvoll, aber dabei gewalttätig und versteht sich besser darauf, die Streitaxt zu schwingen als das Rapier zu führen. Dennoch verdient seine Staatstheorie aufmerksam betrachtet zu werden, um so mehr, als sie moderner ist als jede frühere Theorie, die Machiavellis nicht ausgenommen.

Hobbes' Vater war ein übellauniger, ungebildeter Mann, war Pfarrer und verlor sein Amt, weil er sich an der Kirchentür mit einem benachbarten Pfarrer zankte. Darauf wurde Hobbes bei einem Onkel erzogen. Er erwarb sich eine gute klassische Bildung und übersetzte mit vierzehn Jahren die *Medea* des Euripides in lateinischen Jamben. (In reiferen Jahren wies er prahlerisch darauf hin, daß er es nicht etwa aus Unkenntnis unterlasse, die klassischen Dichter und Redner zu zitieren.) Mit fünfzehn Jahren kam er nach Oxford, wo er mit der scholastischen Logik und der aristotelischen Philosophie bekannt gemacht wurde. Sie waren die Schreckgespenster seines späteren Lebens; er behauptete, von seinen Universitätsjahren wenig Nutzen gehabt zu haben; ja, er übt sogar in seinen Schriften dauernd Kritik an den Universitäten überhaupt. Im Jahre 1610 wurde er, zweiundzwanzigjährig, Hauslehrer bei

Lord Hardwick (dem späteren zweiten Earl of Devonshire), mit dem er eine Europareise unternahm. Zu dieser Zeit lernte er die Arbeiten Galileis und Keplers kennen, die ihn stark beeinflußten. Sein Schüler wurde sein Gönner und blieb es bis zu seinem Tode im Jahre 1628. Durch ihn lernte Hobbes auch Ben Jonson, Bacon, Lord Herbert of Cherbury und viele andere bedeutende Männer kennen. Nach dem Tode des Earl of Devonshire, der einen kleinen Sohn hinterließ, lebte Hobbes eine Zeitlang in Paris, wo er Euklid zu studieren begann; dann wurde er Hauslehrer bei dem Sohn seines ehemaligen Schülers. Mit ihm reiste er nach Italien, wo er 1636 Galilei besuchte. Im Jahre 1637 kehrte er nach England zurück.

Die im *Leviathan* ausgesprochenen politischen Ansichten, extrem royalistische Anschauungen, wurden von Hobbes lange Zeit vertreten. Nachdem das Parlament von 1628 die Petition of Rights (Erklärung der konstitutionellen Rechte des Volkes) verfaßt hatte, veröffentlichte er eine Übersetzung des Thukydides in der unverhohlenen Absicht, die Nachteile der Demokratie aufzuzeigen. Als 1640 das Lange Parlament zusammentrat und Laud und Strafford in den Tower kamen, entsetzte sich Hobbes und floh nach Frankreich. Sein Buch *De Cive*, das 1641 geschrieben, aber erst 1647 veröffentlicht wurde, vertritt im wesentlichen die gleiche Theorie wie der *Leviathan*. Ausgelöst wurden seine Ansichten nicht durch einen tatsächlichen Bürgerkrieg, sondern nur durch die Aussicht darauf; doch wurde Hobbes in seiner Auffassung natürlich bestärkt, als seine Befürchtungen sich bewahrheiteten.

In Paris wurde er von vielen führenden Mathematikern und Wissenschaftlern freudig aufgenommen. Er gehörte zu denen, die Descartes' *Méditations* vor der Veröffentlichung zu sehen bekamen, und schrieb Einwendungen dagegen, die Descartes gemeinsam mit seinen Entgegnungen drucken ließ. Er fand auch bald einen sehr großen Kreis royalistischer englischer Emigranten, denen er sich anschließen konnte. Eine Zeitlang, und zwar von 1646 bis 1648, gab er dem späteren Karl II. mathematischen Unterricht. Als er jedoch 1651 den *Leviathan* veröffentlichte, fand er damit bei niemandem Beifall. Sein Rationalismus stieß die meisten Emigranten ab, und seine erbitterten Angriffe auf die katholische Kirche verletzten die französische Regierung. Daher floh Hobbes heimlich nach England, wo er sich Cromwell unterwarf und sich fortan von jeder politischen Betätigung fernhielt.

Trotzdem war er weder zu dieser noch zu einer anderen Zeit seines langen Lebens müßig. Mit Bischof Bramhall hatte er einen Streit über die Willensfreiheit; er selbst war überzeugter Determinist. Er überschätzte seine geometrische Begabung und bildete sich ein, die Quadratur des Kreises entdeckt zu haben; über dieses Thema ließ er sich in eine höchst törichte Kontroverse mit Wallis, dem Professor für Geometrie in Oxford, ein. Natürlich gelang es dem Professor, ihn lächerlich zu machen.

Während der Restauration fand Hobbes Aufnahme bei den weniger orthodoxen Freunden des Königs und beim König selbst, der nicht nur sein Bild an der Wand hängen hatte, sondern ihm sogar eine Jahresrente von 100 Pfund aussetzte; allerdings vergaßen Seine Majestät zu zahlen. Der Lord-Kanzler Clarendon war genauso empört wie das Parlament über die Gunst, die einem des Atheismus verdächtigten Manne erwiesen wurde. Als sich infolge der Pest und der großen Feuersbrunst abergläubische Furcht des Volkes bemächtigt hatte, bestellte das Unterhaus einen Ausschuß zur Untersuchung atheistischer Schriften, zu denen Hobbes' Werke ausdrücklich gezählt wurden. Von dieser Zeit an bekam er in England für polemische Schriften keine Druckerlaubnis mehr. Selbst seine Geschichte des Langen Parlaments, die er *Behemoth* betitelte, mußte (1688) im Ausland gedruckt werden, obwohl er darin die orthodoxeste Lehre vertrat. Eine Gesamtausgabe seiner Werke erschien 1688 in Amsterdam. Auf seine alten Tage hatte er im Ausland einen größeren Ruf als in England. Um sich zu beschäftigen, schrieb er mit 84 Jahren eine Autobiographie in lateinischen Versen; mit 87 Jahren veröffentlichte er eine Homerübersetzung. Ob er nach dieser Zeit noch größere Bücher geschrieben hat, konnte ich nicht feststellen.

Wir wollen uns nun den Lehren des *Leviathan* zuwenden, auf denen Hobbes' Berühmtheit in erster Linie beruht.

Gleich zu Anfang des Buches enthüllt er seinen uneingeschränkten Materialismus. Das Leben ist ihm nichts anderes als ein Bewegen der Glieder; daher haben Automaten ein künstliches Leben. Der Staat, den er Leviathan nennt, ist eine Kunstschöpfung, ein regelrechter künstlicher Mensch. Er beabsichtigt damit mehr als eine Analogie und führt die Einzelheiten aus. Die höchste Gewalt ist eine künstliche Seele, Verträge und Übereinkünfte, durch die der *Leviathan* ins Leben gerufen wird, treten an die Stelle von Gottes Machtspruch: »Lasset uns Menschen machen.«

Der erste Teil behandelt den Menschen als Individuum und soviel allgemeine Philosophie, wie Hobbes für nötig hält. Sinnesempfindungen (sensations) entstehen durch die Wirkung, welche die Objekte ausüben. Farben, Töne und so fort sind nicht in den Objekten selbst. Die Eigenschaften der Objekte, die unseren Empfindungen entsprechen, sind Bewegungen. Nachdem das erste Bewegungsgesetz aufgestellt ist, wird es sofort auf die Psychologie angewendet: die Einbildungskraft (imagination) ist ein abnehmender Sinn, beide sind Bewegungen. Einbildungskraft während des Schlafs ist Traum. Die heidnischen Religionen entstanden dadurch, daß die Heiden Träume nicht vom wachen Leben trennten. (Der voreilige Leser wird das vielleicht auch von der christlichen Religion behaupten wollen; Hobbes aber ist dazu viel zu vorsichtig)[1]. Die Überzeugung, Träume hätten eine Vorbedeutung, ist ein Wahn, desgleichen der Glaube an Hexerei und Geister.

---

[1] Irgendwo sagt er, die Furcht der Menschen habe die heidnischen Götter geschaffen, unser Gott aber sei der erste Beweger.

Unsere Gedanken reihen sich nicht willkürlich aneinander, folgen vielmehr bestimmten Gesetzen – bisweilen den Gesetzen der Assoziation, bisweilen anderen, die mit einer bestimmten Absicht unseres Denkens zusammenhängen. (Das ist wichtig, weil damit der Determinismus auf die Psychologie angewendet wird.)

Hobbes ist, wie zu erwarten, durch und durch Nominalist. Für ihn gibt es keine Universalien, sondern nur Namen; ohne Wörter könnten wir uns allgemeine Ideen nicht vorstellen. Auch gäbe es ohne Sprache weder das Richtige noch das Falsche; denn »richtig und falsch« sind nur sprachliche Attribute.

In der Geometrie sieht er die bisher einzig wahre Wissenschaft. Vernünftiges Denken gleicht dem Rechnen und sollte mit Definitionen beginnen. Bei Definitionen sollten jedoch Begriffe, die sich selbst widersprechen, vermieden werden, was in der Philosophie nicht immer geschieht. »Eine unkörperliche Substanz« beispielsweise ist Unsinn. Auf den Einwand, Gott sei eine unkörperliche Substanz, hat Hobbes zweierlei zu antworten: 1. daß Gott kein Objekt der Philosophie sei, und 2. daß viele Philosophen sich Gott körperlich gedacht hätten. Nach seiner Ansicht entstehen alle Irrtümer, die in *allgemeinen* Sätzen enthalten sind, aus derartigen Absurditäten (das heißt Widersprüchen in sich); als Beispiel für eine solche Absurdität führt er die Willensfreiheit an, ferner die Vorstellung, Käse könne die Akzidenzen (Zufallseigenschaften) von Brot haben. (Wir wissen, daß nach katholischem Glauben die Akzidenzen des Brotes einer Substanz, die nicht Brot ist, eigen sein *können*.)

An dieser Stelle beweist Hobbes altmodischen Rationalismus. Kepler war zu dem allgemeinen Satz gekommen: »Die Planeten bewegen sich in Ellipsen um die Sonne«, aber andere Ansichten, wie etwa die ptolemäischen, sind vom Standpunkt der Logik nicht absurd. Hobbes hat trotz seiner Bewunderung für Kepler und Galilei den Nutzen der induktiven Methode bei der Suche nach allgemeinen Gesetzen nicht richtig erkannt.

Im Gegensatz zu Plato glaubt Hobbes, die Vernunft sei nicht eingeboren, werde vielmehr durch Fleiß entwickelt.

Dann beginnt er die Leidenschaften zu untersuchen. Das Streben läßt sich, wie er sagt, als der unmerkliche Anfang der Bewegung definieren; richtet sich das Streben auf etwas Bestimmtes, so wird es zum *Begehren*, wendet es sich von etwas ab, dann ist es *Abneigung*. Liebe ist das gleiche wie Begehren und Haß dasselbe wie Abneigung. Wir nennen etwas »gut«, wenn es Gegenstand des Begehrens, und »schlecht«, wenn es Gegenstand der Abneigung ist. (Man wird bemerken, daß diese Definitionen keine Objektivierungen von »gut« und »schlecht« sind; wenn die Menschen verschiedene Wünsche hegen, gibt es theoretisch keine Möglichkeit, diese Verschiedenheit auszugleichen.) Die Definitionen verschiedener Leidenschaften beruhen größtenteils auf der Ansicht, das Leben sei ein Wettkampf; das Lachen beispielsweise ist spontanes, sieghaftes Frohlocken. Die staatlich sanktionierte Furcht vor unsichtbaren Mächten ist Religion, in ihrer nicht erlaubten Form ist sie Aberglaube. So bleibt die Entscheidung darüber, was Religion und was Aberglaube sein soll, dem Gesetzgeber überlassen. Das Glück bedingt ständigen Fortschritt; es besteht im glücklichen Vorwärtskommen, nicht im Vorwärtsgekommensein; es gibt kein dauerndes Glück – die himmlischen Freuden, die unser Fassungsvermögen übersteigen, selbstverständlich ausgenommen.

Wille ist nur die bei der Überlegung übrigbleibende letzte Neigung oder Abneigung. Das heißt, der Wille ist nicht von Begehren und Abneigung Verschiedenes, sondern das von beiden, was sich im Konfliktsfalle als stärker erweist. Das hängt offensichtlich damit zusammen, daß Hobbes die Willensfreiheit leugnet.

Im Gegensatz zu den meisten Verfechtern einer despotischen Regierung vertritt Hobbes die Auffassung, alle Menschen seien von Natur aus gleich. Im Naturzustand, in dem es noch keine Regierung gibt, wünscht sich jedermann seine Freiheit zu bewahren, sich aber zugleich zum Herrn über andere zu machen; beides diktiert ihm der Selbsterhaltungstrieb. Aus ihrem Widerstreit ergibt sich der Krieg aller gegen alle, der das Leben »gefährlich, roh und kurz« macht. Im Naturzustand gibt es weder Eigentum noch Gerechtigkeit oder Ungerechtigkeit; es gibt nur Kampf, und »Gewalt und Betrug sind im Kampf die beiden Kardinaltugenden«.

Der zweite Teil führt aus, wie die Menschen diesen Übeln entgehen können, wenn sie sich zu Staaten zusammenschließen, deren jeder einer Zentralautorität unterstellt ist. Dies geschieht nach seiner Darstellung durch einen Gesellschaftsvertrag. Es wird angenommen, daß eine Anzahl von Menschen zusammenkommt und sich darauf einigt, einen Souverän oder eine souveräne Körperschaft zu wählen, die über sie bestimmen und dem allgemeinen Kampf ein Ende machen sollen. Ich glaube nicht, daß Hobbes sich diesen »Vertrag« (wie er sich auszudrücken pflegt) als bestimmten historischen Vorgang gedacht hat; bei der Betrachtung des Arguments an sich ist das ja auch unwesentlich. Er ist eine mythische Erklärung dafür, warum die Menschen in ihrer persönlichen Freiheit Beschränkungen auf sich nehmen oder nehmen sollten, die Unterordnung unter eine Autorität zur Folge haben. Der Sinn dieser Beschränkung, die sich die Menschen auferlegen, sagt Hobbes, ist Selbstschutz vor allgemeinem Krieg, diesem Resultat unserer Liebe zur persönlichen Freiheit und unserer Herrschaftsgelüste anderen gegenüber.

Hobbes untersucht die Frage, warum Menschen nicht wie Ameisen oder Bienen zusammenarbeiten können. Bei den Bienen desselben Stockes gibt es keine Konkurrenz; sie sind nicht ehrgeizig und benutzen ihre Vernunft nicht dazu, die Regierung zu kritisieren. Ihre Einigkeit ist etwas Natürliches, während sich die Menschen nur künstlich mit Hilfe eines Vertrages einigen können. Der Vertrag muß *einem* Menschen oder einer Versammlung die Macht übertragen, da sie sonst nicht in Kraft treten kann. »Verträge ohne das Schwert sind nur Worte« (was Präsident Wilson leider vergessen hatte). Der Vertrag wird nicht, wie später bei Locke und Rousseau, zwischen den Bürgern und der herrschenden Gewalt geschlossen; die Bürger schließen untereinander den Vertrag, einer solchen von der Mehrheit gewählten Herrschergewalt gehorchen zu wollen. Mit vollzogener Wahl hört ihr politischer Einfluß auf. Die Minorität ist zu gleichem Gehorsam verpflichtet wie die Majorität, denn der Vertrag lautet auf Gehorsam gegenüber der von der Majorität gewählten Regierung. Ist die Regierung gewählt, so verlieren die Bürger alle Rechte bis auf diejenigen, die ihnen zu gewähren die Regierung für zweckmäßig erachtet. Niemand hat das Recht, sich dagegen aufzulehnen, weil die Herrscher nicht wie die Untertanen an einen Vertrag gebunden sind.

Eine so geeinte Vielheit wird als Staat bezeichnet. Dieser *Leviathan* ist ein sterblicher Gott.

Hobbes bevorzugt die Monarchie, aber alle seine abstrakten Argumente lassen sich gleichermaßen auf jede Regierungsform anwenden, bei der die höchste Autorität nicht durch die gesetzlichen Rechte anderer Körperschaften beschränkt wird. Er könnte das Parlament allein zulassen, nicht aber ein System, in dem sich König und Parlament in die Regierungsgewalt teilen. Hiermit steht er in vollem Gegensatz zu den Ansichten Lockes und Montesquieus. Wie Hobbes sagt, kam es zum englischen Bürgerkrieg, weil sich die Macht auf den König, die Lords und das Volk verteilte.

Die höchste Gewalt – ein Mensch oder eine Versammlung – ist der Herrscher. In Hobbes' System sind die Machtbefugnisse des Herrschers unbegrenzt. Er hat das Recht der Zensur über alle Meinungsäußerungen. Es wird vorausgesetzt, daß sein vornehmstes Interesse der Erhaltung des inneren Friedens gilt und daß er deshalb dieses Recht der Zensur nicht dazu mißbraucht, die Wahrheit zu unterdrücken, denn eine Lehre, die mit dem Frieden unvereinbar ist, kann nicht wahr sein. (Eine ganz pragmatische Auffassung.) Die Eigentumsgesetze sollen einzig und allein Sache des Herrschers sein; im Naturzustand gibt es nämlich kein Eigentum, deshalb wird das Eigentum von der Regierung geschaffen, die diese Schöpfung nach Belieben lenken darf.

Es wird nicht bestritten, daß der Herrscher ein Despot sein kann, aber selbst der schlimmste Despot ist besser als Anarchie. Überdies decken sich in vieler Beziehung die Interessen des Herrschers mit denen seiner Untertanen. Sein Reichtum wächst, je reicher sie sind; er ist um so sicherer, je mehr sie sich an die Gesetze halten und so fort. Auflehnung ist ein Unrecht, denn sie bleibt gewöhnlich erfolglos; wenn sie aber Erfolg hat, ist sie ein schlechtes Beispiel und verführt andere zur

Auflehnung. Die aristotelische Unterscheidung zwischen Tyrannis und Monarchie wird abgelehnt. »Tyrannis« ist nach Hobbes nichts weiter als eine Monarchie, die derjenige, der sie als Tyrannis bezeichnet, zufällig nicht leiden kann.

Verschiedene Gründe werden angeführt, um derentwillen eine von einem Monarchen regierte Staatsform einer Staatsführung durch eine Versammlung vorzuziehen sei. Es wird zugegeben, daß ein Monarch in der Regel seine eigenen Interessen verfolgen wird, wenn sie mit denen der Allgemeinheit kollidieren; das ist aber auch nicht anders, wenn eine Versammlung regiert. Ein Monarch kann seine Günstlinge haben, so wird es sich aber auch bei jedem Mitglied einer Versammlung verhalten; daher wird es unter einem Monarchen insgesamt weniger Günstlinge geben. Der Monarch kann sich hinter verschlossenen Türen von jedem beraten lassen, eine Versammlung vermag jedoch allein den Rat ihrer Mitglieder anzunehmen, und das nur öffentlich. Bei einer Versammlung kann sich aus der zufälligen Abwesenheit einiger Mitglieder ergeben, daß eine andere Partei die Mehrheit bekommt und die Politik daher eine andere Wendung nimmt. Außerdem kommt es möglicherweise zum Bürgerkrieg, wenn die Mitglieder einer Versammlung uneins werden. Aus allen diesen Gründen, schließt Hobbes, ist die Monarchie das Beste.

Im ganzen *Leviathan* erwägt Hobbes niemals die Möglichkeit, durch periodische Wahlen etwaige Neigungen der Versammlung zu unterbinden, öffentliche Interessen den Privatinteressen ihrer Mitglieder zu opfern. Er scheint ernstlich nicht an demokratisch gewählte Parlamente zu denken, sondern nur an Körperschaften wie den Großen Rat in Venedig oder das Oberhaus in England. Er faßt die Demokratie nach Art der Antike als direkte Beteiligung jedes Bürgers an der Gesetzgebung und Verwaltung auf; zumindest scheint das seine Absicht gewesen zu sein.

Mit der ersten Wahl des Herrschers hat in Hobbes' System das Volk seine Rolle völlig ausgespielt. Die Nachfolge wird vom Herrscher bestimmt, wie es auch im römischen Imperium üblich war, wenn keine Meutereien es unterbanden. Wahrscheinlich wird der Herrscher eines seiner Kinder oder, falls er keine Kinder hat, einen nahen Verwandten zu seinem Nachfolger wählen; doch soll der Herrscher gesetzlich nicht gehindert werden dürfen, eine andere Wahl zu treffen.

Das Kapitel von der Freiheit der Untertanen beginnt mit einer wunderbar präzisen Definition: Freiheit ist gegeben, wenn jegliche Bewegungsbehinderung fehlt. So verstanden deckt sich Freiheit mit Notwendigkeit; das Wasser beispielsweise fließt *notwendig* bergab, wenn sich seiner Bewegung kein Hindernis entgegenstellt, wenn es also, nach der Definition, frei ist. Ein Mensch hat die Freiheit zu tun, was er will, ist aber genötigt zu tun, was Gott will. Alle unsere Willensentschlüsse haben Ursachen und sind in diesem Sinne notwendig. Die Bürger sind überall dort frei, wo die Gesetze es zulassen; das heißt nicht die höchste Gewalt einschränken, denn die Gesetze könnten Schranken aufrichten, wenn es der Herrscher so bestimmte. Dem Herrscher gegenüber haben die Untertanen keine Rechte mit Ausnahme derer, die er ihnen freiwillig einräumt. Als David Uria töten ließ, tat er damit kein Unrecht an Uria, denn dieser war sein Untertan; er handelte jedoch unrecht gegen Gott, denn als Untertan Gottes hätte er dessen Gesetze nicht mißachten dürfen.

Nach Hobbes' Ansicht haben die antiken Autoren mit ihrer Verherrlichung der Freiheit die Menschen zu Aufruhr und Auflehnung geführt. Er behauptet, sie hätten nur, wenn man sie richtig auslegt, die Freiheit der Herrscher gepriesen, das heißt das Freisein von Fremdherrschaft. Innere Auflehnung gegen den Herrscher verurteilt er selbst da, wo sie durchaus berechtigt erscheint. Nach seiner Auffassung hatte beispielsweise Ambrosius kein Recht, Kaiser Theodosius nach dem Massaker von Thessalonich zu exkommunizieren. Und heftig tadelt er Papst Zacharias, weil er an der Absetzung des letzten Merowingers zugunsten Pippins mitwirkte.

Eine Einschränkung der Untertanenpflicht dem Herrscher gegenüber läßt er aber trotzdem gelten. Das Recht der Selbsterhaltung hält er für absolut; die Untertanen haben ein Recht auf Selbstverteidigung auch gegenüber dem Monarchen. Das ist logisch, da für ihn Selbsterhaltung das Motiv ist, eine Regierung einzusetzen. Aus diesem Grunde vertritt er (wenn auch mit Einschränkungen) die Überzeugung, daß ein Mann sich weigern dürfe zu kämpfen, wenn die Regierung ihn dazu auffordert. Dieses Recht wird von keiner modernen Verfassung zugestanden. Es ist ein merkwürdiges Ergebnis seiner egoistischen Ethik, daß Widerstand gegen den Herrscher nur aus Gründen der *Selbst*-Verteidigung erlaubt ist; Widerstand bei der Verteidigung eines anderen ist strafbar.

Noch eine weitere, ganz logische Ausnahme ist möglich: der Mensch hat keinerlei Verpflichtung gegenüber einem Herrscher, der nicht in der Lage ist, ihn zu schützen. Damit ist Hobbes gerechtfertigt, der sich Cromwell unterwarf, als Karl II. in der Verbannung war.

Körperschaften wie politische Parteien oder unsere heutigen Gewerkschaften darf es natürlich nicht geben. Alle Lehrer stehen im Dienst des Herrschers und dürfen nur lehren, was er für nützlich hält. Eigentumsrechte gibt es nur gegenüber anderen Untertanen, nicht gegenüber dem Herrscher. Er hat das Recht, den Außenhandel zu regeln, und untersteht nicht den bürgerlichen Gesetzen. Die Strafgewalt kommt ihm nicht aufgrund eines Rechtsbegriffes zu, sondern weil ihm die Freiheit verblieben ist, die alle Menschen im Naturzustand besaßen, als noch niemandem ein Vorwurf daraus gemacht werden konnte, wenn er einem anderen Schaden zufügte.

Interessant ist die Liste der Gründe, welche die Auflösung des Staates zur Folge haben können (wobei er von der Eroberung durch fremde Mächte absieht). Es sind die folgenden: daß dem Herrscher zu geringe Macht gegeben ist; daß den Untertanen ein eigenes Urteil zugestanden wird; die Theorie, daß alles sündhaft ist, was mit dem Gewissen unvereinbar ist; der Glaube an Inspiration; die Auffassung, daß der Herrscher den bürgerlichen Gesetzen unterstehe; die Anerkennung des absoluten Privateigentums; Aufspaltung der höchsten Macht; Nachahmung der Griechen und Römer; die Trennung der weltlichen und der geistlichen Macht; die Weigerung, dem Herrscher das Recht der Besteuerung zuzugestehen; die Popularität starker Untertanen und das Recht, mit dem Herrscher zu diskutieren. Für all dies lieferte die damals aktuelle englische und französische Geschichte zahllose Beispiele.

Nach Hobbes' Ansicht dürfte es nicht schwer halten, die Menschen von den Rechten des Herrschers zu überzeugen, denn haben sie nicht auch gelernt, an das Christentum und selbst an die Transsubstantiation zu glauben, was wider alle Vernunft ist? Es sollten besondere Tage angesetzt werden, an denen Unterweisung in der Pflicht der Unterordnung erteilt würde. Die Erziehung des Volkes hängt von dem richtigen Unterricht an den Universitäten ab, die deshalb sorgfältig zu beaufsichtigen sind. Es darf nur eine einheitliche Gottesverehrung geben; die Religion hat der Herrscher zu bestimmen.

Teil II schließt in der Hoffnung, daß mancher Souverän das Buch lesen und sich zum absoluten Herrscher machen werde – was kein so leerer Wahn war wie Platos Hoffnung, daß Könige zu Philosophen werden möchten. Den Monarchen wird versichert, das Buch sei recht interessant und leicht zu lesen.

Teil III, »Vom christlichen Staat«, setzt auseinander, daß es keine Universalkirche geben könne, da die Kirche jeweils von der weltlichen Regierung abhängen müsse. In jedem Land hat der König das Oberhaupt der Kirche zu sein; dem Papst darf keine Oberhoheit oder Unfehlbarkeit zugestanden werden. Wie zu erwarten wird die Ansicht vertreten, daß ein Christ, der Untertan eines nicht-christlichen Herrschers ist, sich nach außen hin fügen dürfe, denn war es nicht Naaman gestattet, im Hause Rimmons den Nacken zu beugen?

Teil IV, »Vom Reich der Finsternis«, besteht hauptsächlich aus Kritik an der römischen Kirche, die Hobbes haßt, weil sie die geistliche Macht über die weltliche stellt. Im Rest dieses Teils greift er die »eitle Philosophie« an, womit in der Regel Aristoteles gemeint ist.

Wir wollen uns nun darüber klar zu werden versuchen, was wir vom *Leviathan* zu halten haben. Das ist keine leichte Aufgabe; weil das Gute darin sich so schwer vom Schlechten trennen läßt.

Für die Politik ergeben sich zwei verschiedene Fragen: welches ist die beste Staatsform? und welche Machtbefugnisse hat der Staat? Die beste Staats*form* ist in Hobbes' Augen die Monarchie, aber das ist nicht das Wichtige an seiner Lehre. Ihre Bedeutung liegt vielmehr in der Behauptung, die *Machtbefugnisse* des Staates müßten absolut sein. Diese oder eine ähnliche Doktrin war in Westeuropa während der Renaissance und der Reformation entstanden. Zunächst wurde der Feudaladel von Ludwig XI., Eduard IV., Ferdinand und Isabella und ihren Nachfolgern geduckt. Dann ermöglichte es die Reformation der weltlichen Regierung, in den protestantischen Ländern die Oberhand über die Kirche zu gewinnen. Heinrich VIII. besaß soviel Macht wie kein englischer König vor ihm. Aber in Frankreich hatte die Reformation anfangs die gegenteilige Wirkung; zwischen den Guisen und den Hugenotten waren die Könige nahezu machtlos. Kurz bevor Hobbes sein Werk schrieb, hatten Heinrich IV. und Richelieu den Grundstein zu der absoluten Monarchie gelegt, die in Frankreich bis zur Revolution fortbestand. In Spanien hatte Karl V. die Oberhand über die Cortes gewonnen, und Philipp II. war absolut, von seinem Verhältnis zur Kirche abgesehen. In England jedoch hatten die Puritaner das Werk Heinrichs VIII. vernichtet; aus diesem Ergebnis schloß Hobbes, daß Widerstand gegen den Herrscher zu Anarchie führen müsse.

Jeder Staat ist zwei Gefahren ausgesetzt: der Anarchie und dem Despotismus. Die Puritaner, namentlich die Independenten waren von der Gefahr des Despotismus am stärksten beeindruckt. Hobbes hingegen, der den Kampf rivalisierender Fanatismen erlebt hatte, war von Furcht vor der Anarchie besessen. Die liberalen Philosophen, die im Anschluß an die Restauration aufkamen und nach 1688 maßgebend wurden, waren sich beider Gefahren bewußt; sie haßten sowohl Strafford als auch die Wiedertäufer. Hierdurch kam Locke zu seiner Doktrin von der Teilung der Gewalten und zur Lehre der einander kontrollierenden und ausgleichenden Kräfte. In England gab es regelrechte Gewaltenteilung, solange der König Einfluß besaß; dann bekam das Parlament und schließlich das Kabinett das Übergewicht. In Amerika kann man insofern noch von Kontrolle und Ausgleich der Kräfte sprechen, als Kongreß und Bundesgerichtshof Einspruch gegen die Verwaltung erheben können. In Deutschland, Italien, Rußland und Japan hat die Regierung größere Macht besessen, als Hobbes für angebracht hielt. Alles in allem hat sich die Welt, was die Machtbefugnisse des Staates anlangt, so entwickelt, wie Hobbes es wünschte; nach einer langen, liberalen Periode sah es zumindest so aus, als bewege sie sich in entgegengesetzter Richtung. Obwohl es dadurch zum Zweiten Weltkrieg kam, ist es klar, daß die Befugnisse des Staates immer zunehmen müssen und daß es immer schwieriger werden muß, sich dagegen aufzulehnen.

Den Grund, den Hobbes zugunsten des Staates anführt, nämlich daß er die einzige Alternative der Anarchie sei, wird man im großen und ganzen gelten lassen. Ein Staat kann jedoch so schlecht sein, daß es scheint, zeitweilige Anarchie sei seinem Fortbestehen vorzuziehen, wie es in Frankreich 1789 und in Rußland 1917 der Fall war. Überdies lassen sich die tyrannischen Tendenzen einer jeden Regierung nur durch eine gewisse Furcht vor der Revolution in Schranken halten. Wenn die Untertanen allgemein so unterwürfig sein wollten wie Hobbes, dann würden die Regierungen noch schlechter werden, als sie es ohnedies schon sind. Das gilt einmal für die politische Sphäre, wo sich die Regierungen nach Möglichkeit persönlich unabsetzbar zu machen trachten; es gilt ferner für die wirtschaftliche Sphäre, wo sie sich und ihre Freunde auf Kosten der Allgemeinheit zu bereichern suchen; es gilt aber auch für die intellektuelle Sphäre, wo sie jede neue Entdeckung oder Lehre, die ihre Macht zu gefährden scheint, unterdrücken wollen. Bei all diesen Gründen muß man nicht nur an die drohende Anarchie denken, sondern auch an die Gefahr der Ungerechtigkeit und Verknöcherung, die mit Allmacht in Regierungsfragen zusammenhängt.

Hobbes' Verdienste treten klar zutage, wenn man ihn mit früheren politischen Theoretikern vergleicht. Er ist völlig frei von Aberglauben und fängt seine Erörterungen nicht bei Adam und Eva und dem Sündenfall an. Er ist klar und logisch; seine Ethik, mag sie richtig oder falsch sein, ist voll verständlich und bedingt nicht die Anwendung irgendwelcher zweifelhafter Begriffe. Neben Machiavelli, der sich in viel engeren Grenzen bewegt, ist er der erste, der wirklich modern über politische Theorie schreibt. Wo er irrt, geschieht es nur, weil er zu sehr vereinfachen will, nicht weil die Grundlagen seines Denkens wirklichkeitsfremd und phantastisch sind. Aus diesem Grunde lohnt es sich noch, ihn zu widerlegen.

Auch ohne Hobbes' Metaphysik oder Ethik kritisieren zu wollen, muß man zweierlei gegen ihn einwenden: erstens sieht er in dem nationalen Interesse stets ein Ganzes und nimmt stillschweigend an, daß die vornehmsten Interessen bei allen Bürgern die gleichen seien. Die Bedeutung der Klassengegensätze, die Marx für die Hauptursache jeder sozialen Veränderung hält, hat er nicht erkannt. Damit hängt auch die Annahme zusammen, daß die Interessen eines Monarchen in großen Zügen mit denen seiner Untertanen übereinstimmen. Kriegszeiten bedingen eine Vereinheitlichung der Interessen, zumal wenn es sich um einen erbitterten Krieg handelt; in Friedenszeiten aber können die Interessen der Klassen sehr stark aufeinanderprallen. Es ist keineswegs immer richtig, in einer derartigen Situation den besten Weg zur Vermeidung der Anarchie darin zu sehen, daß man die absolute Macht des Herrschers predigt. Nur durch gewisse Zugeständnisse in der Machtverteilung dürfte sich ein Bürgerkrieg verhindern lassen. Das hätte Hobbes eigentlich aus der damals jüngstvergangenen englischen Geschichte klarwerden müssen.

Zweitens sieht Hobbes' Lehre die Beziehungen zwischen den einzelnen Staaten zu begrenzt. Aus keinem Wort im *Leviathan* läßt sich eine andere Beziehung zwischen ihnen erraten als Krieg oder Eroberung mit gelegentlichen Zwischenspielen. Das ergibt sich bei ihm daraus, daß in seinen Grundsätzen eine internationale Regierung fehlt, denn die Beziehungen der Staaten untereinander befinden sich noch in einem Naturzustand, der mit dem Krieg aller gegen alle gleichbedeutend ist. Solange internationale Anarchie herrscht, ist es keineswegs klar, daß eine zunehmende Leistungsfähigkeit in den einzelnen Staaten im Interesse der Menschheit liegt, weil damit auch die Kriegführung immer erbitterter und vernichtender wird. Jedes Argument, das er zugunsten der Regierung anführt, hat, soweit es überhaupt gültig ist, Geltung für eine internationale Regierung. Solange es Nationalstaaten gibt und solange sie einander bekämpfen, kann nur Leistungsunfähigkeit das Menschengeschlecht vor Vernichtung bewahren. Die Kampfkraft der einzelnen Staaten zu stärken, ohne zugleich die Mittel zu besitzen, Kriege zu verhüten, heißt den Weg zu allgemeiner Vernichtung beschreiten.

9. KAPITEL

Descartes

René Descartes (1596–1650) gilt im allgemeinen als der Begründer der modernen Philosophie, und das, wie mir scheint, zu Recht. Er ist der erste wahrhaft philosophisch veranlagte Denker, der in seiner Weltanschauung von der neuen Physik und Astronomie tief beeindruckt wird. Wenn er auch noch vieles von der Scholastik beibehält, so begnügt er sich doch nicht damit, auf den von seinen Vorgängern geschaffenen Fundamenten weiterzubauen, versucht vielmehr, ein vollständiges philosophisches Gebäude neu aufzurichten. Das war seit Aristoteles nicht mehr geschehen und zeugt von dem neuen Selbstvertrauen, das eine Frucht des wissenschaftlichen Fortschritts ist. Sein Werk ist von einer Frische, wie sie seit Plato kein bedeutender Philosoph mehr aufzuweisen hat. In der Zeit zwischen Plato und Descartes waren die Philosophen samt und sonders Lehrer, die sich – eine Eigenart dieses Standes – von Beruf überlegen fühlten. Descartes schreibt aber nicht wie ein Pädagoge, sondern wie ein Entdecker und Forscher, der das Bedürfnis hat, seine Erkenntnisse mitzuteilen. Sein ungezwungener, unpedantischer Stil wendet sich weniger an den Schüler als vor allem an den intelligenten Mann von Welt. Zudem schreibt er einen ganz ausgezeichneten Stil. Es war ein Glück für die moderne Philosophie, daß ihr Vorkämpfer zugleich ein so bewunderswertes Organ für literarische Werte besaß. Auch seine Nachfolger auf dem Kontinent wie in England haben alle bis zu Kant etwas von seiner Kathederferne; manche übernahmen auch einiges von seiner hervorragenden Stilistik.

Descartes' Vater war Rat im bretonischen Parlament und hatte etwas Grundbesitz. Als er starb, verkaufte sein Sohn und Erbe die Güter und legte das Geld an, so daß er ein Jahreseinkommen von sechs- oder siebentausend Franken hatte. Er wurde von 1604 bis 1612 im Jesuitenkolleg La Flèche erzogen und scheint dort eine weit bessere Grundlage in der modernen Mathematik erhalten zu haben, als ihm die meisten Universitäten der damaligen Zeit hätten geben können. Im Jahre 1612 ging er nach Paris, wo ihn das gesellige Leben langweilte; er zog sich in ein abgeschlossenes Quartier in der Vorstadt St.-Germain zurück, um auf dem Gebiet der Geometrie zu arbeiten. Freunde spürten ihn jedoch auf, so daß er, um ungestört zu sein, in die holländische Armee eintrat (1617). Da Holland damals keinen Krieg führte, scheint er zwei Jahre ungetrübten Meditierens genossen zu haben. Dann aber veranlaßte ihn der Ausbruch des Dreißigjährigen Krieges, in das bayrische Heer einzutreten (1619). In Bayern hatte er während des Winters 1619/1620 jenes Erlebnis, das er im *Discours de la Méthode* (Methode des richtigen Vernunftgebrauchs) beschreibt. Da es draußen kalt war, kroch er morgens in einen Ofen[1] und blieb dort den ganzen Tag meditierend sitzen; seine Philosophie war, wie er berichtet, schon zur Hälfte fertig aufgestellt, als er wieder zum Vorschein kam, was aber wohl nicht allzu wörtlich zu nehmen ist. Sokrates pflegte den ganzen Tag im Schnee stehend zu meditieren, aber Descartes' Geist konnte nur arbeiten, wenn es warm war.

Im Jahre 1621 gab er das Soldatenleben auf; nach einem Besuch in Italien ließ er sich 1625 in Paris nieder. Aber wieder pflegten ihn Freunde heimzusuchen, bevor er aufgestanden war (was er selten vor Mittag tat), so daß er sich 1628 dem Heer anschloß, das La Rochelle, den Hauptstützpunkt der Hugenotten, belagerte. Nach Abschluß dieser Episode beschloß er, in Holland zu leben, vermutlich, um einer etwaigen Verfolgung zu entgehen. Er war ein schüchterner Mann, der sich als Katholik gab, obwohl er Galileis ketzerische Ansichten teilte; von der ersten (geheimen) Verurteilung Galileis soll er, wie verschiedentlich angenommen wird, gewußt haben. Wie dem auch sein mag, er beschloß jedenfalls, ein großes Werk *Le Monde* (die Welt), mit dem er sich beschäftigt hatte, nicht zu veröffentlichen. Es enthielt nämlich zwei ketzerische Doktrinen: daß die Erde sich drehe und daß das Universum unendlich sei. (Geschlossen ist dieses Buch niemals erschienen; einzelne Teile daraus wurden erst nach seinem Tode veröffentlicht.)

Abgesehen von einigen kurzen, rein geschäftlichen Reisen nach Frankreich und einem Besuch in England, lebte er zwanzig Jahre in Holland (1629–1649). Hollands Bedeutung als einziges Land, das im siebzehnten Jahrhundert freies Spekulieren erlaubte, ist überhaupt nicht hoch genug einzuschätzen. Hier konnte Hobbes seine Bücher drucken lassen; hier fand Locke während der fünf schlimmsten Jahre der englischen Reaktion vor 1688 Zuflucht; auch Bayle (Verfasser des Dictionnaire) hielt es für nötig, hier zu leben, und Spinozas Werk hätte schwerlich in einem anderen Land entstehen können.

Ich behauptete, Descartes sei ein schüchterner Mensch gewesen; man könnte es vielleicht liebenswürdiger ausdrücken, indem man sagt, er wünschte in Frieden gelassen zu werden, um ungestört arbeiten zu können. Er suchte sich immer gut mit der Geistlichkeit zu stellen, besonders mit den Jesuiten – nicht nur, solange er ihnen ausgeliefert, sondern auch noch, nachdem er nach Holland emigriert war. Er ist psychologisch undurchsichtig, aber ich neige doch dazu, ihn für einen aufrichtigen Katholiken zu halten, der die Kirche – in ihrem wie in seinem Interesse – dahin bringen wollte, die moderne Naturwissenschaft nicht so anzufeinden, wie sie es im Falle Galileis getan hatte. Es wird auch be-

---

[1] Descartes behauptet, es sei ein Ofen (poêle) gewesen, aber die meisten Kommentatoren halten das für unmöglich. Mir ist aber von Leuten, die altmodische bayrische Häuser kennen, versichert worden, daß es durchaus glaubwürdig sei.

hauptet, seine Rechtgläubigkeit sei reine Diplomatie gewesen; aber wenn das schon möglich wäre, so halte ich es doch nicht für besonders wahrscheinlich.

Selbst in Holland war er lästigen Angriffen ausgesetzt, und zwar nicht von seiten der römischen Kirche, sondern von seiten protestantischer Fanatiker. Man behauptete, seine Ansichten führten zu Atheismus, und ohne das Eingreifen des französischen Gesandten und des Prinzen von Oranien wäre er verfolgt worden. Auf diesen ergebnislosen Angriff folgte einige Jahre später ein zweiter, weniger unmittelbarer, der von den Autoritäten der Universität Leyden ausging; es wurde untersagt, Descartes in günstigem oder ungünstigem Sinne auch nur zu erwähnen. Wieder trat der Prinz von Oranien für ihn ein und gab der Universität den Rat, nicht so töricht zu sein. Das veranschaulicht, welcher Nutzen protestantischen Ländern aus der Oberhoheit des Staates über die Kirche und aus der verhältnismäßigen Schwäche der nicht-internationalen Kirche erwuchs.

Unglücklicherweise kam es durch Vermittlung Chanuts, des französischen Gesandten in Stockholm, zu einem Briefwechsel zwischen Descartes und der Königin Christine von Schweden, einer leidenschaftlichen und gelehrten Dame, die sich einbildete, als Souveränin über die Zeit großer Männer verfügen zu dürfen. Er sandte ihr einen Traktat über die Liebe, ein Thema, mit dem er sich bislang kaum beschäftigt hatte. Auch schickte er ihr eine Schrift über die Leidenschaften der Seele, die er ursprünglich für die Prinzessin Elisabeth, Tochter des Kurfürsten von der Pfalz, verfaßt hatte. Diese Arbeiten veranlaßten sie, ihn an ihren Hof zu laden; schließlich nahm er die Einladung an, und sie sandte ein Kriegsschiff aus, um ihn holen zu lassen (September 1645). Es stellte sich heraus, daß sie täglich von ihm unterrichtet zu werden wünschte, dazu aber nur um fünf Uhr morgens Zeit hatte. Dieses ungewohnt frühe Aufstehen im kalten skandinavischen Winter war für einen empfindlichen Menschen wie Descartes nicht das Richtige. Obendrein erkrankte Chanut lebensgefährlich, und Descartes besuchte ihn. Der Gesandte erholte sich, Descartes aber wurde krank und starb im Februar 1650.

Descartes war niemals verheiratet, hatte aber eine natürliche Tochter, die im Alter von fünf Jahren starb; das war, wie er sagte, der größte Schmerz seines Lebens. Er kleidete sich stets gut und trug einen Degen. Als er nach Holland ging, nahm er nur wenige Bücher mit, darunter aber die Bibel und die Bücher Thomas' von Aquino. Sein Werk erweckt den Eindruck, in kurzen Perioden starker Konzentration entstanden zu sein; vielleicht gab er sich aber auch nur den Anschein, weniger zu arbeiten, als es der Fall war, um stets als Gentleman-Amateur zu wirken; denn anders sind derartige Leistungen kaum zu erklären.

Descartes ist Philosoph, Mathematiker und Naturwissenschaftler. Philosophisch und mathematisch ist er von höchster Bedeutung; auf naturwissenschaftlichem Gebiet hat er zwar auch Beachtliches, aber doch nicht so Vorzügliches geleistet wie manche seiner Zeitgenossen.

Sein großer Beitrag zur Geometrie war die Erfindung der analytischen Geometrie, wenn er ihr auch noch nicht ihre endgültige Form gab. Er verwandte die analytische Methode, die ein Problem erst als gelöst voraussetzt und dann die Ergebnisse dieser Voraussetzung untersucht; auch wandte er die Algebra auf die Geometrie an. Beides hatten vor ihm schon andere getan; im ersten Falle hatte er bereits in der Antike Vorgänger. Seine eigentliche Erfindung ist die Verwendung der Koordinaten, das heißt, die Bestimmung eines Punktes in einer Ebene durch seine Entfernung von zwei festen Geraden. Er selbst erkannte noch nicht die volle Tragweite dieser Methode, aber seine Leistung reichte aus, um weitere Fortschritte zu ermöglichen. Das war keineswegs sein einziger Beitrag zur Mathematik, wohl aber sein bedeutendster.

Das Buch, in dem er die meisten seiner naturwissenschaftlichen Theorien darlegt, die *Principia Philosophiae*, erschien 1644. Er hat jedoch noch einige andere wichtige Bücher geschrieben, die *Essais Philosophiques* (1637), worin optische und geometrische Probleme behandelt werden; eins seiner Bücher trägt den Titel *De la Formation du Foetus*. Er begrüßte Harveys Entdeckung des Blutkreislaufs und hoffte immer (wenn auch vergeblich), selbst etwas Bedeutendes auf medizinischem Gebiet erforschen zu können. Die Körper der Menschen und Tiere hielt er für Maschinen, die der Tiere sogar nur für Automaten, die ausschließlich von physikalischen Gesetzen regiert werden und kein Gefühl oder Bewußtsein haben. Bei den Menschen verhält es sich anders: sie verfügen über eine Seele, die ihren Sitz in der Zirbeldrüse hat. Hier kommt die Seele in Berührung mit den »Lebensgeistern«, und dank dieser Berührung erfolgt eine Wechselwirkung zwischen Seele und Körper. Die Gesamtsumme aller Bewegung im Universum ist konstant; daher kann die Seele sie nicht beeinflussen; sie vermag jedoch die Bewegungs*richtung* der Lebensgeister und somit mittelbar die Bewegung anderer Teile des Körpers zu verändern.

Dieser Teil seiner Lehre ist von seinen Schülern aufgegeben worden – zunächst von seinem holländischen Schüler Geulincx und später von Malebranche und Spinoza. Die Physiker entdeckten die Erhaltung des Moments, derzufolge der Gesamtbetrag des Moments der Bewegung nach jeder beliebigen *Richtung* hin in der Welt konstant ist. Damit wurde bewiesen, daß die von Descartes angenommene Art der Einwirkung der Seele auf die Materie unmöglich ist. Vorausgesetzt, daß jeder physikalische Vorgang in Form eines Stoßes erfolgt – wie die cartesianische Schule ganz allgemein annahm –, so genügen die dynamischen Gesetze zur Bestimmung der Bewegung der Materie, und die Einwirkung der Seele wird überflüssig. Daraus ergibt sich aber eine Schwierigkeit. Mein Arm bewegt sich, wenn ich es so will; mein Wille ist jedoch etwas Geistiges, die Bewegung meines Arms hingegen etwas Physisches. Warum verhält sich aber mein Körper so, *als ob* er von meinem Geist beherrscht würde, wenn es doch eine Wechselwirkung zwischen Geist und Körper nicht gibt? Darauf antwortete Geulincx mit der bekannten Theorie von den beiden Uhren. Man stelle sich zwei Uhren vor, die genau richtig gehen: sooft die eine die volle Stunde anzeigt, schlägt die andere, so daß man, wenn man die eine sieht und die andere hört, meinen könnte, die eine *veranlasse* die andere zu schlagen. So verhält es sich mit Geist und Körper. Beide sind von Gott genau aufeinander eingestellt, so daß bei gelegentlichem Einsatz meines Willens rein physikalische Gesetze meinen Arm bewegen, obwohl mein Wille in Wirklichkeit meinen Körper nicht beeinflußt.

Diese Theorie hat natürlich ihre Schwierigkeiten; abgesehen davon, daß sie erstens überhaupt recht seltsam ist, muß zweitens, wenn der physikalische Verlauf streng durch Naturgesetze bestimmt ist, auch der parallele geistige Vorgang ebenso deterministisch sein. Falls diese Theorie stimmte, müßte es so etwas wie ein Wörterbuch geben können, mit dessen Hilfe sich jedes zerebrale Geschehen in einen entsprechenden geistigen Vorgang übersetzen ließe. Ein imaginärer Rechner könnte den Zerebralvorgang nach den Gesetzen der Dynamik berechnen und den daneben verlaufenden geistigen Vorgang mit Hilfe des Wörterbuches »folgern«. Auch ohne dieses »Wörterbuch« könnte ein solcher Rechner Worte und Handlungen ableiten, denn sie sind körperliche Bewegungen. Eine derartige Auffassung wäre mit der christlichen Ethik und der Vergeltung der Sünden kaum vereinbar.

Diese Konsequenzen machten sich jedoch nicht sofort bemerkbar. Die Theorie hatte offensichtlich zwei Vorzüge: einmal machte sie die Seele in gewissem Sinne völlig unabhängig vom Körper, da der Körper niemals auf sie einwirkte; zweitens ließ sie das allgemeine Prinzip zu: »Eine Substanz kann nicht auf eine andere einwirken.« Es gab zwei Substanzen, Geist und Materie, die voneinander so verschieden waren, daß eine Wechselwirkung ausgeschlossen schien. Geulincx erklärte mit seiner Theorie nur das *Phänomen* der Wechselwirkung, leugnete jedoch gleichzeitig ihre *Realität*.

In der Mechanik erkannte Descartes das erste Bewegungsgesetz an; danach bewegt sich ein sich selbst überlassener Körper mit gleichbleibender Geschwindigkeit in gerader Linie fort. Es gibt jedoch bei ihm keine Fernwirkung, wie später bei Newtons Gravitationstheorie, ebensowenig wie ein Vakuum oder die Atome; alle Wechselwirkung erfolgt vielmehr stoßartig. Wenn wir genug wüßten, müßten wir die Chemie und die Biologie auf die Mechanik zurückführen können; die Entwicklung eines Samens zum Tier oder zur Pflanze ist ein rein mechanischer Vorgang. Die drei Seelen des Aristoteles sind nicht notwendig; es gibt nur eine einzige, die »Vernunftseele«, und auch diese nur beim Menschen.

Um sich keinen theologischen Verweis zuzuziehen, entwickelt Descartes mit gebührender Vorsicht eine Kosmogonie nach Art mancher vorplatonischer Philosophen. Wir wissen, sagt er, daß die Welt so erschaffen wurde, wie die Genesis es darstellt, aber es wäre interessant festzustellen, wie sie sich auf natürlichem Wege hätte entwickeln *können*. Er arbeitet eine Theorie der Wirbelbildung aus: rund um die Sonne ist das All von einem ungeheuren Wirbel erfüllt, der die Planeten mit sich reißt. Die Theorie ist geistreich, vermag aber nicht zu erklären, warum die Planetenbahnen elliptisch und nicht kreisförmig verlaufen. In Frankreich wurde sie allgemein anerkannt und erst allmählich durch Newtons Theorie verdrängt. Cotes, der Herausgeber der ersten englischen Ausgabe von Newtons *Principia*, weist mit beredten Worten nach, daß die Wirbeltheorie zum Atheismus führe, während nach Newtons Theorie Gott nötig ist, um die Planeten in eine nicht der Sonne zugewandte Richtung in Bewegung zu setzen. Aus diesem Grunde, meint er, sei Newton vorzuziehen.

Ich komme nun zu den beiden bedeutendsten Büchern Descartes' auf dem Gebiet der reinen Philosophie, zum *Discours de la Méthode* (1637) und zu den *Méditations* (1642). Sie überschneiden sich so stark, daß sie nicht einzeln behandelt zu werden brauchen.

In diesen Büchern beginnt Descartes damit, die Methode des sogenannten »cartesianischen Zweifels« zu erklären. Um seiner Philosophie eine feste Grundlage zu schaffen, entschließt er sich, alles anzuzweifeln, was sich nur anzweifeln läßt. Da er jedoch schon voraussieht, daß dieses Verfahren einige Zeit in Anspruch nehmen wird, gedenkt er sich währenddessen nach allgemein gültigen Regeln zu verhalten; auf diese Weise wird sein Geist von den Folgen, die seine Zweifel möglicherweise in der Praxis haben könnten, unberührt bleiben.

Der Zweifel an den Sinnen besteht bei ihm am Anfang. Kann ich daran zweifeln, fragt er, daß ich hier im Schlafrock neben dem Feuer sitze? Gewiß, denn schon manchmal habe ich geträumt, ich säße hier, während ich in Wirklichkeit nackt im Bett lag (damals waren noch keine Schlafanzüge, nicht einmal Nachthemden erfunden). Überdies leiden Geisteskranke zuweilen an Halluzinationen; vielleicht ergeht es mir ähnlich. Wie die Maler vermitteln uns Träume jedoch Abbilder wirklicher Dinge oder zumindest deren Elemente. (So kann man von einem Flügelroß träumen, aber nur, weil man Rosse und Flügel gesehen hat). Da nun zum Wesen des Körperlichen im allgemeinen Ausdehnung, Größe und Zahl gehören, ist es nicht so leicht anzuzweifeln wie das, was von Einzeldingen angenommen wird. Arithmetik und Geometrie, die sich nicht mit Einzeldingen beschäftigen, sind daher gewisser als Physik und Astronomie; sie gelten sogar bei Traumobjekten, die sich von wirklichen Objekten in Ausdehnung und Zahl nicht unterscheiden. Aber selbst die Arithmetik und die Geometrie lassen Zweifel zu. Vielleicht veranlaßt mich Gott, einen Fehler zu machen, sooft ich versuche, die

Seiten eines Quadrats zu berechnen oder 2 und 3 zu addieren. Möglicherweise ist es falsch, Gott auch nur in Gedanken eine solche Unfreundlichkeit zuzutrauen; wohl aber mag es einen bösen Dämon geben, der ebenso schlau und hinterlistig wie mächtig ist und alles dransetzt, mich irrezuführen. Die Existenz eines solchen Dämons vorausgesetzt, könnten alle Dinge, die ich wahrnehme, nur Täuschungen sein, deren er sich bedient, um meiner Leichtgläubigkeit Fallen zu stellen.

Eines immerhin vermag ich nicht anzuzweifeln: kein noch so schlauer Dämon könnte mich hinters Licht führen, wenn ich nicht existierte. Vielleicht habe ich keinen Körper, denn er könnte eine Täuschung sein. Das Denken aber ist etwas anderes: »Ich fand aber nun, daß ich, da ich alles andere in dieser Weise als falsch zurückwies, schlechterdings nicht daran zweifeln konnte, daß ich selbst da sei. Ich erkannte, daß die Wahrheit des Satzes: ›Ich denke, also bin ich, ich existiere‹ so sicher und klar ist, daß kein Skeptiker imstande wäre, irgendein noch so gewichtiges Argument zu erdenken, durch das sie erschüttert werden könnte. Ich glaube daher, diesen Satz als die erste Grundlage der Philosophie, die ich suchte, ohne alle Bedenken annehmen zu können.«[2]

Diese Stelle ist der Kernpunkt der Descartesschen Erkenntnistheorie und das Bedeutendste seiner gesamten Philosophie. Seit Descartes haben die meisten Philosophen der Erkenntnistheorie großen Wert beigemessen, und das geht großenteils auf ihn zurück. Durch das »Ich denke, daher bin ich« wird der Geist zu etwas Gewisserem als die Materie und mein Geist (für mich selbst) zu stärkerer Gewißheit als der Geist anderer. Daraus resultiert die subjektivistische Tendenz aller von Descartes abgeleiteten philosophischen Systeme sowie die Auffassung, Materie – wenn überhaupt – nur daraus erkennen zu können, was sich aus geistiger Erkenntnis schließen läßt. Diese beiden Tendenzen finden sich im kontinentalen Idealismus wie im englischen Empirismus – im ersteren mit sieghafter, im letzteren mit resignierender Grundstimmung. In jüngster Zeit hat die als Instrumentalismus bekannte Philosophie den Versuch unternommen, von diesem Subjektivismus frei zu werden: aber davon will ich jetzt nicht sprechen. Mit dieser einen Ausnahme übernahm die moderne Philosophie sehr weitgehend ihre Problemstellung, nicht aber die Lösung ihrer Probleme von Descartes.

Der Leser wird sich an ein Argument Augustins erinnern, das dem *cogito* sehr ähnlich ist. Augustin maß ihm jedoch keine besondere Bedeutung bei; das Problem, das damit gelöst werden sollte, nahm nur geringen Raum in seiner Gedankenwelt ein. Man sollte daher Descartes'

---

[2] Der obige Beweis »Ich denke, daher bin ich« (cogito ergo sum) ist bekannt als Descartessches Cogito; die Methode, durch die man zu diesem Beweis kommt, wird als »cartesianischer Zweifel« bezeichnet. Das angeführte Zitat entstammt dem Werk *Über die Methode des richtigen Vernunftgebrauchs*, übersetzt von Dr. Ludwig Fischer (Verlag Philipp Reclam, Leipzig).

Originalität in diesem Punkte anerkennen, wenn sie auch weniger in der Erfindung des Arguments bestand als darin, daß er seine Bedeutung erkannte.

Auf dieser so gewonnenen sicheren Grundlage versucht Descartes, das Gebäude der Erkenntnis von neuem aufzurichten. Das Ich, dessen Sein erwiesen ist, wurde aus der Tatsache gefolgert, daß ich denke; ich bin also, während ich denke, und nur dann. Wollte ich aufhören zu denken, so gäbe es keinen Beweis meiner Existenz mehr. Ich bin ein denkendes Etwas – eine Substanz –, dessen ganze Natur oder dessen ganzes Wesen im Denken besteht und das zu seinem Sein weder Raum noch irgend etwas Materielles benötigt. Die Seele ist demnach etwas vom Körper völlig Verschiedenes und leichter zu erkennen als der Körper; sie bliebe, was sie ist, auch wenn es keinen Körper mehr gäbe.

Sodann fragt sich Descartes: warum überzeugt *cogito* so zwingend? Er schließt: weil es klar und deutlich ist. Descartes erhebt folgenden Satz zur allgemeinen Regel: *Alles das ist wahr, was ich recht klar und deutlich erfasse.* Er gibt allerdings zu, daß es zuweilen schwierig ist zu wissen, was das für Dinge sind. Das »Denken« wird von Descartes in sehr weitem Sinne gebraucht. Ein Ding, welches denkt, ist etwas, das zweifelt, begreift, ersinnt, bejaht, verneint, will, Vorstellungen hat und empfindet – denn das Empfinden, wie es im Traum vorkommt, ist eine Form des Denkens. Da Denken das Wesen des Geistes ist, muß der Geist ständig, auch im Tiefschlaf, denken.

Descartes kommt nun auf die Frage zurück: was wissen wir vom Körper? Zur Erläuterung nimmt er ein Stück Wachs von der Honigwabe. Bestimmte Einzelheiten nehmen die Sinnesorgane wahr: es schmeckt nach Honig, es duftet nach Blumen, hat eine bestimmte Farbe, Größe und Form, es ist hart und kühl, und wenn man es aufschlagen läßt, gibt es einen Ton von sich. Nähert man es aber dem Feuer, so verändern sich diese Eigenschaften, obwohl es weiter Wachs bleibt; daher war das, was die Sinne wahrgenommen haben, nicht das Wachs selbst. Das Wachs besteht aus Ausdehnung, Geschmeidigkeit und Bewegung, die vom Geist begriffen werden, nicht vom Vorstellungsvermögen. Das *Ding*, welches Wachs ist, kann selbst nicht wahrnehmbar sein, denn es ist für die einzelnen Sinne in allen Erscheinungsformen des Wachses gleicherweise enthalten. »Die Erkenntnis des Wachses (perceptio) ist nicht ein Sehen, ein Berühren, ein Einbilden..., sondern sie ist eine Einsicht einzig und allein des Verstandes (solius mentis inspectio).« Ich *sehe* das Wachs ebensowenig, wie ich Menschen auf der Straße sehe, wenn ich Hüte und Mäntel erblicke. »Und so erkenne ich das, was ich mit meinen Augen zu sehen vermeinte, einzig und allein durch die meinem Geist innewohnende Fähigkeit zu urteilen.«[3] Das Erkennen mit Hilfe der

---

[3] *Meditationen über die Grundlagen der Philosophie*, übersetzt von Dr. Artur Buchenau (Phil. Bibl. Bd. 27, Verlag Felix Meiner, Leipzig 1915).

Sinne ist etwas Unklares – außer uns besitzen es auch die Tiere; aber nun habe ich dem Wachs die Hüllen abgestreift und nehme es nackt mit meinem Geiste wahr. Aus der Tatsache, daß ich das Wachs sinnlich sehe, ergibt sich mit Sicherheit mein eigenes Sein, nicht aber das des Wachses. Die Erkenntnis äußerer Dinge muß durch den Geist, nicht durch die Sinne erfolgen.

Das führt zu einer Betrachtung verschiedener Arten von Ideen. Am verbreitetsten, sagt Descartes, ist der Denkfehler, daß meine Ideen äußeren Dingen gleichen. (Der Ausdruck »Idee« umfaßt bei Descartes auch die Sinneswahrnehmungen.) Es scheint dreierlei Ideen zu geben: 1. die eingeborenen Ideen, 2. die fremden Ideen, die von außen kommen, 3. die von mir erfundenen Ideen. Von der zweiten Art nehmen wir natürlich an, daß sie den äußeren Dingen gleichen. Wir vermuten das, teils weil uns die Natur so zu denken lehrt, teils weil solche Ideen unabhängig vom Willen (das heißt durch Sinneseindrücke) kommen und daher die Annahme vernünftig erscheint, daß etwas Fremdes sich uns einprägt. Sind das aber gute Gründe? Wenn ich in diesem Zusammenhang sage, »die Natur lehre« uns dies, so meine ich damit nur, daß ich in mir gewissermaßen die Neigung spüre, es zu glauben, und nicht, daß ich es mittels eines natürlichen Lichts sehe. Was durch ein natürliches Licht zu erkennen ist, läßt sich nicht leugnen, aber die bloße Geneigtheit, etwas zu glauben, kann sich auch auf etwas Falsches beziehen. Daß die Sinnesvorstellungen ungewollt sind, beweist ebenfalls nichts, denn auch Träume sind ungewollt, obwohl sie aus unserem Innern kommen. Die Gründe für die Annahme, unsere Sinnesvorstellungen kämen von außen, sind also nicht überzeugend.

Überdies haben wir zuweilen von ein und demselben äußeren Objekt zwei verschiedene Ideen, beispielsweise von der Sonne, nämlich von der, welche die Sinne wahrnehmen, und von der anderen, an die die Astronomen glauben. Sie können nicht beide der Sonne gleich sein, und die Vernunft sagt uns, daß jenes unmittelbar aus der Wahrnehmung gewonnene Bild ihr weniger gleichen muß als das andere.

Mit diesen Erwägungen sind jedoch noch nicht die skeptischen Argumente widerlegt, die die Existenz der äußeren Welt in Zweifel stellten. Das ist nur möglich, wenn zuvor die Existenz Gottes bewiesen wird.

Descartes' Gottesbeweise sind nicht sehr originell und stammen hauptsächlich aus der scholastischen Philosophie. Leibniz hat sie besser formuliert; ich werde sie daher erst berücksichtigen, sobald wir zu ihm kommen.

Wenn das Dasein Gottes bewiesen ist, schließt sich alles übrige leicht an. Da Gott gut ist, wird er nicht wie der hinterlistige Dämon handeln, den Descartes sich als Grund für den Zweifel vorstellte. Nun läßt mich Gott so fest an das Vorhandensein von Körpern glauben, daß es Betrug wäre, wenn es keine Körper gäbe; demnach muß es Körper geben. Außerdem muß er mir die Fähigkeit verliehen haben, Irrtümer zu berichtigen. Ich mache von dieser Fähigkeit Gebrauch, wenn ich den Grundsatz anwende: wahr ist, was klar und deutlich ist. Das ermöglicht mir mathematische und auch physikalische Erkenntnis, wenn ich mir vergegenwärtige, daß ich allein durch den Geist und nicht durch Geist und Körper im Verein die Wahrheit über die Körper erkennen kann.

Der konstruktive Teil in Descartes' Erkenntnistheorie ist weit weniger interessant als der voraufgehende destruktive. Es werden alle möglichen scholastischen Maximen, die irgendwie der anfänglichen kritischen Prüfung entgangen sind, angewandt, zum Beispiel, daß eine Wirkung niemals vollkommener sein kann als ihre Ursache. Warum diese Maximen anerkannt werden, wird nicht begründet, obwohl sie gewiß weniger selbstverständlich sind als das eigene Sein, das mit Pauken und Trompeten *bewiesen* wird. Was die *Méditations* an Positivem enthalten, finden wir fast alles schon bei Plato, Augustin und Thomas von Aquino.

Die Methode des kritischen Zweifels, die Descartes selbst nur zögernd anwandte, ist philosophisch von großer Bedeutung gewesen. Nach allen Gesetzen der Logik ist es klar, daß sie positive Ergebnisse nur zeitigen kann, wenn der Skeptizismus irgendwo halt macht. Soll es empirische und logische Erkenntnisse nebeneinander geben, so muß dieses Halt an zwei verschiedenen Punkten geboten werden: bei den unzweifelhaften Tatsachen und bei den unbezweifelbaren Prinzipien des Folgerns. Descartes' unzweifelhafte Tatsachen sind seine eigenen Gedanken – »Gedanken« im weitesten Sinne verstanden. »Ich denke« ist seine grundlegende Prämisse. Das Wort »Ich« wird hier zu Unrecht gebraucht; Descartes hätte diese Prämisse folgendermaßen formulieren müssen: »Es gibt Gedanken.« Das Wort »Ich« bedeutet zwar eine grammatikalische Vereinfachung, umschreibt aber keine gegebene Größe. Wenn er dann weiter sagt: »Ich bin ein *Ding*, das denkt«, so macht er bereits kritiklosen Gebrauch von dem Kategorienapparat, den die Scholastik hinterließ. Nirgends beweist er, daß zum Denken ein Denker gehört, und es liegt auch kein Grund vor, dies anzunehmen, es sei denn in grammatikalischem Sinne. Der Entschluß allerdings, die Gedanken nicht länger als äußere Objekte, vielmehr als erste empirische Gewißheiten anzusehen, war sehr bedeutend und hat eine starke Wirkung auf die gesamte weitere Philosophie gehabt.

Die cartesianische Philosophie ist noch in zwei anderen Beziehungen wertvoll: sie vollzieht erstens die völlige oder nahezu vollkommene Trennung von Geist und Materie, die bei Plato beginnt und – zum großen Teil aus religiösen Gründen – von der christlichen Philosophie fortgeführt wurde. Abgesehen von den seltsamen Vorgängen in der Zirbeldrüse, die Descartes' Nachfolger fallen ließen, stellt uns das cartesianische System vor zwei parallele, aber voneinander unabhängige Welten: die Welt des Geistes und die Welt der Materie, welche jede für sich ohne Beziehung zueinander studiert werden können. Daß der Geist den

Körper nicht bewegt, ist ein neuer Gedanke, der zwar von Geulincx schon ausgesprochen, in seiner vollen Bedeutung aber erst von Descartes erkannt wurde. Diese Bedeutung ist vor allem darin zu erblicken, daß man nunmehr die Möglichkeit hatte zu sagen, der Körper bewege nicht den Geist. In den *Méditations* wird auf bemerkenswerte Weise die Frage erörtert, warum der Geist »Schmerz« empfindet, wenn der Körper durstig ist. Die korrekte cartesianische Antwort lautete, daß Körper und Geist sich wie zwei Uhren verhalten, deren eine »Schmerz« anzeigt, wenn die andere auf »Durst« steht. Vom religiösen Standpunkt aus betrachtet hat diese Theorie allerdings einen großen Nachteil; und damit komme ich zu dem zweiten Charakteristikum des Cartesianismus, das ich schon angedeutet habe.

In seiner ganzen Auffassung von der materiellen Welt ist der Cartesianismus streng deterministisch. Lebende Organismen unterliegen genau wie die tote Materie physikalischen Gesetzen; zur Erklärung des Wachstums der Organismen und der tierischen Bewegungen bedurfte es nicht länger wie in der aristotelischen Philosophie einer Entelechie oder Seele. Descartes selbst ließ nur eine geringfügige Ausnahme zu: die menschliche Seele kann willentlich die Richtung, nicht aber die Quantität der Bewegung der Lebensgeister ändern. Dies aber widersprach dem Geist des Systems, und da sich herausstellte, daß es auch im Widerspruch zu den Gesetzen der Mechanik stand, wurde es fallengelassen. Daraus ergab sich, daß alle Bewegungen der Materie durch physikalische Gesetze bestimmt wurden und daß infolge ihres Parallelismus geistige Vorgänge in gleicher Weise bestimmbar sein müssen. Aus diesem Grunde hatten die Cartesianer Schwierigkeiten wegen der Willensfreiheit. Und so war es für alle, denen Descartes' Naturwissenschaft wichtiger erschien als seine Erkenntnistheorie, ein leichtes, die Auffassung, daß die Tiere Automaten seien, zu erweitern: warum sollte man nicht auch dasselbe vom Menschen behaupten? Warum nicht das ganze System zu konsequentem Materialismus vereinfachen? Im achtzehnten Jahrhundert hat man diesen Schritt dann tatsächlich getan.

Als ungelöster Dualismus bleibt bei Descartes, was er einerseits von der Wissenschaft seiner Zeit und was er anderseits an Scholastik in La Flèche gelernt hat. Dieser Dualismus führte ihn zu Inkonsequenzen, doch bezog Descartes daraus auch eine Fülle fruchtbarer Ideen, die ein vollkommen logischer Philosoph nicht hätte haben können. Durch Konsequenz wäre er vielleicht nur zum Begründer einer neuen Scholastik geworden, während er durch seine Inkonsequenz zum Vater zweier bedeutender, aber divergierender philosophischer Schulen wurde.

10. KAPITEL

Spinoza

Spinoza (1634–1677) ist der vornehmste und liebenswerteste der großen Philosophen. An Klugheit waren ihm einige andere überlegen, ethisch aber steht er am höchsten. Die Folge war natürlich, daß man ihn zu seinen Lebzeiten und noch ein Jahrhundert nach seinem Tode für einen entsetzlich bösen Menschen hielt. Er war geborener Jude, wurde aber aus der jüdischen Gemeinschaft ausgeschlossen. Die Christen verabscheuten ihn ebenfalls; obwohl seine ganze Philosophie im Zeichen des Gottesgedankens steht, bezichtigten ihn die Orthodoxen des Atheismus. Leibniz hatte ihm viel zu verdanken, verheimlichte es aber und hütete sich ängstlich, irgendein lobendes Wort über ihn zu äußern; er ging sogar so weit, falsche Angaben über den Umfang seiner persönlichen Beziehungen zu dem ketzerischen Juden zu machen.

Spinozas Leben verlief sehr einfach. Seine Familie war aus Spanien, vielleicht auch aus Portugal nach Holland gekommen, um der Inquisition zu entgehen. Er wurde im jüdischen Wissen unterrichtet, kam aber zu der Überzeugung, daß er nicht orthodox bleiben könne. Man bot ihm 1000 Florins jährlich, wenn er seine Zweifel nicht zu äußern bereit wäre; als er das ablehnte, versuchte man ihn zu ermorden. Der Versuch mißlang, und man verfluchte ihn daraufhin mit allen Flüchen des Deuteronomiums und dem Fluch, den Elisa gegen die Kinder schleuderte, die daraufhin von Bärinnen in Stücke gerissen wurden. Aber Spinoza blieb von Bärinnen unbehelligt. Er lebte friedlich zunächst in Amsterdam, dann im Haag, und verdiente sich seinen Lebensunterhalt, indem er optische Gläser schliff. Er hatte nur geringe, bescheidene Bedürfnisse; sein ganzes Leben lang war ihm Geld merkwürdig gleichgültig. Die wenigen Menschen, die ihn kannten, liebten ihn, selbst wenn sie sich seinen Ansichten nicht anschließen konnten. Die holländische Regierung duldete mit dem ihr eigenen Liberalismus seine religiösen Überzeugungen, obwohl er eine Zeitlang politisch verdächtig war, weil er es mit den De Witts gegen das Haus Oranien hielt. Er starb schon mit dreiundvierzig Jahren an der Schwindsucht.

Sein Hauptwerk, *Die Ethik*, wurde nach seinem Tode veröffentlicht. Bevor wir dazu übergehen, sei noch etwas über zwei seiner anderen Bücher gesagt, den *Tractatus Theologico-Politicus* und den *Tractatus Politicus*. Der erstere ist eine interessante Kombination von Bibelkritik und politischer Theorie; der letztere befaßt sich ausschließlich mit politischer Theorie. In der Bibelkritik nimmt Spinoza teilweise moderne Ansichten vorweg, besonders wenn er verschiedene Bücher des Alten Testaments auf eine viel spätere Zeit als bisher üblich datiert. Er ist durchweg bemüht zu beweisen, daß sich die Heilige Schrift sehr wohl im Sinne liberaler Theologie auslegen läßt.

Spinozas politische Theorie stammt in der Hauptsache von Hobbes, obwohl die beiden Männer im Temperament so ungeheuer verschieden waren. Er behauptet, im Naturzustand gäbe es weder Recht noch Unrecht, denn das Unrecht bestehe im Ungehorsam gegen das Gesetz. Nach seiner Meinung kann der Souverän kein Unrecht tun, auch stimmt er mit Hobbes darin überein, daß die Kirche sich völlig dem Staat unterzuordnen habe. Er ist ein Feind jeder Auflehnung und will sie nicht einmal einer schlechten Regierung gegenüber gelten lassen; als Beispiel für den Schaden, den gewaltsamer Widerstand gegen die Autorität anzurichten vermag, führt er die Unruhen in England an. Im Gegensatz zu Hobbes aber sieht er die »natürlichste« Staatsform in der Demokratie. Auch unterscheidet er sich von Hobbes durch seine Ansicht, die Untertanen sollten nicht *sämtliche* Rechte dem Souverän opfern müssen. Vor allem hält er die Meinungsfreiheit für wichtig. Mir ist allerdings nicht ganz klar, wie er sie mit der Auffassung in Einklang bringt, daß religiöse Fragen vom Staat zu entscheiden seien. Ich glaube, er meint damit, daß darüber eher der Staat als die Kirche bestimmen sollte; in Holland war der Staat viel toleranter als die Kirche.

Spinozas *Ethik* behandelt drei verschiedene Materien. Sie beginnt mit der Metaphysik, geht dann zur Psychologie der Affekte und des Willens über und endet mit einer Ethik, die auf der vorangegangenen Metaphysik und Psychologie aufbaut. Die Metaphysik ist eine Modifizierung Descartesscher Anschauungen, die Psychologie erinnert an Hobbes, die Ethik aber ist sein eigenes Werk und das Wertvollste an diesem Buch. Spinoza steht in mancher Beziehung ähnlich zu Descartes wie Plotin zu Plato. Descartes war sehr vielseitig und stark an allen geistigen Dingen interessiert, von moralischem Ernst aber nicht gerade belastet. Obwohl er »Beweise« erfand, die den orthodoxen Glauben stützen sollten, hätten sich die Skeptiker genausogut auf ihn berufen können, wie Karneades sich auf Plato berief. Spinoza hatte zwar auch wissenschaftliche Interessen und schrieb sogar eine Abhandlung über den Regenbogen, beschäftigte sich aber vor allem mit Religion und Tugend. Er übernahm von Descartes und seinen Zeitgenossen eine materialistische und deterministische Physik und suchte in diesen Rahmen die Gottesverehrung und ein dem Guten geweihtes Leben einzufügen. Es war ein herrliches Vorhaben, das selbst denen Bewunderung abnötigt, die es für mißlungen halten.

Spinozas Metaphysik gehört zu dem Typ philosophischer Systeme, den Parmenides einführte. Es wird nur eine einzige Substanz, »Gott oder Natur«, angenommen; nichts Endliches ist selbständig. Descartes ließ drei Substanzen zu: Gott, Geist und Materie; allerdings war auch für ihn Gott in gewissem Sinne substantieller als Geist und Materie, da er sie erschaffen hat und sie auch wieder aufheben könnte, wenn er wollte. Aber abgesehen von ihrer Beziehung zu Gottes Allmacht sind Geist und Materie bei Descartes zwei unabhängige Substanzen, die durch die Attribute des Denkens bzw. der Ausdehnung definiert werden. Anders bei Spinoza. Für ihn sind Denken und Ausdehnung Attribute Gottes. Gott besitzt außerdem noch eine unendliche Zahl anderer Attribute, da er in jeder Beziehung unendlich sein muß; diese anderen aber sind uns unbekannt. Die Einzelseelen und die einzelnen Stücke der Materie sind für Spinoza adjektivisch; sie sind nicht *Dinge*, sondern nur Aspekte des göttlichen Seins. Persönliche Unsterblichkeit, woran die Christen glauben, kann es nicht geben, sondern nur ein unpersönliches, immer stärkeres Eins-Werden mit Gott. Endliche Dinge sind durch ihre physischen oder logischen Grenzen bestimmt, mit anderen Worten: durch das, was sie *nicht* sind: »Jede Determination ist Negation.« Es kann nur *ein* vollkommen positives Wesen geben, und das muß unendlich sein. Damit kommt Spinoza zum vollkommenen, reinen Pantheismus.

Nach Spinoza unterliegt alles einer absoluten, logischen Notwendigkeit. Es gibt weder so etwas wie Willensfreiheit in der geistigen Sphäre noch Zufall in der physikalischen Welt. Alles, was geschieht, ist eine Manifestation von Gottes unerforschlichem Wesen; es ist logisch unmöglich, daß sich Ereignisse auch anders zutragen könnten, als es wirklich geschieht. Daraus ergeben sich Schwierigkeiten in der Frage der Sünde, worauf die Kritiker auch alsbald hinwiesen. Einer von ihnen bemerkt, daß nach Spinozas Ansicht alles von Gott bestimmt und demnach gut sei, und fragt entrüstet: war es etwa gut, daß Nero seine Mutter töten mußte? War es gut, daß Adam den Apfel aß? Spinozas Antwort lautet, daß bei diesen Handlungen das Positive gut und nur das Negative schlecht war; aber Negatives existiert nur vom Standpunkt endlicher Kreaturen aus gesehen. Bei Gott, der allein wirklich vollkommen ist, gibt es keine Negation; daher existiert das Böse, worin für uns die Sünden bestehen, überhaupt nicht, sobald man sie als Teile des Ganzen ansieht. Wenn auch die meisten Mystiker diese Auffassung in der einen oder anderen Form vertreten haben, ist sie offenbar mit der orthodoxen Lehre von Sünde und Verdammnis nicht in Einklang zu bringen. Sie hängt mit Spinozas völliger Ablehnung der Willensfreiheit zusammen. Obwohl alles andere als polemisch veranlagt, war Spinoza doch zu aufrichtig, um ein Hehl aus seinen Überzeugungen zu machen, wie schrecklich sie auch seinen Zeitgenossen erscheinen mochten; es ist keineswegs überraschend, daß seine Lehre soviel Abscheu erregte.

Die *Ethik* ist im Stile Euklids mit Definitionen, Axiomen und Theoremen geschrieben; nach den Axiomen gilt alles als durch deduktive Argumente klar bewiesen. Das macht Spinoza schwer lesbar. Der Student von heute, der nicht annehmen kann, das sich solche Dinge wirklich streng »beweisen« lassen, muß ungeduldig werden bei einer derartig eingehenden Beweisführung, die zu beherrschen sich tatsächlich nicht lohnt. Es genügt, wenn man die aufgestellten Propositionen liest und die Scholien studiert, die viel vom Besten der *Ethik* enthalten. Es hieße aber mangelndes Verständnis beweisen, wollte man Spinoza wegen seiner geometrischen Methode einen Vorwurf machen. Die Behauptung, daß alles bewiesen werden *könne* und daß daher Beweise erbracht werden müßten, gehört nun einmal ethisch wie metaphysisch zum Wesentlichen seines Systems. Wenn *wir* seine Methode nicht akzeptieren, so nur, weil wir seine Metaphysik nicht anerkennen können. Es ist uns unmöglich zu glauben, daß die einzelnen Teile des Universums *logisch* miteinander verbunden sind, denn nach unserer Überzeugung müssen wissenschaftliche Gesetze durch die Beobachtung und nicht durch die Vernunft allein entdeckt werden. Spinoza aber hielt die geometrische Methode für notwendig; sie ist von den wesentlichen Teilen seiner Lehre untrennbar.

Ich komme nun zu Spinozas Theorie der Affekte. Sie schließt sich an eine metaphysische Erörterung über die Natur und den Ursprung des Geistes an, die zu dem erstaunlichen Satz führt: »Die menschliche Seele hat eine adäquate Erkenntnis der ewigen und unendlichen Wesenheit Gottes.«[1] Aber die Affekte, die im dritten Teil der *Ethik* behandelt werden, lenken uns ab und trüben unsere geistige Schau des Ganzen. »Jedes Ding strebt, soviel an ihm ist, in seinem Sein zu beharren.« So entsteht Liebe, Haß und Kampf. Die Psychologie des dritten Teils ist rein egoistisch. »Wer sich vorstellt, daß das, was er haßt, zerstört wird, wird sich freuen.« »Wenn wir uns vorstellen, daß jemand sich eines Dinges erfreut, das nur einer allein besitzen kann, werden wir zu bewirken streben, daß er jenes Ding nicht besitze.« Aber selbst in diesem Buch kommt es vor, daß Spinoza auf anscheinend mathematisch bewiesene Zynismen verzichtet, wenn er zum Beispiel sagt: »Haß wird durch Gegenhaß vermehrt, durch Liebe dagegen kann er ausgetilgt werden.« Der Selbsterhaltungstrieb ist nach Spinoza das Grundmotiv der Affekte; aber die Selbsterhaltung bekommt einen anderen Charakter, wenn wir uns vergegenwärtigen, daß das uns innewohnende Wirkliche und Positive uns mit dem Ganzen verbindet, nicht das, was den Anschein des Getrenntseins zu wahren sucht.

Die letzten beiden Teile der *Ethik*, »Von der menschlichen Knechtschaft oder von den Kräften der Affekte« und »Von der Macht des Verstandes oder von der menschlichen Freiheit«, interessieren am meisten. Geknechtet sind wir, soweit das, was geschieht, durch äußere Ursachen bestimmt wird, und wir sind frei, soweit wir durch uns selbst bestimmt sind. Spinoza glaubt wie Sokrates und Plato, daß alles Unrechttun eine Folge intellektuellen Irrtums ist: der Mensch, der alles, was ihn angeht,

---

[1] Die wörtlichen Zitate aus Spinozas *Ethik* sind der Ausgabe des Verlages Felix Meiner, Leipzig (übersetzt von Otto Bänsch), 7. Auflage, entnommen. (Anm. d. Übers.)

angemessen erkennt, wird klug handeln und sogar in Verhältnissen glücklich sein, die andere als Unglück bezeichnen würden. Er erhebt keinen Anspruch darauf, als selbstlos zu gelten; er weiß, daß ein gewisser Egoismus und ganz besonders der Selbsterhaltungstrieb alles menschliche Verhalten bestimmt. »Keine Tugend kann vor dieser (nämlich vor dem Streben nach Selbsterhaltung) begriffen werden.« Aber in seiner Vorstellung unterscheidet sich das Ziel des Eigennutzes bei einem klugen Menschen von dem des gewöhnlichen Egoisten: »Das höchste Gut der Seele ist die Erkenntnis Gottes, und die höchste Tugend der Seele Gott erkennen.« Die Affekte nennt er »Leidenschaften«, wenn sie inadäquaten Ideen entspringen; die Leidenschaften verschiedener Menschen können in Konflikt geraten, aber Menschen, die der Vernunft gehorchen, werden einig sein. Die Freude an sich ist gut, aber Furcht und Hoffnung sind schlecht, desgleichen Demut und Reue: »... vielmehr ist, wer eine Tat bereut, zwiefach elend und ohnmächtig.« Spinoza hält die Zeit für unwirklich, und deshalb sind alle Affekte, die sich im wesentlichen auf ein zukünftiges oder vergangenes Ereignis beziehen, wider die Vernunft. »Sofern die Seele die Dinge nach dem Gebote der Vernunft begreift, wird sie gleichermaßen affiziert, ob die Idee nun die eines zukünftigen oder vergangenen oder die eines gegenwärtigen Dinges ist.«

Das ist ein hartes Wort, aber charakteristisch für Spinozas System, und wir werden gut tun, einen Augenblick dabei zu verweilen. Gewöhnlich sagt man »Ende gut, alles gut«; wenn das Universum allmählich besser wird, halten wir mehr davon, als wenn es allmählich schlechter würde, selbst wenn die Summe des Guten und Bösen in beiden Fällen die gleiche wäre. Eine Katastrophe unserer eigenen Zeit beschäftigt uns mehr als was sich in Dschingis-Khans Tagen abgespielt hat. Nach Spinozas Ansicht ist das vernunftwidrig. Was immer sich ereignet, ist ein Teil der ewigen, zeitlosen Welt, wie Gott sie sieht, für Ihn ist das Wann irrelevant. Der weise Mensch bemüht sich, soweit die Grenzen seiner menschlichen Natur es zulassen, die Welt so zu sehen, wie Gott sie sieht, *sub specie aeternitatis*, unter dem Aspekt der Ewigkeit. Aber, wird man einwenden, wir tun doch sicher recht daran, uns mehr um künftiges Unheil zu kümmern, das sich möglicherweise abwenden läßt, als um vergangenes Elend, an dem nichts mehr zu ändern ist. Auf diesen Einwand gibt Spinozas Determinismus die Antwort. Nur aus Unwissenheit meinen wir, das Zukünftige ändern zu können; was geschehen soll, wird geschehen; die Zukunft steht so unabänderlich fest wie die Vergangenheit. Daher sind Furcht und Hoffnung verwerflich; beide beruhen auf der Ansicht, die Zukunft sei ungewiß, und entspringen infolgedessen einem Mangel an Wissen.

Wenn wir, soweit uns das möglich ist, dazu kommen, die Welt so zu sehen, wie Gott sie sieht, dann erkennen wir alles Einzelne nur als ein Teil des Ganzen, das für die Vortrefflichkeit dieses Ganzen notwendig ist. Infolgedessen ist »die Erkenntnis des Schlechten eine inadäquate Erkenntnis«. Gott weiß nichts vom Schlechten; denn es gibt nichts Schlechtes, das gewußt werden könnte; der Anschein des Schlechten entsteht nur dadurch, daß man Teile des Universums für selbständig hält.

Spinoza bemüht sich durch seine Auffassung, die Menschen von der Tyrannei der Furcht zu befreien: »Der freie Mensch denkt an nichts weniger als an den Tod; und seine Weisheit ist nicht ein Nachsinnen über den Tod, sondern ein Nachsinnen über das Leben.« Spinoza lebte allezeit nach diesem Grundsatz. An seinem letzten Lebenstag war er vollkommen ruhig; er fühlte sich nicht erhoben, wie Sokrates im *Phaidon*, unterhielt sich vielmehr wie gewöhnlich mit seinem Gesprächspartner über Dinge, die diesen interessierten. Im Gegensatz zu anderen Philosophen glaubte er nicht nur an seine Lehren, sondern verwirklichte sie auch; mir ist nicht bekannt, daß er sich jemals bei irgendeiner Gelegenheit, trotz aller Veranlassung, dazu hätte hinreißen lassen, Furcht oder Zorn zu zeigen, Gefühle, die er in seiner *Ethik* verurteilt. Bei Kontroversen war er höflich und vernünftig, niemals ausfallend, sondern stets nur aufs äußerste bemüht, den Gegner zu überzeugen.

Alles, was uns geschieht, ist gut, soweit es aus uns selbst kommt; nur was von außen kommt, ist schlecht für uns. »Weil aber alles, wovon der Mensch die bewirkende Ursache ist, notwendig gut ist, so kann dem Menschen folglich etwas Schlechtes nur von äußeren Ursachen her begegnen.« Demnach kann ganz offensichtlich dem Universum als Ganzem nichts Schlechtes widerfahren, da es keinen äußeren Ursachen unterworfen ist. »Wir sind nur ein Teil der ganzen Natur, deren Ordnung wir folgen. Wenn wir dies klar und deutlich einsehen, wird der Teil von uns, der durch die Einsicht definiert wird, das heißt der bessere Teil von uns, dabei völlig befriedigt sein und in dieser Zufriedenheit zu beharren streben.« Soweit ein Mensch widerstrebender Teil eines größeren Ganzen bleibt, ist er unfrei; soweit er aber verstandesmäßig die alleinige Wirklichkeit des Ganzen begriffen hat, ist er frei. Was eine solche Lehre bedeutet, wird im letzten Kapitel der *Ethik* entwickelt.

Spinoza hat nicht wie die Stoiker gegen *alle* Gefühle etwas einzuwenden, vielmehr nur gegen die »Leidenschaften«, bei denen wir gleichsam passiv der Einwirkung äußerer Kräfte ausgeliefert sind. »Ein Affekt, der eine Leidenschaft ist, hört auf, eine Leidenschaft zu sein, sobald wir uns von ihm eine klare und deutliche Idee bilden.« Die Einsicht, daß alle Dinge notwendig sind, verhilft dem Geist dazu, Herr über die Affekte zu werden. »Wer sich und seine Affekte klar und deutlich einsieht, liebt Gott, und um so mehr, je mehr er sich und seine Affekte einsieht.« Dieser Satz führt uns zu der »geistigen Gottesliebe«, die gleichbedeutend mit Weisheit ist. Die geistige Gottesliebe ist Denken und Fühlen im Verein; sie ist, wie man meines Erachtens sagen könnte, wahres Denken verbunden mit der Freude, die das Begreifen der

Wahrheit erzeugt. Alle Freude, die aus dem richtigen Denken entspringt, ist ein Teil der geistigen Gottesliebe, denn sie enthält nichts Negatives und ist deshalb wahrhaft ein Teil des Ganzen und nicht nur scheinbar wie fragmentarische Dinge, die so getrennt gedacht werden, daß sie schlecht erscheinen.

Ich sagte soeben, daß die geistige Gottesliebe Freude einbegreift; das war aber vielleicht falsch, denn Spinoza erklärt, Gott sei von keinem Gefühl des Schmerzes oder der Freude berührt; ferner sagt er: »Die geistige Liebe der Seele zu Gott ist ein Teil der unendlichen Liebe, womit Gott sich selbst liebt.« Ich glaube trotzdem, daß die geistige Gottesliebe noch etwas enthält, was nicht nur geistig ist; vielleicht muß diese Freude als etwas angesehen werden, das höher steht als Lust.

»Diese Liebe zu Gott«, heißt es, »muß die Seele am meisten einnehmen.« Ich habe Spinozas Beweise übergangen, dadurch aber nur ein unvollständiges Bild seines Denkens gegeben. Da der Beweis für den obigen Satz kurz ist, werde ich ihn ganz zitieren; der Leser kann sich dann danach selbst Beweise für andere Sätze ausdenken. Der Beweis für den obigen Satz lautet:

»Diese Liebe ist nämlich (nach Lehrsatz 14 dieses Teils) mit allen Körperaffektionen verbunden, und wird von ihnen allen (nach Lehrsatz 15 dieses Teils) genährt; und mithin muß sie (nach Lehrsatz 11 dieses Teils) die Seele am meisten einnehmen.« Was zu beweisen war.

Von den in dem obigen Beweis zitierten Stellen statuiert Lehrsatz 14: »Die Seele kann bewirken, daß alle Körperaffektionen oder Vorstellungsbilder der Dinge auf die Idee Gottes bezogen werden«; Lehrsatz 15 besagt: »Wer sich und seine Affekte klar und deutlich einsieht, liebt Gott, und um so mehr, je mehr er sich und seine Affekte einsieht«; Lehrsatz 11: »Auf je mehr Dinge ein Vorstellungsbild sich bezieht, um so häufiger ist es oder um so öfter wird es lebendig, und um so mehr nimmt es die Seele ein.«

Der oben angeführte »Beweis« läßt sich folgendermaßen formulieren: Unser Verständnis für das, was mit uns geschieht, nimmt dadurch zu, daß wir alles Geschehen auf die Gottesidee beziehen, da in Wahrheit alles nur ein Teil Gottes ist. Alles und jedes als Teil Gottes zu begreifen *ist* Gottesliebe. Wenn *alle* Dinge auf Gott bezogen werden, dann ist die Seele ganz und gar von der Gottesidee erfüllt.

Somit ist die Aufforderung, daß »diese Liebe zu Gott die Seele am meisten einnehmen müsse«, nicht in erster Linie eine moralische Ermahnung, sondern nur eine Feststellung dessen, was unweigerlich eintritt, wenn wir zur Einsicht kommen.

Es heißt, niemand könne Gott hassen, daß aber andererseits »wer Gott liebt, nicht danach streben könne, daß Gott ihn wiederliebe«. Goethe, der Spinoza bewunderte, obwohl er ihn nicht im geringsten verstand, legte diesen Satz als Selbstverleugnung aus. Das stimmt nicht. Der Satz ist vielmehr eine logische Folge der spinozistischen

Metaphysik. Spinoza sagt nicht, ein Mensch *solle* nicht wünschen, daß Gott ihn liebe. Das geht aus dem Beweis hervor, der besagt: »Wenn ein Mensch hiernach strebte, würde er mithin (nach Folgesatz zu Lehrsatz 17 dieses Teils) begehren, daß Gott, den er liebt, nicht Gott wäre, und folglich würde er (nach Lehrsatz 19 des dritten Teils) begehren, sich zu betrüben, was (nach Lehrsatz 28 des dritten Teils) ungereimt ist.« Der bereits angeführte Lehrsatz 17 besagt, daß Gott weder Affekte noch Freuden oder Schmerzen kennt; das auf das Obige bezogene Korollarium erklärt, daß Gott niemand liebt oder haßt. Auch hierin liegt wiederum kein moralisches Gebot, sondern eine logische Notwendigkeit: ein Mensch, welcher Gott liebt und wünscht, daß Gott ihn wiederliebe, würde sich damit wünschen, Schmerz zu empfinden, »was ungereimt wäre«.

In der Behauptung, Gott könne niemand lieben, darf kein Widerspruch zu der Feststellung gesehen werden, daß Gott sich selbst mit unendlicher geistiger Liebe liebt. Er kann sich selbst lieben; denn das läßt sich als durchaus möglich annehmen; und auf jeden Fall ist geistige Liebe eine ganz besonders geartete Liebe.

An dieser Stelle sagt uns Spinoza, er habe uns »alle Gegenmittel gegen die Affekte« gegeben. Sie bestehen aus klaren und bestimmten Vorstellungen von der Natur der Gefühle und ihrer Beziehung zu äußeren Ursachen. Verglichen mit der Liebe zu den Menschen hat die Liebe zu Gott noch einen weiteren Vorteil: »Ferner ist zu bemerken, daß die krankhaften Zustände und unglücklichen Zufälle des Gemüts ihren Ursprung vornehmlich in der übergroßen Liebe zu einem Dinge haben, das vielen Veränderungen unterworfen ist und das wir niemals sicher besitzen können.« Aber klares und deutliches Wissen »erzeugt Liebe zu dem Dinge, das unveränderlich ist und ewig«. Eine solche Liebe ist nicht stürmischen und beunruhigenden Charakters wie die Liebe zu einem veränderlichen und vergänglichen Objekt.

Obwohl das persönliche Weiterleben nach dem Tode eine Illusion ist, gibt es trotzdem im menschlichen Geiste etwas Ewiges. Der Geist kann sich nur etwas vorstellen oder sich an etwas erinnern, solange der Körper vorhanden ist; in Gott aber existiert eine Vorstellung, welche das Wesen jedes menschlichen Körpers in der Ewigkeitsform ausdrückt, und diese Vorstellung ist der ewige Teil des Geistes. Die geistige Gottesliebe des einzelnen ist in diesem ewigen Teil des Geistes enthalten.

Glückseligkeit, die aus der Liebe zu Gott besteht, ist nicht der Lohn der Tugend, sondern die Tugend selbst; wir erfreuen uns ihrer nicht, weil wir unsere Gelüste bezähmen, sondern weil wir uns ihrer erfreuen, werden wir Herr über unsere Lüste.

Die *Ethik* endet mit folgenden Worten:

»Der Weise dagegen, sofern er als solcher betrachtet wird, wird kaum in seinem Gemüt bewegt, sondern seiner selbst und Gottes und der Dinge nach einer gewissen ewigen Notwendigkeit bewußt, hört er niemals auf zu sein, sondern ist immer im Besitz der wahren Zufriedenheit des Gemüts. Wenn nun der Weg, der, wie ich gezeigt habe, hierhin führt, äußerst schwierig zu sein scheint, so läßt er sich doch finden. Und freilich schwierig muß sein, was so selten gefunden wird. Denn wie wäre es möglich, wenn das Heil leicht zugänglich wäre und ohne große Mühe gefunden werden könnte, daß fast alle es unbeachtet lassen? Aber alles Erhabene ist ebenso schwer, als selten.«

Bei einer kritischen Würdigung der philosophischen Bedeutung Spinozas ist es notwendig, seine Ethik von seiner Metaphysik zu trennen und zu untersuchen, wieviel von der Ethik bestehen bleibt, wenn man die Metaphysik ablehnt.

Spinozas Metaphysik ist das beste Beispiel für das, was man als »logischen Monismus« bezeichnen könnte – die Lehre nämlich, daß die Welt als Ganzes eine einzige Substanz ist, deren einzelne Teile logisch nicht allein existieren können. Diese Ansicht stützt sich letzten Endes auf die Überzeugung, daß jeder Satz nur ein Subjekt und nur ein Prädikat hat, was uns zu dem Schluß führt, daß Beziehungen und Pluralität illusorisch sein müssen. Spinoza glaubte, die Natur der Welt und des menschlichen Lebens ließe sich logisch aus selbstverständlichen Axiomen ableiten; wir sollten die Geschehnisse genauso hinnehmen wie die Tatsache, daß 2 und 2 gleich 4 ist, da sie beide gleichermaßen das Ergebnis logischer Notwendigkeit seien. Als Ganzes kann man diese Metaphysik unmöglich anerkennen; sie ist unvereinbar mit moderner Logik und wissenschaftlicher Methodik. *Tatsachen* sollen durch Beobachtung, nicht durch Schlüsse festgestellt werden; wenn wir erfolgreich auf Zukünftiges schließen, tun wir das mit Hilfe von Prinzipien, die nicht logisch notwendig, sondern uns durch empirische Data suggeriert sind. Und den Substanzbegriff, auf dem Spinoza aufbaut, kann weder die Wissenschaft noch die Philosophie heutigentags akzeptieren.

Kommen wir aber zu Spinozas Ethik, dann fühlen wir – mir jedenfalls geht es so –, daß man zwar nicht alles, aber doch manches gelten lassen kann, auch wenn man die metaphysische Grundlage ablehnt. Um es deutlicher zu sagen: Spinoza will zeigen, wie ein edles Leben zu führen ist, auch wenn wir uns der Grenze des menschlichen Vermögens bewußt sind. Er selbst zieht durch seine Lehre von der Notwendigkeit diese Grenzen noch enger, als sie sind; wenn aber an ihrem Vorhandensein nicht zu zweifeln ist, dann sind Spinozas Grundsätze wahrscheinlich die bestmöglichen. Man denke beispielsweise an den Tod: nichts was im Bereich des Menschenmöglichen liegt, kann den Menschen unsterblich machen; es ist daher zwecklos, Zeit mit Furcht und Klagen an die Tatsache zu verschwenden, daß wir sterben müssen. Von Todesfurcht besessen zu sein, ist ein Zeichen von Knechtschaft. Mit Recht sagt Spinoza: »Der freie Mensch denkt an nichts weniger als an den Tod.« Aber es ist nur der Tod überhaupt, dem gegenüber man diese Einstellung haben sollte; der Tod infolge einer besonderen Krankheit sollte wenn möglich durch ärztliche Behandlung abgewendet werden. Aber selbst in einem solchen Falle dürfte es Angst und Schrecken oder dergleichen nicht geben; die notwendigen Maßnahmen sollten in aller Ruhe getroffen und unsere Gedanken nach Möglichkeit auf andere Dinge gelenkt werden. Die gleichen Erwägungen haben bei allen anderen rein persönlichen Mißgeschicken Gültigkeit.

Wie aber verhält es sich, wenn den Menschen, die wir lieben, ein Unglück zustößt? Greifen wir einiges auf, das heutzutage in Europa oder China jedem widerfahren könnte. Angenommen, Sie wären Jude und Ihre Familie wäre umgebracht worden; angenommen, Sie arbeiteten heimlich gegen die Nazis und Ihre Frau wäre erschossen worden, weil Sie unauffindbar waren; angenommen, man hätte Ihren Mann wegen irgendeines angeblichen Verbrechens zur Zwangsarbeit in die Arktis verschickt und er sei dort infolge grausamer Behandlung und an Hunger gestorben; angenommen, Ihre Tochter wäre verschleppt und von feindlichen Soldaten getötet worden. Müßten Sie unter diesen Umständen noch philosophische Ruhe bewahren?

Wer Christi Lehre folgt, wird sagen: »Herr, vergib ihnen, denn sie wissen nicht, was sie tun.« Ich habe Quäker gekannt, die das mit voller Überzeugung und ganz aufrichtig hätten sagen können und die ich deshalb bewunderte. Aber bevor man jemand bewundert, sollte man sich vergewissern, daß ihm das Unglück wirklich so nahe geht, wie zu erwarten wäre. Man kann die Haltung gewisser Stoiker nicht anerkennen, die sagten: »Was geht es mich an, wenn meine Familie leidet? Deswegen kann ich doch tugendhaft bleiben.« Das christliche Gebot »Liebe deine Feinde« ist gut, aber der stoische Grundsatz »Sei gleichgültig gegenüber deinen Freunden« ist schlecht. Und das christliche Gebot verlangt nicht, daß man ungerührt bleibe, sondern daß man vielmehr selbst den schlechtesten Menschen innig lieben solle. Dagegen läßt sich nichts einwenden, nur dürfte es den meisten von uns zu schwerfallen, es aufrichtigen Herzens zu befolgen.

Die primitive Reaktion auf ein Unglück der eben geschilderten Art ist das Bedürfnis nach Rache. Als Macduff erfährt, daß sein Weib und seine Kinder von Macbeth getötet worden sind, beschließt er, den Tyrannen zu ermorden. Diese Reaktion wird noch von den meisten Menschen bewundert, wenn das Unrecht schwer und dazu angetan ist, moralischen Abscheu bei Unbeteiligten hervorzurufen. Auch kann sie schon deshalb nicht ganz verurteilt werden, weil sie zu den Kräften gehört, die Bestrafung bewirken, und Strafe ist zuweilen vonnöten. Überdies kann, wenn man die Sache vom Standpunkt der geistigen Gesundheit aus betrachtet, der Racheimpuls so stark sein, daß die gesamte Lebensauffassung eines Menschen verzerrt und mehr oder minder ungesund wird, wenn er kein Ventil findet. Das trifft zwar nicht immer, doch bei einem hohen Prozentsatz von Fällen zu. Andererseits darf nicht übersehen werden, daß Rache ein sehr gefährliches Motiv ist. Soweit die Gesellschaft sie anerkennt, erlaubt sie dem Menschen, in eigener Sache zu richten, und dem gerade will das Gesetz ja vorbeugen. Zudem ist das Rachegefühl gewöhnlich ein übersteigerter Trieb: es bemüht sich, härter zu strafen, als wünschenswert ist. Folter beispielsweise sollte nicht mit Folter bestraft werden. Aber ein Mensch, der vor Rachedurst nicht mehr bei Sinnen ist, wird finden, daß ein schmerzloser Tod für den Gegenstand seines Hasses zu gut sei. Außerdem – und hier hat Spinoza recht – ist ein von einem einzigen Affekt beherrschtes Leben nur ein halbes Leben und unvereinbar mit der Weisheit in irgendeiner Form. Daher ist Rache keinesfalls die beste Reaktion auf erlittenes Unrecht.

Spinoza spricht stets wie ein Christ und zuweilen noch christlicher als ein Christ. Nach seiner Ansicht entspringt jede Sünde der Unwissenheit; er möchte den Sündern vergeben, »denn sie wissen nicht, was sie tun«. Er möchte aber auch, daß wir über den engeren Gesichtskreis, aus dem nach seiner Auffassung die Sünde stammt, hinauswachsen, und möchte uns dazu bringen, selbst im größten Unglück nicht in der Welt der eigenen Sorgen zu versinken; wir sollen lernen, jedes Mißgeschick in seiner Beziehung zu seinen Ursachen und als Teil der gesamten Weltordnung zu sehen. Wie wir erfahren haben, glaubt er, daß die Liebe den Haß überwinden könne: »Haß wird durch Gegenhaß vermehrt, durch Liebe dagegen kann er ausgetilgt werden. Haß, der durch Liebe vollständig besiegt wird, geht in Liebe über, und die Liebe ist dann größer, als wenn kein Haß vorangegangen wäre.« Ich wollte, ich könnte das glauben, es ist mir aber nicht möglich; dabei nehme ich einzelne Fälle aus, in denen der Hassende völlig der Person ausgeliefert ist, die den Haß nicht erwidern will. In solchen Fällen könnte die Verwunderung über das Ausbleiben der Strafe von bessernder Wirkung sein. Aber solange die Schlechten die Oberhand haben, ist es ziemlich zwecklos, ihnen zu versichern, daß man sie nicht haßt, da sie diese Worte auf das falsche Motiv zurückführen werden. Und man kann ihnen nicht dadurch die Macht nehmen, daß man ihnen keinen Widerstand leistet.

Für Spinoza ist das Problem leichter als für jemand, der nicht an die äußerste Vollkommenheit des Universums glaubt. Spinoza ist der Überzeugung: Wenn wir jedes Leid so sehen, wie es wirklich ist, nämlich als Glied einer Ursachenkette, die von Anbeginn der Zeit bis zu ihrem Ende reicht, dann werden wir erkennen, daß es nur für uns selbst ein Leid, für das All aber ein bloßer vorübergehender Mißton ist, der die letzte Harmonie erhöht. Ich kann mich nicht zu dieser Auffassung bekennen; nach meiner Ansicht bleiben einzelne Geschehnisse das, was sie sind, und verändern sich nicht dadurch, daß sie in einem Ganzen aufgehen. Jeder Grausamkeitsakt ist ewig ein Teil des Universums; nichts, was später geschieht, kann aus dieser schlechten Tat eine gute machen oder das Ganze, dessen Teil sie ist, zur Vollkommenheit führen.

Wenn es uns aber bestimmt ist, etwas zu ertragen, was über das gewöhnliche Menschenlos hinausgeht (oder hinauszugehen scheint), dann ist Spinozas Grundsatz, an das Ganze oder zumindest an Größeres als den eigenen Kummer zu denken, sehr nützlich. In gewissen Zeiten wirkt es sogar tröstlich, sich zu vergegenwärtigen, daß das menschliche Leben mit allem, was es an Bösem und Leidvollem umfaßt, ein unendlich kleiner Teil des Lebens des Universums ist. Solche Betrachtungen mögen nicht ausreichen, eine Religion zu gründen, aber in einer Welt der Leiden führen sie auf den Weg der Genesung und dienen als Heilmittel gegen das lähmende Gift der tiefsten Verzweiflung.

11. KAPITEL

Leibniz

Leibniz (1646–1716) war einer der größten Denker aller Zeiten, aber als Mensch nicht bewunderungswürdig. Er besaß allerdings die Eigenschaften, die man in dem Zeugnis eines zukünftigen Arbeitnehmers gern erwähnt sieht: Er war fleißig, sparsam, mäßig und ehrlich in Geldsachen. Aber die höheren philosophischen Tugenden, die an Spinoza so bemerkenswert sind, fehlten ihm gänzlich. Seine besten Gedanken waren nicht dazu angetan, ihm die Herzen zu gewinnen, und so ließ er alles, was er davon aufgezeichnet hatte, unveröffentlicht in seinem Pult liegen. Was er publizierte, war dazu bestimmt, ihm die Anerkennung von Fürsten und Fürstinnen zu erringen. Infolgedessen gibt es zwei Systeme, die man als die Philosophie Leibniz' bezeichnen kann: Das eine, das er veröffentlichte, war optimistisch, orthodox, phantastisch und oberflächlich; und ein zweites, das erst in jüngster Zeit von Herausgebern aus seinen Manuskripten zutage gefördert wurde und das tiefsinnig, geschlossen, stark spinozistisch und verblüffend logisch ist. Es war der populäre Leibniz, der die Lehre von der besten aller möglichen Welten erfand (die F. H. Bradley mit dem grimmigen Kommentar versah »und alles in ihr ist notwendig schlecht«); diesen Leibniz karikierte Voltaire im Dr. Pangloss. Es hieße unhistorisch vorgehen, wollte man diesen Leibniz unbeachtet lassen, aber der andere ist von weit größerer philosophischer Bedeutung.

Leibniz wurde zwei Jahre vor dem Ende des Dreißigjährigen Krieges in Leipzig geboren, wo sein Vater Professor der Moralphilosophie war. Er studierte an der Universität die Rechte und erwarb 1666 die Doktorwürde in Altdorf, wo ihm ein Lehrstuhl angeboten wurde; er lehnte diese Berufung jedoch mit der Begründung ab, daß er »ganz andere Dinge vorhabe«. 1667 trat er in die Dienste des Erzbischofs von Mainz, der wie andere westdeutsche Fürsten in ständiger Furcht vor Ludwig XIV. lebte. Mit Billigung des Erzbischofs suchte Leibniz den französischen König zu überreden, in Ägypten statt in Deutschland einzufallen, wurde aber von ihm höflich daran erinnert, daß seit der Zeit Ludwigs des Heiligen jeder Kreuzzug gegen die Ungläubigen unmodern geworden sei. Sein Projekt blieb der Öffentlichkeit unbekannt, bis Napoleon es 1803 bei der Einnahme von Hannover entdeckte, vier Jahre nach seinem eigenen, mißlungenen Feldzug nach Ägypten. Leibniz kam 1672 im Zusammenhang mit diesem Vorhaben nach Paris, wo er sich während der nächsten vier Jahre meist aufhielt. Die Verbindungen, die er in Paris anknüpfte, waren von großer Bedeutung für seine geistige Entwicklung, da Paris zu jener Zeit auf philosophischem und mathematischem Gebiet führend war. Dort erfand er auch 1675/76 die Infinitesimalrechnung, ohne Newtons zeitlich frühere, aber unveröffentlichte Arbeit über das gleiche Thema zu kennen. Leibniz' Werk erschien zuerst, 1684, Newtons 1687. Der sich daraus ergebende Prioritätsstreit war mißlich und für alle Beteiligten schimpflich.

Leibniz war etwas knauserig. Wenn eine junge Dame am hannoverschen Hofe heiratete, pflegte er ihr etwas zu überreichen, was er als »Hochzeitsgeschenk« bezeichnete; es bestand aus nützlichen Sprüchen und schloß mit dem guten Rat, die Braut solle, nachdem sie sich einen Mann gesichert habe, nicht etwa das Waschen aufstecken. Die Geschichte verschweigt uns, ob die Bräute dankbar dafür waren.

In Deutschland hatte Leibniz eine neo-scholastische, aristotelische Philosophie erlernt, von der ihm zeit seines Lebens etwas anhaftete. In Paris aber erschlossen sich ihm der Cartesianismus und der Materialismus Gassendis, die ihn beide beeinflußten; zu diesem Zeitpunkt wandte er sich nach eigener Aussage von den »Trivialschulen« ab, womit die Scholastik gemeint ist. In Paris wurde er mit Malebranche und dem Jansenisten Arnauld bekannt. Der letzte bedeutende Einfluß auf seine Philosophie ging von Spinoza aus, den er 1676 besuchte. Er verbrachte einen Monat in häufigen Diskussionen mit ihm und brachte einen Teil des Manuskripts der *Ethik* in Sicherheit. In späteren Jahren gesellte er sich zu den Gegnern Spinozas und bagatellisierte seine Begegnungen mit ihm, indem er behauptete, ihn nur einmal gesehen zu haben, bei welcher Gelegenheit Spinoza ein paar gute politische Anekdoten erzählt habe.

Seine Beziehungen zum Hof von Hannover, in dessen Diensten er für den Rest seines Lebens verblieb, begannen im Jahre 1673. Von 1680 an arbeitete er als Hofbibliothekar in Wolfenbüttel mit dem offiziellen Auftrag, die Geschichte Braunschweigs zu schreiben. Er war beim Jahr 1009 angelangt, als er starb. Das Werk wurde erst 1843 veröffentlicht. Einen Teil seiner Zeit verwandte er auf einen Plan zur Vereinigung der Kirchen, der aber mißglückte. Er reiste nach Italien, um festzustellen, ob die Herzöge von Braunschweig mit dem Geschlecht der Este verwandt seien. Trotz dieser Verdienste ließ man ihn in Hannover zurück, als Georg I. König von England wurde; man tat es hauptsächlich, weil er sich durch seinen Streit mit Newton die englischen Sympathien verscherzt hatte. Dennoch stand die Prinzessin von Wales, wie er all seinen Briefpartnern mitteilte, gegen Newton auf seiner Seite. Obwohl er ihre Gunst besaß, starb er in Vergessenheit.

Leibniz' populäre Philosophie ist in der *Monadologie* und in den *Principes de la Nature et de la Grâce* zu finden; eine der beiden Schriften (welche, steht allerdings nicht fest) verfaßte er für den Prinzen Eugen von Savoyen, den Kollegen Marlboroughs. Die Grundzüge seines theologischen Optimismus sind in der *Theodizee* dargelegt, die er für die Königin Charlotte von Preußen schrieb. Ich werde mit der in diesen Schriften entwickelten Philosophie beginnen und dann zu dem gehaltvolleren Werk übergehen, das er nicht veröffentlicht hat.

Wie Descartes und Spinoza ging Leibniz in seiner Philosophie von dem Substanzbegriff aus; in seiner Auffassung der Beziehung von Geist und Materie und der Zahl der Substanzen unterschied er sich jedoch radikal von ihnen. Descartes erkannte drei Substanzen an: Gott, Geist und Materie; Spinoza ließ nur Gott zu. Für Descartes ist Ausdehnung das Wesen der Materie, für Spinoza sind Ausdehnung und Denken Attribute Gottes. Nach Leibniz' Überzeugung konnte Ausdehnung nicht Attribut einer Substanz sein. Er begründete das damit, daß Ausdehnung eine Vielheit einbegreife und daher nur einem Aggregat von Substanzen zugehören könne; jede einzelne Substanz müsse ohne Ausdehnung sein. Demgemäß glaubte er an eine Unzahl von Substanzen, die er »Monaden« nannte. Jede von ihnen besäße einige Eigenschaften eines physikalischen Punktes, allerdings nur bei abstrakter Betrachtung; in Wirklichkeit ist jede Monade eine Seele. Das ergibt sich naturgemäß, wenn man die Ausdehnung als Attribut der Substanz verwirft; was als allein mögliches Wesensattribut übrigblieb, schien das Denken zu sein. So kam Leibniz dazu, die Realität der Materie zu leugnen und durch eine unendliche Familie von Seelen zu ersetzen.

Die von Descartes' Nachfolgern entwickelte Lehre, daß die Substanzen einander nicht beeinflussen können, wurde von Leibniz beibehalten und führte bei ihm zu merkwürdigen Ergebnissen. Niemals können zwei Monaden, so behauptete er, in irgendeinem Kausalzusammenhang miteinander stehen; wenn trotzdem einmal dieser Eindruck erzielt wird, so trügt der Schein. Monaden sind nach seiner Ausdrucksweise »fensterlos«. Daraus ergaben sich zwei Schwierigkeiten: einmal durch die Dynamik, bei der die Körper vor allem durch Stoß aufeinander einzuwirken scheinen, zum andern im Zusammenhang mit der Vorstellung, die in einer Einwirkung des vorgestellten Objektes auf den Vorstellenden zu bestehen scheint. Wir wollen gegenwärtig die dynamische Schwierigkeit übergehen und nur die Frage der Vorstellung untersuchen. Nach Leibniz' Überzeugung spiegelt jede Monade das Universum wider, nicht, weil das Universum auf sie einwirkt, sondern weil Gott ihr ein Wesen verliehen hat, das spontan dieses Ergebnis erzeugt. Es besteht eine »prästabilierte Harmonie« zwischen den Veränderungen in den verschiedenen Monaden, wodurch der Anschein der Wechselwirkung erzielt wird. Das ist offensichtlich eine Erweiterung des Prinzips der beiden Uhren, die beide gleichzeitig schlagen, weil jede genau richtig geht. Leibniz verfügt über eine Unzahl von Uhren, die alle vom Schöpfer so eingerichtet sind, daß sie zur gleichen Zeit schlagen, nicht, weil sie einander beeinflussen, vielmehr, weil eine jede einen vollkommen akkuraten Mechanismus darstellt. Wer die prästabilierte Harmonie seltsam fand, wurde von Leibniz darauf aufmerksam gemacht, was für einen wundervollen Gottesbeweis sie erbringe.

Die Monaden bilden eine Hierarchie, in der manche den anderen durch die Klarheit und Deutlichkeit, mit der sie das Universum spiegeln, überlegen sind. Ihnen allen wohnt ein bestimmter Grad von Verworrenheit der Vorstellung inne; aber das Ausmaß dieser Verworrenheit schwankt entsprechend dem Wert der betreffenden Monade. Der menschliche Körper ist ganz aus Monaden zusammengesetzt, deren jede eine Seele und unsterblich ist; eine dieser Monaden ist vorherrschend und das, was man *die* Seele des Menschen nennt, von dessen Körper sie ein Teil ist. Diese Monade ist den anderen überlegen, nicht allein, weil sie klarere Vorstellungen hat, sondern auch noch in anderer Beziehung. Die Veränderungen im menschlichen Körper geschehen (unter normalen Umständen) um der herrschenden Monade willen: Wenn mein Arm sich bewegt, dann liegt der Zweck, dem die Bewegung dient, in der herrschenden Monade, das heißt in meinem Geist, nicht in den Monaden, die meinen Arm bilden. So verhält es sich in Wahrheit mit dem, was gemeinhin als die Herrschaft meines Willens über meinen Arm erscheint.

Der Raum, wie er den Sinnen erscheint und wie ihn die Physik annimmt, ist nicht wirklich, hat aber ein reales Gegenstück, nämlich die Anordnung der Monaden in einer dreidimensionalen Ordnung, entsprechend dem Standpunkt, von dem aus sie das Universum widerspiegeln. Jede Monade sieht die Welt in einer bestimmten, ihr eigentümlichen Perspektive; in diesem Sinne können wir, wenn auch etwas frei, von einer räumlichen Stellung der Monade sprechen.

Wenn wir uns diese Ausdrucksweise gestatten, dann läßt sich auch sagen, daß es so etwas wie ein Vakuum nicht gibt; jeder mögliche Standpunkt wird von einer Monade, und zwar nur von einer einzigen, eingenommen. Zwei Monaden, die einander genau gleichen, sind unmöglich; das ist Leibniz' »principium identitatis indiscernibilium«.

In seinem Bemühen, sich von Spinoza zu distanzieren, wies Leibniz überaus eifrig darauf hin, daß sein System die Willensfreiheit zuließe. Nach seinem »Satz vom zureichenden Grunde«[1] geschieht nichts ohne Grund. Aber wenn wir uns frei handelnde Menschen ansehen, dann erkennen wir, daß es keine notwendigen Gründe sind, die sie zu ihrem Vorgehen bestimmen. Was ein menschliches Wesen tut, hat immer einen Grund, aber der zureichende Grund seiner Handlung ist nicht logisch notwendig. So wenigstens drückt sich Leibniz aus, wenn er populär schreibt; aber wie wir sehen werden, hatte er noch eine andere Anschauung, die er für sich behielt, nachdem er erfahren hatte, daß Arnauld sie abstoßend fand.

Gott ist in seinem Handeln ebenso frei. Er tut alles aufs beste, han-

---

[1] Die Zitate aus Leibniz' philosophischen Schriften entsprechen der Übersetzung von A. Buchenau (Verlag F. Meiner, Leipzig 1924) und der Ausgabe von C. J. Gerhardt (Berlin 1875–1890). (Anm. d. Übers.)

delt dabei aber nicht unter irgendeinem logischen Zwang. Leibniz stimmt mit Thomas von Aquino darin überein, daß Gott den Gesetzen der Logik nicht zuwiderhandeln könne, wohl aber kann er bestimmen, was überhaupt logisch möglich ist, und das räumt ihm eine große Wahlfreiheit ein.

Leibniz verlieh den metaphysischen Gottesbeweisen ihre endgültige Form. Sie hatten eine lange, bei Aristoteles, ja sogar schon bei Plato beginnende Geschichte; von den Scholastikern wurden sie formuliert, und einen davon, den ontologischen Beweis, hatte der heilige Anselm aufgestellt. Thomas von Aquino verwarf ihn, Descartes jedoch griff ihn wieder auf, Leibniz vermochte mit seinem außerordentlichen logischen Geschick die Beweise besser aufzustellen, als man es je zuvor getan hatte. Aus diesem Grunde möchte ich sie im Zusammenhang mit ihm untersuchen.

Vor der eingehenden Prüfung der Gottesbeweise sollte man sich darüber klar sein, daß moderne Theologen von ihnen abgekommen sind. Die Theologie des Mittelalters wurzelt im griechischen Intellekt. Der Gott des Alten Testaments ist ein Gott der Macht, der Gott des Neuen Testaments auch ein Gott der Liebe; aber der Gott der Theologen von Aristoteles bis Calvin wendet sich an den Intellekt: seine Existenz löst manche Rätsel, die andernfalls – wenn man das Universum begreifen will – schwer zu lösen sein würden. Dieser Gott, der gleichsam das Ergebnis einer Beweisführung ist, wie sich etwa ein geometrischer Lehrsatz beweisen läßt, befriedigte Rousseau nicht; er kehrte daher zu einem Gottesbegriff ähnlich dem der Evangelien zurück. Im großen und ganzen sind darin die modernen Theologen, besonders die protestantischen, Rousseau gefolgt. Die Philosophen waren konservativer; Hegel, Lotze und Bradley hielten sich noch an die metaphysischen Beweise, obwohl Kant behauptete, ein für allemal mit ihnen aufgeräumt zu haben.

Leibniz führt vier Gottesbeweise an: 1. den ontologischen, 2. den kosmologischen, 3. den aus den ewigen Wahrheiten abgeleiteten und 4. den aus der prästabilierten Harmonie herstammenden oder – allgemeiner ausgedrückt – den von der Zweckmäßigkeit abgeleiteten oder physiko-theologischen Beweis, wie Kant ihn nennt. Wir wollen diese Beweise der Reihe nach betrachten.

Der ontologische Beweis beruht auf dem Unterschied zwischen Existenz und Essenz. Danach besitzt jede gewöhnliche Sache oder Person einmal Existenz, zum andern aber auch bestimmte Eigenschaften, die ihre »Essenz« ausmachen. Obwohl Hamlet nicht existiert, hat er doch eine gewisse Essenz; er ist melancholisch, unentschlossen, geistreich und so fort. Wenn wir eine Person beschreiben, bleibt selbst bei eingehendster Schilderung die Frage offen, ob sie wirklich oder imaginär ist. In der Sprache der Scholastik hieß das, die Existenz einer endlichen Substanz sei in ihrer Essenz noch nicht einbegriffen. Bei Gott aber als dem allervollkommensten Wesen bedingt, wie der heilige Anselm und nach ihm Descartes behaupten, die Essenz die Existenz, weil nämlich ein Wesen, das sonst alle Vollkommenheiten besitzt, besser ist, wenn es existiert, als wenn es nicht existiert; daraus folgt, daß es nicht das bestmögliche Wesen wäre, wenn es nicht existierte.

Leibniz kann diesen Beweis weder ganz anerkennen noch ganz ablehnen; er bedürfe, wie er meint, einer Ergänzung durch den Beweis, daß Gott in dieser Definition möglich sei. Er arbeitete einen Beweis aus, daß die Idee »Gott« möglich wäre, und legte ihn Spinoza vor, als er ihn im Haag besuchte. Dieser Beweis definiert Gott als höchstvollkommenes Wesen, das heißt als Subjekt aller Vollkommenheiten; Vollkommenheit wird definiert als »einfache Eigenschaft, welche positiv und absolut ist und ohne Einschränkung ausdrückt, was immer sie ausdrückt«. Leibniz beweist ohne weiteres, daß alle Vollkommenheiten nach der obigen Definition miteinander vereinbar sein müssen. Er schließt: »Dieser Grad von Größe und Vollkommenheit oder vielmehr die Vollkommenheit, welche im Dasein besteht, ist also in diesem höchsten, durchaus großen, ganz vollkommenen Wesen enthalten, denn sonst würde ihm ein bestimmter Grad von Vollkommenheit fehlen, was gegen seine Definition verstoßen würde. Folglich existiert dies höchste Wesen.«

Dagegen erhob Kant den Einwand, »Existenz« sei kein Prädikat. Eine weitere Widerlegung ergibt sich aus meiner Beschreibungstheorie. Der Beweis scheint für moderne Begriffe nicht sehr überzeugend, nur kommt man leichter zu dem Gefühl, er müsse fehlerhaft sein, als zu der Entdeckung des Fehlers selbst.

Der kosmologische Beweis ist plausibler als der ontologische. Er ist eine Abart des »Beweises mittels der ersten Ursache«, der wiederum auf das aristotelische Argument vom unbewegten Beweger zurückgeht. Der Beweis mittels der ersten Ursache ist einfach. Er zeigt auf, daß alles Endliche eine Ursache hat, die sich wiederum aus einer Ursache herleitet und so fort. Diese Kette aufeinanderfolgender Ursachen kann nicht unendlich sein, wie behauptet wird. Das erste Glied in der Kette muß selbst ursachlos sein, sonst wäre es nicht das erste Glied. Alles hat daher eine ursachlose Ursache, und das ist natürlich Gott.

Dieser Beweis nimmt bei Leibniz eine etwas andere Form an. Er setzt auseinander, daß jedes Einzelding in der Welt »zufällig« sei, das heißt, es wäre logisch möglich, daß es nicht existierte. Und das trifft nicht nur für jedes Einzelding, sondern auch für das ganze Universum zu. Selbst wenn wir annehmen, das Universum habe von jeher existiert, vermag doch nichts in der Welt zu beweisen, warum es existiert. Alles muß aber nach Leibnizscher Philosophie einen zureichenden Grund haben, der außerhalb des Universums liegen muß. Dieser zureichende Grund ist Gott.

Das ist ein besseres Argument als der einfache Beweis mittels der ersten Ursache und nicht so leicht zu widerlegen. Der Beweis mittels der ersten Ursache beruht auf der Voraussetzung, daß jede Reihe einen Anfang haben müsse, was falsch ist, denn die Reihe der echten Brüche beispielsweise hat keinen Anfang. Aber Leibniz' Beweis stützt sich nicht auf die Ansicht, daß das Universum einen zeitlichen Anfang gehabt haben müsse. Der Beweis ist stichhaltig, solange wir Leibniz' Satz vom zureichenden Grunde gelten lassen; geben wir ihn jedoch auf, so bricht der Beweis zusammen. Was Leibniz mit dem Satz vom zureichenden Grunde eigentlich gemeint hat, ist eine Streitfrage. Couturat ist der Ansicht, er bedeute, jeder richtige Satz sei »analytisch«, das heißt, sein Gegenteil widerspreche sich selbst. Aber diese Auslegung (die sich auf Schriften stützt, welche Leibniz nicht veröffentlicht hat) gehört – wenn sie richtig ist – zur esoterischen Lehre. In seinen veröffentlichten Werken vertritt er die Auffassung, es bestehe ein Unterschied zwischen notwendigen und möglichen Sätzen; nur die ersteren ergäben sich aus den Gesetzen der Logik, und alle Sätze, welche Existenz aussagen, seien möglich, mit der alleinigen Ausnahme der Existenz Gottes. Obwohl Gott notwendig existiert, war er logisch nicht gezwungen, die Welt zu erschaffen; die Schöpfung war im Gegenteil eine Tat der freien Wahl, durch seine Güte zwar begründet, doch nicht erzwungen.

Mit seiner Ansicht, dieses Argument stütze sich auf den ontologischen Beweis, hat Kant natürlich recht. Wenn sich die Existenz dieser Welt nur durch die Existenz eines notwendigen Wesens erklären läßt, dann muß es ein Wesen geben, dessen Essenz Existenz einbegreift, denn dies und nichts anderes ist unter einem »notwendigen Wesen« zu verstehen. Wenn es jedoch möglich ist, daß es ein Wesen gibt, dessen Essenz Existenz einbegreift, dann kann nur die Vernunft ohne die Erfahrung ein solches Wesen definieren, dessen Existenz sich aus dem ontologischen Beweis ergeben wird; denn alles, was die Essenz allein betrifft, kann unabhängig von der Erfahrung erkannt werden – das ist zumindest Leibniz' Auffassung. Daher ist es eine Täuschung, wenn der kosmologische Beweis überzeugender wirkt als der ontologische.

Den aus den ewigen Wahrheiten abgeleiteten Beweis klar darzustellen, ist etwas schwierig. In großen Zügen besagt das Argument etwa folgendes: eine Behauptung, wie zum Beispiel »es regnet«, ist manchmal richtig und manchmal falsch; aber »zwei und zwei ist vier« ist immer richtig. Alle Behauptungen, die nur die Essenz, nicht die Existenz betreffen, sind entweder immer richtig oder niemals wahr. Diejenigen, die immer wahr sind, nennt man »ewige Wahrheiten«. Der Kern des Beweises ist, daß Wahrheiten ein Teil des Bewußtseinsinhaltes sind und daß eine ewige Wahrheit Teil des Inhalts eines ewigen Bewußtseins ist. Etwas Ähnliches findet sich schon bei Plato in der Ableitung der Unsterblichkeit von der Ewigkeit der Ideen. Aber bei Leibniz ist das Argument weiter entwickelt. Er behauptet, der letzte Grund für mögliche Wahrheiten müsse in notwendigen Wahrheiten gefunden werden. Hier deckt sich der Beweis mit dem kosmologischen: es muß eine Ursache für die ganze zufällige Welt geben, und diese Ursache kann selbst nicht zufällig sein, sondern muß unter den ewigen Wahrheiten gesucht werden. Aber eine Ursache für das, was existiert, muß selbst existieren; deshalb muß es auch ewige Wahrheiten in irgendeinem Sinne geben, und das ist nur möglich, wenn sie als Gedanken in Gottes Bewußtsein existieren. Dieses Argument ist in Wirklichkeit nur eine andere Form des kosmologischen Beweises. Es läßt jedoch den weiteren Einwand zu, daß man kaum sagen kann, eine Wahrheit »existiere« in dem Geist, der sie begreift.

Der aus der prästabilierten Harmonie abgeleitete Beweis in der von Leibniz aufgestellten Form ist nur stichhaltig, wenn man seine fensterlosen Monaden, die alle das Universum widerspiegeln, gelten läßt. Der Beweis besagt: wenn alle Uhren miteinander richtig gehen, ohne daß ein Kausalzusammenhang zwischen ihnen besteht, muß es eine außerhalb ihrer liegende Ursache gegeben haben, die sie sämtlich reguliert hat. An eben dieser Schwierigkeit krankt die ganze Monadologie: wenn die Monaden keinerlei Wechselbeziehung kennen, wie können sie dann überhaupt voneinander wissen? Was als Spiegelbild des Universums erscheint, kann bloßer Traum sein. Wenn Leibniz recht hat, dann *ist* es tatsächlich nur Traum; er brachte jedoch irgendwie in Erfahrung, daß alle Monaden gleichzeitig gleiche Träume hätten. Das ist selbstverständlich phantastisch und wäre ohne die voraufgehende Geschichte des Cartesianismus niemals glaubwürdig erschienen.

Leibniz' Beweis läßt sich jedoch aus der Abhängigkeit von seiner speziellen Metaphysik herauslösen und in den sogenannten Beweis des Planes umwandeln. Dieses Argument besagt, daß sich bei einer Untersuchung der bekannten Welt Dinge finden, die nicht dadurch überzeugend zu erklären sind, daß man sie als das Produkt blinder Naturkräfte bezeichnet; es ist vielmehr weit vernünftiger, sie als Beweise für eine gütige Vorsehung anzusehen.

Dieser Beweis enthält keinen formal logischen Fehler; seine Prämissen sind empirisch, und aus seinem Schluß geht hervor, daß er nach den üblichen Regeln empirischer Schlüsse gezogen worden ist. Die Frage, ob man ihn anerkennen oder verwerfen soll, läuft infolgedessen nicht auf metaphysische Fragen, sondern auf entsprechend eingehende Überlegungen hinaus. Es besteht ein wichtiger Unterschied zwischen diesem Argument und den anderen Beweisen, da nämlich der Gott, den dieser Beweis (falls er stichhaltig ist) beweist, all die gewöhnlichen metaphysischen Attribute nicht zu besitzen braucht. Er bedarf keiner Allmacht und Allwissenheit; er muß nur unendlich viel weiser und mächtiger sein als wir. Das Böse in der Welt läßt sich mit der Begrenztheit seiner Macht erklären. Einige moderne Theologen haben von dieser Möglichkeit bei der Formulierung ihres Gottesbegriffes Gebrauch gemacht. Aber Betrachtungen dieser Art lenken von der Leibnizschen Philosophie ab, der wir uns jetzt wieder zuwenden müssen.

Zu den besonders charakteristischen Wesenszügen dieser Philosophie gehört die Lehre von den vielen möglichen Welten. Eine Welt ist »möglich«, wenn sie den Gesetzen der Logik nicht widerspricht. Es gibt eine unendliche Zahl möglicher Welten, die Gott alle erwog, bevor er die wirkliche Welt erschuf. Da Gott gut ist, beschloß er, die bestmögliche Welt zu schaffen, und er hielt diejenige für die beste, in der das Gute am meisten Übergewicht über das Böse hat. Er hätte auch eine Welt erschaffen können, in der es überhaupt nichts Böses gäbe; dann wäre sie aber nicht so gut, wie sie jetzt ist. Denn oft sind große Vorzüge logisch mit gewissen Nachteilen verbunden. Dafür ein triviales Beispiel: ein Trunk kalten Wassers kann uns bei starkem Durst an einem heißen Tag so großen Genuß bereiten, daß man meint, der gewiß quälende Durst zuvor habe sich doch gelohnt, denn ohne ihn wäre der Genuß nicht so groß gewesen. Für die Theologie sind derartige Beispiele ohne Bedeutung; ihr geht es um den Zusammenhang zwischen Sünde und Willensfreiheit. Die Willensfreiheit ist ein herrliches Gut, es war aber für Gott logisch unmöglich, die Willensfreiheit zuzulassen und gleichzeitig zu bestimmen, daß es keine Sünde geben solle. Gott beschloß daher, den Menschen frei zu schaffen, obwohl er voraussah, daß Adam den Apfel essen würde, und obwohl Sünde unvermeidlich Strafe nach sich zieht. In der Welt, die so entstand, überwiegt – wenn sie auch Böses enthält – mehr als in jeder anderen möglichen Welt das Gute bei weitem das Böse, und das Böse ist kein Beweis gegen Gottes Güte.

Dieser Beweis gefiel offenbar der Königin von Preußen. Ihre Leibeigenen mußten weiter Böses erleiden, während sie fortfuhr, das Gute zu genießen; und es war beruhigend, daß ein großer Philosoph versicherte, dies sei ganz in der Ordnung.

Die Lösung, die Leibniz für das Problem des Bösen findet, ist wie die meisten seiner übrigen populären Lehren logisch möglich, aber nicht sehr überzeugend. Ein Manichäer könnte einwenden, daß dies die schlechteste aller möglichen Welten ist, worin die guten Dinge nur dazu dienen, die schlechten noch zu betonen. Die Welt, könnte er sagen, wurde von einem verruchten Demiurgen erschaffen, der den freien Willen – der gut ist – zuließ, damit er sich für die Sünde entscheide – die schlecht ist und deren Schlechtigkeit das Gute des freien Willens aufwiegt. Der Demiurg, könnte er fortfahren, schuf einige tugendhafte Menschen, damit sie von den Bösen heimgesucht würden; denn die Heimsuchung der Guten ist etwas so Böses, daß die Welt dadurch schlechter wird, als es der Fall wäre, wenn es überhaupt keine guten Menschen gäbe. Ich halte diese Ansicht für phantastisch und verteidige sie keineswegs; ich erkläre nur, daß sie nicht phantastischer ist als die Theorie von Leibniz. Die Menschen möchten sich die Welt gern gut vorstellen; daher werden sie schlechte Argumente, die die Vortrefflichkeit des Universums beweisen, nachsichtig beurteilen, während sie schlechte Argumente, die seine Schlechtigkeit beweisen, genau untersuchen werden. In Wirklichkeit ist die Welt natürlich teils gut, teils schlecht, und das »Problem des Bösen« entfällt, wenn diese einleuchtende Tatsache nicht geleugnet wird.

Ich komme nun zu Leibniz' esoterischer Philosophie; sie enthält nicht nur Erklärungen für vieles in seinen populären Darstellungen, das gesucht oder phantastisch erscheint, sondern auch eine Auslegung seiner Lehren, die sie viel unannehmbarer gemacht hätte, wenn sie allgemein bekannt geworden wäre. Eine Tatsache ist bemerkenswert: er verstand spätere Philosophen und Gelehrte so zu täuschen, daß die meisten Herausgeber, die aus der ungeheuren Menge seiner Manuskripte Einzelnes veröffentlichten, nur dem den Vorzug gaben, was die hergebrachte Interpretation seines Systems stützte; als unwichtige Versuche des Philosophen verwarfen sie hingegen alles, was ihn als einen weit tieferen Denker offenbart, als er selbst in den Augen der Welt sein wollte. Die meisten Texte, die wir zum Verständnis seiner esoterischen Lehre heranziehen müssen, wurden erstmalig 1901 oder 1903 in zwei Abhandlungen von Louis Couturat publiziert. Eine davon war von Leibniz selbst mit der Bemerkung überschrieben: »Hier habe ich einen gewaltigen Fortschritt gemacht.« Trotzdem hielt sie kein Herausgeber bis fast zweihundert Jahre nach Leibniz' Tod der Veröffentlichung für würdig. Wenn auch seine Briefe an Arnauld, in denen sich ein Teil seiner gehaltvolleren Philosophie findet, im neunzehnten Jahrhundert herausgegeben wurden, so war ich doch der erste, der ihre wahre Bedeutung erkannt hat. Die Aufnahme, die diese Briefe bei Arnauld fanden, war entmutigend. Er schreibt: »Ich entdecke in diesen Gedanken so viel, was mich beunruhigt und was die meisten Menschen, wenn ich nicht irre, so schrecklich finden werden, daß ich nicht einsehe, welchen Nutzen ein Werk haben soll, das wahrscheinlich von der ganzen Welt abgelehnt werden wird.« Diese feindliche Einstellung hat Leibniz zweifellos veranlaßt, fortan seine wahren Gedanken über philosophische Fragen geheimzuhalten.

Der Begriff der Substanz, ein Grundbegriff der philosophischen Systeme von Descartes, Spinoza und Leibniz, ist aus der logischen Kategorie von Subjekt und Prädikat abgeleitet. Manche Wörter können Subjekt oder Prädikat sein; ich kann beispielsweise sagen »Der Himmel ist blau« und »Blau ist eine Farbe«. Andere Wörter – worunter Eigennamen die einleuchtendsten Beispiele sind – können nie als Prädikat auftreten, sondern nur als Subjekte oder als ein Ausdruck der Beziehung. Solche Wörter gelten als Bezeichnung von Substanzen. Abgesehen von diesem logischen Charakteristikum sind Substanzen nicht zeitgebunden, falls sie nicht durch Gottes Allmacht vernichtet werden (was vermutlich nie geschieht). Jeder richtige Satz ist entweder ein allgemeiner Satz, wie etwa »Alle Menschen sind sterblich«; in diesem Falle stellt der Satz fest, daß ein Prädikat ein anderes einbegreift; oder es handelt sich um einen besonderen Satz, wie etwa »Sokrates ist sterblich«, wobei das Prädikat im Subjekt enthalten ist; die durch das Prädikat bezeichnete Eigenschaft ist ein Teil des durch das Subjekt bezeichneten Substanzbegriffes. Was immer mit Sokrates geschieht, läßt sich in einem Satz darstellen, in dem »Sokrates« das Subjekt ist und die das betreffende Geschehen bezeichnenden Worte Prädikat sind. All diese Prädikate zusammengenommen ergeben den »Begriff« Sokrates. Sie gehören durchweg notwendig zu ihm in dem Sinne, daß eine Substanz, von der sie nicht wirklich ausgesagt werden können, nicht Sokrates, sondern irgendein anderer wäre.

Leibniz war von der Bedeutung der Logik, und zwar nicht nur in ihrem eigenen Bereich, sondern auch als Grundlage der Metaphysik, fest überzeugt. Er arbeitete an einer mathematischen Logik, die ungeheuer wichtig geworden wäre, wenn er sie veröffentlicht hätte; er würde damit zum Entdecker der mathematischen Logik geworden sein, die dadurch anderthalb Jahrhunderte früher bekannt gewesen wäre. Er sah von der Veröffentlichung ab, weil er immer wieder fand, daß Aristoteles' Syllogistik in einigen Punkten falsch wäre; die Achtung vor Aristoteles machte es ihm aber unmöglich, das wirklich zu glauben, so daß er fälschlich annahm, die Irrtümer lägen bei ihm selbst. Trotzdem hegte er zeit seines Lebens die Hoffnung, eine Art allgemeiner Mathematik erfinden zu können, die er *Charakteristica Universalis* nannte und mit deren Hilfe Denken durch Rechnen ersetzt werden könnte. Wie er meint, könne man dahin kommen, »die Lehren, die im praktischen Leben zumeist gebraucht werden, d. h. die Sätze der Moral und der Metaphysik, nach einem unfehlbaren Rechenverfahren zu beherrschen«. Bei strittigen Fragen brauchten zwei Philosophen nicht mehr miteinander zu streiten wie zwei Rechnungsführer. Denn es würde genügen, wenn sie ihren Griffel zur Hand nähmen, sich vor ihre Tafel setzten und zueinander sagten (wobei sie, wenn sie wollten, einen Freund zum Zeugen nehmen könnten): »Rechnen wir!«

Leibniz baute seine Philosophie auf zwei Prämissen auf, dem Satz vom Widerspruch und dem Satz vom zureichenden Grunde. Beide beruhen auf dem Begriff des »analytischen« Satzes, der so beschaffen ist, daß das Prädikat im Subjekt enthalten ist, zum Beispiel »Alle Weißen sind Menschen«. Der Satz vom Widerspruch besagt, daß alle analytischen Sätze richtig sind. Der Satz vom zureichenden Grunde stellt fest (nur im esoterischen System), daß alle richtigen Sätze analytisch sind. Das gilt sogar für das, was wir als empirische Feststellungen über Tatsächliches anzusehen haben. Wenn ich eine Reise mache, muß der Begriff meines Ich von aller Ewigkeit her den Begriff dieser Reise als Prädikat meines Ich enthalten haben. »Unter der Natur einer individuellen Substanz oder eines in sich vollständigen Seins wird daher ein Begriff zu verstehen sein, der so vollendet ist, daß alle Prädikate des Subjekts, dem er beigelegt wird, aus ihm hinlänglich begriffen und deduktiv abgeleitet werden können... So ist die Eigenschaft, König zu sein, die Alexander dem Großen zukommt, wenn man sie losgelöst von ihrem Subjekt denkt, nicht ausreichend für die Bestimmung eines Individuums, da sie die anderen Eigenschaften desselben Subjekts nicht einschließt und nicht all das, was in dem Begriff eines bestimmten Fürsten liegt, in sich faßt; Gott hingegen, der den individuellen Begriff oder die ›Haecceität‹ Alexanders sieht, sieht darin zugleich das Fundament und den Grund für alle Prädikate, die wahrhaft von ihm ausgesagt werden können, er sieht z. B., daß er Darius und Porus besiegen wird, ja er weiß a priori – und nicht durch die Erfahrung –, ob Alexander eines natürlichen Todes oder durch Gift gestorben ist, worüber *uns* nur die Geschichte Auskunft geben kann.«

Mit am klarsten finden wir die Grundlage seiner Metaphysik in einem Brief an Arnauld dargestellt:

»Ich habe einen entscheidenden Grund angegeben, der meiner Meinung nach so gut wie ein vollständiger Beweis ist; daß nämlich stets in jeder bejahenden, richtigen, sei es notwendigen oder zufälligen, allgemeinen oder besonderen Aussage der Begriff des Prädikats in gewisser Weise in dem des Subjekts eingeschlossen ist, oder aber, ich weiß nicht, was Wahrheit sonst bedeuten soll... Übrigens ist der Satz, der die Veranlassung zu dieser Erörterung gegeben hat, von großer Wichtigkeit und verdient es, außer allen Zweifel gestellt zu werden; denn es folgt daraus, daß jede individuelle Substanz ... eine Welt für sich ist und von nichts anderem abhängig als von Gott. Es gibt keinen zwingenderen Beweis, nicht nur, um die Unzerstörbarkeit unserer Seele darzutun, sondern auch um zu zeigen, daß sie in ihrer Natur stets die Spuren aller ihrer vorhergehenden Zustände bewahrt.«

Er geht zu der Erklärung über, daß die Substanzen nicht aufeinander einwirken, aber sämtlich darin übereinstimmen, daß sie das Universum, eine jede von ihrem Standpunkt aus, widerspiegeln. Es kann keine Wechselwirkung geben, weil alles, was sich mit jedem Subjekt ereignet, ein Teil seines Begriffes und von Ewigkeit her bestimmt ist, wenn diese Substanz existiert.

Dieses System ist offensichtlich genauso deterministisch wie das Spinozas. Arnauld gibt seinem Abscheu Ausdruck über die (von Leibniz aufgestellte) Behauptung, »daß der individuelle Begriff jeder Person ein für allemal alles in sich schließt, was ihr jemals begegnen wird«. Eine solche Auffassung ist ersichtlich unvereinbar mit der christlichen Lehre von der Sünde und der Willensfreiheit. Als Leibniz sie von Arnauld so übel aufgenommen sah, hütete er sich sehr, sie bekannt werden zu lassen.

Für menschliche Wesen macht es allerdings einen Unterschied aus, ob eine Wahrheit durch Logik oder durch Erfahrung gewonnen wird. Dieser Unterschied zeigt sich auf zweierlei Art. Erstens: obwohl alles, was mit Adam geschieht, sich aus dem Begriff Adam ergibt, *wenn*

Adam existiert, können wir seine Existenz doch nur durch Erfahrung ermitteln. Zweitens: der Begriff jeder individuellen Substanz ist unendlich kompliziert, und die Analyse, die erforderlich ist, ihre Prädikate zu deduzieren, ist allein Gott möglich. Diese Unterschiede sind jedoch nur eine Folge unserer Unwissenheit und der Grenzen unseres Verstandes; für Gott existieren sie nicht. Gott erfaßt den Begriff Adam in seiner ganzen unendlichen Kompliziertheit und kann daher alle richtigen Sätze über Adam als analytische Sätze voraussehen. Gott kann also a priori wissen, ob Adam existiert. Denn Gott kennt seine eigene Güte, woraus folgt, daß er die bestmögliche Welt erschaffen wird, und er weiß auch, ob Adam einen Teil dieser Welt darstellt oder nicht. Daher bewahrt uns unsere Unwissenheit doch nicht vor dem Determinismus.

Man findet hier aber noch eine weitere, sehr merkwürdige Ansicht. Meist stellt Leibniz die Schöpfung als freie Tat Gottes hin, die einen Einsatz seines Willens erforderte. Nach dieser Anschauung wird die Bestimmung dessen, was wirklich existiert, nicht durch die Beobachtung bewirkt, muß vielmehr durch Gottes Güte erfolgen. Neben der Güte Gottes, die ihn veranlaßte, die bestmögliche Welt zu erschaffen, gibt es keinen Grund a priori, warum ein Ding existieren soll und ein anderes nicht.

Aber hier und da stößt man in Papieren, die Leibniz niemandem zeigte, auf eine ganz andere Theorie über die Frage, warum manches existiert und anderes ebenso Mögliche nicht. Nach dieser Auffassung kämpft jedes nicht existente Ding darum, zu existieren; aber nicht alle möglichen Dinge können existieren, weil sie nicht alle »miteinander verträglich« (compossible) sind. Es wäre beispielsweise möglich, daß A existiert, und ebensogut möglich, daß B existiert; unmöglich aber könnten A und B existieren; in diesem Falle sind A und B nicht »verträglich«. Zwei oder mehr Dinge sind nur »verträglich«, wenn es für sie alle möglich ist, zusammen zu existieren. Leibniz denkt da offenbar an eine Art Krieg im Limbus, der von nach Existenz strebenden Wesen bevölkert ist; bei diesem Kampf schließen sich »verträgliche« Wesen zu Gruppen zusammen, und die größte Gruppe »verträglicher« Wesen gewinnt, wie die größte Interessengruppe in einem politischen Kampf. Leibniz benutzt diesen Begriff sogar zur Definition der Existenz. Er sagt: »Das Existente läßt sich definieren als das, was mit mehr Dingen vereinbar ist als etwas mit sich selbst Unvereinbares.« Das heißt: wenn A unvereinbar ist mit B, A aber vereinbar mit C und D und E, B aber nur vereinbar ist mit F und G, dann existiert A, nicht aber B, *durch Definition.* »Das Existente«, sagt er, »ist das Seiende, das mit den meisten Dingen vereinbar ist.«

In dieser Darstellung ist von Gott und offenbar auch vom Schöpfungsakt keine Rede. Auch ist nichts weiter erforderlich als reine Logik, um das Existente zu bestimmen. Das Problem, ob A und B »verträglich« sind, ist für Leibniz eine logische Frage: schließt die Existenz von A und B einen Widerspruch ein? Daraus folgt, daß theoretisch die Logik entscheiden kann, welche Gruppe »verträglicher« Dinge die größte ist, und demzufolge wird diese Gruppe existieren.

Vielleicht aber sah Leibniz keine tatsächliche *Definition* der Existenz in dem Obengesagten. Wenn es nur ein Kriterium ist, dann verträgt es sich mit seinen populären Anschauungen über das, was er »metaphysische Vollkommenheit« nennt. Metaphysische Vollkommenheit bedeutet anscheinend in seiner Ausdrucksweise Seinsquantität. Sie ist, wie er sagt, »im strengen Sinne nichts anderes als die Größe der positiven Realität«. Er weist immer wieder darauf hin, daß Gott soviel wie möglich erschuf; mit aus diesem Grunde verwirft er das Vakuum. Ganz allgemein herrscht die Überzeugung (die ich niemals verstanden habe), daß Sein besser sei als Nichtsein; aus diesem Grunde ermahnt man die Kinder, ihren Eltern dankbar zu sein. Leibniz teilte offensichtlich diese Ansicht und meinte, es gehöre zu Gottes Güte, ein möglichst erfülltes Universum zu schaffen. Daraus wäre zu folgern, daß die wirkliche Welt aus der größten Gruppe »verträglicher« Dinge bestünde. Dennoch bliebe es gültig, daß sich durch die Logik allein (einen hinreichend befähigten Logiker vorausgesetzt) bestimmen ließe, ob eine gegebene mögliche Substanz existiere oder nicht.

In seinem der Öffentlichkeit verschlossenen Denken stellt Leibniz das beste Beispiel eines Philosophen dar, der die Logik als Schlüssel für die Metaphysik verwendet. Diese Art zu philosophieren führte Parmenides ein, und Plato setzte sie fort, als er die Ideenlehre dazu benutzte, verschiedene außerlogische Sätze zu beweisen. Spinoza ist vom gleichen Typ, ebenso Hegel. Aber bei keinem tritt das so deutlich zutage wie bei Leibniz, wenn er von der Syntax auf die reale Welt schließt. Diese Art zu argumentieren ist durch den zunehmenden Empirismus in Verruf gekommen. Ob gültige Schlüsse von der Sprache auf nichtsprachliche Dinge möglich sind, ist eine Frage, zu der ich mich nicht mit Bestimmtheit äußern möchte; gewiß aber sind die Schlüsse, die wir bei Leibniz und anderen Philosophen des a priori finden, nicht gültig, da sie alle auf fehlerhafter Logik beruhen. Die Subjekt-Prädikat-Logik, von der alle diese früheren Philosophen ausgingen, berücksichtigt die Beziehungen entweder überhaupt nicht, oder aber sie erbringt falsche Argumente zum Beweis, daß Beziehungen nichts Wirkliches sind. Leibniz macht sich einer besonderen Inkonsequenz schuldig, indem er die Subjekt-Prädikat-Logik mit dem Pluralismus kombiniert, denn der Satz »Es gibt viele Monaden« fällt nicht unter die Subjekt-Prädikat-Form. Um konsequent zu sein, müßte ein Philosoph, der überzeugt ist, daß alle Sätze unter diese Form fallen, Monist wie Spinoza sein. Leibniz lehnte aber den Monismus ab, großenteils infolge seines Interesses für die Dynamik und seines Arguments, daß Ausdehnung Wiederholung einbegreife und deshalb kein Attribut einer einzelnen Substanz sein könne.

Leibniz schreibt nüchtern, und unter seinem Einfluß wurde die deutsche Philosophie trocken und pedantisch. Sein Schüler Wolff, der die deutschen Universitäten bis zum Erscheinen von Kants *Kritik der reinen Vernunft* beherrschte, ließ gerade das beiseite, was bei Leibniz am interessantesten ist, und führte eine trockene, professorale Denkweise ein. Über Deutschland hinaus hatte Leibniz' Philosophie wenig Einfluß; in England war sein Zeitgenosse Locke der führende Philosoph, während in Frankreich Descartes weiter an erster Stelle stand, bis er von Voltaire gestürzt wurde, der den englischen Empirismus in Mode brachte.

Dennoch bleibt Leibniz ein großer Mann; seine Größe offenbart sich heutzutage stärker als in früherer Zeit. Abgesehen von seiner Bedeutung als Mathematiker und Erfinder der Infinitesimalrechnung war er bahnbrechend auf dem Gebiet der mathematischen Logik, deren Wert er vor allen anderen erkannte. Seine philosophischen Hypothesen sind zwar phantastisch, aber sehr klar und lassen sich präzis ausdrücken. Selbst seine Monaden können noch als nützliche Anregung zu neuen Möglichkeiten gelten, die Wahrnehmung zu beurteilen, wenn man sie auch nicht als fensterlos ansehen kann. Am besten in seiner Monadentheorie sind nach meinem Dafürhalten seine beiden Arten des Raumes, die subjektive bei den Vorstellungen der einzelnen Monaden und die objektive bei der Vereinigung der Standpunkte der verschiedenen Monaden. Das scheint mir noch nützlich, wenn es sich darum handelt, die Beziehung zwischen Wahrnehmung und Physik zu bestimmen.

12. KAPITEL

Der philosophische Liberalismus

Am Entstehen des politischen und philosophischen Liberalismus läßt sich eine ganz allgemeine und sehr wichtige Frage studieren, nämlich: in welcher Weise haben politische und soziale Bedingungen die Gedanken bedeutender schöpferischer Denker beeinflußt? Und wie hat sich umgekehrt der Einfluß dieser Männer auf die weitere politische und soziale Entwicklung ausgewirkt?

Vor zwei grundverschiedenen, sehr verbreiteten Irrtümern muß man sich hüten. Einerseits haben Menschen, die mehr in den Büchern als in der Politik zu Hause sind, die Neigung, den Einfluß der Philosophen zu überschätzen. Wenn sie sehen, daß sich eine politische Partei als von der Lehre des So-und-So inspiriert bezeichnet, glauben sie, alles, was diese Partei tut, sei auf diesen So-und-So zurückzuführen. Dabei wird der Philosoph häufig nur deshalb geschätzt, weil er anempfiehlt, was die Partei ohnehin getan haben würde. Bis vor kurzem haben fast alle Schriftsteller die Wirkungen ihrer Vorgänger auf dem betreffenden Gebiet übertrieben. Umgekehrt aber ist aus der Reaktion gegen diesen Irrtum ein neuer entstanden; er besteht darin, die Theoretiker als nahezu passives Produkt ihrer Verhältnisse anzusehen, als ob sie fast gar keinen Einfluß auf den Lauf der Dinge hätten. Ideen sind nach dieser Ansicht nur Schaum auf der Oberfläche tiefer Strömungen, die von materiellen und technischen Ursachen bestimmt werden: soziale Wandlungen sind ebensowenig durch Gedanken hervorgerufen, wie das Strömen eines Flusses durch die Wasserblasen verursacht ist, die dem Beschauer seine Richtung verraten. Nach meiner Überzeugung liegt die Wahrheit zwischen diesen beiden Extremen. Zwischen Ideen und wirklichem Leben besteht wie überall sonst auch eine reziproke Wechselwirkung; nach Ursache und Wirkung zu fragen ist ebenso fruchtlos wie das Problem vom Huhn und vom Ei zu erörtern. Da ich keine Zeit mit einer abstrakten Diskussion verlieren möchte, werde ich diese allgemeine Frage historisch an einem bedeutenden Beispiel untersuchen, nämlich an der Entwicklung des Liberalismus und seiner Ausläufer vom Ende des siebzehnten Jahrhunderts bis zur Gegenwart.

Der frühe Liberalismus war ein englisch-holländisches Produkt und wies bestimmte, klare Charakteristika auf. Er setzte sich für religiöse Toleranz ein, er war protestantisch, wenn auch eher freidenkerisch als fanatisch, und hielt Religionskriege für töricht. Er schätzte Handel und Industrie und sympathisierte mehr mit dem aufstrebenden Mittelstand als mit Monarchie und Adel; vor den Eigentumsrechten zeigte er gewaltige Hochachtung, zumal wenn das Eigentum von seinem Besitzer erarbeitet war. Das Prinzip der Erblichkeit wurde zwar nicht aufgegeben, sein Geltungsbereich aber stärker eingeengt als je zuvor; besonders die göttlichen Rechte der Könige wurden zugunsten der Ansicht verworfen, daß jeder Staat – zumindest anfänglich – das Recht habe, sich seine Regierungsform selbst zu wählen. Selbstverständlich wurde die demokratische Tendenz des frühen Liberalismus durch die Anerkennung der Eigentumsrechte abgeschwächt. Man glaubte – was zunächst noch unausgesprochen blieb –, daß alle Menschen von Geburt gleich seien und daß ihre spätere Ungleichheit durch die Verhältnisse bedingt wäre. Die Folge war, daß der Erziehung im Vergleich zur angeborenen Veranlagung größere Bedeutung beigemessen wurde. Auch machte sich eine gewisse regierungsfeindliche Einstellung bemerkbar, da die Regierung fast allenthalben in Händen von Königen oder Aristokraten lag, die selten Verständnis oder Respekt gegenüber den Wünschen der Geschäftswelt bewiesen; diese Tendenz wurde jedoch in Schranken gehalten durch die Hoffnung, daß das nötige Verständnis und der erforderliche Respekt nicht mehr lange auf sich warten lassen würden.

Der frühe Liberalismus war optimistisch, tatkräftig und philosophisch, da er aufsteigende Kräfte repräsentierte, die befähigt schienen, sich ohne erhebliche Schwierigkeiten durchzusetzen und der Menschheit durch ihren Sieg großen Segen zu bringen. Er stand philosophisch wie politisch in ausgesprochenem Gegensatz zu allem Mittelalterlichen, da mittelalterliche Theorien dazu verwendet worden waren, die Macht von Kirche und König zu sanktionieren, die Verfolgung zu rechtfertigen und der aufstrebenden Wissenschaft entgegenzuwirken; in gleichem Gegensatz stand er aber auch zu dem für die Zeit charakteristischen Fanatismus der Calvinisten und Wiedertäufer. Er wollte den politischen und religiösen Kampf beenden, um Kräfte freizumachen für die aufregenden Unternehmen von Handel und Wissenschaft, wie etwa die Ostindien-Gesellschaft und die Bank von England, die Gravitationstheorie und die Entdeckung des Blutkreislaufs. In der ganzen abendländischen Welt wich die Blindgläubigkeit der Aufklärung; die Furcht vor Spaniens Macht ließ nach, der Wohlstand aller Klassen nahm zu, und kühnste Hoffnungen schienen selbst bei nüchternster Betrachtung gerechtfertigt. Hundert Jahre lang geschah nichts, was diese Hoffnungen hätte beeinträchtigen können; dann bewirkten sie schließlich selbst die Französische Revolution, welche unmittelbar zu Napoleon und damit zur Heiligen Allianz führte. Nach diesen Ereignissen mußte der Liberalismus erst wieder Atem schöpfen, um den neuerlichen Optimismus des neunzehnten Jahrhunderts zu ermöglichen.

Bevor ich zu Einzelheiten übergehe, scheint mir eine Betrachtung des allgemeinen Schemas der liberalen Strömungen vom siebzehnten bis zum neunzehnten Jahrhundert angebracht. Dieses Schema ist zunächst einfach, wird aber allmählich immer komplizierter. Das bestimmende Kennzeichen der ganzen Bewegung ist ein in ziemlich weitem Sinne verstandener Individualismus; doch ist dieser Begriff zu vage, um nicht weiterer Definition zu bedürfen. Die griechischen Philosophen bis einschließlich Aristoteles waren keine Individualisten in dem Sinne, in dem ich diesen Ausdruck gebrauchen möchte. Für sie war der Mensch im wesentlichen Mitglied einer Gemeinschaft; Platos *Staat* beispielsweise will den guten Staat, nicht das gute Einzelwesen definieren. Mit dem Verlust der politischen Freiheit von der Zeit Alexanders an entwickelte sich der Individualismus und wurde von den Kynikern und Stoikern vertreten. Nach der stoischen Philosophie konnte der Mensch unbeeinflußt von seinen sozialen Verhältnissen ein tugendhaftes Leben führen. Das war auch die Auffassung des Christentums, zumal bevor es die Oberhand über den Staat gewann. Im Mittelalter aber hielten die Mystiker die ursprünglichen individualistischen Tendenzen in der christlichen Ethik lebendig, und die Anschauungen der meisten Menschen, einschließlich der Mehrzahl der Philosophen, wurden von einer starken Synthese von Dogma, Gesetz und Herkommen beherrscht; sie war die Ursache, daß der theoretische Glaube und die praktische Moral der Menschen von einer sozialen Institution, der katholischen Kirche, kontrolliert wurden: was wahr und was gut war, hatte nicht das Denken des einzelnen, sondern die Kollektivweisheit der Konzilien zu bestimmen.

Der erste bedeutende Einbruch in dieses System erfolgte, als der Protestantismus behauptete, daß Allgemeine Konzilien irren könnten. Die Wahrheit zu bestimmen war somit keine soziale Angelegenheit mehr, wurde vielmehr fortan Sache des einzelnen. Da die verschiedenen Menschen zu unterschiedlichen Ergebnissen kamen, war Kampf die unausbleibliche Folge; religiöse Entscheidungen wurden nicht länger in bischöflichen Versammlungen, sondern auf dem Schlachtfeld herbeigeführt. Da keine Partei die andere auszurotten vermochte, erkannte man schließlich, es müsse eine Methode gefunden werden, um den intellektuellen und ethischen Individualismus mit einem geordneten sozialen Leben in Einklang zu bringen. Das war eines der Hauptprobleme, das der frühe Liberalismus zu lösen suchte.

Mittlerweile hatte der Individualismus Eingang in die Philosophie gefunden. Descartes' fundamentale Gewißheit »Ich denke, daher bin ich« hatte zur Folge, daß jeder Mensch in seiner Erkenntnis von einer anderen Grundlage ausging, da der Ausgangspunkt für jeden das eigene Sein, nicht das anderer Individuen oder das des Staates war. Daß er die Zuverlässigkeit klarer und deutlicher Vorstellungen betonte, zielte in die gleiche Richtung, weil wir durch innere Schau feststellen zu können glauben, ob unsere Vorstellungen klar und deutlich sind. Seit Descartes hat fast jede Philosophie mehr oder minder diesen intellektuell individualistischen Charakter getragen.

Es gibt jedoch verschiedene Formen dieser allgemeinen Einstellung, die in der Praxis ganz unterschiedliche Konsequenzen haben. Die Anschauung des typischen wissenschaftlichen Entdeckers enthält vielleicht die kleinste Dosis Individualismus. Wenn er zu einer neuen Theorie kommt, so einzig und allein, weil sie ihm richtig erscheint; er beugt sich vor keiner Autorität, denn wenn er es täte, würde er ja weiter die Theorien seiner Vorgänger anerkennen. Gleichzeitig beruft er sich auf Wahrheitsmaßstäbe, die allgemein als gültig gelten, und hofft, andere Menschen nicht durch seine Autorität, sondern durch Argumente zu überzeugen, die jedem einzelnen glaubwürdig erscheinen. In der Wissenschaft ist jede Kollision zwischen Individuum und Gesellschaft nur vorübergehend, da Wissenschaftler im großen und ganzen sämtlich denselben intellektuellen Maßstab anlegen und deshalb Meinungsverschiedenheiten und Untersuchungen gewöhnlich mit allgemeiner Verständigung enden. Das ist jedoch eine neuzeitliche Entwicklung; zur Zeit Galileis galt die Autorität des Aristoteles und der Kirche für mindestens ebenso zwingend wie die Evidenz der Sinneswahrnehmung. Damit ist bewiesen, daß das individualistische Element in der wissenschaftlichen Methode, wenn auch nicht ausschlaggebend, so doch wesentlich ist.

Der frühe Liberalismus war auf intellektuellem wie auf ökonomischem Gebiet individualistisch, jedoch gefühlsmäßig oder moralisch nicht selbstbewußt. Diese Form von Liberalismus beherrschte das England des achtzehnten Jahrhunderts, die Schöpfer der amerikanischen Verfassung und die französischen Enzyklopädisten. Während der Französischen Revolution wurde sie von den gemäßigteren Parteien einschließlich der Girondisten vertreten, verschwand aber mit deren Ausrottung für die Zeitdauer einer Generation aus der französischen Politik. Nach den napoleonischen Kriegen wurde sie in England mit dem Aufkommen der Benthamiten und der Manchesterschule wieder einflußreich. Ihren größten Erfolg erlebte sie in Amerika, wo sie unbehindert von einem Feudalismus oder einer Staatskirche von 1776 bis auf den heutigen Tag oder zumindest bis 1933 dominierend gewesen ist.

Eine neue Bewegung, die sich allmählich zur Antithese des Liberalismus entwickelt hat, beginnt mit Rousseau und gewinnt durch die romantische Bewegung und das Nationalitätsprinzip an Stärke. In dieser Bewegung greift der Individualismus von der intellektuellen Sphäre auf den Bereich der Leidenschaften über, wobei die anarchische Seite des Individualismus zutage tritt. Der von Carlyle und Nietzsche entwickelte Heroenkult ist typisch für diese Philosophie. Sie vereinigte verschiedene Elemente. Sie verabscheute den aufkommenden Industrialismus, haßte alles Häßliche, das daraus entstand, und empörte sich gegen seine Grausamkeiten. Sie sehnte sich nach dem Mittelalter zurück, das aus Haß gegen die moderne Welt idealisiert wurde. Sie versuchte die schwindenden Privilegien von Kirche und Adel zu verteidigen und gleichzeitig die Arbeiter gegen die Tyrannis der Fabrikanten zu schützen. Leidenschaftlich vertrat sie das Recht der Auflehnung im Namen des Nationalismus und verherrlichte den Krieg als Verteidigung der »Freiheit«: Byron war der Dichter dieser Bewegung, ihre Philosophen sind Fichte, Carlyle und Nietzsche.

Da wir aber nicht alle heldische Führer werden und nicht unseren individuellen Willen für maßgebend erklären können, führt diese Philosophie wie alle anderen Formen des Anarchismus – wenn anerkannt – unweigerlich zum despotischen Regiment des erfolgreichsten »Helden«. Und sobald seine Gewaltherrschaft aufgerichtet ist, wird er bei anderen die Moral der Selbstbehauptung unterdrücken, durch die er selbst zur Macht gekommen ist. Diese ganze Lebenstheorie widerlegt sich daher selbst insofern, als sie – wenn man sie anerkennt – in der Praxis zur Verwirklichung von etwas völlig anderem führt: zu einem diktatorischen Staat, in dem jedes Individuum gewaltsam unterdrückt wird.

Noch eine andere Philosophie ist aber in der Hauptsache aus dem Liberalismus hervorgegangen, nämlich die Philosophie von Marx. Ich werde später noch eingehend von ihm sprechen; im Augenblick wollen wir uns nur daran erinnern.

Die erste umfassende Darstellung der liberalistischen Philosophie finden wir bei Locke, dem einflußreichsten, wenn auch keineswegs tiefsten modernen Philosophen. In England stimmten seine Anschauungen so vollkommen mit den Ansichten der meisten intelligenten Menschen überein, daß ihr Einfluß sich schwer feststellen und eigentlich nur in der theoretischen Philosophie verfolgen läßt; in Frankreich hingegen, wo sie praktisch zur Opposition gegen das bestehende Regime und theoretisch zur Vorherrschaft des Cartesianismus führten, hatten sie natürlich eine beachtliche Einwirkung auf den Verlauf der Dinge. Das ist beispielhaft für ein allgemeines Prinzip: eine in einem politisch wie wirtschaftlich fortgeschrittenen Lande entwickelte Philosophie, die dort, wo sie entstanden ist, kaum mehr als eine Klärung und Systematisierung der vorherrschenden Überzeugung bedeutet, kann anderwärts zum Ursprung revolutionären Eifers und schließlich einer wirklichen Revolution werden. Die Grundsätze, welche die Politik fortschrittlicher Länder bestimmten, werden in weniger fortgeschrittenen Ländern hauptsächlich durch Theoretiker bekannt. In jenen inspiriert die Praxis die Theorie, in diesen die Theorie die Praxis. Das ist ein Unterschied, und mit aus diesem Grunde erweisen sich verpflanzte Ideen selten als so erfolgreich, wie sie es in ihrem Geburtslande waren.

Bevor wir uns Lockes Philosophie zuwenden, wollen wir uns mit jenen Verhältnissen im England des siebzehnten Jahrhunderts beschäftigen, die von Einfluß auf seine Ansichten waren.

Aus dem Konflikt zwischen König und Parlament im Bürgerkrieg erwuchs den Engländern ein für allemal die Vorliebe für Kompromisse und Mäßigung sowie die Scheu, eine Theorie bis zu ihrem logischen

Schluß vorzutreiben, die sie bis auf den heutigen Tag beherrschen. Die Grundsätze, für die das Lange Parlament kämpfte, fanden anfangs die Unterstützung einer großen Majorität. Man wollte das Recht des Königs, Handelsmonopole zu gewähren, abschaffen und ihn dazu zwingen, das ausschließliche Recht, Steuern zu erheben, dem Parlament zuzuerkennen. Man verlangte innerhalb der englischen Kirche Freiheit der Meinung und der religiösen Bräuche, die Erzbischof Laud verfolgt hatte. Man forderte, das Parlament solle in bestimmten Abständen und nicht nur bei jenen seltenen Anlässen zusammentreten, wo der König diese Mitarbeit für unerläßlich hielt. Man protestierte gegen willkürliche Verhaftungen und gegen die Unterwürfigkeit der Richter gegenüber den Wünschen des Königs. Viele waren zwar bereit, im Sinne dieser Ziele agitatorisch zu wirken, jedoch nicht gewillt, zum Krieg gegen den König aufzurufen; das wäre ihnen als ein Akt des Verrats und der Pietätlosigkeit erschienen. Als der Krieg dann tatsächlich ausbrach, teilten sich die Kräfte nahezu gleichmäßig auf.

Die politische Entwicklung vom Ausbruch des Bürgerkrieges bis zur Einsetzung Cromwells als Lordprotektor nahm den uns jetzt wohlvertrauten, damals aber völlig unvorhergesehenen Verlauf. Die Parlamentarier bestanden aus zwei Parteien, den Presbyterianern und den Independenten; die Presbyterianer verlangten Beibehaltung der Staatskirche, aber Abschaffung der Bischöfe; in der Frage der Bischöfe stimmten die Independenten mit ihnen überein, strebten jedoch an, daß jede Gemeinde in der Wahl ihrer Religion frei und von keiner kirchlichen Zentralgewalt behindert sein sollte. Die Presbyterianer gehörten größtenteils einer höheren Gesellschaftsklasse an als die Independenten und hatten gemäßigtere politische Anschauungen. Sie wünschten mit dem König zu einer Einigung zu kommen, sobald eine Niederlage ihn zugänglich gemacht haben würde. Zwei Umstände verhinderten jedoch die Durchführung ihrer politischen Absichten: erstens zeigte der König in der Frage der Bischöfe eine ans Märtyrerhafte grenzende Halsstarrigkeit; zweitens war es schwierig, den König zu unterwerfen; dies gelang erst Cromwells neuer Musterarmee, die aus Independenten bestand. Die Folge war, daß der König, nachdem sein militärischer Widerstand gebrochen war, noch immer nicht zum Abschluß eines Vertrages bewogen werden konnte und daß die Presbyterianer das militärische Übergewicht in den Parlamentsheeren eingebüßt hatten. Durch die Verteidigung der Demokratie war die Macht in die Hände einer Minderheit gespielt worden, die von ihr unter völliger Mißachtung der Demokratie und der parlamentarischen Regierung Gebrauch machte. Karls I. Versuch, die fünf Mitglieder zu verhaften, war mit einem allgemeinen Schrei der Entrüstung beantwortet worden, und sein Mißerfolg hatte ihn lächerlich gemacht. Aber für Cromwell gab es keine solchen Schwierigkeiten. Im Rahmen von Prides Säuberungsaktion entließ er etwa einhundert presbyterianische Mitglieder und erhielt dadurch eine

Zeitlang eine unterwürfige Majorität. Als er endlich beschloß, das ganze Parlament nach Hause zu schicken, »krähte kein Hahn danach«; der Krieg hatte die Vorstellung erweckt, daß es nur auf Waffengewalt ankäme, und eine Mißachtung konstitutioneller Methoden gezeitigt. Solange Cromwell noch lebte, stand England unter einer Militärdiktatur, die von einer wachsenden Mehrheit des Volkes gehaßt wurde, die abzuschütteln aber unmöglich war, solange allein ihre Anhänger bewaffnet waren.

Karl II., der sich in Eichbäumen verborgen gehalten und als Refugié in Holland gelebt hatte, beschloß bei der Restauration, sich nicht wieder auf Reisen zu begeben. Das zwang ihn zu gewissen Konzessionen. Er verzichtete auf das Recht, Steuern zu erheben, die vom Parlament nicht genehmigt waren. Auch stimmte er der Habeas-Corpus-Akte zu, die die Krone der Macht beraubte, willkürliche Verhaftungen vorzunehmen. Gelegentlich konnte er auf die Finanzgewalt des Parlaments pfeifen dank der Subsidien, die er von Ludwig XIV. erhielt; im großen und ganzen jedoch war er ein konstitutioneller Monarch. Fast alle Einschränkungen der königlichen Macht, die ursprünglich von Gegnern Karls I. gefordert worden waren, wurden in der Restauration zugestanden und von Karl II. respektiert, da sich ja gezeigt hatte, daß Könige durch ihre Untertanen allerhand auszustehen haben konnten.

Im Gegensatz zu seinem Bruder fehlte es Jakob II. völlig an Scharfsinn und Gerissenheit. Durch seinen blindgläubigen Katholizismus bewirkte er einen gegen ihn gerichteten Zusammenschluß der Nonkonformisten und Anglikaner, obwohl er den Versuch machte, die Nonkonformisten versöhnlich zu stimmen, indem er ihnen dem Parlament zum Trotz Toleranz zusicherte. Auch außenpolitische Gründe spielten eine Rolle. Die Stuarts verfolgten eine Politik der Unterwürfigkeit zunächst gegen Spanien, dann auch gegen Frankreich, um die in Kriegszeiten unerläßliche Besteuerung zu umgehen, die sie vom Parlament abhängig gemacht hätte. Die wachsende Macht Frankreichs erweckte zwangsläufig Englands Feindschaft gegen den führenden Staat des Kontinents, und die Aufhebung des Ediktes von Nantes machte die Protestanten zu erbitterten Gegnern Ludwigs XIV. Schließlich hatte fast jeder in England den Wunsch, Jakob loszuwerden. Desgleichen aber war auch fast jeder entschlossen, es nicht zu einem neuen Bürgerkrieg oder einer Cromwellschen Diktatur kommen zu lassen. Da die Verfassung keine Handhabe bot, sich Jakobs zu entledigen, blieb nur die Revolution, die aber rasch zum Ziele kommen mußte, um vernichtenden Kräften keine Möglichkeiten zu bieten. Es galt, die Rechte des Parlaments ein für allemal festzulegen. Der König sollte gehen, die Monarchie aber bestehen bleiben; es sollte jedoch nicht eine Monarchie der von Gott verliehenen Rechte sein, sondern ein auf Sanktionierung durch die Verfassung und durch das Parlament beruhendes Königtum. Durch das Zusammengehen der Aristokratie mit der großen Geschäftswelt war das alles im Handumdrehen geschehen, ohne daß ein Schuß zu fallen brauchte. Kompromiß und Mäßigung waren zum Ziel gelangt, nachdem jede Form von Intransigenz versucht worden war und versagt hatte.

Der neue König brachte als Holländer die kaufmännische und religiöse Erfahrung mit, für die sein Land bekannt war. Die Bank von England wurde gegründet; die Nationalschuld wurde zur sicheren Kapitalsanlage gemacht und war damit der Gefahr enthoben, von einem launischen Monarchen nicht anerkannt zu werden. Die Toleranzakte brachte zwar Katholiken und Nonkonformisten verschiedene Nachteile, machte aber der tatsächlichen Verfolgung ein Ende. Die Außenpolitik wurde ausgesprochen anti-französisch und blieb es mit geringen Unterbrechungen bis zur Niederlage Napoleons.

13. KAPITEL

Lockes Erkenntnistheorie

John Locke (1632–1704) ist der Apostel der Revolution von 1688, der gemäßigtsten und erfolgreichsten aller Revolutionen. Sie strebte bescheidene Ziele an, die aber eben darum ganz und gar erreicht wurden, so daß es in England seither zu keiner Revolution mehr zu kommen brauchte. Locke verkörpert klar den Geist dieser Umwälzung; die meisten seiner Werke erschienen bald nach 1688. Seine Hauptarbeit auf dem Gebiet der theoretischen Philosophie, *Essay Concerning Human Understanding* (Versuch über den menschlichen Verstand), wurde 1687 vollendet und 1690 veröffentlicht. *First Letter on Toleration* (Über die Toleranz) erschien 1689 zuerst auf Lateinisch in Holland, wohin sich zurückzuziehen Locke 1683 für richtig befunden hatte. Zwei weitere Briefe über die »Toleranz« wurden 1690 und 1692 publiziert. Seine beiden *Treatises on Government* (Über die Regierung) wurden 1689 zum Druck freigegeben und erschienen bald darauf. Sein Buch *Some Thoughts on Education* (Über Erziehung) wurde 1693 veröffentlicht. Obwohl er lange lebte, stammen all seine einflußreichen Schriften aus den wenigen Jahren von 1687 bis 1693. Eine erfolgreiche Revolution wirkt immer anspornend auf alle, die an sie glauben.

Lockes Vater war Puritaner und kämpfte auf seiten des Parlaments. Zur Zeit Cromwells, als Locke in Oxford war, wurde an der Universität noch scholastische Philosophie gelehrt; Locke verabscheute sowohl die Scholastik als auch den Fanatismus der Independenten. Er war stark von Descartes beeinflußt und wurde Arzt; sein Gönner war Lord Shaftesbury, Drydens »*Architophel*«. Als Shaftesbury 1683 in Ungnade fiel, floh Locke mit ihm nach Holland, wo er bis zur Revolution blieb. Mit Ausnahme weniger Jahre, in denen er im Handelsministerium beschäftigt war, füllten sein Leben nach der Revolution literarische Arbeiten und zahlreiche Kontroversen aus, die um seine Bücher entstanden.

Die Jahre vor der Revolution von 1688 verbrachte Locke mit der Abfassung seines *Versuchs über den menschlichen Verstand*, da er sich nicht theoretisch oder praktisch an der englischen Politik beteiligen konnte, ohne sich ernstlich zu gefährden. Diese Abhandlung ist sein bedeutendstes Werk; auf ihr beruht zweifellos seine Berühmtheit; doch war Lockes Einfluß auf die politische Philosophie so groß und anhaltend, daß wir ihn gleichermaßen als Begründer des philosophischen Liberalismus wie des Empirismus in der Erkenntnistheorie behandeln müssen.

Unter allen Philosophen war Locke am meisten vom Glück begünstigt. Er schloß seine Arbeit auf dem Gebiet der theoretischen Philosophie gerade in dem Augenblick ab, als die Regierung seines Landes auf Männer überging, die seine politischen Ansichten teilten. Die tatkräftigsten und erfolgreichsten Politiker und Philosophen vertraten viele Jahre lang in Theorie und Praxis die von ihm verfochtenen Anschauungen. Seine politischen Lehren stellen mit den Erweiterungen, die Montesquieu vornahm, das Fundament der amerikanischen Verfassung dar; ihre Wirksamkeit zeigt sich, sooft es zu Meinungsverschiedenheiten zwischen Präsident und Kongreß kommt. Auch die englische Verfassung beruhte bis vor fünfzig Jahren auf seinen Doktrinen, desgleichen die französische von 1871.

Sein ungeheurer Einfluß auf Frankreich im achtzehnten Jahrhundert ist in erster Linie Voltaire zuzuschreiben, der als junger Mann eine Zeitlang in England lebte und seinen Landsleuten in den *Lettres Philosophiques* englische Ideen auseinandersetzte. Die *Philosophes* und die gemäßigten Reformer schlossen sich ihm, die extremen Revolutionäre dagegen Rousseau an. Seine französischen Anhänger sahen – ob mit Recht oder Unrecht mag dahingestellt bleiben – einen inneren Zusammenhang zwischen seiner Erkenntnistheorie und seiner Politik.

In England ist dieser Zusammenhang weniger augenfällig. Seine beiden hervorragendsten Anhänger waren Berkeley und Hume: Berkeley war politisch unbedeutend und Hume ein Tory, der seine reaktionären Anschauungen in seiner *History of England* darlegte. Als aber nach Kants Zeit der deutsche Idealismus die englische Gedankenwelt zu beeinflussen begann, entstand erneut eine Beziehung zwischen Philosophie und Politik: im großen und ganzen waren die Philosophen, die sich den Deutschen anschlossen, konservativ, während die Benthamiten, die radikal waren, der Lockeschen Tradition folgten. Die Wechselbeziehung ist jedoch wandelbar; T. H. Green beispielsweise war liberal und dabei Idealist.

Nicht nur Lockes gültige Ansichten, sondern auch seine Irrtümer waren von praktischem Nutzen. Nehmen wir beispielsweise seine Lehre von den primären und sekundären Eigenschaften. Die primären Eigenschaften werden definiert als solche, die vom Körper untrennbar sind, und zwar Solidität, Ausdehnung, Gestalt, Bewegung oder Ruhe und Zahl. Alle übrigen sind sekundäre Eigenschaften: Farben, Töne, Geschmack und so fort. Die primären Eigenschaften sind nach seiner Behauptung wirklich in den Körpern, die sekundären dagegen nur in den Wahrnehmenden. Ohne das Auge gäbe es keine Farben, ohne das Ohr keine Töne und so weiter. Für Lockes Ansicht von den sekundären Eigenschaften gibt es triftige Gründe: Gelbsucht, blaue Brillen und anderes. Berkeley wies jedoch darauf hin, daß sich die gleichen Argumente auch auf die primären Eigenschaften anwenden lassen. Seit Berkeley gilt daher Lockes Dualismus in dieser Beziehung als philosophisch überholt. Dennoch beherrschte er die praktische Physik bis zum Aufkommen der Quantentheorie in unserer Zeit. Er wurde nicht nur ausdrücklich oder stillschweigend von den Physikern vorausgesetzt, erwies sich vielmehr auch insofern als fruchtbar, als viele sehr bedeutende Entdeckungen davon ausgingen. Die Theorie, daß die physische Welt nur aus bewegter Materie bestehe, liegt den anerkannten Schall-, Wärme-, Licht- und Elektrizitätstheorien zugrunde. Praktisch war die Theorie nützlich, so falsch sie auch theoretisch sein mochte. Das ist typisch für Lockes Doktrinen.

Lockes Philosophie, wie sie in dem *Versuch* dargestellt ist, hat durchweg gewisse Vorzüge und gewisse Mängel. Beide erwiesen sich als gleichermaßen fördernd: von Mängeln kann man nur sprechen, wenn man sie *theoretisch* betrachtet. Locke ist immer vernünftig und stets bereit, lieber auf Logik zu verzichten als einen Widerspruch zuzulassen. Er stellt allgemeine Prinzipien auf, die seltsame Konsequenzen haben können, wie dem Leser kaum verborgen bleiben wird; sooft aber diese seltsamen Konsequenzen zutage zu treten scheinen, nimmt Locke liebenswürdig davon Abstand, sie zu ziehen. Der Logiker ärgert sich darüber; dem Praktiker aber beweist er nur, wie gesund seine Ansichten sind. Von jeher war es in der Welt so, daß vernünftiges, auf gesunden Grundsätzen beruhendes Denken nicht zu Irrtümern führen kann; aber auch wenn ein Prinzip der Wahrheit so nahe kommt, daß es theoretisch respektiert zu werden verdient, kann es praktisch doch Konsequenzen haben, die wir absurd finden. Das rechtfertigt den gesunden Menschenverstand in der Philosophie jedoch nur insoweit, als es zeigt, daß unsere theoretischen Grundsätze so lange nicht richtig sein können, wie ihre Auswirkungen durch einen Appell an den gesunden Menschenverstand, dem wir nicht zu widerstehen vermögen, verurteilt werden. Der Theoretiker wird vielleicht einwenden, der gesunde Menschenverstand sei ebensowenig unfehlbar wie die Logik. Aber dieser Einwand wäre, wenn er auch von Berkeley und Hume erhoben wurde, Lockes Mentalität ganz unverständlich gewesen.

Charakteristisch für Locke und für die ganze liberale Bewegung, die von ihm ausging, ist der völlige Verzicht auf Dogmatismus. Einige wenige Gewißheiten übernimmt er von seinen Vorgängern: unser eigenes Sein, die Existenz Gottes und die Wahrheit der Mathematik. Aber wo immer seine Lehren sich von denen seiner Vorläufer unterscheiden, handelt es sich um Dinge, deren Wahrheit sich kaum ermitteln läßt, so daß der klardenkende Mensch seine Ansichten darüber nur mit einer gewissen Dosis von Zweifel äußern wird. Mit dieser geistigen Einstellung hängen ersichtlich die religiöse Toleranz, der Erfolg der parlamentarischen Demokratie, das *laissez-faire* und das ganze System der liberalen Grundsätze zusammen. Obwohl Locke ein tiefreligiöser Mensch und frommer Christ ist, der in der Offenbarung eine Quelle der Erkenntnis sieht, umgibt er die angeblichen Offenbarungen doch der Sicherheit halber mit rationalen Feststellungen. Einmal sagt er: »Das bloße Zeugnis der göttlichen Offenbarung ist höchste Gewißheit«,[1] ein andermal aber: »Die Offenbarung muß von der Vernunft beurteilt werden.« So steht letzten Endes doch die Vernunft an höchster Stelle.

Sein Kapitel »Die Schwärmerei« ist hierfür sehr aufschlußreich. »Schwärmerei« hatte damals nicht dieselbe Bedeutung wie heute; man verstand darunter den Glauben an eine persönliche Offenbarung, die einem Religionsstifter oder seinen Anhängern zuteil geworden war. Sie charakterisierte unter anderem die Sekten, mit denen die Restauration aufgeräumt hatte. Durch eine Vielzahl solcher persönlicher Offenbarungen, die alle miteinander unvereinbar sind, wird die Wahrheit, oder was dafür gilt, zu etwas rein Persönlichem und verliert ihren sozialen Charakter. Die Liebe zur Wahrheit, die Locke für wesentlich hält, unterscheidet sich stark von der Vorliebe für eine bestimmte Lehre, die als Wahrheit verkündet wird. *Ein untrügliches Kennzeichen der Wahrheitsliebe besteht nach seiner Ansicht darin,* »daß man keinen Satz mit mehr Zuversichtlichkeit aufrechterhält, als die Beweise, auf die er sich stützt, es rechtfertigen«. Voreiliges Aufzwingen einer Doktrin zeugt von mangelnder Wahrheitsliebe. »Ich meine die Schwärmerei, die unter Beiseiteschiebung der Vernunft die Offenbarung allein auf den Schild heben möchte. Dabei schaltet sie aber im Effekt mit der Vernunft auch die Offenbarung aus und ersetzt sie durch die unbegründeten Phantastereien des eigenen Menschengehirns.« Menschen, die an Melancholie oder Einbildung leiden, sind imstande zu glauben, »daß sie mit der Gottheit unmittelbar verkehrten«. So kommen merkwürdige Handlungen und Ansichten zu göttlicher Billigung, »die der Trägheit, Unwissenheit und Eitelkeit vieler Leute behagt«. Er schließt das Kapitel mit dem schon zitierten Grundsatz: »Die Offenbarung muß von der Vernunft beurteilt werden.«

Was Locke unter »Vernunft« versteht, muß man sich aus dem ganzen Buch zusammensuchen. Es enthält zwar ein Kapitel »Die Vernunft«, welches aber in der Hauptsache nur beweisen soll, daß die Vernunft nicht syllogistischem Denken gleichzusetzen sei, und in dem Satz zusammengefaßt wird: »Gott hat aber die Menschen nicht so karg bedacht, als daß er sie nur als zweibeinige Wesen erschaffen und es dem Aristoteles überlassen hätte, sie vernünftig zu machen.« Nach Locke besteht die Vernunft aus zwei Teilen: erstens aus der Untersuchung dessen, was wir mit Sicherheit wissen können, und zweitens aus der Erforschung von Sätzen, nach denen in der Praxis zu handeln klug ist, obwohl nur Wahrscheinlichkeit, nicht Gewißheit für sie spricht. Wie er sagt, gibt es zwei Gründe für die Wahrscheinlichkeit: »Übereinstimmung mit unserer eigenen Erfahrung und das Zeugnis anderer.« Der

---

[1] Alle Zitate aus Lockes *Versuch über den menschlichen Verstand* entsprechen der Übersetzung von Carl Winckler (Philosophische Bibliothek, Verlag Felix Meiner, Leipzig 1911).

König von Siam, bemerkt er, wollte nicht mehr glauben, was ihm Europäer erzählten, als sie von Eis sprachen.

In seinem Kapitel »Die Grade der Zustimmung« sagt er: wenn wir einer Behauptung beipflichten, soll dabei die Wahrscheinlichkeit, die für sie spräche, den Grad unserer Zustimmung bestimmen. Nachdem er darauf hingewiesen hat, daß wir oft nur aufgrund einer Wahrscheinlichkeit, die an Gewißheit nicht heranreicht, handeln müssen, erklärt er für die richtige Nutzanwendung einer solchen Überlegung »gegenseitige Liebe und Duldsamkeit. Da es somit unvermeidlich ist, daß die meisten, wenn nicht alle Menschen verschiedenerlei Meinungen haben, ohne doch zuverlässige und unanfechtbare Beweise für deren Wahrheit zu besitzen; da sich ferner die Menschen zu leicht dem Vorwurf der Unwissenheit, des Wankelmuts oder der Torheit aussetzen, falls sie ihre bisherigen Anschauungen aufgeben und verleugnen, wenn ihnen ein Argument entgegengehalten wird, das sie nicht auf der Stelle zu beantworten und zu entkräften vermögen, so würde es sich meines Erachtens für uns alle geziemen, bei aller Verschiedenheit der Meinungen den Frieden aufrechtzuerhalten und den gemeinsamen Pflichten der Menschlichkeit und Freundschaft nachzukommen. Denn wir können vernünftigerweise nicht verlangen, daß jemand in blinder Unterwerfung unter eine Autorität, die der menschliche Verstand gar nicht anerkennt, bereitwillig und anstandslos seine eigene Meinung preisgeben und sich der unsern anschließen solle. Denn wie oft der Verstand des Menschen auch fehlgreifen mag, einen andern Führer als die Vernunft kann er nicht anerkennen, sich auch vor keinem andern Willen und vor keines andern Vorschriften rückhaltlos beugen. Ist der, den wir für unsere Anschauungen gewinnen wollen, jemand, der prüft, ehe er zustimmt, so müssen wir ihm die Möglichkeit lassen, in aller Ruhe unsere Darlegung für sich noch einmal durchzugehen, sich wieder zu vergegenwärtigen, was seinem Gedächtnis entschwunden war, alle Einzelheiten zu prüfen und zuzusehen, nach welcher Seite sich die Waagschale neige. Wenn ihm dann unsere Gründe nicht gewichtig genug erscheinen, als daß er sich aufs neue viele Umstände machen sollte, so ist das nichts anderes, als was wir im gleichen Fall nur zu oft selbst tun. Wir würden es ja doch übel vermerken, wenn andere uns vorschreiben wollten, welche Einzelheiten wir nachprüfen sollten. Handelt es sich dagegen um jemand, der seine Meinungen auf Treu und Glauben von andern übernimmt, wie können wir uns dann einbilden, daß er Glaubenssätze aufgeben werde, die durch die Zeit und die Gewohnheit in seinem Bewußtsein so tief eingewurzelt sind, daß er sie für selbstverständlich hält und ihnen unanfechtbare Gewißheit zuschreibt oder meint, es seien Eindrücke, die er von Gott oder von Männern, die dieser gesandt, empfangen habe? Wie können wir verlangen, sage ich, daß Anschauungen, die so fest sitzen, vor den Argumenten oder vor der Autorität eines Unbekannten oder eines Gegners aufgegeben werden sollen, zumal wenn irgendwie der Verdacht des Eigennutzes oder der Nebenabsicht vorliegt, der immer da nicht ausbleibt, wo sich die Menschen schlecht behandelt sehen? Wir täten gut daran, wenn wir mit unserer beiderseitigen Unwissenheit Mitleid hätten und uns bestrebten, sie mit allen Mitteln sanftmütiger und wohlwollender Belehrung zu überwinden, nicht aber andere sofort als eigensinnig und verstockt zu verunglimpfen, weil sie nicht ihre eigenen Meinungen preisgeben und die unseren oder wenigstens die, welche wir ihnen aufdrängen möchten, annehmen wollen, wo es doch mehr als wahrscheinlich ist, daß wir mit gleicher Hartnäckigkeit manche von ihren Ansichten ablehnen. Denn, wo wäre jemand, der unanfechtbare Beweise für die Wahrheit alles dessen, was er glaubt, besäße? Der behaupten könnte, er habe alle seine eigenen Meinungen oder alle Meinungen anderer bis auf den Grund geprüft? Die Notwendigkeit, in unserem gegenwärtigen flüchtig-vergänglichen Zustand von Tätigkeit und Blindheit ohne Erkenntnis, ja oft auf ganz geringfügige Gründe hin zu glauben, sollte uns eher dazu veranlassen, uns eifrig und sorgfältig zu unterrichten als andere zu vergewaltigen ... wir haben guten Grund zu der Annahme, daß die Menschen, wären sie ihrerseits besser unterrichtet, anderen gegenüber bescheidener auftreten würden.«[2]

Ich habe mich bisher nur mit den letzten Kapiteln der Abhandlung beschäftigt, wo Locke aus seiner voraufgegangenen theoretischen Untersuchung des Wesens der menschlichen Erkenntnis und ihrer Grenzen die Lehre zieht. Es ist nun an der Zeit, festzustellen, was er vom vorwiegend philosophischen Gesichtspunkt aus zu diesem Thema zu sagen hat.

Im allgemeinen ist Locke ein Verächter der Metaphysik. Anläßlich der Betrachtung der Leibnizschen Metaphysik schreibt er an einen Freund: »Wir haben genug von diesem Zeug.« Der Substanzbegriff, der die Metaphysik seiner Zeit beherrschte, erscheint ihm unklar und überflüssig; dennoch wagt er nicht, ihn ganz zu verwerfen. Er läßt metaphysische Argumente für die Existenz Gottes gelten, verweilt aber nicht bei ihnen; es scheint ihm da etwas nicht ganz geheuer zu sein. Sooft er neue Ideen bringt und nicht nur traditionelle Ansichten wiedergibt, denkt er lieber in Termini des konkreten Details als in weitgespannten Abstraktionen. Seine Philosophie entsteht Stück für Stück wie ein wissenschaftliches Werk und ist nicht so monumental und aus einem Guß wie die großen kontinentalen Systeme des siebzehnten Jahrhunderts.

Locke kann als Begründer des Empirismus gelten, der Lehre, daß unsere gesamte Erkenntnis (die Logik und Mathematik vielleicht ausgenommen) aus der Erfahrung stammt. Demgemäß sucht das 1. Buch der Abhandlung zu beweisen, daß es im Gegensatz zu den Anschauungen Platos, Descartes' und der Scholastiker keine eingeborenen Ideen oder

---

[2] *Versuch über den menschlichen Verstand*, IV. Buch, Kap. 16, Abschnitt 4.

Prinzipien gibt. Im 2. Buch bemüht er sich im einzelnen aufzuzeigen, wie durch Erfahrung verschiedene Arten von Ideen entstehen. Nachdem er die eingeborenen Ideen verworfen hat, sagt er: »Wir wollen also annehmen, der Geist sei, wie man sagt, ein unbeschriebenes Blatt, ohne alle Eindrücke, frei von allen Ideen; wie werden ihm diese dann zugeführt? Wie gelangt er zu dem gewaltigen Vorrat von Ideen, womit ihn die geschäftige Phantasie des Menschen, die keine Schranken kennt, in nahezu unendlicher Mannigfaltigkeit beschrieben hat? Von wo hat er das gesamte Material für sein Denken und Erkennen? Ich antworte darauf mit einem einzigen Wort: aus der Erfahrung. Sie liegt unserem gesamten Wissen zugrunde; aus ihr leitet es sich letzten Endes her.« (Buch II, Kapitel 1, Abschnitt 2.)

Unsere Ideen entstammen zwei Quellen, a) der Sinneswahrnehmung und b) der Wahrnehmung unserer Geistestätigkeit, die man als »inneren Sinn« bezeichnen kann. Da wir nur mit Hilfe von Ideen denken können und alle Ideen aus der Erfahrung entstehen, kann offensichtlich keine unserer Erkenntnisse der Erfahrung vorausgehen.

Die Wahrnehmung ist, wie er sagt, »der erste Schritt und die erste Stufe zur Erkenntnis und alles Material der letzteren (wird) uns durch sie zugeführt«. Das mag auf einen modernen Menschen wie eine Binsenwahrheit wirken, da es schon zu einem Bestandteil des gesunden Menschenverstandes – zumindest in allen englischsprechenden Ländern – geworden ist. Zu Lockes Zeit aber nahm man noch allgemein an, der Geist kenne alle Arten von Dingen *a priori*, und die von ihm verkündete völlige Abhängigkeit der Erkenntnis von der Wahrnehmung war etwas Neues und Revolutionäres. Plato hatte sich bemüht, im *Theaitet* die Gleichsetzung von Erkenntnis und Wahrnehmung zu widerlegen, und seither hatten fast alle Philosophen bis zu Descartes und Leibniz einschließlich gelehrt, daß viele unserer wertvollsten Erkenntnisse nicht von der Erfahrung abgeleitet seien. Lockes uneingeschränkter Empirismus war daher eine kühne Neuerung.

Das III. Buch des *Versuchs* befaßt sich mit Wörtern und soll vor allem beweisen, daß es im Grunde nur Wörter wären, was die Metaphysiker als Erkenntnisse von der Welt ausgeben. Im Kapitel 3 (»Allgemeine Ausdrücke«) vertritt Locke zum Thema der Universalien einen extrem nominalistischen Standpunkt. Alle existenten Dinge sind Einzeldinge; wir können aber allgemeine Ideen aufstellen, wie etwa »Mensch«, die sich auf viele Einzelwesen anwenden lassen; diesen allgemeinen Ideen können wir Namen geben. Das Allgemeine besteht bei ihnen nur darin, daß sie auf eine Menge einzelner Dinge anwendbar sind oder sein könnten. Ihrem eigentlichen Wesen nach aber sind sie, als Ideen unseres Geistes, ebensolche Besonderheiten wie jedes andere existente Ding.

In Kapitel 4 des III. Buches, *Die Namen von Substanzen*, soll die scholastische Lehre von der Essenz widerlegt werden. Die Dinge *können* ein reales Wesen (Essenz) haben, das in ihrer physischen Konstitution besteht; das ist uns aber im großen und ganzen unbekannt und nicht die »Essenz«, von der die Scholastiker sprechen. Das Wesen, das wir erkennen können, ist ein Wort und nichts anderes als die Definition eines allgemeinen Gattungsbegriffs. Beispielsweise ist der Streit, ob das Wesen der Körper nur Ausdehnung oder Ausdehnung plus Festigkeit sei, ein bloßer Streit um Worte; wir können das Wort »Körper« unbeschadet so oder so definieren, wenn wir nur bei unserer Definition bleiben. »Unterschiedliche Spezies sind keine Schöpfung der Natur, sondern der Sprache; es sind verschiedene komplexe Ideen, denen man verschiedene Namen beigelegt hat.« Wohl gibt es in der Natur verschiedene Dinge, doch entwickeln sich diese Unterschiede in ständiger Stufenfolge: »Die Abgrenzungen der Spezies sind so, wie sie der Mensch, nicht wie die Natur sie geschaffen hat.« Er führt dann Beispiele von Mißbildungen an, bei denen es zweifelhaft war, ob es sich um Menschen handelte oder nicht. Dieser Standpunkt wurde erst allgemein anerkannt, als Darwin die Menschen bewog, die Theorie der sich durch allmähliche Veränderung vollziehenden Evolution anzuerkennen. Nur wer sich einmal mit den Scholastikern herumgequält hat, wird sich vorstellen können, mit wieviel metaphysischem Ballast dadurch aufgeräumt wurde.

Empirismus wie Idealismus sehen sich beide vor ein Problem gestellt, das die Philosophie bisher noch nicht befriedigend zu lösen verstand. Bei diesem Problem handelt es sich darum zu beweisen, wie wir zur Erkenntnis von Dingen außerhalb von uns selbst und unserer eigenen Geistestätigkeit gelangen. Locke denkt über das Problem nach; was er dazu sagt, ist jedoch zweifellos unbefriedigend. An einer Stelle[3] lesen wir: »Da der Geist bei allem Denken und Folgern kein anderes Objekt hat als seine eigenen Ideen, und da er nur sie betrachtet oder betrachten kann, so liegt es auf der Hand, daß unsere Erkenntnis es lediglich mit ihnen zu tun hat.« Und weiter: »In der Erkenntnis sehe ich deshalb nichts anderes als die Wahrnehmung des Zusammenhangs und der Übereinstimmung oder Nichtübereinstimmung sowie des Gegensatzes zwischen beliebigen Ideen, die wir haben.« Daraus scheint unmittelbar hervorzugehen, daß wir von der Existenz anderer Menschen oder der physischen Welt nichts wissen können, denn diese sind, wenn existent, nicht bloße Ideen in meinem Geiste. Jeder von uns müßte demnach, soweit es sich um Erkenntnis handelt, in sich selbst abgeschlossen und von jeder Beziehung zur Außenwelt abgeschnitten sein.

Das ist jedoch ein Paradoxon, und mit Paradoxen will Locke nichts zu tun haben. Und so stellt er denn in einem anderen Kapitel eine abweichende, der ersten völlig widersprechende Theorie auf. Es gibt für uns, wie er sagt, drei Arten von Erkenntnis der realen Existenz. Unsere Erkenntnis unserer eigenen Existenz ist intuitiv, unsere Erkenntnis

---

[3] *Versuch über den menschlichen Verstand*, IV. Buch, Kapitel 1.

von Gottes Existenz ist demonstrativ, und unsere Erkenntnis der den Sinnen sich darbietenden Dinge ist sensitiv. (IV. Buch, Kapitel 3.)

Im nächsten Kapitel wird er sich mehr oder weniger seiner Inkonsequenz bewußt. Er meint, jemand könne sagen: »Wenn wirklich alles Wissen nur in der Wahrnehmung der Übereinstimmung oder Nichtübereinstimmung unserer eigenen Ideen besteht, dann werden die Visionen des Enthusiasten und die strengen Folgerungen des Besonnenen den gleichen Grad von Gewißheit haben.« Darauf erwidert er: »Unser Wissen ist nur insofern ein reales, als zwischen unsern Ideen und der Realität der Dinge Übereinstimmung herrscht.« Er beweist weiter, daß alle *einfachen* Ideen mit den Dingen übereinstimmen müssen, da der Geist, wie bewiesen, außerstande ist, irgendwelche einfachen Ideen von sich aus zu erfinden, denn diese sind sämtlich »die natürlichen und regelmäßigen Erzeugnisse von Dingen außer uns, die tatsächlich auf uns einwirken«. Und »alle unsere komplexen Ideen von Substanzen sind derart..., daß sie aus einfachen Ideen bestehen, deren Koexistenz in der Natur festgestellt worden ist«. Also: Erkenntnis ist für uns nur möglich 1. durch Intuition, 2. durch ein rationales Verfahren, welches die Übereinstimmung oder Nichtübereinstimmung zweier Ideen untersucht, 3. »durch Sensation, indem die Existenz von Einzeldingen wahrgenommen wird«. (IV. Buch, Kapitel 2, 2. Abschnitt.)

Bei alledem setzt Locke stets als bekannt voraus, daß bestimmte geistige Vorgänge, die er Sinneswahrnehmungen (sensations) nennt, Ursachen außerhalb ihrer selbst haben und daß diese Ursachen – zumindest bis zu einem gewissen Grade und in bestimmten Beziehungen – den Sinneswahrnehmungen gleichen, die sie hervorrufen. Wie aber läßt sich das konsequent nach den Grundsätzen des Empirismus erkennen? Denn die Sinneswahrnehmungen erfahren wir zwar, nicht aber ihre Ursachen; unsere Erfahrung wird genau die gleiche sein, wenn unsere Sinneswahrnehmungen spontan erfolgen. Die Ansicht, daß Sinneswahrnehmungen auf Ursachen zurückzuführen sind, und vor allem, daß sie ihren Ursachen gleichen, läßt sich – wenn überhaupt – nur mit Begründungen aufrechterhalten, die völlig unabhängig von der Erfahrung sind. Die Anschauung, daß »Erkenntnis die Wahrnehmung der Übereinstimmung oder Nichtübereinstimmung zweier Ideen« sei, ist die einzige, zu der Locke berechtigt ist; aber den sich auch daraus ergebenden Paradoxen entgeht er bloß mit Hilfe grober Inkonsequenzen, deren er sich nur infolge seines resoluten Festhaltens am gesunden Menschenverstand nicht bewußt wird.

Diese Schwierigkeit hat dem Empirismus bis auf den heutigen Tag zu schaffen gemacht. Hume umging sie, indem er die Voraussetzung, Sinneswahrnehmungen beruhten auf äußeren Ursachen, fallenließ; aber selbst er hielt an diesen Voraussetzungen fest, sooft er seine eigenen Prinzipien vergaß, was sehr häufig geschah. Sein Fundamentalsatz »Keine Idee ohne vorherige Impression«, den er von Locke übernahm, ist nur so lange plausibel, wie wir für die Impressionen äußere Ursachen annehmen, worauf eben die Bezeichnung »Impression« unmißverständlich hinweist. Und in den Augenblicken, wo Hume es zu einer gewissen Konsequenz bringt, ist er überaus paradox.

Bisher ist es noch niemandem gelungen, eine Philosophie zu erfinden, die sowohl glaubwürdig ist als auch keinen Widerspruch in sich enthält. Locke strebte Glaubwürdigkeit an und erreichte sie auf Kosten der Konsequenz. Die meisten großen Philosophen haben das Gegenteil getan. Eine Philosophie ohne innere Konsequenz kann nicht ganz wahr sein, wohl aber kann eine in sich konsequente Philosophie vollkommen falsch sein. Die fruchtbarsten Philosophien haben schreiende Widersprüche enthalten, sind aber eben deshalb teilweise wahr gewesen. Es besteht kein Grund zu der Annahme, daß ein in sich konsequentes System mehr Wahrheit in sich bergen müsse als eines, das wie das Lockesche offensichtlich mehr oder weniger falsch ist.

Lockes ethische Lehren sind nicht nur an sich, sondern auch als Vorwegnahme der Ansichten Benthams interessant. Wenn ich von seinen ethischen Lehren spreche, meine ich damit nicht seine moralische Einstellung auf die Praxis, sondern seine allgemeinen Theorien zum Thema, wie Menschen handeln und wie sie handeln sollten. Wie Bentham war auch Locke ein Mann von gütigem Empfinden, aber trotzdem davon überzeugt, daß alle Menschen (ihn selbst nicht ausgenommen) zu ihren Handlungen immer nur durch das Streben nach eigenem Glück oder eigener Lust getrieben würden. Aus einigen Zitaten wird dies deutlich werden.

»Die Dinge sind gut oder böse nur in Beziehung auf Freude oder Schmerz. Gut nennen wir das, was in uns die Freude zu wecken oder zu steigern oder den Schmerz zu verringern geeignet ist.«

»Fragt man weiter, was das Verlangen errege, so antworte ich: das Glück und nur dieses.«

»Glück im vollen Umfang ist demnach die größte Freude, derer wir fähig sind.«

»Die Notwendigkeit, das wahre Glück anzustreben, ist die Grundlage der Freiheit.«

»Es ist ein offenbar verkehrtes Urteil, wenn man das Laster der Tugend vorzieht.«

»Die Beherrschung unserer Leidenschaften ist das wahre Fortschreiten in der Freiheit.«[4]

Der letzte Ausspruch beruht offenbar auf der Lehre von Lohn und Strafe in der nächsten Welt. Gott hat bestimmte moralische Regeln aufgestellt; wer sie befolgt, geht in den Himmel ein, und wer sie verletzt, läuft Gefahr, in die Hölle zu kommen. Wer klug nach Lust strebt, wird also tugendhaft sein. Als man mehr und mehr aufhörte zu glauben, daß

---

[4] Die obigen Zitate sind dem II. Buch, Kapitel 21 und 20 entnommen.

die Sünde in die Hölle führe, wurde es schwieriger, ein rein auf das eigene Ich bezogenes Argument zugunsten eines tugendhaften Lebens zu erfinden. Bentham, der ein Freidenker war, ersetzte Gott durch den menschlichen Gesetzgeber: Es war Sache der Gesetze und sozialen Institutionen, öffentliche und private Interessen so miteinander in Einklang zu bringen, daß jeder im Streben nach eigenem Glück zwangsläufig auch dem allgemeinen Glück dienen müsse. Das ist aber weniger befriedigend als der Weg, private und öffentliche Interessen unter Zuhilfenahme von Himmel und Hölle genau aufeinander abzustimmen, und zwar, weil einmal die Gesetzgeber nicht immer weise und tugendhaft sind und weil zum anderen menschliche Regierungen nicht allwissend sein können.

Locke muß einräumen – was auf der Hand liegt –, daß die Menschen nicht immer in der Weise handeln, die ihnen nach vernünftiger Berechnung wahrscheinlich ein Höchstmaß an Glück gewährleisten würde. Wir werten gegenwärtige Lust höher als künftige, und Lust, die uns nahe bevorsteht, höher als Freuden, die uns in weiter Ferne winken. Man könnte sagen – was Locke nicht aussprach –, die Höhe des Zinsfußes (interest) sei ein quantitativer Maßstab des allgemeinen Wechsels auf zukünftige Freuden.[5] Wenn die Aussicht, übers Jahr 1000 Pfund ausgeben zu können, ebenso köstlich wäre wie der Gedanke, sie heute schon zur Verfügung zu haben, brauchte man mich nicht für den Aufschub meiner Lust zu bezahlen. Locke gibt zu, daß fromme Gläubige oftmals Sünden begehen, die sie entsprechend ihrem eigenen Glaubensbekenntnis in Gefahr bringen, in die Hölle zu kommen. Wir alle kennen Leute, die den Besuch beim Zahnarzt nicht so lange hinausschieben würden, wenn es sich dabei um die vernünftige Verfolgung eines Vergnügens handelte. So muß demnach hinzugefügt werden: Wenn die Lust oder das Vermeiden von Schmerz unsere Beweggründe sind, verlieren Freuden um so mehr an Reiz und Schmerzen um so mehr an Schrecken, je weiter entfernt sie in der Zukunft liegen.

Da nach Locke das Privatinteresse mit dem allgemeinen Interesse erst auf lange Sicht übereinstimmen kann, kommt es darauf an, daß die Menschen sich möglichst von ihren langfristigen Interessen leiten lassen. Das heißt, die Menschen sollten klug sein. Klugheit ist die einzige Tugend, die immer wieder gepredigt werden muß; denn jedes Abgehen von der Tugend ist ein Versagen der Klugheit. Das nachdrückliche Betonen der Klugheit ist charakteristisch für den Liberalismus. Das hängt mit dem Entstehen des Kapitalismus zusammen; denn der Kluge wird reich, der Unkluge wird oder ist arm. Es steht auch mit gewissen Formen protestantischer Frömmigkeit in Zusammenhang: die Tugend im

---

[5] Hier handelt es sich um ein Wortspiel mit dem englischen »interest«, das sowohl Interesse als auch Zinsfuß bedeutet. (Anm. d. Übers.)

Gedanken an den Himmel hat psychologisch große Ähnlichkeit mit dem Sparen im Hinblick auf eine Kapitalanlage für die Zukunft.

Der Glaube an eine Harmonie privater und öffentlicher Interessen ist bezeichnend für den Liberalismus und überlebte lange die theologische Grundlage, die er bei Locke hatte.

Locke erklärt, Voraussetzung der Freiheit sei die innere Notwendigkeit, nach wahrem Glück zu streben und unsere Leidenschaften zu beherrschen. Diese Ansicht leitete er von seiner Lehre ab, daß private und öffentliche Interessen auf lange Sicht – wenn auch nicht notwendig in kürzeren Zeiträumen – identisch seien. Aus dieser Lehre ergibt sich, daß die Bürger eines Staates, wenn sie alle sowohl fromm als auch klug sind, bei entsprechender Freiheit so handeln, wie es dem allgemeinen Wohl förderlich ist. Dort bedarf es, um sie in Schach zu halten, keiner menschlichen Gesetze, da die göttlichen Gebote ausreichen werden. Der bisher tugendhafte Mensch, der in Versuchung gerät, ein Straßenräuber zu werden, wird sich sagen: »Der menschlichen Obrigkeit würde ich wohl entgehen, nicht aber der Bestrafung durch die göttliche Obrigkeit.« Daher wird er seine ruchlosen Pläne aufgeben und so tugendhaft leben, als würde er andernfalls mit Sicherheit von der Polizei erwischt. Vollkommene, legale Freiheit ist also nur dort möglich, wo Klugheit und Frömmigkeit allgemein sind; sonst ist der durch das Strafrecht auferlegte Zwang unerläßlich.

Locke erklärt wiederholt, daß sich die Sittlichkeit demonstrieren lasse, entwickelt jedoch diesen Gedanken nicht so ausführlich, wie wünschenswert wäre. Die bedeutendste Stelle ist die folgende:

»Die Moral ist der Demonstration fähig. Die Idee eines Wesens von unendlicher Macht, Güte und Weisheit, dessen Werk wir sind und von dem wir abhängen, desgleichen die Idee unser selbst als mit Vernunft und Verstand ausgestatteter Wesen würden, da sie zu denen gehören, die klar in uns vorhanden sind, meines Erachtens bei rechter, erschöpfender Betrachtung Grundlagen für unsere Pflichten und für die Normen unseres Handelns bieten, die der Moral einen Platz unter denjenigen Wissenschaften sichern würden, die der Demonstration fähig; wobei ohne Zweifel, von selbsteinleuchtenden Voraussetzungen aus durch notwendige Folgerungen, die so unanfechtbar wären wie die mathematischen, die Maßstäbe für Recht und Unrecht ermittelt werden könnten, und zwar für jeden, der sich mit der einen dieser Wissenschaften ebenso unbefangen und aufmerksam befaßt wie mit der andern. Die Relationen anderer Modi sind sicherlich ebensogut wahrnehmbar wie die der Zahl und Ausdehnung, und es ist mir unerfindlich, warum sie nicht ebenfalls demonstrierbar sein sollten, wenn man sich auf die richtigen Methoden zur erschöpfenden Untersuchung ihrer Übereinstimmung oder Nichtübereinstimmung besänne. ›Wo es kein Eigentum gibt, gibt es auch kein Unrecht‹, das ist ein Satz, der ganz ebenso gewiß ist als irgendein Beweis des Euklid. Da nämlich die Idee des Eigentums das Recht auf irgendeine Sache ist, die ›Ungerechtigkeit‹ benannte Idee aber ein Eingriff in dieses Recht, d. h. dessen Verletzung, so ist es einleuchtend, daß ich, nachdem diese Ideen so festgestellt und so benannt sind, mit derselben Sicherheit wissen kann, daß jener Satz wahr ist, wie daß die Summe der Winkel eines Dreiecks gleich zwei rechten ist. Desgleichen: ›Keine Regierung gestattet unbedingte Freiheit.‹ Da die Idee der Regierung die Organisation der Gesellschaft auf der Grundlage bestimmter Regeln und Gesetze ist, denen man sich zu fügen hat, und da die Idee unbedingter Freiheit besagt, daß jeder tun könne, was ihm gefällt, so kann ich von der Wahrheit des obigen Satzes dieselbe Gewißheit besitzen wie von der irgendeines Satzes in der Mathematik.«[6]

Diese Stelle ist schwierig, weil es zunächst den Anschein hat, als würden die Moralgesetze von Gottes Geboten abhängig gemacht, während die angeführten Beispiele darauf schließen lassen, daß die Moralgesetze analytisch sind. Ich nehme an, Locke hat tatsächlich einige Teile der Ethik für analytisch gehalten, andere dagegen auf Gottes Gebote zurückgeführt. Ein weiteres Problem besteht darin, daß die angeführten Beispiele überhaupt keine ethischen Sätze zu sein scheinen.

Noch eine andere Schwierigkeit möchte man vielleicht berücksichtigt sehen. Die Theologen sind allgemein der Ansicht, daß Gottes Gebote nicht willkürlich, sondern von seiner Güte und Weisheit inspiriert sind. Demnach hätte es notwendig vor Gottes Geboten einen Begriff von Güte geben müssen, der Gott bewogen hat, gerade diese und keine anderen Gebote aufzustellen. Was das eigentlich für ein Begriff ist, läßt sich bei Locke nicht feststellen. Er sagt nur, ein kluger Mensch würde so und so handeln, weil ihn sonst Gottes Strafe träfe, doch läßt er uns völlig im dunkeln darüber, warum auf bestimmte Handlungen, nicht aber auf ihr Gegenteil Strafe folgt.

Lockes ethische Doktrinen sind natürlich unhaltbar. Abgesehen davon, daß ein System abstoßend ist, das Klugheit als einzige Tugend anerkennt, lassen sich noch andere, weniger gefühlsmäßige Einwände gegen seine Theorien erheben.

Vor allem heißt es das Pferd beim Schwanz aufzäumen, wenn man sagt, die Menschen strebten nur nach Lust. Ich werde immer, was ich auch wünschen mag, Freude empfinden, wenn ich es erreiche; aber in der Regel ist die Lust auf das Begehren, nicht das Begehren auf die Lust zurückzuführen. Es ist möglich, nach Schmerz zu begehren, wie es bei den Masochisten der Fall ist; dabei ist mit der Befriedigung des Verlangens ein Lustgefühl verbunden, das aber mit seinem Gegenteil gemischt ist. Selbst in Lockes Doktrin wird nicht die Lust als solche erstrebt, denn die nahe bevorstehende Lust erscheint begehrenswerter als die weit entfernte. Wenn die Sittlichkeit aus der Wunschpsychologie abzu-

---

[6] *Versuch über den menschlichen Verstand*, Buch IV, Kapitel 3, Abschnitt 18.

leiten ist, wie Locke und seine Schüler es versuchen, liegt kein Grund vor, die geringere Einschätzung ferner Lust zu tadeln oder die Klugheit zur moralischen Pflicht zu machen. Kurz zusammengefaßt besagt sein Argument: »Wir streben nur nach Lust. In Wirklichkeit streben aber viele Menschen nicht nach Lust an sich, sondern nach unmittelbarer Lust. Das widerspricht unserer Lehre, daß sie Lust als solche anstreben, und deshalb ist es schlecht.« Fast alle Philosophen stellen in ihren ethischen Systemen erst eine falsche Doktrin auf; dann beweisen sie, das Schlechte bestünde darin, so zu handeln, daß diese Lehre sich als falsch erweist; das wäre aber unmöglich, wenn die Lehre richtig wäre. Hierfür ist Locke ein Musterbeispiel.

14. KAPITEL

Lockes politische Philosophie

A. Das Prinzip der Erblichkeit

In den Jahren 1689 und 1690, unmittelbar nach der Revolution von 1688, schrieb Locke seine beiden *Treatises on Government*, von denen besonders die zweite in der Geschichte der politischen Ideen von großer Bedeutung ist.

Die erste der beiden Abhandlungen ist eine kritische Untersuchung der Lehre von der erblichen Macht und eine Replik auf Sir Robert Filmers *Patriarcha: or The Natural Power of Kings*, die – erst 1680 veröffentlicht – schon unter Karl I. verfaßt worden war. Sir Robert Filmer, ein eifriger Verfechter der göttlichen Rechte der Könige, hatte das Unglück, bis 1653 zu leben; er muß schwer unter der Hinrichtung Karls I. und dem Sieg Cromwells gelitten haben. Aber sein Buch *Patriarcha* war vor diesen traurigen Ereignissen, wenn auch nicht vor dem Bürgerkrieg geschrieben worden; und so ist darin natürlich zu erkennen, daß sein Verfasser von dem Vorhandensein umstürzlerischer Doktrinen gewußt hat.

Wie Filmer erklärt, bedeuteten derartige Doktrinen im Jahre 1640 nichts Neues. Tatsächlich waren protestantische wie katholische Geistliche in ihrem Kampf mit katholischen bzw. protestantischen Monarchen energisch für das Recht der Untertanen eingetreten, sich tyrannischen Fürsten zu widersetzen; ihre Schriften lieferten Sir Robert für seine Kontroverse Material in Hülle und Fülle.

Sir Robert Filmer war von Karl I. geadelt worden; zehnmal sollen die Parlamentarier sein Haus geplündert haben. Er hielt es für möglich, daß Noah über das Mittelmeer gefahren sei, um Afrika, Asien und Europa unter Sem, Ham und Japhet zu verteilen. Nach seiner Auffassung sollten laut englischer Verfassung die Lords den König nur beraten dürfen und die Commons sogar noch weniger Macht haben; nur der König, sagt er, macht die Gesetze, die allein seinem Willen entspringen. Wie Filmer meint, ist der König über jede von Menschen ausgeübte Kontrolle erhaben; die Handlungen seiner Vorgänger legen ihm ebensowenig Verpflichtungen auf wie seine eigenen, denn »es ist wider die Natur, daß sich jemand selbst Gesetze gibt«.

Wie diese Ansichten verraten, gehörte Filmer zu den extremsten Vertretern der Partei der göttlichen Rechte.

Gleich zu Anfang der *Patriarcha* wird die »allgemeine Ansicht« bekämpft, daß »die Menschheit von Natur mit Freiheit von jeder Dienstbarkeit ausgestattet geboren werde, frei nach eigenem Belieben eine Regierungsform zu wählen; und daß die Gewalt, die ein einzelner über andere besitzt, ihm zuerst nach dem Gutdünken der Menge übertragen worden sei«.[1] »Dieser Lehrsatz«, sagt er, »wurde zuerst in den Schulen aufgestellt.« Nach seiner Überzeugung verhält es sich in Wahrheit ganz anders, und zwar so, daß Gott ursprünglich die königliche Macht an Adam verlieh, von dem sie auf seine Erben und schließlich auf die verschiedenen Monarchen der Neuzeit überging. Wie er versichert, sind jetzt die Könige »alle oder sind wenigstens anzusehen als die nächsten Erben jener ersten Vorfahren, die ursprünglich die natürlichen Eltern des ganzen Volkes waren«. Unser Urvater hat offenbar sein Privileg als Universalmonarch nicht entsprechend zu würdigen gewußt, denn »das Verlangen nach Freiheit ist der erste Grund von Adams Fall gewesen«. Das Verlangen nach Freiheit ist in Sir Robert Filmers Augen etwas Gottloses.

Die Ansprüche, die Karl I. mit Unterstützung seiner Vorkämpfer für sich erhob, überstiegen alles, was frühere Zeiten den Königen zugebilligt haben würden. Filmer weist darauf hin, daß der englische Jesuit Parsons und der schottische Calvinist Buchanan, die sonst fast niemals übereinstimmen, beide die Auffassung vertreten, daß Souveräne vom Volk abgesetzt werden können, wenn sie schlecht regieren. Parsons dachte dabei natürlich an die protestantische Königin Elisabeth und Buchanan an die katholische Königin Mary von Schottland. Buchanans Doktrin wurde durch den Erfolg sanktioniert, die Parsons jedoch fand keinen Anklang, wie die Hinrichtung seines Kollegen Campion beweist.

Selbst vor der Reformation neigten manche Theologen zu der Ansicht, daß der Macht der Könige Grenzen zu setzen seien. Hierum handelte es sich zum Teil in dem Kampf zwischen Kirche und Staat, der in Europa fast das ganze Mittelalter hindurch tobte. In diesem Kampf war der Staat auf Waffengewalt, die Kirche auf Geschicklichkeit und das Renommee ihrer Heiligkeit angewiesen. Solange die Kirche beides besaß, gewann sie; als sie jedoch nur noch über Geschicklichkeit verfügte, verlor sie. Was aber bedeutende und heilige Männer gegen die Macht der Könige eingewendet hatten, geriet nicht in Vergessenheit. Waren diese Thesen auch ursprünglich auf die Interessen des Papstes abgestellt gewesen, so konnten sie doch jetzt dazu benützt werden, den Rechten des Volkes auf Selbstregierung als Grundlage zu dienen. »Die spitzfindigen Scholastiker«, sagt Filmer, »hielten es bei ihrem Bemühen, den König unter den Papst zu drücken, für den geeignetsten Weg, das Volk über den König zu stellen, um so die päpstliche Gewalt an die Stelle der königlichen zu setzen.« Er zitiert den Ausspruch des Theologen Bellarmin, daß die weltliche Macht durch Menschen (also nicht durch Gott) verliehen werde und bis zur Verleihung an einen Fürsten

---

[1] Die Zitate aus Sir Robert Filmers *Patriarcha* sowie aus John Lockes *Zwei Abhandlungen über Regierung* entsprechen der Übersetzung von Hilmar Wilmanns (Verlag Max Niemeyer, Halle 1906).

dem Volk gehöre; damit macht Bellarmin, nach Filmer, »Gott zum unmittelbaren Schöpfer eines demokratischen Staates« – was für ihn ebenso schrecklich klingt wie für einen modernen Plutokraten die Behauptung, Gott sei der unmittelbare Urheber des Bolschewismus.

Filmer leitet die politische Macht nicht aus irgendeinem Vertrag oder aus irgendwelchen Erwägungen über das allgemeine Wohl ab, sondern ausschließlich von der Autorität eines Vaters über seine Kinder. Er sieht es so an: Ursprung der königlichen Autorität ist die Unterordnung der Kinder unter ihre Eltern; die Patriarchen der Genesis waren Monarchen; die Könige sind Erben Adams oder sollten zumindest dafür angesehen werden; die natürlichen Rechte des Königs sind den Rechten eines Vaters gleichzusetzen; von Natur unterstehen die Söhne der väterlichen Gewalt, selbst wenn der Sohn erwachsen, der Vater alt ist.

Diese ganze Theorie wirkt auf einen modern denkenden Menschen sehr phantastisch; man kann es kaum glauben, daß sie einmal im Ernst vertreten wurde. Wir pflegen im allgemeinen politische Rechte nicht aus der Geschichte von Adam und Eva herzuleiten. Es leuchtet uns ein, daß die väterliche Gewalt völlig zu erlöschen hat, wenn der Sohn oder die Tochter das einundzwanzigste Lebensjahr erreicht haben; auch erkennen wir an, daß sie schon vor diesem Zeitpunkt sehr stark eingeschränkt wird, und zwar einmal vom Staat, zum andern durch das Recht auf eigene Initiative, das die jungen Menschen allmählich erworben haben. Wir gestehen der Mutter mindestens die gleichen Rechte zu wie dem Vater. Aber auch abgesehen von all diesen Erwägungen würde es keinem modernen Menschen – wenn er nicht gerade in Japan lebt – einfallen, daß die politische Macht auf irgendeine Art der väterlichen Gewalt anzugleichen sei. In Japan gilt allerdings noch eine Theorie, die Filmers Auffassung stark verwandt ist und von allen Professoren und Schullehrern gelehrt werden muß. Der Mikado kann seine Abstammung von der Sonnengöttin herleiten, deren Erbe er ist; andere Japaner sind zwar auch ihre Nachkommen, gehören aber jüngeren Zweigen ihrer Familie an. Deswegen ist der Mikado göttlich, und jeder Widerstand ihm gegenüber bedeutet Gottlosigkeit. Diese Theorie wurde in der Hauptsache 1868 erfunden, doch wird jetzt in Japan behauptet, sie bestünde seit der Erschaffung der Welt und sei von der Tradition überliefert.

Der Versuch, Europa eine ähnliche Theorie aufzuzwingen – woran sich Filmer mit seiner *Patriarcha* beteiligte –, war ein Mißerfolg. Warum? Eine derartige Theorie anzuerkennen widerspricht keineswegs der menschlichen Natur; abgesehen von Japan galt sie beispielsweise bei den alten Ägyptern und bis zur spanischen Eroberung auch bei den Mexikanern und Peruanern. In einem bestimmten Stadium der menschlichen Entwicklung ist sie naturgegeben. Mit den Stuarts ist England über dieses Stadium hinausgelangt, Japan ist es noch nicht.

Daß sich die Theorie von den göttlichen Rechten nicht behaupten konnte, hatte in England hauptsächlich zwei Gründe: der eine bestand in der Vielzahl von Religionen, der andere im Kampf um die Macht, der zwischen Monarchie, Aristokratie und gehobenem Bürgertum tobte. Und zur Frage der Religion: Seit der Regierung Heinrichs VIII. war der König das Haupt der englischen Kirche, die sowohl Rom als auch den meisten protestantischen Sekten feindlich gegenüberstand. Die englische Kirche rühmte sich, ein Kompromiß zu sein: die Einleitung der Authorized Version (englische Bibelfassung von 1611) beginnt mit den Worten: »Die englische Kirche ist von jeher, seit sie mit der Kompilation ihrer öffentlichen Liturgie begonnen hat, so weise gewesen, die Mitte zwischen zwei Extremen einzuhalten.« Im großen und ganzen befriedigte dieser Kompromiß die meisten Menschen. Königin Mary und Jakob II. bemühten sich, das Land nach Rom, die Sieger im Bürgerkrieg suchten es nach Genf hinüberzuziehen; diese Versuche mißlangen jedoch, und nach 1688 war die Macht der englischen Kirche unbestritten. Dennoch lebte eine Gegnerschaft fort. Besonders die Nonkonformisten waren energische Leute mit zahlreichen Anhängern unter den reichen Kaufherren und Bankiers, deren Macht ständig im Zunehmen begriffen war.

Der König nahm eine etwas sonderbare theologische Stellung ein, da er nicht nur das Haupt der englischen, sondern auch der schottischen Kirche war. In England mußte er es mit den Bischöfen halten und den Calvinismus verwerfen; in Schottland hatte er die Bischöfe abzulehnen und an den Calvinismus zu glauben. Die Stuarts vertraten echte religiöse Überzeugungen, die ihnen eine so zweideutige Haltung unmöglich machten und ihnen in Schottland mehr Verdruß verursachten als in England. Nach 1688 ließen sich die Könige durch politische Erwägungen bestimmen, sich gleichzeitig zu zwei Religionen zu bekennen. Das zeugte nicht gerade von religiösem Eifer und erschwerte es den Menschen, sie für göttliche Personen zu halten. Auf jeden Fall konnten weder Katholiken noch Nonkonformisten irgendwelche Ansprüche der Monarchie auf religiösem Gebiet anerkennen.

Die drei Parteien – König, Aristokratie und reicher Mittelstand – gingen zu verschiedenen Zeiten unterschiedliche Verbindungen miteinander ein. Unter Eduard IV. und Ludwig XI. schlossen sich König und Mittelstand gegen die Aristokratie zusammen; unter Ludwig XIV. gingen König und Aristokratie gemeinsam gegen den Mittelstand vor; in England vereinten sich 1688 Aristokratie und Mittelstand gegen den König. Er war stark, wenn er eine der anderen Parteien auf seiner Seite hatte; schlossen sie sich gegen ihn zusammen, so war er schwach.

Mit aus diesen Gründen fiel es Locke nicht schwer, Filmers Argumente zu entkräften.

Wo es auf die Argumentation ankommt, hat Locke natürlich leichtes Spiel. Er weist nach, daß die Mutter die gleichen Rechte haben müßte wie der Vater, wenn schon von elterlicher Gewalt die Rede ist. Er hebt die Ungerechtigkeit des Erstgeburtsrechts hervor, die unvermeidlich ist, wenn die Monarchie auf Erblichkeit beruhen soll. Er macht sich lustig über die alberne Annahme, daß die herrschenden Monarchen in irgendeinem realen Sinne die Erben Adams seien. Will Filmer behaupten, fragt er, daß alle derzeitigen Monarchen dem wahren Erben – falls man ihn ausfindig machen könnte – ihre Kronen zu Füßen legen würden? Wollte man Filmers Grundlage der Monarchie gelten lassen, dann wären alle Könige, mit höchstens einer Ausnahme, Usurpatoren und hätten nicht das Recht, von den Menschen, die de facto ihre Untertanen sind, Gehorsam zu verlangen. Überdies ist die väterliche Gewalt, wie er sagt, zeitlich begrenzt und erstreckt sich nicht auf Leben oder Eigentum.

Aus diesen wie aus wesentlicheren Gründen kann nach Locke die Erblichkeit nicht als Grundlage rechtmäßiger politischer Macht gelten. Daher sucht er in seiner zweiten Abhandlung über die Regierung nach einer Basis, die eher zu verteidigen ist.

Die Politik kennt heute das Erblichkeitsprinzip kaum noch. Ich habe es miterlebt, wie die Kaiser von Brasilien, China, Rußland, Deutschland und Österreich verschwanden und von Diktatoren ersetzt wurden, die nicht den Ehrgeiz haben, eine erbliche Dynastie zu begründen. Die Aristokratie hat in ganz Europa ihre Vorrechte eingebüßt; nur in England bestehen sie noch, wo sie aber kaum mehr als eine historische Formalität sind. Dies alles ist in den meisten Ländern ganz neuen Datums und steht in engem Zusammenhang mit dem Aufkommen der Diktatur; denn die traditionelle Basis der Macht ist hinweggefegt worden, und die Menschen haben noch nicht genug Zeit gehabt, die geistige Einstellung zu gewinnen, die für die erfolgreiche Verwirklichung der Demokratie erforderlich ist. *Eine* große Institution hat niemals ein erbliches Element enthalten: die katholische Kirche. Wir dürfen wohl erwarten, daß die Diktaturen, wenn sie sich auf die Dauer halten, sich allmählich zu einer dem Kirchenregiment analogen Regierungsform entwickeln werden. Das ist bereits bei den großen Körperschaften in Amerika geschehen, die denen der Regierung nahezu gleichkommende Machtbefugnisse haben oder bis Pearl Harbor hatten.

Es ist merkwürdig, daß die Ablehnung des Erblichkeitsprinzips auf politischem Gebiet in demokratischen Ländern fast ohne Wirkung auf die wirtschaftliche Sphäre geblieben ist. (In totalitären Staaten ist die wirtschaftliche Macht von der politischen absorbiert worden.) Wir halten es noch für natürlich, daß man seinen Besitz seinen Kindern hinterläßt; das heißt, wir erkennen das Prinzip der Erblichkeit an, wo es sich um wirtschaftliche Macht handelt, lehnen es aber auf dem Gebiet der politischen Macht ab. Politische Dynastien sind verschwunden, wirtschaftliche jedoch existieren weiter. Ich spreche im Augenblick weder für noch gegen diese uneinheitliche Behandlung der beiden Machtformen; ich mache nur darauf aufmerksam, daß sie existiert und daß sich die meisten Menschen ihrer gar nicht bewußt sind. Wenn man sich überlegt, wie natürlich es einem vorkommt, daß die Macht, die aus großem Reichtum resultiert, erblich sein soll, wird man eher verstehen, daß Menschen wie Sir Robert Filmer dahin kommen konnten, über die Macht der Könige ebenso zu denken; und man wird begreifen, wie bedeutend die Neuerung war, für die sich Männer einsetzten, die wie Locke dachten.

Um zu verstehen, wie Filmers Theorie Anhänger finden und Lockes entgegengesetzte Lehre revolutionär wirken konnte, brauchen wir nur daran zu denken, daß ein Königreich damals etwa als das galt, was wir heute in einem Landgut sehen. Der Grundeigentümer hat verschiedene wichtige, gesetzliche Rechte; am bedeutendsten ist sein Recht zu bestimmen, wer sich auf dem Grund und Boden befinden darf. Das Eigentumsrecht kann vererbt werden, und für unser Gefühl hat jemand, der ein Gut erbt, berechtigten Anspruch auf die Privilegien, die ihm das Gesetz daraufhin einräumt. Dennoch ist im Grunde seine Stellung die gleiche wie die der Monarchen, deren Ansprüche Sir Robert Filmer verteidigt. Es gibt heutzutage in Kalifornien eine Anzahl riesiger Güter, deren Titel aus wirklichen oder angeblichen Schenkungen des spanischen Königs hergeleitet werden. Er konnte derartige Schenkungen nur machen, a) weil Spanien ähnliche Ansichten wie Filmer hatte, b) weil die Spanier die Indianer im Kampf zu besiegen vermochten. Dennoch halten wir diejenigen, denen er die Schenkungen machte, für die rechtmäßigen Eigentümer. Vielleicht wird das in Zukunft einmal genauso phantastisch erscheinen, wie uns heute Filmer vorkommt.

B. *Naturzustand und Naturrecht*

Locke leitet seine zweite Abhandlung über die Regierung mit den Worten ein, er werde nunmehr auseinandersetzen, was er für den wahren Ursprung der Regierung halte, nachdem er gezeigt habe, daß es unmöglich sei, die Autorität der Regierung aus der väterlichen Gewalt abzuleiten.

Zunächst nimmt er einen sogenannten »Naturzustand« an, der jeglicher menschlichen Regierung vorausgegangen sein soll. In diesem Zustand gibt es ein »Naturrecht«; dieses Naturrecht aber besteht aus göttlichen Geboten und ist nicht von einem menschlichen Gesetzgeber aufgestellt. Es kommt nicht klar heraus, wieweit der Naturzustand für Locke nur eine der Anschaulichkeit dienende Hypothese ist und wieweit er annimmt, er könne eine historische Tatsache gewesen sein; ich fürchte aber, daß er zu der Annahme neigte, es habe dieses Stadium wirklich einmal gegeben. Die Menschen entwuchsen diesem Naturzustand mit Hilfe eines Gesellschaftsvertrages, der eine bürgerliche Regierung einsetzte. Auch dies hielt er für mehr oder minder historisch. Im Augenblick jedoch haben wir uns mit dem Naturzustand zu beschäftigen.

Was Locke über den Naturzustand und das Naturrecht zu sagen hat, ist im großen und ganzen nicht originell, wiederholt vielmehr nur mittelalterliche scholastische Doktrinen. So erklärt Thomas von Aquino:

»Jedes von Menschen erdachte Recht hat nur gerade so weit Rechtscharakter, als es vom Naturrecht abgeleitet ist. Aber wenn es in irgendeinem Punkt mit dem Naturrecht nicht übereinstimmt, hört es alsbald auf, Recht zu sein; dann ist es nur noch eine Rechtsverdrehung.«[2]

Im ganzen Mittelalter herrschte die Auffassung, das Naturrecht verdamme den »Wucher«, das heißt, das Verleihen von Geld gegen Zinsen. Das Vermögen der Kirche bestand hauptsächlich aus Grundbesitz, und Grundbesitzer haben von jeher lieber Geld entliehen als verliehen. Der aufkommende Protestantismus aber – vor allem der Calvinismus – fand Unterstützung beim reichen Mittelstand, der mehr verlieh als entlieh. Dementsprechend sanktionierten erst Calvin, dann andere Protestanten und schließlich die katholische Kirche den »Wucher«. So kam es dazu, daß das Naturrecht unterschiedlich aufgefaßt wurde; niemand aber zweifelte daran, daß es etwas Derartiges gäbe.

Viele Doktrinen, die sich länger gehalten haben als der Glaube an ein Naturrecht, verdanken ihm ihren Ursprung, so beispielsweise das *laissez-faire* und die Menschenrechte. Diese Lehren hängen miteinander zusammen und wurzeln beide im Puritanismus. Zwei Zitate, die Tawney anführt, veranschaulichen dies. Im Unterhaus stellte 1604 ein Ausschuß fest:

»Alle freien Untertanen sind von Geburt erbberechtigt, soweit es sich um ihren Grundbesitz und die freie Ausübung ihres Berufes in jenen Gewerben handelt, die sie betreiben und von denen sie leben müssen.«

Und 1656 schreibt Joseph Lee:

»Es ist ein unleugbarer Grundsatz, daß jedermann dank dem natürlichen Licht und der Vernunft das für ihn Vorteilhafteste tut... Das Fortkommen des einzelnen kommt der Allgemeinheit zugute.« Mit Ausnahme der Worte »dank dem natürlichen Licht und der Vernunft« könnte dies im neunzehnten Jahrhundert geschrieben worden sein.

Ich wiederhole, in Lockes Theorie der Regierung findet sich wenig Originelles. Hierin gleicht Locke der Mehrzahl der Menschen, die wegen ihrer Ideen berühmt geworden sind. In der Regel ist derjenige, der als erster eine neue Idee hat, seiner Zeit so weit voraus, daß jeder ihn für töricht hält, so daß er unbekannt bleibt und bald vergessen ist. Dann wird die Welt langsam reif für die Idee, und derjenige, der sie im günstigen Augenblick verkündet, erntet die volle Anerkennung. So

---

2 Zitiert bei Tawney, *Religion and the Rise of Capitalism.*

verhielt es sich beispielsweise mit Darwin; der arme Lord Monboddo hingegen war nur allgemein verlacht worden.

Den Naturzustand sah Locke weniger originell als Hobbes, der sich darunter ein Stadium vorstellte, in dem alle gegen alle kämpften und das Leben hart, brutal und kurz war. Aber Hobbes galt als Atheist. Die Vorstellung vom Naturzustand und Naturrecht, die Locke von seinen Vorgängern übernommen hatte, ist von ihrem theologischen Fundament nicht zu trennen; wo sie, wie vielfach im modernen Liberalismus, ohne dieses fortlebt, entbehrt sie der klaren, logischen Grundlage.

Der Glaube an einen glücklichen »Naturzustand« in ferner Vergangenheit hat sich zum Teil aus dem biblischen Bericht von der Zeit der Patriarchen, zum Teil aus der klassischen Sage vom goldenen Zeitalter entwickelt. Die allgemeine Überzeugung von der Schlechtigkeit der Vergangenheit kam erst mit der Lehre von der Evolution auf.

Folgende Stelle bei Locke kommt einer Definition des Naturzustandes am nächsten:

»Das vernünftige Zusammenleben der Menschen ohne irdisches Oberhaupt bei gegenseitiger Jurisdiktion, das ist der eigentliche Naturzustand.«

Damit wird nicht das Leben von Wilden, sondern von einer imaginären Gemeinschaft tugendhafter Anarchisten geschildert, die weder Polizei noch Gerichte brauchen, weil sie stets der »Vernunft« gehorchen; sie ist identisch mit dem »Naturrecht«, das seinerseits aus jenen Moralgesetzen besteht, die man für göttlichen Ursprungs hält. (Das Gebot »Du sollst nicht töten« beispielsweise ist ein Bestandteil des Naturrechts; die Verkehrsregeln hingegen gehören nicht dazu.)

Einige weitere Zitate werden verständlicher machen, was Locke meint.

»Um politische Gewalt richtig zu verstehen und sie von ihrem Ursprung abzuleiten, müssen wir betrachten, in welchem Zustande sich die Menschen von Natur befinden. Dies ist ein Zustand völliger Freiheit, innerhalb der Grenzen des Naturrechts ihre Handlungen zu regeln und über ihren Besitz und ihre Personen zu verfügen, wie sie es für am besten halten, ohne die Erlaubnis eines anderen zu fordern oder von seinem Willen abzuhängen.

Ebenso ein Zustand der Gleichheit, worin alle Gewalt und Jurisdiktion gegenseitig ist und einer nicht mehr hat als der andere; denn nichts ist klarer, als daß Geschöpfe derselben Gattung und desselben Ranges, die ohne Unterschied zum Genuß aller derselben Vorzüge der Natur und zum Gebrauch derselben Fähigkeiten geboren sind, ohne Unterordnung und Unterwerfung, auch untereinander gleich sein müssen; es sei denn, daß der Herr und Meister ihrer aller durch eine deutliche Kundgebung seines Willens einen über den anderen setzt und ihm durch eine überzeugende, klare Ernennung ein unzweideutiges Recht auf Dominium und Souveränität erteilt.

Aber obwohl dies ein Zustand der Freiheit ist, so ist es doch kein Zustand der Zügellosigkeit. Der Mensch hat in jenem Zustand eine unwiderlegbare Freiheit, über seine Person oder seinen Besitz zu verfügen; aber er hat keine Freiheit, sich selbst oder auch nur ein in seinem Besitz befindliches Geschöpf zu vernichten, außer wo ein edlerer Zweck als seine bloße Erhaltung es erfordert. Der Naturzustand wird durch ein natürliches Gesetz regiert, das einen jeden verpflichtet. Dieses Gesetz ist die Vernunft, und sie lehrt die ganze Menschheit, wenn sie sie nur befragen will, daß, da alle gleich und unabhängig sind, niemand dem anderen an seinem Leben und Besitz, seiner Gesundheit und Freiheit Schaden zufügen soll.«[3] (Denn wir sind alle Eigentum Gottes.)[4]

Es zeigt sich aber alsbald, daß es dort, wo die meisten Menschen im Naturzustand leben, doch immer einige geben wird, die sich nicht an das Naturrecht halten, und daß das Naturrecht selbst bis zu einem gewissen Grade die Handhaben liefert, solchen Verbrechern zu begegnen. Im Naturzustand darf jeder, wie wir erfahren, sich und seine Habe verteidigen. Der Satz »Wer Menschenblut vergießt, des Blut soll auch durch Menschen vergossen werden« gehört zum Naturrecht. Ich darf sogar einen Dieb töten, wenn er gerade im Begriff ist, mein Eigentum zu stehlen, und dieses Recht besteht auch nach Einführung einer Regierung weiter; wenn es eine Regierung gibt, muß ich dann allerdings, falls der Dieb entwischt, auf private Rache verzichten und zum Gesetz meine Zuflucht nehmen.

Dies läßt sich als Haupteinwand gegen den Naturzustand sagen: daß, solange er besteht, jeder – in eigener Sache Richter – bei der Verteidigung seiner Rechte auf sich selbst angewiesen ist. Gegen dieses Übel wird die Regierung als Heilmittel eingesetzt; sie ist aber kein *natürliches* Heilmittel.

Nach Locke wurde der Naturzustand aufgehoben durch das Übereinkommen, eine Regierung zu bilden. Nicht jeder Vertrag bedeutet das Ende des Naturzustandes, sondern nur derjenige, der einen Staat schafft. Das Verhältnis der verschiedenen Regierungen von unabhängigen Staaten zueinander entspricht heute dem Naturzustand.

Der Naturzustand, so erfahren wir aus einer vermutlich gegen Hobbes gerichteten Stelle, ist nicht gleichbedeutend mit Kriegszustand, kommt vielmehr eher seinem Gegenteil nahe. Nachdem Locke mein Recht, einen Dieb zu töten, damit begründet hat, daß man annehmen könne, der Dieb wolle Krieg gegen mich führen, sagt er:

»Und hier haben wir deutlich den ›Unterschied zwischen Naturzustand und Kriegszustand‹, die – wenn sie auch von manchen verwechselt wurden – voneinander so verschieden sind wie der Zustand des

---

[3] Vergleiche die amerikanische Unabhängigkeitserklärung.

[4] »Sie sind Eigentum dessen, der sie geschaffen hat, und müssen so lange vorhalten, wie es ihm und nicht einem anderen beliebt.«

Friedens, des Wohlwollens, des gegenseitigen Beistands und Schutzes vom Zustand der Feindschaft, der Bosheit, der Gewalt und der gegenseitigen Vernichtung.«

Vielleicht muß man dem Natur*recht* einen größeren Bereich zuerkennen als dem Natur*zustand*, da sich das erste mit Dieben und Mördern befaßt, während es im zweiten solche Übeltäter nicht gibt. Das würde zumindest einen möglichen Ausweg aus einer offensichtlichen Inkonsequenz Lockes bedeuten; sie besteht darin, daß er zuweilen den Naturzustand so darstellt, als wäre darin jedermann tugendhaft und bei anderen Gelegenheiten erörtert, was von Rechts wegen im Naturzustande geschehen dürfe, um sich gegen die Angriffe schlechter Menschen zu wehren.

Manche Teile von Lockes Naturrecht haben etwas Überraschendes. So sagt er beispielsweise, daß Gefangene für eine Nation, die aus berechtigten Gründen Krieg führt, nach dem Naturrecht Sklaven seien. Er erklärt auch, jeder Mensch habe von Natur das Recht, Angriffe auf sich oder sein Eigentum zu bestrafen, sogar mit dem Tode. Er macht dabei keine Unterschiede, so daß es mir nach dem Naturrecht offenbar zukommt, jemanden niederzuschießen, den ich bei dem Versuch ertappe, mir eine Kleinigkeit zu mausen.

Das Eigentum spielt in Lockes politischer Philosophie eine große Rolle und ist nach seiner Meinung der Hauptgrund dafür, eine bürgerliche Regierung einzusetzen.

»Der große und wichtigste Zweck, daß Menschen sich zu einem Staatswesen vereinigen und sich unter eine Regierung stellen, ist die Erhaltung ihres Eigentums.«

Die ganze Theorie des Naturzustandes und des Naturrechts ist zwar klar, auf der anderen Seite aber sehr problematisch. Klar ist, was Locke sich dachte, nicht klar jedoch, wie er auf diese Gedanken kommen konnte. Nach allem, was wir gesehen haben, ist Lockes Ethik utilitaristisch, aber bei seiner Betrachtung der »Rechte« spielen keine utilitaristischen Erwägungen mit. Etwas davon zieht sich durch die gesamte Rechtsphilosophie, wie die Juristen sie lehren. *Legale* Rechte lassen sich definieren; es ist beispielsweise ein legales Recht des Menschen, vom Gesetz zu verlangen, daß es ihn vor Beleidigung schützt. Auch hat der Mensch im allgemeinen ein legales Recht auf sein Eigentum; wenn er aber (beispielsweise) ein unerlaubtes Lager von Kokain besitzt, hat er gegen einen, der es ihm stiehlt, keine gesetzliche Handhabe. Der Gesetzgeber aber muß entscheiden, welche legalen Rechte geschaffen werden sollen; dabei greift er naturgemäß auf den Begriff der »natürlichen« Rechte zurück, die zu sichern Aufgabe des Gesetzes sein sollte.

Ich will versuchen, so gut wie möglich Lockes Theorie in nicht-theologische Ausdrücke zu fassen. Wenn man von der Voraussetzung ausgeht, daß die Ethik und die Klassifizierung von Handlungen in »rechte« und »unrechte« logisch dem aktuellen Recht vorangehen, so ermöglicht das, die Theorie in Wendungen wiederzugeben, die keine mythische Geschichte einbegreifen. Um zum Naturrecht zu kommen, können wir die Frage so stellen: welche Arten von Handlungen, die A gegen B vornimmt, rechtfertigen – wenn es weder Recht noch Regierung gibt – Bs Vergeltung an A, und welche Art von Vergeltung darf in verschiedenen Fällen geübt werden? Es wird allgemein angenommen, man könne keinem Menschen einen Vorwurf daraus machen, daß er sich gegen einen Mordversuch wehrt, auch wenn er im Notfall so weit geht, den Angreifer zu töten. Desgleichen darf er Weib und Kind verteidigen, ja sogar auch irgendein anderes Mitglied der Gemeinschaft. In solchen Fällen wird die Existenz eines Gesetzes gegen den Mord bedeutungslos, da es leicht möglich wäre, daß der Angegriffene längst tot ist, bevor die Polizei zu Hilfe gerufen werden kann; wir müssen daher auf das »natürliche« Recht zurückgreifen. Der Mensch hat auch das Recht, sein Eigentum zu verteidigen, obwohl man verschiedener Ansicht ist, inwieweit er dem Dieb Schaden zufügen darf.

Locke weist darauf hin, daß in den zwischenstaatlichen Beziehungen das »Natur«-Recht ebenfalls von Bedeutung ist. Unter welchen Umständen ist der Krieg berechtigt? Solange wir keine internationale Regierung haben, gibt es auf diese Frage nur eine rein ethische, keine juristische Antwort; sie muß in gleicher Weise beantwortet werden wie beim einzelnen unter anarchischen Umständen.

Die juristische Theorie scheint auf der Ansicht zu fußen, daß der Staat die »Rechte« der einzelnen zu schützen habe. Das heißt: widerfährt einem Menschen ein Unrecht, das nach den Grundsätzen des Naturrechts eine Vergeltung rechtfertigen würde, dann muß das positive Recht bestimmen, daß der Staat diese Vergeltung vornehmen soll. Wird jemand Zeuge eines Mordanschlags auf seinen Bruder, so hat er das Recht, den Attentäter zu töten, falls der Bruder nicht auf andere Weise zu retten ist. Im Naturzustand hat er das Recht – so behauptet zumindest Locke –, den zu töten, dem es gelungen ist, den Bruder tatsächlich zu ermorden. Wo es aber Gesetze gibt, geht dieses Recht verloren, das vom Staat übernommen wird. Und wer tötet, um sich selbst oder jemand anderen zu verteidigen, muß dies als das Motiv seiner Tat vor Gericht beweisen.

Wir können also das »Naturrecht« insofern moralischen Geboten gleichsetzen, als beide von positiven gesetzlichen Bestimmungen unabhängig sind. Solche Gebote müssen bestehen, wenn es überhaupt einen Unterschied zwischen guten und schlechten Gesetzen geben soll. Für Locke liegt der Fall ganz einfach, da Gott ja moralische Gebote erlassen hat, die wir in der Bibel finden können. Sieht man von dieser theologischen Grundlage ab, dann wird die Sache schwieriger. Solange man aber dabei bleibt, daß ein ethischer Unterschied zwischen rechten und unrechten Handlungen besteht, darf man sagen: in einer Gemeinschaft ohne Regierung entscheidet das Naturrecht, was moralisch recht oder unrecht handeln heißt; und das positive Recht sollte soweit wie möglich vom Naturrecht bestimmt und inspiriert werden.

In absoluter Form ist die Doktrin von den bestimmten, unveräußerlichen Rechten des einzelnen unvereinbar mit dem Utilitarismus, das heißt mit der Lehre, daß diejenigen Handlungen recht sind, die das allgemeine Wohl am meisten fördern. Um eine geeignete Grundlage für das Recht darstellen zu können, braucht eine Doktrin jedoch nicht in jedem möglichen Fall, sondern nur in der überwiegenden Mehrzahl von Fällen richtig zu sein. Wir alle können uns Umstände vorstellen, in denen ein Mord gerechtfertigt wäre; das kommt jedoch selten vor und ist kein ausreichendes Argument gegen die Widerrechtlichkeit des Mordes. Ähnlich könnte es – ich sage nicht: ist – vom utilitaristischen Standpunkt aus vielleicht wünschenswert sein, jedem einzelnen eine bestimmte Sphäre persönlicher Freiheit vorzubehalten. In diesem Falle wäre die Lehre von den Menschenrechten die geeignete Basis für die entsprechenden Gesetze, selbst wenn bei diesen Rechten Ausnahmen gemacht werden müßten. Der Utilitarist wird die als Grundlage für das Recht gedachte Lehre auf ihre praktischen Folgen hin prüfen müssen; er kann sie nicht ab initio verurteilen, weil sie seiner eigenen Ethik widerspricht.

C. Der Gesellschaftsvertrag

In der politischen Spekulation des siebzehnten Jahrhunderts gab es über die Frage nach dem Ursprung der Regierung zwei Haupttypen von Theorien. In Sir Robert Filmer sahen wir ein Beispiel für den einen. Dieser Typ behauptete, Gott habe bestimmten Personen Macht verliehen, und diese Personen oder ihre Erben stellten die rechtmäßige Regierung dar; es sei demnach nicht nur Verrat, sondern Gottesfrevel, sich gegen sie aufzulehnen. Seit unvordenklichen Zeiten hatte man diese Auffassung, vom Gefühl bestimmt, sanktioniert; in fast allen frühen Kulturen ist der König eine geheiligte Person. Für die Könige war es natürlich eine wunderbare Theorie. Die Aristokratien hatten gewisse Gründe, sie zu unterstützen, aber auch andere, dagegen zu opponieren. Für diese Theorie sprach die Tatsache, daß sie das Erblichkeitsprinzip betonte und dem Widerstreben gegen den emporgekommenen Kaufmannsstand erlauchten Rückhalt verlieh. Wo die Aristokratie den Mittelstand mehr fürchtete und haßte als den König, überwogen diese Gründe. Im gegenteiligen Fall und besonders da, wo die Aristokratie Aussicht hatte, selbst die höchste Macht zu erringen, war sie geneigt, sich gegen den König aufzulehnen und aus diesem Grunde die Theorien von den göttlichen Rechten zu verwerfen.

Der andere Haupttyp von Theorien – die unter anderen auch Locke vertrat – behauptete, die bürgerliche Regierung sei das Ergebnis eines

Vertrages und ausschließlich eine Angelegenheit dieser Welt, nicht etwas durch göttliche Autorität Eingesetztes. Manche Autoren hielten den Gesellschaftsvertrag für eine historische Tatsache, andere für eine juristische Fiktion; ihnen allen aber kam es darauf an, einen irdischen Ursprung für die Autorität der Regierung ausfindig zu machen. Tatsächlich fiel ihnen aber keine andere Alternative zu dem göttlichen Recht ein als der angebliche Vertrag. Alle hatten das Gefühl – von Rebellen abgesehen –, der Gehorsam gegenüber der Regierung müsse doch irgendeinen Grund haben; denn daß die Autorität der Regierung für die meisten Leute eine Annehmlichkeit sei, schien wirklich keine ausreichende Erklärung. Die Regierung mußte in gewissem Sinne ein *Recht* haben, Gehorsam zu fordern, und in dem durch einen Vertrag verliehenen Recht glaubte man neben dem göttlichen Gebot die einzige Möglichkeit sehen zu können. Infolgedessen war die Lehre von der vertragsmäßigen Einsetzung der Regierung praktisch bei allen Gegnern der göttlichen Rechte des Königs verbreitet. Wir finden diese Theorie bei Thomas von Aquino angedeutet, regelrecht entwickelt aber zuerst bei Grotius.

Die Lehre vom Vertrage konnte Formen annehmen, welche die Tyrannis rechtfertigten. Hobbes beispielsweise war der Ansicht, die Bürger hätten einen Vertrag geschlossen, um alle Macht dem auserwählten Souverän zu übertragen; der König aber sei nicht Vertragspartner und besäße deshalb zwangsläufig unbegrenzte Autorität. Diese Theorie hätte zunächst Cromwells totalitären Staat rechtfertigen können; nach der Restauration rechtfertigte sie Karl II. In Lockes Formulierung der Doktrin ist die Regierung hingegen Vertragspartner; der Widerstand gegen sie ist gerechtfertigt, wenn sie ihre vertraglichen Verpflichtungen nicht erfüllt. Lockes Lehre ist im wesentlichen mehr oder minder demokratisch; das demokratische Element ist jedoch begrenzt durch die (eher stillschweigend einbegriffene als ausgesprochene) Auffassung, daß die Besitzlosen nicht als Bürger anzusehen seien.

Wir wollen nun prüfen, was Locke selbst zu unserem Thema zu sagen hat.

Zuerst wird die staatliche Macht definiert:

»Unter politischer Macht also verstehe ich das Recht, Gesetze zu geben mit Todesstrafe und folglich allen geringeren Strafen, zur Regelung und Erhaltung des Eigentums, und die Macht der Gemeinschaft zu gebrauchen, um diese Gesetze zu vollziehen und das Gemeinwesen gegen Schädigung von außen zu schützen, und alles dies allein für das öffentliche Wohl.«

Wie wir erfahren, bedeutet die Regierung Abhilfe gegen die Unzuträglichkeiten, die im Naturzustand dadurch entstehen, daß hier jeder in eigener Sache Richter ist. Wo aber der Monarch als eine der gegnerischen Parteien auftritt, ist damit nichts gewonnen, da er ja zugleich Richter und Kläger ist. Diese Erwägungen führen zu der Auffassung, daß Regierungen nicht absolut sein sollten und daß die richterliche Gewalt von der vollziehenden Gewalt unabhängig sein müsse. Solchen Argumenten war in England wie in Amerika eine bedeutende Zukunft beschieden; im Augenblick jedoch beschäftigen wir uns noch nicht damit.

Nach Locke hat jeder von Natur das Recht, Angriffe auf sich selbst oder auf sein Eigentum zu bestrafen, und sei es mit dem Tode. Eine staatliche Gemeinschaft ist aber gegeben, und zwar nur da gegeben, wo die Menschen dieses Recht an den Staat oder an das Gesetz abgetreten haben.

Die absolute Monarchie ist keine Form der bürgerlichen Regierung, weil es an einer neutralen Autorität zur Entscheidung von Streitigkeiten zwischen den Monarchen und den Untertanen fehlt; in Wirklichkeit befindet sich der Monarch, soweit es sich um die Beziehung zu seinen Untertanen handelt, noch im Naturzustand. Wir müssen die Hoffnung begraben, daß ein gewalttätig veranlagter Mensch, nur weil er König ist, tugendhaft werden müsse.

»Der, welcher in den Wäldern Amerikas frech und böse gewesen ist, würde wahrscheinlich auf einem Thron nicht viel besser sein, wo sich vielleicht Gelehrsamkeit und Religion bereitfinden lassen, alles zu rechtfertigen, was er seinen Untertanen zufügt, und wo durch das Schwert sofort zum Schweigen gebracht wird, wer es in Frage zu ziehen wagt.«

Unter einer absoluten Monarchie lebt man wie Menschen, die sich gegen Marder und Füchse schützen, »aber zufrieden sind, ja es als eine Wohltat ansehen, vom Löwen verschlungen zu werden«.

Die bürgerliche Gesellschaft baut notwendigerweise auf dem Prinzip der einfachen Mehrheit auf, wenn nicht vereinbart wurde, daß eine größere Zahl erforderlich sein soll (wie zum Beispiel in den Vereinigten Staaten bei einer Verfassungsänderung oder bei der Ratifizierung eines Vertrages). Das klingt demokratisch, doch darf dabei nicht vergessen werden, daß Locke den Ausschluß der Frauen und Besitzlosen von den Bürgerrechten voraussetzt.

»Der Anfang der politischen Gesellschaft ist bedingt durch den gemeinsamen Beschluß, sich zu vereinigen und *eine* Gesellschaft zu bilden.« Es wird – wenn auch etwas lau – behauptet, daß ein solcher Gemeinschaftsbeschluß irgendwann einmal tatsächlich gefaßt wurde, obwohl eingeräumt wird, daß allenthalben, nur nicht bei den Juden, der Ursprung der Regierung zeitlich im Vorgeschichtlichen liegt.

An den politischen Vertrag, der die Regierung einsetzt, sind nur die Vertragschließenden gebunden; der Sohn muß einem von seinem Vater abgeschlossenen Vertrag erneut zustimmen. (Es ist klar, daß sich das aus Lockes Prinzipien ergeben muß, entspricht jedoch kaum der Wirklichkeit. Wenn ein junger Amerikaner, der einundzwanzig Jahre wird, verkünden wollte: »Ich halte mich für nicht an den Vertrag gebunden, durch den die Vereinigten Staaten gegründet wurden«, würde er bald Schwierigkeiten haben.)

Wie wir hören, wird die Macht der vertraglichen Regierung niemals über das hinausgehen, was dem Gemeinwohl nützt. Ich habe gerade ein Zitat über die Befugnisse der Regierung angeführt, das mit den Worten schloß: »und dies alles nur für das allgemeine Beste.« Locke fiel es offenbar nicht ein, zu fragen, wer über das Gemeinwohl zu entscheiden habe. Es liegt auf der Hand, daß die Regierung stets zu ihren eigenen Gunsten entscheiden wird, wenn ihr das Urteil darüber überlassen ist. Vermutlich wollte Locke sagen, daß die Mehrheit der Bürger zu entscheiden habe. Aber viele Fragen müssen zu schnell entschieden werden, als daß die Ansicht der Wählerschaft zuvor eingeholt werden könnte; die wichtigsten dieser Fragen dürften Krieg und Frieden sein. Man kann sich in solchen Fällen nur dadurch helfen, daß der öffentlichen Meinung oder ihren Vertretern eine gewisse Befugnis zugestanden wird – etwa in Form der öffentlichen Anklage –, später die Beamten der vollziehenden Gewalt für Handlungen zu bestrafen, die als nicht im Sinne der Allgemeinheit befunden wurden. Aber das ist häufig ein sehr unzulänglicher Behelf.

Ein zuvor angeführtes Zitat muß ich hier wiederholen: »Der wichtigste und vornehmlichste Zweck des Zusammenschlusses von Menschen zu Staaten und ihrer Unterordnung unter eine Regierung ist die Erhaltung ihres Eigentums.«

Übereinstimmend mit dieser Auffassung erklärt Locke:

»Die höchste Gewalt kann keinem Menschen einen Teil seines Eigentums wegnehmen ohne seine eigene Zustimmung.«

Noch überraschender ist die Feststellung, daß es nicht in der Macht der militärischen Befehlshaber liegt, ihren Soldaten Geld abzunehmen, obwohl sie Herren über Leben und Tod dieser Soldaten sind. (Daraus folgt, daß es in jedem Heer unrecht wäre, kleinere Vergehen gegen die Disziplin mit Geldstrafen zu belegen, wohl aber erlaubt ist, sie mit körperlichen Züchtigungen, beispielsweise der Prügelstrafe, zu ahnden. Dies zeigt, zu welch absurden Konsequenzen Locke durch seine Ehrfurcht vor dem Eigentum getrieben wird.)

Man sollte meinen, die Steuerfrage würde Locke vor Schwierigkeiten stellen; er sieht jedoch keine. Nach seiner Ansicht müssen die Ausgaben der Regierung von den Bürgern getragen werden, jedoch mit ihrer Zustimmung, das heißt mit Zustimmung der Majorität. Man könnte aber fragen, warum sollte die Zustimmung der Majorität genügen? Wir haben erfahren, daß jeder einzelne zustimmen muß, wenn die Regierung berechtigt sein soll, ihm etwas von seinem Eigentum zu nehmen. Offenbar wird vorausgesetzt, sein stillschweigendes Einverständnis mit der Besteuerung laut Mehrheitsentscheid sei in seinem Bürgerrecht einbegriffen, das als freiwillig erworben gilt. In Wirklichkeit liegen die Dinge natürlich manchmal gerade umgekehrt. Die meisten Menschen haben gar nicht die Möglichkeit, sich ihren Staat auszusuchen, und niemandem steht es heutzutage frei, überhaupt keinem Staat anzugehören. Angenommen, man wäre Pazifist und verabscheute den Krieg. Wo man auch lebte, stets würde die Regierung einem etwas vom Eigentum zu Kriegszwecken abnehmen. Mit welchem Recht kann man den Menschen zwingen, dies zu dulden? Ich könnte mir verschiedene Antworten darauf denken, glaube aber nicht, daß eine davon mit Lockes Prinzipien vereinbar wäre. Er führt einfach die Maxime von der Mehrheitsentscheidung ohne hinreichende Begründung ein und ohne dazu einen Übergang von seinen individualistischen Prämissen herzustellen, von dem mythischen Gesellschaftsvertrag abgesehen.

In dem gewünschten Sinne ist dieser Gesellschaftsvertrag selbst dann mythischen Charakters, wenn tatsächlich einmal in früherer Zeit die betreffende Regierung durch einen Vertrag geschaffen wurde. Hierfür sind die Vereinigten Staaten ein typisches Beispiel. Zu der Zeit, als die Verfassung angenommen wurde, hatten die Menschen freie Wahl. Gerade damals stimmten viele dagegen und waren daher nicht Vertragspartner. Sie hätten natürlich das Land verlassen können; da sie blieben, glaubte man sie an einen Vertrag gebunden, dem sie nicht zugestimmt hatten. In der Praxis ist es jedoch gewöhnlich schwierig, das Heimatland zu verlassen. Und die Zustimmung der Menschen, die nach Annahme der Verfassung geboren sind, ist noch wesenloser.

Es ist eine sehr schwierige Frage, welche Rechte der einzelne gegenüber der Regierung hat. Die Demokraten nehmen zu voreilig an, daß die Regierung, wenn sie die Mehrheit repräsentiert, das Recht habe, einen Zwang auf die Minderheit auszuüben. Das muß bis zu einem gewissen Grad richtig sein, da Zwang zum Wesen der Regierung gehört. Übersteigert man jedoch die göttlichen Rechte der Majoritäten, dann können sie fast ebenso tyrannisch werden wie die göttlichen Rechte der Könige. In seinen *Abhandlungen über die Regierung* spricht Locke wenig darüber, geht aber in seinen *Briefen über die Toleranz* ausführlicher auf dieses Thema ein und kommt zu dem Schluß, daß niemand, der an Gott glaubt, wegen seiner religiösen Überzeugungen bestraft werden dürfe.

Die Theorie, die Regierung sei durch einen Vertrag geschaffen worden, ist natürlich prä-evolutionär. Wie Masern und Keuchhusten muß auch die Regierung allmählich entstanden sein, obwohl sie genau wie diese auch plötzlich in neuen Gebieten, etwa den Südseeinseln, eingeführt werden könnte. Bevor sich die Menschen mit Anthropologie befaßten, hatten sie keine Vorstellung von den psychologischen Vorgängen (Mechanismen), welche die Entstehung der Regierung bedingten, noch von den phantastischen Gründen, welche die Menschen veranlassen, sich Einrichtungen und Gebräuche zu eigen zu machen, die sich erst später als nützlich erweisen. Aber als juristische Fiktion zur *Rechtfertigung* der Regierung hat die Theorie des Gesellschaftsvertrages *einiges* für sich.

D. Eigentum

Nach dem, was bisher über Lockes Anschauungen vom Eigentum gesagt wurde, könnte es so aussehen, als setze er sich für die Großkapitalisten ein im Gegensatz zu allen, die sozial sowohl über wie unter ihnen stehen; das wäre jedoch nur die halbe Wahrheit. Man findet bei ihm nebeneinander und unvereinbar Lehren, die die Doktrinen des ausgeprägten Kapitalismus voraussahnen lassen, und andere, die eine nahezu sozialistische Einstellung verraten. Man kann hier wie auch auf den meisten anderen Gebieten durch einseitige Zitate leicht ein falsches Bild von ihm geben.

Ich werde Lockes wichtigste Aussprüche zum Thema Eigentum in der Reihenfolge anführen, in der sie in seinen Schriften vorkommen.

Zunächst erfahren wir, daß ein jeder das persönliche Eigentumsrecht auf den Ertrag seiner Arbeit hat – oder zumindest haben sollte. In Zeiten, die noch keine Industrie kannten, war dieser Grundsatz nicht so wirklichkeitsfern, wie er inzwischen geworden ist. In der Stadt produzierten vor allem die Handwerker, die ihr eigenes Werkzeug hatten und ihre Erzeugnisse verkauften. In der Frage der landwirtschaftlichen Produktion vertrat die Schule, der Locke angehörte, die Auffassung, das beste System beruhe auf dem Eigentumsrecht der Bauern. Er stellt den Grundsatz auf, daß ein Mensch nur soviel Land haben sollte, wie er bestellen könne, und nicht mehr. Er scheint einfach nicht erkannt zu haben, daß dieses Programm in allen europäischen Ländern ohne blutige Revolutionen einfach gar nicht durchführbar gewesen wäre. Überall gehörte der Hauptanteil des Ackerlandes Aristokraten, die von den Bauern entweder einen bestimmten Teil des Ertrages (oftmals die Hälfte) oder eine Rente forderten, die von Zeit zu Zeit neu festgesetzt werden konnte. Das erste System war in Frankreich und Italien, das zweite in England die Regel. Weiter östlich, in Rußland und Preußen, wurde die Arbeit von Leibeigenen geleistet, die für den Grundeigentümer arbeiteten und praktisch keine Rechte hatten. In Frankreich erlebte das alte System durch die Revolution, in Norditalien und Westdeutschland durch die Eroberungen der französischen Revolutionsarmeen sein Ende. Die Leibeigenschaft wurde in Preußen im Zusammenhang mit der durch Napoleon erlittenen Niederlage und in Rußland als Ergebnis seiner Niederlage im Krimkrieg abgeschafft. In beiden Ländern jedoch behielten die Aristokraten ihren Grundbesitz. In Ostpreußen blieb dieses System trotz der drastischen Kontrolle durch die Nazis bis zum Ende des Deutschen Reichs bestehen; in Rußland und in

Litauen, Lettland und Estland wurden die Aristokraten durch die Russische Revolution enteignet. In Ungarn und Polen hielten sie sich; in Ostpolen hat sie 1940 die Sowjetregierung »liquidiert«. Die Sowjetregierung tat jedoch alles Erdenkliche, um das System des bäuerlichen Eigentums in ganz Rußland durch Kollektivwirtschaften zu ersetzen.

In England war die Entwicklung komplizierter. Zu Lockes Zeit stand sich der Landarbeiter besser infolge des Gemeindelandes, an dem er wichtige Rechte hatte; sie ermöglichten es ihm, einen beträchtlichen Teil seiner Lebensmittel selbst aufzubringen. Dieses System war ein Überbleibsel aus dem Mittelalter und modern eingestellten Leuten ein Dorn im Auge; sie wiesen darauf hin, daß es vom Standpunkt der Produktion aus Verschwendung bedeute. Infolgedessen entstand eine Bewegung, die auf Einhegung des Gemeindelandes abzielte; sie begann unter Heinrich VIII. und entwickelte sich unter Cromwell weiter; erst 1750 aber wurde sie wirklich stark. Von diesem Zeitpunkt an hegte man etwa neunzig Jahre lang ein Gemeindeland nach dem anderen ein, um es dann den örtlichen Grundeigentümern zu überlassen. Zu jeder Einhegung bedurfte es einer Parlamentsakte, und die Aristokraten, die beide Häuser des Parlaments beherrschten, machten rücksichtslos von ihrer legislativen Macht Gebrauch, um sich zu bereichern, während sie die Landarbeiter beinahe dem Hungertod auslieferten. Als die Industrie sich ausbreitete, wurde allmählich die Lage der Landarbeiter gebessert, da man sie sonst nicht hätte hindern können, in die Städte abzuwandern. Nunmehr sind die Aristokraten durch die Steuergesetzgebung von Lloyd George gezwungen worden, den größten Teil ihres Landbesitzes aufzugeben. Diejenigen aber, die daneben noch über Besitz in der Stadt, vielleicht auch über industrielle Werte verfügten, vermochten ihre Güter zu halten. Es ist hier nicht zu einer plötzlichen Umwälzung gekommen; die Veränderung hat sich vielmehr allmählich vollzogen und ist noch nicht abgeschlossen. Zur Zeit verhält es sich so, daß der Reichtum der Aristokraten, die noch begütert sind, aus städtischen Immobilien oder Industriewerten herrührt.

Wenn man Rußland ausnimmt, läßt sich sagen, daß sich diese lange Entwicklung nach Lockeschen Grundsätzen vollzogen hat. Merkwürdig daran ist, daß er die Doktrinen, die soviel Umwälzung bedingten, verkünden konnte, bevor sie sich verwirklichen ließen; auch ist nirgendwo zu erkennen, daß er die damaligen Verhältnisse als ungerecht empfand oder bemerkt hätte, daß sie von dem System abwichen, das er befürwortete.

Die Theorie vom Wert der Arbeit – das heißt die Doktrin, daß der Wert eines Produkts durch die zur Produktion aufgewendete Arbeit bestimmt ist –, die manche Karl Marx, andere Ricardo zuschreiben, finden wir schon bei Locke; die Anregung dazu gab ihm eine lange Reihe von Vorgängern, die bis auf Thomas von Aquino zurückreicht. Tawney bemerkt hierzu bei einer Zusammenfassung der scholastischen Lehre:

»Das Argument bestand im wesentlichen darin, daß Bezahlung eigentlich nur von den Handwerkern, welche die Güter herstellten, oder von den Kaufleuten, die sie weiterbeförderten, beansprucht werden darf, denn beide sind zu dieser Arbeit berufen und dienen dem allgemeinen Bedürfnis. Die unverzeihliche Sünde begeht der Spekulant oder Zwischenhändler, der sich durch Ausnutzung der allgemeinen Notlage persönlich zu bereichern sucht. Die Theorie vom Wert der Arbeit geht unmittelbar auf Thomas von Aquino zurück. Der letzte Scholastiker war Karl Marx.«

Die Theorie vom Wert der Arbeit hat zwei Aspekte, einen ethischen und einen ökonomischen. Das heißt, sie kann behaupten, der Wert eines Produktes *sollte* proportional der aufgewendeten Arbeit sein oder die Arbeit bestimme in *Wirklichkeit* den Preis. Die zweite Lehre ist nur annähernd richtig, wie Locke erkennt. Neun Zehntel des Wertes, sagt er, werden von der Arbeit bestimmt; über das letzte Zehntel sagt er jedoch nichts aus. Nach seiner Ansicht ist es die Arbeit, die den Wertunterschied aller Dinge bestimmt. Als Beispiel führt er das Land an, das in Amerika den Indianern gehört und nahezu wertlos ist, weil sie es nicht bestellen. Er kann sich offenbar nicht denken, daß Land einen Wert bekommt, wenn Menschen *bereit sind*, es zu bearbeiten, und zwar schon, bevor sie es tatsächlich getan haben. Wenn man ein Stück Ödland besitzt, auf dem ein Ölvorkommen festgestellt wird, dann kann man es zu einem guten Preis verkaufen, ohne es irgendwie bearbeitet zu haben. Wie es für seine Zeit natürlich war, denkt er nicht an solche Fälle, sondern nur an die Landwirtschaft. Das Prinzip des bäuerlichen Eigentums, für das er sich einsetzt, ist nicht anwendbar auf das großangelegte Heben von Bodenschätzen, das eine kostspielige Apparatur und viele Arbeiter erfordert.

Der Grundsatz, daß ein Mensch ein Recht auf das Produkt seiner eigenen Arbeit hat, ist für eine industrielle Zivilisation unbrauchbar. Angenommen, jemand ist mit einem Arbeitsvorgang in einer Fabrik von Ford-Automobilen beschäftigt: wie sollte man da den Anteil seiner Arbeit an der Gesamtproduktion feststellen können? Oder aber, jemand arbeitet bei einer Eisenbahngesellschaft, und zwar beim Gütertransport; wer sollte darüber entscheiden können, wie stark er dadurch an der Produktion der Güter beteiligt ist? Solche Erwägungen veranlaßten diejenigen, die der Ausbeutung der Arbeitskraft vorbeugen wollten, den Grundsatz aufzugeben, ein jeder habe das Recht auf den Ertrag seiner Arbeit; sie wandten sich statt dessen sozialistischeren Methoden bei der Organisation von Produktion und Verteilung zu.

Die Theorie vom Arbeitswert wurde gewöhnlich aufgrund einer feindlichen Einstellung gegenüber gewissen Klassen befürwortet, die als ausbeuterisch galten. Wenn die Scholastiker sich dafür einsetzten, so taten sie es aus Opposition gegen die Wucherer, die meistens Juden waren. Ricardo verfocht sie als Gegner der Grundbesitzer, Marx als

Feind der Kapitalisten. Aber Locke scheint sie ganz allgemein und durch keine Opposition gegen eine Klasse begründet vertreten zu haben. Feindlich steht er nur den Monarchen gegenüber, doch hat das nichts mit seiner Werttheorie zu tun.

Einige Ansichten Lockes sind so sonderbar, daß ich nicht recht weiß, wie ich sie in eine vernünftig klingende Form bringen soll. Er sagt beispielsweise, ein Mensch dürfe nicht so viele Pflaumen haben, daß sie verderben würden, bevor er und seine Familie sie aufessen könnten; er dürfe hingegen soviel Gold und Diamanten besitzen, als er rechtmäßig zu erwerben verstünde, da Gold und Diamanten nicht schlecht werden. Er scheint nicht auf den Gedanken zu kommen, daß der bewußte Mann die Pflaumen auch verkaufen könnte, bevor sie verderben.

Sehr eingehend beschäftigt er sich mit der Unvergänglichkeit der Edelmetalle, die, wie er sagt, der Ursprung des Geldes und die Ursache der ungleichen Verteilung aller Glücksgüter sind. Er scheint rein abstrakt und akademisch zu bedauern, daß es so etwas wie wirtschaftliche Ungleichheit gibt, denkt aber gewiß nicht daran, daß es vielleicht vernünftig wäre, geeignete Maßnahmen zu ihrer Verhütung zu ergreifen. Zweifellos beeindruckten ihn wie alle Menschen seiner Zeit die Errungenschaften der Kultur, die vor allem auf dem Gebiet der Kunst und Wissenschaft reichen Leuten zu verdanken waren. Genauso ist man im modernen Amerika eingestellt, wo Kunst und Wissenschaft in hohem Maße auf Förderung durch die sehr reichen Leute angewiesen sind. Bis zu einem gewissen Grad profitiert die Kultur von der sozialen Ungerechtigkeit. Auf diesem Umstand beruht das, was an der konservativen Haltung noch am achtbarsten ist.

E. Das Prinzip der gegenseitigen Kontrolle und des Gleichgewichts der Kräfte

Die Doktrin, daß die gesetzgeberischen, vollziehenden und richterlichen Funktionen voneinander zu trennen seien, ist für den Liberalismus charakteristisch; sie entstand in England im Verlauf des Kampfes gegen die Stuarts; ihre klare Formulierung verdankt sie Locke, zumindest soweit es sich um die gesetzgeberische und die vollziehende Gewalt handelt. Nach seiner Ansicht müßten die Legislative und die Exekutive getrennt sein, um einen Mißbrauch der Macht zu verhüten. Man muß sich natürlich darüber klar sein, daß er das Parlament meint, wenn er von der gesetzgeberischen Gewalt spricht, und den König, wenn er die Exekutive erwähnt; wenigstens entspricht das seinem Empfinden, was darzulegen er auch sonst beabsichtigen mag. Demgemäß ist in seinen Augen die gesetzgeberische Gewalt etwas Gutes, die Exekutive aber gewöhnlich schlecht.

Die Legislative hat nach seiner Überzeugung an oberster Stelle zu stehen, wenn auch der Staat das Recht haben muß, sie abzusetzen. Das heißt auch, daß die Legislative – wie das englische Unterhaus – von Zeit zu Zeit durch Volksabstimmung zu wählen ist. Die Bedingung, daß die Legislative vom Volk abgesetzt werden kann, bedeutet, ernstgenommen, Preisgabe der Beteiligung des Königs und der Lords an der gesetzgebenden Gewalt, die ihnen die britische Verfassung zu Lockes Zeit einräumte.

In jeder gut organisierten Regierung, meint Locke, sind Legislative und Exekutive voneinander getrennt. Es erhebt sich also die Frage: was geschieht, wenn sie in Konflikt geraten? Wenn die Exekutive nicht rechtzeitig die Legislative zusammenruft, befindet sie sich mit dem Volk im Kriegszustand und kann gewaltsam abgesetzt werden. Zu dieser Auffassung kam Locke offenbar durch die Ereignisse, die sich unter Karl I. zutrugen. Von 1628 bis 1640 versuchte er ohne Parlament zu regieren; etwas Derartiges muß nach Lockes Empfinden verhindert werden, notfalls durch Bürgerkrieg.

»Nur der ungerechten und ungesetzlichen Gewalt«, sagt er, »darf Gewalt entgegengesetzt werden.« Dieser Grundsatz ist ohne praktische Bedeutung, wenn es keine Instanz gibt, die gesetzlich berechtigt ist zu erklären, wann Gewalt »ungerecht und ungesetzlich« sei. Karls I. Versuch, ohne Zustimmung des Parlaments Gelder für den Schiffsbau einzuziehen, wurde von seinen Gegnern für »unrechtmäßig und ungesetzlich«, von ihm für »rechtmäßig und gesetzlich« erklärt. Allein der militärische Ausgang des Bürgerkrieges bewies, daß seine Auslegung der Verfassung falsch war. Ebenso verhielt es sich im amerikanischen Bürgerkrieg. Waren die Staaten zur Sezession berechtigt? Das konnte niemand beantworten, und erst der Sieg der Nordstaaten entschied diese Rechtsfrage. Wir finden bei Locke und den meisten Autoren seiner Zeit die Ansicht, daß jeder ehrliche Mensch wisse, was recht und gesetzlich sei; diese Überzeugung berücksichtigt aber weder, welche große Rolle die Voreingenommenheit beider Parteien spielt, noch wie schwierig es ist – sei es in Wirklichkeit, sei es im Gewissen der Menschen – ein Tribunal aufzurichten, das fähig wäre, in verzwickten Fragen autoritativ zu entscheiden. In der Praxis werden derartige Fragen, wenn sie wichtig genug sind, einfach durch Gewalt, nicht durch Recht und Gesetz entschieden.

Bis zu einem gewissen Grade ist Locke sich darüber klar, wenn er es auch nur mittelbar ausspricht. Wie er sagt, gibt es bei einem Streit zwischen Legislative und Exekutive unter gewissen Umständen keinen irdischen Richter. Da der Himmel sich nicht ausdrücklich äußert, bedeutet das also, daß eine Entscheidung nur durch Kampf erzielt werden kann; denn der Himmel würde ja, wie man annahm, die bessere Sache siegen lassen. Etwas Ähnliches liegt jeder Theorie von der Aufteilung der Regierungsgewalt zugrunde. Wo eine derartige Lehre in die Verfassung eingebaut ist, läßt sich gelegentlicher Bürgerkrieg nur vermeiden, wenn Kompromisse geschlossen werden und vom gesunden Menschenverstand Gebrauch gemacht wird. Kompromißbereitschaft und gesunder Menschenverstand sind jedoch geistige Einstellungen und in einer schriftlich fixierten Verfassung nicht unterzubringen.

Überraschend ist, daß Locke nichts über die richterliche Gewalt sagt, obwohl sie zu seiner Zeit eine brennende Frage war. Bis zur Revolution konnten die Richter jederzeit vom König entlassen werden; die Folge war, daß sie seine Feinde verurteilten und seine Freunde freisprachen. Nach der Revolution waren sie nicht mehr abzusetzen, es sei denn durch Beschluß beider Häuser des Parlaments. Man glaubte, sie würden dadurch veranlaßt werden, sich bei ihren Entscheidungen an das Gesetz zu halten; in Wirklichkeit trat dadurch in allen Fällen, in denen Parteigeist eine Rolle spielte, nur das Vorurteil des Richters an die Stelle des Vorurteils des Königs. Wie dem auch sei: wo immer das Prinzip der gegenseitigen Kontrolle und des Gleichgewichts der Kräfte vorherrschte, wurde die richterliche Gewalt neben der Legislative und der Exekutive zum dritten unabhängigen Zweig der Regierung. Hierfür ist das bemerkenswerteste Beispiel das Oberste Bundesgericht der Vereinigten Staaten.

Die Lehre von der gegenseitigen Kontrolle und dem Gleichgewicht der Kräfte hat eine interessante Geschichte.

In England, ihrem Geburtsland, sollte sie die Macht der Könige beschränken, die bis zur Revolution die vollständige Kontrolle über die Exekutive ausgeübt hatten. Allmählich aber wurde die Exekutive vom Parlament abhängig, da ein Ministerium ohne eine Majorität im Unterhaus nicht bestehen konnte. Die Exekutive wurde also in Wirklichkeit zu einem tatsächlich, wenn auch nicht formell vom Parlament gewählten Ausschuß, was zur Folge hatte, daß Legislative und Exekutive immer weniger voneinander getrennt waren. Während der letzten fünfzig Jahre etwa bahnte sich infolge des Auflösungsrechts des Premierministers und der immer strafferen Parteidisziplin eine neue Entwicklung an. Heute entscheidet die Majorität im Parlament, welche Partei die Macht haben soll; hat sie das aber entschieden, so bleibt ihr praktisch keine weitere Entscheidung mehr. Gesetzesvorschläge werden eigentlich nur angenommen, wenn sie von der Regierung eingebracht werden. Damit ist die Regierung sowohl legislativ als exekutiv, und nur die gelegentlich erforderlichen allgemeinen Wahlen schränken ihre Macht ein. Dieses System steht selbstverständlich in völligem Gegensatz zu Lockes Prinzipien.

In Frankreich, wo Montesquieu die Lehre sehr eindringlich predigte, wurde sie von den gemäßigteren Parteien der Französischen Revolution vertreten, geriet aber durch den Sieg der Jakobiner zeitweilig in Vergessenheit. Napoleon hatte natürlich keine Verwendung für sie, doch kam sie durch die Restauration wieder zur Geltung, um mit dem Aufstieg Napoleons III. erneut zu verschwinden. Im Jahre 1871 wurde sie wieder aufgegriffen und führte zur Annahme einer Verfassung, die dem Präsidenten nur sehr geringe Macht und der Regierung kein Recht, die Kammern aufzulösen, einräumt. Infolgedessen erlangten die Deputiertenkammern gegenüber der Regierung wie auch gegenüber der Wählerschaft große Macht. Hier war die Gewaltenteilung zwar stärker als im modernen England, entsprach jedoch nicht Lockes Prinzipien, da die Legislative die Exekutive in den Schatten stellte.

Lockes Grundsätze von der Gewaltenteilung haben vollste Verwirklichung in den Vereinigten Staaten gefunden, wo Präsident und Kongreß völlig unabhängig voneinander sind und das Oberste Bundesgericht vollkommen unabhängig von beiden ist. Die Verfassung macht unabsichtlich das Oberste Bundesgericht zu einem Zweig der Legislative, da etwas nur dann Gesetz ist, wenn das Oberste Bundesgericht es als solches anerkennt. Die Tatsache, daß seine Befugnisse nominell nur auf Auslegung beschränkt sind, vergrößert in Wirklichkeit nur diese Befugnisse, da es auf diese Weise schwierig wird zu beurteilen, was als rein gesetzliche Entscheidung anzusehen ist. Es spricht sehr für den politischen Scharfsinn der Amerikaner, daß diese Verfassung nur ein einziges Mal einen bewaffneten Konflikt zur Folge gehabt hat.

Lockes politische Philosophie war alles in allem angemessen und nützlich bis zur industriellen Revolution. Seither erwies sie sich immer mehr als ungeeignet, wichtige Probleme zu bewältigen. Die von ungeheuren Körperschaften repräsentierte Macht des Eigentums übertraf alles, was Locke sich vorzustellen vermochte. Die notwendigen Funktionen des Staates – beispielsweise auf dem Gebiet des Bildungswesens – nahmen gewaltig an Umfang zu. Der Nationalismus bewirkte ein Bündnis, bisweilen sogar eine Verschmelzung der wirtschaftlichen und der politischen Macht und erhob den Krieg zum Hauptkampfmittel des Wettbewerbs. Der einzelne Bürger besaß nicht mehr die Macht und Unabhängigkeit, die er in Lockes Spekulationen gehabt hatte. Wir leben im Zeitalter der Organisation; seine Konflikte entstehen zwischen Organisationen, nicht zwischen einzelnen Individuen. Der Naturzustand besteht, wie Locke sagt, noch zwischen den Staaten fort. Ein neuer, internationaler Gesellschaftsvertrag ist erforderlich, ehe wir die verheißenen Segnungen der Regierung genießen können. Sollte einmal eine internationale Regierung geschaffen sein, dann wird ein großer Teil von Lockes politischer Philosophie wieder zur Geltung kommen, wenn auch nicht gerade seine Ansichten über das Privateigentum.

15. KAPITEL

Lockes Einfluß

Von Lockes Zeit an bis zur Gegenwart hat es in der europäischen Philosophie zwei Hauptfiguren gegeben, deren eine sowohl ihre Doktrinen als auch ihre Methoden Locke verdankt, während die andere zunächst auf Descartes und dann auf Kant aufbaute. Kant selbst glaubte die Synthese der von Descartes und von Locke abgeleiteten Philosophien vollzogen zu haben; dem kann man jedoch nicht beipflichten, zumindest nicht vom historischen Standpunkt aus, denn Kants Nachfolger setzten nur die cartesianische, nicht die Lockesche Tradition fort. Lockes Erben sind zunächst Berkeley und Hume, dann diejenigen der französischen *philosophes*, die nicht zur Schule Rousseaus gehörten; drittens Bentham und die philosophischen Radikalen; viertens Karl Marx und seine Schüler, die jedoch die Lehre durch wichtige Elemente der kontinentalen Philosophie erweiterten. Aber Marx' System ist eklektisch; jede einfache Darstellung wird es mit ziemlicher Sicherheit falsch wiedergeben; ich werde Marx daher noch zurückstellen, bis ich mich eingehend mit ihm befassen kann.

Zu Lockes Lebzeiten waren seine bedeutendsten philosophischen Gegner die Cartesianer und Leibniz. Lockes Philosophie verdankte ihren Sieg in England und Frankreich weitgehend dem Prestige Newtons, was ganz unlogisch war. Descartes' Leistungen auf dem Gebiet der Mathematik und Naturphilosophie stärkten in den Augen seiner Zeitgenossen seine Autorität als Philosoph. Seine Wirbellehre war jedoch als Erklärung des Sonnensystems bestimmt nicht so bedeutend wie Newtons Gravitationsgesetz. Der Triumph der Newtonschen Kosmogonie beeinträchtigte die Hochachtung der Menschen vor Descartes und steigerte ihren Respekt vor England. Aus beiden Gründen waren sie für Locke eingenommen. Im Frankreich des achtzehnten Jahrhunderts lehnten sich die Intellektuellen gegen einen überholten, korrupten und kraftlosen Despotismus auf; sie sahen in England das Land der Freiheit und waren durch Lockes politische Doktrinen empfänglich für seine Philosophie geworden. In der Zeit, die der Revolution unmittelbar voraufging, wurde Lockes Einwirkung auf Frankreich noch durch Humes Einfluß verstärkt, denn Hume lebte eine Zeitlang dort und war mit vielen führenden *savants* persönlich bekannt.

Der englische Einfluß wurde aber vor allem durch Voltaires Vermittlung in Frankreich wirksam.

In England schenkten die Anhänger von Lockes Philosophie bis zur Französischen Revolution seinen politischen Lehren keine Beachtung. Berkeley war als Bischof an der Politik nicht sonderlich interessiert,

Hume ein Tory und Parteigänger Bolingbrokes. Es ging auf politischem Gebiet zu ihrer Zeit in England friedlich zu; ein Philosoph konnte sich mit dem Theoretisieren begnügen und brauchte sich über den Zustand der Welt keine Kopfschmerzen zu machen. Die Französische Revolution führte hierin einen Wandel herbei und trieb die besten Köpfe in die Opposition gegen den *status quo*. Dennoch erfuhr die Tradition auf dem Gebiet der reinen Philosophie keine Unterbrechung. Shelleys *Necessity of Atheism*, um derentwillen er aus Oxford verwiesen wurde, steht ganz unter Lockes Einfluß.[1]

Bis zum Erscheinen von Kants *Kritik der reinen Vernunft* im Jahre 1781 sah es so aus, als hätte die neuere empirische Methode die ältere philosophische Tradition Descartes', Spinozas und Leibniz' endgültig überholt. Diese neuere Methode hatte sich jedoch niemals an den deutschen Universitäten durchgesetzt, und nach 1792 wurde sie für die Schrecken der Revolution verantwortlich gemacht. Ehemalige Revolutionäre, die zu Gegnern der Revolution geworden waren, wie etwa Coleridge, fanden in Kant in ihrem Kampf gegen den französischen Atheismus einen intellektuellen Rückhalt. Die Deutschen waren froh, sich bei ihrem Widerstand gegen Frankreich auf einen deutschen Philosophen berufen zu können. Sogar die Franzosen begrüßten nach Napoleons Sturz freudig alles, was sich als Waffe gegen das Jakobinertum einsetzen ließ. All diese Faktoren waren Kant günstig.

Kant rief wie Darwin eine Bewegung ins Leben, die er selbst verabscheut hätte. Kant war liberal, demokratisch, pazifistisch; diejenigen jedoch, die seine Philosophie weiter zu entwickeln vorgaben, hatten nichts von dieser geistigen Haltung. Oder aber sie waren, wenn sie sich noch liberal nannten, Liberale eines neuen Schlages. Seit Rousseau und Kant gab es zwei liberalistische Schulen; man könnte die Vertreter der einen als nüchterne Verstandesmenschen, die der anderen als Gefühlsmenschen bezeichnen. Die praktischen Verstandesmenschen entwickelten sich in verschiedenen Stadien logisch über Bentham, Ricardo und Marx zu Stalin; die Entwicklung der Gefühlsmenschen verläuft auf anderen, aber ebenso logischen Stufen über Fichte, Byron, Carlyle und Nietzsche bis zu Hitler. Diese Charakterisierung ist natürlich zu schematisch, um ganz treffend sein zu können, kann aber als Richtschnur und Gedächtnisstütze dienen. Die Stadien der ideologischen Entwicklung tragen nahezu den Charakter der hegelischen Dialektik: die Doktrinen haben sich Schritt für Schritt zu ihrem Gegenteil entwickelt, wobei jeder dieser Schritte vollkommen natürlich wirkte. Aber diese Entwicklungen waren nicht nur eine Folge der ihnen innewohnenden Ideenbewegung; sie wurden durchweg von äußeren Umständen und

---

[1] Man vergleiche damit zum Beispiel Shelleys Ausspruch: »Wird ein Urteil dem Geist unterbreitet, so nimmt er die Übereinstimmung oder Nichtübereinstimmung der Ideen wahr, aus denen es besteht.«

dem Spiegelbild dieser Umstände in menschlichen Gefühlen bestimmt. Daß dem so ist, wird durch eine augenfällige Tatsache bewiesen: in Amerika sind die Ideen des Liberalismus von dieser Entwicklung ganz unberührt geblieben und gleichen noch heute den Gedanken Lockes.

Wir wollen nun von der Politik absehen und untersuchen, worin sich die beiden philosophischen Schulen, die kontinentale und die britische, wie man sie ganz allgemein bezeichnen kann, unterscheiden.

Da haben wir zuerst vor allem den Unterschied der Methode. Die britische Philosophie ist detaillierter und weniger aus einem Guß als die kontinentale; wenn sie irgendein allgemeines Prinzip anerkennt, dann muß sie es erst induktiv beweisen, indem sie seine verschiedenen Anwendungsmöglichkeiten prüft. So geht Hume im Anschluß an seine Erklärung, es gäbe keine Idee ohne vorhergegangene Impression, alsbald daran, folgenden Einwand zu erwägen: angenommen, man sähe zwei Farbschattierungen, die einander ähnlich, aber nicht gleich sind, und habe niemals eine Farbschattierung gesehen, die zwischen den beiden liegt, könnte man sich eine solche Farbschattierung trotzdem vorstellen? Er beantwortet diese Frage nicht und überlegt sich, daß selbst eine Entscheidung, die gegen sein allgemeines Prinzip spräche, für ihn nicht peinlich sein könne, weil sein Prinzip nicht logisch, sondern empirisch sei. Wenn – als Gegenbeispiel – Leibniz seine Monadologie aufstellt, dann argumentiert er etwa folgendermaßen: alles Zusammengesetzte muß aus einfachen Teilen bestehen; alles Einfache kann nicht ausgedehnt sein; infolgedessen ist alles aus Teilen ohne Ausdehnung zusammengesetzt. Was aber keine Ausdehnung hat, ist nicht Materie. Deshalb sind die letzten wesentlichen Bestandteile der Dinge nicht materiell, und wenn sie nicht materiell sind, dann müssen sie geistig sein. Folglich ist ein Tisch eine Kolonie von Seelen.

Der methodische Unterschied läßt sich folgendermaßen charakterisieren: bei Locke oder Hume wird ein verhältnismäßig bescheidener Schluß aus einer breitangelegten Überprüfung vieler Einzeltatsachen gezogen, während bei Leibniz ein ungeheures Deduktionsgebäude auf einem logischen Prinzip wie auf einer Nadelspitze pyramidenförmig errichtet wird. Bei Leibniz ist alles in Ordnung, wenn das Prinzip vollkommen richtig ist und die Deduktionen vollgültig sind; der Bau ist aber nicht stabil, und der kleinste Fehler läßt ihn zusammenstürzen. Bei Locke oder Hume dagegen ruht die Basis der Pyramide auf dem festen Grund der beobachteten Tatsache, und die Pyramide spitzt sich bei ihnen nach oben, nicht nach unten zu; infolgedessen ist das Gleichgewicht stabil; ein gelegentlicher Fehler kann berichtigt werden, ohne daß es deswegen zum völligen Zusammenbruch kommt. Dieser methodische Unterschied überlebte Kants Versuch, einiges von der empirischen Philosophie in sein System aufzunehmen: von Descartes bis Hegel einerseits und von Locke bis John Stuart Mill andererseits bleibt er unverändert.

Mit der Abweichung in der Methode hängen verschiedene andere Unterschiede zusammen. Beginnen wir mit der Metaphysik.

Descartes erbrachte metaphysische Gottesbeweise, deren wichtigster im elften Jahrhundert von Erzbischof Anselm von Canterbury erfunden worden war. Spinoza hatte einen pantheistischen Gott, der nach orthodoxer Auffassung mit Gott überhaupt nichts zu tun hatte; wie dem auch sei, Spinozas Argumente waren ihrem Wesen nach metaphysisch und ließen sich (obwohl er das vielleicht nicht erkannt hat) bis auf die Doktrin zurückführen, daß jeder Satz ein Subjekt und ein Prädikat haben müsse. Leibniz' Metaphysik hatte den gleichen Ursprung.

Bei Locke kommt die von ihm angebahnte philosophische Richtung noch nicht zur vollen Entwicklung; er erkennt die Descartesschen Gottesbeweise als gültig an. Berkeley erfand einen ganz neuen Beweis; Hume aber – durch den die neue Philosophie zur Vollendung kam – lehnte die Metaphysik gänzlich ab und behauptete, durch die Vernunft lasse sich nichts über die Dinge feststellen, mit denen es die Metaphysik zu tun hat. Dies blieb die Auffassung der empirischen Schule, während die entgegengesetzte Ansicht etwas modifiziert in Kant und seinen Schülern fortlebte.

Auf dem Gebiet der Ethik weichen die beiden Schulen ganz ähnlich voneinander ab.

Locke hielt, wie wir sehen, die Lust für das höchste Gut, und das war auch die vorherrschende Meinung der Empiristen während des achtzehnten und neunzehnten Jahrhunderts. Ihre Gegner aber lehnten die Lust als etwas Unedles ab und hatten verschiedene ethische Systeme, die erhabener wirkten. Hobbes schätzte die Macht, und Spinoza stimmte bis zu einem gewissen Punkt mit Hobbes überein. Bei Spinoza finden wir zwei einander widersprechende Ansichten über Moral, einmal die Auffassung Hobbes' und zum anderen eine Anschauung, die das höchste Gut in der mystischen Vereinigung mit Gott sieht. Leibniz leistete keinen bedeutenden Beitrag zur Ethik, Kant dagegen stellte die Ethik an die Spitze und leitete seine Metaphysik von ethischen Prämissen ab. Kants Ethik ist bedeutend, weil sie antiutilitaristisch, apriorisch und sozusagen »edel« ist.

Kant sagt, wer zu seinem Bruder freundlich ist, weil er ihn gern hat, erwirbt sich damit noch kein moralisches Verdienst; eine Handlung ist nur dann moralisch verdienstvoll, wenn sie getan wird, weil das Moralgesetz es verlangt. Obgleich Lust nicht das höchste Gut ist, sieht Kant doch eine Ungerechtigkeit darin, daß die Tugendhaften leiden sollen. Da dies aber auf Erden häufig vorkommt, muß es noch eine andere Welt geben, wo sie nach dem Tode belohnt werden, und einen Gott, der die Gerechtigkeit im jenseitigen Leben gewährleistet. Er verwirft alle alten metaphysischen Gottes- und Unsterblichkeitsbeweise, hält aber seinen neuen ethischen Beweis für unwiderleglich.

Kant war im praktischen Leben ein Mensch von gütiger und humaner

Gesinnung, was sonst von denen, für die das Glück nicht das Höchste ist, meist nicht behauptet werden kann. Eine Ethik, die sich als »edel« bezeichnen läßt, geht seltener Hand in Hand mit Weltverbesserungsversuchen als die irdischere Auffassung, daß wir danach streben sollten, die Menschen glücklicher zu machen. Das ist nicht überraschend. Es ist leichter, das Glück anderer Leute zu verachten als das eigene. Den natürlichen Ersatz für das Glück bietet gewöhnlich irgendeine Form von Heroismus. Unbewußt findet der Machttrieb hier gewisse Ventile; zugleich liefert der Heroismus eine Fülle von Entschuldigungen für Grausamkeit. Vielleicht schätzt man auch das starke Gefühl; so verhielt es sich bei den Romantikern. Daraus ergab sich Duldsamkeit gegenüber Gefühlen wie Haß und Rachsucht; hierfür sind Byrons Helden typisch, die sich niemals vorbildlich verhalten. Wie zu erwarten, taten diejenigen Menschen am meisten zur Förderung des menschlichen Glücks, die das Glück für wichtig hielten, und nicht jene, die es zugunsten von etwas »Höherem« verachteten. Zudem spiegelt die Moral eines Menschen gewöhnlich seinen Charakter wider, und Güte erweckt den Wunsch nach allgemeinem Glück. So neigten denn die Menschen, die im Glück den Sinn des Lebens erblickten, zu größerer Güte, während diejenigen, die etwas anderes für den Zweck des Daseins hielten, oftmals unbewußt von Grausamkeit und Machtgier beherrscht wurden.

Neben diesen ethischen Unterschieden treten in der Regel, wenn auch nicht unbedingt, politische Unterschiede auf. Wie wir gesehen haben, stellt Locke seine Ansichten versuchsweise, keineswegs autoritär auf; er ist durchaus bereit, jede Frage in freier Diskussion entscheiden zu lassen. Infolgedessen glaubten er und seine Anhänger an die Möglichkeit einer Reform, die sich jedoch allmählich vollziehen sollte. Da ihre Gedankensysteme Stückwerk waren und sich aus einzelnen Untersuchungen vieler verschiedener Fragen zusammensetzten, mußten ihre politischen Anschauungen naturgemäß den gleichen Charakter haben. Sie hatten eine Abneigung gegen umfangreiche Programme aus einem Guß und zogen es vor, jede Frage einzeln auf ihre Vorteile hin zu prüfen. In der Politik wie in der Philosophie arbeiteten sie mit Versuchen und Experimenten. Ihre Gegner aber, die »den jammervollen Bau der Welt« zu begreifen glaubten, waren viel eher bereit, »in Stücke ihn zu schlagen und ihn neu zu fügen nach des Herzens eignen Wünschen«. Das konnten sie tun, wenn sie Revolutionäre oder Menschen waren, welche die Autorität der bestehenden Mächte zu steigern wünschten; jedenfalls schreckten sie, um ihre ungeheuerlichen Ziele erreichen zu können, nicht vor Gewaltanwendung zurück und verachteten die Friedensliebe als etwas Unedles.

Nach moderner Auffassung begingen Locke und seine Schüler den großen politischen Fehler, das Eigentum zu verherrlichen. Wer ihnen aber daraus einen Vorwurf machte, tat es häufig im Interesse von Klassen, die schlimmer waren als die Kapitalisten, wie beispielsweise den Monarchen, Aristokraten und Militaristen. Der aristokratische Grundbesitzer, dem seine Einkünfte seit undenklichen Zeiten mühelos zufließen, hält sich nicht für habsüchtig und gilt auch bei niemandem dafür, der nur die angenehme Fassade sieht. Der Geschäftsmann hingegen geht bewußt darauf aus, seinen Reichtum zu mehren; und solange diese seine Beschäftigung etwas mehr oder minder Neues war, erweckte sie ein Ressentiment, das man gegenüber den Gentleman-Ansprüchen des Grundeigentümers nicht hatte. Das heißt, so empfanden die Schriftsteller des Mittelstandes und ihre Leser, nicht aber die Bauern, wie sich in der Französischen und russischen Revolution erwies. Aber Bauern sind schwerfällig und wortkarg.

Die meisten Gegner der Lockeschen Schule bewunderten den Krieg als etwas Heroisches, das es zugleich ermöglichte, alles Bequeme und Behagliche zu verachten. Die Anhänger einer utilitaristischen Ethik dagegen neigten dazu, die meisten Kriege für töricht zu halten. Das trieb sie – zumindest im neunzehnten Jahrhundert – wieder auf die Seite der Kapitalisten, die Kriege verabscheuen, weil sie den Handel störten. Das Motiv der Kapitalisten war natürlich rein egoistisch, führte aber zu Ansichten, die mit dem Interesse der Allgemeinheit besser zusammenstimmten als die Ansichten der Militaristen und derer, die sie mit der Feder unterstützten. Allerdings hat die Einstellung der Kapitalisten zum Krieg häufig gewechselt. Im achtzehnten Jahrhundert waren Englands Kriege – mit Ausnahme des amerikanischen – alles in allem einträglich gewesen und von der Geschäftswelt gefördert worden; aber das ganze neunzehnte Jahrhundert hindurch hatten die Kaufleute, bis auf die letzten Jahre, Interesse am Frieden. In jüngster Zeit steht die große Geschäftswelt aber allenthalben in derart enger Beziehung zum Nationalstaat, daß sich die Lage von Grund auf gewandelt hat. Jedoch selbst jetzt schätzt sie in England wie in Amerika den Krieg im allgemeinen nicht.

Aufgeklärter Eigennutz ist natürlich nicht gerade das erhabenste aller Motive; diejenigen aber, die es in Verruf bringen, ersetzen es zufällig oder absichtlich oft durch noch viel schlimmere Motive wie Haß, Neid und Machtgier. Im großen und ganzen hat die Schule, die ihre Entstehung Locke verdankte und aufgeklärten Eigennutz predigte, mehr dazu getan, das Glück der Menschen zu fördern und ihr Elend zu mindern, als die Schulen, die ihn im Namen des Heroismus und der Selbstaufopferung ablehnten. Ich vergesse nicht, was der aufkommende Industrialismus an Scheußlichkeiten mit sich brachte; aber schließlich erfuhren sie doch im Rahmen des Systems eine Milderung. Und ich stelle ihnen die russische Leibeigenschaft gegenüber, die Schrecken des Krieges und seine Nachwehen in Gestalt von Haß und Furcht und die unvermeidliche Kulturfeindlichkeit derer, die an alten, nicht mehr lebensfähigen Systemen festzuhalten versuchen.

16. KAPITEL

Berkeley

George Berkeley (1685–1753) ist für die Philosophie von Bedeutung, weil er die Existenz der Materie leugnete. Er stützte sich dabei auf eine Anzahl geistreicher Argumente und vertrat die Ansicht, materielle Objekte existierten nur durch die Wahrnehmung. Auf den Einwand, daß in diesem Fall ein Baum beispielsweise zu existieren aufhören würde, wenn niemand ihn sähe, erwiderte er, Gott nähme jederzeit alles wahr; wenn es keinen Gott gäbe, dann würde das, was wir für materielle Objekte halten, ein sprunghaftes Leben haben, indem es plötzlich ins Sein hineinspränge, wenn wir es ansähen; so wie die Dinge aber in unserer Welt liegen, hätten Bäume, Felsen und Steine dank Gottes Wahrnehmung ein so ununterbrochenes Sein, wie der gesunde Menschenverstand annimmt. Das ist nach seiner Auffassung ein schwerwiegender Gottesbeweis. Ein Limerick[1] von Ronald Knox mit einer Replik hat Berkeleys Theorie von den materiellen Objekten zum Gegenstand:

> Ein junger Mann sagte: »Gott
> Muß denken, es wäre nur Spott,
> Wenn er sieht, dieser Baum
> Verbleibt noch im Raum,
> Wenn niemand mehr rings im Kaschott.«

> Antwort:

> »Mein Herr:
>   Ihr Erstaunen ist Spott!
> Meine Allgegenwart im Kaschott
> Ist Grund, daß der Baum
> Noch verbleibet im Raum –
>   Denn es sieht ihn
>   Ihr stets treuer
>   Gott.«

Berkeley war Ire und wurde mit zweiundzwanzig Jahren Student am Trinity College in Dublin. Swift stellte ihn bei Hofe vor, seine Vanessa hinterließ ihm die Hälfte ihres Vermögens. Er entwarf einen Plan für ein College auf den Bermudas, um dessentwillen er nach Amerika ging; aber nachdem er drei Jahre (1728–1731) auf Rhode Island verbracht

---

[1] Ein Nonsens-Vers von fünf Reimzeilen. (Anm. d. Übers.)

hatte, kehrte er heim und ließ das Projekt fallen. Er war der Verfasser der bekannten Zeile

> Gen Westen geht Britanniens Weg,

um derentwillen die Stadt Berkeley in Kalifornien nach ihm benannt wurde. Im Jahre 1734 wurde er Bischof von Cloyne. In späteren Jahren gab er die Philosophie auf, um sich dem Teerwasser zu widmen, dem er wunderbare Heilwirkungen zuschrieb. Über das Teerwasser schrieb er: »Fröhlich stimmen diese Becher, aber sie berauschen nicht« – ein Spruch, der um so bekannter wurde, als Cowper ihn später auf Tee anwandte.

Seine besten Werke schrieb er als junger Mann: *A New Theory of Vision* (Neue Theorie der Gesichtswahrnehmung), 1709; *The Principles of Human Knowledge* (Abhandlung über die Prinzipien der menschlichen Erkenntnis), 1710; *The Dialogues of Hylas and Philonous* (Drei Dialoge zwischen Hylas und Philonous), 1713. Was er nach seinem achtundzwanzigsten Jahr produzierte, war weniger bedeutend. Er ist ein sehr anziehender Schriftsteller und schreibt einen bezaubernden Stil.

Sein Einwand gegen die Materie ist höchst überzeugend in den *Drei Dialogen zwischen Hylas und Philonous* dargelegt. Ich gedenke nur den ersten Dialog und den Anfang des zweiten zu behandeln, denn alles weitere halte ich für weniger wichtig. In dem Teil des Werks, den ich berücksichtigen werde, erbringt er stichhaltige Beweise für einen bestimmten, wichtigen Schluß, wenn auch nicht gerade für den Schluß, den er zu beweisen meint. Er glaubt zu beweisen, daß alle Wirklichkeit etwas Geistiges sei; tatsächlich beweist er, daß wir Eigenschaften wahrnehmen, nicht Dinge, und daß die Eigenschaften durch den Wahrnehmenden bedingt sind.

Ich werde mit einer unkritischen Darstellung dessen, was mir an den Dialogen wichtig scheint, beginnen, dann versuchen, es zu kritisieren, und schließlich die betreffenden Probleme so formulieren, wie ich sie sehe.

In den Dialogen treten zwei Personen auf: Hylas, der den wissenschaftlich geschulten, gemeinen Menschenverstand verkörpert, und Philonous, aus dem Berkeley selbst spricht.

Nach einigen freundlichen Bemerkungen sagt Hylas, er habe Sonderbares über Philonous' Ansichten gehört, daß er nämlich nicht an eine materielle Substanz glaube. »Kann wohl etwas ausschweifender, mehr im Widerstreit mit dem gemeinen Verstande oder ein deutlicher Ausfluß von Skeptizismus sein als der Glaube, daß es so etwas wie *Materie* nicht gäbe?«[2] Philonous erwidert, er leugne nicht die Realität sinnlicher

---

2 Die Zitate aus den *Drei Dialogen zwischen Hylas und Philonous* entsprechen der Übersetzung von Raoul Richter (Phil. Bibl. Felix Meiner, Leipzig 1926).

Dinge, das heißt dessen, was unmittelbar durch die Sinne wahrgenommen werde; er bestreite aber, daß wir die Ursachen der Farben sähen oder die Ursachen der Töne hörten. Beide sind sich darin einig, daß die Sinne keine Schlüsse ziehen. Philonous zeigt auf, daß wir durch den Gesichtssinn nur Licht, Farbe und Gestalt wahrnehmen, durch das Gehör nur Töne und so weiter. Folglich gibt es, wenn man von sinnlichen Eigenschaften absieht, nichts Sinnliches; sinnliche Dinge sind nur sinnliche Eigenschaften oder Bündel sinnlicher Eigenschaften.

Nun geht Philonous dazu über, zu beweisen, daß »die Wirklichkeit sinnlicher Dinge im Wahrgenommenwerden besteht«, entgegen der Meinung des Hylas; »Dasein ist eins, und das Wahrgenommenwerden ein Anderes«. Die Sinnes-Data sind etwas Geistiges – diese These stützt Philonous durch eine eingehende Prüfung der verschiedenen Sinne. Er beginnt mit heiß und kalt. Große Hitze ist ein Schmerz, sagt er; sie muß also in einem Geiste vorhanden sein. Daher ist Hitze etwas Geistiges, und ein ähnliches Argument trifft auf die Kälte zu. Diese Behauptung wird durch das berühmte Argument vom lauwarmen Wasser erhärtet. Hat man eine warme und eine kalte Hand und taucht sie beide in lauwarmes Wasser, dann fühlt es sich für die eine Hand warm und für die andere kalt an; das Wasser kann aber nicht kalt und warm zugleich sein. Damit wird Hylas zum Schweigen gebracht; er gibt zu, »daß Hitze und Kälte nur Empfindungen sind, die in einem Geist bestehen«. Aber er weist hoffnungsvoll darauf hin, daß noch genügend andere sinnliche Eigenschaften übrigbleiben.

Dann geht Philonous zum Geschmack über. Er führt aus, daß ein süßer Geschmack Lust, ein bitterer aber Schmerz ist, und daß Lust und Schmerz etwas Geistiges sind. Dasselbe gilt für Gerüche, da sie angenehm oder unangenehm sind.

Hylas gibt sich die größte Mühe, wenigstens den Ton zu retten, der, wie er sagt, eine Luftbewegung ist, wie aus der Tatsache hervorgeht, daß es im luftleeren Raum keine Töne gibt. Wir müssen »zwischen dem Ton, wie er von uns wahrgenommen wird und wie er an sich selbst ist, unterscheiden; oder zwischen dem Ton, den wir unmittelbar wahrnehmen, und dem, welcher unabhängig von uns besteht«. Philonous weist nach, daß das, was Hylas als »wirklichen« Ton bezeichnet, möglicherweise als Bewegung zu sehen oder zu fühlen, bestimmt aber nicht zu hören ist; folglich ist der Ton nicht so, wie wir ihn aus der Wahrnehmung kennen. Jetzt muß Hylas zugeben, »daß auch Töne kein wirkliches Dasein unabhängig vom Geist haben«.

Sie kommen nun zu den Farben, und hier beginnt Hylas zuversichtlich: »Verzeih', bei Farben liegt der Fall ganz anders. Was ist klarer, als daß wir sie an den Gegenständen sehen?« Unabhängig vom Geist existierende Substanzen haben nach seiner Behauptung die Farben, die wir an ihnen erblicken. Aber für Philonous ist es ein leichtes, mit dieser Ansicht aufzuräumen. Er fängt bei den roten und goldenen Wolken des

Sonnenunterganges an und weist darauf hin, daß eine Wolke ganz aus der Nähe gesehen nicht diese Farben besitzt. Dann kommt er darauf zu sprechen, wie anders alles durchs Mikroskop betrachtet aussieht, und erwähnt die Tatsache, daß für jemand, der Gelbsucht hat, alles gelb ist, und daß sehr kleine Insekten viel winzigere Dinge sehen müßten als wir. Hylas erwidert darauf, die Farbe hafte nicht den Gegenständen an, sei vielmehr im Licht enthalten; sie sei eine dünne, flüssige Substanz. Wie beim Ton beweist Philonous, nach Hylas' Ansicht seien »wirkliche« Farben etwas anderes als das Rot und Blau, das wir sehen; die Sache müsse sich aber doch anders verhalten.

Für alle sekundären Eigenschaften gibt Hylas das zu, behauptet aber weiterhin, daß primäre Eigenschaften wie Gestalt und Bewegung zu äußeren, ungeistigen Substanzen gehörten. Darauf entgegnet Philonous, daß die Dinge aus der Nähe betrachtet groß aussähen, und klein, wenn man weit von ihnen entfernt wäre, auch daß eine Bewegung dem einen Menschen rasch, dem andern aber langsam erscheinen könne.

Hier versucht Hylas einen neuen Weg einzuschlagen. Es war ein Fehler von ihm, sagt er, keinen ausreichenden Unterschied zwischen dem *Gegenstand* und der *Empfindung* zu machen; er gibt zu, daß der Wahrnehmungsvorgang etwas Geistiges sei, nicht aber der Wahrnehmungsgegenstand; die Farben beispielsweise »haben ein wirkliches Dasein, unabhängig vom Geist in irgendeiner ungeistigen Substanz«. Darauf entgegnet Philonous: daß ein unmittelbares Sinnesobjekt – das heißt eine Vorstellung oder ein Vorstellungskomplex – in einer ungeistigen Substanz oder *außerhalb* aller Geister bestehen soll, ist ein deutlicher Widerspruch in sich. Man beachte, daß das Argument nunmehr ein logisches, kein empirisches mehr ist. Einige Seiten weiter sagt Philonous: »Das unmittelbar Wahrgenommene wird auch Vorstellung genannt; und kann Vorstellung unabhängig vom Geist bestehen?«

Nach einer metaphysischen Erörterung der Substanz kehrt Hylas zu den visuellen Eindrücken zurück mit dem Argument, er sähe die Dinge in einem gewissen Abstand. Darauf erwidert Philonous, das gleiche träfe auf Dinge zu, die man im Traum sähe, die – wie jeder zugibt – etwas Geistiges seien; ferner, daß die Entfernung nicht durch den Gesichtssinn wahrgenommen werde, sondern das Resultat der Erfahrung sei, und daß einem Blindgeborenen, der zum erstenmal sehen könne, sichtbare Gegenstände nicht entfernt schienen.

Zu Beginn des zweiten Dialogs besteht Hylas darauf, daß bestimmte Stränge im Gehirn die Empfindungen verursachten, aber Philonous erwidert, »das Gehirn ist ein sinnliches Ding und besteht als solches nur im Geist«.

Die übrigen Dialoge sind weniger interessant und brauchen nicht besprochen zu werden.

Wir wollen nun Berkeleys Behauptungen kritisch analysieren.

Berkeleys Argument besteht aus zwei Teilen. Auf der einen Seite behauptet er, wir nähmen nicht materielle Dinge wahr, sondern nur Farben, Töne und so fort, und diese seien »mental« oder »im Geiste«. Im ersten Punkt ist sein Gedankengang vollkommen zwingend, krankt aber im zweiten daran, daß es an jeglicher Definition des Begriffes »mental« fehlt. Er verläßt sich in Wirklichkeit auf die übliche Ansicht, daß jedes Ding entweder materiell oder geistig sei, nicht aber beides zugleich.

Wenn er sagt, wir nähmen Eigenschaften, nicht aber »Dinge« oder »materielle Substanzen« wahr und es läge kein Grund zu der Annahme vor, daß die unterschiedlichen Eigenschaften, die der gemeine Menschenverstand als zu *einem* »Ding« gehörig ansieht, einer von ihnen ganz und gar verschiedenen Substanz anhaften, so mag man das gelten lassen. Wenn er aber weiter erklärt, daß sinnliche Eigenschaften – einschließlich der primären – »geistig« (mental) seien, so sind die Argumente sehr unterschiedlich geartet und haben verschiedene Gültigkeitsgrade. Einige wollen die logische Notwendigkeit beweisen, andere sind mehr empirisch. Wir wollen zunächst die ersteren untersuchen.

Philonous sagt: »Das unmittelbar Wahrgenommene wird auch Vorstellung genannt; und kann Vorstellung unabhängig vom Geist bestehen?« Hierzu wäre eine lange Erörterung des Begriffes »Vorstellung« vonnöten. Wenn man gelten lassen will, daß Denken und Wahrnehmen in einer Subjekt-Objekt-Beziehung bestehen, dann ist es möglich, Geist und Subjekt als identisch anzusehen und zu behaupten, daß nichts »im Geiste«, vielmehr alles nur Objekt »vor« ihm sei. Berkeley erörtert die Ansicht, daß wir den Wahrnehmungsvorgang vom wahrgenommenen Objekt unterscheiden müssen, und daß der erste im Gegensatz zum zweiten mental sei. Sein Gegenargument ist unklar und muß es sein, denn wenn man wie Berkeley an eine geistige Substanz glaubt, dann läßt sich diese Anschauung nicht zwingend widerlegen. Er sagt: »Daß irgendein unmittelbarer Gegenstand der Sinne in einer ungeistigen Substanz oder außerhalb jedes Geistes bestehen soll, ist in sich selbst ein deutlicher Widerspruch.« Das ist genauso ein Irrtum wie die folgende Behauptung: »Es kann keinen Neffen ohne Onkel geben; wenn also Mr. A ein Neffe ist, dann muß Mr. A mit logischer Notwendigkeit einen Onkel haben.« Mit logischer Notwendigkeit muß Mr. A natürlich ein Neffe sein, aber nicht wegen irgend etwas, das sich durch Analyse des Mr. A feststellen läßt. Ist demnach irgend etwas Sinnesobjekt, so ist auch ein Geist daran beteiligt; daraus folgt aber nicht, daß das gleiche Ding nicht auch existieren könnte, ohne Sinnesobjekt zu sein.

Um einen ähnlich gearteten Irrtum handelt es sich auch bei allem, was man sich vorstellt. Hylas behauptet, er könne sich ein Haus vorstellen, das niemand wahrnähme und das in keinem Geiste existiere. Philonous erwidert, daß alles, was Hylas sich vorstelle, in seinem Geiste existiere, so daß das vorgestellte Haus also geistig (mental) sei. Hylas hätte antworten müssen: »Ich meine nicht, daß ich im Geiste das Bild eines Hauses habe; wenn ich sage, daß ich mir ein Haus vorstellen kann, das niemand wahrnimmt, so meine ich damit in Wirklichkeit, daß ich den Satz verstehe ›Es gibt ein Haus, das niemand wahrnimmt oder sich vorstellt‹.« Dieser Satz besteht aus lauter verständlichen Worten, und die Worte sind richtig zusammengestellt. Ob der Satz richtig oder falsch ist, weiß ich nicht; nach meiner Überzeugung läßt sich nur nicht beweisen, daß er sich selbst widerspricht. Einige sehr ähnliche Sätze sind beweisbar. Zum Beispiel: Die Zahl der möglichen Multiplikationen zweier ganzer Zahlen ist unendlich; es gibt daher welche, an die noch niemals gedacht worden ist. Wäre Berkeleys Argument gültig, so wäre damit bewiesen, daß das unmöglich ist.

Es handelt sich bei diesem Fehler um einen sehr verbreiteten Trugschluß. Wir können mit Hilfe aus der Erfahrung gewonnener Begriffe Aussagen über Gattungen konstruieren, von deren einzelnen oder sämtlichen Mitgliedern wir keine Erfahrung haben. Nehmen wir einen ganz gewöhnlichen Begriff, etwa »Kiesel«; das ist ein empirischer, aus der Wahrnehmung gewonnener Begriff. Daraus folgt aber nicht, daß alle Kiesel wahrgenommen werden, sofern wir nicht die Tatsache des Wahrgenommenwerdens in unsere Definition des »Kiesels« einbeziehen. Tun wir das nicht, so ist der Begriff »nicht-wahrgenommener Kiesel« logisch einwandfrei trotz der Tatsache, daß es logisch unmöglich ist, ein Beispiel dafür wahrzunehmen.

Zusammengefaßt sieht das Argument so aus: Berkeley sagt: »Sinnliche Dinge werden unmittelbar durch die Sinne wahrgenommen. A ist ein sinnliches Ding. Folglich muß A sinnlich wahrnehmbar sein.« Aber wenn »muß« die logische Notwendigkeit anzeigt, dann ist das Argument nur gültig, falls A ein sinnliches Objekt sein *muß*. Das Argument beweist nicht, daß As Sinnlichsein aus anderen Eigenschaften als der seines Sinnlichseins deduziert werden kann. Es beweist zum Beispiel nicht, daß Farben, die wirklich von denen, die wir sehen, ununterscheidbar sind, nicht ungesehen existieren können. Wir mögen aus physiologischen Gründen glauben, daß etwas Derartiges nicht vorkommt; solche Gründe sind aber empirisch; soweit man logisch denkt, liegt kein Grund zu der Annahme vor, daß es auch dort, wo es weder Augen noch Gehirn gibt, keine Farben geben könne.

Ich komme nun zu Berkeleys empirischen Argumenten. Zunächst ist dazu zu sagen, daß es ein Zeichen von Schwäche ist, empirische und logische Argumente gemeinsam zu verwenden, denn die zweiten machen – wenn sie gültig sind – die ersten überflüssig.[3] Wenn ich behaupte, ein Viereck (square) könne nicht rund sein, so verweise ich dabei nicht auf die Tatsache, daß es in keiner bekannten Stadt einen runden Square

---

[3] Zum Beispiel: »Ich war heute nacht nicht betrunken. Ich hatte nur zwei Glas getrunken; außerdem weiß jeder, daß ich Abstinenzler bin.«

gibt.[4] Aber da wir die logischen Argumente widerlegt haben, müssen wir nun die empirischen auf ihre Vorzüge hin untersuchen.

Das erste der empirischen Argumente ist merkwürdig: Wärme kann nicht im Gegenstand sein, denn »ist nicht der heftigste und stärkste Hitzegrad eine sehr große Unlust?« und »ist irgendein Ding, das nicht wahrnimmt, der Unlust oder der Lust fähig?« Das Wort »Unlust« ist doppelsinnig, was sich Berkeley zunutze macht. Es kann die schmerzerregende Eigenschaft einer Empfindung bedeuten oder die Empfindung, die diese Eigenschaft hat. Wir sagen, ein gebrochenes Bein ist schmerzhaft, ohne damit zu sagen, daß das Bein im Geist existiert; desgleichen kann es sein, daß Hitze Schmerz *verursacht*, und mehr sollten wir auch nicht meinen, wenn wir sagen, sie *ist* eine Unlust. Das ist also ein kümmerliches Argument.

Das Argument von den warmen und kalten Händen im lauwarmen Wasser dürfte strenggenommen nur beweisen, daß wir bei diesem Experiment nichts Warmes oder Kaltes, sondern Wärmeres und Kälteres wahrnehmen. Daß dieses beides subjektiv ist, wird durch nichts bewiesen.

Bei der Untersuchung des Geschmacks wird wieder das Argument von Lust und Schmerz angeführt: Süßigkeit ist Lust und Bitterkeit ist Schmerz, also sind beide geistig. Es wird auch nachdrücklich betont, daß etwas, das einem Gesunden süß schmeckt, für einen Kranken bitter schmecken kann. Sehr ähnliche Argumente werden bei den Gerüchen vorgebracht: da sie angenehm oder unangenehm sind, »können sie nur in einer wahrnehmenden Substanz oder in einem wahrnehmenden Geiste vorhanden sein«. Berkeley geht hier wie überall davon aus, daß alles, was nicht einer Materie anhaftet, einer geistigen Substanz innewohnen muß und daß nichts gleichzeitig materiell und geistig sein könne.

Bei den Tönen handelt es sich um ein Argumentum *ad hominem*. Hylas behauptet, Töne seien »wirkliche« Bewegungen in der Luft, und Philonous entgegnet, daß Bewegungen sichtbar und fühlbar, nicht aber zu hören seien, so daß »wirkliche« Töne unhörbar wären. Dies Argument ist nicht sehr glücklich gewählt, da Wahrnehmungen der Bewegung nach Berkeleys Meinung genauso subjektiv sind wie andere Wahrnehmungen. Die von Hylas angenommenen Bewegungen müssen nichtwahrgenommen und nicht-wahrnehmbar sein. Trotzdem ist das Argument gültig, soweit es beweist, daß der Ton – sofern er gehört wird – nicht mit Bewegungen der Luft identifiziert werden darf, welche die Physik für seine Ursache hält.

Wenn Hylas auch die Eigenschaften zweiter Ordnung fallengelassen hat, so ist er doch nicht gewillt, die erster Ordnung aufzugeben, als da sind Ausdehnung, Gestalt, Dichte, Schwere, Bewegung und Ruhe. Das

---

[4] Viereckiger Platz. (Anm. d. Übers.)

Argument konzentriert sich naturgemäß auf Ausdehnung und Bewegung. Wenn Dinge reale Ausdehnungen haben, sagt Philonous, kann das gleiche Ding nicht gleichzeitig verschiedene Größe haben, und dennoch sieht es aus der Nähe betrachtet größer aus, als wenn wir weit davon entfernt sind. Und wenn in dem Gegenstand wirklich Bewegung ist, wie kommt es dann, daß dieselbe Bewegung dem einen schnell und dem anderen langsam erscheint? Mit derartigen Argumenten dürfte doch wohl nach meinem Dafürhalten die Subjektivität räumlicher Wahrnehmungen bewiesen sein. Aber diese Subjektivität ist physisch; sie ist auch bei der Kamera gegeben und somit kein Beweis, daß die Gestalt »mental« ist. Im zweiten Dialog faßt Philonous die bisherige Erörterung mit den Worten zusammen: »Mit Ausnahme der Geister sind alle Dinge, die wir wissen oder erdenken, unsere eigenen Vorstellungen.« Er hätte natürlich die Geister nicht ausnehmen sollen, da es genauso unmöglich ist, den Geist zu erkennen wie die Materie. Die Argumente sind beide Male in Wirklichkeit nahezu identisch.

Wir wollen nun festzustellen versuchen, zu welchen positiven Ergebnissen wir mit der von Berkeley eingeführten Argumentation kommen können.

Wir erkennen die Dinge als Bündel sinnlicher Eigenschaften; ein Tisch beispielsweise besteht aus seiner sichtbaren Gestalt, aus Festigkeit, aus dem Geräusch, das er von sich gibt, wenn man auf ihn klopft, und aus seinem Geruch (sofern er einen hat). Diese verschiedenen Eigenschaften haben erfahrungsgemäß gewisse Kontiguitäten (Berührungspunkte), die den gesunden Menschenverstand veranlassen, sie als zu *einem* »Ding« gehörig anzusehen; der Begriff »Ding« oder »Substanz« aber fügt zu den wahrgenommenen Eigenschaften nichts hinzu und ist entbehrlich. Bis hierher haben wir festen Boden unter den Füßen.

Aber nun stehen wir vor der Frage: was verstehen wir unter »wahrnehmen«? Philonous behauptet, die Realität der sinnlichen Dinge bestehe in ihrem Wahrgenommenwerden, sagt aber nicht, was er unter Wahrnehmung versteht. Es gibt zwar eine Theorie, die besagt, Wahrnehmung sei eine Beziehung zwischen einem Subjekt und einem Wahrnehmungsgegenstand; er lehnt sie jedoch ab. Da er das Ich für eine Substanz hält, hätte er diese Theorie ruhig gelten lassen können; er entschied sich jedoch gegen sie. Für diejenigen, die den Begriff des substantiellen Ichs ablehnen, ist diese Theorie etwas Unmögliches. Was ist aber dann gemeint, wenn man etwas als »Wahrnehmungsgegenstand« bezeichnet? Meint man mehr damit, als daß das fragliche Etwas da ist? Können wir Berkeleys Ausspruch umkehren und statt zu sagen, daß die Wirklichkeit im Wahrgenommenwerden bestehe, erklären, das Wahrgenommenwerden bestünde im Wirklichsein? Wie dem auch sein mag, Berkeley hält es für logisch möglich, daß es nicht-wahrgenommene Dinge gibt, da er der Meinung ist, gewisse wirkliche Dinge – nämlich geistige Substanzen – würden nicht wahrgenommen. Und wenn wir sagen, ein Ereignis werde wahrgenommen, so scheint es einleuchtend, daß wir mehr damit meinen als nur, dieses Ereignis träte überhaupt ein.

Was ist dieses »mehr«? Ein augenfälliger Unterschied zwischen wahrgenommenen und nicht-wahrgenommenen Geschehnissen besteht darin, daß man sich der ersteren, nicht aber der letzteren erinnern kann. Gibt es noch einen weiteren Unterschied?

Die Erinnerung gehört zu einer ganzen Gattung von Wirkungen, die mehr oder weniger den Phänomenen eigen sind, welche wir unbedenklich als »mental« bezeichnen. Diese Wirkungen hängen mit der Gewohnheit zusammen. Gebranntes Kind scheut das Feuer, nicht aber ein mit dem Feuer in Berührung gekommener Feuerhaken. Der Physiologe jedoch behandelt die Gewohnheit und ähnliches als ein Charakteristikum des Nervengewebes und braucht von einer physikalischen Deutung nicht abzugehen. In der Sprache der Physik können wir sagen, daß ein Vorgang »wahrgenommen« wird, wenn er Wirkungen bestimmter Art hat; in diesem Sinne können wir geradezu sagen, daß das Bett eines Baches oder Flusses den Regen »wahrnimmt«, der es vertieft, und daß ein Flußtal eine »Erinnerung« an frühere Regengüsse ist. Beschreibt man Gewohnheit und Erinnerung in physikalischen Ausdrücken, so kommen sie in gewissem Maße auch in der toten Materie vor; in dieser Beziehung besteht zwischen lebender und toter Materie nur ein Gradunterschied.

Spricht man in diesem Sinne davon, ein Ereignis werde wahrgenommen, so meint man damit, daß es bestimmt geartete Wirkungen habe; es liegt weder ein logischer noch ein empirischer Grund zu der Annahme vor, daß *alle* Ereignisse solche Wirkungen haben.

Die Erkenntnistheorie verweist uns auf einen anderen Standpunkt. Wir gehen hier nicht von einem definitiven Wissen aus, sondern von irgendeiner Erkenntnis, aufgrund derer wir etwas zu wissen glauben. Das tut auch Berkeley. Dann ist es nicht notwendig, zuvor die »Wahrnehmung« (percept)[5] zu definieren. Die Methode sieht in großen Zügen etwa so aus: Wir sammeln Sätze, bei denen wir das Gefühl haben, sie zu wissen, ohne sie gefolgert zu haben, und stellen fest, daß sie sich fast alle auf bestimmte Ereignisse beziehen. Diese Ereignisse definieren wir als »Wahrnehmung«. Wahrnehmungen sind also Ereignisse, die wir kennen, ohne sie zu folgern; oder zumindest waren diese Ereignisse – wenn man die Erinnerung in Betracht zieht – zu irgendeinem Zeitpunkt Wahrnehmungen. Nun stehen wir vor der Frage: Können wir aus unseren eigenen Wahrnehmungen irgendwelche anderen Ereignisse folgern? Hier sind vier Stellungnahmen möglich, von denen die ersten drei idealistisch sind.

---

[5] *percept* = Wahrnehmung im Sinne von Wahrnehmungsinhalt, *perception* = Wahrnehmungsakt. (Anm. d. Übers.)

1. Wir können vollkommen leugnen, daß irgendwelche Schlüsse aus unseren eigenen gegenwärtigen Wahrnehmungen und Erinnerungen auf andere Ereignisse gültig sind. Diese Ansicht muß jeder teilen, der die Folgerung auf die Deduktion beschränkt. Jedes Ereignis und jeder Komplex von Ereignissen kann logisch auch für sich allein bestehen; daher liefert kein Komplex von Ereignissen einen *demonstrativen* Beweis für das Vorhandensein anderer Vorgänge. Wenn wir also nur den deduktiven Schluß gelten lassen, dann beschränkt sich die Erkenntnis der Welt auf diejenigen Ereignisse unseres Lebens, die wir wahrnehmen oder wahrgenommen haben, wenn wir die Erinnerung zulassen.

2. Der zweite Standpunkt, ein im landläufigen Sinne solipsistischer, läßt bestimmte Schlüsse aus eigener Wahrnehmung zu, jedoch nur auf andere Ereignisse des eigenen Lebens. Gehen wir zum Beispiel von der Ansicht aus, daß es in jedem Augenblick unseres wachen Lebens sinnliche Objekte gibt, die wir nicht wahrnehmen. Wir sehen viele Dinge, ohne uns zu gestehen, daß wir sie sehen; zumindest scheint es so. Halten wir die Augen fest auf eine Umgebung gerichtet, in der wir keine Bewegung wahrnehmen, dann können wir nacheinander verschiedene Dinge gewahren und sind überzeugt, daß sie sichtbar waren, bevor wir sie bemerkten; aber bevor wir sie gewahrten, waren es keine Data für die Erkenntnistheorie. Soweit folgert jedermann unbedenklich aus der Beobachtung; das tun sogar diejenigen, die eine ungebührliche Ausdehnung unserer Erkenntnis über die Erfahrung hinaus am stärksten vermieden wissen möchten.

3. Vom dritten Standpunkt aus – den beispielsweise Eddington einzunehmen scheint – ist die Möglichkeit gegeben, analog der von uns erfahrenen Ereignisse auf andere Ereignisse zu schließen; auch sind wir demnach berechtigt anzunehmen, daß es beispielsweise Farben gibt, die andere, nicht aber wir wahrnehmen, Zahnschmerzen, die andere Leute haben, Freuden und Leiden, die andere empfinden und so weiter; wir sind aber nicht berechtigt, auf Ereignisse zu schließen, die niemand erfahren hat und die nicht Teil irgendeines »Geistes« sind. Diese Ansicht läßt sich mit der Begründung vertreten, daß es sich bei allen Schlüssen auf Ereignisse, die außerhalb meiner Beobachtung liegen, um Analogieschlüsse handelt, und daß bei Ereignissen, über die niemand Erfahrung haben kann, die Analogie zu meinen Daten nicht ausreicht, um Schlüsse zu rechtfertigen.

4. Der vierte Standpunkt ist der des gesunden Menschenverstandes und der traditionellen Physik, nach dem es neben meinen eigenen und den Erfahrungen anderer Leute auch Dinge gibt, die der Erfahrung aller Menschen entzogen sind – beispielsweise die Möbel meines Schlafzimmers, wenn ich schlafe und es stockfinster ist. G. E. Moore hat einmal den Idealisten vorgehalten, sie behaupteten, Eisenbahnzüge hätten nur Räder, wenn sie auf dem Bahnhof stünden, weil nämlich die Reisenden die Räder nicht sehen könnten, solange sie sich im Zuge auf-

halten. Der gesunde Menschenverstand weigert sich zu glauben, daß die Räder plötzlich ins Sein hineinspringen, wenn man hinsähe, sich aber nicht die Mühe machen zu existieren, solange niemand sie sieht. Wenn dieser Standpunkt wissenschaftlich ist, dann macht er die Kausalgesetze zur Grundlage des Schließens auf nicht-wahrgenommene Ereignisse.

Im Augenblick beabsichtige ich nicht, mich für einen dieser vier Standpunkte zu entscheiden. Wenn eine Entscheidung überhaupt getroffen werden kann, so ist sie nur möglich aufgrund einer sorgfältigen Untersuchung des nicht-demonstrativen Schlusses und der Wahrscheinlichkeitstheorie. Ich will nur auf einige logische Irrtümer hinweisen, die denen unterlaufen sind, die diese Fragen erörtert haben.

Wie wir sehen, hält Berkeley es aus logischen Gründen für erwiesen, daß es nur Geister und geistige Vorgänge geben könne. Diese Auffassung wird aus anderen Gründen auch von Hegel und seinen Anhängern vertreten. Ich halte das für völlig falsch. Eine Behauptung wie »Es hat eine Zeit gegeben, zu der noch kein Leben auf diesem Planeten war« kann – mag sie falsch oder richtig sein – nicht aus logischen Gründen verworfen werden, ebensowenig wie der Satz »Es gibt Multiplikationsergebnisse, die noch niemand errechnet hat«. Gegenstand der Beobachtung oder Wahrnehmung sein, heißt nur bestimmt geartete Wirkungen haben; und es ist logisch unbegründet, daß alle Ereignisse solche Wirkungen haben müssen.

Es gibt jedoch einen andersgearteten Beweis, der den Idealismus zwar nicht als Metaphysik, wohl aber – wenn er gültig ist – als praktische Lebensweise einführt. Es heißt, ein Satz, der nicht beweisbar sei, habe keinen Sinn; seine Beweisbarkeit sei abhängig von Wahrnehmungen; daher sei ein Satz, der sich nicht auf wirkliche oder mögliche Wahrnehmungen bezieht, sinnlos. Ich glaube, daß diese Ansicht in strenger Auslegung uns auf die erste der vier oben angeführten Theorien beschränken und uns verbieten würde, über etwas zu sprechen, was wir nicht selber ausdrücklich wahrgenommen haben. Wenn es sich so verhält, dann ist es eine praktisch unhaltbare Ansicht, was bei jeder Theorie, die aus praktischen Gründen vertreten wird, ein Fehler ist. Die ganze Frage der Beweisbarkeit und ihr Zusammenhang mit der Erfahrung ist schwierig und kompliziert; ich will sie zunächst beiseite lassen.

Die vierte der obigen Theorien, die Ereignisse gelten läßt, welche niemand wahrnimmt, ist auch mit nicht-stichhaltigen Argumenten zu verfechten. Man kann behaupten, die Kausalität sei etwas a priori Bekanntes, und Kausalgesetze seien unmöglich, sofern es keine nicht-wahrgenommenen Ereignisse gäbe. Demgegenüber kann man ausdrücklich erklären, daß Kausalität nichts a priori Gewußtes ist, daß Kausalgesetze unmöglich sind und daß jede Regelmäßigkeit, die sich beobachten läßt, sich auf Wahrnehmungen beziehen muß. Alles, was mit den Gesetzen der Physik vereinbar ist, muß sich also durch Termini der Wahrnehmung ausdrücken lassen. Die Darstellung mag seltsam und kompliziert sein; es kann darin das Charakteristikum der Stetigkeit fehlen, das bis vor kurzem noch von einem physikalischen Gesetz verlangt wurde. Aber sie kann schwerlich unmöglich sein.

Ich komme zu dem Schluß, daß es a priori keinen Einwand gegen eine unserer vier Theorien gibt. Man kann jedoch sagen, jede Wahrnehmung sei pragmatisch, und zwischen den vier Theorien gäbe es keinen pragmatischen Unterschied. Wenn das zutrifft, dann dürfen wir uns nach Belieben zu irgendeiner dieser Theorien bekennen, denn es besteht zwischen ihnen nur ein sprachlicher Unterschied. Ich vermag mich dieser Meinung nicht anzuschließen; aber auch das soll einer späteren Erörterung vorbehalten werden.

Nun bleibt noch die Frage, ob mit den Bezeichnungen »Geist« und »Materie« irgendein Sinn zu verbinden ist. Bekanntlich läßt der Idealist als einziges den »Geist« gelten; nicht anders denkt der Materialist von der »Materie«. Der Leser weiß hoffentlich auch, daß die Idealisten gute und die Materialisten schlechte Menschen sind. Aber vielleicht ist dazu doch noch etwas mehr zu sagen.

Meine eigene Definition der »Materie« mag etwas unbefriedigend wirken; ich sollte sie wohl als das definieren, was den Gleichungen der Physik genügt. Vielleicht gibt es überhaupt nichts, was diesen Gleichungen genügt; aber dann irrt entweder die Physik, oder der Begriff der »Materie« ist falsch. Wenn wir die Substanz ablehnen, dann muß »Materie« eine logische Konstruktion sein. Ob sie eine aus Ereignissen – die sich vielleicht zum Teil folgern lassen – bestehende Konstruktion sein kann, ist ein schwieriges, keineswegs jedoch ein unlösbares Problem.

Wenn die Substanz abgelehnt wurde, muß aber der »Geist« jedenfalls ein Komplex oder ein Gefüge von Ereignissen sein. Die Gruppierung muß durch eine Beziehung erfolgen, die charakteristisch ist für die Art von Phänomenen, die wir »mental« nennen. Ein typisches Beispiel wäre in der Erinnerung zu sehen. Wir könnten – obwohl dies ungebührlich einfach sein würde – ein Ereignis als »mental« bezeichnen, das eine Erinnerung hervorruft oder Gegenstand der Erinnerung ist. Dann ist der »Geist«, zu dem ein gegebenes mentales Ereignis gehört, der Komplex von Ereignissen, der mit dem gegebenen Ereignis durch Erinnerungsketten nach vorn oder nach hinten verbunden ist.

Aus den obigen Definitionen wird man ersehen, daß beide, der Geist und ein Stück Materie, ein Komplex von Ereignissen sind. Die Annahme, daß jedes Ereignis der einen oder der anderen Gruppe angehören müsse, ist ebenso unbegründet wie die andere, daß es keine Ereignisse gäbe, die zu beiden Gruppen gehören; es sind daher Ereignisse denkbar, die weder geistig noch materiell, und andere, die beides zugleich sind. Hierüber können nur eingehende empirische Erwägungen entscheiden.

17. KAPITEL

Hume

David Hume (1711–1776) ist einer der bedeutendsten Philosophen, weil er die empirische Philosophie Lockes und Berkeleys bis zu ihrem logischen Ende fortentwickelt hat und sie unglaubhaft machte, indem er alle Inkonsequenzen innerhalb des Systems ausmerzte. Er führt uns gleichsam in eine Sackgasse: in der von ihm eingeschlagenen Richtung kommt man keinen Schritt weiter. Seit er die Feder zur Hand nahm, ist es stets ein beliebter Zeitvertreib der Metaphysiker gewesen, ihn zu widerlegen. Ich für mein Teil finde keine ihrer Widerlegungen überzeugend; dennoch kann ich nur hoffen, daß sich einmal etwas weniger Skeptisches als Humes System finden läßt.

Sein philosophisches Hauptwerk, *Treatise of Human Nature* (1734–1737), entstand, als er in Frankreich lebte. Die ersten beiden Bände wurden 1739 veröffentlicht, der dritte erschien 1740. Er war noch sehr jung, noch nicht einmal in den Dreißigern und ziemlich unbekannt; Schlüsse wie die seinen aber mußten fast allen Schulen unwillkommen sein. Er hoffte auf heftige Angriffe, denen er mit glänzenden Erwiderungen zu begegnen gedachte. Statt dessen nahm kein Mensch Notiz von dem Buch; »es fiel totgeboren aus der Druckerpresse«, wie er selbst sagte. »Aber«, fügte er hinzu, »dank meiner heiteren und zuversichtlichen Natur erholte ich mich recht bald von dem Schlag.« Er befaßte sich damit, Essays zu schreiben, deren ersten Band er 1741 abschloß. Im Jahre 1744 versuchte er vergeblich, eine Professur in Edinburg zu erhalten; nach diesem Mißerfolg wurde er erst Pfleger bei einem Geisteskranken und dann Sekretär eines Generals. Durch diese Befähigungsnachweise ermutigt, wagte er sich erneut an die Philosophie. Er kürzte den »Traktat«, indem er die besten Teile und die meisten Begründungen seiner Schlüsse fortließ; das Ergebnis war die *Inquiry into Human Understanding* (Untersuchung über den menschlichen Verstand), die lange Zeit viel bekannter war als der »Traktat«. Eben dieses Buch riß Kant aus seinem »dogmatischen Schlummer«; den »Traktat« hat er offenbar nicht gekannt.

Er schrieb auch *Dialogues Concerning Natural Religion* (Dialoge über natürliche Religion), die er zu Lebzeiten nicht veröffentlichte. Auf seine Anordnung wurden sie posthum im Jahre 1779 herausgegeben. In seinem *Essay on Miracles* (Über Wunder), der berühmt geworden ist, vertritt er die Ansicht, daß sich derartige Begebenheiten historisch niemals hinreichend beweisen lassen.

In seiner *History of England* (Englische Geschichte), die 1775 und in den darauffolgenden Jahren veröffentlicht wurde, bemühte er sich, die

Überlegenheit der Tories über die Whigs und der Schotten über die Engländer zu beweisen; die Geschichte war nach seiner Ansicht objektiver philosophischer Betrachtung nicht würdig. Im Jahre 1763 besuchte er Paris, wo die *philosophes* ihm viel Aufmerksamkeit schenkten. Unseligerweise schloß er Freundschaft mit Rousseau, mit dem er später einen berühmten Streit hatte. Hume bewies bewundernswürdige Geduld; Rousseau jedoch, der an Verfolgungswahn litt, bestand auf einem gewaltsamen Bruch.

Hume schildert uns seinen Charakter in einem selbstverfaßten Nachruf oder einer »Leichenrede«, wie er es nennt: »Ich war ein Mensch von sanftem und beherrschtem Wesen, von offenem, geselligem und heiterem Gemüt, wohl der Zuneigung, doch kaum der Feindschaft fähig und von großer Mäßigkeit in allen meinen Leidenschaften. Selbst meine Sehnsucht nach literarischer Berühmtheit – meine Hauptleidenschaft – brachte mich nicht aus dem Gleichgewicht trotz der vielen Enttäuschungen, die ich erlebte.« Durch alles, was man von ihm weiß, wird das nur bestätigt.

Humes *Traktat über die menschliche Natur* ist in drei Bücher eingeteilt, die sich mit dem Verstand, mit den Affekten und mit der Moral beschäftigen. Das Neue und Wichtige an seinen Lehren steht im ersten Buch, auf das ich mich beschränken werde.

Im Anfang erklärt er den Unterschied zwischen *Eindrücken* (impressions) und *Vorstellungen* (ideas). Das sind zwei Arten von Auffassungen (perceptions, bei Hume jede Art von Bewußtseinsinhalt) (Anm. d. Übers.), von denen die Eindrücke die stärkeren und lebhafteren sind. »Unter Vorstellung verstehe ich die schwachen Abbilder derselben (der Eindrücke), wie sie in unser Denken und Urteilen eingehen.« Die Vorstellungen, zumindest die einfachen, gleichen Eindrücken, nur sind sie schwächer. »Jeder einfachen Vorstellung entspricht ein einfacher Eindruck, der ihr gleicht, und ebenso gibt es für jeden einfachen Eindruck eine ihm entsprechende Vorstellung.« »Alle unsere einfachen Vorstellungen stammen bei ihrem ersten Auftreten aus einfachen Eindrücken, welche ihnen entsprechen und die sie genau wiedergeben.«[1] Zusammengesetzte Vorstellungen hingegen brauchen nicht Eindrücken zu gleichen. Wir können uns ein Flügelroß vorstellen, ohne jemals eines gesehen zu haben; aber alle *Bestandteile* dieser zusammengesetzten Vorstellungen stammen aus Eindrücken. Der Beweis, daß zuerst die Eindrücke da sind, wird aus der Erfahrung abgeleitet; ein Blindgeborener beispielsweise hat keine Vorstellung von Farben. Die Vorstellungen, die noch ziemlich viel von der Lebhaftigkeit der ursprünglichen

---

1 Die Zitate aus David Humes *Traktat über die menschliche Natur* entsprechen den Übersetzungen von Prof. L. H. Jacob (Hemmerde und Schwtschke, Halle 1790) und E. Köttgen (Verlag Leopold Voss, Hamburg und Leipzig 1895).

Eindrücke enthalten, rechnet man zum *Gedächtnis*, die übrigen zur *Einbildungskraft*.

Ein Abschnitt (Buch I, Teil 1, Abschnitt 7) »Von abstrakten Vorstellungen« beginnt mit einem Absatz, der nachdrücklich Berkeleys Doktrin bestätigt, »daß alle allgemeinen Begriffe im Grunde nichts als individuelle Begriffe wären, die man an einen gewissen Ausdruck hängt, der ihnen eine ausgedehntere Bedeutung gibt und macht, daß man sich bei Gelegenheit anderer Individuen erinnert, die ihnen ähnlich sind«. Hume behauptet, daß die Vorstellung, die wir von einem Menschen haben, alle Besonderheiten enthält, die die Impression von diesem Menschen besitzt. »Die Seele kann keine Vorstellung von Quantität und Qualität bilden, ohne zugleich eine bestimmte Vorstellung ihrer Grade zu bilden.« »Abstrakte Begriffe sind an und für sich selbst individuell, ob sie gleich als allgemein vorgestellt werden.« Diese Theorie, eine moderne Form des Nominalismus, hat zwei Fehler, einen logischen und einen psychologischen. Um mit dem logischen zu beginnen: »Wenn wir unter verschiedenen Gegenständen«, sagt Hume, »die uns öfters vorkommen, eine Ähnlichkeit gefunden haben, so belegen wir sie sämtlich mit einem gemeinschaftlichen Namen.« Dem würde jeder Nominalist beipflichten. Tatsächlich aber ist ein gemeinsamer Name, beispielsweise »Katze«, genauso unwirklich wie das Universale »Katze«. Die nominalistische Lösung des Universalienproblems versagt, weil sie ihre eigenen Prinzipien nicht drastisch genug anwendet; irrtümlicherweise läßt sie diese Prinzipien nur bei »Dingen«, nicht bei Wörtern gelten.

Der psychologische Einwand ist ernsterer Natur, zumindest im Zusammenhang mit Hume. Die ganze Theorie, in der er Ideen als Abbilder von Eindrücken hinstellt, krankt daran, daß sie die *Unbestimmtheit* nicht berücksichtigt. Wenn ich beispielsweise eine Blume von bestimmter Farbe gesehen habe und mir später ein Bild von ihr ins Gedächtnis rufe, fehlt es der Vorstellung insofern an Schärfe, als es mehrere ganz ähnliche Farbschattierungen gibt, von denen sie ein Bild oder – in Humes Terminologie – eine »Idee« sein kann. Es stimmt nicht, »daß die Seele sich keine Vorstellung von Quantität oder Qualität bilden kann, ohne zugleich eine bestimmte Vorstellung ihrer Grade zu bilden«. Angenommen, man habe einen Mann gesehen, der sechs Fuß einen Zoll groß war. Man behält eine Vorstellung von ihm, in der aber wahrscheinlich der Mann einen halben Zoll größer oder kleiner ist. Das Unbestimmte ist etwas anderes als das Allgemeine, obwohl beide einige gemeinsame Kennzeichen haben. Weil Hume dies nicht bemerkte, geriet er in unnötige Schwierigkeiten, beispielsweise in der Frage, ob es möglich sei, sich eine Farbnuance vorzustellen, die man nie gesehen hat und die zwischen zwei sehr ähnlichen Farbschattierungen liegt, die man schon gesehen hat. Wenn diese beiden einander hinreichend ähnlich sind, dann wird jedes Bild, das man sich davon macht, in gleicher Weise auf beide und auf die Zwischenschattierungen passen. Sagt Hume jedoch, daß die Ideen von den Eindrücken stammen, welchen sie *genau* entsprechen, so geht er über das psychologisch Zutreffende hinaus.

Hume verbannt den Begriff »Substanz« aus der Psychologie, wie ihn Berkeley aus der Physik ausgeschaltet hatte. Es gibt keine *Impression* des Ich, sagt er, und infolgedessen auch keine Idee vom Ich (Buch I, Teil 4, Abschnitt 6). »Wenn ich für mein Teil recht tief in dasjenige eindringe, was ich *Mein Selbst* nenne, so treffe ich allemal auf gewisse partikuläre Vorstellungen oder auf Empfindungen von Hitze oder Kälte, Licht oder Schatten, Liebe oder Haß, Lust oder Unlust. Ich kann *Mein Selbst* nie allein ohne eine Vorstellung ertappen, und alles, was ich beobachte, ist nie etwas anderes als eine Vorstellung.« Vielleicht gibt es, wie er ironisch einräumt, Philosophen, die ihr Ich wahrnehmen können; »allein sobald ich nur einige Metaphysiker dieser Art ausnehme, so kann ich dreist von dem ganzen übrigen Menschengeschlechte behaupten, daß sie nichts als ein Bündel oder eine Sammlung von verschiedenen Vorstellungen sind, die mit unbegreiflicher Schnelligkeit aufeinander folgen und in einem beständigen Flusse und einer kontinuierlichen Bewegung sind«.

Es ist von großer Bedeutung, daß er die Idee vom Ich verwirft. Wir wollen genau untersuchen, was damit gesagt und wieweit es stichhaltig ist. Zunächst wird demnach das Ich – wenn es überhaupt etwas Derartiges gibt – niemals wahrgenommen; wir können also auch keine Idee davon haben. Wenn dieses Argument anerkannt werden soll, muß es sorgfältig formuliert werden. Kein Mensch nimmt sein eigenes Gehirn wahr, und doch hat man in einem bedeutsamen Sinne eine Vorstellung davon. Solche Vorstellungen, die Folgerungen aus Wahrnehmungen sind, gehören nicht zum logischen Grundbestand von Ideen; sie sind zusammengesetzt und beschreibend – wenn nämlich Hume recht hat mit seinem Prinzip, daß alle einfachen Ideen aus Impressionen abgeleitet werden; und wenn dieses Prinzip verworfen wird, dann kommen wir zwangsläufig wieder auf die »eingeborenen« Ideen zurück. In moderner Terminologie können wir sagen: Ideen nicht-wahrgenommener Dinge oder Vorgänge lassen sich immer durch Termini wahrgenommener Dinge oder Vorgänge bestimmen; deshalb können wir dadurch, daß wir die Begriffsbestimmung durch einen bestimmten Terminus ersetzen, stets angeben, was wir empirisch erkennen, ohne nicht-wahrgenommene Dinge oder Vorgänge einführen zu müssen. Bei der Behandlung des gegenwärtigen Problems läßt sich jede psychologische Erkenntnis formulieren, ohne daß das »Ich« eingeführt wird. Ferner kann das »Ich« in der Definition nichts anderes als ein Bündel von Wahrnehmungen, nicht aber ein neues, einfaches »Ding« sein. Hierin müßte jeder konsequente Empiriker mit Hume übereinstimmen.

Daraus folgt aber nicht, daß es kein einfaches »Ich« gibt; vielmehr nur, daß wir nicht wissen können, ob es ein »Ich« gibt und daß es nicht in irgendeinen Teil unserer Erkenntnis eingehen kann, es sei denn als ein »Bündel« von Wahrnehmungen. Dieser Schluß ist wichtig für die Metaphysik, da somit der letzten noch üblichen Verwendung des »Substanz«-Begriffs ein Ende gemacht wird. Er ist ferner wichtig für die Theologie, weil er mit allem vermeintlichen Wissen um die »Seele« aufräumt; wichtig schließlich auch für die Analyse der Erkenntnis, da er beweist, daß die Subjekt-Objekt-Kategorie nicht fundamental ist. In der Frage des Ichs ging Hume um einen bedeutenden Schritt über Berkeley hinaus.

Der wichtigste Teil des ganzen *Traktats* ist der Abschnitt »Von der gewissen Erkenntnis und der Wahrscheinlichkeit«. Unter »Wahrscheinlichkeit« versteht Hume nicht ein Wissen, wie es die mathematische Wahrscheinlichkeitstheorie zuläßt, so beispielsweise, daß die Chance, mit zwei Würfeln zwei Sechsen zu werfen, eins zu sechsunddreißig ist. Dieses Wissen ist nicht in einem speziellen Sinne wahrscheinlich; es ist so gewiß, wie Wissen überhaupt sein kann. Hume hingegen beschäftigt sich mit dem ungewissen Wissen, wie es aus empirischen Begebenheiten durch nichtdemonstrative Schlüsse gewonnen wird. Hierher gehört unser ganzes Wissen von der Zukunft und von den nicht beobachteten Teilen der Vergangenheit und Gegenwart. Hierher gehört in Wirklichkeit alles mit Ausnahme der unmittelbaren Beobachtung einerseits und der Logik und Mathematik andererseits. Die Analyse eines solchen »wahrscheinlichen« Wissens führte Hume zu gewissen skeptischen Schlüssen, die zu widerlegen oder anzuerkennen gleich schwierig ist. Seine Ergebnisse forderten die Philosophen heraus, die aber nach meinem Dafürhalten bisher noch keine befriedigende Antwort darauf erteilt haben.

Hume beginnt damit, sieben verschiedene philosophische Beziehungsformen (relations) festzustellen: Ähnlichkeit, Identität, Verhältnisse von Raum und Zeit, Proportionen bei den Größen oder Zahlen, Grade der Qualitäten, Widerstreit und Kausalität. Sie lassen sich nach seiner Meinung in zwei Klassen einteilen: in solche, die nur auf Vorstellungen beruhen, und andere, die sich verändern können ohne gleichzeitige Veränderung der betreffenden Ideen. Zur ersten Klasse gehören Ähnlichkeit, Widerstreit, Grade der Qualität, die Verhältnisse bei Größen oder Zahlen. Die raum-zeitlichen und kausalen Relationen aber gehören zur zweiten Klasse. Nur bei den Relationen der ersten Klasse ist *sicheres* Wissen möglich; bei allen anderen kann unser Wissen nur *wahrscheinlich* sein. Algebra und Arithmetik sind die einzigen Wissenschaften, die es uns erlauben, eine Kette von Schlußfolgerungen beliebig weit fortzuführen, ohne die Sicherheit zu verlieren. Die Geometrie ist nicht so gewiß wie die Algebra und Arithmetik, weil wir der Wahrheit ihrer Axiome nicht sicher sein können. Es ist ein Fehler, wie viele Philosophen anzunehmen, daß die Ideen der Mathematik »durch einen reinen intellektuellen Blick, dessen die höheren Seelenkräfte allein fähig wären, begriffen werden müßten«. Hume meint, daß diese Ansicht falsch ist, werde offenbar, sobald wir bedenken, »daß alle unsere Begriffe Kopien unserer Impressionen sind«.

Die drei Relationen, die nicht auf Vorstellungen beruhen, sind Identität, raum-zeitliche Beziehungen und Kausalität. Bei den ersten beiden geht der Geist nicht über das hinaus, was den Sinnen unmittelbar gegenwärtig ist (raum-zeitliche Beziehungen können nach Humes Auffassung wahrgenommen werden und Teile von Impressionen bilden). Die Kausalität allein ermöglicht es uns, Dinge oder Ereignisse von anderen Dingen oder Ereignissen abzuleiten: »Das Kausalitätsverhältnis ist es allein, welches eine solche Verknüpfung hervorbringt, die uns mit Gewißheit von der Existenz oder der Handlung eines Gegenstandes auf die Existenz oder Handlung eines andern Objektes führen kann.«

Eine Schwierigkeit entsteht durch Humes Behauptung, daß es so etwas wie eine *Impression* einer kausalen Beziehung nicht gäbe. Wir können durch bloße Beobachtung von A und B wahrnehmen, daß A sich über B oder rechts von B befindet, nicht aber, daß A die Ursache von B ist. Früher wurde die Kausalitätsbeziehung mehr oder minder der Beziehung von Grund und Folge in der Logik gleichgesetzt; das war aber, wie Hume richtig erkannte, ein Fehler.

In der cartesianischen wie in der scholastischen Philosophie wurde angenommen, daß die Verknüpfung von Ursache und Wirkung so zwingend wäre wie logische Zusammenhänge. Der erste wirklich ernsthafte Angriff auf diese Ansicht ging von Hume aus, mit dem die moderne Philosophie der Kausalität beginnt. Er nimmt an – wie fast alle Philosophen bis einschließlich Bergson –, das Gesetz besage: Dort, wo es sich bei A und B um Gattungen von Ereignissen handelt, seien Voraussetzungen für die Formel »A ist die Ursache von B« gegeben. Die Tatsache, daß es solche Gesetze in einer gut entwickelten Wissenschaft nicht gibt, scheint den Philosophen entgangen zu sein. Viele ihrer Aussprüche lassen sich aber so formulieren, daß sie auf existierende Kausalgesetze anwendbar sind; wir können daher im Augenblick diesen Punkt beiseite lassen.

Hume beginnt mit der Beobachtung, daß die Kraft, mit deren Hilfe ein Gegenstand einen anderen erzeugt, sich nicht aus den Vorstellungen beider Gegenstände feststellen läßt und wir daher Ursache und Wirkung lediglich aus der Erfahrung, nicht durch Denken oder Überlegen kennen. Die Behauptung »Kein Anfang ohne Ursache« ist, wie er sagt, nicht von der intuitiven Gewißheit, wie wir sie in den Urteilen der Logik finden. Er formuliert das folgendermaßen: »Kein Gegenstand schließt die Existenz eines anderen in sich, solange wir nur eben diese Gegenstände betrachten und unseren Blick nicht über die Vorstellungen, die wir uns von ihnen machen, hinausrichten.« Hume folgert daraus, daß Erfahrung sein müsse, was uns Wissen von Ursache und Wirkung vermittelt; es könne jedoch nicht nur die Erfahrung über die beiden, in ursächlichem Zusammenhang stehenden Ereignisse A und B sein. Um Erfahrung müsse es sich dabei schon handeln, weil die Verbindung nicht logisch ist. Und es kann nicht nur die Erfahrung der einzelnen Ereignisse A und B sein, da wir nichts bei A allein feststellen können, wodurch veranlaßt würde, B hervorzubringen. Erforderlich ist nach seiner Ansicht Erfahrung im beständigen, gemeinsamen Vorkommen von Ereignissen der Klasse A mit Ereignissen der Klasse B. Er weist darauf hin, daß wir, wenn nach der Erfahrung zwei Objekte stets miteinander verbunden auftreten, *tatsächlich* das eine aus dem anderen folgen. (Wenn er »folgern« sagt, meint er, daß das Wahrnehmen des einen uns das andere erwarten läßt, denkt dabei aber nicht an formales, regelrechtes Folgern.) »Vielleicht wird sich zeigen, daß die Notwendigkeit der Verknüpfung durch den Schluß bedingt ist«, nicht aber umgekehrt. Das heißt, der Anblick von A bewirkt die Erwartung von B und läßt uns glauben, daß ein notwendiger Zusammenhang zwischen A und B bestünde. Die Ableitung wird nicht von der Vernunft diktiert, denn dann müßten wir die Einheitlichkeit der Natur voraussetzen, die an sich nicht notwendig ist, sondern nur aus der Erfahrung abgeleitet wird.

So kommt Hume zu der Ansicht, daß wir zwar sagen, »A ist die Ursache von B«, damit jedoch nur meinen, daß A und B tatsächlich immer zusammen vorkommen und nicht, daß zwischen ihnen eine notwendige Verknüpfung bestehe. »Unsere ganze Kenntnis vom Zusammenhang zwischen Ursachen und Wirkungen besteht in dem Bewußtsein, daß gewisse Gegenstände immer miteinander verbunden gewesen sind ... Wir können in den Grund dieser Verbindung nicht eindringen.«

Er stützt seine Theorie mit einer Definition des »Glaubens«, der nach seiner Überzeugung »eine lebhafte Vorstellung ist, die mit einem unmittelbar gegenwärtigen Eindruck in Beziehung steht oder assoziiert ist«. Wenn A und B in der Vergangenheit immer zusammen aufgetreten sind, dann erzeugt der Eindruck von A durch Assoziation jene lebendige Vorstellung von B, die den Glauben an B begründet. Daraus erklärt sich, warum wir an einen Zusammenhang von A und B glauben: Die Wahrnehmung von A ist mit der Idee von B verknüpft, und so kommen wir dazu, anzunehmen, daß ein Zusammenhang zwischen A und B besteht, obwohl diese Meinung in Wirklichkeit unbegründet ist. »An den Gegenständen selbst findet sich nichts von einer Verknüpfung; wir können nach keinem anderen Prinzip als dem der Gewohnheit und ihrer Einwirkung auf die Einbildungskraft aus dem Auftreten eines Gegenstandes auf die Existenz eines anderen schließen.« Mehrfach wiederholt er, daß das, was uns als notwendiger Zusammenhang zwischen *Gegenständen* erscheint, in Wirklichkeit nur ein Zusammenhang der Vorstellung dieser beiden Gegenstände ist: der Geist wird von der Gewohnheit determiniert, und »dieser Eindruck oder diese Determination vermittelt mir die Vorstellung der Notwendigkeit«. Wiederholte Fälle lassen uns glauben, daß A die Ursache von B ist; sie erbringen aber über den Gegenstand nichts Neues, führen jedoch im Geiste zu einer Ideenassoziation; also »Notwendigkeit ist etwas, das im Geist besteht, nicht in den Gegenständen«.

Fragen wir uns nun, was wir von Humes Doktrin zu halten haben. Sie besteht aus zwei Teilen, einem objektiven und einem subjektiven Teil. Der objektive Teil besagt: Wenn wir urteilen, daß A die Ursache von B ist, so verhält es sich in Wirklichkeit bei A und B so, daß sie häufig miteinander verbunden beobachtet worden sind, mit anderen Worten, daß auf A unmittelbar oder sehr rasch B gefolgt ist; wir haben aber kein Recht, zu behaupten, daß B auf A folgen müsse oder in zukünftigen Fällen folgen wird. Wenn auch B noch so oft auf A gefolgt sein mag, haben wir doch keinen Grund zu der Annahme, daß über diese Aufeinanderfolge hinaus irgendeine andere Beziehung gegeben sei. In Wahrheit läßt sich die Kausalität nur in Termini der Folge definieren; sie ist kein selbständiger Begriff.

Der subjektive Teil der Lehre besagt: Das häufig beobachtete gemeinsame Vorkommen von A und B ist die *Ursache*, daß die Impression von A die Idee von B *verursacht*. Sollen wir aber »Ursache« in dem, im objektiven Teil der Lehre vorgeschlagenen Sinne definieren, dann müssen wir das Obige neu formulieren. Wir ersetzen die Definition des Begriffs »Ursache« durch etwas anderes, und dann wird aus dem obigen Satz das Folgende:

»Es ist häufig beobachtet worden, daß der häufig beobachteten Verbindung zweier Objekte A und B häufig Gelegenheiten folgten, bei denen der Impression von A die Idee von B folgte.«

Diese Behauptung ist zwar, wie wir zugeben können, richtig, gilt aber schwerlich in dem Ausmaß, das Hume dem subjektiven Teil seiner Lehre beimißt. Er betont wieder und wieder, das häufige Zusammentreffen von A und B begründe noch nicht die Erwartung, daß dieses Zusammentreffen auch in Zukunft eintreten werde; es sei vielmehr nur die *Ursache* dieser Erwartung. Das heißt: Die Erfahrung häufigen Zusammenhangs hängt häufig zusammen mit der Gewohnheit der Assoziation. Wenn aber der objektive Teil von Humes Lehre anerkannt wird, dann ist die Tatsache, daß unter solchen Umständen in der Vergangenheit häufig Assoziationen entstanden, noch kein Grund anzunehmen, daß es sich weiter so verhalten wird oder daß unter ähnlichen Umständen neue Assoziationen entstehen werden. In Wirklichkeit steht es so, daß Hume sich, wo es um die Psychologie geht, an die Kausalität zu glauben gestattet, und zwar in einem Sinne, den er im allgemeinen verurteilt. Nehmen wir ein Beispiel. Ich sehe einen Apfel und erwarte, einen bestimmten Geschmack zu erfahren, wenn ich ihn esse. Nach Hume ist es unbegründet, daß ich gerade diesen Geschmack erfahren sollte; das Gesetz der Gewohnheit erklärt das Vorhandensein meiner Erwartung, rechtfertigt sie jedoch nicht. Aber das Gesetz der Gewohnheit ist selbst ein Kausalgesetz. Wenn wir Hume ernst nehmen, müssen wir deshalb sagen: Obwohl in der Vergangenheit der Anblick eines Apfels mit der Erwartung eines bestimmten Geschmacks verbunden war, liegt kein Grund für das Fortbestehen dieses Zusammenhangs vor; vielleicht erwarte ich das nächste Mal, wenn ich einen Apfel sehe, daß er wie Roastbeef schmeckt. Man kann das im Augenblick für unwahrscheinlich halten; das berechtigt uns aber noch nicht, zu erwarten, daß man es fünf Minuten später auch noch für unwahrscheinlich halten wird. Wenn Humes objektive Lehre richtig ist, sind unsere Erwartungen im Bereich der Psychologie nicht besser begründet als in der physischen Welt. Humes Theorie ließe sich folgendermaßen karikieren: »Die Behauptung ›A ist die Ursache von B‹ bedeutet: ›Die Impression von A ist die Ursache der Idee von B‹« – keine sehr glückliche Definition.

Wir müssen also Humes objektive Lehre genauer untersuchen. Sie hat zwei Teile: 1. Wenn wir erklären »A ist die Ursache von B«, so sind wir in Wirklichkeit nur berechtigt zu sagen, daß nach der Erfahrung der Vergangenheit A und B häufig zusammen oder in rascher Aufeinanderfolge aufgetreten sind und daß kein Fall beobachtet worden ist, wo A nicht von B gefolgt oder begleitet worden wäre. 2. Wenn wir auch noch so viele Fälle des gemeinsamen Vorkommens von A und B beobachtet haben, so ist das doch kein *Grund* für die Erwartung, daß sie auch bei einer künftigen Gelegenheit zusammen vorkommen werden; wohl aber ist es eine *Ursache* dieser Erwartung, das heißt, ihr gemeinsames Vorkommen ist häufig zusammen mit einer solchen Erwartung beobachtet worden. Diese beiden Teile der Doktrin lassen sich so formulieren: 1. In der Kausalität gibt es keine undefinierbare Relation außer dem gemeinsamen Vorkommen oder der Aufeinanderfolge; 2. Induktion durch bloße Enumeration ist keine stichhaltige Beweisform. Die Empiriker haben im allgemeinen die erste These anerkannt und die zweite verworfen. Sage ich, sie hätten die zweite verworfen, so meine ich, daß sie glaubten, wenn eine hinreichend große Anhäufung von Fällen eines Zusammenvorkommens gegeben ist, sei die Wahrscheinlichkeit eines Zusammentreffens auch in einem weiteren Fall ziemlich groß; oder wenn sie auch nicht gerade dieses behaupteten, so vertraten sie doch irgendeine Ansicht, die ähnliche Konsequenzen hatte.

Ich möchte hier das umfangreiche und schwierige Thema der Induktion nicht näher erörtern; im Augenblick will ich mich mit der Bemerkung begnügen: Wenn man die erste Hälfte der Humeschen Doktrin gelten läßt, wird durch das Verwerfen der Induktion jede auf die Zukunft gerichtete Erwartung irrational, selbst die Erwartung, daß wir weiter Erwartungen hegen werden. Ich meine nicht nur, daß unsere Erwartungen irrig sein *können*; das muß ja auf alle Fälle zugegeben werden. Ich meine vielmehr, daß sogar bei unseren sichersten Erwartungen – wie beispielsweise, daß die Sonne morgen wieder aufgehen wird – nicht der geringste Grund für die Annahme gegeben ist, ihre Verwirklichung sei wahrscheinlicher als das Gegenteil. Mit diesem Vorbehalt kehre ich zu der Bedeutung des Begriffs »Ursache« zurück.

Diejenigen, die anderer Auffassung sind als Hume, behaupten, daß »Ursache« eine spezifische Relation sei, die eine unabänderliche Folge nach sich zieht, während sie selbst ihr nicht unterliegt. Um auf das Beispiel von den Uhren der Cartesianer zurückzugreifen: Zwei vollkommen richtig gehende Chronometer sollen unveränderlich nacheinander schlagen, wobei keiner die Ursache für den Stundenschlag des anderen ist. Im allgemeinen behaupten die Verfechter dieser Ansicht, daß wir zuweilen Kausalzusammenhänge *wahrnehmen* können, obwohl wir in den meisten Fällen genötigt sein werden, sie mehr oder minder unsicher aus einem beständigen Zusammenvorkommen zu folgern. Wir wollen sehen, welche Argumente in dieser Frage für oder gegen Hume sprechen.

Hume faßt seinen Beweis folgendermaßen zusammen:

»Ich vermute, daß die gegenwärtige Behauptung unter allen Paradoxen, die ich bisher vorgetragen habe und in dem Folgenden dieser Abhandlung noch vortragen werde, das stärkste ist, und daß ich also allein kraft eines festen und unerschütterlichen Beweises hoffen kann, der Behauptung Eingang zu verschaffen und die veralteten Vorurteile des Menschengeschlechts zu besiegen. Wie oft mußten wir uns nicht vorher, ehe wir noch mit dieser Theorie ganz bekannt waren, wiederholen, daß die bloße Anschauung zweier Objekte oder Handlungen, wenn sie gleich im Verhältnis stehen, uns niemals einen Begriff von Kraft oder der Verknüpfung, die unter ihnen ist, geben können: Daß dieser Begriff aus der Wiederholung ihrer Vereinigung entsteht; daß die Wiederholung in den Objekten weder etwas Neues entdeckt noch verursacht; sondern daß sie bloß auf das Gemüt den Einfluß hat, daß es sich an einen bestimmten Übergang gewöhnt; daß dieser auf Gewohnheit sich gründende Übergang also mit der Kraft und Notwendigkeit einerlei ist, und daß Letzteres also Eigenschaften von Vorstellungen, nicht von Dingen selbst sind, und daß sie innerlich von der Seele gefühlt, aber nicht äußerlich in den Körpern wahrgenommen werden.«

Man macht Hume gewöhnlich den Vorwurf, er habe eine zu atomistische Auffassung von der Wahrnehmung; er gibt jedoch zu, daß gewisse Beziehungen wahrzunehmen seien. »Wir dürfen keine unserer Beobachtungen, betreffend die Identität und die Beziehungen von Zeit und Raum als Denkvorgang auffassen, denn der Geist kann bei keiner derselben über das hinausgehen, was den Sinnen unmittelbar gegenwärtig ist.« Mit der Kausalität verhält es sich insofern anders, meint er, als sie uns über die Impressionen unserer Sinne hinausführt und uns über nicht wahrgenommene Existenzen unterrichtet. Als Beweis scheint dies nicht stichhaltig. Wir glauben an viele räumliche und zeitliche Beziehungen, die wir nicht wahrnehmen können; wir denken uns die Zeit nach rückwärts und vorwärts und den Raum über die Wände unseres Zimmers hinaus ausgedehnt. In Wirklichkeit beweist Hume, daß wir, während wir zuweilen räumliche und zeitliche Beziehungen wahrnehmen, niemals kausale Beziehungen wahrnehmen; wenn man sie gelten lassen will, müssen sie also aus wahrnehmbaren Beziehungen gefolgert werden. Die Kontroverse wird damit auf einen Streit um ein empirisches Faktum reduziert: Nehmen wir zuweilen Beziehungen wahr, die sich als kausal bezeichnen lassen? Hume verneint die Frage, seine Gegner bejahen sie, und man kann sich schwerlich vorstellen, wie jede Partei ihre Auffassung stichhaltig begründen will.

Nach meiner Ansicht läßt sich vielleicht der stärkste Beweis zu Humes Gunsten aus dem Wesen der physikalischen Kausalgesetze ableiten. Einfache Regeln nach der Formel »A ist die Ursache von B« sind in der Wissenschaft wohl niemals zulässig, es sei denn in Form einer ersten Andeutung während der Anfangsstadien. Die Kausalgesetze, die in gut entwickelten Wissenschaften an die Stelle solcher einfachen Regeln treten, sind so kompliziert, daß niemand annehmen kann, sie seien durch Wahrnehmung gegeben; es sind zweifellos alles Schlüsse, die wohlüberlegt aus der Beobachtung des natürlichen Verlaufs der Dinge gezogen wurden. Ich sehe dabei ab von der modernen Quantentheorie, die den obigen Schluß bestätigt. Soweit die Naturwissenschaften in Betracht kommen, hat Hume *vollkommen* recht; Sätze wie »A ist die Ursache von B« sind immer unzulässig, und unsere Neigung, sie gelten zu lassen, erklärt sich aus Gewohnheits- und Assoziationsgesetzen. Diese Gesetze selbst werden wiederum, wenn genau formuliert, wohldurchdachte Aussagen über das Nervengewebe sein – vor allem über seine Physiologie, dann seine Chemie und endlich seine Physik.

Dennoch wird sich ein Gegner Humes noch nicht endgültig geschlagen geben, auch wenn er das eben über die Naturwissenschaften Gesagte ganz und gar anerkennt. Er wird vielleicht behaupten, es gäbe in der Psychologie Fälle, wo sich ein Kausalzusammenhang wahrnehmen lasse. Der ganze Begriff der Ursache ist wahrscheinlich vom Wollen abgeleitet, und man könnte vielleicht sagen, daß wir einen Zusammenhang wahrnehmen zwischen einem Willensentschluß und dem darauffolgenden Akt, der mehr ist als eine unabänderliche zeitliche Folge. Dasselbe ließe sich von der Beziehung zwischen einem plötzlichen Schmerz und einem Aufschrei behaupten. Die Physiologie erschwert jedoch stark solche Urteile. Zwischen dem Willensentschluß, meinen Arm zu bewegen, und der darauffolgenden Bewegung liegt eine lange Kette kausaler Zwischenvorgänge in Nerven und Muskeln. Wir nehmen lediglich das erste und das letzte Glied dieses Prozesses, das Wollen und die Bewegung wahr, und wenn wir meinen, einen direkten Kausalzusammenhang zwischen ihnen feststellen zu können, dann irren wir uns. Dieses Argument entscheidet zwar nicht die allgemeine Frage, zeigt aber, daß es voreilig wäre anzunehmen, daß wir tatsächlich Kausalzusammenhänge wahrnehmen, wo wir es zu tun glauben. Die Waage neigt sich daher auf Humes Seite zugunsten seiner Ansicht, die *Ursache* sei nichts anderes als eine unabänderliche Aufeinanderfolge. Die Evidenz ist jedoch nicht so überzeugend, wie Hume annahm.

Hume begnügt sich nicht damit, die Evidenz eines Kausalzusammenhangs auf die Erfahrung eines häufigen Zusammen-Vorkommens zu beschränken; er will beweisen, daß eine derartige Erfahrung die Erwartung auf ein gleiches Zusammentreffen in der Zukunft nicht rechtfertigt. Wenn ich (um auf ein früheres Beispiel zurückzugreifen) einen Apfel sehe, dann läßt mich vergangene Erfahrung erwarten, daß er wie ein Apfel und nicht wie Roastbeef schmecken wird; eine rationale Rechtfertigung dieser Erwartung ist jedoch nicht gegeben. Gäbe es eine solche Rechtfertigung, müßte sie von dem Prinzip ausgehen, »daß Fälle, die uns nicht in der Erfahrung gegeben waren, denjenigen gleichen müssen, die Gegenstand unserer Erfahrung waren«. Dieser Grundsatz ist logisch nicht zwingend, denn wir können uns eine Veränderung im natürlichen Verlauf der Dinge zumindest vorstellen. Es müßte also ein Prinzip der Wahrscheinlichkeit sein. Aber alle Wahrscheinlichkeitsbeweise setzen dieses Prinzip voraus, und infolgedessen kann es selbst nicht durch einen Wahrscheinlichkeitsbeweis bewiesen oder auch nur wahrscheinlich werden. »Die Annahme, die Zukunft gleiche der Vergangenheit, kann nicht durch Argumente irgendwelcher Art bewiesen werden, sondern entstammt einzig und allein der Gewohnheit.«[2] Er schließt in völligem Skeptizismus.

»So ist alle Wahrscheinlichkeitserkenntnis nichts als eine Art von Empfindung. Nicht allein in Poesie und Musik müssen wir unserem Geschmack und unserem Gefühl folgen, sondern auch in der Philosophie. Wenn ich von irgendeinem Satz überzeugt bin, so heißt dies nur, daß eine Vorstellung stärker auf mich einwirkt. Wenn ich einer Beweisführung den Vorzug vor einer anderen gebe, so besteht, was ich tue, einzig darin, daß ich aus meinem unmittelbaren Gefühl entnehme, welche Beeinflussung in ihrer Wirkung der anderen überlegen ist. An den Gegenständen selbst findet sich nichts von einer Verknüpfung; wir können nach keinem anderen Prinzip als dem der Gewohnheit und ihrer Einwirkung auf die Einbildungskraft aus dem Auftreten eines Gegenstandes auf die Existenz eines anderen schließen.«[3]

Das letzte Ergebnis seiner Untersuchung dessen, was als Erkenntnis gilt, entsprach vermutlich nicht dem, was Hume selbst wünschte. Der Untertitel seines Buches lautet: *An Attempt to introduce the experimental method of reasoning into moral subjects* (Versuch einer Einführung der experimentellen Methode des logischen Schlusses bei moralischen Gegenständen). Offensichtlich ging er an die Aufgabe in dem Glauben heran, daß die wissenschaftliche Methode die Wahrheit, die volle

---

[2] Buch I, Teil 3, Abschnitt XII.
[3] Buch I, Teil 3, Abschnitt VIII.

Wahrheit und nichts als die Wahrheit erforschen wolle; er kam jedoch schließlich zu der Überzeugung, daß der Glaube niemals rational ist, da wir nichts wissen. Nachdem er die den Skeptizismus begründenden Argumente dargelegt hat (Buch I, Teil 4, Abschnitt I), widerlegt er sie zwar nicht im weiteren Verlauf, nimmt jedoch zu natürlicher Leichtgläubigkeit seine Zuflucht.

»Die Natur hat uns durch eine absolute und unvermeidliche Notwendigkeit ebensowohl zum Urteilen als zum Atmen und Fühlen bestimmt, und wir können uns ebensowenig enthalten, gewisse Dinge, welche vermöge der auf Gewohnheit gegründeten Verknüpfung mit einer Impression zusammenhängen, uns lebhafter und stärker vorzustellen, als wir es verhindern können, im wachenden Zustande zu denken oder die uns umgebenden Körper zu sehen, wenn wir unsere Augen bei hellem Sonnenscheine darauf richten. Wer sich also die Mühe gibt, die Spitzfindigkeiten dieses totalen Skeptizismus zu widerlegen, der streitet in der Tat, ohne einen Gegner zu haben, und bemüht sich, durch Vernunftbeweise ein Vermögen zu begründen, das die Natur schon vorher dem Gemüte eingepflanzt und unvermeidlich gemacht hat. Meine Absicht bei der so sorgfältigen Darstellung der Beweise dieser phantastischen Sekte geht bloß dahin, den Leser die Wahrheit meiner Hypothese empfinden zu lassen, *daß alle unsere Erkenntnisse von Ursache und Wirkung sich bloß und allein auf Gewohnheit gründen, und daß der Glaube mehr eine Handlung des sinnlichen als des denkenden Teils unserer Natur sei.*«

»So fährt also der Skeptiker«, heißt es weiter (in Buch I, Teil l, Abschnitt II), »immer fort, durch Vernunft zu denken und zu glauben, wenn er gleich behauptet, daß er seine Vernunft durch Vernunft nicht verteidigen könne, und nach derselbigen Regel muß er dem Prinzip über die Wirklichkeit der Körper beistimmen, ohnerachtet er keine Ansprüche machen kann, ihre Wahrhaftigkeit durch philosophische Beweise darzutun... Wir können wohl fragen: Welche Ursachen bestimmten uns, an die Wirklichkeit der Körper zu glauben? Es ist jedoch müßig zu fragen, ist der Körper oder ist er nicht? Dieses ist ein Punkt, den wir bei allen unseren Erkenntnissen schon als ausgemacht annehmen müssen.«

Mit diesen Worten beginnt ein Abschnitt »Von dem Skeptizismus in Ansehung der Sinne«. Nach einer langen Erörterung endet dieser Teil mit folgendem Schluß:

»Dieser skeptische Zweifel, sowohl in Ansehung der Vernunft als der Sinne, ist eine Krankheit, die nie aus dem Grunde geheilt werden kann, sondern deren Rückkehr wir jeden Augenblick erwarten müssen, wenn wir sie gleich weggejagt haben und sogar gänzlich von ihr befreit zu sein scheinen ... Sorglosigkeit und Unaufmerksamkeit sind die einzigen Mittel, uns dagegen zu verwahren. Aus diesem Grunde verlasse ich mich allein auf sie und nehme es für ausgemacht an, daß der Leser nach einer Stunde, was auch immer im gegenwärtigen Augenblick seine

Meinung sein mag, ganz gewiß von dem Dasein einer innern und äußern Welt überzeugt ist.«

Es liegt kein Grund vor, Philosophie zu studieren, behauptet Hume, es sei denn, daß dieses Studium für gewisse Gemüter einen angenehmen Zeitvertreib bedeute. »Bei allen Vorfällen des Lebens ficht uns dennoch immer unser Skeptizismus an. Wenn wir glauben, daß Feuer erwärmt oder daß Wasser erfrischt, so geschieht es bloß, weil es uns zuviel Mühe kosten würde, anders zu denken. Ja, wenn wir Philosophen sein wollen, so können wir dieses nur durch skeptische Prinzipien sein und vermittels einer Neigung, die wir in uns fühlen, uns stets auf diese Seite zu schlagen.« Wenn er das Spekulieren aufgeben wollte, »so würde ich, ich fühle es, das Vergnügen dabei einbüßen; und dieses ist der Ursprung meiner Philosophie«.

In Humes Philosophie, mag sie falsch oder richtig sein, kommt der Bankrott der Vernünftigkeit des achtzehnten Jahrhunderts zum Ausdruck. Wie Locke packt er seine Aufgabe mit der Absicht an, vernünftig und empirisch vorzugehen und nichts auf Treu und Glauben hinzunehmen, sondern zu untersuchen, was Erfahrung und Beobachtung zu lehren vermögen. Da er aber intelligenter als Locke ist, schärfer zu analysieren versteht und weniger fähig ist, Ungereimtes ruhig hingehen zu lassen, nur weil es bequem ist, kommt er zu dem unheilvollen Schluß, daß aus Erfahrung und Beobachtung nichts zu lernen ist. So etwas wie einen rationalen Glauben gibt es nicht: »Wenn wir glauben, daß Feuer erwärmt oder daß Wasser erfrischt, so geschieht es bloß, weil es uns zuviel Mühe kosten würde, anders zu denken.« Wir können nicht umhin, zu glauben; aber kein Glaube läßt sich auf Vernunft aufbauen. Auch kann ein bestimmtes Handeln nicht vernünftiger sein als ein anderes, da alles gleichermaßen auf irrationalen Überzeugungen beruht. Diesen letzten Schluß scheint Hume allerdings nicht gezogen zu haben. Selbst in seinem skeptischsten Kapitel, in dem er die Schlüsse von Buch I zusammenfaßt, sagt er: »Allgemein zu reden, so sind die Irrtümer in der Religion gefährlich, die Irrtümer in der Philosophie bloß lächerlich.« Er hat kein Recht, so zu sprechen. »Gefährlich« ist ein kausales Wort, und wer der Kausalität skeptisch gegenübersteht, kann nicht wissen, daß etwas »gefährlich« ist. Tatsächlich vergißt Hume in späteren Teilen seines *Traktats* alle seine fundamentalen Zweifel und schreibt genauso, wie jeder andere aufgeklärte Moralist seiner Zeit geschrieben hätte; er macht seinen Zweifeln gegenüber von dem selbstempfohlenen Heilmittel, der »Sorglosigkeit und Unaufmerksamkeit«, Gebrauch. In gewissem Sinne ist sein Skeptizismus unehrlich, da er ihn in der Praxis nicht aufrechterhalten kann. Er hatte jedoch eine peinliche Konsequenz: Er lähmt jedes Bemühen um Beweise dafür, daß eine bestimmte Handlungsart besser sei als eine andere.

Unweigerlich mußte eine derartige Selbstwiderlegung des vernünftigen Denkens von einem heftigen Ausbruch irrationalen Glaubens abgelöst werden. Der Streit zwischen Hume und Rousseau ist symbolisch: Rousseau war wahnsinnig, aber einflußreich, Hume war geistig gesund, hatte aber keine Anhänger. Die späteren britischen Empiristen lehnten seinen Skeptizismus ab, ohne ihn zu widerlegen; Rousseau und seine Jünger stimmten mit Hume darin überein, daß kein Glaube sich auf Vernunft gründe; sie glaubten aber, das Herz stünde über der Vernunft, und ließen sich dadurch zu Überzeugungen führen, die ganz anders aussahen als die, an denen Hume in der Praxis festhielt. Die deutschen Philosophen von Kant bis Hegel haben sich Humes Argumente nicht zu eigen gemacht. Ich bemerke dies ausdrücklich, obwohl Kant und viele Philosophen glaubten, seine *Kritik der reinen Vernunft* sei eine Antwort auf Hume. In Wahrheit repräsentieren diese Philosophen – zumindest Kant und Hegel – einen vor-Humeschen Typ des Rationalismus und lassen sich durch Humesche Argumente widerlegen. Diejenigen Philosophen, bei denen das nicht möglich ist, wollen auch nicht rational sein, wie zum Beispiel Rousseau, Schopenhauer und Nietzsche. Die zunehmende Unvernunft des neunzehnten und des bisher vergangenen zwanzigsten Jahrhunderts ergab sich zwangsläufig aus der Vernichtung des Empirismus durch Hume.

Es ist deshalb wichtig, festzustellen, ob im Rahmen einer völlig oder hauptsächlich empirischen Philosophie eine Antwort auf Hume überhaupt möglich ist. Wenn nein, dann besteht zwischen geistiger Gesundheit und Geisteskrankheit kein Unterschied. Der Irrsinnige, der sich für ein »verlorenes Ei« hält, ist nur deshalb zu verurteilen, weil er in der Minderheit ist, oder sagen wir lieber – da wir nicht unbedingt von der Demokratie ausgehen müssen –, weil die Regierung anderer Meinung ist als er. Das ist eine trostlose Auffassung, und wir müssen hoffen, ihr auf irgendeine Weise entrinnen zu können.

Humes Skeptizismus beruht ausschließlich darauf, daß er das Prinzip der Induktion ablehnt. Auf die Kausalität angewandt, besagt das Induktionsprinzip: Wenn sich herausgestellt hat, daß A sehr oft von B begleitet oder gefolgt und kein Fall bekannt ist, daß A nicht von B begleitet oder gefolgt wäre, ist es wahrscheinlich, daß A bei der nächsten zu beobachtenden Gelegenheit von B begleitet oder gefolgt sein wird. Soll das Prinzip genügen, dann muß eine hinreichende Anzahl von Fällen die Wahrscheinlichkeit der Gewißheit stark annähern. Wenn dieses Prinzip oder irgendein anderes, von dem es sich ableiten läßt, richtig ist, dann sind die kausalen Schlüsse, die Hume ablehnte, gültig, da sie zwar nicht wirklich Gewißheit, wohl aber eine für praktische Zwecke ausreichende Wahrscheinlichkeit erbringen. Ist dieses Prinzip hingegen nicht richtig, dann ist jeder Versuch, von Einzelbeobachtungen zu einem allgemeinen wissenschaftlichen Gesetz zu gelangen, illusorisch; dann muß jeder Empiriker bei Humes Skeptizismus enden. Das Prinzip selbst kann natürlich nicht, ohne daß man sich im Kreise bewegt, aus der Beobachtung von Übereinstimmungen gefolgert werden, denn es soll gerade eine derartige Folgerung rechtfertigen. Es muß also ein unabhängiges, nicht auf Erfahrung beruhendes Prinzip oder ein aus einem solchen abgeleitetes sein. Soweit hat Hume bewiesen, daß der reine Empirismus keine ausreichende Grundlage für die Wissenschaft ist. Wenn man aber dies eine Prinzip gelten läßt, dann kann sich alles übrige entsprechend der Theorie entwickeln, daß all unsere Erkenntnis auf Erfahrung beruht. Es ist zuzugeben, daß dies ein beträchtliches Abweichen vom reinen Empirismus bedeutet, und daß diejenigen, die keine Empiristen sind, fragen mögen, warum andere Abweichungen verboten sind, wenn *eine* gestattet ist. Das sind jedoch Fragen, die nicht unmittelbar durch Humes Argumente aufgeworfen werden. Diese Argumente beweisen jedenfalls (und ich halte den Beweis für schwerlich anfechtbar), daß die Induktion ein unabhängiges logisches Prinzip ist, das sich weder aus der Erfahrung noch aus anderen logischen Prinzipien folgern läßt, und daß ohne dieses Prinzip die Wissenschaft nicht möglich wäre.

II. TEIL

Von Rousseau bis zur Gegenwart

18. KAPITEL

Die romantische Bewegung

Vom Ausgang des achtzehnten Jahrhunderts bis zur Gegenwart standen Kunst, Literatur und Philosophie, ja sogar die Politik unter dem positiv oder negativ wirkenden Einfluß einer Art zu empfinden, welche charakteristisch ist für jene Strömung, die man als »romantische Bewegung« in weitgefaßtem Sinn bezeichnen kann. Selbst diejenigen, die sich von dieser Art zu empfinden abgestoßen fühlten, mußten sich doch damit auseinandersetzen und waren vielfach stärker davon beeinflußt, als sie selbst ahnten. Ich beabsichtige in diesem Kapitel eine kurze Darstellung der romantischen Geisteshaltung hauptsächlich auf nicht ausgesprochen philosophischen Gebieten zu geben, denn sie bildet den kulturellen Hintergrund fast des gesamten philosophischen Denkens in der Periode, mit der wir uns nun beschäftigen werden.

Die romantische Bewegung entstand zunächst unabhängig von der Philosophie, trat aber bald in Beziehung zu ihr. Mit der Politik stand sie von Anfang an durch Rousseau in Zusammenhang. Um jedoch ihre politischen und philosophischen Auswirkungen verstehen zu können, müssen wir sie zunächst in ihrer ureigensten Form betrachten, in ihrer Auflehnung gegen überkommene ethische und ästhetische Normen.

Die erste große Gestalt der Bewegung ist Rousseau, der aber bis zu einem gewissen Grade nur bereits bestehende Tendenzen zum Ausdruck brachte. Im achtzehnten Jahrhundert schwärmten die gebildeten Kreise Frankreichs für die sogenannte *sensibilité*, worunter man eine Neigung zum Gefühlvollen, und ganz besonders zum Mitgefühl verstand. Wenn ein Gefühl voll befriedigen sollte, mußte es unmittelbar, heftig und vom Verstand ganz unberührt sein. Der Empfindsame konnte durch den Anblick einer einzigen armen Bauernfamilie zu Tränen gerührt werden, zugleich aber gegenüber wohlerwogenen Plänen zur Besserung der Lage des gesamten Bauernstandes kalt bleiben. Man hielt die Armen grundsätzlich für tugendhafter als die Reichen, und als weise galt, wer sich von der höfischen Verderbtheit zurückzog, um die friedlichen Freuden des anspruchslosen Landlebens zu genießen. Als vorübergehende Stimmung finden wir diese Einstellung bei den Dichtern fast aller Epochen. Der verbannte Herzog in »Wie es euch gefällt« verleiht ihr Ausdruck, kehrt aber sobald als möglich in sein Herzogtum zurück; nur der melancholische Jacques zieht aufrichtig ein Leben in den Wäldern vor. Selbst Pope, die vollendete Verkörperung alles dessen, wogegen sich die Romantik auflehnt, sagt:

> O glücklich, wessen Müh'n und Sorgen
> Nur gilt ein wenig Ackerland,
> Ererbt aus seines Vaters Hand,
> O selig, wer an jedem Morgen
> Trinkt Heimatluft auf eignem Land.

In der Vorstellung derer, die dem Empfindsamkeitskult huldigten, besaßen die Armen vom Vater her immer ein wenig Land und lebten von ihrer Hände Arbeit, ohne des Außenhandels zu bedürfen. Freilich verloren sie immer infolge tragischer Umstände ihre paar Äcker: Der alte Vater konnte nicht mehr arbeiten, die wunderschöne Tochter siechte dahin, und der böse Gläubiger oder der verruchte Grundherr lauerten nur darauf, über die Äcker oder die Tochter herzufallen. Nach Ansicht der Romantiker lebten die Armen niemals in der Stadt und trieben niemals ein Gewerbe; das Proletariat ist ein Begriff des neunzehnten Jahrhunderts; er ist vielleicht gleichermaßen romantisiert, sieht aber völlig anders aus.

Rousseau appellierte an den bereits bestehenden Empfindsamkeitskult, der jedoch durch ihn eine Vertiefung und Erweiterung erfuhr, die er sonst wohl kaum gewonnen hätte. Er war Demokrat nicht nur in seinen Theorien, sondern auch in seinen Neigungen. Immer wieder einmal lebte er wie ein armseliger Vagabund und nahm Freundlichkeiten von Menschen an, die kaum mehr besaßen als er selbst. Praktisch vergalt er diese Freundlichkeiten oft mit schwärzestem Undank; seine gefühlvollen Worte entsprachen jedoch allem, was sich die leidenschaftlichen Anhänger des Empfindsamkeitskults nur wünschen konnten. Infolge seiner Neigung zum Vagabundieren empfand er den Zwang der Pariser Gesellschaft als lästig. Von ihm lernten die Romantiker, alle Fesseln der Konvention zu verachten – zunächst in der Mode und im Benehmen, beim Menuett und heroischen Gedicht, dann in der Kunst und in der Liebe und schließlich im ganzen Bereich der sittlichen Tradition.

Aber auch die Romantiker hatten ihre Moralbegriffe; sie urteilten sogar auf moralischem Gebiet sehr scharf und heftig. Die Grundsätze, von denen sie dabei ausgingen, unterschieden sich aber völlig von denen, die ihren Vorgängern gut erschienen waren. Die Epoche von 1660 bis zu Rousseau war beherrscht von der Erinnerung an die Glaubenskämpfe und Bürgerkriege in Frankreich, England und Deutschland. Die Menschen waren sich der dem Chaos innewohnenden Gefahr und der anarchischen Tendenzen aller starken Leidenschaften wohl bewußt; sie erkannten klar, was Sicherheit bedeutet und welche Opfer zu bringen sind, um sie zu erlangen. Vorsichtige Klugheit galt als höchste Tugend; im Verstand sah man die wirksamste Waffe gegen umstürzlerische Fanatiker; mit guten Manieren glaubte man sich jede Unkultur vom Leibe halten zu können. Newtons geordneter Kosmos, in dem die Planeten unwandelbar ihre gesetzmäßige Bahn um die Sonne beschreiben, wurde in der Vorstellung der Menschen zum Symbol einer guten Regierung. Beherrschtheit im Ausdruck der Leidenschaften war das Hauptziel der Erziehung und das sicherste Kennzeichen des Gentleman. Während der Französischen Revolution gingen die vor-romantischen Aristokraten ruhig in den Tod; Madame Roland und Danton aber, die Romantiker waren, starben unter flammenden Reden.

Zur Zeit Rousseaus war man vielfach der Sicherheit bereits überdrüssig geworden und begann, sich nach Aufregung zu sehnen. Die Französische Revolution und Napoleon stillten diese Sehnsucht voll und ganz. Die Ruhe, die 1815 in der politischen Welt wieder eintrat, war so tödlich, so lähmend, allem tatkräftigen Leben so feindlich, daß nur verängstigte Konservative sie zu ertragen vermochten. Infolgedessen fügte man sich dem *status quo* nicht mit der geistigen Bereitwilligkeit, die Frankreich unter dem Sonnenkönig und England bis zur Französischen Revolution ausgezeichnet hatte. Die Auflehnung des neunzehnten Jahrhunderts gegen das System der Heiligen Allianz trat in zwei Formen zutage: Einmal in der Auflehnung des Industrialismus – des kapitalistischen wie des proletarischen – gegen Monarchie und Adel; sie war von der Romantik nahezu unberührt und bedeutete in mancher Beziehung einen Rückfall ins achtzehnte Jahrhundert. Vertreten wurde diese Bewegung durch die Vorkämpfer des philosophischen Radikalismus, der Freihandelsbewegung und des marxistischen Sozialismus. Einen ganz anderen Charakter trug die romantische Auflehnung, die teils reaktionär, teils revolutionär war. Die Romantiker strebten nicht Ruhe und Frieden an, vielmehr ein starkes, leidenschaftliches Eigenleben. Sie sympathisierten nicht mit dem Industrialismus, weil er häßlich war, weil ihnen das Schuften um Geld als der unsterblichen Seele unwürdig erschien, und weil die aufblühenden modernen Wirtschaftsorganisationen die individuelle Freiheit behinderten. In der auf die Revolution folgenden Epoche wandten sie sich – vom Nationalismus veranlaßt – allmählich der Politik zu: Man glaubte, jede Nation habe ihre Korporativseele, die so lange unfrei bleiben müsse, wie staatliche und völkische Grenzen nicht zusammenfielen. In der ersten Hälfte des neunzehnten Jahrhunderts war der Nationalismus das stärkste der revolutionären Prinzipien, und die meisten Romantiker traten leidenschaftlich dafür ein.

Alles in allem ist es für die romantische Bewegung charakteristisch, daß sie die utilitaristischen Ideale durch ästhetische ersetzte. Der Regenwurm ist nützlich, aber nicht schön; der Tiger ist schön, nicht aber nützlich. Darwin (kein Romantiker) pries den Regenwurm, Blake den Tiger. Die Moral der Romantiker ist vor allem ästhetisch motiviert. Bei der Charakterisierung der Romantiker muß man sich aber nicht nur über die Bedeutung der ästhetischen Motive, sondern auch über den Geschmackswandel klar sein, der ihnen andere Schönheitsideale eingab, als ihre Vorgänger hatten. Hierfür spricht am deutlichsten ihre Vorliebe für gotische Baukunst, wie auch ihr Geschmack auf dem Gebiet des Milieus. Dr. Johnson zog Fleetstreet jeder ländlichen Szenerie vor und meinte, wer Londons überdrüssig sei, müsse lebensüberdrüssig sein. Wenn Rousseaus Vorgänger etwas auf dem Lande bewunderten, dann war es gewiß ein Bild der Fruchtbarkeit mit üppigen Weiden und brüllendem Vieh. Rousseau bewunderte als Schweizer natürlich die Alpen. In den Romanen und Erzählungen seiner Jünger finden wir reißende Gießbäche, furchtbare Abgründe, unwegsame Wälder, Gewitter, Meeresstürme und überhaupt alles, was nutzlos, zerstörerisch und gewalttätig ist. Dieser Wandel scheint mehr oder minder von Dauer zu sein: Fast alle Leute geben heutzutage dem Niagara und dem Grand Canyon vor üppigen Wiesen und wogenden Kornfeldern den Vorzug. Die Touristenhotels erbringen den statistischen Beweis für den Geschmack an der Landschaft.

Der Charakter der Romantiker läßt sich am besten an der Dichtung studieren. Sie liebten alles Seltsame: Geister, alte verfallene Schlösser, die letzten, melancholischen Abkömmlinge einstmals großer Geschlechter, Anhänger des Mesmerismus und der okkulten Wissenschaften, stürzende Tyrannen und levantinische Piraten. Fielding und Smollet hatten über gewöhnliche, in durchaus möglichen Verhältnissen lebende Menschen geschrieben; das taten auch die Realisten in ihrer Reaktion gegen die Romantik. Aber den Romantikern waren solche Themen zu prosaisch; sie ließen sich nur durch das Großartige, Fernliegende und Furchtbare inspirieren. Selbst eine Wissenschaft etwas zweifelhafter Art konnte nutzbar gemacht werden, wenn sie nur zu erstaunlichen Ergebnissen führte; vor allem aber gefiel den Romantikern das Mittelalter und in der Gegenwart alles, was noch möglichst mittelalterlich war. Sehr oft verließen sie überhaupt den Boden der Wirklichkeit, der vergangenen wie der gegenwärtigen. *The Ancient Mariner* ist typisch hierfür, und Coleridges *Kubla Khan* dürfte schwerlich der historische Monarch Marco Polos sein. Interessant ist auch die romantische Geographie: Von Xanadu bis zur »einsamen chorasmischen Küste« kommen nur entlegene Gegenden in Asien oder in der Antike in Betracht.

Obwohl die Romantik ursprünglich von Rousseau ausging, war sie zunächst eine hauptsächlich deutsche Bewegung. Die Jugend der deutschen Romantiker fiel in die letzten Jahre des achtzehnten Jahrhunderts, und gerade in ihren jungen Jahren gaben sie dem Ausdruck, was für ihre Einstellung am charakteristischsten war. Diejenigen, die nicht das Glück hatten, jung zu sterben, ließen schließlich ihre Individualität in der gleichmachenden katholischen Kirche untergehen. (Ein Romantiker konnte zwar als geborener Protestant Katholik werden, im übrigen aber kaum katholisch sein, da er ja sonst Katholizismus und Auflehnung hätte in Einklang bringen müssen.) Die deutschen Romantiker beeinflußten Coleridge und Shelley; in England wurde aber auch unabhängig vom deutschen Einfluß in den ersten Jahren des neunzehnten Jahrhunderts diese Geisteshaltung allgemein. In Frankreich herrschte sie – wenn auch in abgeschwächter Form – von der Zeit nach der Restauration an bis zu Victor Hugo. In Amerika fand sie ihren nahezu reinsten Ausdruck in Melville, Thoreau und Brook Farm und etwas gemildert in Emerson und Hawthorne. Obwohl die Romantiker zum Katholizismus neigten, hatte der Individualismus ihrer geistigen Einstellung etwas unverlierbar Protestantisches, und wo es ihnen gelang, auf Sitten, Anschauungen und Institutionen für die Dauer gestaltend einzuwirken, handelte es sich fast ausschließlich um protestantische Länder.

In England kann man die Anfänge der Romantik im Schrifttum der Satiriker sehen. In Sheridans *Rivals* (Nebenbuhler) (1775) beschließt die Heldin, einen armen Mann aus Liebe zu heiraten, statt ihrem Vormund und seinen Eltern zu Gefallen einen reichen zu nehmen; aber der reiche Mann, den sie für sie ausgesucht haben, erobert ihr Herz, indem er unter falschem Namen um sie wirbt und sich als arm ausgibt. Jane Austen macht sich in *Northanger Abbey* und *Sense and Sensibility* (1797–1798) über die Romantiker lustig. Die Heldin in *Northanger Abbey* hat sich von Mrs. Radcliffes hyperromantischem Werk *Mysteries of Udolpho* irreführen lassen, die 1794 veröffentlicht wurden. Die erste gute romantische Dichtung in England ist – abgesehen von Blake, der als Swedenborgscher Einzelgänger kaum einer »Bewegung« zuzurechnen ist – Coleridges *Ancient Mariner*, der 1799 erschien. Mit finanzieller Unterstützung der Brüder Wedgwood ging Coleridge leider im Jahre darauf nach Göttingen, wo er der Kantschen Philosophie zum Opfer fiel, was seinen Versen nicht guttat.

Nachdem Coleridge, Wordsworth und Southey reaktionär geworden waren, hemmte zeitweilig der Haß gegen die Revolution und Napoleon die Entwicklung der englischen Romantik. Bald aber erhielt sie neuen Auftrieb durch Byron, Shelley und Keats und beherrschte in gewissem Sinne die ganze victorianische Epoche.

Mary Shelleys *Frankenstein*, der unter der Einwirkung von Gesprächen mit Byron in der romantischen Umgebung der Alpen entstand, enthält eine nahezu allegorisch-prophetische Geschichte der Entwicklung, die die Romantik nehmen sollte. Frankensteins Monstrum ist nicht *nur* das sprichwörtlich gewordene Ungeheuer. Es ist zunächst ein sanftes Wesen, das sich nach menschlicher Zuneigung sehnt, aber zu Haß und Gewalttätigkeit getrieben wird, da seine Garstigkeit bei allen

Abscheu erregt, deren Liebe es gewinnen möchte. Ungesehen beobachtet es eine tugendhafte Familie von armen Landleuten und hilft ihnen heimlich bei der Arbeit. Zuletzt beschließt es, sich ihnen zu entdecken:

»Je mehr ich von ihnen sah, desto größer wurde mein Verlangen, sie um Schutz und Freundlichkeit anzugehen; mein Herz sehnte sich danach, von diesen liebenswürdigen Geschöpfen erkannt und geliebt zu werden; ihren sanften Blick voll Zuneigung auf mich gerichtet zu sehen war alles, was ich verlangte. Ich konnte mir nicht vorstellen, daß sie sich mit Verachtung und Abscheu von mir abwenden würden.«

Aber sie taten es. Darauf bat es seinen Schöpfer Frankenstein zunächst, ihm ein Weib zu erschaffen, das ihm gleiche; und als das abgelehnt wurde, gelobte es, der Reihe nach alle umzubringen, die Frankenstein liebte. Aber als das Monstrum alle diese Mordtaten ausgeführt hat und Frankensteins Leiche anblickt, selbst da bleiben seine *Gefühle* noch edel:

»Auch er ist mein Opfer! Dieser Mord ist der Gipfel all meiner Verbrechen; der unselige Genius, der mich erschuf, hat sein Ende gefunden! O Frankenstein, du edelmütiger, hingebungsvoller Freund! Was hätte es für einen Sinn, wenn ich dich jetzt um Verzeihung bäte? Ich, der ich dich für immer vernichtet habe, indem ich alles vernichtete, was du liebtest. Ach, er ist kalt, er kann mir nicht mehr antworten ... Wenn ich mein schreckliches Sündenregister überblicke, kann ich nicht glauben, daß ich dasselbe Geschöpf bin, dessen Gedanken einst von den erhabenen und höchsten Visionen der Schönheit und der Majestät der Güte erfüllt waren. Und doch ist es so; der gefallene Engel wird zum bösen Teufel. Aber selbst dieser Feind Gottes und der Menschen hat Freunde und Genossen in seiner Verzweiflung; ich aber bin ganz allein.«

Der romantischen Form entkleidet, hat diese Psychologie nichts Unwahrscheinliches; man braucht nicht erst bei Piraten oder Vandalenkönigen nach Parallelen zu suchen. Einem englischen Besucher klagte der Exkaiser in Doorn, daß die Engländer ihn nicht mehr leiden könnten. Dr. Burt erwähnt in seinem Buch über jugendliche Verbrecher einen Jungen von sieben Jahren, der einen anderen in den Regents-Kanal stieß und ertrinken ließ, einfach, weil weder seine Familie noch seine Mitmenschen ihm Zuneigung bewiesen. Dr. Burt behandelte ihn freundlich, und er wurde ein achtbarer Bürger; aber kein Dr. Burt ließ sich die Besserung von Frankensteins Monstrum angelegen sein.

Nicht die Psychologie der Romantiker ist falsch, sondern ihr Wertmaßstab. Sie bewundern jede starke Leidenschaft, gleich welcher Art und ungeachtet ihrer sozialen Folgen. Die romantische Liebe, vor allem die unglückliche, ist eine solche starke Leidenschaft in ihrem Sinne; die meisten starken Gefühle haben jedoch etwas Zerstörerisches – Haß, Empfindlichkeit und Eifersucht, Reue und Verzweiflung, übertriebener Stolz, die Raserei des unrechtmäßig Unterdrückten, Kampfesfreudigkeit und Verachtung für Sklaven und Feiglinge. Infolgedessen ist der neue Menschentyp, der mit der Romantik aufkommt, besonders in der Byronschen Abart, leidenschaftlich und asozial; es ist der Typ des anarchischen Rebellen oder des tyrannischen Eroberers.

Die Gründe für die Anerkennung dieser Einstellung sind sehr tief in der menschlichen Natur und in den menschlichen Verhältnissen verwurzelt. Aus Eigennutz wurde der Mensch gesellig, in seinem Instinkt aber ist er weitgehend einsam geblieben; daher das Bedürfnis nach Religion und Sittlichkeit zur Stütze seines Eigennutzes. Aber es ist lästig, sich zugunsten künftiger Vorteile manches Befriedigende in der Gegenwart versagen zu müssen; und wenn die Leidenschaften erwachen, sind die Beschränkungen, die das soziale Verhalten in weiser Voraussicht fordert, schwer zu ertragen. Wer in solchen Fällen diesen Zwang abschüttelt, schöpft neue Energie und neues Kraftbewußtsein aus dem Fortfall des inneren Konflikts; wenn es auch schließlich ein schlechtes Ende mit solchen Menschen nimmt, fühlen sie sich doch zunächst voll Genuß zur Gottähnlichkeit erhoben, ein Gefühl, das zwar den großen Mystikern bekannt, durch prosaische Tugend aber nicht erreichbar ist. Der einsame Teil der menschlichen Natur verlangt wieder sein Recht; aber wenn der Verstand noch waltet, muß sich dieses Verlangen mythisch verhüllen. Der Mystiker wird eins mit Gott, und in der Kontemplation des Unendlichen fühlt er sich frei von jeder Verpflichtung gegenüber seinem Nächsten. Der anarchische Rebell geht noch weiter: Er fühlt sich nicht nur eins mit Gott, er fühlt sich selbst als Gott. Wahrheit und Pflicht, in denen unsere Abhängigkeit von der Materie und von unseren Nächsten zum Ausdruck kommen, existieren nicht mehr für den zum Gott gewordenen Menschen; für andere ist Wahrheit, was *er* dafür erklärt, und Pflicht, was *er* befiehlt. Wenn wir alle für uns allein und ohne Arbeit zu leben vermöchten, könnten wir auch alle das Hochgefühl der Unabhängigkeit genießen; da das aber nicht möglich ist, bleiben diese Freuden nur Wahnsinnigen und Diktatoren vorbehalten.

Die Auflehnung der Einsamkeitsinstinkte gegen soziale Bindungen ist der Schlüssel zum Verständnis der Philosophie, der Politik und der Gefühle, nicht nur der sogenannten romantischen Bewegung, sondern auch ihrer Auswirkungen bis zur Gegenwart. Unter dem Einfluß des deutschen Idealismus wurde die Philosophie solipsistisch; die Entwicklung des Ich wurde zum ethischen Grundprinzip erklärt. Die Empfindsamkeit muß einen widerwärtigen Kompromiß schließen zwischen dem Einsamkeitsbedürfnis und den Ansprüchen, welche die Leidenschaft und das materielle Dasein stellen. D. H. Lawrences Geschichte *The Man who loved Islands* (Der Mann, der Inseln liebte) handelt von einem Mann, der solche Kompromisse in immer stärkerem Maße verachtete und schließlich an Hunger und Kälte, aber im Genuß völliger Einsamkeit zugrunde ging; so konsequent sind jedoch die Schriftsteller, welche die Einsamkeit verherrlichten, nicht gewesen. Die Annehmlichkeiten des zivilisierten Lebens sind für einen Einsiedler unerreichbar, und ein Mensch, der Bücher schreiben oder Kunstwerke schaffen will, muß sich schon die Dienste anderer gefallen lassen, wenn er während der Arbeit weiterleben will. Um sich dauernd einsam *fühlen* zu können, muß er es verstehen, diejenigen, die ihn bedienen, daran zu hindern, an sein Ich zu rühren; das wird am besten erreicht, wenn sie Sklaven sind. Leidenschaftliche Liebe ist dagegen schon eine schwierige Angelegenheit. Solange leidenschaftlich Liebende sich offensichtlich gegen soziale Bande auflehnen, werden sie bewundert; im wirklichen Leben aber wird die Liebesbeziehung bald selbst zur sozialen Fessel; der liebende Partner wird allmählich gehaßt, und zwar um so heftiger, je stärker die Liebe ist, und damit das Zerreißen der Fessel erschwert. Daher rührt die Auffassung von der Liebe als einem Kampf, in dem jeder bemüht ist, den anderen dadurch zu vernichten, daß er die Schutzwälle seines oder ihres Ichs durchbricht. Die Auffassung ist uns wohlbekannt aus den Werken Strindbergs und noch mehr D. H. Lawrences.

Wenn man so empfindet, ist nicht nur leidenschaftliche Liebe, sondern jede freundschaftliche Beziehung zu anderen allein insofern möglich, als man in anderen ein Spiegelbild des eigenen Ich sehen kann. Das ist gegeben, wenn die anderen blutsverwandt sind, und je näher sie verwandt sind, um so leichter ist es möglich. Daher die besondere Betonung der Rasse, die etwa bei den Ptolemäern zur Endogamie führte – zur ausschließlichen Heirat innerhalb der eigenen Volksgruppe. Wir wissen, wie dies auf Byron wirkte; das gleiche Gefühl deutet Wagner in der Liebe von Siegmund und Sieglinde an. Nietzsche hielt – wenn auch durchaus nicht in anstößiger Form – von seiner Schwester mehr als von jeder anderen Frau. »Wie stark fühle ich bei allem, was Du sagst und tust, daß wir derselben Rasse angehören. Du verstehst mehr von mir als die anderen, weil Du dieselbe Herkunft im Leibe hast. Das paßt sehr gut zu meiner ›Philosophie‹.«

Das Nationalitätsprinzip, zu dessen Vorkämpfern Byron gehörte, ist eine Erweiterung der gleichen »Philosophie«. Der Begriff der Nation umfaßt gewöhnlich Zugehörigkeit zur selben Rasse, Abstammung von gemeinsamen Vorfahren und ein gewisses »Blutsbewußtsein«. Für Mazzini, der den Engländern ständig vorwarf, sie wüßten Byron nicht richtig zu würdigen, hatte jedes Volk eine mystische Individualität und jene anarchische Größe, die andere Romantiker bei heroischen Menschen suchten. Die Freiheit, nämlich als Recht der Völker, galt allmählich nicht nur bei Mazzini, sondern auch bei verhältnismäßig nüchternen Staatsmännern als etwas Absolutes, was in der Praxis die internationale Zusammenarbeit unmöglich machte.

Der Glaube an Blut und Rasse tritt naturgemäß mit Antisemitismus zusammen auf. Gleichzeitig ist die romantische Haltung, teils wegen ihres aristokratischen Charakters, teils, weil ihr die Leidenschaft mehr gilt als die Berechnung, mit heftiger Verachtung für Handel und Finanzen gepaart. Infolgedessen sah sie sich zu einer Opposition gegen den Kapitalismus veranlaßt, die sich durchaus von der sozialistischen unterscheidet, welche die Interessen des Proletariats vertritt; denn die Opposition der Romantik beruhte auf der Verachtung aller ökonomischen Vorurteile und wurde noch durch die Vorstellung vertieft, daß die kapitalistische Welt von Juden beherrscht sei. Diese Ansicht bringt Byron zum Ausdruck, wenn er sich herabläßt – was selten geschieht –, etwas so Minderes wie die Macht der Wirtschaft überhaupt zu beachten:

> Wer lenkt die Parlament' und die Despoten?
> Wer hält des Erdballs Waage? Wer armiert
> Das Volk Madrids, hemdlose Patrioten,
> Daß Alt-Europa krächzt und lamentiert?
> Wer schickt von Pol zu Pol der Herrschaft Noten?
> Wer ist es, der das Rad der Staatskunst schmiert?
> Vielleicht der Schatten Napoleonschen Mutes?
> Jud Rothschild und sein Mitchrist Baring tut es.[1]

Der Vers ist vielleicht nicht sehr musikalisch; das darin ausgedrückte Gefühl ist jedoch durchaus zeitgemäß und hat bei allen Byron-Verehrern ein Echo gefunden.

Im wesentlichen strebte die romantische Bewegung an, die menschliche Persönlichkeit von den Fesseln sozialer Konvention und sozialer Moral zu befreien. Zum Teil waren diese Fesseln nur unnötige Hindernisse für erstrebenswerte Formen der Aktivität, denn in jedem alten Staat haben sich Anstandsregeln entwickelt, für die nichts weiter spricht, als daß sie traditionell sind. Ist aber egoistische Leidenschaft erst einmal entfesselt, so läßt sie sich nur schwer wieder zur Unterordnung unter die Anforderungen der Gesellschaft zwingen. Dem Christentum ist es bis zu einem gewissen Grade gelungen, das Ich zu bändigen, aber wirtschaftliche, politische und intellektuelle Ursachen reizten zur Auflehnung gegen die Kirchen, und durch die romantische Bewegung griff diese Auflehnung auch auf das Gebiet der Moral über. Indem sie ein neues, zügelloses Ich unterstützte, machte sie soziale Zusammenarbeit unmöglich und stellte ihre Anhänger vor die Alternative: Anarchie oder Despotismus. Zunächst glaubte der Egoismus von anderen so etwas wie väterliche Zärtlichkeit erwarten zu dürfen; als aber die Egoisten voller Entrüstung feststellen mußten, daß die anderen ihr eigenes Ich hatten, wandelte sich das enttäuschte Zärtlichkeitsbedürfnis in Haß und Gewalttätigkeit. Der Mensch ist kein einsames Lebewesen; und solange es ein soziales Leben gibt, kann die unbedingte Realisierung des eigenen Ich nicht das höchste ethische Prinzip sein.

---

1 Übersetzt von Otto Gildemeister. (Anm. d. Übers.)

19. KAPITEL

Rousseau

Jean-Jacques Rousseau (1712–1778) ist, wenn auch ein »*philosophe*« im Sinne des achtzehnten Jahrhunderts, kein »Philosoph« nach heutiger Auffassung. Dennoch hatte er starken Einfluß auf die Philosophie, die Literatur, den Geschmack, die Sitten und die Politik. Was wir auch von seinen Verdiensten als Denker halten mögen, seine ungeheure soziale Bedeutung dürfen wir nicht verkennen. Er appellierte vor allem an das Herz und an das, was man damals »Empfindsamkeit« nannte; darin lag in der Hauptsache seine Bedeutung. Er ist der Vater der romantischen Bewegung, der Initiator von Gedankensystemen, die von menschlichen Gefühlen auf nicht-menschliche Tatsachen schließen, und der Erfinder der politischen Philosophie pseudo-demokratischer Diktaturen im Gegensatz zu traditionellen absoluten Monarchien. Seither haben die Menschen, die sich für Reformatoren hielten, stets zwei unterschiedlichen Gruppen angehört: die einen folgten Rousseau, die anderen Locke. Bisweilen arbeiteten sie zusammen; viele Leute sahen zwischen beiden Richtungen keine unüberwindlichen Gegensätze. Aber allmählich wurde ihre Unvereinbarkeit immer augenfälliger. In unserer Zeit war Hitler eine Folgeerscheinung Rousseaus; hinter Roosevelt und Churchill stand der Geist Lockes.

Rousseau erzählt seine Lebensgeschichte selbst sehr ausführlich in den *Confessions*, ohne sich dabei sklavisch an die Wahrheit zu halten. Er gefiel sich darin, sich als großen Sünder hinzustellen, und übertrieb dabei zuweilen; aber es fehlt nicht an sonstigen Beweisen dafür, daß ihm alle guten Eigenschaften abgingen. Dies beunruhigte ihn nicht weiter, da er stets von seinem warm empfindenden Herzen überzeugt war; es hinderte ihn jedoch nicht daran, sich seinen besten Freunden gegenüber recht schlecht zu benehmen. Ich werde von seinem Leben nur soviel berichten, wie zum Verständnis seines Denkens und seiner Wirkung notwendig ist.

Er kam in Genf zur Welt und wuchs als orthodoxer Calvinist auf. Sein Vater, ein armer Mann, betätigte sich als Uhrmacher und Tanzlehrer; seine Mutter starb, als er noch ein Kind war; er wurde dann von einer Tante erzogen. Im Alter von zwölf Jahren verließ er die Schule und kam zu verschiedenen Handwerkern in die Lehre. Er haßte sie alle und floh mit sechzehn Jahren von Genf nach Savoyen. Da er nichts zu leben hatte, ging er zu einem katholischen Priester und äußerte den Wunsch, zum Katholizismus überzutreten. Der formelle Übertritt erfolgte in einer Turiner Konfirmandenanstalt und dauerte neun Tage. Er erklärt, daß ihn nur materielle Gründe zu diesem Schritt bewogen hätten. »Ich konnte mir nicht verhehlen, daß ich mich bei der heiligen Handlung im Grunde wie ein Bandit benahm.« Das schrieb er aber erst, nachdem er wieder protestantisch geworden war, und man darf wohl annehmen, daß er einige Jahre hindurch ein aufrichtig gläubiger Katholik gewesen ist. Im Jahre 1742 bezeugte er, daß ein Haus, in dem er 1730 gelebt hatte, auf wunderbare Weise durch das Gebet eines Bischofs vor einer Feuersbrunst bewahrt geblieben sei.

Nachdem er aus der Anstalt in Turin mit zwanzig Franken in der Tasche entlassen worden war, wurde er Lakai bei einer Dame namens Madame de Vercelli, die drei Monate darauf starb. Bei ihrem Tode fand man ihn im Besitze eines Bandes, das ihr gehört hatte; tatsächlich hatte er es ihr gestohlen. Er beteuerte, es von einer Hausangestellten, die er liebte, bekommen zu haben; man glaubte seinen Beteuerungen, das Mädchen aber wurde bestraft. Seine Entschuldigung klingt seltsam: »Niemals lag es mir ferner, eine Schlechtigkeit zu begehen als in diesem grausamen Augenblick; es klingt unglaubwürdig und ist dennoch wahr: Der Grund dafür, daß ich das arme Mädchen beschuldigte, war meine Zuneigung zu ihr. Sie schwebte mir vor, und ich lenkte die Beschuldigung von mir fort auf das erste Objekt, das sich mir bot.« Das ist ein anschauliches Beispiel dafür, welchen Rang in Rousseaus Ethik die »Empfindsamkeit« vor allen sonstigen Tugenden einnimmt.

Nach diesem Vorfall befreundete er sich mit Madame de Warens, einer reizenden Dame, die gleich ihm zum Katholizismus übergetreten war und wegen ihrer Verdienste um die Kirche vom König von Savoyen eine Pension empfing. Neun oder zehn Jahre lang lebte er fast ständig in ihrem Hause; er nannte sie »maman«, auch nachdem sie seine Geliebte geworden war. Eine Zeitlang teilte er sich mit ihrem Faktotum in ihre Gunst. Sie lebten alle in innigster Freundschaft miteinander, und als das Faktotum starb, war Rousseau sehr betrübt, tröstete sich jedoch mit dem Gedanken: »Na schön, da kriege ich jedenfalls seine Anzüge.«

In seinen jungen Jahren führte er verschiedentlich ein reines Vagabundenleben; er wanderte zu Fuß umher und lebte von der Hand in den Mund. Während einer dieser Landstreicherperioden geschah es, daß ein Freund, mit dem er unterwegs war, in Lyon auf der Straße einen epileptischen Anfall erlitt. Rousseau machte sich den Menschenauflauf zunutze und ließ seinen Freund während des Anfalls im Stich. Ein andermal wurde er Sekretär bei einem Mann, der sich als Archimandrit auf dem Wege zum Heiligen Grabe vorstellte; dann wieder hatte er eine Affäre mit einer reichen Dame, bei der er als schottischer Jakobit namens Dudding auftrat.

Im Jahre 1743 wurde er jedoch durch Vermittlung einer einflußreichen Dame Sekretär beim französischen Gesandten in Venedig, einem Säufer mit Namen Montaigu, der Rousseau die ganze Arbeit überließ, ihm dafür aber sein Gehalt zu zahlen vergaß. Rousseau machte seine Arbeit gut, und der unvermeidliche Krach war nicht seine Schuld. Er ging nach Paris, um zu versuchen, zu seinem Recht zu kommen; jedermann mußte zugeben, daß er im Recht war, aber lange Zeit geschah gar nichts. Der Ärger über diese Verzögerung trug mit dazu bei, Rousseau gegen die in Frankreich bestehende Regierungsform einzunehmen, obwohl er schließlich das ausstehende Gehalt, das man ihm schuldig war, erhielt.

Etwa zu dieser Zeit (1745) bändelte er mit Therese le Vasseur an, einem Zimmermädchen in seinem Pariser Hotel. Er lebte mit ihr bis zu seinem Tode (ohne dabei ganz auf andere Abenteuer zu verzichten); er hatte von ihr fünf Kinder, die er sämtlich ins Findelhaus gab. Kein Mensch hat je verstanden, was ihn zu ihr hinzog. Sie war häßlich und dumm; sie konnte weder lesen noch schreiben (das Schreiben brachte er ihr bei, nicht aber das Lesen); sie kannte nicht die Monatsbezeichnungen und verstand nicht, Geld zusammenzuzählen. Ihre Mutter war habgierig und geizig; beide betrachteten Rousseau und all seine Freunde als Einnahmequelle. Rousseau behauptet (fälschlich oder richtig), niemals eine Spur von Liebe für Therese empfunden zu haben; als sie älter wurde, begann sie zu trinken und den Stallburschen nachzulaufen. Wahrscheinlich liebte er das Gefühl, ihr finanziell und geistig unbestreitbar überlegen zu sein und sie in völliger Abhängigkeit von sich zu wissen. Er fühlte sich in Gesellschaft großer Leute immer unbehaglich; seine Natur zog ihn zum einfachen Volk; in dieser Beziehung jedenfalls war sein demokratisches Gefühl durchaus echt. Obwohl er Therese niemals heiratete, behandelte er sie doch fast so, als wenn sie seine Frau gewesen wäre, und alle großen Damen, die mit ihm befreundet waren, hatten sie in Kauf zu nehmen.

Zu seinem ersten literarischen Erfolg kam er erst ziemlich spät. Die Akademie von Dijon hatte einen Preis ausgesetzt für die beste Abhandlung über das Thema »Haben die Künste und Wissenschaften dem Menschengeschlecht Segen gebracht?«. Rousseau verneinte die Frage und erhielt den Preis (1750). Er vertrat die Auffassung, daß Wissenschaft, Literatur und Kunst die schlimmsten Feinde der Moral und außerdem der Ursprung der Sklaverei seien, da sie Bedürfnisse erregten; denn wie könnte man Menschen Ketten auferlegen, die wehrlos und nackt dahergehen wie die amerikanischen Wilden? Natürlich entscheidet er sich für Sparta und gegen Athen. Mit sieben Jahren hatte er Plutarchs *Lebensbeschreibungen* gelesen und war sehr davon beeindruckt worden; vor allem bewunderte er das Leben Lykurgs. Wie die Spartaner hielt er kriegerische Erfolge für den Beweis von Tüchtigkeit; trotzdem schwärmte er für den »edlen Wilden«, den gewiegte Europäer im Krieg vernichten konnten. Wissenschaft ist seiner Meinung nach unvereinbar mit Tugend, und alle Wissenschaften sind unedlen Ursprungs. Die Astronomie stammt vom astrologischen Aberglauben her; die Beredsamkeit vom Ehrgeiz, die Geometrie vom Geiz, die Physik von der eitlen Neugier, und selbst die Moral ist auf menschlichen Hochmut zurückzuführen. Bildung und Buchdruckerkunst sind etwas Bedauerliches; alles, was den zivilisierten Menschen vom ungebildeten Barbaren unterscheidet, ist schlecht.

Nachdem er den Preis gewonnen hatte und durch seine Abhandlung plötzlich berühmt geworden war, schickte er sich an, seine Grundsätze praktisch zu verwirklichen. Er beschloß, einfach zu leben, und verkaufte seine Uhr mit dem Bemerken, er brauche nicht länger zu wissen, wie spät es sei.

Die Gedanken der ersten Abhandlung wurden in einer zweiten, dem *Discours sur l'origine et les fondements de l'inégalité parmi les hommes* (1750) weiter ausgearbeitet; sie trug ihm jedoch keinen Preis ein. Er behauptete darin, daß »der Mensch von Natur gut und nur durch die Gesetze schlecht geworden ist« – die Antithese der Lehre von der Erbsünde und der Erlösung durch die Kirche. Wie die meisten politischen Theoretiker seiner Zeit spricht er – wenn auch etwas hypothetisch – von einem Naturzustand, einem »Zustand, den es nicht mehr gibt, den es vielleicht niemals gegeben hat und vielleicht niemals geben wird, von dem man sich aber trotzdem die richtige Vorstellung machen muß, wenn man unseren gegenwärtigen Zustand recht beurteilen will«. Das Naturrecht müßte aus diesem Naturzustand abgeleitet werden; solange wir aber vom natürlichen Menschen nichts wissen, ist es unmöglich zu entscheiden, welches Recht ihm ursprünglich vorgeschrieben war oder sich am besten für ihn eignete. Wir können nur wissen, daß der Wille derer, die diesem Recht unterworfen sind, sich der Unterordnung bewußt und daß dieses Recht unmittelbar von der Stimme der Natur diktiert sein muß. Er hat nichts gegen die *natürliche* Ungleichheit einzuwenden, nämlich Ungleichheit im Alter, in der Gesundheit, der Intelligenz und so fort, wohl aber gegen jene Ungleichheit, die sich aus allen durch Konvention anerkannten Privilegien ergibt.

Der Ursprung der bürgerlichen Gesellschaft und der sich daraus ergebenden sozialen Ungleichheit ist im Privateigentum zu suchen. »Der erste Mensch, der sich ein Stück Land eingezäunt hat und auf den Gedanken kam zu sagen: ›Das gehört mir‹, und Menschen fand, die einfältig genug waren, es ihm zu glauben, war der eigentliche Gründer der bürgerlichen Gesellschaft.« Er sagt weiter, daß Metallurgie und Ackerbau durch eine beklagenswerte Revolution eingeführt wurden; das Korn ist das Symbol unseres Unglücks. Europa ist der unseligste Kontinent, da er am meisten Korn und am meisten Eisen besitzt. Um das Böse aus der Welt zu schaffen, braucht man nur mit der Kultur aufzuräumen, denn der Mensch ist von Natur gut, und der Wilde lebt, *wenn er gegessen* hat, in Frieden mit der ganzen Natur und in Freundschaft mit all seinen Mitgeschöpfen.

Rousseau sandte diese Abhandlung an Voltaire, der (1755) erwiderte: »Ich habe Ihr neues Buch gegen das Menschengeschlecht erhalten und danke Ihnen dafür. Nie zuvor ist so geschickt versucht worden, uns alle dumm zu machen. Wenn man Ihr Buch liest, möchte man am liebsten auf allen vieren laufen. Da ich aber diese Gewohnheit vor mehr als sechzig Jahren abgelegt habe, sehe ich mich zu meinem Bedauern außerstande, sie wieder aufzunehmen. Ebensowenig kann ich mich zum Studium der Wilden nach Kanada einschiffen, da die Leiden, mit denen ich gestraft bin, den Beistand eines europäischen Arztes für mich unentbehrlich machen, weil ferner in diesen Gegenden der Krieg wütet und endlich weil unser schlechtes Beispiel die Wilden zu fast ebenso schlechten Menschen gemacht hat, wie wir selbst es sind.«

Es überrascht nicht weiter, daß Rousseau und Voltaire sich schließlich entzweiten; ein Wunder ist nur, daß sie nicht schon früher aneinandergerieten.

Im Jahre 1754, nachdem Rousseau berühmt geworden war, erinnerte sich seine Vaterstadt seiner und lud ihn zu einem Besuch ein. Er nahm die Aufforderung an; da aber nur Calvinisten Bürger von Genf sein durften, trat er wieder zu seinem ursprünglichen Glauben über. Er pflegte sich bereits als Genfer Puritaner und Republikaner zu bezeichnen und gedachte nach seinem erneuten Glaubenswechsel in Genf zu leben. Seinen *Diskurs über die Ungleichheit* widmete er den Stadtvätern, die aber nicht sehr erfreut darüber waren; es lag ihnen nichts daran, gewöhnlichen Bürgern gleichgestellt zu werden. Nicht ihre Opposition allein ließ ihn davon absehen, in Genf zu leben; er hatte noch einen schwerwiegenderen Grund, und zwar, daß sich Voltaire hier niedergelassen hatte. Voltaire schrieb Stücke und war ein Theaterenthusiast; das puritanische Genf aber untersagte alle dramatischen Aufführungen. Als Voltaire versuchte, den Bann zu brechen, stellte sich Rousseau gegen ihn auf die Seite der Puritaner. Wilde spielen nie Theater; Plato verabscheute Dramen; die katholische Kirche weigert sich, Schauspieler zu trauen oder zu beerdigen; Bossuet nennt das Drama »eine Schule der Begehrlichkeit«. Die günstige Gelegenheit, Voltaire angreifen zu können, durfte nicht ungenutzt bleiben; so machte Rousseau sich zum Verteidiger der asketischen Tugend.

Dies war zwischen den beiden bedeutenden Männern nicht die erste Unstimmigkeit, die sich in der Öffentlichkeit abspielte. Schon anläßlich des Erdbebens von Lissabon (1755) gerieten sie aneinander; Voltaire hatte ein Gedicht darüber geschrieben, in dem er bezweifelte, daß eine göttliche Vorsehung die Welt regiere. Rousseau war entrüstet. Er erklärte: »Voltaire, der sich immer den Anschein der Gottgläubigkeit gab, hat in Wirklichkeit niemals an etwas anderes als an den Teufel geglaubt, da sein angeblicher Gott ein schadenstiftendes Wesen ist, das sich nach seiner Ansicht ein Vergnügen daraus macht, Unheil anzurichten. Das Absurde dieser Auffassung ist besonders abstoßend bei einem Mann, der in jeder Beziehung vom Glück begünstigt ist und der, selbst glücklich, andere zur Verzweiflung treibt durch die grauenhafte, schreckliche Darstellung gefährlicher Katastrophen, von denen er selbst verschont geblieben ist.«

Rousseau sah für sein Teil keinerlei Veranlassung, ein solches Aufhebens von dem Erdbeben zu machen. Es ist ganz gut eingerichtet, daß eine bestimmte Anzahl von Menschen dann und wann ums Leben kommt. Außerdem erging es den Leuten in Lissabon besonders schlecht, weil sie in siebenstöckigen Häusern wohnten; hätten sie sich in die Wälder verteilt, wie Menschen nun einmal leben sollten, so wären sie heil davongekommen.

Die Frage, nach welchem religiösen Gesichtspunkt man ein Erdbeben aufzufassen habe, und das Problem des moralischen Werts von Theaterstücken führte zu einer erbitterten Feindschaft zwischen Voltaire und Rousseau, bei der alle »*philosophes*« Partei ergriffen. Voltaire behandelte Rousseau als bösartigen Irren; Rousseau nannte Voltaire »eine Posaune der Gottlosigkeit, einen genialen Kopf und gemeinen Charakter«. Aber auch schöne Gefühle mußten dabei zum Ausdruck kommen, und so schrieb Rousseau an Voltaire (1760): »Ich hasse Sie wirklich, da Sie es so gewollt haben; aber ich hasse Sie wie ein Mensch, dem es besser anstehen würde, Sie geliebt zu haben, wenn Sie es zugelassen hätten. Von allen Gefühlen, die mein Herz Ihnen gegenüber erfüllten, bleibt nur die Bewunderung, die wir Ihrer genialen Begabung nicht versagen können, und die Liebe zu Ihren Werken. Wenn Sie außer Ihrem Talent nichts besitzen, das ich verehren könnte, so ist das nicht meine Schuld.«

Wir kommen nun zu der fruchtbarsten Periode in Rousseaus Leben. Seine *Nouvelle Héloise* (Neue Héloise) erschien 1760, *Emile* 1762, desgleichen der *Contrat Social* (Gesellschaftsvertrag). *Emile*, eine Abhandlung über Erziehung nach »natürlichen« Prinzipien, wäre vielleicht von den Behörden für harmlos gehalten worden, wenn sich darin nicht das »Glaubensbekenntnis eines savoyischen Vikars« befunden hätte, das Rousseaus Grundlagen einer natürlichen Religion darlegte und Ärgernis bei den katholischen wie bei den protestantischen Orthodoxen erregte. Der *Gesellschaftsvertrag* war sogar noch gefährlicher, denn er trat für die Demokratie ein und leugnete die göttlichen Rechte der Könige. Die beiden Bücher machten ihn zwar noch berühmter, trugen ihm aber heftige offizielle Mißbilligung ein. Er mußte aus Frankreich flüchten; Genf wollte nichts mehr von ihm wissen[1]; Bern verwehrte ihm das Asylrecht. Schließlich erbarmte sich Friedrich der Große seiner und gestattete ihm, sich in Motier bei Neuchâtel niederzulassen, das zu den Herrschaftsgebieten des königlichen Philosophen ge-

---

1 Der Genfer Rat ließ beide Bücher verbrennen und gab Weisung, Rousseau zu verhaften, falls er sich in Genf blicken ließe. Die französische Regierung hatte ebenfalls seine Verhaftung angeordnet; die Sorbonne und das Pariser Parlament verdammten den *Emile*.

hörte. Hier lebte er drei Jahre; am Ende dieser Zeit aber (1765) bezichtigten ihn die Einwohner von Motiers auf Anstiften ihres Pfarrers der Giftmischerei und versuchten ihn umzubringen. Er floh nach England, wo Hume ihm im Jahre 1762 seine Hilfe angeboten hatte.

In England ging zunächst alles gut. Er hatte großen Erfolg in der Gesellschaft, und Georg III. setzte ihm eine Pension aus. Burke sah er fast täglich, doch kühlte sich ihre Freundschaft bald so weit ab, daß Burke sagte: »Für ihn gab es nur eines, was sein Herz beeinflussen oder seinen Verstand lenken konnte: Eitelkeit!« Hume hielt am längsten zu ihm; er erklärte, ihn sehr gern zu haben und sein ganzes Leben mit ihm in gegenseitiger Freundschaft und Achtung verbringen zu können. Aber zu dieser Zeit begann Rousseau – was kein Wunder ist – unter dem Verfolgungswahn zu leiden, der ihn schließlich zum Wahnsinn trieb; er verdächtigte Hume, Anschläge auf sein Leben angestiftet zu haben. In lichten Augenblicken wurde ihm das Unsinnige derartiger Verdächtigungen klar; dann pflegte er Hume mit den Worten zu umarmen: »Nein, nein, Hume ist kein Verräter«, worauf Hume (gewiß sehr verlegen) antwortete: »*Quoi, mon cher Monsieur!*« Aber schließlich gewannen seine Wahnvorstellungen doch die Oberhand, und er entfloh. Seine letzten Lebensjahre verbrachte er völlig verarmt in Paris, und als er starb, nahm man Selbstmord an.

Nach dem Bruch sagte Hume: »Er hat sein ganzes Leben lang nur *gefühlt*, und seine Empfindsamkeit hat einen Grad erreicht, den ich beispiellos finde; aber sie ist auch die Ursache, daß er den Schmerz viel heftiger spürte als die Freude. Er gleicht einem Menschen, dem man nicht nur die Kleider, sondern auch die Haut abgestreift hat, um ihn in dieser Verfassung in den Kampf mit den rohen, ungestümen Elementen hinauszustoßen.«

Das ist die wohlwollendste, kurzgefaßte Charakteristik seines Wesens, die der Wahrheit einigermaßen nahekommt.

Vieles in Rousseaus Werken ist zwar an sich wichtig, braucht jedoch in einer Geschichte des philosophischen Denkens nicht berücksichtigt zu werden. Eingehender werde ich nur zwei Gebiete seiner Gedankenwelt behandeln: erstens seine Theologie und zweitens seine politische Theorie.

In der Theologie führte er eine Neuerung ein, die heute von den meisten protestantischen Theologen übernommen worden ist. Seit Plato hat jeder Philosoph vor ihm, wenn er an Gott glaubte, seine Überzeugung durch intellektuelle Argumente bewiesen.[2] Diese Beweise mögen uns nicht sehr überzeugend vorkommen; auch empfinden wir wohl, daß sie für niemand zwingend sind, der nicht schon gefühlsmäßig von der Richtigkeit des Schlusses durchdrungen war. Der Philosoph aber, der

---

[2] Pascal müssen wir ausnehmen. »Das Herz hat seine Gründe, von denen die Vernunft nichts weiß« – das ist ganz im Stile Rousseaus.

solche Beweise erbrachte, hielt sie sicher für logisch einwandfrei und für geeignet, einem unvoreingenommenen, philosophisch hinreichend befähigten Menschen Gewißheit über die Existenz Gottes zu geben. Moderne Protestanten, die uns ans Herz legen, an Gott zu glauben, verachten großenteils diese alten Beweise und stützen sich mit ihrem Glauben auf irgendeinen Aspekt der menschlichen Natur – auf das Gefühl der Ehrfurcht oder des Mysteriums, das Gefühl für Recht und Unrecht, das Gefühl der Sehnsucht nach Höherem und so fort. Diese Art, die religiöse Überzeugung zu verteidigen, hat Rousseau erfunden. Man hat sich so daran gewöhnt, daß dieser Ursprung einem modernen Leser kaum bewußt werden dürfte, sofern er sich nicht die Mühe macht, Rousseau etwa mit Descartes oder Leibniz zu vergleichen.

»Ach, Madame«, schreibt Rousseau an eine aristokratische Dame, »manchmal denke ich in der Zurückgezogenheit meines Studierzimmers, wenn ich mir die Augen fest zuhalte oder in der Dunkelheit der Nacht: es gibt keinen Gott. Aber siehe: die Sonne geht auf und zerteilt die Nebel, welche die Erde bedecken, und legt den wunderbaren, schimmernden Schauplatz der Natur frei und zerstreut im gleichen Augenblick alle Wolken in meiner Seele. Ich finde mein Vertrauen wieder und meinen Gott und meinen Glauben an ihn. Ich bewundere ihn, ich bete ihn an und knie nieder, denn er ist gegenwärtig.«

Bei anderer Gelegenheit sagt er: »Ich glaube so fest an Gott wie an jede andere Wahrheit, weil Glauben und Nichtglauben die letzten Dinge sind, die von mir abhängen.« Ein Beweis dieser Art hat den Nachteil, Privatangelegenheit zu sein; die Tatsache, daß Rousseau unbedingt an etwas glauben muß, ist noch kein Grund für einen anderen, dasselbe zu glauben.

Er betont sehr stark seinen Theismus. Einmal drohte er damit, eine Tafelrunde zu verlassen, weil Saint Lambert (einer der Gäste) Zweifel an der Existenz Gottes äußerte. »Ich, Monsieur«, rief Rousseau zornig, »ich glaube an Gott!« Robespierre, in allem sein treuer Schüler, folgte ihm auch hierin. Das »Fest des höchsten Wesens« (La Fête de l'Etre Suprême) hätte Rousseaus ungeteilten Beifall gefunden.

Das Glaubensbekenntnis eines savoyischen Vikars, eine Einschaltung im vierten Buch des *Emile*, ist die klarste, formale Darstellung seiner religiösen Überzeugung. Es soll nur wiedergeben, was die Stimme der Natur einem tugendhaften Priester eingegeben hat, der wegen des ganz »natürlichen« Vergehens, ein unverheiratetes[3] weibliches Wesen verführt zu haben, in Ungnade gefallen ist; der Leser stellt jedoch zu seinem Erstaunen fest, daß die Stimme der Natur, wenn sie zu sprechen anhebt, einen Mischmasch von Argumenten von sich gibt, die von Aristoteles, Augustin, Descartes und anderen stammen. Sie sind allerdings

---

[3] »Ein regelstrenger Priester soll nur verheirateten Frauen Kinder machen«, läßt er irgendwo einen savoyischen Priester sagen.

ihrer Präzision und logischen Form beraubt; das soll sie vermutlich rechtfertigen und dem würdigen Vikar den Ausspruch ermöglichen, er mache sich nichts aus der Weisheit der Philosophen.

Die letzten Teile des »Glaubensbekenntnisses« erinnern weniger an frühere Denker als die ersten. Nachdem der Vikar sich von der Existenz Gottes überzeugt hat, geht er daran, Regeln zu ersinnen, wie man sich zu verhalten habe. »Ich leite diese Regeln nicht«, sagt er, »von den Prinzipien einer hohen Philosophie ab, sondern finde sie in der Tiefe meines Herzens mit unauslöschlichen Lettern von der Natur eingeschrieben.« Hieraus entwickelt er die Ansicht, daß das Gewissen in allen Situationen ein unfehlbarer Wegweiser zum rechten Handeln sei. »Gottseidank«, schließt er diesen Teil seiner Erörterung, »sind wir frei von diesem ganzen schrecklichen philosophischen Apparat; wir brauchen keine Gelehrsamkeit, um Menschen zu sein; ohne unsere Zeit auf das Studium der Moralgesetze verschwenden zu müssen, haben wir einen zuverlässigen Führer durch das ungeheure Labyrinth der menschlichen Ansichten.« Unsere natürlichen Gefühle, behauptet er, veranlassen uns, dem allgemeinen Interesse zu dienen, während unsere Vernunft uns zur Selbstsucht treibt. Wir haben daher, wenn wir tugendhaft sein wollen, nicht so sehr der Vernunft wie vielmehr unserem Gefühl zu folgen.

Die natürliche Religion, wie der Vikar seine Lehre nennt, bedarf keiner Offenbarung; wollten die Menschen auf das hören, was Gott zum Herzen spricht, dann gäbe es nur eine einzige Religion auf der Welt. Wenn Gott sich bestimmten Menschen besonders geoffenbart hätte, dann könnte das nur von Menschen bezeugt sein und wäre somit unzuverlässig. Die natürliche Religion hat den Vorteil, daß sie sich jedem einzelnen unmittelbar offenbart.

Eine merkwürdige Stelle behandelt die Hölle. Der Vikar weiß nicht, ob den schlechten Menschen ewige Pein erwartet; etwas von oben herab erklärt er, daß das Schicksal des Bösen ihn nicht sonderlich interessiere; im großen und ganzen aber neigt er zu der Ansicht, daß die Qualen der Hölle nicht von ewiger Dauer wären. Wie dem auch sei, es ist jedenfalls gewiß, daß die Erlösung nicht den Mitgliedern einer einzigen Kirche vorbehalten ist.

Daß er Offenbarung und Hölle verwarf, war es vermutlich, was die französische Regierung und den Genfer Rat so heftig empörte.

Die Vernunft zugunsten des Herzens abzulehnen, bedeutete nach meiner Meinung keinen Fortschritt. Tatsächlich war auch niemand auf diesen Gedanken verfallen, solange die Vernunft auf seiten des religiösen Glaubens zu sein schien. In Rousseaus Umgebung hielt man die Vernunft, als deren Repräsentant Voltaire galt, für religionsfeindlich; darum fort mit der Vernunft! Überdies war die Vernunft etwas Schwerverständliches und Schwieriges; selbst wenn der Wilde gespeist hatte, konnte er den ontologischen Beweis nicht begreifen, und der Wilde war doch der Born aller erforderlichen Weisheit. Rousseaus Wilder – keineswegs identisch mit dem Wilden, für den sich die Anthropologen interessieren – war ein guter Gatte und gütiger Vater; er war völlig bedürfnislos und hielt sich an eine Religion der natürlichen Güte. Es war gut mit ihm umzugehen; um aber den Argumenten des braven Vikars für die Existenz Gottes folgen zu können, hätte er doch philosophischer veranlagt sein müssen, als man bei seiner unschuldigen Naivität erwarten durfte.

Abgesehen von dem fiktiven Charakter von Rousseaus »natürlichem Menschen« lassen sich zwei Einwände erheben gegen das Verfahren, Glaubensdinge auf Gefühle des Herzens wie auf objektive Tatsachen zu stützen; einmal läßt sich dagegen sagen: Es liegt überhaupt kein Grund vor, anzunehmen, daß ein solcher Glaube richtig sei; sodann, daß ein solcher Glaube rein privater Natur ist, da das Herz allen Leuten etwas anderes sagt. Manche Wilde überzeugt das »natürliche Licht« davon, daß sie andere Menschen aufzufressen hätten, und selbst Voltaires Wilde, denen die Stimme der Vernunft die Überzeugung eingibt, daß man nur Jesuiten verspeisen sollte, sind nicht ganz das richtige. Den Buddhisten offenbart das natürliche Licht nicht das Dasein Gottes; es verkündet ihnen jedoch, daß es unrecht ist, das Fleisch von Tieren zu essen. Aber selbst wenn das Herz allen Menschen das gleiche sagen würde, wäre damit nicht bewiesen, daß noch etwas außerhalb unserer eigenen Gefühle existiert. Mag ich oder die ganze Menschheit etwas noch so glühend wünschen, so ist das kein Grund zu der Annahme, daß etwas Derartiges auch wirklich existiert, und wäre es auch noch so nötig zum menschlichen Glück. Kein Naturgesetz läßt uns mit Sicherheit darauf schließen, daß es der Menschheit bestimmt sei, glücklich zu sein. Ganz offensichtlich trifft das für unser Erdenleben zu, aber durch einen sonderbaren geistigen Vorgang will man in eben diesen Leiden in unserem Erdenleben den Beweis dafür sehen, daß es uns im nächsten Leben besser gehen wird.

In keinem anderen Zusammenhang als diesem würden wir einen solchen Beweis gelten lassen. Wenn man von jemand zehn Mandeln Eier kauft, wovon die erste Mandel durchweg faul ist, würde man daraus gewiß nicht schließen, daß die übrigen neun Mandeln von besonderer Güte sind; aber so etwa sehen die Beweise aus, mit denen uns »das Herz« über unsere Leiden hienieden hinwegtröstet.

Ich für mein Teil ziehe den ontologischen Beweis, den kosmologischen Beweis und alles übrige, was die Philosophie in dieser Beziehung noch auf Lager hat, der Unlogik des Gefühls vor, die von Rousseau herrührt. Die alten Argumente waren wenigstens ehrlich: Wenn sie schlüssig waren, dann bewiesen sie auch, was zu beweisen war; andernfalls konnte die Kritik sie widerlegen. Auch die neue Religion des Herzens verzichtet auf Beweise; sie läßt sich nicht widerlegen, weil sie gar nicht behauptet, etwas beweisen zu wollen. Für sie spricht allein, daß sie es uns gestattet, in angenehmen Träumen zu schwelgen. Das ist aber ein verächtlicher Grund, und wenn ich zwischen Thomas von Aquino und Rousseau zu wählen hätte, würde ich mich ohne zu zögern für den Heiligen entscheiden.

Seine politische Theorie hat Rousseau in dem 1762 veröffentlichten *Gesellschaftsvertrag* dargelegt. Dieses Buch unterscheidet sich stark von seinen anderen Schriften; es enthält wenig Empfindsamkeit und viel scharfe, vernünftige Überlegung. Seine Lehren zielen auf eine Rechtfertigung des totalitären Staates ab, wenn sie auch scheinbar der Demokratie das Wort reden. Aber Genf und die Antike im Verein bewogen Rousseau, dem Stadtstaat vor großen Reichen wie Frankreich und England den Vorzug zu geben. Auf dem Titelblatt bezeichnet er sich als »Bürger von Genf«, und in der Einleitung sagt er: »Ich bin als Bürger eines freien und damit als Mitglied eines souveränen Staates geboren; daher habe ich das Gefühl – so wenig meine Stimme auch bei öffentlichen Angelegenheiten ins Gewicht fallen mag –, daß mein Recht, durch Stimmabgabe auf sie einzuwirken, es mir zur Pflicht machte, sie gründlich zu studieren.« Häufig weist er lobend auf Sparta hin, wie es Plutarch in seinem *Leben des Lykurg* schildert. Die beste Staatsform ist nach seiner Ansicht bei kleinen Staaten die Demokratie, bei mittleren die Aristokratie und bei großen die Monarchie. Aber wohlverstanden sind nach seiner Überzeugung kleine Staaten vorzuziehen, weil sich unter anderem in ihnen die Demokratie besser durchführen läßt. Wenn er von Demokratie spricht, meint er damit wie die Griechen unmittelbare Beteiligung aller Bürger; das Repräsentativsystem nennt er »Wahlaristokratie«. Da aber Demokratie in einem großen Staat nicht möglich ist, meint er stets den Stadtstaat, wenn er sie lobt. Seine Vorliebe für den Stadtstaat wird nach meinem Dafürhalten in den meisten Darstellungen der politischen Theorie Rousseaus nicht genügend hervorgehoben.

Obwohl dieses Buch viel weniger rhetorisch ist als die meisten anderen Schriften Rousseaus, beginnt das erste Kapitel mit einer sehr eindrucksvollen rhetorischen Stelle: »Der Mensch ist frei geboren und liegt doch allenthalben in Ketten. Jeder hält sich für den Herrn über andere und ist dabei doch stärker versklavt als sie.« Freiheit ist das angebliche Ziel, worauf Rousseau seine Gedanken richtet; in Wirklichkeit aber strebt er Gleichheit an, und sei es selbst auf Kosten der Freiheit.

Seine Konzeption des Gesellschaftsvertrages scheint anfangs der des Lockeschen ähnlich zu sein; bald zeigt sich jedoch, daß sie der Hobbes' näher verwandt ist. In der aus dem Naturzustand herausführenden Entwicklung kommt einmal die Zeit, wo die Einzelwesen nicht mehr länger in ihrer ursprünglichen Unabhängigkeit verbleiben können; um der Selbsterhaltung willen wird es dann erforderlich, daß sie sich zusammenschließen und eine Gesellschaft bilden. Wie aber kann ich meine Freiheit preisgeben, ohne meine Interessen zu schädigen? »Das Problem besteht darin, eine Gesellschaftsform zu finden, in der alle mit vereinter Kraft Person und Habe jedes einzelnen Mitglieds verteidigen und schützen und jeder weiterhin über sich selbst bestimmen und so frei wie zuvor bleiben kann, auch wenn er sich mit den andern vereinigt. Das ist das Grundproblem, dessen Lösung der Gesellschaftsvertrag vorsieht.«

Der Vertrag besteht in »der totalen Hingabe jedes Mitglieds samt allen seinen Rechten an die ganze Gemeinschaft; denn da die Hingabe bei jedem absolut ist, sind die Bedingungen – und das ist sehr wichtig – für alle die gleichen; und wenn das der Fall ist, hat niemand ein Interesse daran, sie so zu gestalten, daß andere dadurch belastet werden«. Dieses Aufgeben aller Rechte muß rückhaltlos sein: »Wenn einzelne bestimmte Rechte behielten, dann würde jeder, der in *einer* Sache sein eigener Richter ist, dies in allen sein wollen, da es keine höhere Instanz gibt, um zwischen ihm und der Allgemeinheit zu entscheiden; es würde also weiter beim Naturzustand bleiben, und die Gesellschaft würde zwangsläufig leistungsunfähig oder tyrannisch werden.«

Das bedingt eine völlige Preisgabe der Freiheit und völlige Ablehnung der Lehre von den Menschenrechten. Diese Theorie wird allerdings in einem späteren Kapitel etwas abgemildert. Dort heißt es, daß der Gesellschaftsvertrag zwar dem Staat die absolute Macht über alle seine Angehörigen verleiht, daß aber trotzdem den menschlichen Wesen natürliche Rechte als Menschen verbleiben. »Der Souverän kann seinen Untertanen keine Bindungen auferlegen, die nicht dem Gemeinwohl dienen, ja er darf nicht einmal wünschen, es tun zu können.« Aber der Souverän kann als einziger darüber befinden, was für die Allgemeinheit nützlich ist oder nicht. Es ist klar, daß damit der Kollektivtyrannis nur ein schwaches Hindernis entgegengestellt wird.

Es ist zu beachten, daß Rousseau mit »Souverän« nicht Monarch oder Regierung meint, sondern darunter den Staat als Gesamtheit und Gesetzgeber versteht.

Der Gesellschaftsvertrag kann folgendermaßen formuliert werden: »Wir alle unterstellen gemeinsam unsere Person und unsere ganze Kraft der obersten Leitung des allgemeinen Willens und nehmen in unserer Eigenschaft als Gemeinschaft jedes Mitglied als einen vom Ganzen untrennbaren Teil in uns auf.« Durch diesen Assoziationsakt entsteht ein moralischer Kollektivkörper, der als Passivum »Staat«, als Aktivum »Souverän« oder »Macht« in seiner Beziehung zu anderen, gleichwertigen Körpern genannt wird.

Der Begriff des »allgemeinen Willens«, der in dem obigen Passus des Vertrages vorkommt, spielt in Rousseaus System eine sehr bedeutende Rolle. Ich muß darüber kurz noch etwas sagen.

Es wird bewiesen, daß der Souverän seinen Untertanen keine Garantien zu geben braucht, denn da er von den einzelnen geschaffen ist, aus denen er besteht, kann er keine Interessen haben, die den ihren zuwiderlaufen.« »Der Souverän ist immer kraft dessen, was er ist, auch das, was er sein sollte.« Diese Auffassung ist mißverständlich für einen Leser, der nicht darauf achtet, daß Rousseau manche Ausdrücke in einem besonderen Sinne gebraucht. Der Souverän ist nicht die Regierung, die zugegebenermaßen tyrannisch sein kann; der Souverän ist vielmehr eine mehr oder weniger metaphysische Wesenheit, die sich nicht vollkommen in einem der sichtbaren Staatsorgane verkörpert. Selbst wenn man ihm Unfehlbarkeit zugestehen sollte, hat sie deshalb praktisch nicht die Konsequenzen, die man erwarten könnte.

Der Wille des Souveräns, der immer richtig ist, repräsentiert den »allgemeinen Willen«. Jeder Bürger *qua* Bürger ist am allgemeinen Willen beteiligt, kann aber auch als einzelner einen besonderen Willen haben, der dem allgemeinen Willen entgegenstrebt. Der Gesellschaftsvertrag bedingt, daß jeder, der sich weigert, dem allgemeinen Willen zu gehorchen, dazu gezwungen werden soll. »Das bedeutet nichts anderes, als daß er dann gezwungen wird, frei zu sein.«

Dieses »Gezwungen-Werden, frei zu sein«, ist ein sehr metaphysischer Begriff. Der allgemeine Wille war zur Zeit Galileis gewiß antikopernikanisch; wurde Galilei »gezwungen, frei zu sein«, als die Inquisition ihn gewaltsam nötigte, zu widerrufen? Wird ein Übeltäter »gezwungen, frei zu sein«, wenn man ihn ins Gefängnis steckt? Man denke an Byrons Korsaren:

> auf lust'gem Schaum der dunkelblauen Flut
> so grenzenlos und frei wie unser Mut – [4]

Wäre dieser Mann in einem Kerker ein »freierer« Mensch? Das Sonderbare ist, daß Byrons edle Piraten zwar direkte Nachkommen Rousseaus sind, daß aber Rousseau selbst in der oben angeführten Stelle seine Romantik vergißt und wie ein spitzfindiger Polizist redet. Hegel, der Rousseau viel verdankt, übernahm auch den Mißbrauch des Wortes »Freiheit« von ihm und definiert sie als das Recht, der Polizei zu gehorchen oder so ähnlich.

Rousseau hat nicht diesen für Locke und seine Schüler charakteristischen großen Respekt vor dem Privateigentum. »Der Staat ist in seiner Beziehung zu seinen Angehörigen Herr aller ihrer Güter.« Auch hält er nichts von der Gewaltenteilung, für die Locke und Montesquieu sich einsetzen. Hierin wie auch in manchen anderen Punkten stimmen jedoch seine späteren ausführlichen Erörterungen nicht ganz mit seinen früheren allgemeinen Grundsätzen überein. Im dritten Buch, Kapitel 1, erklärt er, die Rolle des Souveräns sei auf die Gesetzgebung beschränkt, die Exekutive oder Regierung aber als ein Zwischenkörper zwischen Untertanen und Souverän eingesetzt, um ihre Übereinstim-

---

[4] Übersetzt von O. Gildemeister. (Anm. d. Übers.)

mung zu sichern. Er fährt fort: »Wenn der Souverän zu regieren oder die Obrigkeit Gesetze zu geben wünscht, oder wenn die Untertanen den Gehorsam verweigern, tritt Unordnung anstelle der Ordnung... und der Staat verfällt dem Despotismus und der Anarchie.« Sieht man von der unterschiedlichen Ausdrucksweise ab, so scheint er in diesem Satz mit Montesquieu übereinzustimmen.

Ich komme nun zu der Lehre vom allgemeinen Willen, die ebenso wichtig wie undurchsichtig ist. Der allgemeine Wille ist nicht identisch mit dem Willen der Mehrheit oder gar mit dem Willen aller Bürger. Er wird offenbar aufgefaßt als der Wille, der dem Staat als solchem eigen ist. Nach Hobbes' Ansicht, daß eine politische Gesellschaft eine Person sei, müssen wir sie uns auch mit den Attributen der Persönlichkeit einschließlich des Willens ausgestattet denken. Aber dann stehen wir vor der Schwierigkeit, entscheiden zu müssen, worin die sichtbaren Manifestationen dieses Willens bestehen, und hier läßt uns Rousseau im unklaren. Wir erfahren, daß der allgemeine Wille immer recht und stets das allgemeine Beste im Auge hat; daraus folgt aber nicht, daß die Überlegungen des Volkes gleichermaßen richtig sind; denn es besteht oft ein gewaltiger Unterschied zwischen dem Willen aller und dem allgemeinen Willen. Wie können wir nun erfahren, was der allgemeine Wille ist? Im gleichen Kapitel finden wir eine Art Antwort auf diese Frage:

»Wenn das Volk, angemessen unterrichtet, seine Beratung abhält und die Bürger sich nicht untereinander verständigen, wird die Gesamtsumme der kleinen Differenzen immer den allgemeinen Willen ergeben und die Entscheidung immer gut sein.«

Rousseau scheint dabei etwa folgendes vorzuschweben: Die politische Ansicht jedes Menschen wird von seinem Privatinteresse bestimmt; dieses Privatinteresse besteht aber aus zwei Teilen: dem einen, der nur jedem einzelnen, und dem anderen, der allen Mitgliedern des Staates eigen ist. Wenn die Bürger keine Gelegenheit haben, sich gegenseitig besonders vorteilhafte Geschäfte in die Hand zu spielen, dann werden ihre einander zuwiderlaufenden Interessen sich gegenseitig aufheben, so daß als Endergebnis ihr gemeinsames Interesse übrigbleibt, und das ist der allgemeine Wille. Vielleicht läßt sich Rousseaus Vorstellung am Begriff der Schwerkraft veranschaulichen. Jedes Teilchen der Erde zieht jedes andere Teilchen des Universums an; die Luft über uns zieht uns nach oben, während uns der Boden unter uns nach unten zieht. Aber all diese »selbstsüchtigen« Anziehungen heben einander insofern auf, als sie divergieren, und was übrigbleibt, ist eine daraus resultierende Anziehung zum Erdmittelpunkt hin. Mit etwas Phantasie könnte man das für eine Aktion der als Gemeinwesen geltenden Erde und als Ausdruck ihres allgemeinen Willens halten.

Daß der allgemeine Wille immer richtig sei, heißt in Wirklichkeit nur: es muß darin die denkbar größte, dem Staat mögliche Kollektiv-Befriedigung des Privatinteresses zum Ausdruck kommen, da der allgemeine Wille der allen verschiedenen Bürgern gemeinsame Teil des Eigennutzes ist. Ich glaube, diese Interpretation kommt dem, was Rousseau unter seinen Worten versteht, von allen mir bekannten Deutungen noch am nächsten.[5]

Wenn der allgemeine Wille in der Praxis nicht rein zum Ausdruck kommt, so liegt das nach Rousseaus Auffassung daran, daß er durch das Vorhandensein untergeordneter Vereinigungen innerhalb des Staates gestört wird. Jede von ihnen wird ihren eigenen allgemeinen Willen haben, der mit dem Willen des Staates als Gesamtheit kollidieren mag. »Man kann dann also nicht mehr sagen, daß es so viele Stimmen wie Menschen, sondern nur, daß es so viele Stimmen wie Vereinigungen gibt.« Daraus folgt etwas sehr Wichtiges: »Damit der allgemeine Wille zum Ausdruck kommen kann, ist es daher wesentlich, daß es innerhalb des Staates keine Teilgesellschaften gibt und daß jeder Bürger nur seine eigenen Gedanken hat; eben dieses erhabene und einzigartige System stellte der große Lykurg auf.« Als Autorität zur Unterstützung seiner Ansicht zieht Rousseau in einer Fußnote Machiavelli heran.

Man beachte die praktischen Auswirkungen eines solchen Systems: Der Staat müßte Kirchen (mit Ausnahme einer Staatskirche), politische Parteien, Gewerkschaften und alle sonstigen menschlichen Organisationen mit gleichgerichteten wirtschaftlichen Interessen verbieten. Das Ergebnis wäre ganz offensichtlich der korporative oder totalitäre Staat, in welchem der einzelne Bürger machtlos ist. Es war Rousseau offenbar klar, wie schwierig es sein mochte, alle Vereinigungen zu untersagen; daher fügt er nachträglich hinzu, wenn es schon untergeordnete Vereinigungen geben *müsse*, dann je mehr, je besser, damit sie einander neutralisieren könnten.

Wenn er in einem späteren Teil des Buches die Regierung behandelt, kommt er zu der Erkenntnis, daß die Exekutive zwangsläufig eine Vereinigung mit eigenem Interesse und eigenem allgemeinem Willen ist, der leicht mit dem allgemeinen Willen des Staates in Konflikt geraten kann. Er sagt, die Regierung eines großen Staates müsse zwar straffer sein als die eines kleinen Staates, bedürfe aber daher um so mehr der einschränkenden Kontrolle durch den Souverän. In einem Mitglied der Regierung kommen drei Willensrichtungen zum Ausdruck: sein persönlicher Wille, der Wille der Regierung und der allgemeine Wille. Diese drei sollten ein *Crescendo* bilden, bedeuten aber in Wirklichkeit gewöhnlich ein *Diminuendo*. Ferner: »Alles verschwört sich, einem

---

5 Zum Beispiel: »Es steht oft ein großer Unterschied zwischen dem Willen aller und dem allgemeinen Willen: der letztere berücksichtigt nur die gemeinsamen Interessen; der erstere hat private Interessen im Auge und ist nur die Summe der Einzelwillen; zieht man aber von eben diesen Einzelwillen das ab, wodurch sie sich mehr oder weniger aufheben, so bleibt der allgemeine Wille als Differenz-Summe übrig.«

Mann, dem Autorität über andere verliehen ist, das Gerechtigkeitsgefühl und die Vernunft zu nehmen.«

Und so bleiben denn trotz der Unfehlbarkeit des allgemeinen Willens, der »immer beständig, unveränderlich und rein« ist, die alten Probleme bestehen, wie die Tyrannei zu vermeiden sei. Was Rousseau zu diesen Problemen zu sagen hat, ist entweder eine heimliche Anleihe bei Montesquieu oder ein Bestehen auf dem Supremat der Legislative, die – falls demokratisch – mit Rousseaus Souverän identisch ist. Die großen allgemeinen Prinzipien, von denen er ausgeht und die er als Lösung politischer Probleme hinstellt, zerfallen, wenn er im einzelnen auf sie eingeht, und tragen zur Lösung nichts bei.

Die Ablehnung, die das Buch bei den zeitgenössischen Reaktionären fand, läßt den modernen Leser darin eine viel schlagendere revolutionäre Lehre erwarten, als es tatsächlich enthält. Das wird anhand seiner Aussprüche über die Demokratie besonders deutlich. Wenn Rousseau dieses Wort gebraucht, meint er, wie wir bereits gesehen haben, genau die Demokratie des alten Stadtstaates. Diese läßt sich, wie er zeigt, niemals vollkommen verwirklichen, weil das Volk nicht dauernd zusammengerufen und mit öffentlichen Angelegenheiten beschäftigt werden kann. »Gäbe es ein Volk von Göttern, so würde ihre Regierung demokratisch sein. Eine so vollkommene Regierung gibt es aber für Menschen nicht.«

Was wir als Demokratie bezeichnen, nennt er »Wahlaristokratie«; sie ist nach seinem Dafürhalten die beste Staatsform, die sich aber nicht für alle Länder eignet. Das Klima darf weder sehr heiß noch sehr kalt sein; die Erträge dürfen die Bedürfnisse nur wenig übersteigen, da sich andernfalls unheilvoller Luxus nicht vermeiden läßt; und es ist besser, wenn sich ein solches Übel auf den Monarchen und seinen Hof beschränkt, als wenn es sich auf die ganze Bevölkerung ausdehnt. Infolge dieser Beschränkung bleibt der despotischen Regierung ein weites Feld offen. Daß er sich, ungeachtet dieser Einschränkungen, für die Demokratie einsetzte, war zweifellos einer der Gründe, die seinem Buch die unversöhnliche Feindschaft der französischen Regierung eintrugen; der andere ist vermutlich darin zu sehen, daß er die göttlichen Rechte des Königs verwarf, was sich aus der Lehre vom Gesellschaftsvertrag als Ursprung der Regierung ergibt.

Der *Gesellschaftsvertrag* wurde zur Bibel der meisten Führer der Französischen Revolution; aber – wie es nun einmal das Schicksal von Bibeln ist – er wurde von vielen seiner Anhänger nicht sorgfältig gelesen und noch weniger verstanden. Er führte wieder die Anwendung metaphysischer Abstraktionen bei den Theoretikern der Demokratie ein und machte durch die Lehre vom allgemeinen Willen die mystische Identifizierung eines Führers mit seinem Volke möglich, die einer Bestätigung durch so irdische Einrichtungen wie zum Beispiel einer Wahlurne nicht bedarf. Vieles von seiner Philosophie konnte Hegel für seine Verteidigung der preußischen Aristokratie benutzen. Das erste praktische Ergebnis seiner Lehre war die Herrschaft Robespierres; die Diktaturen in Rußland und Deutschland (und sie vor allem) sind teilweise Auswirkungen der Rousseauschen Doktrin.[6] Welche weiteren Triumphe die Zukunft für seinen Geist noch bereithält, wage ich nicht vorauszusagen.

---

6 Hegel hebt besonders lobend den Unterschied zwischen dem allgemeinen Willen und dem Willen aller hervor. Er sagt: »Rousseau würde in Beziehung auf die Theorie des Staates Gründlicheres geleistet haben, wenn er diesen Unterschied immer im Auge gehalten hätte.« (Wissenschaft der Logik, § 163.)

20. KAPITEL

Kant

A. Der deutsche Idealismus im allgemeinen

Die Philosophie des achtzehnten Jahrhunderts beherrschten die britischen Empiristen, als deren Hauptvertreter Locke, Berkeley und Hume anzusehen sind. Daß zwischen ihrer Gesinnung und der Tendenz ihrer theoretischen Doktrinen ein Widerspruch bestand, scheint ihnen selbst nicht bewußt gewesen zu sein. Ihrer Gesinnung nach waren sie sozial denkende Bürger, keineswegs selbstbewußt oder ungebührlich machtgierig; erstrebenswert schien eine tolerante Welt, in der jeder Mensch tun konnte, was er wollte, soweit es das Strafgesetz erlaubte. Es waren wohlwollende, weltmännische, gebildete und gütige Menschen.

Aber während ihre Gesinnung sozial war, führte ihre theoretische Philosophie zum Subjektivismus. Diese Tendenz war nicht neu; wir finden sie bereits in der späten Antike und ganz besonders stark bei Augustin; in der Neuzeit lebte sie durch Descartes' *Cogito* wieder auf und erreichte einen vorübergehenden Höhepunkt in Leibniz' fensterlosen Monaden. Leibniz glaubte, seine gesamte Erfahrung würde unverändert bleiben, wenn auch die übrige Welt verschwände; trotzdem arbeitete er an der Wiedervereinigung der katholischen mit der protestantischen Kirche. Einem ähnlichen Widerspruch begegnen wir bei Locke, Berkeley und Hume.

Bei Locke finden wir die Inkonsequenz jedoch in der Theorie. Wir haben in einem der vorhergehenden Kapitel gesehen, daß Locke einerseits sagt: »Da der Geist bei allem Denken und Folgern kein anderes Objekt hat als seine eigenen Ideen, und da er nur sie betrachtet oder betrachten kann, so liegt es auf der Hand, daß unsere Erkenntnis es lediglich mit ihnen zu tun hat.« Und: »Erkenntnis ist die Wahrnehmung der Übereinstimmung oder Nichtübereinstimmung zweier Ideen.« Andererseits behauptet er, die Erkenntnis des wirklichen Seins sei für uns auf dreierlei Art möglich: als intuitive Erkenntnis, die sich auf unser eigenes Sein, als demonstrative Erkenntnis, die sich auf Gottes Sein, und als sensitive Erkenntnis, die sich auf Dinge erstreckt, die sich unseren Sinnen darbieten. »*Einfache* Ideen«, sagt er, »entstehen dadurch, daß Dinge den Verstand auf natürliche Weise beeinflussen.« Er gibt uns keine Erklärung dafür, wie er zu dieser Erkenntnis gekommen ist; sicherlich auf eine Weise, die über »die Übereinstimmung oder Nichtübereinstimmung zweier Ideen« hinausgeht.

Berkeley unternahm einen wichtigen Schritt zur Beseitigung dieses Widerspruchs. Für ihn gibt es nur den Geist und seine Ideen; die *physische* äußere Welt ist aufgehoben. Dennoch gelang es ihm noch nicht, *alle* Konsequenzen der erkenntnistheoretischen Prinzipien zu erfassen, die er von Locke übernommen hatte. Um ganz konsequent zu sein, durfte er lediglich die Gewißheit des eigenen Geistes, nicht aber die Gottes und anderer Geister zugeben. Davor schreckt er aber als Geistlicher und sozial denkender Mensch zurück.

Hume ließ sich durch nichts zurückhalten, theoretisch die letzten Konsequenzen zu ziehen, war aber nicht geneigt, die Praxis seiner Theorie anzupassen. Er leugnete das Selbst und zweifelte Induktion und Kausalität an. Zwar ließ er Berkeleys Abschaffung der Materie gelten, nicht aber den Ersatz, den Berkeley dafür in Gestalt der Ideen Gottes bot. Er wollte allerdings wie Locke keine einfache Idee ohne vorausgegangene Impression anerkennen und *stellte sich* unter Impression zweifellos einen bestimmten Zustand *vor*, in den der Verstand unmittelbar durch eine von außen her erfolgende Wirkung versetzt wird. Doch konnte er darin sicher keine *Definition* der »Impression« sehen, da er den Begriff der »Ursache« anzweifelt.

Ich weiß nicht, ob ihm oder seinen Schülern jemals dieses Problem bei der Impression klar geworden ist. Offenbar wäre nach seiner Ansicht die »Impression« durch ein inneres Merkmal zu definieren, das sie von der »Idee« unterscheidet, da sie sich kausal nicht definieren ließ. Er konnte daher nicht folgern, daß wir durch Impressionen zur Erkenntnis von Dingen kommen, die sich außerhalb von uns befinden, wie es Locke und – in anderer Form – Berkeley taten. Er mußte sich demnach in eine solipsistische Welt eingeschlossen und zur Unwissenheit über alles, was über seine eigenen Bewußtseinszustände und ihre Beziehungen hinausging, verurteilt glauben.

Hume bewies durch seine Konsequenz, daß der logisch zu Ende gedachte Empirismus zu Ergebnissen führen mußte, die nur für wenige Menschen annehmbar sein konnten; er schaffte daher im ganzen Bereich der Wissenschaft die Unterscheidung zwischen rationalem Glauben und unbegründetem Glauben ab. Locke hatte diese Gefahr vorausgesehen. Er legte einem imaginären Kritiker folgenden Einwand in den Mund: »Wenn Erkenntnis in der Übereinstimmung von Ideen besteht, gibt es keinen Unterschied zwischen dem Phantasten und dem nüchtern Denkenden.« Locke lebte zu einer Zeit, wo die Menschen der »Schwärmerei« überdrüssig geworden waren; es fiel ihm daher nicht schwer, sie von der Stichhaltigkeit seiner Antwort zu überzeugen.

Rousseau, der in einem Augenblick auftrat, als man von der Vernunft zur Abwechslung nichts mehr wissen wollte, brachte die »Schwärmerei« wieder in Mode, erklärte sich mit dem Bankrott der Vernunft einverstanden und ließ das Herz über Fragen entscheiden, die der Kopf offengelassen hatte. Von 1750 bis 1794 sprach das Herz laut und immer lauter; schließlich machte der Thermidor seinen heftigen Ausbrüchen zeitweilig ein Ende, zumindest in Frankreich. Unter Napoleon hatten Kopf und Herz gleichermaßen zu schweigen.

In Deutschland nahm die Reaktion auf Humes Agnostizismus (Unerkennbarkeitslehre) eine weit gründlichere und subtilere Form an als bei Rousseau. Kant, Fichte und Hegel entwickelten eine neue Philosophie, die Erkenntnis und Tugend vor den zerstörenden Doktrinen des späten achtzehnten Jahrhunderts bewahren sollten. Bei Kant und weit mehr noch bei Fichte führte die subjektivistische Tendenz, die bei Descartes einsetzte, zu neuen Extremen; insofern kann man also zunächst nicht von einer Reaktion gegen Hume sprechen. Die Reaktion gegen den Subjektivismus beginnt bei Hegel, der durch seine Logik dem Individuum einen Ausweg in die Welt zu erschließen sucht.

Es besteht eine gewisse geistige Verwandtschaft zwischen dem deutschen Idealismus in seiner Gesamtheit und der romantischen Bewegung. Man gewahrt sie deutlich bei Fichte und noch mehr bei Schelling, am wenigsten bei Hegel.

Kant, der Begründer des deutschen Idealismus, ist politisch nicht bedeutend, obwohl er einige interessante Abhandlungen über politische Themen geschrieben hat. Fichte und Hegel dagegen stellten politische Doktrinen auf, die den Verlauf der Geschichte stark beeinflußt haben und noch immer beeinflussen. Beide sind nur zu verstehen, wenn man sich zuvor mit Kant beschäftigt hat, dem wir uns in diesem Kapitel zuwenden wollen.

Bestimmte, allen deutschen Idealisten gemeinsame Charakteristika mögen erwähnt werden, bevor wir auf Einzelheiten eingehen.

Kant legt wie seine Nachfolger besonderes Gewicht auf die Erkenntnistheorie als eine Methode, zu philosophischen Schlüssen zu kommen. Der Gegensatz zwischen Geist und Materie wird stark betont und schließlich behauptet, daß es überhaupt nur den Geist gäbe. Heftig wird jede utilitaristische Moralauffassung zugunsten von Systemen abgelehnt, die durch abstrakte philosophische Argumente als bewiesen gelten. Es schwingt ein lehrhafter Unterton mit, der bei den französischen und englischen Philosophen vor dieser Zeit fehlt; Kant, Fichte und Hegel waren Universitätsprofessoren, die zu einem gelehrten Zuhörerkreis sprachen, und nicht Gentlemen ohne speziellen Beruf, die sich an ein Publikum von Dilettanten wandten. Sie selbst hatten keine umstürzlerischen Absichten, wenn sie später auch zum Teil eine revolutionierende Wirkung gehabt haben; Fichte und Hegel setzten sich sogar sehr stark für die Erhaltung des Staates ein. Sie führten durchwegs ein vorbildliches, akademisches Leben; ihre moralischen Ansichten waren streng orthodox. Und wenn sie theologische Neuerungen einführten, so geschah es im Interesse der Religion.

B. Abriß der Kantischen Philosophie

Immanuel Kant (1724–1804) gilt allgemein als der größte moderne Philosoph. Ich selbst teile diese Ansicht nicht, doch wäre es töricht, seine große Bedeutung nicht anzuerkennen.

Kant verbrachte sein ganzes Leben in oder bei Königsberg in Ostpreußen. Äußerlich verliefen seine Tage akademisch und völlig ereignislos, obwohl er den Siebenjährigen Krieg (in dessen Verlauf die Russen zeitweilig Ostpreußen besetzt hatten), die Französische Revolution und die ersten Jahre von Napoleons Aufstieg miterlebte. Er war in der Wolffschen Fassung der Leibnizschen Philosophie aufgewachsen, gab sie aber unter dem Einfluß von Rousseau und Hume auf. Hume riß ihn durch seine Kritik des Kausalbegriffs aus seinem dogmatischen Schlummer – so behauptete er wenigstens; er erwachte jedoch nur vorübergehend, denn bald erfand er ein Schlafmittel, das es ihm ermöglichte, weiterzuschlummern. In Hume sah Kant einen Gegner, den es zu widerlegen galt; Rousseaus Einfluß wirkte tiefer auf ihn ein. Kant war ein Mensch von solcher Pünktlichkeit in seinen Gewohnheiten, daß die Leute die Uhren nach ihm stellten, wenn er auf seinem Verdauungsspaziergang an ihrem Hause vorüberkam; einmal jedoch wurde sein Stundenplan einige Tage lang über den Haufen geworfen, als er nämlich den *Emile* las. Wie er sagte, habe er Rousseaus Bücher mehrmals lesen müssen, denn bei der ersten Lektüre habe ihn die Schönheit des Stils daran gehindert, auf den Inhalt zu achten. Trotz seiner pietistischen Erziehung war Kant politisch wie religiös liberal; bis zur Schreckensherrschaft sympathisierte er mit der Französischen Revolution und war ein Anhänger der Demokratie. Wie wir sehen werden, ließ seine Philosophie es zu, gegen das kalte Diktat der theoretischen Vernunft an das Herz zu appellieren; mit leichter Übertreibung könnte man dabei von einer pedantischen Version des savoyischen Vikars sprechen. Sein Grundsatz, jeder Mensch sei als Selbstzweck anzusehen, ist eine Abart der Lehre von den Menschenrechten; und seine Freiheitsliebe offenbart sich, wenn er (von Kindern wie von Erwachsenen) sagt, daß es nichts Schrecklicheres geben könne, als daß ein Mensch gezwungen sei, nach dem Willen eines anderen zu handeln.

In seinen ersten Schriften beschäftigt sich Kant mehr mit der Naturwissenschaft als mit der Philosophie. Nach dem Erdbeben von Lissabon schrieb er über die Theorie des Erdbebens; er verfaßte einen Traktat über den Wind und eine kurze Abhandlung über die Frage, ob der Westwind in Europa feucht sei, weil er über den Atlantischen Ozean käme. An der physischen Geographie war er besonders stark interessiert.

Seine wichtigste naturwissenschaftliche Schrift ist die *Allgemeine Naturgeschichte und Theorie des Himmels* (1755), in der er die Nebularhypothese von Laplace vorwegnimmt und einen denkbaren Ursprung des Sonnensystems darlegt. Das Werk ist teilweise von Miltonscher Erhabenheit. Es hat das Verdienst, eine Hypothese erfunden zu haben, die sich als fruchtbar erwies, gibt jedoch keine ernsthaften Beweise für diese Hypothese, wie sie von Laplace erbracht wurden. Teilweise ist es völlig phantastisch, beispielsweise in der Behauptung, daß alle Planeten bewohnt seien und daß die fernsten Planeten die besten Bewohner hätten – eine Ansicht, die zwar wegen ihrer terrestrischen Bescheidenheit zu loben, sonst aber durch keinerlei wissenschaftliche Gründe zu stützen ist.

Zu einer Zeit, als ihm die Argumente der Skeptiker mehr zu schaffen machten als jemals zuvor oder später, schrieb er ein seltsames Werk: *Träume eines Geistersehers, erläutert durch Träume der Metaphysik* (1766). Der »Geisterseher« ist Swedenborg, der der Welt sein mystisches System in einem gewaltigen Werk vorgelegt hatte, von dem vier Exemplare verkauft worden waren, drei an unbekannte Käufer und eines an Kant. Kant machte die halb ernst, halb scherzhaft gemeinte Andeutung, daß Swedenborgs System, das er »phantastisch« nennt, vielleicht nicht einmal phantastischer wäre als die orthodoxe Metaphysik. Er hatte jedoch für Swedenborg nicht nur Geringschätzung übrig. Seine Neigung zur Mystik, die zweifellos bestand, obwohl sie in seinen Schriften nicht hervortritt, ließ ihn Swedenborg bewundern, den er »sehr erhaben« nennt.

Wie jeder Mensch damals schrieb auch er eine Abhandlung über das Erhabene und das Schöne. Die Nacht ist erhaben, der Tag ist schön; das Meer ist erhaben, das Land schön; der Mann ist erhaben, die Frau schön und so fort.

Die *Encyclopaedia Britannica* bemerkt, er habe, da er niemals verheiratet war, noch im Alter die Gewohnheiten seiner Studentenzeit gehabt. Ich möchte wissen, ob der Verfasser dieses Artikels Junggeselle oder Ehemann war.

Kants bedeutendstes Werk ist die *Kritik der reinen Vernunft* (erste Auflage 1781, zweite Auflage 1787). Mit diesem Buch soll bewiesen werden, daß unsere Erkenntnis zwar niemals über unsere Erfahrung hinausgehen kann, trotzdem aber zum Teil a priori besteht und nicht induktiv von der Erfahrung abgeleitet ist. Der apriorische Teil unserer Erkenntnis umfaßt nach Kant nicht nur die Logik, sondern vieles mehr, das nicht zur Logik gerechnet oder von ihr deduziert werden kann. Er macht zwei Unterscheidungen, die es bei Leibniz noch nicht gegeben hat. Er unterscheidet einmal zwischen »analytischen« und »synthetischen« Urteilen und zum andern zwischen »apriorischen« und »empirischen« Urteilen. Zu jedem dieser Unterschiede ist etwas zu sagen.

Ein »analytisches« Urteil liegt vor, wenn das Prädikat im Subjekt enthalten ist, beispielsweise: »Ein großer Mensch ist ein Mensch«, oder »Ein gleichseitiges Dreieck ist ein Dreieck«. Solche Urteile gehen aus dem Satz vom Widerspruch hervor; die Behauptung, ein großer Mensch sei kein Mensch, würde sich selbst widersprechen. Als »synthetisch« gilt ein Urteil, das nicht analytisch ist. Alle Urteile, die nur auf der Erfahrung beruhen, sind synthetisch. Durch reine Begriffsanalyse können wir Wahrheiten wie zum Beispiel »Der Dienstag war ein regnerischer Tag« oder »Napoleon war ein großer Feldherr« nicht ermitteln. Aber im Gegensatz zu Leibniz und allen anderen Philosophen vor ihm will Kant die Umkehrung nicht gelten lassen, daß nämlich synthetische Urteile nur durch Erfahrung möglich wären. Hiermit kommen wir zu der zweiten der obigen Unterscheidungen.

Ein »empirisches« Urteil ist ein Urteil, das wir ausschließlich mit Hilfe der sinnlichen Wahrnehmung gewinnen können, und zwar entweder mit Hilfe unserer eigenen oder der Wahrnehmung eines Menschen, dessen Zeugnis wir anerkennen. Hierher gehören die Facta der Geschichte und Geographie, desgleichen die Gesetze der Naturwissenschaft, sofern die Erkenntnis ihrer Wahrheit von wahrnehmbaren Tatsachen abhängt. Ein Urteil »a priori« hingegen ist ein Urteil, das zwar durch die Erfahrung *ausgelöst* werden kann, das aber – wenn es erkannt wird – offensichtlich auf etwas anderem beruhen muß als auf der Erfahrung. Dem Kind, das rechnen lernen soll, mag es helfen, wenn es zwei Murmeln und noch zwei Murmeln sieht und feststellt, daß dies vier Murmeln sind. Hat es aber erst einmal den allgemeinen Satz »Zwei und zwei ist vier« begriffen, dann braucht es keine bestätigenden Beispiele mehr; der Satz ist von einer Gewißheit, die bei einem allgemeinen Gesetz durch Induktion nicht erreicht werden kann. Alle rein mathematischen Sätze sind in diesem Sinne apriorisch.

Hume hatte bewiesen, daß das Kausalgesetz nicht analytisch ist, und daraus gefolgert, wir könnten seiner Wahrheit nicht sicher sein. Kant ließ die Ansicht gelten, daß es synthetisch sei, behauptet aber trotzdem, es sei *a priori* bekannt. Er hielt Arithmetik und Geometrie für synthetisch, aber gleichermaßen für *apriorisch*. So kam er zu folgender Formulierung seines Problems: Wie sind synthetische Urteile *a priori* möglich? Die Antwort auf diese Frage mit all ihren Konsequenzen ist das eigentliche Thema der *Kritik der reinen Vernunft*.

Kant hielt sehr viel von seiner Lösung des Problems. Er hatte zwölf Jahre danach gesucht, brauchte dann aber nur wenige Monate zur Niederschrift seines ganzen langen Buches, als seine Theorie Gestalt angenommen hatte. Im Vorwort zur ersten Auflage bemerkt er: »Ich erkühne mich zu sagen, daß nicht eine einzige metaphysische Aufgabe sein müsse, die hier nicht aufgelöst, oder zu deren Auflösung nicht wenigstens der Schlüssel dargereicht worden.«[1] Im Vorwort zur zweiten Auflage vergleicht er sich mit Kopernikus und behauptet, eine kopernikanische Umwälzung in der Philosophie hervorgerufen zu haben.

---

[1] Die Zitate entsprechen der Ausgabe von Kants Werken im Verlag Felix Meiner, Leipzig.

Nach Kant liefert die äußere Welt nur den Stoff für die Empfindung; unser eigener geistiger Apparat ordnet diesen Stoff nach Raum und Zeit und gibt die Begriffe, mit deren Hilfe wir die Erfahrung verstehen. Dinge-an-sich, die unsere Empfindung verursachen, sind der Erkenntnis nicht zugänglich; sie stehen nicht innerhalb von Raum und Zeit, sind keine Substanzen und lassen sich auch nicht durch einen der übrigen allgemeinen Begriffe beschreiben, die Kant »Kategorien« nennt. Zeit und Raum sind subjektiv; sie gehören zu unserem Wahrnehmungsvermögen. Aber gerade deswegen können wir sicher sein, daß alles, was wir erfahren, die charakteristischen Merkmale aufweist, mit denen sich die Geometrie und die Lehre von der Zeit befassen. Wenn man immer eine blaue Brille trägt, kann man gewiß sein, stets alles blau zu sehen (dieses Beispiel stammt nicht von Kant). Ebenso sieht man, wenn man im Geiste immer eine Raumbrille trägt, bestimmt alles stets räumlich. So ist die Geometrie *apriorisch* in dem Sinne, daß sie für alles gelten muß, was erfahren wird; aber wir sind nicht berechtigt anzunehmen, daß etwas Analoges für das Ding-an-sich zutrifft, von dem wir keine Erfahrung haben.

Zeit und Raum, sagt Kant, sind keine Begriffe; es sind Formen der »Anschauung«. (Das deutsche Wort »anschauen« bedeutet »ansehen«, »betrachten«. Obwohl »intuition« die übliche englische Übersetzung ist, befriedigt sie keineswegs.) Es gibt jedoch auch *apriorische* Begriffe, nämlich die zwölf »Kategorien«, die Kant aus den Formen des Syllogismus ableitet. Die zwölf Kategorien werden in vier Abteilungen zu je drei Kategorien eingeteilt: (1) Kategorien der Quantität: Einheit, Vielheit, Allheit; (2) Kategorien der Qualität: Realität, Negation, Limitation; (3) Kategorien der Relation: Inhärenz und Subsistenz, Ursache und Wirkung, Wechselwirkung; (4) Kategorien der Modalität: Möglichkeit, Dasein, Notwendigkeit. Diese sind subjektiv im gleichen Sinne wie Zeit und Raum – das heißt, dank unserer geistigen Veranlagung können wir sie auf alles, was wir erfahren, anwenden; es ist aber unbegründet, anzunehmen, daß sie sich auch auf Dinge-an-sich anwenden lassen. Wo es sich um die Ursache handelt, ist Kant jedoch nicht konsequent, denn er hält Dinge-an-sich für Ursachen von Empfindungen, freie Willensentschließungen jedoch für Ursachen von Vorgängen in Raum und Zeit. Diese Inkonsequenz ist ein wesentlicher Teil seines Systems.

Ein großer Teil der *Kritik der reinen Vernunft* beschäftigt sich damit, nachzuweisen, welche Trugschlüsse entstehen, wenn Raum und Zeit oder die Kategorien auf Dinge angewendet werden, die außerhalb der Erfahrung liegen. Wenn dies geschieht, machen uns »Antinomien« zu schaffen – darunter versteht er die Widersprüche zwischen zwei Sätzen, die sich beide scheinbar beweisen lassen. Kant führt vier solcher Antinomien an, deren jede aus These und Antithese besteht.

In der ersten lautet die These: »Die Welt hat einen Anfang in der Zeit und ist dem Raume nach begrenzt.« Die Antithese lautet: »Die Welt hat keinen Anfang in der Zeit, sondern ist zeitlich wie räumlich unendlich.«

Die zweite Antinomie besagt, daß jede zusammengesetzte Substanz aus einfachen Teilen besteht beziehungsweise nicht daraus besteht.

Die These der dritten Antinomie behauptet, es gäbe zwei Arten von Kausalität, die Kausalität entsprechend den Naturgesetzen und die Kausalität der Freiheit; die Antithese erklärt, es gäbe nur eine den Naturgesetzen entsprechende Kausalität.

Die vierte Antinomie besagt, daß es ein absolut notwendiges Wesen geben müsse beziehungsweise daß es ein solches Wesen nicht gibt.

Dieser Teil der »Kritik« hat Hegel stark beeinflußt, der in seiner Dialektik ausschließlich mit Antinomien arbeitet.

In einem berühmten Abschnitt unternimmt es Kant, alle rein verstandesmäßigen Gottesbeweise *ad absurdum* zu führen. Er läßt erkennen, daß er andere Gründe habe, an Gott zu glauben; diese hat er dann später in der *Kritik der praktischen Vernunft* dargelegt. Aber zunächst hatte er nur die Absicht zu negieren.

Es gibt, wie er sagt, nur drei Gottesbeweise durch die reine Vernunft: den ontologischen, den kosmologischen und den physiko-theologischen.

Nach seiner Darstellung definiert der ontologische Beweis Gott als das *ens realissimum*, das allerrealste Wesen, das heißt als das Subjekt aller Prädikate, die zum absoluten Sein gehören. Diejenigen, die an die Stichhaltigkeit des Beweises glauben, behaupten, dieses Subjekt müsse – da »Existenz« ein solches Prädikat sei – das Prädikat »Existenz« besitzen, das heißt, es müsse existieren. Kant wendet ein, Existenz sei kein Prädikat. Wenn ich mir hundert Taler vorstelle, so haben sie durchwegs doch dieselben Prädikate wie hundert wirkliche Taler.

Der kosmologische Beweis besagt: Wenn überhaupt etwas existiert, dann muß auch ein unbedingt notwendiges Wesen existieren; da ich nun weiß, daß ich existiere, muß also auch ein unbedingt notwendiges Wesen existieren, und das muß das *ens realissimum* sein. Kant erklärt, dieser letzte Schritt laufe wieder auf den ontologischen Beweis hinaus, sei also durch das bereits Gesagte widerlegt.

Der physiko-theologische Beweis ist der bekannte Zweckmäßigkeitsbeweis, wenn auch in metaphysischer Gewandung. Er behauptet, im Universum zeige sich eine Ordnung, die mit Sicherheit auf einen Zweck schließen lasse. Dieses Argument behandelt Kant respektvoll, doch weist er nach, daß es höchstens einen Weltbaumeister, nicht aber einen Weltschöpfer beweisen könne und daher keine hinreichende Vorstellung von Gott zuließe. Er schließt, die einzig mögliche vernünftige Theologie sei diejenige, welche auf sittlichen Gesetzen aufgebaut sei oder sich von ihnen leiten lasse.

Gott, Freiheit und Unsterblichkeit sind, wie er sagt, die drei »Ideen der Vernunft«. Aber obwohl die Vernunft diese Ideen in uns erzeugt, kann sie selbst ihre Realität nicht beweisen. Diese Ideen haben praktische, das heißt mit der Moral zusammenhängende Bedeutung. Der rein intellektuelle Gebrauch der Vernunft führt zu Trugschlüssen; sie wird nur dann richtig angewendet, wenn sie moralische Zwecke anstrebt.

Der praktische Nutzen der Vernunft wird gegen Ende der *Kritik der reinen Vernunft* und ausführlicher in der *Kritik der praktischen Vernunft* (1786) entwickelt. Das Argument besagt, daß das moralische Gesetz Gerechtigkeit verlangt, das heißt, ein der Tugend proportionales Glück. Nur die Vorsehung kann dieses gewährleisten und hat es ganz offensichtlich in *diesem* Leben noch nicht getan. Darum gibt es einen Gott und ein zukünftiges Leben; und darum muß es Freiheit geben, denn sonst wäre auch keine Tugend möglich.

Kants Moralsystem ist in seiner *Grundlegung zur Metaphysik der Sitten* (1785) dargestellt und von bemerkenswerter historischer Bedeutung gewesen. Dieses Buch enthält die »kategorischen Imperative«, die – zumindest als Phrase – auch außerhalb des Kreises zünftiger Philosophen bekannt sind. Wie zu erwarten, will Kant nichts vom Utilitarismus oder sonstigen Lehren wissen, die der Moral einen außerhalb ihrer selbst liegenden Zweck zuschreiben. Er verlangt »eine völlig isolierte Metaphysik der Sitten, die mit keiner Theologie, mit keiner Physik oder Hyperphysik vermischt ist«. Alle Moralbegriffe, fährt er fort, haben *a priori* ihren Sitz und Ursprung ausschließlich in der Vernunft. Von moralischem Wert kann nur die Rede sein, wo ein Mensch aus Pflichtgefühl handelt; es genügt nicht, daß die Handlung dem entspricht, was die Pflicht vorgeschrieben haben *könnte*. Der Kaufmann, der im eigenen Interesse ehrlich ist, oder der Mensch, der gütig ist, weil er einem gütigen Impuls folgt, ist nicht tugendhaft. Das Wesen der Sittlichkeit muß vom Begriff des Gesetzes abgeleitet werden; in der Natur erfolgt zwar alles nach gewissen Gesetzen, doch »nur ein vernünftiges Wesen hat das Vermögen, nach der Vorstellung der Gesetze, d. i. nach Prinzipien, zu handeln, oder einen Willen. Die Vorstellung eines objektiven Prinzips, sofern es für den Willen nötigend ist, heißt ein Gebot (der Vernunft) und die Formel dieses Gebots heißt *Imperativ*.«

Es gibt zwei Arten von Imperativen, den *hypothetischen*, der besagt, »Du mußt so und so handeln, wenn du das und das erreichen willst«, und den *kategorischen* Imperativ, der besagt, daß eine bestimmte Art zu handeln objektiv notwendig ist ohne Rücksicht auf einen Zweck. Der kategorische Imperativ ist synthetisch und *apriorisch*. Kant leitet sein Wesen aus dem Begriff des Gesetzes ab:

»Denke ich mir einen kategorischen Imperativ, so weiß ich sofort, was er enthalte. Denn da der Imperativ außer dem Gesetze nur die Notwendigkeit der Maxime enthält, diesem Gesetz gemäß zu sein, das Gesetz aber keine Bedingung enthält, auf die es eingeschränkt war, so bleibt nichts als die Allgemeinheit eines Gesetzes überhaupt übrig, welchem die Maxime der Handlung gemäß sein soll und welche Gemäßheit allein den Imperativ eigentlich als notwendig vorstellt. Der kategorische Imperativ ist also ein einziger, und zwar dieser: *Handle nur nach derjenigen Maxime, durch die du zugleich wollen kannst, daß sie ein allgemeines Gesetz werde.*«

Um die Wirkung des kategorischen Imperativs zu veranschaulichen, führt Kant an, es sei unrecht, sich Geld zu borgen, denn wenn wir es alle zu tun versuchten, würde bald kein Geld mehr zum Borgen da sein. In gleicher Weise läßt sich aufzeigen, daß der kategorische Imperativ den Dieb und den Mörder verurteilt. Es gibt aber Handlungen, die Kant gewiß für unrecht halten würde, deren Unrecht sich aber durch seine Prinzipien nicht beweisen läßt, beispielsweise den Selbstmord; es wäre durchaus möglich, daß ein Melancholiker den Wunsch hätte, jeder Mensch solle sich umbringen. Kants Maxime scheint tatsächlich ein notwendiges, doch kein *ausreichendes* Kriterium der Tugend zu geben. Um ein ausreichendes Kriterium zu gewinnen, müßten wir Kants rein formalen Standpunkt aufgeben und die Wirkungen der Handlungen in Betracht ziehen. Kant stellt jedoch ausdrücklich fest, daß es bei der Tugend nicht auf das beabsichtigte Ergebnis einer Handlung ankommt, sondern nur auf das Prinzip, dessen Resultat sie ist; und wenn das zugegeben wird, dann ist etwas Konkreteres als seine Maxime nicht möglich.

Kant behauptet, wir sollten so handeln, als betrachteten wir jeden Menschen als Selbstzweck, obwohl sein Prinzip diese Konsequenz nicht einzuschließen scheint. Dies könnte man als eine abstrakte Form der Lehre von den Menschenrechten ansehen, gegen die sich die gleichen Einwände erheben lassen. Wollte man das Prinzip ernst nehmen, würde es im Falle einer Interessenkollision zweier Menschen eine Entscheidung unmöglich machen. Diese Schwierigkeiten treten besonders klar in der politischen Philosophie zutage, die ein gewisses Prinzip fordert – beispielsweise das Prinzip der Majorität –, wodurch die Interessen einiger notfalls den Interessen anderer geopfert werden können. Wenn die Regierung in irgendeiner Form moralisch sein soll, muß sie einen einzigen Zweck haben, und der eine einzige und mit Gerechtigkeit vereinbare Zweck ist das allgemeine Wohl. Es ist jedoch möglich, Kants Prinzip so auszulegen, daß nicht jeder Mensch ein absoluter Zweck ist, sondern daß alle Menschen bei der Bestimmung von Handlungen, die viele angehen, gleich zu bewerten sind. So verstanden könnte das Prinzip als geeignete moralische Grundlage für die Demokratie gelten. Bei dieser Auslegung läßt sich der obige Einwand nicht erheben.

Wieviel Energie und geistige Frische Kant noch im Alter besaß, kommt in seiner Abhandlung *Zum ewigen Frieden* (1795) zum Ausdruck. In diesem Werk setzt er sich für einen Föderalismus freier Staaten ein, die durch einen Vertrag verbunden sind, der den Krieg untersagt. Wie er erklärt, lehnt die Vernunft den Krieg aufs schärfste ab, und nur eine internationale Regierung vermag ihn zu verhüten. Die Verfassung jedes Mitgliedstaates sollte »republikanisch« sein; aber nach seiner Definition bedeutet das Trennung von Exekutive und Legislative. Er will damit nicht sagen, es dürfe keinen König geben; er behauptet vielmehr, vollkommene Regierung lasse sich am leichtesten in einer Monarchie erzielen. Da er unter dem Eindruck der Schreckensherrschaft schreibt, ist er mißtrauisch gegen die Demokratie; er meint, sie müsse zwangsläufig despotisch sein, weil sie eine Exekutivgewalt einsetze, »da alle über und allenfalls auch wider einen (der also nicht mit einstimmt), mithin alle, die doch nicht alle sind, beschließen; welches ein Widerspruch des allgemeinen Willens mit sich selbst und mit der Freiheit ist«. Hier zeigt sich Rousseaus Einfluß; aber der bedeutende Gedanke einer Weltföderation zur Sicherung des Friedens stammt nicht von Rousseau.

1933 ist Kant um dieser Abhandlung willen in seinem Vaterland in Mißkredit geraten.

C. Kants Theorie von Raum und Zeit

Der wichtigste Teil der *Kritik der reinen Vernunft* ist die Lehre von Raum und Zeit. In diesem Abschnitt beabsichtige ich, diese Lehre kritisch zu untersuchen.

Kants Theorie von Raum und Zeit deutlich zu erklären, ist nicht einfach, weil die Theorie selbst nicht klar ist. Sie ist in der *Kritik der reinen Vernunft* und in den *Prolegomena* dargelegt; in den *Prolegomena* ist sie leichter faßlich, in der *Kritik* aber wird sie eingehender behandelt. Ich werde mich zunächst bemühen, die Theorie zu erklären und sie so gut wie möglich plausibel zu machen; dann erst werde ich sie zu kritisieren versuchen.

Nach Kants Überzeugung sind die unmittelbaren Wahrnehmungsobjekte teils äußeren Dingen, teils unserem eigenen Wahrnehmungsvermögen zuzuschreiben. Locke hatte die Welt an die Vorstellung gewöhnt, daß die sekundären Eigenschaften – Farben, Töne, Gerüche und so fort – subjektiv wären und nicht zum Objekt selbst gehörten. Wie Berkeley und Hume, wenn auch nicht ganz in derselben Weise, geht Kant darüber hinaus und erklärt die primären Eigenschaften ebenfalls für subjektiv. Es steht für Kant so ziemlich außer Zweifel, daß unsere Empfindungen Ursachen haben, die er »Dinge-an-sich« oder *»noumena«* nennt. Was uns in der Wahrnehmung erscheint und was er als »phänomenon« bezeichnet, besteht aus zwei Teilen: aus dem, was zum Objekt gehört und was er *Empfindung* nennt, und aus dem, was unserem subjektiven Vermögen zuzuschreiben ist; dieses Vermögen bewirkt nach Kant, daß das Mannigfaltige in gewissen Verhältnissen geordnet werden kann. Den letzten Teil nennt er die *Form* des Phänomens. Dieser Teil ist selbst nicht Empfindung und deshalb von der zufälligen Umgebung unabhängig; er bleibt sich immer gleich, da wir ihn mit uns tragen, und er ist apriorisch in dem Sinne, daß er nicht von der *Erfahrung* abhängt. Eine reine Form der Sinnlichkeit wird »reine Anschauung« genannt; es gibt zwei solche Formen, nämlich Raum und Zeit, eine für den äußeren und eine für den inneren Sinn.

Um zu beweisen, daß Raum und Zeit apriorische Formen sind, führt Kant zwei Arten der Argumentation an, die metaphysische und die epistemologische oder – wie er sagt – die transzendentale Erörterung. Die erste Art ist direkt aus dem Wesen von Raum und Zeit abgeleitet, die zweite indirekt aus der Möglichkeit der reinen Mathematik. Die Erörterungen, die den Raum betreffen, sind ausführlicher als die über die Zeit, weil er glaubt, daß die zweiten sich im wesentlichen mit den ersten decken.

Zum Problem des Raumes werden vier metaphysische Sätze aufgestellt.

1. Der Raum ist kein empirischer, von äußerer Erfahrung abstrahierter Begriff; denn Raum wird vorausgesetzt, damit Empfindungen auf etwas *Äußeres* bezogen werden können; und äußere Erfahrung ist nur mit Hilfe der Vorstellung vom Raum möglich.

2. Der Raum ist eine notwendige Vorstellung *a priori*, die allen äußeren Anschauungen zugrunde liegt; man kann sich niemals eine Vorstellung davon machen, daß kein Raum sei, obgleich man sich gleich ganz wohl denken kann, daß keine Gegenstände darin angetroffen werden.

3. Der Raum ist kein diskursiver oder allgemeiner Begriff von Verhältnissen der Dinge überhaupt, denn erstlich kann man sich nur einen einzigen Raum vorstellen, und wenn man von vielen Räumen spricht, so versteht man darunter nur Teile eines und desselben alleinigen Raumes.

4. Der Raum wird als eine unendliche *gegebene* Größe vorgestellt, in welcher alle Teile des Raumes enthalten sind; dieses Verhältnis ist aber nicht das des Begriffs zu seinen möglichen Vorstellungen, und infolgedessen ist der Raum nicht Begriff, sondern Anschauung.

Die transzendentale Erörterung des *Raums* wird von der Geometrie abgeleitet. Kant ist davon überzeugt, daß die euklidische Geometrie *a priori* gewußt werde, obwohl sie synthetisch und nicht nur von der Logik deduzierbar sei. Er überlegt: Geometrische Beweise beruhen auf Figuren; wir können beispielsweise *sehen*, daß sich im Schnittpunkt zweier einander rechtwinklig schneidender Geraden nur *eine* Gerade im rechten Winkel zu jeder ziehen läßt. Diese Erkenntnis beruht nach seiner Meinung nicht auf der Erfahrung. Aber meine Anschauung hat nur eine einzige Möglichkeit vorauszusehen, was sich als zum Objekt gehörig erweisen wird, und besteht darin, daß sie nur die Form meiner Sinnlichkeit enthält und in meiner Subjektivität alle tatsächlichen Sinneseindrücke vorwegnimmt. Die Sinnesobjekte müssen der Geometrie gehorchen, denn sie befaßt sich mit der Art und Weise unserer Wahrnehmung; folglich können wir anders nicht wahrnehmen. Daraus erklärt sich, daß die Geometrie, obzwar synthetisch, doch *apriorisch* und apodiktisch ist.

Die Argumente, die die Zeit betreffen, sind im wesentlichen die gleichen, nur tritt hier die Arithmetik an die Stelle der Geometrie mit der Behauptung, zum Zählen bedürfe es der Zeit.

Wir wollen nun diese Argumente der Reihe nach untersuchen.

Das erste metaphysische Argument, das sich auf den Raum bezieht, lautet: »Der Raum ist kein empirischer Begriff, der von äußeren Erfahrungen abgezogen worden ist. Denn damit gewisse Empfindungen auf etwas außer mir (d. i. auf etwas in einem anderen Orte des Raumes als darinnen ich mich befinde), im gleichen, damit ich sie als außer und nebeneinander, mithin nicht bloß verschieden, sondern als in verschiedenen Orten vorstellen könne, dazu muß die Vorstellung des Raumes schon zugrunde liegen.« Äußere Erfahrung ist also nur durch die Vorstellung des Raumes möglich.

Die Wendung »außer mir (d. i. in einem anderen Orte des Raumes, als darinnen ich mich befinde)« enthält Schwierigkeiten. Als Ding-an-sich bin ich nirgends, und es gibt keinen Raum »außer mir«; es kann also nur mein Körper als Phänomenon gemeint sein. Dann steckt der ganze wirkliche Inhalt dieses Satzes in seinem zweiten Teil, nämlich daß ich verschiedene Dinge an verschiedenen Orten wahrnehme. Dabei steigt vor dem geistigen Auge das Bild eines Garderobenraumes auf, wo verschiedene Mäntel an verschiedenen Haken hängen; die Haken müssen bereits vorhanden sein, aber die Anordnung der Mäntel hängt von der Subjektivität des Dieners ab.

Hier stoßen wir, wie in der gesamten Theorie der Subjektivität von Raum und Zeit, auf eine Schwierigkeit, die Kant nie bemerkt zu haben scheint. Was veranlaßt mich, Objekte der Wahrnehmung gerade so und nicht anders zu ordnen? Warum sehe ich beispielsweise bei den Menschen die Augen oberhalb des Mundes und nicht darunter? Nach Kant sind Augen und Mund Dinge-an-sich und bewirken bei mir getrennte Wahrnehmungen; aber nichts entspricht bei ihnen der räumlichen Anordnung, die in meiner Wahrnehmung existiert. Setzen wir die physikalische Farbentheorie dagegen. Wir nehmen nicht an, daß der Materie Farben innewohnen in dem Sinne, in dem unsere Wahrnehmungen Farben besitzen, sind vielmehr der Überzeugung, daß die verschiedenen Farben verschiedenen Wellenlängen entsprechen. Da jedoch Wellen Raum und Zeit einbegreifen, können für Kant Wellen nicht zu den Ursachen unserer Wahrnehmungen gehören. Wenn aber andererseits der Raum und die Zeit unserer Wahrnehmungen Gegenstücke in der materiellen Welt haben, wie die Physiker annehmen, dann läßt sich die Geometrie auf diese Gegenstücke anwenden, und Kants Argumente sind hinfällig. Kant ist der Ansicht, der Verstand ordne den Rohstoff der

Empfindung, hält es aber niemals für nötig zu erklären, warum er so und nicht anders ordnet.

Bei der Zeit ist diese Schwierigkeit noch größer, weil sich uns hier die Kausalität störend aufdrängt. Ich gewahre den Blitz, bevor ich den Donner wahrnehme; ein Ding-an-sich A verursachte meine Wahrnehmung des Blitzes, und ein anderes Ding-an-sich B verursachte meine Wahrnehmung des Donners; aber A war nicht früher als B, denn Zeit gibt es nur in den Beziehungen der Wahrnehmungen zueinander. Wie kommt es also, daß zwei zeitlose Dinge, A und B, zeitlich verschiedene Wirkungen hervorrufen? Wenn Kant recht hat, muß das ganz willkürlich geschehen; es kann keine Beziehung zwischen A und B bestehen, die der Tatsache entspricht, daß die von A verursachte Wahrnehmung früher ist als die von B hervorgerufene.

Das zweite metaphysische Argument besagt, daß es möglich sei, sich den Raum ohne etwas darin Befindliches vorzustellen, daß man sich aber unmöglich den Raum selbst wegdenken könne. Mir scheint, man kann keinen ernstzunehmenden Beweis auf dem aufbauen, was wir uns vorstellen oder nicht vorstellen können; ausdrücklich aber möchte ich leugnen, daß wir uns den Raum ohne etwas darin Befindliches denken können. Man kann sich vorstellen, in dunkler bewölkter Nacht zum Himmel aufzublicken; dann befindet man sich aber selbst im Raum und denkt sich die Wolken, die man nicht sehen kann. Wie Vaihinger nachgewiesen hat, ist Kants Raum wie Newtons Raum absolut und nicht nur ein System von Beziehungen. Aber ich verstehe nicht, wie man sich den absoluten leeren Raum vorstellen kann.

Das dritte metaphysische Argument besagt: »Der Raum ist kein diskursiver, oder wie man sagt, allgemeiner Begriff von Verhältnissen der Dinge überhaupt, sondern eine reine Anschauung. Denn erstlich kann man sich nur einen einzigen Raum vorstellen, und wenn man von vielen Räumen redet, so versteht man darunter nur Teile eines und desselben alleinigen Raumes. Diese Teile können auch nicht vor dem alleinigen allbefassenden Raume, gleichsam als dessen Bestandteile (daraus eine Zusammensetzung möglich sei), vorhergehen, sondern nur in ihm gedacht werden. Er ist wesentlich einig; das Mannigfaltige in ihm beruht lediglich auf Einschränkungen.« Daraus wird geschlossen, daß der Raum eine apriorische Anschauung ist.

Der Kern dieses Arguments ist das Leugnen einer Vielheit im Raum selbst. Was wir »Räume« nennen, sind weder mögliche Vorstellungen eines allgemeinen Begriffs »ein Raum« noch Teile eines Aggregats. Ich weiß nicht genau, welchen logischen Status sie bei Kant haben, aber in jedem Fall sind sie logisch erst nach dem Raum. Für alle diejenigen, die den Raum relativ sehen, was praktisch alle modernen Menschen tun, läßt sich dieser Beweis überhaupt nicht aufstellen, da es weder den »Raum« noch »Räume« als Substantiva mehr gibt.

Das vierte metaphysische Argument soll vor allem beweisen, daß der

Raum eine Anschauung und nicht ein Begriff ist. Seine Prämisse lautet: »Der Raum wird als eine unendliche *gegebene* Größe vorgestellt.« So etwas kann nur jemand behaupten, der auf dem flachen Lande, etwa in der Umgebung Königsbergs, lebt; ich kann mir nicht denken, daß der Bewohner eines Alpentales gleicher Meinung sein könnte. Es ist schwer zu verstehen, wie etwas Unendliches »gegeben« sein kann. Ich würde es eher für einleuchtend halten, daß der Teil des Raumes gegeben ist, der mit Gegenständen der Wahrnehmung bevölkert ist, und daß wir von anderen Räumen lediglich das Gefühl haben, es wäre darin Bewegung möglich. Und um noch ein ganz vulgäres Argument einzuschalten: Moderne Astronomen behaupten, der Raum sei in Wirklichkeit nicht unendlich, sondern umgebe uns im Rund wie die Oberfläche einen Globus.

Die transzendentale (oder epistemologische) Erörterung, die am besten in den *Prolegomena* dargestellt wird, ist bestimmter als die metaphysischen Erörterungen und auch bestimmter zu widerlegen. »Geometrie« ist, wie wir wissen, die Bezeichnung für zwei verschiedene Studiengebiete. Auf der einen Seite haben wir die reine Geometrie, die aus Axiomen folgert, ohne zu fragen, ob diese Axiome »wahr« sind; sie enthält nichts, das nicht aus der Logik hervorgeht; sie ist nicht »synthetisch« und bedarf keiner Figuren im Sinne des geometrischen Lehrbuchs. Andererseits ist die Geometrie ein Zweig der Physik, wie wir beispielsweise bei der allgemeinen Relativitätstheorie sehen; hier ist sie eine empirische Wissenschaft, in der die Axiome aus Messungen gefolgert werden und sich als von den euklidischen abweichend erweisen. So ist von den beiden Arten der Geometrie die eine *apriorisch*, aber nicht synthetisch, die andere hingegen synthetisch, aber nicht *apriorisch*. Die transzendentale Erörterung kommt hier also nicht in Betracht.

Wir wollen nun versuchen, die von Kant aufgeworfenen Fragen um den Raum etwas allgemeiner zu behandeln. Wenn wir die Ansicht gelten lassen, die in der Physik als erwiesen angenommen wird, daß unsere Wahrnehmungen äußere Ursachen haben, die (in gewisser Hinsicht) materiell sind, dann kommen wir zu dem Schluß, daß alle tatsächlichen Eigenschaften am Wahrgenommenen sich von denen ihrer nicht-wahrgenommenen Ursachen unterscheiden, daß aber eine gewisse Ähnlichkeit in der Struktur zwischen dem System der Wahrnehmungen und dem System ihrer Ursachen gegeben ist. So besteht beispielsweise eine Wechselbeziehung zwischen (wahrgenommenen) Farben und (von den Physikern gefolgerten) Wellenlängen. Eine ähnliche Wechselbeziehung muß bestehen zwischen dem Raum als einem Bestandteil des Systems der Wahrnehmungen und dem Raum als einem Bestandteil des Systems nicht-wahrgenommener Ursachen von Wahrnehmungen. Alles dies beruht auf dem Grundsatz »Gleiche Ursachen, gleiche Wirkungen« und seinem Gegenstück »Verschiedene Wirkungen, verschiedene Ursachen«. Wenn beispielsweise etwas visuell Wahrgenommenes

A links von etwas visuell Wahrgenommenem B erscheint, werden wir annehmen, daß eine entsprechende Beziehung zwischen der Ursache von A und der Ursache von B besteht.

So gesehen haben wir demnach zwei Räume, einen subjektiven und einen objektiven, einen aus Erfahrung bekannten und einen rein gefolgerten. Aber hierin unterscheidet sich der Raum nicht von anderen Aspekten der Wahrnehmung, wie Farben und Tönen. Alle werden in ihrer subjektiven Form gleichermaßen empirisch erkannt; alle werden in ihrer objektiven Form mit Hilfe eines Kausalitätssatzes gefolgert. Es liegt kein Grund zu der Annahme vor, daß sich unsere Erkenntnis des Raums in irgendeiner Hinsicht von unserer Erkenntnis der Farbe, des Tons und des Geruchs unterscheidet.

Bei der Zeit liegen die Dinge anders; denn, wenn wir uns an die Überzeugung von den nicht-wahrgenommenen Ursachen der Wahrnehmungen halten, muß die objektive Zeit mit der subjektiven Zeit identisch sein. Andernfalls stoßen wir wieder auf die Schwierigkeit, die wir bereits im Zusammenhang mit Blitz und Donner erwogen haben. Oder nehmen wir etwa das folgende Beispiel: Wir hören jemanden sprechen; wir antworten ihm; er hört uns. Sein Sprechen und sein Hören unserer Antwort gehören beide, soweit es uns betrifft, in die nicht-wahrgenommene Welt; und in jener Welt geht das erste dem zweiten voraus. Außerdem geht sein Sprechen in der objektiven Welt der Physik unserem Hören voraus; unser Hören geht unserer Antwort in der subjektiven Welt der Wahrnehmung voraus; und unsere Antwort geht seinem Hören in der objektiven Welt der Physik voraus. Es ist klar, daß die Beziehung »geht voraus« in all diesen Sätzen die gleiche sein muß. Der wahrnehmbare Raum ist also in einem bedeutenden Sinne »subjektiv«, die wahrnehmbare Zeit ist es hingegen in keinem Sinne.

Alle diese Argumente beruhen – genau wie bei Kant – auf der Voraussetzung, daß Wahrnehmungen durch »Dinge-an-sich« oder – wie wir sagen würden – durch Ereignisse in der Welt der Physik verursacht werden. Eine solche Voraussetzung ist jedoch keineswegs logisch notwendig. Läßt man sie fallen, dann hören die Wahrnehmungen auf, in irgendeinem wichtigen Sinne »subjektiv« zu sein, da ihnen nichts gegenübergestellt werden kann.

Das Ding-an-sich ist ein unglückliches Element in Kants Philosophie; seine unmittelbaren Nachfolger gaben es preis und verfielen infolgedessen einem gewissen theoretischen Egoismus oder Solipsismus. Kants Widersprüche zwangen die von ihm beeinflußten Philosophen nahezu unweigerlich, sich rasch entweder in empiristischer oder in absolutistischer Richtung zu entwickeln; tatsächlich hat sich die deutsche Philosophie bis nach Hegels Tod in absolutistischer Richtung bewegt.

Kants unmittelbarer Nachfolger Fichte (1762–1814) verzichtete auf die »Dinge-an-sich« und trieb den Subjektivismus in einer Art auf die Spitze, die schon an Wahnsinn grenzt. Er ist der Überzeugung, daß das

Ich die einzige endgültige Wirklichkeit sei; das Ich ist, weil es sich selbst setzt; das Nicht-Ich, das eine untergeordnete Realität hat, ist auch nur, weil das Ich es setzt. Fichte ist nicht als reiner Philosoph, sondern als theoretischer Begründer des deutschen Nationalismus wichtig, und zwar durch seine *Reden an die deutsche Nation* (1807/1808), welche die Deutschen nach der Schlacht bei Jena zum Aufstand gegen Napoleon aufrufen sollten. Das Ich als metaphysischer Begriff wurde leicht mit dem empirischen Fichte verwechselt; das Ich war deutsch, folglich mußten die Deutschen allen anderen Nationen überlegen sein. »Charakter haben und deutsch sein«, sagt Fichte, »ist ohne Zweifel gleichbedeutend.« Auf dieser Grundlage arbeitete er eine ganze Philosophie des totalitären Nationalismus aus, die in Deutschland großen Einfluß gewann.

Sein direkter Nachfolger Schelling (1775–1854) war liebenswerter, doch nicht weniger subjektiv. Er stand den deutschen Romantikern sehr nahe; philosophisch ist er unbedeutend, obwohl er zu seiner Zeit berühmt war. Bedeutend hingegen ist der Ausbau des kantischen Systems durch Hegels Philosophie.

21. KAPITEL

Geistige Strömungen
im neunzehnten Jahrhundert

Im neunzehnten Jahrhundert war das geistige Leben vielgestaltiger als in früheren Jahrhunderten. Das hatte verschiedene Gründe. Erstens: es erstreckte sich auf einen größeren Bereich als je zuvor; Amerika und Rußland trugen Bedeutendes dazu bei, und Europa wurde in höherem Maße mit der alten und der modernen indischen Philosophie bekannt. Zweitens: die Naturwissenschaft, der die Welt seit dem siebzehnten Jahrhundert sehr viel Neues verdankte, eroberte weitere Gebiete vor allem in der Geologie, Biologie und in der organischen Chemie. Drittens: die maschinelle Produktion veränderte die soziale Struktur von Grund aus und gab den Menschen eine neue Vorstellung von ihrer Macht in ihrem Verhältnis zur natürlichen Umwelt. Viertens: eine tiefgehende philosophische und politische Auflehnung gegen die traditionellen Systeme des Denkens, der Politik und der Wirtschaft führte zu Angriffen auf viele Anschauungen und Institutionen, die als unangreifbar gegolten hatten. Diese Auflehnung zeigte sich in zwei ganz verschiedenen Formen, einer romantischen und einer rationalistischen Form (ich gebrauche diese Bezeichnungen in weitem Sinne). Die romantische Auflehnung verläuft von Byron über Schopenhauer und Nietzsche bis zu Mussolini und Hitler; die rationalistische beginnt mit den französischen Philosophen der Revolution, geht dann – etwas abgemildert – auf die Vertreter des philosophischen Radikalismus in England über, nimmt schließlich bei Karl Marx eine vertiefte Form an und endet in Sowjetrußland.

Die intellektuelle Vorherrschaft Deutschlands, die mit Kant beginnt, ist ein neuer Faktor. Leibniz war zwar Deutscher, schrieb aber fast alles lateinisch oder französisch und war in seiner Philosophie von Deutschland sehr wenig beeinflußt. Dagegen stand der deutsche Idealismus nach Kant – wie überhaupt die spätere deutsche Philosophie – stark unter dem Einfluß der deutschen Geschichte; vieles, was an der deutschen philosophischen Spekulation merkwürdig anmutet, spiegelt die geistige Verfassung einer starken Nation wider, die durch unglückliche historische Ereignisse ihres natürlichen Anteils an der Macht beraubt wurde. Deutschland hatte seine Stellung in der Welt dem Heiligen Römischen Reich zu verdanken; der Kaiser aber hatte allmählich die Herrschaft über seine sogenannten Untertanen verloren. Der letzte mächtige Kaiser war Karl V., dessen Macht auf seinen spanischen und niederländischen Besitzungen beruhte. Die Reformation und der Dreißigjährige Krieg vernichteten die letzten Reste der deutschen Einheit; übrig blieb nur eine Anzahl kleiner Fürstentümer, die von

Frankreich abhängig waren. Im achtzehnten Jahrhundert hatte nur *ein* deutscher Staat den Franzosen erfolgreich Widerstand geleistet, nämlich Preußen; deshalb nannte man Friedrich II. den Großen. Aber Napoleon gegenüber versagte auch Preußen und wurde in der Schlacht bei Jena völlig geschlagen. Die Auferstehung Preußens unter Bismarck wirkte wie ein Wiederaufleben der heroischen Vergangenheit Alarichs, Karls des Großen und Barbarossas. (Nach deutscher Auffassung ist Karl der Große ein Deutscher, kein Franzose.) Bismarck bewies historischen Sinn mit dem Ausspruch: »Nach Canossa gehen wir nicht.«

Trotz seiner politischen Vormachtstellung war Preußen kulturell doch weniger weit fortgeschritten als ein großer Teil Westdeutschlands, daraus erklärt sich, daß viele hervorragende Deutsche, darunter auch Goethe, Napoleons Erfolg bei Jena nicht beklagten. Deutschland wirkte zu Beginn des neunzehnten Jahrhunderts kulturell und wirtschaftlich außerordentlich uneinheitlich. In Ostpreußen gab es noch Leibeigenschaft; der Landadel lebte zum größten Teil in bukolische Unwissenheit versunken; die Arbeiter hatten nicht einmal das geringste gelernt. Dagegen war Westdeutschland in der Antike teilweise Rom untertan gewesen; seit dem siebzehnten Jahrhundert hatte es unter französischem Einfluß gestanden; es war von den französischen Revolutionsheeren besetzt gewesen und hatte ebenso liberale Institutionen wie Frankreich. Manche Fürsten waren klug und suchten es als Schirmherren der Künste und Wissenschaften an ihren Höfen den Renaissancefürsten gleich zu tun; das bemerkenswerteste Beispiel hierfür war Weimar, dessen Großherzog Goethes Freund und Gönner war. Die Fürsten waren natürlich größtenteils Gegner der deutschen Einheit, da diese das Ende ihrer Unabhängigkeit bedeuten mußte. Sie waren daher unpatriotisch wie viele bedeutende Männer, die von ihnen abhingen und denen Napoleon als Abgesandter einer Kultur erschien, die höher stand als die deutsche.

Während des neunzehnten Jahrhunderts wurde die Kultur des protestantischen Deutschlands allmählich immer preußischer. Friedrich der Große, ein Freidenker und Bewunderer französischer Philosophie, hatte alles darangesetzt, Berlin zu einem Kulturzentrum zu machen; der ständige Präsident der Berliner Akademie war Maupertuis, ein bedeutender Franzose, der jedoch unglücklicherweise Voltaires tödlichem Spott zum Opfer fiel. Die Pläne Friedrichs erstreckten sich wie die anderer aufgeklärter Herrscher seiner Zeit nicht auf eine wirtschaftliche oder politische Reform; und so wurde in Wirklichkeit nichts anderes erreicht, als daß eine Clique feiler Intellektueller entstand. Nach seinem Tod hatte wiederum Westdeutschland die meisten Männer von Kultur aufzuweisen.

Die deutsche Philosophie stand in engerer Beziehung zu Preußen als die deutsche Literatur und Kunst. Kant war Untertan Friedrichs des Großen, Fichte und Hegel waren Berliner Professoren. Kant blieb von

Preußen wenig beeinflußt; er hatte sogar Ärger mit der preußischen Regierung wegen seiner liberalen religiösen Einstellung. Aber Fichte und Hegel waren die philosophischen Wortführer Preußens und trugen viel dazu bei, daß man später deutschen Patriotismus und Bewunderung für Preußen gleichsetzte. In dieser Beziehung führten die großen deutschen Historiker, besonders Mommsen und Treitschke, ihr Werk fort. Schließlich bewog Bismarck die deutsche Nation, ihre Einigung unter Preußens Führung anzuerkennen, und das bedeutete den Sieg der weniger international gesinnten Elemente in der deutschen Kultur.

Während der ganzen Periode nach Hegels Tod blieb der größte Teil der akademischen Philosophie traditionell und war daher wenig bedeutend. Die britische empiristische Philosophie dominierte in England bis nahezu an das Ende des Jahrhunderts, in Frankreich nicht ganz so lange; dann eroberten Kant und Hegel allmählich die französischen und englischen Universitäten, zumindest soweit es sich um die Lehrer der eigentlichen Philosophie handelte. Das breite gebildete Publikum war allerdings wenig beeindruckt von dieser Bewegung, die nur wenige Anhänger unter den Naturwissenschaftlern hatte. Unter den Schriftstellern, die die akademische Tradition fortsetzten – John Stuart Mill auf der empiristischen Seite, Lotze, Sigwart, Bradley und Bosanquet auf seiten des deutschen Idealismus –, war keiner von hervorragender philosophischer Bedeutung; mit anderen Worten, sie waren den Männern nicht ebenbürtig, deren Systeme sie im großen und ganzen übernommen hatten. Schon häufig zuvor war die akademische Philosophie von den lebendigsten Gedankenströmungen ihrer Zeit unberührt geblieben, so im sechzehnten und siebzehnten Jahrhundert, als sie noch vorwiegend scholastisch war. In solchen Fällen hat sich der Historiker der Philosophie weniger mit den Professoren als mit den ketzerischen Außenseitern zu befassen.

Die meisten Philosophen der Französischen Revolution vereinten wissenschaftliche Interessen mit Anschauungen, die mit Rousseau zusammenhingen. In dieser Beziehung können Helvetius und Condorcet mit ihrer Kombination von Rationalismus und Enthusiasmus als typische Beispiele gelten.

Helvetius (1715–1771) widerfuhr die Ehre, sein Buch *De L'Esprit* durch die Sorbonne verdammt und vom Henker verbrannt zu sehen. Bentham las ihn 1769 und beschloß daraufhin unverzüglich, sein Leben den Prinzipien der Gesetzgebung zu widmen, indem er sagte: »Was Bacon für die natürliche Welt bedeutet, ist Helvetius für die moralische. Die moralische Welt hat also ihren Bacon gehabt, aber ihr Newton muß erst noch kommen.« James Mill ließ sich von Helvetius bei der Erziehung seines Sohnes John Stuart leiten.

Entsprechend der Lockeschen Doktrin vom Geist als einer *tabula rasa* hielt Helvetius den Unterschied zwischen einzelnen Individuen ausschließlich für eine Folge ihrer unterschiedlichen Erziehung; die Talente und guten Eigenschaften eines jeden seien das Ergebnis des Unterrichts, den er genossen habe. Das Genie, behauptet er, ist häufig vom Zufall abhängig: wäre Shakespeare nicht beim Wildern erwischt worden, hätte er sein Leben lang mit Wolle gehandelt. Sein Interesse für die Gesetzgebung fußt auf der Überzeugung, daß die wichtigsten Lehrer der Jugend die Regierungsformen und die sich daraus ergebenden Sitten und Bräuche seien. Die Menschen werden unwissend, aber nicht dumm geboren; dumm macht sie erst die Erziehung.

In seiner Ethik war Helvetius Utilitarier; die Lust galt ihm als das höchste Gut. In religiöser Beziehung war er Deïst und ein entschiedener Gegner der Kirche. In der Erkenntnistheorie bekannte er sich zu einer vereinfachten Version von Locke:»Von Locke aufgeklärt, wissen wir, daß wir den Sinnesorganen unsere Vorstellungen und folglich auch unseren Geist zu verdanken haben.« Physische Sinnesempfindungen, sagt er, sind die einzige Ursache unserer Handlungen, Gedanken, Leidenschaften und unseres Geselligkeitsgefühls. Rousseaus Ansicht über den Wert der Erkenntnis teilt er keineswegs, denn er veranschlagt ihn sehr hoch.

Seine Lehre ist optimistisch, da es ja nur einer vollkommenen Erziehung bedarf, um vollkommene Menschen heranzubilden. Er deutet an, eine vollkommene Erziehungsmethode ließe sich leicht finden, wenn die Priester ausgeschaltet würden.

Condorcet (1743–1794) hat ähnliche Ansichten wie Helvetius, ist aber stärker von Rousseau beeinflußt. Wie er sagt, werden die Menschenrechte durchweg aus der einen Wahrheit abgeleitet, daß der Mensch als fühlendes Wesen Schlüsse zu ziehen und sich moralische Vorstellungen zu machen vermag, woraus folgt, daß die Menschen nicht länger in Herrscher und Beherrschte, Lügner und Belogene eingeteilt werden können. »Diese Prinzipien, für die der großmütige Sidney sein Leben ließ und denen Locke die Autorität seines Namens lieh, wurden später eingehender von Rousseau entwickelt.« Locke, sagt er, zeigte als erster die Grenzen der menschlichen Erkenntnis auf. Seine »Methode wurde bald von allen Philosophen angewandt, und mit ihrer Anwendung auf Moral, Politik und Ökonomie sind sie in diesen Wissenschaften erfolgreich einen Weg weitergegangen, der fast so sicher ist wie der der Naturwissenschaften«.

Condorcet ist ein großer Bewunderer der amerikanischen Revolution. »Der schlichte gesunde Menschenverstand belehrte die Bewohner der britischen Kolonien, daß Engländer, die jenseits des Atlantiks geboren sind, genau dieselben Rechte haben wie unter dem Meridian von Greenwich Gebürtige.« Nach seiner Ansicht beruht die Verfassung der Vereinigten Staaten auf natürlichen Rechten, und die amerikanische Revolution machte ganz Europa von der Newa bis zum Guadalquivir mit den Menschenrechten bekannt. Die Grundsätze der Französischen Revolution jedoch sind »reiner, präziser, tiefer als jene, welche die Amerikaner leiteten«. Dies schrieb er, als er sich vor Robespierre verborgen hielt; kurz darauf wurde er gefangengenommen und eingekerkert. Er starb im Gefängnis; die näheren Umstände seines Todes aber sind ungewiß.

Er glaubte an die Gleichberechtigung der Frau. Desgleichen war er der Erfinder der Malthusschen Bevölkerungstheorie, die bei ihm jedoch nicht die düsteren Konsequenzen hatte wie bei Malthus, weil er dabei die Geburtenkontrolle als unerläßlich voraussetzte. Malthus' Vater war ein Schüler von Condorcet; auf diese Weise lernte Malthus die Theorie kennen.

Condorcet ist noch schwärmerischer und optimistischer als Helvetius. Er glaubte, die Verbreitung der Grundsätze der Französischen Revolution würde alsbald mit allen größeren sozialen Übeln aufräumen. Vielleicht war es ein Glück für ihn, daß er nur bis 1794 lebte.

Die philosophischen Radikalen, deren anerkannter Führer Bentham war, brachten die Doktrinen der Philosophen der Französischen Revolution in weniger schwärmerischer und viel präziserer Form nach England. Bentham interessierte sich zunächst fast nur für das Recht; mit zunehmenden Jahren erweiterte sich allmählich sein Interessenkreis, und seine Ansichten wurden revolutionärer. Nach 1808 war er Republikaner; er glaubte an die Gleichberechtigung der Frau und war ein Feind des Imperialismus sowie ein jedwedem Kompromiß abgeneigter Demokrat. Manche dieser Ansichten verdankte er James Mill. Beide waren von der Allmacht der Erziehung überzeugt. Benthams Grundsatz vom »größten Glück der größtmöglichen Zahl« entsprang zweifellos seinem demokratischen Empfinden, doch wurde er dadurch zum Gegner der Lehre von den Menschenrechten, die er rundheraus als »Unsinn« bezeichnete.

Die philosophischen Radikalen unterschieden sich von Männern wie Helvetius und Condorcet in vieler Beziehung. Es waren geduldig veranlagte Leute, die gern ihre Theorien an konkreten Einzelfällen entwickelten. Große Bedeutung maßen sie der Volkswirtschaft bei, die sie zu einer Wissenschaft entwickelt zu haben glaubten. Eine gewisse Neigung zum Schwärmerischen, die bei Bentham und John Stuart Mill, nicht aber bei Malthus oder James Mill bestand, wurde durch diese »Wissenschaft« streng in Schach gehalten; vor allem aber wirkte in dieser Weise Malthus' düstere Vision der Bevölkerungstheorie auf sie ein, nach der die meisten Lohnarbeiter stets – nur nicht kurz nach einer Pestilenz – höchstens das Existenzminimum für sich und ihre Familien verdienen durften. Ein weiterer großer Unterschied zwischen den Benthamiten und ihren französischen Vorgängern lag darin, daß in der englischen Industrie ein heftiger Kampf zwischen Arbeitgebern und Arbeitnehmern tobte, der zur Gewerkschaftsbildung und zum Sozialismus führte. In diesem Kampf stellten sich die Benthamiten im allgemeinen auf die Seite der Arbeitgeber gegen die arbeitende Klasse. Ihr letzter Vertreter, John Stuart Mill, wich jedoch allmählich immer mehr von den strengen Grundsätzen seines Vaters ab und gab mit zunehmendem Alter mehr und mehr seine Opposition gegen den Sozialismus und seinen Glauben an die ewige Gültigkeit der klassischen Volkswirtschaft auf. Aus seiner Selbstbiographie geht hervor, daß er in diesen Fragen milder zu denken begann, als er die romantischen Dichter las.

Wenn die Benthamiten anfangs gemäßigte Revolutionäre gewesen waren, so änderte sich das allmählich, teils, weil sie die britische Regierung mit Erfolg zu manchen ihrer Ansichten bekehrt hatten, teils aus Opposition gegen die wachsende Bedeutung des Sozialismus und des Gewerkschaftswesens. Wie schon erwähnt, teilten sich die Gegner der Tradition in zwei Lager, in die Rationalisten und die Romantiker, wenn auch Männer wie Condorcet Elemente beider Richtungen in sich vereinten. Die Benthamiten waren nahezu reine Rationalisten, desgleichen die Sozialisten, die sowohl gegen jene wie gegen die bestehende Wirtschaftsordnung kämpften. Diese Bewegung bringt es zu einer vollständigen Philosophie erst mit Marx, von dem in einem späteren Kapitel die Rede sein wird.

Die romantische Form der Auflehnung ist von der rationalistischen sehr verschieden, obwohl beide auf die Französische Revolution und die ihr unmittelbar vorausgehenden Philosophen zurückgehen. Bei Byron sehen wir die romantische Form in unphilosophischem Gewande, bei Schopenhauer und Nietzsche jedoch bedient sie sich der Sprache der Philosophie. Sie neigt dazu, den Willen stark auf Kosten des Verstandes zu betonen, sich über den Zwang, vernünftig zu denken, hinwegzusetzen und die Gewalt in verschiedener Gestalt zu verherrlichen. In der praktischen Philosophie spielt sie insofern eine Rolle, als sie gemeinsam mit dem Nationalismus auftritt. In ihrer Tendenz, wenn auch nicht immer in Wirklichkeit, bekämpft sie durchweg alles, was schlechtweg als Vernunft bezeichnet wird, und neigt zu einer der Wissenschaft feindlichen Haltung. Eine ihrer extremsten Formen nimmt sie bei den russischen Anarchisten an, obwohl in Rußland schließlich die rationalistische Form der Auflehnung den Sieg davontrug.

Deutschland aber war schon immer mehr als jedes andere Land für das Romantische empfänglich gewesen; und so konnte es denn hier auch geschehen, daß die antirationale Philosophie des nackten Willens in der Regierung Ausdruck fand.

Bisher beruhten die von uns behandelten Philosophien auf einer Inspiration durch Tradition, Literatur oder Politik. Doch gab es auch philosophische Ansichten, die aus zwei anderen Quellen gespeist wurden, aus der Naturwissenschaft und aus der maschinellen Produktion. Der theoretische Einfluß der zweiten beginnt mit Marx und ist seither immer stärker geworden. Die erste war seit dem siebzehnten Jahrhundert von Bedeutung, begann aber im neunzehnten Jahrhundert neue Formen anzunehmen.

Was Galilei und Newton für das siebzehnte Jahrhundert bedeuteten, das war Darwin für das neunzehnte. Darwins Theorie hatte zwei Teile, einmal die Entwicklungstheorie: Sie besagte, daß sich die verschiedenen Lebensformen aus einer gemeinsamen Abstammung entwickelt hätten. Diese Auffassung, die sich jetzt allgemein durchgesetzt hat, war nicht neu. Lamarck und Darwins Großvater Erasmus hatten sie vertreten, von Anaximander ganz zu schweigen. Darwin brachte ein ungeheuer umfangreiches Beweismaterial für diese Lehre bei und glaubte, im zweiten Teil seiner Theorie die Ursache der Entwicklung gefunden zu haben. Auf diese Weise machte er die Lehre populär und verhalf ihr zu einer neuen wissenschaftlichen Überzeugungskraft; sie selbst aber ist nicht seine Erfindung.

Im zweiten Teil entwickelt Darwin seine Theorie vom Kampf ums Dasein und dem Überleben des Tauglichsten. Alle Tiere und Pflanzen vermehren sich schneller, als die Natur sie versorgen kann; deshalb gehen in jeder Generation viele Exemplare zugrunde, bevor sie sich fortpflanzen können. Wodurch ist bestimmt, wer überleben soll? Bis zu einem gewissen Grade zweifellos durch den reinen Zufall, doch spielt dabei noch etwas anderes eine bedeutendere Rolle. Tiere und Pflanzen gleichen in der Regel nicht genau ihren Erzeugern, unterscheiden sich vielmehr etwas von ihnen, und zwar dadurch, daß alle meßbaren charakteristischen Merkmale bei ihnen entweder stärker oder schwächer auftreten. In einer bestimmten Umgebung kämpfen die Mitglieder der gleichen Spezies darum, am Leben zu bleiben, und die sich der Umgebung am besten angepaßt haben, verfügen dabei über die besten Aussichten. Deshalb werden von allen zufälligen Varianten die tauglichen Eigenschaften bei den ausgewachsenen Lebewesen überwiegen. So läuft der Hirsch mit jeder Generation schneller, beschleicht die Katze ihre Beute immer geräuschloser und wird der Giraffenhals immer länger. Bei genügend Zeit, behauptet Darwin, könnte man diesen Vorgang durch die ganze lange Entwicklung von den Protozoen bis zum *homo sapiens* verfolgen.

Dieser Teil der Darwinschen Theorie ist sehr umstritten; die meisten Biologen glauben, ihn nur mit allerlei wichtigen Einschränkungen gelten lassen zu können. Aber nicht damit hat sich der Historiker zu befassen, der die Anschauungen des neunzehnten Jahrhunderts darstellen will. Den Historiker interessiert, daß der Darwinismus auf das ganze wirtschaftliche Leben angewendet wurde, wie es für die philosophischen Radikalen charakteristisch war. Nach Darwin ist die treibende Kraft der Entwicklung eine Art biologischer Ökonomie in einer Welt des freien Wettbewerbs. Durch Malthus' auf die Tier- und Pflanzenwelt ausgedehnte Bevölkerungstheorie kam Darwin auf den Gedanken, im Kampf ums Dasein und im Überleben des Tauglichsten den Ursprung der Evolution zu sehen.

Darwin selbst war liberal, seine Theorie hatte jedoch Konsequenzen, die bis zu einem gewissen Grade dem traditionellen Liberalismus feindlich sein mußten. Die Auffassung, daß alle Menschen von Geburt gleich seien und daß die Unterschiede zwischen den Erwachsenen allein auf der Erziehung beruhten, vertrug sich nicht mit Darwins nachdrücklich betonter Überzeugung von den angeborenen Unterschieden zwischen Angehörigen der gleichen Gattung. Wenn erworbene Eigenschaften vererblich waren – wie Lamarck behauptete und Darwin selbst bis zu einem gewissen Grade zuzugeben bereit war –, so wäre dadurch der Gegensatz zu den Ansichten, wie sie Helvetius vertrat, etwas gemildert worden; es hat sich aber erwiesen, daß, abgesehen von gewissen nicht ins Gewicht fallenden Ausnahmen, nur angeborene Eigenschaften vererblich sind. Dadurch gewinnen die den Menschen angeborenen Unterschiede fundamentale Bedeutung.

Unabhängig von dem besonderen Mechanismus, den Darwin andeutete, hat die Entwicklungstheorie noch eine weitere Konsequenz. Wenn Menschen und Tiere von etwas Gemeinsamem abstammen und wenn die Menschen sich in so geringen Stufengängen entwickelten, daß Kreaturen entstanden, von denen wir nicht wissen, ob wir sie als Menschen klassifizieren sollen oder nicht, dann erhebt sich die Frage: auf welcher Entwicklungsstufe begannen die Menschen oder ihre halbmenschlichen Vorfahren alle gleich zu sein? Würde der *Pithecanthropus erectus* bei entsprechender Ausbildung ebenso Großes geleistet haben wie Newton? Hätte der Piltdown-Mensch Shakespeares Werke geschrieben, wenn ihn jemand beim Wildern ertappt hätte? Ein konsequenter Gleichheitsfanatiker, der diese Fragen bejaht, wird sich gezwungen sehen, die Affen mit den Menschen auf eine Stufe zu stellen. Und warum bei den Affen haltmachen? Ich wüßte nicht, wie er ein Argument zugunsten der Austern widerlegen könnte. Wer die Evolutionstheorie vertritt, sollte auch der Ansicht sein, daß nicht nur die Lehre von der Gleichheit aller Menschen, sondern auch die Doktrin von den Menschenrechten als unbiologisch zu verwerfen wäre, da sie den Unterschied zwischen Menschen und anderen Lebewesen zu stark unterstreicht.

Eine andere Seite des Liberalismus fand jedoch in der Entwicklungslehre starke Unterstützung, nämlich der Fortschrittsglaube. Solange der Zustand der Welt zu Optimismus berechtigte, wurde die Entwicklungslehre von den Liberalen begrüßt, teils aus diesem Grunde, teils, weil sie neue Argumente gegen die orthodoxe Theologie erbrachte. Obwohl die Lehren von Karl Marx in mancher Beziehung prädarwinistisch sind, wünschte er sein Buch Darwin zu widmen.

Das Prestige der Biologie bewog die in ihrem Denken naturwissenschaftlich orientierten Menschen, die Welt weniger nach mechanistischen als vielmehr nach biologischen Gesichtspunkten zu betrachten. Man glaubte, alles befinde sich in einem Entwicklungsvorgang, und vermochte sich leicht ein immanentes Ziel vorzustellen. Trotz Darwin waren viele Menschen der Ansicht, die Entwicklung rechtfertige den Glauben an einen kosmischen Zweck. Der Begriff des Organismus wurde zum Schlüssel für naturwissenschaftliche und philosophische Erklärungen der Naturgesetze; die atomistische Auffassung des achtzehnten Jahrhunderts galt für überholt. Dieser Standpunkt beeinflußte schließlich sogar die theoretische Physik. In der Politik führte er naturgemäß dazu, die Bedeutung der Gemeinschaft im Gegensatz zum einzelnen zu betonen. Dem entspricht die wachsende Macht des Staates sowie der Nationalismus, der sich nicht den Individuen, wohl aber den Völkern gegenüber auf die Darwinsche Lehre vom Überleben des Tauglichsten berufen kann. Aber damit gleiten wir in den Bereich außer-wissenschaftlicher Ansichten ab, die dem breiten Publikum durch unverstandene wissenschaftliche Doktrinen suggeriert wurden.

Während die Biologie gegen eine mechanistische Weltanschauung Front gemacht hatte, erzielte die moderne Wirtschaftstechnik eine gegenteilige Wirkung. Bis gegen Ende des achtzehnten Jahrhunderts hatte die wissenschaftliche Technik im Gegensatz zu den wissenschaftlichen Doktrinen keinerlei Einfluß auf die Ansichten der Menschen ausgeübt. Erst mit dem aufkommenden Industrialismus begann die Technik auf das menschliche Denken einzuwirken. Aber selbst dann noch handelte es sich lange Zeit um eine mehr oder minder indirekte Einwirkung. Menschen, die philosophische Theorien aufstellen, kommen in der Regel mit Maschinen kaum in Berührung. Die Romantiker erkannten und haßten alles Häßliche, womit der Industrialismus bislang schöne Orte entstellte, und die (vermeintliche) Gewöhnlichkeit der Menschen, die Geld durch »Handel« verdienten. Das führte sie zur Opposition gegen den Mittelstand und ließ sie bisweilen so etwas wie ein Bündnis mit den Führern des Proletariats eingehen. Engels pries Carlyle, ohne zu bemerken, daß Carlyle nicht die Emanzipation der Arbeiter anstrebte, sondern ihre Unterordnung unter Meister nach mittelalterlichem Vorbild. Die Sozialisten begrüßten den Industrialismus, wünschten aber die Arbeiter aus der Gewalt der Arbeitgeber zu befreien. In der Wahl der Probleme, mit denen sie sich beschäftigten, waren sie durch den Industrialismus beeinflußt; auf die Ideen, mit deren Hilfe sie ihre Probleme zu lösen suchten, wirkte sich aber dieser Einfluß nur wenig aus.

Am stärksten zeigte sich die Einwirkung der maschinellen Produktion auf die Weltanschauung in der ungeheuren Steigerung des menschlichen Machtbewußtseins. Dies war nur die Beschleunigung eines Prozesses, der schon vor Beginn der Geschichte einsetzte, als die Menschen ihrer Furcht vor wilden Tieren durch die Erfindung von Waffen und ihrer Angst vor dem Verhungern durch die Erfindung des Ackerbaus abzuhelfen suchten. Aber die Beschleunigung war derart groß, daß sie zu einer radikal neuen Weltanschauung bei allen führte, die sich der von der modernen Technik geschaffenen Kräfte bedienten. In alten Zeiten waren Berge und Wasserfälle Naturphänomene; heute läßt sich ein Berg, der einem im Wege ist, wegschaffen und ein nützlicher Wasserfall künstlich anlegen. Früher gab es wüste und fruchtbare Gebiete; heute kann eine Wüste, wenn man es der Mühe für wert hält, genauso zum Blühen gebracht werden wie eine Rose, während fruchtbare Gegenden durch wissenschaftlich unzulängliche Optimisten in Wüsten verwandelt werden können. In alten Zeiten lebten die Bauern genauso wie ihre Eltern und Großeltern gelebt hatten und glaubten, was ihre Eltern und Großeltern geglaubt hatten; mit all ihrer Macht war es der Kirche nicht gelungen, die heidnischen Bräuche ganz auszurotten; man mußte ihnen daher ein christliches Gewand geben, indem man sie mit den Lokalheiligen in Verbindung brachte. Heute können die Behörden bestimmen, was die Bauernkinder in der Schule lernen sollen, und die Mentalität der Bauern innerhalb einer Generation umwandeln; man ahnt, daß dies in Rußland erreicht wurde.

So entsteht bei Menschen, die in leitender Stellung sind oder die mit solchen Menschen in Berührung kommen, ein neuer Glaube an die Macht: zunächst an die Macht des Menschen im Kampf mit der Natur, dann an die Macht der Herrscher über Menschen, deren Überzeugungen und Wünsche sie durch wissenschaftliche Propaganda, besonders durch Erziehung, zu beherrschen suchen. Dadurch wird alles unbeständiger; kein Wandel scheint mehr unmöglich. Die Natur ist nur Rohstoff; dasselbe gilt von dem Teil der Menschheit, der nicht an der Regierung beteiligt ist. Es gibt gewisse alte Begriffe, aus denen der Glaube der Menschen an die Grenzen der menschlichen Macht spricht; dazu gehören in erster Linie Gott und die Wahrheit (womit ich nicht sagen will, daß beide *logisch* zusammenhängen). Diese Begriffe scheinen immer wesenloser zu werden; selbst wenn man sie nicht ausdrücklich leugnet, haben sie doch ihre Bedeutung verloren und werden nur noch äußerlich beibehalten. Diese ganze geistige Einstellung ist neu, und es läßt sich unmöglich voraussagen, wie die Menschheit damit zurechtkommen wird. Sie hat schon zu ungeheuren Katastrophen geführt und wird auch in Zukunft zu Katastrophen führen. Ein philosophisches System aufzustellen, das einerseits dem von den Aussichten einer fast unbegrenzten Macht hervorgerufenen Rausch der Menschen, andererseits der Apathie der Machtlosen entgegenzuwirken vermag, ist die dringlichste Aufgabe unserer Zeit.

Obwohl noch viele aufrichtig von der menschlichen Gleichheit und der theoretischen Demokratie überzeugt sind, ist die Vorstellung der modernen Menschen tief beeindruckt von dem Vorbild für die soziale Organisation, das die im wesentlichen undemokratische Industrie-Organisation des neunzehnten Jahrhunderts lieferte. Auf der einen Seite stehen die Industriekapitäne, auf der anderen die Massen der Arbeiter. Diese innere Spaltung der Demokratie haben die durchschnittlichen Bürger in demokratischen Ländern noch nicht erkannt; doch hat ihr das

Hauptinteresse der Philosophen seit Hegel gegolten; der scharfe Gegensatz, den sie zwischen den Interessen der breiten Masse und den Interessen einiger weniger feststellten, hat seinen praktischen Ausdruck im Faschismus gefunden. Von den Philosophen stand Nietzsche ganz offen auf seiten der Wenigen, Marx uneingeschränkt auf seiten der Massen. Vielleicht war Bentham der einzige Philosoph von Bedeutung, der einen Ausgleich der entgegengesetzten Interessen angestrebt hat; die Folge war, daß er sich die Feindschaft beider Parteien zuzog.

Wer eine befriedigende moderne Ethik der menschlichen Beziehungen aufstellen will, muß vor allem die notwendigen Begrenzungen der menschlichen Macht über die außermenschliche Umwelt und die wünschenswerten Einschränkungen der Macht der Menschen über einander klar erkennen.

22. KAPITEL

Hegel

In Hegel (1770–1831) gipfelte die von Kant ausgehende Bewegung in der deutschen Philosophie; obwohl er häufig Kritik an Kant übt, hätte Hegel sein System niemals aufstellen können, wenn nicht das Kantische vorausgegangen wäre. Sein Einfluß ist zwar jetzt im Schwinden begriffen, war aber sehr bedeutend, und das nicht nur und nicht in besonderem Maße in Deutschland. Zu Ende des neunzehnten Jahrhunderts waren die führenden akademischen Philosophen in Amerika und Großbritannien größtenteils Hegelianer. Außerhalb der reinen Philosophie bekannten sich viele protestantische Theologen zu seinen Doktrinen, und seine Geschichtsphilosophie hat die politische Theorie stark beeinflußt. Marx war bekanntlich in seiner Jugend ein Schüler Hegels; sein fertiges System wies verschiedene wichtige Hegelsche Merkmale auf. Selbst wenn fast alle Lehren Hegels falsch wären (was meine Überzeugung ist), bliebe er doch immer noch – und nicht nur in historischer Beziehung – wichtig als bester Repräsentant einer besonders gearteten Philosophie, die bei anderen von geringerem logischem Zusammenhang und weniger umfassend ist.

Sein Leben weist nur wenige bedeutende Ereignisse auf. In seiner Jugend fühlte er sich stark von der Mystik angezogen; seine späteren Anschauungen können bis zu einem gewissen Grade als geistige Verarbeitung dessen gelten, was ihm ursprünglich als mystische Einsicht erschienen war. Er lehrte Philosophie zunächst als Privatdozent in Jena – er erwähnt, daß er seine *Phänomenologie des Geistes* am Tage vor der Schlacht von Jena beendet habe –, dann in Nürnberg, später als Professor in Heidelberg (1816–1818) und schließlich in Berlin von 1818 bis zu seinem Tode. In seinen späteren Jahren war er begeisterter Preuße, ein treuer Diener des Staates, der sich in der Anerkennung seiner überragenden philosophischen Bedeutung sonnte; in seiner Jugend aber hatte er Preußen verachtet; in seiner Bewunderung für Napoleon war er so weit gegangen, den Sieg der Franzosen bei Jena freudig zu begrüßen.

Hegels Philosophie ist sehr schwierig – ich möchte behaupten, er ist von allen großen Philosophen am schwersten zu verstehen. Bevor ich auf Einzelheiten eingehe, dürfte eine allgemeine Charakteristik nützlich sein.

Von seinem einstigen Interesse für das Mystische blieb ihm der Glaube an die Unwirklichkeit alles Einzelseins; nach seiner Auffassung ist die Welt keine Anhäufung von festen Einheiten, Atomen oder Seelen, deren jede vollkommen selbständig ist. Die scheinbare Selbständigkeit endlicher Dinge hielt er für Täuschung; nichts, meinte er, sei letzten Endes völlig real außer dem Ganzen. Im Gegensatz zu Parmenides und Spinoza faßte er jedoch das Ganze nicht als eine einfache Substanz auf, sondern als ein zusammengesetztes System, das wir als Organismus bezeichnen würden. Die scheinbar einzelnen Dinge, aus denen die Welt offenbar besteht, sind nicht einfach Täuschung; jedem wohnt ein mehr oder minder hoher Grad von Wirklichkeit inne; seine Wirklichkeit besteht in einem Aspekt des Ganzen, wie sich bei richtiger Betrachtung erweist. Mit dieser Ansicht ist naturgemäß die Überzeugung verbunden, daß Raum und Zeit als solche nicht wirklich sind, denn sie begreifen Getrenntheit und Vielheit ein, wenn sie als völlig wirklich angesehen werden. All dies muß er zunächst aus mystischer »Einsicht« gewonnen haben; die gedankliche Verarbeitung in seinen Büchern muß später erfolgt sein.

Hegel behauptet, das Wirkliche sei vernünftig und das Vernünftige wirklich. Aber für ihn ist das »Wirkliche« etwas anderes als für den Empiriker. Er gibt zu, ja er betont sogar, daß das, was dem Empiriker als Faktum erscheint, irrational ist und sein muß; erst wenn sich der scheinbare Charakter der Fakten dadurch verwandelt hat, daß man in ihnen Aspekte des Ganzen sieht, erkennt man sie als vernünftig. Dennoch erzeugt die Identifizierung des Wirklichen mit dem Vernünftigen unvermeidlich eine gewisse Befriedigung, wie sie von der Überzeugung »Was immer ist, ist richtig« nicht zu trennen ist.

Das Ganze in all seiner Kompliziertheit heißt bei Hegel »das Absolute«. Das Absolute ist geistig; Spinozas Ansicht, es besitze die Attribute der Ausdehnung wie auch des Denkens, wird verworfen.

In zweierlei unterscheidet sich Hegel von anderen Denkern, die mehr oder minder ähnliche metaphysische Ansichten hatten. Zunächst in der besonderen Betonung der Logik: Hegel meint, das Wesen des Wirklichen lasse sich allein aus der Erwägung ableiten, daß es sich nicht selbst widersprechen dürfe. Der andere Unterschied (der eng mit dem ersten zusammenhängt) ist die triadische Bewegung, die er »Dialektik« nennt. Seine bedeutendsten Bücher sind die beiden Logiken, die man unbedingt verstehen muß, wenn man richtig begreifen will, wie seine Anschauungen über andere Dinge begründet sind.

Logik in dem von Hegel verstandenen Sinne ist nach seiner Erklärung dasselbe wie Metaphysik; sie ist etwas ganz anderes als das, was man gemeinhin als Logik bezeichnet. Nach seiner Auffassung erweist sich jedes gewöhnliche Prädikat, soweit es das Ganze der Wirklichkeit näher bestimmt, als Widerspruch in sich. Als grobes Beispiel könnte man die Theorie des Parmenides anführen, nach der das Eine, das allein Wirkliche, kugelförmig ist. Kugelförmig aber kann nur etwas sein, das eine Begrenzung hat, und eine Begrenzung kann es nur haben, wenn außerhalb seiner etwas ist (zumindest leerer Raum). Daher wäre es ein Widerspruch in sich, wenn man annehmen wollte, das Universum sei ein Ganzes in Kugelgestalt. (Dieses Argument ist nicht ganz einwandfrei, weil es nicht-euklidische Geometrie einbezieht, mag aber der Anschaulichkeit halber hingehen.) Oder nehmen wir ein anderes, noch gröberes Beispiel – das daher auch keineswegs von Hegel selbst stammt. Man kann ohne offensichtlichen Widerspruch sagen: A ist ein Onkel; wollte man jedoch erklären, das Universum sei ein Onkel, würde man in Schwierigkeiten geraten. Ein Onkel ist ein Mann, der einen Neffen hat, und der Neffe ist eine vom Onkel getrennte Person; deshalb kann ein Onkel nicht die ganze Wirklichkeit sein.

Dieses Beispiel könnte auch zur Erläuterung der Dialektik dienen, die aus Thesis, Antithesis und Synthesis besteht. Als erstes sagen wir: »Die Wirklichkeit ist ein Onkel.« Das ist die Thesis. Aber die Existenz eines Onkels schließt die eines Neffen ein. Da nichts wirklich ist außer dem Absoluten und wir uns nun der Existenz eines Neffen gegenübersehen, müssen wir schließen: »Das Absolute ist ein Neffe.« Das ist die Antithesis. Aber hier muß der gleiche Einwand gemacht werden wie bei der Ansicht, das Absolute sei ein Onkel; so kommen wir zwangsläufig zu der Ansicht, daß das Absolute das aus Onkel und Neffe zusammengesetzte Ganze ist. Das ist die Synthesis. Aber diese Synthesis befriedigt noch nicht, da ein Mann nur dann ein Onkel sein kann, wenn er einen Bruder oder eine Schwester hat, deren Sohn der Neffe ist. Wir müssen also unser Universum so erweitern, daß es den Bruder und seine Frau oder die Schwester mit ihrem Mann einbegreift. Auf diese Weise, heißt es, gelangen wir allein mit Hilfe der Logik von jedem beliebigen Prädikat des Absoluten zum letzten Schluß der Dialektik, zur sogenannten »absoluten Idee«. Dem ganzen Vorgang liegt durchweg die Voraussetzung zugrunde, daß nichts wirklich wahr sein kann, was sich nicht auf die Wirklichkeit als Ganzes bezieht.

Diese Voraussetzung wurzelt in der traditionellen Logik, die davon ausgeht, daß jeder Satz ein Subjekt und ein Prädikat besitzt. Nach dieser Auffassung besteht jedes Faktum aus etwas, das eine Eigenschaft hat. Daraus folgt, daß Beziehungen nicht wirklich sein können, da sie *zwei* Dinge, nicht nur ein Ding voraussetzen. »Onkel« ist eine Beziehung, und ein Mann kann Onkel werden, ohne es zu wissen. In diesem Fall bleibt der Mann, empirisch gesehen, unbeeinflußt davon, daß er Onkel wird; er hat keine Eigenschaft, die er nicht zuvor besessen hätte, wenn wir unter »Eigenschaft« etwas verstehen, das nötig ist, um ihn so zu beschreiben, wie er an sich ist, abgesehen von seinen Beziehungen zu anderen Leuten und Dingen. Bei Anwendung der Subjekt-Prädikat-Logik diese Schwierigkeit zu umgehen, ist allein möglich, wenn man sagt, daß die Wahrheit eine Eigenschaft nicht nur des Onkels oder nur des Neffen, sondern des aus Onkel und Neffen bestehenden Ganzen ist. Da alles mit Ausnahme des Ganzen Beziehungen zu äußeren Dingen hat, so folgt daraus, daß nichts ganz Wahres über einzelne Dinge ausgesagt werden kann und daß tatsächlich nur das Ganze wirklich ist. Dies ergibt sich direkter aus dem Faktum, daß »A und B sind zwei« kein Subjekt-Prädikat-Satz ist; deshalb kann es nach der traditionellen Logik einen solchen Satz nicht geben. Deshalb kann es auch immer nur weniger als zwei Dinge auf der Welt geben; und deshalb ist allein das Ganze, als Einheit, wirklich.

Das obige Argument wird zwar von Hegel nicht ausdrücklich angeführt, ist aber in seinem System wie in dem vieler anderer Metaphysiker einbegriffen.

Einige Beispiele sollen Hegels dialektische Methode leichter verständlich machen. Hegel beginnt die Erörterung seiner Logik mit der Voraussetzung: »Das Absolute ist reines Sein«;[1] wir nehmen an, daß es nur *ist,* und legen ihm keine Eigenschaften bei. Aber reines Sein ohne irgendwelche Eigenschaften ist nichts; so kommen wir zu der Antithesis »Das Absolute ist das Nichts«. Von dieser Thesis und Antithesis gehen wir zur Synthesis über »Die Vereinigung von Sein und Nichtsein ist das Werden« und sagen daher »Das Absolute ist das Werden«. Das genügt natürlich noch nicht, denn es muß etwas da sein, das wird. Und so entwickeln sich unsere Ansichten über die Wirklichkeit dadurch, daß ein früherer Irrtum nach dem anderen berichtigt wird; alle diese Irrtümer sind aus einer unangemessenen Abstraktion entstanden, wodurch etwas Endliches oder Begrenztes als Ganzes angesehen wurde. »Die Schranke des Endlichen ist nicht ein Äußeres; seine Bestimmung ist auch das Aufgehobensein der Schranke und ist so sein Ansichsein; seine Grenze ist auch nicht seine Grenze.«

Der Prozeß ist nach Hegel wesentlich für das Verständnis des Ergebnisses. Jede weitere Stufe der Dialektik trägt alle vorhergehenden Stufen gleichsam aufgelöst in sich; keine wird *gänzlich* aufgehoben, jede erhält vielmehr ihren besonderen Platz als Moment des Ganzen. Man kann also nur dann zur Wahrheit gelangen, wenn man der Dialektik Schritt für Schritt folgt.

Der Gesamtheit der Erkenntnis wohnt eine triadische Bewegung inne. Sie beginnt mit der Sinneswahrnehmung, in der nur das Objekt wahrgenommen wird. Dann wird sie infolge der skeptischen Kritik der Sinne rein subjektiv. Zuletzt erreicht sie das Stadium der Selbsterkenntnis, in dem Subjekt und Objekt nicht mehr zweierlei sind. Somit ist das Selbstbewußtsein die höchste Form der Erkenntnis. Das kann natürlich bei Hegels System gar nicht anders sein, denn die höchste Form der Erkenntnis muß das Absolute besitzen, und da das Absolute das Ganze ist, gibt es außerhalb seiner nichts, was es erkennen könnte.

Bei bester Denkweise werden nach Hegel die Gedanken zu etwas Fließendem, Ineinander-Übergehendem. Wahrheit und Irrtum sind nicht scharf abgegrenzte Gegensätze, wie gemeinhin angenommen wird; nichts ist ganz falsch und nichts, was *wir* wissen können, ist ganz

---

[1] Die Zitate entsprechen der Ausgabe von Hegels Werken im Verlag Felix Meiner, Leipzig 1937.

richtig. »Es wird etwas falsch gewußt«; so verhält es sich, wenn wir einer einzelnen Ermittlung absolute Wahrheit zuschreiben. Eine Frage wie etwa »Wo wurde Cäsar geboren?« läßt sich ganz einfach beantworten; die Antwort ist in gewissem, nicht aber in philosophischem Sinne wahr. Für die Philosophie ist »die Wahrheit das Ganze«, und nichts Partielles ist *ganz* wahr.

»Die Vernunft«, sagt Hegel, »ist die Gewißheit, alle Realität zu sein.« Das bedeutet nicht, eine Einzelperson sei vollkommen wirklich; als etwas Einzelnes ist sie nicht ganz wirklich; nur ihr Teilhaben am Ganzen der Wirklichkeit ist wirklich an ihr. Dieser Anteil nimmt um so mehr zu, als wir vernünftiger werden.

Die Absolute Idee, mit der die »Logik« endet, ist etwas Ähnliches wie Aristoteles' Gott. Sie gilt als sich selbst denkend. Natürlich kann das Absolute an nichts anderes als an sich selbst denken, denn es gibt nichts anderes, höchstens für unser unvollständiges und irriges Begreifen der Wirklichkeit. Wir hören, daß der Geist das allein Wirkliche ist, dessen Denken durch das Selbstbewußtsein auf sich selbst bezogen wird. Hegel definiert die Absolute Idee mit recht dunklen Worten; Wallace interpretiert sie wie folgt:

»*Die Absolute Idee.* Die Idee, als Einheit der subjektiven und objektiven Idee, ist der Begriff der Idee – ein Begriff, dessen Gegenstand die Idee als solche ist und für die das Objekt Idee ist – ein Objekt, das in seiner Einheit alle Merkmale einbegreift.«[2]

Im Grunde ist die Sache aber nicht ganz so kompliziert, wie sie bei Hegel erscheint. Die Absolute Idee ist das reine Denken, das über das reine Denken nachdenkt. Das ist alles, was Gott von jeher tut – wahrhaftig ein mit den Augen eines Professors gesehener Gott. Hegel fährt fort: »Diese Einheit ist hiemit die absolute und alle Wahrheit, die sich selbst denkende Idee.«

Ich komme nun zu einem besonderen Charakteristikum der Hegelschen Philosophie, wodurch sie sich von Platos, Plotins oder Spinozas Philosophie unterscheidet. Obwohl die letzte Wirklichkeit zeitlos und die Zeit nur eine Täuschung ist – hervorgerufen durch unser Unvermögen, das Ganze zu sehen –, besteht doch ein innerer Zusammenhang zwischen dem Fortschreiten der Zeit und dem rein logischen Prozeß der Dialektik. Tatsächlich hat sich die Weltgeschichte durch die Kategorien vom reinen Sein in China (von dem Hegel nur wußte, daß es existierte) bis zur Absoluten Idee fortentwickelt, die sich nahezu, wenn auch nicht ganz, im preußischen Staat verwirklicht zu haben schien. In Hegels eigener Metaphysik finde ich keine Rechtfertigung für die Ansicht, daß die Weltgeschichte die Übergänge der Dialektik wiederholt, wiewohl

---

2 Bei Hegel lautet die Definition wörtlich: »Der Begriff der Idee, dem die Idee als solche der Gegenstand, dem das Objekt sie ist.« *Gegenstand* und *Objekt* sind – außer bei Hegel – synonym.

das die These ist, die er in seiner *Philosophie der Geschichte* entwickelt hat. Es war eine interessante These, die den Umwälzungen in menschlichen Angelegenheiten Einheit und Sinn verlieh. Wie andere Geschichtstheorien bedingte auch diese, um plausibel wirken zu können, eine gewisse Verdrehung der Tatsachen und ein beträchtliches Maß von Unwissenheit. Beides finden wir bei Hegel und später bei Marx und Spengler. Es mutet seltsam an, daß ein Prozeß, der für kosmisch gehalten wird, sich ausschließlich auf unserem Planeten und hauptsächlich in der Nähe des Mittelmeers abgespielt haben soll. Wenn die Wirklichkeit zeitlos ist, liegt auch gar kein Grund vor, in den späteren Teilen dieses Prozesses die Verkörperung höherer Kategorien zu sehen als in den früheren – es sei denn, man hege die blasphemische Vermutung, das Universum habe sich allmählich Hegels Philosophie zu eigen gemacht.

Nach Hegel verläuft der zeitliche Prozeß vom Unvollkommeneren zum Vollkommeneren, und zwar im ethischen wie im logischen Sinne. Zwischen beiden besteht für ihn tatsächlich kein Unterschied, denn die logische Vollkommenheit ist nach seiner Ansicht ein dichtgefügtes Ganzes ohne scharfe Kanten, ohne einzelne Teile, das wie ein menschlicher Körper oder – besser gesagt – wie ein vernünftiger Geist zu einem Organismus vereinigt ist; seine Teile hängen miteinander zusammen, und alle wirken gemeinsam auf einen einzigen Zweck hin; damit wird auch die ethische Vollkommenheit konstituiert. Einige Zitate mögen Hegels Theorie verdeutlichen:

»Das Allgemeine der philosophischen Betrachtung ist eben die leitende Seele der Begebenheiten, der Merkur der Handlungen, Individuen und Begebenheiten, der Führer der Völker und der Welt. Seine Führung wollen wir hier kennenlernen.«

»Der einzige Gedanke, den sie mitbringt, ist aber der einfache Gedanke der Vernunft, daß die Vernunft die Welt beherrscht, daß es also auch in der Weltgeschichte vernünftig zugegangen ist. Diese Überzeugung und Einsicht ist eine Voraussetzung in Ansehung der Geschichte als solcher überhaupt. In der Philosophie selbst ist dies keine Voraussetzung; in ihr wird es durch die spekulative Erkenntnis erwiesen, daß die Vernunft – bei diesem Ausdruck können wir hier stehenbleiben, ohne die Beziehung und das Verhältnis zu Gott näher zu erörtern – die Substanz, wie die unendliche Macht, sich selbst der unendliche Stoff alles natürlichen und geistigen Lebens, wie die unendliche Form, die Betätigung dieses ihres Inhalts ist: – die Substanz, das, wodurch und worin alle Wirklichkeit ihr Sein und Bestehen hat.«

»Daß nun solche Idee das *Wahre*, das *Ewige*, das schlechthin *Mächtige* ist, daß sie sich in der Welt offenbart und nichts in ihr sich offenbart als sie, ihre Herrlichkeit und Ehre, dies ist es, was, wie gesagt, in der Philosophie bewiesen und hier so als bewiesen vorausgesetzt wird.«

»Die Welt der Intelligenz und des selbstbewußten Wollens ist nicht dem Zufall anheimgegeben, sondern muß sich im Lichte der sich wissenden Idee zeigen.«

»Dies ist ein Resultat, das mir bekannt ist, weil mir bereits das Ganze bekannt ist.«

Alle diese Zitate sind der Einleitung zur *Philosophie der Geschichte* entnommen.

Der Geist und der Gang seiner Entwicklung ist die Substanz der Geschichtsphilosophie. Die Natur des Geistes läßt sich erkennen, wenn man ihn seinem Gegenteil, nämlich der Materie gegenüberstellt. Das Wesen der Materie ist Schwere; das Wesen des Geistes ist Freiheit. Die Materie ist außerhalb ihrer selbst, während der Geist seinen Mittelpunkt in sich selbst trägt. »Der Geist ist das Bei-sich-selbst-sein.« Wenn das nicht klar ist, dann dürfte vielleicht die folgende Definition verständlicher sein:

»Was ist aber der Geist? Er ist das Eine, sich selbst gleiche Unendliche, die reine Identität, welche zweitens sich von sich trennt, als das andere ihrer selbst, als das Für-sich- und In-sich-sein gegen das Allgemeine.«

In der historischen Entwicklung des Geistes gibt es drei Hauptphasen: die Orientalen, die Griechen und Römer und die Germanen. »Die Weltgeschichte ist die Zucht von der Unbändigkeit des natürlichen Willens zum Allgemeinen und zur subjektiven Freiheit. Die Orientalen wußten und wissen auch heute nur, daß *einer* frei ist; die griechische und römische Welt wußte nur, daß *einige* frei sind; die germanische Welt weiß, daß *alle* frei sind.« Man sollte annehmen, daß die Demokratie die geeignete Staatsform wäre, wo alle frei sind; aber dem ist nicht so. Die Demokratie wie die Aristokratie gehören zu dem Stadium, in dem manche frei sind; der Despotismus rechnet zu dem Stadium, in dem einer frei ist und die *Monarchie* zu dem, im welchem alle frei sind. Das hängt damit zusammen, daß Hegel das Wort »Freiheit« in höchst sonderbarem Sinne gebraucht. Für ihn (und darin können wir ihm beipflichten) gibt es keine Freiheit ohne Gesetze; er neigt jedoch dazu, diesen Satz umzukehren und zu behaupten, wo immer das Gesetz herrsche, da sei Freiheit. Und so sieht er in der »Freiheit« eigentlich nur das Recht, dem Gesetz gehorchen zu dürfen.

Wie zu erwarten, weist er in der irdischen Entwicklung des Geistes die bedeutendste Rolle den Deutschen zu.

»Der germanische Geist ist der Geist der neuen Welt, deren Zweck die Realisierung der absoluten Wahrheit als der unendlichen Selbstbestimmung der Freiheit ist, der Freiheit, die ihre absolute Form selbst zum Inhalte hat.«

Das ist eine Freiheit von ganz exquisiter Art. Sie bedeutet nicht, daß man etwa nicht ins Konzentrationslager kommen könne. Sie begreift auch nicht die Demokratie, die Pressefreiheit oder sonst eine der üblichen liberalen Parolen ein, die Hegel verächtlich ablehnt.[3] Wenn der Geist sich selbst Gesetze gibt, so tut er es freiwillig. Unserer irdischen Auffassung mag wohl der Geist, der Gesetze gibt, im Monarchen, dagegen der Geist, dem Gesetze gegeben werden, in den Untertanen verkörpert scheinen. Vom Standpunkt des Absoluten aber ist die Unterscheidung zwischen Monarchen und Untertanen wie alle anderen Unterscheidungen eine Täuschung; selbst wenn der Monarch einen liberal gesinnten Untertanen ins Gefängnis steckt, ist das noch immer Selbstbestimmung des Geistes. Hegel lobt Rousseau, weil der einen Unterschied macht zwischen dem allgemeinen Willen und dem Willen aller. Man kommt zu dem Schluß, daß der Monarch den allgemeinen Willen, eine parlamentarische Mehrheit jedoch nur den Willen aller verkörpert. Eine recht bequeme Doktrin.

Hegel teilt die deutsche Geschichte in drei Perioden ein; die erste reicht bis zu Karl dem Großen, die zweite von Karl dem Großen bis zur Reformation, die dritte beginnt mit der Reformation. Diese drei Perioden werden charakterisiert als Reich des Vaters, des Sohnes und des Heiligen Geistes. Es wirkt ein wenig seltsam, daß das Reich des Heiligen Geistes ausgerechnet mit den blutigen und besonders grauenvollen Scheußlichkeiten, die bei der Unterdrückung des Bauernkrieges begangen wurden, begonnen haben soll; aber ein so triviales Ereignis wird von Hegel selbstverständlich gar nicht erwähnt. Statt dessen ergeht er sich, wie zu erwarten, in Lobpreisungen Machiavellis.

Hegels Interpretation der Geschichte seit Ende des Römischen Reiches ist teils Wirkung, teils Ursache des weltgeschichtlichen Unterrichts an deutschen Schulen. In Italien und Frankreich, wo den Deutschen nur von einigen wenigen Männern wie Tacitus und Machiavelli eine romantische Bewunderung entgegengebracht wurde, galten sie allgemein als Urheber der »Barbaren«-Invasion und als Feinde der Kirchen, zunächst unter den großen Kaisern, dann als Führer der Reformation. Bis zum neunzehnten Jahrhundert fühlten sich die lateinischen Völker den Deutschen kulturell überlegen. Die Protestanten in Deutschland waren natürlich anderer Meinung. Sie hielten die letzten Römer für degeneriert und die Eroberung des weströmischen Reiches durch die Deutschen für einen wesentlichen Schritt zur Wiederbelebung. In der Frage des mittelalterlichen Konflikts zwischen Kaisertum und Papsttum vertraten sie den ghibellinischen Standpunkt: In Deutschland wird den Schulbuben bis auf den heutigen Tag uneingeschränkte Bewunderung für Karl den Großen und Barbarossa beigebracht. In den Zeiten nach der Reformation beklagte man die politische Schwäche und Uneinigkeit Deutschlands; der allmähliche Aufstieg

---

[3] Pressefreiheit, meint er, besteht nicht darin, daß jeder schreiben könne, was er wolle: das ist eine unreife und oberflächliche Auffassung. Es sollte der Presse beispielsweise nicht erlaubt sein, die Regierung oder die Polizei verächtlich zu machen.

Preußens wurde begrüßt, da er Deutschland unter protestantischer, nicht unter katholischer und nicht unter der etwas schwächlichen österreichischen Führung erstarken ließ. Bei seiner Geschichtsphilosophie schweben Hegel Männer wie Theoderich, Karl der Große, Barbarossa, Luther und Friedrich der Große vor. Im Lichte ihrer Heldentaten und der damals gerade erfolgten Demütigung Deutschlands durch Napoleon muß er verstanden werden.

Deutschland wird derart verherrlicht, daß man erwarten sollte, darin die letzte Verkörperung der Absoluten Idee sehen zu können, die keine weitere Höherentwicklung zuläßt. Das ist aber keineswegs Hegels Auffassung. Er hält vielmehr Amerika für das Land der Zukunft, »in welchem sich in vor uns liegenden Zeiten, etwa (setzt er bezeichnenderweise hinzu) im Streite von Nord- und Südamerika, die weltgeschichtliche Wichtigkeit offenbaren soll«. Offenbar meint er, alles Bedeutende träte in Form von Kriegen auf. Wäre ihm der Wink gegeben worden, Amerikas Beitrag zur Weltgeschichte könne vielleicht in der Entwicklung einer Gesellschaft ohne äußerste Armut bestehen, so hätte ihn das nicht interessiert. Er erklärt sogar im Gegenteil, daß es bislang in Amerika noch keinen wirklichen Staat gäbe, da die Voraussetzung für einen wirklichen Staat die Klasseneinteilung in arm und reich sei.

Bei Hegel spielen die Völker die gleiche Rolle wie bei Marx die Klassen. Das Prinzip der historischen Entwicklung ist bei ihm der Volksgeist. In jedem Zeitalter ist eine bestimmte Nation mit der Aufgabe betraut, die Welt durch das dialektische Stadium hindurchzuführen. In unserem Zeitalter ist dieses Volk natürlich das deutsche. Aber neben den Völkern müssen wir auch die welthistorischen Individuen berücksichtigen, nämlich die Menschen, in deren Absichten sich die für ihre Zeit fälligen dialektischen Umschläge verkörpern sollen. Diese Menschen sind Helden und berechtigt, gewöhnlichen Moralgesetzen zuwiderzuhandeln. Als Beispiele werden Alexander, Cäsar und Napoleon angeführt. Ich zweifle, daß nach Hegels Ansicht ein Mensch ein »Held« sein könne, wenn er keine kriegerischen Eroberungen macht.

Die ganz besonders wichtige Rolle, die die Völker bei Hegel spielen, sowie die eigenartige Vorstellung, die er von der »Freiheit« hat, sind eine Erklärung für seine Verherrlichung des Staates; diesem sehr wichtigen Aspekt seiner politischen Philosophie müssen wir nun unsere Aufmerksamkeit zuwenden. Seine Philosophie des Staates ist sowohl in seiner *Philosophie der Geschichte* wie in seiner *Philosophie des Rechts* entwickelt. Im großen und ganzen verträgt sie sich mit seiner allgemeinen Metaphysik, obwohl sie nicht notwendig von ihr bedingt ist; an bestimmten Stellen aber – beispielsweise wo es sich um die zwischenstaatlichen Beziehungen handelt – geht seine Bewunderung für den nationalen Staat so weit, daß sie seiner Ansicht, das Ganze sei mehr als die Teile, widerspricht.

Die Verherrlichung des Staates beginnt, soweit es sich um die Neuzeit handelt, mit der Reformation. Im Römischen Reich wurde der Kaiser vergöttlicht, und der Staat gewann dadurch einen heiligen Charakter; die mittelalterlichen Philosophen waren aber mit geringen Ausnahmen Geistliche und stellten daher die Kirche über den Staat. Mit Luther, den die protestantischen Fürsten unterstützten, wurde das Gegenteil üblich; die lutherische Kirche war im großen und ganzen erastianisch. Hobbes, der in politischer Beziehung Protestant war, entwickelte die Lehre vom Supremat des Staates, und Spinoza war alles in allem der gleichen Ansicht. Wie wir sahen, meinte Rousseau, der Staat dürfe keine anderen politischen Organisationen dulden. Hegel war überzeugter lutherischer Protestant; der preußische Staat war eine erastianische, absolute Monarchie. Aus diesen Gründen erwartet man schon, daß Hegel dem Staat großes Gewicht beimißt; trotzdem ist es erstaunlich, wie weit er in dieser Beziehung geht.

Wir lesen in der *Philosophie der Geschichte:* »Der Staat ist das vorhandene, wirklich sittliche Leben«; alle geistige Wirklichkeit, die ein Mensch besitzt, hat er allein durch den Staat. »Denn seine geistige Wirklichkeit ist, daß ihm sein Wesen – das Vernünftige – gegenständlich sei ... Denn das Wahre ist die Einheit des allgemeinen und subjektiven Willens; und das Allgemeine ist im Staate in den Gesetzen, in allgemeinen und vernünftigen Bestimmungen. Das Göttliche des Staates ist die Idee, wie sie auf Erden vorhanden ist.« Weiter: »So ist der Staat die vernünftige und sich objektiv wissende und für sich seiende Freiheit« ... »Der Staat ist die geistige Idee in der Äußerlichkeit des menschlichen Willens und seiner Freiheit.«

Die »Rechtsphilosophie« entwickelt in dem Abschnitt über den Staat dieselbe Auffassung etwas ausführlicher. »Der Staat ist die Wirklichkeit der sittlichen Idee – der sittliche Geist, als der offenbare, sich selbst deutliche, substantielle Wille, der sich denkt und weiß und insofern er es weiß, vollführt.« Der Staat ist das Vernünftige an und für sich. Wenn der Staat nur für die Interessen der einzelnen da wäre (wie die Liberalen behaupten), dann könnte der einzelne ein Glied dieses Staates sein oder auch nicht. Der Staat steht aber zu den Individuen in einer ganz anderen Beziehung; da er der objektive Geist ist, hat das Individuum Objektivität, Wahrheit und Sittlichkeit nur insoweit, als es Glied des Staates ist, dessen wahrer Sinn und Zweck in einer solchen Vereinigung besteht. Es wird zugestanden, daß es auch schlechte Staaten geben mag, doch haben sie nur eine Existenz, keine echte Wirklichkeit, während ein vernünftiger Staat in sich unendlich ist. Offenbar beansprucht Hegel für den Staat die gleiche Stellung, wie sie Augustin und seine katholischen Nachfolger für die Kirche forderten. In zwei Beziehungen ist jedoch der katholische Anspruch vernünftiger als der Hegelsche. Erstens ist die Kirche keine zufällige geographisch bestimmte Vereinigung, sondern eine durch ein gemeinsames Glaubensbekenntnis geeinte Körperschaft, die in den Augen ihrer Mitglieder höchste Bedeutung hat; sie ist also ihrem Wesen nach die Verkörperung der Hegelschen »Idee«. Zweitens gibt es nur *eine* katholische Kirche, aber viele Staaten. Wenn jeder Staat in Beziehung zu seinen Untertanen zu etwas so Absolutem wird wie bei Hegel, dürfte sich schwerlich ein philosophisches Prinzip zur Regelung der zwischenstaatlichen Beziehungen finden lassen. Tatsächlich verzichtet Hegel auch an dieser Stelle auf sein philosophisches Gerede, um wieder auf den Naturzustand und Hobbes' Krieg aller gegen alle zurückzukommen.

Die Gewohnheit, von »*dem* Staat« zu sprechen, als ob es nur einen einzigen gäbe, ist irreführend, solange es keinen Weltstaat gibt. Da Hegel nur eine Pflicht kennt, nämlich die Beziehung des einzelnen zu *seinem* Staat, bleibt kein Prinzip übrig, um den zwischenstaatlichen Beziehungen eine moralische Grundlage zu geben. Darüber ist sich Hegel klar. Wie er sagt, sei der Staat in seinen äußeren Beziehungen als Einzelwesen anzusehen, und jeder Staat wäre den anderen Staaten gegenüber unabhängig. »Indem in dieser Selbständigkeit das Für-sich-sein des wirklichen Geistes sein Dasein hat, ist sie die erste Freiheit und die höchste Ehre eines Volkes.« Weiter erklärt er sich gegen jede Art von Völkerbund, der die Unabhängigkeit der einzelnen Staaten beeinträchtigen könnte. Die Pflicht des Bürgers beschränkt sich ausschließlich (soweit es sich um die äußeren Beziehungen seines Staates handelt) auf Erhaltung der substantiellen Individualität, Unabhängigkeit und Souveränität seines eigenen Staates. Daraus folgt, daß der Krieg nicht nur als ein Übel oder als etwas, das abgeschafft werden sollte, anzusehen ist. Denn Zweck des Staates ist nicht nur, Leben und Eigentum der Bürger zu erhalten; damit wird der Krieg moralisch gerechtfertigt, der nicht als ein unbedingtes Übel oder als Zufall oder Folge von irgend etwas, das nicht sein sollte, betrachtet werden darf.

Hegel meint nicht nur, daß es Situationen gibt, in denen ein Volk den Krieg nicht umgehen darf. Er geht noch viel weiter. Er ist dagegen, daß Einrichtungen geschaffen werden – beispielsweise eine Weltregierung –, die solche Situationen gar nicht erst entstehen lassen würden, weil er es für gut hält, wenn es von Zeit zu Zeit Kriege gibt. Krieg, sagt er, »ist der Zustand, in welchem mit der Eitelkeit der zeitlichen Güter und Dinge Ernst gemacht wird«. (Dieser Ansicht muß man die entgegengesetzte Theorie gegenüberstellen, daß alle Kriege ökonomische Ursachen haben.) Der Krieg hat positiven moralischen Wert: »Der Krieg hat die höhere Bedeutung, daß durch ihn die sittliche Gesundheit der Völker in ihrer Indifferenz gegen das Festwerden der endlichen Bestimmtheiten erhalten wird.« Frieden bedeutet Verknöcherung: Die Heilige Allianz und Kants Friedensliga waren Irrtümer, weil eine Staatenfamilie einen Feind braucht. Konflikte unter Staaten lassen sich nur durch den Krieg entscheiden; da sich die Staaten in ihrem Verhältnis zueinander im Naturzustand befinden, sind ihre Beziehungen weder gesetzlich noch moralisch. Ihre Rechte haben ihre Realität in ihrem besonderen Willen, und das Interesse jedes Staates ist sein höchstes Gesetz. Moral und Politik widersprechen einander nicht, da Staaten nicht gewöhnlichen Sittengesetzen unterliegen.

Das ist Hegels Staatslehre, eine Lehre, die – sobald man sie gelten läßt – jegliche Tyrannei im eigenen Land und jede denkbare Aggression nach außen rechtfertigen würde. Seine große Voreingenommenheit in dieser Beziehung zeigt sich darin, daß seine Theorie in hohem Maße seiner eigenen Metaphysik widerspricht und daß all diese Widersprüche auf eine Rechtfertigung von Grausamkeit und internationalem Räubertum hinauslaufen. Es ist verzeihlich, wenn jemand zu seinem eigenen Bedauern durch die Logik zu Schlüssen gezwungen wird, die er selbst mißbilligt; unentschuldbar aber ist es, wenn er von der Logik abweicht, um ungehindert Verbrechen befürworten zu können. Hegel kam durch seine Logik zu der Überzeugung, daß ein Ganzes mehr Wirklichkeit oder Vollkommenheit besitzt (diese beiden Bezeichnungen sind bei ihm Synonyma) als seine Teile sowie daß das Ganze an Wirklichkeit und Vollkommenheit gewinne, je organischer es werde. Das berechtigte ihn, dem Staat vor einer anarchischen Menge von Einzelwesen den Vorzug zu geben, hätte ihn aber ebenso veranlassen sollen, den Weltstaat einer anarchischen Menge von Staaten vorzuziehen. Innerhalb des Staates selbst hätte ihm seine allgemeine Philosophie mehr Achtung vor dem einzelnen vermitteln sollen, als er tatsächlich empfand; denn die Ganzen, von denen seine »Logik« handelt, sind nicht gleich dem Einen des Parmenides oder gar gleich Spinozas Gott: Sie sind nämlich Ganze, in denen das Individuum nicht untertaucht, sondern stärkere Wirklichkeit durch seine harmonische Beziehung zu einem größeren Organismus gewinnt. Ein Staat, in dem das Individuum keine Rolle spielt, ist kein Miniatur-Modell von Hegels Absolutem.

Hegel begründet in seiner Metaphysik auch keineswegs überzeugend, warum allein dem Staat im Gegensatz zu anderen sozialen Organisationen soviel Gewicht beigemessen wird. Ich kann darin, daß er den Staat über die Kirche stellt, nur protestantische Voreingenommenheit sehen. Wenn es zudem gut ist, wie Hegel meint, daß die Gesellschaft so organisch wie möglich sei, dann sind neben Staat und Kirche noch viele andere soziale Organisationen notwendig. Aus Hegels Prinzipien sollte man schließen, daß jedes Interesse, das der Allgemeinheit nicht schadet und durch Zusammenarbeit gefördert werden kann, seine eigene Organisation haben sollte, und daß jede derartige Organisation ein bestimmtes Maß von Unabhängigkeit zu besitzen habe. Es mag eingewendet werden, daß die letzte Autorität sich irgendwo verkörpern müsse und daß dies nur im Staat geschehen könne. Aber selbst dann dürfte es wünschenswert sein, daß diese letzte Autorität nicht unangreifbar wäre, sobald sie den Versuch macht, sich über einen bestimmten Punkt hinaus als tyrannisch zu erweisen.

Damit kommen wir zu einer Frage, die für die Beurteilung von Hegels gesamter Philosophie von fundamentaler Bedeutung ist. Besitzt das Ganze tatsächlich mehr Wirklichkeit und Wert als seine Teile? Hegel bejaht beide Fragen. Die Frage nach der Realität ist metaphysisch, die Frage nach dem Wert ethisch. Sie werden gewöhnlich so behandelt, als ließen sie sich kaum voneinander trennen; meiner Ansicht nach ist es jedoch wichtig, sie auseinanderzuhalten. Wir wollen mit der metaphysischen Frage beginnen.

Wie viele andere Philosophen war Hegel der Auffassung, der Charakter jedes Teiles des Universums werde so stark durch seine Beziehungen zu den anderen Teilen und zum Ganzen bestimmt, daß eine gültige Aussage über jeden Teil nur insofern möglich wäre, als sie ihm seine Stellung innerhalb des Ganzen anweise. Da seine Stellung innerhalb des Ganzen von allen anderen Teilen abhängt, wird die richtige Bezeichnung seiner Stellung innerhalb des Ganzen gleichzeitig die Stellung jedes anderen Teils des Universums mitbestimmen. Demnach kann es nur eine einzige richtige Bestimmung geben und keine Wahrheit mit Ausnahme der ganzen Wahrheit. Desgleichen ist nichts ganz wirklich außer dem Ganzen, denn jeder einzelne Teil verändert seinen Charakter, wenn man ihn isoliert, und erscheint nicht mehr ganz als das, was er wirklich ist. Wenn man andererseits einen Teil im Hinblick auf das Ganze betrachtet, wie es geschehen sollte, wird er sich als nichtselbständig erweisen und existenzfähig nur als Teil eben des Ganzen wirken, das allein real ist: das ist die metaphysische Lehre.

Die moralische Lehre, welche besagt, daß dem Ganzen größerer Wert innewohne als den Teilen, muß wahr sein, wenn die metaphysische Lehre wahr ist, braucht aber nicht falsch zu sein, wenn die metaphysische Lehre falsch ist. Sie kann überdies für manche Ganze gelten, für andere dagegen nicht. Beim lebenden Körper ist sie augenscheinlich in gewissem Sinne wahr. Das Auge ist wertlos, wenn es vom Körper getrennt wird; eine Sammlung von *disiecta membra* hat selbst bei Vollständigkeit nicht den Wert, den einst der Körper hatte, von dem sie stammen. Hegel denkt sich die sittliche Beziehung des Bürgers zum Staat analog der des Auges zum Körper: Der Bürger ist an seinem Platze Teil eines wertvollen Ganzen, isoliert aber so nutzlos wie ein isoliertes Auge. Die Analogie ist jedoch bedenklich; aus der moralischen Bedeutung mancher Ganzen folgt nicht die moralische Bedeutung aller Ganzen.

Die obige Darstellung des moralischen Problems ist in einer wichtigen Beziehung unzulänglich, weil sie nämlich den Unterschied zwischen Zweck und Mittel nicht berücksichtigt. Das Auge des lebenden Körpers ist *nützlich*, das heißt, es hat einen bestimmten Wert als Mittel; es besitzt jedoch auch nicht mehr *inneren* Wert, als wenn es vom Körper getrennt ist. Ein Ding hat inneren Wert, wenn es um seiner selbst willen geschätzt wird, nicht als Mittel für irgend etwas. Für uns ist das Auge als Mittel zum Sehen wertvoll. Das Sehen kann Mittel oder Zweck sein;

es ist Mittel, wenn es uns Nahrung oder Feinde erkennen läßt; es ist Zweck, wenn es uns etwas zeigt, das wir schön finden. Der Staat ist offensichtlich wertvoll als Mittel: Er schützt uns gegen Diebe und Mörder, er sorgt für Straßen und Schulen und so fort. Er kann natürlich auch ein schlechtes Mittel sein, wenn er zum Beispiel einen ungerechtfertigten Krieg beginnt. Die eigentliche Frage, die wir im Zusammenhang mit Hegel zu stellen haben, ist jedoch, ob der Staat als Zweck *per se* gut ist: Sind die Bürger für den Staat da, oder ist der Staat um der Bürger willen da? Hegel ist der ersten Ansicht; die von Locke ausgehende liberale Philosophie vertritt die zweite. Es ist klar, daß wir dem Staat nur dann inneren Wert beimessen werden, wenn wir an sein Eigenleben glauben, wenn wir ihn uns gewissermaßen als Person vorstellen. In diesem Punkt wird Hegels Metaphysik für die Frage nach dem Wert bedeutsam. Eine Person ist ein zusammengesetztes Ganzes mit eigenem Leben; ist eine Über-Person denkbar, die aus Personen besteht wie der Körper aus Organen, und kann sie ein besonderes Leben haben, das nicht die Summe der Leben jener sie bildenden Einzelpersonen ist? Wenn eine derartige Über-Person möglich ist, wie Hegel glaubt, dann kann der Staat ein solches Wesen und uns so überlegen sein wie der ganze Körper dem Auge. Halten wir diese Über-Person aber nur für eine metaphysische Absurdität, dann werden wir sagen, daß eine Gemeinschaft ihren inneren Wert durch den ihrer Mitglieder gewinnt und daß der Staat ein Mittel, kein Zweck ist. So kehren wir von der moralischen zur metaphysischen Frage zurück. Die metaphysische Frage selbst ist, wie wir erkennen werden, im Grund eine logische Frage.

Zur Diskussion steht weit mehr als die Frage, ob Hegels Philosophie richtig oder falsch ist, nämlich die Frage, welche die Anhänger der Analyse von ihren Gegnern scheidet. Nehmen wir ein Beispiel. Angenommen ich sagte: »John ist der Vater von James.« Hegel und alle diejenigen, die an das glauben, was Marshal Smuts als »*Holismus*« (Ganzheitsstandpunkt) bezeichnet, werden erklären: »Bevor man diese Aussage verstehen kann, muß man wissen, wer John und James sind. Um nun zu wissen, wer John ist, muß man alle seine Charakteristika kennen, denn ohne sie ist er nicht von anderen zu unterscheiden. Aber all seine Charakteristika beziehen andere Menschen oder Dinge ein. Er ist gekennzeichnet durch seine Beziehungen zu seinen Eltern, seiner Frau und seinen Kindern, dadurch, daß er ein guter oder schlechter Bürger ist und durch seine Staatsangehörigkeit. Alle diese Dinge muß man wissen, bevor von einem gesagt werden kann, man wisse, auf wen sich der Name ›John‹ bezieht. Bei dem Bemühen zu erklären, was man mit dem Wort ›John‹ meint, wird man allmählich das ganze Universum berücksichtigen müssen; dabei wird sich herausstellen, daß man mit der ursprünglichen Aussage etwas über das Universum und nicht über zwei einzelne Menschen wie John und James aussagt.«

Das ist nun zwar alles ganz schön und gut, läßt aber die Frage nach dem Ausgangspunkt offen. Wenn das obige Argument stichhaltig wäre, wo sollte dann das Wissen überhaupt anfangen? Ich kenne viele Sätze von der Art »A ist der Vater von B«, aber das ganze Universum kenne ich nicht. Wäre jede Erkenntnis eine Erkenntnis vom Universum als Ganzem, dann gäbe es keine Erkenntnis.

In Wirklichkeit verhält es sich so, daß ich, um das Wort »John« richtig und vernünftig anwenden zu können, nicht *alles* über John zu wissen brauche, sondern soviel, um ihn zu erkennen. Zweifellos hat er teils engere, teils losere Beziehungen zu allem im Universum; man kann jedoch der Wahrheit gemäß von ihm sprechen, ohne diese Beziehungen sämtlich zu berücksichtigen, braucht vielmehr nur diejenigen auszuwerten, die gerade Hauptgegenstand der Aussage sind. Er kann ebensogut der Vater von Jemima wie von James sein; das aber braucht mir nicht bekannt zu sein, wenn ich wissen will, daß er der Vater von James ist. Hätte Hegel recht, könnten wir nicht erschöpfend aussagen, was mit dem Satz »John ist der Vater von James« gemeint ist, ohne Jemima zu erwähnen; wir müßten sagen: »John, der Vater von Jemima, ist der Vater von James.« Auch das wäre unzureichend; wir müßten noch seine Eltern und Großeltern und ein ganzes Personenlexikon anführen. Aber damit geraten wir ins Sinnlose. Hegels Standpunkt läßt sich folgendermaßen formulieren: »Das Wort ›John‹ bezeichnet alles, was auf John zutrifft.« Die Definition bewegt sich jedoch im Kreise, da das Wort »John« in dem definierenden Satz vorkommt. Wenn Hegel recht hätte, könnte tatsächlich niemals ein Wort als erstes eine Bedeutung haben, da wir bereits die Bedeutung aller anderen Wörter kennen müßten, um alle Eigenschaften dessen feststellen zu können, was das Wort bezeichnet – diese Eigenschaften, die nach der Theorie die Bedeutung des Wortes ausmachen.

Abstrakt ausgedrückt heißt das: Wir müssen Eigenschaften verschiedener Art unterscheiden. Ein Ding kann eine Eigenschaft haben, die kein anderes Ding einbeziehst; dann sprechen wir von *Qualität*. Oder es kann eine Eigenschaft besitzen, die *ein* anderes Ding einbegreift, zum Beispiel die Eigenschaft »verheiratet«. Oder es kann eine Eigenschaft haben, die *zwei* andere Dinge einbegreift, beispielsweise »*Schwager*«. Wenn ein Ding eine bestimmte Anzahl von Qualitäten hat und kein anderes Ding eben diese Anzahl von Qualitäten besitzt, dann kann man es definieren als »das Ding, das die und die Qualitäten hat«. Daraus, daß es diese Qualitäten besitzt, läßt sich rein logisch noch nicht auf die Art seiner Beziehungseigenschaften schließen. Hegel glaubte, alle Eigenschaften eines Dinges könnten logisch gefolgert werden, wenn man über dieses Ding genug wüßte, um es von allen anderen Dingen unterscheiden zu können. Das war ein Irrtum, und auf diesem Irrtum baute sich das ganze imponierende Gebäude seines Systems auf. Hier zeigt sich eine bedeutsame Wahrheit: Je fehlerhafter die Logik, um so interessanter die sich aus ihr ergebenden Konsequenzen.

23. KAPITEL

Byron

Im Vergleich zu unserer Zeit wirkt das neunzehnte Jahrhundert rational, fortschrittlich und zufrieden; dennoch besaßen viele der bemerkenswertesten Menschen während der Epoche des liberalen Optimismus schon die für unsere Zeit charakteristischen gegenteiligen Eigenschaften. Wenn wir in den Menschen nicht die Künstler oder Entdecker sehen, nicht die für unseren Geschmack sympathischen oder unsympathischen Erscheinungen, sondern die Kräfte, die Ursachen, die einen Wandel der sozialen Struktur, der Werturteile oder der geistigen Anschauungsweise bewirken, so werden wir erkennen, daß der Verlauf der Ereignisse in jüngster Zeit eine weitgehende Berichtigung unserer Ansichten erforderlich gemacht hat, da er manche Menschen bedeutender, andere unbedeutender als ehedem erscheinen läßt. Zu denen, die von größerer Bedeutung sind, als es einst den Anschein hatte, gehört vor allem Byron. Auf dem Kontinent dürfte diese Auffassung kaum überraschen, wohl aber der englischsprechenden Welt seltsam erscheinen. Denn gerade auf dem Kontinent hatte Byron Einfluß; in England sind seine geistigen Erben nicht zu finden. Auf die meisten von uns wirken seine Verse ärmlich, und sein Gefühl dünkt uns unecht und wertlos; im Ausland jedoch wurden seine Art zu empfinden und seine Lebensanschauung entwickelt und verwandelt; sie gewannen schließlich so viel Boden, daß sie sich zu Faktoren großer Ereignisse auswuchsen.

Der aristokratische Rebell, ein Typ, den Byron zu seiner Zeit verkörperte, unterscheidet sich stark von dem Anführer in Bauernkriegen oder bei proletarischen Aufständen. Hungernde Menschen bedürfen keiner ausgeklügelten Philosophie, um ihre Unzufriedenheit anzustacheln oder zu entschuldigen; in etwas Derartigem sehen sie nur einen Zeitvertreib für reiche Müßiggänger. Sie wollen ganz einfach haben, was die anderen haben, und nicht irgendwelche ungreifbaren metaphysischen Güter. Mögen sie auch, wie es die kommunistischen Revolutionäre des Mittelalters taten, die christliche Liebe predigen, so ist das in Wirklichkeit bei ihnen doch sehr primitiv begründet: Der Mangel an Liebe bei den Reichen und Mächtigen ist die Ursache für die Leiden der Armen, und unter den Kampfgenossen ist ihre Existenz die wesentliche Voraussetzung für den Erfolg. Der Kampf aber bringt Erfahrungen mit sich, die an der Macht der Liebe verzweifeln und als Triebkraft nur noch den nackten Haß übrig lassen. Wenn ein Vertreter dieses Typs, wie etwa Marx, eine Philosophie erfindet, so wird sie immer allein darauf abgestellt sein, den schließlichen Sieg seiner Partei zu demonstrieren; auf Werte wird es ihm dabei nicht ankommen. Er hält sich an primitive

Werte: Das Gute besteht darin, daß man genug zu essen hat, alles andere ist Gerede. Jeder hungernde Mensch wird genauso denken.

Da der aristokratische Rebell genug zu essen hat, muß seine Unzufriedenheit andere Gründe haben. Männer, die nur Führer zeitweilig machtloser Parteien sind, rechne ich nicht zu diesen Rebellen; ich zähle dazu nur diejenigen, deren Philosophie auf eine größere Wandlung abzielt als auf den eigenen Erfolg. Vielleicht ist Liebe zur Macht die verborgene Quelle ihrer Unzufriedenheit; in ihren bewußten Gedankengängen jedoch üben sie Kritik am Weltregiment; sie nimmt, wenn sie tief genug geht, bei manchen Menschen die Form titanenhaften kosmischen Selbstbewußtseins an, bei anderen, denen ein gewisser Aberglaube verblieben ist, wird sie zum Satanismus. Beides zugleich finden wir bei Byron. Und beides ging – hauptsächlich durch Menschen, die unter seinem Einfluß standen – auf große Teile einer Gesellschaft über, die kaum als aristokratisch gelten konnte. Die aristokratische Philosophie des Rebellentums wuchs, entfaltete und verwandelte sich mit zunehmender Reife und hat dabei eine lange Reihe revolutionärer Bewegungen inspiriert, angefangen von den Carbonari nach dem Sturz Napoleons bis zu Hitlers Staatsstreich im Jahre 1933; und in jedem Stadium inspirierte sie Künstler und Intellektuelle, in entsprechender Art zu denken und zu fühlen.

Es ist klar, daß der Aristokrat nur dann zum Rebellen wird, wenn seine Veranlagung und die Verhältnisse dafür besondere Voraussetzungen bieten. Bei Byron lagen sogar ganz ungewöhnliche Verhältnisse vor. Seine frühesten Kindheitserinnerungen waren die Streitigkeiten seiner Eltern; seine Mutter war eine Frau, die er wegen ihrer Grausamkeit fürchtete und wegen ihres gewöhnlichen Wesens verachtete; in seiner Kinderfrau vereinte sich Verdorbenheit mit allerstrengstem calvinistischem Glauben; seines lahmen Beins schämte er sich, und das bewahrte ihn davor, in der Schule zum Herdentier zu werden. Nachdem er zehn Jahre in Armut gelebt hatte, sah er sich plötzlich als Lord und Eigentümer von Newstead. Sein Großonkel, der »böse Lord«, den er beerbte, hatte dreißig Jahre zuvor einen Mann im Duell getötet und war seither von seinen Nachbarn gesellschaftlich geächtet worden. Die Byrons waren ein zügelloses Geschlecht, und mit den Gordons, den Vorfahren seiner Mutter, stand es noch schlimmer. Dem Schmutz einer Seitenstraße in Aberdeen entronnen, genoß der Junge natürlich seinen Titel und seine Abtei und war gewillt, aus Dankbarkeit für den Landbesitz seiner Ahnen genauso zu werden wie sie. Und wenn ihnen auch ihr kriegerisches Wesen in letzter Zeit Schwierigkeiten eingetragen hatte, so erfuhr er doch, daß es ihnen in früheren Jahrhunderten zum Ruhm gereicht hatte. Eins seiner ersten Gedichte, »Beim Abschied von Newstead Abbey«, gibt seine damaligen Empfindungen wieder: Die Bewunderung für seine Vorfahren, die in den Kreuzzügen, bei Crécy und Marston kämpften. Er schließt mit dem frommen Entschluß:

Wie ihr will er leben, wie ihr will er sterben,
Sein Staub soll gemischt mit dem euren einst sein.[1]

So spricht kein Rebell; wohl aber ahnt man darin bereits »*Childe*« Harold voraus, den modernen Pair, der es den Baronen des Mittelalters gleichtun will. Als Student hatte Byron zum erstenmal ein eigenes Einkommen und schrieb, er fühle sich so unabhängig wie »ein deutscher Fürst, der sein eigenes Geld prägt, oder wie ein Tscherokesenhäuptling, der überhaupt kein Geld prägt, sondern seine Freiheit genießt, die viel mehr wert ist. Ich spreche voll Entzücken von dieser Göttin, weil meine liebenswürdige Mama eine solche Despotin war.« Im späteren Leben pries er in vielen edlen Versen die Freiheit, doch war es wohlverstanden die Freiheit eines deutschen Fürsten oder eines Tscherokesenhäuptlings, die er verherrlichte, nicht etwas so Minderwertiges wie die Freiheit, deren sich vielleicht gewöhnliche Sterbliche erfreuen möchten.

Trotz seiner vornehmen Abstammung und seines Titels mieden ihn seine aristokratischen Verwandten und gaben ihm zu verstehen, daß er nicht auf gleicher gesellschaftlicher Stufe mit ihnen stehe. Seine Mutter war ausgesprochen unbeliebt, und ihn betrachtete man argwöhnisch. Er wußte, wie vulgär sie war, und litt heimlich unter der Befürchtung, den gleichen Makel zu tragen. Daraus erklärt sich die für ihn charakteristische, seltsame Mischung von Snobismus und Auflehnung. Wenn er schon kein Gentleman im modernen Sinne sein konnte, dann wollte er wenigstens ein kühner Baron im Stil seiner kreuzfahrenden Ahnen oder nach der wilderen, aber romantischeren Art der Ghibellinenführer sein, die alles niederstampfend und von Gott und der Menschheit verflucht ihren Weg in einen glanzvollen Untergang nahmen. Mittelalterliche Heldenlieder und Historien waren für ihn Lehrbücher des Anstands. Er sündigte wie die Hohenstaufen, und wie die Kreuzfahrer fiel er im Kampf gegen die Muselmänner.

Er war schüchtern und hatte keine Freunde; daher suchte er Trost in Liebesabenteuern; da er sich aber unbewußt mehr nach einer Mutter als nach einer Geliebten sehnte, enttäuschten ihn alle Frauen bis auf Augusta. Vom Calvinismus machte er sich niemals ganz frei – 1816 bezeichnete er sich Shelley gegenüber als »Methodist, Calvinist, Augustiner«; er hatte daher schon ein Gefühl dafür, daß er ein schlechtes Leben führte; aber das Schlechte, sagte er sich, lag ihm von seinen Vorfahren her im Blut; er sah darin ein böses Verhängnis, das ihm der Allmächtige bestimmt hatte. Wenn das wirklich der Fall war und wenn er auffallen *sollte*, dann wollte er als Sünder auffallen und wollte durch seine kühnen Ausschreitungen alle Modewüstlinge übertreffen, die er so gern verachtete. Er liebte Augusta wirklich, denn sie war seines Blutes – aus

---

[1] Übersetzt von Alexander Neidhardt (Halle a. S. – Berlin 1920). (Anm. d. Übers.)

dem Pariageschlecht der Byrons –, aber auch aus dem viel einfacheren Grunde, weil sie freundlich wie eine ältere Schwester für sein äußeres Wohlergehen sorgte. Aber das war nicht alles, was sie ihm zu bieten hatte. Durch ihre Schlichtheit und ihre entwaffnende Güte vermittelte sieh ihm den Genuß der köstlichen, schmeichelhaftesten Gewissensbisse. Er sah sich auf gleicher Stufe mit den größten Sündern – mit Manfred, Kain, fast mit dem Satan selbst. Der Calvinist, der Aristokrat, der Rebell in ihm – sie alle waren gleichermaßen befriedigt, nicht zu vergessen der romantische Liebende, dessen Herz gebrochen war bei dem Verlust des einzigen Wesens auf Erden, das in ihm noch die sanfteren Gefühle von Liebe und Mitleid zu erwecken vermocht hatte.

Wenn Byron sich auch Satan ebenbürtig fühlte, so wagte er es doch nicht ganz, sich selbst Gott gleichzusetzen. Zu diesem nächsten Schritt in der Entwicklung der Überheblichkeit kommt es erst bei Nietzsche, der sagte: »Es gibt keinen Gott, denn gäbe es Götter, wie hielt ich's aus, kein Gott zu sein.« Man beachte die unausgesprochene Prämisse: »Was meinen Stolz demütigt, muß falsch sein.« Nietzsche hatte wie Byron, ja in noch stärkerem Maße eine fromme Erziehung genossen, aber da er klüger war, rettete er sich daraus in etwas Besseres als den Satanismus. Doch blieb er Byron immer stark seelenverwandt. Er sagt: »Nun ist aber die Tragödie die, daß man jene Dogmen der Religion und Metaphysik nicht glauben kann, wenn man die strenge Methode der Wahrheit im Herzen und Kopfe hat, andererseits durch die Entwicklung der Menschheit so zart, reizbar, leidend geworden ist, um Heil- und Trostmittel der höchsten Art nötig zu haben; woraus also die Gefahr entsteht, daß der Mensch sich an der erkannten Wahrheit verblute.«

Dies drückt Byron in unsterblichen Versen aus:

> *Sorrow is knowledge: they who know the most*
> *Must mourn the deepest o'er the fatal truth,*
> *The Tree of knowledge is not that of life.*[2]

Bisweilen, wenn auch selten, nähert sich Byron Nietzsches Auffassung. Aber im allgemeinen bleibt Byrons moralische Theorie, die bei ihm anders aussieht als die Praxis, streng konventionell.

Der große Mensch ist für Nietzsche gottgleich; für Byron ist er ein mit sich selbst im Kampfe liegender Titan.

Manchmal jedoch entwirft er das Bild eines Weisen, der Zarathustra nicht unähnlich ist – der Korsar, von dessen Umgang mit jenen Leuten es heißt:

---

[2] »Wissen ist Leid; denn wer am meisten weiß / Beklagt zutiefst die schicksalvolle Wahrheit: / Nicht gleich der Baum des Lebens / An dem Erkenntnis reift.«

zwingt sie durch jene Kunst, die Völker führt
und blendet, doch die Herzen kalt berührt.[3]

Auch dieser Held »haßte die Menschen viel zu sehr, um Gewissensbisse zu empfinden«. In einer Fußnote wird versichert, der Korsar sei eine durchaus lebenswahre Figur, da der Vandalenkönig Genserich, der Ghibellinentyrann Ezzelino und ein gewisser louisianischer Pirat ganz ähnliche Züge aufgewiesen hätten.

Auf seiner Suche nach Heroen brauchte sich Byron nicht auf die Levante und das Mittelalter zu beschränken, da es nicht schwierig war, auch Napoleon ein romantisches Mäntelchen umzuhängen. Napoleons Einfluß auf die Phantasie Europas im neunzehnten Jahrhundert ging sehr tief; er inspirierte Clausewitz, Stendhal, Heine, das Denken Fichtes und Nietzsches und die Taten italienischer Patrioten. Er geistert durch das ganze Jahrhundert als einzige Kraft, die stark genug ist, sich gegen Handel und Industrie durchzusetzen und den Pazifismus und das Krämertum verächtlich zu machen. Mit seinem *Krieg und Frieden* versucht Tolstoi, diesen Geist auszutreiben, jedoch ergebnislos, denn nie war dieser Geist mächtiger als gerade in unserer Zeit.

Während der Hundert Tage sprach Byron offen aus, daß er Napoleon den Sieg wünsche, und als er von Waterloo erfuhr, sagte er: »Es tut mir verdammt leid.« Nur ein einziges Mal nahm er gegen seinen Heros Stellung: als es nämlich 1814 (nach seiner Ansicht) Napoleon eher geziemt hätte, Selbstmord zu verüben als abzudanken. Damals suchte er Trost bei dem vortrefflichen Washington; nach Napoleons Rückkehr aus Elba bedurfte es dann solcher Anstrengung nicht mehr. Als Byron starb, wurde in Frankreich »in vielen Zeitungen erklärt, daß die beiden größten Männer des Jahrhunderts, Napoleon und Byron, fast zur gleichen Zeit dahingegangen seien«.[4] Carlyle, der damals in Byron den »edelsten Geist Europas« sah und das Gefühl hatte, »einen Bruder verloren zu haben«, stellte später Goethe höher, hielt aber weiter von Byron ebensoviel wie von Napoleon:

»Für edlere Gemüter wird die Veröffentlichung derartiger Kunstwerke, ganz gleich in welcher Sprache, fast zur Notwendigkeit. Denn ist es im Grunde etwas anderes als ein Streit mit dem Teufel, solange man nicht anfängt, ihn ehrlich zu bekämpfen? Ein Byron veröffentlicht seine ›Leiden Lord Georges‹ in Versen und in Prosa und auch sonst noch auf verschwenderische Weise; ein Bonaparte führt seine sämtlichen Werke, ›die Leiden Napoleons‹, in einem allzu theatralischen Stil auf unter der Begleitmusik von Kanonensalven und Mordgeschrei der Welt; sein Rampenlicht sind die Flammen der Feuersbrünste, sein

---

[3] Übers. von O. Gildemeister. (Anm. d. Übers.)
[4] Maurois, *Byron*.

Reim und Rezitativ das Stampfen gefesselter Armeen und das Dröhnen einstürzender Städte.«[5]

Drei Kapitel weiter befiehlt er allerdings ausdrücklich: »Schlag deinen Byron zu und deinen Goethe auf.« Aber Byron lag ihm im Blut, während Goethe seine Sehnsucht blieb.

Carlyle sah in Goethe und Byron Gegenpole; für Alfred de Musset waren sie Komplizen bei dem Verbrechen, das Gift der Melancholie in die heitere gallische Seele zu träufeln. Die meisten jungen Franzosen der damaligen Zeit kannten Goethe offenbar nur durch die *Leiden des jungen Werther*; vom Olympier Goethe wußten sie gar nichts. Musset wirft Byron vor, daß er an der Adria und in der Gräfin Guiccioli keinen Trost gefunden habe – mit Unrecht, denn nachdem er sie kennengelernt hatte, schrieb er nichts mehr im Stil des *Manfred*. Der *Don Juan* wurde jedoch in Frankreich ebensowenig gelesen wie Goethes heitere Dichtung. Trotz Musset war aber seither für die meisten französischen Dichter Byrons Weltschmerz das beliebteste Thema.

Für Musset kamen Byron und Goethe unter den größten Genies des Jahrhunderts erst nach Napoleon. Im Jahre 1810 geboren, gehörte Musset einer Generation an, die er in einer lyrischen Schilderung von Glanz und Elend des Kaiserreichs als »zwischen zwei Schlachten empfangen« bezeichnet. In Deutschland betrachtete man Napoleon mit gemischteren Gefühlen. Es gab Menschen wie beispielsweise Heine, die in ihm den mächtigen Apostel des Liberalismus sahen, der die Leibeigenschaft aus der Welt schaffte, die Legitimität bekämpfte, und den Mann, vor dem Erbfürsten zittern lernten; andere wieder hielten ihn für den Antichrist, den vermeintlichen Vernichter der edlen deutschen Nation, den Immoralisten, der ein für allemal bewiesen hatte, daß sich die germanische Tugend nur durch einen unauslöschlichen Haß auf Frankreich erhalten läßt. Bismarck schuf eine Synthese: Napoleon blieb zwar ein Antichrist, den man jedoch nicht nur verabscheuen, den man sich vielmehr auch zum Vorbild nehmen sollte. Nietzsche, der den Kompromiß anerkannte, bemerkte mit dämonischer Freude, das klassische Zeitalter der Kriege sei im Kommen, und wir hätten diesen erfreulichen Umstand nicht der Französischen Revolution, sondern Napoleon zu verdanken. So ist es zu erklären, daß Nationalismus, Satanismus und Heldenverehrung, das Vermächtnis Byrons, zu Elementen der komplizierten deutschen Seele wurden.

Byron ist nicht sanft, er ist heftig wie ein Gewitter. Was er von Rousseau sagt, trifft auf ihn selbst zu, daß nämlich seine Zaubermacht

> Stolze Beredtsamkeit abrang den Schmerzen ...
> Und doch, er hat den Wahnsinn schön gemacht;

---

[5] *Sartor Resartus,* Buch II, Kap. VI.

Die sünd'gen Taten und des Irrtums Wähnen
Hüllt' er in Worte voller Himmelspracht.[6]

Doch besteht ein einschneidender Unterschied zwischen diesen beiden Männern. Rousseau ist pathetisch, Byron leidenschaftlich; Rousseaus Schüchternheit ist unverkennbar, Byron sucht die seine zu verbergen; Rousseau betet die Tugend an, wenn sie schlicht ist; Byron verherrlicht die Sünde, wenn sie elementar ist. Der Unterschied kennzeichnet im Grunde nur zwei verschiedene Stadien in der Auflehnung der asozialen Instinkte, ist jedoch wichtig, weil er die Richtung anzeigt, in der sich die Bewegung entwickelt.

Byrons Romantik war allerdings nur zur Hälfte aufrichtig. Manchmal liebte er zu sagen, Popes Gedichte seien besser als die seinen; aber so urteilte er wahrscheinlich auch nur in gewisser Stimmung. Die Welt wollte ihn durchaus einfacher sehen und das Element der Pose in seinem Weltschmerz und seiner angeblichen Menschenverachtung ausschalten. Wie viele große Männer war er, Mythos geworden, bedeutender als in Wirklichkeit. Als Mythos hatte er vor allem auf dem Kontinent ungeheure Bedeutung.

---

[6] Übers. von O. Gildemeister. (Anm. d. Übers.)

24. KAPITEL

Schopenhauer

Schopenhauer (1788–1860) nimmt in vieler Beziehung eine Sonderstellung unter den Philosophen ein. Er ist Pessimist, während fast alle anderen in irgendeinem Sinne Optimisten sind. Wenn er auch nicht so ausgesprochen akademisch ist wie Kant und Hegel, so steht er doch auch nicht gänzlich außerhalb der akademischen Tradition. Er hat eine Abneigung gegen das Christentum und fühlt sich mehr zu den beiden indischen Religionen, dem Hinduismus und dem Buddhismus, hingezogen. Sehr gebildet, interessierte er sich genauso für künstlerische wie für ethische Fragen. Jeglicher Nationalismus ist ihm ungewöhnlich fremd, und in englischen und französischen Schriftstellern kennt er sich ebenso gut aus wie in den Autoren seines Vaterlandes. Auf zünftige Philosophen hat er stets weniger gewirkt als auf Künstler und Literaten, die nach einer glaubwürdigen Philosophie suchten. Mit ihm begann die Betonung des Willens, die für viele philosophische Systeme des neunzehnten und zwanzigsten Jahrhunderts charakteristisch ist; aber für ihn ist der Wille zwar metaphysisch von fundamentaler Bedeutung, ethisch jedoch etwas Böses – ein Gegensatz, der nur bei einem Pessimisten möglich ist. Kant, Plato und die Upanischaden sind, wie er selbst zugibt, die drei Quellen seiner Philosophie, doch verdankt er Plato meines Erachtens nicht soviel, wie er annimmt. Seine Weltanschauung hat in der Stimmung eine gewisse Verwandtschaft mit dem hellenistischen Zeitalter; sie ist müde und kränklich und schätzt den Frieden höher als den Sieg, den Quietismus höher als Reformversuche, die er für unvermeidlich ergebnislos hält.

Seine Eltern entstammten beide prominenten Kaufmannsfamilien seiner Geburtsstadt Danzig. Sein Vater gehörte zu den Anhängern Voltaires und sah in England das Land der Freiheit und der Intelligenz. Wie die meisten führenden Bürger Danzigs haßte er die preußischen Eingriffe in die Unabhängigkeit der freien Stadt und war empört, als sie 1793 von Preußen annektiert wurde – so empört, daß er unter erheblichen pekuniären Verlusten nach Hamburg übersiedelte. Dort lebte Schopenhauer bei seinem Vater von 1793 bis 1797; dann verbrachte er zwei Jahre in Paris, nach deren Ablauf der Vater zu seiner Freude feststellte, daß der Junge kaum noch Deutsch konnte. Im Jahre 1803 kam er in ein englisches Internat, wo ihm die Scheinheiligkeit und Heuchelei verhaßt waren. Zwei Jahre später trat er seinem Vater zuliebe als Sekretär in eine Hamburger Firma ein, aber die Aussicht auf eine kaufmännische Laufbahn erfüllte ihn mit Abscheu; verlockender erschien ihm das Leben eines Gelehrten und Akademikers. Die

Möglichkeit dazu bot sich beim Tode seines Vaters, der wahrscheinlich durch eigene Hand endete; seine Mutter war damit einverstanden, daß er die kaufmännische Laufbahn zugunsten der akademischen aufgab. Man sollte annehmen, daß er daraufhin seiner Mutter mehr zugetan gewesen wäre als seinem Vater, doch war genau das Gegenteil der Fall: er haßte seine Mutter und behielt seinen Vater in liebevoller Erinnerung.

Schopenhauers Mutter war eine Dame mit literarischen Neigungen, die sich zwei Wochen vor der Schlacht von Jena in Weimar niedergelassen hatte. Hier unterhielt sie einen literarischen Salon, schrieb Bücher und pflegte freundschaftliche Beziehungen zu kultivierten Männern. Für ihren Sohn empfand sie wenig Zuneigung, erkannte vielmehr mit scharfem Blick seine Fehler. Sie warnte ihn vor bombastischen Reden und hohlem Pathos, er seinerseits nahm Anstoß an ihren Liebeleien. Als er mündig wurde, erbte er ein bescheidenes Vermögen; danach fanden er und seine Mutter einander allmählich immer unerträglicher. Daß er so gering von den Frauen dachte, ist zweifellos, zumindest teilweise, auf die Mißhelligkeiten mit seiner Mutter zurückzuführen.

Bereits in Hamburg war er dem Einfluß der Romantiker verfallen, vor allem Tiecks, Novalis' und Hoffmanns; von ihnen lernte er Griechenland bewundern und die jüdischen Elemente im Christentum verachten. Ein anderer Romantiker, Friedrich Schlegel, bestärkte ihn in seiner Bewunderung für die indische Philosophie. Als er im Jahre 1809 mündig wurde, bezog er die Universität Göttingen, wo er Kant zu verehren begann. Zwei Jahre später ging er nach Berlin, um in erster Linie Naturwissenschaften zu studieren; er hörte auch Vorlesungen bei Fichte, lehnte ihn aber ab. Die Begeisterung für die Freiheitskriege ließ ihn kalt. Im Jahr 1819 wurde er Privatdozent in Berlin und war so eingebildet, seine Vorlesungen auf dieselbe Stunde anzusetzen, die Hegel für die seinen gewählt hatte; da es ihm nicht gelang, Hegels Zuhörer wegzulocken, gab er es bald auf zu lesen. Schließlich ließ er sich in Frankfurt nieder, um dort das Leben eines alten Hagestolzes zu führen. Er hielt sich einen Pudel namens Atma (Weltseele), ging täglich zwei Stunden spazieren, rauchte eine lange Pfeife, las die Londoner Times und hatte Agenten angestellt, die nach Zeugnissen für seine Berühmtheit fahnden mußten. Er war ein Gegner der Demokratie und haßte die Revolution von 1848; er glaubte an Spiritismus und Magie; in seinem Studierzimmer standen eine Büste von Kant und ein bronzener Buddha. In seiner Lebensweise suchte er Kant zu kopieren; nur stand er des Morgens nicht so früh auf.

Sein Hauptwerk, *Die Welt als Wille und Vorstellung*, wurde gegen Ende des Jahres 1818 veröffentlicht. Er hielt es für sehr bedeutend und verstieg sich sogar zu der Behauptung, einige Abschnitte darin seien ihm vom Heiligen Geist diktiert worden. Zu seinem großen Ärger machte es überhaupt keinen Eindruck. Im Jahr 1844 überredete er seinen Verleger zu einer zweiten Auflage; aber erst einige Jahre später begann er etwas von der ersehnten Anerkennung zu ernten.

Schopenhauers System ist eine Bearbeitung des Kantischen, betont aber ganz andere Seiten der »Kritik« als Fichte oder Hegel. Sie ließen das Ding-an-sich fallen, wodurch die Erkenntnis metaphysisch fundamentale Bedeutung gewann. Schopenhauer behielt das Ding-an-sich bei, identifizierte es aber mit dem Willen. Er behauptete, was der Wahrnehmung des Menschen als sein Leib erschiene, sei in Wirklichkeit sein Wille. Das hieß Kant weiter entwickeln, als die meisten Kantianer zuzulassen bereit waren. Kant hatte die Überzeugung vertreten, das Studium der Moralgesetze könne uns hinter die Erscheinungen führen und uns Erkenntnisse ermöglichen, die uns die Sinneswahrnehmungen nicht zu vermitteln vermögen; desgleichen behauptete er, daß sich das Moralgesetz im wesentlichen auf den Willen beziehe. Der Unterschied zwischen einem guten und einem schlechten Menschen ist für Kant ein Unterschied in der Welt der Dinge-an-sich sowie ein Unterschied in den Willensbeschlüssen. Daraus folgt, daß für Kant die Willensbeschlüsse der wirklichen Welt, nicht der Welt der Erscheinungen angehören müssen. Die einem Willensbeschluß entsprechende Erscheinung ist eine körperliche Bewegung; deswegen ist bei Schopenhauer der Körper eine Erscheinung, deren Wirklichkeit der Wille ist.

Aber der hinter den Erscheinungen stehende Wille kann nicht aus einer Anzahl verschiedener Willensbeschlüsse bestehen. Zeit und Raum gehören nach Kant – und hier stimmt Schopenhauer mit ihm überein – beide nur zu den Erscheinungen; das Ding-an-sich ist weder im Raum noch in der Zeit. Mein Wille kann daher, sofern er wirklich ist, nicht zeitlich bestimmt werden, noch kann er aus getrennten Willensakten bestehen, denn Zeit und Raum sind der Ursprung der Vielheit – das »*principium individuationis*«, um die scholastische Wendung zu gebrauchen, die Schopenhauer bevorzugt. Mein Wille ist also etwas Einheitliches und Zeitloses. Vielmehr, er muß mit dem Willen des ganzen Universums identifiziert werden; mein Einzeldasein ist eine Täuschung, die aus meinem subjektiven Vermögen raum-zeitlicher Wahrnehmung entstanden ist. Das Wirkliche ist ein einziger, ungeheurer Wille, der im ganzen Verlauf der beseelten und unbeseelten Natur zum Ausdruck kommt.

Danach sollte man annehmen, daß Schopenhauer seinen kosmischen Willen mit Gott identifizieren und eine pantheistische Auffassung ähnlich der Doktrin Spinozas lehren würde, wobei die Tugend aus Übereinstimmung mit dem göttlichen Willen bestünde. Aber an dieser Stelle führt ihn sein Pessimismus zu einer anderen Entwicklung. Der kosmische Wille ist böse; der Wille überhaupt ist böse oder doch jedenfalls der Ursprung all unserer endlosen Leiden. Alles Leben ist Leiden, und je größer die Erkenntnis wird, um so größer auch das Leid. Der Wille kennt kein bestimmtes Ziel, das zu erreichen etwa befriedigen würde. Obwohl der Tod zuletzt den Sieg davontragen muß, verfolgen wir unsere nichtigen Absichten, »wie wir eine Seifenblase so weit wie möglich aufblasen, obwohl wir genau wissen, daß sie zerplatzen wird«.[1] So etwas wie Glück gibt es nicht, denn ein unerfüllter Wunsch verursacht Schmerz, Erfüllung aber nur Überdruß. Der Instinkt treibt die Menschen zur Fortpflanzung, durch die neue Möglichkeiten für Leiden und Tod geschaffen werden; aus diesem Grunde gehört zum Geschlechtsakt die Scham. Der Selbstmord ist sinnlos; die Lehre von der Seelenwanderung vermittelt – wenn sie auch nicht wörtlich zu nehmen ist – doch die Wahrheit in mythischer Form.

All das ist sehr traurig, doch gibt es einen Ausweg, und dieser Ausweg wurde in Indien entdeckt.

Der beste Mythos ist der vom Nirwana (was Schopenhauer als Auslöschen deutet). Das steht, wie er zugibt, im Gegensatz zur christlichen Lehre, aber »die Urweisheit des Menschengeschlechts wird nicht von den Begebenheiten in Galiläa verdrängt werden«. Leiden wird verursacht durch die Intensität des Willens; je weniger wir von unserem Willen Gebrauch machen, um so weniger werden wir leiden. Und hier erweist sich die Erkenntnis schließlich doch als nützlich; allerdings muß es eine ganz bestimmte Erkenntnis sein. Die Unterschiede zwischen den einzelnen Menschen gehören zur Erscheinungswelt und verschwinden, wenn die Welt richtig gesehen wird. Für den guten Menschen ist der Schleier der Maja (Illusion) durchsichtig geworden; er sieht, daß alle Dinge eins sind und daß der Unterschied zwischen ihm und anderen nur Schein ist. Er kommt zu dieser Einsicht durch die Liebe, die immer Mitleid ist und sich mit den Leiden anderer befaßt. Wo der Schleier der Maja gelüftet ist, nimmt ein Mensch die Leiden der ganzen Welt auf sich. Im guten Menschen bringt Erkenntnis des Ganzen alles Wollen zum Schweigen; sein Wille wendet sich vom Leben ab und verleugnet seine eigene Natur. »Es entsteht in ihm ein Abscheu vor dem Wesen, dessen Ausdruck seine eigene Erscheinung ist, dem Kern und Wesen jener als jammervoll erkannten Welt.«

Damit gerät Schopenhauer, zumindest in der Praxis, in völlige Übereinstimmung mit dem asketischen Mystizismus. Eckhart und Angelus Silesius sind besser als das Neue Testament. Zwar hat auch das orthodoxe Christentum seine Vorzüge, besonders die Lehre von der Erbsünde, wie sie Augustin und Luther gegen den »platten Pelagianismus« predigten; aber die Metaphysik der Evangelien ist arg unzureichend. Als Religion, sagt er, steht der Buddhismus am höchsten; seine ethischen Doktrinen sind in ganz Asien verbreitet, nur dort nicht, wo die »abscheuliche Lehre des Islam« herrscht.

---

[1] Die Zitate entsprechen der Ausgabe von Schopenhauers Werken der Verlagsgesellschaft m. b. H. für Literatur und Kunst.

Der gute Mensch wird sich in völliger Keuschheit, freiwilliger Armut, Fasten und Selbstkasteiung üben. Mit allem, was er tut, wird er danach trachten, seinen persönlichen Willen niederzuzwingen. Das tut er aber nicht wie die abendländischen Mystiker, um zu vollkommener Harmonie mit Gott zu kommen; etwas so Positives wird von ihm nicht erstrebt. Das Gute, das er sucht, ist ganz und gar negativ:

»Wir haben den finsteren Eindruck jenes Nichts, das als das letzte Ziel hinter aller Tugend und Heiligkeit schwebt, und das wir wie die Kinder das Finstere fürchten, zu verscheuchen; statt selbst es zu umgehen, wie die Inder durch Mythen und bedeutungsleere Worte, wie Resorption in das Brahma oder Nirwana der Buddhisten. Wir bekennen es vielmehr frei: Was nach gänzlicher Aufhebung des Willens übrig bleibt, ist für alle die, welche noch des Willens voll sind, allerdings Nichts. Aber auch umgekehrt ist denen, in welchen der Wille sich gewendet und verneint hat, diese unsere so sehr reale Welt mit allen ihren Sonnen und Milchstraßen – Nichts.«

Es wird hier etwas vage angedeutet, daß der Heilige etwas Positives schaut, was andere Menschen nicht sehen; aber nirgends findet sich ein Hinweis, was das sein könnte, und ich halte diese Andeutung für rein rhetorisch. »Die Welt und alle ihre Erscheinungen«, sagt Schopenhauer, sind nur die Objektivationen des Willens. Mit der Überwindung des Willens sind »alle jene Erscheinungen aufgehoben, jenes beständige Drängen und Treiben ohne Ziel und ohne Rast auf allen Stufen der Objektivität, in welchem und durch welches die Welt besteht, aufgehoben die Mannigfaltigkeit stufenweise folgender Formen, aufgehoben mit dem Willen seine ganze Erscheinung, endlich auch die allgemeinen Formen dieser, Zeit und Raum und auch die letzte Grundform derselben, Subjekt und Objekt. Kein Wille: keine Vorstellung, keine Welt. Vor uns bleibt allerdings nur das Nichts.«

Wir können dies nur dahin auslegen, daß der Heilige versucht, dem Nicht-Sein möglichst nahe zu kommen, was er aus einem nie ganz deutlich erklärten Grunde durch Selbstmord nicht erreichen kann. Warum der Heilige dem ewig Betrunkenen vorgezogen werden soll, ist schwer einzusehen; vielleicht meinte Schopenhauer, die nüchternen Augenblicke träten von Natur aus ohnedies bedauerlich häufig auf.

Schopenhauers Evangelium des Verzichts ist nicht sehr konsequent und nicht sehr aufrichtig. Die Mystiker, auf die er sich beruft, glaubten an die Kontemplation; in der glückseligen Vision wurde ihnen letzte Erkenntnis zuteil, und solche Erkenntnis war das höchste Gut. Seit Parmenides wurde der täuschenden Erkenntnis der Erscheinungen stets nur eine andere Art der Erscheinung gegenübergestellt, nicht etwas völlig Andersgeartetes. Das Christentum lehrt, unser ewiges Leben sei die *Erkenntnis* Gottes. Aber Schopenhauer will von alledem nichts wissen. Das, was gewöhnlich als Erkenntnis angesehen wird, gehört nach seiner Meinung zum Reich der Maya; aber wenn wir durch den Schleier dringen, gewahren wir nicht Gott, sondern Satan, den bösen, allmächtigen Willen, der ständig an einem Gewebe von Leiden webt, um seine Geschöpfe zu quälen. Erschreckt durch die Vision des Teufels, ruft der Weise »Hinweg« und sucht Zuflucht im Nichtsein. Es heißt aber die Mystiker beleidigen, ihnen den Glauben an diese Mythologie zu unterstellen. Und die Andeutung, auch ohne das vollkommene Nichtsein zu erreichen, könne der Weise ein einigermaßen wertvolles Leben führen, ist mit Schopenhauers Pessimismus unvereinbar. Solange der Weise lebt, existiert er nur, weil er seinen Willen behält, der böse ist. Er kann die Quantität des Bösen herabsetzen, indem er seinen Willen abmildert, aber etwas positiv Gutes kann er nie erreichen.

Ebensowenig aufrichtig ist die Lehre, wenn wir sie nach Schopenhauers Leben beurteilen. Er pflegte in einem guten Restaurant zu speisen; er hatte eine ganze Reihe trivialer Liebschaften rein sinnlichen Charakters, keine Leidenschaften; er war überaus zänkisch und ungewöhnlich geizig. Einmal ärgerte ihn eine ältliche Näherin, die sich mit einer Freundin vor seiner Wohnungstür unterhielt. Er warf sie die Treppe hinunter, wodurch sie sich ein dauerndes Leiden zuzog. Sie verklagte ihn, und er wurde verurteilt, ihr auf Lebenszeit vierteljährlich eine bestimmte Summe (15 Taler) zu zahlen. Als sie schließlich nach zwanzig Jahren das Zeitliche segnete, schrieb er in sein Notizbuch »*Obit anus, abit onus*«. Man findet schwerlich in seinem Leben Beweise irgendwelcher Tugenden, abgesehen von seiner Tierliebe; darin ging er so weit, gegen die im wissenschaftlichen Interesse vorgenommene Vivisektion zu protestieren. In allen anderen Beziehungen bewies er sich als reiner Egoist. Es ist kaum zu glauben, daß ein so tief von dem Tugendwert der Askese und der Resignation überzeugter Mensch niemals den Versuch gemacht haben sollte, seine Überzeugungen in der Praxis zu verwirklichen.

Historisch sind zwei Dinge bei Schopenhauer wichtig: sein Pessimismus und seine Lehre, daß der Wille höher stehe als die Erkenntnis. Sein Pessimismus ermöglichte es den Menschen, sich die Philosophie zu Herzen zu nehmen, ohne sich dabei einreden zu müssen, daß alles Böse sich wegerklären lasse; und auf diese Weise, als Gegengift, war er nützlich. Vom wissenschaftlichen Standpunkt lassen sich sowohl gegen den Optimismus wie gegen den Pessimismus Einwände erheben: Der Optimismus setzt voraus oder sucht zu beweisen, daß die Welt zu unserem Vergnügen, der Pessimismus, daß sie zu unserem Mißvergnügen da ist. Wissenschaftlich ist durch nichts erwiesen, daß es im einen oder anderen Sinne überhaupt auf uns ankommt. Es ist einfach eine Sache der Veranlagung, nicht der Vernunft, ob man Optimist oder Pessimist ist, doch finden wir bei den abendländischen Philosophen weit häufiger die optimistische Veranlagung. Ein Vertreter der Gegenseite dürfte daher insofern nützlich sein, als er die Menschen veranlaßt, über Dinge nachzudenken, die sie sonst übersehen würden.

Bedeutender noch als sein Pessimismus war die Lehre vom Primat des Willens. Natürlich steht diese Lehre nicht in einem notwendigen logischen Zusammenhang mit dem Pessimismus, und diejenigen, die sich nach Schopenhauer zu ihr bekannten, sahen darin häufig eine Grundlage für den Optimismus. Die Lehre vom Primat des Willens ist in dieser oder jener Form von vielen modernen Philosophen vertreten worden, vor allem von Nietzsche, Bergson, James und Dewey. Überdies hat sie auch außerhalb der Kreise zünftiger Philosophen große Beliebtheit gewonnen. Und je höher der Wille auf der Wertskala stieg, um so tiefer sank die Erkenntnis. Nach meiner Überzeugung ist das die größte Wandlung, die der Charakter der Philosophie in unserer Zeit durchgemacht hat. Sie wurde von Rousseau und Kant vorbereitet, mit aller Deutlichkeit aber zuerst von Schopenhauer verkündet. Aus diesem Grunde ist seine Philosophie bei aller Inkonsequenz und einer gewissen Seichtheit als Stufe in der historischen Entwicklung von beträchtlicher Bedeutung.

25. KAPITEL

Nietzsche

Nietzsche (1844–1900) hielt sich mit Recht für den Nachfolger Schopenhauers, dem er jedoch in vielem, hauptsächlich in der Folgerichtigkeit und dem logischen Zusammenhang seiner Lehre, überlegen ist. Schopenhauers östliches Ethos des Verzichts scheint mit seiner Metaphysik des allmächtigen Willens nicht zu harmonieren; bei Nietzsche steht der Wille sowohl ethisch wie metaphysisch an erster Stelle. Nietzsche war zwar Professor und doch mehr philosophischer Schriftsteller als akademischer Philosoph. Er erfand keine neuen technischen Theorien auf dem Gebiet der Ontologie oder der Epistemologie; er ist in erster Linie als Ethiker, in zweiter als scharfsinniger Geschichtskritiker bedeutend. Ich werde mich fast ausschließlich auf seine Ethik und seine Religionskritik beschränken, da sein Einfluß von dieser Seite seiner Schriften ausging.

Sein Leben verlief einfach. Da sein Vater protestantischer Pfarrer war, wurde er sehr fromm erzogen. An der Universität zeichnete er sich in den alten Sprachen und als Student der Philologie so aus, daß ihm 1869, noch bevor er die Doktorwürde erlangt hatte, ein Lehrstuhl der Philologie in Basel angeboten wurde. Er nahm den Ruf an. Er war nie bei guter Gesundheit, und nach mehrfachen Krankheitsurlauben sah er sich 1879 gezwungen, endgültig in den Ruhestand zu treten. Hinfort lebte er in der Schweiz und in Italien; 1888 wurde er geisteskrank und blieb es bis zu seinem Tode. Er hegte leidenschaftliche Bewunderung für Wagner, entzweite sich aber mit ihm – angeblich wegen des »Parsifal«, der ihm zu christlich und entsagungsvoll war. Nach dem Zerwürfnis übte er heftig Kritik an Wagner und ging darin sogar so weit, ihm jüdische Abstammung vorzuwerfen. Im allgemeinen aber ist eine sehr große Ähnlichkeit zwischen seiner Weltanschauung und der von Wagner im »Ring« vertretenen festzustellen; Nietzsches Übermensch ist ein zweiter Siegfried, der allerdings Griechisch kann. Wenn das seltsam anmutet, ist es nicht meine Schuld.

Nietzsche war nicht bewußt Romantiker, hat vielmehr oftmals die Romantiker streng kritisiert. Bewußt war vielmehr seine hellenische geistige Einstellung, doch fehlte ihr die orphische Komponente. Er bewunderte die Vorsokratiker mit Ausnahme von Pythagoras; Heraklit ist er im Wesen stark verwandt. Aristoteles' Mensch von Seelengröße hat viel Ähnlichkeit mit Nietzsches »vornehmem« Menschen; aber im großen und ganzen hält er die griechischen Philosophen von Sokrates an für unbedeutender als ihre Vorgänger. Er kann Sokrates seine bescheidene Herkunft nicht verzeihen; er nennt ihn einen »roturier« und beschuldigt ihn, die vornehme Jugend Athens mit seiner demokratischen Moralauffassung verdorben zu haben. Plato vor allem wird wegen seines Hangs zum Erbaulichen abgelehnt.

Nietzsche möchte ihn aber offenbar doch nicht völlig verurteilen und läßt zu seiner Entschuldigung die Möglichkeit zu, daß er nicht ganz aufrichtig gewesen sei und die Tugend nur als Mittel gepriesen habe, um Ordnung in den unteren Klassen zu halten. An einer Stelle bezeichnet er ihn als »einen großen Cagliostro«. Er liebt Demokrit und Epikur, aber seine Zuneigung zu Epikur wirkt etwas unlogisch, wenn man darin nicht vielmehr eine Bewunderung für Lukrez sehen will.

Wie zu erwarten, hat er eine geringe Meinung von Kant, den er einen »Moralfanatiker à la Rousseau« nennt.

Obwohl Nietzsche an den Romantikern Kritik übt, ist seine Einstellung doch stark durch sie bestimmt; es ist der Standpunkt des aristokratischen Anarchismus, den auch Byron vertrat, so daß man nicht überrascht ist, in ihm einen Bewunderer Byrons zu finden. Er versucht zwei Kategorien von Werten miteinander zu vereinen, die nur schwer in Einklang zu bringen sind: Einerseits liebt er Unbarmherzigkeit, Krieg und aristokratischen Stolz, andererseits Philosophie, Literatur und Kunst, vor allem Musik. In der Geschichte finden wir dies alles gleichzeitig von den Menschen der Renaissance als Werte geschätzt; Papst Julius II., der um Bologna kämpft und Michelangelo beschäftigt, dürfte als der Typ gelten, dem Nietzsche Regierungen unterstellt sehen möchte. Es liegt nahe, Nietzsche mit Machiavelli zu vergleichen, trotz der bedeutenden Unterschiede zwischen den beiden Männern. Die Unterschiede bestehen darin, daß Machiavelli ein Politiker war, dessen Ansichten sich aus der engen Berührung mit dem politischen Leben entwickelt hatten und seiner Zeit entsprachen; er war weder pedantisch noch systematisch; seine politische Philosophie stellt kaum ein zusammenhängendes Ganzes dar; Nietzsche hingegen war Professor, ein ausgesprochener Stubengelehrter, der als Philosoph in bewußter Opposition zu den vorherrschenden politischen und moralischen Strömungen seiner Zeit stand. Die Ähnlichkeiten gehen allerdings tiefer. Nietzsches politische Philosophie gleicht der des *Principe* (nicht der *Discorsi*), wenn sie auch stärker ausgearbeitet ist und einen größeren Bereich umfaßt. Nietzsche wie Machiavelli vertreten eine Ethik, die auf Macht abzielt und bewußt antichristlich ist, nur zeigt Nietzsche dies offener. Was Cesare Borgia für Machiavelli war, das bedeutete Napoleon für Nietzsche: ein großer Mann, der kleinen Gegnern erlegen war.

In seiner Kritik an Religionen und Philosophien läßt sich Nietzsche völlig von ethischen Motiven leiten. Er bewundert bestimmte Eigenschaften, die er (vielleicht mit Recht) nur bei einer aristokratischen Minderheit für möglich hält; die Masse sollte nach seiner Meinung nur um der wenigen Ausgezeichneten willen da sein, und irgendein Anspruch auf eigenes Glück oder Wohlergehen dürfe ihr nicht zugestanden werden. Von gewöhnlichen Menschen pflegt er als von den »Mißratenen« zu sprechen, gegen deren Leiden er nichts einzuwenden hat, wenn sie notwendig sind, einen großen Mann hervorzubringen. So konzentriert sich die ganze Bedeutung der Periode von 1789 bis 1815 in Napoleon: »Die Revolution ermöglichte Napoleon: das ist ihre Rechtfertigung. Um einen ähnlichen Preis würde man den anarchistischen Einsturz unserer ganzen Zivilisation wünschen müssen. Napoleon ermöglichte den Nationalismus: das ist dessen Entschuldigung.« Fast alles, was dieses Jahrhundert in höherem Sinne erhoffen durfte, dankte es Napoleon, wie er sagt.

Er drückt sich gern paradox aus, dabei häufig in der Absicht, konventionelle Leser vor den Kopf zu stoßen. So gebraucht er »gut« und »böse« in ihrer gewöhnlichen Bedeutung, um dann zu bemerken, ihm sei das »Böse« lieber als das »Gute«. Sein Buch *Jenseits von Gut und Böse* will in Wirklichkeit dem Leser eine andere Auffassung von »gut« und »böse« beibringen, lobt aber – abgesehen von einzelnen Momenten – das »Böse« und setzt das »Gute« herab. Er sagt beispielsweise, es sei ein Fehler, sich verpflichtet zu fühlen, nach dem Sieg des Guten und der Vernichtung des Bösen zu streben; das sei die Ansicht der Engländer und typisch für den Flachkopf John Stuart Mill, den er ganz besonders verachtet. Von ihm sagt er:

»Ich perhorresziere seine Gemeinheit, welche sagt: ›Was dem einen recht ist, ist dem andern billig; was du nicht willst usw., das füg' auch keinem andern zu‹,[1] welche den ganzen menschlichen Verkehr auf *Gegenseitigkeit der Leistung* begründen will, so daß jede Handlung als eine Art Abzahlung erscheint für etwas, das uns erwiesen ist. Hier ist die Voraussetzung unvornehm im untersten Sinne: hier wird die *Äquivalenz der Werte von Handlungen vorausgesetzt bei mir und dir*.«[2]

Wahre Tugend ist im Gegensatz zur hergebrachten Form nichts für alle, soll vielmehr das Charakteristikum einer aristokratischen Minderheit bleiben. Sie ist unvorteilhaft und unklug, sie isoliert ihren Besitzer von anderen Menschen, ist ein Feind der Ordnung und schädigt die Schwächeren. Es ist notwendig, daß die höheren Menschen die Masse bekämpfen und sich den demokratischen Tendenzen der Zeit widersetzen, denn überall verbünden sich die Mittelmäßigen, um sich zu Herren zu machen. »Alles, was verzärtelt, verweichlicht und das ›Volk‹ oder die ›Frau‹ in den Vordergrund stellt, arbeitet für das allgemeine Wahlrecht – das heißt, für die Herrschaft der Mittelmäßigen.« Der Verführer war Rousseau, der die Frau interessant machte; dann kamen Harriet Beecher-Stowe und die Sklaven, dann die Sozialisten mit ihrem Einsatz für die Arbeiter und die Armen. Sie alle müssen bekämpft werden.

---

[1] Ich glaube mich zu erinnern, daß schon vor Mill jemand diesen Ausspruch getan hat.
[2] Bei allen Nietzsche-Zitaten steht der Kursivdruck im Original. Sie entsprechen der Ausgabe von Nietzsches Werken im Verlag Kröner.

Nietzsches System ist frei von Genußsucht im gewöhnlichen Sinne; er schätzt die spartanische Disziplin und die Fähigkeit, um bedeutender Ziele willen Schmerz zu erleiden und zuzufügen. Vor allem aber bewundert er Willensstärke. »Ich schätze die Macht eines Willens danach, wie viel von Widerstand, Schmerz, Tortur er aushält und sich zum Vorteil umzuwandeln weiß; ich rechne dem Dasein nicht seinen bösen und schmerzhaften Charakter zum Vorwurf an, sondern bin der Hoffnung, daß es einst böser und schmerzhafter sein wird als bisher.« Im Mitleid sieht er eine Schwäche, die es zu bekämpfen gilt. Es geht darum, »jene ungeheure *Energie der Größe* zu gewinnen, um durch Züchtung und andererseits durch Vernichtung von Millionen Mißratener den zukünftigen Menschen zu gestalten und nicht *zu Grund zu gehen* an dem Leid, das man schafft und dessengleichen noch nie da war«. Nahezu freudig prophezeite er eine Ära großer Kriege; man fragt sich, ob er glücklich gewesen wäre, wenn er die Erfüllung dieser Prophezeiung erlebt hätte.

Er ist jedoch weit davon entfernt, den Staat anzubeten, ist vielmehr leidenschaftlicher Individualist und glaubt an den Heros. Das Elend einer ganzen Nation, sagt er, ist von geringerer Bedeutung als das Leiden eines großen Individuums. »Die vielen Nöte aller dieser Kleinen bilden zusammen keine Summe, außer im Gefühle von *mächtigen* Menschen.«

Nietzsche ist kein Nationalist und legt keine übertriebene Bewunderung für Deutschland an den Tag. Er erstrebt eine internationale Herrscherrasse, deren Angehörige die Herren dieser Erde sein sollen: »Eine neue ungeheure, auf der härtesten Selbst-Gesetzgebung aufgebaute Aristokratie, in der dem Willen philosophischer Gewaltmenschen und Künstler-Tyrannen Dauer über Jahrtausende gegeben wird.«

Er ist auch nicht ausgesprochen antisemitisch eingestellt, obwohl er der Auffassung ist, daß Deutschland soviel Juden habe, wie es aufnehmen könne, und daß ein weiterer Zustrom von Juden nicht erlaubt sein sollte. Er lehnt das Neue Testament ab, nicht aber das Alte, von dem er in Ausdrücken höchster Bewunderung spricht. Um Nietzsche Gerechtigkeit widerfahren zu lassen, muß ausdrücklich betont werden, daß viele moderne Entwicklungen, die in gewissem Zusammenhang mit seiner allgemeinen ethischen Auffassung stehen, seinen klar ausgesprochenen Ansichten entgegengesetzt sind.

Wie er seine Ethik einsetzt, ist besonders bemerkenswert: 1. in seiner Verachtung der Frauen und 2. in seiner bitteren Kritik am Christentum.

Er wird niemals müde, die Frauen zu schmähen. In seinem pseudoprophetischen Buch *Also sprach Zarathustra* sagt er, die Frauen seien der Freundschaft noch nicht fähig, sie seien vielmehr noch Katzen oder Vögel oder vor allem Kühe. »Der Mann sollte zum Krieger erzogen werden und das Weib zur Erholung des Kriegers: alles andere ist Torheit.« Diese Erholung des Kriegers muß von besonderer Art sein, nach seinem emphatischsten Aphorismus auf diesem Gebiet zu schließen: »Du gehst zu Frauen? Vergiß die Peitsche nicht.«

Er ist nicht immer ganz so grimmig, doch immer gleich verächtlich eingestellt. In *Wille zur Macht* spricht er vom »Wohlgefallen an den Frauen als an einer vielleicht kleineren, aber feineren und leichteren Art von Wesen. Welches Glück, Wesen zu begegnen, die immer Tanz und Torheit und Putz im Kopfe haben! Sie sind das Entzücken aller sehr gespannten und tiefen Mannesseelen gewesen.« Doch selbst diese Reize sind bei den Frauen nur zu finden, solange sie durch den männlichen Mann in Zucht gehalten werden; sobald sie irgendwelche Unabhängigkeit erlangen, sind sie unerträglich. »Das Weib hat soviel Grund zur Scham: Im Weibe ist so viel Pedantisches, Oberflächliches, Schulmeisterliches, Kleinlich-Anmaßliches, Kleinlich-Zügelloses und -Unbescheidenes versteckt... das im Grunde bisher durch die *Furcht* vor dem Manne am besten zurückgedrängt und gebändigt wurde.« So sagt er in *Jenseits von Gut und Böse* und fügt hinzu, daß wir die Frauen als Eigentum betrachten sollten, wie es die Orientalen tun. All sein Schmähen der Frauen wird als selbstverständliche Wahrheit vorgebracht; sie wird nicht durch ein Zeugnis aus der Geschichte oder aus eigener Erfahrung belegt, die sich, soweit es sich um Frauen handelte, so ziemlich auf seine Schwester beschränkte.

Nietzsche wendet gegen das Christentum ein, daß es zur Anerkennung einer »Sklavenmoral« geführt habe. Es ist interessant, den Gegensatz zwischen seinen Argumenten und denen der französischen *philosophes* vor der Revolution festzustellen. Sie argumentierten, die christlichen Dogmen seien unwahr; das Christentum lehre Unterwerfung unter etwas, was man für den Willen Gottes halte, während Menschen mit Selbstachtung sich nicht vor einer höheren Macht beugen könnten; die christlichen Kirchen hätten sich mit Tyrannen verbündet, sie seien den Feinden der Demokratie behilflich, die Freiheit zu verleugnen, und saugten die Armen weiter aus. Nietzsche interessiert sich nicht für die metaphysische Wahrheit des Christentums oder irgendeiner anderen Religion; in der Überzeugung, daß keine Religion wirklich wahr sei, beurteilt er alle Religionen ausschließlich nach ihren sozialen Wirkungen. Wie die *philosophes* erhebt er Einwände gegen eine Unterwerfung unter den angeblichen Willen Gottes, möchte dafür aber den Willen irdischer Künstler-Tyrannen setzen. Unterwerfung ist schon recht, wenn auch nicht für diese Übermenschen und nicht unter den christlichen Gott. Das Zusammengehen der christlichen Kirchen mit Tyrannen und Feinden der Demokratie ist nach seiner Ansicht der gerade Gegensatz zur Wahrheit. Die Französische Revolution und der Sozialismus sind nach seiner Meinung im Geiste dem Christentum wesensgleich; ihnen allen steht er feindlich gegenüber, und zwar aus dem gleichen Grunde: Er will in keiner Beziehung alle Menschen gleich behandelt wissen.

Buddhismus und Christentum sind, wie er sagt, beides »nihilistische«

Religionen, da sie letzten Endes jeden Wertunterschied zwischen zwei Menschen leugnen, doch ist gegen den Buddhismus weit weniger einzuwenden. Das Christentum ist eine Entartungserscheinung; es steckt voller Verfalls- und Ausscheidungselemente; seine treibende Kraft ist die Auflehnung der Mißratenen. Diese Auflehnung setzte bei den Juden ein und wurde durch »heilige Epileptiker« wie Paulus, der kein Schamgefühl kannte, in das Christentum eingeführt. »Das Neue Testament ist das Evangelium einer gänzlich *unvornehmen* Art Mensch.« Das Christentum ist die verhängnisvollste und verführerischste Lüge, die es je gegeben hat. Kein wirklich bedeutender Mensch hat jemals dem christlichen Ideal ähnlich gesehen; man schaue sich daraufhin die Helden in Plutarchs *Lebensbeschreibungen* an. Das Christentum ist verwerflich, weil es Werte negiert wie »Stolz, Pathos der Distanz, die große Verantwortung, den Übermut, die prachtvolle Animalität, die kriegerischen und eroberungslustigen Instinkte, die Vergöttlichung der Leidenschaft, der Rache, der List, des Zorns, der Wollust, des Abenteuers, der Erkenntnis«. All das ist gut, und das Christentum erklärt es für schlecht – behauptet Nietzsche.

Das Christentum, argumentiert er, will das Herz im Menschen zähmen, aber das ist falsch. Ein wildes Tier hat etwas Prachtvolles, das verlorengeht, wenn es zahm geworden ist. Die Verbrecher, mit denen Dostojewski zusammenlebte, waren besser als er, weil sie mehr Selbstachtung hatten. Von Reue und Sühne fühlt sich Nietzsche angeekelt; er bezeichnet sie als *folie circulaire*. Allerdings können wir uns nur schwer davon freimachen, in dieser Weise von menschlichem Verhalten zu denken: »Wir sind die Erben der Gewissens-Vivisektion und Selbstkreuzigung von zwei Jahrtausenden.« Eine sehr beredte Stelle über Pascal verdient zitiert zu werden, weil sie am besten die Einwände veranschaulicht, die Nietzsche gegen das Christentum erhebt:

»Was wir am Christentum bekämpfen? Daß es die Starken zerbrechen will, daß es ihren Mut entmutigen, ihre schlechten Stunden und Müdigkeiten ausnützen, ihre stolze Sicherheit in Unruhe und Gewissensnot verkehren will, daß es die vornehmen Instinkte giftig und krank zu machen versteht, bis sich ihre Kraft, ihr Wille zur Macht rückwärts kehrt, gegen sich selber kehrt – bis die Starken an den Ausschweifungen der Selbstverachtung und der Selbstmißhandlung zugrunde gehen; jene schauerliche Art des Zugrundegehens, deren berühmtestes Beispiel Pascal abgibt.«

Den christlichen Heiligen möchte Nietzsche durch seinen »vornehmen Menschen« ersetzt sehen, doch soll das keineswegs ein Universaltyp sein, sondern der herrschende Aristokrat. Der »vornehme« Mensch wird grausam sein und gelegentlich auch etwas begehen können, was gemeinhin als Verbrechen angesehen wird; Pflichten erkennt er nur gegen seinesgleichen an. Er wird Künstler und Dichter protegieren sowie alle diejenigen, die zufällig über eine besondere Meisterschaft auf irgendeinem Gebiet verfügen; doch tut er das nur, weil er selbst von höherem Rang ist als die, welche sich auf eine bestimmte Sache verstehen. Am Beispiel des Kriegers wird er lernen, den Tod im Zusammenhang mit den Zielen zu sehen, für die er kämpft; er wird es lernen, viele zu opfern und seine Sache so ernst zu nehmen, daß er Menschenleben nicht schont; er wird auf unerbittliche Disziplin halten und im Kriege vor Gewaltanwendung und List nicht zurückschrecken. Er ist sich bewußt, welche Rolle die Grausamkeit bei der hervorragenden aristokratischen Sonderstellung spielt: »Fast alles, was wir ›höhere Kultur‹ nennen, beruht auf Vergeistigung und Vertiefung der *Grausamkeit*.« Der »vornehme« Mensch ist im Grunde der verkörperte Wille zur Macht.

Was haben wir nun von Nietzsches Lehren zu halten? Wie weit sind sie richtig? Sind sie in irgendeiner Hinsicht nützlich? Enthalten sie etwas Objektives, oder handelt es sich dabei nur um Machtphantasien eines Kranken?

Nietzsche hat unleugbar, wenn auch nicht bei Fachphilosophen, so doch bei Menschen von literarischer und künstlerischer Kultur, großen Einfluß gehabt. Desgleichen muß man zugeben, daß er mit seinen Zukunftsprognosen, so wie sich die Dinge bisher entwickelt haben, der Wahrheit näher gekommen ist als die Liberalen oder Sozialisten. *Wenn* er ein bloßes Krankheitssymptom ist, dann muß diese Krankheit in der modernen Welt äußerst verbreitet sein.

Trotzdem kann man vieles bei ihm unbeachtet lassen, weil es reiner Größenwahn ist. Von Spinoza sagt er: »Wieviel Schüchternheit und Verwundbarkeit verrät diese Maskerade eines kranken Einsiedlers.« Das gleiche könnte man von ihm selbst sagen, und zwar um so unbedenklicher, als er es gerade von Spinoza erklärte. Ganz offensichtlich ist er in seinen Wunschträumen ein Krieger, kein Professor; alle von ihm bewunderten Menschen waren Soldaten. Seine Einschätzung der Frauen ist wie bei jedem Mann eine Objektivierung dessen, was er ihnen gegenüber empfindet, und das ist augenscheinlich Angst. »Vergiß die Peitsche nicht« – aber neun von zehn Frauen hätten ihm die Peitsche weggenommen, und das wußte er; deshalb hielt er sich von den Frauen fern und tröstete seine verwundete Eitelkeit mit unfreundlichen Bemerkungen.

Er lehnt die christliche Liebe ab, weil er sie für ein Ergebnis der Furcht hält: Ich habe Angst, mein Nächster könnte mir etwas zuleide tun, und darum versichere ich ihm, daß ich ihn liebe. Wäre ich stärker und kühner, dann würde ich die Verachtung, die ich natürlich für ihn empfinde, offen zur Schau tragen. Nietzsche hält es einfach nicht für möglich, daß ein Mensch von universaler Liebe durchdrungen sein könnte, offenbar weil er selbst fast nur universalen Haß und Angst empfindet, die er gern als überlegene Gleichgültigkeit ausgeben möchte. Sein »vornehmer« Mensch – in seinen Wunschträumen er selbst – ist ein Wesen ohne jedes Mitgefühl, unbarmherzig, verschlagen, grausam, nur auf seine eigene Macht bedacht. König Lear sagt am Rande des Wahnsinns:

> – will solche Dinge tun –
> Was, weiß ich selbst noch nicht; doch solln sie werden
> Das Graun der Welt.[3]

Das ist Nietzsches Philosophie in kürzester Form.

Nietzsche ist nie auf den Gedanken gekommen, das Machtstreben, mit dem er seinen Übermenschen ausstattet, könne ein Ergebnis der Angst sein. Wer seine Nächsten nicht fürchtet, sieht auch keine Veranlassung, sie zu tyrannisieren. Menschen, die der Furcht Herr geworden sind, haben nicht die wahnsinnige Veranlagung von Nietzsches »Künstler-Tyrannen« im Stile Neros, die sich an Musik und Massenmord zu vergnügen suchen, während ihre Herzen von Angst vor der unvermeidlichen Palastrevolution erfüllt sind. Ich möchte nicht bestreiten, daß die Welt – zum Teil infolge seiner Lehre – seinem Angsttraum wirklich recht ähnlich geworden ist, was ihm jedoch in keiner Weise etwas von seinem Grauen nimmt.

Man muß allerdings zugeben, daß Nietzsches Kritik einer bestimmten Art christlicher Ethik berechtigt war. Pascal und Dostojewski – Beispiele, die er selbst anführt – vertreten eine Tugend, die etwas Verächtliches an sich hat. Pascal opferte seinen prächtigen mathematischen Verstand seinem Gott und verlieh diesem Gott dadurch eine Grausamkeit, die nichts als seine eigene ins Kosmische erweiterte, geistige Selbstquälerei ist. Dostojewski wollte nichts von »Selbstbewußtsein« wissen; er wollte sündigen, um bereuen und die geistige Wollust des Geständnisses empfinden zu können. Ich will die Frage nicht erörtern, wie weit das Christentum für solche Verirrungen wirklich verantwortlich gemacht werden kann, muß aber gestehen, daß ich Dostojewskis Demut genau wie Nietzsche verächtlich finde. Ein gewisses Maß von aufrechter Haltung, Stolz, ja Selbstbewußtsein, sollte ich meinen, gehört zu den Elementen der besten Charaktere; Tugend, die in der Furcht wurzelt, verdient nicht viel Bewunderung.

Es gibt zweierlei Heilige: den geborenen Heiligen und den Heiligen aus Furcht. Der erste ist von spontaner Menschenliebe beseelt; er handelt gut, weil es ihn glücklich macht. Der Heilige aus Furcht hingegen wäre – genau wie der Mann, der nur wegen der Polizei nicht stiehlt – ein böser Mensch, wenn ihn nicht der Gedanke an das Höllenfeuer oder die Rache seiner Nächsten davon abhalten würde. Nietzsche kann sich nur die zweite Art von Heiligen vorstellen; Haß und Angst erfüllen ihn derart, daß ihm spontane Menschenliebe als etwas Unmögliches erscheint. Er hat niemals erkannt, daß ein Mensch bei aller Furchtlosig-

---

[3] Übers. von Ludwig Tieck.

keit und allem Stolz des Übermenschen trotzdem niemand ein Leid zuzufügen braucht, einfach weil er kein Verlangen danach hat. Käme wohl jemand auf den Gedanken, Lincoln habe nur aus Furcht vor der Hölle so gehandelt, wie er es tat? Dennoch ist Lincoln für Nietzsche verächtlich, Napoleon aber herrlich.

Es bleibt noch das ethische Hauptproblem zu erwägen, das Nietzsche aufwarf: Sollte unsere Moral aristokratisch sein oder gewissermaßen alle Menschen gleich behandeln? In dieser Formulierung kommt die Bedeutung der Frage nicht klar heraus; offenbar muß man sich zunächst bemühen, deutlicher zu machen, worauf sie hinauswill.

In erster Linie müssen wir zwischen einer aristokratischen *Ethik* und einer aristokratischen *politischen Theorie* zu unterscheiden versuchen. Wer an Benthams Prinzip vom größten Glück der größtmöglichen Zahl glaubt, vertritt eine demokratische Ethik, kann aber trotzdem der Meinung sein, das allgemeine Glück ließe sich am besten durch eine aristokratische Regierungsform fördern. Das aber ist nicht Nietzsches Standpunkt. Er ist der Ansicht, das Glück der gewöhnlichen Menschen sei nicht ein Teil des Guten *an sich*. Alles, was an sich gut oder schlecht ist, existiert nur bei den wenigen höheren Menschen; was mit den übrigen geschieht, ist bedeutungslos.

Die nächste Frage lautet: Wie sind die wenigen höheren Menschen zu definieren? In der Praxis waren sie gewöhnlich eine Eroberrasse oder eine erbliche Aristokratie, und Aristokratien sind gewöhnlich – zumindest in der Theorie – aus Eroberrassen hervorgegangen. Ich glaube, diese Definition würde Nietzsche gelten lassen. Ohne gute Herkunft ist keine Moral möglich, hören wir. Nietzsche behauptet, die vornehme Kaste sei anfangs immer barbarisch gewesen, daß aber alles, was die Menschen gehoben habe, einer aristokratischen Gesellschaft zu verdanken wäre.

Es kommt nicht klar heraus, ob Nietzsche die Überlegenheit des Aristokraten für etwas Angeborenes oder für ein Produkt der Erziehung und Umwelt hält. In diesem Falle wäre es schwierig, sich dafür einzusetzen, daß andere von Vorteilen ausgeschlossen werden, für die sie *ex hypothesi* ebenso qualifiziert sind. Ich möchte daher annehmen, daß nach seiner Auffassung die Eroberrassen und ihre Abkömmlinge biologisch höher stehen als die von ihnen Unterworfenen, wie etwa die Menschen, wenn auch in geringerem Maße, über den Haustieren stehen.

Was heißt »biologisch höherstehen«? Wenn wir Nietzsche auslegen, heißt es, daß Mitglieder der überlegen Rasse und ihre Abkömmlinge mehr Aussicht haben, »vornehm« im Sinne Nietzsches zu sein, als andere: sie werden mehr Willenskraft, mehr Mut, mehr Neigung zur Macht, weniger Mitleid, weniger Furcht und weniger Güte besitzen.

Nun können wir Nietzsches Ethik formulieren. Ich halte das Nachstehende für eine annehmbare Analyse:

Sieger im Kriege und ihre Abkömmlinge stehen gewöhnlich biologisch höher als die Besiegten. Es ist daher wünschenswert, daß sie alle Macht haben und die Politik ausschließlich nach ihren Interessen bestimmen.

Hier wäre noch das Wort »wünschenswert« zu untersuchen. Was heißt in Nietzsches Philosophie »wünschenswert«? Für den Außenstehenden ist das, was Nietzsche als »wünschenswert« bezeichnet, nichts anderes, als was Nietzsche selbst wünscht. So verstanden ließe sich Nietzsches Doktrin einfacher und ehrlicher in den einen Satz zusammenfassen: »Ich wollte, ich hätte in Athen zur Zeit des Perikles oder in Florenz unter den Medici gelebt.« Das aber ist keine Philosophie, vielmehr eine biographische Feststellung, die ein bestimmtes Einzelwesen betrifft. Das Wort »wünschenswert« ist nicht gleichbedeutend mit »von mir gewünscht«; es erhebt einen gewissen, wenn auch leisen Anspruch auf Allgemeingültigkeit. Ein Theist könnte sagen: Wünschenswert ist, was Gott wünscht; das aber kann Nietzsche nicht sagen. Er könnte vielleicht erklären, er wisse durch moralische Intuition, was gut ist, jedoch will er das nicht sagen, weil es zu sehr nach Kant klingt. Über den Geltungsbereich des Wortes »wünschenswert« könnte er sich nur etwa in diesem Sinne äußern: »Wenn die Menschen meine Werke lesen, dann wird ein bestimmter Prozentsatz meine Wünsche auf dem Gebiet der Gesellschaftsordnung teilen; diese Menschen können, inspiriert durch die Kraft und Bestimmtheit, die sie aus meiner Philosophie gewinnen, die Aristokratie erhalten und wiederherstellen, wobei sie selber die Aristokraten oder (wie ich) Kriecher vor der Aristokratie sind. Auf diese Weise wird ihr Leben reicher sein, als wenn sie Diener des Volkes sind.«

Ein anderes Element bei Nietzsche hat große Ähnlichkeit mit dem Einwand, der von »schroffen Individualisten« gegen die Gewerkschaften erhoben worden ist. In einem Kampf aller gegen alle wird der Sieger wahrscheinlich bestimmte Eigenschaften haben, die Nietzsche bewundert, zum Beispiel Mut, Findigkeit und Willensstärke. Wenn aber die Menschen, die über diese aristokratischen Eigenschaften nicht verfügen (und das ist die ungeheure Mehrzahl), sich zusammenschließen, dann können sie trotz ihrer individuellen Minderwertigkeit siegen. In diesem Kampf der kollektiven *canaille* gegen die Aristokraten stellt das Christentum die ideologische Front dar, so wie die Französische Revolution die Kampffront bedeutete. Wir sollten uns daher jeglicher Form des Zusammenschlusses der individuell Schwachen widersetzen aus Furcht, daß ihre vereinte Kraft die Macht des individuell Starken aufwiegen könnte; auf der anderen Seite sollten wir die Vereinigung der zähen und männlichen Elemente des Volkes fördern. Der erste Schritt, eine derartige Vereinigung zu bewirken, muß im Verkünden der Philosophie Nietzsches bestehen. Es wird sich zeigen, daß es nicht einfach ist, Moral und Politik voneinander getrennt zu halten.

Angenommen, man wollte nun – was ich bestimmt tue – Argumente gegen Nietzsches Ethik und Politik suchen, was könnten das für Argumente sein?

Es gibt schwerwiegende praktische Argumente, die beweisen, daß mit dem Versuch, zu Nietzsches Zielen zu gelangen, tatsächlich etwas anderes erreicht wird. Geburtsaristokratien sind heute in Mißkredit geraten; die einzige, in der Praxis noch mögliche Form von Aristokratie ist eine Organisation wie der Faschismus oder die Nazipartei.[4] Eine derartige Organisation erweckt die Opposition und wird wahrscheinlich durch Krieg vernichtet werden; andernfalls muß sie sich in kurzer Zeit zu einem reinen Polizeistaat entwickeln, in dem die Herrscher in der Furcht vor Meuchelmördern leben und die Helden in Konzentrationslagern sitzen. In einem solchen Staat werden Ehre und Treue durch Denunziation untergraben; die vermeintliche Aristokratie der Übermenschen entartet zu einer Clique zitternder Feiglinge.

Das sind jedoch Argumente, die unserer Zeit entsprechen; aber für vergangene Zeitalter, in denen an der Aristokratie noch nicht gezweifelt wurde, hätten sie keine Gültigkeit gehabt. Die ägyptische Regierung wurde jahrtausendelang nach Nietzsches Prinzipien gehandhabt. Bis zur amerikanischen und französischen Revolution waren die Regierungen fast aller großen Staaten aristokratisch. Wir müssen uns also fragen, ob wirklich ein triftiger Grund dafür vorliegt, der Demokratie vor einer Regierungsform den Vorzug zu geben, die eine so lange und erfolgreiche Geschichte gehabt hat, oder vielmehr – da wir uns mit Philosophie und nicht mit Politik beschäftigen –, ob objektive Gründe dafür sprechen, die Ethik abzulehnen, mit der Nietzsche die Aristokratie stützt.

Die ethische Frage ist im Gegensatz zur politischen eine Frage nach dem *Mitleid*. Über die Leiden anderer unglücklich zu sein: diese Art Mitleid ist bis zu einem gewissen Grade bei Menschenwesen etwas Natürliches; kleine Kinder werden unruhig, wenn sie andere Kinder weinen hören. Dieses Gefühl hat sich jedoch bei den verschiedenen Völkern ganz unterschiedlich entwickelt. Manche sehen ein Vergnügen darin, andere zu quälen; einige fühlen, wie Buddha, daß sie nicht vollkommen glücklich sein können, solange ein lebendes Wesen leidet. Die meisten teilen gefühlsmäßig die Menschheit ein in Freunde und Feinde, wobei sie wohl mit den Freunden, nicht aber mit den Feinden mitfühlen. Eine Ethik wie die christliche oder die buddhistische wurzelt empfindungsmäßig im universalen Mitleiden – in Nietzsches Ethik fehlt das Mitleid vollkommen. (Er eifert wiederholt gegen das Mitleid, und man merkt deutlich, daß es ihm auf diesem Gebiet nicht schwer wird, die eigenen Gebote zu befolgen.) Die Frage ist die: Wollte man Buddha und Nietzsche einander gegenüberstellen, könnte dann einer von ihnen ein Argument vorbringen, das den unparteiischen Zuhörer überzeugen

---

[4] Geschrieben 1943. (Anm. d. Übers.)

müßte? Ich denke dabei nicht an politische Argumente. Stellen wir uns einmal vor, sie träten – wie im ersten Kapitel des Buches Hiob – vor den Allmächtigen, um ihm ihren Rat anzubieten, wie er die Welt erschaffen sollte. Was könnten beide sagen?

Buddha würde damit beginnen, auf die Aussätzigen, die Ausgestoßenen und Elenden hinzuweisen, auf die Armen, die sich mit schmerzenden Gliedern abmühen und sich bei kärglicher Nahrung kaum am Leben erhalten können, auf die Verwundeten des Schlachtfelds, die in langsamer Agonie dahinsterben, auf die Waisen, die von grausamen Vormündern mißhandelt werden, sowie darauf, daß selbst der Erfolgreichste vom Gedanken an Mißerfolg und Tod gequält wird. Eine Möglichkeit zur Erlösung von all dieser drückenden Qual und Sorge müsse gefunden werden, würde er sagen, und diese Erlösung könne allein durch die Liebe kommen.

Nur der Allmächtige hätte Nietzsche inzwischen daran hindern können, Buddha ins Wort zu fallen, und wenn die Reihe an ihn käme, würde er herausplatzen: »Lieber Himmel, Mann, Sie müssen aber erst lernen, sich ein dickeres Fell zuzulegen. Wer wird denn heulen, weil es dem Pöbel schlechtgeht oder weil große Menschen leiden? Triviale Leute sind auch im Leiden trivial, große Menschen aber auch darin groß, und um großer Leiden willen braucht man niemanden zu bedauern, denn sie sind vornehm. Sie vertreten ja ein rein negatives Ideal: Es soll kein Leid geben; das ist nur durch Nicht-Sein völlig zu erreichen. Ich hingegen hege positive Ideale: ich bewundere Alkibiades, Kaiser Friedrich II. und Napoleon. Um solcher Männer willen lohnt sich jedes Elend. Ich appelliere an Dich, o Herr, als den größten schöpferischen Künstler, laß Dich in Deinen künstlerischen Impulsen nicht durch das degenerierte, angstgepeinigte Gefasel dieses elenden Psychopathen beirren.«

Buddha, der sich in den Himmelsräumen mit der ganzen, seit seinem Tode abgerollten Geschichte vertraut gemacht und sich die ganze Wissenschaft angeeignet hat, ist voll Entzücken über die Kenntnisse der Menschen und voll Sorge darüber, welchen Gebrauch sie davon gemacht haben, und antwortet ruhig und höflich: »Sie irren sich, Professor Nietzsche, wenn Sie meinen, mein Ideal sei rein negativ. Es enthält allerdings ein negatives Element, das Fehlen des Leidens; doch wohnt ihm dafür ebensoviel Positives inne wie Ihrer Lehre. Wenn ich auch Alkibiades und Napoleon nicht besonders bewundere, so habe auch ich meine Helden: meinen Nachfolger Jesus, weil er die Menschen lehrte, ihre Feinde zu lieben; die Menschen, die entdeckten, wie die Naturgewalten zu beherrschen sind und wie die Ernährung bei geringerer Arbeit zu sichern ist; die Ärzte, die bewiesen haben, wie der Ausbreitung von Krankheiten zu begegnen sei; die Dichter, Künstler und Musiker, die uns einen Schimmer der göttlichen Schönheit vermittelt haben. Liebe und Erkenntnis und das Entzücken über die Schönheit sind nichts

Negatives; sie genügen, das Leben der größten Menschen auszufüllen, die je gelebt haben.«

»Ganz gleich«, würde Nietzsche entgegnen, »Ihre Welt wäre fade. Sie sollten Heraklit lesen, dessen sämtliche Werke in der Himmelsbibliothek noch vollständig erhalten sind. Ihre Liebe ist durch Schmerz erregtes Mitleid; Ihre Wahrheit ist, wenn Sie ehrlich sind, unerfreulich und nur durch Leiden zu erkennen; und was die Schönheit betrifft: Gibt es etwas Schöneres als einen Tiger, der nur dank seiner Wildheit so schön ist? Nein, wenn der Herr sich für Ihre Welt entscheiden sollte, fürchte ich, würden wir alle an Langeweile eingehen.«

»Sie vielleicht«, erwidert Buddha, »weil Sie den Schmerz lieben und weil Ihre Liebe zum Leben nicht echt ist. Wer aber das Leben wirklich liebt, würde in meiner Welt so glücklich sein, wie es in der wirklichen Welt niemand sein kann.«

Ich für mein Teil stehe auf der Seite Buddhas, so wie ich ihn mir gedacht habe. Allerdings weiß ich nicht, wie ich beweisen soll, daß er recht hat, so wie man etwa eine mathematische oder wissenschaftliche These beweist. Ich mag Nietzsche nicht, weil er die Kontemplation des Leidens liebt, weil er den Eigendünkel zur Pflicht macht, weil die von ihm am meisten bewunderten Menschen Eroberer sind, die ihren Ruhm der Geschicklichkeit verdanken, mit der sie andere Menschen in den Tod schicken. Das letzte Argument gegen seine Philosophie wie gegen jede unerfreuliche, aber in sich konsequente Ethik ist nach meinem Dafürhalten nicht der Appell an Tatsachen, sondern der Appell an das Gefühl. Nietzsche lehnt die allumfassende Liebe ab; mir erscheint sie als die treibende Kraft, die allein alles bewirken kann, was ich für die Welt ersehne. Nietzsches Jünger haben ihre Chance gehabt, doch dürfen wir hoffen, daß es damit bald zu Ende sein wird.

26. KAPITEL

Die Utilitarier[1]

Während der ganzen Periode von Kant bis Nietzsche blieben die zünftigen Philosophen in England nahezu völlig unberührt von ihren deutschen Zeitgenossen; eine Ausnahme machte nur Sir William Hamilton, der aber wenig Einfluß hatte. Coleridge und Carlyle, von Kant, Fichte und den deutschen Romantikern allerdings tief beeindruckt, waren jedoch nicht eigentlich Philosophen. Einmal hat wohl jemand James Mill gegenüber Kant erwähnt, der nach flüchtiger Durchsicht von dessen Schriften meinte: »Ich sehe schon, worauf der arme Kant hinauswill.« Aber soviel Beachtung ist schon eine Ausnahme; im allgemeinen ist von den Deutschen überhaupt nicht die Rede. Bentham und seine Schule leiteten ihre Philosophie im wesentlichen von Locke, Hartley und Helvetius ab; sie haben weniger philosophische als vielmehr politische Bedeutung, da sie die Führer des englischen Radikalismus und unbewußte Wegbereiter für die sozialistischen Lehren waren.

Jeremy Bentham, das anerkannte Haupt der »philosophischen Radikalen«, war nicht der Mann, den man an der Spitze einer solchen Bewegung erwarten sollte. Er war 1748 geboren, wurde aber erst 1808 zum Radikalen. Er war entsetzlich schüchtern; die Anwesenheit fremder Menschen versetzte ihn in zitternde Erregung. Er schrieb außerordentlich viel, bemühte sich jedoch nie um die Veröffentlichung seiner Schriften; was unter seinem Namen erschienen ist, haben ihm Freunde in guter Absicht entwendet. Sein Hauptinteresse galt der Rechtswissenschaft; hier hielt er Helvetius und Beccaria für seine bedeutendsten Vorgänger. Durch die Rechtstheorie wurde sein Interesse für Moral und Politik geweckt.

Bentham baute sein ganzes philosophisches System auf zwei Prinzipien auf, dem »Assoziationsprinzip« und dem »Prinzip des größtmöglichen Glücks«. Die Bedeutung des Assoziationsprinzips war 1749 von Hartley besonders hervorgehoben worden; vor ihm hatte man zwar von Ideenassoziationen gewußt, sie aber – wie Locke es tat – nur für eine Quelle landläufiger Irrtümer gehalten. Bentham schloß sich Hartley an und machte die Ideenassoziation zum Grundprinzip der Psychologie. Er stellt die Assoziation von Ideen und Sprache sowie die Assoziation von Ideen und Ideen fest. Mit Hilfe dieses Prinzips strebt er eine deterministische Darstellung geistiger Vorgänge an. Im Grunde ist diese

---

[1] Ausführlicher behandelt findet man die Utilitarier sowie Marx in Teil II meines Buches *Freedom and Organization 1814–1914* (Freiheit und Organisation, Cornelsen-Verlag, Berlin).

Lehre nichts anderes als die moderne Theorie vom »bedingten Reflex«, die auf den Pawlowschen Experimenten beruht. Der einzige wesentliche Unterschied besteht darin, daß Pawlows bedingter Reflex physiologischer, die Ideenassoziation dagegen rein geistiger Natur ist. Pawlows Ergebnis läßt daher eine materialistische Auslegung zu, wie sie die Behavioristen gaben, während die Ideenassoziation zu einer von der Physiologie mehr oder minder unabhängigen Psychologie führte. Unzweifelhaft bedeutet, wissenschaftlich gesehen, das Prinzip des bedingten Reflexes älteren Prinzipien gegenüber einen Fortschritt. Das Pawlowsche Prinzip besteht aus folgendem: Nehmen wir einen Reflex an, bei welchem ein Reiz B eine Reaktion C auslöst, sowie ein Tier, das wiederholt einen Reiz A gleichzeitig mit B erfahren hat; dann wird häufig der Fall eintreten, daß im richtigen Moment der Reiz A die Reaktion C auslöst, auch wenn B ausfällt. Wie dies im einzelnen vor sich geht, ist experimentell festzustellen. Es ist klar, daß wir vom Pawlowschen Prinzip zum Prinzip der Ideenassoziation kommen, wenn wir A, B und C durch Ideen ersetzen.

Beide Prinzipien haben zweifellos einen bestimmten Geltungsbereich; strittig ist nur der Umfang dieses Bereichs. Bentham und seine Anhänger räumten dem Hartleyschen Prinzip ein zu großes Feld ein; denselben Fehler machten bestimmte Behavioristen beim Pawlowschen Prinzip.

Für Bentham war der Determinismus in der Psychologie wichtig, weil er einen Gesetzeskodex – und ganz allgemein eine Gesellschaftsordnung – aufstellen wollte, welche die Menschen automatisch tugendhaft machen sollten. Sein zweites Prinzip, der Grundsatz vom größtmöglichen Glück, brauchte er hierbei zur Definition der »Tugend«.

Bentham behauptete, alles Gute sei Lust oder Glück – er verwendet beide Wörter als Synonyma –, alles Schlechte sei Schmerz. Deshalb ist ein Zustand besser als ein anderer, wenn in ihm die Freuden die Leiden überwiegen oder die Leiden nur wenig die Freuden übersteigen. Von allen möglichen Zuständen ist derjenige der beste, bei dem die Lust am meisten Übergewicht über den Schmerz hat.

Diese später als »Utilitarismus« bezeichnete Lehre enthält nichts Neues. Sie wurde schon 1725 von Hutcheson vertreten. Bentham schreibt sie Priestley zu, der jedoch keinen besonderen Anspruch darauf erheben kann. Im Grunde finden wir sie schon bei Locke. Benthams Verdienst besteht nicht darin, die Doktrin erfunden zu haben; er wandte sie vielmehr nur entschlossen auf verschiedene praktische Probleme an.

Bentham ist nicht nur davon überzeugt, das Gute sei das Glück schlechthin, meint vielmehr auch, daß jedes Individuum immer nur das im Auge habe, was es für sein eigenes Glück hält. Aufgabe des Gesetzgebers ist es daher, einen Ausgleich zwischen öffentlichen und privaten Interessen herzustellen. Im Interesse der Allgemeinheit soll ich nicht stehlen. Das ist aber nicht zugleich mein Interesse, ausgenommen dort, wo ein wirksames Strafgesetz vorhanden ist. Demnach stellt das Strafgesetz die Methode dar, Übereinstimmung zwischen den Interessen der einzelnen und den Interessen der Allgemeinheit herbeizuführen, und dadurch ist es gerechtfertigt.

Die Menschen sollen durch das Strafrecht bestraft werden, nicht weil wir den Verbrecher hassen, sondern damit Verbrechen ungeschehen bleiben. Es ist wichtiger, daß die Strafe gewiß, als daß sie streng ist. Zu Benthams Zeit stand in England auf viele geringfügige Vergehen die Todesstrafe, was zur Folge hatte, daß die Geschworenen oft nicht schuldig sprachen, weil sie die Strafe für übermäßig hoch hielten. Bentham setzte sich für die Abschaffung der Todesstrafe ein, die nur für die schwersten Verbrechen bestehen bleiben sollte; er erlebte es noch, daß das Strafrecht in diesem Sinne abgemildert wurde.

Das Zivilrecht sollte, wie er sagte, vier Ziele verfolgen: Existenzmöglichkeit, Überschuß, Sicherheit und Gleichheit. Auffallend ist, daß er die Freiheit nicht erwähnt. Tatsächlich legte er wenig Wert auf die Freiheit. Er bewunderte die gütigen Autokraten, die vor der Französischen Revolution herrschten, Katharina die Große und Kaiser Franz. Die Lehre von den Menschenrechten verachtete er gründlich. Er nennt die Menschenrechte reinen Unsinn, die unverletzlichen Menschenrechte einen Unsinn auf Stelzen. Als die französischen Revolutionäre ihre »Erklärung der Menschenrechte« *(Déclaration des Droits de l'Homme)* erließen, bezeichnete Bentham sie als »Erzeugnis der Metaphysik – das *non plus ultra* der Metaphysik«. Ihre Artikel ließen sich nach seiner Ansicht in drei Klassen einteilen: 1. die unverständlichen, 2. die falschen, 3. die zugleich unverständlichen und falschen.

Für Bentham wie für Epikur war das Ideal Sicherheit, nicht Freiheit. »Von Kriegen und Stürmen liest man lieber; Frieden und Ruhe aber sind besser zu ertragen.«

Daß er sich allmählich zum Radikalismus hin entwickelte, hatte zwei Ursachen: einmal den Glauben an die Gleichheit, den er aus der Berechnung der Freuden und Leiden ableitet; zum anderen den unbeugsamen Entschluß, alles der Entscheidung der Vernunft, wie er sie verstand, zu unterwerfen. Seine Liebe zur Gleichheit bewog ihn sehr bald dazu, sich dafür einzusetzen, daß der Mensch seine Habe gleichmäßig auf seine Kinder verteilen solle; er war demnach auch ein Gegner der Testierfreiheit. In späteren Jahren machte sie ihn zum Feind der Monarchie und Aristokratie und zum Vorkämpfer der reinen Demokratie, wozu für ihn auch das Frauenstimmrecht gehörte. Jede Religion, auch den Glauben an Gott, lehnte er ab, weil er sich weigerte, irgend etwas nicht rational Begründetes zu glauben; aus denselben Gründen wurde er zum scharfen Kritiker aller Absurditäten und Anomalien des Gesetzes, so verehrungswürdig ihr historischer Ursprung auch sein mochte. Daß irgend etwas traditionell war, galt in seinen Augen nicht als Entschuldigung. Schon in jungen Jahren erwies er sich als Gegner des Imperialismus, mochte es sich um englischen, amerikanischen oder einen sonstigen Imperialismus handeln; Kolonien hielt er für Wahnsinn.

Durch den Einfluß von James Mill wurde Bentham veranlaßt, sich in der praktischen Politik für eine Partei zu entscheiden. James Mill war fünfundzwanzig Jahre jünger als Bentham und begeistert von seinen Lehren, aber gleichzeitig ein aktiver Radikaler. Bentham überließ Mill ein Haus (das Milton gehört hatte) und unterstützte ihn finanziell, während er eine Geschichte Indiens schrieb. Als dieses Werk beendet war, gab die Ostindische Kompanie James Mill einen Posten, wie sie es auch später bei seinem Sohn tat, bis sie infolge des Sepoy-Aufstandes aufgelöst wurde. James Mill war ein großer Bewunderer von Condorcet und Helvetius. Wie alle Radikalen dieser Periode glaubte er an die Allmacht der Erziehung. Er probierte seine Theorien an seinem Sohn John Stuart mit teils gutem, teils schlechtem Erfolg aus. Das folgenschwerste der schlechten Resultate war, daß John Stuart sich niemals gänzlich vom Einfluß seines Vaters frei machen konnte, selbst dann nicht, als er die Beschränktheit der väterlichen Anschauung feststellen mußte.

Wie Bentham hielt auch James Mill die Lust für das einzig Gute und den Schmerz für das einzig Böse. Aber gleich Epikur schätzte er maßvolle Lust am höchsten. Intellektuelle Freuden dünkten ihn die besten, und in der Mäßigung sah er die Haupttugend. »›Die Überspanntheiten‹ war bei ihm der übliche Ausdruck verächtlicher Mißbilligung«, bemerkt sein Sohn und fügt hinzu, daß er auch gegen die moderne Betonung des Gefühls protestierte. Wie die ganze utilitaristische Schule war er ein ausgesprochener Gegner der Romantik in jeder Form. Er vertrat die Auffassung, die Politik könne mit Vernunft geleitet werden, und verlangte, für die menschlichen Ansichten solle die Evidenz ausschlaggebend sein. Wenn bei einer Kontroverse beide Auffassungen mit gleichem Geschick vorgetragen werden, dann ist – in seinen Augen – die moralische Gewißheit gegeben, daß die Majorität richtig urteilen wird. Seiner Anschauungsweise sind durch die Armut seines Gefühlslebens gewisse Grenzen gesetzt, aber innerhalb dieses Rahmens sind sein Fleiß, seine Uneigennützigkeit und seine vernünftige Art zu denken sehr anzuerkennen.

Sein 1808 geborener Sohn John Stuart Mill führte bis zu seinem Tode im Jahre 1873 die Benthamsche Lehre in etwas gemäßigter Form fort.

Um die Mitte des neunzehnten Jahrhunderts war der Einfluß der Benthamiten auf die britische Gesetzgebung und Politik erstaunlich groß, obwohl sie auf jeden Appell an das Gefühl verzichteten.

Bentham brachte verschiedene Argumente zugunsten der Ansicht vor, daß das allgemeine Glück das *summum bonum* sei. Einige dieser Argumente stellten heftige Angriffe auf andere Moraltheorien dar. In seinem Traktat über politische Sophismen erklärt er in Wendungen, die Marx vorwegzunehmen scheinen, daß sentimentale und asketische

Morallehren den Interessen der herrschenden Klasse dienten und Ergebnisse eines aristokratischen Regimes seien. Diejenigen, die vom ethischen Wert des Opfers sprechen, fährt er fort, sind nicht etwa einem Irrtum verfallen: Sie wollen nur, daß andere sich für sie opfern. Die moralische Ordnung ergibt sich nach seiner Ansicht aus dem Gleichgewicht der Interessen. Regierende Körperschaften geben vor, daß bereits Interessenidentität zwischen Regierenden und Regierten bestünde; die Reformer jedoch beweisen, daß diese Identität noch nicht besteht, und bemühen sich, sie herbeizuführen. Er behauptet, nur das Nützlichkeitsprinzip könne als Kriterium für Moral und Gesetzgebung gelten und die Grundlage einer Soziologie abgeben. Sein positives Hauptargument zugunsten dieses Prinzips ist, daß offensichtlich verschiedene moralische Systeme es tatsächlich schon einbegreifen. Dies macht er jedoch dadurch glaubhaft, daß er seine Übersicht auf bestimmte moralische Systeme beschränkt.

Benthams System weist eine offenkundige Lücke auf. Wenn jeder Mensch nur stets das eigene Glück verfolgt, wie läßt sich dann gewährleisten, daß der Gesetzgeber das Glück der Menschheit im allgemeinen im Auge haben wird? Benthams eigene instinktive Güte (die er über seinen psychologischen Theorien nicht gewahrte) hinderte ihn, dies Problem zu erkennen. Hätte er den Auftrag gehabt, ein Gesetzbuch für irgendein Land auszuarbeiten, dann würde er seine Vorschläge auf das gestützt haben, was er für das Interesse der Allgemeinheit hielt; er hätte sie gewiß nicht so abgefaßt, daß sie seine eigenen Interessen oder (bewußt) die seiner Klasse fördern konnten. Wäre ihm dies aber klargeworden, dann hätte er seine psychologischen Doktrinen ändern müssen. Er scheint der Ansicht gewesen zu sein, die Gesetzgeber könnten mit Hilfe der Demokratie und bei entsprechender Beaufsichtigung so kontrolliert werden, daß sie ihre Privatinteressen nur dann fördern könnten, wenn sie den Nutzen der Allgemeinheit im Auge behielten. Zu seiner Zeit hatte man kaum Gelegenheit, sich ein Urteil über die Auswirkungen demokratischer Einrichtungen zu bilden; infolgedessen war sein Optimismus vielleicht verzeihlich; in unserer nüchterneren Epoche wirkt er allerdings etwas naiv.

John Stuart Mill bringt in seinem »Utilitarismus« ein so irriges Argument vor, daß man kaum begreifen kann, wie er es für beweiskräftig halten konnte. Er sagt: Lust ist das einzige, was erstrebt wird, daher ist Lust das einzig Erstrebenswerte. Er argumentiert: Nur sichtbare Dinge werden gesehen, nur hörbare gehört, desgleichen werden nur wünschbare Dinge gewünscht. Er bemerkt nicht, daß ein Ding »sichtbar« ist, wenn es gesehen werden *kann*. Wünschenswert aber ist etwas, wenn es gewünscht werden *sollte*. Somit ist wünschenswert ein Wort, das eine ethische Theorie voraussetzt; aus dem, was gewünscht wird, können wir nicht folgern, was wünschenswert ist.

Ferner: Wenn jeder Mensch tatsächlich und unweigerlich nur die eigene Lust verfolgt, dann ist es sinnlos zu sagen, er *sollte* etwas anderes tun. Kant betonte ausdrücklich, das »Du sollst« begreife das »Du kannst« ein; umgekehrt ist es sinnlos zu sagen, man soll, wenn man nicht kann. *Wenn* jeder Mensch stets die eigene Lust verfolgen muß, dann wird die Moral auf kluge Vorsicht beschränkt: Du wirst gut daran tun, die Interessen anderer zu fördern in der Hoffnung, daß sie dafür ihrerseits die deinen fördern werden. So ist auch in der Politik jede Zusammenarbeit eine Angelegenheit des wechselseitigen Nutzens. Aus den Prämissen der Utilitarier läßt sich kein anderer gültiger Schluß ziehen.

Hier ergeben sich zwei bestimmte Fragen: 1. Hat jeder Mensch das eigene Glück im Auge? 2. Ist das allgemeine Glück das richtige Ziel des menschlichen Handelns?

Wenn gesagt wurde, jedermann wünsche nur das eigene Glück, so hat dieser Satz zwei Bedeutungen, wovon die eine eine Binsenwahrheit, die andere aber falsch ist. Was ich auch wünschen mag, die Erfüllung meines Wunsches ist mit Lust verbunden; in diesem Sinne ist, was ich mir auch wünsche, *eine* Lust, und man kann, wenn auch etwas ungenau, sagen, daß es Lust ist, was ich mir wünsche. So verstanden bedeutet der Satz eine Binsenwahrheit.

Aber wenn damit gesagt werden soll, daß ich mir etwas der Lust wegen wünsche, die es mir vermitteln wird, so trifft das gewöhnlich nicht zu. Wenn ich hungrig bin, wünsche ich mir etwas zu essen, und solange mein Hunger anhält, wird mir die Nahrung ein Lustgefühl bereiten. Der Hunger aber ist ein Begehren und kommt zuerst; die Lust ist eine Folge des Begehrens. Ich gebe zu, daß es Situationen gibt, in denen der Wunsch unmittelbar auf Vergnügen gerichtet ist. Hat man beschlossen, einen freien Abend im Theater zu verbringen, so wird man das Theater wählen, das einem das größte Vergnügen zu versprechen scheint. Aber die durch das unmittelbare Verlangen nach Lust bestimmten Handlungen sind Ausnahmen und ohne Bedeutung. Die wichtigsten Handlungen aller Menschen sind von Wünschen bestimmt, die der Bilanz von Lust und Schmerz vorausgehen.

Alles Mögliche kann Objekt des Wünschens sein; ein Masochist kann den eigenen Schmerz wünschen. Für einen Masochisten ergibt sich ohne Zweifel Lust aus dem Schmerz, den er sich wünschte; aber die Lust existiert infolge des Wunsches, nicht umgekehrt. Ein Mensch kann etwas wünschen, das ihn persönlich nicht berührt, abgesehen davon, daß es eben sein Wunsch ist – beispielsweise den Sieg einer bestimmten Seite in einem Kriege, in dem sein Land neutral geblieben ist. Er mag mehr allgemeines Glück und weniger allgemeines Leiden wünschen. Oder er kann, was Carlyle tat, genau das Gegenteil wünschen. Wie die Wünsche wandeln sich auch die Freuden.

Moralgesetze sind nötig, weil die Wünsche der Menschen nicht übereinstimmen. Die erste Ursache des Konflikts ist Egoismus: Die meisten

Menschen interessieren sich mehr für ihr eigenes Wohlergehen als für das anderer Leute. Aber Konflikte sind auch da möglich, wo gar kein Egoismus im Spiele ist. Der eine mag wünschen, daß jedermann katholisch, ein anderer, daß jedermann calvinistisch sei. Solche nicht-egoistischen Wünsche spielen häufig bei sozialen Konflikten mit. Das Moralgesetz hat einen doppelten Zweck: 1. soll es ein Kriterium darstellen, um gute von schlechten Wünschen unterscheiden zu können; 2. soll es durch Lob und Tadel gute Wünsche fördern, schlechte aber unterdrücken.

Der moralische Teil der utilitaristischen Lehre, der in keinem logischen Zusammenhang mit dem psychologischen Teil steht, besagt: Gut sind Wünsche und Handlungen, die tatsächlich das allgemeine Glück fördern. Das braucht nicht der *Zweck* einer Handlung zu sein, wenn es nur ihre *Wirkung* ist. Gibt es ein gültiges Argument für oder gegen diese Doktrin? Einer ähnlichen Frage standen wir bei Nietzsche gegenüber. Seine Ethik unterscheidet sich von der utilitaristischen durch die Überzeugung, daß nur ein kleiner Teil der menschlichen Rasse moralische Bedeutung habe – auf das Glück oder Unglück der übrigen komme es nicht an. Ich persönlich glaube nicht, daß man diese Meinungsverschiedenheit mit theoretischen Argumenten beheben kann, wie man eine wissenschaftliche Frage entscheiden würde. Wer von Nietzsches Aristokratie ausgeschlossen ist, wird natürlich protestieren, und dadurch gewinnt die Streitfrage politischen statt theoretischen Charakter. Die utilitaristische Ethik ist demokratisch und anti-romantisch. Die Demokraten werden sie wahrscheinlich anerkennen; wer aber eine mehr Byronsche Weltanschauung bevorzugt, kann nach meinem Dafürhalten nur durch die Praxis widerlegt werden, nicht durch Erwägungen, die sich nur auf Tatsachen berufen, die sich nicht mit Wünschen decken.

Der philosophische Radikalismus war eine Übergangsschule. Aus ihm gingen zwei andere Systeme hervor, die ihn an Bedeutung übertrafen: der Darwinismus und der Sozialismus. Der Darwinismus war die Anwendung der Malthusschen Bevölkerungstheorie auf das gesamte Tier- und Pflanzenleben; diese Theorie war ein integrierender Bestandteil der benthamitischen Politik und Ökonomie – ein weltumfassender freier Wettbewerb, aus dem diejenigen Lebewesen als Sieger hervorgingen, die am meisten Ähnlichkeit mit erfolgreichen Kapitalisten hatten. Darwin selbst war von Malthus beeinflußt und sympathisierte im allgemeinen mit den philosophischen Radikalen. Es bestand jedoch ein großer Unterschied zwischen dem von den orthodoxen Wirtschaftstheoretikern bewunderten Wettbewerb und dem Kampf ums Dasein, den Darwin als treibende Kraft der Entwicklung proklamierte. Der »freie Wettbewerb« der orthodoxen Wirtschaftslehre ist ein sehr künstlicher, von gesetzlichen Beschränkungen eingeengter Begriff. Man darf seinen Konkurrenten unterbieten, aber man darf ihn nicht umbringen. Man darf die bewaffnete Macht des Staates nicht zu Hilfe nehmen, um ausländische Fabrikanten aus dem Felde zu schlagen. Diejenigen, die nicht in der glücklichen Lage sind, Kapital zu besitzen, dürfen nicht versuchen, ihr Los durch eine Revolution zu verbessern. Der »Freie Wettbewerb« im benthamitischen Sinne ist in Wirklichkeit keineswegs frei.

Der Darwinsche Wettkampf ist nicht in dieser Art begrenzt; Schläge unterhalb des Gürtels waren durchaus nicht verboten. Die Tiere kennen kein System von Gesetzen; selbst der Krieg ist als Methode des Wettbewerbs zugelassen. Den Staat zu Hilfe zu nehmen, um den Sieg im Wettbewerb zu sichern, verstieß gegen die benthamitischen Regeln, ließ sich aber im Darwinschen Kampf ums Dasein nicht ausschließen. Obwohl Darwin liberal war und Nietzsche ihn stets mit Verachtung erwähnte, führte Darwins These vom »Überleben des Tauglichsten« – als sie ganz aufgenommen war – zu einer Philosophie, die Nietzsche viel näher kam als Bentham. Diese Entwicklung gehört jedoch einer späteren Periode an, da Darwins *Entstehung der Arten* 1859 erschien und ihre politische Tragweite nicht sogleich erkannt wurde.

Der Sozialismus dagegen begann sich während der höchsten Blütezeit des Benthamismus zu entwickeln und ging unmittelbar aus der orthodoxen Ökonomie hervor. Ricardo, der in engen Beziehungen zu Bentham, Malthus und James Mill stand, lehrte, daß der Tauschwert einer Ware sich ausschließlich nach der auf ihre Herstellung aufgewendeten Arbeit bestimme. Er veröffentlichte diese Theorie 1817; acht Jahre später ließ Thomas Hodgskin, ein ehemaliger Marineoffizier, die erste sozialistische Erwiderung erscheinen: *Labour defended against the claims of capital* (Die Verteidigung der Arbeit gegen die Ansprüche des Kapitals). Er bewies: Wenn nach Ricardo jeder Wert im Verhältnis zur Arbeit stünde, dürfe Lohn auch nur für Arbeit gezahlt werden; der Anteil, den nun der Grundbesitzer und der Kapitalist erhalten, sei als reine Ausbeutung anzusehen. Inzwischen war Robert Owen durch viel praktische Erfahrung als Arbeiter zu einer Überzeugung gelangt, die bald zur Doktrin des sogenannten Sozialismus wurde. (Die Bezeichnung »Sozialist« taucht zum erstenmal im Jahre 1827 auf, wo sie auf die Anhänger Owens angewandt wird.) Er sagte, die Maschine habe den Arbeiter verdrängt und das *laissez-faire* den arbeitenden Klassen keine Mittel an die Hand gegeben, den Kampf mit der mechanischen Kraft aufnehmen zu können. Die von ihm vorgeschlagene Methode, dem Übel abzuhelfen, war die früheste Form des modernen Sozialismus.

Obwohl Owen mit Bentham befreundet war, der eine beträchtliche Summe in Owens Firma gesteckt hatte, schätzten die philosophischen Radikalen Owens neue Lehren nicht; tatsächlich wurden sie durch den aufkommenden Sozialismus weniger radikal und weniger philosophisch, als sie gewesen waren. Hodgskin hatte sich eine gewisse Anhängerschaft in London erworben, und James Mill war entsetzt. Er schrieb: »Ihre Eigentumsbegriffe sehen schrecklich aus... Offenbar meinen sie, daß es kein Eigentum geben dürfe und daß seine Existenz für sie von Übel sei. Zweifellos sind Schufte unter ihnen am Werk... Diese Narren sehen nicht, daß das, was sie sich in ihrem Wahnsinn wünschen, für sie ein derartiges Unglück bedeuten würde, wie kein anderer als nur sie selbst es über sie bringen könnte.«

Dieser 1831 geschriebene Brief kann als Auftakt des langen Kampfes zwischen Kapitalismus und Sozialismus gelten. In einem späteren Brief führt James Mill die Lehre auf Hodgskins »verrückten Unsinn« zurück und fügt hinzu: »Wenn diese Anschauungen Verbreitung finden sollten, würden sie die zivilisierte Welt auf den Kopf stellen, schlimmer als die verheerende Sintflut der Hunnen und Tataren.«

Soweit der Sozialismus nur politisch oder ökonomisch ist, gehört er nicht in eine Geschichte der Philosophie. Aber durch Karl Marx gewann der Sozialismus auch einen philosophischen Aspekt. Diese Philosophie soll im folgenden Kapitel behandelt werden.

27. KAPITEL

Karl Marx

Karl Marx gilt im allgemeinen als der Mann, der Anspruch darauf erhob, den Sozialismus zum wissenschaftlichen Begriff gemacht und wie kein anderer zum Entstehen jener mächtigen Bewegung beigetragen zu haben, die durch Anziehung und Abstoßung die europäische Geschichte der jüngsten Zeit beherrscht hat. Eine Betrachtung seiner Wirtschaftslehre oder seiner Politik, die sich nicht auf bestimmte allgemeine Aspekte beschränkt, würde über den Rahmen dieses Werkes hinausgehen; ich gedenke ihn nur als Philosophen zu behandeln und nur, soweit er andere Philosophen beeinflußt hat. In dieser Beziehung läßt er sich schwer klassifizieren. Gewiß ist er wie Hodgskin aus dem philosophischen Radikalismus hervorgegangen, dessen Rationalismus und Opposition gegen die Romantik er fortführt. Er ist aber zugleich auch ein Erneuerer des Materialismus, dem er eine neue Deutung und einen neuen Zusammenhang mit der Menschheitsgeschichte gibt. Und schließlich ist er der letzte der großen Systemgründer, der Nachfolger Hegels, und wie dieser davon überzeugt, daß sich die Entwicklung der Menschheit in eine rationale Formel zusammenfassen lasse. Einen dieser Aspekte auf Kosten der anderen hervorzuheben, würde ein falsches und verzerrtes Bild seiner Philosophie ergeben.

Zum Teil erklärt sich diese Vielseitigkeit aus den Ereignissen seines Lebens. Er wurde 1818 in Trier – wie Ambrosius – geboren. Während der revolutionären und napoleonischen Ära war Trier stark von den Franzosen beeinflußt worden und hatte kosmopolitischere Anschauungen als die meisten Teile Deutschlands. Seine Vorfahren waren Rabbiner gewesen, aber seine Eltern hatten sich taufen lassen, als er noch ein Kind war. Er heiratete eine konfessionslose Aristokratin, der er sein ganzes Leben lang zugetan blieb. Auf der Universität ließ er sich von dem noch vorherrschenden Hegelianismus sowie von Feuerbachs Auflehnung gegen Hegel in materialistischer Richtung beeinflussen. Er versuchte sich im Journalismus, aber die von ihm herausgegebene »Rheinische Zeitung« wurde von den Behörden wegen ihrer radikalen Einstellung verboten. Darauf begab er sich im Jahre 1843 nach Frankreich, um den Sozialismus zu studieren. Hier begegnete er Engels, der eine Fabrik in Manchester leitete. Durch ihn lernte er die englischen Arbeitsbedingungen und die englische Wirtschaft kennen. Auf diese Weise erwarb er sich schon vor den Revolutionen von 1848 eine ungewöhnlich internationale Bildung. Er war ohne jede besondere Vorliebe an allen westeuropäischen Nationen gleichmäßig interessiert; für die Slawen empfand er stets nur Verachtung.

Er beteiligte sich an der französischen und an der deutschen Revolution von 1848, doch zwang ihn die Reaktion, 1849 in England Zuflucht zu suchen. Den Rest seines Lebens verbrachte er, von kurzen Unterbrechungen abgesehen, in London, ständig bedrückt von Armut, Krankheit und dem Tod einiger seiner Kinder; aber trotz dieser Schicksalsschläge schrieb er und erweiterte er sein Wissen unermüdlich. Die treibende Kraft seiner Arbeit war die Hoffnung auf eine soziale Umwälzung, die er vielleicht nicht mehr erleben würde, jedoch in nicht allzu ferner Zukunft erwartete.

Mit Romantik will Marx so wenig wie Bentham und James Mill etwas zu tun haben; er bemüht sich, stets wissenschaftlich vorzugehen. Seine Wirtschaftslehre ist aus der klassischen britischen Ökonomie erwachsen; nur wirkt bei ihm ein anderes Motiv als Triebkraft. Die klassischen Wirtschaftstheoretiker hatten bewußt oder unbewußt nur die Wohlfahrt des Kapitalisten, nicht die des Grundbesitzers oder des Lohnempfängers im Auge; Marx aber wollte sich für die Interessen der Lohnarbeiter einsetzen. Wie das Kommunistische Manifest von 1848 beweist, hatte ihn in seiner Jugend die leidenschaftliche Begeisterung erfüllt, die neuen revolutionären Bewegungen – beispielsweise dem Liberalismus zur Zeit Miltons – eigen zu sein pflegt. Doch war er stets auf Beweise bedacht und verließ sich niemals auf unwissenschaftliche Intuition.

Er bezeichnete sich selbst als Materialisten, wenn auch nicht im Sinne des achtzehnten Jahrhunderts. Sein Materialismus, den er unter Hegels Einfluß »dialektisch« nannte, unterschied sich wesentlich vom traditionellen Materialismus und näherte sich mehr der Auffassung, die wir heute als Instrumentalismus bezeichnen. Der frühere Materialismus hielt nach seiner Ansicht irrtümlicherweise die Empfindung für passiv und ordnete dadurch Aktivität hauptsächlich dem Objekt zu. Nach Marx' Auffassung ist jede Empfindung oder Wahrnehmung eine Wechselwirkung zwischen Subjekt und Objekt; das bloße Objekt ist – ohne Aktivität des Wahrnehmenden – reiner Rohstoff, der durch den Prozeß des Erkennens verarbeitet wird. Erkenntnis im bisherigen Sinne der passiven Kontemplation ist eine unwirkliche Abstraktion; bei dem Vorgang, der in Wirklichkeit stattfindet, werden die Dinge im ursprünglichen Sinne des Wortes *begriffen*. »Die Frage, ob dem menschlichen Denken gegenständliche Wahrheit zukomme, ist keine Frage der Theorie, sondern eine praktische Frage«, behauptet er. »In der Praxis muß der Mensch die Wahrheit, i.e. Wirklichkeit und Macht, Diesseitigkeit seines Denkens beweisen. Der Streit um die Wirklichkeit oder Nichtwirklichkeit des Denkens – das von der Praxis isoliert ist – ist eine rein scholastische Frage... Die Philosophen haben die Welt nur verschieden *interpretiert*, es kommt aber darauf an, sie zu verändern.«[1]

---

[1] *Elf Thesen über Feuerbach*, 1845.

Ich glaube, wir dürfen Marx so verstehen: Was die Philosophen als Streben nach Erkenntnis bezeichnet haben, ist nicht wie bisher angenommen ein Vorgang, in dem das Objekt konstant ist, während sich der gesamte Prozeß der Verarbeitung bei dem Erkennenden abspielt. Subjekt und Objekt, der Erkennende wie das Erkannte, befinden sich vielmehr in einem beständigen, wechselseitigen Anpassungsprozeß. Er nennt diesen Vorgang »dialektisch«, weil er niemals ganz abgeschlossen wird.

Diese Theorie muß natürlich die Realität der »Empfindung« im Sinne der britischen Empiristen verneinen. Der Vorgang, der annähernd ihrem »Empfinden« entspricht, würde treffender als »bemerken« bezeichnet werden, was Aktivität einbegreift. Tatsächlich bemerken wir – so würde Marx sagen – die Dinge nur als Teil eines auf sie bezogenen Tätigkeitsprozesses, und jede Theorie, die das Moment der Tätigkeit nicht berücksichtigt, ist eine irreführende Abstraktion.

Soviel ich weiß, war Marx der erste Philosoph, der den Begriff der »Wahrheit« von diesem aktivistischen Standpunkt aus einer Kritik unterzog. Er selbst legte kein besonderes Gewicht auf diese Kritik; deshalb werde ich im Augenblick nicht mehr darüber sagen und die Untersuchung der Theorie einem späteren Kapitel vorbehalten.

Marx' Geschichtsphilosophie ist eine Mischung aus Hegel und britischen Wirtschaftstheoretikern. Wie Hegel ist er der Ansicht, daß sich die Welt nach einer dialektischen Formel entwickelt; seine Auffassung von der treibenden Kraft dieser Entwicklung weicht jedoch von der Hegels vollkommen ab. Hegel glaubte an ein mystisches Wesen, den »Geist«, welcher die Ursache der geschichtlichen Entwicklung der Menschen entsprechend den Stufen der Dialektik ist, wie Hegel sie in seiner »Logik« darstellt. Warum der Geist diese Stadien zu durchlaufen hat, wird nicht deutlich. Man möchte fast annehmen, der Geist bemühe sich, Hegel zu verstehen, und objektiviere auf jeder Stufe eiligst, was er gerade gelesen hat. Abgesehen von einer gewissen Zwangsläufigkeit enthält die Marxsche Dialektik nichts davon. Für Marx ist nicht Geist, sondern Materie die treibende Kraft. Es handelt sich jedoch um Materie im oben erörterten Sinne, nicht um die völlig entmenschlichte Materie der Atomisten. Das bedeutet: Für Marx ist in Wirklichkeit die treibende Kraft die Beziehung des Menschen zur Materie und das wichtigste daran seine Produktionsweise. Dadurch wird der Marxsche Materialismus in der Praxis zur Wirtschaftslehre.

Politik, Religion, Philosophie und Kunst jeder Epoche der Menschheitsgeschichte sind nach Marx ein Ergebnis ihrer Methoden und – in geringerem Maße – ihrer Verteilung der Produktion. Ich glaube nicht, daß er damit behaupten wollte, dies treffe auf alle Einzelheiten der Kultur zu; es sollte wohl nur im allgemeinen gelten. Diese Doktrin wird die »materialistische Geschichtsauffassung« genannt. Es ist eine sehr wichtige These, die in erster Linie den Verfasser einer Geschichte der Philosophie zu beschäftigen hat. Ich für mein Teil vermag die These in dieser Form nicht anzuerkennen, glaube aber, daß sie sehr bedeutende Wahrheitselemente enthält, und bin mir auch bewußt, daß sie meine eigenen Ansichten von der philosophischen Entwicklung, wie ich sie in diesem Buch dargestellt habe, beeinflußt hat. Wir wollen zunächst die Geschichte der Philosophie vom Gesichtspunkt der marxistischen Lehre betrachten.

Subjektiv glaubt jeder Philosoph sich mit der Erforschung von etwas zu befassen, das sich als »Wahrheit« bezeichnen läßt. Die Philosophen mögen in der Definition des Begriffes »Wahrheit« nicht übereinstimmen; auf alle Fälle handelt es sich jedoch dabei um etwas Objektives, um etwas, was in gewissem Sinne jeder gelten lassen sollte. Kein Mensch würde sich mit Philosophie abgeben, wenn er ernstlich glaubte, die *ganze* Philosophie sei *nichts anderes* als der Ausdruck irrationaler Voreingenommenheit. Aber jeder Philosoph wird zugeben, daß viele andere Philosophen sich von ihrer Voreingenommenheit leiten ließen, und daß viele ihrer Ansichten sich auf nicht-rationale Gründe stützten, über die sie sich selbst meist nicht klar waren. Wie alle übrigen glaubt Marx, daß seine Anschauungen richtig sind; er hält sie nicht etwa bloß für den Ausdruck von Gefühlen, die um die Mitte des neunzehnten Jahrhunderts für einen revolutionären deutschen Juden des Mittelstandes natürlich sind. Was ist nun zu diesem Konflikt zwischen der subjektiven und der objektiven Auffassung einer Philosophie zu sagen?

Ganz allgemein läßt sich erklären: Die griechische Philosophie entspricht bis zu Aristoteles der Mentalität des Stadtstaates; der Stoizismus ist auf einen kosmopolitischen Despotismus abgestimmt; die scholastische Philosophie ist ein intellektueller Ausdruck der Kirche als Organisation; die Philosophie seit Descartes, gewiß aber seit Locke neigt dazu, die Vorurteile des kommerziellen Mittelstandes zu vertreten; Marxismus und Faschismus sind dem modernen Industriestaat gemäße Philosophien. Dies ist nach meinem Dafürhalten ebenso richtig wie wichtig. Dennoch glaube ich, daß Marx in zwei Punkten unrecht hat. Erstens: Zu den sozialen Umständen, die es zu berücksichtigen gilt, gehören nicht nur die wirtschaftlichen, sondern genauso die politischen Verhältnisse; es handelt sich dabei um Macht, und Reichtum ist nur eine Form von Macht. Zweitens spielt die soziale Kausalität meist keine Rolle mehr, sobald es sich bei einem Problem um das Einzelne und Technische handelt. Den ersten Einwand habe ich in meinem Buch *Power* (Macht) dargelegt; deshalb werde ich hier nicht ausführlicher darauf eingehen. Der zweite steht in engerem Zusammenhang mit der Geschichte der Philosophie; ich möchte daher einige Beispiele für seine Tragweite anführen.

Nehmen wir zunächst das Universalienproblem. Dieses Problem wurde zuerst von Plato, dann von Aristoteles, den Scholastikern, den britischen Empiristen und von den meisten modernen Logikern erörtert. Es wäre töricht, zu bestreiten, daß sich die Philosophen in ihren Ansichten über diese Fragen von einer gewissen Voreingenommenheit bestimmen ließen. Plato war von Parmenides und der Orphik beeinflußt worden; er wollte an eine ewige Welt glauben und ließ sich nicht davon überzeugen, daß letztlich nur ein allgemeines zeitliches Fließen wirklich sein sollte. Aristoteles war mehr Empiriker und empfand keine Abneigung gegen die Alltagswelt. Konsequente Empiriker der Neuzeit wollen gerade das Gegenteil von dem, was Plato ersehnte: Der Gedanke an eine übersinnliche Welt ist ihnen unangenehm; sie sind bereit, sehr weit zu gehen, nur um nicht daran glauben zu müssen. Aber diese gegensätzlichen Neigungen wird es immer geben; mit dem Gesellschaftssystem stehen sie nicht unmittelbar in Zusammenhang. Es ist behauptet worden, die Sehnsucht nach dem Ewigen sei charakteristisch für eine Klasse, die nichts zu tun braucht und von der Arbeit anderer lebt. Ich zweifle, daß dies richtig ist. Epiktet und Spinoza waren keine Gentlemen, die auf der faulen Haut liegen konnten. Eher könnte man behaupten, die Vorstellung, daß man im Himmel nichts zu tun brauche, sei bei Menschen entstanden, die – von schwerer Arbeit ermüdet – sich nach nichts als nach Ruhe sehnten. So könnte man immer weiter argumentieren, ohne zu einem Ziel zu gelangen.

Andererseits werden wir sehen, wenn wir uns mit den Einzelheiten des Universalienstreites beschäftigen, daß jede Seite Argumente erfinden kann, welche die andere Seite als gültig anerkennen wird. Manche der Einwände, die Aristoteles in dieser Frage gegen Plato erhob, sind fast allgemein als berechtigt angesehen worden. In jüngster Zeit ist, wenn auch noch keine Entscheidung fiel, eine neue Technik erfunden worden, wobei viele Nebenprobleme gelöst wurden. Es ist also keineswegs unvernünftig, zu hoffen, daß die Logiker sich über kurz oder lang in dieser Frage endgültig einigen werden.

Als zweites Beispiel wollen wir den ontologischen Beweis anführen; wie wir sahen, wurde er von Anselm erfunden, von Thomas von Aquino verworfen, von Descartes akzeptiert, von Kant widerlegt und von Hegel erneut aufgestellt. Ich glaube, man kann ganz entschieden sagen, daß die moderne Logik durch eine Analyse des Existenzbegriffs die Ungültigkeit dieses Beweises dargelegt hat. Das hat nichts mit der Veranlagung oder mit dem Gesellschaftssystem zu tun; es ist eine rein technische Angelegenheit. Daß der Beweis widerlegt ist, berechtigt natürlich noch nicht zu der Annahme, sein Schluß – nämlich die Existenz Gottes – sei unwahr; wenn dem so wäre, hätte Thomas von Aquino vermutlich dieses Argument nicht verworfen.

Oder nehmen wir die Frage des Materialismus. Dieses Wort läßt viele Bedeutungen zu; wir haben gesehen, daß Marx seinen Sinn radikal umgewandelt hat. Die anhaltenden und gleichbleibend heftigen Kontroversen, ob diese Auslegung richtig oder falsch sei, beruhten zum großen Teil darauf, daß eine Definition vermieden wurde. Wenn der Begriff festgelegt ist, wird sich herausstellen, daß sich der Materialismus an Hand mancher möglichen Definitionen als falsch beweisen läßt, daß er aber nach bestimmten anderen Definitionen richtig sein kann, wenn auch kein positiver Grund zu dieser Annahme berechtigt; und schließlich werden nach wieder anderen Definitionen manche Gründe zu seinen Gunsten sprechen, obwohl diese Gründe nicht überzeugend sind. Und erneut beruht dies alles auf technischen Erwägungen und hat nichts mit dem Gesellschaftssystem zu tun.

In Wirklichkeit ist die Sache ziemlich einfach. Die »Philosophie« im üblichen Sinne besteht aus zwei ganz verschiedenen Elementen. Auf der einen Seite gibt es Fragen, die wissenschaftlich oder logisch sind; sie lassen sich nach Methoden behandeln, über die allgemeine Übereinstimmung herrscht. Andererseits gibt es Fragen, für die sich zahllose Menschen brennend interessieren; es sind Probleme, die sich überhaupt nicht durch stichhaltige Beweise lösen lassen. Dazu gehören praktische Fragen, denen gegenüber man unmöglich neutral bleiben kann. Im Krieg muß ich mich für mein Vaterland einsetzen, oder ich gerate in peinliche Konflikte mit meinen Freunden und mit den Behörden. In vergangenen Zeiten konnte man sich vielfach nur klar für oder gegen die Staatsreligion entscheiden; eine Mittelstellung einzunehmen war praktisch nicht durchführbar. Aus diesem oder jenem Grunde werden wir alle es für unmöglich halten, uns bei vielen Streitfragen, zu denen die bloße Vernunft schweigt, mit skeptischer Zurückhaltung zu begnügen. Eine »Philosophie« ist in einer sehr gebräuchlichen Bedeutung des Wortes ein organisches Ganzes, das sich aus solchen, unabhängig von der Vernunft getroffenen Entscheidungen zusammensetzt. Im Sinne einer solchen »Philosophie« ist Marx' Behauptung zum großen Teil richtig. Aber selbst in dieser Auffassung wird eine Philosophie nicht nur von wirtschaftlichen, sondern genauso auch von anderen sozialen Ursachen bestimmt. Besonders der Krieg spielt eine Rolle in der historischen Kausalität, und im Krieg fällt der Sieg nicht immer der Seite mit dem stärksten wirtschaftlichen Rückhalt zu.

Marx paßt seine Geschichtsphilosophie in eine der Hegelschen Dialektik entliehene Form ein; in Wirklichkeit interessierte ihn jedoch nur dreierlei: der Feudalismus, repräsentiert durch den Grundbesitzer, der Kapitalismus, repräsentiert durch den industriellen Unternehmer, und der Sozialismus, repräsentiert vom Lohnempfänger. Hegel hielt die Völker für die Träger einer dialektischen Bewegung; Marx setzte an ihre Stelle die Klassen. Er bestritt stets, von ethischen oder humanitären Gründen beeinflußt zu sein, wenn er sich für den Sozialismus oder die Sache der Arbeiter einsetzte; nie behauptete er, daß diese Sache moralisch besser, sondern nur, daß es die von der Dialektik in ihrer völlig deterministischen Bewegung vertretene Seite wäre. Er hätte sagen können, daß er nicht für den Sozialismus einträte, ihn vielmehr nur prophezeie. Das wäre jedoch nicht ganz richtig gewesen. Zweifellos hielt er jede dialektische Bewegung in einem unpersönlichen Sinne für einen Fortschritt, und gewiß war er der Überzeugung, daß der Sozialismus, wenn er einmal durchgeführt wäre, mehr zum menschlichen Glück beitragen würde, als es Feudalismus oder Kapitalismus je getan haben. Wenn diese Ansichten auch sein Leben beherrscht haben müssen, so blieben sie doch in seinen Schriften großenteils im Hintergrund. Gelegentlich tritt jedoch bei ihm an Stelle des ruhigen Prophezeiens eine energische Mahnung zur Auflehnung, und daß seine vorgeblich wissenschaftlichen Voraussagen gefühlsmäßig begründet waren, spürt man aus allem, was er schrieb, heraus.

Als Philosoph im strengen Sinne hat Marx große Unzulänglichkeiten. Er ist zu sehr Praktiker und hat zu wenig Abstand von den Problemen seiner Zeit. Sein Gesichtskreis beschränkt sich auf diesen Planeten und im Bereich dieses Planeten auf den Menschen. Seit Kopernikus war es erwiesen, daß dem Menschen nicht die kosmische Bedeutung zukommt, die er sich früher anmaßte. Wer dieser Tatsache nicht Rechnung trägt, ist unberechtigt, seine Philosophie als wissenschaftlich zu bezeichnen.

Hand in Hand mit dieser Beschränkung auf irdische Angelegenheiten geht die Neigung, an den Fortschritt als an ein universales Gesetz zu glauben. Diese Neigung war für das neunzehnte Jahrhundert charakteristisch; wir finden sie bald bei Marx ebenso stark wie bei vielen seiner Zeitgenossen. Nur der Glaube an den unvermeidlichen Fortschritt ermöglichte Marx die Überzeugung, auf ethische Erwägungen verzichten zu können. Wenn der Sozialismus das Kommende war, mußte er eine Verbesserung bedeuten. Marx hätte bereitwillig zugegeben, daß der Sozialismus für Grundbesitzer oder Kapitalisten wahrscheinlich keine Verbesserung bringen würde, doch war das für ihn nur der Beweis, daß sie außerhalb der dialektischen Bewegung der Zeit standen. Marx bezeichnete sich zwar selbst als Atheisten, bewahrte sich aber einen kosmischen Optimismus, den nur der Theismus rechtfertigen konnte.

Ganz allgemein sind sämtliche Elemente der marxistischen Philosophie, die von Hegel stammen, insofern unwissenschaftlich, als kein Grund vorliegt, sie für richtig zu halten.

Vielleicht hat die philosophische Aufmachung, die Marx seinem Sozialismus verlieh, in Wirklichkeit nicht viel mit der Grundlage seiner Überzeugungen zu tun. Das Wichtigste, was er zu sagen hatte, läßt sich leicht auch ohne jede Bezugnahme auf die Dialektik neu formulieren. Er war beeindruckt von der schrecklichen Härte des englischen Industriesystems vor hundert Jahren, das er durch Engels und die Berichte der Royal Commissions gründlich kennengelernt hatte. Er erkannte, daß das System sich wahrscheinlich vom freien Wettbewerb zum Monopolismus entwickeln und daß seine Ungerechtigkeit zu einer Umsturzbewegung im Proletariat führen würde. Nach seiner Auffassung bestand im reinen Industriestaat die einzige Alternative zum Privatkapitalismus in der Verstaatlichung von Grundbesitz und Kapital. All diese Theoreme aber gehörten nicht in den Bereich der Philosophie; ich werde deshalb auch nicht untersuchen, was daran richtig oder falsch ist. Wesentlich ist nur, daß sie, wenn richtig, in ausreichendem Maße zu beweisen vermögen, was an seinem System praktisch wichtig ist. Es kann daher nur von Vorteil sein, den Hegelschen Aufputz beiseite zu lassen.

Die Geschichte seiner Bewertung ist merkwürdig verlaufen. In seinem Vaterlande inspirierten Marx' Lehren das Programm der Sozialdemokratischen Partei, die stetig wuchs, bis sie in der allgemeinen Wahl von 1912 ein Drittel aller abgegebenen Stimmen erhielt. Unmittelbar nach dem Ersten Weltkrieg kam die Sozialdemokratische Partei für eine Zeitlang an die Macht, und Ebert, der erste Präsident der Weimarer Republik, gehörte ihr an. Damals aber war die Partei schon nicht mehr streng marxistisch. Inzwischen waren in Rußland fanatische Marxisten ans Ruder gekommen. Im Westen hingegen ist keine der großen Arbeiterbewegungen ganz marxistisch gewesen; zeitweilig schien sich die britische Labour-Party in dieser Richtung zu bewegen, doch hat sie sich niemals einer der bekannten Arten des Sozialismus angeschlossen. Zahlreiche Intellektuelle haben sich jedoch in England wie in Amerika von ihm stark beeinflussen lassen. In Deutschland ist jede Stellungnahme zugunsten der marxistischen Lehre gewaltsam unterdrückt worden, was sich vermutlich nach der Vernichtung der Nazis ändern wird.[2]

So haben sich das moderne Europa und das moderne Amerika politisch und ideologisch in drei Lager gespalten: in die Liberalen einerseits, die so weit wie möglich immer noch Locke oder Bentham folgen, allerdings bei mehr oder minder starker Anpassung an die jeweiligen Bedürfnisse der industriellen Organisation, und in die Marxisten andererseits, die in Rußland die Regierung beherrschen und deren Einfluß in verschiedenen anderen Ländern wahrscheinlich zunehmen wird. Diese beiden Gruppen weichen philosophisch nicht sehr stark voneinander ab; beide sind rationalistisch und beide sind wissenschaftlich und empirisch angelegt. Aber vom Standpunkt der praktischen Politik betrachtet, sind sie scharf voneinander getrennt. Das geht schon aus dem im vorigen Kapitel zitierten Brief von James Mill hervor, worin es heißt: »Ihre Eigentumsbegriffe sehen schrecklich aus.«

Man muß allerdings zugeben, daß dem marxistischen Rationalismus in mancher Beziehung Grenzen gesetzt sind. Obwohl er davon überzeugt ist, daß seine Auslegung der Entwicklungsrichtung die wahre ist und durch die Ereignisse bestätigt werden wird, glaubt er doch, seine Argumentation werde (von seltenen Ausnahmen abgesehen) nur bei denen Anklang finden, deren Klasseninteresse damit übereinstimmt. Er verspricht sich wenig von der Überzeugungskraft seiner Theorie, alles jedoch vom Klassenkampf. Er hat sich damit in der Praxis auf

---

[2] Ich schreibe dies im Jahre 1943.

Machtpolitik festgelegt und auf die Doktrin von einer herrschenden Klasse, wenn auch nicht einer Herrenrasse. Zwar soll infolge der sozialen Umwälzung die Aufspaltung in Klassen schließlich verschwinden und völliger politischer und wirtschaftlicher Harmonie weichen. Aber dieses Ideal liegt in ebenso weiter Ferne wie die Wiederkunft Christi; inzwischen jedoch gibt es weiterhin Krieg und Diktatur und hartnäckiges Festhalten an ideologischer Orthodoxie.

Die dritte Gruppe der modernen Anschauungen, die politisch von den Nazis und Faschisten vertreten wird, unterscheidet sich von den beiden anderen viel stärker, als diese voneinander abweichen. Sie ist anti-rational und anti-wissenschaftlich. Ihre philosophischen Ahnen sind Rousseau, Fichte und Nietzsche. Sie legt besonderes Gewicht auf den Willen, vor allem den Willen zur Macht; diesen hält man für besonders konzentriert auf bestimmte Rassen und Einzelpersonen, die infolgedessen berechtigt sind zu herrschen.

Bis zu Rousseau war der philosophischen Welt eine gewisse Einheit eigen gewesen. Damit hat es zur Zeit ein Ende; vielleicht wird es aber nicht lange so bleiben. Die Einheit kann wiederhergestellt werden, wenn die Menschen zur Vernunft kommen, aber auch allein dann, da Herrschaftsansprüche nur immer Kampf und Streit zur Folge haben können.

28. KAPITEL

Bergson

Henri Bergson war der führende französische Philosoph unseres Jahrhunderts. Er hat William James und Whitehead beeinflußt und auch auf das französische Denken eine beachtliche Einwirkung gehabt. Sorel, der leidenschaftlich für den Syndikalismus eintrat und ein Buch *Réflexions sur la Violence* (Über die Gewalt) schrieb, bediente sich des Bergsonschen Irrationalismus, um zu beweisen, daß eine revolutionäre Arbeiterbewegung kein bestimmtes Ziel zu haben brauche. Allerdings gab Sorel später seinen syndikalistischen Standpunkt auf, um Royalist zu werden. Die Bergsonsche Philosophie hatte vor allem konservative Wirkung und harmonierte durchaus mit der Bewegung, die in Vichy ihren Höhepunkt erreichte. Aber Bergsons Irrationalismus fand auch außerhalb des Bereichs der Politik starken Anklang, unter anderem bis zu Bernard Shaw, dessen *Back to Methuselah* (Zurück zu Methusalem) reiner Bergsonismus ist.

Wir wollen jedoch die Politik beiseite lassen und uns nur mit seinem rein philosophischen Aspekt befassen. Ich habe mich etwas eingehender damit beschäftigt, da er ein prächtiges Beispiel für die gegen die Vernunft gerichtete Auflehnung darstellt, die bei Rousseau begann und sich allmählich immer größere Bezirke im Leben und Denken der Welt erobert hat.[1]

Wir klassifizieren philosophische Systeme in der Regel nach ihren Methoden oder ihren Ergebnissen: »empiristisch« und »a priori« ist eine Klassifizierung nach Methoden, »realistisch« und »idealistisch« eine Einordnung entsprechend den Ergebnissen. Bergsons Philosophie auf die eine oder andere Weise klassifizieren zu wollen, dürfte kaum erfolgreich sein, da sie sich in keine der üblichen Gruppen einordnen läßt.

Es gibt jedoch noch eine andere, zwar weniger präzise, statt dessen aber für den Nichtphilosophen einfachere Möglichkeit, philosophische Systeme zu klassifizieren; hier richtet sich das Einteilungsprinzip nach dem von dem jeweiligen Philosophen in erster Linie angestrebten Ziel, das ihn zu seiner Philosophie bestimmte. So kennen wir Philosophien des Gefühls, die von dem Streben nach Glück inspiriert sind, theoretische Philosophien, die auf der Sehnsucht nach Erkenntnis beruhen, und praktische Philosophien, denen der Wunsch nach Aktivität zugrunde liegt.

---

[1] Der Rest des Kapitels besteht größtenteils aus einem Nachdruck eines 1912 in *The Monist* veröffentlichten Artikels.

Zu den gefühlsbetonten Philosophien werden wir alle diejenigen rechnen, die vorzugsweise optimistisch oder pessimistisch sind, sowie alle, die Wege zur Erlösung aufzeigen oder zu beweisen suchen, daß eine Erlösung nicht möglich ist; hierher gehören die meisten Religionsphilosophien. In die Gruppe der theoretischen Philosophien werden wir die meisten großen Systeme einreihen; denn wenn auch das Verlangen nach Erkenntnis selten ist, so ging doch das Allerbeste in der Philosophie gerade daraus hervor. Unter praktischen Philosophien hingegen werden wir diejenigen verstehen, die im Handeln das Höchste sehen, im Glück jedoch nur eine Wirkung und in der Erkenntnis ein bloßes Instrument erfolgreicher Aktivität. Philosophien dieser Art wären in Westeuropa das übliche gewesen, wenn es sich bei den Philosophen um Durchschnittsmenschen gehandelt hätte; so aber waren sie bis in die jüngste Zeit hinein selten; in den Pragmatisten und Bergson haben wir ihre Hauptvertreter. Im Entstehen dieses philosophischen Typs können wir mit Bergson die Auflehnung des modernen Tatmenschen gegen die Autorität der Griechen und vor allem Platos erblicken; wir können ihn aber auch, was Dr. Schiller offenbar wollte, mit dem Imperialismus und dem Auto in Verbindung bringen. Die moderne Welt schreit nach einer derartigen Philosophie, so daß der Erfolg, der ihr beschieden war, keineswegs überraschen kann.

Im Gegensatz zu den meisten Philosophien der Vergangenheit ist Bergsons Philosophie dualistisch: Die Welt zerfällt für ihn in zwei unvereinbare Teile; auf der einen Seite haben wir das Leben, auf der anderen die Materie oder jenes untätige Etwas, das der Intellekt als Materie ansieht. Das ganze Universum besteht aus Zusammenprall und Kampf zweier gegensätzlicher Bewegungen: des aufwärtsstrebenden Lebens und der hinabsinkenden Materie. Das Leben ist die *eine* große Kraft, *ein* gewaltiger vitaler Impuls, der ein für allemal seit Anbeginn der Welt gegeben ist, auf den Widerstand der Materie stößt, sich einen Weg durch die Materie zu bahnen bemüht und sich allmählich mit Hilfe der Organisation der Materie bedienen lernt; durch die Hindernisse, denen er begegnet, wird er in divergierende Ströme geteilt wie der Wind an der Straßenecke; teilweise ist er der Materie unterworfen, soweit sie ihn nämlich zwingt, sich ihr anzupassen; doch bleibt er stets in der Lage, frei zu handeln, indem er unablässig um neue Auswege ringt und nach immer größerer Bewegungsfreiheit inmitten der widerstrebenden Masse der Materie sucht.

Entwicklung läßt sich ursprünglich nicht als Anpassung an die Umgebung erklären; aus Anpassung erklären sich nur die Drehungen und Windungen, welche die Entwicklung ausführt, wie sich etwa ein Weg durch hügeliges Gelände zu einer Stadt hin windet. Aber dieses Gleichnis hinkt etwas; es fehlt die Stadt, das bestimmte Ziel am Ende des Weges, den die Entwicklung zurücklegt. Mechanismus und Teleologie kranken an demselben Fehler: Beide gehen von der Voraussetzung aus, daß es nichts eigentlich Neues in der Welt gäbe. Der Mechanismus sieht die Zukunft bereits in der Vergangenheit einbegriffen, und die Teleologie leugnet in der Überzeugung, das zu erreichende Ziel könne vorausgewußt werden, daß das Ergebnis etwas wesentlich Neues enthalten werde.

Im Gegensatz zu diesen beiden Auffassungen, von denen ihm die Teleologie noch etwas sympathischer ist als der Mechanismus, behauptet Bergson, die Entwicklung sei wahrhaft *schöpferisch* im Sinne einer künstlerischen Schöpfung. Zunächst besteht nur ein Impuls zu handeln, ein unbestimmtes Bedürfnis; aber bevor nicht dieses Bedürfnis befriedigt ist, kann man unmöglich wissen, wodurch es befriedigt werden könnte. Wir dürfen beispielsweise bei Lebewesen ohne Sehvermögen ein unbestimmtes Verlangen annehmen, Objekte schon vor der Berührung wahrnehmen zu können. Daraus ergaben sich Anstrengungen, die schließlich zum Entstehen von Augen führten. Sehen befriedigte dieses Verlangen, war aber zuvor nicht vorstellbar. Aus diesem Grunde läßt sich die Entwicklung nicht voraussagen; mit dem Determinismus sind also die Verfechter der Willensfreiheit nicht zu widerlegen.

Diese großen Umrisse sind ausgefüllt mit einer Darstellung, wie sich das Leben auf Erden tatsächlich entwickelt hat. Zuerst teilte sich der Strom in Tiere und Pflanzen; die Pflanzen trachteten, Energie in einem Reservoir zu speichern, die Tiere strebten danach, Energie für plötzliche, rasche Bewegungen zu verwenden. In einem späteren Stadium kam es aber bei den Tieren zu einer neuen Gabelung: *Instinkt* und *Intellekt* wurden mehr oder weniger getrennt. Niemals besteht der eine völlig ohne den anderen, doch ist der Intellekt vor allem das Unglück des Menschen, während sich der Instinkt bei Ameisen, Bienen und Bergson von seiner besten Seite zeigt. Die Trennung von Instinkt und Intellekt gehört zum Grundlegenden seiner Philosophie, was stark an Sandford und Merton[2] erinnert: Der Instinkt tritt als guter und der Intellekt als böser Knabe auf.

Instinkt in seiner besten Form ist die sogenannte »Intuition«. »Unter Intuition«, sagt er, »verstehe ich den uninteressierten, selbstbewußten Instinkt, der fähig ist, über sein Objekt zu reflektieren und es unendlich zu erweitern.« Der Darstellung von den Taten des Intellekts ist nicht immer leicht zu folgen; um Bergson jedoch begreifen zu können, müssen wir uns schon etwas anstrengen.

Für den Verstand oder Intellekt, »wie er aus der Hand der Natur hervorgeht, ist das Hauptobjekt das unorganische Körperliche«; eine klare Vorstellung kann er sich nur vom Diskontinuierlichen und Unbeweglichen machen; jeder seiner Begriffe steht ganz für sich wie Dinge im Raum und ist von gleicher Stabilität. Der Intellekt vollzieht das räumliche Trennen und das zeitliche Festlegen; er ist nicht so beschaffen, daß

---

[2] Didaktische Erzählung von Thomas Day. (Anm. d. Übers.)

er sich die Entwicklung denken könnte, vermag sich vielmehr das *Werden* nur als eine Reihe von Zuständen vorzustellen. »Der Intellekt ist gekennzeichnet durch das natürliche Unvermögen, das Leben zu verstehen«; Geometrie und Logik, seine typischen Produkte, sind im Grunde nur auf feste Körper anwendbar; allenthalben sonst muß das logische Denken vom gesunden Menschenverstand kontrolliert werden, der – wie Bergson richtig bemerkt – etwas ganz anderes ist. Feste Körper waren demnach etwas, was der Geist geschaffen hat, damit der Intellekt sich an ihnen betätige, wie er etwa Schachbretter ersann, um darauf Schach zu spielen. Die Genesis des Intellekts und die Genesis der materiellen Körper stehen, wie wir vernehmen, in Wechselbeziehung zueinander; beide haben sich durch gegenseitige Anpassung entwickelt. »Ein identischer Prozeß muß Materie und Intellekt aus einem Stoff, der beide enthielt, herausgeschnitten haben.«

Diese Konzeption der gleichzeitigen Entwicklung von Materie und Intellekt ist geistreich und verdient, verstanden zu werden. Nach meiner Ansicht meint Bergson ungefähr folgendes: Der Intellekt ist das Vermögen, die Dinge voneinander getrennt zu sehen, und das in verschiedene Dinge Aufgeteilte ist die Materie. In Wirklichkeit gibt es keine getrennten Körper, sondern nur den endlosen Strom des Werdens, in welchem nichts wird und nichts ist, wozu dieses Nichts sich entwickelt. Das Werden kann aber eine Aufwärts- oder Abwärtsbewegung sein; die Aufwärtsbewegung wird als Leben, die Abwärtsbewegung infolge eines Mißverständnisses auf der Seite des Intellekts als Materie bezeichnet. Ich stelle mir das Universum wie einen Kegel vor, mit dem Absoluten an der Spitze, da die Aufwärtsbewegung die Dinge zusammenbringt, während die Abwärtsbewegung sie trennt oder zumindest zu trennen scheint. Damit die Aufwärtsbewegung des Geistes sich auf ihrem Wege durch die Abwärtsbewegung fallender Körper, die auf sie herunterhageln, hindurchwinden kann, muß sie imstande sein, sich Pfade zwischen ihnen zu bahnen; als der Verstand sich herausbildete, wurden Umrisse und Pfade sichtbar, und das anfängliche Strömen wurde in einzelne Körper aufgespalten. So wäre der Intellekt mit einem Vorschneider zu vergleichen; merkwürdig ist nur, daß er sich einbildet, das Hühnchen sei schon immer in die einzelnen Stücke aufgeteilt gewesen, in die das Vorlegemesser es zerlegt.

»Der Intellekt«, sagt Bergson, »verhält sich immer so, als sei er bezaubert von der Betrachtung der trägen Materie. Er ist nach außen schauendes Leben, das im Prinzip die Wege der unorganischen Natur einschlägt, um sie in Wirklichkeit zu bestimmen.« Wenn wir zu den vielen Bildern, die Bergsons Philosophie anschaulich machen, ein weiteres hinzufügen dürfen, dann können wir das Universum mit einer ungeheuren Bergbahn vergleichen, wobei das Leben der aufwärts- und die Materie der abwärtsfahrende Zug ist. Der Intellekt kontrolliert den abwärtsfahrenden Zug an der Stelle, wo er den hinauffahrenden Zug, in dem wir uns befinden, passiert. Die augenscheinlich vornehmere geistige Kraft, die ihre Aufmerksamkeit auf unseren Zug konzentriert, ist der Instinkt oder die Intuition. Es besteht die Möglichkeit, von einem in den anderen Zug überzuspringen; dies geschieht, wenn wir das Opfer automatischer Gewohnheiten werden; es ist zugleich das Wesen des Komischen. Wir können uns aber auch zweiteilen: Der eine Teil geht hinauf, der andere hinunter; dann ist nur der abwärtsgehende Teil komisch. Der Intellekt selbst aber ist keine Abwärtsbewegung; er ist nur die Beobachtung der Abwärtsbewegung von der Aufwärtsbewegung aus.

Der Intellekt, der die Dinge voneinander trennt, ist nach Bergson eine Art Traum; er ist nicht *aktiv*, wie unser ganzes Leben sein sollte, sondern rein kontemplativ. Wenn wir träumen, sagt Bergson, ist unser Selbst zerstreut, unsere Vergangenheit in Fragmente aufgespalten; Dinge, die in Wirklichkeit einander durchdringen, erscheinen als getrennte feste Einheiten; das Außerräumliche erniedrigt sich zum Räumlichen, das nur Getrenntheit ist. So neigt der ganze Intellekt, da er trennt, zur Geometrie, und die Logik, die mit Begriffen arbeitet, welche voneinander völlig getrennt sind, ist in Wirklichkeit aus der Geometrie hervorgegangen und folgt der Richtung der Materialität. Aber hinter der Induktion wie hinter der Deduktion muß die räumliche Intuition stehen: »Die Bewegung, an deren Ende die Räumlichkeit steht, unterlegt ihrem Verlauf die Fähigkeit des Induzierens und Deduzierens, ja die ganze Verstandeskraft.« Sie erzeugt sie im Geiste, desgleichen die Ordnung in den Dingen, die der Intellekt dort findet. So haben wir in der Logik wie in der Mathematik keine positive, geistige Bemühung, sondern einen bloßen Somnambulismus zu erblicken, wobei der Wille ausgeschaltet und der Geist nicht mehr tätig ist. Mangel an mathematischer Begabung ist somit ein Zeichen des Begnadetseins – glücklicherweise eines, das sehr häufig anzutreffen ist.

Zwischen Instinkt oder Intuition und Zeit besteht der gleiche Zusammenhang wie zwischen Intellekt und Raum. Zu den bemerkenswertesten Zügen von Bergsons Philosophie gehört, daß er im Gegensatz zu den meisten Autoren Zeit und Raum für etwas durchaus Verschiedenes hält.

Der Raum, das Charakteristikum der Materie, entsteht durch ein Zergliedern des allgemeinen Flusses, das in Wirklichkeit illusorisch ist; in der Praxis erweist es sich bis zu einem gewissen Punkt als nützlich, in der Theorie aber als höchst irreführend. Die Zeit hingegen ist das Wesensmerkmal des Lebens oder Geistes. »Wo immer etwas lebt, da ist gleichsam ein Register aufgeschlagen, in das die Zeit eingetragen wird.« Aber die Zeit, von der hier die Rede ist, entspricht nicht der mathematischen Zeit, der homogenen Ansammlung außer- und nebeneinander seiender Augenblicke. Die mathematische Zeit ist nach Bergsons Ansicht in Wirklichkeit eine Form des Raumes; die Zeit, die zum

Wesen des Lebens gehört, nennt er *Dauer*. Dieser Begriff der Dauer ist ein Fundamentalbegriff seiner Philosophie; er taucht bereits in seinem ersten Buch *Le temps et la liberté* (Zeit und Freiheit)[3] auf, und wir müssen diesen Begriff unbedingt verstehen, wenn wir uns eine Vorstellung von seinem System machen wollen. Es ist allerdings ein sehr schwieriger Begriff. Ich selbst verstehe ihn auch nicht völlig, so daß ich nicht hoffen darf, ihn ganz so deutlich erklären zu können, wie er es zweifellos verdient.

»Die ganz reine Dauer«, heißt es bei Bergson, »ist die Form, die die Sukzession unserer Bewußtseinsvorgänge annimmt, wenn unser Ich sich dem Leben überläßt, wenn es sich dessen enthält, zwischen dem gegenwärtigen (Zustand) und den vorhergehenden Zuständen eine Scheidung zu vollziehen.« Sie macht aus Vergangenheit und Gegenwart ein organisches Ganzes mit gegenseitiger Durchdringung und unterschiedsloser Folge. »So findet also in unserem Ich Sukzession ohne reziproke Exteriorität statt und außerhalb des Ich reziproke Exteriorität ohne Sukzession.«

»Die auf das Subjekt und Objekt, auf ihre Unterscheidung und Vereinigung bezüglichen Fragen müssen eher in Abhängigkeit von der Zeit als vom Raume gestellt werden.« Während der Dauer, in der wir *uns selbst handeln sehen*, gibt es getrennte Elemente; in der Dauer aber, in welcher wir *handeln*, gehen unsere Zustände ineinander über. Reine Dauer ist das von Äußerlichkeit am weitesten Entfernte, von Äußerlichkeit am wenigsten Durchdrungene; eine Dauer, in welcher das Vergangene mit einer absolut neuen Gegenwart trächtig ist. Dann aber ist unser Wille aufs Äußerste angespannt; wir müssen das Vergangene, das uns entgleiten will, aufgreifen und es ganz und ungeteilt in die Gegenwart hineinwerfen. In solchen Augenblicken besitzen wir uns tatsächlich selbst, doch sind diese Augenblicke selten. Dauer ist der Stoff der Wirklichkeit, die ein beständiges Werden, niemals etwas Fertiges ist.

Die Dauer zeigt sich vor allem im *Gedächtnis*, denn im Gedächtnis lebt die Vergangenheit in die Gegenwart hinüber. Somit erlangt die Theorie des Gedächtnisses große Bedeutung in Bergsons Philosophie. In *Matière et Mémoire* (Materie und Gedächtnis) soll die Beziehung zwischen Geist und Materie beleuchtet werden, und zwar durch eine Analyse des Gedächtnisses, welches »der genaue Schnittpunkt von Geist und Materie ist«.

Es gibt nach Bergson zwei grundverschiedene Dinge, die beide gewöhnlich mit *Gedächtnis* bezeichnet werden; diese beiden streng zu unterscheiden, hält Bergson für außerordentlich wichtig. »Das Vergangene lebt in zwei deutlich unterschiedenen Formen fort: 1. in motori-

---

[3] Die Bergson-Zitate aus *Zeit und Freiheit* und *Materie und Gedächtnis* entsprechen der Übersetzung von W. Windelband in der Ausgabe des Verlages Eugen Diederichs, Jena 1908.

schen Mechanismen, 2. in unabhängigen Erinnerungen.« Man sagt beispielsweise, jemand erinnere sich an ein Gedicht, wenn er es auswendig hersagen kann, das heißt, wenn er eine gewisse Übung oder mechanische Fähigkeit erlangt hat, die es ihm ermöglicht, eine frühere Handlung zu wiederholen. Er könnte aber auch – zumindest theoretisch – imstande sein, dieses Gedicht zu wiederholen, ohne sich an die früheren Gelegenheiten zu erinnern, bei denen er es gelesen hat; eine Erinnerung dieser Art bedingt also nicht das Bewußtsein vergangener Ereignisse. Die zweite Art, die in Wirklichkeit allein die Bezeichnung Gedächtnis verdient, besteht aus der Erinnerung an einzelne Gelegenheiten, bei denen er das Gedicht gelesen hat; jede steht für sich allein und hat ihr eigenes Datum. Hier, meint Bergson, könne von Gewohnheit keine Rede sein, da jedes Ereignis sich nur einmal zugetragen hat und einen unmittelbaren Eindruck erzielen mußte. Es wird angenommen, daß alles, was mit uns geschieht, irgendwie im Gedächtnis bewahrt wird, daß aber in der Regel nur das Nützliche bis ins Bewußtsein vordringt. Scheinbares Versagen des Gedächtnisses ist, wie nachgewiesen wird, in Wirklichkeit kein Versagen des geistigen Teils des Gedächtnisses, sondern des motorischen Mechanismus, der das Gedächtnis in Tätigkeit setzt. Diese Auffassung wird durch eine Erörterung der Gehirnphysiologie und der Symptome der Amnesie gestützt, woraus hervorgehen soll, daß das eigentliche Gedächtnis keine Funktion des Gehirns ist. Das Vergangene muß von der Materie *getan*, vom Geist *vorgestellt* werden. Das Gedächtnis ist keine Ausstrahlung der Materie; ja, das Gegenteil würde eher der Wahrheit nahe kommen, wenn wir die durch konkrete Wahrnehmung begriffene Materie meinen, die stets eine bestimmte Dauer erfordert.

»Das Gedächtnis muß im Prinzip eine von der Materie absolut unabhängige Kraft sein. Also, wenn doch der Geist eine Wirklichkeit ist, so ist es in dem Phänomen des Gedächtnisses, wo wir ihm experimentell beikommen können.«

Dem reinen Gedächtnis stellt Bergson die reine Wahrnehmung gegenüber, die er von einem ultra-realistischen Standpunkt beurteilt. »Bei der reinen Wahrnehmung befinden wir uns wirklich außerhalb unsrer selbst; wir berühren die Realität des Objekts in unmittelbarer Intuition.« Er identifiziert die Wahrnehmung so völlig mit ihrem Objekt, daß er es fast ablehnt, sie überhaupt als etwas Geistiges zu bezeichnen. »Die reine Wahrnehmung, welche der Geist in seinem niedrigsten Grad – als Geist ohne Gedächtnis – wäre, nimmt an der Materie, so wie wir sie verstehen, teil.« Die reine Wahrnehmung besteht aus beginnendem Handeln; ihre Aktualität liegt in ihrer Aktivität. Dadurch wird das *Gehirn* für die Wahrnehmung zuständig; denn das Gehirn ist kein Werkzeug des Handelns. Das Gehirn hat die Funktion, unser geistiges Leben auf das praktisch Nützliche zu beschränken. Durch das Gehirn, sollte man meinen, werde alles wahrgenommen; in Wirklichkeit nehmen wir aber nur wahr, was uns interessiert.«Die eigentliche Funktion des Körpers, der immer dem Handeln zugewandt ist, besteht darin, das Leben des Geistes zum Zwecke des Handelns zu beschränken.« Er ist also eigentlich ein Instrument der Auswahl.

Wir müssen uns nun wieder dem Instinkt oder der Intuition als dem Gegensatz zum Intellekt zuwenden. Es war notwendig, zunächst Dauer und Gedächtnis etwas eingehender zu charakterisieren, da Bergson bei seiner Darstellung der Intuition von seiner Theorie der Dauer und des Gedächtnisses ausgeht. Beim heutigen Menschen ist die Intuition der äußere Rand oder der Halbschatten des Intellekts: Sie ist vom Zentrum abgedrängt worden, da sie beim Handeln weniger nützlich ist als der Intellekt; ihre Nützlichkeit liegt jedoch tiefer, so daß es wünschenswert wäre, ihr wieder größere Bedeutung einzuräumen. Bergson möchte den Intellekt dazu bewegen, »sich nach innen, sich selbst zuzuwenden und die Möglichkeiten der Intuition zu wecken, die noch in ihm schlummern«. Instinkt und Intellekt verhalten sich zueinander wie Gesichtssinn und Tastsinn. Der Intellekt kann uns, wie wir hören, auf die Entfernung keine Erkenntnis der Dinge vermitteln; daher soll es Aufgabe der Wissenschaft sein, alle Wahrnehmungen durch Bezeichnungen des Tastens verständlich zu machen.

»Allein der Instinkt«, sagt er, »erkennt auf die Entfernung. Er verhält sich zum Verstand wie der Gesichtssinn zum Tastsinn.« Nebenbei bemerkt ist Bergson, wie aus zahlreichen Stellen hervorgeht, ein Mensch von starkem bildhaftem Vorstellungsvermögen, der sich in seinem Denken stets von visuellen Bildern leiten läßt.

Das Wesensmerkmal der Intuition besteht darin, daß sie die Welt nicht wie der Intellekt in einzelne Dinge zerlegt; man könnte sie eher als synthetisch denn als analytisch bezeichnen, wenn auch Bergson diese Ausdrücke nicht gebraucht. Sie begreift eine Vielheit, jedoch eine Vielheit einander durchdringender Vorgänge, nicht räumlich äußerer Körper. In Wahrheit gibt es gar keine Dinge: »Dinge und Zustände sind nur Ansichten, die unser Geist vom Werden gewinnt. Es gibt keine Dinge, es gibt nur Handlungen.« Die Welt so zu sehen, was dem Intellekt schwierig und unnatürlich erscheint, ist der Intuition ein leichtes und natürliches. Das Gedächtnis liefert ein Beispiel für das, was damit gemeint ist, denn im Gedächtnis lebt das Vergangene in die Gegenwart hinüber und durchdringt sie. Abgesehen vom Geist würde die Welt beständig vergehen und wiedererstehen; das Vergangene hätte keine Realität; infolgedessen gäbe es keine Vergangenheit. Es ist das Gedächtnis mit seinem in Wechselwirkung zu ihm stehenden Wunsch, das Vergangenes und Zukünftiges wirklich macht und so die wahre Dauer und die wahre Zeit schafft. Nur die Intuition kann dieses Ineinandergreifen von Vergangenheit und Zukunft verstehen; für den Intellekt bleiben sie etwas Äußerliches; sie stehen räumlich-äußerlich zueinander. Von der Intuition geleitet, werden wir gewahr, daß »die Form nur das als Momentaufnahme festgehaltene Bild eines Überganges ist«, und der Philosoph wird die Welt wieder in einen Strom aufgelöst sehen.

In engem Zusammenhang mit den Vorzügen der Intuition steht Bergsons Freiheitslehre und seine hohe Einschätzung des Handelns. »In Wirklichkeit«, sagt er, »ist ein Lebewesen nur ein Aktionszentrum. Es stellt eine bestimmte Summe von Kontingenz (Auchandersseinkönnen) dar, die in die Welt eingeht, das heißt, eine bestimmte Menge möglicher Handlungen.« Die Einwände gegen die Willensfreiheit stützen sich zum Teil auf die Annahme, die Intensität psychischer Zustände sei eine zumindest in der Theorie zahlenmäßig meßbare Quantität; diese Ansicht sucht Bergson im 1. Kapitel von *Zeit und Freiheit* zu widerlegen. Die Auffassung des Deterministen beruht zum Teil, wie wir hören, auf einer Verwechslung der wahren Dauer mit der mathematischen Zeit, die Bergson in Wirklichkeit nur für eine Form des Raumes hält. Und schließlich beruft sich der Determinist zum Teil auch auf die ungerechtfertigte Annahme, daß bei einem bestimmten gegebenen Zustand des Gehirns der Zustand des Geistes theoretisch bestimmt sei. Bergson ist bereit, die Umkehrung gelten zu lassen, daß nämlich der Zustand des Gehirns bestimmt sei, wenn ein gewisser Geisteszustand gegeben ist; aber für ihn ist der Geist etwas Differenzierteres als das Gehirn; infolgedessen ist er der Ansicht, daß viele verschiedene Geisteszustände *einem* Zustand des Gehirns entsprechen können. Er kommt zu dem Schluß, daß wirkliche Freiheit möglich sei: »Frei sind wir, wenn unsere Handlungen aus unserer ganzen Persönlichkeit hervorgehen, wenn sie sie ausdrücken, wenn sie jene undefinierbare Ähnlichkeit mit ihr haben, wie man sie zuweilen zwischen dem Kunstwerk und seinem Schöpfer findet.«

Bisher habe ich mich nur bemüht, Bergsons Ansichten in großen Zügen darzulegen, ohne auf die Gründe einzugehen, die er zum Beweis ihrer Gültigkeit anführt. Dies ist bei ihm leichter als bei den meisten Philosophen, da er in der Regel seine Überzeugungen überhaupt nicht begründet, sondern sich auf die ihnen eigene Anziehungskraft und auf den Charme seines ausgezeichneten Stils verläßt. Nach Art der Reklamefachleute begnügt er sich mit einer malerischen, abwechslungsreichen Darstellung und einer scheinbaren Erklärung vieler unklarer Dinge. Analogien und Vergleiche vor allem machen einen großen Teil der ganzen Methode aus, durch die er seine Ansichten dem Leser schmackhaft machen will. Kein mir bekannter Dichter führt so viele Gleichnisse für das Leben an, wie Bergson es in seinen Werken tut. Das Leben, meint er, gleicht einer Schale, die in Stücke zerbricht, die wiederum Schalen sind. Es ist wie eine Garbe. Ursprünglich war es »ein Streben nach Aufspeicherung in einem Reservoir, wie es besonders die grünen Teile der Pflanzen tun«. Aber das Reservoir muß mit kochendem Wasser gefüllt werden, dem Dampf entströmt; »unaufhörlich müssen sich Wasserströme daraus ergießen, deren jeder, zurückfallend, eine Welt ist«. Ferner: »Das Leben erscheint in seiner Gesamtheit wie eine ungeheure Woge, die, von einem Mittelpunkt ausgehend, sich nach außen verbreitet, aber, fast in ihrem ganzen Umfange gehemmt, in Schwingung verwandelt wird: an einer einzigen Stelle ist das Hindernis bezwungen, hat der Antrieb frei hindurchgehen können.« Dann ist von einer großen Klimax die Rede, wobei das Leben mit einem Kavallerieangriff verglichen wird. »Alle organischen Lebewesen, vom bescheidensten bis zum höchsten, von den ersten Anfängen des Lebens bis hinauf in unsere Zeit, sind überall und immerfort nur der Beweis für einen einzigen Antrieb, der die Umkehrung der Bewegung der Materie und in sich selbst unteilbar ist. Alles Lebende hält zusammen, alles trägt bei zu demselben gewaltigen Vorstoß. Das Tier fußt auf der Pflanze, der Mensch reitet auf der Tierheit, und die ganze Menschheit in Raum und Zeit ist eine ungeheure Armee, die vor, neben und hinter jedem von uns in einem überwältigenden Angriff einhergaloppiert, fähig, jeden Widerstand zu überrennen und viele Hindernisse, vielleicht sogar den Tod, aus dem Wege zu räumen.«

Der kühle Kritiker aber, der sich dabei nur als Zuschauer, vielleicht als innerlich unbeteiligter Zuschauer fühlt bei dem Angriff, wo der Mensch auf der Tierheit reitet, wird wohl zu der Ansicht neigen, daß ruhiges und sorgfältiges Denken mit derartigen sportlichen Übungen unvereinbar ist. Wenn er hört, das Denken sei nur ein Mittel des Handelns, ein bloßer Impuls, Hindernisse auf dem Kampfgelände zu umgehen, wird er wohl die Empfindung haben, daß eine solche Auffassung vielleicht einem Kavallerieoffizier anstehe, nicht aber einem Philosophen, dessen Aufgabe es schließlich ist, zu denken: Er wird das Gefühl haben, daß in der Hitze des geräuschvollen Gefechts kein Raum mehr sein kann für die leisere Musik der Vernunft, keine Muße zu uneigennütziger Kontemplation, die nach Größe strebt, und zwar nicht durch bewegtes Getöse, sondern durch Widerspiegeln der Größe des Universums. Und so ist er vielleicht versucht zu fragen, ob überhaupt ein Grund vorliegt, sich zu einer so ruhelosen Weltanschauung zu bekennen.

Und wenn er diese Frage stellt, wird er, sofern ich nicht irre, feststellen, daß sich weder im Universum noch in den Büchern von Henri Bergson ein zwingender Grund dafür findet, eine solche Anschauung anzuerkennen.

Die beiden Grundpfeiler der Bergsonschen Philosophie, soweit sie über eine phantasievolle und poetische Auffassung von der Welt hinausgeht, sind seine Theorien von Raum und Zeit. Seine Raumlehre braucht er, um den Intellekt ablehnen zu können; und wenn es ihm nicht gelingt, den Intellekt zu verdammen, so wird der Intellekt seinerseits ihn mit Erfolg verurteilen, denn zwischen ihnen beiden herrscht Krieg bis aufs Messer. Seine Zeittheorie benötigt er, um die Freiheit zu rechtfertigen, um den »Universumblock« (eine Bezeichnung von

William James) zu umgehen, schließlich für seine Lehre vom beständigen Fluß – worin gar nichts fließt – und für seine ganze Darstellung der Beziehungen zwischen Geist und Materie. Bei der Kritik wird man sich daher am besten auf diese beiden Doktrinen konzentrieren. Wenn sie richtig sind, dann werden etwaige Irrtümer und Widersprüche, wie sie jedem Philosophen unterlaufen, nicht weiter von Belang sein; sind sie aber falsch, bleibt nichts weiter übrig als ein phantasievolles Epos, das weniger nach intellektuellen als vielmehr nach ästhetischen Gesichtspunkten zu beurteilen wäre. Ich werde mit der Raumtheorie als der einfacheren beginnen.

Wir finden Bergsons Raumtheorie geschlossen und ausführlich in seinem Buch *Zeit und Freiheit*; sie gehört also zu den ältesten Teilen seines Systems. Im ersten Kapitel behauptet er, daß die Begriffe »größer« und »kleiner« Raum einbegreifen; denn für ihn ist das Größere seinem Wesen nach das, was das Kleinere *enthält*. Er führt keinerlei Gründe an, weder gute noch schlechte, die für diese Auffassung sprechen; er ruft vielmehr nur aus, als handle es sich für ihn um eine offensichtliche *reductio ad absurdum*: »Als könnte noch von Größe gesprochen werden, wo weder Mannigfaltigkeit ist noch Raum!« Die augenscheinlichen Beispiele für das Gegenteil, wie etwa Lust und Schmerz, bereiten ihm viel Schwierigkeiten, aber niemals bezweifelt oder überprüft er das Dogma, von dem er ausgeht.

Im nächsten Kapitel behauptet er das gleiche von der Zahl. »Sobald man sich aber die *Zahl* vorstellen will«, sagt er, »und nicht nur bloß Ziffern oder Worte, muß man wohl oder übel auf ein ausgedehntes Bild zurückgreifen«, und »Jede klare Zahlenvorstellung schließt ein Leben im Raume ein«.

Diese beiden Sätze zeigen schon, was ich zu beweisen versuchen will, daß nämlich Bergson nicht weiß, was Zahl ist, und keine klare Vorstellung von ihr hat. Das geht auch aus seiner Definition hervor: »Man definiert die Zahl im allgemeinen als eine Kollektion von Einheiten oder, präziser ausgedrückt, als die Synthese des Einen und des Vielen.«

Bei der Erörterung dieser Feststellungen muß ich den Leser um etwas Geduld bitten, indes ich seine Aufmerksamkeit für einige Unterscheidungen in Anspruch nehme, die vielleicht auf den ersten Blick pedantisch erscheinen, tatsächlich aber von vitaler Bedeutung sind. Drei völlig verschiedene Dinge bringt Bergson in den obigen Sätzen durcheinander: 1. Zahl als allgemeiner, auf die verschiedenen einzelnen Zahlen anwendbarer Begriff; 2. die verschiedenen einzelnen Zahlen; 3. die verschiedenen Mengen, auf welche die verschiedenen einzelnen Zahlen anzuwenden sind. Auf diese letzteren bezieht sich Bergsons Definition, wenn er sagt, Zahl sei eine Menge von Einheiten. Die zwölf Apostel, die zwölf Stämme Israels, die zwölf Monate, die zwölf Tierkreiszeichen, das sind alles Mengen von Einheiten, aber keine einzige davon ist die Zahl 12 und noch weniger die Zahl im allgemeinen, was sie nach der obigen Definition sein müßte. Offensichtlich ist die Zahl 12 etwas, was allen diesen Mengen gemeinsam ist, was sie aber nicht mit anderen Mengen gemeinsam haben, wie beispielsweise der Kricket-Elf. Die Zahl 12 ist also weder eine aus zwölf Gliedern bestehende Menge noch etwas, was allen Mengen gemeinsam ist; und Zahl im allgemeinen ist etwas der Zwölf oder Elf oder einer anderen Anzahl Eigentümliches; sie ist jedoch nicht den verschiedenen Mengen von elf oder zwölf Gliedern eigentümlich.

Daher werden wir noch kein Bild von der Zahl 12 gewinnen, wenn wir auf Bergsons Rat »auf ein ausgedehntes Bild zurückgreifen« und etwa zwölf Punkte malen, wie man sie vor sich hat, wenn man zweimal sechs würfelt. Die Zahl 12 ist nämlich etwas weit Abstrakteres als jedes Bild. Ehe wir von uns behaupten können, etwas von der Zahl 12 zu verstehen, müssen wir wissen, was verschiedenen Mengen von zwölf Einheiten gemeinsam ist, und das ist etwas, was sich nicht bildlich darstellen läßt, weil es abstrakt ist. Bergson vermag seine Zahlentheorie nur plausibel zu machen, indem er eine einzelne Menge mit der Zahl ihrer zwölf Glieder und diese Zahl wiederum mit der Zahl im allgemeinen verwechselt.

Die gleiche Begriffsverwirrung liegt vor, wenn wir einen bestimmten jungen Mann mit der Jugend und die Jugend mit dem allgemeinen Begriff »Lebensalter« gleichsetzen und daraus den Schluß ziehen wollten: Da ein junger Mann zwei Beine hat, muß die Jugend wie auch der Allgemeinbegriff »Lebensalter« zwei Beine haben. Diese Verwechslung festzustellen ist wichtig, denn sobald man sie erkannt hat, erweist sich die Theorie, daß die Zahl oder einzelne Zahlen sich räumlich darstellen lassen, als unhaltbar. Damit ist nicht nur Bergsons Zahlentheorie widerlegt, sondern auch seine allgemeine Theorie, daß alle abstrakten Ideen und die ganze Logik aus dem Raum abgeleitet sind.

Können wir aber, auch wenn wir von dem Zahlenproblem absehen, Bergsons Behauptung beipflichten, daß jede Vielheit einzelner Einheiten Raum einbegreift? Er hat einige Fälle, die dieser Ansicht zu widersprechen scheinen, untersucht, zum Beispiel aufeinanderfolgende Töne. Wenn wir die Schritte eines Passanten auf der Straße hören, machen wir uns ein Bild von dem Ablauf seiner Bewegungen; wenn wir eine Glocke läuten hören, sehen wir sie entweder im Geiste hin- und herschwingen, oder wir ordnen die aufeinanderfolgenden Töne in einem ideellen Raum. Das sind jedoch nur autobiographische Beobachtungen eines Augenmenschen, und sie veranschaulichen, was wir bereits bemerkt haben, daß nämlich Bergsons Ansichten vor allem durch den Gesichtssinn bestimmt werden. Es besteht keine logische Notwendigkeit, die Schläge einer Uhr in einem imaginären Raum zu ordnen; die meisten Leute, scheint mir, können sie auch ohne Zuhilfenahme eines Raumes zählen. Zudem hat Bergson den Raum nicht zwingend begründet. Er setzt ihn als selbstverständlich voraus und geht alsbald dazu über, ihn auf die Zeit anzuwenden. Wo es verschiedene Zeiten nebeneinander zu geben scheint, sagt er, stellt man sie sich im Raum verteilt vor; bei der wirklichen Zeit, wie sie im Gedächtnis gegeben ist, gehen verschiedene Zeiten ineinander über und lassen sich nicht berechnen, weil sie nicht voneinander getrennt sind.

Damit wird die Auffassung, daß alles Getrennte Raum einbegreift, als feststehend vorausgesetzt und dazu benutzt, deduktiv zu beweisen: Raum ist überall dort eingeschlossen, wo es sich um augenfällige Getrenntheit handelt, wie wenig sonst auch für eine solche Annahme sprechen mag. So schließen also beispielsweise abstrakte Ideen einander offensichtlich aus: Die Weiße ist von der Schwärze verschieden, Gesundheit ist etwas anderes als Krankheit, Torheit etwas anderes als Weisheit. Daher bedingen alle abstrakten Ideen Raum; und daher ist die Logik, die mit abstrakten Ideen arbeitet, ein Zweig der Geometrie, und der ganze Intellekt ist vermutlich von der Gewohnheit abhängig, sich die Dinge nebeneinander im Raum vorzustellen. Dieser Schluß, mit dem Bergsons gesamte Verurteilung des Intellekts steht und fällt, beruht – soweit sich das feststellen läßt – ausschließlich auf einer persönlichen Idiosynkrasie, die er irrtümlich für einen notwendigen Gedankengang hält; ich meine die Idiosynkrasie, sich jede Folge als Reihen-Folge vorstellen zu müssen. Das Zahlenbeispiel beweist, daß wir – wenn Bergson recht hätte – niemals zu den abstrakten Ideen gekommen wären, die als in dieser Weise raumgebunden gelten; und umgekehrt scheint die Tatsache, daß wir abstrakte Ideen (im Gegensatz zu einzelnen Dingen, die sie als Beispiele belegen) verstehen können, hinreichend zu beweisen, daß er den Intellekt zu Unrecht für raumgebunden hält.

Zu den schlechten Wirkungen einer gegen den Geist gerichteten Philosophie wie der Bergsons gehört die Tatsache, daß sie in Irrtümern und verworrenen Ansichten über den Intellekt einen besonders günstigen Nährboden findet. So kommt sie dazu, eher schlecht als gut zu denken, jede augenblickliche Schwierigkeit für unlösbar auszugeben und in jedem törichten Irrtum eine Bankrotterklärung des Geistes und einen Triumph der Intuition zu sehen. Bergsons Arbeiten enthalten zahlreiche Hinweise auf Mathematik und Naturwissenschaft, die seiner Philosophie in den Augen eines unbefangenen Lesers unter Umständen besonderes Gewicht geben. Bei den naturwissenschaftlichen und vor allem den biologischen und physiologischen Fragen halte ich mich nicht für befugt, seine Interpretation zu kritisieren. In seiner Auslegung der Mathematik aber hat er bewußt traditionellen Irrtümern den Vorzug gegeben vor den moderneren Auffassungen, die bei den Mathematikern in den letzten achtzig Jahren vorherrschend waren. Hierin ist er dem Beispiel der meisten Philosophen gefolgt. Während des achtzehnten und zu Beginn des neunzehnten Jahrhunderts beruhte die Infinitesimalrechnung, obwohl sie als Methode gut entwickelt war, in ihren

Grundlagen auf vielen Trugschlüssen und unklaren Vorstellungen. Hegel und seine Nachfolger griffen diese Trugschlüsse und unklaren Vorstellungen auf, um zu beweisen, daß die ganze Mathematik sich selbst widerspräche. So ging die Hegelsche Darstellung dieser Dinge in das landläufige philosophische Denken ein, wo sie sich hielt, nachdem die Mathematiker längst alle Schwierigkeiten beseitigt hatten, auf welche die Philosophen bauen. Und solange es den Philosophen in erster Linie darauf ankommt, nachzuweisen, daß wir durch Geduld und bis ins Kleinste gehendes Denken nichts lernen können, sondern besser daran täten, die Vorurteile von Ignoranten anzubeten – unter dem Titel »Vernunft«, wenn wir Hegelianer, und »Intuition«, wenn wir Bergsonianer sind –, so lange werden die Philosophen geflissentlich keine Notiz davon nehmen wollen, was die Mathematiker zur Beseitigung der Irrtümer getan haben, die Hegel sich zunutze machte.

Abgesehen von dem Zahlenproblem, das wir bereits untersucht haben, kommt Bergson mit der Mathematik hauptsächlich dadurch in Berührung, daß er die sogenannte »kinematographische« Vorstellung von der Welt ablehnt. Die Mathematik nimmt an, die Veränderung, selbst die kontinuierliche Veränderung, komme durch eine Reihe von Zuständen zustande; Bergson hingegen behauptet, daß eine Reihe von Zuständen das Kontinuierliche nicht darstellen und etwas sich Veränderndes sich überhaupt nicht in einem Zustand befinden könne. Die Auffassung, die in der Veränderung eine Reihe wechselnder Zustände sieht, nennt er kinematographisch; diese Auffassung sei zwar für den Intellekt natürlich, aber grundfalsch. Wahre Veränderung könne nur durch wahre Dauer erklärt werden; sie begreife das Ineinander-Übergehen von Vergangenheit und Gegenwart ein, keine mathematische Folge statischer Zustände. Dies wird als »dynamische« Weltanschauung im Gegensatz zur »statischen« bezeichnet. Die Frage ist wichtig, und trotz ihrer Schwierigkeit dürfen wir sie nicht übergehen.

Bergsons Einstellung – wie auch alles, was die Kritik dazu zu sagen hat – wird anschaulich durch Zenos Beweis vom Pfeil. Zeno behauptet: da der Pfeil in jedem Augenblick da ist, wo er sich gerade befindet, ist der Pfeil auf seinem Fluge immer im Zustand der Ruhe. Auf den ersten Blick sieht dieser Beweis nicht sehr überzeugend aus. Es versteht sich natürlich, daß der Pfeil einen Augenblick da ist, wo er ist, daß er aber im nächsten Augenblick anderswo ist; eben dadurch kommt die Bewegung zustande. Gewisse Schwierigkeiten ergeben sich allerdings bei der Kontinuierlichkeit der Bewegung, wenn wir auf der Annahme bestehen, daß Bewegung auch diskontinuierlich sei. Diese Schwierigkeiten haben lange Zeit zum Grundbestand der von allen Philosophen behandelten Probleme gehört. Wenn wir aber wie die Mathematiker die Annahme fallenlassen, daß Bewegung auch etwas Diskontinuierliches sei, werden uns diese Schwierigkeiten der Philosophen erspart bleiben. Ein Kinematograph mit seiner Unzahl von Bildern kennt kein »nächstes«

Bild, da zwischen zwei Bildern jeweils eine unendliche Zahl von Bildern liegt, und repräsentiert daher vollendet eine kontinuierliche Bewegung. Worin liegt aber dann das Zwingende von Zenos Beweis?

Zeno gehörte der Eleatenschule an, die zu beweisen suchte, daß es so etwas wie Veränderung nicht geben könne. Die natürliche Auffassung der Welt ist, daß es *Dinge* gibt, die *sich verändern*, zum Beispiel den Pfeil, der bald hier, bald dort ist. Die Philosophen teilten diese Ansicht auf und entwickelten daraus zwei Paradoxe. Die Eleaten behaupteten, es gäbe Dinge, aber keine Veränderung; Heraklit und Bergson vertraten die Auffassung, es gäbe zwar Veränderung, jedoch keine Dinge. Die Eleaten meinten, es gäbe den Pfeil, aber keinen Flug; Heraklit und Bergson erklärten, es gäbe den Flug, jedoch keinen Pfeil. Jeder Partei kam es bei ihrer Beweisführung vor allem darauf an, die Gegenseite zu widerlegen. Wie lächerlich, zu behaupten, es gäbe keinen Pfeil! sagt die »statische« Partei. Wie lächerlich, zu erklären, von einem Flug könne keine Rede sein! sagt die »dynamische« Partei. Von dem Unglücksmenschen aber, der dazwischen steht und überzeugt ist, daß es sowohl Pfeil als auch Flug gibt, glauben beide Disputanten, daß er beides leugne; er wird also wie der heilige Sebastian von der einen Seite mit dem Pfeil und von der anderen Seite mit dem Flug durchbohrt. Damit wissen wir aber noch immer nicht, worin das Zwingende des Zenoschen Beweises liegt.

Zeno setzt stillschweigend den Grundgedanken der Bergsonschen Veränderungstheorie voraus. Das heißt, er nimmt an, wenn sich ein Ding in einem Prozeß beständiger Veränderung befindet – und sei es auch nur, daß es beständig seine Stellung verändert –, dann muß dem Ding ein *Zustand* von Veränderung innewohnen. In jedem Augenblick muß das Ding innerlich verschieden sein von dem, was es wäre, wenn es sich nicht veränderte. Dann zeigt er auf, daß der Pfeil in jedem Augenblick nur da ist, wo er ist, genauso, wie wenn er sich in Ruhe befände. Daraus schließt er, daß es so etwas wie einen *Zustand* der Bewegung nicht geben könne, und folgert – indem er bei der Ansicht bleibt, daß Bewegung einen *Zustand* der Bewegung bedingt –, es könne keine Bewegung geben und der Pfeil befände sich immer in Ruhe.

Daher widerlegt Zenos Beweis, wenn er auch die mathematische Darstellung der Veränderung nicht berührt, *prima facie* eine Auffassung von der Veränderung, die Bergsons Anschauung ähnelt. Wie stellt sich nun Bergson zu Zenos Argument? Er bestreitet einfach, daß sich der Pfeil überhaupt je irgendwo befände. Er gibt Zenos Beweis wieder und sagt dann: »Ja, wenn wir annehmen könnten, daß sich der Pfeil jemals auf einem Punkt seines Fluges wirklich *befindet*, und weiter, daß der sich bewegende Pfeil jemals mit einer Stellung, die ohne Bewegung ist, zusammenfällt! Aber der Pfeil *befindet* sich ja niemals auf irgendeinem Punkt seines Fluges.« Diese Replik auf Zeno oder auf einen sehr ähnlichen Beweis von Achilles und der Schildkröte kommt in jedem seiner drei Bücher vor. Bergsons Ansicht ist ausgesprochen paradox; die Frage, ob sie *möglich* ist, erfordert eine Erörterung seiner Auffassung von der Dauer. Als einziges Argument für diese Überzeugung spricht bei ihm die Feststellung, daß die mathematische Auffassung von der Veränderung »beweist, daß es unmöglich ist, die Bewegung mit Unbeweglichkeiten zu konstruieren«. Aber die offensichtliche Sinnlosigkeit dieser Auffassung beruht lediglich auf seiner Formulierung; die Sache bekommt sofort ein anderes Gesicht, wenn wir uns vorstellen, daß Bewegung Beziehungen einbegreift. Eine Freundschaft beispielsweise besteht aus Menschen, die Freunde sind, aber nicht aus Freundschaften; ein Stammbaum setzt sich aus Menschen zusammen, nicht aus Stammbäumen. Und so besteht auch Bewegung aus sich Bewegendem, nicht aber aus Bewegungen. Sie ist Ausdruck der Tatsache, daß ein Ding zu verschiedenen Zeiten an verschiedenen Orten sein kann und daß die Orte auch dann noch verschieden sein können, wenn die Zeiten noch so nahe beieinanderliegen. Bergsons Einwand gegen die mathematische Auffassung der Bewegung reduziert sich daher selbst in letzter Analyse auf ein bloßes Spiel mit Worten. Und mit diesem Ergebnis können wir zu einer Kritik seiner Theorie der Dauer übergehen.

Bergsons Theorie der Dauer steht in engem Zusammenhang mit seiner Theorie des Gedächtnisses. Dieser Theorie entsprechend leben Dinge, an die man sich erinnert, im Gedächtnis fort und dringen auf diese Weise in gegenwärtige Dinge ein: Vergangenheit und Gegenwart sind kein äußerliches Nebeneinander, sondern in der Einheit des Bewußtseins verschmolzen. Handlung, sagt er, konstituiert das Sein; die mathematische Zeit jedoch ist ein rein passiver Behälter, der selbst nichts tut und deshalb nicht ist. Nach Bergson ist die Vergangenheit das, was nicht mehr, die Gegenwart das, was eben jetzt wirkt. Aber bei dieser Feststellung, wie überhaupt in seiner ganzen Darstellung der Zeit, geht Bergson unbewußt von der gewöhnlichen mathematischen Zeit aus; ohne das hätten seine Sätze keinen Sinn. Was ist damit gemeint, wenn er sagt: »Die Vergangenheit ist ihrem Wesen nach *das, was nicht mehr wirkt?*« (Bei ihm kursiv gedruckt.) Doch nur, daß die Vergangenheit etwas ist, dessen Wirken vergangen ist. Die Worte »nicht mehr« bezeichnen etwas Vergangenes; für jemanden, der sich nicht wie üblich unter Vergangenheit etwas außerhalb der Gegenwart Liegendes vorstellt, würden diese Worte bedeutungslos sein. So bewegt sich seine Definition im Kreise. In Wirklichkeit sagt er, »Vergangenheit ist dasjenige, dessen Wirken in der Vergangenheit liegt«. Das kann man nicht als eine sehr glückliche Definition bezeichnen. Das gleiche gilt für die Gegenwart. Wie wir hören, ist die Gegenwart das, *was im Wirken begriffen ist.* (Bei ihm kursiv.) Aber das Wort »ist« bringt gerade die Idee der Gegenwart hinein, die doch definiert werden sollte. Die Gegenwart ist das, was im Wirken begriffen *ist*, im Gegensatz zu dem, was wirkend *war* oder wirkend *sein wird*. Das soll heißen, die Gegenwart ist etwas, dessen Wirken in der Gegenwart und nicht in der Vergangenheit oder Zukunft liegt. Wieder bewegt sich die Definition im Kreise. Eine Stelle weiter oben auf der gleichen Seite führt uns den Trugschluß noch deutlicher vor Augen. »Das, was unsere reine Wahrnehmung ausmacht«, sagt er, »ist unsere beginnende Tätigkeit. Die Wirklichkeit unserer Wahrnehmung besteht somit in ihrer Wirksamkeit, in den Bewegungen, die sie fortsetzen, und nicht in ihrer größeren Intensität: Die Vergangenheit ist nur Vorstellung, die Gegenwart ist bewegende Vorstellung.« Aus dieser Stelle geht ganz klar hervor, daß Bergson, wenn er von der Vergangenheit spricht, nicht die Vergangenheit meint, sondern unsere gegenwärtige Erinnerung an die Vergangenheit. Als die Vergangenheit existierte, war sie genauso aktiv, wie es die Gegenwart jetzt ist; wäre Bergsons Darstellung korrekt, dann enthielte der gegenwärtige Augenblick als einziger in der ganzen Weltgeschichte Aktivität. In früheren Zeiten gab es andere Wahrnehmungen, die damals genauso aktiv, genauso aktuell waren, wie unsere gegenwärtigen Wahrnehmungen es heute sind; die Vergangenheit war zu ihrer Zeit keineswegs Idee, vielmehr ihrem Wesen nach genau das, was die Gegenwart jetzt ist. Aber diese reale Vergangenheit vergißt Bergson einfach; das, wovon er spricht, ist die gegenwärtige Vorstellung von der Vergangenheit. Die eigentliche Vergangenheit vermischt sich nicht mit der Gegenwart, da sie kein Teil von ihr ist; sie ist etwas ganz anderes.

Bergsons ganze Theorie von der Dauer und von der Zeit beruht durchweg auf einer grundsätzlichen Verwechslung des gegenwärtigen Vorgangs einer Erinnerung mit dem vergangenen Vorgang, an den man sich erinnert. Wäre die Zeit für uns nicht etwas so Selbstverständliches, dann würde uns augenblicklich klar sein, welchen *circulus vitiosus* sein Versuch einschließt, das Vergangene als etwas zu deduzieren, was nicht mehr aktiv ist. So aber beschreibt Bergson nur den Unterschied zwischen Wahrnehmung und Erinnerung – beide sind etwas *Gegenwärtiges* –, während er selbst glaubt, den Unterschied zwischen Gegenwart und Vergangenheit dargestellt zu haben. Sobald man diese Verwechslung erkannt hat, erscheint seine Zeittheorie einfach als eine Theorie, welche die Zeit überhaupt nicht behandelt.

Die Verwechslung von gegenwärtigem Erinnern mit dem vergangenen Gegenstand der Erinnerung, die offenbar Bergsons Zeittheorie zugrunde liegt, ist nur ein Beispiel für eine Verwechslung allgemeinerer Art, die – wenn ich nicht irre – einen großen Teil seines Denkens, ja des Denkens der meisten modernen Philosophen entwertet – ich meine die Verwechslung des Erkenntnisaktes mit dem Erkannten. Im Gedächtnis vollzieht sich der Erkenntnisakt gegenwärtig, während das Erkannte in der Vergangenheit liegt; bringt man beides durcheinander, so verwischt sich der Unterschied zwischen Vergangenheit und Gegenwart.

In *Materie und Gedächtnis* ist diese Verwechslung des Erkenntnisakts mit dem erkannten Objekt überhaupt nicht wegzudenken. Sie liegt dem Terminus »Bild« (image) zugrunde, dessen Gebrauch gleich zu Beginn des Buches erklärt wird. Er behauptet dort, abgesehen von philosophischen Theorien bestünde alles, was wir wüßten, aus »Bildern«, die ja auch für uns das ganze Universum ausmachten. Er sagt: »*Materie* nenne ich die Gesamtheit der Bilder, und *Wahrnehmung der Materie* diese selben Bilder in Beziehung gebracht zu der virtuellen Wirkung *eines* bestimmten Bildes, nämlich meines Körpers.« Es ist zu beachten, daß Materie und Wahrnehmung der Materie für ihn aus genau denselben Dingen bestehen. Das Gehirn, meint er, gleicht der übrigen materiellen Welt; es ist also ein Bild, wenn das Universum ein Bild ist. Da das Gehirn, das niemand sieht, nicht im gewöhnlichen Sinne ein Bild ist, überrascht es uns nicht, ihn sagen zu hören, daß zum *Sein* eines Bildes nicht notwendig das *Wahrgenommenwerden* gehöre; später jedoch erklärt er, bei den Bildern bestehe zwischen *Sein* und *bewußtem Wahrgenommenwerden* nur ein gradueller Unterschied. Dies wird vielleicht durch eine andere Stelle deutlich, an der er sagt: »Kann ein nichtwahrgenommenes materielles Objekt, ein nichtvorgestelltes Bild etwas anderes sein als eine Art von unbewußtem Geisteszustand?« Und schließlich erklärt er: »Daß alle Wirklichkeit Verwandtschaft, Analogie, mit einem Wort eine Beziehung zum Bewußtsein habe, das geben wir den Idealisten schon dadurch zu, daß wir die Dinge ›Bilder‹ nennen.« Trotzdem versucht er unseren anfänglichen Zweifel durch die Erklärung zu beruhigen, daß seine Ausführungen an einem Punkt einsetzten, der vor allen von den Philosophen eingeführten Voraussetzungen läge. »Wir wollen uns einen Augenblick vorstellen, daß wir weder von den Theorien über die Materie und von den Theorien über den Geist etwas wissen, ebensowenig von den Streitigkeiten über die Realität oder Idealität der Außenwelt. Und da sehe ich mich denn umgeben von Bildern.« Und in der neuen Einführung, die er für die englische Ausgabe schrieb, sagt er: »Unter ›Bild‹ verstehen wir ein bestimmtes Sein, das mehr ist als die sogenannte ›Vorstellung‹ des Idealisten, jedoch weniger als das, was der Realist als *Ding* bezeichnet – ein Sein, das zwischen ›Ding‹ und ›Vorstellung‹ liegt.«

Der Unterschied, der Bergson hierbei vorschwebt, ist meines Erachtens nicht der Unterschied zwischen dem Bild als geistigem Vorgang und dem als Objekt vorgestellten Ding. Er denkt vielmehr an den Unterschied zwischen dem Ding, wie es ist, und dem Ding, wie es erscheint. Die Unterscheidung zwischen Subjekt und Objekt, zwischen dem Geist, der denkt und sich erinnert und Vorstellungen hat, und den Objekten, die gedacht, erinnert oder vorgestellt werden – diese Unterscheidung fehlt, soweit ich feststellen kann, in seiner Philosophie völlig. Hierin besteht seine eigentliche Schuld dem Idealismus gegenüber, noch dazu eine höchst unselige Schuld. Im Falle der »Bilder« ermöglicht sie es ihm, wie wir gerade gesehen haben, zunächst von den Bildern als von etwas gegenüber Geist und Materie Neutralem zu sprechen, sodann zu behaupten, das Gehirn sei ein Bild, trotzdem es niemals vorgestellt worden ist, ferner Materie und Wahrnehmung der Materie gleichzusetzen, aber ein nichtwahrgenommenes Bild (wie etwa das Gehirn) für einen unbewußten geistigen Zustand zu erklären; während schließlich die Anwendung des Wortes »Bild« – obwohl keinerlei metaphysische Theorien darin einbegriffen sind – doch zu verstehen gibt, daß jede Realität Verwandtschaft, Analogie, mit einem Wort eine Beziehung zum Bewußtsein hat.

Die ganze Verwirrung geht zurück auf die ursprüngliche Verwechslung von subjektiv und objektiv. Das Subjekt – ein Gedanke, ein Bild oder eine Erinnerung – ist ein gegenwärtiges Faktum in mir; das Objekt kann das Gravitationsgesetz sein oder mein Freund Jones oder der alte Campanile von Venedig. Das Subjekt ist etwas Geistiges, ist hier und jetzt; deshalb ist, wenn Subjekt und Objekt eins sind, das Objekt ebenfalls geistig und hier und jetzt: mein Freund Jones ist, wenn er selbst auch glaubt, sich in Südamerika zu befinden und ein selbständiges Leben zu führen, in Wirklichkeit in meinem Kopf und existiert kraft meines Denkens an ihn; der Campanile von San Marco ist trotz seiner Größe und trotz des Umstandes, daß er seit vierzig Jahren nicht mehr steht, immer noch vorhanden und vollkommen in meinem Innern zu finden. Ich sage dies nicht in der Absicht, Bergsons Raum- und Zeittheorien zu karikieren – ich will damit nur die aktuelle, konkrete Bedeutung dieser Theorien nachzuweisen versuchen.

Die Verwechslung von Subjekt und Objekt ist nicht nur Bergson eigentümlich, kommt vielmehr auch bei vielen Idealisten und Materialisten vor. Viele Idealisten sagen, das Objekt sei in Wirklichkeit das Subjekt, und viele Materialisten behaupten, das Subjekt sei in Wirklichkeit das Objekt. Sie sind sich darin einig, daß sie damit zwei ganz verschiedene Behauptungen aussprechen, obwohl sie sonst die Auffassung vertreten, daß Subjekt und Objekt nicht voneinander verschieden sind. In dieser Beziehung hat sich Bergson, wie wir zugeben müssen, verdient gemacht, denn er ist ebenso bereit, das Subjekt mit dem Objekt wie das Objekt mit dem Subjekt zu identifizieren. Sobald diese Identifizierung abgelehnt wird, bricht sein ganzes System zusammen; zuerst seine Raum- und Zeit-Theorien, dann sein Glaube an die reale Kontingenz, seine Verurteilung des Intellekts und schließlich seine Darstellung der Beziehungen zwischen Geist und Materie.

Natürlich beruht ein großer Teil von Bergsons Philosophie, und vermutlich gerade der, dem sie in erster Linie ihre Popularität verdankt, nicht auf Argumenten und ist demnach auch durch irgendwelche Argumente nicht umzustoßen. Sieht man in seinem phantasievollen Weltbild eine poetische Leistung, so ist es im wesentlichen jedem Beweis wie jeder Widerlegung entzogen. Shakespeare nennt das Leben einen wandelnden Schatten, Shelley einen Dom aus vielfarbigem Glas, Bergson bezeichnet es als Schale, die in Stücke zerbricht, welche wiederum Schalen sind. Wenn einem Bergsons Vergleich besser gefällt, ist nichts dagegen zu sagen.

Das Gute, das Bergson in der Welt verwirklicht zu sehen hofft, ist das Handeln um des Handelns willen. Die reine Kontemplation nennt er »Träumen« und verurteilt sie mit einer ganzen Reihe nicht gerade schmeichelhafter Beiwörter: statisch, platonisch, mathematisch, logisch, intellektuell. Wer im vorhinein etwas über das Ziel wissen möchte, welches durch das Handeln erreicht werden soll, erfährt, daß ein im voraus erkanntes Ziel ja nichts Neues wäre, da der Wunsch wie die Erinnerung mit seinem Objekt identifiziert werde. So sind wir verurteilt, im Handeln blinde Sklaven des Instinkts zu sein: Ruhelos und unaufhörlich stößt uns die Lebenskraft vorwärts. In dieser Philosophie ist kein Raum für einen Augenblick kontemplativer Einsicht, in dem wir uns über das tierische Leben erheben und uns der größeren Zwecke bewußt werden können, die den Menschen vor dem animalischen Dasein bewahren. Wen schon die Aktivität an sich ohne besonderes Ziel befriedigt, der wird in Bergsons Büchern ein ansprechendes Bild des Universums finden. Alle diejenigen aber, die im Handeln erst einen Wert sehen können, wenn es durch eine Vision inspiriert ist, durch eine phantasievolle Ahnung von einer Welt, die nicht so voller Schmerzen, voller Ungerechtigkeit, voller Kampf ist wie unsere Alltagswelt, mit einem Wort: alle die, die auf Grund der Kontemplation handeln, werden in dieser Philosophie nicht finden, was sie suchen, und daher auch nicht bedauern, daß kein Grund vorliegt, sie für richtig zu halten.

29. KAPITEL

William James

William James (1842–1910) war in erster Linie Psychologe, jedoch auch von philosophischer Bedeutung, und zwar in doppelter Hinsicht: einmal als Erfinder des »radikalen Empirismus«, wie er seine Lehre bezeichnete, zum andern als einer der Vorkämpfer des sogenannten »Pragmatismus« oder »Instrumentalismus«. In reiferen Jahren galt er mit Recht als führend in der amerikanischen Philosophie. Vom Studium der Medizin her kam er zur Psychologie; seine große, 1890 erschienene Arbeit über dieses Gebiet ist ganz hervorragend. Dennoch werde ich mich nicht damit beschäftigen, weil sie eher einen Beitrag zur Fachwissenschaft als zur Philosophie darstellt.

William James war nach zwei Seiten philosophisch interessiert, nach der wissenschaftlichen und nach der religiösen. In wissenschaftlicher Beziehung neigte er, beeinflußt durch seine medizinischen Studien, zum Materialismus, den jedoch sein religiöses Empfinden stets in gewissen Grenzen hielt. In seinem religiösen Gefühl war er sehr protestantisch, sehr demokratisch und voll warmer, menschlicher Güte. Er hatte nicht das geringste von dem anspruchsvollen Snobismus seines Bruders Henry. »Vielleicht ist der Fürst der Finsternis ein Gentleman, wie man uns glauben machen will; aber, was auch der Gott des Himmels und der Erde sein mag, ein Gentleman ist er bestimmt nicht.« Das ist ein sehr charakteristischer Ausspruch.

Bei seiner Warmherzigkeit und seinem köstlichen Humor war James fast überall beliebt. Der einzige Mensch, der meines Wissens keinerlei Zuneigung für ihn empfand, war Santayana, dessen Doktordissertation William James als den »Gipfel der Verdorbenheit« bezeichnet hatte. Der Gegensatz in der Veranlagung dieser beiden Männer war unüberbrückbar. Auch Santayana liebte die Religion, aber in ganz anderer Weise. Er liebte sie als Ästhet und als Historiker, nicht weil sie uns hilft, moralisch zu leben; es war nur natürlich, daß ihm der Katholizismus weit mehr lag als der Protestantismus. Verstandesmäßig ließ er keines der christlichen Dogmen gelten; er war es zufrieden, daß andere daran glaubten, schätzte selbst aber das, was er für den christlichen Mythos hielt. Auf James konnte eine solche Einstellung nur unmoralisch wirken. Ihm war von seinen puritanischen Vorfahren die Überzeugung verblieben, daß gutes Benehmen das allerwichtigste sei; auch machte es ihm sein demokratisches Empfinden unmöglich, sich mit einer doppelten Wahrheit abzufinden, einer für Philosophen und einer für gewöhnliche Sterbliche. Diese gegensätzliche Veranlagung von Katholiken und Protestanten besteht weiter unter den Nichtorthodoxen;

Santayana war katholischer Freidenker, William James Protestant, wenn auch ein ketzerischer.

James veröffentlichte seine Doktrin vom radikalen Empirismus zum erstenmal im Jahre 1904 in einer Abhandlung mit dem Titel *Does Consciousness Exist?* Diese Abhandlung sollte in erster Linie den fundamentalen Charakter der Subjekt-Objekt-Beziehung bestreiten. Bis dahin hatten die Philosophen es für erwiesen gehalten, daß bei einem bestimmten Vorgang, dem sogenannten »Erkennen«, eine Wesenheit – der Erkennende oder das Subjekt – eine andere – das erkannte Ding oder das Objekt – wahrnehme. Den Erkennenden dachte man sich als Geist oder Seele; das erkannte Objekt konnte ein materielles Objekt, ein ewiges Wesen, ein anderer Geist oder – im Falle des Selbstbewußtseins – mit dem Erkennenden identisch sein. Fast alles in der anerkannten Philosophie hing mit dem Dualismus von Subjekt und Objekt zusammen. Die Unterscheidung von Geist umd Materie, das kontemplative Ideal und der traditionelle Begriff »Wahrheit« – alles mußte von Grund auf überprüft werden, wenn der Unterschied zwischen Subjekt und Objekt nicht als fundamental anzusehen war.

Ich persönlich bin davon überzeugt, daß James hierin teilweise recht hat und allein schon aus diesem Grund einen besonderen Platz unter den Philosophen verdient. Ich dachte anders, bis er und seine Anhänger mich von der Richtigkeit seiner Lehre überzeugten. Aber wir wollen nun zu seinen eigenen Argumenten übergehen.

»Das Bewußtsein«, sagt er, »ist die Bezeichnung für ein Nichts und darf überhaupt nicht zu den ersten Prinzipien gerechnet werden. Wer noch daran festhält, klammert sich an ein bloßes Echo, an das schwache Geräusch, das die entschwindende ›Seele‹ im Luftraum der Philosophie hinterläßt.« Es gibt, wie er fortfährt, »im Gegensatz zu dem Stoff, aus dem die materiellen Dinge bestehen, keinen eigenen Seinsstoff oder keine Seinsqualität, aus dem unsere Gedanken über die materiellen Objekte bestehen«. Er erklärt, er könne nicht leugnen, daß unsere Gedanken eine bestimmte Funktion, das Erkennen, ausüben, und daß diese Funktion als »sich bewußt sein« bezeichnet werden dürfe. Grob ausgedrückt könnte man sagen, er bestreitet, daß das Bewußtsein als »Ding« anzusehen sei. Er ist der Auffassung, es gäbe nur »einen einzigen Urstoff, ein Urmaterial«, aus dem alles auf der Welt besteht. Diesen Stoff bezeichnet er als »reine Erfahrung«. Das Erkennen, sagt er, ist eine besonders geartete Beziehung zwischen zwei Teilen der reinen Erfahrung. Die Subjekt-Objekt-Beziehung ist sekundär. »Bei der Erfahrung gibt es nach meiner Überzeugung keine derartige innere Duplizität.« Ein bestimmter ungeteilter Teil der Erfahrung kann in einem Zusammenhang ein Erkennender und in einem anderen Zusammenhang etwas Erkanntes sein.

Die »reine Erfahrung« definiert er als »unmittelbaren Lebensstrom, der den Stoff für unsere spätere Reflexion liefert«.

Daraus ersieht man, daß diese Lehre den Unterschied zwischen Geist und Materie aufhebt, wenn man darin einen Unterschied zwischen zwei verschiedenen Arten dessen sieht, was James als »Stoff« bezeichnet. Demgemäß vertreten alle, die mit James hierin übereinstimmen, einen sogenannten »neutralen Monismus«, wonach das Material, aus dem die Welt besteht, weder Geist noch Materie, sondern etwas beiden Vorausgehendes ist. James selbst zog nicht diese Folgerung aus seiner Theorie; vielmehr verrät die Art, in der er die Bezeichnung »reine Erfahrung« gebraucht, einen ihm vielleicht unbewußten Berkeleyschen Idealismus. Der Ausdruck »Erfahrung« wird zwar von den Philosophen häufig angewendet, aber selten definiert. Wir wollen einen Augenblick überlegen, was darunter zu verstehen ist.

Der gesunde Menschenverstand ist der Auffassung, daß für viele sich ereignende Dinge die »Erfahrung« fehle, zum Beispiel für die Vorgänge auf der unsichtbaren Seite des Mondes. Berkeley und Hegel leugneten das – aus unterschiedlichen Gründen – und behaupteten, was nicht erfahren würde, sei auch nicht vorhanden. Die meisten Philosophen halten jetzt ihre Argumente nicht für gültig, und zwar meiner Ansicht nach mit Recht. Wenn wir an der Auffassung festhalten, der »Stoff« der Welt sei »Erfahrung«, dann wird sich herausstellen, daß wir ausgeklügelte und keineswegs einleuchtende Erklärungen dafür erfinden müssen, was wir mit solchen Dingen wie etwa der unsichtbaren Seite des Mondes meinen. Und wenn wir nicht imstande sind, nichterfahrene Dinge aus erfahrenen zu folgern, dann wird es uns schwerfallen, Gründe dafür ausfindig zu machen, daß wir noch an etwas anderes glauben können als nur an unser eigenes Vorhandensein. James bestreitet das allerdings, doch sind seine Argumente nicht sehr überzeugend.

Was meinen wir nun mit »Erfahrung«? Wir kommen am ehesten zu einer Antwort, wenn wir fragen: Was für ein Unterschied besteht zwischen einem Ereignis, von dem wir Erfahrung haben, und einem Ereignis, von dem wir keine Erfahrung haben? Wir erfahren, daß es regnet, indem wir den Regen sehen oder fühlen; vom Regen aber, der in der Wüste fällt, wo es keine Lebewesen gibt, fehlt die Erfahrung. Damit kommen wir zum ersten Punkt; Erfahrung gibt es nur dort, wo Leben ist. Aber Erfahrung ist nicht gleichen Umfangs und gleicher Dauer (koextensiv) wie Leben. Mir widerfahren viele Dinge, die ich nicht bemerke; bei ihnen kann ich also nicht von Erfahrung sprechen. Natürlich besitze ich Erfahrung in allem, woran ich mich erinnere, aber manche Dinge, an die ich mich nicht ausdrücklich erinnere, können bei mir zu Gewohnheiten geführt haben, die fortbestehen. Gebranntes Kind scheut das Feuer, selbst wenn es sich nicht mehr daran erinnert, bei welcher Gelegenheit es sich verbrannt hat. Ich glaube, wir können bei einem Vorgang von »Erfahrung« sprechen, wenn er zu einer Gewohnheit geführt hat. (Das Gedächtnis ist eine solche Art von Gewohnheit.) Ganz allgemein kann man sagen, daß es Gewohnheiten nur bei lebenden Organismen gibt. Ein Feuerhaken fürchtet nicht das Feuer, so oft er auch rotglühend geworden ist. Der gesunde Menschenverstand veranlaßt uns also zu sagen, daß »Erfahrung« nicht koextensiv mit dem »Stoff« der Welt ist. Ich selbst finde keinen stichhaltigen Grund dafür, hierin vom gesunden Menschenverstand abweichen zu müssen.

Von dieser »Erfahrung« abgesehen, stimme ich mit James' radikalem Empirismus vollkommen überein.

Anders stehe ich allerdings zu seinem Pragmatismus und seinem »Willen zum Glauben«. Besonders dieser Wille zum Glauben scheint mir dazu bestimmt, eine scheinbar einleuchtende, aber gesuchte Verteidigung gewisser religiöser Dogmen zu ermöglichen – eine Verteidigung überdies, die niemand, der aufrichtig glaubt, gelten lassen kann.

Will to Believe (Wille zu Glauben) wurde 1896 veröffentlicht; *Pragmatism, a New Name for Some Old Ways of Thinking* (Pragmatismus, ein neuer Name für einige alte Denkmethoden) erschien 1907. Im zweiten Buch werden die Lehren des ersten erweitert.

Der *Wille zu Glauben* legt dar, daß wir in der Praxis häufig gezwungen sind, Entscheidungen zu treffen, wo keine hinreichenden theoretischen Gründe für eine Entscheidung gegeben sind; denn sogar nichts zu tun, ist ja eine Entscheidung. Hierunter fallen nach James religiöse Angelegenheiten; wir haben, wie er behauptet, das Recht, eine gläubige Haltung einzunehmen, obwohl »unser rein logischer Intellekt dazu keinen zwingenden Grund sieht«. Das ist im wesentlichen die Einstellung von Rousseaus savoyischem Vikar, was James aber daraus entwickelt, ist neu.

Die moralische Verpflichtung zur Wahrheit, hören wir, besteht aus zwei gleichwertigen Geboten: »Glaube die Wahrheit« und »Meide den Irrtum«. Mit Unrecht hält sich der Skeptiker nur an das zweite und vermag daher verschiedene Wahrheiten nicht zu glauben, die ein weniger vorsichtiger Mensch glauben würde. Wenn der Glaube an die Wahrheit und die Vermeidung des Irrtums von gleicher Bedeutung sind, tue ich – vor die Wahl gestellt – gut daran, nach Belieben an eine der Möglichkeiten zu glauben; dann habe ich nämlich wenigstens die Chance, an die Wahrheit zu glauben, die ich jedoch dann nicht habe, wenn ich mich überhaupt nicht entscheide.

Wollte man diese Anschauung ernst nehmen, so würde sich daraus eine merkwürdige Moral ergeben. Angenommen, ich begegne einem mir unbekannten Menschen im Zuge und frage mich: »Heißt er Ebenezer Wilkes Smith?« Gebe ich zu, daß ich es nicht weiß, so glaube ich bestimmt nicht das Richtige von seinem Namen; entscheide ich mich aber zu glauben, dies sei sein Name, so habe ich die Chance, vielleicht das Richtige zu glauben. Der Zweifler, sagt James, hat Angst, zum Narren gehalten zu werden, und läuft Gefahr, infolge seiner Angst einer wichtigen Wahrheit verlustig zu gehen; »wo ist bewiesen«, fügt er hinzu, »daß es so viel schlimmer ist, sich von der Hoffnung narren zu lassen als von der Furcht?« Daraus würde sich ergeben: Wenn ich jahrelang gehofft habe, einen Mann namens Ebenezer Wilkes Smith zu treffen, würde mir die positive Wahrheit im Gegensatz zur negativen den Glauben eingeben, daß jeder Unbekannte, dem ich begegne, so heißt, bis ich mit völliger Gewißheit das Gegenteil weiß.

»Aber«, wird man einwenden, »das Beispiel ist töricht; denn wenn man auch den Namen des Fremden nicht kennt, so weiß man doch, daß nur ein ganz kleiner Prozentsatz der Menschheit Ebenezer Wilkes Smith heißt. Man befindet sich also nicht in dem Zustande völliger Unwissenheit, der die Voraussetzung für die Freiheit der Wahl ist.« Nun erwähnt James, so seltsam das klingt, in seiner ganzen Abhandlung niemals die Wahrscheinlichkeit, und doch läßt sich fast bei jeder Frage feststellen, daß die Wahrscheinlichkeit in irgendeiner Beziehung berücksichtigt werden muß. Wir wollen zugestehen (obwohl es kein strenggläubiger Mensch tun würde), daß es weder für noch gegen die Wahrheit der Religionen dieser Welt Beweise gibt. Angenommen, man wäre Chinese und käme mit der Lehre des Konfuzius, mit dem Buddhismus und dem Christentum in Berührung. Nach den Gesetzen der Logik wäre man außerstande, jede der drei Religionen für wahr zu halten. Wir wollen annehmen, Buddhismus und Christentum hätten beide die gleiche Chance, dann muß eine der beiden Religionen wahr sein (da es nicht beide sein können), und infolgedessen muß der Konfuzianismus falsch sein. Wenn alle drei die gleiche Chance haben, dann muß eine jede mit größerer Wahrscheinlichkeit falsch als richtig sein. Auf diese Weise bricht James' Prinzip sofort in sich zusammen, sobald wir mit Wahrscheinlichkeitserwägungen kommen dürfen.

Es ist merkwürdig, daß James, der ein so ausgezeichneter Psychologe war, sich in dieser Beziehung so unausgereifte Gedankengänge zuschulden kommen ließ. Er sprach, als gäbe es überhaupt nur die Wahl zwischen vollständigem Glauben und vollständigem Unglauben, ohne all die Schattierungen des Zweifels zu beachten. Angenommen, ich suchte beispielsweise in meinem Bücherregal nach einem Buch. Ich denke dabei, »*Vielleicht* ist es in diesem Fach«, und sehe nach; ich denke aber nicht »Es *ist* in diesem Fach«, bis ich es erblicke. Wir handeln gewöhnlich auf Grund von Hypothesen, jedoch nicht genauso, wie wir auf Grund dessen handeln, was uns als Gewißheit gilt; denn wenn wir auf Grund einer Hypothese handeln, halten wir die Augen offen für eine etwaige neue Evidenz.

Wie mir scheint, lautet das Gebot der Wahrhaftigkeit anders, als James denkt. Es sollte etwa heißen: »Schenke jeder Hypothese, die dir der Überlegung wert scheint, den Grad von Glauben, den die Evidenz rechtfertigt.« Und bei ausreichender Bedeutung der Hypothese hat man darüber hinaus die Pflicht, nach weiterer Evidenz zu forschen. Das ist schlichter gesunder Menschenverstand; genauso wird bei Gericht verfahren, die von James empfohlene Methode aber ist etwas anderes.

Es wäre James gegenüber unbillig, seinen Willen zum Glauben für sich allein zu beurteilen; es war eine Übergangsdoktrin, die auf dem Wege der natürlichen Entwicklung zum Pragmatismus führte. Der Pragmatismus ist bei James vor allem eine neue Definition der »Wahrheit«. Es gab außer ihm noch zwei andere Vorkämpfer des Pragmatismus, F. C. S. Schiller und Dr. John Dewey. Von Dewey werde ich im nächsten Kapitel sprechen; Schiller war weniger bedeutend als die beiden anderen. James und Dewey unterscheiden sich dadurch, daß sie auf unterschiedliche Gebiete Gewicht legen. Dewey ist wissenschaftlich eingestellt und leitet seine Argumente weitgehend von einer Untersuchung der wissenschaftlichen Methode ab; James hingegen ist in erster Linie an Religion und Moral interessiert. Man könnte fast sagen, er sei gewillt, überhaupt jede Doktrin zu verfechten, welche die Menschen gut und glücklich machen will; tut sie das, so ist sie »wahr« in dem von ihm verstandenen Sinn des Wortes.

Nach James' Überzeugung wurde das pragmatische Prinzip zuerst von C. S. Peirce eingeführt, der behauptete, um uns in unseren Gedanken über ein Objekt klarwerden zu können, brauchten wir nur zu überlegen, welche denkbaren Wirkungen praktischer Art das Objekt in sich schließe. James sagt in seiner Erklärung, Aufgabe der Philosophie sei es, ausfindig zu machen, welchen Unterschied es für jemand oder mich bedeute, ob diese oder jene Weltformel richtig ist. Auf diese Weise werden Theorien zu Werkzeugen, nicht aber zu Lösungen von Rätseln.

Ideen, erfahren wir von James, werden insoweit wahr, als sie uns behilflich sind, mit anderen Teilen unserer Erfahrung in befriedigende Beziehungen zu treten: »Eine Idee ist so lange ›wahr‹, als es für unser Leben nützlich ist, an sie zu glauben.« Wahrheit ist eine Art des Guten, keine eigene Kategorie. Eine Vorstellung kann wahr werden; *wahrgemacht* wird sie durch Geschehnisse. Es ist korrekt, wie die Intellektualisten zu sagen, eine wahre Vorstellung müsse mit der Wirklichkeit übereinstimmen; doch heißt »übereinstimmen« nicht »kopieren«. »Mit einer Realität im weitesten Sinne ›übereinstimmen‹ kann nur bedeuten, entweder geradewegs auf sie zu oder in ihre Nähe geführt zu werden oder in so wirksame Berührung mit ihr zu geraten, daß man entweder sie oder etwas mit ihr Zusammenhängendes besser behandeln kann, als wenn man nicht mit ihr übereinstimmt.« Er fügt hinzu, daß »die letzte Wahrheit letzten Endes und alles in allem nur ein Notbehelf unseres Denkens ist«. Mit anderen Worten, »unsere Pflicht, die Wahrheit zu erforschen, ist ein Teil unserer allgemeinen Pflicht, nur zu tun, was nützlich ist«.

In einem Kapitel über Pragmatismus und Religion zieht er die Nutzanwendung. »Wir können keine Hypothese ablehnen, aus der sich nützliche Konsequenzen für das Leben ergeben.« »Wenn die Hyphothese von Gott im weitesten Sinne des Wortes befriedigt, ist sie wahr.« »Auf Grund der Beweise, welche die religiöse Erfahrung erbringt, dürfen wir wohl glauben, daß es höhere Mächte gibt und daß sie am Werke sind, die Welt nach idealen Prinzipien, die den unseren ähneln, zu erlösen.«

Diese Doktrin bereitet mir große gedankliche Schwierigkeiten. Sie nimmt an, daß ein Glaube »wahr« sei, wenn er gute Auswirkungen hat. Soll diese Definition nützlich sein – und andernfalls würde sie ja der Prüfung der Pragmatisten nicht standhalten –, dann müssen wir wissen a) was ist gut? und b) welches sind die Wirkungen dieses oder jenes Glaubens? Und zwar müssen wir das wissen, bevor wir erkennen können, daß irgend etwas »wahr« ist; denn erst nachdem wir entschieden haben, daß die Wirkungen eines Glaubens gut sind, können wir ihn mit Recht als »wahr« bezeichnen. Dadurch wird die Sache unglaublich kompliziert. Angenommen, man wolle wissen, ob Kolumbus im Jahre 1492 den Atlantik überquert habe. Das darf man nicht einfach wie andere Leute in einem Buch nachschlagen: Man muß sich vielmehr zuerst fragen, welche Wirkungen diese Überzeugung hat und wie sie sich von den Auswirkungen unterscheiden, wenn man glauben würde, er sei 1491 oder 1493 gesegelt. Schon das ist schwierig genug; noch schwieriger aber ist es, die Wirkungen unter einem moralischen Gesichtspunkt gegeneinander abzuwägen. Man könnte sagen, daß 1492 offensichtlich die besseren Wirkungen hätte, da es einem im Examen eine bessere Note einträgt. Aber die Mitbewerber, die einem voraus wären, wenn man 1491 oder 1493 sagen würde, halten es vielleicht für moralisch bedauerlich, wenn man statt ihrer gut abschnitte. Von Prüfungen abgesehen, kann ich mir keine praktischen Auswirkungen dieses Glaubens vorstellen, höchstens bei einem Historiker.

Damit sind wir aber noch nicht am Ende der ganzen Verwirrung. Man muß daran festhalten, daß die eigene Einschätzung der ethischen und faktischen Auswirkungen eines Glaubens wahr sind, denn wäre sie falsch, dann wäre auch das Argument für die Wahrheit dieses Glaubens irrig. Aber die Behauptung, der eigene Glaube an die Konsequenzen sei wahr, bedeutet nach James, er habe gute Folgen, und das wiederum ist nur wahr, wenn er gute Folgen hat und so fort *ad infinitum*. So geht das offensichtlich nicht.

Und dann noch eine andere Schwierigkeit. Angenommen, ich sagte: Es habe einmal eine Persönlichkeit namens Kolumbus gegeben; dann wird jedermann zugeben, daß das, was ich sage, wahr ist. Warum aber ist es wahr? Weil ein gewisser Mann von Fleisch und Blut vor 480 Jahren gelebt hat – kurzum, auf Grund meiner Überzeugung, nicht ihrer Auswirkungen. Bei James' Definition kann es vorkommen, daß der Satz »A existiert« wahr ist, obwohl A in Wirklichkeit nicht existiert. Ich habe immer gefunden, daß die Hypothese vom Weihnachtsmann »im weitesten Sinne des Wortes befriedigt«. Also ist die Behauptung »Es gibt den Weihnachtsmann« wahr, obwohl es einen Weihnachtsmann nicht gibt. James sagt (ich wiederhole): »Wenn die Hypothese von Gott im weitesten Sinne des Wortes befriedigt, dann ist sie wahr.« Hierbei wird einfach die Frage, ob Gott wirklich im Himmel existiert, als unwichtig übergangen; wenn er eine nützliche Hypothese ist, so genügt das. Gott, der Baumeister des Kosmos, ist vergessen; gedacht wird ausschließlich des Glaubens an Gott und seiner Wirkungen auf die Kreaturen, die auf unserem unbedeutenden Planeten leben. Kein Wunder, daß der Papst die pragmatische Art, für die Religion einzutreten, verdammte.

Hier kommen wir zu einem fundamentalen Unterschied zwischen James' religiöser Einstellung und der Haltung frommer Leute vor ihm. James interessiert die Religion als menschliches Phänomen; die Dinge, über welche die Religion nachdenkt, interessieren ihn jedoch kaum. Er will die Menschen glücklich sehen, und wenn der Glaube an Gott sie glücklich macht, dann sollen sie ruhig an ihn glauben. Insoweit kann man aber nicht von Philosophie, vielmehr nur von Güte sprechen; Philosophie wird erst daraus, wenn erklärt wird, der Glaube sei »wahr«, weil er die Menschen glücklich macht. Wer nach einem verehrungswürdigen Gegenstand sucht, bleibt davon unbefriedigt. Er hat kein Interesse daran zu sagen: »Wenn ich an Gott glaubte, würde ich glücklich sein«; ihm liegt nur daran zu erklären: »Ich glaube an Gott, und darum bin ich glücklich.« Und wenn er an Gott glaubt, dann glaubt er an ihn, wie er an die Existenz von Roosevelt oder Churchill oder Hitler glaubt; Gott ist für ihn ein wirkliches Wesen, nicht bloß eine menschliche Vorstellung mit guten Konsequenzen. Und eben dieser echte Glaube hat die guten Wirkungen, nicht James' kümmerlicher Ersatz. Wenn ich sage »Hitler existiert«, so ist ganz klar, daß ich damit nicht meine, »die Wirkungen des Glaubens an Hitlers Existenz sind gut«. Und für den, der wirklich glaubt, gilt das gleiche von Gott.

James' Doktrin ist ein Versuch, einen Oberbau von Glauben auf einer Basis von Skeptizismus zu errichten, und wie alle derartigen Versuche beruht er auf Trugschlüssen. In seinem Falle entstehen die Trugschlüsse durch das Bemühen, alle außermenschlichen Tatsachen zu übersehen. Berkeleyscher Idealismus gepaart mit Skeptizismus veranlaßt ihn, Gott durch den Glauben an Gott zu ersetzen und zu behaupten, das sei ebensogut. Wir haben darin aber nur eine Abart des subjektivistischen Wahnsinns zu sehen, der charakteristisch ist für die ganze moderne Philosophie.

30. KAPITEL

John Dewey

John Dewey, der 1859 geboren wurde, gilt allgemein als der führende lebende Philosoph Amerikas, eine Auffassung, die ich voll und ganz teile. Er hat nicht nur auf Philosophen, sondern auch auf Pädagogen, Ästhetiker und politische Theoretiker starken Einfluß gehabt. Er ist ein Mann von vornehmstem Charakter und von liberalen Anschauungen, großzügig und gütig in persönlicher Beziehung und ein unermüdlicher Arbeiter. Mit vielen seiner Ansichten stimme ich fast völlig überein. Wenn meine Hochachtung und meine Verehrung für ihn sowie die Tatsache, daß ich persönlich seine Güte erfahren durfte, ausschlaggebend wären, würde ich gern völlig einer Meinung mit ihm sein; es ist mir aber leider unmöglich, mich der für ihn charakteristischen philosophischen Doktrin anzuschließen, die besagt, daß »Wahrheit« als Fundamentalbegriff der Logik und Erkenntnistheorie durch den Begriff der »Untersuchung« ersetzt werden müsse.

Dewey ist wie William James Neu-Engländer und führt die Tradition des neuenglischen Liberalismus fort, der von verschiedenen Nachkommen der großen Neu-Engländer des vorhergehenden Jahrhunderts aufgegeben worden war. Er ist niemals sozusagen »nur« Philosoph gewesen. Im Vordergrund seiner Interessen stand besonders die Pädagogik; auf das amerikanische Erziehungswesen hat er bedeutenden Einfluß gehabt. Nach meinem bescheideneren Vermögen habe ich versucht, auf die Pädagogik in sehr ähnlicher Weise einzuwirken. Vielleicht ist er wie ich nicht immer zufrieden gewesen mit den Leistungen derer, die behaupteten, sich nach seinen Lehren zu richten; in der Praxis ist nun aber einmal jede neue Lehre unweigerlich Übertreibungen und Überspitzungen ausgesetzt. Das spielt jedoch keine so große Rolle, wie man meinen sollte, weil die Fehler bei etwas Neuem viel leichter ins Auge fallen als bei etwas Hergebrachtem.

Als Dewey im Jahre 1894 Professor der Philosophie in Chicago wurde, gehörte die Pädagogik zu seinem Aufgabenbereich. Er gründete eine fortschrittliche Schule und schrieb viel über Erziehung. Alles, was er damals schrieb, ist in seinem Buch *The School and Society* (Schule und öffentliches Leben, 1899) zusammengefaßt; es gilt als das einflußreichste seiner Werke. Er hat niemals aufgehört, über Pädagogik zu schreiben, und zu diesem Thema fast ebenso viel veröffentlicht wie über philosophische Probleme.

Auch mit sozialen und politischen Fragen hat er sich stark beschäftigt. Wie mich haben auch ihn Reisen nach Rußland und China sehr beeinflußt, und zwar negativ im ersten, positiv im zweiten Fall. Nur widerstrebend setzte er sich für den Ersten Weltkrieg ein. Er spielte eine bedeutende Rolle in der Untersuchung von Trotzkis angeblicher Schuld, und obwohl er die Anklagen für durchaus unbegründet hielt, glaubte er doch nicht, daß das Sowjetregime sich annehmbar entwickelt hätte, wenn Trotzki anstelle von Stalin Nachfolger Lenins geworden wäre. Er kam zu der Überzeugung, daß man durch heftige, zur Diktatur führende Revolutionen nicht zum Aufbau einer guten Gesellschaftsordnung kommen kann. In allen Wirtschaftsfragen dachte er zwar sehr liberal, ist jedoch niemals Marxist gewesen. Ich hörte ihn einmal sagen, er habe sich gerade mühsam vom traditionellen orthodoxen Glauben befreit und nicht die Absicht, sich mit einem neuen zu belasten. All diese Ansichten sind mit den meinen fast identisch.

Vom rein philosophischen Standpunkt gesehen liegt die Hauptbedeutung von Deweys Leistung in der Kritik des traditionellen Begriffs der »Wahrheit«, dargestellt in der von ihm als »Instrumentalismus« bezeichneten Theorie. Die Wahrheit ist nach Auffassung der meisten zünftigen Philosophen statisch und endgültig, vollkommen und ewig; in der religiösen Terminologie läßt sie sich mit dem Denken Gottes identifizieren und mit jenen Gedanken, die wir als vernünftige Wesen mit Gott teilen. Das vollendete Modell der Wahrheit ist das Einmaleins, das präzis, sicher und frei ist von allen irdischen Schlacken. Seit Pythagoras und mehr noch seit Plato stand die Mathematik mit der Theologie in Zusammenhang und hat die Erkenntnistheorie der meisten Philosophen stark beeinflußt. Dewey interessiert sich mehr für Biologie als für Mathematik; im Denken sieht er einen Entwicklungsprozeß. Die traditionelle Auffassung bestreitet natürlich nicht, daß die Menschen allmählich ihr Wissen erweitern, aber jedes Stückchen neu erworbenen Wissens wird für etwas Endgültiges gehalten. Hegel hat allerdings eine andere Ansicht vom menschlichen Wissen. Er sieht darin ein organisches Ganzes; jeder Teil wächst allmählich und kann erst vollkommen sein, wenn das Ganze vollkommen ist. In jungen Jahren ließ Dewey sich von Hegels Philosophie beeinflussen; sie enthält aber noch etwas Absolutes und eine ewige Welt, die wirklicher ist als der zeitliche Verlauf; dafür allerdings kann in Deweys Gedankenkreis kein Raum sein, denn für ihn ist alle Wirklichkeit zeitlich und der Fortschritt zwar evolutionär, nicht aber – wie für Hegel – die Entfaltung einer ewigen Idee.

Darin stimme ich mit Dewey überein; und nicht nur darin. Bevor ich mit der Erörterung der Punkte beginne, in denen ich anderer Meinung bin, möchte ich ein paar Worte über meine eigene Auffassung von »Wahrheit« sagen.

Die erste Frage lautet: Was für ein Ding ist »richtig« oder »falsch«? Die einfachste Antwort wäre: ein Satz. »Kolumbus überquerte 1492 den Ozean« ist richtig; »Kolumbus überquerte 1776 den Ozean« ist falsch. Diese Antwort ist korrekt, aber unvollständig. Sätze sind je nachdem richtig oder falsch, weil sie »einen Sinn haben«, und dieser

Sinn hängt von der jeweiligen Sprache ab. Wenn man einen Bericht über Kolumbus ins Arabische zu übersetzen hätte, müßte man »1492« in das entsprechende Jahr der mohammedanischen Zeitrechnung umändern. Sätze in verschiedenen Sprachen können dieselbe Bedeutung haben, und nicht die Worte, die Bedeutung vielmehr bestimmt, ob der Satz »richtig« oder »falsch« ist. Wenn man einen Satz ausspricht, äußert man einen »Glauben«, der sich ebensogut in einer anderen Sprache ausdrücken ließe. Der »Glaube«, worin er auch bestehen mag, ist das, was »richtig« oder »falsch« oder »mehr oder minder richtig« ist. Damit kommen wir zu einer Untersuchung des »Glaubens«.

Sofern ein Glaube hinreichend einfach ist, kann er bestehen, ohne in Worten Ausdruck zu finden. Nun dürfte es zwar schwierig sein, zu glauben, daß beim Kreis das Verhältnis des Umfangs zum Durchmesser annähernd 3,14159 ist oder daß Cäsar, als er den Rubikon zu überschreiten beschloß, das Schicksal der republikanischen Verfassung Roms besiegelte, wenn auf den Gebrauch von Worten verzichtet wird. Aber in einfachen Fällen ist der Glaube, der nicht in Worte gekleidet wird, etwas ganz Übliches. Angenommen, man geht eine Treppe hinab und dächte irrtümlicherweise, man sei schon unten angelangt; man tut einen Schritt, als wäre man auf ebener Erde, und fällt. Das Ergebnis ist ein durch Überraschung hervorgerufenes heftiges Erschrecken. Man würde dann natürlich sagen: »Ich dachte, ich wäre schon unten«, in Wirklichkeit aber dachte man gar nicht an die Treppe, sonst wäre einem der Irrtum nicht unterlaufen. Die Muskeln waren schon auf ebene Erde eingestellt, als man in Wirklichkeit dort noch nicht angekommen war. Den Irrtum hat weniger der Körper als der Geist begangen – das wäre zumindest eine natürliche Erklärung des Vorgangs. Tatsächlich ist jedoch die Unterscheidung von Geist und Körper eine zweifelhafte Angelegenheit. Besser spricht man von einem »Organismus« und läßt die Verteilung seiner Verrichtungen auf Geist und Körper offen. Man kann also sagen: Der Organismus war so eingestellt, wie es zweckmäßig gewesen wäre, wenn man den Boden schon erreicht hätte; in Wirklichkeit aber war es nicht zweckmäßig. Diese falsche Einstellung führte zu einem Irrtum; man kann also sagen, man befand sich in einem falschen Glauben.

Die *Probe* auf den Irrtum in der obigen Darstellung ist die *Überraschung*. Nach meiner Überzeugung ist dies im allgemeinen richtig für diejenige Art von Glauben, die sich nachprüfen läßt. Falsch ist ein Glaube, der unter entsprechenden Umständen zu einer Überraschung des Betreffenden führt, während ein *richtiger* Glaube nicht diese Wirkung haben wird. Aber obwohl Überraschung ein gutes Kriterium ist, wo es angewandt werden kann, vermittelt es doch nicht die *Bedeutung* des Wortes »richtig« und »falsch«; auch ist es nicht immer anwendbar. Angenommen, man ist während eines Gewitters unterwegs und sagt sich: »Ich werde höchstwahrscheinlich nicht vom Blitz getroffen werden.« Im nächsten Augenblick wird man getroffen, empfindet jedoch keine Überraschung, denn man ist tot. Wenn eines schönen Tages die Sonne explodiert, wie es Sir James Jeans offenbar erwartet, werden wir alle augenblicklich umkommen und infolgedessen nicht überrascht sein; wenn wir aber die Katastrophe nicht erwartet haben, sind wir alle im Irrtum gewesen. Derartige Beispiele weisen auf die Objektivität von »richtig« und »falsch« hin: Das Richtige – oder Falsche – ist ein Zustand im Organismus; es ist jedoch richtig – oder falsch – auf Grund der Geschehnisse außerhalb des Organismus. Zuweilen lassen sich Richtigkeit oder Falschheit experimentell erproben und feststellen, zuweilen auch nicht; in diesem Falle bestehen beide Möglichkeiten weiter und behalten ihre Bedeutung.

Ich will jetzt meine eigene Ansicht über »wahr« und »falsch« nicht weiter entwickeln, mich vielmehr der Untersuchung der Deweyschen Auffassung zuwenden.

Dewey strebt nicht Urteile an, die absolut »richtig« sein sollen, und lehnt auch ihr Gegenteil nicht als absolut »falsch« ab. Nach seiner Überzeugung vollzieht sich ein Prozeß, den er mit »Untersuchung« bezeichnet und der in einer wechselseitigen Anpassung zwischen dem Organismus und seiner Umgebung besteht. Wenn ich von meinem Standpunkt aus zu größtmöglicher Übereinstimmung mit Dewey gelangen wollte, müßte ich damit beginnen, die Begriffe »Sinn« oder »Bedeutung« zu analysieren. Angenommen, wir befinden uns im Zoo und hören eine Stimme durch das Megaphon sagen: »Soeben ist ein Löwe ausgebrochen.« Dann werden wir uns so verhalten, wie wir uns benehmen würden, wenn wir den Löwen gesehen hätten – das heißt, wir würden so rasch wie möglich davonlaufen. Der Satz »ein Löwe ist ausgebrochen« *bedeutet* ein bestimmtes Ereignis, weil es das gleiche Verhalten bewirkt wie das Geschehnis selbst, wenn wir es gesehen hätten. Allgemein ausgedrückt: ein Satz S »bedeutet« ein Ereignis E, wenn er dasselbe Verhalten bewirkt, das E hervorgerufen hätte. Wenn es ein solches Ereignis tatsächlich nicht gegeben hat, ist der Satz falsch. Das gleiche gilt von einem Glauben, der nicht in Worten Ausdruck findet. Man kann sagen: Glaube ist der Zustand eines Organismus, der ein Verhalten bewirkt, wie es ein bestimmter Vorgang bewirken würde, wenn er gegenwärtig und wahrnehmbar wäre; der Vorgang, der dieses Verhalten hervorrufen würde, ist die »Bedeutung« des Glaubens. Das ist zwar eine übermäßig vereinfachte Darstellung, doch kann sie dazu dienen, die von mir verfochtene Theorie aufzuzeigen. Bis hierher, scheint mir, stimmen Dewey und ich in unseren Ansichten so ziemlich überein. Aber in allem, was er dann weiter entwickelt, bin ich ganz ausgesprochen anderer Auffassung.

Für Dewey ist die »Untersuchung« das Wesen der Logik, nicht Wahrheit oder Erkenntnis. Er definiert die Untersuchung folgendermaßen: »Untersuchung ist die kontrollierte oder gelenkte Verwandlung einer unbestimmten Situation in eine andere, die in ihren einzelnen Unterschieden und Verhältnissen so bestimmt ist, daß die Elemente der ursprünglichen Situation sich in ein einheitliches Ganzes verwandeln.« Er fügt hinzu: »Die Untersuchung beschäftigt sich mit objektiven Verwandlungen eines objektiven Subjekt-Stoffes.« Diese Definition ist offensichtlich unzulänglich. Stellen wir uns beispielsweise vor, wie ein Unteroffizier beim Exerzieren mit einer Abteilung Rekruten oder wie ein Maurer mit einem Haufen Ziegelsteinen umgeht; beide tun haargenau das, was Deweys Definition der »Untersuchung« besagt. Da er sie bestimmt nicht einbeziehen wollte, muß sein Begriff »Untersuchung« ein Element enthalten, das er in seiner Definition zu erwähnen vergessen hat. Was das für ein Element ist, werde ich alsbald festzustellen suchen. Zuvor aber wollen wir überlegen, was sich aus der Definition in ihrer jetzigen Form ergibt.

Wie klar ersichtlich, ist die »Untersuchung« in dem von Dewey verstandenen Sinne ein Teil des allgemeinen Prozesses, der sich bemüht, die Welt organischer zu machen. »Einheitliche Ganze« sollen das Ergebnis der Untersuchungen sein. Deweys Vorliebe für alles Organische ist teils auf die Biologie, teils auf eine Nachwirkung Hegels zurückzuführen. Nur aus dem Basieren auf einer unbewußten Hegelschen Metaphysik kann ich es mir erklären, daß von der Untersuchung das Ergebnis »einheitliche Ganze« erwartet wird. Wenn man mir ein Päckchen ungeordneter Karten in die Hand gibt und von mir verlangt, ich solle ihre Reihenfolge untersuchen, so werde ich sie – wenn ich Deweys Anweisung folge – zunächst ordnen und dann erklären, dies sei die Ordnung, welche die Untersuchung ergeben habe. Dann wird allerdings eine »objektive Verwandlung eines objektiven Subjekt-Stoffes« stattfinden, während ich die Karten ordne, die aber die Definition in Betracht zieht. Sagt man mir jedoch hernach: »Wir wollten ja die Reihenfolge der Karten kennenlernen, wie sie war, als wir sie Ihnen gaben, nicht nachdem Sie sie geordnet haben«, dann würde ich – wenn ich ein Schüler Deweys wäre – antworten: »Sie haben durchweg zu statische Vorstellungen. Ich bin ein dynamischer Mensch; wenn ich einen Subjekt-Stoff untersuche, dann mache ich ihn mir erst so zurecht, daß die Untersuchung einfach ist.« Die Ansicht, ein solches Verfahren sei einwandfrei, läßt sich nicht nur durch die Hegelsche Unterscheidung von Schein und Wirklichkeit rechtfertigen: Die Erscheinung mag verworren und fragmentarisch sein, aber die Wirklichkeit ist stets geordnet und organisch. Daher enthülle ich nur die wahre, ewige Natur der Karten, wenn ich sie ordne. Aber dieser Teil der Lehre kommt niemals klar zum Ausdruck. Deweys Theorie liegt die Metaphysik des Organismus zugrunde; ich weiß aber nicht, wie weit er sich dessen bewußt ist.

Wir wollen nun nach der Ergänzung für Deweys Definition suchen, die wir brauchen, um die Untersuchung von anderen Arten organisierender Tätigkeit – wie der des ausbildenden Feldwebels oder des

Maurers – unterscheiden zu können. Früher hätte man gesagt, die Untersuchung sei durch ihren Zweck – nämlich die Erforschung irgendeiner Wahrheit – gekennzeichnet. Für Dewey muß aber »Wahrheit« in Ausdrücken der »Untersuchung« definiert werden, nicht umgekehrt; in diesem Sinne zitiert er anerkennend Peirces Definition: »›Wahrheit‹ ist die Meinung, der es bestimmt ist, daß sich ihr schließlich alle Forschenden anschließen.« Damit bleiben wir vollständig im dunkeln darüber, was die Forscher tun; denn wir bewegen uns ja im Kreise, wenn wir erklären, sie trachteten danach, die Wahrheit zu erforschen.

Meiner Ansicht nach läßt sich Deweys Theorie folgendermaßen formulieren: Die Beziehungen eines Organismus zu seiner Umgebung sind bisweilen für den Organismus befriedigend, bisweilen nicht. Bei unbefriedigenden Beziehungen kann die Situation durch gegenseitige Anpassung gebessert werden. Wenn zur Verbesserung der Situation hauptsächlich Veränderungen am Organismus notwendig sind – sie sind niemals ausschließlich auf einer Seite erforderlich –, dann nennt man den dadurch bedingten Prozeß »Untersuchung«. Zum Beispiel: In einer Schlacht liegt uns vor allem daran, die Umgebung – das heißt den Feind – zu verändern; aber während der vorausgehenden Periode des Rekognoszierens ist man vor allem damit beschäftigt, die eigenen Kräfte seinen Dispositionen anzupassen. Diese vorangehende Periode ist eine Periode der »Untersuchung«.

Die Schwierigkeit dieser Theorie liegt meines Erachtens darin, einen bestimmten Glauben von dem Faktum oder den Fakten zu trennen, die, wie man gewöhnlich sagen würde, ihn »verifizieren«. Wir wollen bei dem Beispiel des Generals bleiben, der eine Schlacht vorbereitet. Seine Aufklärungsflugzeuge berichten ihm von gewissen Vorbereitungen des Feindes; er leitet infolgedessen bestimmte Gegenmaßnahmen ein. Der gesunde Menschenverstand würde sagen, daß die Berichte, auf die hin er handelt, »wahr« sind, wenn der Feind die Bewegungen tatsächlich ausführt, von denen sie gesprochen haben; und daß in diesem Falle die Berichte selbst dann wahr bleiben, wenn der General später die Schlacht verliert. Dewey verwirft diese Auffassung. Er unterscheidet nicht »wahren« und »falschen« Glauben, kennt aber dennoch zwei Arten von Glauben, einen, den wir »befriedigend« nennen wollen, wenn der General die Schlacht gewinnt, und einen anderen, den wir als »unbefriedigend« bezeichnen werden, wenn er geschlagen wird. Bis die Schlacht vorüber ist, kann er also nicht sagen, was er von den Berichten seiner Aufklärer halten soll.

Verallgemeinernd können wir erklären, daß Dewey wie jeder Mensch alle Überzeugungen in zwei Klassen einordnet, wovon die eine gut und die andere schlecht ist. Er meint jedoch, ein Glaube könne einmal gut und zu anderer Zeit wieder schlecht sein; dies trifft bei unvollkommenen Theorien zu, die besser sind als ihre Vorgängerinnen, aber schlechter als ihre Nachfolgerinnen. Ein Glaube ist gut oder schlecht, je nachdem, ob die Handlungen, zu denen er den Organismus inspiriert, für ihn befriedigende oder unbefriedigende Folgen hatten. Demnach ist der Glaube an ein vergangenes Ereignis als »gut« oder »schlecht« nicht danach zu klassifizieren, ob das Ereignis tatsächlich stattgefunden hat, sondern nach den zukünftigen Auswirkungen dieses Glaubens. Das führt zu merkwürdigen Ergebnissen. Angenommen, jemand sagt zu mir: »Haben Sie heute morgen Kaffee zum Frühstück getrunken?« Wenn ich ein Durchschnittsmensch bin, werde ich mich einfach zu erinnern suchen. Als Schüler von Dewey jedoch werde ich sagen: »Einen Augenblick bitte. Ich muß erst zwei Experimente anstellen, bevor ich Ihnen antworten kann.« Zuerst werde ich mir einzureden suchen, ich hätte Kaffee getrunken, und dann den Folgen nachspüren, falls von Folgen die Rede sein kann; dann werde ich mir suggerieren, ich hätte keinen Kaffee getrunken, und werde wiederum die Folgen beobachten, falls solche vorhanden sind. Schließlich werde ich die beiden Ergebnisgruppen miteinander vergleichen, um festzustellen, welche mich mehr befriedigt. Wenn die Befriedigung auf einer Seite überwiegt, werde ich in diesem Sinne antworten. Wenn nicht, muß ich gestehen, die Frage nicht beantworten zu können.

Damit sind aber unsere Sorgen noch nicht aus der Welt geschafft. Wie kann ich die Folgen meiner Überzeugung, ich hätte Kaffee zum Frühstück getrunken, kennen? Wenn ich sage: »Es sind die und die Folgen«, so muß das ja wiederum an den entsprechenden Folgen überprüft werden, bevor ich wissen kann, ob das, was ich gesagt habe, eine »gute« oder eine »schlechte« Angabe war. Und selbst wenn diese Schwierigkeit überwunden wäre, wie könnte ich beurteilen, welche Ergebnisgruppe die befriedigendere ist? Die eine Entscheidung, ob ich Kaffee getrunken habe, kann mich mit Befriedigung erfüllen, die andere vielleicht dazu bestimmen, die Kriegshetze zu unterstützen. Beide mögen als gut gelten; bevor ich mich aber entschieden habe, welche die bessere ist, kann ich nicht sagen, ob ich Kaffee zum Frühstück getrunken habe. Selbstverständlich ist das absurd.

Wenn Dewey von dem abgeht, was man bislang als gesunden Menschenverstand ansah, so liegt das daran, daß er sich weigert, »*Facta*« in seiner Metaphysik zuzulassen, insofern, als »*Facta*« widerspenstig sind und kein Manipulieren dulden. In dieser Beziehung wird der gesunde Menschenverstand vielleicht eine andere Einstellung gewinnen, so daß dann Deweys Auffassung der des neuen gesunden Menschenverstandes nicht mehr widersprechen wird.

Der Hauptunterschied zwischen Dewey und mir besteht darin, daß er einen Glauben nach seinen Wirkungen beurteilt, während ich ihn – wenn es sich um ein Ereignis aus der Vergangenheit handelt – nach seinen Ursachen beurteile. Ich halte einen Glauben für »wahr« oder für so annähernd »wahr«, wie wir ihn nur machen können, wenn er eine bestimmt geartete – manchmal sehr komplizierte – Beziehung zu seinen

Ursachen hat. Dewey ist der Ansicht, er habe »berechtigte Geltung« *(warranted assertability)* – die er anstelle von »Wahrheit« setzt –, wenn er bestimmte Arten von Wirkungen hat. Unsere Meinungsverschiedenheit in diesem Punkt hängt mit unserer unterschiedlichen Weltanschauung zusammen. Auf die Vergangenheit ist das, was wir heute tun, ohne Einfluß, und daher ist die Wahrheit, wenn sie durch das bestimmt wird, was geschehen ist, unabhängig vom gegenwärtigen oder zukünftigen Wollen; sie repräsentiert, logisch gesehen, die Grenzen der menschlichen Macht. Wenn aber die Wahrheit oder vielmehr »die berechtigte Geltung« von der Zukunft abhängt, dann steht es in unserer Macht, das, was gültig sein soll, zu ändern, soweit wir auf die Zukunft einzuwirken vermögen. Damit ist die Bedeutung der menschlichen Macht und Freiheit erweitert. Hat Cäsar den Rubikon überschritten? Nach meiner Auffassung bedingt hier ein Ereignis der Vergangenheit unweigerlich eine bejahende Antwort. Dewey würde sein Ja oder Nein von einer Abschätzung künftiger Ereignisse abhängig machen, wobei nicht einzusehen ist, warum diese künftigen Ereignisse durch menschliches Vermögen nicht so beeinflußt werden könnten, daß eine negative Antwort befriedigender wäre. Wenn mir die Annahme, daß Cäsar den Rubikon überschritt, sehr zuwider ist, brauche ich aber nicht untätig in dumpfer Verzweiflung dazusitzen; ich kann bei ausreichendem Geschick und Vermögen eine soziale Situation herbeiführen, in der die Behauptung, er habe den Rubikon nicht überschritten, »berechtigte Geltung« haben wird.

Im Verlauf dieses Buches war ich bemüht, wo irgend möglich, den Zusammenhang zwischen der jeweiligen Philosophie und der sozialen Umwelt des betreffenden Philosophen herzustellen. Ich habe dabei den Eindruck gewonnen, daß der Glaube an das Vermögen des Menschen und die Abneigung, »widerspenstige *Facta*« hinzunehmen, mit der Hoffnungsfreudigkeit zusammenhängen, die ein Ergebnis der maschinellen Produktion und der wissenschaftlichen Behandlung unserer natürlichen Umwelt ist. Diese Ansicht teilen viele Anhänger Deweys, beispielsweise George Raymond Geiger, der in einem anerkennenden Aufsatz erklärt, Deweys Methode »bedeute für das Denken eine gleichermaßen aus dem Mittelstand hervorgegangene und ebenso unauffällige, aber genauso erstaunliche Revolution wie die industrielle Umwälzung ein Jahrhundert zuvor.« Ich glaubte, mich im gleichen Sinne ausgedrückt zu haben, als ich schrieb: »Das Abweichende, Charakteristische an Deweys Auffassung steht im Einklang mit dem Zeitalter des Industrialismus und des Kollektivunternehmens. Demnach müßte er selbstverständlich den stärksten Anklang bei den Amerikanern finden und auch von den fortschrittlichen Elementen in Ländern wie China und Mexiko fast ebenso geschätzt werden.«

Ich fand es sehr bedauerlich und überraschend, daß Dewey sich über meine völlig harmlos gemeinte Äußerung ärgerte und erwiderte: »Wenn Mr. Russell nachweislich stets die pragmatische Erkenntnistheorie mit abstoßenden Seiten des amerikanischen Industrialismus in Zusammenhang zu bringen beliebt, könnte ich mit gleicher Berechtigung eine Verbindung zwischen seiner Philosophie und den Interessen des englischen Landadels feststellen.«

Ich bin ja nun allerdings gewöhnt, daß meine Ansichten auf meine Beziehungen zum englischen Adel zurückgeführt werden – vor allem von den Kommunisten –, und durchaus bereit, anzunehmen, daß meine Anschauungen, wie die anderer Menschen auch, von der sozialen Umwelt beeinflußt sind. Sollte ich mich aber bei Dewey, soweit es sich um die sozialen Einflüsse handelt, geirrt haben, so bedaure ich diesen Irrtum. Ich muß jedoch feststellen, daß ich in dieser Beziehung nicht alleinstehe. Santayana sagt beispielsweise: »Bei Dewey wie überhaupt bei der gegenwärtigen Wissenschaft und Ethik ist eine quasi-Hegelsche Tendenz zu beobachten, das Individuum in seine sozialen Funktionen sowie das Substantielle und Aktuelle in etwas Relatives und Übergangsmäßiges aufzulösen.«

In Deweys Welt beschäftigt sich offenbar das Vorstellungsvermögen fast ausschließlich mit dem Menschen; der astronomische Kosmos wird meist ignoriert, wenn auch seine Existenz selbstverständlich zugegeben wird. Deweys Philosophie ist eine Philosophie der Macht, wenn auch nicht wie bei Nietzsche eine Philosophie der individuellen Macht; die Macht der Gemeinschaft ist es, die als wertvoll empfunden wird. Ich glaube, eben dieses Element der sozialen Macht verleiht der Philosophie des Instrumentalismus soviel Anziehungskraft für diejenigen, die stärker beeindruckt sind durch unsere neugewonnene Herrschaft über die Naturgewalten als durch die Beschränkungen, denen diese Herrschaft noch unterworfen ist.

Die Menschen haben sich der nicht-menschlichen Umwelt gegenüber zu verschiedenen Zeiten ganz unterschiedlich eingestellt. Die Griechen fürchteten die Hybris und glaubten an eine Notwendigkeit oder ein Verhängnis, das selbst Zeus noch übergeordnet war, und vermieden damit sorgsam alles, was ihnen als Anmaßung gegenüber dem Universum erschienen wäre. Das Mittelalter ging in dieser Unterordnung noch weiter: Demut vor Gott war die erste Pflicht des Christen. Eine solche Einstellung behinderte jede Initiative und schloß starke Originalität nahezu aus. Die Renaissance verhalf dem menschlichen Stolz wieder zu seinem Recht, ging darin aber so weit, daß Anarchie und Katastrophen die Folge waren. Was sie auf diesem Gebiet geleistet hatte, wurde großenteils durch die Reformation und Gegenreformation wieder aufgehoben. Die moderne Technik ist für den Herrenmenschen der Renaissance nicht günstig, hat vielmehr das Gefühl für die Kollektivmacht menschlicher Gemeinschaften wieder geweckt. War der Mensch früher zu demütig, so beginnt er jetzt, sich nahezu für einen Gott zu halten. Der italienische Pragmatist Papini legt uns ans Herz, die »Nachfolge Christi« durch die »Nachfolge Gottes« zu ersetzen.

In alledem sehe ich eine ernstliche Gefahr, die Gefahr einer kosmischen Pietätlosigkeit, wie man sagen könnte. Zu den Mitteln der Philosophie, der Menschheit das Element der Demut einzuprägen, gehörte der Begriff der Wahrheit, und zwar jener Wahrheit, die auf weitgehend außerhalb des menschlichen Herrschaftsbereichs liegenden Fakten beruht. Wenn dem Stolz nicht mehr auf diese Weise Einhalt geboten wird, dann ist ein weiterer Schritt getan auf dem Wege zu einer bestimmten Form von Wahnsinn – zum Machtrausch, der mit Fichte in die Philosophie eindrang und zu dem moderne Menschen neigen, Philosophen wie Nicht-Philosophen. Nach meiner Überzeugung liegt in diesem Rausch die größte Gefahr unserer Zeit, und jede Philosophie, die – wenn auch unabsichtlich – dazu beiträgt, verstärkt die drohende Gefahr einer ungeheuren sozialen Katastrophe.

31. KAPITEL

Die Philosophie der logischen Analyse

Seit Pythagoras gab es in der Philosophie stets zwei gegensätzliche Richtungen: auf der einen Seite Männer, deren Denken vor allem von der Mathematik inspiriert war, auf der anderen diejenigen, die sich mehr von den empirischen Wissenschaften beeinflussen ließen. Plato, Thomas von Aquino, Spinoza und Kant gehören zu der Gruppe, die wir die mathematische nennen könnten; Demokrit, Aristoteles und die modernen Empiriker von Locke an rechnen zur Gegenpartei. In unserer Zeit ist eine philosophische Schule entstanden, die es sich zur Aufgabe gemacht hat, den Pythagoreismus aus den mathematischen Prinzipien auszuschalten und den Empirismus mit dem Interesse für die deduktiven Teile der menschlichen Erkenntnis zu verbinden. Worauf diese Schule hinauswill, ist weniger augenfällig als die Ziele der meisten Philosophen der Vergangenheit; einige ihrer Leistungen sind aber ebenso unangreifbar wie manche Errungenschaften der Wissenschaftler.

Der Ursprung dieser Philosophie ist in der Arbeit von Mathematikern zu suchen, die ihr Gebiet von Trugschlüssen und allen auf unsorgfältigem Denken beruhenden Fehlern zu reinigen begannen. Die großen Mathematiker des siebzehnten Jahrhunderts waren Optimisten, denen an raschen Ergebnissen lag; infolgedessen beließen sie es bei den unsicheren Grundlagen der analytischen Geometrie und der Infinitesimalrechnung. Leibniz glaubte an wirksame Infinitesimale, aber wenn dieser Glaube auch seiner Metaphysik entsprach, so war er doch nicht gründlich mathematisch fundiert. Bald nach der Mitte des neunzehnten Jahrhunderts bewies Weierstraß, daß sich der Kalkül ohne Infinitesimale aufstellen läßt, und verlieh ihm dadurch endlich logische Gewißheit. Dann kam Georg Cantor, der die Theorie der Stetigkeit und der unendlichen Zahl entwickelte. Vor seiner Definition war »Stetigkeit« ein vager Begriff gewesen, geeignet für Philosophen wie Hegel, der metaphysische Unklarheiten in die Mathematik einzuführen gedachte. Cantor gab dem Wort eine präzise Bedeutung und zeigte, daß Stetigkeit in seiner Definition der Begriff war, den Mathematiker und Physiker benötigten. Damit war ein großer Teil der Mystik überholt, darunter auch die Bergsonsche.

Cantor machte auch dem uralten logischen Kopfzerbrechen über die unendliche Zahl ein Ende. Sehen wir uns die Reihe der ganzen Zahlen von 1 aufwärts an; wie viele solche Zahlen gibt es? Ganz offensichtlich ist ihre Anzahl nicht endlich. Bis zu Tausend sind es tausend Zahlen, bis zu einer Million eine Million. Welche endliche Zahl man auch

nimmt, stets muß es noch mehr Zahlen als diese geben, denn von 1 bis zu der betreffenden Zahl haben wir gerade die genannte Anzahl von Zahlen, und darüber hinaus gibt es weitere, die noch größer sind. Die Anzahl endlicher ganzer Zahlen muß also unendlich sein. Nun aber kommt etwas Sonderbares: Die Anzahl der geraden Zahlen muß die gleiche sein wie die Anzahl aller ganzen Zahlen. Sehen wir uns die beiden folgenden Reihen an:
1, 2, 3, 4, 5, 6 . . .
2, 4, 6, 8, 10, 12 . . .
Es stehen immer zwei Zahlen untereinander; deshalb muß die Zahl der Glieder in beiden Reihen die gleiche sein, obwohl die untere Reihe aus nur halb soviel Gliedern besteht wie die obere. Leibniz, der dies bemerkte, sah darin einen Widerspruch und schloß, daß es wohl unendliche Mengen, aber nicht unendliche Zahlen gäbe. Georg Cantor bestritt kühn, daß es sich um einen Widerspruch handle. Er hatte recht; es ist nur ein Kuriosum.

Georg Cantor definierte als »unendlich« eine Menge, deren Teile ebenso viele Glieder enthalten wie die ganze Menge. Auf dieser Basis vermochte er eine höchst interessante Theorie unendlicher Zahlen aufzubauen, womit er einen ganzen Bezirk, in dem zuvor Unklarheit und mystisches Dunkel geherrscht hatten, in den Bereich der exakten Logik einbezog.

Der nächste bedeutende Mann war Frege, der sein erstes Buch 1879 und seine Definition der »Zahl« 1884 veröffentlichte, aber trotz des epochemachenden Charakters seiner Entdeckungen keine Anerkennung fand, bis ich 1903 auf ihn aufmerksam machte. Bemerkenswert ist, daß vor Frege jede vorgeschlagene Definition der Zahl elementare logische Fehler aufwies. Es war üblich, »Zahl« mit »Anzahl« zu identifizieren. Aber ein Beispiel für »Zahl« ist eine bestimmte Zahl, etwa 3, und ein Beispiel für 3 ist eine bestimmte Dreiheit. Eine Dreiheit ist eine Anzahl, aber die Gattung aller Dreiheiten – welche Frege mit der Zahl 3 identifizierte – ist eine Anzahl von Anzahlen; und die Zahl im allgemeinen, für die 3 ein Beispiel darstellt, ist eine Anzahl von Anzahlen von Anzahlen. Der elementare grammatische Fehler, diese mit der einfachen Anzahl einer gegebenen Dreiheit zu verwechseln, machte die ganze Philosophie der Zahl vor Frege zu einem Konglomerat von »Unsinn« in des Wortes strengster Bedeutung.

Aus Freges Arbeit ergab sich, daß die Arithmetik und die reine Mathematik ganz allgemein nur eine Fortsetzung der deduktiven Logik sind. Damit war Kants Theorie widerlegt, daß arithmetische Sätze »synthetisch« seien und eine Beziehung zur Zeit einbegriffen. Die Entwicklung der reinen Mathematik aus der Logik wurde im einzelnen in den *Principia Mathematica* von Whitehead und mir dargestellt.

Allmählich stellte sich heraus, daß ein großer Teil der Philosophie sich auf etwas reduzieren läßt, was man als »Syntax« bezeichnen kann, wenn auch dieser Begriff hier in einem etwas weiteren Sinne als gewöhnlich anzuwenden ist. Einige Leute, vor allem Carnap, haben die Auffassung vertreten, alle philosophischen Probleme wären in Wirklichkeit syntaktische Probleme; wenn Fehler in der Syntax vermieden werden, ist jedes philosophische Problem damit entweder gelöst oder als unlösbar erkannt. Ich halte das für eine Übertreibung, und Carnap ist jetzt auch dieser Meinung; zweifellos aber ist eine philosophische Syntax bei traditionellen Problemen äußerst nützlich.

Wie nützlich sie ist, möchte ich durch eine kurze Erklärung der sogenannten »Beschreibungstheorie« veranschaulichen. Unter »Beschreibung« verstehe ich eine Wendung wie »Der gegenwärtige Präsident der Vereinigten Staaten«, wobei ein Mensch oder eine Sache nicht durch einen Namen, sondern durch eine Eigenschaft beschrieben wird, von dar man annimmt oder weiß, daß sie ihm oder ihr eigen ist. Aus solchen Wendungen ist viel Unklarheit entstanden. Angenommen, ich sage: »Der goldene Berg existiert nicht«, und man fragt, »Was existiert nicht?«, und ich antworte darauf: »Der goldene Berg«, so würde es ja so aussehen, als legte ich ihm eine Art von Existenz bei. Augenscheinlich behaupte ich damit etwas anderes, als wenn ich sage: »Das runde Quadrat existiert nicht.« Das scheint implizite zu besagen, der goldene Berg sei etwas anderes als das runde Quadrat, obwohl beide nicht existieren. Die Beschreibungstheorie war dazu bestimmt, mit solchen und ähnlichen Schwierigkeiten aufzuräumen.

Nach dieser Theorie verschwindet bei richtiger Analyse einer Aussage, die einen Ausdruck wie etwa »der So-und-So« enthält, der Ausdruck »So-und-So«. Nehmen wir beispielsweise die Feststellung »Scott war der Verfasser des *Waverley*«. Die Theorie interpretiert diese Feststellung folgendermaßen:

»Nur ein einziger Mann schrieb *Waverley*, und dieser Mann war Scott«, oder ausführlicher:

»Eine Wesenheit c ist so beschaffen, daß die Behauptung ›x schrieb *Waverley*‹ nur richtig ist, wenn x gleich c ist; zudem ist c gleich Scott.«

Die Bedeutung des ersten Teils bis zu dem Wort »zudem« wird definiert als: »Der Autor von *Waverley* existiert (oder hat existiert oder wird existieren).« Somit bedeutet »der goldene Berg existiert nicht«: »Es gibt keine Wesenheit c, die so beschaffen ist, daß ›x ist golden und bergig‹ nur dann richtig wäre, wenn x gleich c ist.«

Mit dieser Definition hat das Kopfzerbrechen über die Bedeutung der Aussage »Der goldene Berg existiert nicht« ein Ende.

»Existenz« kann nach dieser Theorie nur von etwas Beschriebenem ausgesagt werden. Wir können zwar sagen »Der Verfasser des *Waverley* existiert«, nicht aber »Scott existiert«, denn das wäre schlechte Grammatik oder vielmehr schlechte Syntax. Hierdurch wird mit einer zweitausend Jahre alten, bei Platos *Theaitet* beginnenden Unklarheit über die »Existenz« aufgeräumt.

Unter anderem hat die oben betrachtete Arbeit erreicht, daß die Mathematik ihre erhabene Stellung einbüßte, die sie seit Plato und Pythagoras innehatte, und daß das daraus resultierende Vorurteil gegen den Empirismus beseitigt wurde. Mathematische Erkenntnis wird allerdings nicht durch Induktion aus Erfahrung gewonnen: Daß $2 + 2 = 4$ ist, glauben wir nicht, weil wir so oft die Beobachtung gemacht haben, daß ein Paar und noch ein Paar zusammen ein Quartett ergeben. In diesem Sinne ist die mathematische Erkenntnis nicht empirisch. Sie ist aber auch keine *apriorische* Erkenntnis der Welt. In Wirklichkeit handelt es sich bei ihr nur um eine verbale Erkenntnis. »3« bedeutet »2 + 1«, und 4 bedeutet »3 + 1«. Es ergibt sich also (wenn der Beweis auch lang ist), daß »4« das gleiche bedeutet wie »2 + 2«. So verliert die mathematische Erkenntnis den Charakter des Geheimnisvollen. Es entspricht ganz der »großen Wahrheit«, daß drei Fuß auf eine Elle gehen.

Neben der reinen Mathematik hat auch die Physik der Philosophie der logischen Analyse Material geliefert, und zwar besonders durch die Relativitätstheorie und die Quantenmechanik.

An der Relativitätstheorie ist für den Philosophen von Bedeutung, daß Raum und Zeit durch die Raum-Zeit ersetzt werden. Der gesunde Menschenverstand stellt sich die physische Welt aus »Dingen« bestehend vor, die sich während eines bestimmten Zeitabschnitts erhalten und im Raum bewegen. Philosophie und Physik entwickelten den Begriff »Ding« zum Begriff »materielle Substanz« und glaubten, die materielle Substanz bestehe aus jeweils sehr kleinen, permanenten Teilchen. Einstein ersetzte diese Teilchen durch Ereignisse; jedes Ereignis hat zu einem anderen eine Beziehung, das sogenannte »Intervall«, das sich nach verschiedenen Möglichkeiten in ein Zeit-Element und ein Raum-Element zerlegen läßt. Die Wahl zwischen diesen verschiedenen Möglichkeiten ist willkürlich; keine kann theoretisch für besser erklärt werden als die andere. Sind zwei Ereignisse, A und B, in verschiedenen Regionen gegeben, so kann es vorkommen, daß sie nach *einer* Übereinkunft als gleichzeitig gelten, während nach einer anderen A früher ist als B und nach einer dritten B früher als A. Kein physikalisches Faktum entspricht diesen verschiedenen Übereinkünften.

Aus alledem scheint hervorzugehen, daß Ereignisse, nicht Teilchen, der »Stoff« der Physik sind. Was für ein Teilchen gehalten wurde, wird als eine Reihe von Ereignissen angesehen werden müssen. Die Reihe von Ereignissen, die ein Teilchen ersetzt, hat bestimmte wichtige physikalische Eigenschaften und verlangt daher unsere Aufmerksamkeit; sie besitzt jedoch nicht mehr Substantialität als eine beliebige andere Reihe von Ereignissen, die wir willkürlich herausgreifen können. So ist die »Materie« nicht Teil des letzten Weltstoffes, vielmehr nur eine bequeme Methode, Ereignisse in Bündel zusammenzufassen.

Dieser Schluß wird durch die Quantentheorie bestätigt; sie ist aber physikalisch vor allem deswegen wichtig, weil sie physikalische Erscheinungen für möglicherweise unzusammenhängend hält. Sie nimmt an, daß in einem Atom (im obigen Sinne) ein bestimmter Zustand eine gewisse Zeit anhalte, um dann plötzlich durch einen begrenzten anderen Zustand abgelöst zu werden; die Stetigkeit der Bewegung, die immer vorausgesetzt wurde, scheint ein bloßes Vorurteil gewesen zu sein. Die der Quantentheorie entsprechende Philosophie ist jedoch noch nicht befriedigend entwickelt worden. Ich vermute, daß es dazu einer noch radikaleren Abkehr von den traditionellen Theorien von Raum und Zeit bedarf, als die Relativitätstheorie erforderte.

Während die Physik die Materie weniger materiell machte, wurde dem Geist durch die Psychologie etwas von seiner Geistigkeit genommen. Wir hatten bereits in einem früheren Kapitel Gelegenheit, die Ideen-Assoziation mit dem bedingten Reflex zu vergleichen. Der bedingte Reflex, der die Stelle der Ideen-Assoziation eingenommen hat, ist offensichtlich viel physiologischer. (Das ist nur ein Beispiel; ich möchte den Bereich des bedingten Reflexes nicht zu groß annehmen.) So haben sich Physik und Psychologie einander von entgegengesetzten Enden genähert und dadurch der durch William James' Kritik des »Bewußtseins« angeregten Lehre vom »neutralen Monismus« mehr Möglichkeiten eingeräumt. Die Unterscheidung von Geist und Materie kam aus der Religion in die Philosophie, obwohl schon lange triftige Gründe für sie zu sprechen schienen. Ich halte die Aufteilung in Geist und Materie nur für eine bequeme Methode, Ereignisse zu gruppieren. Gewisse einzelne Ereignisse gehören, wie ich zugeben will, nur zur materiellen Gruppe, andere hingegen zu beiden Gruppen, so daß sie gleichzeitig geistig und materiell sind. Diese Lehre vereinfacht stark unsere Vorstellung von der Struktur der Welt.

Die moderne Physik und die moderne Physiologie werfen ein neues Licht auf das alte Problem der Wahrnehmung. Wenn es etwas geben soll, das als »Wahrnehmung« zu bezeichnen ist, dann muß es bis zu einem gewissen Grade eine Wirkung des wahrgenommenen Objekts sein und mehr oder weniger dem Objekt gleichen, wenn daraus die Erkenntnis des Objekts entstehen soll. Das erste Erfordernis kann nur erfüllt werden, wenn es Kausalketten gibt, die mehr oder minder unabhängig von der übrigen Welt sind. Die Physik behauptet das. Lichtwellen dringen von der Sonne zur Erde und unterliegen dabei ihren eigenen Gesetzen. Dies trifft aber nur annähernd zu. Einstein hat bewiesen, daß die Lichtstrahlen von der Schwerkraft beeinflußt werden. Wenn sie unsere Atmosphäre erreichen, erfahren sie eine Brechung, wobei einige stärker zerstreut werden als andere. Wenn sie in das menschliche Auge fallen, dann geschieht vielerlei, was anderwärts nicht möglich wäre und was wir im Endeffekt als »die Sonne sehen« bezeichnen. Aber wenn auch die Sonne unserer visuellen Erfahrung sich stark von der Sonne des Astronomen unterscheidet, bleibt sie für ihn doch eine Erkenntnisquelle, denn das »Sehen der Sonne« weicht in einer Weise vom »Sehen des Mondes« ab, die kausal mit dem Unterschied zwischen der Sonne des Astronomen und dem Mond des Astronomen zusammenhängt. Was wir in dieser Weise von physischen Objekten erkennen können, sind aber nur bestimmte abstrakte Struktureigenschaften. Wir können erkennen, daß die Sonne in gewissem Sinne rund ist, wenn auch nicht genau in dem Sinne, in dem für uns etwas rund aussieht; wir haben aber keinen Grund zu der Annahme, sie sei hell oder warm, denn die Physik kann sie für hell oder warm erklären, wenn sie so erscheint, ohne anzunehmen, daß sie so ist. Unsere Erkenntnis der physischen Welt ist also nur abstrakt und mathematisch.

Der moderne analytische, von mir skizzierte Empirismus unterscheidet sich von dem Empirismus Lockes, Berkeleys und Humes dadurch, daß er die Mathematik einbezieht und eine brauchbare logische Technik entwickelt. Das ermöglicht es ihm, bei gewissen Problemen zu endgültigen Lösungen zu kommen, die mehr wissenschaftlichen als philosophischen Charakter tragen. Vor den Philosophien der Systematiker hat er voraus, daß er stets nur *ein* Problem in Angriff nehmen kann, statt auf einen Schlag eine komplette Theorie des ganzen Universums aufstellen zu müssen. Hierin gleichen seine Methoden den wissenschaftlichen. Für mich steht es außer Frage, daß nur durch Methoden dieser Art philosophische Erkenntnisse – soweit überhaupt möglich – erlangt werden können; und ebensowenig zweifle ich daran, daß durch diese Methoden viele alte Probleme vollständig lösbar werden.

Es bleibt jedoch noch ein weites Feld, das von alters her zwar der Philosophie zugerechnet wurde, wo aber wissenschaftliche Methoden unangemessen sind. Es umschließt letzte Fragen nach dem Wert; die Wissenschaft allein kann beispielsweise nicht beweisen, daß es etwas Schlechtes ist, Vergnügen an Grausamkeitsakten zu finden. Jedes Wissen ist nur mit Hilfe der Wissenschaft möglich; alle Dinge aber, die von Rechts wegen das Gefühl angehen, liegen außerhalb ihres Bereichs.

Die Philosophie hat während ihrer ganzen Geschichte aus zwei nicht harmonisch miteinander verbundenen Teilen bestanden: aus einer Theorie von der Natur der Welt und aus einer ethischen oder politischen Doktrin der besten Lebensweise. Daß beide nicht scharf genug voneinander getrennt wurden, hat viel gedankliche Unklarheit zur Folge gehabt. Von Plato bis William James haben sich die Philosophen in ihren Anschauungen von der Beschaffenheit des Universums durch ihre Sehnsucht nach Erbauung beeinflussen lassen: Da sie zu wissen meinten, welche Ansichten die Menschen tugendhaft machen würden, haben sie – häufig recht sophistisch – Beweise für die Wahrheit dieser Ansichten erfunden. Ich für mein Teil lehne diese gefühlsbetonte Art aus moralischen wie aus intellektuellen Gründen ab. Moralisch begeht jeder Philosoph, der seine professionelle Kompetenz zu etwas anderem gebraucht als zur uneigennützigen Erforschung der Wahrheit, einen gewissen Verrat. Und wenn er von vornherein, noch bevor er mit seiner Forschung beginnt, von der Voraussetzung ausgeht, daß gewisse Ansichten – ganz gleich, ob falsch oder richtig – dazu angetan sind, ein gutes Verhalten zu fördern, so engt er dadurch den Bereich der philosophischen Spekulation so weit ein, daß er die Philosophie trivialisiert; der wahre Philosoph ist gewillt, *alle* vorgefaßten Meinungen einer Prüfung zu unterziehen. Sobald bewußt oder unbewußt der Erforschung der Wahrheit Grenzen gesetzt werden, wird die Philosophie von Angst gelähmt und der Boden bereitet für eine oberste Zensur, die alle bestraft, welche »gefährliche Gedanken« äußern – ja, der Philosoph hat schon eine solche Zensur für seine eigenen Forschungen eingeführt.

In intellektueller Beziehung hat der Einfluß falscher moralischer Erwägungen auf die Philosophie in ungewöhnlich hohem Maße den Fortschritt gehemmt. Ich persönlich glaube nicht, daß die Philosophie die Wahrheit religiöser Dogmen beweisen oder widerlegen kann, aber seit Plato haben es die meisten Philosophen mit für ihre Aufgabe gehalten, Unsterblichkeits- und Gottes-»Beweise« aufzustellen. Sie übten Kritik an den Beweisen ihrer Vorgänger – Thomas von Aquino lehnte Anselms und Kant lehnte Descartes' Beweise ab –, aber dann kamen sie selbst mit neuen Beweisen. Um Beweisen den Anschein der Stichhaltigkeit geben zu können, mußten sie die Logik verfälschen, die Mathematik zu etwas Mystischem machen und tiefeingewurzelte Vorurteile als vom Himmel gesandte Eingebungen hinstellen.

All das haben die Philosophen verschmäht, welche die logische Analyse zur Hauptaufgabe der Philosophie gemacht haben. Sie geben offen zu, daß der menschliche Intellekt unfähig ist, schlüssige Antworten auf viele Fragen von höchster Bedeutung für die Menschheit zu finden; sie lehnen es aber auch ab, an eine »höhere« Möglichkeit der Erkenntnis zu glauben, durch die wir Wahrheiten gewinnen könnten, die Wissenschaft und Intellekt verborgen bleiben. Für diesen Verzicht wurden sie durch die Entdeckung belohnt, daß sich viele vormals in metaphysisches Dunkel gehüllte Fragen präzis und durch objektive Methoden beantworten lassen, bei denen das persönliche Temperament des Philosophen ausgeschaltet ist – abgesehen von seinem Wunsch, zu verstehen. Angesichts solcher Fragen, wie: Was ist Zahl?, Was sind Raum und Zeit?, Was ist Geist und was ist Materie?, möchte ich nicht behaupten, daß wir nun immer gleich diese alten Probleme endgültig lösen können; wohl aber meine ich, es ist ein Verfahren gefunden, das es uns ermöglicht, hier wie in der Wissenschaft der Wahrheit allmählich näher zu kommen, wobei sich jede neue Stufe aus einer Verbesserung ergibt, nicht aus dem Verwerfen des Vorangegangenen.

Im Chaos der widerstreitenden fanatischen Überzeugungen ist eine der wenigen einigenden Kräfte die wissenschaftliche Wahrheitsliebe; ich verstehe darunter die Gepflogenheit, unseren Glauben auf Beobachtungen und Schlüsse zu stützen, die so unpersönlich und von Veranlagung und Umgebung so unbeeinflußt sind wie nur menschenmöglich. Die Einführung dieses Verfahrens in die Philosophie durchgesetzt und eine brauchbare Methode, sie fruchtbar zu machen, gefunden zu haben, sind die Hauptverdienste der philosophischen Schule, der ich angehöre. Die aus der Anwendung dieser philosophischen Methode gewonnene Gewöhnung an strenge Wahrhaftigkeit läßt sich auf den ganzen Bereich des menschlichen Tuns ausdehnen; sie bewirkt allenthalben, daß der Fanatismus nachläßt und die Bereitschaft wächst, einander Sympathie und Verständnis entgegenzubringen. Wenn die Philosophie auch einen Teil ihrer dogmatischen Ansprüche aufgibt, so wird sie doch weiterhin den Weg zur rechten Lebensführung aufzeigen und die Menschen dafür begeistern.

Personenregister

Abälard, Pierre 443 Fn., 446, 447, 448, 449, 450, 451
Abdom 374, 374 Fn.
Abu Yakub Jusuf 436
Adeimantos 138, 144
Adelard von Bath 232, 449, 474
Aetius 236
Agatharkus 229
Agathon 112
Agilulph, König der Langobarden 396
Ägisth 34
Agnes von Poitou 424
Agrippina 278
Ahab, König 324
Ailly, Pierre d' 481 Fn.
Aischylos 80, 102, 229, 299
Alarich 348, 379, 380, 412, 728
Alberich von Tusculum 422, 423
Albertus Magnus 436, 461, 462, 487
Albumazar 474
Alcuin 405, 406
Alexander der Grammatiker 283
Alexander der Große 13, 35 Fn., 122, 181, 182, 206, 214, 231, 239, 240, 241, 242, 243, 245, 246, 247, 250, 253, 261, 271, 289, 291, 294, 297, 299, 328, 485, 510, 516, 601, 607, 746
Alexander der Paphlagonier 297
Alexander II., Papst 425
Alexander III., Papst 444 Fn.
Alexander VI., Papst 506, 513, 514, 516, 518, 519
Alexander der Platoniker 283
Alfarabi 474
Alfons V., der Großmütige, König von Aragonien 507
Alfred der Große 394, 414
Algazel 437, 438
Ali, Mohammeds Schwiegersohn 433
Alkibiades 112, 778
Amasis II. 51

Ambrosius, der heilige 321, 322, 347, 348–353, 354, 357, 363, 364, 394, 413, 486, 525, 789
Ammonius Saccas 304, 340
Anaesidemus 258
Anakreon 51
Anastasius 415
Anaxagoras 76, 81, 83–85, 86, 88, 89, 94, 97, 108, 225, 233, 234, 545
Anaximander 48, 49, 50, 66, 135, 160, 233, 733
Anaximenes 49, 50, 65, 85, 370
Angelus Silesius 762
Angilbert von St. Riquier 405
Angus, C. F. 248 Fn., 344 Fn.
Anselm von Canterbury 321, 428, 429, 446, 447, 449, 475, 594, 595, 653, 793, 842
Anselm von Laon 447
Antigonus 242, 243
Antiochus I. 243, 247, 329, 330
Antiochus III. 246
Antiochus IV. 330, 331
Antiochus von Askalon 258
Antiphon 148
Antisthenes 250, 251
Anton, Marc 335
Antoninus Pius, Kaiser 279
Antonius, der heilige 388
Anytos 107, 109
Apollonius von Alexandrien 237, 244
Apollonius von Perga 236
Apollonius von Tyana 298
Archelaos, König von Makedonien 206
Archimedes 225, 231, 235, 237, 238, 244
Archytas von Taras 140
Aristarch von Samos 152, 235, 236, 243, 244, 275, 278, 535, 536, 539
Aristodemos 111, 112, 120
Aristophanes 80, 102, 104, 107, 138, 283

Aristoteles 13, 41, 43, 47, 48, 49, 66, 67,
    76, 79, 82, 84, 86, 87, 87 Fn., 88, 90,
    90 Fn., 91, 94, 118, 119, 121, 121 Fn.,
    123, 126, 149, 152, 181–228, 231, 233,
    234, 239, 240, 250, 252, 256, 278, 283,
    294, 300, 301, 303, 305, 310, 319, 361,
    366, 370, 382, 417, 430, 434, 435, 436,
    437, 438, 439, 440, 441, 446, 448, 450,
    451, 461, 462, 463, 464, 466, 468, 471,
    472, 474, 475, 477, 481, 485, 487, 508,
    516, 521, 524, 534, 538, 539, 543, 545,
    546, 552, 553, 563, 567, 571, 594, 600,
    607, 608, 616, 700, 742, 767, 792, 793,
    836
Arius 346
Arkesilaos 255, 256
Arnauld, Antoine 591, 593, 599, 601
Arnold von Brescia 443, 451
Arnold, Matthew 75
Arnold, Thomas 116 Fn.
Asoka 243
Aspasia 83, 97
Athanasius 346, 389
Attila 379, 380, 387, 412
Augustin von Canterbury 398
Augustinus (von Hippo) 59, 284, 302,
    317, 318, 319, 321, 332, 338, 342, 347,
    348, 349, 350, 353, 357–378, 379, 389,
    414, 417, 426, 429, 441, 450, 463, 468,
    470, 475, 476, 481, 487, 506, 521, 525,
    531, 573, 576, 700, 747, 763
Augustus, Kaiser (Oktavian) 267, 290,
    291, 292, 516
Austen, Jane 688
Averroes (Ibn Rushd) 190, 435,
    436–438, 463, 468, 474, 475, 482, 484
Avicenna (Ibn Sina) 435, 436, 437, 438,
    474, 475, 481, 482

Bacon, Francis 280, 550–554, 556, 729
Bacon, Sir Nicholas 550
Bacon, Roger 461, 473–475
Bailey, Cyril 86 Fn., 88 Fn., 91 Fn.,
    93 Fn., 260, 260 Fn., 264 Fn., 265 Fn.
Baker-Eddy, Mary 52
Bakunin 502
Ball, John 494
Barnes, Albert C. 10
Barth 276 Fn., 277 Fn.
Basil I., Kaiser 408

Basilius, der heilige 389
Bayle, Pierre 551, 568
Beccaria 780
Becket, Thomas 450
Beda 406
Beecher-Stowe, Harriet 769
Bellarmin, Robert 628, 629
Beloch, Karl Julius 32 Fn., 43
Benedikt, der heilige 382, 390–393, 399
Benedikt IX. 423
Benn, A. W. 182, 182 Fn., 251 Fn.,
    297 Fn.
Bentham, Jeremy 94, 204, 249, 264,
    270, 622, 623, 650, 651, 729, 731, 737,
    775, 780–783, 784, 787, 790, 796
Berengar von Tours 428
Bergson, Henri 673, 766, 798–817, 836
Berkeley, George 19, 501, 555, 614,
    615, 650, 653, 656–667, 668, 670, 671,
    672, 710, 711, 720, 820, 825, 841
Bernhard, der heilige 422, 443, 448,
    449, 449 Fn., 450
Berosus 247
Bertha, Tochter Karls des Großen 405
Bessarion, Kardinal 508
Bevan, Edwyn 62 Fn., 243 Fn., 246 Fn.,
    254 Fn., 258, 275 Fn., 277 Fn., 278,
    278 Fn., 328, 328 Fn.
Bismarck, Otto von 728, 729, 758
Blake, William 332, 687, 688
Boadicea, Königin 278
Boccaccio, Giovanni 445, 508
Boëthius 232, 318, 321, 350, 382, 383,
    385, 429, 449, 450
Boleyn, Anna 526
Bolingbroke, Viscount 651
Bonaventura 473, 475, 476
Bonifazius, der heilige 405, 406
Bonifazius VIII., Papst 488, 489
Borgia, Cesare 506, 513, 514, 515, 768
Bosanquet, Bernard 729
Bossuet, Jacques Bénigue 697
Boswell, James 269
Boyle, Robert 544
Bradley, F. H. 416 Fn., 428, 590, 594,
    729
Brahe, Tycho 537, 538
Bramhall, John 556
Brown, Sir Thomas 544
Brunichild, Frankenkönigin 396

Bruno von Köln 423
Bruno von Toul, siehe Leo IX.
Brutus 479, 514
Buchanan, George 628
Buddha 34, 777, 778, 779
Burckhardt, Jakob 509 Fn., 510 Fn.
Burghley, Lord (Sir William Cecil) 550
Burke, Edmund 699
Burnet, John 43, 44, 47 Fn., 48 Fn., 53 Fn., 54, 55, 55 Fn., 71 Fn., 76, 86, 87 Fn., 88 Fn., 104, 107
Burns, C. Delisle 403, 477
Burt 689
Burtt, E. A. 536
Bury, J. B. 97, 116 Fn., 119, 120 Fn., 398
Butler, Samuel 304
Byron, George Gordon 490, 609, 651, 654, 688, 690, 691, 692, 705, 727, 732, 753–759, 768

Caesar, Julius 267, 281, 290, 479, 514, 746, 828, 833
Calixtus II., Papst 442
Callinicus, Exarch von Italien 395
Calvin, Johann 209, 348, 377, 531, 537, 594, 633
Campion, Edmund 628
Cantor, Georg 836, 837
Carlyle, Thomas 19, 305, 608, 609, 651, 735, 757, 758, 780, 785
Carnap, Rudolf 838
Cassius 479
Cato, der Ältere 256, 257, 296, 329, 370
Celsus 341
Chanut 569
Charles, R. H. 330 Fn., 332 Fn., 334, 335
Charlotte, Königin von Preußen 591, 598
Chlodwig, König der Franken 398, 401
Christine, Königin von Schweden 569
Christus, Jesus 59, 140, 151, 154, 154 Fn., 298, 306, 324, 327, 333, 334, 336, 338, 339, 340, 341, 342, 355, 357, 364, 371, 376, 380, 381, 390, 397, 449, 450, 454, 459, 460, 461, 470, 470 Fn., 479, 484 Fn., 493, 512, 523, 587, 778, 797

Chrysippos 275, 276, 277
Chrysostomus 474
Churchill, Winston 693, 825
Cicero, Marcus T. 165, 232, 237 Fn., 265, 275, 277, 290, 355, 361, 362, 474, 475, 521
Clarendon, Earl of 557
Clarke, Samuel 92
Claudius, Kaiser 278
Clausewitz, Karl von 757
Clemens von Alexandrien 332
Clemens V., Papst 478, 489
Clemens VI., Papst 490
Clemens VII., Papst (Robert von Genua) 491, 507
Coleridge, S. T. 651, 687, 688, 780
Colet, John 521
Columba, der heilige 389, 398
Columban, der heilige 398
Commodus, Kaiser 279, 280
Condorcet 280, 729, 730, 731, 732, 783
Cornford, F. M. 43, 43 Fn., 53, 54, 54 Fn., 55, 62 Fn., 64, 165 Fn., 167 Fn., 169 Fn.
Cotes, Roger 572
Couturat, Louis 596, 599
Cowper, William 657
Cromwell, Oliver 20, 532, 556, 562, 610, 611, 613, 627, 639, 644
Crösus, König der Lyder 46
Cumont 297 Fn., 370 Fn., 485 Fn.
Cyrus (Kyros) 34, 46, 324, 512

Damian, Peter 421, 423, 425, 428
Damasus I., Papst 350, 354
Dante 16, 190, 227, 303, 318, 382, 479, 514
Danton 686
Darius I. 34, 52, 80, 241, 601
Darwin, Charles 634, 651, 687, 733, 734, 735, 786, 787
Darwin, Erasmus 733
David von Dinant 465
Day, Thomas 800 Fn.
Dekamnichos 206
Demokedes von Kroton 52
Demokrit 86–95, 98, 225, 226, 230, 261, 262, 266, 273, 548, 552, 768, 836

Descartes, René 19, 57, 59, 91, 92, 288, 367, 428, 481, 501, 533, 544, 555, 556, 567–577, 579, 580, 592, 594, 595, 599, 604, 607, 613, 618, 619, 650, 651, 652, 653, 700, 710, 712, 792, 793, 842
Desiderius, Bischof von Vienne 397
Devonshire, Earl of (Lord Hardwick) 556
Dewey, John 766, 823, 826–835
Dietrich von Bern, siehe Theoderich
Dikaiarch 54
Dio Cassius 278
Diodor 52, 247
Diogenes 250, 251, 252, 272
Diogenes Laertius 87, 260, 262, 263, 275, 287 Fn.
Diognetus 283
Diokletian, Kaiser 292, 293, 302, 379
Dionysius, der Areopagit, (Pseudo-Dionysius) 414, 415, 416, 417, 429, 475
Dionysius, der Jüngere, Tyrann von Syrakus 127, 144
Dionysodorus 98
Dominik, der heilige 459, 461
Domitian, Kaiser 280
Dostojewski, F. M. 772, 774
Dryden, John 613
Dschingis-Khan 299, 582
Dudding 694
Duns Scotus, Johannes 321, 461, 473, 476, 477, 478, 481

Ebert, Friedrich 796
Ecbert 406
Echnaton (Amenophis IV.) 31, 460
Eckhart, Johannes 763
Eddington, Sir Arthur 266 Fn., 665
Edilbert, König der Angeln 398
Eduard I. 488
Eduard III. 478, 480
Eduard IV. 494, 564, 630
Eduard VIII. 407
Einstein, Albert 52, 92, 237, 548, 839, 840
Elias, Bruder 480
Elisabeth, Königin 249, 526, 532, 550, 628
Elisabeth, Prinzessin 569
Emerson, Ralph Waldo 688
Empedokles 65, 75–79, 84, 87, 89, 135, 321

Engels, Friedrich 735, 789, 795
Epimenides 340
Epiktet 261, 271, 272, 278, 279, 280, 281, 282, 283, 285, 295, 793
Epikur 86, 260–270, 274, 370, 403, 768, 782, 783
Erasmus 520–525, 531
Eratosthenes 236, 244
Eriugena, siehe Johannes Scotus
Essex, Robert Devereux, Earl of 550
Esra 324, 326, 328, 336
Eudoxus 230, 231
Eugen, Prinz von Savoyen 591
Eugenius IV., Papst 492, 505
Euklid 57, 58, 169, 231, 232, 244, 254, 287, 449, 473, 556, 624
Euripides 36, 39, 40, 80, 83, 102, 108, 206, 555
Eustochium 354, 355
Euthydemus 98
Evagrius 386
Evans, Sir Arthur 28, 29
Ezzelino 757

Faustina 279
Faustus, Bischof 362
Ferdinand II., von Spanien 507, 564
Feuerbach, Ludwig 789
Fichte, Johann Gottlieb 9, 19, 499, 501, 609, 712, 725, 726, 728, 729, 757, 761, 762, 780, 797, 835
Fielding, Henry 687
Filmer, Sir Robert 627, 628, 628 Fn., 629, 630, 631, 632, 638
Firdusi 435
Foucault, J. B. L. 548
Foulques, Guy de 473
Franklin, Benjamin 58 Fn., 267
Franz I., von Frankreich 507
Franz I., Kaiser 782
Franziskus von Assisi 54, 452, 455, 459, 460, 461, 488
Frege, Gottlob 837
Friedrich I., (Barbarossa) 442, 443, 444, 728, 745, 746
Friedrich II., Kaiser 13, 16, 439, 452, 453, 454, 455, 456, 462, 503, 506, 778
Friedrich II., von Preußen (der Große) 698, 728, 746
Fulbert, Kanonikus 447

Gallienus, Kaiser 305, 305 Fn.
Gallus, der heilige 405
Gama, Vasco da 494, 504
Gandhi 358 Fn.
Gassendi, Pierre 367, 591
Gebhard von Eichstätt, siehe Victor II.
Geiger, George Raymond 833
Gelon, König von Syrakus 235
Genserich, König der Vandalen 757
George I. 591
George III. 699
George, Lloyd 644
Gerbert, siehe Sylvester II.
Gerson, Jean de 481 Fn., 491
Geulincx, Arnold 570, 571, 577
Gibbon, Edward 280, 298 Fn., 305 Fn., 343, 343 Fn., 344, 345, 380 Fn., 381 Fn., 382, 385, 390, 390 Fn.
Gilbert, William 544, 553
Gilbert de la Porrée 450
Glaukon 138
Goethe, Johann Wolfgang 249, 584, 728, 757, 758
Gordian III. 304
Gorgias 100, 253
Gottschalk 414
Gratian, Kaiser 349, 350
Green, T. H. 614
Gregor I., der Große, Papst 198, 318, 348, 382, 388, 390, 391, 392, 393–399, 400, 405, 408, 413, 426, 487
Gregor II, Papst 406
Gregor III., Papst 401, 402
Gregor VI., Papst 423, 425
Gregor VII., Papst (Hildebrand) 15, 322, 420, 423, 424, 425, 426, 427, 428, 441, 487
Gregor IX., Papst 455, 456, 459, 460, 488
Gregor XI., Papst 490, 491, 493
Grosseteste, Robert 475
Grotius, Hugo 639
Guericke, Otto von 544
Guicciardini, Francesco 508
Guiccioli, Gräfin 758

Hadrian I., Papst 404
Hadran IV., Papst 442, 443, 444 Fn., 450
Hadrian, Kaiser 295
Halley, Edmund 545, 547
Hamilton, Sir William 780
Hamm, Stephen 544
Hammurabi, König von Babylon 27
Hannibal 289
Harrison, Jane E. 35 Fn., 43, 268
Hartley, David 780, 781
Harun al Raschid 232, 433
Harvey, William 544, 553, 570
Hawthorne, Nathaniel 688
Heath, Sir Thomas 57 Fn., 87, 87 Fn., 169 Fn., 230, 230 Fn., 235, 235 Fn., 236
Hegel, Georg Friedrich 20, 66, 70, 141, 150, 172, 182, 201, 221, 428, 462, 499, 501, 594, 603, 652, 666, 682, 705, 708, 709 Fn., 712, 717, 725, 726, 728, 729, 737, 738–752, 760, 761, 762, 789, 790, 791, 794, 795, 796, 811, 820, 827, 830, 834, 836
Heine, Heinrich 757, 758
Heinrich III., Kaiser 423, 424, 442, 444
Heinrich III., von England 488
Heinrich IV., Kaiser 424, 425, 427, 441, 442, 452
Heinrich IV., von Frankreich 564
Heinrich V. 442
Heinrich VI., Kaiser 454
Heinrich VII., von England 526
Heinrich VIII., von England 407, 526, 531, 564, 630, 644
Heiric von Auxerre 413
Hekataios von Milet 63
Heliogabalus (Elogabalus) 297
Héloise 447, 448
Helvetius, Claude Adrien 729–731, 734, 780, 783
Henoch 332
Henricus Aristippus von Catania 451
Herakleides 234, 235
Heraklit 60–69, 70, 75, 77, 83, 92, 127, 135, 142, 171, 172, 173, 173 Fn., 271, 272, 276, 767, 812
Hermias 181
Hermodorus von Ephesus 63
Herodes der Große 330, 335
Herodot 43, 81, 120
Hesiod 62, 63, 110, 131
Heytesbury 481 Fn.

Hieronymus 279, 332, 336, 341, 347, 348, 349, 353–357, 373, 374, 389, 396, 474, 521, 525
Hildebrand, siehe Gregor VII.
Hilduin 415
Hincmar 414
Hipparch 236
Hippasos von Metapont 54
Hiram, König von Tyrus 31
Hitler, Adolf 13, 157, 513, 651, 693, 727, 754, 825
Hobbes, Thomas 9, 20, 348, 555–566, 568, 579, 634, 639, 653, 703, 706, 747, 748
Hodgskin, Thomas 787, 788, 789
Hoffmann, E. T. A. 761
Holbein, Hans (der Jüngere) 522
Homer 29, 31, 32, 33, 34, 41, 62, 63, 82, 110, 131, 435
Honorius I., Papst 401
Honorius III., Papst 418, 454, 455
Hopkins, Arthur 300 Fn.
Horaz 292, 356
Hugo, Victor 688
Huizinga, Johann 520 Fn., 524
Hume, David 255, 501, 555, 614, 615, 621, 622, 650, 651, 652, 653, 668–683, 699, 710, 711, 712, 713, 715, 720, 841
Hus, Jan 492, 494
Hutcheson, Francis 781
Hutton, W. H. 393
Hypathia 380

Ibn Rushd, siehe Averroes
Ibn Sina, siehe Avicenna
Ignatius, Patriarch von Konstantinopel 407, 408
Ignatius von Loyola 461, 531, 532
Inge, W. R. 68, 131, 302, 303
Innozenz III., Papst 452, 453, 456, 458, 459, 461, 487, 488
Innozenz IV., Papst 456
Innozenz VIII., Papst 509
Irene, Kaiserin 404, 433
Isabella, Königin von Spanien 564

Jakob I. 550
Jakob II. 611, 630
Jakob von Venedig 451
James, Henry 818

James, Montague 412
James, William 145, 342, 766, 798, 808, 818–825, 826, 840, 841
Jansenius, Cornelius 358
Jason, Hohepriester 329
Jeans, Sir J. H. 58, 829
Jefferson 58 Fn., 335
Joachim von Floris 450
John von Gaunt 489, 493, 494
Johann XI., Papst 409
Johann XII., Papst 409
Johann XXII., Papst 460, 478, 489, 490
Johann XXIII., Papst (Baldassare Cossa) 452
Johanna, Jungfrau von Orléans 111, 459
Johannes Hyrkanus, Hohepriester 334
Johannes von Salisbury 448, 450
Johannes Scotus Eriugena 407, 412–418, 428, 429, 465
Johnson, Samuel 687
Jonathan, Hohepriester 330
Jonson, Ben 556
Jordan von Sachsen 461
Jovinian 469
Jowett, Benjamin 154 Fn.
Judas Ischarioth 479, 546
Judas Makkabäus 330
Julian Apostata, Kaiser 309, 346, 347, 348, 350, 352, 486
Julius II., Papst 506, 519, 525, 768
Justina, Kaiserin 349, 351
Justinian I., Kaiser 14, 293, 347, 382, 385, 386, 393, 394, 399, 413, 450

Kallikles 101
Kambyses II. 51
Kant, Immanuel 19, 58, 59, 168, 204, 220, 221, 275, 286, 367, 428, 462, 481, 501, 555, 567, 594, 595, 596, 604, 614, 650, 651, 652, 653, 668, 682, 710–726, 727, 728, 729, 738, 748, 760, 761, 762, 766, 768, 776, 780, 785, 793, 836, 837, 842
Kantorowicz, Hermann 456 Fn.
Karl der Große 299, 322, 394, 400, 404, 405, 406, 407, 433, 440, 452, 728, 745, 746
Karl I., von England 610, 611, 627, 628, 647
Karl II., von England 556, 562, 611, 639

Karl II., von Frankreich (der Kahle) 407, 412, 413, 414
Karl V., Kaiser 504, 507, 513, 564, 727
Karl VIII., von Frankreich 503, 507
Karl Martell 401, 405, 406
Karneades 256, 257, 258, 294, 370 Fn., 579
Katharina von Aragonien 526
Katharina II. 782
Keats, John 268, 688
Kebes 160, 162
Kephalus 138
Kepler, Johannes 152, 228, 232, 500, 534, 537, 538, 539, 542, 543, 547, 553, 558
Khwarazmi, al- 434
Kindi 434, 474 Fn.
Kleanthes 235, 236, 275, 276, 278
Kleitomachos (Hasdrubal) 258
Kleopatra 239, 289
Knox, Ronald 656
Kolumbus, Christoph 122, 473, 494, 824, 827, 828
Konfuzius 34, 822
Konrad (Sohn Kaiser Heinrichs IV.) 441
Konstantin der Große 13, 14, 292, 293, 295, 298, 302, 318, 343, 345, 346, 350, 370, 403
Konstantius 350
Konstanze von Sizilien 454
Kopernikus, Nikolaus 16, 152, 228, 236, 237, 495, 524, 534, 535, 536, 537, 538, 542, 543, 547, 553, 715, 795
Kritias 102, 105
Kriton 155, 163
Ktesippos 98
Kyrillos von Alexandrien 380, 381, 385

Lamarck 733, 734
Lanfranc, Erzbischof von Canterbury 425, 428
Laplace 545, 713, 714
Laud, Erzbischof 556, 610
Lawrence, D. H. 690, 691
Lea, Henry C. 134 Fn., 421 Fn., 489
Lee, Joseph 633
Leibniz, Gottfried Wilhelm 9, 59, 92, 428, 477, 501, 544, 575, 578, 590–604, 618, 619, 650, 651, 652, 653, 700, 710, 713, 714, 715, 727, 836, 837

Lenin 9, 827
Leo I. (der Große), Papst 380, 381
Leo III., Papst 404
Leo III., (der Isaurier), Kaiser 401
Leo IX., Papst, (Bruno von Toul) 424
Leo X., Papst 505, 506, 514
Leo XIII., Papst 462
Leonardo da Vinci 495, 500, 503, 510
Leontia 397
Leopardi 249
Leukipp 86–95, 226, 262
Leuwenhoek, Anton van 544
Lincoln, Abraham 775
Lippershey, Hans 544
Liutprand, Langobardenkönig 401
Livius 516
Locke, John 20, 93, 280, 501, 517, 555, 560, 564, 568, 604, 609, 613–655, 668, 681, 693, 703, 705, 710, 711, 720, 729, 730, 751, 780, 781, 792, 796, 836, 841
Lothar II., König von Lothringen 407
Lotze, Rudolf Hermann 594, 729
Lucan 279
Ludwig I., Kaiser 415
Ludwig II., Kaiser 407
Ludwig III., von Frankreich 507
Ludwig IV., Kaiser 478
Ludwig IX., von Frankreich 494, 564, 630
Ludwig XIV., von Frankreich 590, 611, 630
Lukian 258, 297
Lukrez 75, 263, 264, 267, 268, 268 Fn., 269, 270, 768
Luther, Martin 18, 19, 348, 480, 494, 509, 520, 525, 531, 532, 533, 534, 537, 746, 747, 763
Lykon 107
Lykurg 119, 121, 122, 123, 124, 125, 516, 519, 695, 707

Machiavelli, Niccolò 17, 501, 510, 512–519, 534, 555, 565, 707, 745, 768
Magas 243
Maimonides, Moses 337, 439
Malebranche, Nicolas 462, 570, 591
Malthus, Thomas Robert 731, 733, 786, 787
Manfred, König von Neapel und Sizilien 506, 507

Mani 361
Manilius 256
Mansur, Yakub Al- 436
Marc Aurel 15, 215, 260, 271, 272, 278, 279, 280, 281, 281 Fn., 283, 284, 285, 286, 288, 292, 295, 297
Marcion 458
Marlborough 591
Marozia 409
Marsiglio von Padua 478, 479, 489, 493
Martin I., Papst 401
Martin V., Papst 492
Martin von Tours 389
Marx, Karl 159, 376, 565, 609, 644, 645, 650, 651, 727, 732, 734, 737, 738, 743, 749, 753, 783, 788, 789–797
Mary, Königin von England 630
Mary, Königin von Schottland 628
Masuccio von Salerno 509
Matthäus von Aquasparta 473, 475, 476
Maupertuis 728
Mauritius, Kaiser 397, 398
Maurois, André 757
Maximus, Kaiser 349, 351
Mazzini, Giuseppe 691
Medici, Cosimo dei 505, 508
Medici, Giovanni dei, siehe Leo X.
Medici, Giulio dei, siehe Clemens VII.
Medici, Lorenzo dei 505, 508, 513
Medici, Pietro dei 505
Meletos 107, 108, 109
Melville, Herman 688
Menander 248, 340
Menander, König 242
Menon 160
Messalina, Valeria 278
Metrodor 262
Michael III., Kaiser 408, 414, 415
Michael von Cesena 478
Michael Scotus 438
Michelangelo 510, 540, 768
Milhaud, Gaston 90 Fn.
Mill, James 729, 731, 780, 783, 787, 788, 790, 796
Mill, John Stuart 554, 652, 729, 731, 732, 769, 769 Fn., 783, 784
Milton, John 157, 245, 353 Fn., 458, 714, 783, 790
Mnesarchos 51

Mohammed 339, 399, 431, 431 Fn., 433, 454
Mommsen, Theodor 729
Monboddo, Lord 634
Monika, die heilige 360
Montaigne, Michel de 17, 524
Montagu 694
Montesquieu 516, 560, 614, 648, 705, 706, 708
Moody, Ernest E. 480, 481
Moore, George Edward 665
Morgan, siehe Pelagius
Morus, Thomas 520, 521, 522, 525–530, 531, 551
Murray, Gilbert 33, 247, 248 Fn., 251, 251 Fn., 261 Fn., 271, 272 Fn
Musaios 110
Musset, Alfred de 758
Mussolini, Benito 382, 727

Napier, John 544
Napoleon I. (Bonaparte) 20, 137, 184, 404, 504, 515, 590, 606, 612, 643, 648, 651, 686, 688, 711, 713, 726, 728, 738, 746, 754, 757, 758, 768, 769, 775, 778
Napoleon III. 648
Nausiphanes 261, 262
Nebukadnezar 46, 324
Nehemia 324, 326, 328, 331, 336
Nero 278, 279, 284, 580, 774
Nestor, Patriarch von Konstantinopel 380, 381
Newton, Isaac 58, 91, 92, 228, 237, 383, 534, 540, 543–549, 571, 572, 591, 650, 686, 723, 729, 732, 734
Nietzsche, Friedrich Wilhelm 19, 116, 138, 196, 198, 608, 609, 651, 682, 691, 727, 732, 737, 756, 757, 758, 766, 767–779, 780, 786, 787, 797, 834
Nikolaus I., Papst 401, 407, 408, 409, 414, 415, 487
Nikolaus II., Papst 424, 425
Nikolaus V., Papst 403, 506
Nikolaus von Oresme 484
Nilsson, Martin P. 29 Fn.
Novalis 761

Oates, W. J. 282 Fn.
Occam, Wilhelm 461, 473, 477–484, 489, 534

Odo, der heilige 422, 423
Odowakar, Kaiser 379
Oenopides von Chios 234
Oktavian, siehe Augustus
Olympias 240
Omar Khayyam 435
O'Neill, Eugene 42
Origines 306 Fn., 309, 317, 336, 340, 341, 342, 345, 354, 365, 371, 375, 417, 486
Osiander, Andreas 535
Otto IV., Kaiser 453, 454
Ovid 356
Owen, Robert 787
Ozymandias 247

Pachomius, der heilige 388
Panaetius von Rhodos 277, 290, 294
Papini, Giovanni 834
Parmenides 53, 69, 70–74, 75, 83, 84, 86, 87, 89, 90, 91, 92, 113, 127, 135, 141, 142, 148, 149, 150, 174, 253, 306, 485, 579, 603, 739, 749, 764, 793
Parsons, Robert 628
Pascal 533, 699 Fn., 772, 774
Paschalis II., Papst 441
Patrick, der heilige 379, 389, 398, 412
Paula, die heilige 354, 355
Paulus, der heilige 154, 160, 279, 318, 332, 334, 338, 340, 364, 375, 377, 378, 381, 390, 402, 403, 410, 414, 417, 421, 422, 458, 772
Pausanias, König 121
Pawlow, Iwan P. 781
Peirce, Charles Sanders 823, 831
Pelagius 354, 376, 413, 414
Pelagius II., Papst 393
Perikles 80, 81, 82, 83, 97, 101, 102, 160, 215, 216, 283
Peter III., von Aragonien 507
Petrarca 490, 508
Petrus de Vinea 455, 456
Pfleiderer, Edmund 64
Phaidon 154, 163
Phidias 80, 83, 97, 102, 282
Philipp, König von Frankreich 441
Philipp II., von Makedonien 181, 239, 240, 241, 291
Philipp II., von Spanien 564

Philipp IV., König von Frankreich 488, 489
Philo Judäus 336, 340
Philolaos von Theben 234
Phokas, Kaiser 397, 398
Photius, Patriarch von Konstantinopel 407, 408
Pilatus, Pontius 335
Pippin 402, 404, 405, 406, 505, 562
Pisistratus 32, 82, 516
Plato 9, 38, 40, 53, 57, 58, 59, 66, 67, 70, 76, 77, 79, 81, 82, 83, 84, 85, 86, 87, 88, 94, 98, 99, 100, 101, 102, 104, 105, 106, 107, 110, 112, 113, 114, 115, 116, 119, 122, 123, 125, 126–180, 181, 183, 184, 186, 187, 190, 193, 194, 198, 201, 205, 209, 210, 217, 220, 227, 229, 230, 232, 235, 239, 240, 244, 250, 253, 255, 256, 264, 271, 272, 276, 277, 283, 287, 295, 299, 300, 301, 302, 303, 304, 305, 306, 307, 308, 310, 311, 313, 318, 319, 323, 340, 341, 366, 370, 371, 382, 383, 415, 417, 429, 430, 434, 436, 440, 446, 449, 450, 451, 462, 466, 472, 475, 483, 485, 487, 495, 508, 516, 519, 521, 524, 526, 534, 539, 545, 558, 563, 567, 576, 579, 581, 594, 596, 603, 607, 618, 619, 697, 699, 742, 760, 768, 792, 793, 799, 827, 836, 838, 839, 841, 842
Plautus 335
Pletho, Gemistus 508
Plinius, der Ältere 345, 524
Plotin 302–314, 338, 340, 370, 383, 417, 430, 434, 441, 485, 579, 742
Plutarch 9, 116, 117, 122, 123, 124, 125, 235, 256, 295, 695, 703, 772
Polo, Marco 687
Polybius 277, 290, 294
Polykrates 51, 52
Pope, Alexander 276, 383, 685, 789
Porphyrius 219, 221, 304, 305, 313, 372, 475, 481, 485
Porus 601
Posidonius 236, 237, 237 Fn., 277, 278, 295, 313
Pride 610
Priestley, Joseph 781
Proklos 230, 429

Protagoras 86, 96–103, 140, 171, 172, 173, 179, 244, 253, 313, 367
Ptolemäus I. 242, 243, 287
Ptolemäus II. 373
Ptolemäus, Geograph und Astronom 236, 237, 524
Pyrrho 253, 254, 255
Pythagoras 40, 50, 51–59, 61, 62, 63, 70, 75, 78, 83, 84, 127, 140, 141, 230, 233, 250, 306, 485, 539, 767, 827, 836, 839
Pythokles 264

Radcliffe 688
Ranke, Leopold von 504
Raymond, Erzbischof von Toledo 451
Raymond VI., Graf von Toulouse 453
Reynolds, Sir Joshua 269
Ricardo, David 644, 645, 651, 787
Richard I., von England (Löwenherz) 445
Richard II., von England 493, 494
Richard, König der Westgoten 396
Richelieu, Kardinal 564
Rienzi, Cola di 490
Robespierre 700, 709, 731
Roderich von Maine 405
Roland, Madame 686
Romuald, der heilige 423, 425
Roscellin 428, 429, 446, 447, 448, 451
Roosevelt, Franklin D. 693, 825
Rose, H. J. 34 Fn., 35 Fn.
Rostovtzeff, M. 32 Fn., 46 Fn., 281, 281 Fn., 291, 291 Fn., 293 Fn., 298, 298 Fn.
Rotrud (Tochter Karls des Großen) 405
Rousseau, Jean-Jacques 9, 20, 116, 252, 357, 501, 518 Fn., 523, 560, 594, 608, 614, 650, 651, 669, 682, 684, 685, 686, 687, 693–709, 711, 712, 713, 720, 729, 730, 745, 747, 758, 759, 766, 768, 769, 797, 798, 821
Rudolf, Gegenkönig 427
Rudolf II., Kaiser 538
Rufinus 354
Russell, Bertrand 833
Russell, Patricia 10
Rusticus, Quintus Junius 283
Rutilianus 297

Sabellius 346
Saint Lambert, Marquis de 700
Sallust, Gaius 356
Santayana, George 818, 819, 834
Sargon I. 247
Sarpi, Paolo 504
Savonarola, Girolamo 495, 505, 509, 510, 512
Schelling, Friedrich Wilhelm 712, 726
Schiller, F. C. S. 99, 173 Fn., 799, 823
Schlegel, Friedrich 761
Schmeidler 447
Schopenhauer, Arthur 682, 727, 732, 760–766, 767
Scipio, der Ältere 369
Scipio, der Jüngere 294
Sebastian, der heilige 812
Seeliger, Gerhart 405
Seleukus 235, 243
Seleukus I. 242, 243
Seneca, Lucius 247, 271, 273, 275, 278, 279, 362, 383, 474
Sergius II., Papst 409
Sextus Empiricus 236, 258
Shaftesbury, Earl of 613
Shakespeare 53, 71, 524, 544, 730, 734, 816
Shaw, Bernard 798
Shelley, Mary 688
Shelley, Percy Bysshe 93, 249, 267, 651, 651 Fn., 688, 755, 816
Sheridan, R. B. 688
Sigwart 729
Simeon, der Säulenheilige 389
Simmias 163
Smith, Sidney 210 Fn.
Smollett, Tobias George 687
Smuts, M. J. C. 751
Sokrates 14, 70, 80, 81, 83, 84, 85, 86, 88, 94, 102, 103, 104–115, 126, 127, 133, 138, 144, 148, 149, 154, 155, 156, 157, 158, 160, 162, 163, 165, 171, 172, 173, 182, 183, 215, 217, 219, 220, 222, 230, 244, 250, 251, 255, 256, 269, 271, 273, 291, 313, 367, 382, 383, 568, 581, 583, 767
Solon 81, 140, 516, 519
Sophokles, 14 Fn., 41, 80, 102
Sorel, Georges 798
Southey, Robert 688
Sphaerus 287
Spengler, Oswald 743

Spinoza, Baruch (Benedikt) 59, 144, 189, 304, 337, 366, 416 Fn., 439, 454, 501, 568, 570, 578–589, 590, 591, 592, 593, 595, 599, 603, 651, 653, 739, 742, 747, 749, 762, 773, 793, 836
Stalin, J. 14, 651, 827
Stendhal 757
Stephan III., Papst 402
Stephan IX., Papst 424
Strachey, Lytton 550
Strafford, Earl of 556, 564
Strindberg, August 691
Suitger von Bamberg 423
Swedenborg, Emanuel 714
Swift, Jonathan 656
Swift, Vanessa 656
Swineshead 481 Fn.
Sylvester II., Papst (Gerbert) 397, 400, 403, 421, 428
Symmachus 350, 363
Symmachus (Schwiegervater von Boëthius) 350, 385

Tacitus 243, 279, 745
Tarn, W. W. 242, 246 Fn., 271, 277 Fn.
Tawney, R. H. 208, 633, 633 Fn., 644
Teles 252, 253
Tertullian 275, 332
Teutamus 63
Thales 25, 27, 46, 47, 48, 65, 207, 229, 233, 370
Theaitetos 169, 171, 172, 230
Theoderich, König der Franken 396
Theoderich, König der Ostgoten 350, 379, 382, 385, 398, 746
Theodobert, König der Franken 396
Theodolind 396
Theodor, Erzbischof von Canterbury 412
Theodora, Kaiserin 385, 386
Theodorus 230
Theodosius I., Kaiser 346, 347, 351, 352, 353, 370, 562
Theophylact 409
Thomas von Aquino 16, 59, 303, 317, 319, 425, 428, 429, 437, 452, 461, 462–472, 473, 475, 476, 477, 481, 482, 484, 487, 534, 569, 576, 594, 633, 639, 644, 645, 703, 793, 836, 842
Thomas von Celano 460

Thoreau, Henry David 688
Thrasymachus 101, 138, 139
Thukydides 356, 556
Tieck, Ludwig 761
Timaios 165, 167, 168, 169
Timon 254, 255
Tolstoi, Leo 250, 252, 357, 757
Torricelli 544
Townsend 330
Trajan, Kaiser 292, 295
Treitschke, Heinrich von 729
Trotzki, Leo 827
Tyler, Wat 494

Überweg, Friedrich 447
Ulphilas (Ulfila) 398
Urban II., Papst 440, 441
Urban V., Papst 490
Urban VI., Papst (Bartholomeo Prignano) 491
Ure, P. N. 31 Fn.

Vaihinger, Hans 723
Valentinian I., Kaiser 349
Valentinian II., Kaiser 349
Valla, Lorenzo 403, 506, 521
Vasseur, Therese 695
Vaughan, Henry 68, 166 Fn.
Vercelli, Madame de 694
Vergil 292
Vesalius, Andreas 553
Victor II., Papst (Gebhard von Eichstätt) 424
Victor IV., Gegenpapst 444 Fn.
Victoria, Königin 386
Virgil, Bischof von Salzburg 406
Voltaire 590, 614, 650, 696, 697, 698, 701, 728, 760

Wagner, Richard 691, 797
Waldos, Peter 458
Wallace, William 742
Wallis, John 556
Walther von der Vogelweide 453
Warens, Madame de 694
Washington, George 66, 71, 72, 73, 178, 757
Weierstraß, Karl Theodor 232, 836
Wellington, Herzog von 66
Whitehead, Alfred North 798, 837

Wilhelm der Eroberer   401, 425, 428
Wilhelm von Champeaux   447
Wilhelm von Malmesbury   414
Wilhelm von Moerbeke   463
Wilhelm der Fromme, Herzog von Aquitanien   422
Wilson, Woodrow   560
Wolf, A.   544 Fn.
Wolff, Christian, 604, 713
Wolsey, Thomas, Kardinal   526
Wordsworth   688
Wyclif   489, 492, 493, 494

Xanthippe   157
Xenophanes   34, 61, 62, 63
Xenophon   104, 105, 112, 244
Xerxes   80, 102, 121, 299

Zacharias, Papst   406, 562
Zeller, Eduard   86, 187
Zeno, der Eleate   86, 113, 148, 811, 812
Zeno, Kaiser   435
Zeno von Kitium   260, 271, 272, 275, 276, 287
Zoroaster (Zarathustra)   34, 34 Fn., 239, 298, 432